中华古籍保护计划

ZHONG HUA GU JI BAO HU JI HUA CHENG GUO

·成果·

满文文献知见录

黄润华 屈六生 编

中华古籍保护计划

辽宁民族出版社

图书在版编目（CIP）数据

满文文献知见录：满文 / 黄润华，屈六生编. —沈阳：辽宁民族出版社，2022.12

ISBN 978-7-5497-2639-4

Ⅰ. ①满… Ⅱ. ①黄… ②屈… Ⅲ. ①满语 -文献资料-介绍-中国 Ⅳ. ①H221

中国版本图书馆CIP数据核字（2021）第276729号

满文文献知见录

MANWEN WENXIAN ZHIJIANLU

出版发行者：辽宁民族出版社
地　　址：沈阳市和平区十一纬路25号　邮编：110003
印 刷 者：辽宁新华印务有限公司
幅面尺寸：210mm×285mm
印　　张：57
字　　数：800千字
插　　页：24
出版时间：2022年12月第1版
印刷时间：2022年12月第1次印刷
责任编辑：赵越辉
助理编辑：杜璐珊
封面设计：杜　江
责任校对：王　荷　刘　泉

标准书号：ISBN 978-7-5497-2639-4
定　　价：280.00元

网　　址：www.lnmzcbs.com　邮购热线：024-23284335
淘宝网店：http://lnmz2013.taobao.com
如有印装质量问题，请与出版社联系调换　联系电话：024-23284340

《满文文献知见录》编委会

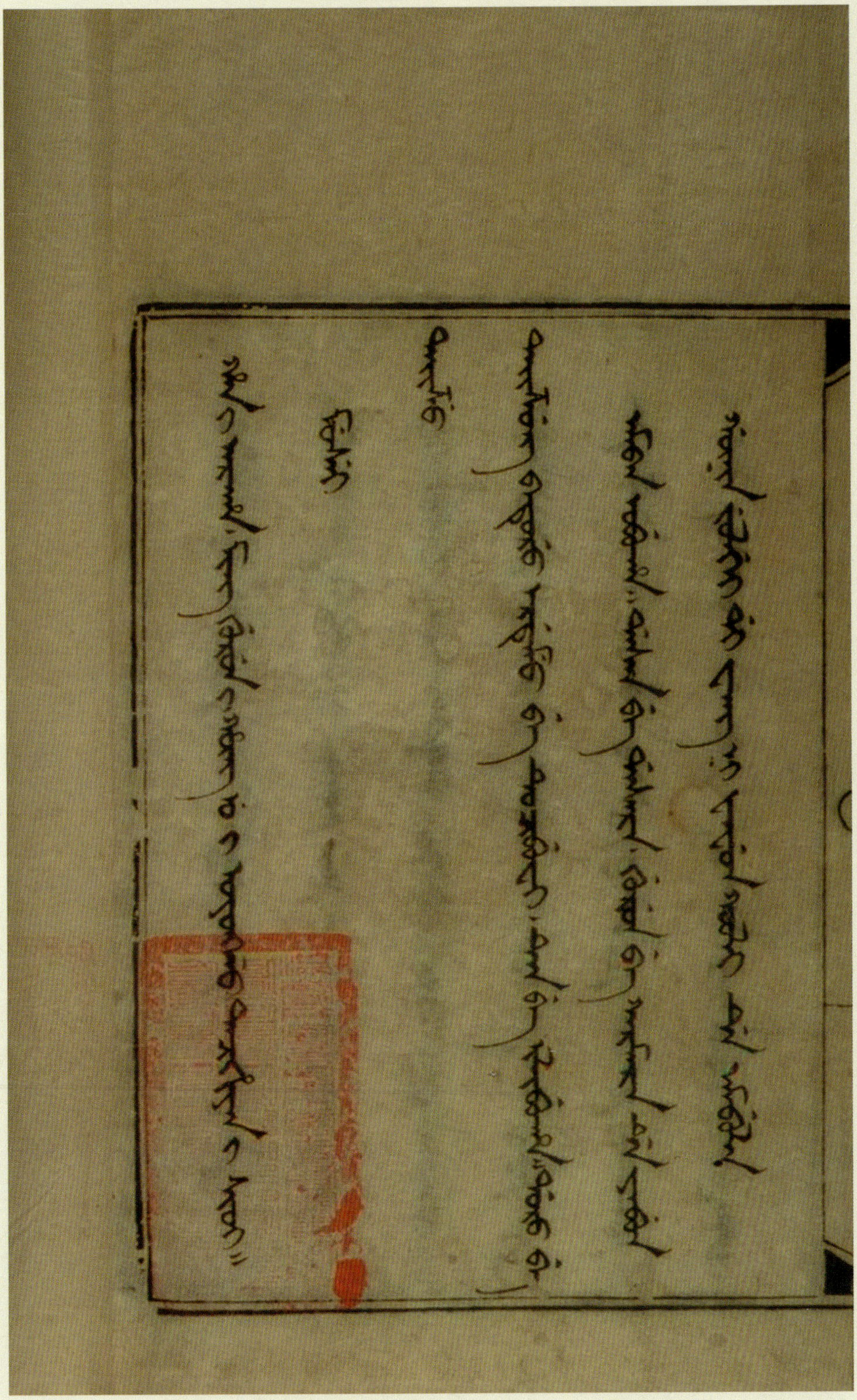

《洪武要训》　顺治三年（1646）内府刻本

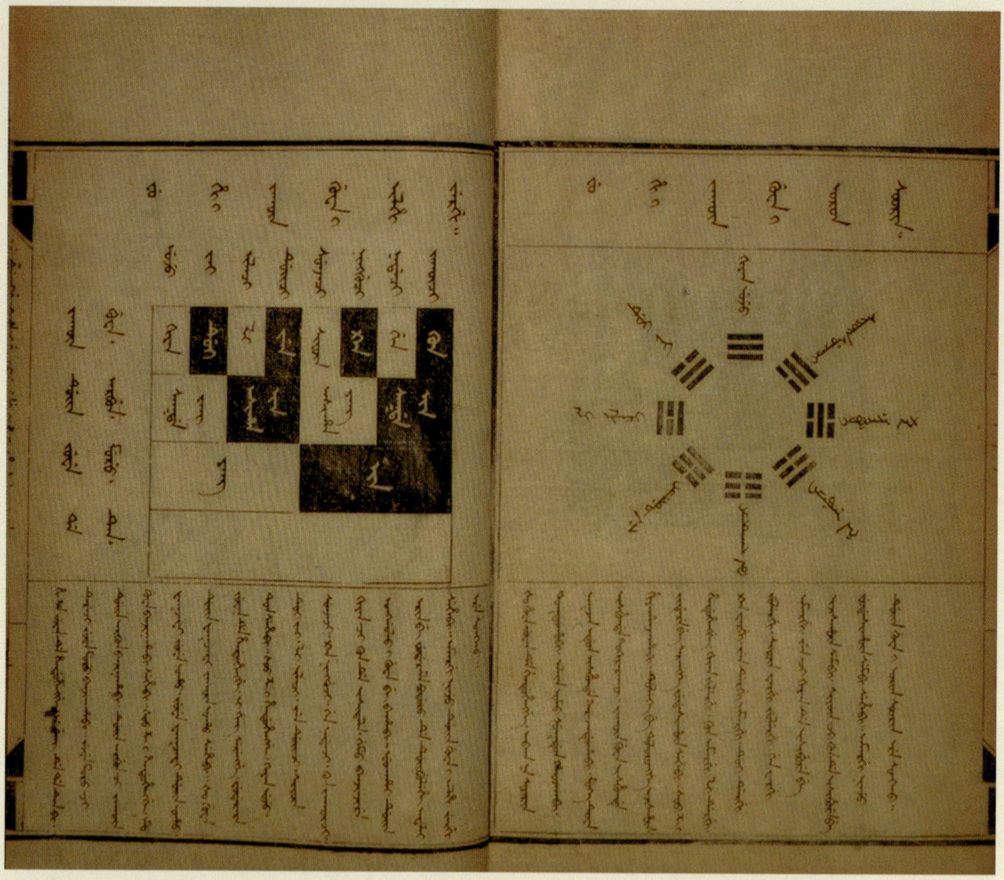

《日讲易经解义》　康熙二十二年（1683）武英殿刻本

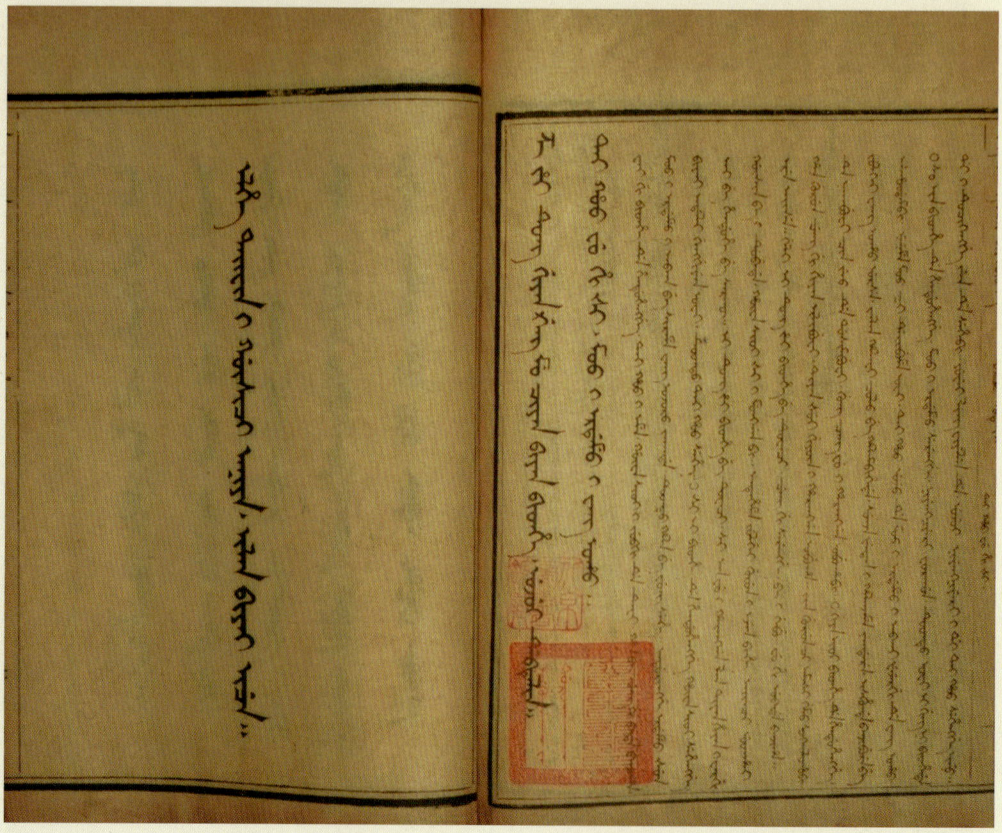

《资治通鉴纲目》　康熙三十年（1691）武英殿刻本

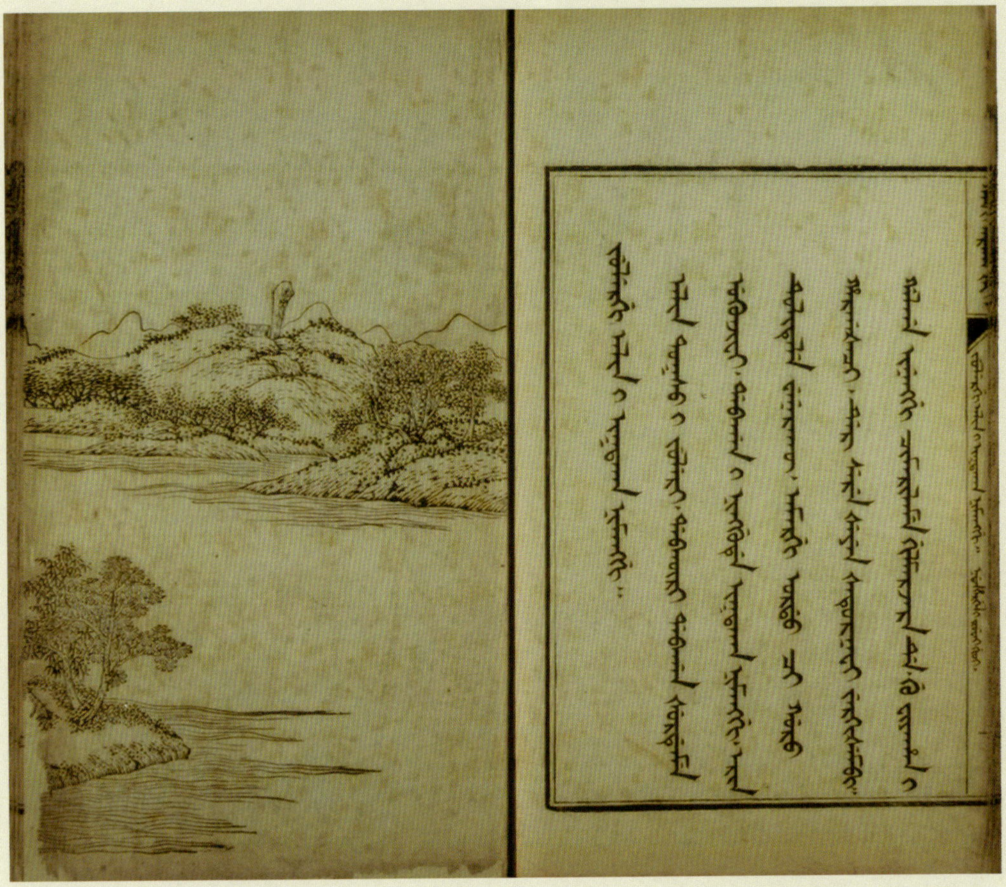

《御制避暑山庄诗》　康熙五十一年（1712）武英殿刻本

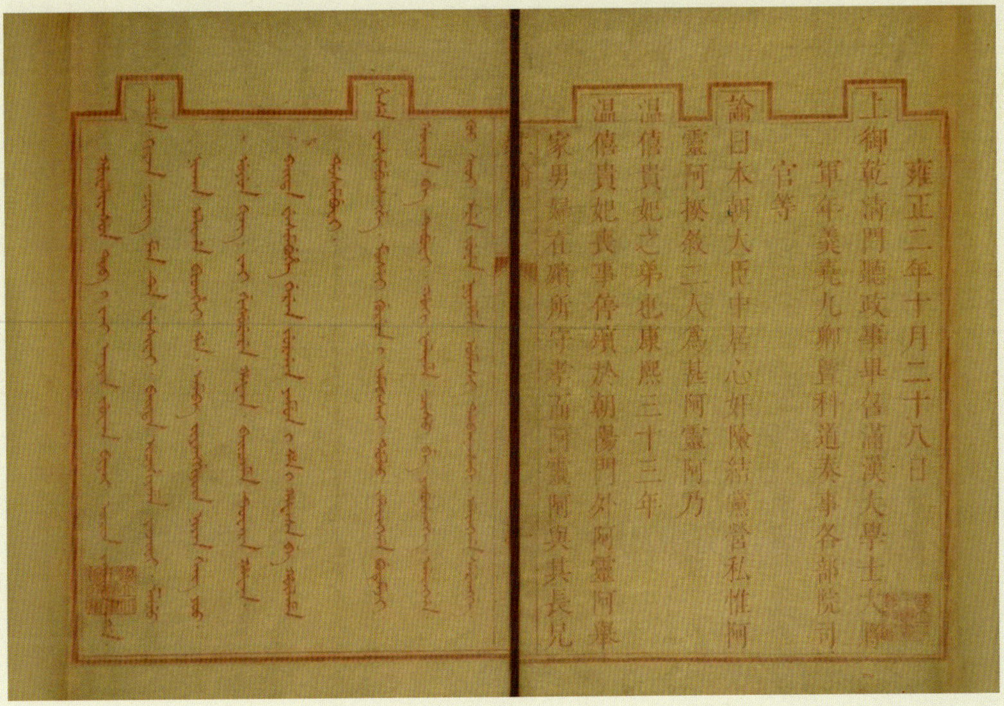

雍正二年十月二十八日
上御乾清門聽政事畢召滿漢大學士大將
軍年羹堯九卿詹事科道奏事各部院司
官等
諭曰本朝大臣中居心奸險結黨營私惟阿
靈阿揆敘二人為甚阿靈阿乃
溫僖貴妃之弟也康熙三十三年
溫僖貴妃喪事停殯於朝陽門外阿靈阿舉
家男婦在殯所守孝而阿靈阿與其長兄

《上谕》　雍正二年（1724）朱印本

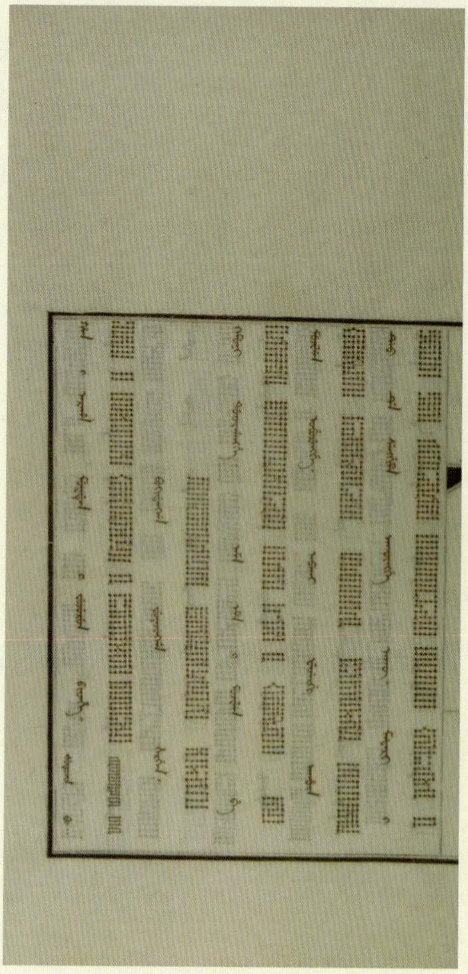

《御制盛京赋》 乾隆十三年（1748）武英殿刻本

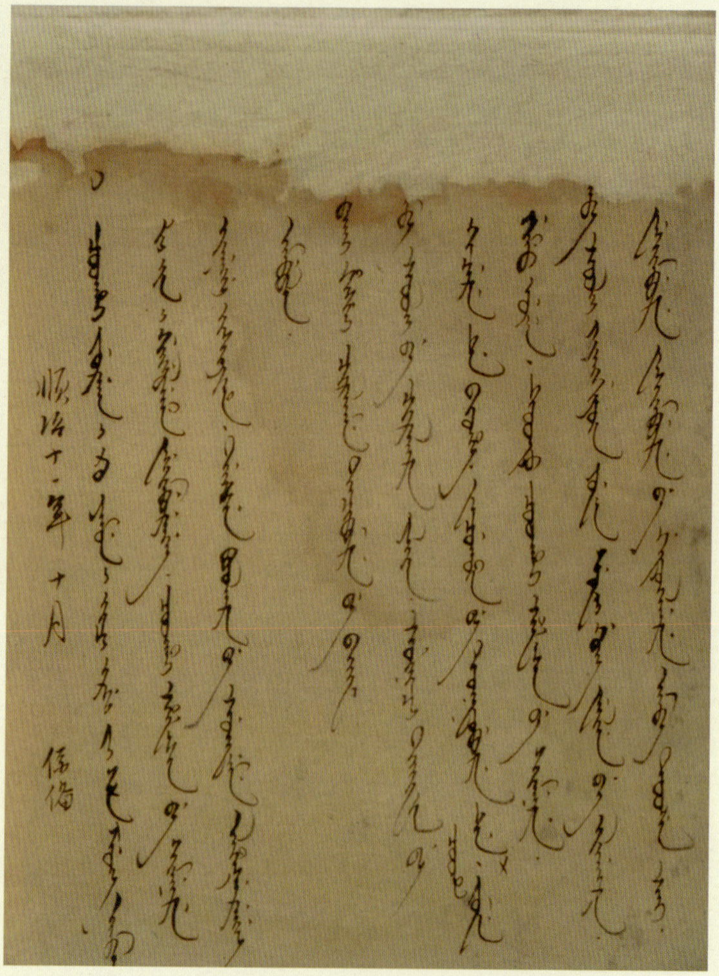

《顺治十一年档册》 顺治十二年（1655）抄本

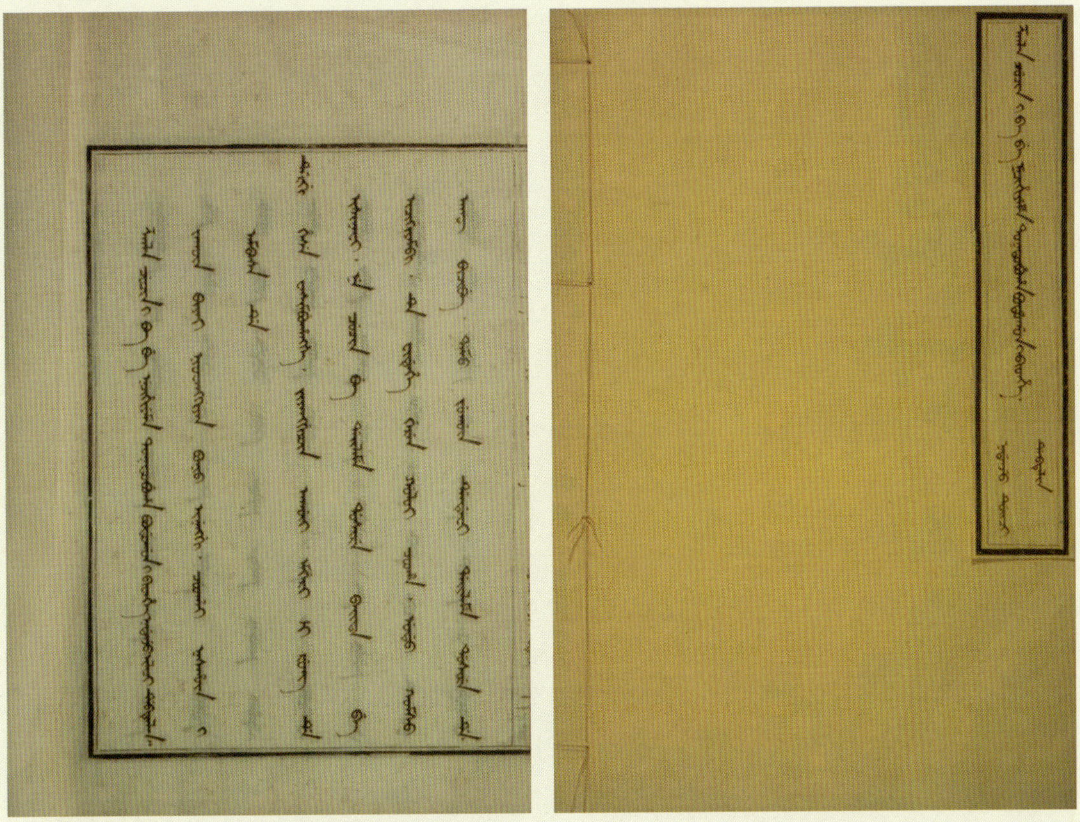

《平定两金川方略》　乾隆四十五年（1780）武英殿刻本

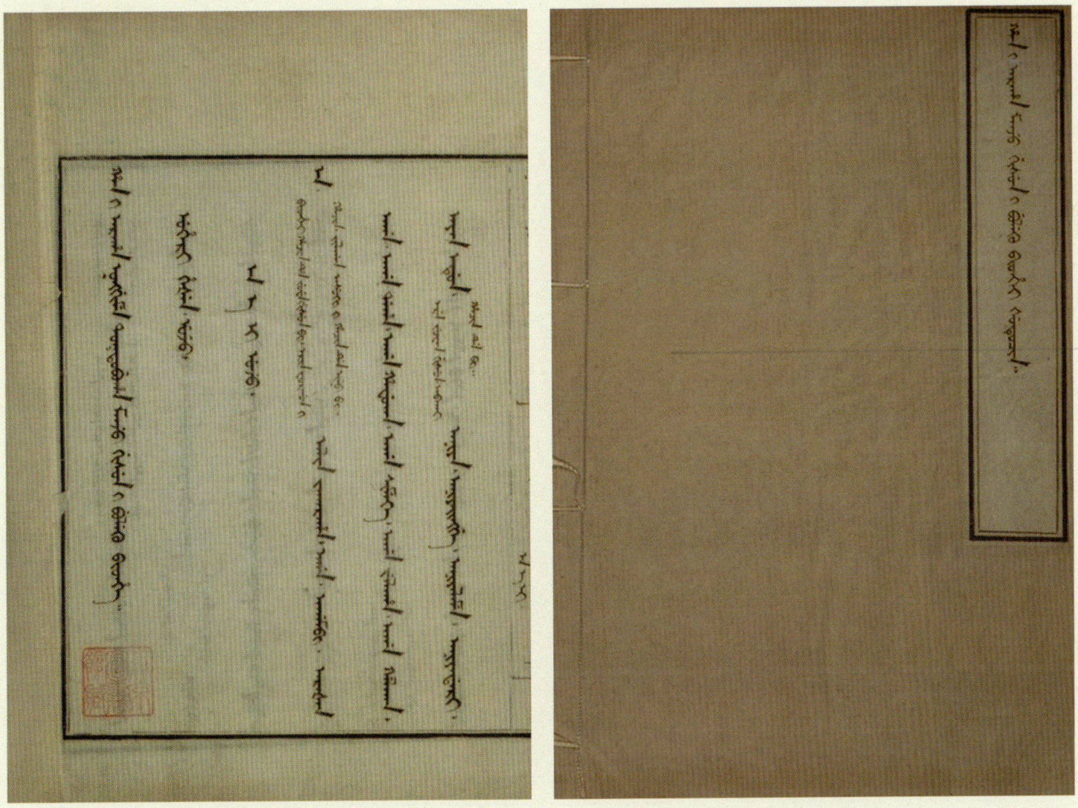

《御制增订清文鉴》　乾隆三十六年（1771）武英殿刻本

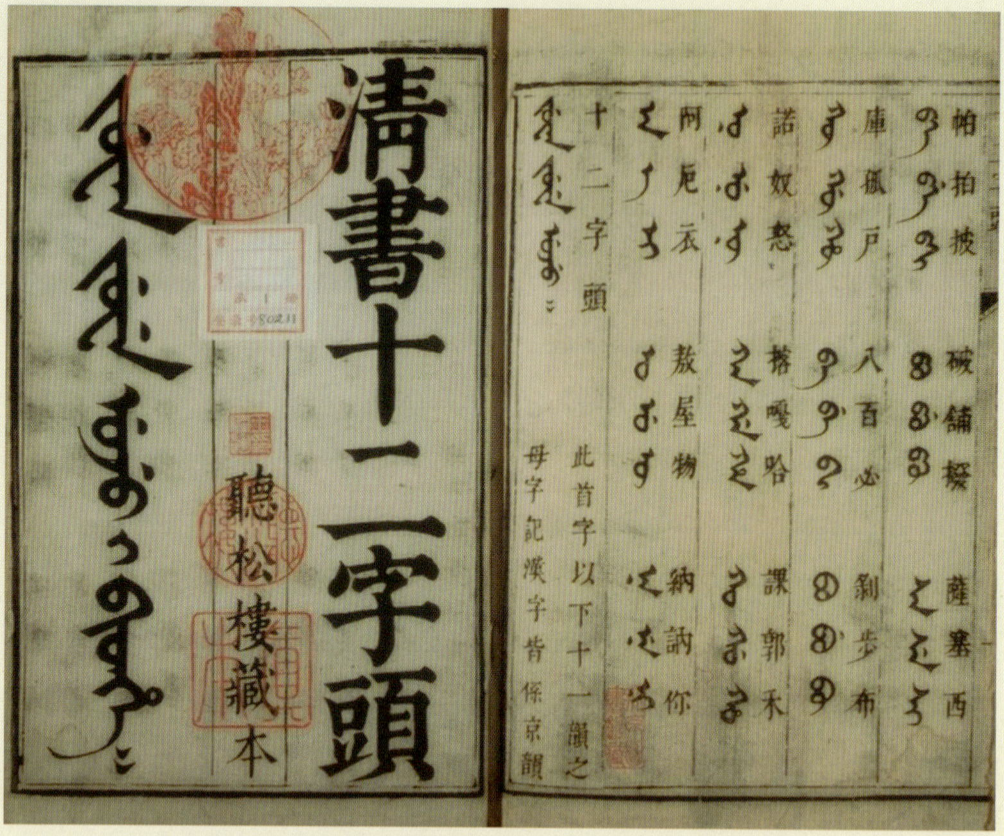

《清书十二字头》　康熙三十八年（1699）听松楼刻本

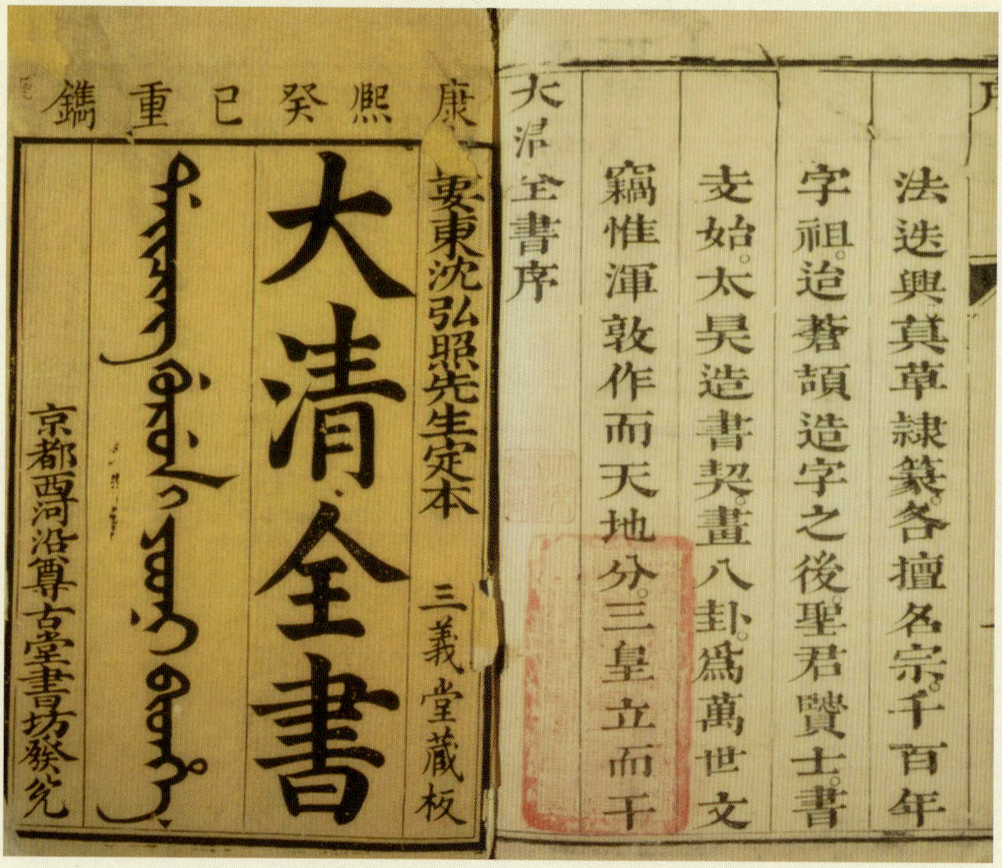

《大清全书》　康熙五十二年（1713）三义堂重刻本

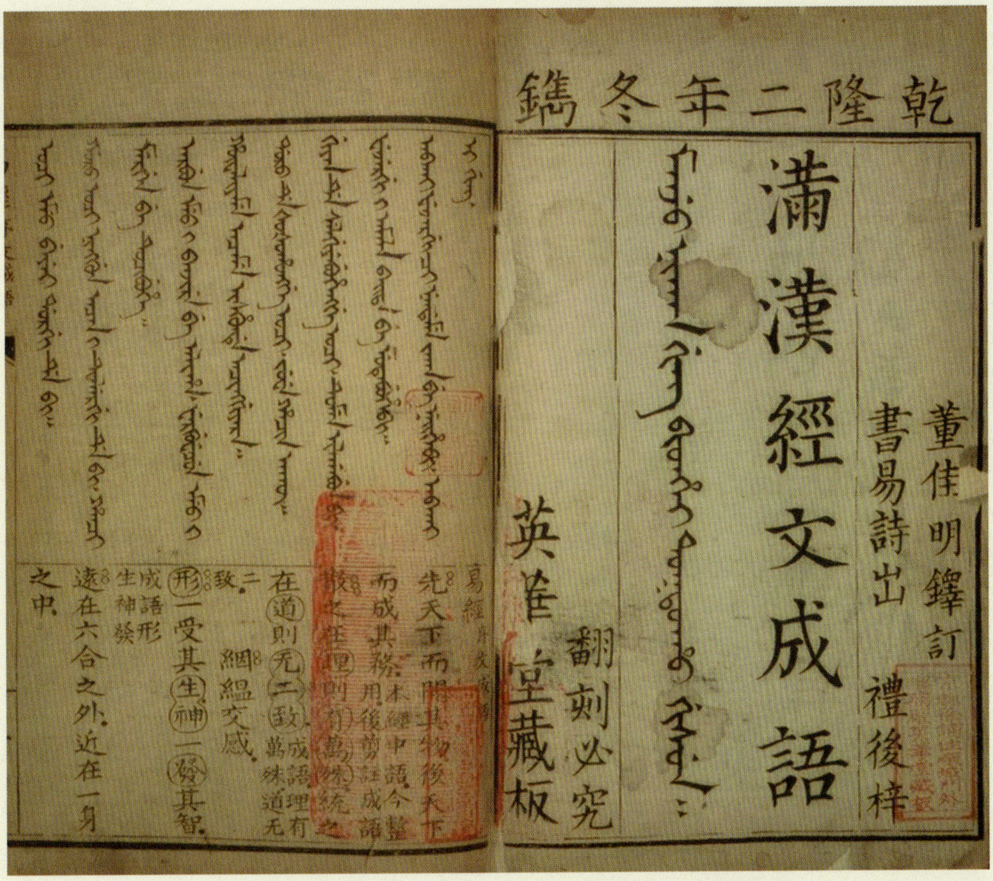

《满汉经文成语》　乾隆二年（1737）英华堂刻本

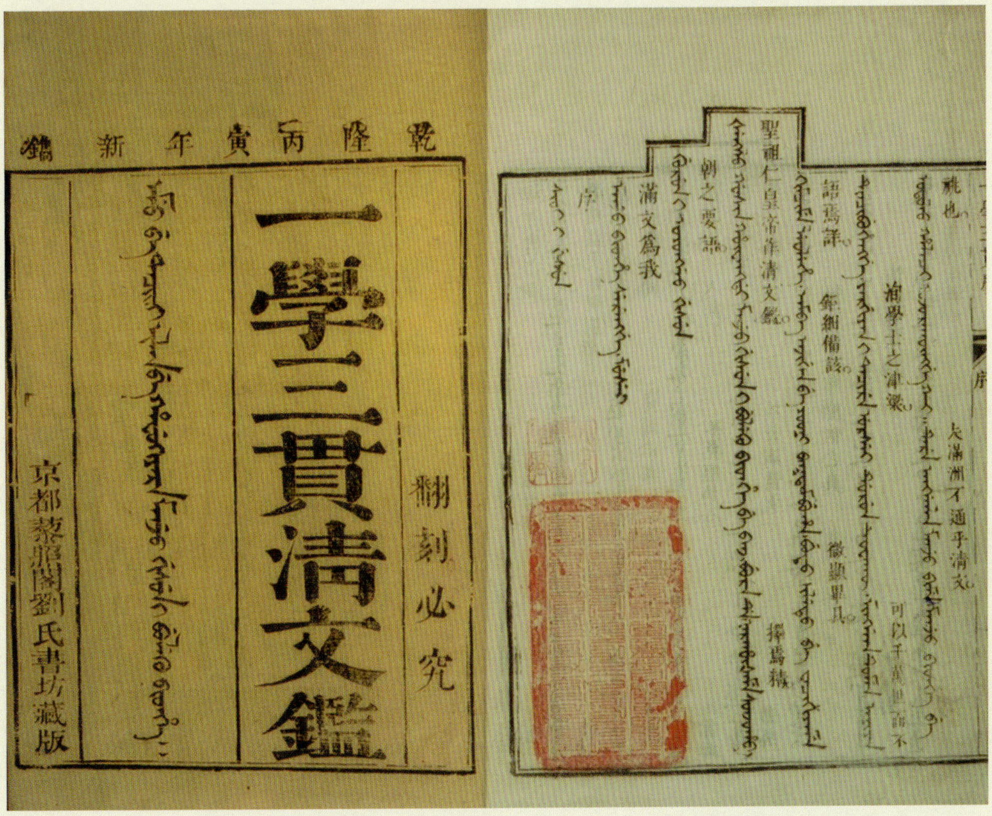

《一学三贯清文鉴》　乾隆十一年（1746）藜照阁刻本

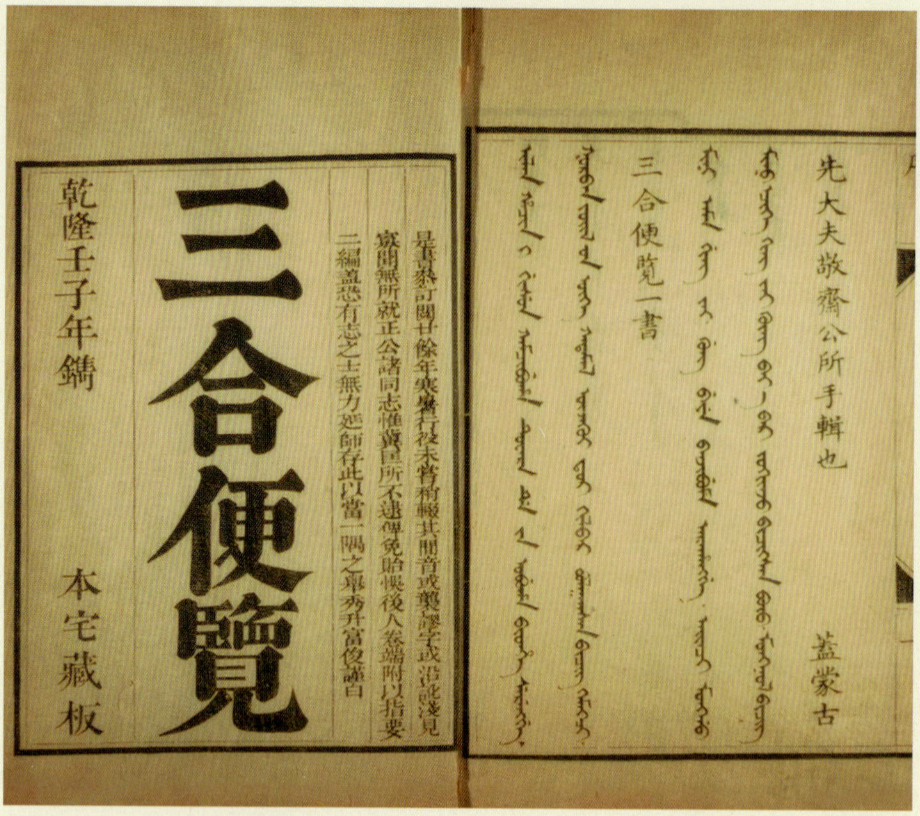

《三合便览》　乾隆五十七年（1792）富氏刻本

《四书集注》　道光十八年（1838）炳蔚堂朱氏刻本

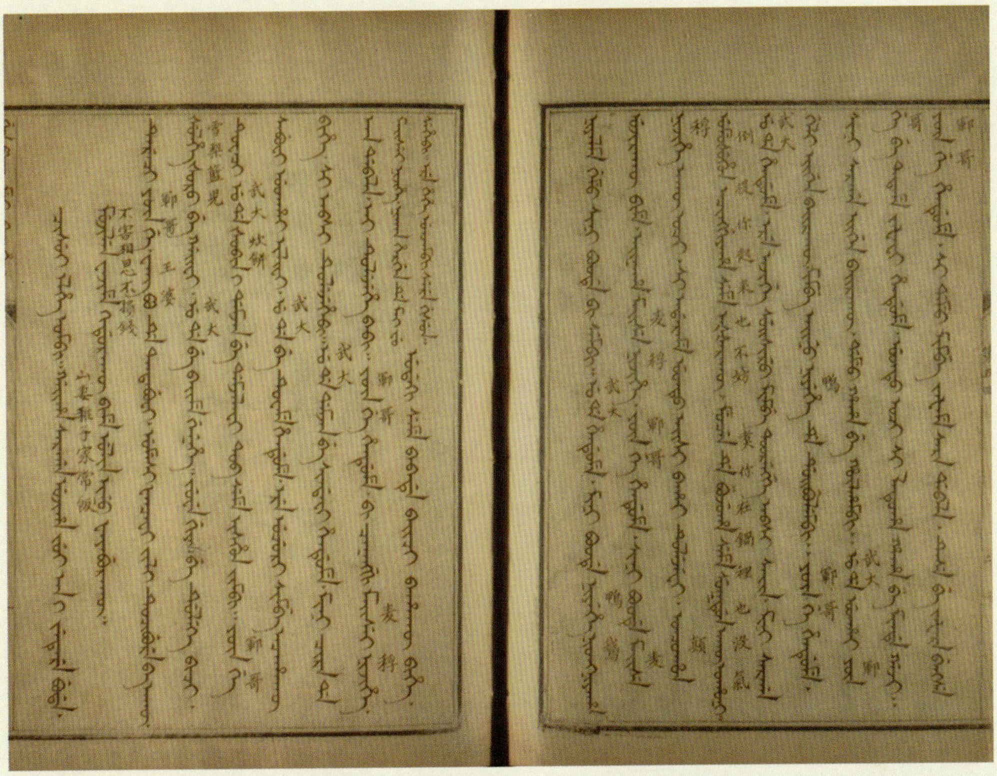

《金瓶梅》 康熙四十七年（1708）刻本

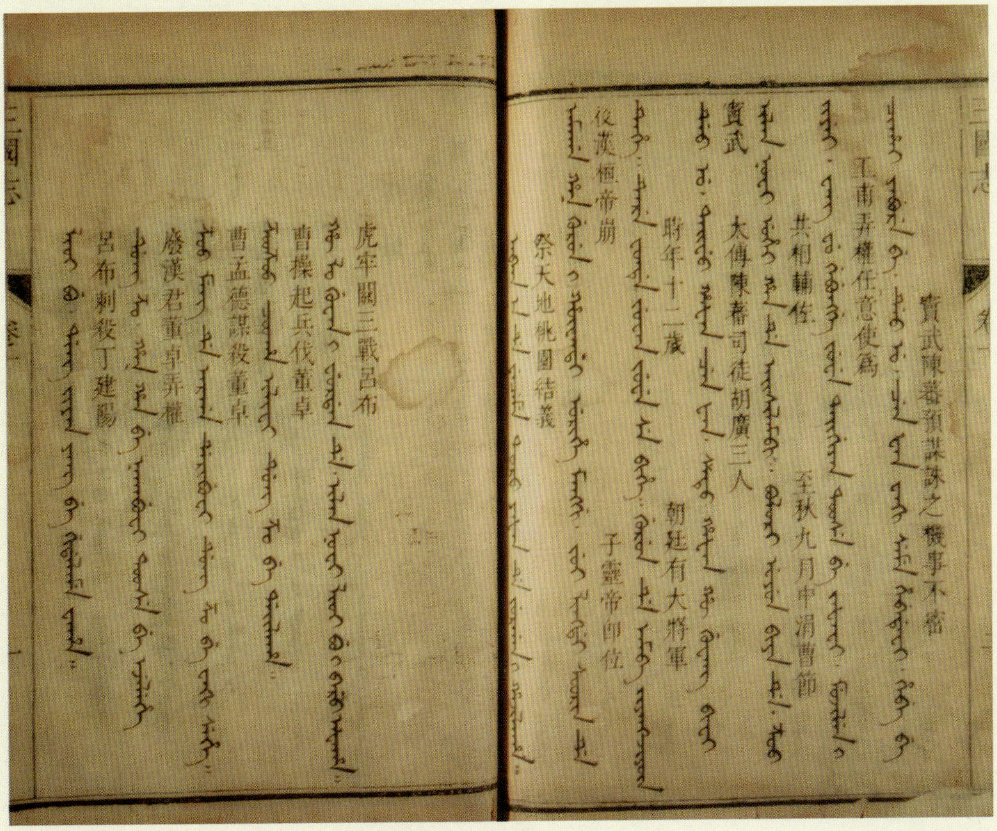

《三国志》 雍正年间坊刻本

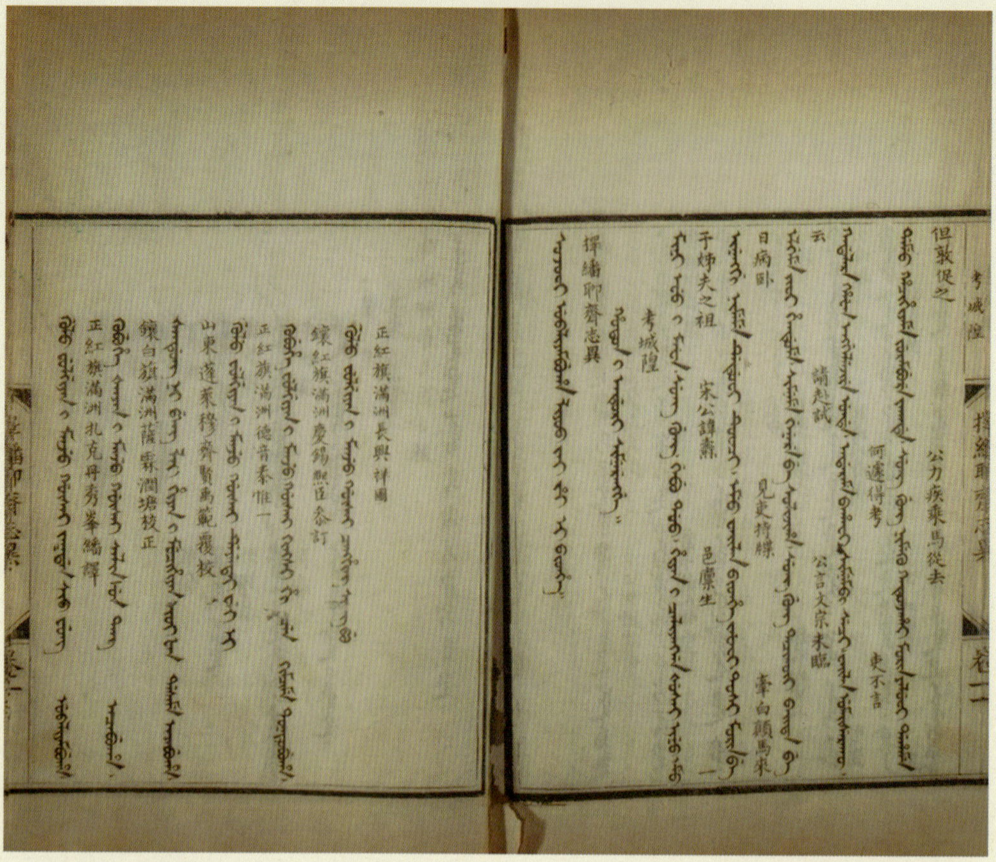

《合璧聊斋志异》（《择翻聊斋志异》） 道光二十八年（1848）刻本

《大清律集解附例》 康熙九年（1670）内府抄本

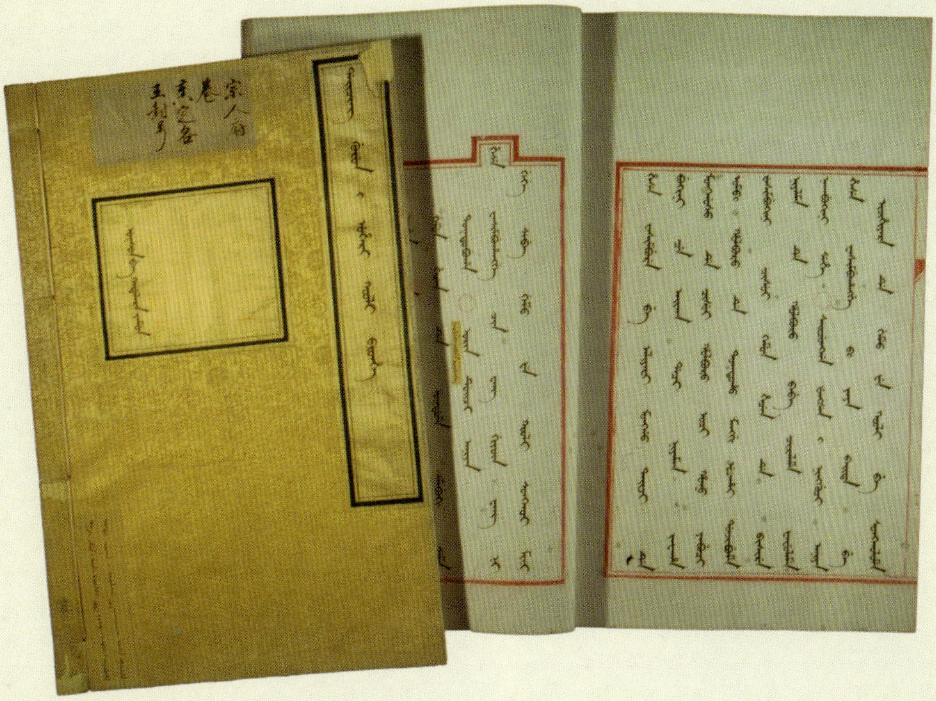

《大清会典》　乾隆年间内府抄本

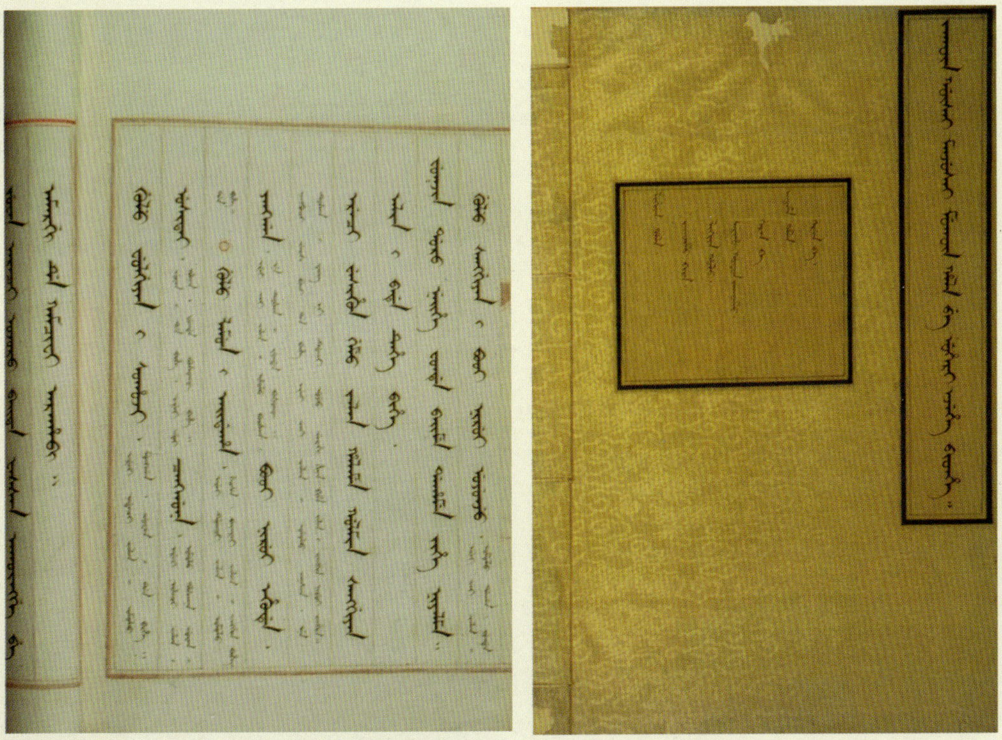

《八旗满洲氏族通谱》　乾隆年间精写本

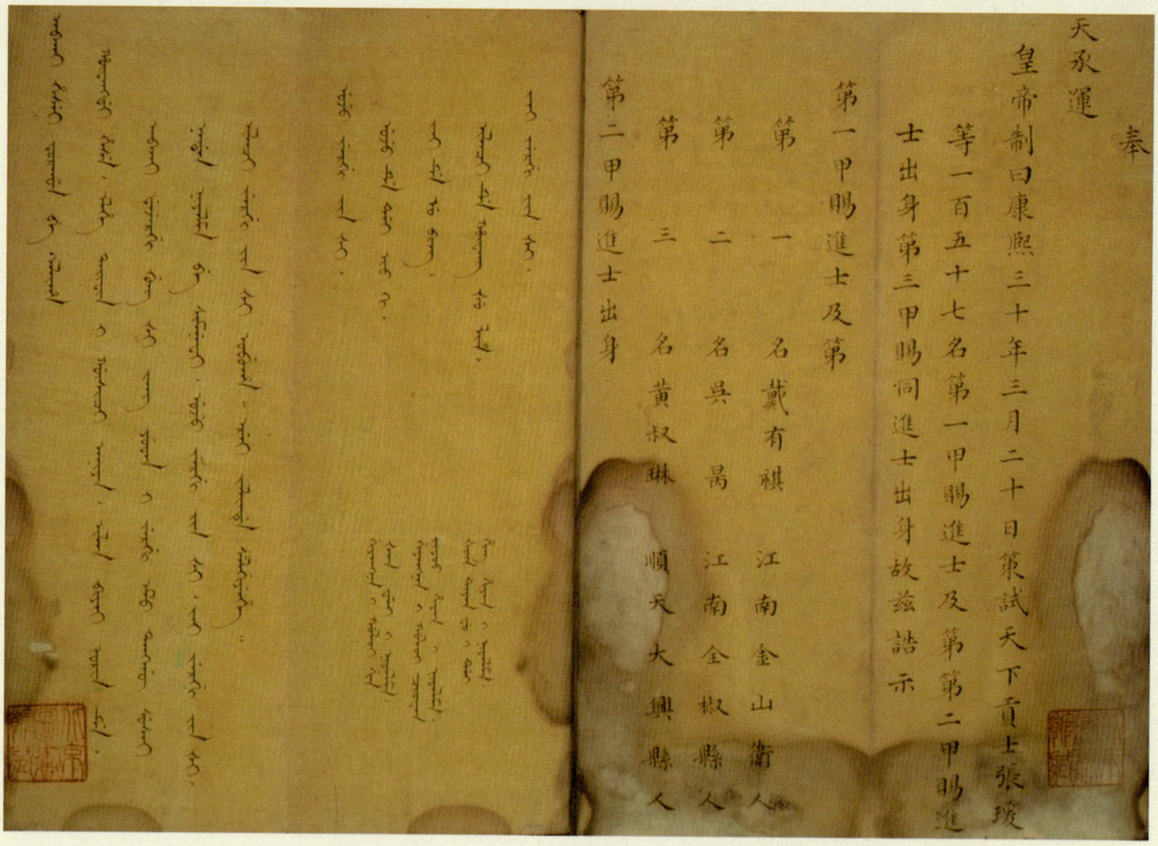

《金榜》 康熙三十年（1691）抄本

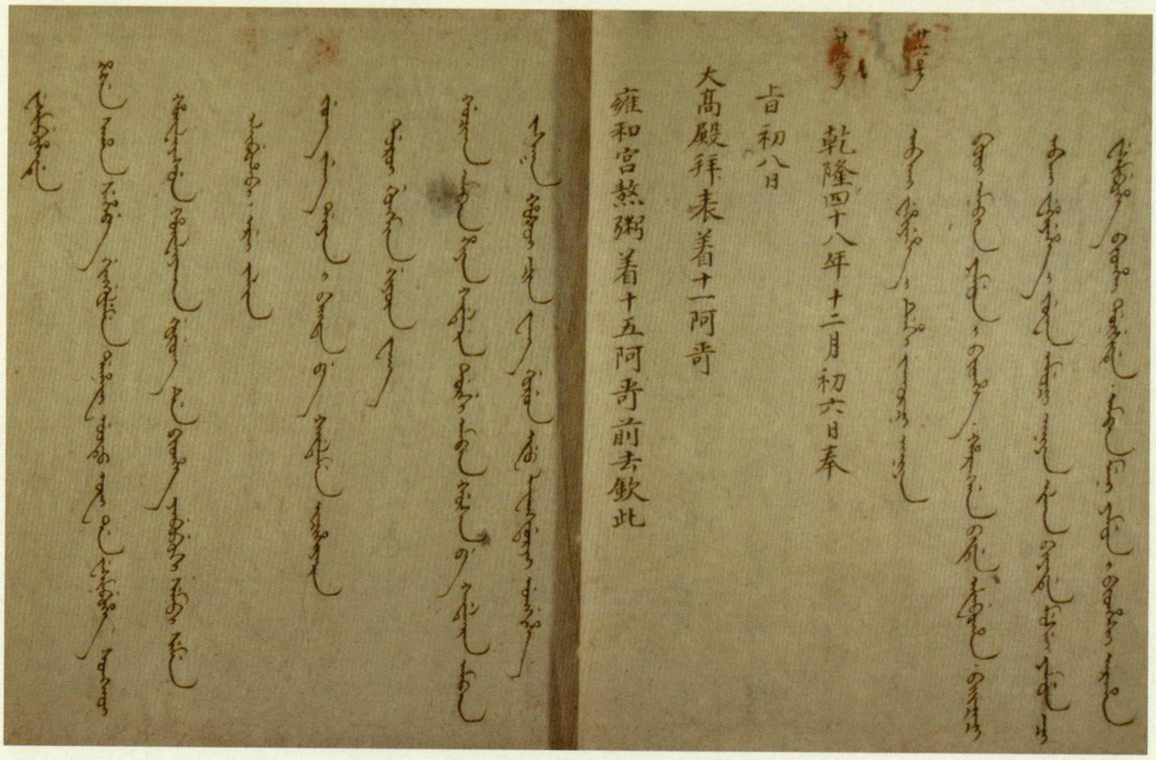

《办理雍和宫事务处行文档》 乾隆年间抄本

《救度佛母赞》　乾隆年间永瑢写本

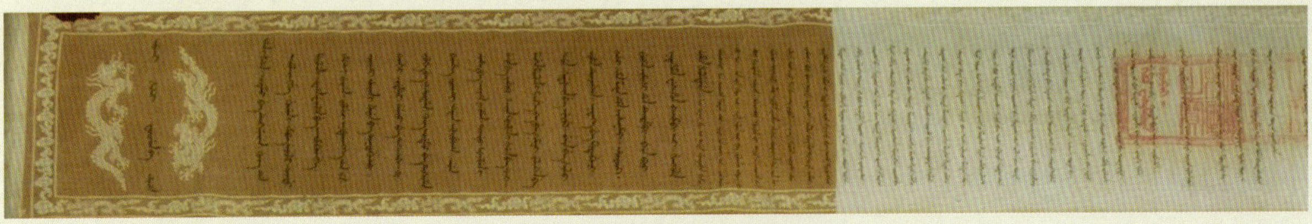

《刘光弼诰命》　崇德七年（1642）至康熙四十五年（1706）写本

《麻勒吉曾祖父母诰命》　康熙九年（1670）写本

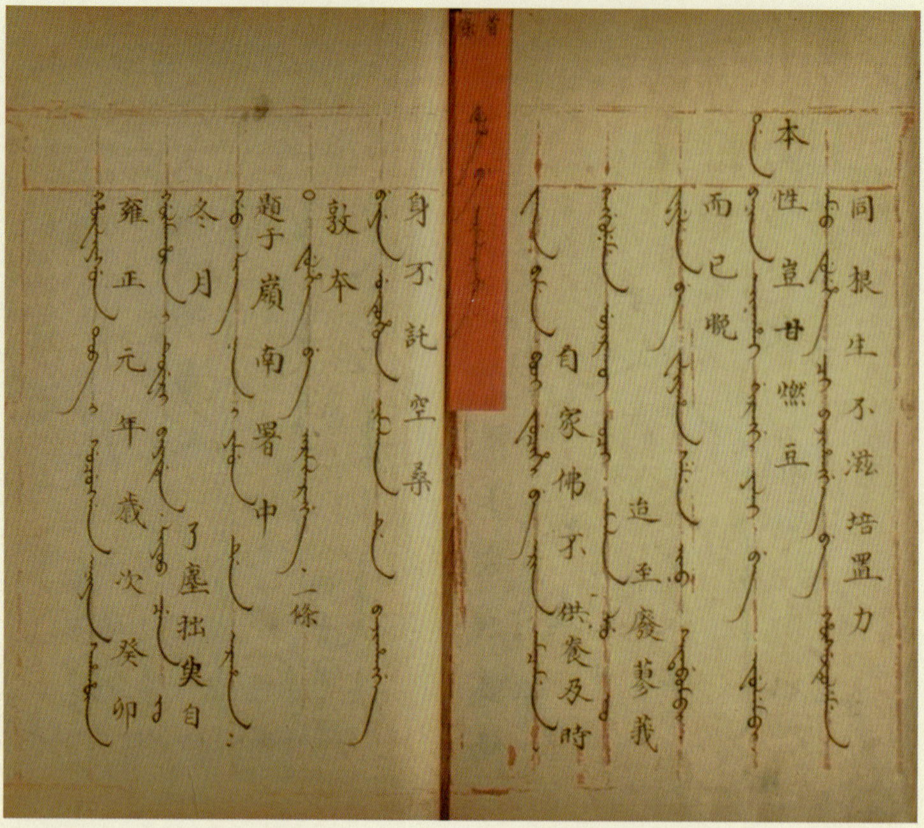

《格言》 雍正元年（1723）抄本

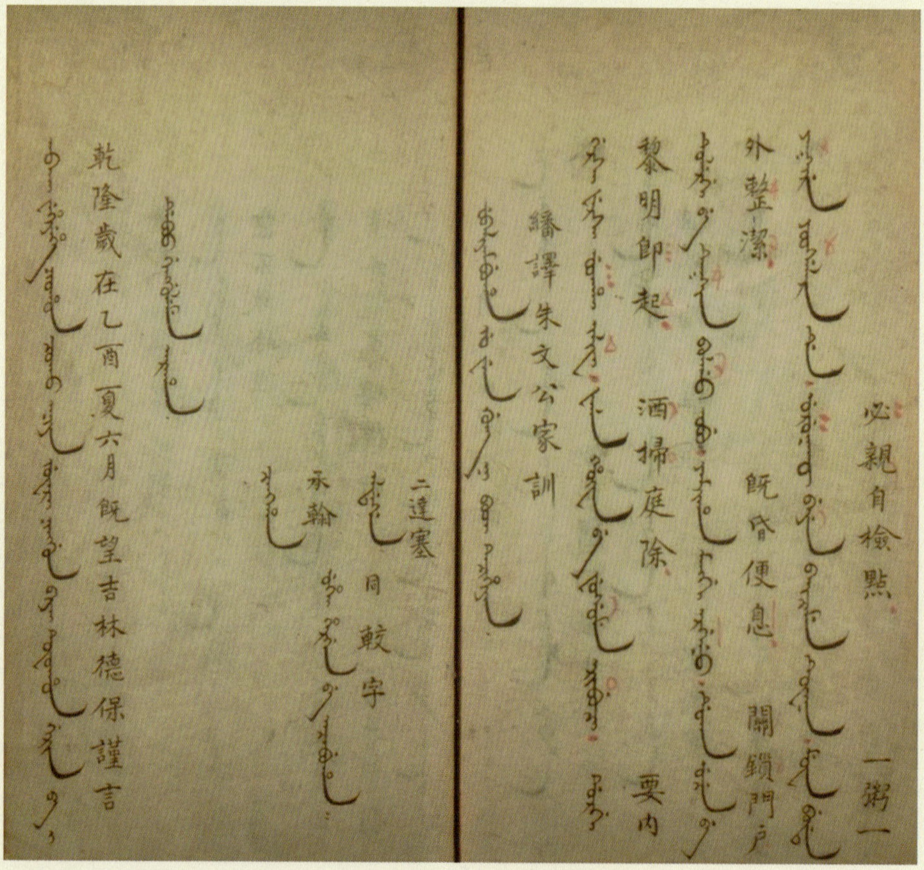

《朱文公家训》 抄本

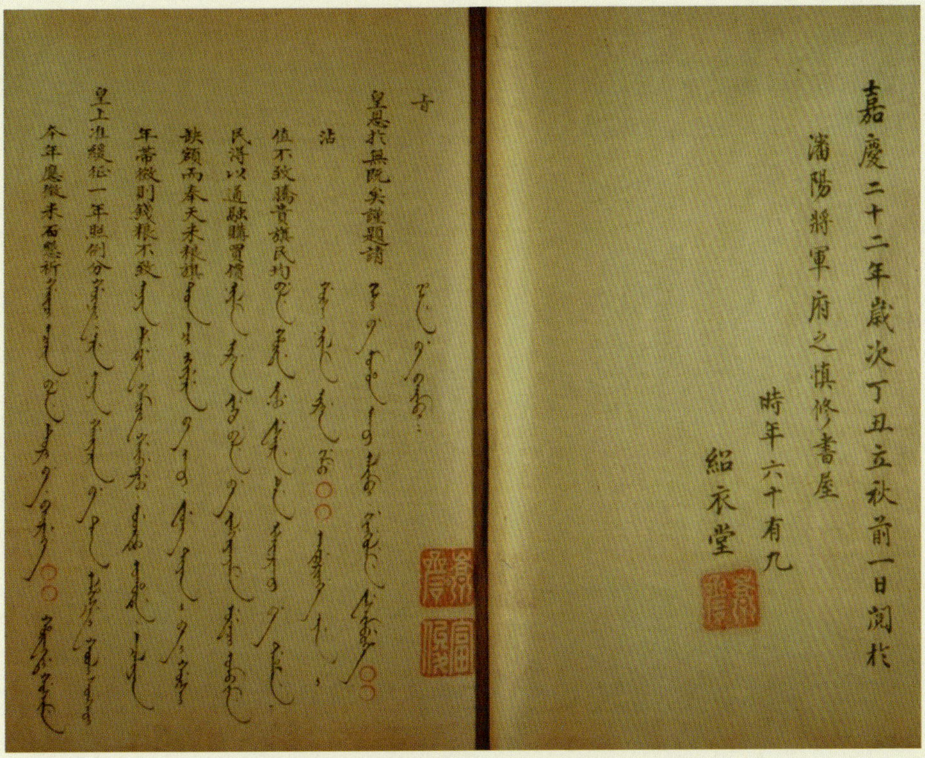

《松窗集》　乾隆四十八年（1783）抄本

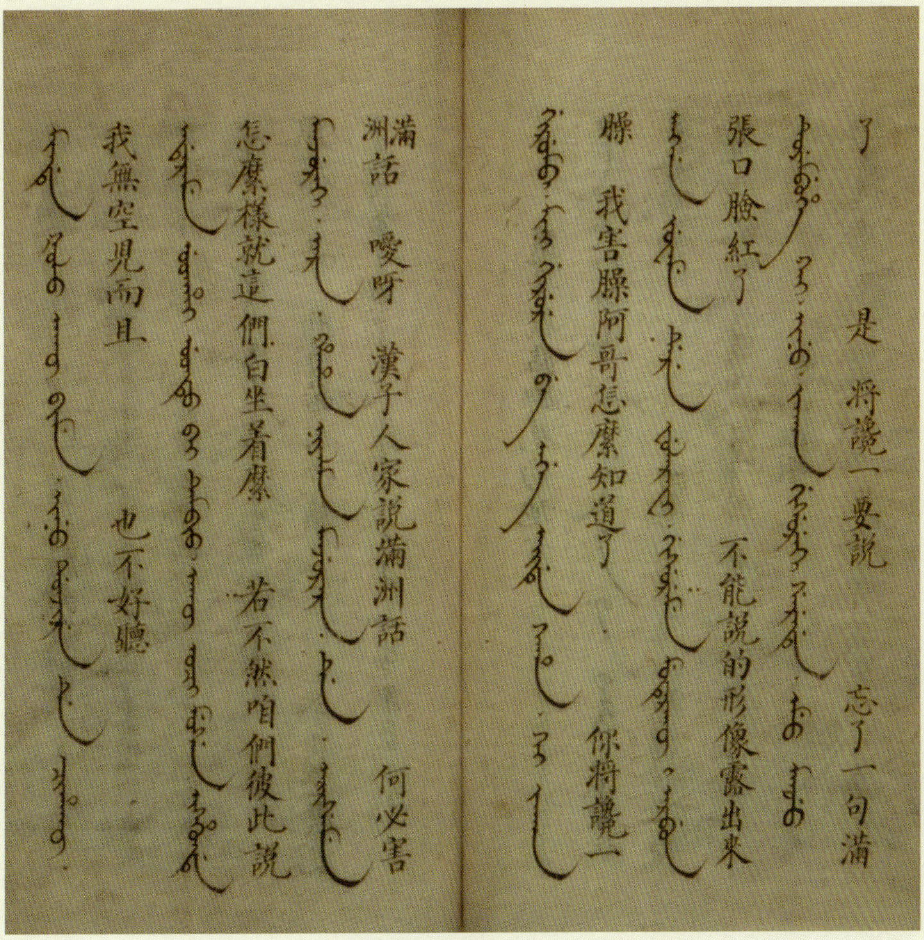

《问答话条》　抄本

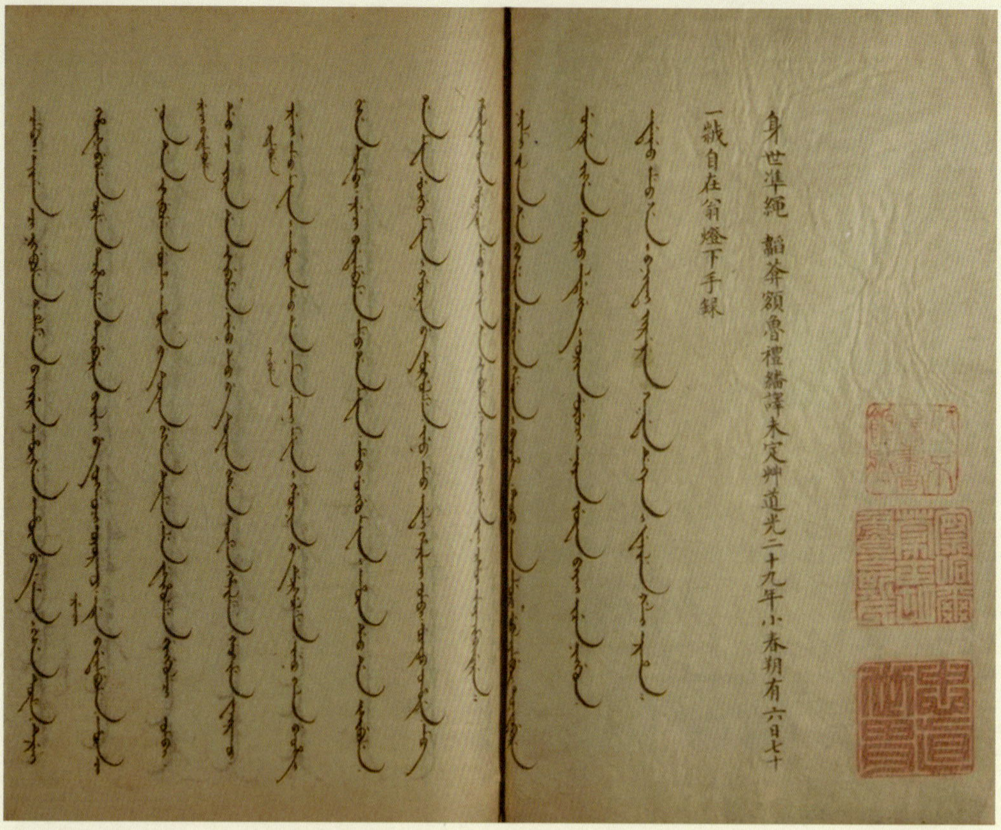

《身世准绳》　道光二十九年（1849）抄本

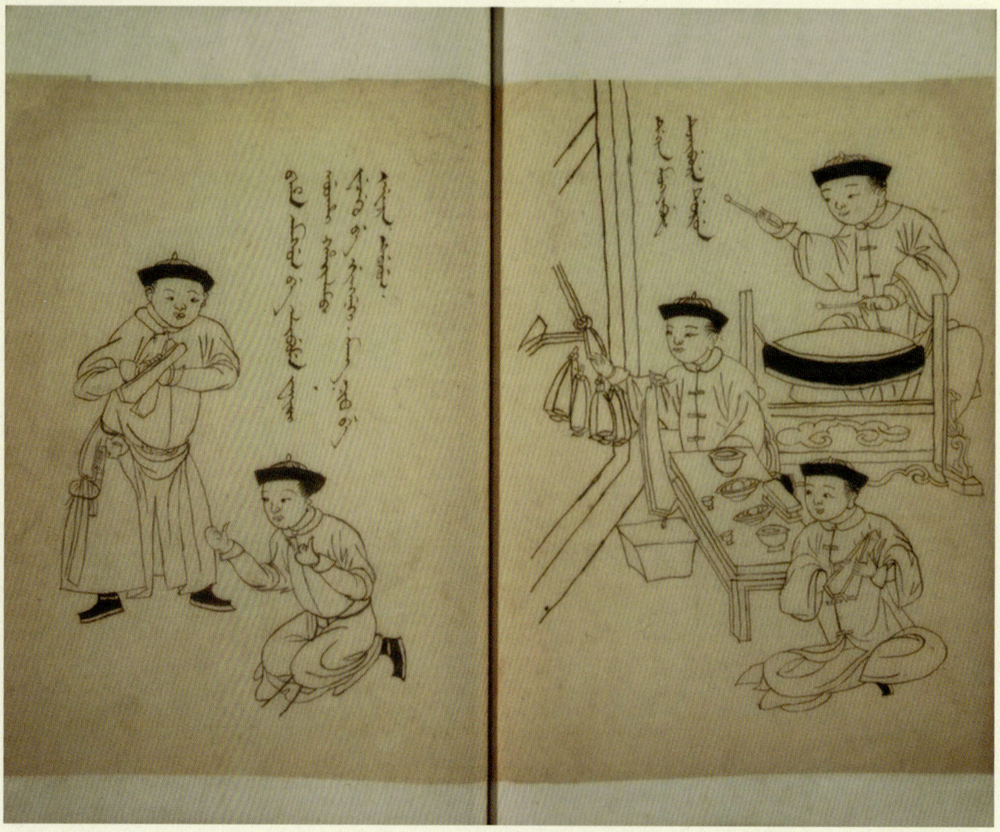

《满洲祭祀图说》　抄本

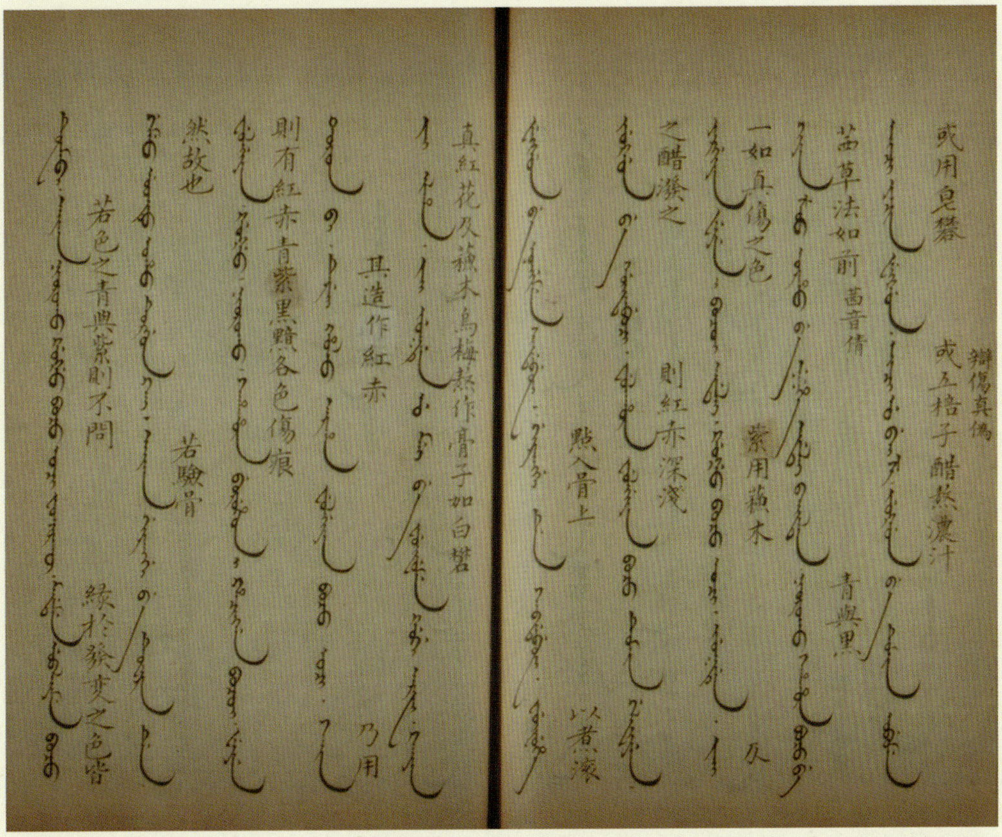

《律例馆校正洗冤录》 抄本

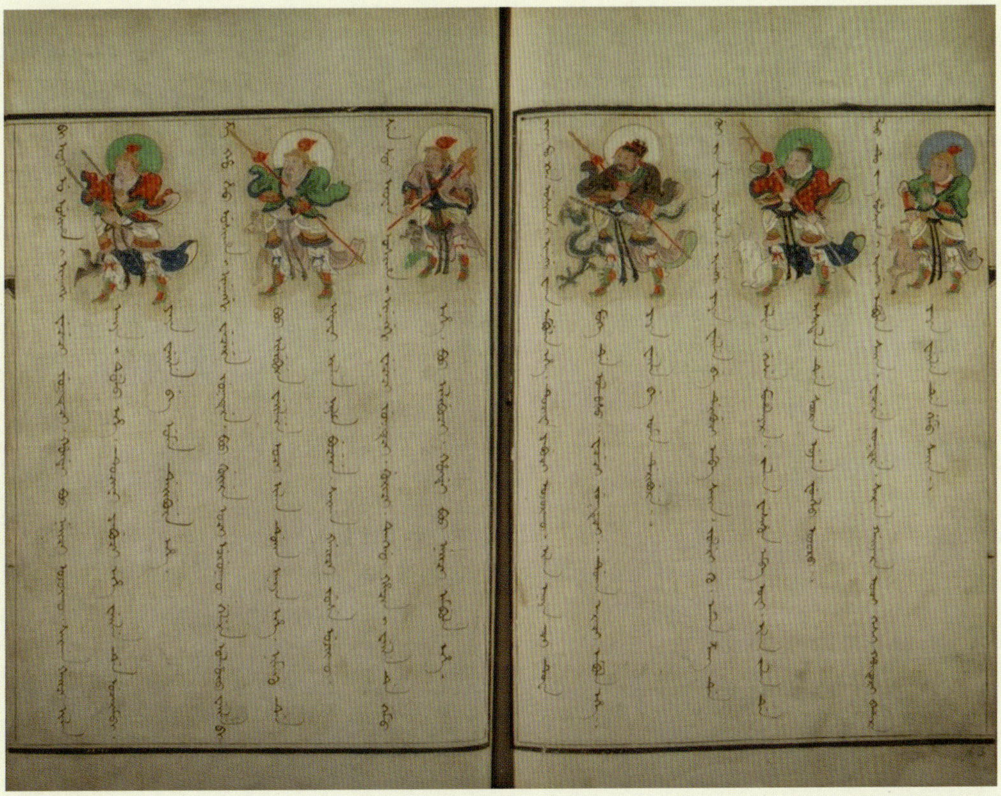

《玉匣记》 抄本

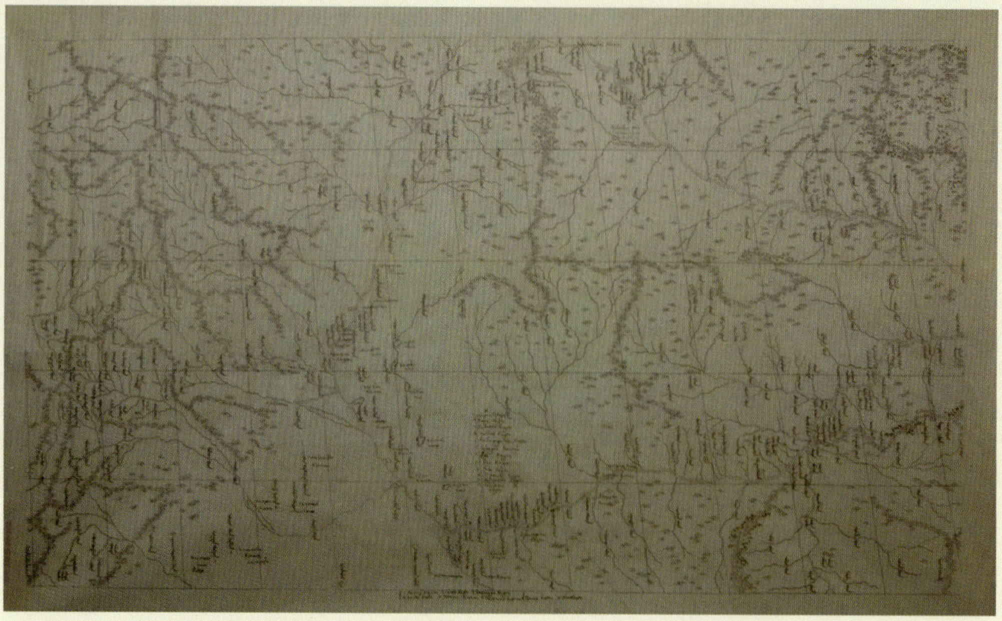

《皇舆全览图》 康熙五十八年（1719）铜版印本

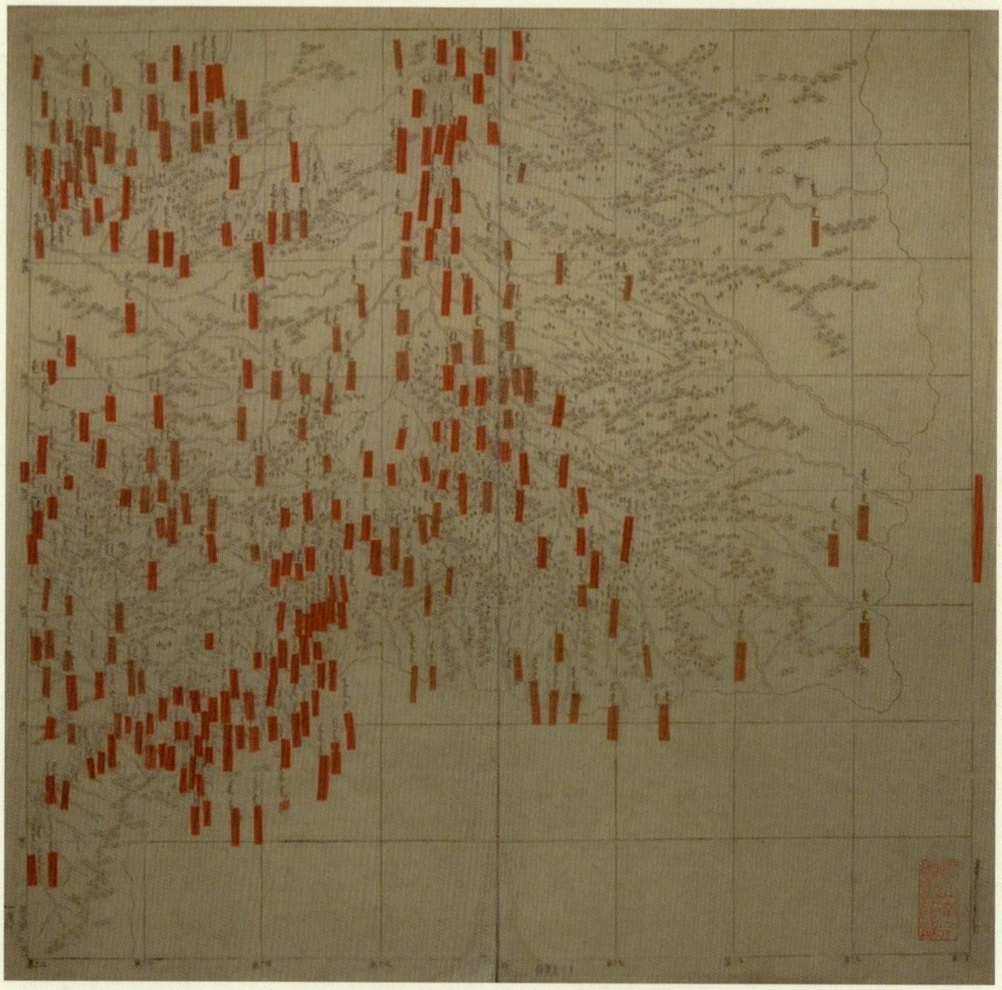

《十排皇舆全图》 乾隆年间刻本

《盛京围场全图》　光绪年间彩绘本

《普静禅林碑》 康熙三十三年（1694）拓片

《台省箴碑》 康熙三十九年（1700）拓片

《绘娑罗树寿王班禅额尔德尼》乾隆四十五年（1780）拓片

前言

自改革开放以来，我国的满学事业已取得长足进步。北京市、东北三省、新疆维吾尔自治区、内蒙古自治区等省、自治区、直辖市先后培养了一批满文专业人才；各图书馆、档案馆整理编目工作有序进行；有关专家编写了多种词典、语法解析、教材等工具书，创办了数种有关满学研究的杂志，发表了大量论文，翻译了不少文献资料，可谓成绩斐然。这些都为编目工作奠定了坚实的基础，使我国的满学从默默无闻，逐渐成为与西藏学、蒙古学、突厥学并列的显学。

众所周知，编目工作是图书、档案、石刻拓片等文献领域一项必不可缺的基本建设，是从事保管修复、整理利用、教学科研等工作的前提，其重要性不言而喻；但同时也是一份艰苦细致的工作，是为后人铺路架桥的服务性事业，平凡而有意义。

我国满文古籍的编目工作开展得很早，20世纪30年代，李德启先生曾将北平图书馆（今国家图书馆）和故宫图书馆的满文藏书合编一联合目录，开满文古籍编目之先河。这两馆的满文藏书量堪称国内外之最，所藏图书按种类计，约占全球满文藏书的75%，所藏石刻拓片约占全球的90%（石刻拓片均存于国家图书馆）。当时故宫图书馆刚成立，征集图书有限，李先生在艰苦的条件下，虽未编石刻拓片目录，但在于道泉教授的热心指导和帮助下，也做了不少开拓性工作，值得后人纪念。之后受社会环境所限，满学事业将近半个世纪停滞不前，直至20世纪70年代末，乘着改革开放的春风，在北京市民族古籍办公室的大力支持下，国家图书馆牵头，并与中国第一历史档案馆共同组织人力，合编《全国满文图书资料联合目录》，共收录全国18个省（区）51家藏书单位的满文藏书1000余种、拓片近700种，1991年由书目文献出版社梓行。根据摸底调查，除少数藏书量不大的边远省（区）靠发函联络外，京、津、冀、辽、吉、黑、苏、浙、沪、内蒙古、新疆等省、自治区、直辖市均为工作人员亲往查阅登录各项数据，从分类立项，到编排各种索引，全是手工卡片式操作，费时费力，事倍功半。又因各出版社当时均无满文铅字，只能采用手写书稿然后照相制版的方式印刷，这与今日交通、通信事业高度发达，电脑应用普及便捷的条件不可同日而语矣。虽然有诸多不足之处，但该书目仍早已售罄。

自《全国满文图书资料联合目录》面世以来，转眼间又过去30余年。我国变化巨大，各项事业欣欣向荣。北京、辽宁等省、直辖市陆续编辑出版了《辽宁省图书馆满文古籍图书综录》

《大连图书馆藏少数民族古籍图书综录》《北京地区满文图书总目》《北京地区满文石刻拓片总目》等，其中前两种书目每部书均附有书影和内容提要。

近年来，我国满学界的国际交往日益增多，对国际满学界的研究方向，尤其是国外及我国台湾地区所藏满文古籍状况，有了更全面深入的了解，通过互访和参加国内外有关学术会议，先后征集到日本、英国、俄罗斯、美国、法国、德国、蒙古国、澳大利亚及我国台湾地区编辑出版的满文书目。据访问学者介绍，意大利、匈牙利、韩国、芬兰等国也藏有满文书籍，但未见其目录。国外所编满文书目，大多为各图书馆自编目录，如《日本东洋文库满蒙文献目录》《美国国会图书馆藏满文文献目录》《蒙古国立中央图书馆满文书籍目录》《法国巴黎图书馆藏满文图书目录》等，不一而足。也有少数相近的图书馆合编地区联合目录，如英国国家图书馆所编目录包括了伦敦地区的伦敦大学、皇家亚洲协会、圣经公会等单位的满文藏书。一般而言，编撰单个图书馆书目，不存在查对重复书籍的问题，相对简单易行，而编写多个图书馆的大型联合目录的工作则量更大、更为烦琐，它需要对每种书的不同版本进行比较鉴别，对相同版本的则要进行分析归并。还有一个困难就是各图书馆编目体例不一致，从分类项到转写字母，五花八门。有的采用现代图书分类法，这占多数，但各馆分类项不尽相同，有的采用中国古代的经、史、子、集四部分类法，有的采用朝年分类法，还有的采用版本分类法等。在满文字母转写方面，大多数图书馆采用穆林德夫的拉丁字母转写法，少数图书馆采用俄文字母转写法。根据各馆实际藏书情况，制定相应规则，本无可厚非，应予肯定，但这也给编制大型联合书目带来不便，所幸经各方专家齐心合力，多数疑难问题得以解决。

国外满文藏书从种类和数量看，远不及中国，大多为国内图书馆常见的四书五经及《清文启蒙》《清文汇书》《清文鉴》《清文虚字指南编》等语言文字类工具书，以及清代的会典、则例、圣训、方略等历史类书。善本、孤本图书虽然不多，但颇具特色，很有研究价值，值得学者注意。如英国国家图书馆藏有《满-拉丁辞典》《满法辞典》《满汉俄会话手册》《突厥蒙古满洲词汇汇编》等珍贵手稿，《三译总解》系罕见的《三国演义》满朝合璧刻本。日本京都大学有《清文鉴和（日文）解》《日满语类集语汇》《满日对译佛说阿弥陀经》等手稿。法国国家图书馆存有不少16—17世纪传教士撰写的有关天主教教义的满文本宗教书籍，如利玛窦编写的《天主实义》，艾儒略编写的《涤罪正规略》，南怀仁编写的《圣体要理》《圣体答疑》，潘国光编写的《天神会课》等。明末清初，天主教在中国曾煊赫一时，后因礼仪之争，康熙、雍正皇帝下令禁教，上述著作国内今已无存；还收有一批满文方志书，如《云贵志》《长白山志》《回疆通志》《缅甸志》等，均为孤本。俄罗斯几家图书馆则收录了一批明末清初言情小说的满文译本，多为手写孤本，如《凤凰池》《生花梦》《麟儿报》《画图缘》《英烈传》《好逑传》等；满文医书也不乏珍品，如《引痘新法》《满译妇科学》《针灸疗法》《诸病论》《药性赋》等；还有《大清一统志》的满文译本，世所仅见。而日本东洋文库、美国国会图书馆等单位则保存不少满文档案。总之，这些手稿、抄本、刊本图书起到文化交流作用，可增进各国对彼此的了解，便于互相借鉴、取长补短。

在中华人民共和国成立前，因战乱等种种原因，满文图书文献流散各地不少（包括国外），很难做到收罗无遗。编目工作，本应结合实物进行，是为第一手资料，各项数据才能更为精准可靠。本目录所收录之图书，大部分均经编者过目，但因条件所限，国外和我国台湾地区满文藏书无缘亲见，只能在其所编满文书目内查对统计，已属第二手资料。再者，因某些变故，个别原书已下落不明，但其目录或胶片、复制品尚在，足以证明该书确曾存在过，此次编目仍应予保留。故书名斟酌再三，以《满文文献知见录》为名较为妥当。“知见录”一名，早已有之，为一种较特殊的编目，如《清代禁书知见录》《古籍珍稀版本知见录》《中国丛书知见录》等。总体而言，本书如能基本反映有清一代满文图书的概貌，就实现了我们编纂此书的初衷。

需要特别提及的是本书对于满文档案和舆图的处理。清代是我国最后一个封建王朝，清代将满语定为国语，故而现存满文档案数量巨大，其内容丰富，涉及有清一代的政治、经济、文化等各个方面，具有十分重要的史料价值。据初步统计，仅中国第一历史档案馆就存有多达160万件（册），如果加上东北三省、内蒙古自治区、西藏自治区等地满文档案存量，至少在200万件（册）以上。依据现有人力，全国满文档案的统一编目工作难以在短期内完成，一般安排在下一步进行。各地档案馆大都已编有本馆满文档案的各种目录，包括传统的全宗-案卷目录、重要文件目录等。当前，档案目录的数字化处理也有很大进展。以往国内编满文书目，基本不收录档案和舆图，原因有二：一是数量过多；二是两者性质不同，从内容、分类到著录项目都大相径庭。应该指出，某些档案和图书较难区分，兼具两者性质，归属两可。对此，本书的处理原则是：凡属原生状态的公牍文函等，归入档案；凡经过加工编辑或已公开出版发行者，归入图书。

鉴于国内外各大图书馆已将经过编目之零星档案舆图收入满文书目，本书也酌量精选了数十种较为完整系统、早在清代就已按专题编成册的图书型档案收录其中，同时又选了数十幅早经公布的较有价值的满文舆图。顺便指出，某些档案，如大玉牒，常年置放于皇史宬，为清廷供奉祖先所用，此次编目用的是作为底稿的小玉牒。又如诰敕类文书，仅中国第一历史档案馆就收藏多达数千件，且未编目，除已经公布者外，不再收录。有些舆图为加强保护，已拍有底片，原绘不宜提供利用，故缺失尺幅、色彩等数据。上述档案舆图等资料，可作为满文文献的重要补充。当然，这对浩如烟海的满文档案来说，仅是冰山之一角，希望读者能达到触类旁通、举一反三和了解一些档案学与相关知识的目的。

由于编者满学和图书馆学的水平有限，本书错误漏失之处在所难免，望诸方家不吝赐教，加以指正，是为至盼。

本书由黄润华先生与本人共同担任主编，负责制订工作计划，搜集国内外资料，撰稿，写前言、后记及凡例，设分卷之类项，并审定全稿。郝超先生负责全书录入和排版，以及查找部分著录内容、数据和编制索引等工作。朱志美女士负责查阅部分图书和补充采集宗教方面的内容数据并承担编务工作。庄秀芬女士负责协调联络及掌管工作进度、联系出版事宜等。国家古籍保护中心很重视这项工作，将本书编辑出版列入正式计划项目，给予了大力支持。国家图书馆善本阅览室诸位同志热情协助，帮助提供线索，查找图书、拓片等。特别是负责古籍工作的副馆长、研究馆员张志清同志安排工作周到细致，使这项工作得以顺利进行并完成。辽宁民族出版社副总编辑吴昕阳女士、责任编辑杜璐珊女士认真审阅。原责任编辑李璜女士在审稿前期也做了不少工作。由此本“知见录”方能付梓问世，在此谨致以衷心的感谢！

屈六生

2021年9月

凡 例

一、本书收录全国50余家单位和其他8个国家16家单位收藏的满文图书2000余种、石刻拓片800余种、档案200余件。

二、因满文文献的作者所处年代和出版时间多为清代，故满文文献凡著译者、撰书者和版本为清代者均不注明朝代，清以外的加以说明。

三、个别条目因信息来源所限，仅知文献名，其他信息缺失过多，则在其馆代号外用“{ }”号表示。

四、关于本书著录之文种，有“满文”“满汉合璧”“满汉对照”“满汉文”等不同著法，其具体概念如下：

1. 满文：即全本均为满文或基本上以满文为主。

2. 合璧：包括两种或多种文字合璧。以“满汉合璧”为例，指同一页上，满汉两种文字相间，或上下对刊（两节版），但表达相同内容。

3. 对照：包括两种或多种文字对照，指同一个词由两种或两种以上文字并列，仅用于词典类工具书。

4. 某某文：包括“满汉文”“满蒙文”“满蒙汉藏文”等。以“满汉文”为例，指该书以满文为主，但夹杂汉文，两种文字不一定反映相同内容，也不一定相间并列。

5. 满汉合集：指内容相同的文献，分别用满文、汉文刊印，其开本大小、装帧形式完全一致，只是左右翻页有别，两种文字的文献装在同一个函套内。

五、图书卷细则如下：

1. 本书所收满文图书包括刻本、抄本和民国时期珍贵的影印本、晒印本。时间截止到1949年。国内外有关满文图书的研究性著作不予收录。

2. 图书卷按《中国图书馆分类法》（第五版），并结合满文图书的实际情况进行分类排列，分为哲学、伦理学、宗教、法律等16个类别。

3. 本书所收满文图书按以下项目依次著录（若某书某一项无考则略去）：

（1）顺序编号。

（2）书名：包括汉文、满文书名以及满文书名的拉丁字母转写。

（3）文种：为使读者更加清晰地分辨同一种书的不同文种版本，本书著录时将文种注在书名后，并以顺序编号、书名、文种共同作为每一条目的标题。

（4）著者及著作方式。

（5）译者及所译文种。

（6）版本：包括出版者和出版年代。

（7）抄本的开本或刻本的版框规格：以“高度×宽度”的形式著录。

（8）卷册数：因本书收录均为古籍，卷册数采用汉字数字标注。

（9）装帧形式及版面情况：为避免烦琐，本书只对梵夹装、蝴蝶装、经折装等少数特殊装帧形式进行著录，一般线装书籍不再注明。

（10）附注项：包括书籍的内容介绍、著者介绍、译者介绍等。其中不同条目著者、译者为同一人时，仅在首次出现的条目附注项进行介绍。

（11）收藏单位代号：代号对应的收藏单位见附录二《收藏单位代号表》。相同版本的同一图书多个收藏单位保存情况不同者，在收藏单位代号后补充保存情况。

4. 书名著录一般以原书卷端所题为准。如一书另有异名，则于附注项中说明。如原书缺汉文或满文书名，考虑编制索引之需要，则予以补译，使之完整。个别图书原书名与内容不符，编者重拟了书名，原书名列后。此类情况在书名后加“☆”号表示说明。

5. 编排书名时，凡原书名前冠有“翻译”“满汉”“合璧”“二合”等字样者，若略去后不影响书名的完整性，则略而不录。

6. 同一图书的排序原则是先刻本，后抄本。有多个刻本、抄本的，凡有年代可据或资料可考者按时间排列，如无可考者则列在后面，统称“刻本”“抄本”。内府正楷抄写之本，包括世俗与宗教文献，著录为“精写本”。

六、档案卷细则如下：

1. 本书所收满文档案多为图书馆已编目之藏品及部分档案馆所藏早已编辑成册的图书型档案。

2. 档案卷分为档案、印谱和诰命敕命三部分，每部分内按照时间顺序排列。

3. 本书所收档案著录内容与顺序大体与图书卷一致，依次为顺序编号、档案题名、文种、撰者、版本、开本或页面规格、卷册数或页数、装帧形式及版面情况、附注项、收藏单位代号，若某一项无考则略去。

七、石刻拓片卷细则如下：

1. 本书所收石刻拓片卷以朝代划分，按照时间顺序排列，年代不详者单独列为一部分。

2. 本书所收满文拓片按以下项目依次著录（若某一项无考则略去）：

（1）顺序编号。

（2）拓片题名：一般以原藏单位登录题名为主，如无题名，则按内容拟写题目并注明。

（3）文种：石刻拓片部分文种均以“某某文”的形式标注。

（4）责任者：包括撰者、书者等。碑文如系御制，则录皇帝名字，前加注其庙号。

（5）首题内容。

（6）额题内容。

（7）尺寸：以“高度（厘米）× 宽度（厘米）”的形式著录，如另有碑额拓片，则以“碑高度（厘米）× 碑宽度（厘米）+ 额高度（厘米）× 额宽度（厘米）”的形式著录。

（8）张数。

（9）地点：原碑所在或出土地点。

（10）附注项：部分拓片加注内容提要、人物介绍等。

（11）拓片收藏单位代号。

3. 石刻拓片卷收录了少量原碑目录，在其碑名旁加“△”号注明。由于部分原碑的信息缺失，又难以实地勘验，只得阙略。

4. 部分拓片附有内容说明，均摘自原碑文。其中有些专用名词的汉译因时代不同而相异，为保持碑文的原始信息，均按原文照录，并于书后附《碑文助读》以供参考。

5. 国家图书馆所藏之拓片主要收集、编目于1950—1964年，条目中著录地名为碑铭所在地或出土地。半个多世纪以来，很多地名或变或废，有的碑铭也可能消失。为免讹误，此次编目仅对少数确切了解变化情况的地名进行了修改，大部分未做改动，供读者参考。

八、本书中满文的拉丁字母转写方案，采用国际上通行的穆林德夫转写法，转写方案见《满文字母穆林德夫转写对照表》。

九、本书所用收藏单位代号，国内单位源于《中国古籍善本书目》，国外单位则依据《中国图书馆分类法》之世界地区表编制，详见《收藏单位代号表》。

满文字母穆林德夫转写对照表

满文元音字母	拉丁转写字母	
	大写	小写
ᠠ	A	a
ᡝ	E	e
ᡳ ᡳ	I	i
ᠣ	O	o
ᡠ	U	u
ᡡ	ū	ū

拼写借词的满文辅音字母	拉丁转写字母	
	大写	小写
ᡣ	K´	k´
ᡬ	G´	g´
ᡭ	H´	h´
ᡮ	TS´	ts´
ᡮᡟ	TS	ts
ᡯ	DZ	dz
ᡰ	Ž	ž

拼写借词的满文音节字母	拉丁转写字母	
	大写	小写
ᠰᡟ	SY	sy
ᠴᡟ	C´Y	c´y
ᠵᡟ	JY	jy

续表

满文辅音字母	拉丁转写字母	
	大写	小写
ᠨ	N	n
ᡴ ᡴ	K	k
ᡤ ᡤ	G	g
ᡥ ᡥ	H	h
ᠪ	B	b
ᡦ	P	p
ᠰ	S	s
ᡧ	Š	š
ᡨ	T	t
ᡩ	D	d
ᠯ	L	l
ᠮ	M	m
ᠴ	C	c
ᠵ	J	j
ᠶ	Y	y
ᡵ	R	r
ᡶ ᡶ	F	f
ᠸ	W	w
ᠩ	NG	ng

注：满文字母拉丁转写，主要用来解决出版印刷方面的困难，仅用于转写满文，而并非给满文注音，或拼写满语。

ᠰᡟ是音节字母，因与辅音字母ᠰ相关，故附于辅音字母表中ᠰ之后。

收藏单位代号表

代　号	收藏单位
0101	中国国家图书馆
0102	首都图书馆
0141	北京大学图书馆
0142	清华大学图书馆
0150	中央民族大学图书馆
0161	中国科学院文献情报中心
0164	中国社会科学院历史研究所图书馆
0166	中国社会科学院近代史研究所图书馆
0168	中国社会科学院民族学与人类学研究所图书馆
0181	故宫博物院图书馆
0182	中国国家博物馆图书馆
0185	中国第一历史档案馆
0186	中国民族图书馆
0187	雍和宫
0201	上海图书馆
0241	复旦大学图书馆
0243	上海师范大学图书馆
0301	天津图书馆
0341	南开大学图书馆
0404	保定市图书馆
0406	张家口市图书馆
0601	内蒙古图书馆
0641	内蒙古大学图书馆
0642	内蒙古师范大学图书馆

续表

代　号	收藏单位
0661	内蒙古社会科学院图书馆
0669	巴彦淖尔市图书馆
0701	辽宁省图书馆
0703	大连图书馆
0741	辽宁大学图书馆
0782	旅顺博物馆
0783	沈阳故宫博物院
0784	锦州市博物馆
0786	辽阳市博物馆
0796	辽宁省档案馆
0801	吉林省图书馆
0802	长春市图书馆
0803	吉林市图书馆
0804	吉林师范大学图书馆
0903	齐齐哈尔市图书馆
1101	甘肃省图书馆
1144	西北民族大学图书馆
1441	新疆大学图书馆
1481	新疆维吾尔自治区博物馆
1497	新疆察布查尔报社
1498	伊犁哈萨克自治州文物局
1601	南京图书馆
1681	南京博物院
1701	浙江图书馆
1901	江西省图书馆
2001	福建省图书馆
2102	台北故宫博物院
2305	荆州市图书馆
2501	广东省立中山图书馆

续表

代　号	收藏单位
2601	广西桂林图书馆
2641	广西桂林师范大学图书馆
3001	重庆图书馆
3002	西藏布达拉宫
S4001	宋和平私家藏书
W311.1	蒙古国立中央图书馆
W313.1	日本京都大学（人文研究所）
W313.2	日本东洋文库
W313.3	日本天理大学图书馆
W313.4	日本早稻田大学图书馆
W313.5	日本大阪大学附属图书馆箕面分馆（原大阪外国语大学图书馆）
W313.6	日本东京都调布市乡土博物馆
W313.7	日本德岛县鸟居（龙藏）纪念博物馆
W512.1	俄罗斯东方文献研究所
W512.2	俄罗斯国家图书馆
W512.3	俄罗斯圣彼得堡大学东方系图书馆
W516.1	德国国家图书馆
W561.1	英国国家图书馆
W561.2	英国剑桥大学图书馆
W565.1	法国巴黎图书馆
W611.1	澳大利亚国家图书馆
W712.1	美国国会图书馆
W712.2	美国哈佛大学哈佛燕京图书馆
W712.3	美国加州大学伯克利分校东亚图书馆
W712.4	美国印第安纳大学伯明顿分校图书馆

目 录

图书卷

一、哲学

T0001 易经四卷　满汉合璧

ᠵᡳᠵᡠᠩᡤᡝ ᠨᠣᠮᡠᠨ

jijungge nomun

高宗（弘历） 敕译

乾隆三十年（1765）武英殿刻本

版框18.5厘米×13.9厘米

四册

清高宗（1711—1799），爱新觉罗氏，名弘历，号长春居士，晚号古稀天子、十全老人，清世宗（胤禛）第四子，年号乾隆（1736—1795），在位60年，谥号纯皇帝，庙号高宗。

此书又名《周易》，是一部中国古代哲学书籍。其内容为六十四卦和三百八十四爻，通过建立在阴阳二元论基础上的观点对事物运行的规律加以论证和描述，是汉族传统思想文化中自然科学和人文实践的理论根源，被列为六经之首、誉为“大道之源”，对中国千百年来的历史产生了极其深刻的影响。

［0101］［0102］［0150］［0161］［0181］［0185］［0186］［0406］［0642］［0661］［0701］［0703］［0903］［1481］［1681］［W311.1］［W313.2］［W512.1］［W561.2］［W565.1］［W712.1］［W712.2］［W712.3］

T0002 易经　满文

ᠵᡳᠵᡠᠩᡤᡝ ᠨᠣᠮᡠᠨ

jijungge nomun

内府刻本

开本41.4厘米×25.2厘米

版框25.6厘米×18.5厘米

存十八册

毛装 黑口

［0669］

T0003 易经四卷　满文

ᠵᡳᠵᡠᠩᡤᡝ ᠨᠣᠮᡠᠨ

jijungge nomun

内府精写本

开本36.4厘米×21.2厘米

八册

［0181］

T0004 易经四卷 满文

ᠵᡳᠵᡠᠩᡤᡝ ᠨᠣᠮᡠᠨ

jijungge nomun

内府稿本

开本36.5厘米×21.2厘米

八册

[0181]

T0005 易经四卷 满汉合璧

ᠵᡳᠵᡠᠩᡤᡝ ᠨᠣᠮᡠᠨ

jijungge nomun

乾隆三十年（1765）序抄本

开本27.7厘米×22.7厘米

四册

[0185] [0201]

T0006 易经四卷 满汉合璧

ᠵᡳᠵᡠᠩᡤᡝ ᠨᠣᠮᡠᠨ

jijungge nomun

道光二十七年（1847）抄本

开本27.1厘米×15.5厘米

四册

[0101]

T0007 易经四卷 满汉合璧

ᠵᡳᠵᡠᠩᡤᡝ ᠨᠣᠮᡠᠨ

jijungge nomun

抄本

开本23.7厘米×14.3厘米

四册

[0102] [0601]

T0008 易经四卷 满文

ᠵᡳᠵᡠᠩᡤᡝ ᠨᠣᠮᡠᠨ

jijungge nomun

抄本

八册

[0168]

T0009 易经讲章 满汉合璧

ᡳ ᡤᡳᠩ ᡤᡳᠶᠠᠩ ᠵᠠᠩ ᠪᡳᡨᡥᡝ

i ging giyang jang bithe

抄本

开本24.3厘米×19.2厘米

一册

[0101] [0804]

T0010 日讲易经解义十八卷　满文

inenggidari giyangnaha i ging ni jurgan be suhe bithe

牛钮等 总校

康熙二十二年（1683）武英殿刻本

版框26.3厘米×18.5厘米

十八册

牛钮（1648—1686），正白旗满洲人，赫舍里氏，字枢臣。康熙九年（1670）进士。官至内阁学士兼礼部侍郎。

书前有康熙二十二年（1683）十二月十八日御制序及《经筵日讲官兼礼部侍郎牛钮等奏为奉旨刊刻经过》。全书共分上、下两部、十八卷。一至七卷为上经，八至十四卷为下经，十五、十六卷为系辞上传，十七、十八卷为系辞下传，每卷均附有大量图示。

［0101］［0181］［0186］［0187］残［0601］［0641］［0669］［0701］［0703］［2102］［W311.1］［W313.2］［W313.3］［W512.1］［W561.1］［W565.1］

T0011 礼记三十卷　满汉合璧

dorolo i nomun

高宗（弘历） 敕译

乾隆四十八年（1783）武英殿刻本

开本26.5厘米×16.8厘米

版框18厘米×13.8厘米

十二册

白口　四周双边　七行

［0102］［0150］［0161］［0168］［0181］八册毛装［0185］［0187］［0188］［0186］［0601］［0661］［0669］［0701］［0703］［0903］［2102］［W311.1］［W313.2］［W313.3］［W512.1］［W561.1］［W611.1］［W712.1］

T0012 礼记三十卷　满汉合璧

dorolo i nomun

精写本

开本31.5厘米×18.7厘米

存三十七册

［0187］

T0013 御制翻译礼记三十卷　满汉合璧

han i araha ubaliyambuha dorolon i nomun

高宗（弘历） 敕译

抄本

开本30.7厘米×18.1厘米

存三十七册

［0185］

T0014 四书 满汉合璧

ᡩᡠᡳᠨ ᠪᡳᡨᡥᡝ

duin bithe

鄂尔泰等 译

康熙三十年（1691）玉树堂刻本

版框22厘米×13.5厘米

五册

鄂尔泰（1680—1745），镶蓝旗满洲人，西林觉罗氏，字毅庵。累官至云贵总督、保和殿大学士、军机大臣。

《大学》《中庸》《论语》《孟子》合称四书。四书为儒家传道授业的基本教材，为中国宋代以后封建社会进行思想文化教育、科举取士的必读书籍。

［0150］［0703］

T0015 四书 满汉合璧

ᡩᡠᡳᠨ ᠪᡳᡨᡥᡝ

duin bithe

雍正十一年（1733）鸿运堂刻本

版框27厘米×16.5厘米

六册

［W313.2］

T0016 四书六卷 满文

ᡩᡠᡳᠨ ᠪᡳᡨᡥᡝ

duin bithe

鄂尔泰等 译

乾隆六年（1741）武英殿刻本

版框20.5厘米×14.1厘米

六册

［0101］［0150］［0181］［0701］

［0703］［0741］［1681］［2102］

［W311.1］［W313.2］［W313.3］［W565.1］

T0017 御制翻译四书六卷 满汉合璧

ᡥᠠᠨ ᡳ ᠠᡵᠠᡥᠠ ᡠᠪᠠᠯᡳᠶᠠᠮᠪᡠᡥᠠ ᡩᡠᡳᠨ ᠪᡳᡨᡥᡝ

han i araha ubaliyambuha duin bithe

高宗（弘历） 敕译

鄂尔泰等 厘定

乾隆二十年（1755）武英殿刻本

版框19厘米×14厘米

六册

［0102］［0161］［0181］［0642］［0669］

［0701］［0703］［1601］［2102］［W313.3］

［W512.2］［W561.1］［W561.2］［W611.1］

［W712.1］

T0018 四书 满汉合璧

ᡩᡠᡳᠨ ᠪᡳᡨᡥᡝ

duin bithe

乾隆二十年（1755）三槐堂刻本

版框18厘米×13厘米

六册

［0101］［0150］［0661］［W311.1］

［W313.3］［W712.2］［W712.4］

T0019 四书六卷 满汉合璧

ᡩᡠᡳᠨ ᠪᡳᡨᡥᡝ

duin bithe

乾隆二十年（1755）二酉堂刻本

版框19厘米×14厘米

六册

［0801］

T0020 御制翻译四书六卷 满汉合璧

ᡥᠠᠨ ᡳ ᠠᡵᠠᡥᠠ ᡠᠪᠠᠯᡳᠶᠠᠮᠪᡠᡥᠠ ᡩᡠᡳᠨ ᠪᡳᡨᡥᡝ

han i araha ubaliyambuha duin bithe

乾隆二十年（1755）刻本

六册

［W516.1］

T0021 四书六卷 满蒙汉合璧

ᡩᡠᡳᠨ ᠪᡳᡨᡥᡝ

duin bithe

乾隆二十年（1755）刻本

版框22.5厘米×18厘米

二册

［0601］存六册［0804］

T0022 四书六卷 满蒙汉合璧

ᡩᡠᡳᠨ ᠪᡳᡨᡥᡝ

duin bithe

乾隆二十年（1755）保翠斋刻本

版框28.5厘米×17厘米

二十册

［0168］

T0023 四书六卷 满汉合璧

ᡩᡠᡳᠨ ᠪᡳᡨᡥᡝ

duin bithe

乾隆年间聚珍堂刻本

六册

［0186］［0661］

T0024 四书六卷 满文

ᡩᡠᡳᠨ ᠪᡳᡨᡥᡝ

duin bithe

乾隆二十年（1755）刻本

开本25.5厘米×16.25厘米

七册

［W313.2］

T0025 四书六卷 满汉合璧

ᡩᡠᡳᠨ ᠪᡳᡨᡥᡝ

duin bithe

道光二十七年（1847）广州驻防官学刻本

版框18厘米×13.3厘米

五册

[0101]

T0026 四书六卷 满汉合璧

ᡩᡠᡳᠨ ᠪᡳᡨᡥᡝ

duin bithe

光绪四年（1878）成都驻防八旗官学刻本

版框19厘米×13.5厘米

八册

[0150]

T0027 四书六卷 满汉合璧

ᡩᡠᡳᠨ ᠪᡳᡨᡥᡝ

duin bithe

光绪十四年（1888）京都隆福寺聚珍堂重刻本

版框18.5厘米×14.2厘米

六册

[0101] [0102] [0150] [0168] [0185] [0642] [0701] [0741] [0903] [1101] [1441] [W561.1] [W712.1]

T0028 四书六卷 满汉合璧

ᡩᡠᡳᠨ ᠪᡳᡨᡥᡝ

duin bithe

光绪十六年（1890）荆州驻防西城学道街积古斋徐楚善刻本

版框18.6厘米×14厘米

四册

[0186]

T0029 四书六卷 满汉合璧

ᡩᡠᡳᠨ ᠪᡳᡨᡥᡝ

duin bithe

光绪十六年（1890）荆州驻防翻译总学重刻本

版框18.5厘米×13.8厘米

六册

[0101] [0102] [0150] [0201] [2305]

T0030 四书六卷 满汉合璧

ᡩᡠᡳᠨ ᠪᡳᡨᡥᡝ

duin bithe

光绪十六年（1890）刻本

[W311.1]

T0031 四书六卷　满蒙汉合璧

ᡩᡠᡳᠨ ᠪᡳᡨᡥᡝ

duin bithe

噶勒藏 译蒙古文

光绪十八年（1892）刻本

版框23.7厘米×17.7厘米

二十册

[0101] [0161] [0102]

[0150] [0641]存十册

T0032 四书六卷　满汉合璧

ᡩᡠᡳᠨ ᠪᡳᡨᡥᡝ

duin bithe

宝名堂刻本

版框18厘米×13厘米

六册

[0101] [0150] [0701] [0803]

T0033 四书六卷　满汉合璧

ᡩᡠᡳᠨ ᠪᡳᡨᡥᡝ

duin bithe

京都名贵堂刻本

版框18.2厘米×13.7厘米

六册

[0642]

T0034 四书六卷　满汉合璧

ᡩᡠᡳᠨ ᠪᡳᡨᡥᡝ

duin bithe

京都文光堂刻本

十三册

[0783]

T0035 四书六卷　满汉合璧

ᡩᡠᡳᠨ ᠪᡳᡨᡥᡝ

duin bithe

京都圣经博古堂刻本

六册

[0187] [0701] [W512.1] [W561.1]

[W712.1]

T0036 四书六卷　满汉合璧

ᡩᡠᡳᠨ ᠪᡳᡨᡥᡝ

duin bithe

刻本

六册

[0101] [0801] [W516.1]

T0037 四书六卷 满汉合璧

ᡩᡠᡳᠨ ᠪᡳᡨᡥᡝ

duin bithe

刻本

版框22.3厘米×15.7厘米

七册

［0903］

T0038 御制翻译四书六卷 满汉合璧

ᡥᠠᠨ ᡳ ᠠᡵᠠᡥᠠ ᡠᠪᠠᠯᡳᠶᠠᠮᠪᡠᡥᠠ ᡩᡠᡳᠨ ᠪᡳᡨᡥᡝ

han i araha ubaliyambuha duin bithe

刻本

六册

［W512.2］

T0039 御制四书六卷 满汉合璧

ᡥᠠᠨ ᡳ ᠠᡵᠠᡥᠠ ᡩᡠᡳᠨ ᠪᡳᡨᡥᡝ

han i araha duin bithe

刻本

六册

［W311.1］

T0040 四书 满汉合璧

ᡩᡠᡳᠨ ᠪᡳᡨᡥᡝ

duin bithe

精抄本

开本22.3厘米×14.1厘米

五册

［0181］

T0041 四书 满汉合璧

ᡩᡠᡳᠨ ᠪᡳᡨᡥᡝ

duin bithe

抄本

开本29厘米×19厘米

七册

［0181］

T0042 四书 满蒙汉合璧

ᡩᡠᡳᠨ ᠪᡳᡨᡥᡝ

duin bithe

抄本

开本27厘米×20.5厘米

十二册

［0185］［W712.3］

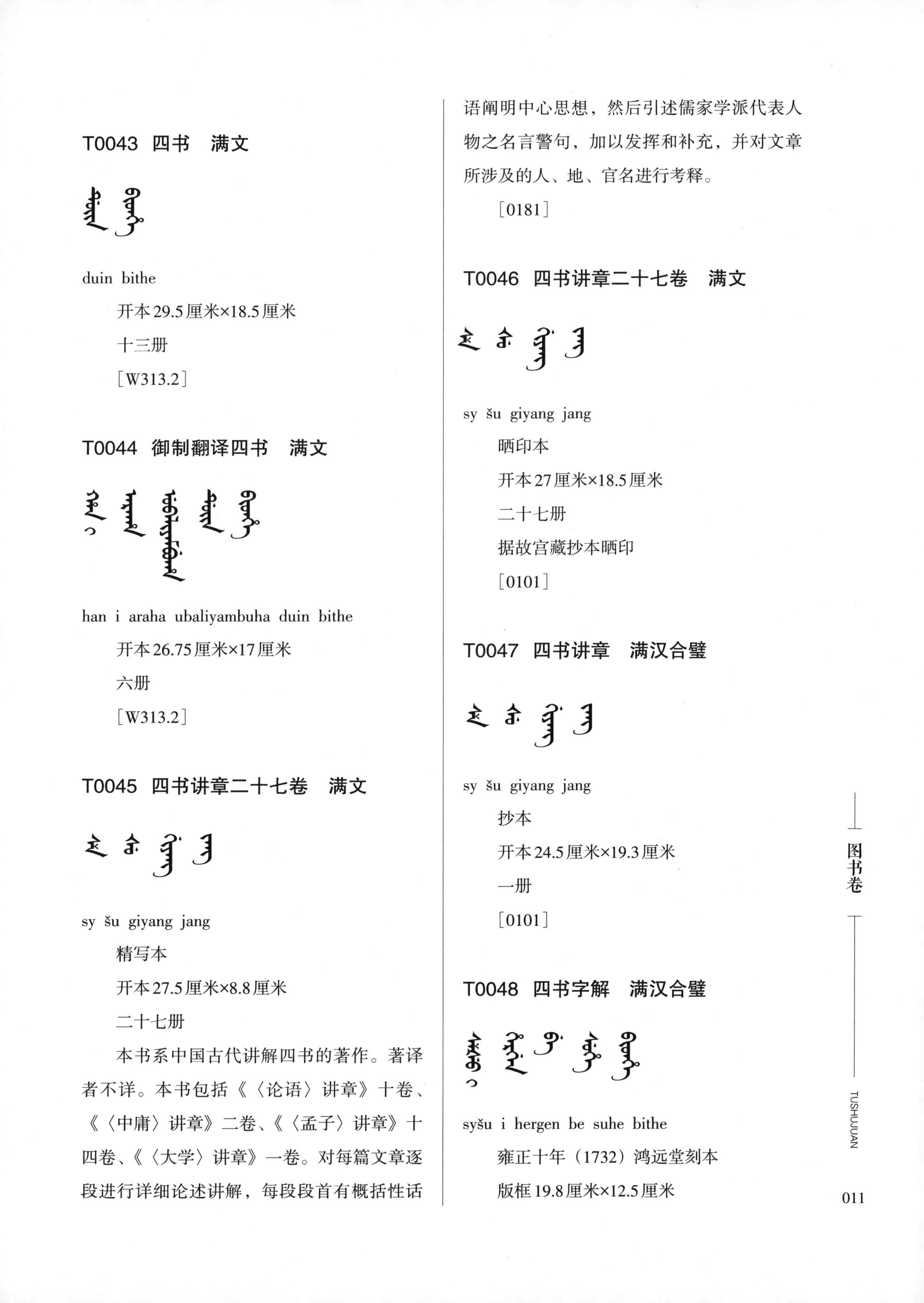

T0043 四书　满文

duin bithe

开本29.5厘米×18.5厘米

十三册

[W313.2]

T0044 御制翻译四书　满文

han i araha ubaliyambuha duin bithe

开本26.75厘米×17厘米

六册

[W313.2]

T0045 四书讲章二十七卷　满文

sy šu giyang jang

精写本

开本27.5厘米×8.8厘米

二十七册

本书系中国古代讲解四书的著作。著译者不详。本书包括《〈论语〉讲章》十卷、《〈中庸〉讲章》二卷、《〈孟子〉讲章》十四卷、《〈大学〉讲章》一卷。对每篇文章逐段进行详细论述讲解，每段段首有概括性话语阐明中心思想，然后引述儒家学派代表人物之名言警句，加以发挥和补充，并对文章所涉及的人、地、官名进行考释。

[0181]

T0046 四书讲章二十七卷　满文

sy šu giyang jang

晒印本

开本27厘米×18.5厘米

二十七册

据故宫藏抄本晒印

[0101]

T0047 四书讲章　满汉合璧

sy šu giyang jang

抄本

开本24.5厘米×19.3厘米

一册

[0101]

T0048 四书字解　满汉合璧

syšu i hergen be suhe bithe

雍正十年（1732）鸿远堂刻本

版框19.8厘米×12.5厘米

四册

[0102] [0703]

T0049 四书字解　满汉合璧

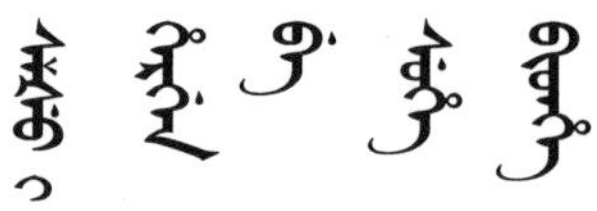

syšu i hergen be suhe bithe

雍正十年（1732）墨华堂刻本

版框24.5厘米×15厘米

四册

除四书的字解外，本书内还包括《千字文》《百家姓》的字解。

[W313.2]

T0050 四书集注十七卷　满汉合璧

sy šu ji ju

〔宋〕朱熹 注

道光十八年（1838）炳蔚堂朱氏刻本

版框21.8厘米×15.6厘米

十四册

朱熹（1130—1200），宋徽州婺源人（今属江西），后迁居建阳（今属福建），字元晦，号晦庵。绍兴十八年（1148）进士，担任过低级官吏。集北宋以来理学之大成，是中国封建社会后期影响最大的思想家之一。

[0101] [0642] [0903] [1481] [W313.3] [W512.2] [W561.1] [W712.1]

T0051 四书集注七卷　满汉合璧

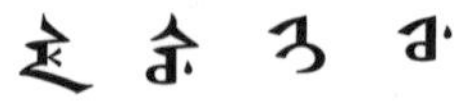

sy šu ji ju

京都琉璃厂文光堂刻本

版框21.7厘米×15.5厘米

十三册

[0102] [0182] [0641] [0642] [W512.1] [W561.1] [W565.1] [W712.3]

T0052 四书集注　满汉合璧

sy šu ji ju

京都圣经博古堂刻本

十三册

[0703] [0903] [1601]

[W512.2] [W611.1]

T0053 四书集注　满汉合璧

sy šu ji ju

刻本

十三册

[W311.1]

T0054 四书集注　满文

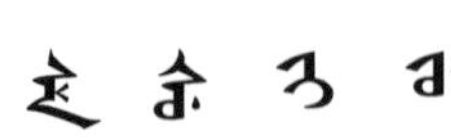

sy šu ji ju

精写本

开本23.8厘米×15.3厘米

十三册

[0141]

T0055 四书集注 满文

ᠰᡟ ᡧᡠ ᠵᡳ ᠵᡠ

sy šu ji ju

精写本

开本20.5厘米×12.6厘米

十三册

[0181]

T0056 四书集注 满文

ᠰᡟ ᡧᡠ ᠵᡳ ᠵᡠ

sy šu ji ju

晒印本

开本20.5厘米×12.6厘米

十三册

据故宫藏抄本晒印

[0101]

T0057 四书集注 满汉合璧

ᠰᡟ ᡧᡠ ᠵᡳ ᠵᡠ

sy šu ji ju

开本27.5厘米×17.5厘米

十三册

[W313.2] [W561.2]存三册

T0058 御制日讲四书解义二十六卷 满文

ᡥᠠᠨ ᡳ ᠠᡵᠠᡥᠠ ᡳᠨᡝᠩᡤᡳᡩᠠᡵᡳ ᡤᡳᠶᠠᠩᠨᠠᡥᠠ ᠰᡟ ᡧᡠ ᡳ ᠵᡠᡵᡤᠠᠨ ᠪᡝ ᠰᡠᡥᡝ ᠪᡳᡨᡥᡝ

han i araha inenggidari giyangnaha syšu i jurgan be suhe bithe

喇萨里、陈廷敬 总校

康熙十六年（1677）内府刻本

版框26.9厘米×18.7厘米

二十六册

[0101] [0185] [0186] [0406]存十七册 [0601] [0641] [0661]存一册（第四卷） [0701] [0703] [2102] [W311.1] [W313.2] [W313.3] [W512.1] [W512.2] [W516.1]存六册 [W561.1] [W561.2] [W565.1] [W611.1] [W712.1] [W712.2]

T0059 论语 满汉合璧

ᠯᡝᠣᠯᡝᠨ ᡤᡳᠰᡠᡵᡝᠨ ᠪᡳᡨᡥᡝ

leolen gisuren bithe

道光十七年（1837）刻本

版框17.6厘米×14厘米

二册

本书系儒家经典之一，是孔子及其弟子关于孔子言行的记录，内容包括孔子谈话、答弟子问及弟子间互相谈论事情。反映了孔子“以仁为核心，以礼为秩序”之政治主张与道德思想。

[0703]

T0060 论语 满汉合璧

ᠯᡝᠣᠯᡝᠨ ᡤᡳᠰᡠᡵᡝᠨ ᠪᡳᡨᡥᡝ

leolen gisuren bithe

刻本

版框23.5厘米×15厘米

二册

［0141］［0802］［W512.2］

T0061 论语 满汉合璧

ᠯᡝᠣᠯᡝᠨ ᡤᡳᠰᡠᡵᡝᠨ ᠪᡳᡨᡥᡝ

leolen gisuren bithe

刻本

版框18.7厘米×14厘米

二册

［0661］［0669］存一册

T0062 论语 满蒙汉合璧

ᠯᡝᠣᠯᡝᠨ ᡤᡳᠰᡠᡵᡝᠨ ᠪᡳᡨᡥᡝ

leolen gisuren bithe

刻本

版框24厘米×18.3厘米

四册

［0804］

T0063 论语 满汉合璧

ᠯᡝᠣᠯᡝᠨ ᡤᡳᠰᡠᡵᡝᠨ ᠪᡳᡨᡥᡝ

leolen gisuren bithe

刻本

版框21.6厘米×15.5厘米

八册

［0102］［0601］

T0064 论语 满文

ᠯᡝᠣᠯᡝᠨ ᡤᡳᠰᡠᡵᡝᠨ ᠪᡳᡨᡥᡝ

leolen gisuren bithe

刻本

六册

［3001］

T0065 论语 满汉合璧

ᠯᡝᠣᠯᡝᠨ ᡤᡳᠰᡠᡵᡝᠨ ᠪᡳᡨᡥᡝ

leolen gisuren bithe

精写本

开本29.1厘米×19.1厘米

二册

［0185］［0802］

T0066 论语　满蒙合璧

ᠯᡝᠣᠯᡝᠨ ᡤᡳᠰᡠᡵᡝᠨ ᠪᡳᡨᡥᡝ

leolen gisuren bithe

乾隆五十年（1785）抄本

开本14.2厘米×10厘米

一册

［0101］［W311.1］［W313.3］

T0067 论语一篇　满汉合璧

ᠯᡝᠣᠯᡝᠨ ᡤᡳᠰᡠᡵᡝᠨ ᠪᡳᡨᡥᡝ

leolen gisuren bithe

抄本

一册

本书内容为论述《论语》之《父母惟其疾之忧》。

［W516.1］

T0068 孟子二卷　满汉合璧

ᠮᡝᠩᡯᡳ ᠪᡳᡨᡥᡝ

mengdzi bithe

〔宋〕朱熹 集注

乾隆年间刻本

版框18厘米×13厘米

二册

本书系儒家经典之一，为战国时孟子及其弟子所著，书中记载了孟子的政治活动、学说及哲学思想等。

［0150］［0601］［0661］［0703］

T0069 孟子七卷　满汉合璧

ᠮᡝᠩᡯᡳ ᠪᡳᡨᡥᡝ

mengdzi bithe

刻本

版框21.2厘米×15.2厘米

七册

［0168］［0182］［0187］［0601］

［0903］［W311.1］［W313.2］

T0070 孟子　满蒙汉合璧

ᠮᡝᠩᡯᡳ ᠪᡳᡨᡥᡝ

mengdzi bithe

刻本

版框24厘米×18.3厘米

十四册

［0186］［0601］［0641］［0804］

T0071 孟子　满汉合璧

ᠮᡝᠩᡯᡳ ᠪᡳᡨᡥᡝ

mengdzi bithe

抄本

［W712.1］

T0072 孟子 满汉合璧

ᠮᡝᠩᡩᡯᡳ ᠪᡳᡨᡥᡝ

mengdzi bithe

开本25.8厘米×15.75厘米

二册

[W313.2]

T0073 孟子集注七卷 满汉合璧

ᠮᡝᠩ ᡩᡯᡳ ᠵᡳ ᠵᡠ

meng dzi ji ju

刻本

版框21.4厘米×15.4厘米

七册

[0641][0903][W712.1]

T0074 大学 满汉合璧

ᠠᠮᠪᠠ ᡨᠠᠴᡳᠨ ᡳ ᠪᡳᡨᡥᡝ

amba tacin i bithe

乾隆二十年（1755）刻本

本书系儒家经典之一，原为《礼记》之一篇，宋代将其列为四书之一。主要论述格物致知、诚意正心、修身治国等内容。

[W311.1]

T0075 大学 满蒙汉合璧

ᠠᠮᠪᠠ ᡨᠠᠴᡳᠨ ᡳ ᠪᡳᡨᡥᡝ

amba tacin i bithe

抄本

开本26.9厘米×20.3厘米

一册

[0181]

T0076 大学 满汉合璧

ᠠᠮᠪᠠ ᡨᠠᠴᡳᠨ ᡳ ᠪᡳᡨᡥᡝ

amba tacin i bithe

抄本

一册

[0642][W516.1]

T0077 大学中庸 满汉合璧

ᠠᠮᠪᠠ ᡨᠠᠴᡳᠨ ᠠᠨ ᡩᡠᠯᡳᠮᠪᠠ ᠪᡳᡨᡥᡝ

amba tacin an dulimba bithe

乾隆二十年（1755）刻本

版框18.3厘米×13.7厘米

一册

中庸亦为儒家经典之一，原为《礼记》之一篇，内容为提倡中和平庸、不偏不倚的道德标准。

[0703]

T0078 大学中庸 满汉合璧

ᠠᠮᠪᠠ ᡨᠠᠴᡳᠨ ᠠᠨ ᡩᡠᠯᡳᠮᠪᠠ ᠪᡳᡨᡥᡝ

amba tacin an dulimba bithe

刻本

版框22.7厘米×14.2厘米

一册

［0101］

T0079 大学衍义四十三卷 满文

ᠠᠮᠪᠠ ᡨᠠᠴᡳᠨ ᡳ ᠵᡠᡵᡤᠠᠨ ᠪᡝ ᠪᠠᡩᠠᡵᠠᠮᠪᡠᡥᠠ ᠪᡳᡨᡥᡝ

amba tacin i jurgan be badarambuha bithe

〔宋〕真德秀 撰

福达礼 译

康熙十一年（1672）内府刻本

版框26.8厘米×19厘米

三十六册

真德秀（1178—1235），南宋建州浦城（今属福建）人，字景元，号西山，官至参政知事。

本书系宋代理学名臣真德秀进讲之书。书前有康熙十一年（1672）十月十六日御制序，并附真德秀序言。真氏依据《大学》条目，将有关圣贤之训典、古今之事迹及诸儒释经论史有所创意者，均加以纂集，又各加按语，考证得失，阐发精详。

［0181］［0185］［2102］［0601］［0701］［0703］［W311.1］［W313.2］［W512.2］［W561.1］［W565.1］

T0080 大学衍义四十三卷 满汉合璧

ᠠᠮᠪᠠ ᡨᠠᠴᡳᠨ ᡳ ᠵᡠᡵᡤᠠᠨ ᠪᡝ ᠪᠠᡩᠠᡵᠠᠮᠪᡠᡥᠠ ᠪᡳᡨᡥᡝ

amba tacin i jurgan be badarambuha bithe

〔宋〕真德秀 撰

孟保 译

咸丰六年（1856）刻本

版框19.1厘米×14.2厘米

五十一册

［0101］［0181］［0185］［0601］［0669］［0701］［0703］［W712.2］

T0081 大学衍义四十三卷 满汉合璧

ᠠᠮᠪᠠ ᡨᠠᠴᡳᠨ ᡳ ᠵᡠᡵᡤᠠᠨ ᠪᡝ ᠪᠠᡩᠠᡵᠠᠮᠪᡠᡥᠠ ᠪᡳᡨᡥᡝ

amba tacin i jurgan be badarambuha bithe

〔宋〕真德秀 撰

福达礼等 译

康熙十一年（1672）抄本

开本19厘米×13厘米

六十册

［0150］

T0082 翻译大学衍义　满汉合璧

ᡠᠪᠠᠯᡳᠶᠠᠮᠪᡠᡥᠠ ᠠᠮᠪᠠ ᡨᠠᠴᡳᠨ ᡳ ᠵᡠᡵᡤᠠᠨ ᠪᡝ ᠪᠠᡩᠠᡵᠠᠮᠪᡠᡥᠠ ᠪᡳᡨᡥᡝ

ubaliyambuha amba tacin i jurgan be badarambuha bithe

抄本

十册

［W516.1］

T0083 大学衍义四十三卷　满文

ᠠᠮᠪᠠ ᡨᠠᠴᡳᠨ ᡳ ᠵᡠᡵᡤᠠᠨ ᠪᡝ ᠪᠠᡩᠠᡵᠠᠮᠪᡠᡥᠠ ᠪᡳᡨᡥᡝ

amba tacin i jurgan be badarambuha bithe

〔宋〕真德秀 撰

抄本

三十六册

［0181］［0186］［0703］

T0084 大学衍义四十三卷　满汉合璧

ᠠᠮᠪᠠ ᡨᠠᠴᡳᠨ ᡳ ᠵᡠᡵᡤᠠᠨ ᠪᡝ ᠪᠠᡩᠠᡵᠠᠮᠪᡠᡥᠠ ᠪᡳᡨᡥᡝ

amba tacin i jurgan be badarambuha bithe

〔宋〕真德秀 撰

抄本

开本10.2厘米×15.2厘米

八册

据咸丰本抄录

除抄录《性理精义》外，还有平郡王府长史花色传记及上谕等档案类内容。

［0703］

T0085 择抄大学衍义　满汉合璧

ᠰᠣᠨᠵᠣᠮᡝ ᠰᠠᡵᡴᡳᠶᠠᡥᠠ ᠠᠮᠪᠠ ᡨᠠᠴᡳᠨ ᡳ ᠵᡠᡵᡤᠠᠨ ᠪᡝ ᠪᠠᡩᠠᡵᠠᠮᠪᡠᡥᠠ ᠪᡳᡨᡥᡝ ☆

sonjome sarkiyaha amba tacin i jurgan be badarambuha bithe

抄本

开本18.5厘米×13.3厘米

四册

本书系儒家经典书籍之摘抄，从《翻译大学衍义》一书中摘录二十九篇，编为四册，按“元”“亨”“利”“贞”四字排序。主要阐述“大学之道以格物致知为首”。

［0101］

T0086 御纂性理精义十二卷　满文

ᡥᠠᠨ ᡳ ᠪᠠᠨᠵᡳᠪᡠᡥᠠ ᠰᡳᠩ ᠯᡳ ᠵᡳᠩ ᡳ ᠪᡳᡨᡥᡝ

han i banjibuha sing li jing i bithe

李光地等 奉敕纂

康熙五十六年（1717）武英殿刻本

版框20.5厘米×16厘米

八册

李光地（1642—1718），福建安溪人，字晋卿，号厚庵。累官至翰林院掌院学士、文渊阁大学士。为康熙朝理学名臣之一，参与编辑《朱子全书》。

［0101］［0102］［0150］［0168］［0185］［0186］［0241］［0406］存二册［0601］［0642］［0701］［0703］［0801］［0903］［1497］［2102］［W311.1］［W313.2］［W313.3］［W512.1］［W561.1］［W565.1］［W611.1］［W712.1］［W712.2］

T0087 御纂性理精义十二卷 满汉合璧

ᡥᠠᠨ ᡳ ᠪᠠᠨᠵᡳᠪᡠᡥᠠ ᠰᡳᠩ ᠯᡳ ᠵᡳᠩ ᡳ ᠪᡳᡨᡥᡝ

han i banjibuha sing li jing i bithe

康熙年间精写本

开本20厘米×13.5厘米

十二册

［0181］

T0088 御纂性理精义十二卷 满文

ᡥᠠᠨ ᡳ ᠪᠠᠨᠵᡳᠪᡠᡥᠠ ᠰᡳᠩ ᠯᡳ ᠵᡳᠩ ᡳ ᠪᡳᡨᡥᡝ

han i banjibuha sing li jing i bithe

抄本

开本20.6厘米×21.5厘米

八册

［0601］

T0089 性理一则 满汉合璧

ᠰᡳᠩ ᠯᡳ ᠪᡳᡨᡥᡝ ᡳ ᡩᠣᡵᡤᡳ ᡝᠮᡠ ᠮᡝᠶᡝᠨ

sing li bithe i dorgi emu meyen

圣祖（玄烨）撰

康熙年间刻本

一册

清圣祖（1654—1722），爱新觉罗氏，名玄烨，清世祖（福临）第三子，年号康熙，在位六十一年，谥号仁皇帝，庙号圣祖。

本书讲阴阳五行（金、木、水、火、土）的性质及相克关系，并附《御制三角形论》和《论语》中文章一篇《父母惟其疾之忧》。《御制三角形论》考定测量日月七政之天文历算的作用、勾股定理之原理、中西历法之渊源并追忆清初中西历法之争；《父母惟其疾之忧》一文讲父母对子女的一切事务都操劳担忧，但对子女患病更加担忧，子女要说孝顺，首先应当解除亲人的忧虑才是。

此书为《七本头》之一。

［0101］［W516.1］

T0090 性理四卷 满汉合璧

ᠰᡳᠩ ᠯᡳ ᠪᡳᡨᡥᡝ

sing li bithe

雍正十年（1732）墨华堂刻本

版框18厘米×12厘米

四册

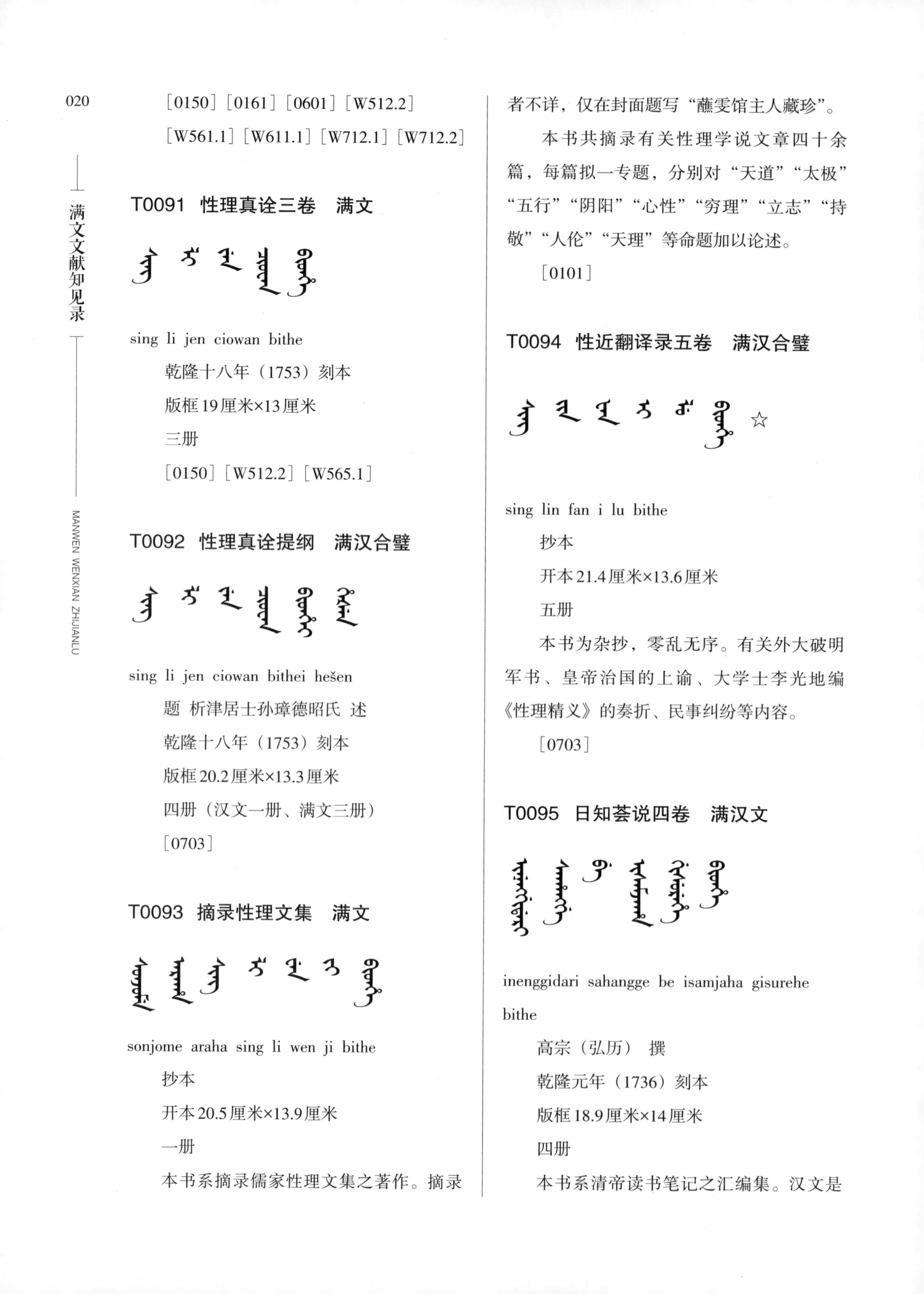

［0150］［0161］［0601］［W512.2］

［W561.1］［W611.1］［W712.1］［W712.2］

T0091 性理真诠三卷 满文

sing li jen ciowan bithe

乾隆十八年（1753）刻本

版框19厘米×13厘米

三册

［0150］［W512.2］［W565.1］

T0092 性理真诠提纲 满汉合璧

sing li jen ciowan bithei hešen

题 析津居士孙璋德昭氏 述

乾隆十八年（1753）刻本

版框20.2厘米×13.3厘米

四册（汉文一册、满文三册）

［0703］

T0093 摘录性理文集 满文

sonjome araha sing li wen ji bithe

抄本

开本20.5厘米×13.9厘米

一册

本书系摘录儒家性理文集之著作。摘录者不详，仅在封面题写“蘸雯馆主人藏珍”。

本书共摘录有关性理学说文章四十余篇，每篇拟一专题，分别对“天道”“太极”“五行”“阴阳”“心性”“穷理”“立志”“持敬”“人伦”“天理”等命题加以论述。

［0101］

T0094 性近翻译录五卷 满汉合璧

☆

sing lin fan i lu bithe

抄本

开本21.4厘米×13.6厘米

五册

本书为杂抄，零乱无序。有关外大破明军书、皇帝治国的上谕、大学士李光地编《性理精义》的奏折、民事纠纷等内容。

［0703］

T0095 日知荟说四卷 满汉文

ineggidari sahangge be isamjaha gisurehe bithe

高宗（弘历） 撰

乾隆元年（1736）刻本

版框18.9厘米×14厘米

四册

本书系清帝读书笔记之汇编。汉文是

刻本，满文译于汉文右侧。

乾隆皇帝弘历登基后，将自己原先每日念书做功课时所汇总的短文加以删改，结集出版。本书共分四卷二百六十则短文。首卷收录七十九则短文，内容多为论帝王治化之要；二卷收录六十则短文，内容为论天人性命之旨；三卷收录五十七则短文，内容为记礼乐法度之用；四卷收录六十四则短文，内容为纵论古今行事。书后有鄂尔泰、张廷玉、朱轼、福敏、邵基、杨名时等人写的跋。

［0101］

T0096 日知荟说 满文

ᡳᠨᡝᠩᡤᡳᡩᠠᡵᡳ ᠰᠠᡥᠠᠩᡤᡝ ᠪᡝ ᡳᠰᠠᠮᠵᠠᡥᠠ ᡤᡳᠰᡠᡵᡝᡥᡝ ᠪᡳᡨᡥᡝ

inenggidari sahangge be isamjaha gisurehe bithe

抄本

开本25.1厘米×18厘米

五册

［0101］残［0141］［0168］［0661］［W311.1］［W712.2］

T0097 日知荟说 满文

ᡳᠨᡝᠩᡤᡳᡩᠠᡵᡳ ᠰᠠᡥᠠᠩᡤᡝ ᠪᡝ ᡳᠰᠠᠮᠵᠠᡥᠠ ᡤᡳᠰᡠᡵᡝᡥᡝ ᠪᡳᡨᡥᡝ

inenggidari sahangge be isamjaha gisurehe bithe

抄本

四册

［W311.1］

T0098 西铭衍义 满文

ᠰᡳ ᠮᡳᠩ ᠶᠠᠨ ᡳ ᠪᡳᡨᡥᡝ

si ming yan i bithe

高阿岩（音译）等 注解

顺治七年（1650）序抄本

开本27.7厘米×19.2厘米

三册

［0185］［W512.2］［W561.1］

T0099 孔子家语三卷 满文

ᡴᡠᠩᡯᡳ ᠪᠣᠣᡳ ᡤᡳᠰᡠᠨ ᡳ ᠪᡳᡨᡥᡝ

kungdzi booi gisun i bithe

抄本

开本28厘米×17.6厘米

三册

《孔子家语》系儒家著作，由孔氏后裔陆续编纂，至汉魏时最终成书。体例与《论语》相仿，而篇幅则远超之。对孔子家世、日常生活、政治举措、教学活动及其弟子言行皆有记录和介绍。本书为《孔子家语》的满文节译本，共收入三十七篇文章，有数篇文章未译，所译各篇文章均摘译其重要段落。

［0181］［0185］［W313.2］［W565.1］［W712.1］

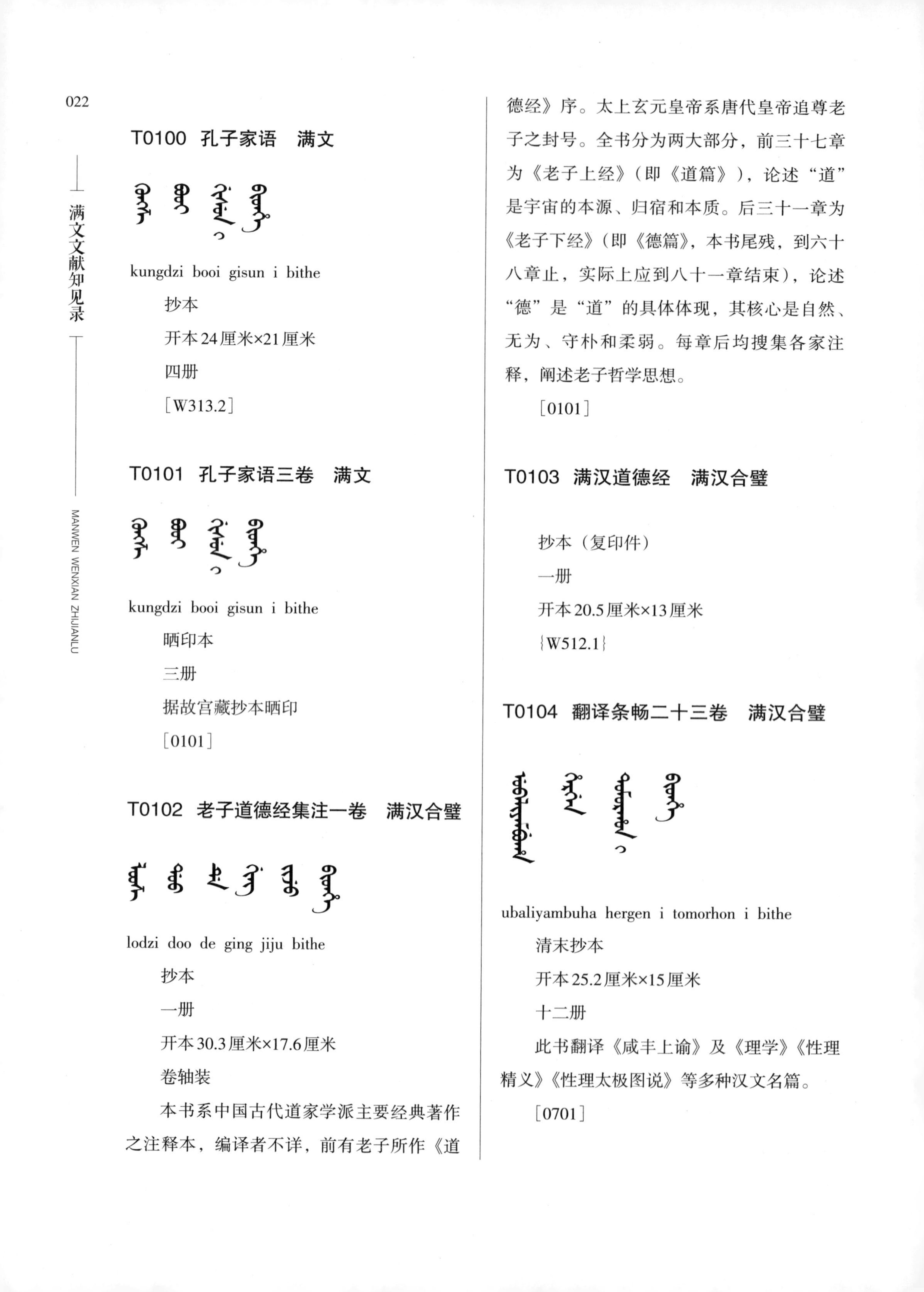

T0100 孔子家语 满文

kungdzi booi gisun i bithe

抄本

开本24厘米×21厘米

四册

[W313.2]

T0101 孔子家语三卷 满文

kungdzi booi gisun i bithe

晒印本

三册

据故宫藏抄本晒印

[0101]

T0102 老子道德经集注一卷 满汉合璧

lodzi doo de ging jiju bithe

抄本

一册

开本30.3厘米×17.6厘米

卷轴装

本书系中国古代道家学派主要经典著作之注释本，编译者不详，前有老子所作《道德经》序。太上玄元皇帝系唐代皇帝追尊老子之封号。全书分为两大部分，前三十七章为《老子上经》（即《道篇》），论述“道”是宇宙的本源、归宿和本质。后三十一章为《老子下经》（即《德篇》，本书尾残，到六十八章止，实际上应到八十一章结束），论述“德”是“道”的具体体现，其核心是自然、无为、守朴和柔弱。每章后均搜集各家注释，阐述老子哲学思想。

[0101]

T0103 满汉道德经 满汉合璧

抄本（复印件）

一册

开本20.5厘米×13厘米

{W512.1}

T0104 翻译条畅二十三卷 满汉合璧

ubaliyambuha hergen i tomorhon i bithe

清末抄本

开本25.2厘米×15厘米

十二册

此书翻译《咸丰上谕》及《理学》《性理精义》《性理太极图说》等多种汉文名篇。

[0701]

二、伦理学

T0105 洪武要训六卷　满文

ᡥᡡᠩ ᡠ ᡥᠠᠨ ᡳ ᠣᠶᠣᠩᡤᠣ ᡨᠠᠴᡳᡥᡳᠶᠠᠨ

hūng u han i oyonggo tacihiyan

刚林等 译校

顺治三年（1646）刻本

版框31.4厘米×20.6厘米

六册

刚林（？—1651），正黄旗满洲人，瓜尔佳氏，字公茂，天聪八年（1634）中举，命值文馆。崇德元年（1636）授国史院大学士。顺治八年（1651）以阿附多尔衮、参与谋逆罪处斩。

本书亦称《洪武宝训》，系明太祖朱元璋训诫臣下的言论集。清代皇帝对明太祖推崇至极，命内院大臣将其治国之道编译成书，以备参考。此书为清代最早的满文刻本之一。书前有顺治皇帝御制序和内三院大学士刚林、范文程、祁充格等人之奏折。全书分为六卷：卷一为治国之道，在于思孝、敬天、崇文；卷二为训诫太子诸王，要善用官、厚风俗；卷三为正法度；卷四为劝忠；卷五为求贤、敬前辈；卷六为训诸臣、辨忠奸、治夷狄。每卷内容按时间顺序排列。

［0101］［W512.2］［W561.2］

T0106 洪武要训　满文

ᡥᡡᠩ ᡠ ᡥᠠᠨ ᡳ ᠣᠶᠣᠩᡤᠣ ᡨᠠᠴᡳᡥᡳᠶᠠᠨ

hūng u han i oyonggo tacihiyan

刚林等 译

顺治三年（1646）精写本

开本39.4厘米×24.8厘米

版框31.4厘米×20.6厘米

六册

黄绫封面

［0181］

T0107 洪武要训　满文

ᡥᡡᠩ ᡠ ᡥᠠᠨ ᡳ ᠣᠶᠣᠩᡤᠣ ᡨᠠᠴᡳᡥᡳᠶᠠᠨ

hūng u han i oyonggo tacihiyan

刚林等 译

顺治三年（1646）精写本

开本39.4厘米×24.8厘米

版框31.4厘米×20.6厘米

六册

黄绫封面

［0185］

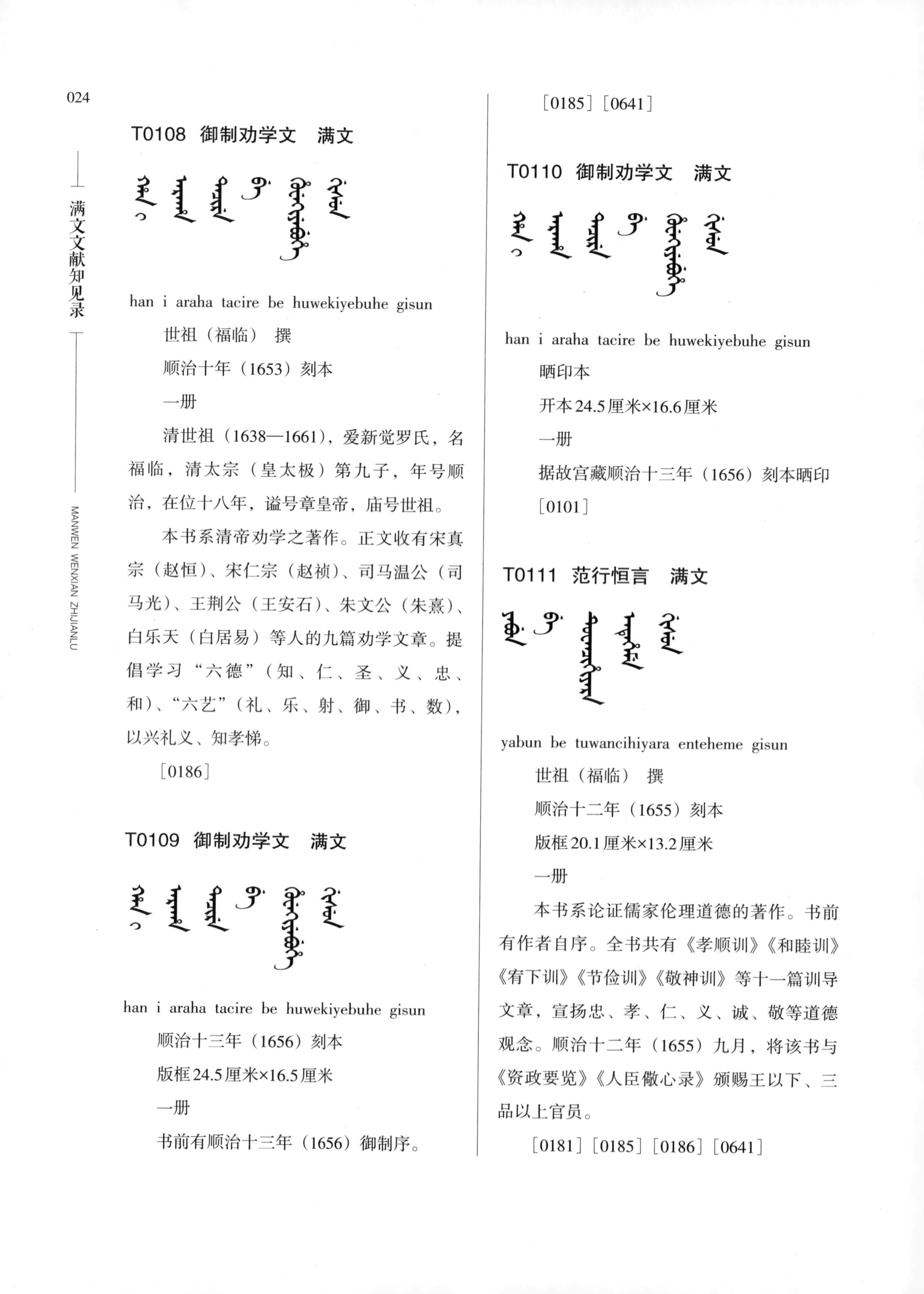

T0108 御制劝学文　满文

han i araha tacire be huwekiyebuhe gisun

世祖（福临） 撰

顺治十年（1653）刻本

一册

清世祖（1638—1661），爱新觉罗氏，名福临，清太宗（皇太极）第九子，年号顺治，在位十八年，谥号章皇帝，庙号世祖。

本书系清帝劝学之著作。正文收有宋真宗（赵恒）、宋仁宗（赵祯）、司马温公（司马光）、王荆公（王安石）、朱文公（朱熹）、白乐天（白居易）等人的九篇劝学文章。提倡学习“六德”（知、仁、圣、义、忠、和）、“六艺”（礼、乐、射、御、书、数），以兴礼义、知孝悌。

[0186]

T0109 御制劝学文　满文

han i araha tacire be huwekiyebuhe gisun

顺治十三年（1656）刻本

版框24.5厘米×16.5厘米

一册

书前有顺治十三年（1656）御制序。

[0185][0641]

T0110 御制劝学文　满文

han i araha tacire be huwekiyebuhe gisun

晒印本

开本24.5厘米×16.6厘米

一册

据故宫藏顺治十三年（1656）刻本晒印

[0101]

T0111 范行恒言　满文

yabun be tuwancihiyara enteheme gisun

世祖（福临） 撰

顺治十二年（1655）刻本

版框20.1厘米×13.2厘米

一册

本书系论证儒家伦理道德的著作。书前有作者自序。全书共有《孝顺训》《和睦训》《宥下训》《节俭训》《敬神训》等十一篇训导文章，宣扬忠、孝、仁、义、诚、敬等道德观念。顺治十二年（1655）九月，将该书与《资政要览》《人臣儆心录》颁赐王以下、三品以上官员。

[0181][0185][0186][0641]

T0112 范行恒言　满文

ᠶᠠᠪᡠᠨ ᠪᡝ ᡨᡠᠸᠠᠨᠴᡳᡥᡳᠶᠠᡵᠠ ᡝᠨᡨᡝᡥᡝᠮᡝ ᡤᡳᠰᡠᠨ

yabun be tuwancihiyara enteheme gisun

晒印本

一册

据故宫藏刻本晒印

[0101]

T0113 内则衍义十六卷　满文

ᡩᠣᡵᡤᡳ ᡩᡠᡵᡠᠨ ᡳ ᠵᡠᡵᡤᠠᠨ ᠪᡝ ᠪᠠᡩᠠᡵᠠᠮᠪᡠᡥᠠ ᠪᡳᡨᡥᡝ

dorgi durun i jurgan be badarambuha bithe

世祖（福临）撰

顺治十三年（1656）内府刻本

版框24.3厘米×16.8厘米

八册

本书系清帝论述治家的伦理学著作。书前有顺治皇帝御制序及呈皇太后的奏表。主要说明“正其家而天下正，天下各正其家而风俗淳美，民物泰平。故先王治世，必以内政为本也”。书分八纲三十二目，八纲为《孝之道》《敬之道》《教之道》《礼之道》《让之道》《慈之道》《勤之道》《学之道》。每纲下分二至九目不等，如《孝之道》下，又分《事舅姑》《事父母》二目。

[0701][W311.1]

T0114 内则衍义十六卷　满文

ᡩᠣᡵᡤᡳ ᡩᡠᡵᡠᠨ ᡳ ᠵᡠᡵᡤᠠᠨ ᠪᡝ ᠪᠠᡩᠠᡵᠠᠮᠪᡠᡥᠠ ᠪᡳᡨᡥᡝ

dorgi durun i jurgan be badarambuha bithe

顺治十三年（1656）抄本

开本24.5厘米×16.5厘米

十六册

[0181][0185]

T0115 内则衍义十六卷　满汉合璧

ᡩᠣᡵᡤᡳ ᡩᡠᡵᡠᠨ ᡳ ᠵᡠᡵᡤᠠᠨ ᠪᡝ ᠪᠠᡩᠠᡵᠠᠮᠪᡠᡥᠠ ᠪᡳᡨᡥᡝ

dorgi durun i jurgan be badarambuha bithe

抄本

开本29.3厘米×18.8厘米

存四卷六册

[0101]

T0116 内则衍义十六卷　满文

ᡩᠣᡵᡤᡳ ᡩᡠᡵᡠᠨ ᡳ ᠵᡠᡵᡤᠠᠨ ᠪᡝ ᠪᠠᡩᠠᡵᠠᠮᠪᡠᡥᠠ ᠪᡳᡨᡥᡝ

dorgi durun i jurgan be badarambuha bithe

晒印本

十六册

据故宫藏抄本晒印

[0101]

T0117 劝善要言 满文

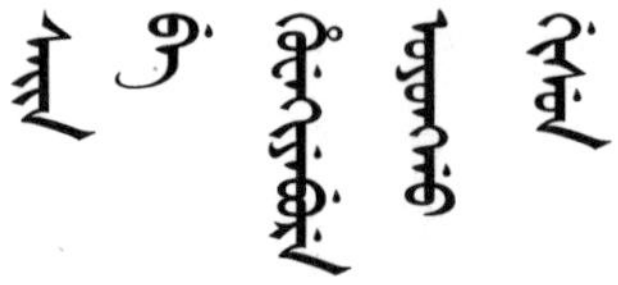

sain be huwekiyebure oyonggo gisun

世祖（福临） 撰

顺治十二年（1655）内府刻本

版框25.4厘米×17.6厘米

四周双边 半页七行 版口为满文书名

蓝绸封面

本书系清帝劝善著作。书前有顺治十二年（1655）正月御制序。告诫臣工“人之立身为善最乐”“不负朕殷殷教化之意”。全书辑取诸书有关格言警句，辑为一编，如“人无远虑，必有近忧”“己所不欲，勿施于人”“见贤思齐，知过必改”“安贫乐道，富贵在天”“子孝双亲乐，家和万事兴”等。后有内国史院大学士党崇雅、内弘文院大学士图海、内秘书院大学士傅以渐三人的后序各一篇。

［0141］［0181］［0669］有签题旧藏景阳宫［0701］［0703］

T0118 劝善要言 满汉合璧

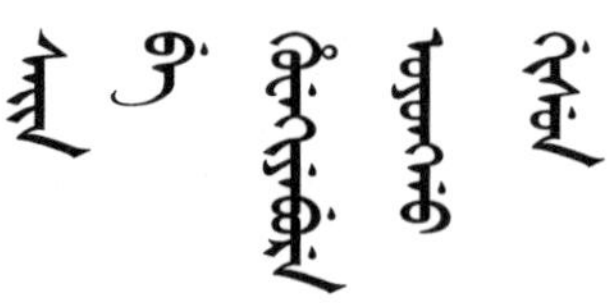

sain be huwekiyebure oyonggo gisun

世祖（福临） 撰

光绪十七年（1891）武英殿刻本

版框26厘米×18.3厘米

一册

［0101］［0150］［0168］［0185］［0186］［0406］［0601］［0641］［0642］［0661］［0701］［0703］［2102］［W311.1］［W313.2］［W313.3］［W512.1］［W512.2］［W561.1］［W565.1］［W712.1］［W712.2］［W712.4］

T0119 劝善要言 满汉合璧

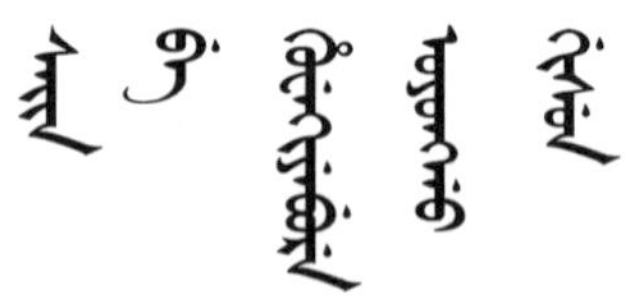

sain be huwekiyebure oyonggo gisun

光绪年间新疆巡抚陶模等刻本

一册

［0101］［0102］

T0120 御制劝善要言 满文

han i araha sain be huwekiyebure oyonggo gisun

刻本

一册

［W516.1］

T0121 御制人臣儆心录　满汉合集

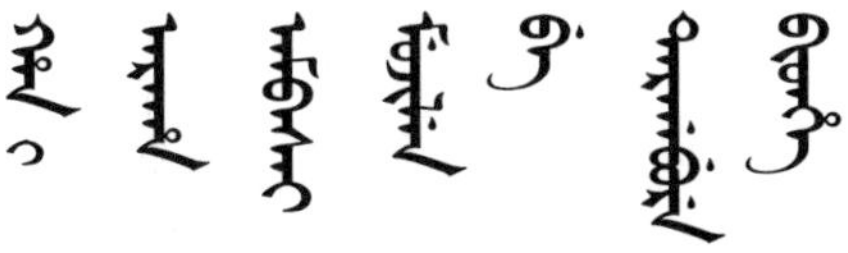

han i arahaambasai mujilen be targabure bithe

世祖（福临）撰

顺治十二年（1655）刻本

版框16.7厘米×11.5厘米

二册

本书系清帝训诫诸臣禁止结党营私的著作。书前有顺治十二年（1655）御制序，称因勋臣谭泰、石汉，大学士陈名夏等先后以骄怙伏法，又推论古往今来奸臣恶迹，以儆群臣。全书共分《植党》《好名》《营私》《徇利》《骄志》《作伪》《附势》《旷官》八篇。

[0101] [0102] [0150] [0161] [0168] [0185] [0186] [0641] [0669]存满文一册 [0701] [0703] [2102] [W313.2] [W313.3] [W512.1] [W512.2] [W516.1] [W561.1] [W565.1] [W712.1]

T0122 资政要览四卷　满文

dasan de tusangga oyonggo tuwakū bithe

世祖（福临）撰

顺治十二年（1655）刻本

版框18厘米×12厘米

四册

本书系清代帝王训诫臣下的著作。书前有顺治十二年（1655）御制序。本书的主要内容包括如何治理国家、统御万民，如何当好统治者，如何做一个良民。如帝王应敬天法祖、勤政爱民、知人善任，大臣应厚生恤民、察微知著、制怒戒欲，百姓应听从教化、尊老爱幼、睦亲积善、谦让简朴。正文分三卷三十章。首卷为《君道》《臣道》《父道》《子道》《夫道》《妇道》《兄弟》《体仁》《弘义》《敦礼》十章；二卷为《察微》《昭信》《知人》《厚生》《教化》《俭德》《迁善》《务学》《重农》《睦亲》十章；三卷为《积善》《爱民》《慈幼》《养生》《惩忿》《窒欲》《履谦》《谨言》《慎行》《爱物》十章。后续一卷，收入蒋赫德、王熙、傅以渐、吕宫等十六人后序。

[0101] [0161] [0185] [0186] [0703] [2102] [W313.2] [W512.1] [W561.1] [W712.1] [W712.2]

T0123 资政要览四卷　满文

dasan de tusangga oyonggo tuwakū bithe

抄本

开本25.3厘米×16.3厘米

四册

[0101]残

T0124 资政要览四卷　满文

ᡩᠠᠰᠠᠨ ᡩᡝ ᡨᡠᠰᠠᠩᡤᠠ ᠣᠶᠣᠩᡤᠣ ᡨᡠᠸᠠᡴᡡ ᠪᡳᡨᡥᡝ

dasan de tusangga oyonggo tuwakū bithe

抄本

开本18.2厘米×11.8厘米

存三册

［0181］

T0125 表忠录　满文

ᡨᠣᠨᡩᠣ ᠪᡝ ᡨᡝᠮᡤᡝᡨᡠᠯᡝᡵᡝ ᠪᡳᡨᡥᡝ

tondo be temgetulere bithe

世祖（福临）辑

顺治十三年（1656）刻本

版框24厘米×16.7厘米

一册

本书系清帝褒扬前代忠臣的论著。书前有顺治十三年（1656）御制序，称：“朕览明史，杨继盛参劾仇鸾、严嵩，若遇明君，则大有可为，朕深悯之。”正文则选取明兵部武选清吏司员外郎杨继盛两件代表性奏本，一件为《停止马运贸易以壮国威事奏本》，一件为《速除奸恶狡诈擅权之贼臣以清国政事奏本》。后附顺治皇帝御论，称：“明代二百七十余年，忠谏之臣虽多，而不畏威权，与奸臣仇鸾、严嵩斗，身死成仁，无及杨继盛者。”赞叹杨继盛之大无畏精神，堪为后世人臣之表。

［0181］［0186］

T0126 表忠录　满文

ᡨᠣᠨᡩᠣ ᠪᡝ ᡨᡝᠮᡤᡝᡨᡠᠯᡝᡵᡝ ᠪᡳᡨᡥᡝ

tondo be temgetulere bithe

晒印本

一册

据故宫藏刻本晒印

［0101］

T0127 牛戒　满文

ᡳᡥᠠᠨ ᠸᠠᡵᠠ ᠪᡝ ᡨᠠᡵᡤᠠᠪᡠᡥᠠ ᠪᡳᡨᡥᡝ

ihan wara be targabuha bithe

世祖（福临）撰

顺治十三年（1656）刻本

版框21厘米×16.7厘米

一册

本书系清帝劝禁杀牛、鼓励农耕之书。书前有顺治十三年（1656）御制序，开宗明义，告诫臣民：“人靠粮为生，粮靠田培养，田靠牛劳作。”“杀牛则误农，误农则民饥，患莫大焉。不杀牛则牲繁，农食足而仓廪丰，礼仪兴焉。”文中先引述刘禹锡等古代名士劝禁杀牛之文章，后举数例说明戒杀牛得善报，而杀牛得恶报。

［0181］［0185］

T0128 牛戒　满文

ihan wara be targabuha bithe

晒印本

开本24.5厘米×16.5厘米

一册

据故宫藏刻本晒印

［0101］

T0129 内政辑要二卷　满文

dorgi dasan i oyonggo bithe

世祖（福临） 撰

顺治十五年（1658）刻本

二册

本书系清帝论述和褒扬封建妇德的著作。书前有顺治十二年（1655）三月二十日御序及呈皇太后的奏表。书分二卷，每卷十章，书中收录了中国古代著名皇后、妃嫔的嘉言懿行。章目为《坤则章》《佁德章》《立训章》《淑德章》《弘慈章》《笃仁章》《秉义章》《敦礼章》《守谦章》《克勤章》《乐善章》《重贤章》《好生章》《务学章》《母仪章》《靖教章》《诚孝章》《慎行章》《宽惠章》《睦族章》。每章有事例二则，后均有顺治皇帝的批语，褒扬其封建妇德，作为宫中后妃们的行为准则。

［0181］［0185］［0186］［2102］

T0130 内政辑要二卷　满文

dorgi dasan i oyonggo bithe

顺治十二年（1655）抄本

开本24.6厘米×16.7厘米

二册

［0181］

T0131 内政辑要二卷　满文

dorgi dasan i oyonggo bithe

晒印本

开本21.2厘米×15厘米

二册

据故宫藏顺治十二年（1655）刻本晒印

［0101］

T0132 清汉格言　满汉合璧

manju nikan koolingga gisun

刻本

版框21厘米×13.1厘米

二册

［0150］［0601］［W313.2］

T0133 格言　满汉合璧

ᡴᠣᠣᠯᡳᠩᡤᠠ ᡤᡳᠰᡠᠨ ☆

koolingga gisun

题 了尘拙叟 辑

雍正元年（1723）抄本

开本19.7厘米×13.8厘米

八册

本书系清代编撰的一种伦理学著作。作者真实姓名、生卒里贯不详。有学者认为是图里琛。书前有自序。全书共八卷二十条，主要内容是以格言形式讲述为官之道，即如何当一循吏。如第一条《敦本》提倡孝道，第二条《种德》即培养道德，第三条《收弃儿》指灾荒救孤，其中如“普施应验汤药”“倡导清洁”“淡泊名利，勿陷声色，勿贪婪”“诚实启人信，平易使人亲”等都是有启迪作用的佳句。

［0101］

T0134 格言　满汉合璧

ᡴᠣᠣᠯᡳᠩᡤᠠ ᡤᡳᠰᡠᠨ ☆

koolingga gisun

抄本

开本13厘米×9.4厘米

一册

［0101］

T0135 孝经　满文

ᡥᡳᠶᠣᠣᡧᡠᠩᡤᠠ ᠨᠣᠮᡠᠨ

hiyoošungga nomun

顺治年间刻本

一册

本书系儒家经典之一。以曾子问、孔子答的形式论述封建孝道，宣传宗法思想。全文分《开宗明义》《天子》《诸侯》《卿大夫》《士》《众人》《三德》《孝政》《圣治》《记孝行》《五刑》《弘要道》《宣至德》《扬名》《劝谏》《动合》《事君》《亲忧》十八章。

［0186］

T0136 孝经　满汉合璧

ᡥᡳᠶᠣᠣᡧᡠᠩᡤᠠ ᠨᠣᠮᡠᠨ

hiyoošungga nomun

和素 校译

康熙四十七年（1708）刻本

版框18.9厘米×14.2厘米

一册

和素（1652—1718），字存斋、纯德，完颜氏，镶黄旗满洲人。是著名的中满文翻译家，曾任翻书房总裁，译著甚多。

［0101］［0661］［W512.1］［W516.1］

T0137 孝经 满汉合璧

ᡥᡳᠶᠣᠣᡧᡠᠩᡤᠠ ᠨᠣᠮᡠᠨ

hiyoošungga nomun

康熙年间刻本

［W311.1］

T0138 孝经 满文

ᡥᡳᠶᠣᠣᡧᡠᠩᡤᠠ ᠨᠣᠮᡠᠨ

hiyoošungga nomun

雍正五年（1727）刻本

版框21.2厘米×16厘米

一册

［0601］［0168］［2102］［W311.1］

［W313.2］［W512.1］［W561.1］［W565.1］

［W712.1］［W712.2］

T0139 孝经 满汉合璧

ᡥᡳᠶᠣᠣᡧᡠᠩᡤᠠ ᠨᠣᠮᡠᠨ

hiyoošungga nomun

乾隆年间武英殿刻本

一册

［2102］［W311.1］［W561.2］［W712.2］

［W712.3］

T0140 孝经 满汉合璧

ᡥᡳᠶᠣᠣᡧᡠᠩᡤᠠ ᠨᠣᠮᡠᠨ

hiyoošungga nomun

咸丰六年（1856）武英殿刻本

版框21厘米×18.2厘米

一册

［0101］［0185］［0186］［0243］［0701］

［0801］

T0141 孝经 满汉合璧

ᡥᡳᠶᠣᠣᡧᡠᠩᡤᠠ ᠨᠣᠮᡠᠨ

hiyoošungga nomun

刻本

版框19厘米×14.2厘米

一册

［0101］［0186］［0243］

T0142 孝经 满汉合璧

ᡥᡳᠶᠣᠣᡧᡠᠩᡤᠠ ᠨᠣᠮᡠᠨ

hiyoošungga nomun

和素 校译

抄本

一册

［0101］［0601］

T0143 孝经集注 满文

ᡥᡳᠶᠣᠣ ᡤᡳᠩ ᠪᡝ ᠠᠴᠠᠪᡠᡶᡳ ᠰᡠᡥᡝ ᠪᡳᡨᡥᡝ

hiyoo ging be acabufi suhe bithe

世宗（胤禛） 厘定

雍正五年（1727）刻本

版框21.5厘米×16.5厘米

一册

清世宗（1678—1735），爱新觉罗氏，名胤禛，号破尘居士，清圣祖（玄烨）第四子，年号雍正，在位十三年，谥号宪皇帝，庙号世宗。

本书又名《孝经合解》。系诠释《孝经》的著作。书前有雍正五年（1727）十二月初三御制序。正文分十八章，每章首先引孔子、孟子、曾子等名人名言，然后阐发议论，针对不同阶层对象有不同要求，如《天子章》中称："德训施予百姓，四海为范，此天子之孝也。"《诸侯章》中称："保社稷而睦人民，此诸侯之孝也。"《众人章》中称："谨身节用，奉养父母，此众人之孝也。"

［0701］［0703］［2102］［W313.3］

T0144 孝经集注 满蒙合璧

ᡥᡳᠶᠣᠣ ᡤᡳᠩ ᠪᡝ ᠠᠴᠠᠪᡠᡶᡳ ᠰᡠᡥᡝ ᠪᡳᡨᡥᡝ

hiyoo ging be acabufi suhe bithe

雍正五年（1727）刻本

一册

嘉庆十七年（1812）译书蒙古文于满文旁。

［0101］

T0145 孝经集注 满文

ᡥᡳᠶᠣᠣ ᡤᡳᠩ ᠪᡝ ᠠᠴᠠᠪᡠᡶᡳ ᠰᡠᡥᡝ ᠪᡳᡨᡥᡝ

hiyoo ging be acabufi suhe bithe

雍正五年（1727）精写本

一册

［0181］

T0146 孝经集注 满文

ᡥᡳᠶᠣᠣ ᡤᡳᠩ ᠪᡝ ᠠᠴᠠᠪᡠᡶᡳ ᠰᡠᡥᡝ ᠪᡳᡨᡥᡝ

hiyoo ging be acabufi suhe bithe

晒印本

开本21.5厘米×16.5厘米

一册

据雍正五年（1727）刻本晒印

［0101］

T0147 忠经 满汉合璧

ᡨᠣᠨᠳᠣ ᠨᠣᠮᡠᠨ

tondo nomun

〔汉〕马融 撰

〔汉〕郑玄 注

咸丰元年（1851）刻本

一册

马融（79—166），字季长，扶风茂陵（今属陕西兴平）人，东汉经学家、文学家，曾任校书郎、南郡太守等职。

郑玄（127—200），字康成，北海高密（今属山东）人，东汉经学家。郑玄遍注群经，成为汉代经学集大成者。

本书内容包括《天地神明》《圣君》《冢君》《百工》《守宰》等十八章。体裁仿《孝经》，故郑玄曰：“《忠经》者，盖出于《孝经》也。”

[W512.1]

T0148 忠经　满文

ᡨᠣᠨᡩᠣ ᠨᠣᠮᡠᠨ

tondo nomun

刻本

一册

[W516.1]

T0149 忠孝经　满汉合璧

ᡨᠣᠨᡩᠣ ᡥᡳᠶᠣᠣᡧᡠᠩᡤᠠ ᠨᠣᠮᡠᠨ

tondo hiyoošungga nomun

孟保 校译

咸丰元年（1851）刻本

版框19.5厘米×14.2厘米

一册

本书分为《忠经》《孝经》两部分。

[0101] [0703] [0801] [W512.1]

T0150 忠孝经　满汉合璧

ᡨᠣᠨᡩᠣ ᡥᡳᠶᠣᠣᡧᡠᠩᡤᠠ ᠨᠣᠮᡠᠨ

tondo hiyoošungga nomun

咸丰元年（1851）刻本

[W311.1]

T0151 忠孝经　满蒙汉合璧

ᡨᠣᠨᡩᠣ ᡥᡳᠶᠣᠣᡧᡠᠩᡤᠠ ᠨᠣᠮᡠᠨ

tondo hiyoošungga nomun

抄本

开本24.2厘米×17.8厘米

二册

[0101]

T0152 翻译忠孝二经　满汉合璧

ᡠᠪᠠᠯᡳᠶᠠᠮᠪᡠᡥᠠ ᡨᠣᠨᡩᠣ ᡥᡳᠶᠣᠣᡧᡠᠩᡤᠠ ᠵᡠᠸᡝ ᠨᠣᠮᡠᠨ

ubaliyambuha tondo hiyoošungga juwe nomun

孟保 译

咸丰元年（1851）刻本

版框19厘米×13厘米

一册

[0150] [0661] [W311.1] [W313.2] [W313.3] [W561.1] [W712.1] [W712.2]

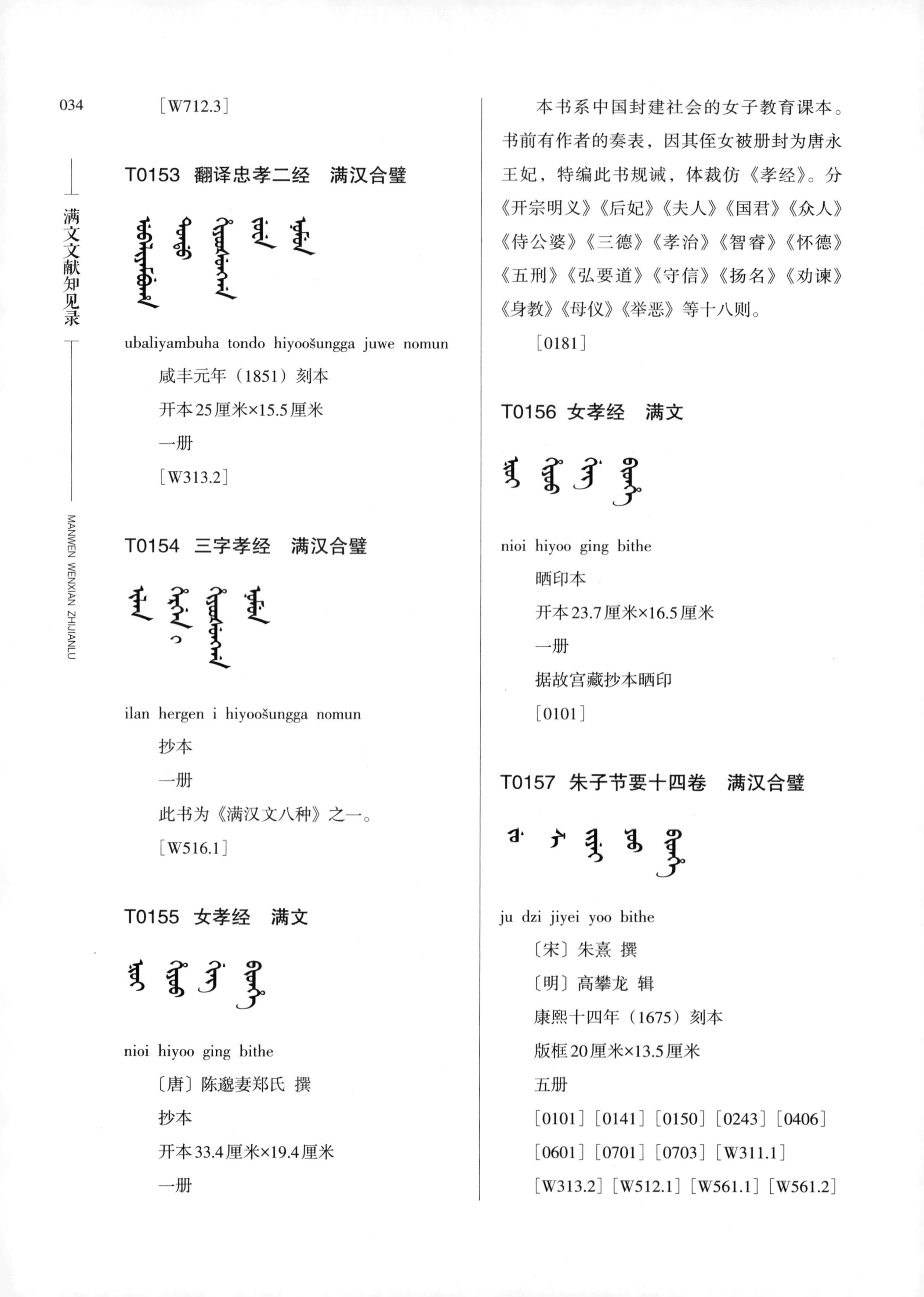

[W712.3]

T0153 翻译忠孝二经 满汉合璧

ubaliyambuha tondo hiyoošungga juwe nomun

咸丰元年（1851）刻本

开本25厘米×15.5厘米

一册

[W313.2]

T0154 三字孝经 满汉合璧

ilan hergen i hiyoošungga nomun

抄本

一册

此书为《满汉文八种》之一。

[W516.1]

T0155 女孝经 满文

nioi hiyoo ging bithe

〔唐〕陈邈妻郑氏 撰

抄本

开本33.4厘米×19.4厘米

一册

本书系中国封建社会的女子教育课本。书前有作者的奏表，因其侄女被册封为唐永王妃，特编此书规诫，体裁仿《孝经》。分《开宗明义》《后妃》《夫人》《国君》《众人》《侍公婆》《三德》《孝治》《智睿》《怀德》《五刑》《弘要道》《守信》《扬名》《劝谏》《身教》《母仪》《举恶》等十八则。

[0181]

T0156 女孝经 满文

nioi hiyoo ging bithe

晒印本

开本23.7厘米×16.5厘米

一册

据故宫藏抄本晒印

[0101]

T0157 朱子节要十四卷 满汉合璧

ju dzi jiyei yoo bithe

〔宋〕朱熹 撰

〔明〕高攀龙 辑

康熙十四年（1675）刻本

版框20厘米×13.5厘米

五册

[0101] [0141] [0150] [0243] [0406] [0601] [0701] [0703] [W311.1] [W313.2] [W512.1] [W561.1] [W561.2]

［W712.1］［W712.2］

T0158 朱子节要　满汉合璧

ju dzi jiyei yoo bithe

抄本

十四册

［W512.1］

T0159 醒世要言四卷　满文

jalan de ulhibure oyonggo gisun i bithe

〔明〕吕坤 撰

和素 译

孟保 校

康熙四十三年（1704）刻本

版框17.5厘米×12厘米

一册

吕坤（1536—1618），明代学者，宁陵（今属河南）人，字叔简，号新吾，官至刑部侍郎。

本书又名《觉世要语》，为《七本头》之一，系清代八旗学堂之初级教科书。前有镶白旗蒙古副都统孟保奏折，叙本书编译经过及重要性。同治六年（1867）二月初六日奉旨允准，送交武英殿刷印，颁发八旗各学，目的在于培训八旗子弟，使其掌握礼教宗法知识及翻译技能。内容多采自明朝吕坤所著《小儿语》《好人歌》《宗约歌》。字句通俗，由浅入深。书后附有河南开封知府栗毓美写的跋。

［0101］［0181］［0185］［W512.1］［W516.1］

T0160 醒世要言四卷　满汉合璧

jalan de ulhibure oyonggo gisun i bithe

同治六年（1867）武英殿刻本

版框17.5厘米×14厘米

四册

［0101］［0150］［0185］［0186］［0601］［0641］［0642］［0701］［0703］［0801］［W311.1］［W561.1］

T0161 醒世要言四卷　满汉合璧

jalan de ulhibure oyonggo gisun i bithe

光绪二年（1876）北京隆福寺重刻本

版框18.5厘米×14.2厘米

四册

本书内附《好人歌》《宗约歌》。

［0102］［0168］［0601］［0661］［W311.1］［W313.2］［W313.3］［W712.2］

T0162 菜根谭二卷 满汉合璧

ᡮᠠᡳ ᡤᡝᠨ ᡨᠠᠨ ᠪᡳᡨᡥᡝ

ts'ai gen tan bithe

〔明〕洪应明 辑

和素 译

康熙四十七年（1708）刻本

版框18.6厘米×13厘米

二册

洪应明，字自诚，号还初道人，四川新都县人，生卒年不详，约明万历年间在世。

本书书名寓意“自清苦历练中来，自栽培灌溉里得”，显受宋儒汪信民名言“咬得菜根断，则百事可做”影响。全书分两卷，融儒释道三教思想精髓于一体，主要讲述修省养性、为人处世的哲学思想，提倡诚谨、宽容、隐忍、保身、超俗的中庸劝善观念。以格言警句方式表达，文辞优美，含义隽永。

［0101］［0185］［0601］［2102］［W311.1］［W313.3］［W561.1］［W565.1］［W712.1］［W712.2］

T0163 菜根谭二卷 满汉合璧

ᡮᠠᡳ ᡤᡝᠨ ᡨᠠᠨ ᠪᡳᡨᡥᡝ

ts'ai gen tan bithe

道光二十八年（1848）刻本

版框22厘米×13厘米

一册

［0150］

T0164 菜根谭二卷 满汉合璧

ᡮᠠᡳ ᡤᡝᠨ ᡨᠠᠨ ᠪᡳᡨᡥᡝ

ts'ai gen tan bithe

刻本

三册

［2001］

T0165 菜根谭 满汉合璧

ᡮᠠᡳ ᡤᡝᠨ ᡨᠠᠨ ᠪᡳᡨᡥᡝ

ts'ai gen tan bithe

刻本

二册

［W516.1］

T0166 菜根谭二卷 满汉合璧

ᡮᠠᡳ ᡤᡝᠨ ᡨᠠᠨ ᠪᡳᡨᡥᡝ

ts'ai gen tan bithe

抄本

二册

［0101］［0168］

T0167 薛文清先生要语 满汉合璧

ᠰᡳᠣᠸᡝᡳ ᠸᡝᠨ ᠴᡳᠩ ᠰᡳᠶᠠᠨ ᡧᡝᠩ ᠨᡳ ᠣᠶᠣᠩᡤᠣ ᡤᡳᠰᡠᠨ

siowei wen cing siyan šeng ni oyonggo gisun

i bithe

〔明〕薛瑄 撰

富达礼 译

康熙五十三年（1714）刻本

版框20厘米×15.5厘米

四册

薛瑄（1392—1464），明代学者，河津（今属山西）人，字德温，号敬轩。官至礼部右侍郎，谥文清。性刚直，曾因触怒宦官王振下狱。

本书分内外两篇，《内篇》主要论述修身养性，《外篇》论述待人处事。

［0102］［0150］［0406］［0601］［0661］

［0701］［0703］［1497］［W313.2］

［W313.2］［W512.1］［W512.2］［W561.1］

［W561.2］［W712.1］［W712.2］

T0168 薛文清先生要语 满汉合璧

ᠰᡳᠣᠸᡝᡳ ᠸᡝᠨ ᠴᡳᠩ ᠰᡳᠶᠠᠨ ᡧᡝᠩ ᠨᡳ ᠣᠶᠣᠩᡤᠣ ᡤᡳᠰᡠᠨ ᡳ ᠪᡳᡨᡥᡝ

siowei wen cing siyan šeng ni oyonggo gisun i bithe

抄本

开本25.5厘米×23.5厘米

一册

［0601］

T0169 薛文清公要语菜根谭成语 满汉合璧

ᠰᡳᠣᠸᡝᡳ ᠸᡝᠨ ᠴᡳᠩ ᡤᡠᠩ ᠨᡳ ᠣᠶᠣᠩᡤᠣ ᡤᡳᠰᡠᠨ ᡳ ᠪᡳᡨᡥᡝ ᡮᠠᡳ ᡤᡝᠨ ᡨᠠᠨ ᠪᡳᡨᡥᡝ ᡴᠣᠣᠯᡳᠩᡤᠠ ᡤᡳᠰᡠᠨ

siowei wen cing gung ni oyonggo gisun i bithe ts'ai gen tan bithe koolingga gisun

抄本

开本24.3厘米×19厘米

一册

［0101］

T0170 菜根谭成语 满汉合璧

ᡮᠠᡳ ᡤᡝᠨ ᡨᠠᠨ ᠪᡳᡨᡥᡝ ᡳ ᡨᠣᡴᡨᠣᡥᠣ ᡤᡳᠰᡠᠨ ☆

ts'ai gen tan bithe i toktoho gisun

抄本

一册

［0101］

T0171 圣谕广训 满文

ᡝᠨᡩᡠᡵᡳᠩᡤᡝ ᡨᠠᠴᡳᡥᡳᠶᠠᠨ ᠪᡝ ᠨᡝᡳᠯᡝᠮᡝ ᠪᠠᡩᠠᡵᠠᠮᠪᡠᡥᠠ

enduringge tacihiyan be neileme badarambuha

bithe

世宗（胤禛）撰

雍正二年（1724）武英殿刻本

版框21.3厘米×17.1厘米

二册

本书系清帝为宣扬封建伦理道德而向臣民发布的上谕。清圣祖玄烨曾颁发上谕十六条，传布民间。胤禛即位后，对圣祖十六条详加阐述，即成《圣谕广训》。其十六条篇目如下：《敦孝弟以重人伦》《笃宗族以昭雍睦》《和乡党以息争讼》《重农桑以足衣食》《尚节俭以惜财用》《隆学校以端士习》《黜异端以崇正学》《讲法律以儆愚钝》《明礼让以厚风俗》《务本业以定民心》《训子孙以禁非为》《息诬告以全善良》《戒匿逃以免株连》《完钱粮以省催科》《联保甲以弭盗贼》《解仇忿以重身命》。

该书清代多次刊印，版本众多。

[0101] [0102] [0141] [0150] [0185] [0243] [0701] [2102] [W313.2] [W313.3] [W512.1] [W712.1] [W712.2] [W712.3]

T0172 圣谕广训 满汉合璧

ᡝᠨᡩᡠᡵᡳᠩᡤᡝ ᡨᠠᠴᡳᡥᡳᠶᠠᠨ ᠪᡝ ᠨᡝᡳᠯᡝᠮᡝ ᠪᠠᡩᠠᡵᠠᠮᠪᡠᡥᠠ ᠪᡳᡨᡥᡝ

enduringge tacihiyan be neileme badarambuha bithe

雍正二年（1724）三槐堂刻本

版框20.8厘米×16.5厘米

一册

[0186] [0903]

T0173 圣谕广训 满汉合璧

ᡝᠨᡩᡠᡵᡳᠩᡤᡝ ᡨᠠᠴᡳᡥᡳᠶᠠᠨ ᠪᡝ ᠨᡝᡳᠯᡝᠮᡝ ᠪᠠᡩᠠᡵᠠᠮᠪᡠᡥᠠ ᠪᡳᡨᡥᡝ

enduringge tacihiyan be neileme badarambuha bithe

道光十一年（1831）刻本

版框22厘米×16厘米

一册

残。

[0101] [0150] [0187]

T0174 圣谕广训 满汉合璧

ᡝᠨᡩᡠᡵᡳᠩᡤᡝ ᡨᠠᠴᡳᡥᡳᠶᠠᠨ ᠪᡝ ᠨᡝᡳᠯᡝᠮᡝ ᠪᠠᡩᠠᡵᠠᠮᠪᡠᡥᠠ ᠪᡳᡨᡥᡝ

enduringge tacihiyan be neileme badarambuha bithe

光绪十六年（1890）京都聚珍堂重刻本

版框19.5厘米×14.5厘米

一册

[0101] [0102] [0150] [0187] [0201] [0804] [W313.3] [W561.1] [W561.2] [W611.1]

T0175 圣谕广训 满汉合璧

ᡝᠨᡩᡠᡵᡳᠩᡤᡝ ᡨᠠᠴᡳᡥᡳᠶᠠᠨ ᠪᡝ ᠨᡝᡳᠯᡝᠮᡝ ᠪᠠᡩᠠᡵᠠᠮᠪᡠᡥᠠ ᠪᡳᡨᡥᡝ

enduringge tacihiyan be neileme badarambuha bithe

光绪年间重刻本

[W311.1]

T0176 圣谕广训 满汉合璧

ᡝᠨᡩᡠᡵᡳᠩᡤᡝ ᡨᠠᠴᡳᡥᡳᠶᠠᠨ ᠪᡝ ᠨᡝᡳᠯᡝᠮᡝ ᠪᠠᡩᠠᡵᠠᠮᠪᡠᡥᠠ ᠪᡳᡨᡥᡝ

enduringge tacihiyan be neileme badarambuha bithe

道光十二年（1832）抄本

开本18.5厘米×14厘米

二册

[0101]

T0177 圣谕广训 满汉合璧

ᡝᠨᡩᡠᡵᡳᠩᡤᡝ ᡨᠠᠴᡳᡥᡳᠶᠠᠨ ᠪᡝ ᠨᡝᡳᠯᡝᠮᡝ ᠪᠠᡩᠠᡵᠠᠮᠪᡠᡥᠠ ᠪᡳᡨᡥᡝ

enduringge tacihiyan be neileme badarambuha bithe

道光二十五年（1845）抄本

开本20.7厘米×14厘米

二册

[0701]

T0178 圣谕广训 满汉合璧

ᡝᠨᡩᡠᡵᡳᠩᡤᡝ ᡨᠠᠴᡳᡥᡳᠶᠠᠨ ᠪᡝ ᠨᡝᡳᠯᡝᠮᡝ ᠪᠠᡩᠠᡵᠠᠮᠪᡠᡥᠠ ᠪᡳᡨᡥᡝ

enduringge tacihiyan be neileme badarambuha bithe

抄本

开本23.4厘米×14厘米

存二册

残。

[0101]

T0179 圣谕广训 满汉合璧

ᡝᠨᡩᡠᡵᡳᠩᡤᡝ ᡨᠠᠴᡳᡥᡳᠶᠠᠨ ᠪᡝ ᠨᡝᡳᠯᡝᠮᡝ ᠪᠠᡩᠠᡵᠠᠮᠪᡠᡥᠠ ᠪᡳᡨᡥᡝ

enduringge tacihiyan be neileme badarambuha bithe

抄本

开本23.4厘米×14厘米

存二册

[0187]

T0180 圣谕广训二卷 满蒙合璧

ᡝᠨᡩᡠᡵᡳᠩᡤᡝ ᡨᠠᠴᡳᡥᡳᠶᠠᠨ ᠪᡝ ᠨᡝᡳᠯᡝᠮᡝ ᠪᠠᡩᠠᡵᠠᠮᠪᡠᡥᠠ ᠪᡳᡨᡥᡝ

enduringge tacihiyan be neileme badarambuha

bithe

雍正二年（1724）武英殿刻本

版框22.9厘米×20.1厘米

二册

［0101］［0150］［0185］［0641］［2102］

［W565.1］

T0181 圣谕广训 满蒙合璧

ᡝᠨᡩᡠᡵᡳᠩᡤᡝ ᡨᠠᠴᡳᡥᡳᠶᠠᠨ ᠪᡝ ᠨᡝᡳᠯᡝᠮᡝ ᠪᠠᡩᠠᡵᠠᠮᠪᡠᡥᠠ ᠪᡳᡨᡥᡝ

enduringge tacihiyan be neileme badarambuha bithe

抄本

开本27厘米×18厘米

二册

［0185］

T0182 圣谕广训四卷 满蒙汉合璧

ᡝᠨᡩᡠᡵᡳᠩᡤᡝ ᡨᠠᠴᡳᡥᡳᠶᠠᠨ ᠪᡝ ᠨᡝᡳᠯᡝᠮᡝ ᠪᠠᡩᠠᡵᠠᠮᠪᡠᡥᠠ ᠪᡳᡨᡥᡝ

enduringge tacihiyan be neileme badarambuha bithe

雍正二年（1724）刻本

版框22.4厘米×15.4厘米

四册

［0102］［0181］［0641］［0661］

［W313.2］［W561.1］

T0183 圣谕广训 满蒙汉合璧

ᡝᠨᡩᡠᡵᡳᠩᡤᡝ ᡨᠠᠴᡳᡥᡳᠶᠠᠨ ᠪᡝ ᠨᡝᡳᠯᡝᠮᡝ ᠪᠠᡩᠠᡵᠠᠮᠪᡠᡥᠠ ᠪᡳᡨᡥᡝ

enduringge tacihiyan be neileme badarambuha bithe

道光二年（1822）伊兴阿重刻本

版框22厘米×17厘米

一册

［0101］

T0184 圣谕广训 满蒙汉合璧

ᡝᠨᡩᡠᡵᡳᠩᡤᡝ ᡨᠠᠴᡳᡥᡳᠶᠠᠨ ᠪᡝ ᠨᡝᡳᠯᡝᠮᡝ ᠪᠠᡩᠠᡵᠠᠮᠪᡠᡥᠠ ᠪᡳᡨᡥᡝ

enduringge tacihiyan be neileme badarambuha bithe

同治十二年（1873）重刊本

开本24.2厘米×13.1厘米

［0703］

T0185 圣谕广训 满蒙汉合璧

ᡝᠨᡩᡠᡵᡳᠩᡤᡝ ᡨᠠᠴᡳᡥᡳᠶᠠᠨ ᠪᡝ ᠨᡝᡳᠯᡝᠮᡝ ᠪᠠᡩᠠᡵᠠᠮᠪᡠᡥᠠ ᠪᡳᡨᡥᡝ

enduringge tacihiyan be neileme badarambuha bithe

同治十三年（1874）北京萧氏重刻本

版框21.5厘米×16厘米

四册

［0101］［0102］［0141］［0150］［0186］

［0641］［0701］［0703］［0804］［1481］

［W311.1］［W313.3］［W561.1］

T0186 三合圣谕广训 满蒙汉合璧

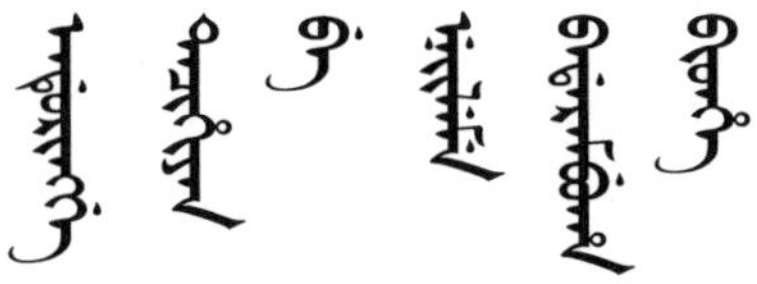

enduringge tacihiyan be neileme badarambuha bithe

同治十三年（1874）刻本

四册

［W512.1］

T0187 圣谕广训 满蒙汉合璧

enduringge tacihiyan be neileme badarambuha bithe

石印本

开本16.6厘米×11.5厘米

四册

［0101］

T0188 圣谕广训 满蒙汉合璧

enduringge tacihiyan be neileme badarambuha bithe

道光十七年（1837）乔逢源、张泽纯抄本

开本20.7厘米×14厘米

三册

［0102］

T0189 圣谕广训 满汉合璧

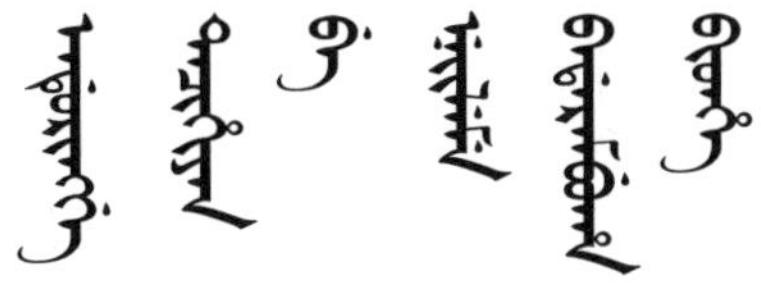

enduringge tacihiyan be neileme badarambaha bithe

世宗（胤禛） 撰

道光二十五年（1845）抄本

版框18.5厘米×12厘米

二册

此书卷前有许蕙（芝亭）道光二十五年（1845）题记。

［0701］

T0190 圣谕广训 满蒙汉合璧

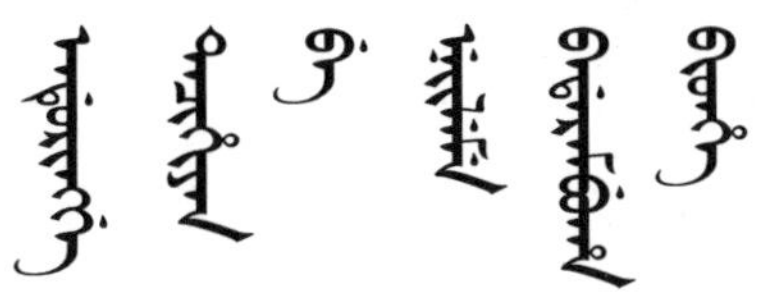

enduringge tacihiyan be neileme badarambuha bithe

抄本

四册

［0703］

T0191 圣谕广训 满蒙汉合璧

ᡝᠨᡩᡠᡵᡳᠩᡤᡝ ᡨᠠᠴᡳᡥᡳᠶᠠᠨ ᠪᡝ ᠨᡝᡳᠯᡝᠮᡝ ᠪᠠᡩᠠᡵᠠᠮᠪᡠᡥᠠ ᠪᡳᡨᡥᡝ

enduringge tacihiyan be neileme badarambuha bithe

抄本

开本24.5厘米×20厘米

四册

［0903］

T0192 小学六卷 满汉合璧

ᠠᠵᡳᡤᠠᠨ ᡨᠠᠴᡳᠨ ᠪᡳᡨᡥᡝ

ajigan tacin bithe

〔宋〕朱熹 撰

古巴岱 译

雍正五年（1727）刻本

四册（仅第一册有汉文）

古巴岱（？—1709），又作顾八代，镶黄旗满洲人，伊尔根觉罗氏，字文起，官至礼部尚书。

［0150］［W712.1］

T0193 小学 满汉合璧

ᠠᠵᡳᡤᠠᠨ ᡨᠠᠴᡳᠨ ᠪᡳᡨᡥᡝ

ajigan tacin bithe

孟保 译

咸丰元年（1851）三槐堂刻本

版框20厘米×13.5厘米

六册

［0101］［0102］［0150］［0168］残［0186］［0601］［0641］［0642］［0701］［0703］［W311.1］［W313.2］［W313.3］［W512.2］［W561.1］［W561.2］［W712.1］［W712.2］

T0194 小学 满汉合璧

ᠠᠵᡳᡤᠠᠨ ᡨᠠᠴᡳᠨ ᠪᡳᡨᡥᡝ

ajigan tacin bithe

刻本

版框20厘米×15.5厘米

八册

［0801］［W313.2］

T0195 小学十二卷 满汉合璧

ᠠᠵᡳᡤᠠᠨ ᡨᠠᠴᡳᠨ ᠪᡳᡨᡥᡝ

ajigan tacin bithe

孟保 译

抄本

开本26.3厘米×13.6厘米

五册

［0182］

T0196 小学 满汉合璧

ᠠᠵᡳᡤᠠᠨ ᡨᠠᠴᡳᠨ ᠪᡳᡨᡥᡝ

ajigan tacin bithe

抄本

三册

［1101］

T0197 小学 满汉合璧

ᠠᠵᡳᡤᠠᠨ ᡨᠠᠴᡳᠨ ᠪᡳᡨᡥᡝ

ajigan tacin bithe

孟保 译

咸丰元年（1851）抄本

开本26厘米×16.5厘米

六册

［W313.2］

T0198 翻译小学 满汉合璧

ᡠᠪᠠᠯᡳᠶᠠᡥᠠ ᠠᠵᡳᡤᠠᠨ ᡨᠠᠴᡳᠨ ᠪᡳᡨᡥᡝ ☆

ubaliyaha ajigan tacin bithe

咸丰元年（1851）刻本

［W311.1］

T0199 翻译小学 满文

ᡠᠪᠠᠯᡳᠶᠠᡥᠠ ᠠᠵᡳᡤᠠᠨ ᡨᠠᠴᡳᠨ ᠪᡳᡨᡥᡝ ☆

ubaliyaha ajigan tacin bithe

刻本

四册

［W516.1］

T0200 翻译小学 满汉合璧

ᡠᠪᠠᠯᡳᠶᠠᡥᠠ ᠠᠵᡳᡤᠠᠨ ᡨᠠᠴᡳᠨ ᠪᡳᡨᡥᡝ ☆

ubaliyaha ajigan tacin bithe

开本24.5厘米×15.5厘米

六册

［W313.2］

T0201 小学合解六卷 满文

ᠠᠵᡳᡤᡝ ᡨᠠᠴᡳᡴᡡ ᠪᡝ ᠠᠴᠠᠪᡠᡶᡳ ᠰᡠᡥᡝ ᠪᡳᡨᡥᡝ

ajige tacikū be acabufi suhe bithe

〔宋〕朱熹 撰

〔明〕陈选 注

古巴岱 译

雍正五年（1727）武英殿刻本

版框20.4厘米×16.7厘米

八册

本书又名《小学集注》。《小学》系中国旧时的儿童教育课本。书前有雍正五年（1727）十二月初三日御制序。书六卷，分内外篇，《内篇》包括《立教》《明伦》《敬身》《稽古》。外篇包括《嘉言》《善行》。

［0101］［0102］［0150］［0181］［0185］［0186］［0601］［0701］［0703］［2102］［W311.1］［W313.2］［W313.3］［W512.2］

T0202 小学合解六卷　满文

ᠠᠵᡳᡤᡝ ᡨᠠᠴᡳᡴᡡ ᠪᡝ ᠠᠴᠠᠪᡠᡶᡳ ᠰᡠᡥᡝ ᠪᡳᡨᡥᡝ

ajige tacikū be acabufi suhe bithe

雍正五年（1727）精写本

开本21.4厘米×16.6厘米

四册

［0181］

T0203 小学合解　满汉合璧

ᠠᠵᡳᡤᡝ ᡨᠠᠴᡳᡴᡡ ᠪᡝ ᠠᠴᠠᠪᡠᡶᡳ ᠰᡠᡥᡝ ᠪᡳᡨᡥᡝ

ajige tacikū be acabufi suhe bithe

抄本

四册

［W516.1］

T0204 圣祖仁皇帝庭训格言二卷　满文

ᡧᡝᠩᡯᡠ ᡤᠣᠰᡳᠨ ᡥᡡᠸᠠᠩᡩᡳ ᡳ ᠪᠣᠣᡳ ᡨᠠᠴᡳᡥᡳᠶᠠᠨ ᡳ ᡨᡝᠨ ᡳ ᡤᡳᠰᡠᠨ

šengdzu gosin hūwangdi i booi tacihiyan i ten i gisun

世宗（胤禛）撰

雍正八年（1730）武英殿刻本

版框21.2厘米×15.5厘米

二册

本书系清帝训诫皇子之语录汇编。

书前有雍正八年（1730）四月初一日御制序，追述圣祖仁皇帝玄烨之教诲，亲录成编，凡二百四十六则，皆《实录》《圣训》所未载者，内容包括任人敷政、慎刑重谷、行师治河、图书经史、礼乐文章、天象地舆、历律步算及修身养性等方面。

［0101］［0181］［0186］［0601］［0641］［0701］［0703］［2102］［W313.3］［W512.1］［W565.1］［W712.1］

T0205 圣祖仁皇帝庭训格言　满汉合璧

ᡧᡝᠩᡯᡠ ᡤᠣᠰᡳᠨ ᡥᡡᠸᠠᠩᡩᡳ ᡳ ᠪᠣᠣᡳ ᡨᠠᠴᡳᡥᡳᠶᠠᠨ ᡳ ᡨᡝᠨ ᡳ ᡤᡳᠰᡠᠨ

šengdzu gosin hūwangdi i booi tacihiyan i ten i gisun

内府抄本

开本20.8厘米×20.2厘米

二册（另有汉文一册）

[0701] [W512.1]

T0206 圣祖仁皇帝庭训格言二卷 满文

ᡧᡝᠩᡩᡯᡠ ᡤᠣᠰᡳᠨ ᡥᡡᠸᠠᠩᡩᡳ ᡳ ᠪᠣᠣᡳ ᡨᠠᠴᡳᡥᡳᠶᠠᠨ ᡳ ᡨᡝᠨ ᡳ ᡤᡳᠰᡠᠨ

šengdzu gosin hūwangdi i booi tacihiyan i ten i gisun

抄本

开本29厘米×19厘米

二册

[0181]

T0207 圣祖仁皇帝庭训格言二卷 满汉合璧

ᡧᡝᠩᡩᡯᡠ ᡤᠣᠰᡳᠨ ᡥᡡᠸᠠᠩᡩᡳ ᡳ ᠪᠣᠣᡳ ᡨᠠᠴᡳᡥᡳᠶᠠᠨ ᡳ ᡨᡝᠨ ᡳ ᡤᡳᠰᡠᠨ

šengdzu gosin hūwangdi i booi tacihiyan i ten i gisun

抄本

开本21厘米×14.2厘米

四册

[0101] [0102] [0181]

T0208 圣祖仁皇帝庭训格言十卷 满汉合璧

ᡧᡝᠩᡩᡯᡠ ᡤᠣᠰᡳᠨ ᡥᡡᠸᠠᠩᡩᡳ ᡳ ᠪᠣᠣᡳ ᡨᠠᠴᡳᡥᡳᠶᠠᠨ ᡳ ᡨᡝᠨ ᡳ ᡤᡳᠰᡠᠨ

šengdzu gosin hūwangdi i booi tacihiyan i ten i gisun

内府抄本

开本31.7厘米×21.8厘米

十册

[0703]

T0209 圣祖仁皇帝庭训格言二卷 满汉合璧

ᡧᡝᠩᡩᡯᡠ ᡤᠣᠰᡳᠨ ᡥᡡᠸᠠᠩᡩᡳ ᡳ ᠪᠣᠣᡳ ᡨᠠᠴᡳᡥᡳᠶᠠᠨ ᡳ ᡨᡝᠨ ᡳ ᡤᡳᠰᡠᠨ

šengdzu gosin hūwangdi i booi tacihiyan i ten i gisun

抄本

开本25.6厘米×15.2厘米

二册

[0703]

T0210 圣祖仁皇帝庭训格言二卷 满蒙合璧

ᡧᡝᠩᡩᡯᡠ ᡤᠣᠰᡳᠨ ᡥᡡᠸᠠᠩᡩᡳ ᡳ ᠪᠣᠣᡳ ᡨᠠᠴᡳᡥᡳᠶᠠᠨ ᡳ ᡨᡝᠨ ᡳ ᡤᡳᠰᡠᠨ

šengdzu gosin hūwangdi i booi tacihiyan i ten i gisun

抄本

开本26.4厘米×23厘米

二册

[0601]

T0211　三字经注解　满蒙汉合璧

ᠰᡠᡥᡝ ᠰᠠᠨ ᡯᡳ ᡤᡳᠩ ᠨᡳ ᠪᡳᡨᡥᡝ

suhe san dzi ging ni bithe

〔宋〕王应麟 编撰

惟德陶格 译满文

富俊 译蒙古文

盛冠宝 校阅

傅尔汉 参订

雍正十三年（1735）英华堂刻本

一册

王应麟（1223—1296），字伯厚，号深宁居士，一号厚斋。致力于典章制度之学，著述颇丰，官至礼部尚书。

富俊（1749—1834），正黄旗蒙古人，卓特氏，字松岩，官至理藩院尚书，东阁大学士。

本书系古代应用最广的初级启蒙教材。康熙五年（1666）王相注解，雍正年间满洲教习惟德陶格译成满文，满洲教习盛冠宝校阅，中书教习傅尔汉参订。译校者生卒不详。全书内容涉及天文地理、三纲五常、历朝之统绪、经史之源流。书中正文每句都引经据典，并注明出处和含义，以利于教学。

〔W512.1〕

T0212　三字经注解二卷　满蒙合璧

ᠰᡠᡥᡝ ᠰᠠᠨ ᡯᡳ ᡤᡳᠩ ᠨᡳ ᠪᡳᡨᡥᡝ

suhe san dzi ging ni bithe

惟德陶格 译满文

富俊、英俊 译蒙古文

雍正年间京都二槐堂刻本

版框18.6厘米×13.9厘米

二册

〔0185〕

T0213　三字经注解二卷　满汉合璧

ᠰᡠᡥᡝ ᠰᠠᠨ ᡯᡳ ᡤᡳᠩ ᠨᡳ ᠪᡳᡨᡥᡝ

suhe san dzi ging ni bithe

乾隆六十年（1795）京都二槐堂刻本

版框19厘米×14厘米

一册

〔0102〕〔1601〕

T0214　三字经注解　满汉合璧

ᠰᡠᡥᡝ ᠰᠠᠨ ᡯᡳ ᡤᡳᠩ ᠨᡳ ᠪᡳᡨᡥᡝ

suhe san dzi ging ni bithe

乾隆六十年（1795）京都二槐堂刻本

版框24.5厘米×15.5厘米

二册

〔W313.2〕

T0215　三字经注解二卷　满汉合璧

ᠰᡠᡥᡝ ᠰᠠᠨ ᡯᡳ ᡤᡳᠩ ᠨᡳ ᠪᡳᡨᡥᡝ

suhe san dzi ging ni bithe

乾隆六十年（1795）京都三槐堂刻本

版框18.5厘米×13厘米

二册

[0101] [0150] [0186] [0642] [W313.2]

[W561.1] [W565.1] [W712.2] [W712.3]

T0216 三字经注解 满汉合璧

ᠰᡠᡥᡝ ᠰᠠᠨ ᡯᡳ ᡤᡳᠩ ᠨᡳ ᠪᡳᡨᡥᡝ

suhe san dzi ging ni bithe

乾隆六十年（1795）二酉堂刻本

[W512.1]

T0217 三字经注解 满汉合璧

ᠰᡠᡥᡝ ᠰᠠᠨ ᡯᡳ ᡤᡳᠩ ᠨᡳ ᠪᡳᡨᡥᡝ

suhe san dzi ging ni bithe

乾隆六十年（1795）敬修堂刻本

[W512.1]

T0218 三字经注解二卷 满汉合璧

ᠰᡠᡥᡝ ᠰᠠᠨ ᡯᡳ ᡤᡳᠩ ᠨᡳ ᠪᡳᡨᡥᡝ

suhe san dzi ging ni bithe

刻本

一册

[0101] [1101]

T0219 三字经注解 满汉合璧

ᠰᡠᡥᡝ ᠰᠠᠨ ᡯᡳ ᡤᡳᠩ ᠨᡳ ᠪᡳᡨᡥᡝ

suhe san dzi ging ni bithe

刻本

[W311.1]

T0220 三字经注解 满汉合璧

ᠰᡠᡥᡝ ᠰᠠᠨ ᡯᡳ ᡤᡳᠩ ᠨᡳ ᠪᡳᡨᡥᡝ

suhe san dzi ging ni bithe

刻本

一册

[W516.1] [W561.2]

T0221 三字经注解二卷 满汉合璧

ᠰᡠᡥᡝ ᠰᠠᠨ ᡯᡳ ᡤᡳᠩ ᠨᡳ ᠪᡳᡨᡥᡝ

suhe san dzi ging ni bithe

抄本

二册

[0101]

T0222 三字经注解二卷 满汉合璧

ᠰᡠᡥᡝ ᠰᠠᠨ ᡯᡳ ᡤᡳᠩ ᠨᡳ ᠪᡳᡨᡥᡝ

suhe san dzi ging ni bithe

抄本

开本24.9厘米×15.5厘米

四册

[0661]

T0223 三字经注解二卷 满蒙合璧

ᠰᡠᡥᡝ ᠰᠠᠨ ᡯᡳ ᡤᡳᠩ ᠨᡳ ᠪᡳᡨᡥᡝ

suhe san dzi ging ni bithe

道光十二年（1832）京都三槐堂刻本

四册

[0168] [0186] [0642] [0701] [0703] [W313.2] [W313.3] [W512.2] [W561.1] [W565.1] [W712.1] [W712.2] [W712.3]

T0224 三字经注解二卷 满蒙合璧

ᠰᡠᡥᡝ ᠰᠠᠨ ᡯᡳ ᡤᡳᠩ ᠨᡳ ᠪᡳᡨᡥᡝ

suhe san dzi ging ni bithe

翻译稿本

开本27.6厘米×16.5厘米

四册

[0101]

T0225 三字经注解二卷 满蒙汉合璧

ᠰᡠᡥᡝ ᠰᠠᠨ ᡯᡳ ᡤᡳᠩ ᠨᡳ ᠪᡳᡨᡥᡝ

suhe san dzi ging ni bithe

道光十二年（1832）京都三槐堂刻本

版框21.5厘米×15厘米

四册

[0101] [0102] [0185] [0641] [0642] [0661] [0903] [W512.1] [W512.2]

T0226 三字经注解二卷 满蒙汉合璧

ᠰᡠᡥᡝ ᠰᠠᠨ ᡯᡳ ᡤᡳᠩ ᠨᡳ ᠪᡳᡨᡥᡝ

suhe san dzi ging ni bithe

道光十二年（1832）北京五云堂刻本

版框21.9厘米×15.1厘米

四册

[0185] [0703] [W311.1] [W313.3] [W712.1]

T0227 三字经注解 满蒙汉合璧

ᠰᡠᡥᡝ ᠰᠠᠨ ᡯᡳ ᡤᡳᠩ ᠨᡳ ᠪᡳᡨᡥᡝ

suhe san dzi ging ni bithe

刻本

四册

[W311.1]

T0228 翻译三字经笺注 满汉合璧

ᡠᠪᠠᠯᡳᠶᠠᠮᠪᡠᡥᠠ ᡳᠯᠠᠨ ᡥᡝᡵᡤᡝᠨ ᡳ ᠨᠣᠮᡠᠨ ᠪᡝ ᠮᡠᠸᠠᡧᠠᠮᡝ ᠰᡠᡥᡝ ᠪᡳᡨᡥᡝ

ubaliyambuha ilan hergen i nomun be muwašame suhe bithe

抄本

开本22.2厘米×14.2厘米

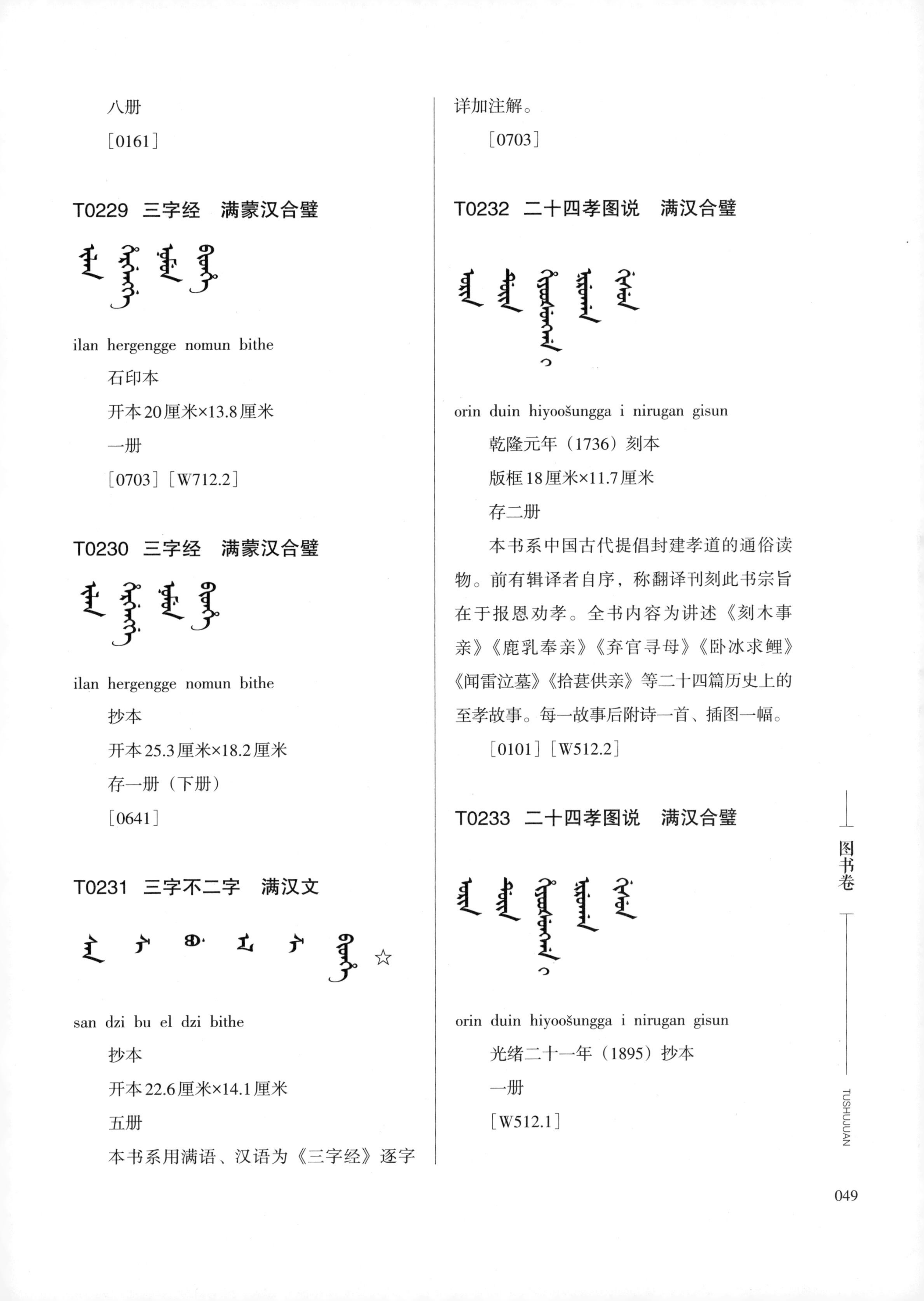

八册

[0161]

T0229 三字经 满蒙汉合璧

ilan hergengge nomun bithe

石印本

开本20厘米×13.8厘米

一册

[0703] [W712.2]

T0230 三字经 满蒙汉合璧

ilan hergengge nomun bithe

抄本

开本25.3厘米×18.2厘米

存一册（下册）

[0641]

T0231 三字不二字 满汉文

san dzi bu el dzi bithe ☆

抄本

开本22.6厘米×14.1厘米

五册

本书系用满语、汉语为《三字经》逐字详加注解。

[0703]

T0232 二十四孝图说 满汉合璧

orin duin hiyoošungga i nirugan gisun

乾隆元年（1736）刻本

版框18厘米×11.7厘米

存二册

本书系中国古代提倡封建孝道的通俗读物。前有辑译者自序，称翻译刊刻此书宗旨在于报恩劝孝。全书内容为讲述《刻木事亲》《鹿乳奉亲》《弃官寻母》《卧冰求鲤》《闻雷泣墓》《拾葚供亲》等二十四篇历史上的至孝故事。每一故事后附诗一首、插图一幅。

[0101] [W512.2]

T0233 二十四孝图说 满汉合璧

orin duin hiyoošungga i nirugan gisun

光绪二十一年（1895）抄本

一册

[W512.1]

T0234 二十四孝图说 满汉合璧

ᠣᡵᡳᠨ ᡩᡠᡳᠨ ᡥᡳᠶᠣᠣᡧᡠᠩᡤᠠ ᡳ ᠨᡳᡵᡠᡤᠠᠨ ᡤᡳᠰᡠᠨ

orin duin hiyoošungga i nirugan gisun

抄本

一册

［W512.1］

T0235 二十四孝 汉蒙合璧

ᠣᡵᡳᠨ ᡩᡠᡳᠨ ᡥᡳᠶᠣᠣᡧᡠᠨ

orin duin hiyoošun

民国七年（1918）6月国华书局印本

［0601］

T0236 二十四孝 满汉合璧

ᠣᡵᡳᠨ ᡩᡠᡳᠨ ᡥᡳᠶᠣᠣᡧᡠᠨ

orin duin hiyoošun

抄本

开本25.5厘米×13.6厘米

一册

［0703］

T0237 二十四孝 满汉蒙合璧

ᠣᡵᡳᠨ ᡩᡠᡳᠨ ᡥᡳᠶᠣᠣᡧᡠᠨ

orin duin hiyoošun

石刻本

版框16.6厘米×11.1厘米

二册

［0601］［W512.2］

T0238 七训二卷 满汉合璧

ᠨᠠᡩᠠᠨ ᡨᠠᠴᡳᡥᡳᠶᠠᠨ

nadan tacihiyan

博赫 辑

乾隆二十九年（1764）刻本

版框20.2厘米×14.5厘米

二册

博赫，生卒不详，时任镶黄旗蒙古步军统领衙门主事。

书前有作者序概括全书内容，云："七训者，即夫子垂训，教弟子入则孝，出则弟，谨而信，泛爱众，而亲仁，则以学文，凡七事也。"提出应培养八旗子弟"孝、弟、谨、信、仁、爱、学"七种品德。

法国国家图书馆藏此书名为《七训须读》。

［0101］［0150］［0601］［W311.1］［W565.1］［W712.1］

T0239 七训二卷　满汉合璧

ᠨᠠᡩᠠᠨ ᡨᠠᠴᡳᡥᡳᠶᠠᠨ

nadan tacihiyan

乾隆二十九年（1764）三益堂刻本

二册

［W512.1］

T0240 七训二卷　满汉合璧

ᠨᠠᡩᠠᠨ ᡨᠠᠴᡳᡥᡳᠶᠠᠨ

nadan tacihiyan

乾隆二十九年（1764）聚星堂刻本

二册

［W512.1］

T0241 七训　满汉合璧

ᠨᠠᡩᠠᠨ ᡨᠠᠴᡳᡥᡳᠶᠠᠨ

nadan tacihiyan

博赫 辑

抄本

开本22厘米×11.5厘米

存一册

［W512.1］

T0242 七训须读　满汉合璧

ᠨᠠᡩᠠᠨ ᡨᠠᠴᡳᡥᡳᠶᠠᠨ ᠪᡝ ᡠᡵᡠᠨᠠᡴᡡ ᡥᡡᠯᠠᠪᡠᡵᡝ ᠪᡳᡨᡥᡝ

nadan tacihiyan be urunakū hūlabure bithe

乾隆二十九年（1764）抄本

开本24.5厘米×15.5厘米

二册

［W313.2］

T0243 朱文公家训　满汉合璧

ᠵᡠ ᠸᡝᠨ ᡤᡠᠩ ᠨᡳ ᠪᠣᠣᡳ ᡨᠠᠴᡳᡥᡳᠶᠠᠨ

ju wen gung ni booi tacihiyan

〔明〕朱柏庐 撰

德保 译

道光十年（1830）天绘阁刻本

版框22.7厘米×16.5厘米

一册

朱柏庐（1617—1688），江苏昆山人，名用纯，字致一。明代生员，居乡教授学生，治学以程朱理学为本，提倡知行并进。

本书以封建道德观念劝人勤俭持家、安分守己。又称《朱子治家格言》，其中“黎明即起，洒扫庭除”“一粥一饭，当思来之不易”等名言警句在后世流传颇广。

［W512.1］

T0244 朱文公家训 满汉合璧

ᠵᡠ ᠸᡝᠨ ᡤᡠᠩ ᠨᡳ ᠪᠣᠣᡳ ᡨᠠᠴᡳᡥᡳᠶᠠᠨ

ju wen gung ni booi tacihiyan

国伟 译

宣统二年（1910）荆防广化善堂刻本

版框21厘米×13厘米

一册

［0101］［0150］［0701］［0703］［2305］

［W313.2］

T0245 朱文公家训 满汉合璧

ᠵᡠ ᠸᡝᠨ ᡤᡠᠩ ᠨᡳ ᠪᠣᠣᡳ ᡨᠠᠴᡳᡥᡳᠶᠠᠨ

ju wen gung ni booi tacihiyan

光绪五年（1879）宝山抄本

开本23.5厘米×12.7厘米

一册

［0701］

T0246 朱文公家训 满蒙合璧

ᠵᡠ ᠸᡝᠨ ᡤᡠᠩ ᠨᡳ ᠪᠣᠣᡳ ᡨᠠᠴᡳᡥᡳᠶᠠᠨ

ju wen gung ni booi tacihiyan

抄本

开本26厘米×25厘米

一册

［0601］

T0247 四本简要四卷 满汉合璧

ᡩᡠᡳᠨ ᡶᡠᠯᡝᡥᡝ ᠣᠶᠣᠩᡤᠣ ᡧᠣᡧᠣᡥᠣᠨ ᡳ ᠪᡳᡨᡥᡝ

duin fulehe oyonggo šošohon i bithe

富公鲁 辑

富明安 译

乾隆三十三年（1768）刻本

版框17.5厘米×14厘米

四册

富明安（？—1728），镶黄旗满洲人，富察氏。累官至正黄旗汉军都统、礼部尚书、武英殿大学士。

本书系论述治理家庭的伦理学著作。前有康熙五十一年（1712）译者之兄富明良序，后有乾隆十一年（1746）译者富明安为本书付梓所作后序。本书宗旨：所谓四本者，读书起家之本，勤俭治家之本，和顺齐家之本，循理保家之本。全书分为《读书》《敬畏》《雅量》《勤俭》《惜福》《治谋》《种德》《劝诫》《静观》《和顺》《敦伦》《口德》《明敏》《循理》《省愆》《知止》《摄生》，共十七条目五十三章，最后一册卷为诗歌若干首，均为立身行道之作。

［0101］［0102］［0150］［0601］［0661］

［0701］［0703］［W311.1］［W313.2］

［W313.3］［W512.1］［W516.1］［W561.2］

［W712.2］

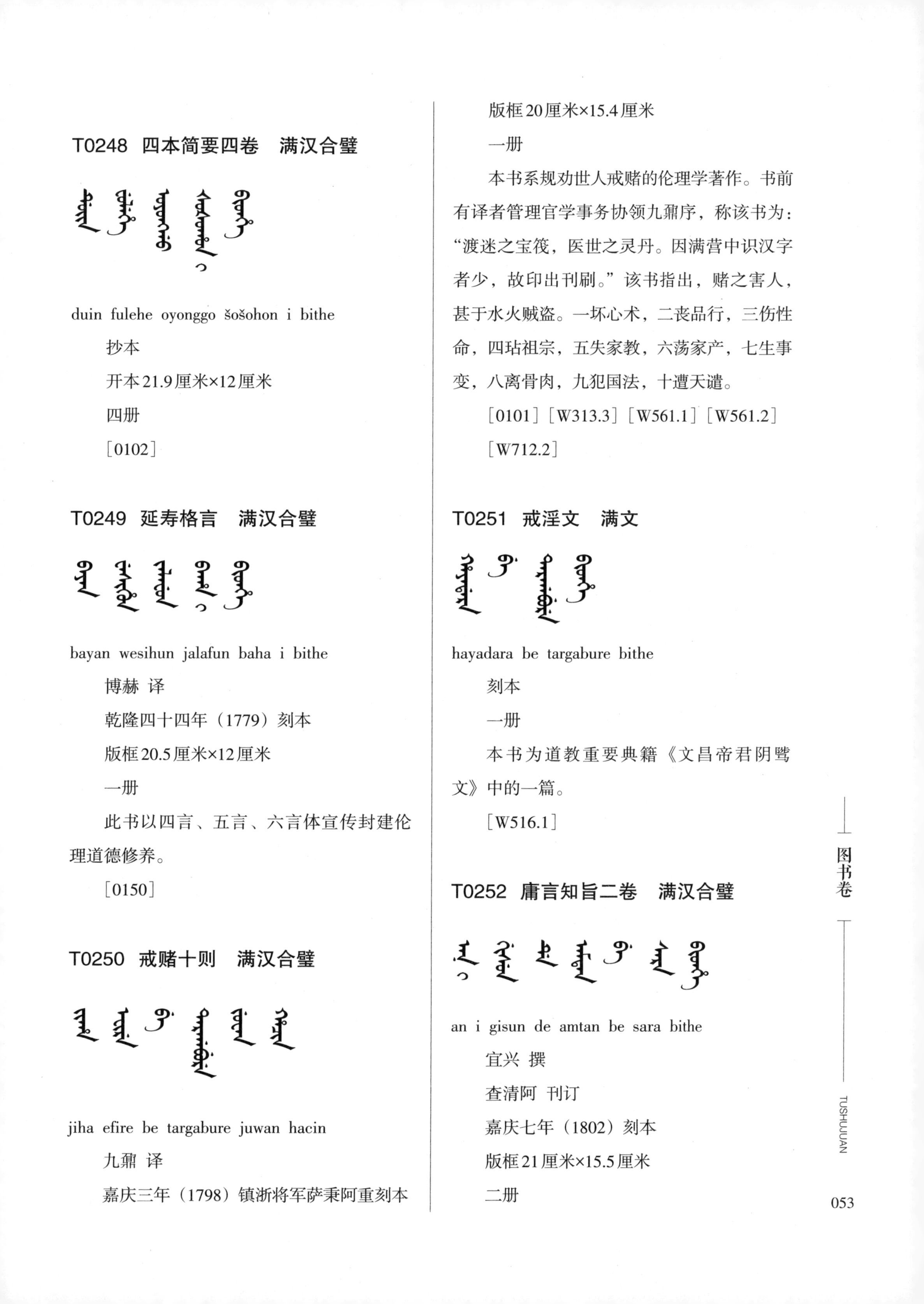

T0248 四本简要四卷　满汉合璧

duin fulehe oyonggo šošohon i bithe

抄本

开本21.9厘米×12厘米

四册

［0102］

T0249 延寿格言　满汉合璧

bayan wesihun jalafun baha i bithe

博赫 译

乾隆四十四年（1779）刻本

版框20.5厘米×12厘米

一册

此书以四言、五言、六言体宣传封建伦理道德修养。

［0150］

T0250 戒赌十则　满汉合璧

jiha efire be targabure juwan hacin

九霜 译

嘉庆三年（1798）镇浙将军萨秉阿重刻本

版框20厘米×15.4厘米

一册

本书系规劝世人戒赌的伦理学著作。书前有译者管理官学事务协领九霜序，称该书为："渡迷之宝筏，医世之灵丹。因满营中识汉字者少，故印出刊刷。"该书指出，赌之害人，甚于水火贼盗。一坏心术，二丧品行，三伤性命，四玷祖宗，五失家教，六荡家产，七生事变，八离骨肉，九犯国法，十遭天谴。

［0101］［W313.3］［W561.1］［W561.2］［W712.2］

T0251 戒淫文　满文

hayadara be targabure bithe

刻本

一册

本书为道教重要典籍《文昌帝君阴骘文》中的一篇。

［W516.1］

T0252 庸言知旨二卷　满汉合璧

an i gisun de amtan be sara bithe

宜兴 撰

查清阿 刊订

嘉庆七年（1802）刻本

版框21厘米×15.5厘米

二册

本书通过满语日常口语，宣讲旗人应遵守的道德规范和应尽的义务。

［0150］［0642］［W313.2］［W712.3］

T0253 庸言知旨二卷　满汉合璧

an i gisun de amtan be sara bithe

嘉庆二十四年（1819）刻本

版框21.5厘米×16.2厘米

二册

［0101］［0102］［0185］［0601］［0703］［W313.2］［W313.3］

T0254 庸言知旨四卷　满汉合璧

an i gisun de amtan be sara bithe

刻本

二册

［0168］

T0255 庸言知旨四卷　满汉合璧

an i gisun de amtan be sara bithe

光绪十七年（1891）抄本

开本22厘米×11.5厘米

四册

［0150］

T0256 八旗箴　满汉合璧

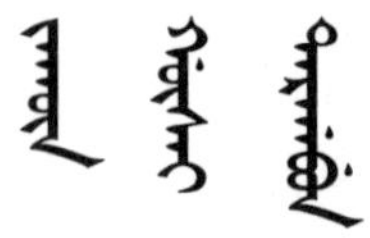

jakūn gūsai targabun

仁宗（颙琰）撰

嘉庆十三年（1808）刻本

一册

本书系训诫八旗子弟的一种箴言集。教导八旗子弟应遵祖训，勿忘皇恩，捍卫家园，永保无疆。文中有“世祖入关，定鼎帝闻，尔田尔宅，月赐银粮……国语勤习，骑射必强，尊君孝父，警惰戒狂，勿酣酒肆，勿入赌场……”等警句，通篇采用四言韵文，通俗易懂，朗朗上口，便于记诵。

［W313.1］

T0257 八旗箴　满汉合璧

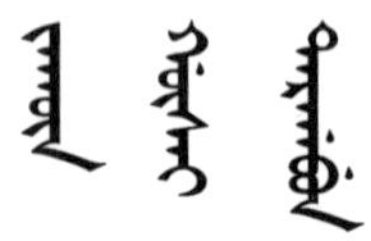

jakūn gūsai targabun

道光十二年（1832）京都翻译书坊刻本

版框22.1厘米×15.9厘米

一册

［0703］［W313.3］

T0258 八旗箴　满汉合璧

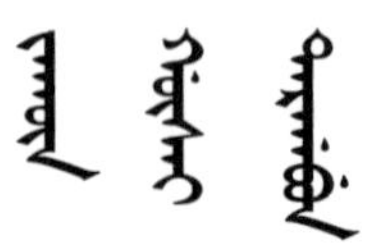

jakūn gūsai targabun

光绪三年（1877）抄本

开本23.2厘米×14.5厘米

一册

卷末题“光绪三年四月初九日抄完”“领催松轩年台十五岁”。

［0703］

T0259 八旗箴　满汉合璧

ᠵᠠᡴᡡᠨ ᡤᡡᠰᠠᡳ ᡨᠠᡵᡤᠠᠪᡠᠨ

jakūn gūsai targabun

抄本

开本24厘米×14.6厘米

一册

［0101］

T0260 八旗箴　满汉合璧

ᠵᠠᡴᡡᠨ ᡤᡡᠰᠠᡳ ᡨᠠᡵᡤᠠᠪᡠᠨ

jakūn gūsai targabun

抄本

一册

［W516.1］

T0261 八旗箴　满蒙汉合璧

ᠵᠠᡴᡡᠨ ᡤᡡᠰᠠᡳ ᡨᠠᡵᡤᠠᠪᡠᠨ

jakūn gūsai targabun

抄本

开本22.5厘米×15.5厘米

一册

［0161］

T0262 吏治辑要　满汉合璧

ᡥᠠᠨ ᡳ ᡩᠠᠰᠠᠨ ᡳ ᠣᠶᠣᠩᡤᠣ ᠪᡝ ᡳᠰᠠᠪᡠᡥᠠ ᠪᡳᡨᡥᡝ

han i dasan i oyonggo be isabuha bithe

高鹗 撰

通瑞 译

明叙 校

道光三年（1823）三槐堂重刻本

一册

据道光二年版重刻

高鹗（1738—1815），镶黄旗汉军人，号兰墅，乾隆进士，任翰林院侍读，官至刑科给事中，后因事贬。高鹗工文学诗词，现代学者认为：古典名著《红楼梦》后四十回即高鹗所续。此外尚有《高兰墅集》《兰墅诗钞》等著作留世。

本书主要论述吏治的重要性和选拔官吏、考察奖惩的准则。

［0101］［W313.3］［W512.2］［W561.1］［W561.2］［W565.1］［W712.1］［W712.2］

T0263 吏治辑要　满汉合璧

ᡥᠠᠨ ᡳ ᡩᠠᠰᠠᠨ ᡳ ᠣᠶᠣᠩᡤᠣ ᠪᡝ ᡳᠰᠠᠪᡠᡥᠠ ᠪᡳᡨᡥᡝ

han i dasan i oyonggo be isabuha bithe

道光二十四年（1844）三槐堂刻本

版框19.9厘米×13厘米

一册

[0101][0161][0185][0186][0801]
[W313.2]

T0264 吏治辑要 满汉合璧

han i dasan i oyonggo be isabuha bithe

裕彰 重校

光绪十三年（1887）聚珍堂重刻本

版框18.5厘米×12.5厘米

一册

[0101][0186][0701]

T0265 吏治辑要 满汉合璧

han i dasan i oyonggo be isabuha bithe

光绪十三年（1887）三槐堂刻本

版框19.8厘米×13厘米

一册

[0102][W512.1]

T0266 吏治辑要 满汉合璧

han i dasan i oyonggo be isabuha bithe

光绪二十二年（1896）荆州驻防翻译总学重刻本

版框19厘米×14厘米

一册

[0101][0201]

T0267 吏治辑要 满汉合璧

han i dasan i oyonggo be isabuha bithe

抄本

开本23厘米×20.2厘米

一册

[0803]

T0268 吏治辑要 满汉合璧

han i dasan i oyonggo be isabuha bithe

抄本

开本27.5厘米×14厘米

一册

[0661]

T0269 吏治辑要 满蒙汉合璧

han i dasan i oyonggo be isabuha bithe

孟保 译蒙古文

咸丰七年（1857）刻本

版框20.2厘米×14.6厘米

二册

[0101][0102][0601][0641][0703]
[W311.1][W313.2][W712.2][W712.3]

T0270　吏治辑要　满蒙汉合璧

ᡥᠠᠨ ᡳ ᡩᠠᠰᠠᠨ ᡳ ᠣᠶᠣᠩᡤᠣ ᠪᡝ ᡳᠰᠠᠪᡠᡥᠠ ᠪᡳᡨᡥᡝ

han i dasan i oyonggo be isabuha bithe

咸丰七年（1857）文真堂刻本

二册

［0701］

T0271　三合吏治辑要　满蒙汉合璧

ᡳᠯᠠᠨ ᡥᠠᠴᡳᠨ ᡳ ᡤᡳᠰᡠᠨ ᡴᠠᠮᠴᡳᠪᡠᡥᠠ ᡥᠠᠨ ᡳ ᡩᠠᠰᠠᠨ ᡳ ᠣᠶᠣᠩᡤᠣ ᠪᡝ ᡳᠰᠠᠪᡠᡥᠠ ᠪᡳᡨᡥᡝ ☆

ilan hacin i gisun kamcibuha han i dasan i oyonggo be isabuha bithe

咸丰七年（1857）刻本

二册

［W512.1］

T0272　三合吏治辑要　满蒙汉合璧

ᡳᠯᠠᠨ ᡥᠠᠴᡳᠨ ᡳ ᡤᡳᠰᡠᠨ ᡴᠠᠮᠴᡳᠪᡠᡥᠠ ᡥᠠᠨ ᡳ ᡩᠠᠰᠠᠨ ᡳ ᠣᠶᠣᠩᡤᠣ ᠪᡝ ᡳᠰᠠᠪᡠᡥᠠ ᠪᡳᡨᡥᡝ ☆

ilan hacin i gisun kamcibuha han i dasan i oyonggo be isabuha bithe

光绪元年（1875）刻本

二册

［W512.2］［W561.2］

T0273　吏治辑要　满蒙汉合璧

ᡥᠠᠨ ᡳ ᡩᠠᠰᠠᠨ ᡳ ᠣᠶᠣᠩᡤᠣ ᠪᡝ ᡳᠰᠠᠪᡠᡥᠠ ᠪᡳᡨᡥᡝ

han i dasan i oyonggo be isabuha bithe

光绪元年（1875）重刻本

版框21厘米×14.9厘米

二册

［0903］

T0274　吏治辑要　满蒙汉合璧

ᡥᠠᠨ ᡳ ᡩᠠᠰᠠᠨ ᡳ ᠣᠶᠣᠩᡤᠣ ᠪᡝ ᡳᠰᠠᠪᡠᡥᠠ ᠪᡳᡨᡥᡝ

han i dasan i oyonggo be isabuha bithe

孟保 译蒙古文

光绪二十二年（1896）荆州驻防翻译总学重刻本

版框19厘米×14厘米

二册

［0101］［0161］

T0275　三合吏治辑要　满文

ᡳᠯᠠᠨ ᡥᠠᠴᡳᠨ ᡳ ᡤᡳᠰᡠᠨ ᡴᠠᠮᠴᡳᠪᡠᡥᠠ ᡥᠠᠨ ᡳ ᡩᠠᠰᠠᠨ ᡳ ᠣᠶᠣᠩᡤᠣ ᠪᡝ ᡳᠰᠠᠪᡠᡥᠠ ᠪᡳᡨᡥᡝ ☆

ilan hacin i gisun kamcibuha han i dasan i oyonggo be isabuha bithe

刻本

二册

［W516.1］

T0276 吏治辑要 满文

ᡥᠠᠨ ᡳ ᡩᠠᠰᠠᠨ ᡳ ᠣᠶᠣᠩᡤᠣ ᠪᡝ ᡳᠰᠠᠪᡠᡥᠠ ᠪᡳᡨᡥᡝ

han i dasan i oyonggo be isabuha bithe

光绪三十年（1904）译抄本

开本25.4厘米×18厘米

一册

［0185］

T0277 吏治要语十二卷 满汉合璧

ᡥᠠᠨ ᡳ ᡩᠠᠰᠠᠨ ᡳ ᠣᠶᠣᠩᡤᠣ ᡳ ᡤᡳᠰᡠᠨ ᡳ ᠪᡳᡨᡥᡝ

han i dasan i oyonggo i gisun i bithe

抄本

开本17厘米×11厘米

十二册

本书系清代一种双语公文类词典。十二册卷按十二地支定名。每册卷按汉字部首排序，编有汉字部首索引目录。共收录词条八千余个，从书中出现的“粤捻各逆”“邮政”等词语分析，应是晚清咸丰、同治时期所作。

［0101］

T0278 吏治要语 满汉合璧

ᡥᠠᠨ ᡳ ᡩᠠᠰᠠᠨ ᡳ ᠣᠶᠣᠩᡤᠣ ᡳ ᡤᡳᠰᡠᠨ ᡳ ᠪᡳᡨᡥᡝ

han i dasan i oyonggo i gisun i bithe

抄本

六册

开本19厘米×11.8厘米

［0101］

T0279 小儿语 满汉合璧

ᠪᡠᠶᠠ ᠵᡠᠰᡝᡳ ᠮᡠᠸᠠ ᡤᡳᠰᡠᠨ ᡳ ᠪᡳᡨᡥᡝ

buya jusei muwa gisun i bithe

〔明〕吕得胜 撰

禧恩 译

道光二十五年（1845）刻本

版框21.5厘米×13.5厘米

一册

禧恩（？—1852），爱新觉罗氏，字仲蕃，正蓝旗满洲人，官至理藩院尚书、盛京将军。

本书又名《童谚》，为古代一种儿童启蒙读物。主要教育儿童应该“安贫、谦让、（知）廉耻、节俭、行善、诚信”。上卷汉文为四言韵文，下卷为六言韵文，通俗易记。如开首几句：“一切行动，都要安详，十差九错，只为慌张。沉静立身，从容说话，不要轻薄，惹人笑骂”，“蜂蛾也害饥寒，蝼蚁都知疼痛，谁不怕死求活，休要杀害生命”。

［0101］［0102］［0150］［0703］

［W313.2］［W512.1］

T0280 小儿语　满汉合璧

ᠪᡠᠶᠠ ᠵᡠᠰᡝᡳ ᠮᡠᠸᠠ ᡤᡳᠰᡠᠨ ᡳ ᠪᡳᡨᡥᡝ

buya jusei muwa gisun i bithe

道光二十五年（1845）聚珍堂刻本

版框20厘米×13.5厘米

一册

［0150］［0703］

T0281 翻译童谚　满文

ᡠᠪᠠᠯᡳᠶᠠᠮᠪᡠᡥᠠ ᠪᡠᠶᠠ ᠵᡠᠰᡝᡳ ᠮᡠᠸᠠ ᡤᡳᠰᡠᠨ ᡳ ᠪᡳᡨᡥᡝ ☆

ubaliyambuha buya jusei muwa gisun i bithe

刻本

一册

［W516.1］

T0282 翻译六事箴言四卷　满汉合璧

ᡠᠪᠠᠯᡳᠶᠠᠮᠪᡠᡥᠠ ᠨᡳᠩᡤᡠᠨ ᠪᠠᡳᡨᠠᡳ ᡨᠠᡵᡤᠠᠪᡠᠨ ᡤᡳᠰᡠᠨ ᠪᡳᡨᡥᡝ

ubaliyambuha ninggun baitai targabun gisun bithe

叶玉屏 辑

孟保 译

咸丰元年（1851）京都文英堂刻本

版框19厘米×13.5厘米

四册

本书系清代伦理学格言集。书前有嘉庆二十年（1815）王鼎序和咸丰元年（1851）孟保序。均言此书“胪列前贤格言六门，言浅意深，洵为立己接物之准绳”。全书共分为《持身》《持家》《居官》《居乡》《处事》《处人》六个篇章，体现儒家“修身、齐家、治国”的道德理念。

［0101］［0102］［0150］［0161］［0168］［0601］［0701］［0703］［W311.1］［W313.2］［W313.3］［W561.1］［W611.1］［W712.1］［W712.2］

T0283 翻译六事箴言　满汉合璧

ᡠᠪᠠᠯᡳᠶᠠᠮᠪᡠᡥᠠ ᠨᡳᠩᡤᡠᠨ ᠪᠠᡳᡨᠠᡳ ᡨᠠᡵᡤᠠᠪᡠᠨ ᡤᡳᠰᡠᠨ ᠪᡳᡨᡥᡝ

ubaliyambuha ninggun baitai targabun gisun bithe

咸丰年间刻本

［W311.1］

T0284 翻译六事箴言四卷　满汉合璧

ᡠᠪᠠᠯᡳᠶᠠᠮᠪᡠᡥᠠ ᠨᡳᠩᡤᡠᠨ ᠪᠠᡳᡨᠠᡳ ᡨᠠᡵᡤᠠᠪᡠᠨ ᡤᡳᠰᡠᠨ ᠪᡳᡨᡥᡝ

ubaliyambuha ninggun baitai targabun gisun bithe

聚星堂刻本

版框19.6厘米×14.5厘米

四册

［0102］［0641］［W313.2］［W561.1］

[W712.1]

T0285 六事箴言 满文

ninggun baitai targabun gisun bithe

刻本

四册

[W516.1]

T0286 弟子规 满文

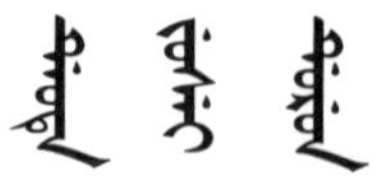

deote jusei durun

李子潜 撰

刻本

一册

李子潜（1647—1729），名毓秀，号采三，清初学者、教育家。

本书系清代流行的蒙学课本之一。内容为教导少年儿童要具备孝悌、仁爱、诚信、勤俭、礼让、宽容、谦逊、自律、整洁等优良品德。体裁为三言韵文体。

[W512.1]

T0287 弟子规 满汉合璧

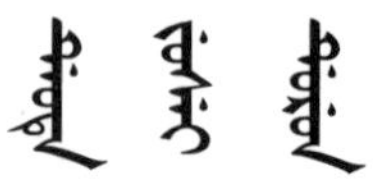

deote jusei durun

李子潜 撰

同治二年（1863）刻本

版框18厘米×13.5厘米

一册

[0101] [0102] [0150] [0168]

[0642] [0701] [0703]

T0288 弟子规 满汉合璧

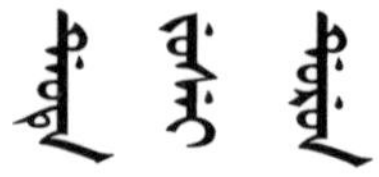

deote jusei durun

李子潜 撰

同治二年（1863）刻本

版框24.5厘米×15厘米

七册

[W313.2]

T0289 弟子规 满汉合璧

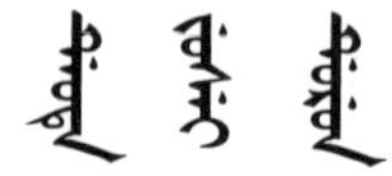

deote jusei durun

抄本

开本20.5厘米×14.5厘米

一册

[0101] [W313.2] [W313.3] [W561.1]

T0290 名贤集 满汉合璧

gebungge saisa be isabure bithe

敬修堂刻本

版框18厘米×11.2厘米

一册

本书系论述封建伦理道德的格言集。内容主要为劝善积德、安贫乐道、弘扬忠孝，按顺序分四言、五言、六言、七言格言数种，其中不乏名言警句，如“但行好事，莫问前程”“与人方便，自己方便”“三人同行，必有我师”“人无远虑，必有近忧”“家贫知孝子，国乱识忠臣”“将帅本无种，男儿当自强”等。《名贤集》旧时流传颇广，有二体满汉合璧、三体满汉蒙合璧、四体藏汉满蒙合璧等多种刊刻本。

［0804］

T0291 名贤集 满汉合璧

ᡤᡝᠪᡠᠩᡤᡝ ᠰᠠᡳᠰᠠ ᠪᡝ ᡳᠰᠠᠪᡠᡵᡝ ᠪᡳᡨᡥᡝ

gebungge saisa be isabure bithe

同治八年（1869）抄本

开本24厘米×15厘米

一册

［0703］［W712.2］

T0292 三合名贤集 满蒙汉合璧

ᡳᠯᠠᠨ ᡥᠠᠴᡳᠨ ᡤᡳᠰᡠᠨ ᡳ ᡴᠠᠮᠴᡳᠪᡠᡥᠠ ᡤᡝᠪᡠᠩᡤᡝ ᠰᠠᡳᠰᠠ ᡳᠰᠠᠪᡠᡥᠠ ᠪᡳᡨᡥᡝ

ilan hacin gisun i kamcibuha gebungge saisa isabuha bithe

光绪五年（1879）北京护国寺萧氏刻本

版框16.7厘米×19.7厘米

二册

［0101］［0102］［0168］［0601］［0661］［0701］［0703］［W311.1］［W313.2］［W313.3］［W561.1］［W565.1］［W712.3］

T0293 三合名贤集 满蒙汉合璧

ᡳᠯᠠᠨ ᡥᠠᠴᡳᠨ ᡤᡳᠰᡠᠨ ᡳ ᡴᠠᠮᠴᡳᠪᡠᡥᠠ ᡤᡝᠪᡠᠩᡤᡝ ᠰᠠᡳᠰᠠ ᡳᠰᠠᠪᡠᡥᠠ ᠪᡳᡨᡥᡝ

ilan hacin gisun i kamcibuha gebungge saisa isabuha bithe

刻本

［W311.1］

T0294 三合名贤集 满蒙汉合璧

ᡳᠯᠠᠨ ᡥᠠᠴᡳᠨ ᡤᡳᠰᡠᠨ ᡳ ᡴᠠᠮᠴᡳᠪᡠᡥᠠ ᡤᡝᠪᡠᠩᡤᡝ ᠰᠠᡳᠰᠠ ᡳᠰᠠᠪᡠᡥᠠ ᠪᡳᡨᡥᡝ

ilan hacin gisun i kamcibuha gebungge saisa isabuha bithe

刻本

二册

［W516.1］

T0295 三合名贤集 满蒙汉合璧

ᡳᠯᠠᠨ ᡥᠠᠴᡳᠨ ᡤᡳᠰᡠᠨ ᡳ ᡴᠠᠮᠴᡳᠪᡠᡥᠠ ᡤᡝᠪᡠᠩᡤᡝ ᠰᠠᡳᠰᠠ ᡳᠰᠠᠪᡠᡥᠠ ᠪᡳᡨᡥᡝ

ilan hacin gisun i kamcibuha gebungge saisa isabuha bithe

抄本

一册（二十八页）

［W512.1］

T0296 四体名贤集 满汉蒙藏合璧

duin hacin i hergen kamciha gebungge saisai isabuha bithe

晒印本

开本23.7厘米×17.4厘米

一册

［0101］

T0297 格言辑要四卷 满汉合璧

 ☆

koolingga gisun i oyonggo be šošoho bithe

抄本

开本23.9厘米×11.2厘米

一册

本书系将满文字母拼写的汉文译成蒙古文，内容与《名贤集》相同，如开头均为“但行好事，莫问前程；与人方便，自己方便……”

此书收录做人处世的格言，用满文拼写汉语，再译为蒙古文。书名《名贤集》系收藏单位据书皮题名定。

［0703］

T0298 格言辑要四卷 满汉合璧

koolingga gisun i oyonggo be šošoho bithe

刻本

版框20.2厘米×15.5厘米

四册

本书系有关伦理道德的格言集，包括修身、齐家、居官、交际应酬、待人接物等内容。

［0101］［0703］

T0299 满汉三四格言 满汉合璧

 ☆

manju nikan ilan duin hergen i koolingga gisun

刻本

版框21厘米×12.8厘米

二册

［0150］［0601］［0703］

T0300 庸行篇 满文

lung hing piyan i bithe

牟允中 撰

抄本

开本24.8厘米×16.5厘米

四册 每页八行

［W561.1］

T0301 吕语集萃四卷 满汉合璧

lioi ioi ji ts′ui bithe

〔明〕吕坤 编

刻本

版框22.7厘米×17.4厘米

三册

本书系明代学者吕坤从自己的著作《呻吟语》等书中选取精粹之言编辑而成。全书分为四卷，即卷一《道体闻学存养》，卷二《省克修身器识》，卷三《伦理处人应事》，卷四《居官》。

［0101］［0701］

T0302 吕语集萃

lioi ioi ji ts′ui bithe

刻本

二册

［W516.1］

T0303 圣孝鉴十卷 满文

šeng siyoo jiyan bithe

武英殿刻本

版框31厘米×20.2厘米

十册

［0181］

T0304 圣孝鉴十卷 满文

šeng siyoo jiyan bithe

抄本

十册

［0181］

T0305 钦颁四言韵文 满汉合璧

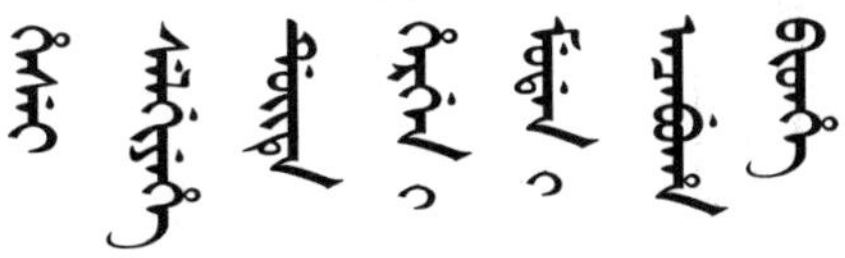

hesei selgiyehe duite hergen i mudan i acabuha bithe

佛尔国春 译

刻本

版框21.5厘米×14.2厘米

一册

佛尔国春，生卒不详，镶蓝旗满洲人，字熙园，嘉庆戊辰科嘉庆十三年（1808）翻译会元。

本书系一部劝学著作。全书用四言韵文鼓励向学，学而知礼让、明人伦，安分守己。

［0101］［W313.2］

T0306 钦颁四言韵文 满汉合璧

hesei selgiyehe duite hergen i mudan i acabuha bithe

荣兰抄本

开本25.5厘米×13.2厘米

一册

［0703］

T0307 王中书劝孝八反歌 满汉蒙文

wang jung šu hiyoošun be tafulara jakūn fudaran ucun

噶勒桑 译

嵩祝寺天清经局刻本

版框19.7厘米×15厘米

一册

本书又名《思孝歌》，为劝孝的伦理学著作。满汉合璧，后附蒙古文。是为世上不孝其亲、溺爱其子之人而作，从八个方面一一比照待子待亲之行为，彰显不孝之罪。八反者：一、幼儿骂我，我心欢喜，父母督责，心反不甘；二、儿辈千言，常听不厌，父母开口，便道多管；三、幼儿屎尿，无厌忌心，老亲涕唾，有憎嫌意；四、市买饼糕，供父母少，哄儿曹多；五、拣药买肥儿丸，不买还少丹；六、富贵养亲，亲常未安，贫贱养儿，儿不饥寒；七、养亲二人，与兄弟争，养子十余，皆独自任；八、亲十分慈，说理应当，子一分孝，就偏传扬。

［0101］［0185］［0641］［0661］［0701］［W712.1］

T0308 醒世词 满汉合璧

jalan de ulhibure uculen

刻本

版框18.5厘米×13厘米

一册

［0150］

T0309 幼训二卷 满文

ajigan be tacihiyara bithe

刻本

版框21.3厘米×15.8厘米

二册

本书系有关幼童教育之著作。著译者不详。书分上、下两卷，上卷针对男童，阐述培养男童之修养文化，如“乾道在丁，其性刚强，幼不学则易暴”。男儿应教以孝悌、恭敬、诚信，勤学好问，多读《三字经》《千字文》《百家姓》等书。下卷针对女童，阐述培养女童之妇德女才，如“坤道在女，其性阴柔，不学则愚”。女儿应勿离亲侧，勿出内门，男女有别，授受不亲，敬家人，勿懒惰，讲贞洁，养儿育女，多读《孝经》等书。

[0181][0185][0186]

T0310 幼训二卷 满汉合璧

ᠠᠵᡳᡤᠠᠨ ᠪᡝ ᡨᠠᠴᡳᡥᡳᠶᠠᡵᠠ ᠪᡳᡨᡥᡝ

ajigan be tacihiyara bithe

刻本

版框21厘米×14厘米

一册

[0150]

T0311 幼训二卷 满文

ᠠᠵᡳᡤᠠᠨ ᠪᡝ ᡨᠠᠴᡳᡥᡳᠶᠠᡵᠠ ᠪᡳᡨᡥᡝ

ajigan be tacihiyara bithe

晒印本

开本20.5厘米×15厘米

二册

据故宫藏刻本晒印

[0101]

T0312 养正图解四卷 满文

ᡨᠣᠪ ᠪᡝ ᡥᡡᠸᠠᡧᠠᠪᡠᡵᡝ ᠨᡳᡵᡠᡤᠠᠨ ᠰᡠᡥᡝ ᡤᡳᠰᡠᠨ ᡳ ᠪᡳᡨᡥᡝ

tob be hūwašabure nirugan suhe gisun i bithe

〔明〕焦竑 撰

精写彩绘本

开本24.7厘米×17.9厘米

四册

焦竑（1540—1620），明代学者，江宁（今江苏南京）人，字弱侯，号漪园，曾任翰林院修撰。译者不详。

本书为教授皇子的一种图解教材。

明万历间，焦竑任皇子讲官时，编撰此书。书中备采前代可资效法之典故，以教导皇子。此书共分六十篇，如《善言通天》《急用贤良》《尊师问道》《赈济贫民》《恪遵旧例》等。每篇附一彩绘插图。

[0181]

T0313 养正图解四卷 满文

ᡨᠣᠪ ᠪᡝ ᡥᡡᠸᠠᡧᠠᠪᡠᡵᡝ ᠨᡳᡵᡠᡤᠠᠨ ᠰᡠᡥᡝ ᡤᡳᠰᡠᠨ ᡳ ᠪᡳᡨᡥᡝ

tob be hūwašabure nirugan suhe gisun i bithe

〔明〕焦竑 撰

精写彩绘本

开本24.7厘米×17.9厘米

四册

[0185]

T0314 养正图解四卷 满文

ᡨᠣᠪ ᠪᡝ ᡥᡡᠸᠠᡧᠠᠪᡠᡵᡝ ᠨᡳᡵᡠᡤᠠᠨ ᠰᡠᡥᡝ ᡤᡳᠰᡠᠨ ᡳ ᠪᡳᡨᡥᡝ

tob be hūwašabure nirugan suhe gisun i bithe

抄本

存一册

［W561.2］

T0315 养正图解四卷 满文

ᡨᠣᠪ ᠪᡝ ᡥᡡᠸᠠᡧᠠᠪᡠᡵᡝ ᠨᡳᡵᡠᡤᠠᠨ ᠰᡠᡥᡝ ᡤᡳᠰᡠᠨ ᡳ ᠪᡳᡨᡥᡝ

tob be hūwašabure nirugan suhe gisun i bithe

晒印本

开本24.5厘米×17.8厘米

四册

据故宫藏抄本晒印

［0101］

T0316 帝鉴图说 满文

ᡩᡳ ᡤᡳᠶᠠᠨ ᡨᡠ ᡧᡠᠸᡝ ᠪᡳᡨᡥᡝ ☆

di giyan tu šuwe bithe

〔明〕张居正、吕调阳等 撰

顺治年间抄本

开本18.3厘米×25厘米

二册

张居正（1525—1582），字叔大，号太岳。嘉靖进士，明神宗时为首辅大臣。

吕调阳（1516—1580），字和卿，号豫所。嘉靖进士，官至礼部尚书、建极殿大学士。

本书系明朝大臣劝导帝王以史为鉴治国之书。辑取尧舜以来善可为效法者八十一事、恶足为警诫者三十六事，如“唐太宗问封德彝举贤事”“金世宗与群臣议论古代兴亡事”等。书中所载皆史册所有。因明神宗年幼，用语通俗易晓。

［0181］

T0317 帝鉴图说 满文

ᡩᡳ ᡤᡳᠶᠠᠨ ᡨᡠ ᡧᡠᠸᡝ ᠪᡳᡨᡥᡝ ☆

di giyan tu šuwe bithe

晒印本

二册

据故宫藏抄本晒印

［0101］

T0318 女论语 满文

ᡩᠠ ᡤᡠ ᡳ ᡨᠠᠴᡳᡥᡳᠶᠠᠨ

da gu i tacihiyan

〔唐〕宋若莘 撰

清初抄本

开本21.8厘米×15.2厘米

一册

本书又名《女训》，系中国封建社会的女子教育课本。与《妇戒》《内训》《女范捷录》合称“女四书”，又称“闺阁四书”。前有序言，本书主要宣扬男尊女卑、三从四德的封建礼教，体裁仿论语，用问答体。全书分为《立身》《学艺》《习礼》《晨起》《侍父母》《侍公婆》《侍夫》《训子女》《持家》《待宾》《柔顺》《守义》十二章。

［0181］

T0319 女论语　满文

ᡩᠠ ᡤᡠ ᡳ ᡨᠠᠴᡳᡥᡳᠶᠠᠨ

da gu i tacihiyan

晒印本

开本21.8厘米×14.3厘米

一册

据故宫藏抄本晒印

［0101］

T0320 太平典训　满文

ᡨᠠᡳᡶᡳᠨ ᡩᠠᠰᠠᠨ ᡳ ᡴᠣᠣᠯᡳ ᡨᠠᠴᡳᡥᡳᠶᠠᠨ ᡳ ᠪᡳᡨᡥᡝ

taifin dasan i kooli tacihiyan i bithe

康熙年间抄本

存一卷一册

本书系清帝自修及训谕臣下之书。

全书分为《勤政》《圣学》《敬天》《法祖》《圣孝》五章，每章记事三四则不等，多为康熙年间颁降之有关诏谕。如《圣学》章内记有进讲《大学衍义》事，《敬天》章内记有修历法事，《法祖》章内记有纂修前代实录事等。

［0101］

T0321 庭训录　满汉合璧

ᠰᠠᡵᡴᡳᠶᠠᡥᠠ ᠪᠣᠣᡳ ᡨᠠᠴᡳᡥᡳᠶᠠᠨ

sarkiyaha booi tacihiyan

敷伦泰 编

乾隆四十一年（1776）抄本

开本23厘米×14厘米

存二册（上册、中册）

此书系敷伦泰将其父（曾任京口杭州副都统、侍卫）之家书辑录一百五十五条而成。内容均为宣扬儒学伦理。原为满文，经敷伦泰译汉。序中称其“清文语句显明入法，而犹多满洲旧音”。似可作为研究满语之参考。

［0661］

T0322 呻吟语摘二卷　满汉合璧

ᠮᡠᠵᡳᠮᡝ ᠨᡳᡩᡠᠮᡝ ᠠᡵᠠᡥᠠ ᡤᡳᠰᡠᠨ ᠴᡳ ᠰᠣᠨᠵᠣᠮᡝ ᡨᡠᠴᡳᠪᡠᡥᡝ ᠪᡳᡨᡥᡝ

mujime nidume araha gisun ci sonjome tucibuhe bithe

〔明〕吕坤 撰

乾隆四十六年（1781）抄本

开本30.3厘米×19厘米

十六册

本书抒发作者对世事愤懑不平之心气，犹病人之呻吟，书名体现了作者特立独行之性格。书分内外两篇，《内篇》主要论述修身养性、文学论道。《外篇》主要论述天地世运、人情物理。本书封面题为《钦定四库全书呻吟语》。

［0101］

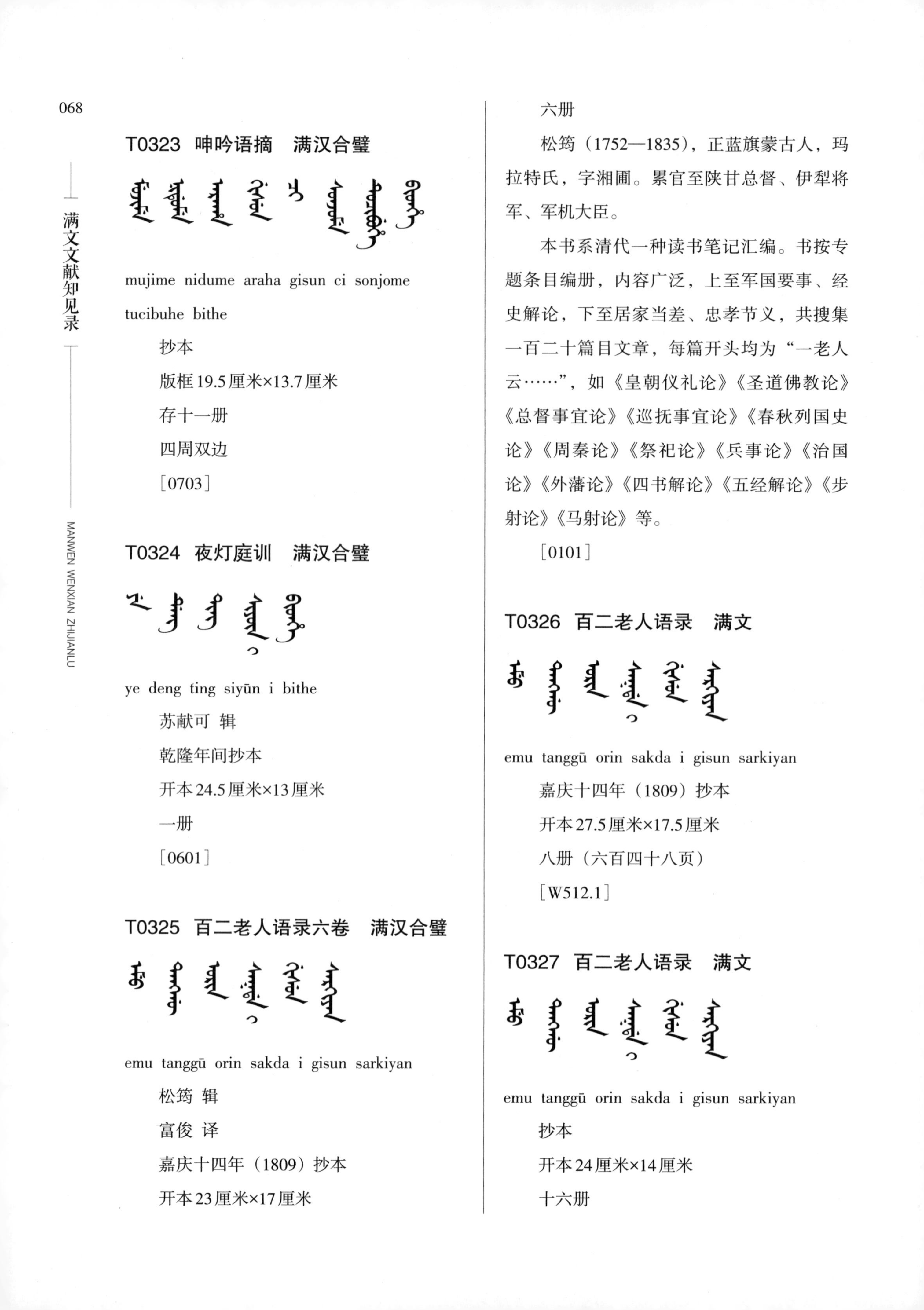

T0323 呻吟语摘 满汉合璧

mujime nidume araha gisun ci sonjome tucibuhe bithe

抄本

版框19.5厘米×13.7厘米

存十一册

四周双边

［0703］

T0324 夜灯庭训 满汉合璧

ye deng ting siyūn i bithe

苏献可 辑

乾隆年间抄本

开本24.5厘米×13厘米

一册

［0601］

T0325 百二老人语录六卷 满汉合璧

emu tanggū orin sakda i gisun sarkiyan

松筠 辑

富俊 译

嘉庆十四年（1809）抄本

开本23厘米×17厘米

六册

松筠（1752—1835），正蓝旗蒙古人，玛拉特氏，字湘圃。累官至陕甘总督、伊犁将军、军机大臣。

本书系清代一种读书笔记汇编。书按专题条目编册，内容广泛，上至军国要事、经史解论，下至居家当差、忠孝节义，共搜集一百二十篇目文章，每篇开头均为“一老人云……”，如《皇朝仪礼论》《圣道佛教论》《总督事宜论》《巡抚事宜论》《春秋列国史论》《周秦论》《祭祀论》《兵事论》《治国论》《外藩论》《四书解论》《五经解论》《步射论》《马射论》等。

［0101］

T0326 百二老人语录 满文

emu tanggū orin sakda i gisun sarkiyan

嘉庆十四年（1809）抄本

开本27.5厘米×17.5厘米

八册（六百四十八页）

［W512.1］

T0327 百二老人语录 满文

emu tanggū orin sakda i gisun sarkiyan

抄本

开本24厘米×14厘米

十六册

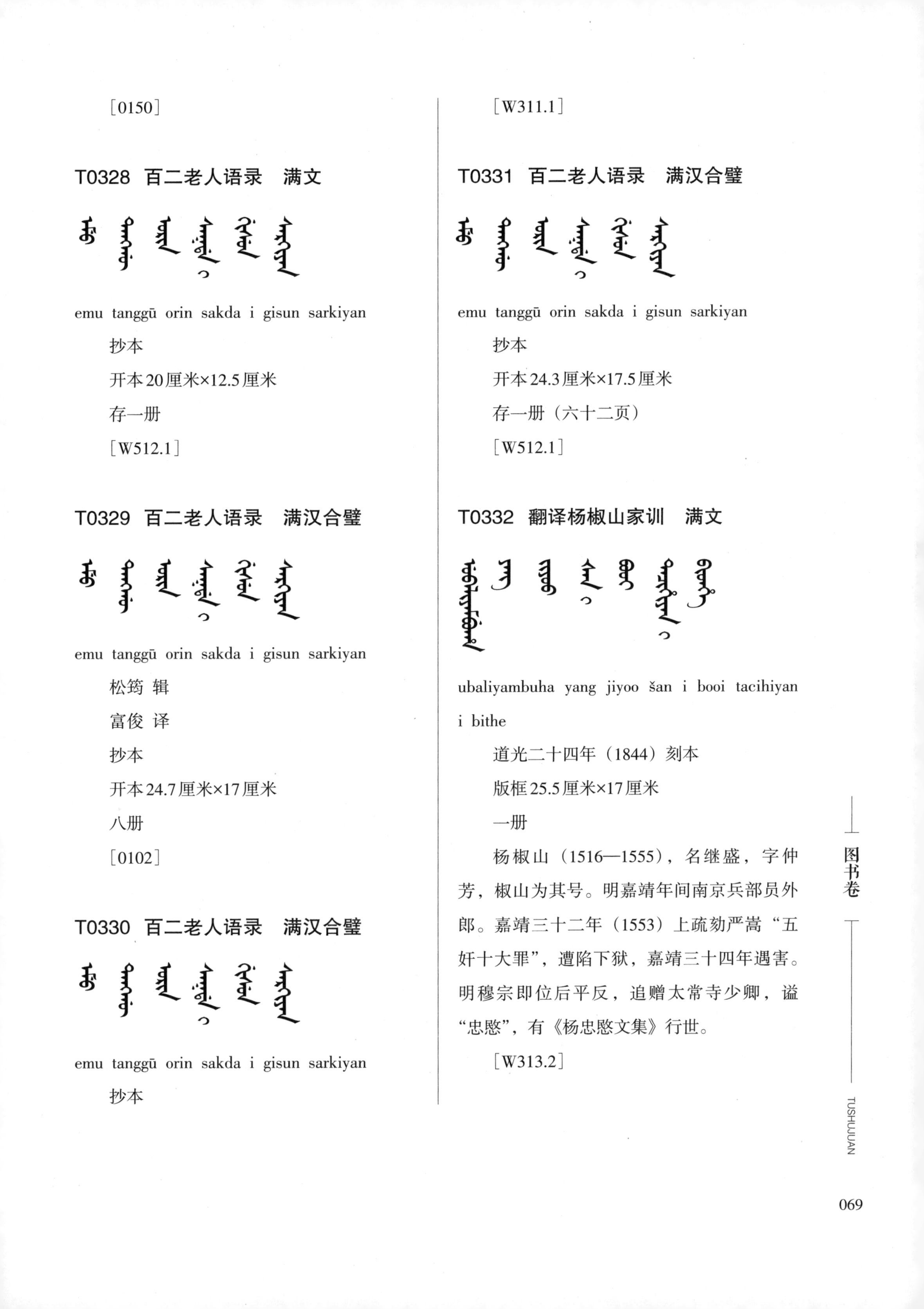

[0150]

T0328 百二老人语录　满文

emu tanggū orin sakda i gisun sarkiyan

抄本

开本20厘米×12.5厘米

存一册

[W512.1]

T0329 百二老人语录　满汉合璧

emu tanggū orin sakda i gisun sarkiyan

松筠 辑

富俊 译

抄本

开本24.7厘米×17厘米

八册

[0102]

T0330 百二老人语录　满汉合璧

emu tanggū orin sakda i gisun sarkiyan

抄本

[W311.1]

T0331 百二老人语录　满汉合璧

emu tanggū orin sakda i gisun sarkiyan

抄本

开本24.3厘米×17.5厘米

存一册（六十二页）

[W512.1]

T0332 翻译杨椒山家训　满文

ubaliyambuha yang jiyoo šan i booi tacihiyan i bithe

道光二十四年（1844）刻本

版框25.5厘米×17厘米

一册

杨椒山（1516—1555），名继盛，字仲芳，椒山为其号。明嘉靖年间南京兵部员外郎。嘉靖三十二年（1553）上疏劾严嵩“五奸十大罪”，遭陷下狱，嘉靖三十四年遇害。明穆宗即位后平反，追赠太常寺少卿，谥“忠愍”，有《杨忠愍文集》行世。

[W313.2]

T0333 身世准绳四卷 满文

niyalma jalan de banjire misha kemun i bithe

李迪光 辑

额鲁礼 译

道光二十九年（1849）抄本

开本22厘米×14.5厘米

四册

本书系讲述为人处世的伦理学著作。全书共分四卷，首卷包括《立志》《辨学》《治心》《省身》《治德》《慎言》六章，二卷包括《父母》《兄弟》《夫妻》《宗族》《子孙》《敦友》六章，三卷包括《治家》《奴婢》《适事》《存世》《地形》《闻言》六章，四卷包括《观人》《财产》《仪表》《卫生》《读书》《居官》六章及劝睦语一则。本书原署自在翁手录。

［0101］

T0334 训谕 满汉合璧

tacibure hese

光绪十一年（1885）恩良堂庆善抄本

开本23厘米×18.4厘米

一册

此书为雍正五年（1727）有关封建伦理的上谕抄本。

［0903］

T0335 三十六调 满汉合璧

gūsin ninggun hacin i mudan i bithe

寿明 撰

光绪三十年（1904）抄本

开本25.5厘米×18厘米

一册

本书以儒家观点解以下三十六字之义：仁义礼智，诚敬中和，公正廉明，勤俭宽忍，信孝悌谦，让勇严果，与动静第，为喜乐怒，忧取受辞。

［0703］

T0336 孔子 满文

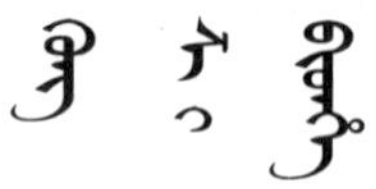 ☆

kong dzi i bithe

抄本

开本21厘米×21厘米

四册

［W311.1］

T0337 大宝箴言 满文

amba boobai targabun bithe

抄本

开本20.2厘米×11.4厘米

一册

本书主要论述君主治理天下之道理。

[0601]

T0338 法条 满汉合璧

ᡶᠠ ᡨᡳᠶᠣᠣ ᠰᡝᡵᡝ ᠪᡳᡨᡥᡝ

fa tiyoo sere bithe

抄本

一册

本书系论述儒家伦理法则的著作。全书内容为分段详析“仁义礼智、诚敬中和、公正廉明、勤俭宽忍、信勇严果、孝悌谦让、辞受取与、动静为云、喜怒忧乐”三十六字，称“三十六项大法条”，另有讲述保身立志方面内容的“三十项小法条”。封底书写“桃氏翻译”，其名号生平无考。

[0101]

T0339 六十三则 满汉合璧

ᠨᡳᠨᠵᡠ ᡳᠯᠠᠨ ᡥᠠᠴᡳᠨ ᡴᠠᠮᠴᡳᠪᡠᡥᠠ ᠪᡳᡨᡥᡝ ☆

ninju ilan hacin kamcibuha bithe

抄本

四册

本书内容为封建道德语录，封面钤“臣洁”印一方，“寧（宁）”字避讳作“寍”。

[0241]

T0340 明心宝鉴四卷 满汉合璧

ᠮᡠᠵᡳᠯᡝᠨ ᠪᡝ ᡤᡝᠩᡤᡳᠶᡝᠯᡝᡵᡝ ᠣᠶᠣᠩᡤᠣ ᠪᡠᠯᡝᡴᡠ ᠪᡳᡨᡥᡝ

mujilen be genggiyelere oyonggo buleku bithe

抄本

开本25厘米×16厘米

四册

本书系论述修身自省、为人处世的伦理学著作。

内容共分二十篇，即《继善》《天理》《顺命》《孝行》《正己》《安分》《存心》《戒性》《劝学》《训子》《省心》《立教》《治政》《治家》《安义》《遵礼》《存信》《言语》《交友》《妇行》。每篇都先引儒家经典为据。如《继善》篇开篇为：“子曰：‘为善者，天极之以福；为不善者，天极之以祸。’”又如《顺命》篇开篇为：“子曰：‘死生有命，富贵在天。’孟子曰：‘顺天者存，逆天者亡。’”

[0101]

T0341 清文广诱 满汉合璧

ᠮᠠᠨᠵᡠ ᡤᡳᠰᡠᠨ ᡳ ᠪᠠᡩᠠᡵᠠᠮᠪᡠᡵᡝ ᠶᠠᡵᡥᡡᡩᠠᡵᠠᠩᡤᡝ ᠪᡳᡨᡥᡝ

manju gisun i badarambure yarhūdarangge bithe

抄本

开本24.2厘米×16.4厘米

一册

本书内容为劝导旗人勤勉习学，效忠朝廷。

［0703］

T0342 清语对答 满文

ᠮᠠᠨᠵᡠ ᡤᡳᠰᡠᠨ ᡳ ᡶᠣᠨᠵᡳᡵᡝ ᠵᠠᠪᡠᡵᡝᠩᡤᡝ ☆

manju gisun i fonjire jaburengge

近亭抄本

一册

此书为伦理学方面的著述，共五十八章，书函题签为“近亭公书清语对答 男观荣谨藏”。

［0701］

T0343 青云得路 满汉合璧

ᠴᡳᠩ ᠶᡡᠨ ᡩᡝ ᠯᡠ ᠪᡳᡨᡥᡝ ☆

cing yūn de lu bithe

抄本

开本15.6厘米×9.9厘米

四册

原书无名，此名为函套上所题，内容为论述儒家伦理道德。寕（宁）字避讳。

［0703］

T0344 人镜阳秋二十二卷 满文

ᡰᡳᠨ ᡤᡳᠩ ᠶᠠᠩ ᠴᡳᠣ ᠪᡳᡨᡥᡝ

žin ging yang cio bithe

抄本

十三册

本书系论述儒家伦理道德之著作。

全书分为忠孝节义四大类二十二卷。一至五卷为忠类，六至十一卷为孝类，十二至十七卷为节类，十八至二十二卷为义类。每类下设若干项，每项内举数则历代名人言行为例。如忠类下设功谋项、战争项、舍身项。功谋项内举商代伊尹，唐代姚崇、张九龄，宋代程颐等人事迹为例。战争项内举汉代苏武、班超，三国诸葛亮等人事迹为例。

［0181］

T0345 人镜阳秋二十二卷 满文

ᡰᡳᠨ ᡤᡳᠩ ᠶᠠᠩ ᠴᡳᠣ ᠪᡳᡨᡥᡝ

žin ging yang cio bithe

抄本

二十二册

［W313.2］

T0346 人镜阳秋二十二卷 满文

ᡰᡳᠨ ᡤᡳᠩ ᠶᠠᠩ ᠴᡳᠣ ᠪᡳᡨᡥᡝ

žin ging yang cio bithe

晒印本

十三册

据故宫博物院藏抄本晒印

［0101］

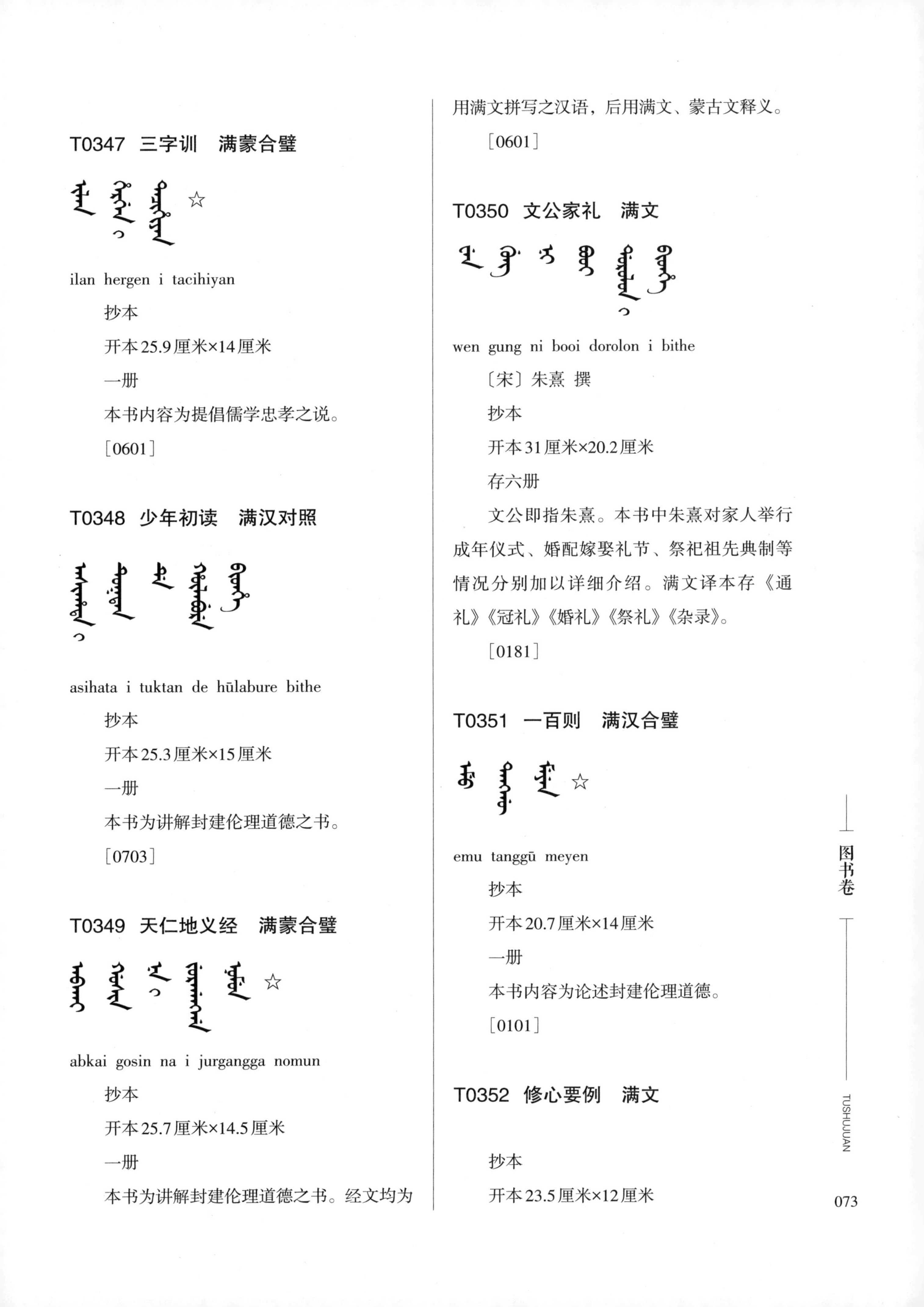

T0347 三字训 满蒙合璧

☆

ilan hergen i tacihiyan

抄本

开本25.9厘米×14厘米

一册

本书内容为提倡儒学忠孝之说。

［0601］

T0348 少年初读 满汉对照

asihata i tuktan de hūlabure bithe

抄本

开本25.3厘米×15厘米

一册

本书为讲解封建伦理道德之书。

［0703］

T0349 天仁地义经 满蒙合璧

☆

abkai gosin na i jurgangga nomun

抄本

开本25.7厘米×14.5厘米

一册

本书为讲解封建伦理道德之书。经文均为用满文拼写之汉语，后用满文、蒙古文释义。

［0601］

T0350 文公家礼 满文

wen gung ni booi dorolon i bithe

〔宋〕朱熹 撰

抄本

开本31厘米×20.2厘米

存六册

文公即指朱熹。本书中朱熹对家人举行成年仪式、婚配嫁娶礼节、祭祀祖先典制等情况分别加以详细介绍。满文译本存《通礼》《冠礼》《婚礼》《祭礼》《杂录》。

［0181］

T0351 一百则 满汉合璧

☆

emu tanggū meyen

抄本

开本20.7厘米×14厘米

一册

本书内容为论述封建伦理道德。

［0101］

T0352 修心要例 满文

抄本

开本23.5厘米×12厘米

一册

{W311.1}

T0353 劝善文 满汉合璧

ᠰᠠᡳᠨ ᠪᡝ ᡥᡡᠸᡝᡴᡳᠶᡝᠪᡠᡵᡝ ᡤᡳᠰᡠᠨ

sain be huwekiyebure gisun

抄本

十四册

开本23厘米×13.7厘米

本书系阐述儒家伦理道德的著作。满汉文分册，满文九册，汉文五册。全书宗旨分为劝导人们修身养性、乐天知命、安分守常三部分。第一部分引述孔子及其弟子有关论述，并加以诠释。第二部分分别论述孝悌、存戒、德行、爱敬、端正、忠信、教养、廉洁等专题。第三部分辑录有关诗文，如《陋室铭》、二十四孝文等。

［0101］

T0354 御制官箴二十六章 满汉合集

ᡥᠠᠨ ᡳ ᠠᡵᠠᡥᠠ ᡥᠠᡶᠠᠨ ᡳ ᡨᠠᡵᡤᠠᠪᡠᠨ ᠣᡵᡳᠨ ᠨᡳᠩᡤᡠᠨ ᡶᡳᠶᡝᠯᡝᠨ

han i araha hafan i targabun orin ninggun fi-yelen

抄本

开本21厘米×14.1厘米

一册

［0703］

三、宗教

1. 佛教

T0355　大藏经二千五百三十五卷　满文

ᠠᠮᠪᠠ ᡤᠠᠨᠵᡠᡵ ᠨᠣᠮᡠᠨ

amba ganjur nomun

乾隆五十五年（1790）内务府“清字经馆”朱色刻印本

一百八函

第一函二十八卷同函

大般若经　卷第一至卷第二十八共二十八卷

第二函二十八卷同函

大般若经　卷第二十九至卷第五十六共二十八卷

第三函二十八卷同函

大般若经　卷第五十七至卷第八十四共二十八卷

第四函二十八卷同函

大般若经　卷第八十五至卷第一百十二共二十八卷

第五函二十八卷同函

大般若经　卷第一百十三至卷第一百四十共二十八卷

第六函二十八卷同函

大般若经　卷第一百四十一至卷第一百六十八共二十八卷

第七函二十九卷同函

大般若经　卷第一百六十九至卷第一百九十七共二十九卷

第八函二十九卷同函

大般若经　卷第一百九十八至卷第二百二十六共二十九卷

第九函二十九卷同函

大般若经　卷第二百二十七至卷第二百五十五共二十九卷

第十函二十九卷同函

大般若经　卷第二百五十六至卷第二百八十四共二十九卷

第十一函二十九卷同函

大般若经　卷第二百八十五至卷第三百十三共二十九卷

第十二函二十九卷同函

大般若经　卷第三百十四至卷第三百四十二共二十九卷

第十三函二十九卷同函

大般若经　卷第三百四十三至卷第三百七十一共二十九卷

第十四函二十九卷同函

大般若经　卷第三百七十二至卷第四百共二十九卷

第十五函二十卷同函

二般若经 卷第一至卷第二十共二十卷

第十六函十九卷同函

二般若经 卷第二十一至卷第三十九共十九卷

第十七函十九卷同函

二般若经 卷第四十至卷第五十八共十九卷

第十八函十九卷同函

二般若经 卷第五十九至卷第七十八共十九卷

第十九函三十卷同函

三般若经 卷第一至卷第三十共三十卷

第二十函二十九卷同函

三般若经 卷第三十一至卷第五十九共二十九卷

第二十一函十八卷同函

四般若经 卷第一至卷第十八共十八卷

第二十二函六经二十三卷同函

五般若经 卷第一至卷第十共十卷

六般若经 卷第一至卷第八共八卷

七会般若经 二卷

八会般若经 一卷

九会般若经 一卷

十会般若经 一卷

第二十三函六经二十二卷同函

十一会般若经 五卷

十二会般若经 五卷

十三会般若经 一卷

十四会般若经 一卷

十五会般若经 二卷

十六会般若经 八卷

第二十四函二十卷同函

大宝积经 卷第一至卷第二十共二十卷

第二十五函二十卷同函

大宝积经 卷第二十一至卷第四十共二十卷

第二十六函二十卷同函

大宝积经 卷第四十一至卷第六十共二十卷

第二十七函二十卷同函

大宝积经 卷第六十一至卷第八十共二十卷

第二十八函二十卷同函

大宝积经 卷第八十一至卷第一百共二十卷

第二十九函二十卷同函

大宝积经 卷第一百一至卷第一百二十共二十卷

第三十函三十卷同函

大方等大集经 卷第一至卷第三十共三十卷

第三十一函十卷同函

大方广佛华严经 卷第一至卷第十共十卷

第三十二函十卷同函

大方广佛华严经 卷第十一至卷第二十共十卷

第三十三函十卷同函

大方广佛华严经 卷第二十一至卷第三十共十卷

第三十四函十卷同函

大方广佛华严经 卷第三十一至卷第四十共十卷

第三十五函十卷同函

大方广佛华严经 卷第四十一至卷第五十

共十卷

第三十六函十卷同函

大方广佛华严经 卷第五十一至卷第六十共十卷

第三十七函十卷同函

大方广佛华严经 卷第六十一至卷第七十共十卷

第三十八函十卷同函

大方广佛华严经 卷第七十一至卷第八十共十卷

第三十九函二十一卷同函

大般涅槃经 卷第一至卷第二十一共二十一卷

第四十函二经二十一卷同函

大般涅槃经 卷第二十二至佛说方等般泥洹经 卷下共二十一卷

第四十一函四经十八卷同函

维摩诘所说经 三卷

思益梵天所问经 四卷

月灯三昧经 十卷

佛说四十二章经 一卷

第四十二函七经二十五卷同函

等集众德三昧经 三卷

入定不定印经 一卷

无量义经 一卷

法华三昧经 一卷

分别缘起初胜法门经 上下同卷

悲华经 十卷

六度集经 八卷

第四十三函四经二十四卷同函

佛说妙法莲华经 七卷

佛说宝雨经 十卷

佛升忉利天为母说法经 三卷

广博严净不退转法轮经 四卷

第四十四函六经二十五卷同函

方广大庄严经 十二卷

诸法无行经 二卷

持世经 四卷

大方广宝箧经 二卷

药师琉璃光七佛本愿功德经 上下同卷

圣楞伽阿跋多罗大乘宝经 四卷

第四十五函十四经二十五卷同函

大萨遮尼乾子受记经 十卷

善思童子经 二卷

大庄严法门经 二卷

佛说象腋经 一卷

佛说大乘同性经 二卷

佛说观无量寿佛经 一卷

佛说观弥勒菩萨上生兜率陀天经 一卷

佛说弥勒成佛经 一卷

佛说大威灯光仙人问疑经 一卷

佛说诸法勇王经 一卷

佛说乐璎珞庄严方便经 一卷

大乘遍照光明藏无字法门经

佛说老女人经 二经同卷

佛说逝童子经 一卷

第四十六函二十经二十七卷同函

佛说德护长者经 二卷

佛说乳光佛经 一卷

佛说转女身经 一卷

文殊师利问菩提经 一卷

佛说谤佛经 一卷

大方等大云经 四卷

解深密经 五卷

大乘方广总持经 一卷

佛说无极宝三昧经 二卷

无上依经 二卷

佛说大方广师子吼经 一卷

佛说大乘百福相经

佛说大乘四法经 二经同卷

佛说最无比经

佛说前世三转经 二经同卷

佛说阿阇世王受决经 一卷

佛说善恭敬经

称赞大乘功德经 二经同卷

佛说缘起圣道经 一卷

如来独证自誓三昧经 一卷

第四十七函二十四经二十八卷同函

佛说文殊师利行经 一卷

大乘造像功德经 上下同卷

佛说龙施女经

佛说八佛名号经

佛说盂兰盆经 三经同卷

佛说观药王药上二菩萨经 一卷

有德女所问大乘经 一卷

十住断结经 十四卷今作十二卷

菩萨道树经

菩萨生地经 二经同卷

佛说孛经 一卷

成具光明定意经 一卷

摩诃摩耶经 二卷

诸德福田经

大方等如来藏经 二经同卷

佛说宝网经 一卷

佛说内藏百宝经

佛说温室洗浴众僧经

佛说菩萨行五十缘身经

佛说菩萨修行经 四经同卷

佛说金色王经

佛说法门经

佛说四不可得经 三经同卷

须真天子经 二卷

第四十八函十一经二十七卷同函

妙吉祥瑜伽大教金刚陪啰嚩 一卷

佛说观普贤菩萨行法经 一卷

观世音菩萨得大势菩萨受记经 一卷

不思议光菩萨所说经 一卷

超日明三昧经 二卷

除恐灾患经 一卷

佛说首楞严三昧经 三卷

未曾有因缘经 二卷

诸佛要集经 二卷

称扬诸佛功德经 三卷

贤劫经 十卷

第四十九函十七经二十六卷同函

佛说佛名经 十二卷

过去庄严劫千佛名经 一卷并三劫三千佛缘起

现在贤劫千佛名经 一卷

未来星宿劫千佛名经 一卷

五千五百佛名神咒除障灭罪经 八卷今作五卷

力庄严三昧经 三卷今作二卷

佛说八部佛名经

百佛名经 二经附前经下卷

佛说不思议功德诸佛所护念经 二卷

金刚三昧本性清净不坏不灭经

佛说师子月佛本生经

演道俗业经 三经同卷

佛说长者法志妻经

佛说萨罗国经

佛说十吉祥经

佛说长者女庵提遮师子吼了义经

佛说一切智光明仙人慈心因缘不食肉经

五经同卷

第五十函五经二十三卷同函

观察诸法行经 四卷

佛说华手经 十卷

法集经 六卷

佛说施灯功德经 一卷

金刚三昧经 二卷

第五十一函七经二十八卷同函

大方广圆觉修多罗了义经 一卷

普贤行愿品 一卷

弥勒愿文 一卷

观佛三昧海经 十卷

大方便佛报恩经 七卷

菩萨本行经 三卷

菩萨处胎经 五经

第五十二函十三经二十八卷同函

金刚经 一卷

心经 一卷

救护日食经 一卷

央掘魔罗经 四卷

菩萨内习六波罗蜜经 一卷

三昧弘道广显定意经 四卷

佛说明度五十校计经 二卷

无所有菩萨经 四卷

大法鼓经 二卷

月上女经 二卷

文殊师利问经 二卷

大方广如来秘密藏经 上下同卷

大乘密严经 三卷

第五十三函八经二十五卷同函

菩萨璎珞经 十三卷今作二十卷

僧伽吒经 四卷今作三卷

出生菩提心经

佛说佛印三昧经 二经同卷

佛说十二头陀经

佛说树提伽经

佛说法常住经

佛说长寿王经 四经同卷

第五十四函四十经三十三卷同函

大佛顶如来密因修证了义诸菩萨万行首

楞严经 十卷

三十五佛经 一卷

大乘持斋经 一卷

佛说海龙王经 四卷

佛为海龙王说法印经

佛说右绕佛塔功德经

佛说妙色王因缘经

师子素驮娑王断肉经

佛说差摩婆帝受记经

佛说师子庄严王菩萨请问经 六经同卷

中阴经 二卷

占察善恶业报经 上下同卷

佛说莲华面经 上下同卷

佛说三品弟子经

佛说当来变经

过去佛分卫经

佛说法灭尽经

佛说甚深大回向经

天王太子辟罗经 六经同卷

优婆夷净行法门经 二卷

文殊师利般涅槃经

异出菩萨本起经 二经同卷

佛说贤首经

八大人觉经 二经同卷

佛说月明菩萨经

佛说心明经

佛说灭十方冥经

佛说鹿母经 四经同卷

佛说魔逆经 一卷

佛说赖吒和罗所问德光太子经 一卷

商主天子所问经 一卷

大乘四法经

离垢慧菩萨所问礼佛法经 二经同卷

寂照神变三摩地经 一卷

佛说造塔功德经

佛说不增不减经

佛说坚固女经

佛说大乘流转诸有经

佛说大意经

受持七佛名号所生功德经 六经同卷

第五十五函三经三十卷同函

大乘大方等日藏经 十卷

大方等大集月藏经 十卷

大乘大集地藏十轮经 十卷

第五十六函八经二十八卷同函

大集须弥藏经 二卷

虚空藏菩萨经 一卷

观虚空藏菩萨经 一卷

佛说菩萨念佛三昧经 六卷

佛说菩萨大方等大集菩萨念佛三昧经 十卷

大方等大集贤护经 五卷

自在王菩萨经 二卷

大乘金刚髻珠菩萨修行分经 一卷

第五十七函十五经二十六卷同函

仁王护国般若波罗密经 二卷

般若波罗密多心经 一卷

入法界体性经 一卷

信力入印法门经 五卷

大方广佛华严经修慈分 一卷

大方广如来不思议境界经 一卷

大方广普贤所说经 一卷

大方广佛严经续入法界品 一卷

度世品经 六卷

文殊师利问菩萨署经 一卷

大悲经 五卷

佛垂般涅槃略说教戒经

佛临涅槃记法住经

佛灭度后棺敛葬送经

般泥洹后灌腊经 四经同卷

第五十八函十五经二十八卷同函

真实名经 一卷

摧碎金刚经 一卷

积光佛母经咒 一卷

千手千眼观世音菩萨广大圆满无碍大悲心陀罗尼经 一卷

绿像救度佛母赞 一卷

白伞盖仪轨经 一卷

尊圣佛母经 一卷

佛母大孔雀明王经 二卷

如意轮陀罗尼经 一卷

虚空藏经 一卷

十一面观世音咒 一卷

千转陀罗尼经 一卷

金光明最胜王经 一卷

最上大乘金刚大教宝王经 二卷

金刚顶一切如来真实摄大乘现证大教王经 三卷

第五十九函十四经二十三卷同函

大树紧那罗王所问经 四卷

佛说大灌顶神咒经 十二卷今作六卷

大云轮请雨经 上下同卷

佛说阿弥陀经

拔一切业障根本得生净土神咒 一经一咒同卷

浴象功德经 一卷

佛说孔雀王咒经 二卷结咒界法附

不空羂索心咒王经 三卷今作二卷

千手千眼观世音菩萨姥陀罗尼身经 一卷

观世音菩萨秘密藏如意轮神咒 三经一卷

观自在菩萨怛嚩多唎随心陀罗尼经 一卷

请观世音菩萨消伏毒害陀罗尼咒经 一卷

十二佛名神咒校量功德除障灭罪经 一卷

六字咒王经 一卷

第六十函一经三十卷同函

不空羂索神变真言经 三十卷

第六十一函十一经二十三卷同函

佛说七俱胝佛母准提大明陀罗尼经 一卷

七俱胝佛母所说准提陀罗尼经 一卷

佛说佛顶尊胜陀罗尼经 一卷

佛说一向出生菩萨经 一卷

胜幢臂印陀罗尼经 一卷

东方最胜灯王如来助护持世间神咒经 一卷

虚空藏菩萨问七佛陀罗尼咒经 一卷

金刚场陀罗尼经 一卷

尊胜菩萨所问一切诸法入无量法门陀罗尼经 一卷

无垢净光大陀罗尼经 一卷

佛说陀罗尼集经 十三卷

第六十二函二经二十四卷同函

大方等陀罗尼经 四卷

大法炬陀罗尼经 二十卷

第六十三函三经二十一卷同函

大威德陀罗尼经 二十卷今作十六卷

七佛所说神咒经 四卷

文殊师利宝藏陀罗尼经 一卷

第六十四函三十八经二十八卷同函

大吉义神咒经 二卷

阿吒婆拘鬼神大将上佛陀罗尼经

佛说大普贤陀罗尼经

佛说大七宝陀罗尼经

六字大陀罗尼咒经

佛说安宅神咒经

幻师飕陀神咒经

佛说辟除贼害咒经

佛说咒时气病经

佛说咒齿经

佛说咒目经

佛说咒小儿经

阿弥陀鼓音声王陀罗尼经

佛说摩尼罗亶经 十三经同卷

佛说檀持罗麻油述经

佛说护诸童子陀罗尼咒经

诸佛心陀罗尼经

拔济苦难陀罗尼经

八名普密陀罗尼经

佛说持世陀罗尼经

佛说六门陀罗尼经

清净观世音菩萨普贤陀罗尼经 八经同卷

诸佛集会陀罗尼经

诸佛智炬陀罗尼经

佛说随求即得大自在陀罗尼神咒经 三经同卷

佛说一切法功德庄严王经

佛说拔除罪障咒王经

佛说善夜经

佛说虚空藏菩萨能满诸愿最胜心陀罗尼求闻持法 三经一法同卷

佛说佛地经

百千印陀罗尼经

庄严王陀罗尼咒经

香王菩萨陀罗尼咒经 四经同卷

金刚光焰止风雨陀罗尼经 一卷

大毗卢遮那成佛神变加持经 七卷

苏婆呼童子经 三卷

一字佛顶轮王经 六卷

苏悉地羯罗经 三卷今作四卷

第六十五函五十二经三十一卷同函

金刚顶瑜珈中略出念诵经 四卷

广大宝楼阁善住秘密陀罗尼经 三卷今作二卷

牟犁曼陀罗咒经 一卷今作二卷

金刚顶经曼殊师利菩萨五字心陀罗尼品一卷

佛说救面然饿鬼陀罗尼神咒经

佛说甘露经陀罗尼

佛说大陀罗尼末法中一字心咒经 三经同卷

佛说大乘庄严宝王经 四卷

佛说守护大千国土经 三卷

佛说大乘圣无量寿决定光明王如来陀罗尼经 一卷

佛顶放无垢光明入普门观察一切如来心陀罗尼经 上下同卷

佛说楼阁正法甘露鼓经

佛说大乘善见变化文殊师利问法经

佛说大护明大陀罗尼经 三经同卷

佛说无能胜旛王如来庄严陀罗尼经

最胜佛顶陀罗尼经

圣佛母小字般若波罗密多经

消除一切闪电障难随求如意陀罗尼经 四经同卷

大寒林圣难拿陀罗尼经

佛说诸行有为经 二经同卷

佛说沙弥十戒仪则经

佛说圣持世陀罗尼经

佛说布施经

佛说圣曜母陀罗尼经 四经同卷

法集名数经

圣多罗菩萨一百八名陀罗尼经 二经同卷

赞扬圣德多罗菩萨一百八名经

圣观自在菩萨一百八名经

佛说目连所问经

外道问圣大乘法无我义经

毗俱胝菩萨一百八名经 五经同卷

妙臂菩萨所问经 四卷今作二卷

佛说苾蒭五法经

佛说苾蒭迦尸迦十法经

诸佛心印陀罗尼经

大乘宝月童子问法经

佛说莲华眼陀罗尼经

佛说观想佛母般若波罗密多菩萨经 六经同卷

佛说圣大总持王经

佛说最上意陀罗尼经

佛说持明藏八大总持王经

圣无能胜金刚火陀罗尼经

佛说尊胜大明王经

佛说智光灭一切业障陀罗尼经

佛说如意宝总持王经 七经同卷

佛说大自在天子因地经

佛说宝生陀罗尼经

佛说十号经

佛为娑伽罗龙王所说大乘法经　四经同卷

佛说普贤菩萨陀罗尼经

大金刚妙高山楼阁陀罗尼

广大莲华庄严曼拏罗灭一切罪陀罗尼经二经一咒同卷

第六十六函七十九经三十八卷同函

佛说大摩里支菩萨经　七卷今作四卷

佛说毘沙门天王经　一卷

佛说月光菩萨经

佛说普贤曼拏罗经　二经同卷

佛说圣庄严陀罗尼经　上下

佛说圣六字大明王陀罗尼经

千转大明陀罗尼经

佛说华积楼阁陀罗尼经

佛说胜旛瓔珞陀罗尼经　五经同卷

众许摩诃帝经　十三卷今作七卷

佛说帝释般若波罗密多心经

大乘舍黎娑担摩经

佛说大金刚香陀罗尼经　三经同卷

佛说一切如来乌瑟腻沙最胜总持经

菩提心观释　二经同卷

佛说四无所畏经

增慧陀罗尼经

圣六字增寿大明陀罗尼经

佛说大乘戒经

佛说五十颂圣般若波罗密经

大乘八大曼拏罗经

啰嚩拏说救疗小儿疾病经

迦叶仙人说医女人经　八经同卷

佛说俱枳罗陀罗尼经

佛说消除一切灾障宝髻陀罗尼经

佛说妙色陀罗尼经

佛说旃檀香身陀罗尼经

佛说钵兰那赊缚哩大陀罗尼经

佛说宿命智陀罗尼经

佛说慈氏菩萨誓愿陀罗尼经

佛说灭除五逆罪大陀罗尼经

佛说无量功德陀罗尼经

佛说十八臂陀罗尼经

佛说洛叉陀罗尼经

佛说辟除诸恶陀罗尼经　十二经同卷

佛说大爱陀罗尼经

佛说八大灵塔名号经

佛说尊那经　三经同卷

佛说善乐长者经

佛说圣多罗菩萨经

佛说大吉祥陀罗尼经

宝贤陀罗尼经

观自在菩萨母陀罗尼经　五经同卷

宝授菩萨菩提行经　一卷

佛说延寿妙门陀罗尼经

一切如来名号陀罗尼经

佛说息除贼难陀罗尼经

佛说法身经　四经同卷

佛说大乘不思议神通境界经　上中下同卷

佛说金身陀罗尼经

佛说入无分别法门经

佛说净意优婆塞所问经　三经同卷

一切如来心秘密全身舍利宝箧印陀罗尼经

佛说大吉祥天女十二名号经

佛说大吉祥天女十二契一百八名无垢大乘经　三经同卷

佛说一切如来金刚寿命陀罗尼经　一卷

佛说穰麌梨童女经 一卷

秽迹金刚说神通大满陀罗尼法术灵要门经

秽迹金刚法禁百变法门经

佛说大乘大方广佛冠经 上下

佛说八种长养功德经 四经同卷

叶衣观自在菩萨经

文殊问经字母品 二经同卷

观自在菩萨说普贤陀罗尼经

佛说除一切疾病陀罗尼经

佛说救拔焰口饿鬼陀罗尼经 三经同卷

瑜伽集要救阿难陀罗尼焰口仪轨经 一卷

佛说蚁喻经 一卷

佛说四品法门经

佛说八大菩萨经

佛说施一切无畏陀罗尼经

圣八千颂般若波罗密多一百八名真实圆义陀罗尼经 四经同卷

佛说一髻尊陀罗尼经

不空羂索毗庐遮那佛大灌顶真言经 二经同卷

佛为优填王说王法政论经

佛说五大施经

佛说无畏陀罗尼经

佛说炽盛光大威德消灾吉祥陀罗尼经 四经同卷

一切如来大秘密王未曾有最上微妙大曼罗经 五卷今作三卷

第六十七函五经二十卷同函

守护国界主陀罗尼经 十卷

出生一切如来法眼遍照大力明王经 上下同卷

阿唎多罗陀罗尼阿噜力经 一卷

佛说瑜伽大教王经 五卷

一字奇特佛顶经 三卷

第六十八函三经十九卷同函

佛说一切如来真实摄大乘现证三昧大教王经 三十卷今作十七卷

菩提场庄严陀罗尼经 一卷

佛说秘密相经 上中下同卷

第六十九函七经二十五卷同函

佛说一切如来金刚三业最上秘密大教王经 七卷

佛说秘密三昧大教王经 四卷

佛说无二平等最上瑜伽大教王经 六卷今作三卷

佛说金刚手菩提降伏一切部多大教王经 三卷

佛说佛母般若波罗密多大明观想仪轨经

金刚顶瑜伽念珠经 二经同卷

佛说最上根本大乐金刚不空三昧大教王经 七卷

第七十函六经二十一卷同函

佛说最上秘密那拏天经 上中下同卷

金刚峰楼阁一切瑜伽瑜祇经 二卷

佛说妙吉祥最胜根本大教王经 三卷今作二卷

妙吉祥平等秘密最上观门大教王经 五卷今作四卷

普遍光明焰鬘清净炽盛如意宝印心无能胜大明王大随求陀罗尼经 二卷

大乘瑜伽金刚性海曼殊室利千臂千钵大教王经 十卷

第七十一函十三经二十二卷同函

大方广菩萨藏文殊师利根本仪轨经 二十卷今作十卷

佛说圣宝藏神仪轨经 上下同卷

佛说宝藏神大明曼拏罗仪轨经 上下同卷

金刚恐怖集会方广轨仪观自在菩萨三世最胜心明王经 一卷

金刚恐怖集会方广轨仪观自在菩萨三世最胜心明王大威力乌枢瑟摩明王经 三卷

佛说大乘观想曼拏罗净诸恶趣经 上下同卷

佛说大方广曼殊室利经观自在多罗菩萨仪轨经

佛说一切佛摄相应大教王经圣观自在菩萨念诵仪轨经 二经同卷

瑜伽金刚顶经释字母品

佛说一切如来安像三昧仪轨经

文殊师利菩萨根本大教王金翅鸟王经 三经同卷

十一面观自在菩萨心密言念诵仪轨经 上中下同卷

佛说持明藏瑜伽大教尊那菩萨大明成就仪轨经 四卷今作二卷

第七十二函二十经二十二卷同函

佛说金刚香菩萨大明成就仪轨经 三卷今作二卷

金刚萨埵说频那夜迦天成就仪轨经 四卷今作二卷

佛说大悲空智喜金刚大教王经 五卷今作三卷

吉祥尸陀林庄严殊特本续经 一卷

妙轮上乐王秘密不思议大教王经 一卷

佛说幻化网大瑜伽教十忿怒明王大明观想仪轨经 一卷

底哩三昧耶不动尊威怒王使者念诵法 一卷

圣迦柅忿怒金刚童子菩萨成就仪轨经 三卷今作二卷

圣观自在菩萨功德赞

赞观世音菩萨颂

佛说圣观自在菩萨梵赞

圣多罗菩萨梵赞

事师法五十颂

犍椎梵赞 四赞二颂同卷

瑜伽翳迦讫沙啰乌瑟尼沙斫讫啰真言安怛陀那仪则一字顶轮王瑜伽经 一卷

金刚顶一切如来真实摄大乘现证大教王经 二卷

文殊所说最胜名义经 上下同卷

无能胜大明陀罗尼经

无能胜大明心陀罗尼经 二经同卷

大乘修行菩萨行门诸经要集 三卷

第七十三函六十六经三十七卷同函

金刚顶瑜伽千手千眼观自在菩萨修行仪轨经 一卷

密迹力士大权神王经偈颂 一卷

一切秘密最上名义大教王仪轨 上下同卷

大乐金刚萨埵修行成就仪轨

曼殊室利菩萨吉祥伽陀 一仪轨一伽陀同卷

成就妙法莲华经王瑜伽观智仪轨 一卷

金刚顶瑜伽降三世成就极深密门

金刚顶瑜伽他化自在天理趣会普贤修行念诵仪 一门一仪同卷

金刚寿命陀罗尼念诵法

大药叉女欢喜母并爱子成就法

佛说帝释岩秘密成就仪轨 二法一仪轨同卷

大毗卢遮那成佛神变加持经略示七支念

诵随行法

速疾立验魔醯首罗天说阿尾奢法

大圣曼殊师利童子五字瑜伽法 三法同卷

大威怒乌刍涩麽仪轨

大孔雀明王画像坛场仪轨 二仪轨同卷

观自在菩萨如意轮瑜伽念诵法

大圣大欢喜双身毗那耶迦法

大日经略摄念诵随行法 三法同卷

五字陀罗尼颂

仁王般若陀罗尼释 一颂一释同卷

大乐金刚不空真实三昧耶经般若波罗密多理趣释 二卷

佛说最胜妙吉祥根本智最上秘密一切名仪三摩地分 上下同卷

金刚王菩萨秘密念诵仪轨

金刚顶胜初瑜伽普贤菩萨念诵法经 一仪轨一经同卷

金刚顶瑜伽金刚萨埵五秘密修行念诵仪轨

无量寿如来修观行供养仪轨 二仪轨同卷

甘露军荼利菩萨供养念诵成就仪轨 一卷

观自在多罗瑜伽念诵法

圣观自在菩萨心真言瑜伽观行轨仪 一法一轨仪同卷

大虚空藏菩萨念诵法

仁王般若念诵法 二法同卷

阿閦如来念诵供养法

佛顶尊胜陀罗尼念诵仪轨 一法一仪轨同卷

圣阎曼德迦威怒王立成大神验念诵法

大乘方广曼殊室利菩萨华严本教赞阎曼德迦忿怒王真言大威德仪轨品

大方广曼殊室利童真菩萨华严本教赞阎曼德迦忿怒王真言阿毗遮噜迦仪轨品 一法二仪轨同卷

苏悉地羯罗供养法 三卷今作二卷

不动使者陀罗尼秘密法

金刚顶瑜伽修习毗卢遮那三摩地法 二法同卷

金刚顶瑜伽经文殊师利菩萨仪轨供养法

瑜伽莲华部念诵法 二法同卷

金刚顶经瑜伽观自在王如来修行法 一卷

金刚手光明灌顶经最胜立印圣无动尊大威怒王念诵仪轨 一卷

略述金刚顶瑜伽分别圣位修证法门

一字佛顶轮王念诵仪轨 一门一仪轨同卷

仁王护国般若波罗密多经道场念诵仪轨 一卷

金刚顶莲华部心念诵仪轨 一卷

妙吉祥平等瑜伽秘密观身成佛仪轨 一卷

普贤金刚萨埵瑜伽念诵仪

金刚顶瑜伽护摩仪轨 二仪同卷

大悲心陀罗尼修行念诵略仪

妙吉祥平等观门大教王经略出护摩仪

金刚顶超胜三界经说文殊五字真言胜相 二仪一相同卷

金刚顶经瑜伽文殊师利菩萨法一品

金刚顶瑜伽经十八会指归

诃利帝母真言法 一品一指归一法同卷

大方广佛华严经入法界品四十二字观

般若波罗密多理趣经大安乐不空三昧真实金刚菩萨等一十七圣大曼荼罗义述

陀罗尼门诸部要目

金刚顶瑜伽三十七尊礼

受菩提心戒仪

大圣文殊师利菩萨赞佛法身礼 六般同卷

一百五十赞佛颂

百千颂大集经地藏菩萨请问法身赞 一颂一赞同卷

瑜伽集要焰口施食仪 十颂孤魂文三归依赞附

第七十四函二十卷同函

中阿含经 卷第一至卷第二十共二十卷

第七十五函二十卷同函

中阿含经 卷第二十一至卷第四十共二十卷

第七十六函二十卷同函

中阿含经 卷第四十一至卷第六十共二十卷

第七十七函二十五卷同函

增壹阿含经 卷第一至卷第二十五共二十五卷

第七十八函二十五卷同函

增壹阿含经 卷第二十六至卷第五十共二十五卷

第七十九函二十五卷同函

杂阿含经 卷第一至卷第二十五共二十五卷

第八十函二十五卷同函

杂阿含经 卷第二十六至卷第五十共二十五卷

第八十一函二十二卷同函

佛说长阿含经 二十二卷

第八十二函二经十七卷同函

别译杂阿含经 二十卷今作十六卷

杂阿含经 一卷

第八十三函二十五卷同函

正法念处经 卷第一至卷第二十五共二十五卷

第八十四函二十五卷同函

正法念处经 卷第二十六至卷第五十共二十五卷

第八十五函二经二十五卷同函

正法念处经 卷第五十一至卷第七十共二十卷

佛说生经 五卷

第八十六函二十卷同函

佛本行集经 卷第一至卷第二十共二十卷

第八十七函二十卷同函

佛本行集经 卷第二十一至卷第四十共二十卷

第八十八函二十卷同函

佛本行集经 卷第四十一至卷第六十共二十卷

第八十九函五十七经三十四卷同函

过去现在因果经 四卷

阿难问事佛吉凶经

五母子经 二经同卷

玉耶女经 一卷

摩登伽经 三卷今作二卷

治禅病秘要经 二卷

佛说柰女耆域因缘经 一卷

佛说海八德经 一卷

杂藏经

饿鬼报应经 二经同卷

佛说大安般守意经 二卷

佛说骂意经

禅行法想经 二经同卷

佛说处处经 一卷

佛说分别善恶所起经 一卷

佛说出家缘经

佛说阿含正行经

佛说十八泥犁经

佛说法受尘经

佛说进学经

佛说得道梯隥锡杖经

佛说贫穷老公经 七经同卷

须摩提长者经

长者懊恼三处经

犍陀国王经

阿难四事经 四经同卷

分别经

未生怨经

四愿经

猘狗经 四经同卷

孝子经

黑氏梵志经

阿鸠留经

佛为阿支罗迦叶自化作苦经

佛说罪业报应教化地狱经

佛说龙王兄弟经

佛说长者音悦经 七经同卷

佛说七女经

佛说八师经

佛说越难经

佛说所欲致患经

阿阇世王问五逆经 五经同卷

本事经 七卷

佛说兴起行经 二卷

佛说见正经

佛说大鱼事经

佛说阿难七梦经

佛说呵雕阿那含经

佛说灯指因缘经 五经同卷

佛说妇人遇辜经

佛说四天王经

佛说摩诃迦叶度贫母经

佛说禅行三十七品经

比丘避女恶名欲自杀经

佛说观身经

佛说无常经 临终方诀附

佛说八无暇有暇经 八经同卷

第九十函六十八经三十五卷同函

五百弟子自说本起经 一卷

佛说五苦章句经

佛说坚意经

佛说净饭王般涅槃经 三经同卷

长爪梵志请问经

佛说譬喻经

佛说比丘听施经

佛说略教诫经

佛说疗痔病经

佛说业报差别经 六经同卷

佛说十二品生死经

佛说轮转五道罪福报应经

佛说五无返复经

佛说佛大僧大经 四经同卷

佛说大迦叶本经

佛说四自侵经

佛说罗云忍辱经

佛为年少比丘说正事经

佛说沙曷比丘功德经

佛说时非时经

佛说自爱经 七经同卷

佛说贤者五福德经

天请问经

佛说护净经

佛说木槵经

佛说无上处经

卢至长者因缘经　六经同卷

佛说普达王经

佛说鬼子母经

佛说梵摩难国王经

佛说孙多耶致经

佛说父母恩难报经

佛说新岁经

佛说群牛譬经

佛说九横经　八经同卷

佛说五恐怖世经

佛说弟子死复生经

佛说懈怠耕者经

佛说辨意长者子所问经

无垢优婆夷问经　五经同卷

佛说耶祇经

佛说末罗王经

佛说摩达国王经

佛说旃陀越国王经

佛说五王经

佛说出家功德经

佛说旃檀树经

佛说頞多和多耆经　八经同卷

禅秘要法经　三卷

阴持入经　上下同卷

佛说因缘僧护经　一卷

大方广总持宝光明经　五卷

佛说金耀童子经　一卷

嗟韈曩法天子受三归依护免恶道经

佛说较量寿命经　二经同卷

十二缘生祥瑞经　上下同卷

胜军化世百瑜伽陀经

六道伽陀经　二经同卷

佛说解忧经

佛说遍照般若波罗密经　二经同卷

佛母宝德藏般若波罗密经　上中下同卷

佛说信解智力经　一卷

佛说解夏经　一卷

佛说未曾有正法经　六卷今作三卷

佛说决定义经　一卷

佛说分别缘生经　一卷

佛说光明童子因缘经　四卷今作二卷

佛说金刚场庄严般若波罗密多教中一分一卷

第九十一函十七经二十八卷同函

佛说初分说经　上下同卷

佛说月喻经

佛说医喻经

佛说灌顶王喻经　三经同卷

佛说福力太子因缘经　上中下同卷

佛说身毛喜竖经　上中下同卷

大乘本生心地观经　八卷

仁王护国般若波罗密多经　二卷

大乘密严经　三卷

佛说大集会正法经　五卷今作四卷

佛说如幻三摩地无量印法门经　上中下同卷

佛说胜军王所问经

佛说了义般若波罗密多经

佛说大方广未曾有经善巧方便品　三经同卷

佛说巨力长者所问大乘经　上中下同卷

地藏菩萨本愿经　二卷

佛说大乘智印经　五卷今作二卷

第九十二函五经二十七卷同函

释迦谱经　十卷

大乘理趣六波罗密多经　十卷

佛说顶生王因缘经 五卷今作二卷

佛说大乘入诸佛境界智光明庄严经 五卷今作二卷

佛说法乘义决定经 上中下同卷

第九十三函二经二十四卷同函

解脱戒本经 二卷

师律戒行经 卷第一至卷第二十二共二十二卷

第九十四函二十二卷同函

师律戒行经 卷第二十三至卷第四十四共二十二卷

第九十五函二十二卷同函

师律戒行经 卷第四十五至卷第六十六共二十二卷

第九十六函二十二卷同函

师律戒行经 卷第六十七至卷第八十八共二十二卷

第九十七函二十一卷同函

师律戒行经 卷第八十九至卷第一百九共二十一卷

第九十八函二十一卷同函

分别戒律经 卷第一至卷第二十一共二十一卷

第九十九函二十一卷同函

分别戒律经 卷第二十二至卷第四十二共二十一卷

第一百函二十一卷同函

分别戒律经 卷第四十三至卷第六十三共二十一卷

第一百一函二十卷同函

分别戒律经 卷第六十四至卷第八十三共二十卷

第一百二函二经三十卷同函

各各解脱经 二卷

比丘尼分别戒律经 二十八卷

第一百三函十九卷同函

戒律会集经 卷第一至卷第十九共十九卷

第一百四函二十卷同函

戒律会集经 卷第二十至卷第三十九共二十卷

第一百五函二十卷同函

戒律会集经 卷第四十至卷第五十九共二十卷

第一百六函二经二十一卷同函

微妙戒律经 十一卷

无上戒律经 卷第一至卷第十共十卷

第一百七函二十二卷同函

无上戒律经 卷第十一至卷第三十二共二十二卷

第一百八函四经二十二卷同函

无上戒律经 卷第三十三至卷第五十三共二十一卷

圣修行愿

三宝吉祥偈

成妙乐吉祥偈 三经同卷

乾隆五十五年刻满文《大藏经》共收录佛教经典699种，当时共印刷12部，目前存世仅有二部。一部分别藏于故宫博物院（76函）和台北故宫博物院（32函）。另一部藏于西藏布达拉宫。首函内容包括“清文翻译全藏经序”“名衔”“御译大藏经目录”，用满蒙汉藏四体文字书写。经文全用满文书写，版口有满汉文经名、卷次。

［0181］［2102］［3002］［W512.3］存第五、第六函残本

T0356 中阿含经 满文

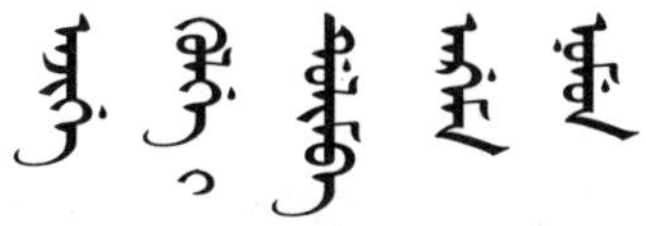

ajige kulge i dulimba ag'ama nomun

刻本

版框16.2厘米×59.3厘米

五百一十张

梵夹装

[0181]

T0357 增壹阿含经 满文

nonggime araha ag'ama nomun

刻本

版框16.2厘米×58.5厘米

存四百六十一张

梵夹装

[0181]

T0358 佛说四十二章经 满汉蒙藏合璧

fucihi i nomulaha dehi juwe fiyelen nomun

乾隆年间刻本

版框46厘米×10.5厘米

一册

[W512.5]

T0359 佛说四十二章经 满汉合璧

fucihi i nomulaha dehi juwe fiyelen nomun

乾隆年间精写本

开本6.3厘米×18.5厘米

五十七张

梵夹装

[0185]

T0360 佛说四十二章经 满蒙汉合璧

fucihi i nomulaha dehi juwe fiyelen nomun

乾隆四十六年（1781）抄本

开本54.5厘米×18厘米

一册

[W512.1]

T0361 普贤行愿品经 满文

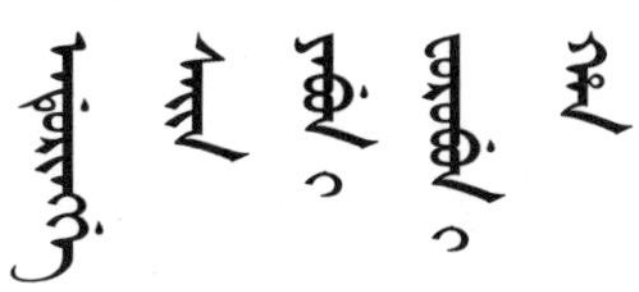

enduringge sain yabun i forobun i han

乾隆年间刻本

版框6.2厘米×21.2厘米

[0101][W512.1]

T0362 普贤行愿品经　满汉蒙藏合璧

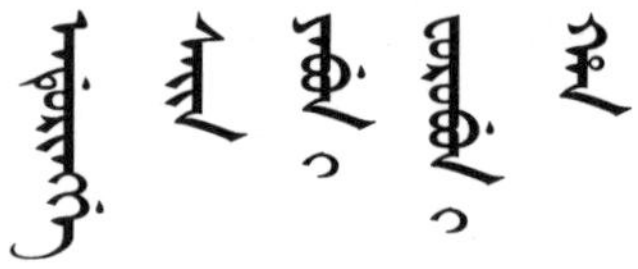

enduringge sain yabun i forobun i han

精写本

开本22.3厘米×8厘米

一册

[0181]

T0363 大方广圆觉修多罗了义经　满汉合集

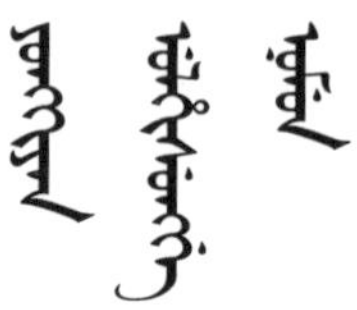

yongkiyan ulhisungge nomun

抄本

开本18.5厘米×13厘米

五册

满文四册，汉文一册，残破。

[0150]

T0364 首楞严经一〇卷　满文

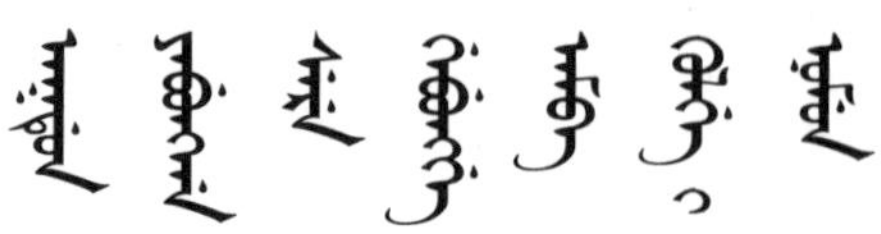

akdun yabungga sere gebungge amba kulge i nomun

乾隆年间刻本

版框6.5厘米×21.5厘米

五百八十四张

梵夹装

[0101]

T0365 大乘首楞严经　满汉蒙藏合璧

akdun yabungga sere gebungge amba kulge i nomun

精写本

全称《首楞严三昧经》，略称《楞严经》。

[0181]

T0366 御制楞严经　满文

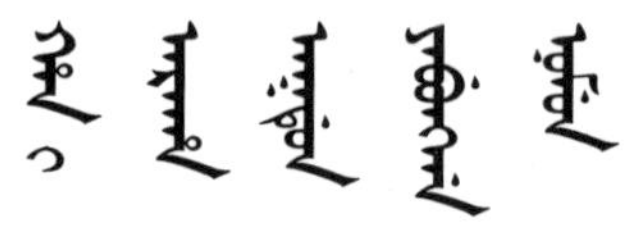

han i araha akdun yabungga nomun

精写本

开本49.7厘米×12.2厘米

一部十夹

[0181]

T0367 御制楞严经　满文

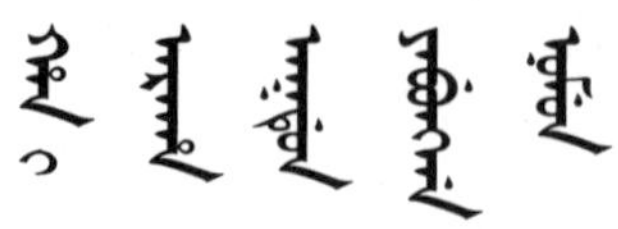

han i araha akdun yabungga nomun

开本22.8厘米×17厘米

十册

[W313.2]

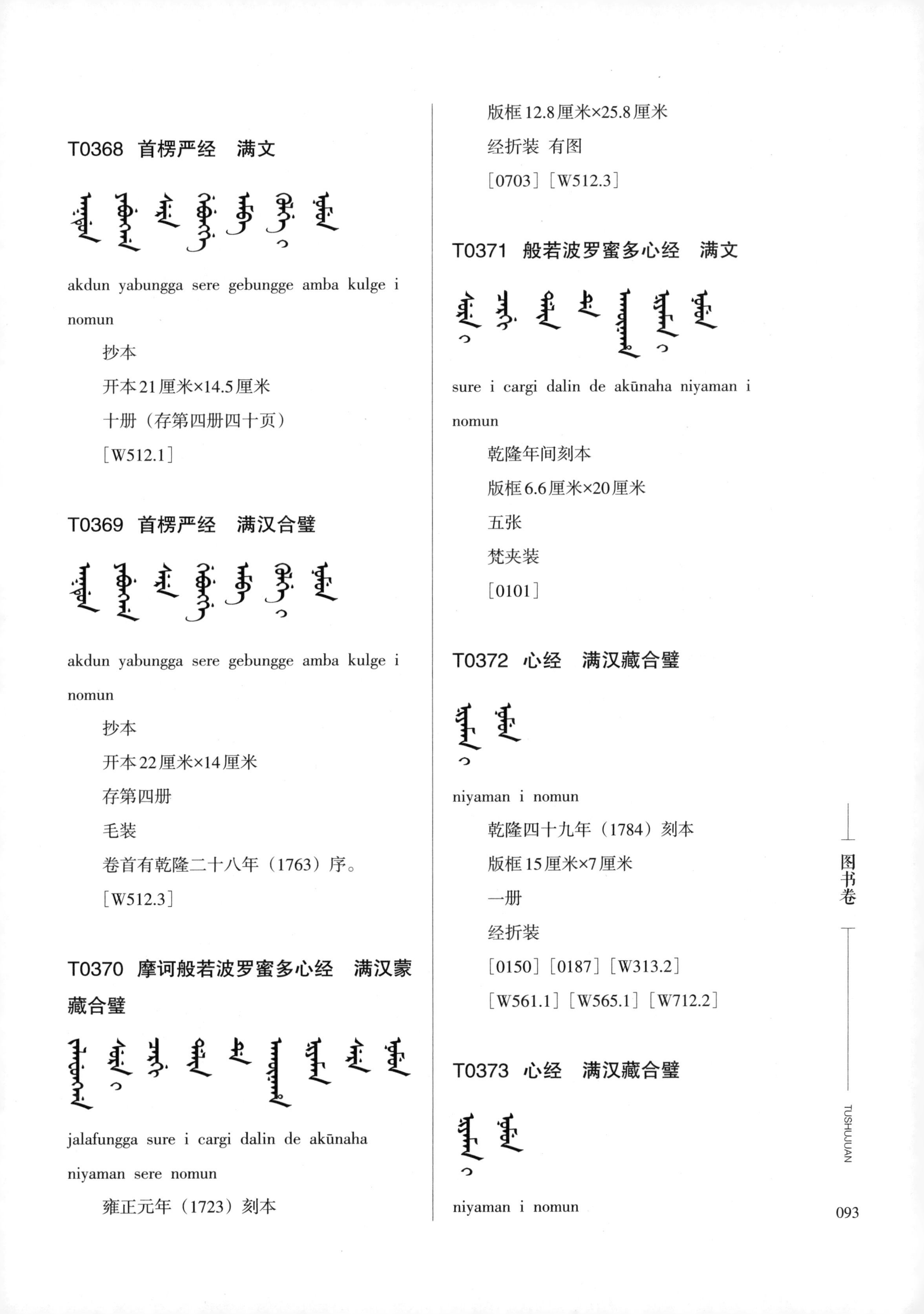

T0368 首楞严经　满文

akdun yabungga sere gebungge amba kulge i nomun

抄本

开本21厘米×14.5厘米

十册（存第四册四十页）

［W512.1］

T0369 首楞严经　满汉合璧

akdun yabungga sere gebungge amba kulge i nomun

抄本

开本22厘米×14厘米

存第四册

毛装

卷首有乾隆二十八年（1763）序。

［W512.3］

T0370 摩诃般若波罗蜜多心经　满汉蒙藏合璧

jalafungga sure i cargi dalin de akūnaha niyaman sere nomun

雍正元年（1723）刻本

版框12.8厘米×25.8厘米

经折装 有图

［0703］［W512.3］

T0371 般若波罗蜜多心经　满文

sure i cargi dalin de akūnaha niyaman i nomun

乾隆年间刻本

版框6.6厘米×20厘米

五张

梵夹装

［0101］

T0372 心经　满汉藏合璧

niyaman i nomun

乾隆四十九年（1784）刻本

版框15厘米×7厘米

一册

经折装

［0150］［0187］［W313.2］

［W561.1］［W565.1］［W712.2］

T0373 心经　满汉藏合璧

niyaman i nomun

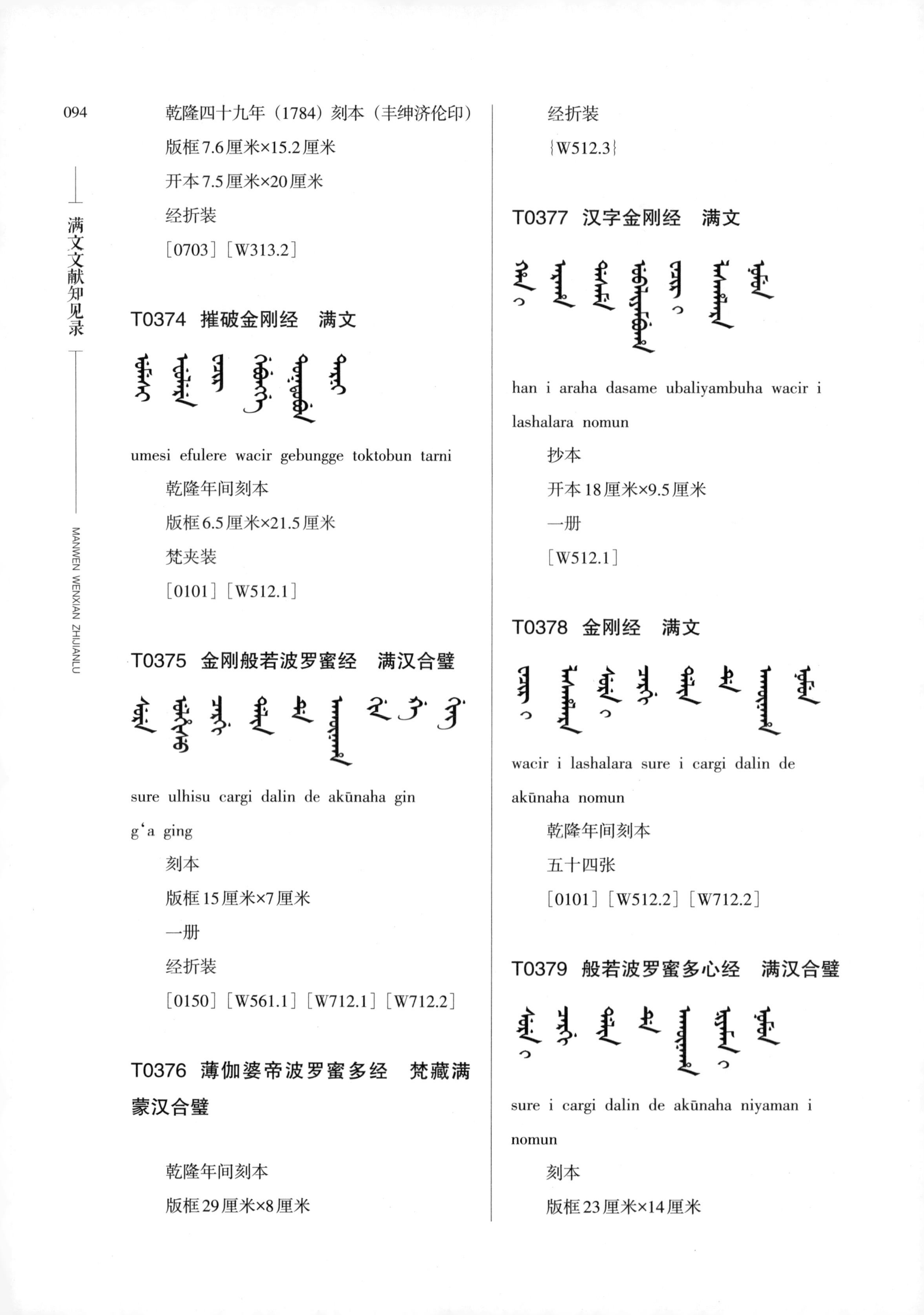

乾隆四十九年（1784）刻本（丰绅济伦印）

版框7.6厘米×15.2厘米

开本7.5厘米×20厘米

经折装

［0703］［W313.2］

T0374 摧破金刚经　满文

umesi efulere wacir gebungge toktobun tarni

乾隆年间刻本

版框6.5厘米×21.5厘米

梵夹装

［0101］［W512.1］

T0375 金刚般若波罗蜜经　满汉合璧

sure ulhisu cargi dalin de akūnaha gin g'a ging

刻本

版框15厘米×7厘米

一册

经折装

［0150］［W561.1］［W712.1］［W712.2］

T0376 薄伽婆帝波罗蜜多经　梵藏满蒙汉合璧

乾隆年间刻本

版框29厘米×8厘米

经折装

{W512.3}

T0377 汉字金刚经　满文

han i araha dasame ubaliyambuha wacir i lashalara nomun

抄本

开本18厘米×9.5厘米

一册

［W512.1］

T0378 金刚经　满文

wacir i lashalara sure i cargi dalin de akūnaha nomun

乾隆年间刻本

五十四张

［0101］［W512.2］［W712.2］

T0379 般若波罗蜜多心经　满汉合璧

sure i cargi dalin de akūnaha niyaman i nomun

刻本

版框23厘米×14厘米

一册

［0701］［0703］［W565.1］

T0380 佛说阿弥陀佛经、心经　满汉合璧

fucihi i nomulaha abida nomun niyaman i nomun

刻本

版框18.7厘米×14厘米

一册

［0101］［0102］［0150］［0185］［0703］［W512.1］［W512.3］［W712.1］

T0381 佛说阿弥陀佛经　满文

fucihi i nomulaha abida nomun

抄本

开本29厘米×16厘米

一册

［W512.1］

T0382 大般若波罗蜜多经一卷　满文

乾隆年间刻本

版框59厘米×16.8厘米

{W512.2}

T0383 佛经四种　满汉合璧

fucihi nomun duin hacin

刻本

版框19厘米×14.5厘米

二册

本书包括：《佛说阿弥陀经》《般若波罗蜜多心经》《狮子峰如如颜丙劝修净业文》《莲池大师普劝诫杀放生文》。

［0703］

T0384 摩诃般若波罗蜜多心经　满汉蒙藏合璧

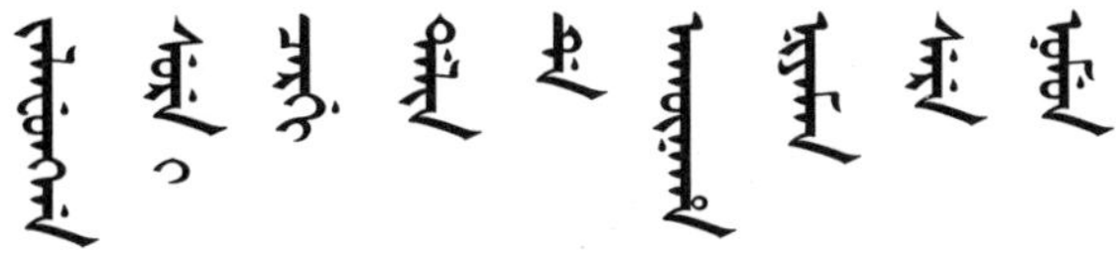

jalafungga sure i cargi dalin de akūnaha niyaman sere nomun

乾隆年间泥金精写本

开本26厘米×10.1厘米

［0181］［W561.1］

T0385 御制能断金刚经波罗蜜多经　满蒙合璧

han i araha ubaliyambuha wacir nomun

乾隆年间精写本

开本25.5厘米×9.5厘米

一册

［0181］

T0386　金刚般若波罗蜜经　满汉合璧

sure ulhisu cargi dalin de akūnaha gin g'a ging

道光二十二年（1842）静斋抄本

开本25.7厘米×18厘米

一册

首页钤“笔堂”朱文印，跋后钤“梦觉散人”朱文印各一。正文末题“道光二十二年壬寅八月中秋日”“信心弟子宗室静斋”“梦觉散人沐手敬书”，卷末有道光十四年（1834）静斋跋。

［0703］

T0387　金刚般若波罗蜜多经　满汉合璧

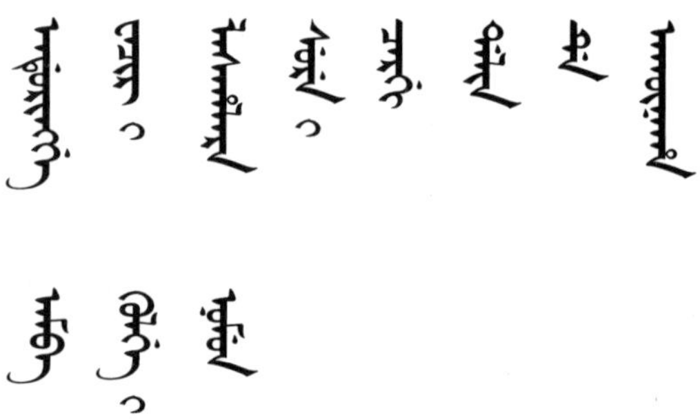

enduringge wacir i lashalara sure i cargi dalin de akūnaha amba kulge i nomun

民国二十年（1931）松月山房抄本

一册

［0703］

T0388　金刚般若波罗蜜经　满汉合璧

sure ulhisu cargi dalin de akūnaha gin g'a ging

抄本

开本24.6厘米×15.6厘米

一册

此经与《摩诃般若波罗蜜多心经》同册，大连图书馆将两经著录为《合璧金刚经不分卷》。

［0703］

T0389　御制重译金刚经　满文

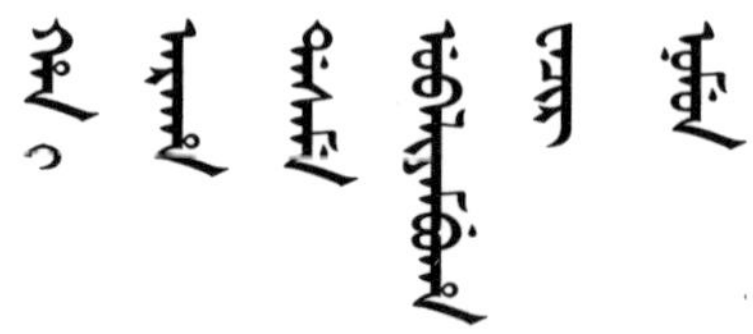

han i araha dasame ubaliyambuha wacir nomun

抄本

一册

［W512.2］［W512.4］

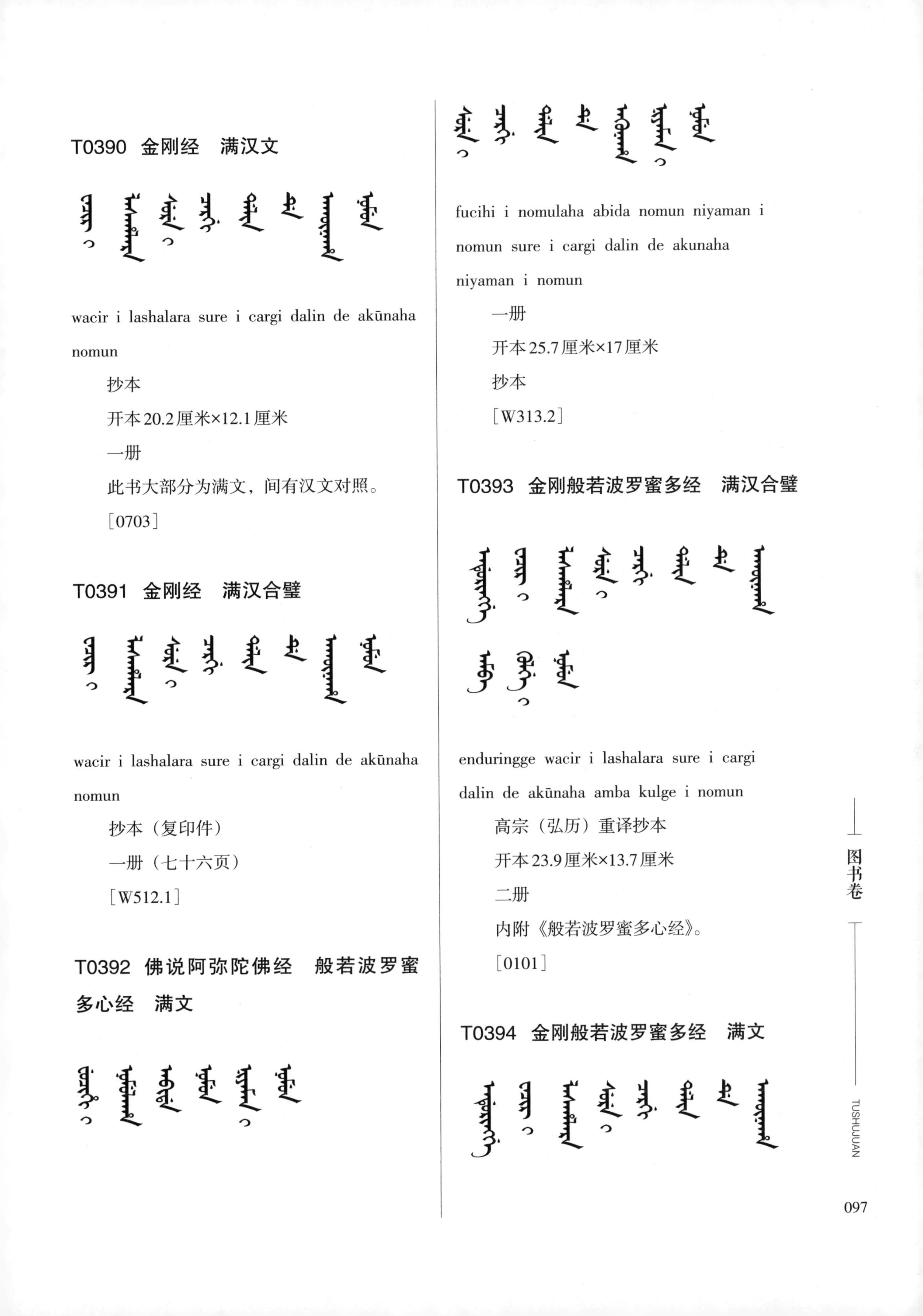

T0390 金刚经 满汉文

wacir i lashalara sure i cargi dalin de akūnaha nomun

抄本

开本20.2厘米×12.1厘米

一册

此书大部分为满文，间有汉文对照。

［0703］

T0391 金刚经 满汉合璧

wacir i lashalara sure i cargi dalin de akūnaha nomun

抄本（复印件）

一册（七十六页）

［W512.1］

T0392 佛说阿弥陀佛经 般若波罗蜜多心经 满文

fucihi i nomulaha abida nomun niyaman i nomun sure i cargi dalin de akunaha niyaman i nomun

一册

开本25.7厘米×17厘米

抄本

［W313.2］

T0393 金刚般若波罗蜜多经 满汉合璧

enduringge wacir i lashalara sure i cargi dalin de akūnaha amba kulge i nomun

高宗（弘历）重译抄本

开本23.9厘米×13.7厘米

二册

内附《般若波罗蜜多心经》。

［0101］

T0394 金刚般若波罗蜜多经 满文

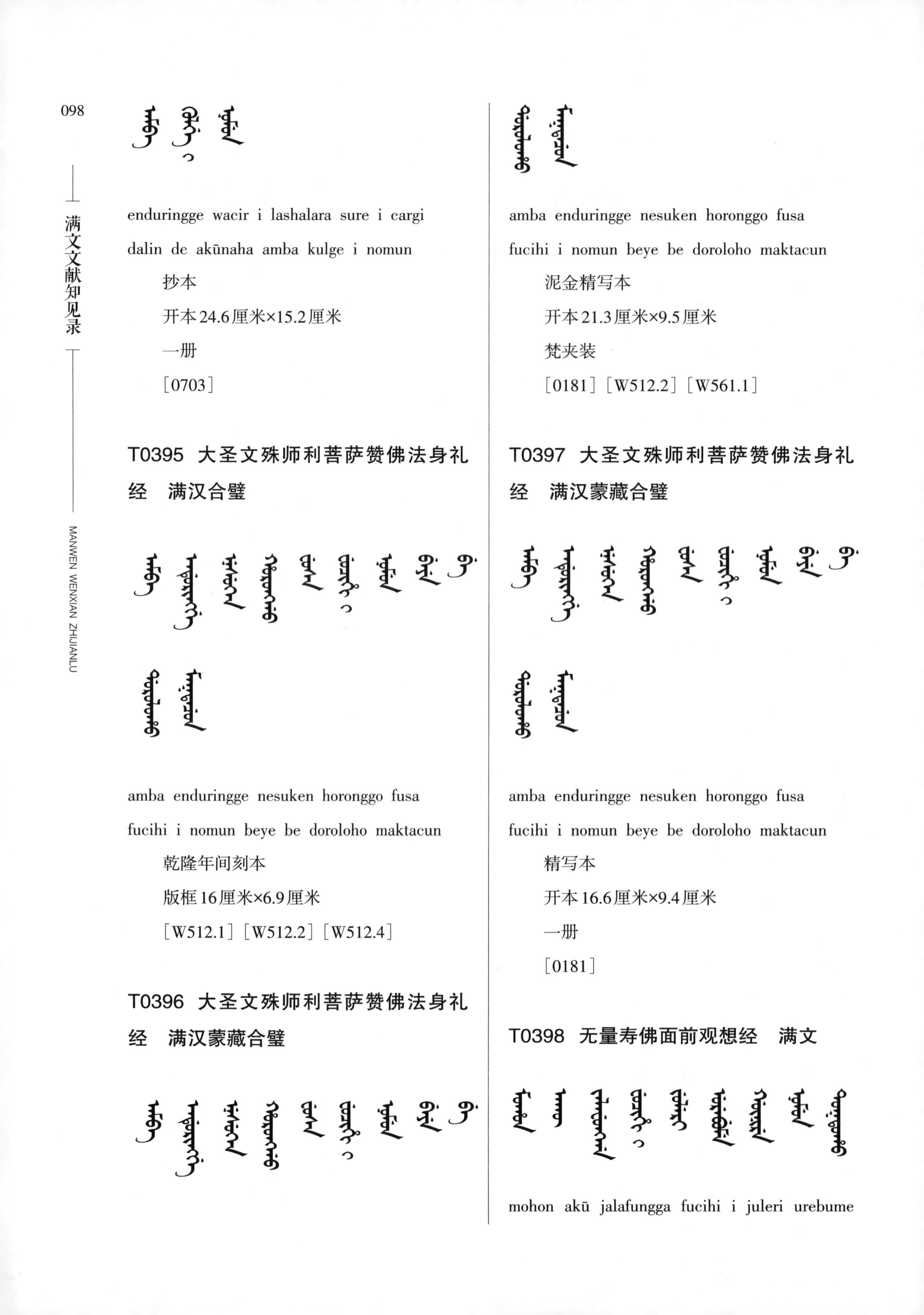

enduringge wacir i lashalara sure i cargi dalin de akūnaha amba kulge i nomun

抄本

开本24.6厘米×15.2厘米

一册

[0703]

T0395 大圣文殊师利菩萨赞佛法身礼经 满汉合璧

amba enduringge nesuken horonggo fusa fucihi i nomun beye be doroloho maktacun

乾隆年间刻本

版框16厘米×6.9厘米

[W512.1] [W512.2] [W512.4]

T0396 大圣文殊师利菩萨赞佛法身礼经 满汉蒙藏合璧

amba enduringge nesuken horonggo fusa fucihi i nomun beye be doroloho maktacun

泥金精写本

开本21.3厘米×9.5厘米

梵夹装

[0181] [W512.2] [W561.1]

T0397 大圣文殊师利菩萨赞佛法身礼经 满汉蒙藏合璧

amba enduringge nesuken horonggo fusa fucihi i nomun beye be doroloho maktacun

精写本

开本16.6厘米×9.4厘米

一册

[0181]

T0398 无量寿佛面前观想经 满文

mohon akū jalafungga fucihi i juleri urebume

gūnire nomun toktoho

乾隆年间刻本

版框6.6厘米×21.4厘米

二十一张

梵夹装

[0101] [W512.1]

T0399 无量寿佛自身观想经 满文

ᠮᠣᡥᠣᠨ ᠠᡴᡡ ᠵᠠᠯᠠᡶᡠᠩᡤᠠ ᡶᡠᠴᡳᡥᡳ ᡳ ᠪᡝᠶᡝ ᡩᡝ ᡠᡵᡝᠪᡠᠮᡝ ᡤᡡᠨᡳᡵᡝ ᠨᠣᠮᡠᠨ ᡨᠣᡴᡨᠣᡥᠣ

mohon akū jalafungga fucihi i beye de urebume gūnire nomun toktoho

乾隆年间刻本

版框6.4厘米×21厘米

十七张

梵夹装

[0101] [W512.1]

T0400 无量寿佛面前观想经 满文

ᠮᠣᡥᠣᠨ ᠠᡴᡡ ᠵᠠᠯᠠᡶᡠᠩᡤᠠ ᡶᡠᠴᡳᡥᡳ ᡳ ᠵᡠᠯᡝᡵᡳ ᡠᡵᡝᠪᡠᠮᡝ ᡤᡡᠨᡳᡵᡝ ᠨᠣᠮᡠᠨ ᡨᠣᡴᡨᠣᡥᠣ

mohon akū jalafungga fucihi i juleri urebume gūnire nomun toktoho

乾隆年间抄本

开本10.5厘米×24厘米

[0187]

T0401 无量寿佛自身观想经 满文

ᠮᠣᡥᠣᠨ ᠠᡴᡡ ᠵᠠᠯᠠᡶᡠᠩᡤᠠ ᡶᡠᠴᡳᡥᡳ ᡳ ᠪᡝᠶᡝ ᡩᡝ ᡠᡵᡝᠪᡠᠮᡝ ᡤᡡᠨᡳᡵᡝ ᠨᠣᠮᡠᠨ ᡨᠣᡴᡨᠣᡥᠣ

mohon akū jalafungga fucihi i beye de urebume gūnire nomun toktoho

乾隆年间抄本

开本24厘米×10.5厘米

[0187]

T0402 无量寿佛回向文 满文

ᠮᠣᡥᠣᠨ ᠠᡴᡡ ᠵᠠᠯᠠᡶᡠᠩᡤᠠ ᡶᡠᠴᡳᡥᡳ ᡳ ᡶᠣᡵᠣᠪᡠᠨ

mohon akū jalafungga fucihi i forobun

乾隆年间刻本

开本6.2厘米×21.2厘米

二张

梵夹装

[0181] [W512.1]

T0403 无量寿佛吉祥偈 满文

ᠮᠣᡥᠣᠨ ᠠᡴᡡ ᠵᠠᠯᠠᡶᡠᠩᡤᠠ ᡶᡠᠴᡳᡥᡳ ᡳ ᡥᡡᡨᡠᡵᡳ ᡶᡝᠩᡧᡝᠨ ᡳ ᡳᡵᡤᡝᠪᡠᠨ ᡨᠣᡴᡨᠣᡥᠣ

mohon akū jalafungga fucihi i hūturi fengšen i irgebun toktoho

乾隆年间刻本

版框6.2厘米×21.2厘米

四张

梵夹装

[0101][W512.1]

T0404 无量寿佛吉祥偈 满文

ᠮᠣᡥᠣᠨ ᠠᡴᡡ ᠵᠠᠯᠠᡶᡠᠩᡤᠠ ᡶᡠᠴᡳᡥᡳ ᡳ ᡥᡡᡨᡠᡵᡳ ᡶᡝᠩᡧᡝᠨ ᡳ ᡳᡵᡤᡝᠪᡠᠨ ᡨᠣᡴᡨᠣᡥᠣ

mohon akū jalafungga fucihi i hūturi fengšen i irgebun toktoho

乾隆年间抄本

开本10厘米×23.5厘米

四张

梵夹装

[0187]

T0405 无量寿佛赞 满文

ᠮᠣᡥᠣᠨ ᠠᡴᡡ ᠵᠠᠯᠠᡶᡠᠩᡤᠠ ᡶᡠᠴᡳᡥᡳ ᡳ ᠮᠠᡴᡨᠠᠴᡠᠨ ᡨᠣᡴᡨᠣᡥᠣ

mohon akū jalafungga fucihi i maktacun toktoho

乾隆年间刻本

版框6.2厘米×21.2厘米

三张

梵夹装

[0101]

T0406 无量寿佛赞 满文

ᠮᠣᡥᠣᠨ ᠠᡴᡡ ᠵᠠᠯᠠᡶᡠᠩᡤᠠ ᡶᡠᠴᡳᡥᡳ ᡳ ᠮᠠᡴᡨᠠᠴᡠᠨ ᡨᠣᡴᡨᠣᡥᠣ

mohon akū jalafungga fucihi i maktacun toktoho

乾隆年间抄本

开本10.5厘米×24厘米

[0187]

T0407 无量寿经佛宗祈祷 满文

ᠮᠣᡥᠣᠨ ᠠᡴᡡ ᠵᠠᠯᠠᡶᡠᠩᡤᠠ ᡶᡠᠴᡳᡥᡳ ᡳ ᠠᠪᡳᠰᡳᡴ ᡠᠯᠠᠨ ᡳ ᠯᠠᠮᠠᠰᡳ ᡳ ᠵᠠᠯᠪᠠᡵᡳᠨ

mohon akū jalafungga fucihi i abisik ulan i lamasi i jalbarin

乾隆年间刻本

版框6.5厘米×20.5厘米

四张

梵夹装

[0101][W512.1]

T0408 无量寿佛咒观世音菩萨咒 满汉蒙藏合璧

ᠮᠣᡥᠣᠨ ᠠᡴᡡ ᠵᠠᠯᠠᡶᡠᠩᡤᠠ ᡶᡠᠴᡳᡥᡳ ᡳ ᡨᠠᡵᠨᡳ ᡝᠨᡩᡠᡵᡳᠩᡤᡝ ᠵᡳᠯᠠᠨ ᠪᡠᠯᡝᡴᡠᡧᡝᡵᡝ ᡳ ᡨᠠᡵᠨᡳ

mohon akū jalafungga fucihi i tarni enduringge jilan bulekušere i tarni

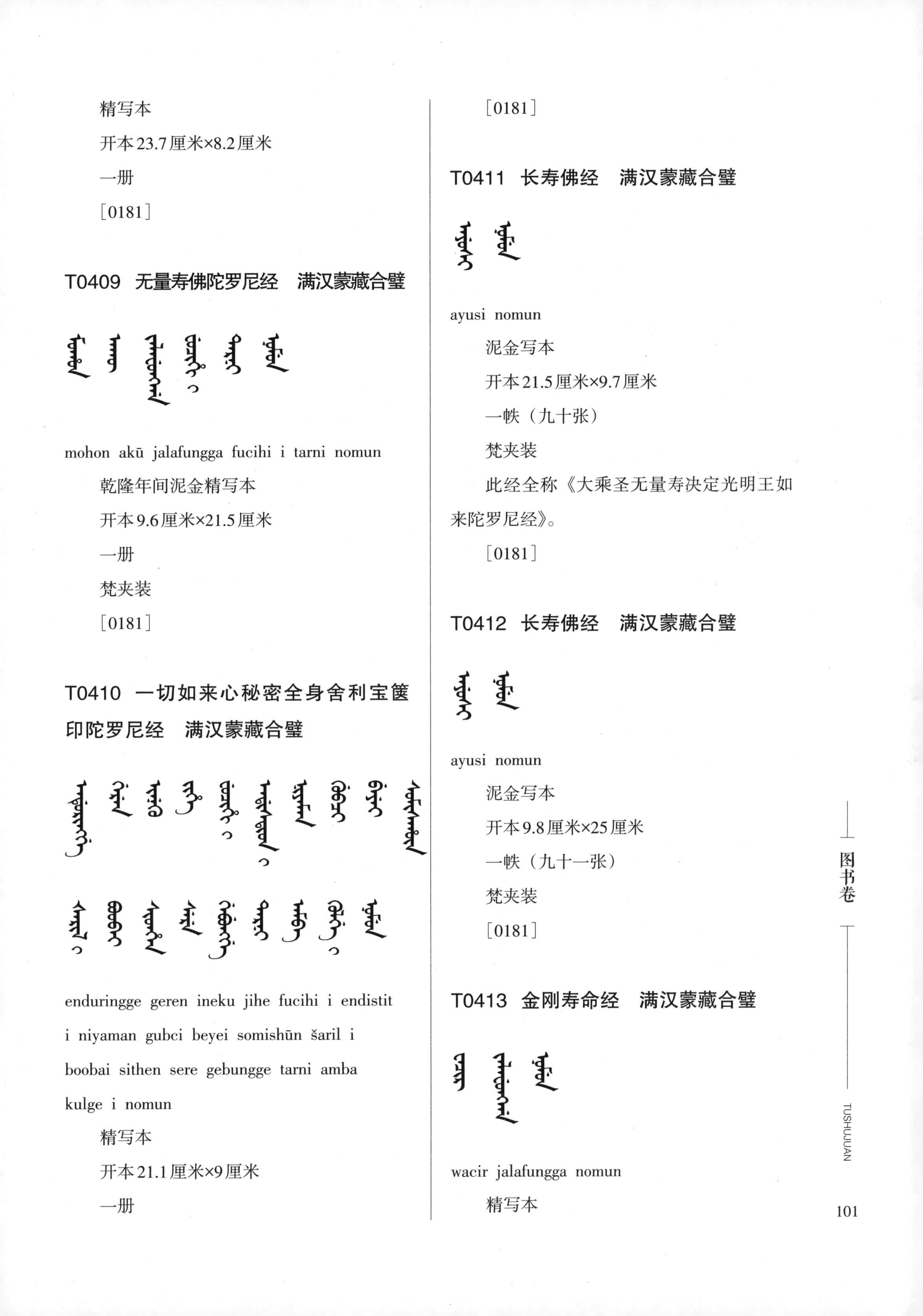

精写本

开本23.7厘米×8.2厘米

一册

［0181］

T0409 无量寿佛陀罗尼经 满汉蒙藏合璧

mohon akū jalafungga fucihi i tarni nomun

乾隆年间泥金精写本

开本9.6厘米×21.5厘米

一册

梵夹装

［0181］

T0410 一切如来心秘密全身舍利宝箧印陀罗尼经 满汉蒙藏合璧

enduringge geren ineku jihe fucihi i endistit i niyaman gubci beyei somishūn šaril i boobai sithen sere gebungge tarni amba kulge i nomun

精写本

开本21.1厘米×9厘米

一册

［0181］

T0411 长寿佛经 满汉蒙藏合璧

ayusi nomun

泥金写本

开本21.5厘米×9.7厘米

一帙（九十张）

梵夹装

此经全称《大乘圣无量寿决定光明王如来陀罗尼经》。

［0181］

T0412 长寿佛经 满汉蒙藏合璧

ayusi nomun

泥金写本

开本9.8厘米×25厘米

一帙（九十一张）

梵夹装

［0181］

T0413 金刚寿命经 满汉蒙藏合璧

wacir jalafungga nomun

精写本

开本9.7厘米×25厘米

一册（四十二页）

梵夹装

［0181］

T0414 大威德哈达喇呢经 满汉蒙藏合璧

amba horonggo erdemungge sere gebungge toktobun tarni nomun

乾隆二十四年（1759）刻本

版框25.9厘米×13厘米

一册

此经旧译名为《大威德陀罗尼经》。

［0141］

T0415 白伞盖经 满文

šanyan sarangga wesihun mutebuhe gebungge nomun toktoho

乾隆年间刻本

版框6.7厘米×21厘米

［0101］［0187］

T0416 白伞盖仪轨经 满汉蒙藏合璧

šanyan sarangga fucihi eme i mutebure nomun

乾隆年间刻本

版框6.5厘米×68厘米

［0187］［1681］

T0417 白伞盖仪轨经 满汉蒙藏合璧

šanyan sarangga fucihi eme i mutebure nomun

泥金写本

开本16厘米×39.5厘米

［0181］

T0418 薄伽梵白伞盖佛母奉献修持如意甘露瓶并成就仪轨经 满文

乾隆四十五年（1780）刻本

开本6.5厘米×37.5厘米

梵夹装

{W512.3}

T0419 御制大悲心忏法仪轨经　满汉蒙藏合璧

ᡝᠨᡩᡠᡵᡳᠩᡤᡝ ᠠᠮᠪᠠ ᠵᡳᠯᠠᠩᡤᠠ ᡨᠣᡵᠣᠯᠣᠮᡝ ᠵᠠᠯᠪᠠᡵᡳᡵᡝ ᡴᠣᠣᠯᡳ ᡩᡠᡵᡠᠨ ᠰᡝᡵᡝ ᡤᡝᠪᡠᠩᡤᡝ ᠨᠣᠮᡠᠨ ᡨᠣᡴᡨᠣᡥᠣ

enduringge amba jilangga torolome jalbarire kooli durun sere gebungge nomun toktoho

乾隆年间刻本

版框6.6厘米×21.3厘米

八十四张

梵夹装

［0101］

T0420 御制大悲心忏法仪轨经　满汉蒙藏合璧

ᡝᠨᡩᡠᡵᡳᠩᡤᡝ ᠠᠮᠪᠠ ᠵᡳᠯᠠᠩᡤᠠ ᡨᠣᡵᠣᠯᠣᠮᡝ ᠵᠠᠯᠪᠠᡵᡳᡵᡝ ᡴᠣᠣᠯᡳ ᡩᡠᡵᡠᠨ ᠰᡝᡵᡝ ᡤᡝᠪᡠᠩᡤᡝ ᠨᠣᠮᡠᠨ ᡨᠣᡴᡨᠣᡥᠣ

enduringge amba jilangga torolome jalbarire kooli durun sere gebungge nomun toktoho

乾隆三十四年（1769）精写本

［0181］

T0421 佛说盂兰盆经　满汉合璧

ᡶᡝ ᡧᠣ ᠶᡠ ᠯᠠᠨ ᡦᡠᠨ ᡤᡳᠩ

fe šo yu lan pun ging

〔西晋〕三藏法师竺法护 译汉文

康熙五十七年（1718）刻本

版框24.2厘米×11.6厘米

一册

经折装

［0181］

T0422 皈依经　满文

ᡝᠨᡨᡝᡥᡝᠮᡝ ᠮᠠᡴᡨᠠᠴᡠᠨ ᠨᠣᠮᡠᠨ ᡨᠣᡴᡨᠣᡥᠣ

enteheme maktacun nomun toktoho

乾隆年间刻本

版框6.5厘米×12厘米

四张

梵夹装

［0101］［W512.1］

T0423 皈依经　满文

ᡝᠨᡨᡝᡥᡝᠮᡝ ᠮᠠᡴᡨᠠᠴᡠᠨ ᠨᠣᠮᡠᠨ ᡨᠣᡴᡨᠣᡥᠣ

enteheme maktacun nomun toktoho

乾隆年间抄本

［0187］

T0424 大云轮请雨经二卷　满汉蒙藏合璧

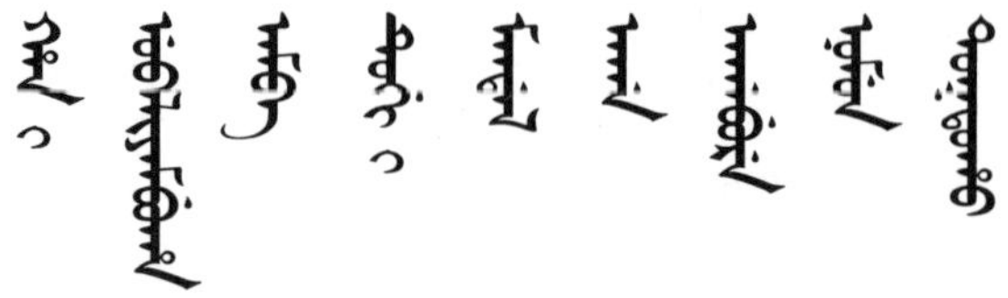

han i ubaliyambuha amba tugi i mandal aga agabure nomun toktoho

乾隆四十三年（1778）刻本

版框26厘米×12.2厘米

一册

经折装

此经简称《大云轮经》或《请雨经》，经书中有插图。

［0181］［W512.3］

T0425 白文殊经　满文

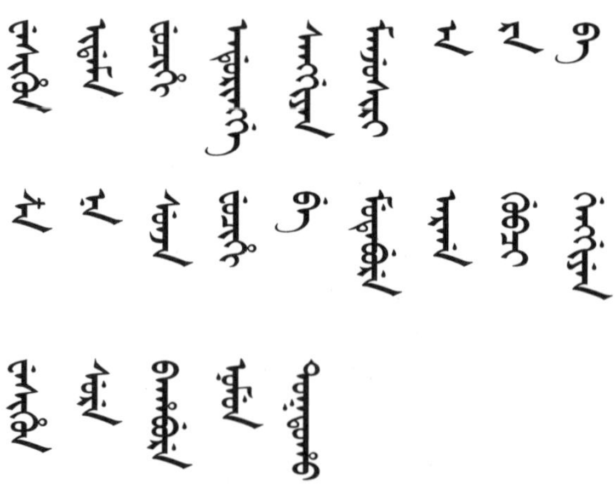

wesihun idama fucihi enduringge šanggiyan manjusiri a ra ba ts ‘a na sunja fucihi be mutebure arga gubci genggiyen wesihun sure bahabure nomun toktoho

乾隆年间刻本

版框6.6厘米×21.3厘米

［0101］［0187］

T0426 大乘持斋经　满文

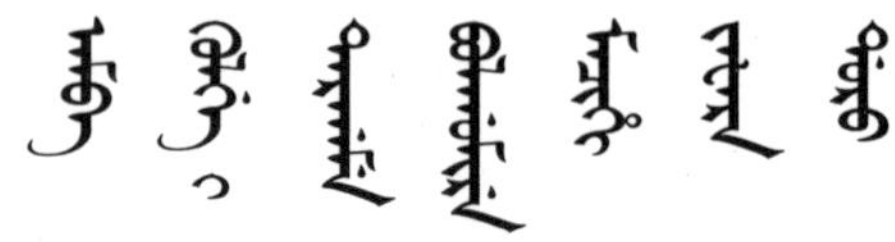

amba kulge i targame bolgomire macihi jafara doro

乾隆年间刻本

版框6.6厘米×21厘米

四张

梵夹装

［0101］［W512.1］

T0427 大乘因缘经　满文

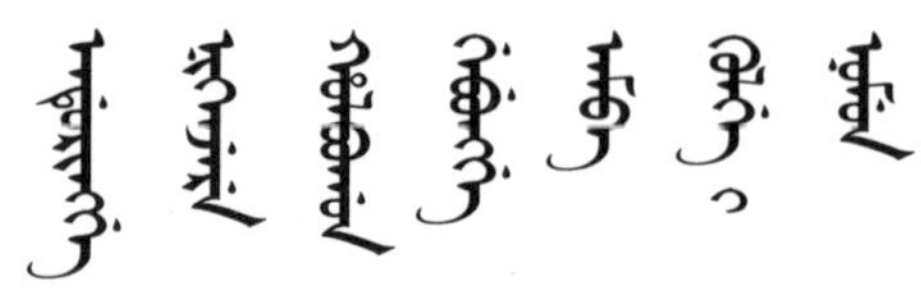

enduringge nikenjere holbogon gebungge amba kulge i nomun

乾隆年间刻本

版框6.8厘米×21.5厘米

六张

梵夹装

［0101］［W512.1］

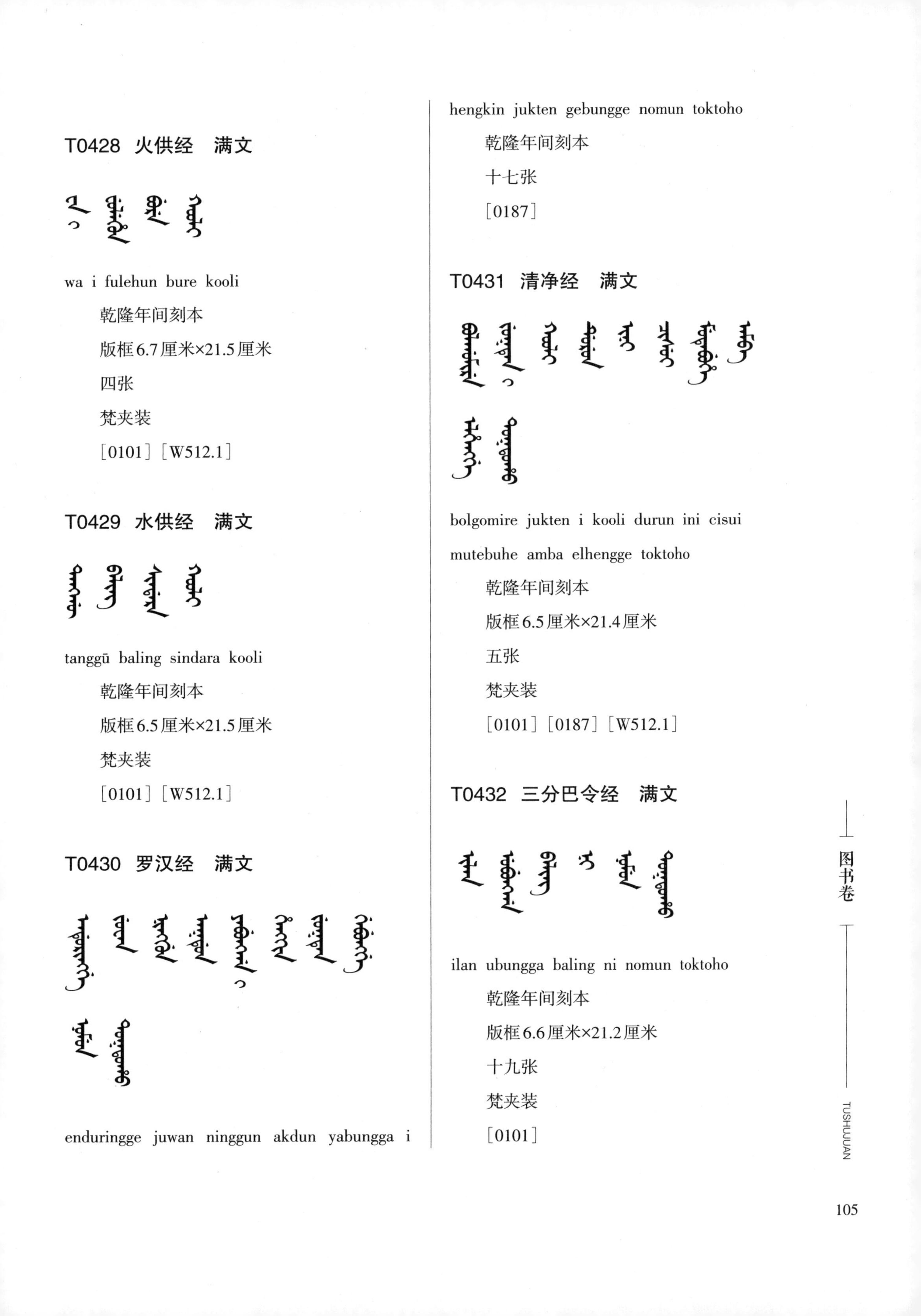

T0428 火供经 满文

wa i fulehun bure kooli

乾隆年间刻本

版框6.7厘米×21.5厘米

四张

梵夹装

［0101］［W512.1］

T0429 水供经 满文

tanggū baling sindara kooli

乾隆年间刻本

版框6.5厘米×21.5厘米

梵夹装

［0101］［W512.1］

T0430 罗汉经 满文

enduringge juwan ninggun akdun yabungga i hengkin jukten gebungge nomun toktoho

乾隆年间刻本

十七张

［0187］

T0431 清净经 满文

bolgomire jukten i kooli durun ini cisui mutebuhe amba elhengge toktoho

乾隆年间刻本

版框6.5厘米×21.4厘米

五张

梵夹装

［0101］［0187］［W512.1］

T0432 三分巴令经 满文

ilan ubungga baling ni nomun toktoho

乾隆年间刻本

版框6.6厘米×21.2厘米

十九张

梵夹装

［0101］

T0433 三分巴令经 满文

ilan ubungga baling ni nomun toktoho

乾隆年间抄本

开本24厘米×10.5厘米

二十张

[0187]

T0434 三十五佛经 满文

bodisatu yabun i endebuku calabun be sume aliyara jalbarin

乾隆年间刻本

版框6.5厘米×21.4厘米

七张

[0101]

T0435 三世吉祥愿文经 满文

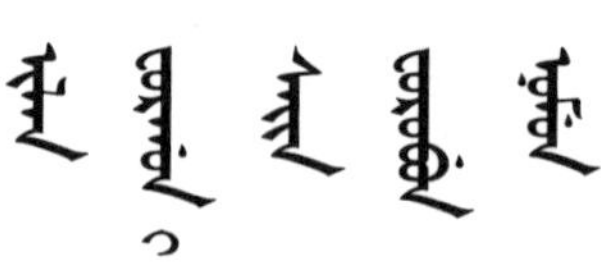

ilan forgon i sain forobun nomun

乾隆年间刻本

版框6.4厘米×20.8厘米

九张

梵夹装

[0101][W512.1]

T0436 十六罗汉经 满文

juwan ninggun akdun yabungga nomun

乾隆年间刻本

版框6.6厘米×21.2厘米

十八张

[0187]

T0437 药师琉璃光王佛经 满汉合璧

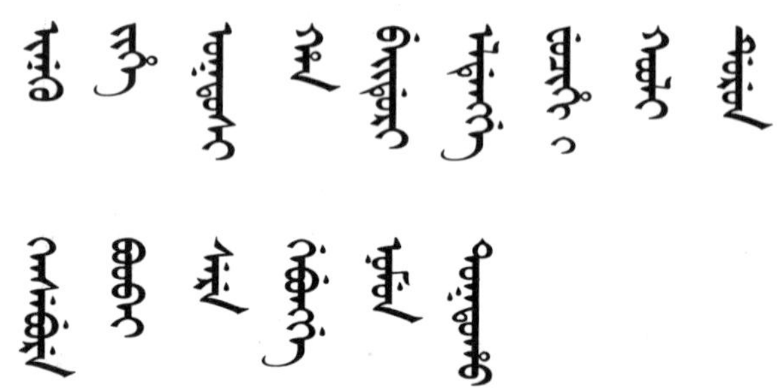

ineku jihe oktosi han beiduri eldengge fucihi i kooli durun kensebure boobai sere gebungge nomun toktoho

乾隆年间刻本

版框6.5厘米×21厘米

一百零七张

梵夹装

[0101]

T0438 药师琉璃光王佛经 满汉合璧

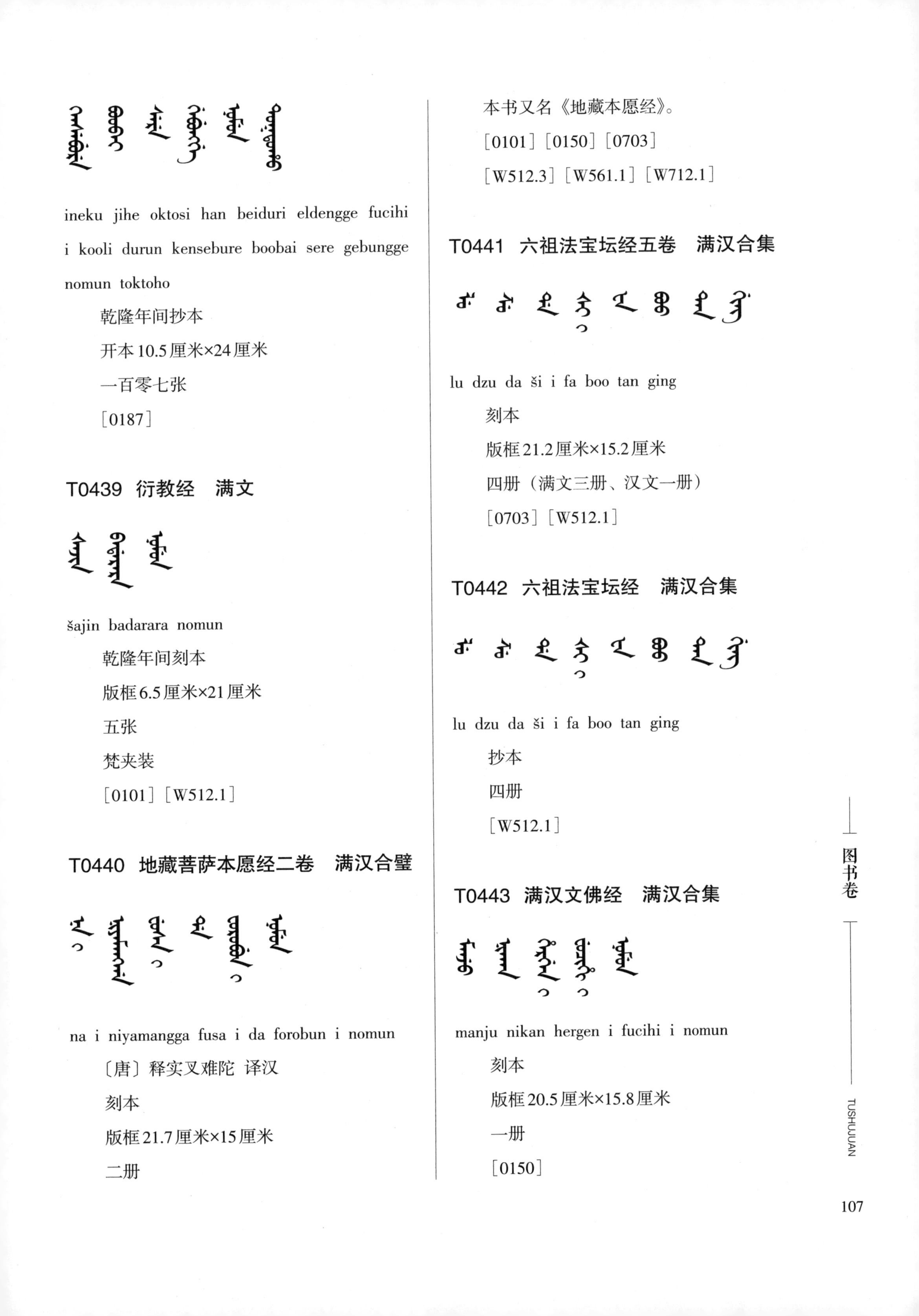

ineku jihe oktosi han beiduri eldengge fucihi i kooli durun kensebure boobai sere gebungge nomun toktoho

乾隆年间抄本

开本10.5厘米×24厘米

一百零七张

[0187]

T0439 衍教经 满文

šajin badarara nomun

乾隆年间刻本

版框6.5厘米×21厘米

五张

梵夹装

[0101] [W512.1]

T0440 地藏菩萨本愿经二卷 满汉合璧

na i niyamangga fusa i da forobun i nomun

〔唐〕释实叉难陀 译汉

刻本

版框21.7厘米×15厘米

二册

本书又名《地藏本愿经》。

[0101] [0150] [0703]

[W512.3] [W561.1] [W712.1]

T0441 六祖法宝坛经五卷 满汉合集

lu dzu da ši i fa boo tan ging

刻本

版框21.2厘米×15.2厘米

四册（满文三册、汉文一册）

[0703] [W512.1]

T0442 六祖法宝坛经 满汉合集

lu dzu da ši i fa boo tan ging

抄本

四册

[W512.1]

T0443 满汉文佛经 满汉合集

manju nikan hergen i fucihi i nomun

刻本

版框20.5厘米×15.8厘米

一册

[0150]

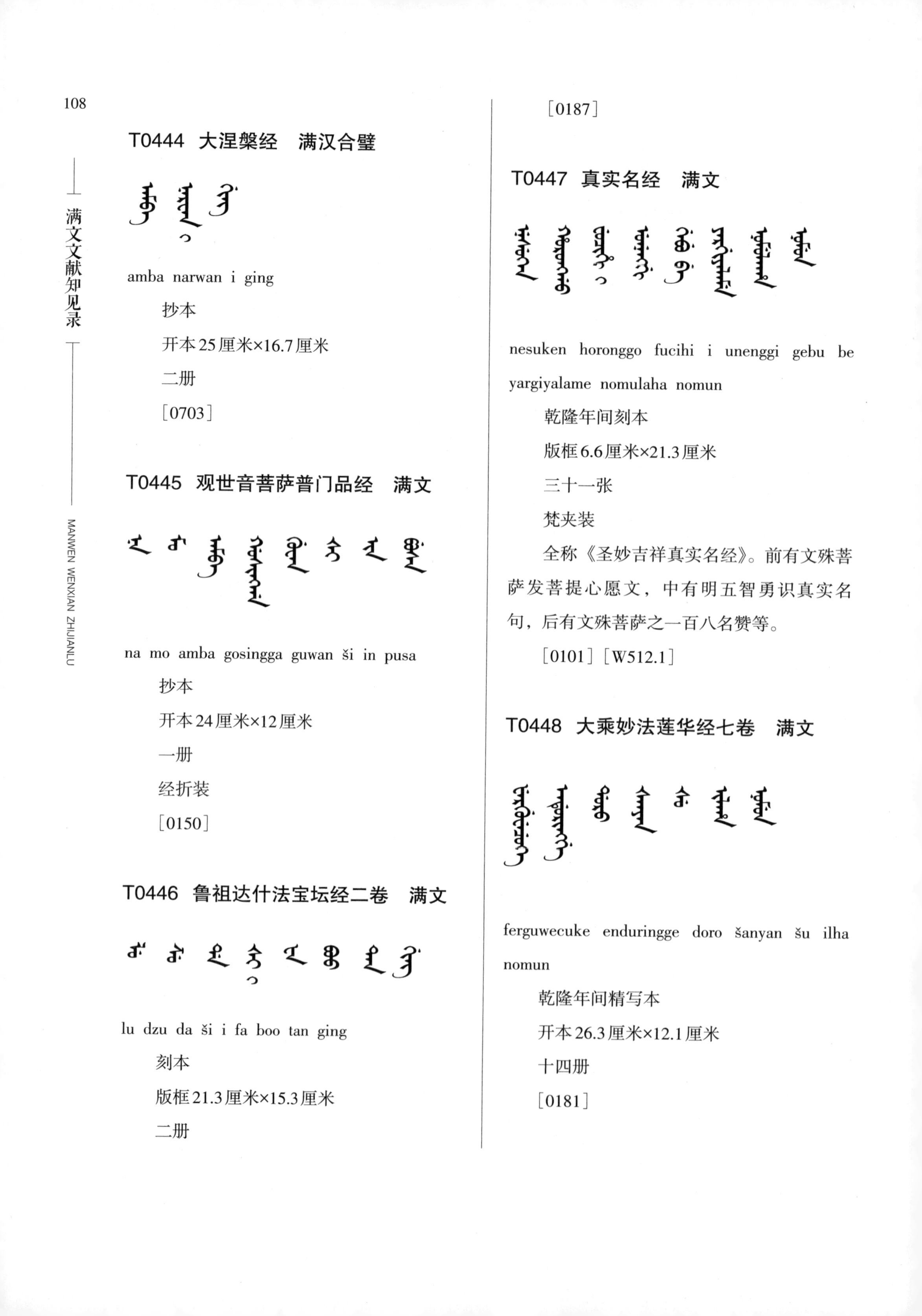

T0444 大涅槃经 满汉合璧

amba narwan i ging

抄本

开本25厘米×16.7厘米

二册

[0703]

T0445 观世音菩萨普门品经 满文

na mo amba gosingga guwan ši in pusa

抄本

开本24厘米×12厘米

一册

经折装

[0150]

T0446 鲁祖达什法宝坛经二卷 满文

lu dzu da ši i fa boo tan ging

刻本

版框21.3厘米×15.3厘米

二册

[0187]

T0447 真实名经 满文

nesuken horonggo fucihi i unenggi gebu be yargiyalame nomulaha nomun

乾隆年间刻本

版框6.6厘米×21.3厘米

三十一张

梵夹装

全称《圣妙吉祥真实名经》。前有文殊菩萨发菩提心愿文，中有明五智勇识真实名句，后有文殊菩萨之一百八名赞等。

[0101] [W512.1]

T0448 大乘妙法莲华经七卷 满文

ferguwecuke enduringge doro šanyan šu ilha nomun

乾隆年间精写本

开本26.3厘米×12.1厘米

十四册

[0181]

T0449 妙法莲华经　满文

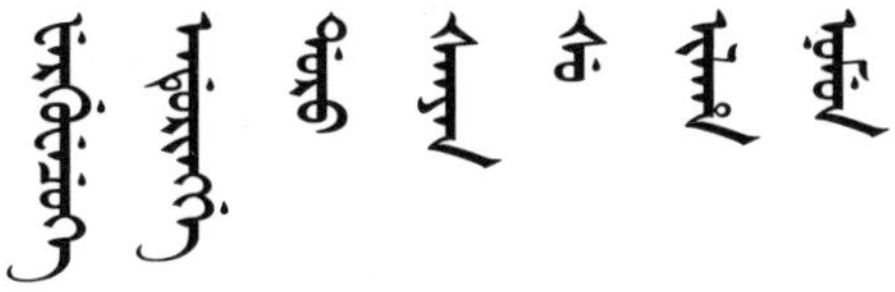

ferguwecuke enduringge doro šanyan šu ilha nomun

开本34厘米×12.5厘米

［W313.2］

T0450 极乐世界愿文经　满文

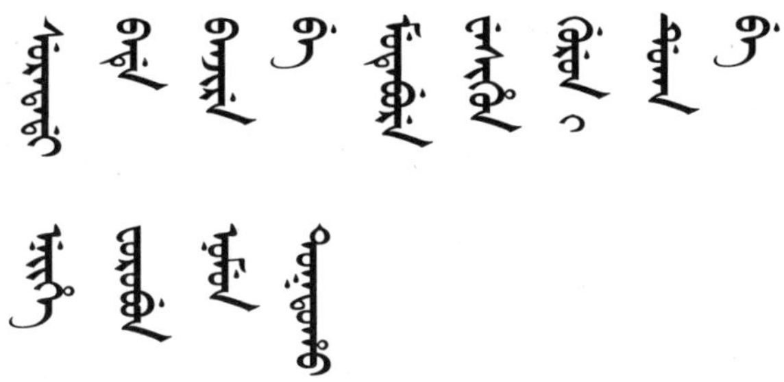

suratadi bade banjire be mutebure wesihun gurun i duka be neihe forobun nomun toktoho

乾隆年间刻本

版框6.5厘米×21.2厘米

十五张

梵夹装

［0101］［0187］［W512.1］

T0451 救度佛母赞　满文

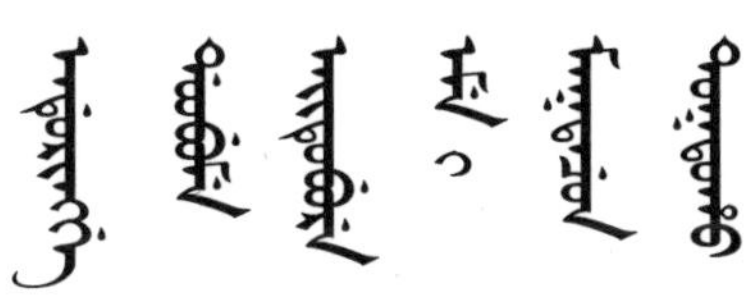

enduringge doobume aitubure eme i maktacun toktoho

乾隆年间刻本

版框6.2厘米×21.2厘米

［0101］

T0452 救度佛母赞　满文

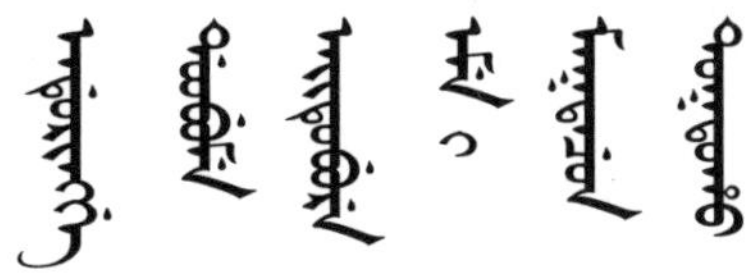

enduringge doobume aitubure eme i maktacun toktoho

乾隆年间抄本

开本24厘米×10.5厘米

［0187］

T0453 绿像救度佛母赞　满文

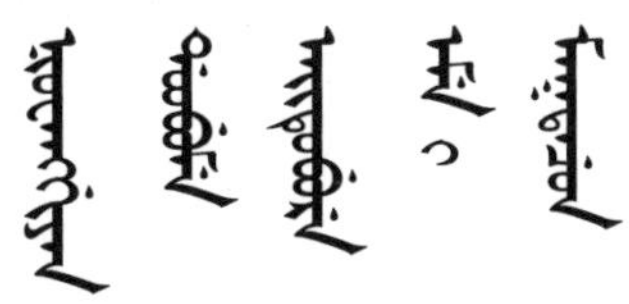

niowanggiyan doobume aitubure eme i maktacun

乾隆年间刻本

版框6.2厘米×21.2厘米

［0101］

T0454 绿救度佛母白救度佛母赞　满藏汉合璧

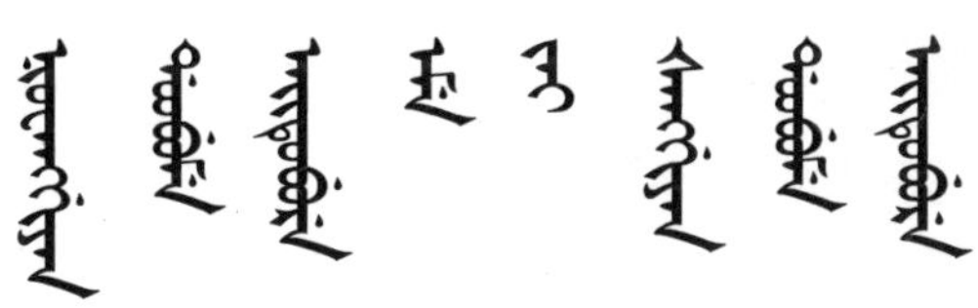

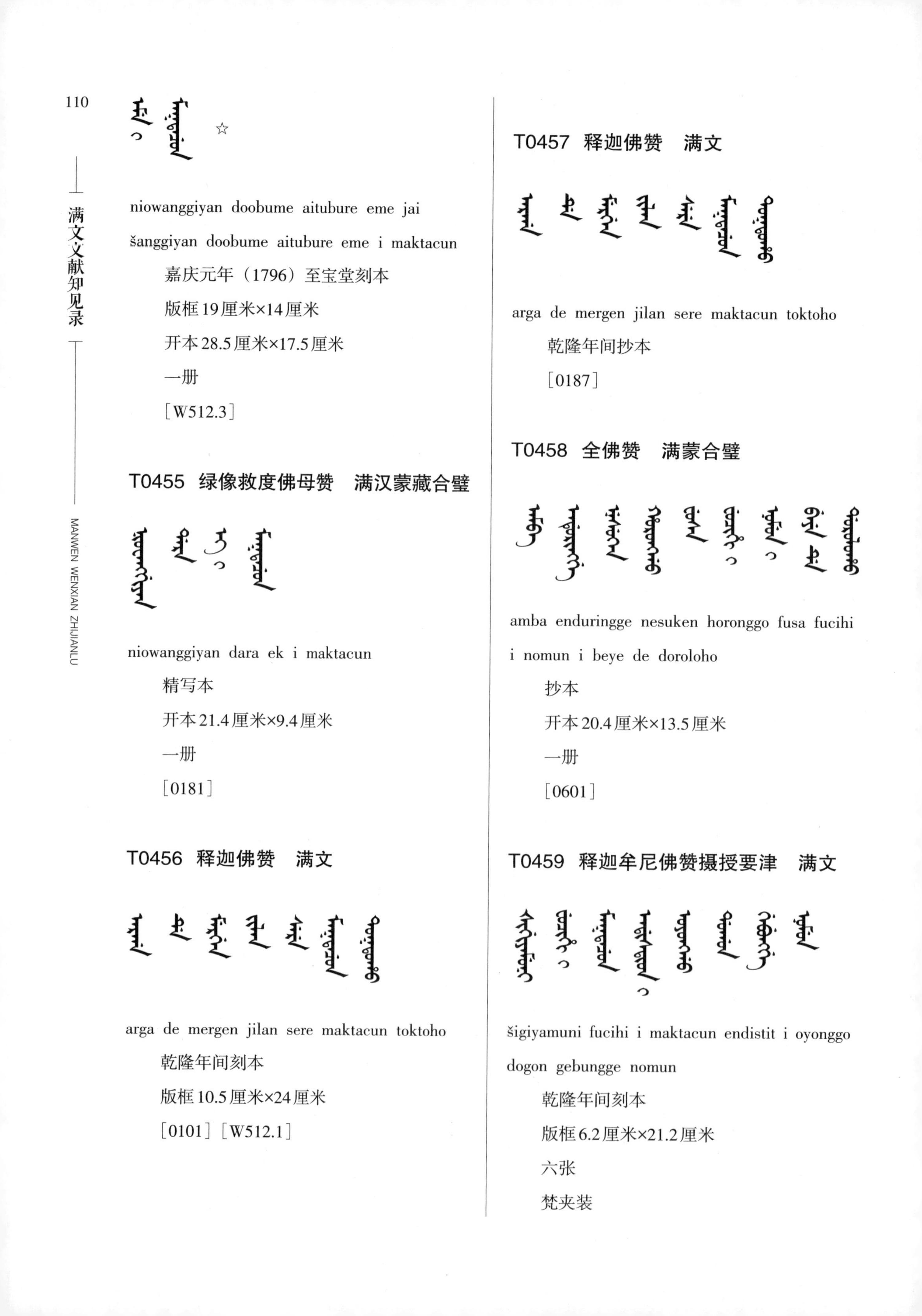

☆

niowanggiyan doobume aitubure eme jai šanggiyan doobume aitubure eme i maktacun

嘉庆元年（1796）至宝堂刻本

版框19厘米×14厘米

开本28.5厘米×17.5厘米

一册

[W512.3]

T0455 绿像救度佛母赞　满汉蒙藏合璧

niowanggiyan dara ek i maktacun

精写本

开本21.4厘米×9.4厘米

一册

[0181]

T0456 释迦佛赞　满文

arga de mergen jilan sere maktacun toktoho

乾隆年间刻本

版框10.5厘米×24厘米

[0101] [W512.1]

T0457 释迦佛赞　满文

arga de mergen jilan sere maktacun toktoho

乾隆年间抄本

[0187]

T0458 全佛赞　满蒙合璧

amba enduringge nesuken horonggo fusa fucihi i nomun i beye de doroloho

抄本

开本20.4厘米×13.5厘米

一册

[0601]

T0459 释迦牟尼佛赞摄授要津　满文

šigiyamuni fucihi i maktacun endistit i oyonggo dogon gebungge nomun

乾隆年间刻本

版框6.2厘米×21.2厘米

六张

梵夹装

[0101] [W512.1]

T0460 妙轮上药王秘密不思议大教王经 满汉蒙藏合璧

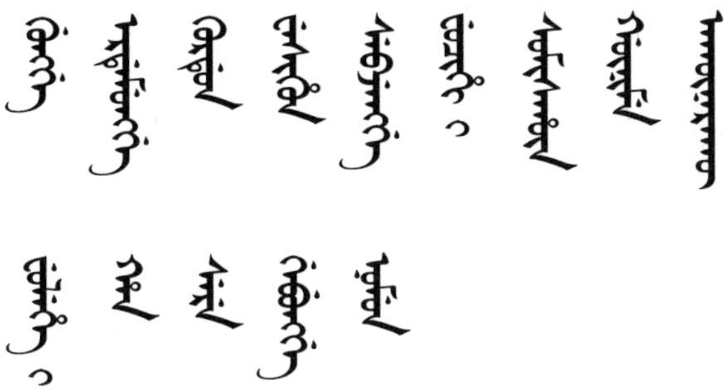

gungge erdemungge kurdun wesihun sebjengge fucihi i somishūn gūnime akūnarakū fulehe i han sere gebungge nomun

泥金精写本

一册

此经简称《上药王经》。

[0181]

T0461 上药王源流 满文

horonggo dzag'ara dzambara i da sekiyen

咸丰五年（1855）抄本

开本26厘米×16厘米

一册

[0181]

T0462 香赞经 满藏合璧

danšuk nomun toktoho

精写本

版框8.2厘米×23.8厘米

十八张

[0181]

T0463 毗庐遮那超度经 满文

pi lu je na sere nomun

写本

一册

[0181]

T0464 沐浴经 满文

ebišen alibure nomun toktoho

高宗（弘历） 译

抄本

开本6.6厘米×21.4厘米

[0101]

T0465 沐浴经 满文

ᡝᠪᡳᡧᡝᠨ ᠠᠯᡳᠪᡠᡵᡝ ᠨᠣᠮᡠᠨ ᡨᠣᡴᡨᠣᡥᠣ

ebišen alibure nomun toktoho

高宗（弘历）译

抄本

［0187］

T0466 御制满汉蒙古西番合璧大藏全咒八十卷 满汉蒙西番合璧

ᡥᠠᠨ ᡳ ᠠᡵᠠᡥᠠ ᠮᠠᠨᠵᡠ ᠨᡳᡴᠠᠨ ᠮᠣᠩᡤᠣ ᡨᠠᠩᡤᡡᡨ ᡥᡝᡵᡤᡝᠨ ᡳ ᡴᠠᠮᠴᡳᡥᠠ ᠠᠮᠪᠠ ᡤᠠᠨᠵᡠᡵ ᠨᠣᠮᡠᠨ ᡳ ᡠᡥᡝᡵᡳ ᡨᠠᡵᠨᡳ

han i araha manju nikan monggo tanggūt hergen i kamciha amba ganjur nomun i uheri tarni

乾隆三十八年（1773）武英殿刻本

版框25.4厘米×13厘米

八十册（另有目录八册）

［0181］［0187］［0642］［1481］［1681］［W313.2］［W512.3]存目录八册［W561.1］［W712.1］［W712.2］

T0467 御制满汉蒙古西番合璧大藏全咒八十卷 满汉蒙西番合璧

ᡥᠠᠨ ᡳ ᠠᡵᠠᡥᠠ ᠮᠠᠨᠵᡠ ᠨᡳᡴᠠᠨ ᠮᠣᠩᡤᠣ ᡨᠠᠩᡤᡡᡨ ᡥᡝᡵᡤᡝᠨ ᡳ ᡴᠠᠮᠴᡳᡥᠠ ᠠᠮᠪᠠ ᡤᠠᠨᠵᡠᡵ ᠨᠣᠮᡠᠨ ᡳ ᡠᡥᡝᡵᡳ ᡨᠠᡵᠨᡳ

han i araha manju nikan monggo tanggūt hergen i kamciha amba ganjur nomun i uheri tarni

民国年间涵芬楼影印本

开本25.4厘米×13厘米

八十册（另有目录八册）

［0101］［0341］［1101］

T0468 积光佛母经咒 满文

ᡝᠯᡩᡝᠩᡤᡝ ᡤᡝᠪᡠᠩᡤᡝ ᡝᠨᡩᡠᡵᡳᠩᡤᡝ ᡝᠮᡝ ᡳ ᡨᠠᡵᠨᡳ ᠨᠣᠮᡠᠨ

eldengge gebungge enduringge eme i tarni nomun

乾隆年间刻本

六张

梵夹装

［0101］

T0469 大悲神咒　满文

dai bei šen jeo

抄本

一册

[0101]

T0470 总持最录　满汉合集

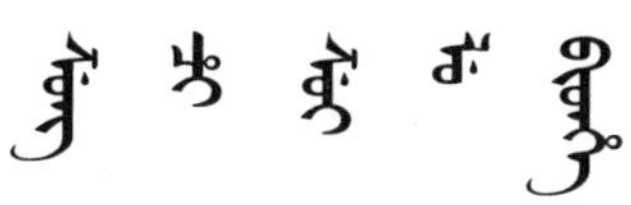

dzung c'y dzui lu bithe

抄本

开本17.2厘米×12.1厘米

二十册

此书为用满汉文音译的各种咒语。如：大般若波罗蜜多经三咒、佛说大灌顶神咒经十一咒等。

[0641]

T0471 读咒法　满文

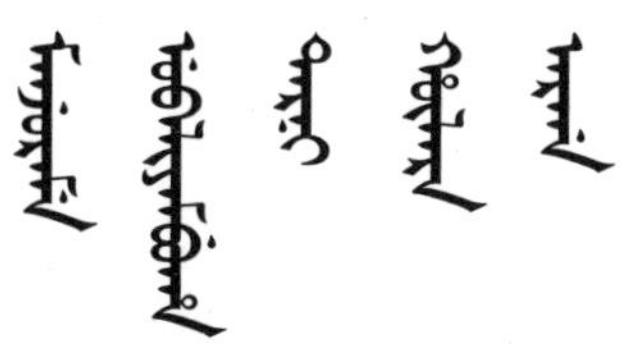

manjurame ubaliyambuha tarni hūlara arga

乾隆年间刻本

版框6.5厘米×21.4厘米

九张

梵夹装

[0101]

T0472 御制满蒙藏汉文合璧读咒法　满文

han i araha manju monggo tanggūt hergen i kamciha tarni hūlara arga

刻本

版框25.6厘米×13.1厘米

经折装

[0181][W512.1]

T0473 供奉祖师文　满文

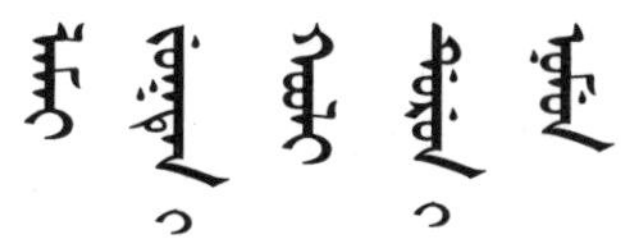

lamai jukten i kooli durun i nomun

乾隆年间刻本

版框6.9厘米×21.4厘米

三十五张

梵夹装

[0101][0187]

T0474 弥勒愿文　满文

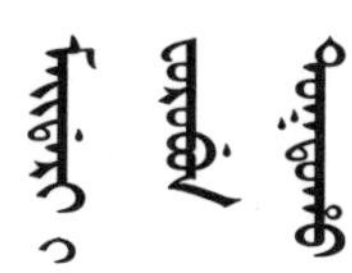

maidari i forobun toktoho

乾隆年间刻本

版框6.2厘米×21.2厘米

[0101][0187][W512.1]

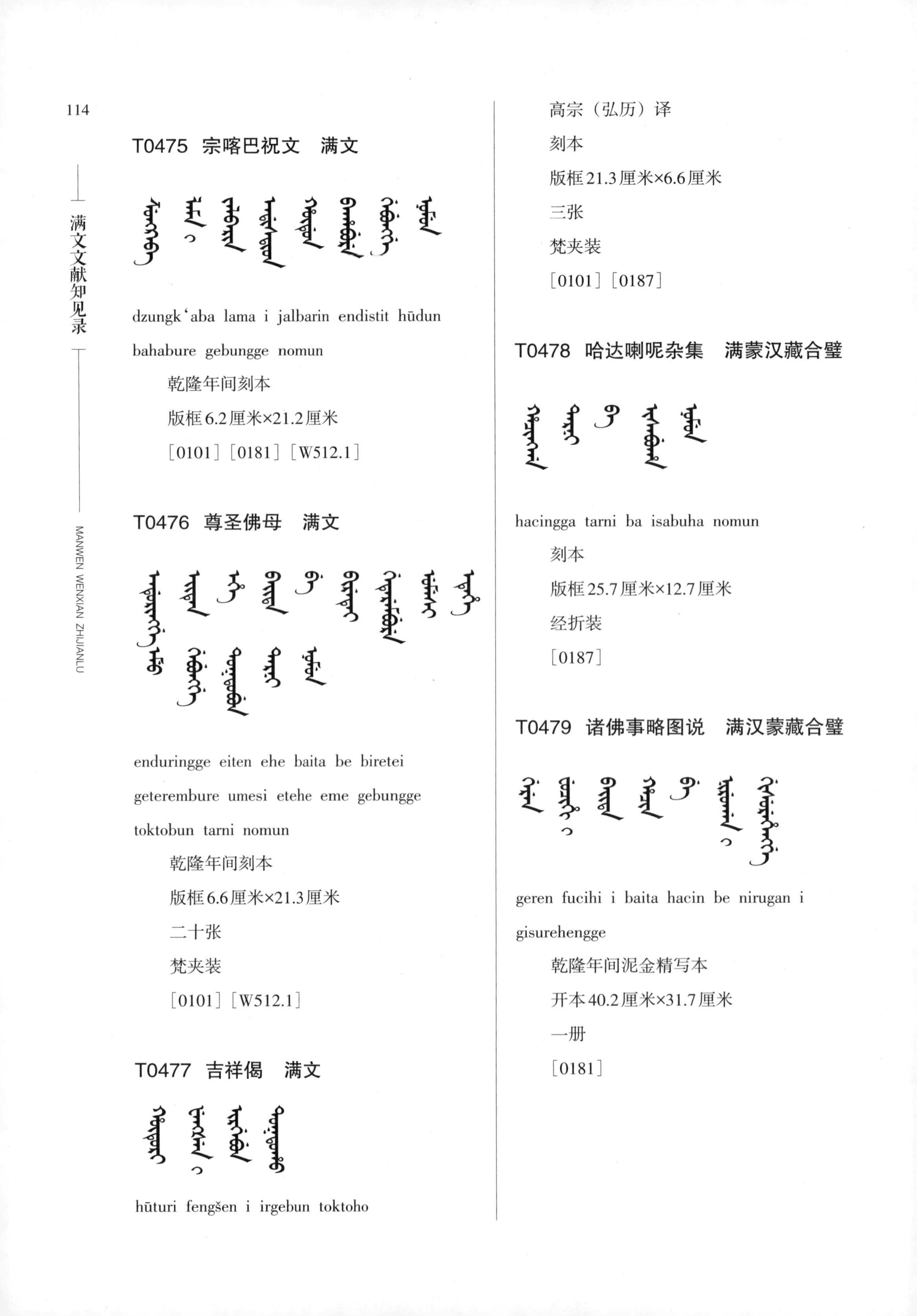

T0475 宗喀巴祝文 满文

dzungk'aba lama i jalbarin endistit hūdun bahabure gebungge nomun

乾隆年间刻本

版框6.2厘米×21.2厘米

［0101］［0181］［W512.1］

T0476 尊圣佛母 满文

enduringge eiten ehe baita be biretei geterembure umesi etehe eme gebungge toktobun tarni nomun

乾隆年间刻本

版框6.6厘米×21.3厘米

二十张

梵夹装

［0101］［W512.1］

T0477 吉祥偈 满文

hūturi fengšen i irgebun toktoho

高宗（弘历）译

刻本

版框21.3厘米×6.6厘米

三张

梵夹装

［0101］［0187］

T0478 哈达喇呢杂集 满蒙汉藏合璧

hacingga tarni ba isabuha nomun

刻本

版框25.7厘米×12.7厘米

经折装

［0187］

T0479 诸佛事略图说 满汉蒙藏合璧

geren fucihi i baita hacin be nirugan i gisurehengge

乾隆年间泥金精写本

开本40.2厘米×31.7厘米

一册

［0181］

T0480 功德三世祈祷文　满文

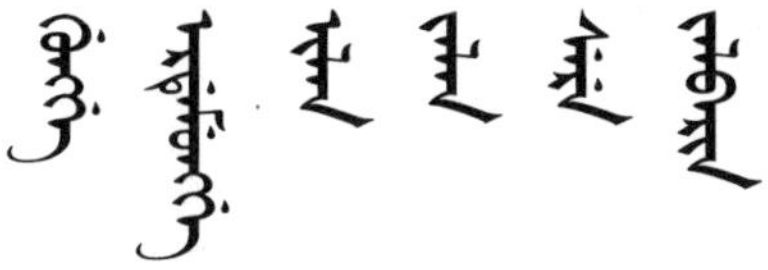

gungge erdemungge ilan jalan sere jalbarin

乾隆年间刻本

开本6.2厘米×21.2厘米

十一张

梵夹装

［0101］［0187］［W512.1］

T0481 大畏德金刚源流　满文

wacir yamandag'a i da sekiyen

咸丰五年（1855）抄本

开本26厘米×16厘米

一册

［0181］

T0482 丹书克经　满文

manjusiri enduringge ejen i umuhun akdun ojoro be jalbarire danšuk toktoho

洞阔尔呼图克图 撰

咸丰十一年（1861）精写本

开本12.1厘米×38厘米

六张

梵夹装

［0181］

T0483 丹书克经　满蒙文

manjusiri enduringge ejen i umuhun akdun ojoro be jalbarire danšuk toktoho

洞阔尔呼图克图 撰

光绪元年（1875）写本

开本29.2厘米×17.6厘米

十二张

梵夹装

［0181］

T0484 秘密金刚源流　满文

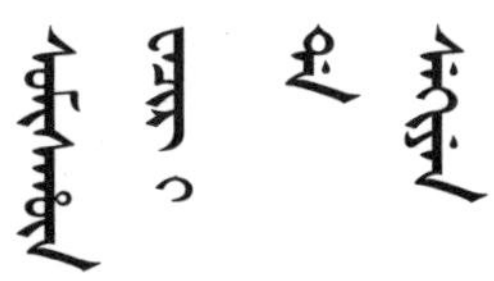

somishūn wacir i da sekiyen

抄本

开本26厘米×16厘米

一册

［0181］

T0485 答医方明九卷　满文

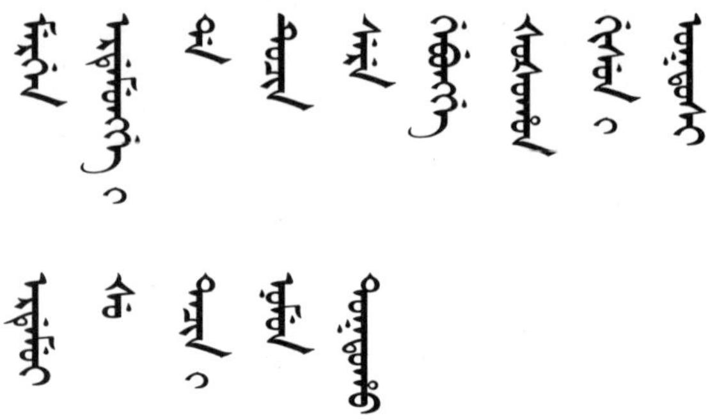

mergen erdemungge i da tucin sere gebungge šošohon gisun i oktosi erdemui šu tacin i nomun toktoho

抄本

［0187］

T0486 普提要义　满文

budi jugūn i jergi tangkan i šošohon jurgan toktoho

永瑢等 奉敕译

乾隆五十五年（1790）内府刻本

开本6.5厘米×21.1厘米

梵夹装

［W512.1］

T0487 普提要义　满文

budi jugūn i jergi tangkan i šošohon jurgan toktoho

高宗（弘历） 译

抄本

［0101］［0187］

T0488 九黑香法　满文

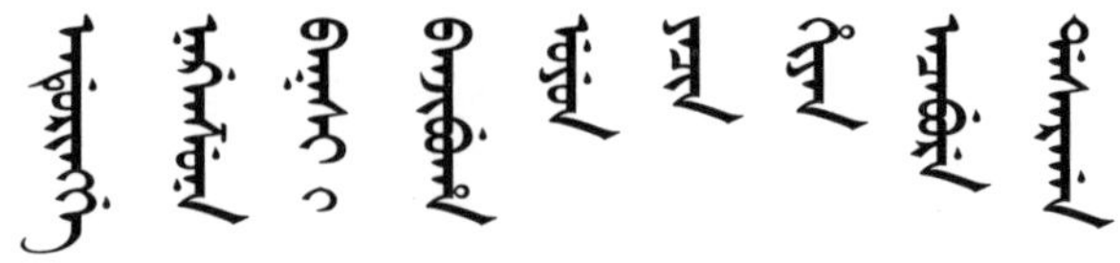

enduringge nag'andzuna baksi i banjibuha uyun yacin hiyan acabure dasargan

乾隆年间刻本

版框6.2厘米×21.2厘米

［0101］

T0489 普提心鉴　满蒙合璧

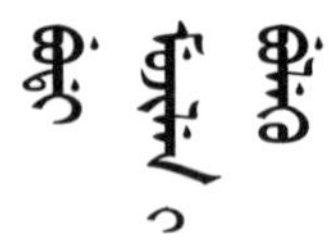

budi mujilen i buleku

抄本

开本27.4厘米×13.9厘米

一册

本书内收录宗教方面词汇术语，为满蒙对照的宗教小辞典。

［0661］

T0490 宝积经成语　满汉合璧

乾隆年间刻本

版框6.5厘米×21厘米

梵夹装

{W512.3}

T0491 翻译明心宝鉴　满蒙汉合璧

抄本

开本26厘米×25厘米

{W512.3}

T0492 贤劫千佛号　满蒙汉藏梵合璧

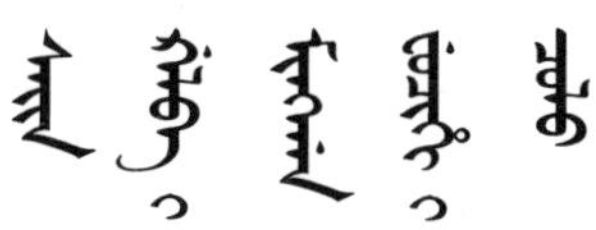

sain g'alba i minggan fucihi i colo

章嘉喇嘛 译

刻本

版框20.8厘米×18.2厘米

二册

［0101］［0150］残［0187］［0641］

［W512.1］［W512.3］［W561.1］

［W712.1］［W712.2］

T0493 佛号目录　藏满汉蒙四体合璧

抄本

开本18厘米×13厘米

四册

{W512.1}

T0494 十八罗汉名号　满汉合璧

juwan jakūn lohan i gebu

抄本

开本23.5厘米×6.8厘米

经折装

［0181］

T0495 狮子峰如如颜丙劝修净业文　满汉合璧

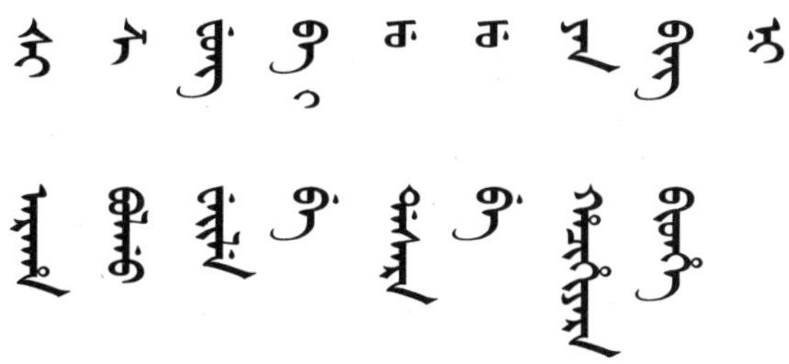

ši dzi fung ba i žu žu yan bing ni araha bolgo weile be dasara be hacihiyara bithe

刻本

一册

版框19厘米×14厘米

附《莲池大师普劝诫杀放生文》。

［0101］［0150］［0701］［0703］

［W313.2］［W512.1］［W561.1］［W712.1］

T0496 狮子峰如如颜丙劝修净业文　满汉合璧

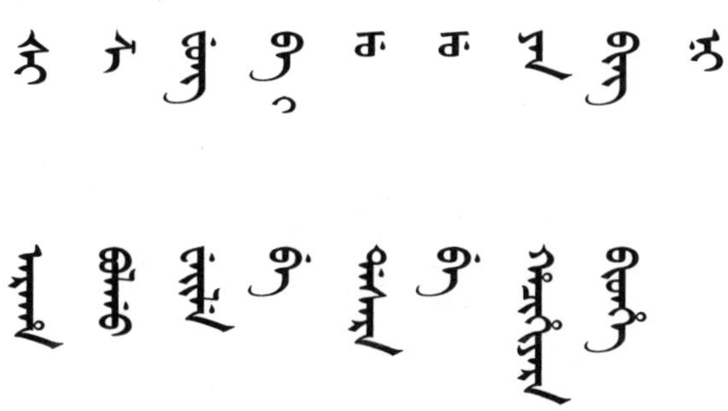

ši dzi fung ba i žu žu yan bing ni araha bolgo weile be dasara be hacihiyara bithe

刻本

版框27.5厘米×16.8厘米

一册

［W313.2］

T0497 妻鸦秘密 满文

抄本

一册

{W512.1}

T0498 五译合璧集要二卷 满汉蒙藏梵合璧

sunja hacin i gisun kamcime araha oyonggo baitalan toktoho

乾隆年间武英殿刻本

版框21.3厘米×15.7厘米

二册

［0181］［0301］

T0499 五译合璧集要二卷 满汉蒙藏梵合璧

sunja hacin i gisun kamcime araha oyonggo baitalan toktoho

初稿本

开本22.3厘米×16厘米

二册

［0181］

T0500 五译合璧集要二卷 满汉蒙藏梵合璧

sunja hacin i gisun kamcime araha oyonggo baitalan toktoho

定稿本

开本29.7厘米×19.6厘米

六册

［0181］

T0501 五译合璧集要二卷 满汉蒙藏梵合璧

sunja hacin i gisun kamcime araha oyonggo baitalan toktoho

抄本

开本29.7厘米×19厘米

二册

［0101］［0181］［W561.1］［W565.1］

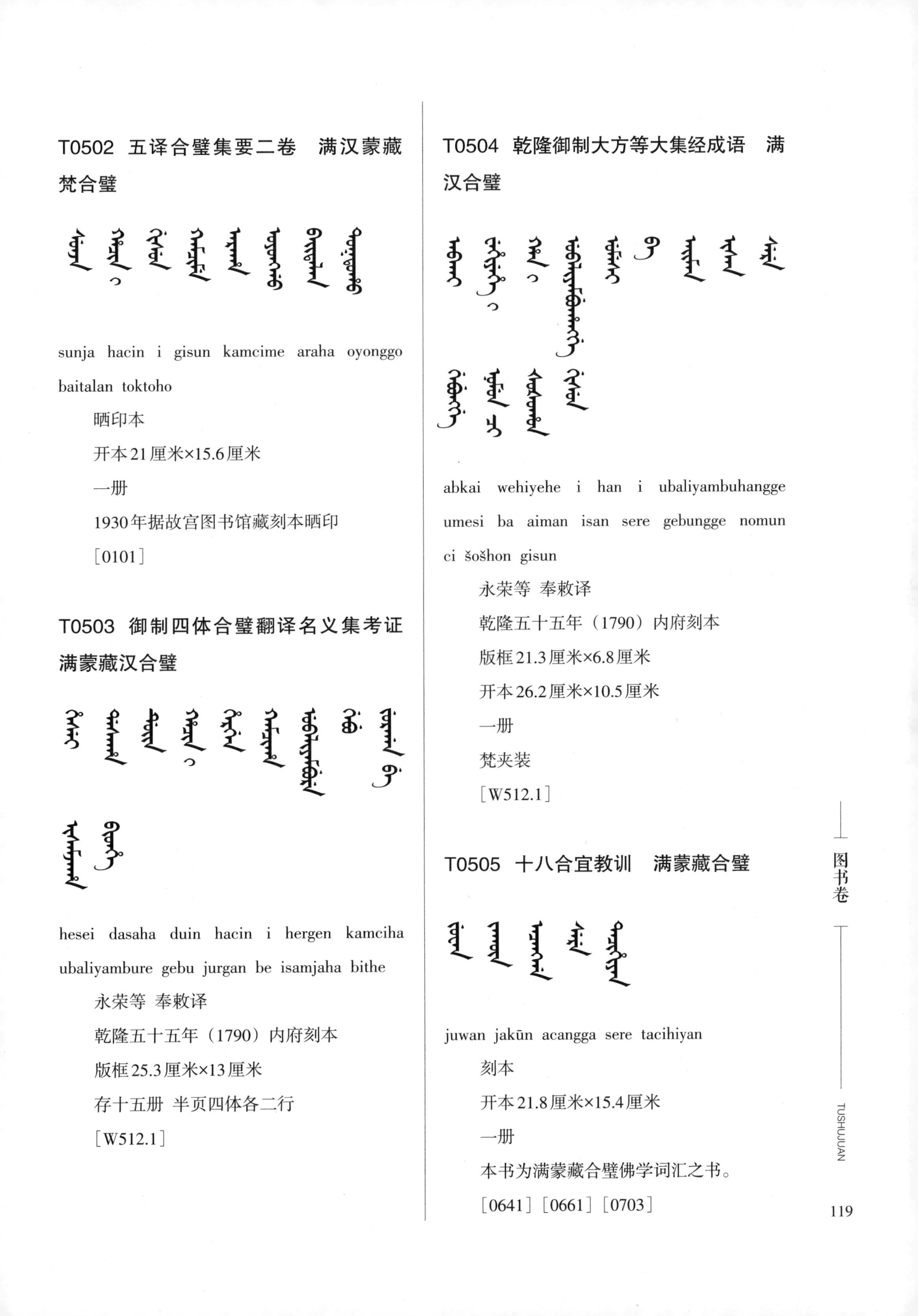

T0502 五译合璧集要二卷　满汉蒙藏梵合璧

sunja hacin i gisun kamcime araha oyonggo baitalan toktoho

晒印本

开本21厘米×15.6厘米

一册

1930年据故宫图书馆藏刻本晒印

[0101]

T0503 御制四体合璧翻译名义集考证　满蒙藏汉合璧

hesei dasaha duin hacin i hergen kamciha ubaliyambure gebu jurgan be isamjaha bithe

永荣等 奉敕译

乾隆五十五年（1790）内府刻本

版框25.3厘米×13厘米

存十五册 半页四体各二行

[W512.1]

T0504 乾隆御制大方等大集经成语　满汉合璧

abkai wehiyehe i han i ubaliyambuhangge umesi ba aiman isan sere gebungge nomun ci šošhon gisun

永荣等 奉敕译

乾隆五十五年（1790）内府刻本

版框21.3厘米×6.8厘米

开本26.2厘米×10.5厘米

一册

梵夹装

[W512.1]

T0505 十八合宜教训　满蒙藏合璧

juwan jakūn acangga sere tacihiyan

刻本

开本21.8厘米×15.4厘米

一册

本书为满蒙藏合璧佛学词汇之书。

[0641][0661][0703]

［W313.3］［W512.2］［W565.1］

T0506 学修十八个要项　梵满汉蒙合璧

刻本

版框22.5厘米×15.4厘米

{W512.1}｛W512.2｝存二十六册｛W512.3｝

T0507 经语集要二卷　满汉蒙西番梵合璧

nomun i gisun i oyonggo šošohon

抄本

开本24.4厘米×16厘米

一册

［0141］

2. 道教

T0508 太上感应篇　满文

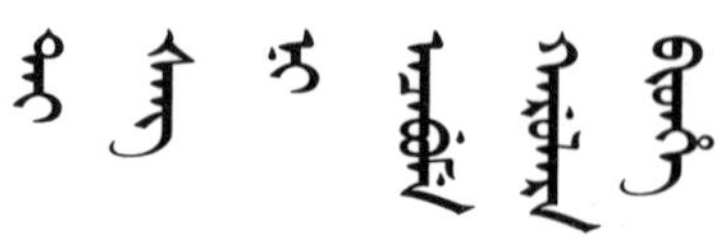

tai šang ni acabume karulara bithe

刻本

一册

《太上感应篇》是一部道教经典，约成书于北宋末年，南宋广为流传，至明清久盛不衰。此书包含了儒道的主流思想及佛教的因果之说，借太上之名阐扬“诸恶莫作，众善奉行”，几百年来产生了广泛而深刻的影响，被誉为“古今第一善书”。

［0701］

T0509 太上感应篇　满文

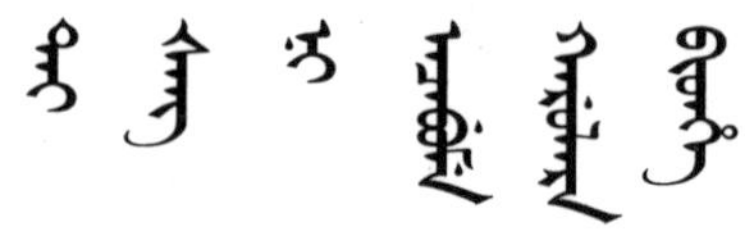

tai šang ni acabume karulara bithe

康熙十二年（1673）刻本

四册

［W512.1］

T0510 太上感应篇　满文

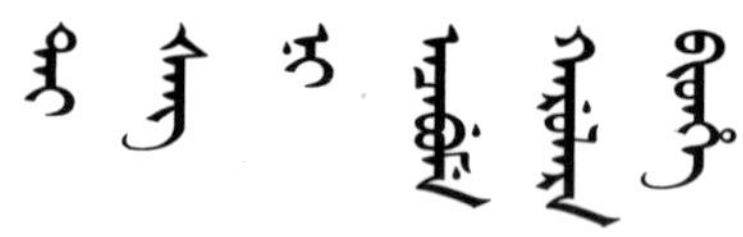

tai šang ni acabume karulara bithe

乾隆二十三年（1758）刻本

八册

本书附有《太上感应篇图说》。

［0141］

T0511 太上感应篇　满文

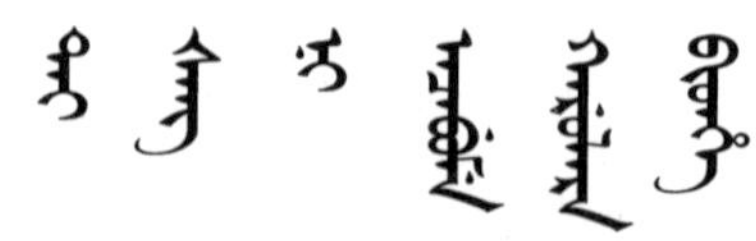

tai šang ni acabume karulara bithe

刻本

开本21厘米×13厘米

四册

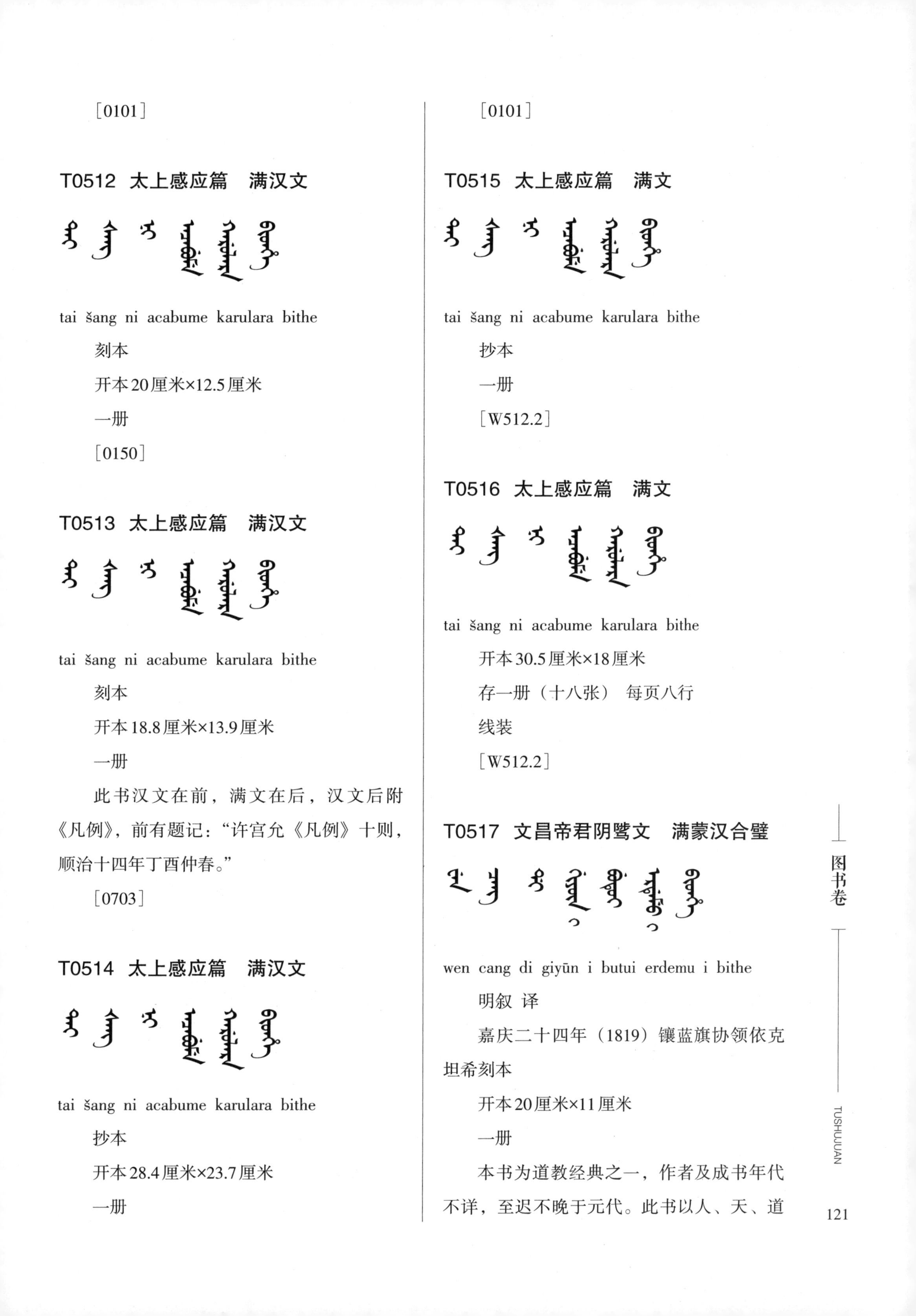

［0101］

T0512 太上感应篇 满汉文

tai šang ni acabume karulara bithe

刻本

开本20厘米×12.5厘米

一册

［0150］

T0513 太上感应篇 满汉文

tai šang ni acabume karulara bithe

刻本

开本18.8厘米×13.9厘米

一册

此书汉文在前，满文在后，汉文后附《凡例》，前有题记："许宫允《凡例》十则，顺治十四年丁酉仲春。"

［0703］

T0514 太上感应篇 满汉文

tai šang ni acabume karulara bithe

抄本

开本28.4厘米×23.7厘米

一册

［0101］

T0515 太上感应篇 满文

tai šang ni acabume karulara bithe

抄本

一册

［W512.2］

T0516 太上感应篇 满文

tai šang ni acabume karulara bithe

开本30.5厘米×18厘米

存一册（十八张） 每页八行

线装

［W512.2］

T0517 文昌帝君阴骘文 满蒙汉合璧

wen cang di giyūn i butui erdemu i bithe

明叙 译

嘉庆二十四年（1819）镶蓝旗协领依克坦希刻本

开本20厘米×11厘米

一册

本书为道教经典之一，作者及成书年代不详，至迟不晚于元代。此书以人、天、道

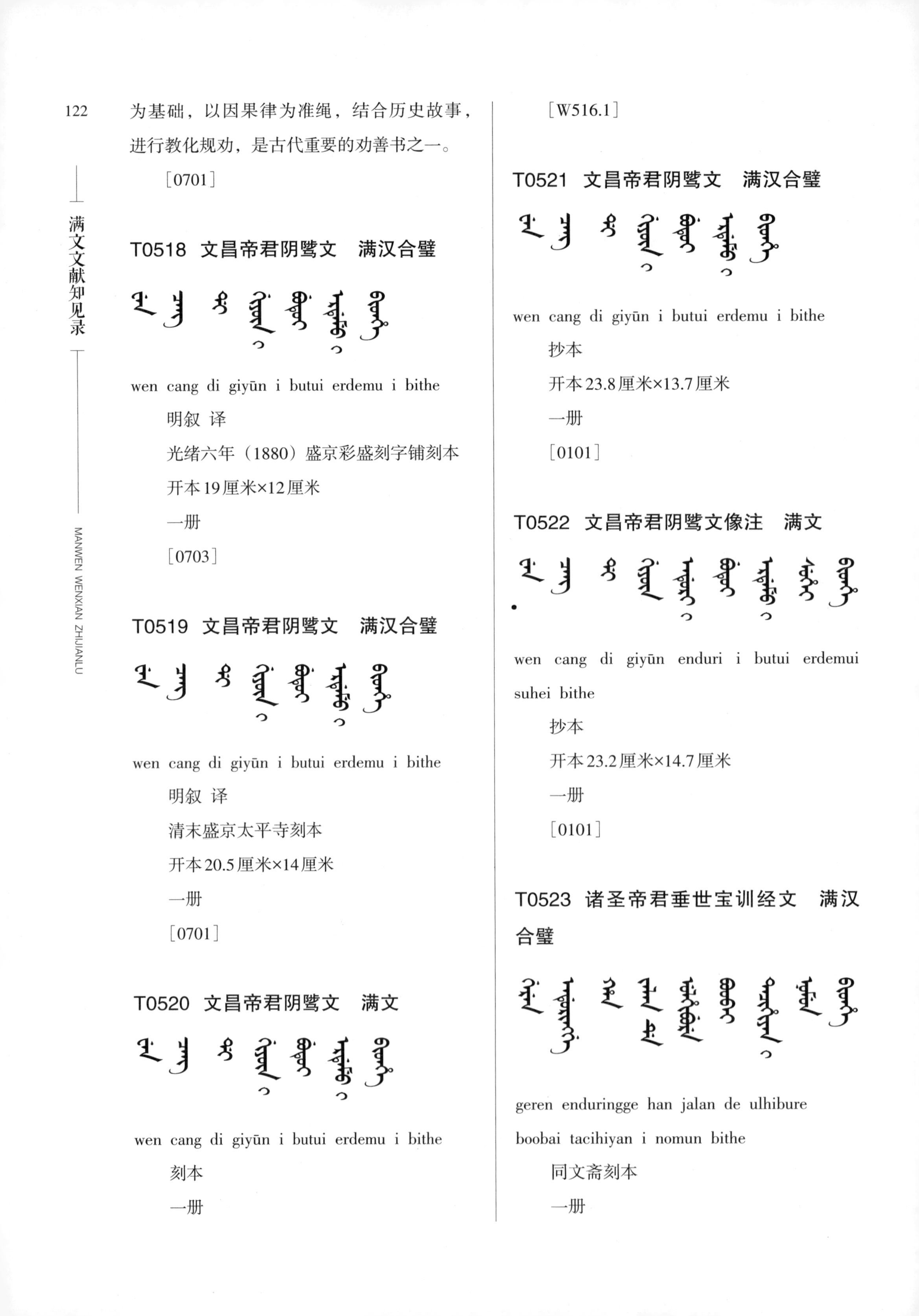

为基础，以因果律为准绳，结合历史故事，进行教化规劝，是古代重要的劝善书之一。

［0701］

T0518 文昌帝君阴骘文 满汉合璧

wen cang di giyūn i butui erdemu i bithe

明叙 译

光绪六年（1880）盛京彩盛刻字铺刻本

开本19厘米×12厘米

一册

［0703］

T0519 文昌帝君阴骘文 满汉合璧

wen cang di giyūn i butui erdemu i bithe

明叙 译

清末盛京太平寺刻本

开本20.5厘米×14厘米

一册

［0701］

T0520 文昌帝君阴骘文 满文

wen cang di giyūn i butui erdemu i bithe

刻本

一册

［W516.1］

T0521 文昌帝君阴骘文 满汉合璧

wen cang di giyūn i butui erdemu i bithe

抄本

开本23.8厘米×13.7厘米

一册

［0101］

T0522 文昌帝君阴骘文像注 满文

wen cang di giyūn enduri i butui erdemui suhei bithe

抄本

开本23.2厘米×14.7厘米

一册

［0101］

T0523 诸圣帝君垂世宝训经文 满汉合璧

geren enduringge han jalan de ulhibure boobai tacihiyan i nomun bithe

同文斋刻本

一册

［W512.1］

T0524 诸圣帝君训诫世人经文　满汉合璧

geren enduringge han jalan i niyalma be tacibume targabuha ging bithe

抄本

开本27.8厘米×24厘米

一册

本书包括《关圣帝君觉世宝训》和《文昌帝君阴骘文》。

［0101］

T0525 关圣帝君觉世宝训　满文

guwan šeng di giyūn enduri jalan de ulhibure boobai tacihiyan

道光四年（1824）刻本

一册

本书为道教经典之一，主要内容为劝诫人们思过迁善、积德修身。

［W512.1］

T0526 关圣帝君觉世宝训　满蒙汉合璧

☆

guwan šeng di giyūn enduri jalan de ulhibure boobai tacihiyan

绵秋 译满文

庆云 译蒙文

光绪六年（1880）盛京彩盛刻字铺刻本

版框19.6厘米×11.7厘米

一册

［0703］

T0527 关圣帝君觉世宝训经　满文

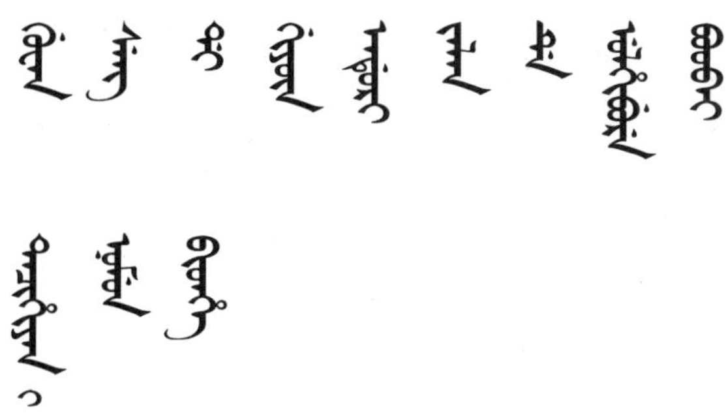

guwan šeng di giyūn enduri jalan de ulhibure boobai tacihiyan i nomun bithe

刻本

一册

［W516.1］

T0528 关帝圣君觉世宝训 满汉合璧

ᡤᡠᠸᠠᠨ ᡧᡝᠩ ᡩᡳ ᡤᡳᠶᡡᠨ ᡝᠨᡩᡠᡵᡳ ᠵᠠᠯᠠᠨ ᡩᡝ ᡠᠯᡥᡳᠪᡠᡵᡝ ᠪᠣᠣᠪᠠᡳ ᡨᠠᠴᡳᡥᡳᠶᠠᠨ ☆

guwan šeng di giyūn enduri jalan de ulhibure boobai tacihiyan

抄本

开本22.7厘米×13.3厘米

一册

本书另附《文昌帝君阴骘文》《戒淫文》《事征》。

［0703］

T0529 宝训经 满汉合璧

ᡤᡝᡵᡝᠨ ᡝᠨᡩᡠᡵᡳᠩᡤᡝ ᡩᡳ ᡤᡳᠶᡡᠨ ᡳ ᠵᠠᠯᠠᠨ ᡳ ᠨᡳᠶᠠᠯᠮᠠ ᡨᠠᠴᡳᡥᡳᠶᠠᡵᠠ ᡨᠠᡵᡤᠠᠪᡠᡵᡝ ᠨᠣᠮᡠᠨ ᠪᡳᡨᡥᡝ

geren enduringge di giyūn i jalan i niyalma tacihiyara targabure nomun bithe

抄本

开本22.7厘米×14厘米

一册

此书包括《关帝圣君觉世宝经》《文昌帝君阴骘文》和《戒淫文》。

［0703］

T0530 劝善经 满文

ᠰᠠᡳᠨ ᠪᡝ ᡥᡠᠸᡝᡴᡳᠶᡝᠪᡠᡵᡝ ᠨᠣᠮᠣᠨ

sain be huwekiyebure nomon

抄本

开本12.5厘米×7.5厘米

一册

［1498］

T0531 悟真篇 满文

〔宋〕张伯端 著

抄本

开本28厘米×19厘米

六册（半叶七行）

线装

张伯端（987—1082），字平叔，号紫阳，浙江天台人。北宋熙宁八年（1075）作《悟真篇》，该著作与汉代魏伯阳的《参同契》并称为道教丹经之祖。张伯端创立道宗南宗，与其徒石泰、薛道光、陈楠、白玉蟾等四人被誉为“南宗五祖”。

｛W512.2｝

3. 天主教、基督教

T0532 天主实义　满文

ᠠᠪᡴᠠᡳ ᡝᠵᡝᠨ ᡳ ᡠᠨᡝᠩᡤᡳ ᠵᡠᡵᡤᠠᠨ ᡳ ᠪᡳᡨᡥᡝ

abkai ejen i unenggi jurgan i bithe

乾隆二十三年（1758）刻本

五册

［W512.1］［W512.2］［W512.3］

T0533 天主实义　满文

ᠠᠪᡴᠠᡳ ᡝᠵᡝᠨ ᡳ ᡠᠨᡝᠩᡤᡳ ᠵᡠᡵᡤᠠᠨ ᡳ ᠪᡳᡨᡥᡝ

abkai ejen i unenggi jurgan i bithe

刻本

四册

［W512.2］

T0534 天主实义一卷　满汉合璧

ᠠᠪᡴᠠᡳ ᡝᠵᡝᠨ ᡳ ᡠᠨᡝᠩᡤᡳ ᠵᡠᡵᡤᠠᠨ ᡳ ᠪᡳᡨᡥᡝ

abkai ejen i unenggi jurgan i bithe

［意］利玛窦 撰

开本25.8厘米×15.5厘米

二册

利玛窦（1552—1610），字西泰，意大利天主教耶稣会传教士，明万历十一年（1583）进入广东肇庆，开始传教。后经南昌、南京，于万历二十九年（1601）到达北京，以其丰富的东西方学识赢得皇帝与高官及士大夫的信任与赏识，皇帝赐地在宣武门内建立教堂，这成为北京最早的天主教堂。

利玛窦除了传教外，还将大量的西方图书译成中文，如自撰《天主实义》，与徐光启等人翻译《几何原本》，还制作中国历史上第一幅世界地图《坤舆万国地图》等。从明万历至清顺治年间将150余种西方书籍译成中文，开启了当时的西学东渐之风，被誉为沟通中西文化的第一人，他在文化交流方面对日本、朝鲜半岛也产生了重要影响。

［W565.1］

T0535 天主实义　满汉合璧

ᠠᠪᡴᠠᡳ ᡝᠵᡝᠨ ᡳ ᡠᠨᡝᠩᡤᡳ ᠵᡠᡵᡤᠠᠨ ᡳ ᠪᡳᡨᡥᡝ

abkai ejen i unenggi jurgan i bithe

乾隆年间抄本

二册

［W512.1］

T0536 万物真原　满文

ᡨᡠᠮᡝᠨ ᠵᠠᡴᠠ ᡳ ᡠᠨᡝᠩᡤᡳ ᠰᡝᡴᡳᠶᡝᠨ ᡳ ᠪᡳᡨᡥᡝ

tumen jaka i unenggi sekiyen i bithe

［意］艾儒略 撰

乾隆二十三年（1758）刻本

一册

艾儒略（1582—1649）意大利人，号思

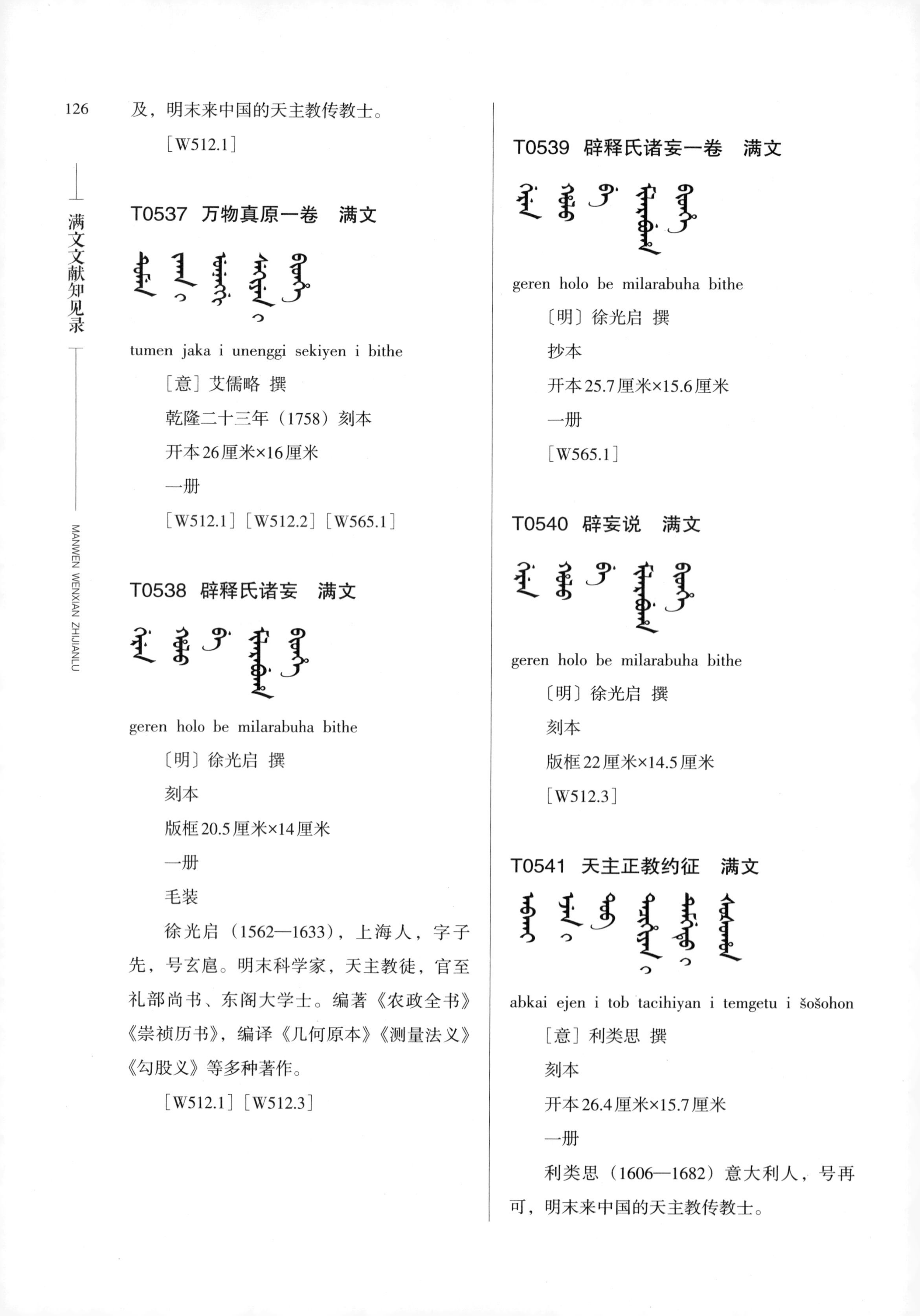

及，明末来中国的天主教传教士。

[W512.1]

T0537 万物真原一卷　满文

tumen jaka i unenggi sekiyen i bithe

[意] 艾儒略 撰

乾隆二十三年（1758）刻本

开本26厘米×16厘米

一册

[W512.1] [W512.2] [W565.1]

T0538 辟释氏诸妄　满文

geren holo be milarabuha bithe

〔明〕徐光启 撰

刻本

版框20.5厘米×14厘米

一册

毛装

徐光启（1562—1633），上海人，字子先，号玄扈。明末科学家，天主教徒，官至礼部尚书、东阁大学士。编著《农政全书》《崇祯历书》，编译《几何原本》《测量法义》《勾股义》等多种著作。

[W512.1] [W512.3]

T0539 辟释氏诸妄一卷　满文

geren holo be milarabuha bithe

〔明〕徐光启 撰

抄本

开本25.7厘米×15.6厘米

一册

[W565.1]

T0540 辟妄说　满文

geren holo be milarabuha bithe

〔明〕徐光启 撰

刻本

版框22厘米×14.5厘米

[W512.3]

T0541 天主正教约征　满文

abkai ejen i tob tacihiyan i temgetu i šošohon

[意] 利类思 撰

刻本

开本26.4厘米×15.7厘米

一册

利类思（1606—1682）意大利人，号再可，明末来中国的天主教传教士。

[W565.1]

T0542 天神会课一卷　满文

abkai enduri hūi i kicen i yarugan

[意] 潘国光 撰

抄本

开本27.6厘米×19厘米

一册

潘国光（1607—1671），意大利人，号用观，明末来中国的天主教传教士。

[W565.1]

T0543 天神会课一卷　满文

abkai enduri i asafi tacibure hacin i bithe

抄本

版框 23厘米×16厘米

一册

[W512.3]

T0544 圣体要理一卷　满文

enduringge beyei oyonggo gisun

[比] 南怀仁 撰

抄本

开本29.7厘米×18.5厘米

一册

附《圣体答疑》

enduringge beye be kenehunjehengge de jabuha bithe

南怀仁（1623—1688），比利时人，号敦伯，清初来中国的天主教传教士，曾掌钦天监监务，主修历法。

[W565.1]

T0545 同善说一卷　满文

sain be uhelere leolen

李祖白 撰

顺治年间刻本

开本24.2厘米×15.4厘米

一册

李祖白（？—1665），里贯不详。明末清初天文学家，中国天主教徒，供职钦天监。早年受教于汤若望，协助其著《远镜说》，清初任钦天监历科主事，康熙三年（1664）因历狱被处死。

[W565.1]

T0546 盛世刍荛　满文

šeng ši cu nao

［法］冯秉正 撰

抄本

开本27.5厘米×18.8厘米

四册

冯秉正（1669—1748），法国人，字端友。天主教传教士。精通满汉文字，曾将满文本《通鉴纲目》译为法文，定名《中国通史》出版。

［W565.1］

T0547 盛世刍荛 满文

šeng ši cu nao

［法］冯秉正 撰

抄本

开本29厘米×19.5厘米

一册

［W512.1］

T0548 天主圣教约言一卷 满文

abkai ejen i enduringge tacihiyan oyonggo gisun

［葡］苏若望 撰

刻本

开本26.4厘米×14.4厘米

一册

［W565.1］

T0549 涤罪正规略一卷 满文

weile be geterembure jingkini kooli

［意］艾儒略 撰

抄本

开本30厘米×22厘米

二册

［W565.1］

T0550 天主教要 满文

abkai ejen i tacihiyan i hešen i bithe

［葡］济体斋 著

刻本

版框19厘米×14厘米

开本26.5厘米×16厘米

版心单鲤鱼尾 汉文卷数 汉文页码

济体斋（1587—1653），葡萄牙人，天主教传教士。

［W512.2］［W512.3］

T0551 天主教要 满文

abkai ejen i tacihiyan i hešen i bithe

刻本

二册

[W512.2]

T0552 天主教要 满文

abkai ejen i tacihiyan i hešen i bithe

抄本

[W512.1]

T0553 天主教要 满文

abkai ejen i tacihiyan i hešen i bithe

1901年巴黎出版

开本20厘米×14厘米

二册

[W561.1]

T0554 天主教要 满文

abkai ejen i tacihiyan i hešen i bithe

刻本

版框19.4厘米×14.2厘米

一册

[W512.2] [W512.3]

T0555 路加福音 满文

enduringge ewanggiljuma luka i ulaha songkoi

1911年上海铅印本

开本17.5厘米×13.8厘米

一册

[0101]

T0556 马太福音 满文

enduringge ewanggiljuma mattai i ulaha songkoi

一册

[W512.2]

T0557 马太福音 满汉合璧

enduringge ewanggiljuma mattai i ulaha songkoi

1911年上海铅印本

开本20.4厘米×13.5厘米

一册

［0101］

T0558 马可福音　满文

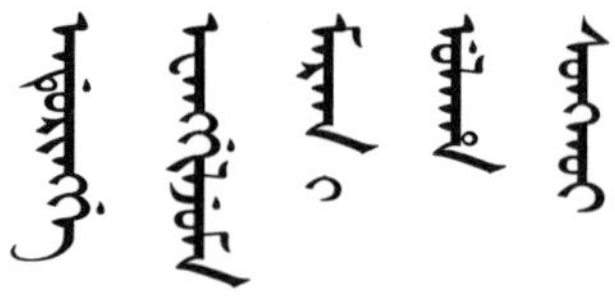

enduringge ewanggiljuma marka i ulaha songkoi

铅印本

开本21.9厘米×16.8厘米

一册

［0101］

T0559 吾主耶稣基督新约圣书二卷　满汉合璧

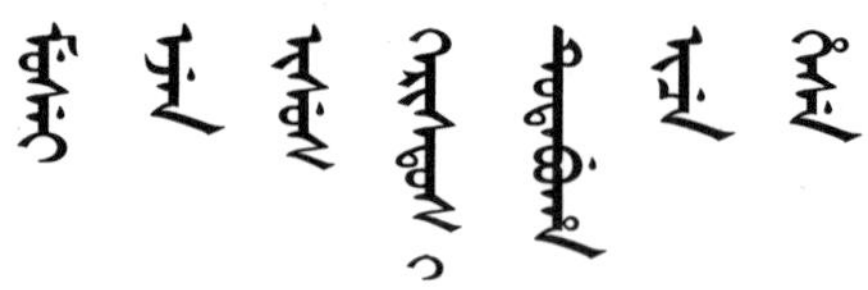

musei ejen isus keristos i tutabuha ice hese

1911年上海圣经公会铅印本

开本20厘米×12厘米

二册

［0101］［0150］［W313.3］［W561.1］

T0560 约翰福音　满文

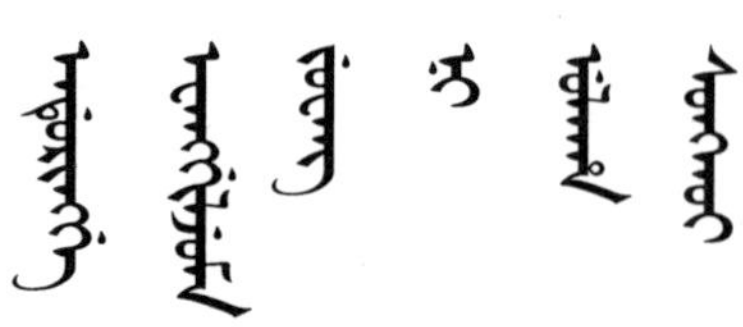

enduringge ewanggiljuma juwang ni ulaha songkoi

1911年上海铅印本

开本17.8厘米×14厘米

一册

［0101］

T0561 新约翰全书　满文

ice hese

铅印本

开本22厘米×15厘米

一册

［0101］［0601］［W561.1］［W712.1］

T0562 新旧约圣书　满文

ice fe hese

铅印本

开本30厘米×18.5厘米

二十册

［W313.2］

T0563 犹太国王总纲经书　满文

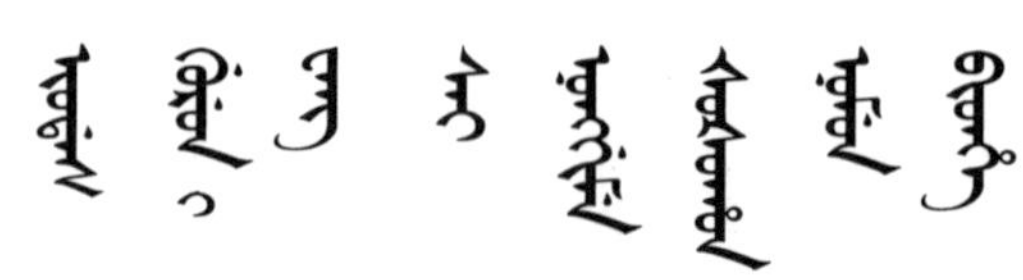

iodas gurun wang i sai nongime šošohon nomun bithe

抄本

此书又名《列王传》，为基督教《旧约》中《列王传》部分内容的满译本。

［W512.6］

T0564 新约圣书 满文

ᡳᠴᡝ ᡥᡝᠰᡝ

ice hese

抄本

八册

［W512.1］

T0565 圣年广益 满文

ᡧᡝᠩ ᠨᡳᠶᠠᠨ ᡤᡠᠸᠠᠩ ᡳ

šeng niyan guwang i

［葡］济体斋 撰

刻本

开本27厘米×21.5厘米

一册

{W512.3}

T0566 天主教信念 满汉合璧

抄本

一册

{W512.1}

T0567 遵主圣范 满汉合璧

抄本

五册

{W512.1}

T0568 性理真诠 满文

ᠰᡳᠩ ᠯᡳ ᠵᡝᠨ ᠴᡳᠣᠸᠠᠨ ᠪᡳᡨᡥᡝ

sing li jen ciowan bithe

［法］孙璋 撰

乾隆十八年（1753）刻本

版框21厘米×17厘米

开本27厘米×19厘米

四册

孙璋（1695—1767），生于法国里昂，耶稣会传教士，1728年来华，精通法文、拉丁文、满文、蒙古文。

本书是从概念命题的角度将中西文化进行辨析比较的专著。

［W512.4］

T0569 轻世金坊 满汉合璧

ᠵᠠᠯᠠᠨ ᠪᡝ ᠸᡝᡳᡥᡠᡴᡝᠯᡝᡵᡝ ᠠᡳᠰᡳᠨ ᡳ ᠪᡳᡨᡥᡝ

jalan be weihukelere aisin i bithe

［葡］阳玛诺 著

抄本

开本28厘米×21厘米

七册

毛装

阳玛诺（1574—1659），字演西，葡萄牙人。明朝万历三十九年（1611）来华于广东韶关传教，被逐归。清初活动于江南，死于杭州。精通天文，著有《天问略》，以问答形式解说天象原理。

[W512.3]

4. 萨满教及其他

T0570 钦定满洲祭神祭天典礼六卷 满文

ᡥᡝᠰᡝᡳ ᡨᠣᡴᡨᠣᠪᡠᡥᠠ ᠮᠠᠨᠵᡠᠰᠠᡳ ᠸᡝᠴᡝᡵᡝ ᠮᡝᡨᡝᡵᡝ ᡴᠣᠣᠯᡳ ᠪᡳᡨᡥᡝ

hesei toktobuha manjusai wecere metere kooli bithe

允禄等 编纂

乾隆十二年（1747）武英殿刻本

版框23.3厘米×17厘米

六册

允禄（1695—1767），圣祖第十六子，承袭庄亲王，后管内务府事和乐部事务，精通数学和乐律。

[0101] [0102] [0150] [0161] [0164] [0185] [0186] [0701] [0703] [W311.1] [W313.2] [W313.3] [W512.1] [W512.2] [W516.1] [W561.1] [W565.1] [W712.1] [W712.2]

T0571 钦定满洲祭神祭天典礼六卷 满文

ᡥᡝᠰᡝᡳ ᡨᠣᡴᡨᠣᠪᡠᡥᠠ ᠮᠠᠨᠵᡠᠰᠠᡳ ᠸᡝᠴᡝᡵᡝ ᠮᡝᡨᡝᡵᡝ ᡴᠣᠣᠯᡳ ᠪᡳᡨᡥᡝ

hesei toktobuha manjusai wecere metere kooli bithe

允禄等 撰

金九经 编校

1935年姜园精舍铅印本

开本17.7厘米×13.5厘米

三册

[0141] [0161] [0164] [0168] [0185]

T0572 钦定满洲祭神祭天典礼六卷 满文

ᡥᡝᠰᡝᡳ ᡨᠣᡴᡨᠣᠪᡠᡥᠠ ᠮᠠᠨᠵᡠᠰᠠᡳ ᠸᡝᠴᡝᡵᡝ ᠮᡝᡨᡝᡵᡝ ᡴᠣᠣᠯᡳ ᠪᡳᡨᡥᡝ

hesei toktobuha manjusai wecere metere kooli bithe

抄本

开本26.8厘米×19.5厘米

六册

[0102]

T0573 钦定满洲祭神祭天典礼六卷 满文

ᡥᡝᠰᡝᡳ ᡨᠣᡴᡨᠣᠪᡠᡥᠠ ᠮᠠᠨᠵᡠᠰᠠᡳ ᠸᡝᠴᡝᡵᡝ ᠮᡝᡨᡝᡵᡝ ᡴᠣᠣᠯᡳ ᠪᡳᡨᡥᡝ

hesei toktobuha manjusai wecere metere kooli bithe

允禄等 撰

抄本

六册

[0141]

T0574 钦定满洲祭神祭天典礼　满文

hesei toktobuha manjusai wecere metere kooli bithe

允禄等 撰

抄本

六册

[W512.1]

T0575 满洲祭祀条例一卷　满文

manjusai wecere metere kooli bithe

抄本

此书又名《清字祭祀书》，为乾隆时期编撰，内容为萨满祭祀仪式流程，附有图。

[W512.5]

T0576 满洲祭祀条例　满文

manjusai wecere metere kooli bithe

开本30厘米×19.5厘米

六册

[W313.2]

T0577 满洲祭祀条例礼器图　满文

manjusai wecere metere kooli bithe i dorolon tetun i nirugan

刻本

开本22.2厘米×16.7厘米

一册

[0186]

T0578 祭祀条规　满蒙汉合璧

wecere metere kooli bithe

抄本

开本17厘米×14.2厘米

一册

[0101]

T0579 满洲祭祀图说　满文

manjusai wecere metere nirugan suhe gisun i bithe

抄本

25厘米×19.1厘米

二册

[0101]

T0580 满洲祭祀全书　满汉合璧

manjusai wecere metere yongkiyaha bithe

常清 录

影印本

开本22.8厘米×15.4厘米

二册

据乾隆三十六年（1771）抄本影印

［0101］

T0581 祀事孔明　满汉合璧

wecere baita be ejehe kung ming sere bithe

铭敦 撰

光绪十九年（1893）刻本

开本17.8厘米×10.4厘米

一册

此书版心题名《叶赫那拉氏祭祀礼节》，内容为叶赫那拉氏祭祀文及满洲正白旗叶赫那拉氏祭祀礼节。

［0703］［W313.2］

T0582 祝版汇抄四卷　满文

wecere gisun be isabume sarkiyaha bithe

光绪十九年（1893）重抄本

开本20.5厘米×12.6厘米

四册

本书系清帝祭祀的祝版文书汇抄集。祝版为一种木板式祭祀文书，是举行祭典时宣读的祝辞，由太常寺读祝官用满语宣读。本书为抄录光绪朝皇太后、皇帝祝辞而成。卷一为大祀祝文，包括社稷、太岁、冬至等祭祀祝辞。卷二为中祀祝文，包括关帝、孔庙等祭祀祝辞。卷三、卷四为群祀祝文，包括昆明湖龙神、河神庙等祭祀祝辞。

封面汉文书名为《祝礼列传》。

［0101］

T0583 祭祀祝辞　满文

光绪八年（1882）抄本

一册

{W512.1}

T0584 萨满祭祀文　满文

☆

saman wecere metere bithe

光绪年间抄本

一册

［W512.1］

T0585 萨满念杆清汉表文　满汉合璧

saman somo i jakade jalbarire bithe

抄本

一册

经折装

[0101]

T0586 叶赫伊拉里氏跳神典礼 满汉合璧

ᠶᡝᡥᡝ ᠪᠠᡩᡝ ᡳᠯᠠᡵᡳ ᡥᠠᠯᠠ ᡳ ᡧᠠᠮᠰᠠᠮᡝ ᠸᡝᠴᡝᡵᡝ ᡴᠣᠣᠯᡳ ᡳ ᠪᡳᡨᡥᡝ

yehe bade ilari hala i šamsame wecere kooli i bithe

抄本

一册

[0101]

T0587 野神祭祀册 满文

ᠪᡳᡤᠠᠨ ᡝᠨᡩᡠᡵᡳ ᠪᡝ ᠸᡝᠴᡝᡵᡝ ᡝᠨᡩᡠᡵᡳ ᡠᠴᡠᠨ ᠪᡳᡨᡥᡝ

bigan enduri be wecere enduri ucun bithe

抄本

开本25厘米×16厘米

一册

毛装

本书为萨满教野祭曲本，野祭也称大祭，即祭祀山川动物等野神。书中用汉字拼写满文。

[S4001]

T0588 野神祭祀神谱 ☆ 满文

ᠪᡳᡤᠠᠨ ᡝᠨᡩᡠᡵᡳ ᠪᡝ ᠸᡝᠴᡝᡵᡝ ᡝᠨᡩᡠᡵᡳ ᡠᠴᡠᠨ ᠪᡳᡨᡥᡝ

bigan enduri be wecere enduri ucun bithe

抄本

开本24.5厘米×15.3厘米

一册

毛装

书中用汉字拼写满文

[S4001]

T0589 关氏萨满神曲 满文

ᡤᡠᠸᠠᡵᡤᡳᠶᠠ ᡥᠠᠯᠠ ᡳ ᠰᠠᠮᠠᠨ ᡳ ᡝᠨᡩᡠᡵᡳ ᡠᠴᡠᠨ ᠪᡳᡨᡥᡝ

guwargiya hala i saman i enduri ucun bithe

咸丰十年（1860）抄本

开本24厘米×18厘米

一册

毛装

[S4001]

T0590 郎氏家祭萨满神歌 满文

ᠨᡳᠣᡥᡠᡵᡠ ᡥᠠᠯᠠ ᡳ ᠰᠠᠮᠠᠨ ᡳ ᡝᠨᡩᡠᡵᡳ ᡠᠴᡠᠨ ᠪᡳᡨᡥᡝ

niohuru hala i saman i enduri ucun bithe

抄本

开本24厘米×13厘米

一册

毛装

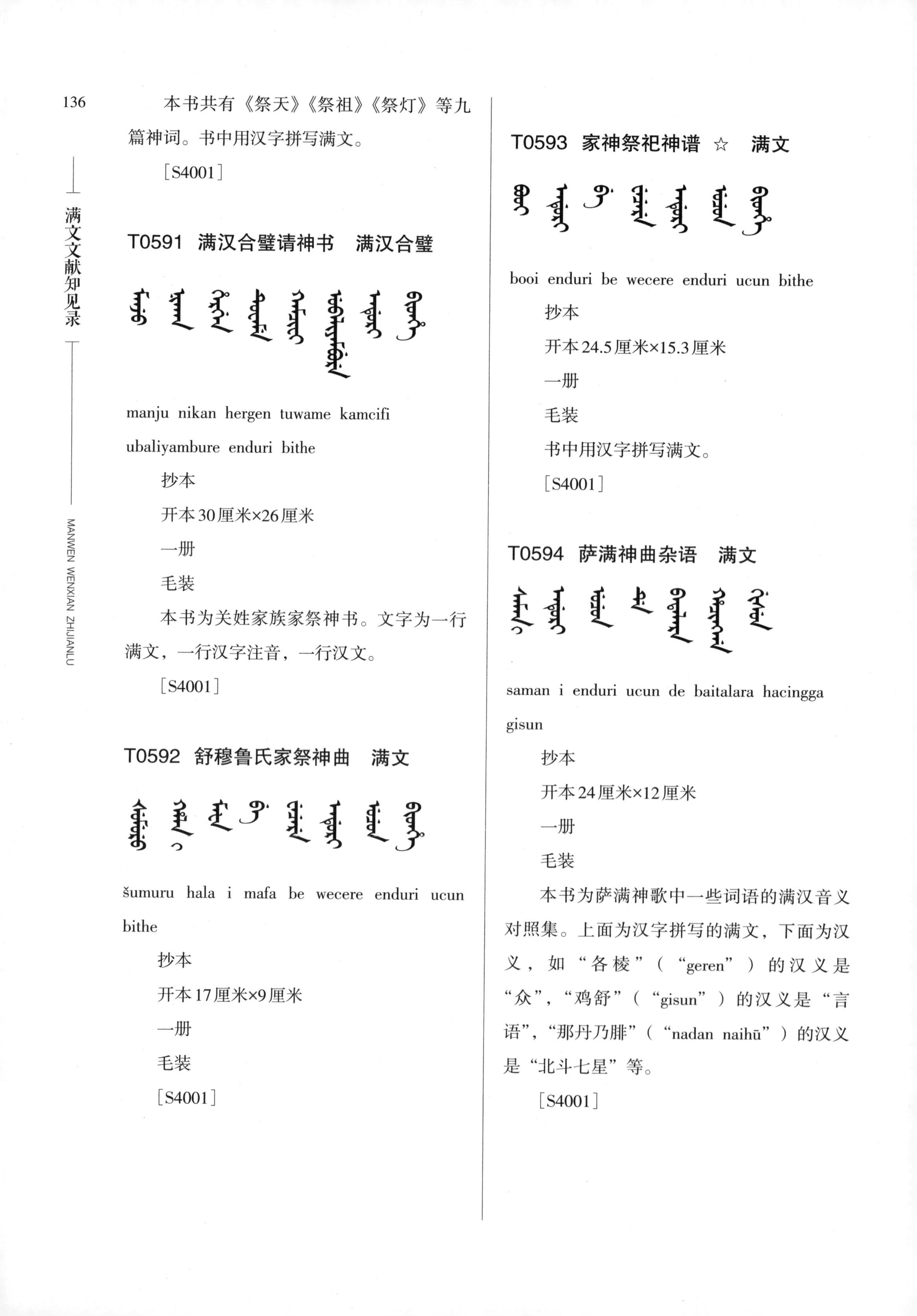

本书共有《祭天》《祭祖》《祭灯》等九篇神词。书中用汉字拼写满文。

［S4001］

T0591 满汉合璧请神书　满汉合璧

manju nikan hergen tuwame kamcifi ubaliyambure enduri bithe

抄本

开本30厘米×26厘米

一册

毛装

本书为关姓家族家祭神书。文字为一行满文，一行汉字注音，一行汉文。

［S4001］

T0592 舒穆鲁氏家祭神曲　满文

šumuru hala i mafa be wecere enduri ucun bithe

抄本

开本17厘米×9厘米

一册

毛装

［S4001］

T0593 家神祭祀神谱 ☆　满文

booi enduri be wecere enduri ucun bithe

抄本

开本24.5厘米×15.3厘米

一册

毛装

书中用汉字拼写满文。

［S4001］

T0594 萨满神曲杂语　满文

saman i enduri ucun de baitalara hacingga gisun

抄本

开本24厘米×12厘米

一册

毛装

本书为萨满神歌中一些词语的满汉音义对照集。上面为汉字拼写的满文，下面为汉义，如“各棱”（“geren”）的汉义是“众”，“鸡舒”（“gisun”）的汉义是“言语”，“那丹乃腓”（“nadan naihū”）的汉义是“北斗七星”等。

［S4001］

T0595 神主之书 满文

weceku enduri i bithe

光绪十一年（1885）抄本（复印件）

开本24厘米×17厘米

一册

毛装

［S4001］

T0596 关姓神曲 满文

guwargiya hala i enduri ucun bithe

光绪十八年（1892）抄本（复印件）

开本24厘米×15厘米

一册

毛装

［S4001］

T0597 火祭神书 满文

tuwai enduri be wecere bithe

抄本（复印件）

开本28厘米×18厘米

一册

本书根据光绪十六年（1890）库伦七姓神册整理而成。书中用汉字拼写满文。

［S4001］

T0598 祭祖神谱 满文

mafa be wecere enduri ucun bithe

抄本（复印件）

开本25.5厘米×18.5厘米

一册

［S4001］

T0599 杨姓祭祖神书 满文

yang hala i mafa be wecere enduri bithe

抄本（复印件）

开本22厘米×11厘米

一册

毛装

本书用汉字拼写满文，内容涉及萨满祭祀中的家祭和野祭。

［S4001］

T0600 敬仪神书 满文

wecere enduri ucun bithe

抄本（复印件）

开本17厘米×12厘米

一册

本书用汉字拼写满文。

［S4001］

T0601 尼玛察氏萨满栽立本 满文

ᠨᡳᠮᠠᠴᠠ ᡥᠠᠯᠠ ᡳ ᠰᠠᠮᠠᠨ ᠪᠠᡳᡨᠠᠯᠠᡵᠠ ᡥᠠᠴᡳᠩᡤᠠ ᡤᡳᠰᡠᠨ

nimaca hala i saman baitalara hacingga gisun

抄本（复印件）

开本22厘米×10厘米

一册

本书为萨满神歌的满汉对照词汇本。书中用汉字拼写满文。

［S4001］

5. 术数、迷信

T0602 玄天上帝垂训 满文

ᡥᡳᠣᠸᠠᠨ ᡨᡳᠶᠠᠨ ᡧᠠᠩ ᡩᡳ ᡳ ᡨᡠᡨᠠᠮᠪᡠᡥᠠ ᡨᠠᠴᡳᡥᡳᠶᠠᠨ ᠪᡳᡨᡥᡝ

hiowan tiyan šang di i tutambuha tacihiyan bithe

同治七年（1868）刻本

开本21.5厘米×13厘米

一册

［0601］

T0603 玉历抄传 满文

ᡳᠣᡳ ᠯᡳ ᠪᡳᡨᡥᡝ

ioi li bithe

石印本

开本17.5厘米×11.6厘米

一册

此书通称《玉历宝钞》，以阴间地府、因果报应为内容，在民间影响较大，始于清雍正年间。

［0168］

T0604 指迷金箴 满汉蒙合璧

ᠵᡟ ᠮᡳ ᡤᡳᠨ ᠵᡝᠨ ᠪᡳᡨᡥᡝ

jy mi gin jen bithe

石印本

开本16厘米×11厘米

一册

［0101］［0703］

T0605 御制星历考原六卷 满文

ᡥᠠᠨ ᡳ ᠠᡵᠠᡥᠠ ᠰᡳᠩ ᠯᡳ ᠺᠠᠣ ᠶᡠᠸᠠᠨ ᠪᡳᡨᡥᡝ

han i araha sing li k'ao yuwan bithe

精写本

开本27厘米×12.5厘米

六册

本书系占星术著作，以曹振圭所著《历

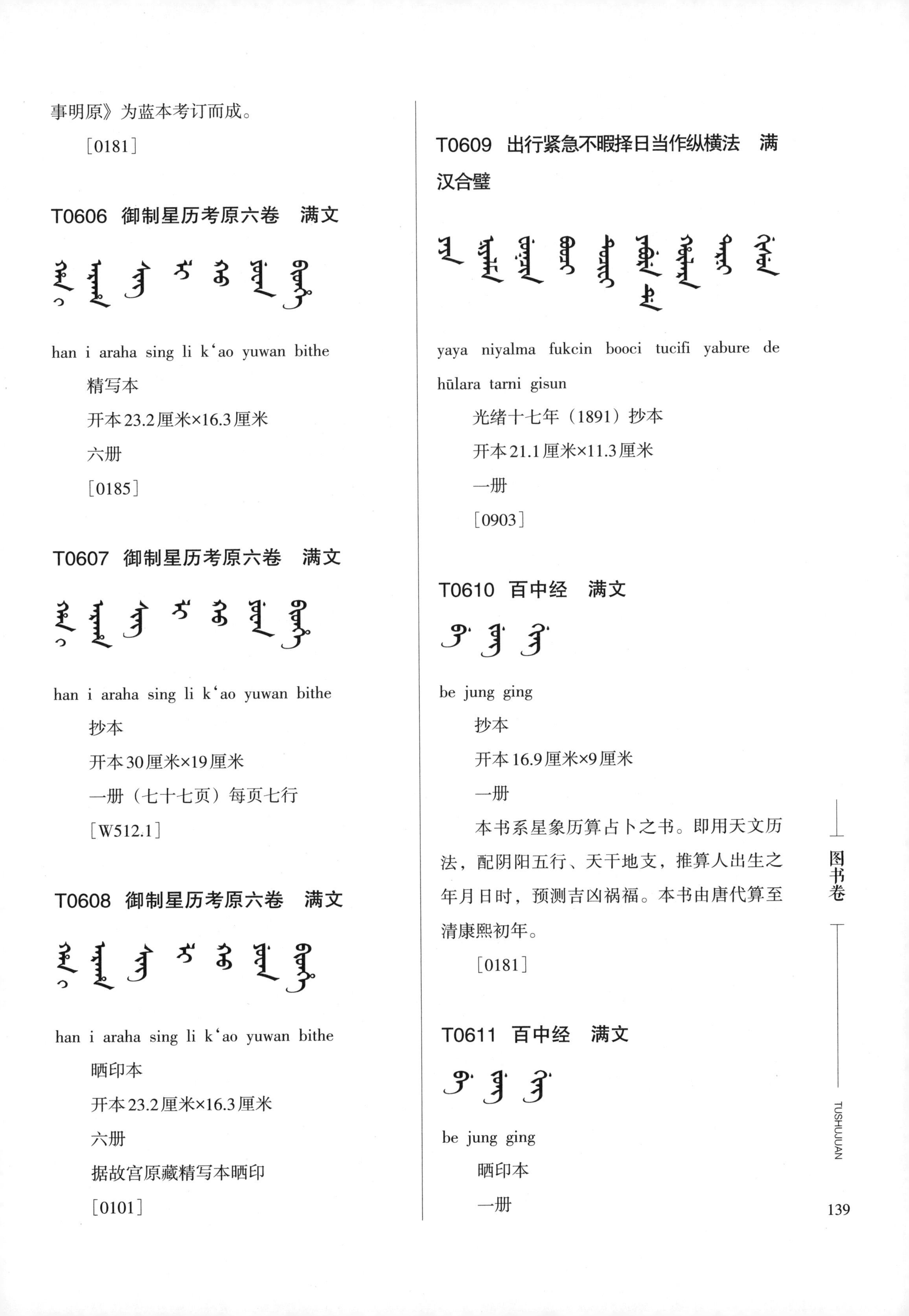

事明原》为蓝本考订而成。

[0181]

T0606 御制星历考原六卷　满文

han i araha sing li k'ao yuwan bithe

精写本

开本23.2厘米×16.3厘米

六册

[0185]

T0607 御制星历考原六卷　满文

han i araha sing li k'ao yuwan bithe

抄本

开本30厘米×19厘米

一册（七十七页）每页七行

[W512.1]

T0608 御制星历考原六卷　满文

han i araha sing li k'ao yuwan bithe

晒印本

开本23.2厘米×16.3厘米

六册

据故宫原藏精写本晒印

[0101]

T0609 出行紧急不暇择日当作纵横法　满汉合璧

yaya niyalma fukcin booci tucifi yabure de hūlara tarni gisun

光绪十七年（1891）抄本

开本21.1厘米×11.3厘米

一册

[0903]

T0610 百中经　满文

be jung ging

抄本

开本16.9厘米×9厘米

一册

本书系星象历算占卜之书。即用天文历法，配阴阳五行、天干地支，推算人出生之年月日时，预测吉凶祸福。本书由唐代算至清康熙初年。

[0181]

T0611 百中经　满文

be jung ging

晒印本

一册

据故宫博物院藏抄本晒印

[0101]

T0612 裁衣日 满文

ᡝᡨᡠᡴᡠ ᠸᠠᡳᡨᠠᠴᡳ ᠰᠠᡳᠨ ᡝᡥᡝ ᡳᠨᡝᠩᡤᡳ

etuku waitaci sain ehe inenggi

抄本

开本21.5厘米×16厘米

一册

本书系星相占卜类择吉书。书分五节，一为裁衣吉凶日，二为洗头吉凶日，三为插帐吉凶日，四为观自热，五为观心慌。

[0181]

T0613 裁衣日 满文

ᡝᡨᡠᡴᡠ ᠸᠠᡳᡨᠠᠴᡳ ᠰᠠᡳᠨ ᡝᡥᡝ ᡳᠨᡝᠩᡤᡳ

etuku waitaci sain ehe inenggi

晒印本

一册

据故宫博物院藏抄本晒印

[0101]

T0614 观嫁娶吉凶日书 ☆ 满文

ᡠᡵᡠᠨ ᡤᠠᡳᡵᡝ ᠰᠠᡵᡤᠠᠨ ᠵᡠᡳ ᠪᡠᡵᡝ ᠰᠠᡳᠨ ᡝᡥᡝ ᡳᠨᡝᠩᡤᡳ ᠪᡝ ᡨᡠᠸᠠᡵᠠ ᠪᡳᡨᡥᡝ

urun gaire sargan jui bure sain ehe inenggi be tuwara bithe

抄本

开本21.4厘米×11.5厘米

一册

[0903]

T0615 历事明原五卷 满文

ᡥᡡᠸᠠᠩᠯᡳ ᡳ ᡥᠠᠴᡳᠨ ᡳ ᡩᠠ ᠪᡝ ᡤᡝᡨᡠᡴᡝᠯᡝᡥᡝ ᠪᡳᡨᡥᡝ

hūwangli i hacin i da be getukelehe bithe

曹振圭 撰

抄本

开本30.8厘米×20厘米

五册

[0181]残 [0185]

T0616 麻衣相书 满文

ᠮᠠ ᡳ ᡳ ᠴᡳᡵᠠ ᠪᡝ ᡨᡠᠸᠠᡵᠠ ᠪᡳᡨᡥᡝ

ma i i cira be tuwara bithe

抄本

开本27.9厘米×18.8厘米

五册

有图

[0703]

T0617 奇门　满文

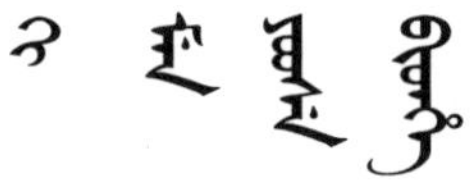

ki men yoose bithe

抄本

开本21厘米×16.7厘米

一册

［0601］

T0618 奇门　满汉合璧

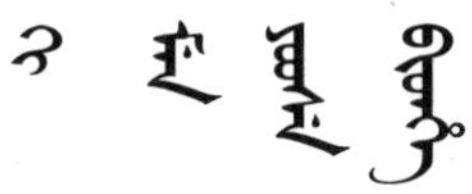

ki men yoose bithe

抄本

开本28厘米×22.3厘米

一册（存一卷）

［0703］

T0619 前定数二卷　满文

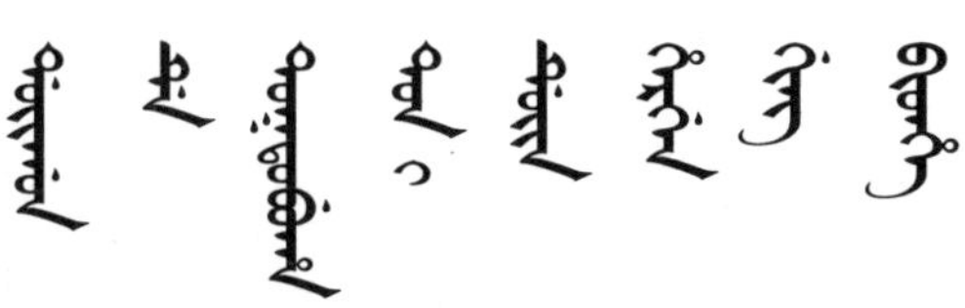

doigon de toktobuha ton i duin hergen ging bithe

题 鬼谷子 撰

抄本

开本19厘米×13.2厘米

二册

本书系用阴阳八卦预测命运的占卜书，书的后半部分附有六十四卦图解。

［0181］

T0620 前定数　满文

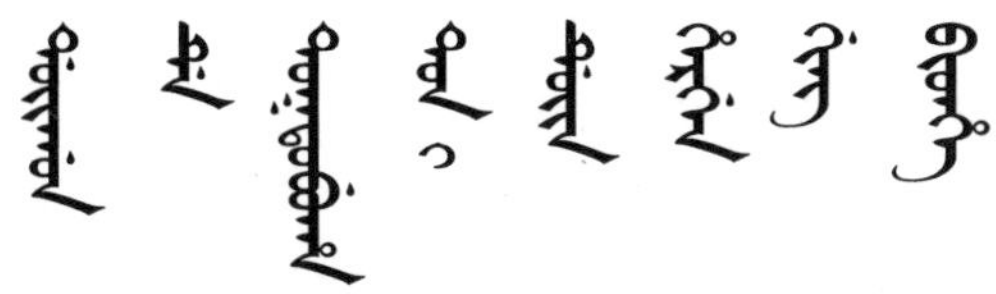

doigon de toktobuha ton i duin hergen ging bithe

晒印本

二册

据故宫博物院藏抄本晒印

［0101］

T0621 僧道鬼神录　满文

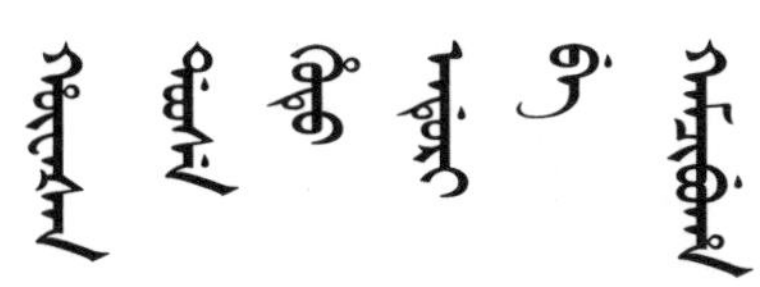

hūwašan doose hutu enduri be kamcibuha

抄本

开本25.4厘米×14.2厘米

一册

［0703］

T0622 天文图说　满文

abkai šu i nirugan be suhe bithe

抄本

开本24.8厘米×15.7厘米

二册

本书系以天文、星相、气象预兆人世间吉凶祸福之测命书。

[0101]

T0623 天文职掌 满文

abkai šu i ejelefi kadalara bithe

抄本

一册

本书又名《天文星宿记考》，系讲述天文星宿所司职能的著作。

[0181]

T0624 天文职掌 满文

abkai šu i ejelefi kadalara bithe

晒印本

开本23.5厘米×17.2厘米

一册

据故宫博物院藏抄本晒印

[0101]

T0625 相命书 ☆ 满文

hesebun tuwara bithe

抄本

开本25.2厘米×18.5厘米

一册

[0903]

T0626 星命须知二卷 满文

usiha hesebun be tuwara de urunakū sara bithe

抄本

开本17.9厘米×11.6厘米

二册

本书系以星象测命的占星术著作。

[0181]

T0627 星命须知 满文

usiha hesebun be tuwara de urunakū sara bithe

晒印本

开本19.1厘米×13.2厘米

二册

据故宫博物院藏抄本晒印

[0101]

T0628 一撮金　满文

ᡳ ᡮᠣ ᡤᡳᠨ ᠪᡳᡨᡥᡝ

i ts‘o gin bithe

抄本

开本29.8厘米×19.2厘米

一册

本书内容为占卜之类。

［0185］

T0629 玉匣记四卷　满文

ᡳᠣᡳ ᡥᡳᠶᠠ ᡤᡳ ᡳ ᠪᡳᡨᡥᡝ

ioi hiya gi i bithe

抄本

27.4厘米×20.8厘米

一册

《玉匣记》是一部集各类占卜之术的代表作，相传为东晋道士许逊所著，明清时期颇为流行。

许逊，字敬之，东晋著名道士，道教净明派祖师。

［0101］

T0630 玉匣记四卷　满文

ᡳᠣᡳ ᡥᡳᠶᠠ ᡤᡳ ᡳ ᠪᡳᡨᡥᡝ

ioi hiya gi i bithe

抄本

开本30.6厘米×30.5厘米

四册

［0181］

T0631 玉匣记四卷　满文

ᡳᠣᡳ ᡥᡳᠶᠠ ᡤᡳ ᡳ ᠪᡳᡨᡥᡝ

ioi hiya gi i bithe

抄本

开本30.6厘米×30.5厘米

四册

［0185］

T0632 许真君玉匣记　满文

ᡥᡳᠣᡳ ᠵᡝᠨ ᡤᡳᠶᡠᠨ ᡳ ᡳᠣᡳ ᡥᡳᠶᠠ ᡤᡳ ᡳ ᠪᡳᡨᡥᡝ

hioi jen giyun i ioi hiya gi i bithe

〔晋〕许逊 著

抄本

开本49厘米×34厘米

一册（一百三十页）　半页十三行

［W512.3］

T0633 渊海子平　满文

ᠶᡠᠸᠠᠨ ᡥᠠᡳ ᡯᡳ ᡦᡳᠩ ᠪᡳᡨᡥᡝ

yuwan hai dzi ping bithe

〔宋〕徐大升 撰

天命二年（1617）抄本

开本29.9厘米×19.7厘米

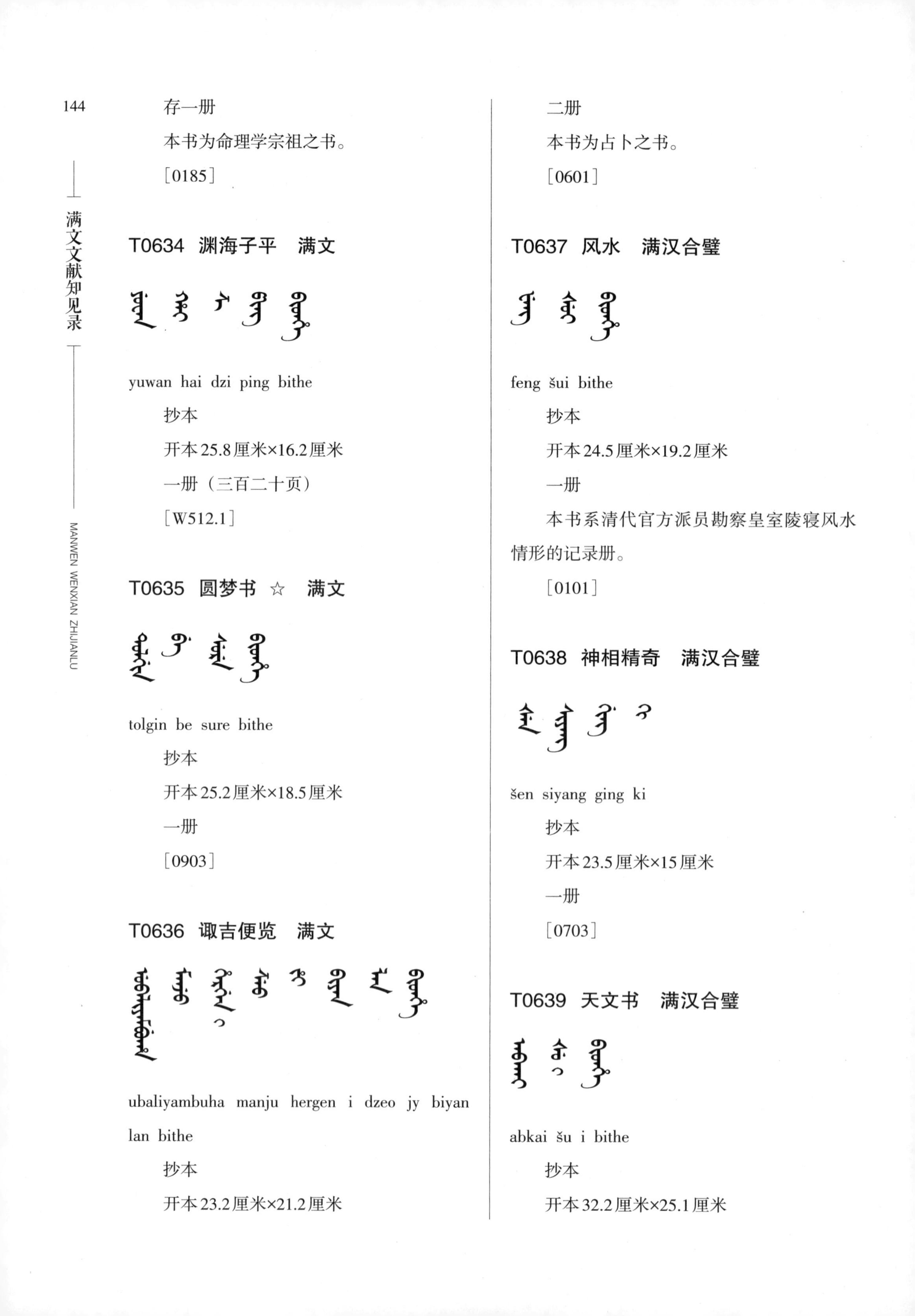

存一册

本书为命理学宗祖之书。

[0185]

T0634 渊海子平 满文

yuwan hai dzi ping bithe

抄本

开本25.8厘米×16.2厘米

一册（三百二十页）

[W512.1]

T0635 圆梦书 ☆ 满文

tolgin be sure bithe

抄本

开本25.2厘米×18.5厘米

一册

[0903]

T0636 诹吉便览 满文

ubaliyambuha manju hergen i dzeo jy biyan lan bithe

抄本

开本23.2厘米×21.2厘米

二册

本书为占卜之书。

[0601]

T0637 风水 满汉合璧

feng šui bithe

抄本

开本24.5厘米×19.2厘米

一册

本书系清代官方派员勘察皇室陵寝风水情形的记录册。

[0101]

T0638 神相精奇 满汉合璧

šen siyang ging ki

抄本

开本23.5厘米×15厘米

一册

[0703]

T0639 天文书 满汉合璧

abkai šu i bithe

抄本

开本32.2厘米×25.1厘米

一册

本书内容为根据太阳变化（黑子、云彩、虹圈、颜色、日食）进行占卜的方法。书中附图。

［0703］

四、法律

T0640 大清律 满文

daicing gurun i fafun i bithe

乾隆三十三年（1768）武英殿刻本

四十册

［0181］

T0641 大清律 满文

daicing gurun i fafun i bithe

刻本

版框36.5厘米×23厘米

存十册

［0187］

T0642 大清律四十七卷 满文

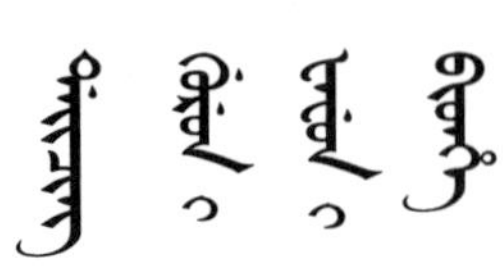

daicing gurun i fafun i bithe

刻本

版框29.9厘米×21.3厘米

存十三卷（第二十六至三十六、第四十六至四十七卷）

［0703］十二册 ［W311.1］

T0643 大清律四十七卷 满文

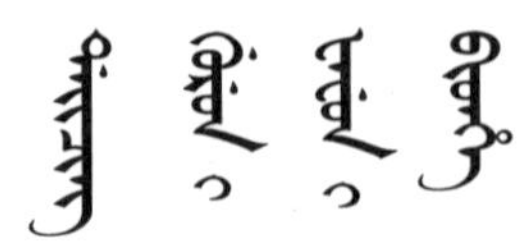

daicing gurun i fafun i bithe

刻本

版框31.2厘米×29.9厘米

存六册十四卷（第一至三、第十八至二十八卷）

［0703］

T0644 大清律例四十一卷 满文

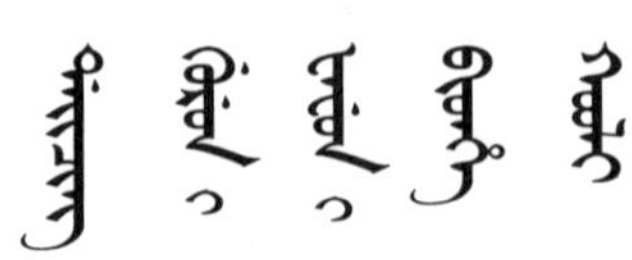

daicing gurun i fafun i bithe kooli

三泰等 编纂

乾隆五年（1740）武英殿刻本

版框29.5厘米×21厘米

三十二册

［0185］［0601］［0661］

T0645 大清律例四十七卷　满文

ᡩᠠᡳᠴᡳᠩ ᡤᡠᡵᡠᠨ ᡳ ᡶᠠᡶᡠᠨ ᡳ ᠪᡳᡨᡥᡝ ᡴᠣᠣᠯᡳ

daicing gurun i fafun i bithe kooli

徐本等 编纂

乾隆三十三年（1768）武英殿刻增修本

开本30厘米×21厘米

存十八册四十卷

徐本（1683—1741），浙江钱塘（今杭州）人，字立人，号是斋。官至东阁大学士、军机大臣，并任律例馆总裁。

[0168] [0181] [0701] [0703]

[W311.1] [W313.1] [W313.2] [W712.1]

T0646 大清律例四十七卷　满文

ᡩᠠᡳᠴᡳᠩ ᡤᡠᡵᡠᠨ ᡳ ᡶᠠᡶᡠᠨ ᡳ ᠪᡳᡨᡥᡝ ᡴᠣᠣᠯᡳ

daicing gurun i fafun i bithe kooli

董浩等 编纂

嘉庆七年（1802）武英殿刻增修本

开本29.7厘米×20.7厘米

四十册

毛装

董浩（1740—1818），浙江富阳人，字雅伦，号蔗林。曾任户部尚书、军机大臣、《四库全书》副总裁。

[0701] [0703]存十七册　[W565.1]

T0647 大清律例四十一卷　满文

ᡩᠠᡳᠴᡳᠩ ᡤᡠᡵᡠᠨ ᡳ ᡶᠠᡶᡠᠨ ᡳ ᠪᡳᡨᡥᡝ ᡴᠣᠣᠯᡳ

daicing gurun i fafun i bithe kooli

精写本

存八册八卷

[0141]

T0648 大清律例四十七卷　满文

ᡩᠠᡳᠴᡳᠩ ᡤᡠᡵᡠᠨ ᡳ ᡶᠠᡶᡠᠨ ᡳ ᠪᡳᡨᡥᡝ ᡴᠣᠣᠯᡳ

daicing gurun i fafun i bithe kooli

抄本

开本24.5厘米×18.3厘米

存四册

[0703]

T0649 大清律集解附例三十卷　满文

ᡩᠠᡳᠴᡳᠩ ᡤᡠᡵᡠᠨ ᡳ ᡶᠠᡶᡠᠨ ᡳ ᠪᡳᡨᡥᡝ ᠰᡠᡥᡝ ᡥᡝᡵᡤᡝᠨ ᠰᡳᠨᡩᠠᡶᡳ ᡴᠣᠣᠯᡳ ᠪᡝ ᡴᠠᠮᠴᡳᡥᠠᠪᡳ

daicing gurun i fafun i bithe suhe hergen sindafi kooli be kamcihabi

刚林等 编纂

顺治三年（1646）刻本

版框31.7厘米×20.9厘米

存十册

[0185] [W311.1]

T0650 大清律集解附例三十卷 满文

daicing gurun i fafun i bithe suhe hergen sindafi kooli be kamcibuhabi

刚林等 编纂

冯普等 修订

康熙九年（1670）内府刻本

版框30.7厘米×20.9厘米

存十册

［0181］［W561.1］［W565.1］

T0651 大清律集解附例三十六卷 满文

daicing gurun i fafun i bithe suhe hergen sindafi kooli be kamcibuhabi

朱轼等 编纂

雍正三年（1725）武英殿刻本

版框30.7厘米×20.6厘米

存二十册

朱轼（1665—1736），江西高安人，字若瞻，号可亭。官至浙江巡抚、文华殿大学士，任《世宗实录》总裁。

［0101］

T0652 大清律集解附例 满文

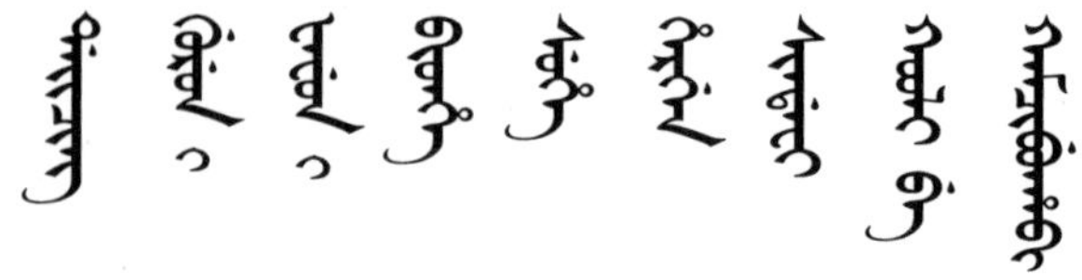

daicing gurun i fafun i bithe suhe hergen sindafi kooli be kamcibuhabi

雍正年间刻本

［W311.1］

T0653 大清律集解附例三十卷 满文

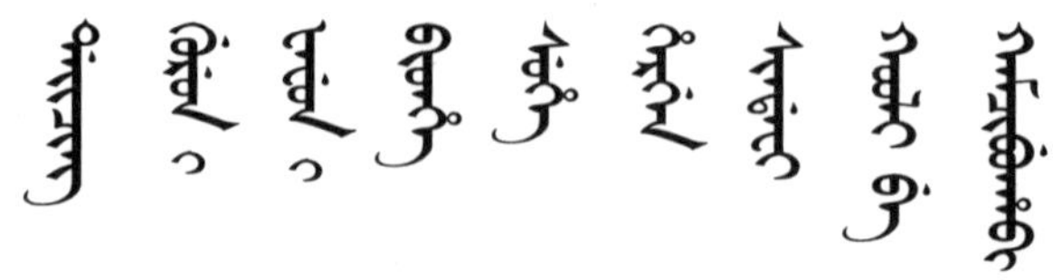

daicing gurun i fafun i bithe suhe hergen sindafi kooli be kamcihabi

刚林等 编纂

顺治年间抄本

存十册

黄绫封面

［0181］

T0654 大清律集解附例三十卷 满文

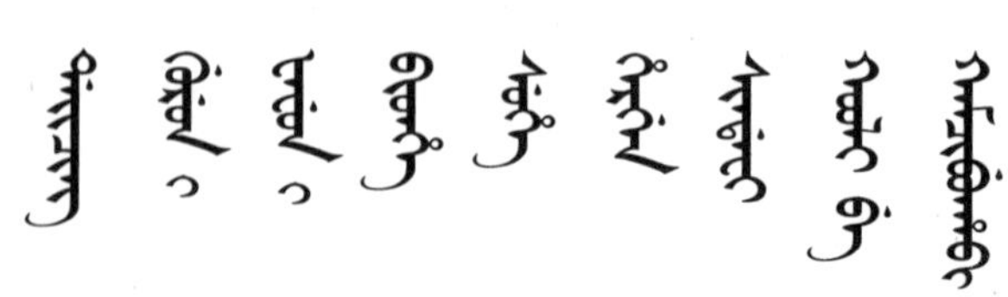

daicing gurun i fafun i bithe suhe hergen sindafi kooli be kamcibuhabi

刚林等 编纂

冯普等 修订

康熙九年（1670）抄本

存二十三册十七卷

［0101］

T0655 大清律纂修条例二卷　满文

ᡩᠠᡳᠴᡳᠩ ᡤᡠᡵᡠᠨ ᡳ ᡶᠠᡶᡠᠨ ᡳ ᠪᡳᡨᡥᡝ ᠪᠠᠨᠵᡳᠪᡠᠮᡝ ᠠᡵᠠᡥᠠ ᡴᠣᠣᠯᡳ ᡥᠠᠴᡳᠨ

daicing gurun i fafun i bithe banjibume araha kooli hacin

允禄等 编纂

乾隆二十六年（1761）武英殿刻本

版框30.4厘米×21.3厘米

二册

［0181］［0701］毛装

T0656 大清律纂修条例二卷　满文

ᡩᠠᡳᠴᡳᠩ ᡤᡠᡵᡠᠨ ᡳ ᡶᠠᡶᡠᠨ ᡳ ᠪᡳᡨᡥᡝ ᠪᠠᠨᠵᡳᠪᡠᠮᡝ ᠠᡵᠠᡥᠠ ᡴᠣᠣᠯᡳ ᡥᠠᠴᡳᠨ

daicing gurun i fafun i bithe banjibume araha kooli hacin

刘统勋等 编纂

乾隆三十七年（1772）武英殿刻本

版框29.4厘米×20.9厘米

二册

刘统勋（1699—1773），山东诸城人，字延清，号尔钝。官至吏部尚书、军机大臣、东阁大学士，任尚书房总师傅，教习诸皇子。

［0181］［0701］［W565.1］

T0657 大清律纂修条例　满文

ᡩᠠᡳᠴᡳᠩ ᡤᡠᡵᡠᠨ ᡳ ᡶᠠᡶᡠᠨ ᡳ ᠪᡳᡨᡥᡝ ᠪᠠᠨᠵᡳᠪᡠᠮᡝ ᠠᡵᠠᡥᠠ ᡴᠣᠣᠯᡳ ᡥᠠᠴᡳᠨ

daicing gurun i fafun i bithe banjibume araha kooli hacin

阿桂等 撰

乾隆四十七年（1782）武英殿刻本

版框30.2厘米×21.4厘米

一册

阿桂（1717—1797），正白旗满洲人，字广庭，号云岩。历任伊犁将军、云贵总督、兵部尚书、吏部尚书，官至武英殿大学士、军机大臣。

［0101］毛装［0181］

T0658 大清律纂修条例六卷　满文

ᡩᠠᡳᠴᡳᠩ ᡤᡠᡵᡠᠨ ᡳ ᡶᠠᡶᡠᠨ ᡳ ᠪᡳᡨᡥᡝ ᠪᠠᠨᠵᡳᠪᡠᠮᡝ ᠠᡵᠠᡥᠠ ᡴᠣᠣᠯᡳ ᡥᠠᠴᡳᠨ

daicing gurun i fafun i bithe banjibume araha kooli hacin

弘昼等 编纂

乾隆年间殿刻本

版框30.4厘米×20.5厘米

六册

毛装

弘昼（1711—1765），爱新觉罗氏，清世宗第五子，封和亲王，曾领办苗疆（即我国西南云贵一带地方）事务。

此书分别于乾隆八年（1743）、乾隆十一年（1746）、乾隆十六年（1751）刊印。

［0181］［0701］

T0659 大清律纂修条例六卷　满文

daicing gurun i fafun i bithe banjibume araha kooli hacin

刘统勋等 编纂

内府写本

开本21厘米×16厘米

六册

［0181］

T0660 大清律续纂条例二卷　满文

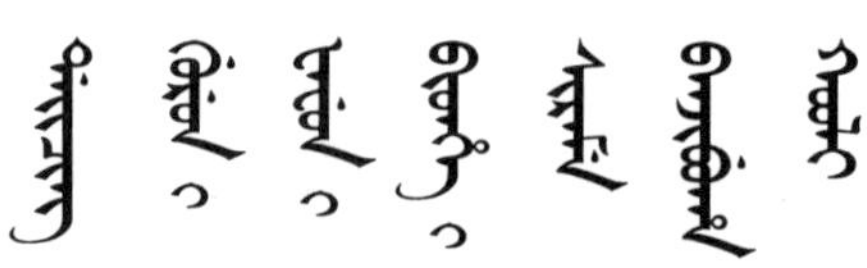

daicing gurun i fafun i bithe i sirame banjibuha kooli

来保等 撰

乾隆五至七年（1740—1742）武英殿刻本

版框30.6厘米×20.7厘米

二册

来保（1681—1764），喜塔腊氏，字学圃，正白旗满洲人。历任工、刑、吏、礼等部尚书，官至武英殿大学士、军机大臣。

［0101］［0168］

T0661 大清律续纂条例　满文

daicing gurun i fafun i bithe i sirame banjibuha kooli

乾隆八至十六年（1743—1751）刻本

六册

［W311.1］

T0662 大清律续纂条例二卷　满文

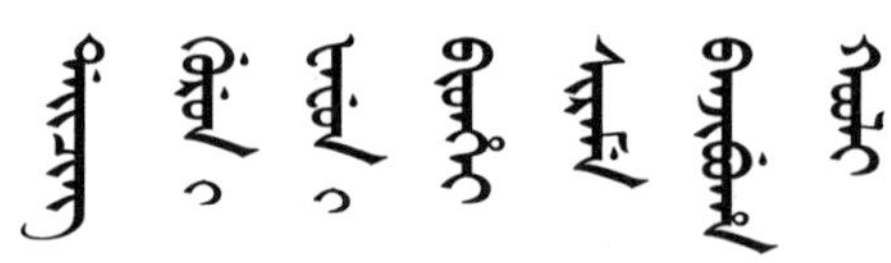

daicing gurun i fafun i bithei sirame banjibuha kooli

舒赫德等 撰

乾隆二十六年（1761）武英殿刻本

版框35.8厘米×23厘米

二册

舒赫德（1710—1777），舒穆鲁氏，字伯容，正白旗满洲人。官至武英殿大学士、军机大臣。

［0181］［0701］［W311.1］

T0663 大清律续纂条例总类二卷 满文

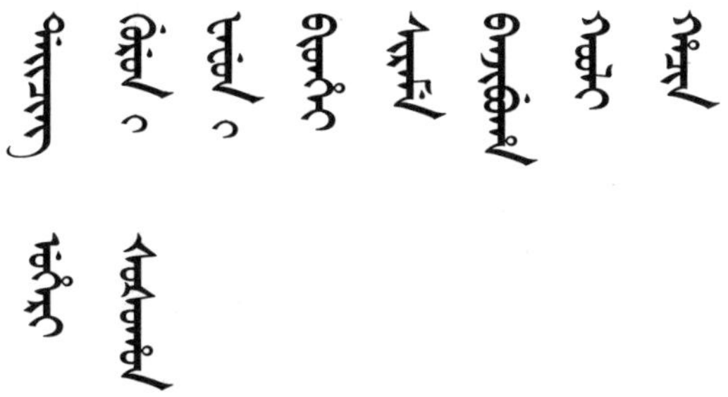

daicing gurun i fafun i bithei sirame banjibuha kooli hacin uheri šošohon

弘昼等 撰

乾隆五年（1740）武英殿刻本

版框30.5厘米×21厘米

二册

［0181］［0701］

T0664 大清律续纂条例总类二卷 满文

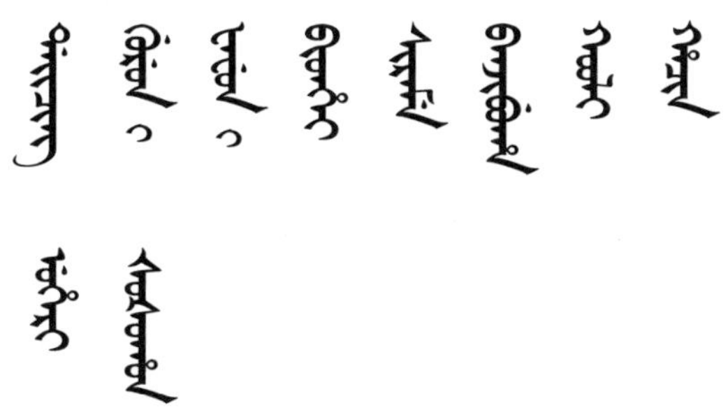

daicing gurun i fafun i bithei sirame banjibuha kooli hacin uheri šošohon

舒赫德等 撰

乾隆二十五年（1760）武英殿刻本

版框30.5厘米×21厘米

二册

［0181］

T0665 蒙古律例 满文

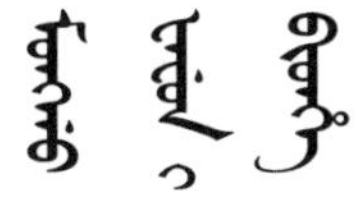

monggo fafun i bithe

嘉庆十四年（1809）武英殿刻本

版框34.2厘米×20厘米

三册

［W565.1］

T0666 奖戒律令 满文

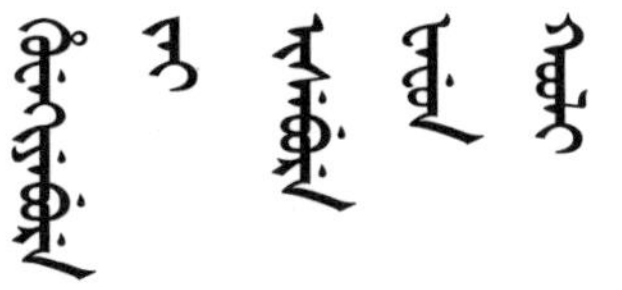

huwekiyebure jai isebure fafun kooli

抄本

一册

［0168］

T0667 刑律类编 满汉合璧

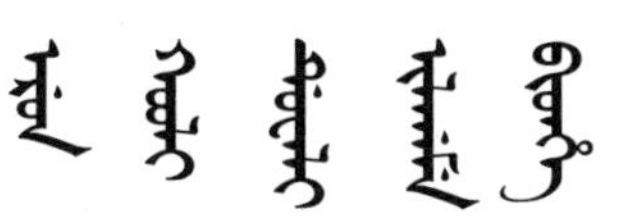

erun kooli duwali ilgame bithe

抄本

开本15厘米×10.3厘米

四册

此书收录刑律词汇，汉语词列于首，下注满文。汉字按音排列，汉语音用满语注明。

［0703］

T0668 政令集一卷 满蒙汉合璧

抄本

此书为清代不同时期管理准噶尔蒙古的法规合编。

{W512.5}

五、军事

T0669 孙子兵法 满汉合璧

ᠰᡠᠨ ᡯᡳ ᡳ ᠴᠣᠣᡥᠠᡳ ᡩᠣᡵᠣ ᠪᡳᡨᡥᡝ

sun dzi i coohai doro bithe

〔春秋〕孙武 撰

耆英 译

道光二十六年（1846）聚珍堂刻本

开本19厘米×13.5厘米

四册

耆英（1790—1858），宗室，爱新觉罗氏，字介春，正蓝旗满洲人。官至两江总督、两广总督、文渊阁大学士。

［0101］［0102］［0150］［0185］［0601］

［0641］［0661］［0701］［0703］［0801］

［W311.1］［W512.3］

T0670 孙子兵法 满文

ᠰᡠᠨ ᡯᡳ ᡳ ᠴᠣᠣᡥᠠᡳ ᡩᠣᡵᠣ ᠪᡳᡨᡥᡝ

sun dzi i coohai doro bithe

刻本

四册

［W516.1］

T0671 孙子兵法 满汉合璧

ᠰᡠᠨ ᡯᡳ ᡳ ᠴᠣᠣᡥᠠᡳ ᡩᠣᡵᠣ ᠪᡳᡨᡥᡝ

sun dzi i coohai doro bithe

咸丰八年（1858）抄本

［W311.1］

T0672 孙子兵法 满汉合璧

ᠰᡠᠨ ᡯᡳ ᡳ ᠴᠣᠣᡥᠠᡳ ᡩᠣᡵᠣ ᠪᡳᡨᡥᡝ

sun dzi i coohai doro bithe

抄本

开本24.5厘米×18.5厘米

二册

［0703］

T0673 孙子兵法 满汉蒙合璧

ᠰᡠᠨ ᡯᡳ ᡳ ᠴᠣᠣᡥᠠᡳ ᡩᠣᡵᠣ ᠪᡳᡨᡥᡝ

sun dzi i coohai doro bithe

抄本

二册

［0101］

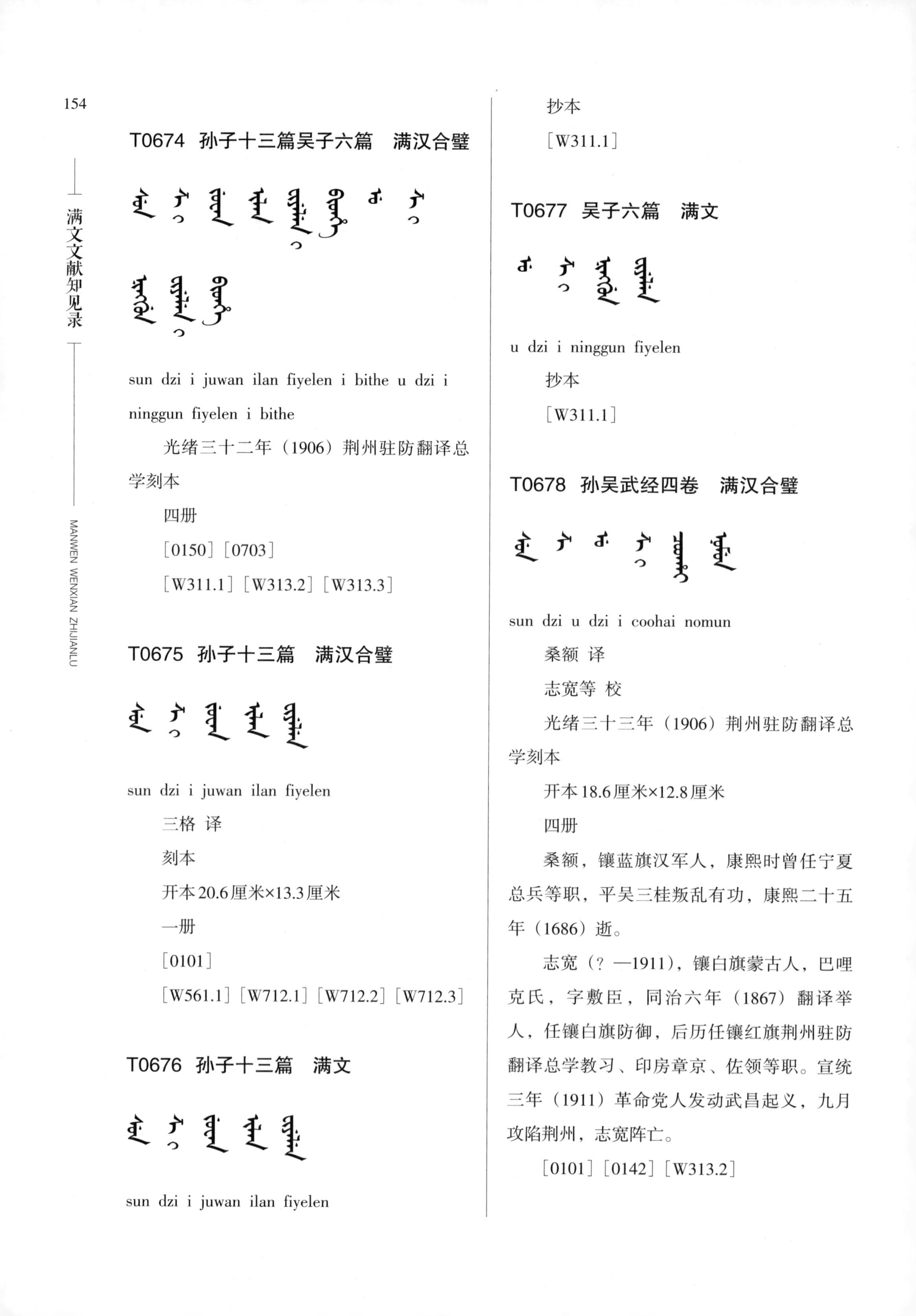

T0674 孙子十三篇吴子六篇 满汉合璧

sun dzi i juwan ilan fiyelen i bithe u dzi i ninggun fiyelen i bithe

光绪三十二年（1906）荆州驻防翻译总学刻本

四册

［0150］［0703］

［W311.1］［W313.2］［W313.3］

T0675 孙子十三篇 满汉合璧

sun dzi i juwan ilan fiyelen

三格 译

刻本

开本20.6厘米×13.3厘米

一册

［0101］

［W561.1］［W712.1］［W712.2］［W712.3］

T0676 孙子十三篇 满文

sun dzi i juwan ilan fiyelen

抄本

［W311.1］

T0677 吴子六篇 满文

u dzi i ninggun fiyelen

抄本

［W311.1］

T0678 孙吴武经四卷 满汉合璧

sun dzi u dzi i coohai nomun

桑额 译

志宽等 校

光绪三十三年（1906）荆州驻防翻译总学刻本

开本18.6厘米×12.8厘米

四册

桑额，镶蓝旗汉军人，康熙时曾任宁夏总兵等职，平吴三桂叛乱有功，康熙二十五年（1686）逝。

志宽（？—1911），镶白旗蒙古人，巴哩克氏，字敷臣，同治六年（1867）翻译举人，任镶白旗防御，后历任镶红旗荆州驻防翻译总学教习、印房章京、佐领等职。宣统三年（1911）革命党人发动武昌起义，九月攻陷荆州，志宽阵亡。

［0101］［0142］［W313.2］

T0679 孙吴子兵法　满汉合璧

ᠰᡠᠨ ᡯᡳ ᡠ ᡯᡳ ᡳ ᠴᠣᠣᡥᠠᡳ ᡩᠣᡵᠣ ᠪᡳᡨᡥᡝ

sun dzi u dzi i coohai doro bithe

抄本

开本22.7厘米×15.5厘米

四册

［0703］

T0680 孙吴子兵法　满文

ᠰᡠᠨ ᡯᡳ ᡠ ᡯᡳ ᡳ ᠴᠣᠣᡥᠠᡳ ᡩᠣᡵᠣ ᠪᡳᡨᡥᡝ

sun dzi u dzi i coohai doro bithe

〔春秋〕孙武、〔战国〕吴起 撰

桑额 译

康熙年间天绘阁刻本

开本22.5厘米×15.2厘米

二册

本书内有《孙子兵法》十三篇、《吴子兵法》六篇。

［0101］［0186］［W512.1］

T0681 孙吴子兵法　满汉合璧

ᠰᡠᠨ ᡯᡳ ᡠ ᡯᡳ ᡳ ᠴᠣᠣᡥᠠᡳ ᡩᠣᡵᠣ ᠪᡳᡨᡥᡝ

sun dzi u dzi i coohai doro bithe

抄本

四册

［0101］

T0682 黄石公素书　满汉合璧

ᡥᡡᠸᠠᠩ ᡧᡳ ᡤᡠᠩ ᠨᡳ ᠰᡠ ᡧᡠ ᠪᡳᡨᡥᡝ

hūwang ši gung ni su šu bithe

题〔秦〕黄石公 撰

〔宋〕张商英 注

达海 译

和素 校

康熙四十三年（1704）刻本

开本17.2厘米×12.3厘米

一册

注者张商英（1043—1122），宋代蜀州新州（今属四川）人，字天觉，号无尽居士，官至尚书左丞。

译者达海（1594—1632），正黄旗满洲人，觉尔察氏。清初著名学者，赐号巴克什（博士、学者之意）。奉谕翻译《明会典》《六韬三略》《纲鉴会纂》等书，并对老满文加以改进，创制新满文。

［0101］［0150］［0185］［0703］［2102］

［W311.1］［W313.3］［W712.1］［W712.2］

T0683 黄石公素书　满汉合璧

ᡥᡡᠸᠠᠩ ᡧᡳ ᡤᡠᠩ ᠨᡳ ᠰᡠ ᡧᡠ ᠪᡳᡨᡥᡝ

hūwang ši gung ni su šu bithe

题〔秦〕黄石公 撰

〔宋〕张商英 注

达海 译

和素 校

刻本

开本17.4厘米×11.6厘米

一册

[0181]

T0684 黄石公素书 满文

ᡥᡡᠸᠠᠩ ᡧᡳ ᡤᡠᠩ ᠨᡳ ᠰᡠ ᡧᡠ ᠪᡳᡨᡥᡝ

hūwang ši gung ni su šu bithe

刻本

一册

本书为《七本头》之一。

[W516.1]

T0685 黄石公素书 满文

ᡥᡡᠸᠠᠩ ᡧᡳ ᡤᡠᠩ ᠨᡳ ᠰᡠ ᡧᡠ ᠪᡳᡨᡥᡝ

hūwang ši gung ni su šu bithe

题〔秦〕黄石公 撰

〔宋〕张商英 注

达海 译

和素 校

顺治年间抄本

开本30厘米×21.4厘米

一册

[0181]

T0686 黄石公素书 满蒙汉合璧

ᡥᡡᠸᠠᠩ ᡧᡳ ᡤᡠᠩ ᠨᡳ ᠰᡠ ᡧᡠ ᠪᡳᡨᡥᡝ

hūwang ši gung ni su šu bithe

题〔秦〕黄石公 撰

〔宋〕张商英 注

达海 译

和素 校

抄本

开本26.9厘米×21.3厘米

一册

[0601]

T0687 黄石公素书 满汉合璧

ᡥᡡᠸᠠᠩ ᡧᡳ ᡤᡠᠩ ᠨᡳ ᠰᡠ ᡧᡠ ᠪᡳᡨᡥᡝ

hūwang ši gung ni su šu bithe

题〔秦〕黄石公 撰

〔宋〕张商英 注

达海 译

和素 校

抄本

开本22.5厘米×14.3厘米

二册

[0701]

T0688 黄石公素书 满汉合璧

ᡥᡡᠸᠠᠩ ᡧᡳ ᡤᡠᠩ ᠨᡳ ᠰᡠ ᡧᡠ ᠪᡳᡨᡥᡝ

hūwang ši gung ni su šu bithe

题〔秦〕黄石公 撰

〔宋〕张商英 注

达海 译

和素 校

抄本

一册

［0101］

T0689　黄石公素书　满汉合璧

ᡥᡡᠸᠠᠩ ᡧᡳ ᡤᡠᠩ ᠨᡳ ᠰᡠ ᡧᡠ ᠪᡳᡨᡥᡝ

hūwang ši gung ni su šu bithe

抄本

一册（六十三页）

［W512.1］

T0690　黄石公素书　满文

ᡥᡡᠸᠠᠩ ᡧᡳ ᡤᡠᠩ ᠨᡳ ᠰᡠ ᡧᡠ ᠪᡳᡨᡥᡝ

hūwang ši gung ni su šu bithe

晒印本

一册

据故宫博物院藏抄本晒印

［0101］

T0691　六韬　满文

ᠨᡳᠩᡤᡠᠨ ᡨᠣᠣ

ninggun too

题〔西周〕姜子牙 撰

达海等 译

顺治年间抄本

版框30.2厘米×21.3厘米

二册

包背装

［0181］

T0692　六韬不分卷　满汉合璧

ᠨᡳᠩᡤᡠᠨ ᡨᠣᠣ

ninggun too

安亭抄本

版框22.5厘米×14.3厘米

二册

［0701］

T0693　六韬　满文

ᠨᡳᠩᡤᡠᠨ ᡨᠣᠣ

ninggun too

题〔西周〕姜子牙 撰

达海等 译

抄本

二册

［W565.1］［W565.1］［W712.3］

T0694　六韬　满文

ᠨᡳᠩᡤᡠᠨ ᡨᠣᠣ

ninggun too

抄本

存卷三《龙韬》

［W311.1］

T0695 六韬 满文

ᠨᡳᠩᡤᡠᠨ ᡨᠣᠣ

ninggun too

晒印本

二册

据故宫藏抄本晒印

[0101]

T0696 三略 满文

ᡳᠯᠠᠨ ᠪᠣᡩᠣᠨ

ilan bodon

题〔秦〕黄石公 撰

达海等 译

顺治年间抄本

版框30.2厘米×21.3厘米

一册

包背装

[0181]

T0697 三略三卷 满汉合璧

ᡳᠯᠠᠨ ᠪᠣᡩᠣᠨ

ilan bodon

安亭抄本

版框28厘米×18.2厘米

一册

[0701]

T0698 三略 满文

ᡳᠯᠠᠨ ᠪᠣᡩᠣᠨ

ilan bodon

抄本

一册

[W565.1]

T0699 三略 满文

ᡳᠯᠠᠨ ᠪᠣᡩᠣᠨ

ilan bodon

抄本

一册

[W712.3]

T0700 三略 满文

ᡳᠯᠠᠨ ᠪᠣᡩᠣᠨ

ilan bodon

晒印本

一册

据故宫藏抄本晒印

[0101]

T0701 武侯心书二卷 满汉合璧

ᡠᡥᡝᠣ ᡳ ᠮᡠᠵᡳᠯᡝᠨ ᡳ ᠪᡳᡨᡥᡝ

uheo i mujilen i bithe

保平 译

嘉庆十九年（1814）抄本

一册

［3001］

T0702 武侯心书二卷　满汉合璧

ᡠᡥᡝᠣ ᡳ ᠮᡠᠵᡳᠯᡝᠨ ᡳ ᠪᡳᡨᡥᡝ

uheo i mujilen i bithe

抄本

二册

［0101］

T0703 武侯心书二卷　满汉合璧

ᡠᡥᡝᠣ ᡳ ᠮᡠᠵᡳᠯᡝᠨ ᡳ ᠪᡳᡨᡥᡝ

uheo i mujilen i bithe

抄本

二册

［W712.2］

T0704 武经全书　满文

ᠴᠣᠣᡥᠠᡳ ᡤᡳᠩ ᠨᡳ ᠶᠣᠣᠨᡳ ᠪᡳᡨᡥᡝ ☆

coohai ging ni yooni bithe

顺治十八年（1661）抄本

四册

［W311.1］

T0705 武经全书　满文

ᠴᠣᠣᡥᠠᡳ ᡤᡳᠩ ᠨᡳ ᠶᠣᠣᠨᡳ ᠪᡳᡨᡥᡝ ☆

coohai ging ni yooni bithe

抄本

开本24厘米×18厘米

［W311.1］

T0706 武经七书　满文

ᠴᠣᠣᡥᠠᡳ ᠨᠣᠮᡠᠨ ᠨᠠᡩᠠᠨ ᠪᡳᡨᡥᡝ

coohai nomun nadan bithe

抄本

七册

［W512.1］

T0707 兵书　满汉合璧

ᠴᠣᠣᡥᠠᡳ ᠪᡳᡨᡥᡝ

coohai bithe

抄本

七册

本抄本内有绘图。

［0102］

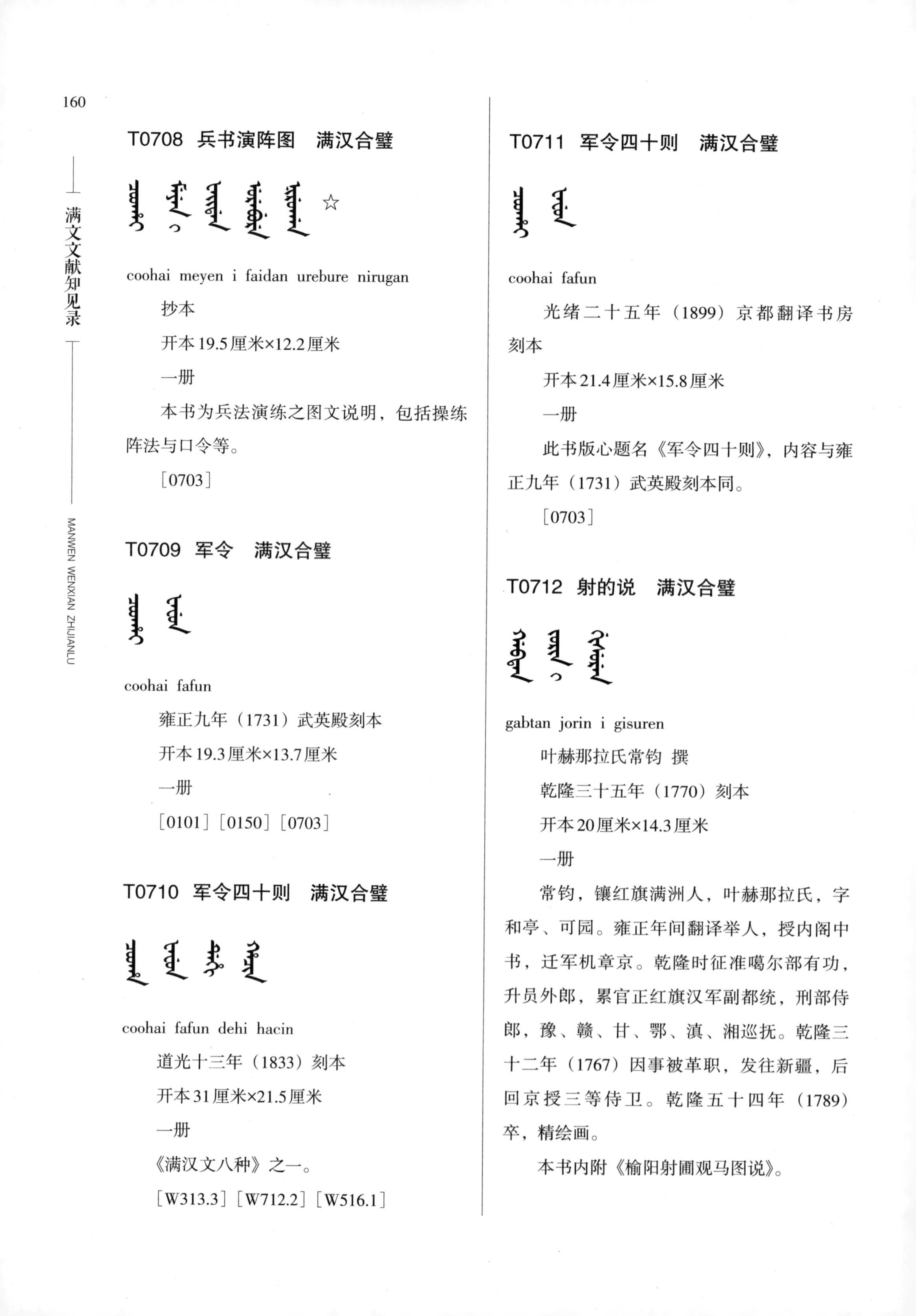

T0708 兵书演阵图 满汉合璧

☆

coohai meyen i faidan urebure nirugan

抄本

开本19.5厘米×12.2厘米

一册

本书为兵法演练之图文说明，包括操练阵法与口令等。

［0703］

T0709 军令 满汉合璧

coohai fafun

雍正九年（1731）武英殿刻本

开本19.3厘米×13.7厘米

一册

［0101］［0150］［0703］

T0710 军令四十则 满汉合璧

coohai fafun dehi hacin

道光十三年（1833）刻本

开本31厘米×21.5厘米

一册

《满汉文八种》之一。

［W313.3］［W712.2］［W516.1］

T0711 军令四十则 满汉合璧

coohai fafun

光绪二十五年（1899）京都翻译书房刻本

开本21.4厘米×15.8厘米

一册

此书版心题名《军令四十则》，内容与雍正九年（1731）武英殿刻本同。

［0703］

T0712 射的说 满汉合璧

gabtan jorin i gisuren

叶赫那拉氏常钧 撰

乾隆三十五年（1770）刻本

开本20厘米×14.3厘米

一册

常钧，镶红旗满洲人，叶赫那拉氏，字和亭、可园。雍正年间翻译举人，授内阁中书，迁军机章京。乾隆时征准噶尔部有功，升员外郎，累官正红旗汉军副都统，刑部侍郎，豫、赣、甘、鄂、滇、湘巡抚。乾隆三十二年（1767）因事被革职，发往新疆，后回京授三等侍卫。乾隆五十四年（1789）卒，精绘画。

本书内附《榆阳射圃观马图说》。

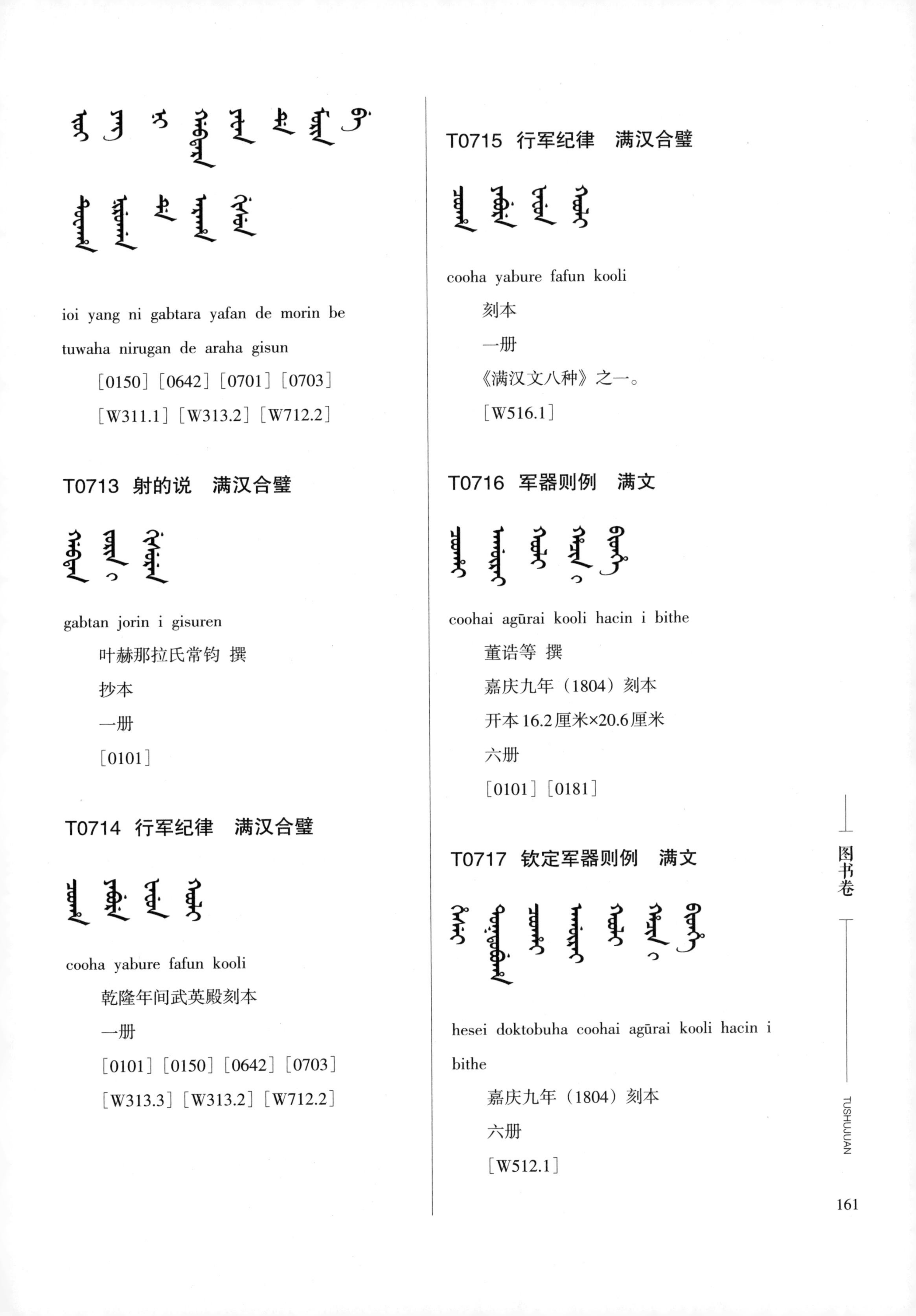

ioi yang ni gabtara yafan de morin be tuwaha nirugan de araha gisun

[0150] [0642] [0701] [0703]

[W311.1] [W313.2] [W712.2]

T0713 射的说 满汉合璧

gabtan jorin i gisuren

叶赫那拉氏常钧 撰

抄本

一册

[0101]

T0714 行军纪律 满汉合璧

cooha yabure fafun kooli

乾隆年间武英殿刻本

一册

[0101] [0150] [0642] [0703]

[W313.3] [W313.2] [W712.2]

T0715 行军纪律 满汉合璧

cooha yabure fafun kooli

刻本

一册

《满汉文八种》之一。

[W516.1]

T0716 军器则例 满文

coohai agūrai kooli hacin i bithe

董诰等 撰

嘉庆九年（1804）刻本

开本16.2厘米×20.6厘米

六册

[0101] [0181]

T0717 钦定军器则例 满文

hesei doktobuha coohai agūrai kooli hacin i bithe

嘉庆九年（1804）刻本

六册

[W512.1]

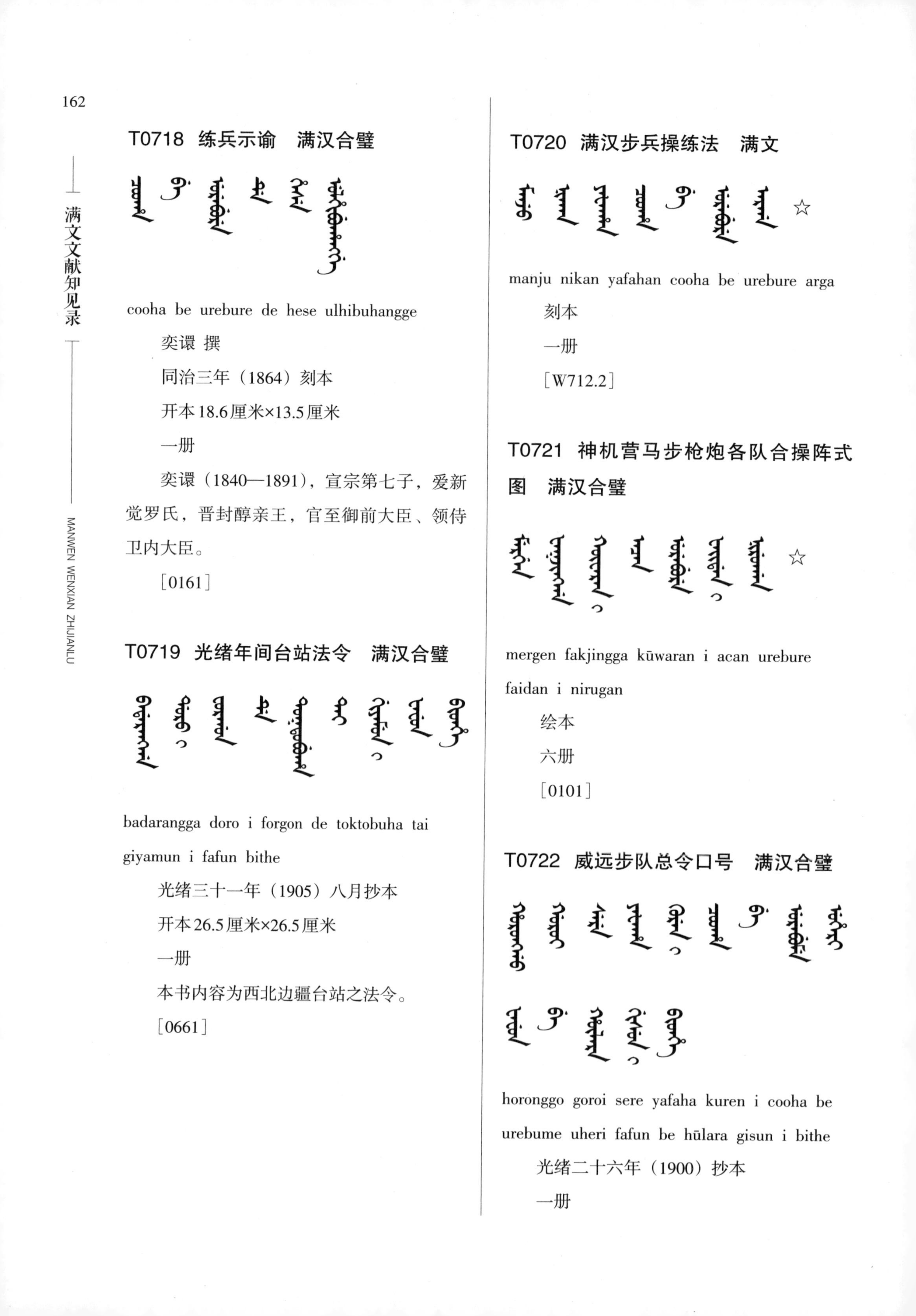

T0718 练兵示谕 满汉合璧

cooha be urebure de hese ulhibuhangge

奕譞 撰

同治三年（1864）刻本

开本18.6厘米×13.5厘米

一册

奕譞（1840—1891），宣宗第七子，爱新觉罗氏，晋封醇亲王，官至御前大臣、领侍卫内大臣。

［0161］

T0719 光绪年间台站法令 满汉合璧

badarangga doro i forgon de toktobuha tai giyamun i fafun bithe

光绪三十一年（1905）八月抄本

开本26.5厘米×26.5厘米

一册

本书内容为西北边疆台站之法令。

［0661］

T0720 满汉步兵操练法 满文

☆

manju nikan yafahan cooha be urebure arga

刻本

一册

［W712.2］

T0721 神机营马步枪炮各队合操阵式图 满汉合璧

☆

mergen fakjingga kūwaran i acan urebure faidan i nirugan

绘本

六册

［0101］

T0722 威远步队总令口号 满汉合璧

horonggo goroi sere yafaha kuren i cooha be urebume uheri fafun be hūlara gisun i bithe

光绪二十六年（1900）抄本

一册

［0101］

T0723 射箭要诀 满蒙合璧

ᡤᠠᠪᡨᠠᠨ ᠵᠣᡵᡳᠨ ᡳ ᡤᡳᠰᡠᡵᡝᠨ

gabtan jorin i gisuren

抄本

开本16厘米×8.5厘米

一册

［0601］

T0724 炮阵图说 满汉合璧

抄本

开本29厘米×23厘米

九册

{W313.2}

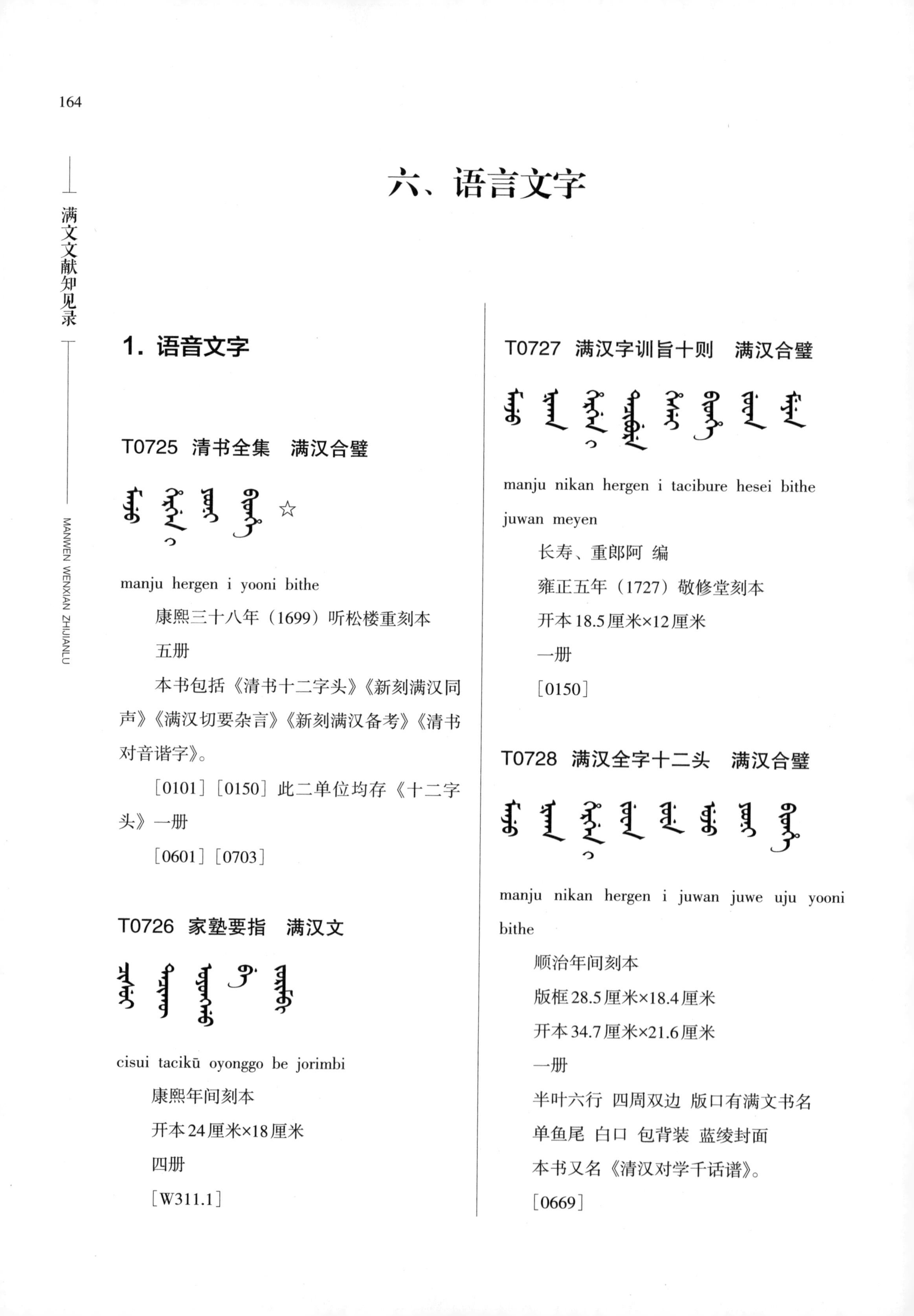

六、语言文字

1. 语音文字

T0725 清书全集 满汉合璧

☆

manju hergen i yooni bithe

康熙三十八年（1699）听松楼重刻本

五册

本书包括《清书十二字头》《新刻满汉同声》《满汉切要杂言》《新刻满汉备考》《清书对音谐字》。

［0101］［0150］此二单位均存《十二字头》一册

［0601］［0703］

T0726 家塾要指 满汉文

cisui tacikū oyonggo be jorimbi

康熙年间刻本

开本 24 厘米×18 厘米

四册

［W311.1］

T0727 满汉字训旨十则 满汉合璧

manju nikan hergen i tacibure hesei bithe juwan meyen

长寿、重郎阿 编

雍正五年（1727）敬修堂刻本

开本 18.5 厘米×12 厘米

一册

［0150］

T0728 满汉全字十二头 满汉合璧

manju nikan hergen i juwan juwe uju yooni bithe

顺治年间刻本

版框 28.5 厘米×18.4 厘米

开本 34.7 厘米×21.6 厘米

一册

半叶六行 四周双边 版口有满文书名 单鱼尾 白口 包背装 蓝绫封面

本书又名《清汉对学千话谱》。

［0669］

T0729 满汉全字十二头　满汉合璧

ᠮᠠᠨᠵᡠ ᠨᡳᡴᠠᠨ ᡥᡝᡵᡤᡝᠨ ᡳ ᠵᡠᠸᠠᠨ ᠵᡠᠸᡝ ᡠᠵᡠ ᠶᠣᠣᠨᡳ ᠪᡳᡨᡥᡝ

manju nikan hergen i juwan juwe uju yooni bithe

顺治年间刻本
版框28.5厘米×18.4厘米
开本34.7厘米×21.6厘米
一册
半叶六行 四周双边 版口有满文书名
单鱼尾 白口 包背装 瓷青纸封面
[0669]

T0730 满汉全字十二头　满汉合璧

ᠮᠠᠨᠵᡠ ᠨᡳᡴᠠᠨ ᡥᡝᡵᡤᡝᠨ ᡳ ᠵᡠᠸᠠᠨ ᠵᡠᠸᡝ ᡠᠵᡠ ᠶᠣᠣᠨᡳ ᠪᡳᡨᡥᡝ

manju nikan hergen i juwan juwe uju yooni bithe

溪霞 增补
雍正十一年（1733）京都老二酉堂刻本
开本18厘米×12厘米
一册
[0101][0150]

T0731 满汉全字十二头　满汉合璧

ᠮᠠᠨᠵᡠ ᠨᡳᡴᠠᠨ ᡥᡝᡵᡤᡝᠨ ᡳ ᠵᡠᠸᠠᠨ ᠵᡠᠸᡝ ᡠᠵᡠ ᠶᠣᠣᠨᡳ ᠪᡳᡨᡥᡝ

manju nikan hergen i juwan juwe uju yooni bithe

雍正十一年（1733）京都宏文阁刻本
开本18厘米×11.8厘米
一册
[W712.1]

T0732 满汉全字十二头　满汉合璧

ᠮᠠᠨᠵᡠ ᠨᡳᡴᠠᠨ ᡥᡝᡵᡤᡝᠨ ᡳ ᠵᡠᠸᠠᠨ ᠵᡠᠸᡝ ᡠᠵᡠ ᠶᠣᠣᠨᡳ ᠪᡳᡨᡥᡝ

manju nikan hergen i juwan juwe uju yooni bithe

盛京致和堂刻本
[W712.1]

T0733 十二字头　满文

ᠵᡠᠸᠠᠨ ᠵᡠᠸᡝ ᡠᠵᡠᡳ ᠪᡳᡨᡥᡝ

juwan juwe ujui bithe

沈启亮 撰
崇礼堂刻本
开本21.7厘米×14.7厘米
一册
[0182][W313.3]

T0734 十二字头　满文

ᠵᡠᠸᠠᠨ ᠵᡠᠸᡝ ᡠᠵᡠᡳ ᠪᡳᡨᡥᡝ

juwan juwe ujui bithe

廖纶玑 撰
刻本
开本22厘米×16.5厘米

一册

［0150］［0168］

T0735　十二字头　满汉合璧

ᠵᡠᠸᠠᠨ ᠵᡠᠸᡝ ᡠᠵᡠᡳ ᠪᡳᡨᡥᡝ

juwan juwe ujui bithe

咸丰十一年（1861）京都文兴堂刻本

开本16.7厘米×11.2厘米

一册

［0150］［W311.1］［W313.1］［W313.2］［W565.1］［W712.1］［W712.2］［W712.4］

T0736　满文十二字头　满汉合璧

ᠵᡠᠸᠠᠨ ᠵᡠᠸᡝ ᡠᠵᡠᡳ ᠪᡳᡨᡥᡝ

juwan juwe ujui bithe

光绪十六年（1890）刻本

一册

［W311.1］

T0737　十二字头　满汉合璧

ᠵᡠᠸᠠᠨ ᠵᡠᠸᡝ ᡠᠵᡠᡳ ᠪᡳᡨᡥᡝ

juwan juwe ujui bithe

光绪二年（1876）抄本

开本26厘米×24.5厘米

一册

［0701］

T0738　十二字头　满汉合璧

ᠵᡠᠸᠠᠨ ᠵᡠᠸᡝ ᡠᠵᡠᡳ ᠪᡳᡨᡥᡝ

juwan juwe ujui bithe

抄本

开本28.9厘米×22.4厘米

一册

［0186］［0101］［W516.1］

T0739　十二字头　满汉合璧

ᠵᡠᠸᠠᠨ ᠵᡠᠸᡝ ᡠᠵᡠᡳ ᠪᡳᡨᡥᡝ

juwan juwe ujui bithe

影印本

开本20.3厘米×12.7厘米

一册

［0168］

T0740　十二字头　满汉合璧

ᠵᡠᠸᠠᠨ ᠵᡠᠸᡝ ᡠᠵᡠᡳ ᠪᡳᡨᡥᡝ

juwan juwe ujui bithe

一册

［W313.2］

T0741 十二字头 满蒙汉合璧

ᠵᡠᠸᠠᠨ ᠵᡠᠸᡝ ᡠᠵᡠᡳ ᠪᡳᡨᡥᡝ

juwan juwe ujui bithe

光绪十五年（1889）抄本

开本21.1厘米×11.5厘米

一册

［0903］

T0742 满文字头 满汉文

ᠮᠠᠨᠵᡠ ᡥᡝᡵᡤᡝᠨ ᡳ ᡠᠵᡠᡳ ᠪᡳᡨᡥᡝ ☆

manju hergen i ujui bithe

石印本

开本25.2厘米×17.7厘米

一册

此书按十二字头排列，分别列出字头、字中、字尾三种形式。

［0703］

T0743 同文韵统六卷 满汉藏梵对照

ᡨᡠᠩ ᠸᡝᠨ ᠶᡡᠨ ᡨᡠᠩ ᠪᡳᡨᡥᡝ

tung wen yūn tung bithe

允禄、傅恒等 主编

乾隆十五年（1750）武英殿刻本

开本21厘米×13.6厘米

四册

傅恒（？—1770），镶黄旗满洲人，富察氏，字春和，高宗孝贤纯皇后之弟，官至保和殿大学士、军机大臣。

本书系增补满文字母创制阿里嘎里字母的音韵学著作。阿里嘎里字，是专门拼写梵文、藏文佛教名词术语的一种文字符号。书前有乾隆御序及和硕庄亲王允禄之奏文，其中介绍了为译梵字佛经，添加字母之经过。即为翻译印度佛经，原有满文音节不敷使用，又添加一些符号表示，并注明发音部位和汉字切音。此书在宗教学上意义重大，直至二十世纪二三十年代，蒙藏院（民国时期管理少数民族事务的机构）等单位仍多次重印或影印。

［0161］［0164］［0181］［0701］［1681］［W561.1］［W561.2］［W712.1］［W712.2］

T0744 同文韵统六卷 满汉藏梵对照

ᡨᡠᠩ ᠸᡝᠨ ᠶᡡᠨ ᡨᡠᠩ ᠪᡳᡨᡥᡝ

tung wen yūn tung bithe

宣统二年（1910）理藩部重刻本

开本20.5厘米×13.8厘米

五册

［0102］［0164］［0701］［0703］［313.4］［W512.1］

T0745 同文韵统六卷 满汉藏梵对照

ᡨᡠᠩ ᠸᡝᠨ ᠶᡡᠨ ᡨᡠᠩ ᠪᡳᡨᡥᡝ

tung wen yūn tung bithe

1925年蒙藏院重印本

开本20.5厘米×13.8厘米

五册

此书据宣统二年（1910）理藩部重刻本重印。

［0101］［0701］［0703］

T0746 同文韵统六卷　满汉藏梵对照

tung wen yūn tung bithe

民国二十年（1931）涵芬楼影印本

八册

据乾隆十五年（1750）刻本影印

［0243］［1701］

T0747 增补满汉篆书字汇　满汉文

 ☆

manju nikan fukjingga hergen be nonggime isabuha bithe

〔明〕梅膺祚 撰

乾隆二十七年（1762）带月楼刻本

十四册

本书为字典，在汉字后面用满文注音，解义全为汉文。

［0150］［W561.1］

T0748 清汉对音字式　满汉文

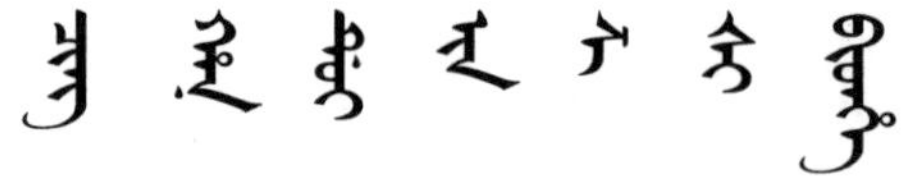 ☆

cing han dui in dzi ši bithe

乾隆三十七年（1772）武英殿刻本

一册

本书为规范翻译人名、地名用字的工具书。书前有乾隆三十七年（1772）元月廿九日上谕，称“各衙门凡遇满蒙人地名，译汉字者往往任意书写，舛误鄙俚之字，不一而足，交军机大臣酌定对音，兼写清汉字样，即行刊成，颁行各衙门遵守办理”。又有道光十六年（1836）三月十九日上谕，命将该书再行刊印，各衙门务必凛遵定式，查照译写，不得有误。

［0102］［0141］［0150］［0168］［0185］［0243］［0641］［0701］［1601］［W512.1］［W561.1］［W565.1］［W712.1］

T0749 清汉对音字式　满汉文

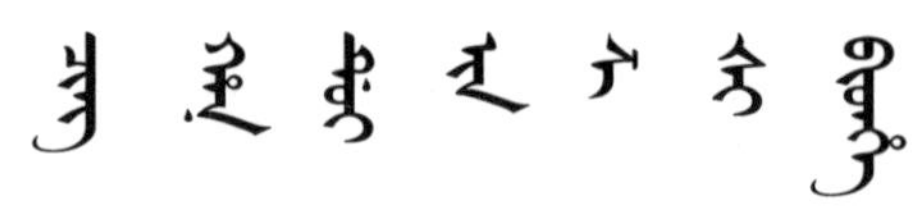 ☆

cing han dui in dzi ši bithe

乾隆三十七年（1772）三槐堂刻本

一册

［0168］［0804］

T0750 清汉对音字式　满汉文

ᠴᡳᠩ ᡥᠠᠨ ᡩᡠᡳ ᡳᠨ ᡯᡳ ᡧᡳ ᠪᡳᡨᡥᡝ ☆

cing han dui in dzi ši bithe

道光十六年（1836）重印本

一册

［0101］［0141］［0186］［0642］［0701］

［0703］［0801］［0804］［2001］［2102］

［W313.3］［W561.1］［W712.1］［W712.2］

T0751 清汉对音字式　满汉文

ᠴᡳᠩ ᡥᠠᠨ ᡩᡠᡳ ᡳᠨ ᡯᡳ ᡧᡳ ᠪᡳᡨᡥᡝ ☆

cing han dui in dzi ši bithe

光绪十六年（1890）聚珍堂刻本

一册

［0101］［0661］［0701］［1601］［1701］

［W313.3］

T0752 清汉对音字式　满汉文

ᠴᡳᠩ ᡥᠠᠨ ᡩᡠᡳ ᡳᠨ ᡯᡳ ᡧᡳ ᠪᡳᡨᡥᡝ ☆

cing han dui in dzi ši bithe

宣统元年（1909）北京镜古堂刻本

开本17厘米×13.2厘米

一册

［0701］［W313.2］

T0753 钦定清汉对音字式　满汉文

ᠴᡳᠨ ᡩᡳᠩ ᠴᡳᠩ ᡥᠠᠨ ᡩᡠᡳ ᡳᠨ ᡯᡳ ᡧᡳ ᠪᡳᡨᡥᡝ ☆

cin ding cing han dui in dzi ši bithe

刻本

一册

［W516.1］

T0754 清汉对音字式　满汉文

ᠴᡳᠩ ᡥᠠᠨ ᡩᡠᡳ ᡳᠨ ᡯᡳ ᡧᡳ ᠪᡳᡨᡥᡝ ☆

cing han dui in dzi ši bithe

乾隆四十五年（1780）东海文芳抄本

一册

［0601］

T0755 清汉对音字式　满汉文

ᠴᡳᠩ ᡥᠠᠨ ᡩᡠᡳ ᡳᠨ ᡯᡳ ᡧᡳ ᠪᡳᡨᡥᡝ ☆

cing han dui in dzi ši bithe

抄本

一册

［0101］［0141］［0641］

T0756 钦定清汉对音字式 满汉文

ᠴᡳᠨ ᡩᡳᠩ ᠴᡳᠩ ᡥᠠᠨ ᡩᡠᡳ ᡳᠨ ᡯᡳ ᡧᡳ ᠪᡳᡨᡥᡝ ☆

cin ding cing han dui in dzi ši bithe

咸丰七年（1857）抄本

一册

［W512.1］

T0757 圆音正考 满汉合璧

ᠶᡠᠸᠠᠨ ᡳᠨ ᠵᡝᠩ ᡴ᠋ᠠᠣ ᠪᡳᡨᡥᡝ ☆

yuwan in jeng k'ao bithe

道光十年（1830）刻本

开本11厘米×8.2厘米

一册

本书系满文音韵学著作。即将满文切音字和一部分拼音字（包括音同形异的满文字）用所对应之汉字音逐一标出，用于学习语音。

［0150］［W313.2］

T0758 圆音正考 满汉合璧

ᠶᡠᠸᠠᠨ ᡳᠨ ᠵᡝᠩ ᡴ᠋ᠠᠣ ᠪᡳᡨᡥᡝ ☆

yuwan in jeng k'ao bithe

道光十年（1830）三槐堂刻本

开本11.5厘米×9.7厘米

一册

［0703］［W712.1］

T0759 圆音正考 满汉合璧

ᠶᡠᠸᠠᠨ ᡳᠨ ᠵᡝᠩ ᡴ᠋ᠠᠣ ᠪᡳᡨᡥᡝ ☆

yuwan in jeng k'ao bithe

道光十一年（1831）存之堂集刻本

一册

［0101］［W565.1］1743年

T0760 圆音正考 满文

ᠶᡠᠸᠠᠨ ᡳᠨ ᠵᡝᠩ ᡴ᠋ᠠᠣ ᠪᡳᡨᡥᡝ ☆

yuwan in jeng k'ao bithe

刻本

一册

［W516.1］

T0761 圆音正考 满汉合璧

ᠶᡠᠸᠠᠨ ᡳᠨ ᠵᡝᠩ ᡴ᠋ᠠᠣ ᠪᡳᡨᡥᡝ ☆

yuwan in jeng k'ao bithe

1929年石印本

开本12.8厘米×9厘米

一册

［0101］

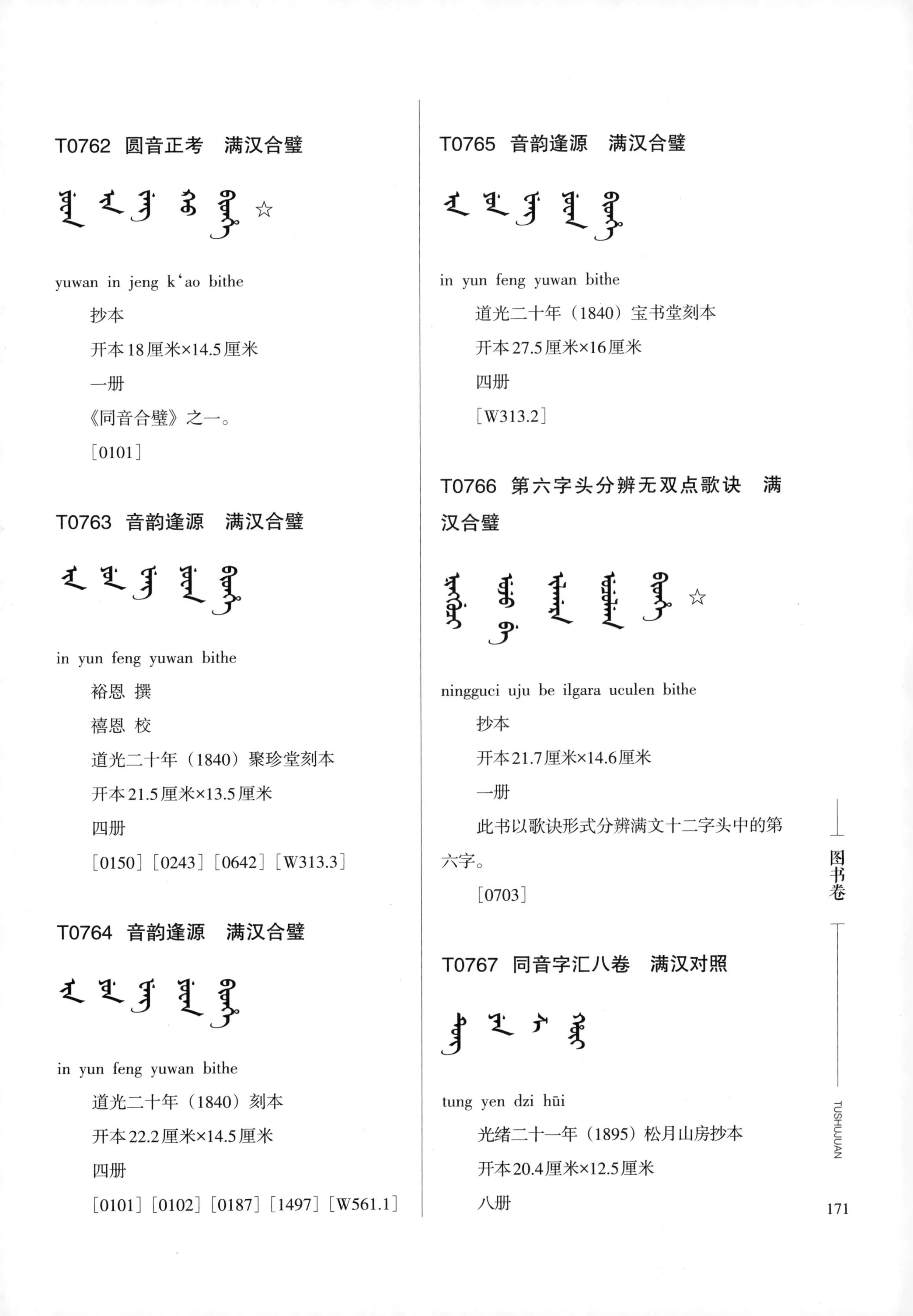

T0762 圆音正考 满汉合璧

yuwan in jeng k'ao bithe ☆

抄本

开本18厘米×14.5厘米

一册

《同音合璧》之一。

[0101]

T0763 音韵逢源 满汉合璧

in yun feng yuwan bithe

裕恩 撰

禧恩 校

道光二十年（1840）聚珍堂刻本

开本21.5厘米×13.5厘米

四册

[0150] [0243] [0642] [W313.3]

T0764 音韵逢源 满汉合璧

in yun feng yuwan bithe

道光二十年（1840）刻本

开本22.2厘米×14.5厘米

四册

[0101] [0102] [0187] [1497] [W561.1]

T0765 音韵逢源 满汉合璧

in yun feng yuwan bithe

道光二十年（1840）宝书堂刻本

开本27.5厘米×16厘米

四册

[W313.2]

T0766 第六字头分辨无双点歌诀 满汉合璧

ningguci uju be ilgara uculen bithe ☆

抄本

开本21.7厘米×14.6厘米

一册

此书以歌诀形式分辨满文十二字头中的第六字。

[0703]

T0767 同音字汇八卷 满汉对照

tung yen dzi hūi

光绪二十一年（1895）松月山房抄本

开本20.4厘米×12.5厘米

八册

〔0703〕

T0768 清篆举隅 满文

ᠮᠠᠨᠵᡠ ᡶᡠᡴᠵᡳᠩᡤᠠ ᡥᡝᡵᡤᡝᠨ ᡳ ᡥᠣᡧᠣ ᠪᡝ ᠵᠣᡩᠣᡵᠣ ᠪᡳᡨᡥᡝ

manju fukjingga hergen i hošo be jodoro bithe

文夔 集篆

光绪元年（1875）柳荫山房刻本

开本12.7厘米×11.1厘米

一册

作者文夔，生卒里贯不详，曾任京城通判。

本书系论述满文篆字的书法学著作。书前有同治十三年（1874）七月十六日作者序。书前按第一字头顺序用满文楷书和大篆对照书写，后以七体满文篆字（大篆、小篆、悬针篆、垂露篆、柳叶篆、钟鼎篆、殳篆）讲各种笔画的写法及各前缀连写法。

〔0101〕〔W313.2〕

T0769 对音辑字二卷 满汉合璧

ᡩᡠᡳ ᠶᡝᠨ ᠵᡳ ᡯᡳ ᠪᡳᡨᡥᡝ

dui yen ji dzi bithe

志宽、培宽 编

光绪十年（1884）刻本

二册

培宽，镶黄旗满洲人，字容斋，同治十二年（1873）翻译举人，镶黄旗荆州驻防翻译总学满洲教习。

〔0186〕

T0770 对音辑字 满汉合璧

ᡩᡠᡳ ᠶᡝᠨ ᠵᡳ ᡯᡳ ᠪᡳᡨᡥᡝ

dui yen ji dzi bithe

光绪十六年（1890）刻本

二册

〔0101〕

T0771 对音辑字 满汉合璧

ᡩᡠᡳ ᠶᡝᠨ ᠵᡳ ᡯᡳ ᠪᡳᡨᡥᡝ

dui yen ji dzi bithe

光绪十六年（1890）荆州翻译总学刻本

开本18厘米×11.5厘米

二册

〔0101〕〔0102〕〔0150〕〔0601〕〔W313.3〕〔W712.1〕

T0772 清汉对音十二头 满汉文

ᠮᠠᠨᠵᡠ ᠨᡳᡴᠠᠨ ᡥᡝᡵᡤᡝᠨ ᡳ ᠵᡠᠸᠠᠨ ᠵᡠᠸᡝ ᡠᠵᡠᡳ ᠪᡳᡨᡥᡝ

manju nikan hergen i juwan juwe ujui bithe

刻本

开本27.7厘米×18.8厘米

一册

〔0150〕

T0773 满洲字母　满文

ᠮᠠᠨᠵᡠ ᡥᡝᡵᡤᡝᠨ

manju hergen

金九经 编

1930年（中华民国十九年）待曙堂铅印本

一册

本书系学习满文字母的简明表，共二页表格。第一表内容为满文第一字头，讲字母拼音规则并附例词；第二表内容为十二字头，为省略起见，第二至第十二字头仅与第一字头前六个单元音相拼，其余类推。

［0101］［0141］

T0774 习字本　满文

ᡥᡝᡵᡤᡝᠨ ᡩᡝᠪᡨᡝᠯᡳᠨ

hergen debtelin

抄本

开本21.5厘米×13.2厘米

一册

本书系学习满文书法的练习册。每页练习满文匾额大字一个，并附写一种满文篆字。满文匾额体笔画平直端方，所附满文篆字包括大篆、小篆和悬针、垂露、柳叶、钟鼎等篆。

［0101］

T0775 满汉百家姓　满汉合璧

ᠮᠠᠨᠵᡠ ᠨᡳᡴᠠᠨ ᡨᠠᠩᡤᡡ ᠪᠣᠣ ᡳ ᡥᠠᠯᠠ

manju nikan tanggū boo i hala

宏文阁刻本

一册

［W512.1］

T0776 百家姓氏　满汉合璧

ᡨᠠᠩᡤᡡ ᠪᠣᠣ ᡳ ᡥᠠᠯᠠ

tanggū boo i hala

道光元年（1821）抄本

开本18.2厘米×14.5厘米

一册

本书全称《御制百家姓氏》，为《同音合璧》之五。系百家姓另一种编法，将“孔”姓列首位，并收入较多复姓，其中不少为少数民族姓氏，如赫连、万俟、宇文、单于、慕容等，前四句为“孔师阙党、孟席齐梁、高山詹仰、邹鲁荣昌”。共收录二百八十四个姓氏用字。

［0101］

T0777 康熙字典姓氏　满汉合璧

ᡝᠯᡥᡝ ᡨᠠᡳᡶᡳᠨ ᡥᡝᡵᡤᡝᠨ ᡴᠣᠣᠯᡳ ᠪᡳᡨᡥᡝ ᡩᡝ ᠪᡳᠰᡳᡵᡝ ᡥᠠᠯᠠ ☆

elhe taifin hergen kooli bithe de bisire hala

道光元年（1821）抄本

开本18.1厘米×14.5厘米

一册

本书为《同音合璧》之六，共收入罕见姓氏七百四十四个，并举历朝人名为例，其中很多姓氏为《百家姓》所不载。

［0101］

T0778 同音合璧五卷 满汉合璧

tung in he bi bithe

和精额 辑

道光元年（1821）抄本

开本28.3厘米×18厘米

五册

本书包括以下内容

1. 卷一

《钦定清汉对音字式》

☆

cin ding cing han dui in dzi ši bithe

《清汉圆音正考》

☆

cing han yuwan in jeng k'ao bithe

2. 卷二

《八旗满洲姓氏部落》

jakūn gūsai manju halai aiman

3. 卷三

《八旗蒙古姓氏部落》

jakūn gūsai monggo halai aiman

《御制百家姓氏》

han i araha tanggū booi hala

《康熙字典姓氏》

☆

elhe taifin hergen kooli bithe de bisire hala

4. 卷四、卷五

《方舆全览》

☆

fang ioi ciowan lan bithe

［0101］

T0779 初学辨识清字须知 满汉文

☆

tuktan tacire urse manju gisun be faksalara de urunakū ulhici acarangge

抄本

开本26厘米×14.4厘米

一册

［0168］

T0780 初学满文指蒙歌 满汉文

 ☆

manju bithe be tuktan tacire jy meng i bithe

抄本

开本29厘米×21厘米

一册

此书专讲满文语音文字。

［0150］

T0781 单字 满汉合璧

gargata hergen

抄本

开本13厘米×8.8厘米

一册

［0101］

T0782 回藏蒙满汉文字之起源 ☆ 满文

si ioi si fan monggo manju nikan hergen i deribun

抄本

开本21.6厘米×11.4厘米

一册

［0601］

T0783 满汉字头 满汉文

 ☆

manju nikan hergen i uju

抄本

一册

［0168］

T0784 满蒙文字 满蒙汉文

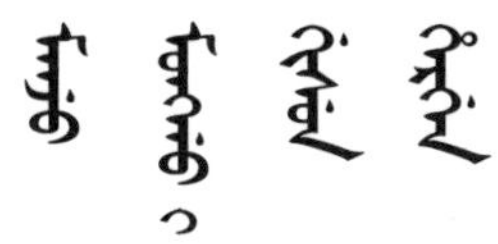 ☆

manju monggo i gisun hergen

抄本

存二册（第二至四、第七至八、第十卷）

［0243］

T0785 清文佩音玉圃二卷 满汉合璧

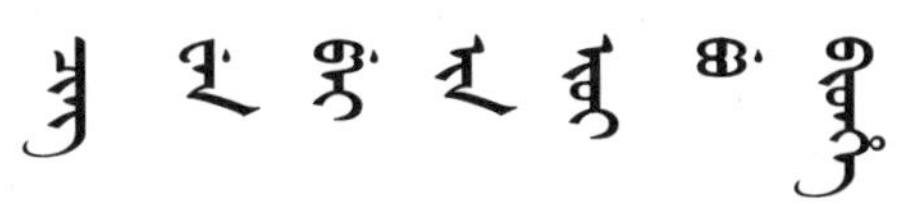 ☆

cing wen pei in ioi pu bithe

李丹年 辑

抄本

开本16.9厘米×12.1厘米

二册

本书收录于《忠恕堂集录》，内容为讲解满汉字对音释义。

［0101］

T0786 清文佩音玉圃　满汉合璧

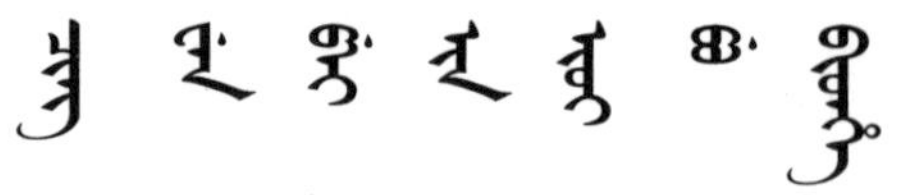 ☆

cing wen pei in ioi pu bithe

抄本

开本17.5厘米×12.7厘米

六册

[0703]

T0787 清字模范　满文

 ☆

manju hergen be arara durun tuwakū

抄本

开本27.5厘米×14厘米

一册

本书为满文习字字帖。

[0703]

T0788 满汉初学清语　满汉文

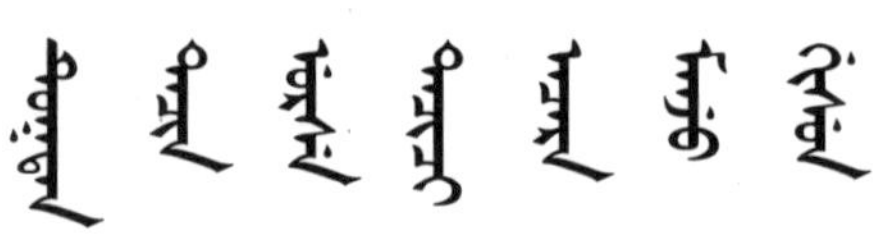

tuktan tacin urse tacici acara manju gisun

抄本

一册

[W516.1]

T0789 满语杂话　满汉文

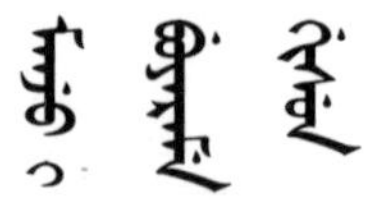

manju i buyarame gisun

抄本

四册

本书包括零星满语单词、对话及杂抄等。

[W516.1]

T0790 清文杂要　满汉合璧

抄本

四册

本书包括《清文杂话》二册、《恩折稿》二册。

{W516.1}

T0791 清书对音 清书切音　满汉合璧

开本23.5厘米×16.5厘米

一册

{W313.2}

2. 语法

T0792 凝华集二十卷　满汉合璧

 ☆

ning hūwa ji bithe

尚玉章 撰

雍正二年（1724）鸣皋阁刻本

开本18.8厘米×12厘米

二册

本书又名《清文虚字讲约》。

［0101］［0150］

T0793 凝华集 满汉合璧

ᠨᡳᠩ ᡥᡡᠸᠠ ᠵᡳ ᠪᡳᡨᡥᡝ ☆

ning hūwa ji bithe

雍正二年（1724）抄本

开本24.5厘米×15.7厘米

二册

［0642］

T0794 清文启蒙四卷 满汉文

ᠮᠠᠨᠵᡠ ᠨᡳᡴᠠᠨ ᡥᡝᡵᡤᡝᠨ ᡳ ᠴᡳᠩ ᠸᡝᠨ ᡴᡳ ᠮᡝᠩ ᠪᡳᡨᡥᡝ

manju nikan hergen i cing wen ki meng bithe

舞格 撰

雍正八年（1730）三槐堂序刊本

开本19厘米×12.9厘米

四册

本书为清代最为通行的满文启蒙教材，多次刊刻，内容包括满文语音字母的拼写、切韵、运笔、简单语法及常用语等。

［0101］［0102］［0150］［0161］［0168］［0182］［0185］［0186］［0187］［0201］［0301］［0601］［0641］［0701］［0703］［0802］［0804］［1601］［1701］［W313.4］［W512.1］［W512.2］［W611.1］［W712.1］［W712.2］［W712.3］

T0795 清文启蒙四卷 满汉文

ᠮᠠᠨᠵᡠ ᠨᡳᡴᠠᠨ ᡥᡝᡵᡤᡝᠨ ᡳ ᠴᡳᠩ ᠸᡝᠨ ᡴᡳ ᠮᡝᠩ ᠪᡳᡨᡥᡝ

manju nikan hergen i cing wen ki meng bithe

雍正八年（1730）中和堂刻本

开本21.5厘米×14.4厘米

四册

［0703］

T0796 清文启蒙四卷 满汉文

ᠮᠠᠨᠵᡠ ᠨᡳᡴᠠᠨ ᡥᡝᡵᡤᡝᠨ ᡳ ᠴᡳᠩ ᠸᡝᠨ ᡴᡳ ᠮᡝᠩ ᠪᡳᡨᡥᡝ

manju nikan hergen i cing wen ki meng bithe

雍正八年（1730）宏文阁刻本

开本20厘米×13.5厘米

四册

［0181］［W313.1］［W313.3］［W313.4］［W561.1］［W565.1］

T0797 清文启蒙四卷 满汉文

ᠮᠠᠨᠵᡠ ᠨᡳᡴᠠᠨ ᡥᡝᡵᡤᡝᠨ ᡳ ᠴᡳᠩ ᠸᡝᠨ ᡴᡳ ᠮᡝᠩ ᠪᡳᡨᡥᡝ

manju nikan hergen i cing wen ki meng bithe

雍正八年（1730）序刊本

［W311.1］

T0798 清文启蒙 满汉文

ᠮᠠᠨᠵᡠ ᠨᡳᡴᠠᠨ ᡥᡝᡵᡤᡝᠨ ᡳ ᠴᡳᠩ ᠸᡝᠨ ᡴᡳ ᠮᡝᠩ ᠪᡳᡨᡥᡝ

manju nikan hergen i cing wen ki meng bithe

祥林 校

咸丰六年（1856）品经堂刻本

二册

本书内附《御制孝经》。

[0150] [2001]

T0799 清文启蒙 满汉文

ᠮᠠᠨᠵᡠ ᠨᡳᡴᠠᠨ ᡥᡝᡵᡤᡝᠨ ᡳ ᠴᡳᠩ ᠸᡝᠨ ᡴᡳ ᠮᡝᠩ ᠪᡳᡨᡥᡝ

manju nikan hergen i cing wen ki meng bithe

永魁斋刻本

四册

[0141]

T0800 清文启蒙 满汉文

ᠮᠠᠨᠵᡠ ᠨᡳᡴᠠᠨ ᡥᡝᡵᡤᡝᠨ ᡳ ᠴᡳᠩ ᠸᡝᠨ ᡴᡳ ᠮᡝᠩ ᠪᡳᡨᡥᡝ

manju nikan hergen i cing wen ki meng bithe

同声堂刻本

开本21.2厘米×14.5厘米

四册

[0102]

T0801 清文启蒙 满汉文

ᠮᠠᠨᠵᡠ ᠨᡳᡴᠠᠨ ᡥᡝᡵᡤᡝᠨ ᡳ ᠴᡳᠩ ᠸᡝᠨ ᡴᡳ ᠮᡝᠩ ᠪᡳᡨᡥᡝ

manju nikan hergen i cing wen ki meng bithe

文宝堂刻本

开本23.8厘米×14.8厘米

四册

[0102] [0701]

T0802 清文启蒙 满汉文

ᠮᠠᠨᠵᡠ ᠨᡳᡴᠠᠨ ᡥᡝᡵᡤᡝᠨ ᡳ ᠴᡳᠩ ᠸᡝᠨ ᡴᡳ ᠮᡝᠩ ᠪᡳᡨᡥᡝ

manju nikan hergen i cing wen ki meng bithe

二酉堂刻本

21.5厘米×13.8厘米

四册

[0150]

T0803 清文启蒙 满汉文

ᠮᠠᠨᠵᡠ ᠨᡳᡴᠠᠨ ᡥᡝᡵᡤᡝᠨ ᡳ ᠴᡳᠩ ᠸᡝᠨ ᡴᡳ ᠮᡝᠩ ᠪᡳᡨᡥᡝ

manju nikan hergen i cing wen ki meng bithe

刻本

四册

[0101] [0102] [0187]残 [0801]

[W313.2] [W512.2] [W516.1] [W561.2]

T0804 清文启蒙　满汉俄文

ᠮᠠᠨᠵᡠ ᠨᡳᡴᠠᠨ ᡥᡝᡵᡤᡝᠨ ᡳ ᠴᡳᠩ ᠸᡝᠨ ᡴᡳ ᠮᡝᠩ ᠪᡳᡨᡥᡝ

manju nikan hergen i cing wen ki meng bithe

抄本

一册（一百零一页）

[W512.1]

T0805 兼满汉字满洲套话清文启蒙　满汉文

ᠮᠠᠨᠵᡠ ᠨᡳᡴᠠᠨ ᡥᡝᡵᡤᡝᠨ ᡴᠠᠮᠴᡳᡥᠠ ᠮᠠᠨᠵᡠᡵᠠᡵᠠ ᡶᡳᠶᡝᠯᡝᠨ ᠴᡳᠩ ᠸᡝᠨ ᡴᡳ ᠮᡝᠩ ᠪᡳᡨᡥᡝ

manju nikan hergen kamciha manjurara fiyelen cing wen ki meng bithe

舞格 撰

乾隆二十六年（1761）刻本

开本25厘米×12厘米

二册

[0150]

T0806 清语易言　满汉合璧

ᠮᠠᠨᠵᡠ ᡤᡳᠰᡠᠨ ᠪᡝ ᠵᠠ ᡳ ᡤᡳᠰᡠᡵᡝᡵᡝ ᠪᡳᡨᡥᡝ

manju gisun be ja i gisurere bithe

博赫 辑录

乾隆三十一年（1766）刻本

开本21厘米×14.7厘米

一册

[0101] [W313.2] [W712.2]

T0807 清语易言　满汉合璧

ᠮᠠᠨᠵᡠ ᡤᡳᠰᡠᠨ ᠪᡝ ᠵᠠ ᡳ ᡤᡳᠰᡠᡵᡝᡵᡝ ᠪᡳᡨᡥᡝ

manju gisun be ja i gisurere bithe

乾隆三十九年（1774）刻本

开本21厘米×13.7厘米

一册

[0150]

T0808 清语易言　满汉合璧

ᠮᠠᠨᠵᡠ ᡤᡳᠰᡠᠨ ᠪᡝ ᠵᠠ ᡳ ᡤᡳᠰᡠᡵᡝᡵᡝ ᠪᡳᡨᡥᡝ

manju gisun be ja i gisurere bithe

博赫 辑录

刻本

一册

[W512.1]

T0809 虚字韵五卷　满汉文

ᡠᠨᡨᡠᡥᡠᠨ ᡥᡝᡵᡤᡝᠨ ᡳ ᠮᡠᡩᠠᠨ ᠪᡳᡨᡥᡝ ☆

untuhun hergen i mudan bithe

潘维诚 辑

道光二十八年（1848）刻本

一册

[0141]

T0810 清文接字 满汉文

ᠴᡳᠩ ᠸᡝᠨ ᠵᡳᠶᡝᡳ ᡯᡳ ᠪᡳᡨᡥᡝ

cing wen jiyei dzi bithe

嵩洛峰 撰

同治三年（1864）聚珍堂刻本

本书系讲解满语语法现象的著作。书中举例论述名词的格、动词的时态式和虚词（连词、后置词、语气词等）的上下连接形式。

［W311.1］［W313.2］［W561.1］［W565.1］［W712.1］

T0811 清文接字 满汉文

ᠴᡳᠩ ᠸᡝᠨ ᠵᡳᠶᡝᡳ ᡯᡳ ᠪᡳᡨᡥᡝ

cing wen jiyei dzi bithe

同治五年（1866）聚珍堂刻本

开本18.3厘米×14厘米

一册

［0101］［0102］［0150］［0186］［0703］［W311.1］［W313.1］［W712.2］

T0812 清文接字 满汉文

ᠴᡳᠩ ᠸᡝᠨ ᠵᡳᠶᡝᡳ ᡯᡳ ᠪᡳᡨᡥᡝ

cing wen jiyei dzi bithe

同治五年（1866）刻本

一册

［W516.1］

T0813 清文接字 满汉文

ᠴᡳᠩ ᠸᡝᠨ ᠵᡳᠶᡝᡳ ᡯᡳ ᠪᡳᡨᡥᡝ

cing wen jiyei dzi bithe

同治六年（1867）聚珍堂重刻本

一册

［0642］［0703］［W313.3］

T0814 清文接字 满汉文

ᠴᡳᠩ ᠸᡝᠨ ᠵᡳᠶᡝᡳ ᡯᡳ ᠪᡳᡨᡥᡝ

cing wen jiyei dzi bithe

光绪十四年（1888）三槐堂刻本

开本24.2厘米×16.4厘米

一册

［0101］［0185］［0701］［W313.2］

T0815 清文接字 满汉文

ᠴᡳᠩ ᠸᡝᠨ ᠵᡳᠶᡝᡳ ᡯᡳ ᠪᡳᡨᡥᡝ

cing wen jiyei dzi bithe

同治三年（1864）抄本

一册

［0804］

T0816 虚字韵薮五卷　满汉文

ᠰᡳᠣᡳ ᡯᡳ ᠶᡠᠨ ᠰᡝᠣ ᠪᡳᡨᡥᡝ ☆

sioi dzi yun seo bithe

光绪二年（1876）尚友堂书坊刻本

二册

［0141］

T0817 清文虚字指南编　满汉合璧

ᠮᠠᠨᠵᡠ ᡤᡳᠰᡠᠨ ᡳ ᡠᠨᡨᡠᡥᡠᠨ ᡥᡝᡵᡤᡝᠨ ᡳ ᡨᡝᠮᡤᡝᡨᡠ ᠵᠣᡵᡳᠨ ᠪᡳᡨᡥᡝ

manju gisun i untuhun hergen i temgetu jorin bithe

万福 撰

光绪十一年（1885）刻本

开本27.5厘米×15.5厘米

二册

本书系论述满语语法的著作。书前有光绪十年（1884）万福序，光绪二十年（1894）汉军凤山序，都强调了学习满语虚字的重要性，而学习满语的难点也在于掌握虚字的用法。中国古代重视字词研究，研究虚字实际上就是研究一些语法现象，满语研究也是如此。满语中大多数语法现象在本书中均有反映，本书另一特点是例句丰富，每种语法现象之前均配有虚字歌，便于记忆和掌握。

［0101］［0150］［0168］［0701］［W313.2］

T0818 清文虚字指南编　满汉合璧

ᠮᠠᠨᠵᡠ ᡤᡳᠰᡠᠨ ᡳ ᡠᠨᡨᡠᡥᡠᠨ ᡥᡝᡵᡤᡝᠨ ᡳ ᡨᡝᠮᡤᡝᡨᡠ ᠵᠣᡵᡳᠨ ᠪᡳᡨᡥᡝ

manju gisun i untuhun hergen i temgetu jorin bithe

万福 撰

凤山 订

光绪二十年（1894）京都聚珍堂刻本

开本27厘米×16.8厘米

二册

［W313.4］

T0819 清文虚字指南编　满汉合璧

ᠮᠠᠨᠵᡠ ᡤᡳᠰᡠᠨ ᡳ ᡠᠨᡨᡠᡥᡠᠨ ᡥᡝᡵᡤᡝᠨ ᡳ ᡨᡝᠮᡤᡝᡨᡠ ᠵᠣᡵᡳᠨ ᠪᡳᡨᡥᡝ

manju gisun i untuhun hergen i temgetu jorin bithe

宣统元年（1909）镜古堂刻本

二册

［0168］

T0820 清文虚字指南编　满文

ᠮᠠᠨᠵᡠ ᡤᡳᠰᡠᠨ ᡳ ᡠᠨᡨᡠᡥᡠᠨ ᡥᡝᡵᡤᡝᠨ ᡳ ᡨᡝᠮᡤᡝᡨᡠ ᠵᠣᡵᡳᠨ ᠪᡳᡨᡥᡝ

manju gisun i untuhun hergen i temgetu jorin bithe

刻本

二册

［W516.1］

T0821 重刻清文虚字指南编 满汉合璧

ᡩᠠᠰᠠᠮᡝ ᡶᠣᠯᠣᡥᠣ ᠮᠠᠨᠵᡠ ᡤᡳᠰᡠᠨ ᡳ ᡠᠨᡨᡠᡥᡠᠨ ᡥᡝᡵᡤᡝᠨ ᡳ ᡨᡝᠮᡤᡝᡨᡠ ᠵᠣᡵᡳᠨ ᠪᡳᡨᡥᡝ

dasame foloho manju gisun i untuhun hergen i temgetu jorin bithe

万福 撰

凤山 订

光绪二十年（1894）聚珍堂刻本

开本19.7厘米×14.7厘米

二册

［0101］［0102］［0141］［0150］［0161］［0182］［0186］［0406］［0601］［0641］［0642］［0701］［0703］［0801］［0802］［0903］［1441］［W311.1］［W313.1］［W313.2］［W313.3］［W561.1］［W611.1］［W712.1］［W712.2］

T0822 重刻清文虚字指南编 满汉合璧

ᡩᠠᠰᠠᠮᡝ ᡶᠣᠯᠣᡥᠣ ᠮᠠᠨᠵᡠ ᡤᡳᠰᡠᠨ ᡳ ᡠᠨᡨᡠᡥᡠᠨ ᡥᡝᡵᡤᡝᠨ ᡳ ᡨᡝᠮᡤᡝᡨᡠ ᠵᠣᡵᡳᠨ ᠪᡳᡨᡥᡝ

dasame foloho manju gisun i untuhun hergen i temgetu jorin bithe

光绪年间刻本

［W311.1］

T0823 重刻清文虚字指南编 满汉合璧

ᡩᠠᠰᠠᠮᡝ ᡶᠣᠯᠣᡥᠣ ᠮᠠᠨᠵᡠ ᡤᡳᠰᡠᠨ ᡳ ᡠᠨᡨᡠᡥᡠᠨ ᡥᡝᡵᡤᡝᠨ ᡳ ᡨᡝᠮᡤᡝᡨᡠ ᠵᠣᡵᡳᠨ ᠪᡳᡨᡥᡝ

dasame foloho manju gisun i untuhun hergen i temgetu jorin bithe

凤山 修订

开本27厘米×16.5厘米

二册

［W313.2］

T0824 清文虚字指南编读本 满汉合璧

ᠮᠠᠨᠵᡠ ᡤᡳᠰᡠᠨ ᡳ ᡠᠨᡨᡠᡥᡠᠨ ᡥᡝᡵᡤᡝᠨ ᡳ ᡨᡝᠮᡤᡝᡨᡠ ᠵᠣᡵᡳᠨ ᠪᡳᡨᡥᡝ ᡩᡝ ᡥᡡᠯᠠᠴᡳ ᠠᠴᠠᡵᠠ ᠪᡳᡨᡥᡝ

manju gisun i untuhun hergen i temgetu jorin bithe de hūlaci acara bithe

刻本

一册

［0101］［0150］［2305］

T0825 字法举一歌 满汉合璧

ᡯᡳ ᡶᠠ ᡤᡳᠣᡳ ᡳ ᡳ ᠪᡳᡨᡥᡝ

dzi fa gioi i i bithe

徐隆泰 撰

光绪十一年（1885）文宝堂刻本

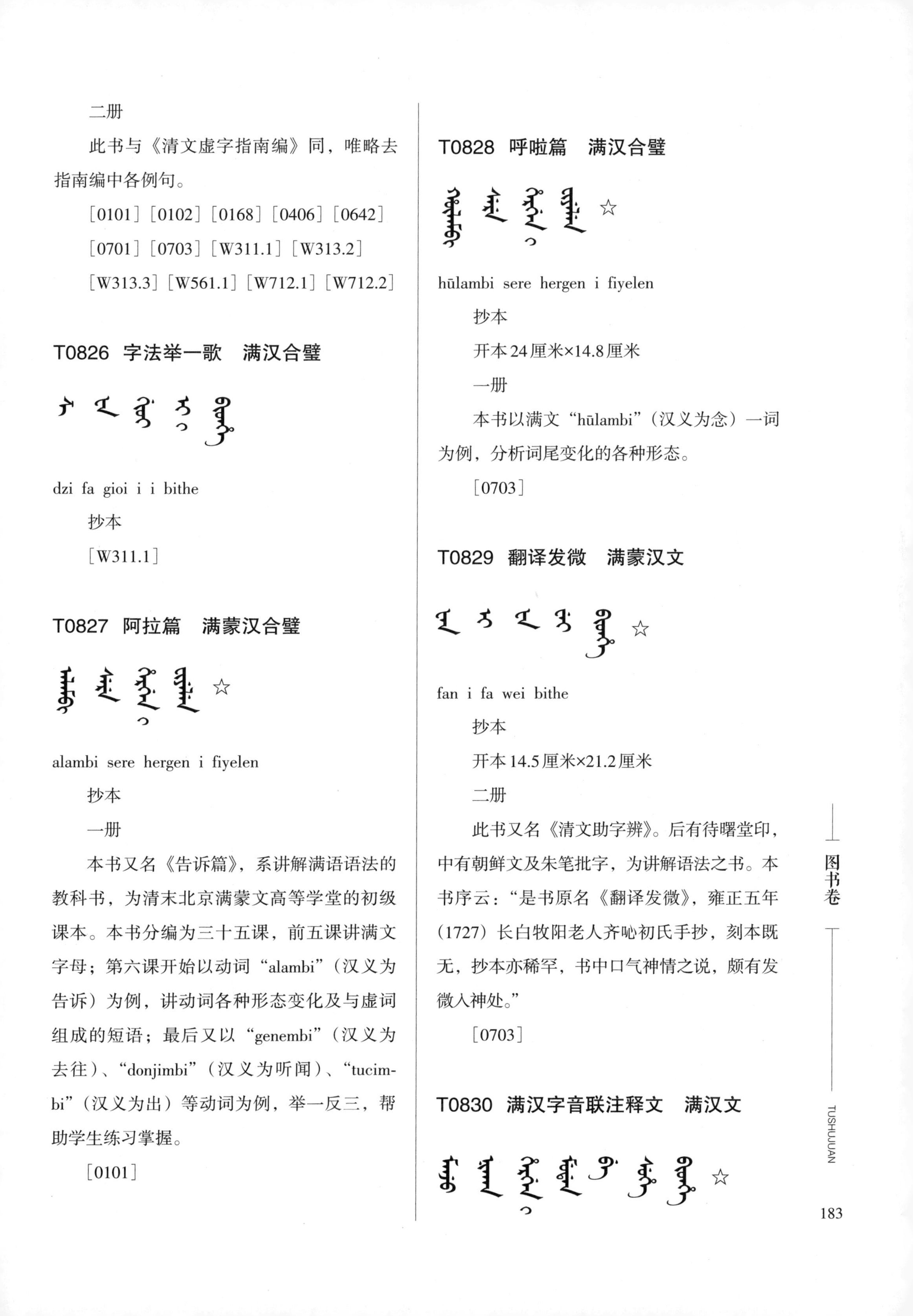

二册

此书与《清文虚字指南编》同，唯略去指南编中各例句。

［0101］［0102］［0168］［0406］［0642］［0701］［0703］［W311.1］［W313.2］［W313.3］［W561.1］［W712.1］［W712.2］

T0826 字法举一歌　满汉合璧

dzi fa gioi i i bithe

抄本

［W311.1］

T0827 阿拉篇　满蒙汉合璧

☆

alambi sere hergen i fiyelen

抄本

一册

本书又名《告诉篇》，系讲解满语语法的教科书，为清末北京满蒙文高等学堂的初级课本。本书分编为三十五课，前五课讲满文字母；第六课开始以动词“alambi”（汉义为告诉）为例，讲动词各种形态变化及与虚词组成的短语；最后又以“genembi”（汉义为去往）、“donjimbi”（汉义为听闻）、“tucimbi”（汉义为出）等动词为例，举一反三，帮助学生练习掌握。

［0101］

T0828 呼啦篇　满汉合璧

☆

hūlambi sere hergen i fiyelen

抄本

开本24厘米×14.8厘米

一册

本书以满文“hūlambi”（汉义为念）一词为例，分析词尾变化的各种形态。

［0703］

T0829 翻译发微　满蒙汉文

☆

fan i fa wei bithe

抄本

开本14.5厘米×21.2厘米

二册

此书又名《清文助字辨》。后有待曙堂印，中有朝鲜文及朱笔批字，为讲解语法之书。本书序云：“是书原名《翻译发微》，雍正五年（1727）长白牧阳老人齐吣初氏手抄，刻本既无，抄本亦稀罕，书中口气神情之说，颇有发微入神处。”

［0703］

T0830 满汉字音联注释文　满汉文

☆

manju nikan hergen i mudan be suhe bithe

抄本

开本28.9厘米×18厘米

二册

此书为成亲王永瑆据纳兰性德家传满汉字音注解抄录、讲解满文语音语法之书。

［0703］

T0831 清文虚字歌 满文

ᠮᠠᠨᠵᡠ ᠪᡳᡨᡥᡝ ᡳ ᡠᠨᡨᡠᡥᡠᠨ ᡥᡝᡵᡤᡝᠨ ᠪᡝ ᡨᠠᠴᡳᠪᡠᡵᡝ ᠪᡳᡨᡥᡝ ☆

manju bithe i untuhun hergen be tacibure bithe

抄本

开本23.3厘米×14厘米

一册

［0185］［W313.3］［W516.1］

T0832 虚字歌 满汉文

ᡠᠨᡨᡠᡥᡠᠨ ᡥᡝᡵᡤᡝᠨ ᠪᡝ ᡨᠠᠴᡳᠪᡠᡵᡝ ᠪᡳᡨᡥᡝ ☆

untuhun hergen be tacibure bithe

泽农抄录本

开本24.7厘米×14.8厘米

一册

本书内容为择抄《虚字指南编》。

［0703］

T0833 虚字解 满汉合璧

ᡠᠨᡨᡠᡥᡠᠨ ᡥᡝᡵᡤᡝᠨ ᠪᡝ ᠰᡠᡥᡝ ᠪᡳᡨᡥᡝ ☆

untuhun hergen be suhe bithe

抄本

开本23.2厘米×14厘米

一册

［0185］

T0834 一隅集 满汉文

ᡝᠮᡠ ᡥᠣᡧᠣᠩᡤᠣ ᡳᠰᠠᠪᡠᠨ ☆

emu hošonggo isabun

光绪十年（1884）抄本

开本24.5厘米×14.4厘米

一册

本书内容为满文语法讲解。

［0703］

T0835 清文虚字琐记 满文

ᠮᠠᠨᠵᡠ ᡤᡳᠰᡠᠨ ᡳ ᡠᠨᡨᡠᡥᡠᠨ ᡥᡝᡵᡤᡝᠨ ᡳ ᠪᡠᠶᠠᡵᠠᠮᡝ ᡝᠵᡝᠪᡠᠨ ☆

manju gisun i untuhun hergen i buyarame ejebun

待曙堂稿本

一册

［0741］

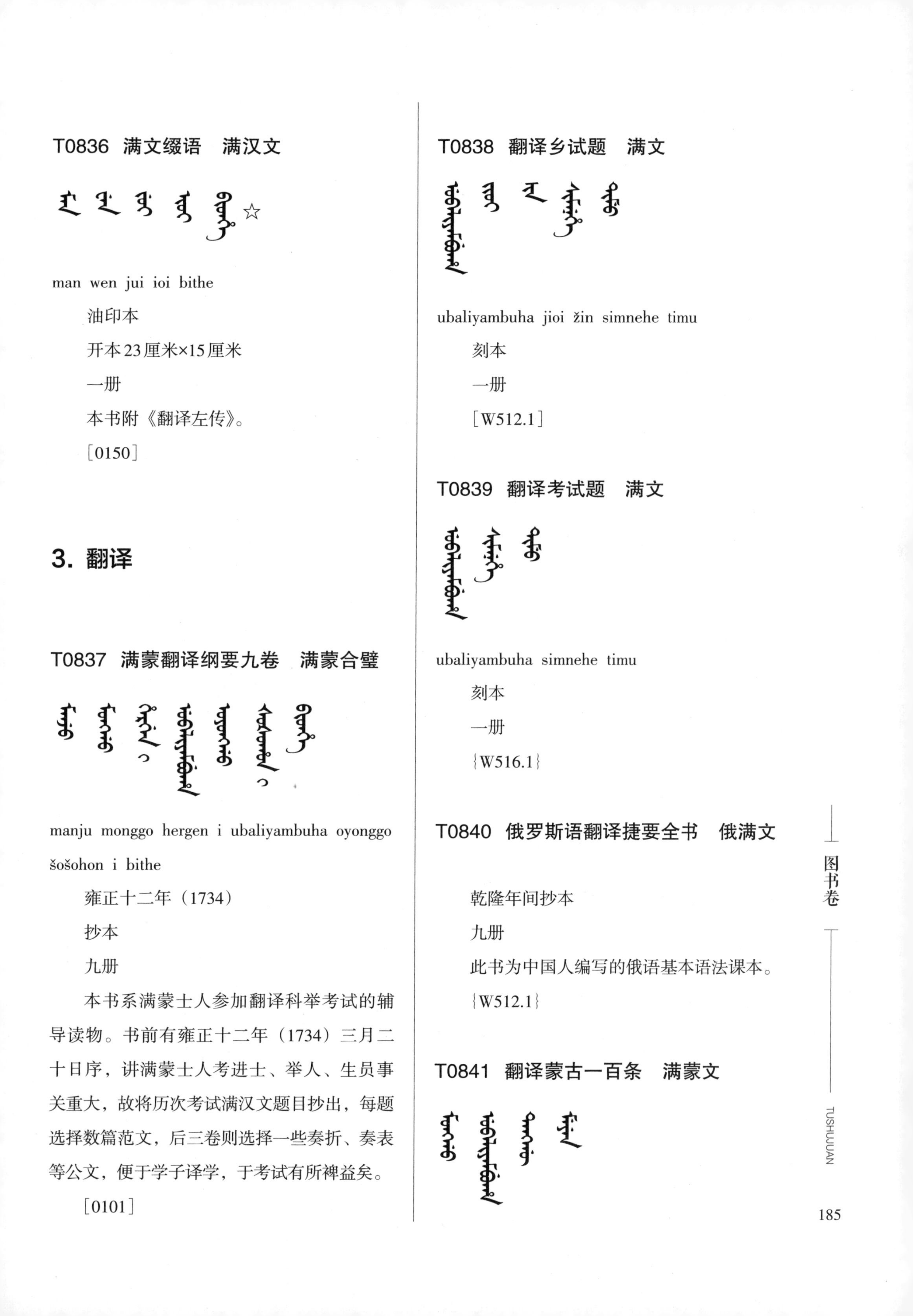

T0836 满文缀语 满汉文

man wen jui ioi bithe

油印本

开本23厘米×15厘米

一册

本书附《翻译左传》。

［0150］

3. 翻译

T0837 满蒙翻译纲要九卷 满蒙合璧

manju monggo hergen i ubaliyambuha oyonggo šošohon i bithe

雍正十二年（1734）

抄本

九册

本书系满蒙士人参加翻译科举考试的辅导读物。书前有雍正十二年（1734）三月二十日序，讲满蒙士人考进士、举人、生员事关重大，故将历次考试满汉文题目抄出，每题选择数篇范文，后三卷则选择一些奏折、奏表等公文，便于学子译学，于考试有所裨益矣。

［0101］

T0838 翻译乡试题 满文

ubaliyambuha jioi žin simnehe timu

刻本

一册

［W512.1］

T0839 翻译考试题 满文

ubaliyambuha simnehe timu

刻本

一册

{W516.1}

T0840 俄罗斯语翻译捷要全书 俄满文

乾隆年间抄本

九册

此书为中国人编写的俄语基本语法课本。

{W512.1}

T0841 翻译蒙古一百条 满蒙文

monggo ubaliyambuha tanggū meyen

抄本

开本25.5厘米×17.8厘米

二册

毛装

本书是学习满蒙语言的会话读本。书中涂改增删之处甚多，系毛装稿本。上册以翻译《论语》中话语为主，下册以翻译日常用语为主。

［0185］

T0842 翻译批答 汉满文

ᡠᠪᠠᠯᡳᠶᠠᠮᠪᡠᡵᡝ ᡩᡝ ᡦᡳᠯᡝᡥᡝ ᠵᠠᠪᡠᡥᠠ ᡤᡳᠰᡠᠨ ☆

ubaliyambure de pilehe jabuha gisun

抄本

开本24厘米×10厘米

一册

本书内容为翻译理论。

［0150］

T0843 满洲翻论 满汉合璧

ᠮᠠᠨᠵᡠᡵᠠᠮᡝ ᡠᠪᠠᠯᡳᠶᠠᠮᠪᡠᡵᡝ ᠯᡝᠣᠯᡝᠨ

manjurame ubaliyambure leolen

抄本

开本21厘米×13厘米

二册

［0168］

T0844 语文杂抄 满汉合璧

ᠮᠠᠨᠵᡠ ᡳ ᡧᡠ ᡶᡳᠶᡝᠯᡝᠨ ᡨᠣᡴᡨᠣᡥᠣ ᡤᡳᠰᡠᠨ ᠪᡝ ᠪᡠᠶᠠᡵᠠᠮᡝ ᠰᠠᡵᡴᡳᠶᠠᡥᠠ ᠪᡳᡨᡥᡝ

manju i šu fiyelen toktoho gisun be buyarame sarkiyaha bithe

抄本

开本24.6厘米×20.7厘米

一册

毛装

［0101］

T0845 翻译练习 满汉合璧

ᠮᠠᠨᠵᡠ ᡤᡳᠰᡠᠨ ᠪᡝ ᡠᡵᡝᠪᡠᠮᡝ ᡠᠪᠠᠯᡳᠶᠠᠮᠪᡠᡥᠠ ᠪᡳᡨᡥᡝ

manju gisun be urebume ubaliyambuha bithe

抄本

开本21.2厘米×15厘米

三册

［0101］

T0846 作文练习 满文

ᡧᡠ ᡶᡳᠶᡝᠯᡝᠨ ᠪᡝ ᡠᡵᡝᠪᡠᠮᡝ ᠠᡵᠠᡥᠠ ᠪᡳᡨᡥᡝ

šu fiyelen be urebume araha bithe

抄本

开本25.7厘米×18厘米

一册

本书系学习写作满文文章的练习册。该册内容有十多篇满文文章稿，题目多取自儒家经典，如“致知在于通物”“齐家而后治国”。

［0101］

T0847 翻译窗课 满汉文

抄本

一册

本书开本中缝印“思齐书室”四字。

{W516.1}

T0848 窗课 满汉文

抄本

一册

{W516.1}

T0849 翻译论 满汉文

ᡠᠪᠠᠯᡳᠶᠠᠮᠪᡠᡵᡝ ᠯᡝᠣᠯᡝᠨ

ubaliyambure leolen

抄本

一册

［W516.1］

4. 词典、词汇集

T0850 御制清文鉴二十五卷 满文

ᡥᠠᠨ ᡳ ᠠᡵᠠᡥᠠ ᠮᠠᠨᠵᡠ ᡤᡳᠰᡠᠨ ᡳ ᠪᡠᠯᡝᡴᡠ ᠪᡳᡨᡥᡝ

han i araha manju gisun i buleku bithe

圣祖（玄烨） 敕撰

康熙四十七年（1708）武英殿刻本

开本22厘米×16.5厘米

十册

本书系清代官修的满文分类大辞典，以满文解释满文词语。本书共有总纲四卷、后序一卷、文鉴二十卷，共分四十五部二百八十类，收词条一万二千余个，附有按满文字母排列的总纲索引。本书是后世编纂各种体裁清文鉴的基础和蓝本。

［0101］［0102］［0141］存总纲五册 ［0150］［0161］［0168］［0181］［0185］［0186］［0406］存八册 ［0601］［0641］［0642］［0661］［0669］存三册 ［0701］［0703］［0803］［1497］［1901］［2001］［2102］［W311.1］［W313.2］［W313.3］［W512.1］［W512.2］［W561.1］［W561.2］［W565.1］［W712.2］［W712.3］

T0851 御制清文鉴 满文

ᡥᠠᠨ ᡳ ᠠᡵᠠᡥᠠ ᠮᠠᠨᠵᡠ ᡤᡳᠰᡠᠨ ᡳ ᠪᡠᠯᡝᡴᡠ ᠪᡳᡨᡥᡝ

han i araha manju gisun i buleku bithe

光绪十二年（1886）宝三抄本

四册

［0701］

T0852 御制清文鉴 满文

ᡥᠠᠨ ᡳ ᠠᡵᠠᡥᠠ ᠮᠠᠨᠵᡠ ᡤᡳᠰᡠᠨ ᡳ ᠪᡠᠯᡝᡴᡠ ᠪᡳᡨᡥᡝ

han i araha manju gisun i buleku bithe

抄本

存四册

［0101］

T0853 御制清文鉴 满文

ᡥᠠᠨ ᡳ ᠠᡵᠠᡥᠠ ᠮᠠᠨᠵᡠ ᡤᡳᠰᡠᠨ ᡳ ᠪᡠᠯᡝᡴᡠ ᠪᡳᡨᡥᡝ

han i araha manju gisun i buleku bithe

抄本

存四册

［0141］

T0854 御制清文鉴 满文

ᡥᠠᠨ ᡳ ᠠᡵᠠᡥᠠ ᠮᠠᠨᠵᡠ ᡤᡳᠰᡠᠨ ᡳ ᠪᡠᠯᡝᡴᡠ ᠪᡳᡨᡥᡝ

han i araha manju gisun i buleku bithe

抄本

存四册

［0161］

T0855 御制清文鉴 满文

ᡥᠠᠨ ᡳ ᠠᡵᠠᡥᠠ ᠮᠠᠨᠵᡠ ᡤᡳᠰᡠᠨ ᡳ ᠪᡠᠯᡝᡴᡠ ᠪᡳᡨᡥᡝ

han i araha manju gisun i buleku bithe

抄本

存四册

［0168］

T0856 御制清文鉴 满文

ᡥᠠᠨ ᡳ ᠠᡵᠠᡥᠠ ᠮᠠᠨᠵᡠ ᡤᡳᠰᡠᠨ ᡳ ᠪᡠᠯᡝᡴᡠ ᠪᡳᡨᡥᡝ

han i araha manju gisun i buleku bithe

抄本

存四册

［0181］

T0857 御制清文鉴 满文

ᡥᠠᠨ ᡳ ᠠᡵᠠᡥᠠ ᠮᠠᠨᠵᡠ ᡤᡳᠰᡠᠨ ᡳ ᠪᡠᠯᡝᡴᡠ ᠪᡳᡨᡥᡝ

han i araha manju gisun i buleku bithe

抄本

存四册

［1497］

T0858 清文鉴索引 满文

抄本

一册

｛W561.2｝

T0859 御制满蒙文鉴二十九卷 满蒙对照

ᠮᠠᠨᠵᡠ ᠮᠣᠩᡤᠣ ᡤᡳᠰᡠᠨ ᡳ ᠪᡠᠯᡝᡴᡠ ᠪᡳᡨᡥᡝ

manju monggo gisun i buleku bithe

拉锡等 编

康熙五十六年（1717）武英殿刻本

开本21.4厘米×16.2厘米

二十九册

拉锡（？—1734），正白旗蒙古人，图伯特氏，官至正白旗满洲都统、议政大臣、领侍卫内大臣。

本书系清代官修的满蒙文对照分类辞典，所收词与《清文鉴》同，用满文、蒙古文两种文字注释。本书共有总纲八卷、正编二十卷、后序一卷。

[0181] [0701] [W512.1]

T0860 御制满蒙文鉴 满蒙对照

ᠮᠠᠨᠵᡠ ᠮᠣᠩᡤᠣ ᡤᡳᠰᡠᠨ ᡳ ᠪᡠᠯᡝᡴᡠ ᠪᡳᡨᡥᡝ

manju monggo gisun i buleku bithe

康熙年间刻本

三十册

[W512.2] [W561.2]

T0861 御制满蒙文鉴 满蒙对照

ᠮᠠᠨᠵᡠ ᠮᠣᠩᡤᠣ ᡤᡳᠰᡠᠨ ᡳ ᠪᡠᠯᡝᡴᡠ ᠪᡳᡨᡥᡝ

manju monggo gisun i buleku bithe

乾隆八年（1743）武英殿刻本

开本20.7厘米×14.7厘米

存二十一卷

[0101] [0181]

T0862 御制满蒙文鉴 满蒙对照

ᠮᠠᠨᠵᡠ ᠮᠣᠩᡤᠣ ᡤᡳᠰᡠᠨ ᡳ ᠪᡠᠯᡝᡴᡠ ᠪᡳᡨᡥᡝ

manju monggo gisun i buleku bithe

乾隆四十一年（1776）刻本

开本20.5厘米×14.5厘米

八册

[0181]

T0863 御制满蒙文鉴 满蒙对照

ᠮᠠᠨᠵᡠ ᠮᠣᠩᡤᠣ ᡤᡳᠰᡠᠨ ᡳ ᠪᡠᠯᡝᡴᡠ ᠪᡳᡨᡥᡝ

manju monggo gisun i buleku bithe

康熙五十六年（1717）精写本

二十一册

[0181]

T0864 御制满蒙文鉴 满蒙对照

ᠮᠠᠨᠵᡠ ᠮᠣᠩᡤᠣ ᡤᡳᠰᡠᠨ ᡳ ᠪᡠᠯᡝᡴᡠ ᠪᡳᡨᡥᡝ

manju monggo gisun i buleku bithe

乾隆八年（1743）抄本

开本12.2厘米×9.2厘米

二十一册

[0181]

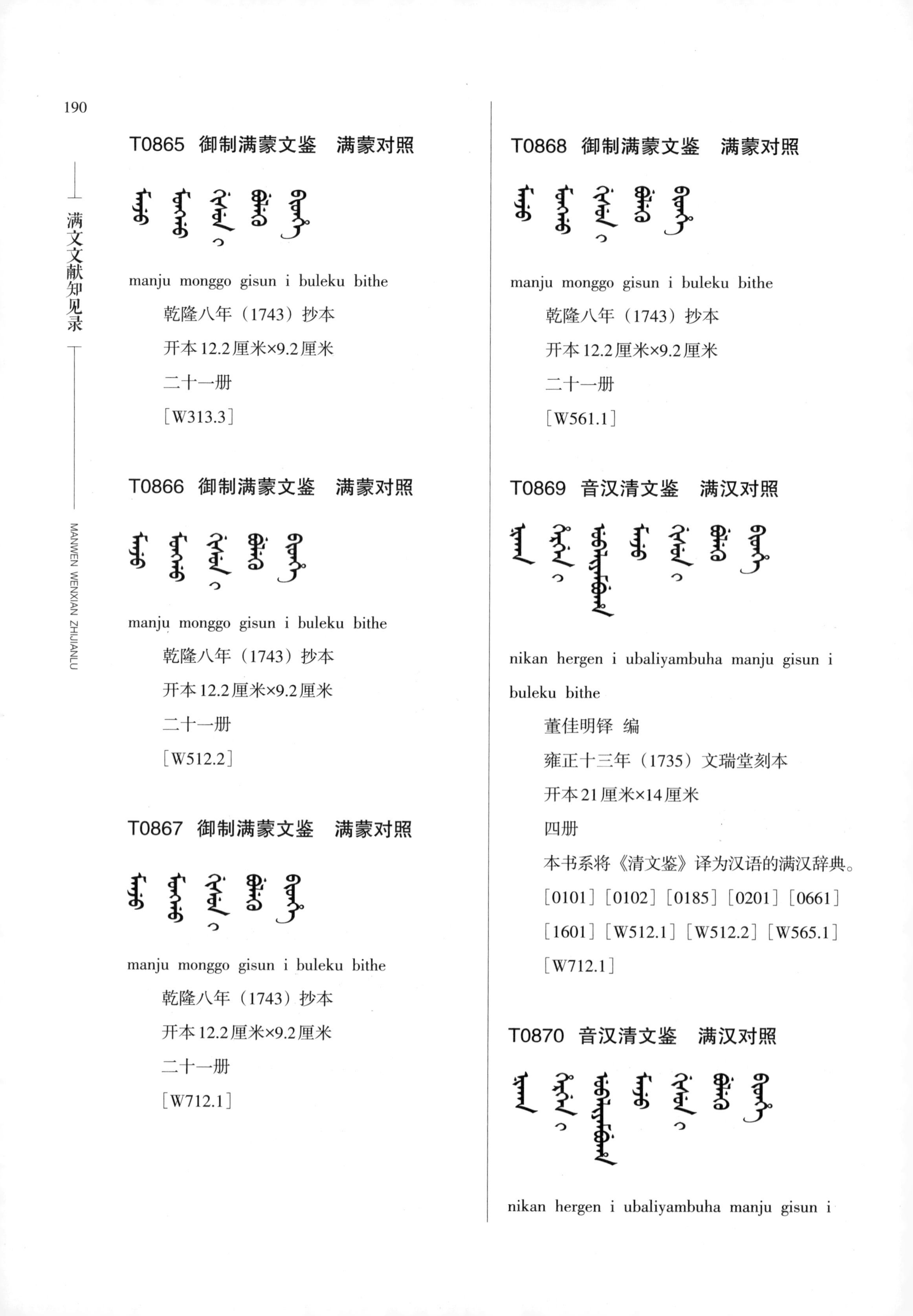

T0865 御制满蒙文鉴　满蒙对照

manju monggo gisun i buleku bithe

乾隆八年（1743）抄本

开本12.2厘米×9.2厘米

二十一册

［W313.3］

T0866 御制满蒙文鉴　满蒙对照

manju monggo gisun i buleku bithe

乾隆八年（1743）抄本

开本12.2厘米×9.2厘米

二十一册

［W512.2］

T0867 御制满蒙文鉴　满蒙对照

manju monggo gisun i buleku bithe

乾隆八年（1743）抄本

开本12.2厘米×9.2厘米

二十一册

［W712.1］

T0868 御制满蒙文鉴　满蒙对照

manju monggo gisun i buleku bithe

乾隆八年（1743）抄本

开本12.2厘米×9.2厘米

二十一册

［W561.1］

T0869 音汉清文鉴　满汉对照

nikan hergen i ubaliyambuha manju gisun i buleku bithe

董佳明铎 编

雍正十三年（1735）文瑞堂刻本

开本21厘米×14厘米

四册

本书系将《清文鉴》译为汉语的满汉辞典。

［0101］［0102］［0185］［0201］［0661］［1601］［W512.1］［W512.2］［W565.1］［W712.1］

T0870 音汉清文鉴　满汉对照

nikan hergen i ubaliyambuha manju gisun i

buleku bithe

雍正十三年（1735）宏文阁刻本

开本20.4厘米×16厘米

四册

［0101］［0141］［0641］

［W512.1］［W561.1］［W712.2］

T0871 音汉清文鉴　满汉对照

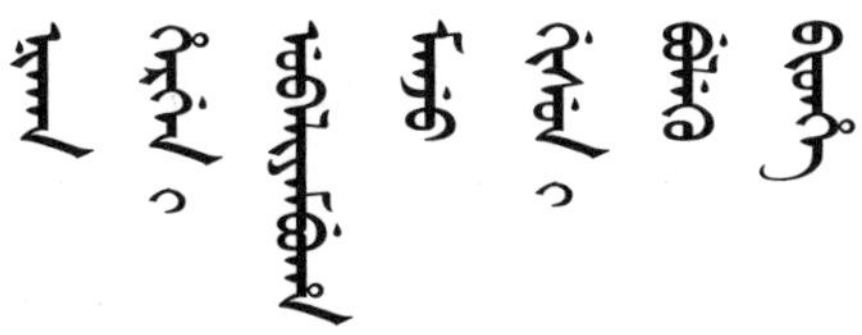

nikan hergen i ubaliyambuha manju gisun i buleku bithe

雍正十三年（1735）英华堂刻本

四册

［0701］

T0872 音汉清文鉴　满汉对照

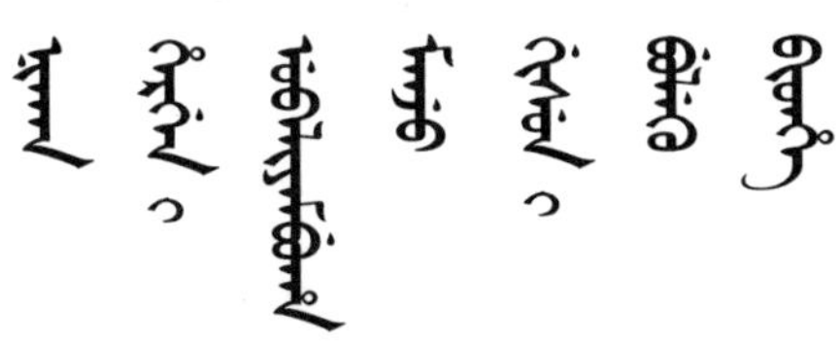

nikan hergen i ubaliyambuha manju gisun i buleku bithe

雍正十三年（1735）刻本

四册

［0181］［0243］［0601］［0703］［0804］

［W311.1］［W313.1］［W313.2］［W313.3］

［W561.2］［W611.1］

T0873 音汉清文鉴　满汉对照

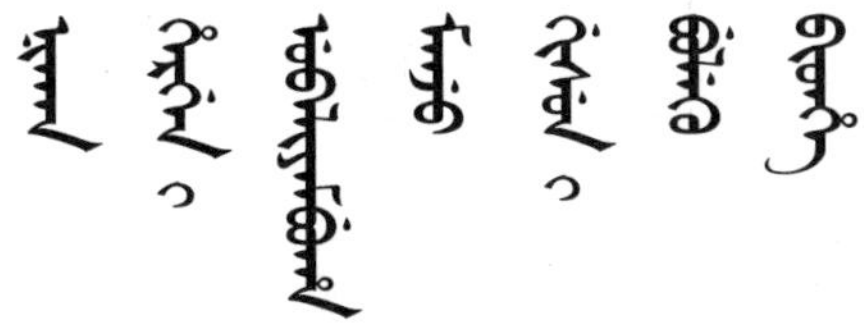

nikan hergen i ubaliyambuha manju gisun i buleku bithe

乾隆二十二年（1757）中和堂刻本

开本20.3厘米×14.3厘米

四册

［0102］［0661］［0701］［0703］［0802］

T0874 音汉清文鉴　满汉对照

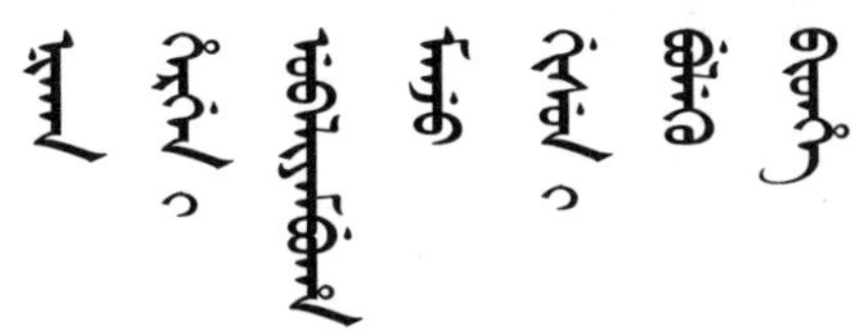

nikan hergen i ubaliyambuha manju gisun i buleku bithe

乾隆二十二年（1757）藜照阁刻本

开本20厘米×14厘米

四册

［0150］

T0875 音汉清文鉴　满汉对照

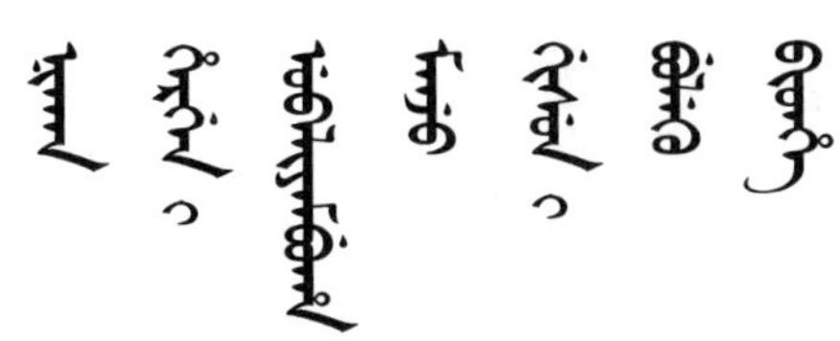

nikan hergen i ubaliyambuha manju gisun i buleku bithe

乾隆二十二年（1757）刻本

四册

［0161］［0406］

T0876 音汉清文鉴　满汉对照

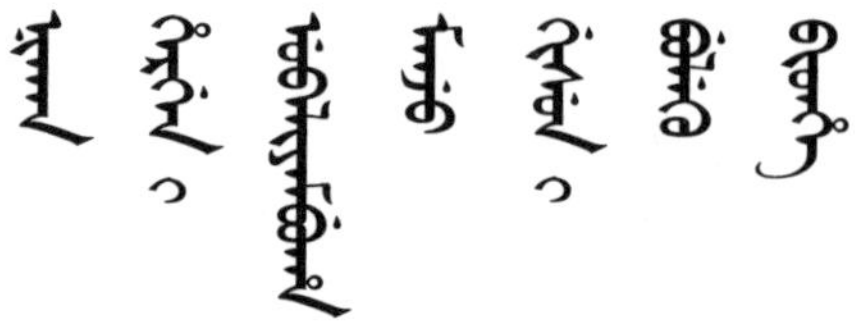

nikan hergen i ubaliyambuha manju gisun i buleku bithe

刻本

四册

［W512.2］

T0877 音汉清文鉴　满汉对照

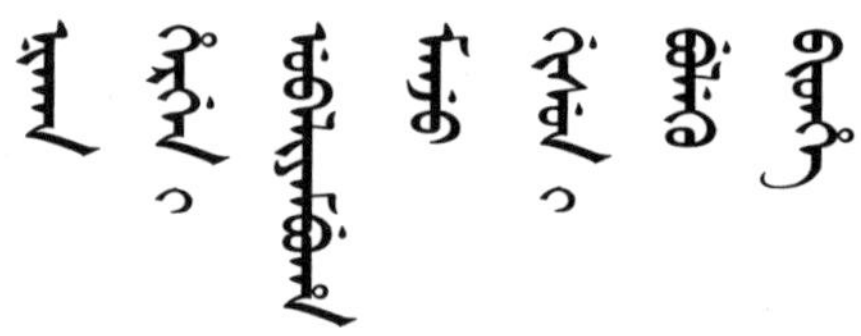

nikan hergen i ubaliyambuha manju gisun i buleku bithe

光绪十七年（1891）抄本（复印本）

二册

［W512.1］

T0878 满蒙汉字书　满蒙汉对照

manju monggo nikan ilan hacin i gisun

精写本

开本20厘米×9.1厘米

二十五册

本书蒙古文、汉文均附有满文字母拼写。

［0181］

T0879 满蒙汉字书　满蒙汉对照

manju monggo nikan ilan hacin i gisun

雍正十三年（1735）舒明阿序抄本

开本20厘米×13.2厘米

一册

［0703］

T0880 一学三贯清文鉴四卷　满汉对照

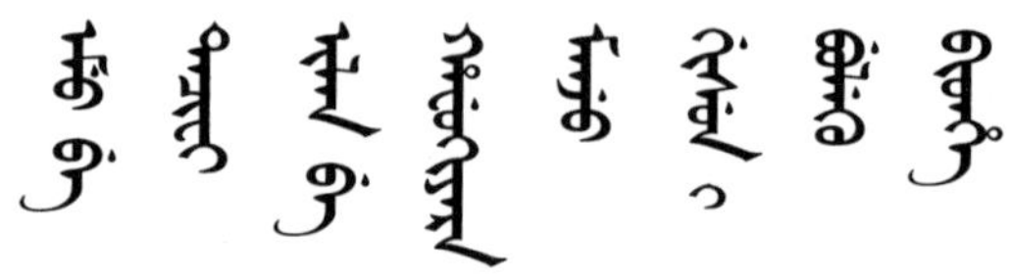

emu be tacifi ilan be hafukiyara manju gisun i buleku bithe

屯图 撰

乾隆十一年（1746）静宜斋刻本

开本22.8厘米×16.7厘米

四册

本书系满汉蒙分类词典，所用蒙古文为托忒蒙古文。托忒蒙古文为卫拉特蒙古（即漠西蒙古，分布于新疆、青海、甘肃、内蒙古西部一带）所使用的文字。

［0101］［0161］［0181］［0601］［0804］

［W712.1］

T0881 一学三贯清文鉴四卷　满汉对照

emu be tacifi ilan be hafukiyara manju gisun i buleku bithe

乾隆十一年（1746）京都英华堂徐氏书坊刻本

开本21.8厘米×17.3厘米

四册

［0102］［0161］［0185］［0801］［W565.1］

T0882 一学三贯清文鉴四卷　满汉对照

emu be tacifi ilan be hafukiyara manju gisun i buleku bithe

乾隆十一年（1746）英华堂刻本

四册

［W512.1］［W561.2］

T0883 一学三贯清文鉴四卷　满汉对照

emu be tacifi ilan be hafukiyara manju gisun i buleku bithe

乾隆十一年（1746）藜照阁刻本

四册

［0101］

T0884 一学三贯清文鉴四卷　满汉对照

emu be tacifi ilan be hafukiyara manju gisun i buleku bithe

乾隆十一年（1746）紫竹斋刻本

二十四册

［0168］［W712.1］

T0885 一学三贯清文鉴四卷　满汉对照

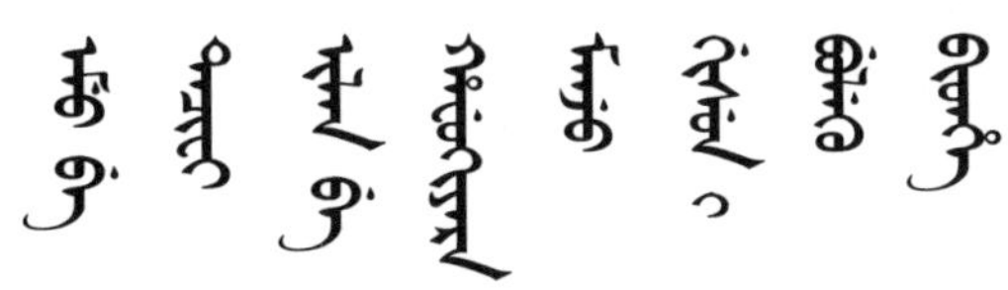

emu be tacifi ilan be hafukiyara manju gisun i buleku bithe

乾隆十一年（1746）刻本

开本21.7厘米×17.5厘米

［0150］［0703］［W311.1］［W313.2］［W313.3］［W561.1］［W611.1］［W712.2］［W712.3］

T0886 一学三贯　满汉蒙对照

emu be tacime ilan be hafure manju monggo nikan gisun i bithe

抄本

开本26厘米×22.8厘米

四册

[0101]

T0887 御制增订清文鉴四十六卷　满汉对照

han i araha nonggime toktobuha manju gisun i buleku bithe

傅恒等 撰

乾隆三十六年（1771）武英殿刻本

开本22厘米×18厘米

四十八册

本书系清代官修的满汉分类大辞典，又称《二体清文鉴》，较之《清文鉴》增加六千多条新词汇，共分五十一部二百九十二类，收词条一万八千余个。

[0101] [0141] [0150] [0161]
[0168] [0182] [0185] [0243]
[0341] [0404] [0601] [0641]存十册
[0661] [0669]存十二册 [0701] [0703]
[0741] [0783]存三册 [0801]存四十二册 [0802]存七册 [0903] [1497]存十三册
[1601] [1681] [1901] [2102]
[W311.1] [W313.1] [W313.2]
[W313.3] [W512.2] [W561.1]
[W565.1] [W611.1] [W712.1]
[W712.2] [W712.3] [W512.2]存二十三册

T0888 御制增订清文鉴　满汉对照

han i araha nonggime toktobuha manju gisun i buleku bithe

刻本

二十册

[W516.1] [W561.2]

T0889 御制增订清文鉴　满汉对照

han i araha nonggime toktobuha manju gisun i buleku bithe

光绪二十九年（1903）抄本（复印本）

八册

[W512.1]

T0890 御制增订清文鉴　满汉对照

han i araha nonggime toktobuha manju gisun i buleku bithe

抄本

十册

[0101] [0102] [0141] [0168] [0185]

T0891 御制增订清文鉴　满汉对照

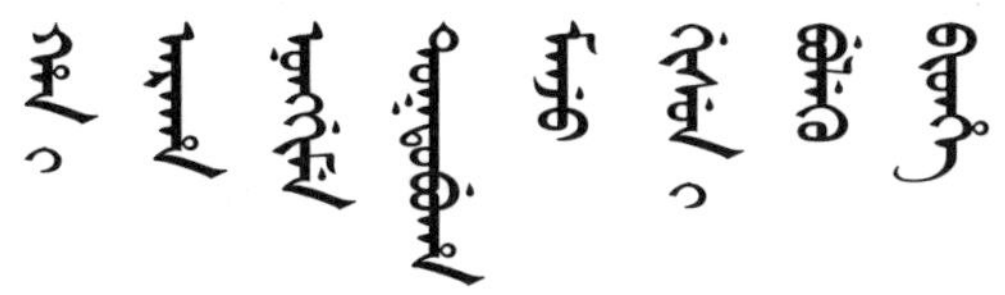

han i araha nonggime toktobuha manju gisun i buleku bithe

抄本

开本19.2厘米×13.4厘米

二十册

[0101]

T0892 御制增订清文鉴　满汉对照

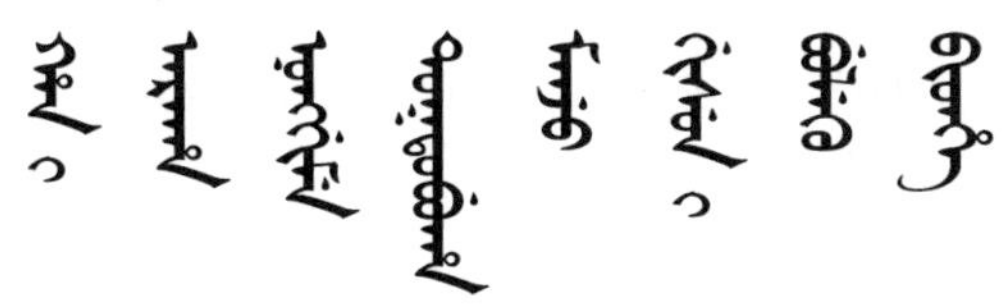

han i araha nonggime toktobuha manju gisun i buleku bithe

抄本

开本27.6厘米×14.5厘米

存四卷二册

[0101]

T0893 御制满洲蒙古汉字三合切音清文鉴三十一卷　满蒙汉对照

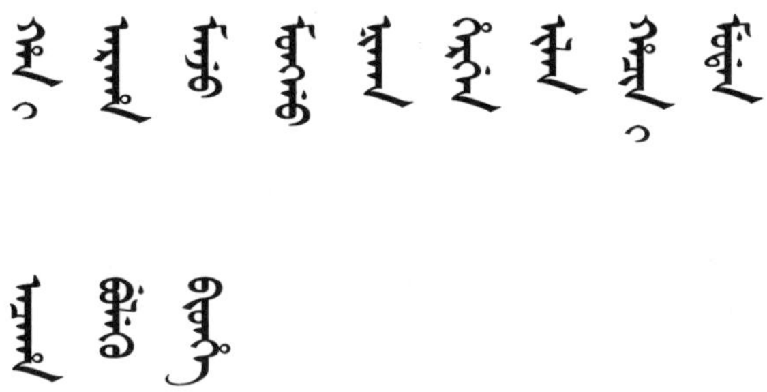

han i araha manju monggo nikan hergen ilan hacin i mudan acaha buleku bithe

乾隆三十六年（1771）刻本

开本20.6厘米×17厘米

三十二册

本书系清代官修的满蒙汉对照分类辞典。在《御制增订清文鉴》的基础上加进蒙古文，又以蒙古字、汉字各对满语之音，以定其声。

[0181] [0186] [0701] [0703] [0802] [1681] [2102] [W611.1]

T0894 御制满洲蒙古汉字三合切音清文鉴　满蒙汉对照

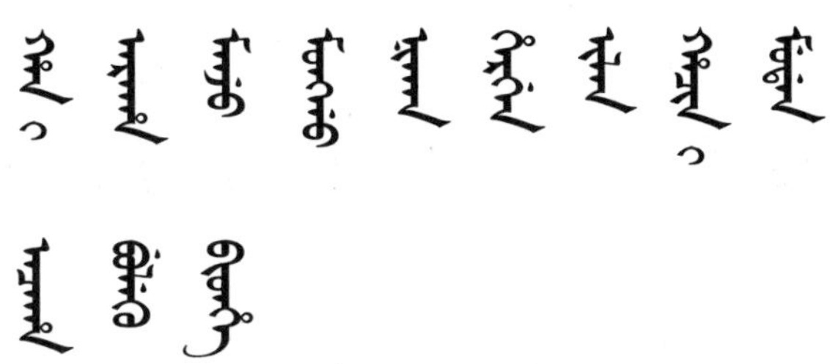

han i araha manju monggo nikan hergen ilan hacin i mudan acaha buleku bithe

乾隆四十五年（1780）刻本

开本21.5厘米×17.1厘米

三十二册

[0102] [0641] [0642] [0701] [0703] [1601] [W313.1] [W313.2] [W313.3] [W512.1] [W561.1] [W561.2] [W712.1] [W712.3]

T0895 御制满洲蒙古汉字三合切音清文鉴 满蒙汉对照

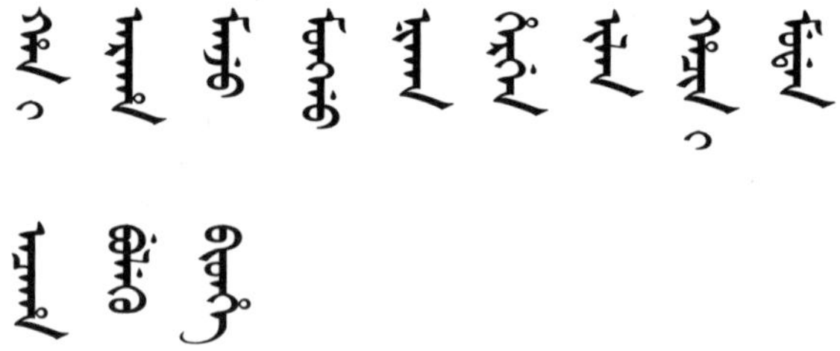

han i araha manju monggo nikan hergen ilan hacin i mudan acaha buleku bithe

精写本

开本22厘米×15.4厘米

存十一册（第十六至二十、第二十六至三十一卷）

[0903]

T0896 御制四体清文鉴三十二卷附编四卷 满汉蒙藏对照

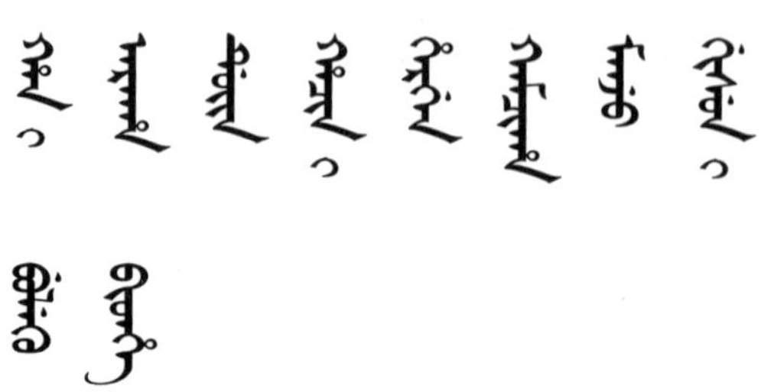

han i araha duin hacin i hergen kamciha manju gisun i buleku bithe

乾隆年间武英殿刻本

三十六册

本书系清代官修的满汉蒙藏四种文字对照的分类大辞典，其部类的设置与《增订清文鉴》相同，收词条一万八千余个。

[0102] [0161] [0181] [0701] [0703] [1681] [W311.1] [W313.2] [W313.3] [W512.2] [W516.1] [W561.1] [W565.1] [W611.1] [W712.1] [W712.2]

T0897 御制四体清文鉴 满汉蒙藏对照

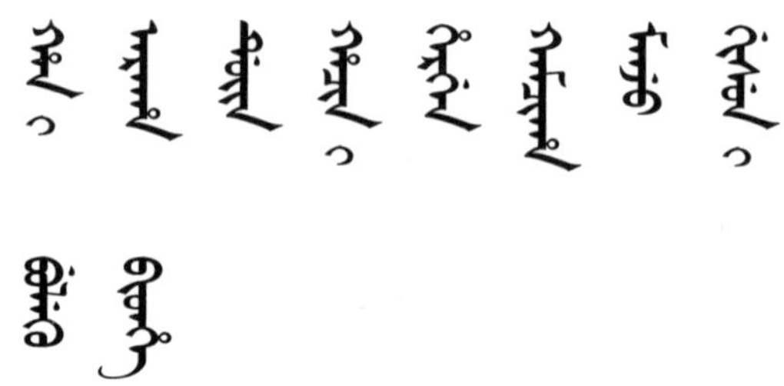

han i araha duin hacin i hergen kamciha manju gisun i buleku bithe

抄本

开本26.9厘米×14厘米

六册

[0661]

T0898 四体合璧文鉴四十卷 满汉蒙藏对照

duin hacin i hergen kamciha buleku bithe

嵩祝寺天清番经局刻本

开本16.5厘米×21厘米

十一册

本书内附《文鉴总纲》八卷二册、《文鉴总纲》目录一册。

[0101] [0187] [0601]存二册 [0642] [0701] [0703] [0801] [0903]

T0899 四体合璧文鉴　满汉蒙藏对照

duin hacin i hergen kamciha buleku bithe

刻本

开本15.5厘米×21.8厘米

存三十二卷三十六册

[0102] [0150] [0168] [0181] [0187]

T0900 四体鉴书　满汉蒙藏对照

刻本

此书疑为《四体合璧文鉴》。

{W311.1}

T0901 四体合璧文鉴　满汉蒙藏对照

duin hacin i hergen kamciha buleku bithe

抄本

[1144]

T0902 五体清文鉴三十六卷　满藏蒙维汉对照

sunja hacin i hergen kamciha manju gisun i buleku bithe

精写本

开本33.7厘米×19.9厘米

三十六册

本书系满文、藏文、蒙古文、维吾尔文、汉文五种文字对照的分类大辞典，其中藏文附有满文切音和满文对音，维吾尔文附有满文对音，是在《增订清文鉴》的基础上扩展而成。本书共分五十一部二百九十二类，收词条一万八千余个。《五体清文鉴》共三部，两部藏于北京故宫，另一部现在大英博物馆。故宫现藏两部，一部原藏重华宫，一部原在景阳宫，1926年集中到故宫图书馆殿版书库。此书1937年、1943年曾由日本东洋文库据故宫藏本石印出版。1957年民族出版社影印为三册本出版发行，所用底本亦为故宫藏本。

[0181]

T0903 五体清文鉴　满藏蒙维汉对照

sunja hacin i hergen kamciha manju gisun i

buleku bithe

抄本

开本29厘米×19.2厘米

三十六册

[0187]

T0904 御制五体清文鉴 满藏蒙维汉对照

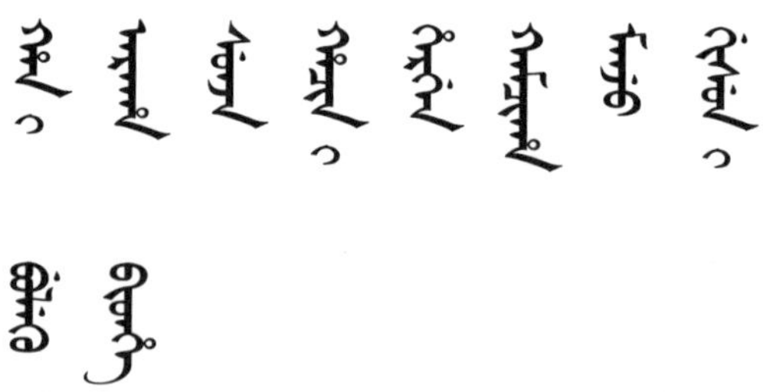

han i araha sunja hacin i hergen kamciha manju gisun i buleku bithe

开本28厘米

三十六册（卷一至三十二、补编卷一至四）

[W313.4]

T0905 五体清文鉴 满藏蒙维汉对照

sunja hacin i hergen kamciha manju gisun i buleku bithe

晒印本

三十六册

[0101] [W313.1] [W313.2] [W313.3] [W561.1] [W565.1] [W712.1]

T0906 五体字书 满蒙藏嘉戎维对照

manju monggo tanggūt jarung hoise sunja hacin i gisun

写本

开本21.5厘米×6.7厘米

二匣八帙

本书为另一种五体对照辞典，但将汉文取消，添加上嘉戎文。

嘉戎人为藏族的一支。嘉戎语使用者主要分布在四川大小金川及黑水一带（今属四川阿坝藏族羌族自治州、甘孜藏族自治州）。

[0181]

T0907 蒙古鉴 蒙满对照

 ☆

monggo hergen i buleku bithe

乾隆四十六年（1781）抄本

开本16.9厘米×12.4厘米

四册

本书系按蒙古文字头排列之辞书，每一条下附满文对译。

[0703]

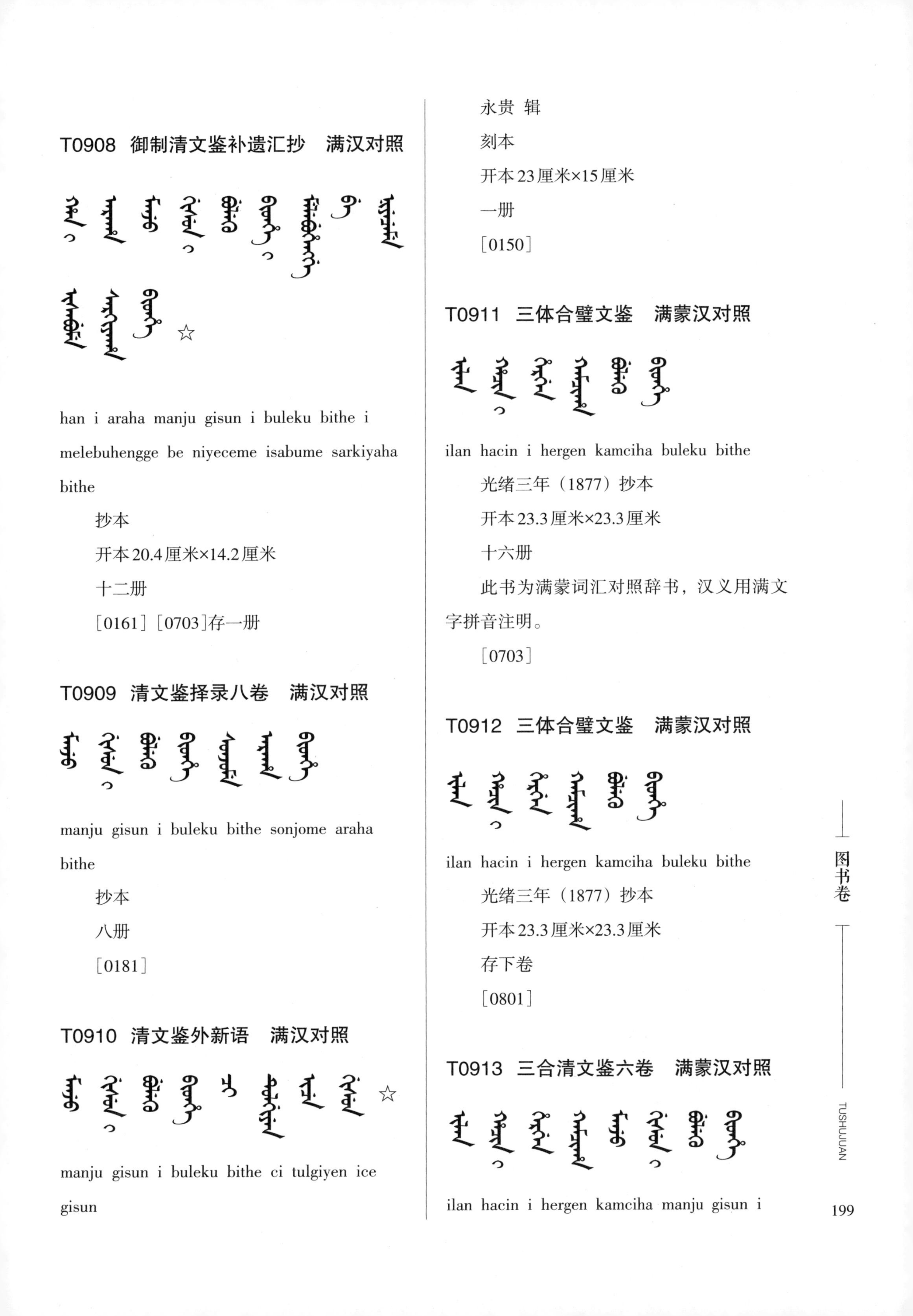

T0908 御制清文鉴补遗汇抄　满汉对照

☆

han i araha manju gisun i buleku bithe i melebuhengge be niyeceme isabume sarkiyaha bithe

抄本

开本20.4厘米×14.2厘米

十二册

[0161] [0703]存一册

T0909 清文鉴择录八卷　满汉对照

manju gisun i buleku bithe sonjome araha bithe

抄本

八册

[0181]

T0910 清文鉴外新语　满汉对照

☆

manju gisun i buleku bithe ci tulgiyen ice gisun

永贵 辑

刻本

开本23厘米×15厘米

一册

[0150]

T0911 三体合璧文鉴　满蒙汉对照

ilan hacin i hergen kamciha buleku bithe

光绪三年（1877）抄本

开本23.3厘米×23.3厘米

十六册

此书为满蒙词汇对照辞书，汉义用满文字拼音注明。

[0703]

T0912 三体合璧文鉴　满蒙汉对照

ilan hacin i hergen kamciha buleku bithe

光绪三年（1877）抄本

开本23.3厘米×23.3厘米

存下卷

[0801]

T0913 三合清文鉴六卷　满蒙汉对照

ilan hacin i hergen kamciha manju gisun i

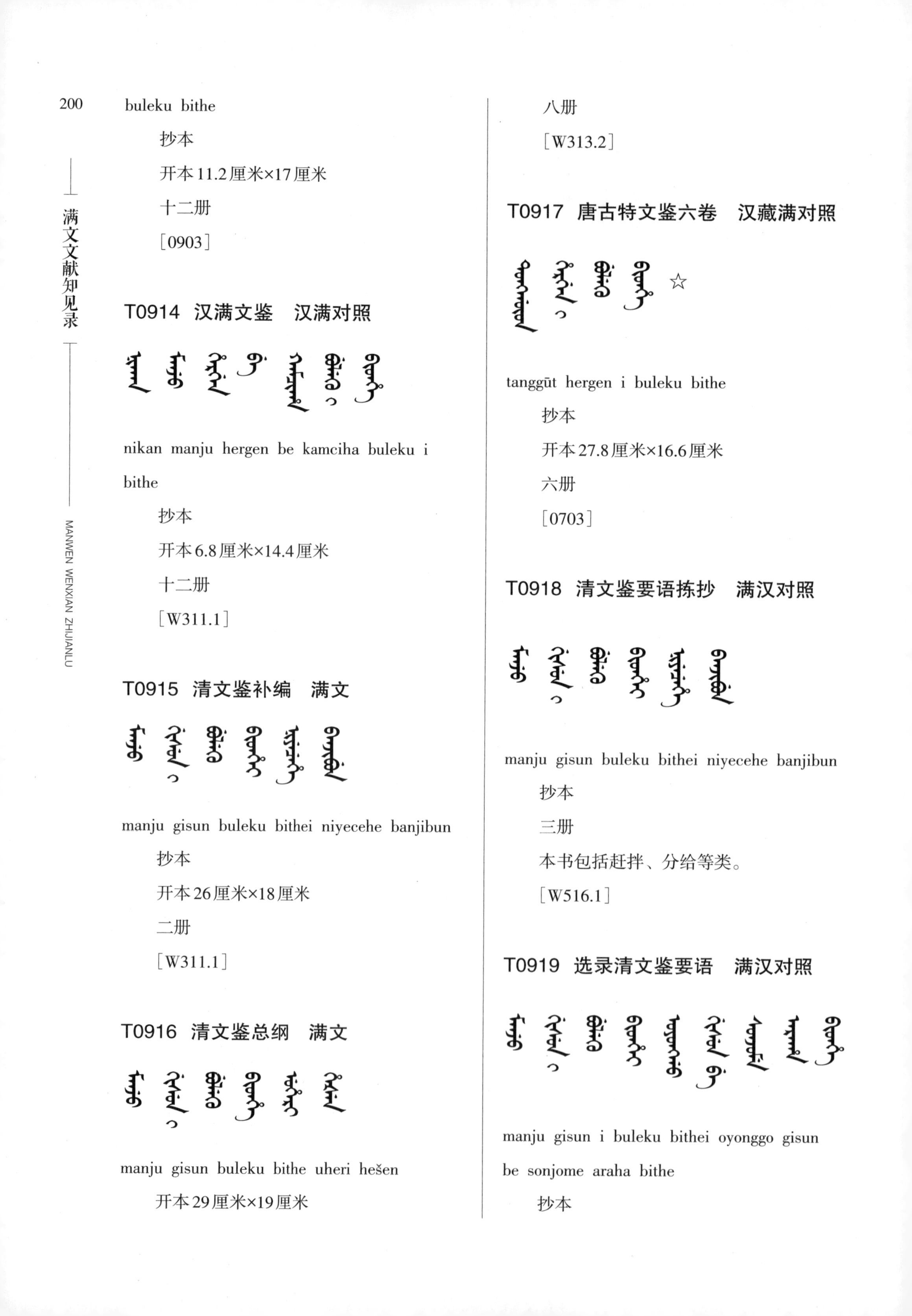

buleku bithe

抄本

开本11.2厘米×17厘米

十二册

［0903］

T0914 汉满文鉴 汉满对照

nikan manju hergen be kamciha buleku i bithe

抄本

开本6.8厘米×14.4厘米

十二册

［W311.1］

T0915 清文鉴补编 满文

manju gisun buleku bithei niyecehe banjibun

抄本

开本26厘米×18厘米

二册

［W311.1］

T0916 清文鉴总纲 满文

manju gisun buleku bithe uheri hešen

开本29厘米×19厘米

八册

［W313.2］

T0917 唐古特文鉴六卷 汉藏满对照

☆

tanggūt hergen i buleku bithe

抄本

开本27.8厘米×16.6厘米

六册

［0703］

T0918 清文鉴要语拣抄 满汉对照

manju gisun buleku bithei niyecehe banjibun

抄本

三册

本书包括赶拌、分给等类。

［W516.1］

T0919 选录清文鉴要语 满汉对照

manju gisun i buleku bithei oyonggo gisun be sonjome araha bithe

抄本

开本21厘米×13.8厘米

三册

[0101]

T0920 大清全书十四卷附录三卷 满汉对照

ᡩᠠᡳᠴᡳᠩ ᡤᡠᡵᡠᠨ ᡳ ᠶᠣᠣᠨᡳ ᠪᡳᡨᡥᡝ

daicing gurun i yooni bithe

沈启亮 编

康熙二十二年（1683）京都宛羽斋刻本

开本25.7厘米×17.1厘米

十四册

本书为清代最早编纂的满汉大词典，用满文十二字头排序，便于查阅。书后附有《清书指南》，该词典释词简明扼要，保留了不少清初满字的早期意义和用法。

[0186] [0601] [0661] [0701] [0703] [0241] [W313.3] [W512.1] [W516.1] [W561.1] [W565.1] [W712.1] [W712.2]

T0921 大清全书 满汉对照

ᡩᠠᡳᠴᡳᠩ ᡤᡠᡵᡠᠨ ᡳ ᠶᠣᠣᠨᡳ ᠪᡳᡨᡥᡝ

daicing gurun i yooni bithe

康熙五十二年（1713）三义堂重刻本

开本25厘米×16厘米

十五册

本书附《清书指南》三卷一册。

[0101] [0150] [0703] [W313.2]十二册

[W512.1]六册

T0922 大清全书 满汉对照

ᡩᠠᡳᠴᡳᠩ ᡤᡠᡵᡠᠨ ᡳ ᠶᠣᠣᠨᡳ ᠪᡳᡨᡥᡝ

daicing gurun i yooni bithe

康熙二十二年（1683）序抄本

十四册

[0101]

T0923 满汉同文全书八卷 满汉对照

ᠮᠠᠨᠵᡠ ᠨᡳᡴᠠᠨ ᡧᡠ ᠠᡩᠠᠯᡳ ᠶᠣᠣᠨᡳ ᠪᡳᡨᡥᡝ

manju nikan šu adali yooni bithe

康熙二十九年（1690）秘书阁刻本

开本24.1厘米×14.8厘米

八册

此书为按十二字头排列之满汉词典，收词约一万六千个。

[0150] [0701] [0703] [W313.2]

T0924 同文广汇全书四卷 满汉对照

ᡨᡠᠩ ᠸᡝᠨ ᡤᡡᠸᠠᠩ ᡥᠣᡳ ᠴᡳᠣᠸᠠᠨ ᡧᡠ ᠪᡳᡨᡥᡝ ☆

tung wen gūwang hoi ciowan šu bithe

阿敦、刘顺、桑格 编辑

康熙三十二年（1693）天绘阁刻本

四册

[0101] [0102] [0703] 题名《同文汇集》

[W512.1]

T0925 同文广汇全书四卷 满汉对照

ᡨᡠᠩ ᠸᡝᠨ ᡤᡡᠸᠠᠩ ᡥᠣᡳ ᠴᡳᠣᠸᠠᠨ ᡧᡠ ᠪᡳᡨᡥᡝ ☆

tung wen gūwang hoi ciowan šu bithe

康熙三十二年（1693）尚德堂刻本

开本20.2厘米×15厘米

五册

[0701]

T0926 同文广汇全书四卷 满汉对照

ᡨᡠᠩ ᠸᡝᠨ ᡤᡡᠸᠠᠩ ᡥᠣᡳ ᠴᡳᠣᠸᠠᠨ ᡧᡠ ᠪᡳᡨᡥᡝ ☆

tung wen gūwang hoi ciowan šu bithe

康熙四十一年（1702）听松楼刻本

开本20.7厘米×15厘米

四册

本书内附《联珠集》。

[0101] [0150] [0161] [0241] [0301] [0703] [W313.2] [W313.3] [W561.1] [W565.1] [W712.1] [W712.3]

T0927 同文广汇全书四卷 满汉对照

ᡨᡠᠩ ᠸᡝᠨ ᡤᡡᠸᠠᠩ ᡥᠣᡳ ᠴᡳᠣᠸᠠᠨ ᡧᡠ ᠪᡳᡨᡥᡝ ☆

tung wen gūwang hoi ciowan šu bithe

刻本

四册

[W516.1]

T0928 满汉类书全集四卷 满汉对照

ᠮᠠᠨᠵᡠ ᠨᡳᡴᠠᠨ ᡥᡝᡵᡤᡝᠨ ᡩᡠᠸᠠᠯᡳ ᡳᠯᡤᠠᡥᠠ ᠪᡳᡨᡥᡝ

manju nikan hergen duwali ilgaha bithe

桑额 编

康熙三十九年（1700）自省斋刻本

开本25厘米×15.75厘米

八册

本书又名《满汉同文分类全书》。

[W313.2] [W512.1]

T0929 满汉类书全集 满汉对照

ᠮᠠᠨᠵᡠ ᠨᡳᡴᠠᠨ ᡥᡝᡵᡤᡝᠨ ᡩᡠᠸᠠᠯᡳ ᡳᠯᡤᠠᡥᠠ ᠪᡳᡨᡥᡝ

manju nikan hergen duwali ilgaha bithe

康熙四十年（1701）印汇堂刻本

八册

[W512.1]

T0930 满汉类书全集三十二卷 满汉对照

ᠮᠠᠨᠵᡠ ᠨᡳᡴᠠᠨ ᡥᡝᡵᡤᡝᠨ ᡩᡠᠸᠠᠯᡳ ᡳᠯᡤᠠᡥᠠ ᠪᡳᡨᡥᡝ

manju nikan hergen duwali ilgaha bithe

桑额 编

康熙四十年（1701）刻本

开本20.3厘米×13.9厘米

八册

[0150] [0161] [0185] [0201] [0243]

[0701] [W311.1] [W313.2] [W313.3] [W561.1]

T0931 满汉类书全集 满汉对照

manju nikan hergen duwali ilgaha bithe

康熙四十五年（1706）天绘阁刻本

开本24.5厘米×15厘米

八册

[0701] [W313.2] [W565.1] [W712.2]

T0932 满汉类书全集 满汉对照

manju nikan hergen duwali ilgaha bithe

康熙年间刻本

[W311.1]

T0933 满汉类书全集 满汉对照

manju nikan hergen duwali ilgaha bithe

抄本

八册

[W516.1]

T0934 满汉类书全集 满汉对照

manju nikan hergen duwali ilgaha bithe

抄本

开本27.3厘米×15.8厘米

八册

[0185]

T0935 汉满字典 满汉对照

抄本

二册

{W561.2}

T0936 清文汇书十二卷 满汉对照

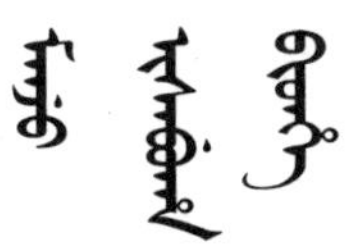

manju isabuha bithe

李延基 编

康熙年间京都四合堂刻本

开本20.4厘米×14.4厘米

十二册

本书系满汉文字对照大词典，内容丰富，注释详尽，按满文字十二字头排序，较分类词典查用方便，清代曾多次刊印。

[0182] [0185] [0642] [0168] [512.1]

T0937 清文汇书 满汉对照

ᠮᠠᠨᠵᡠ ᡳᠰᠠᠪᡠᡥᠠ ᠪᡳᡨᡥᡝ

manju isabuha bithe

雍正二年（1724）刻本

开本21厘米×14厘米

十二册

[0102][0150][0661]

T0938 清文汇书 满汉对照

ᠮᠠᠨᠵᡠ ᡳᠰᠠᠪᡠᡥᠠ ᠪᡳᡨᡥᡝ

manju isabuha bithe

乾隆十五年（1750）英华堂刻本

开本20.5厘米×14.5厘米

十二册

此书扉页印：此书在琉璃厂东门内坐北朝南徐氏书坊发兑。

[W512.1]

T0939 清文汇书 满汉对照

ᠮᠠᠨᠵᡠ ᡳᠰᠠᠪᡠᡥᠠ ᠪᡳᡨᡥᡝ

manju isabuha bithe

乾隆十六年（1751）英华堂刻本

开本20.5厘米×15厘米

十二册

[0101][0166][0201][0703][W313.4][W512.1]

T0940 清文汇书 满汉对照

ᠮᠠᠨᠵᡠ ᡳᠰᠠᠪᡠᡥᠠ ᠪᡳᡨᡥᡝ

manju isabuha bithe

乾隆十六年（1751）藜照阁刻本

开本21厘米×14.7厘米

十二册

[0101][1601]

T0941 清文汇书 满汉对照

ᠮᠠᠨᠵᡠ ᡳᠰᠠᠪᡠᡥᠠ ᠪᡳᡨᡥᡝ

manju isabuha bithe

乾隆十六年（1751）中和堂刻本

开本20.8厘米×14.8厘米

十二册

[0101][0161][0601][0701][1701][W712.1]

T0942 清文汇书 满汉对照

ᠮᠠᠨᠵᡠ ᡳᠰᠠᠪᡠᡥᠠ ᠪᡳᡨᡥᡝ

manju isabuha bithe

乾隆十六年（1751）四合堂刻本

[W512.1]

T0943 清文汇书　满汉对照

ᠮᠠᠨᠵᡠ ᡳᠰᠠᠪᡠᡥᠠ ᠪᡳᡨᡥᡝ

manju isabuha bithe

乾隆十六年（1751）三槐堂刻本

［W512.1］

T0944 清文汇书　满汉对照

ᠮᠠᠨᠵᡠ ᡳᠰᠠᠪᡠᡥᠠ ᠪᡳᡨᡥᡝ

manju isabuha bithe

嘉庆十一年（1806）双峰阁刻本

开本21厘米×14.7厘米

十二册

第一册系中和堂版补配。

［0101］［0161］［0701］［1101］［W313.2］
［W512.1］［W561.2］

T0945 清文汇书　满汉对照

ᠮᠠᠨᠵᡠ ᡳᠰᠠᠪᡠᡥᠠ ᠪᡳᡨᡥᡝ

manju isabuha bithe

嘉庆二十年（1815）四合堂刻本

开本20.5厘米×14.4厘米

十二册

［0101］［0141］［0166］［0641］［W313.2］
［W512.1］

T0946 清文汇书　满汉对照

ᠮᠠᠨᠵᡠ ᡳᠰᠠᠪᡠᡥᠠ ᠪᡳᡨᡥᡝ

manju isabuha bithe

三槐堂刻本

开本20厘米×14.4厘米

十二册

［0101］［0102］［0141］［0150］［0168］
［0185］［0186］［0406］［0601］［0641］
［0701］［0703］［0783］［0801］［0802］
［0804］［0903］［1701］［W512.1］

T0947 清文汇书　满汉对照

ᠮᠠᠨᠵᡠ ᡳᠰᠠᠪᡠᡥᠠ ᠪᡳᡨᡥᡝ

manju isabuha bithe

李延基 编

师礼堂刻本

开本28.4厘米×18厘米

十二册

［0102］

T0948 清文汇书　满汉对照

ᠮᠠᠨᠵᡠ ᡳᠰᠠᠪᡠᡥᠠ ᠪᡳᡨᡥᡝ

manju isabuha bithe

刻本

十二册

［0164］［2102］［W313.1］［W313.3］

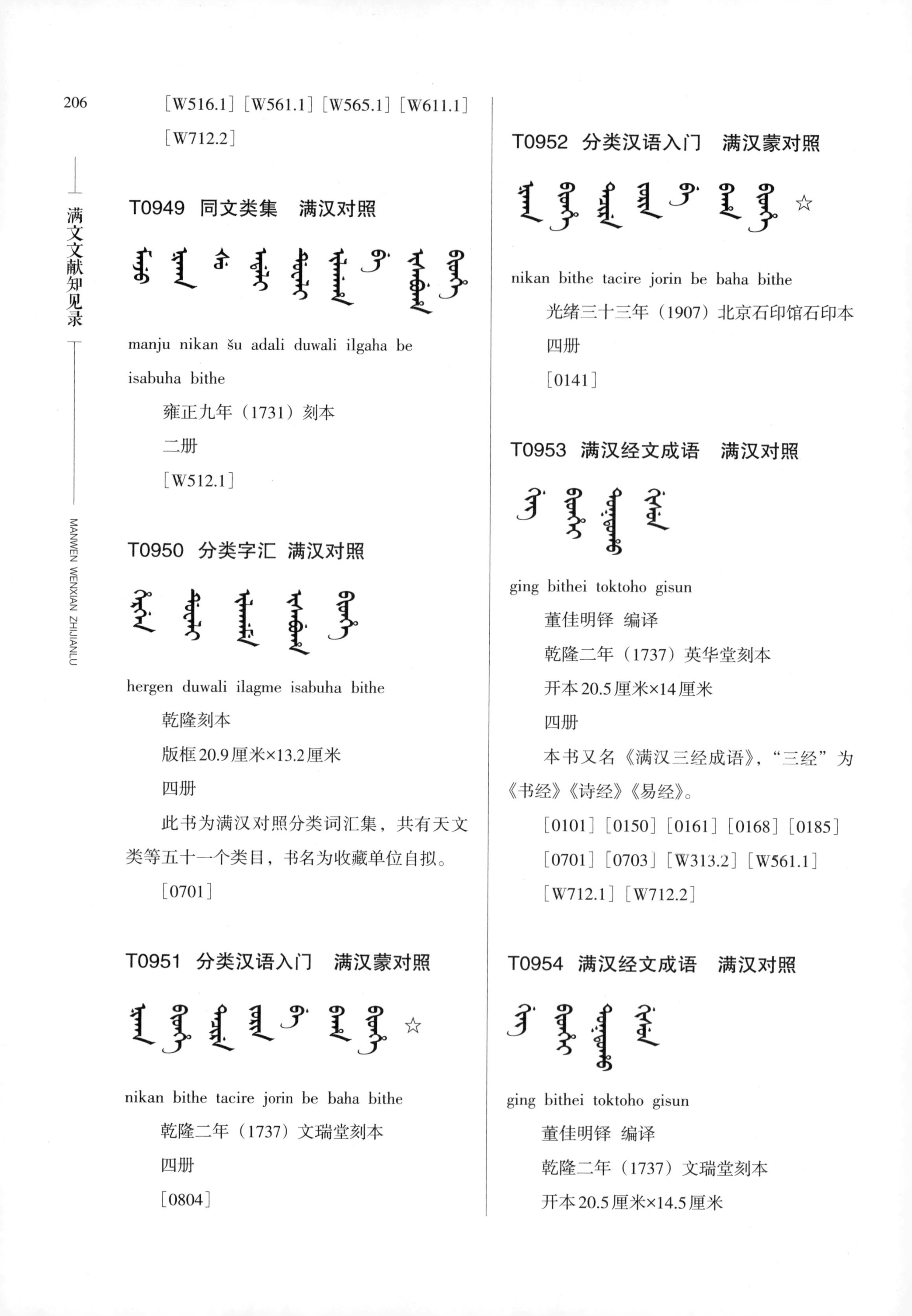

[W516.1] [W561.1] [W565.1] [W611.1] [W712.2]

T0949 同文类集 满汉对照

manju nikan šu adali duwali ilgaha be isabuha bithe

雍正九年（1731）刻本

二册

[W512.1]

T0950 分类字汇 满汉对照

hergen duwali ilagme isabuha bithe

乾隆刻本

版框20.9厘米×13.2厘米

四册

此书为满汉对照分类词汇集，共有天文类等五十一个类目，书名为收藏单位自拟。

[0701]

T0951 分类汉语入门 满汉蒙对照 ☆

nikan bithe tacire jorin be baha bithe

乾隆二年（1737）文瑞堂刻本

四册

[0804]

T0952 分类汉语入门 满汉蒙对照 ☆

nikan bithe tacire jorin be baha bithe

光绪三十三年（1907）北京石印馆石印本

四册

[0141]

T0953 满汉经文成语 满汉对照

ging bithei toktoho gisun

董佳明铎 编译

乾隆二年（1737）英华堂刻本

开本20.5厘米×14厘米

四册

本书又名《满汉三经成语》，“三经”为《书经》《诗经》《易经》。

[0101] [0150] [0161] [0168] [0185] [0701] [0703] [W313.2] [W561.1] [W712.1] [W712.2]

T0954 满汉经文成语 满汉对照

ging bithei toktoho gisun

董佳明铎 编译

乾隆二年（1737）文瑞堂刻本

开本20.5厘米×14.5厘米

四册

［0101］［0150］［0161］［0168］［0185］［0701］［0703］［W313.2］［W561.1］［W712.1］［W712.2］

T0955 满汉经文成语　满汉对照

ging bithei toktoho gisun

董佳明铎 编译

乾隆二年（1737）刻本

四册

［W512.1］

T0956 满汉经文成语　满汉对照

manju nikan ging bithei toktoho gisun

刻本

四册

［W516.1］

T0957 满汉经文成语　满汉对照

manju nikan ging bithei toktoho gisun

董佳明铎 编译

咸丰十一年（1861）抄本（复印件）

存一册《易经》

［W512.1］

T0958 满汉经文成语　满汉对照

ging bithei toktoho gisun

抄本

四册

［W516.1］

T0959 清文典要四卷　汉满对照

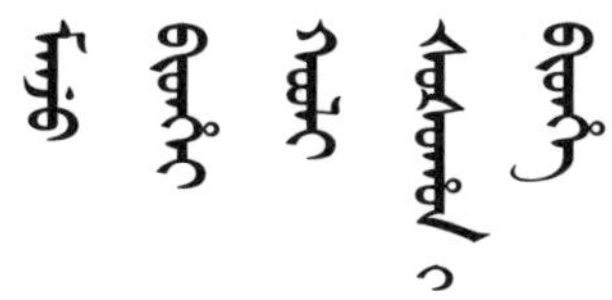

manju bithei kooli šošohon i bithe

题 秋芳堂主人 辑

乾隆三年（1738）京都永魁斋刻本

开本14厘米×11厘米

四册

本书系汉满成语对照大词典。按汉字部首排列。如：一部一字下收有“一尘不染”“一往无前”“一介不取”“一败涂地”等七十六个成语，全书共收成语词条七千余个。

［0150］［0168］［0185］［0642］［W313.2］［W512.1］

T0960 清文典要　满汉对照

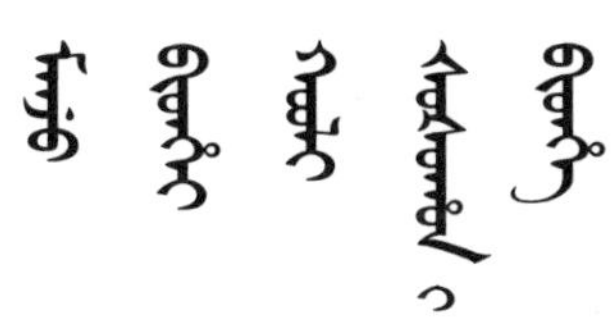

manju bithei kooli šošohon i bithe

题 秋芳堂主人 辑

乾隆三年（1738）秋芳堂刻本

开本 14 厘米×11 厘米

四册

[0150] [0601] [0703] [W313.2]

[W512.1] [W712.1]

T0961 清文典要　满汉对照

manju bithei kooli šošohon i bithe

乾隆三年（1738）文锦堂刻本

开本 14 厘米×11 厘米

四册

[0150] [0701]

T0962 清文典要　满汉对照

manju bithei kooli šošohon i bithe

乾隆三年（1738）老二酉堂刻本

四册

[W512.1]

T0963 清文典要　满汉对照

manju bithei kooli šošohon i bithe

乾隆三年（1738）二酉堂刻本

开本 14 厘米×11 厘米

四册

[0150] [0701]

T0964 清文典要　满汉对照

manju bithei kooli šošohon i bithe

光绪四年（1878）文渊堂刻本

开本 14.5 厘米×11 厘米

四册

[0101] [0102] [0161] [0185] [0186]

[0601] [0641] [0661] [0701] [0703]

[0802] [0903] [W313.1] [W313.3]

[W561.1] [W565.1] [W611.1] [W712.2]

T0965 清文典要　满汉对照

manju bithei kooli šošohon i bithe

刻本

四册

[W516.1]

T0966 清文典要　满汉对照

manju bithei kooli šošohon i bithe

抄本

［0101］存三册［0701］存四册

T0967 满汉六部成语六卷　满汉对照

ᠨᡳᠩᡤᡠᠨ ᠵᡠᡵᡤᠠᠨ ᡳ ᡨᠣᡴᡨᠣᡥᠣ ᡤᡳᠰᡠᠨ ᡳ ᠪᡳᡨᡥᡝ

ninggun jurgan i toktoho gisun i bithe

乾隆七年（1742）京都永魁斋重刻本

开本20.1厘米×14.4厘米

六册

本书系满汉对照的公文用语辞典，按吏、户、礼、兵、刑、工六部顺序排列，形成《吏部成语》《户部成语》《礼部成语》《兵部成语》《刑部成语》《工部成语》六卷。内容包括公文常用成语、套语、短句等，共收词条两千六百余个，为清代官员、笔帖式、考生必备工具书，曾多次刊印。

［0701］

T0968 满汉六部成语　满汉对照

ᠨᡳᠩᡤᡠᠨ ᠵᡠᡵᡤᠠᠨ ᡳ ᡨᠣᡴᡨᠣᡥᠣ ᡤᡳᠰᡠᠨ ᡳ ᠪᡳᡨᡥᡝ

ninggun jurgan i toktoho gisun i bithe

乾隆七年（1742）老二酉堂刻本

六册

［W512.2］

T0969 满汉六部成语　满汉对照

ᠨᡳᠩᡤᡠᠨ ᠵᡠᡵᡤᠠᠨ ᡳ ᡨᠣᡴᡨᠣᡥᠣ ᡤᡳᠰᡠᠨ ᡳ ᠪᡳᡨᡥᡝ

ninggun jurgan i toktoho gisun i bithe

乾隆六十年（1795）文盛堂重刻本

开本19.5厘米×14.3厘米

六册

［0661］

T0970 满汉六部成语　满汉对照

ᠨᡳᠩᡤᡠᠨ ᠵᡠᡵᡤᠠᠨ ᡳ ᡨᠣᡴᡨᠣᡥᠣ ᡤᡳᠰᡠᠨ ᡳ ᠪᡳᡨᡥᡝ

ninggun jurgan i toktoho gisun i bithe

嘉庆二十一年（1816）文盛堂刻本

开本19厘米×13.5厘米

六册

［0101］［0102］［0150］［0601］

T0971 满汉六部成语　满汉对照

ᠨᡳᠩᡤᡠᠨ ᠵᡠᡵᡤᠠᠨ ᡳ ᡨᠣᡴᡨᠣᡥᠣ ᡤᡳᠰᡠᠨ ᡳ ᠪᡳᡨᡥᡝ

ninggun jurgan i toktoho gisun i bithe

道光二十二年（1842）文英堂刻本

开本18.8厘米×14厘米

六册

［0101］［0141］［0161］［0168］［0185］

T0972 满汉六部成语　满汉对照

ᠨᡳᠩᡤᡠᠨ ᠵᡠᡵᡤᠠᠨ ᡳ ᡨᠣᡴᡨᠣᡥᠣ ᡤᡳᠰᡠᠨ ᡳ ᠪᡳᡨᡥᡝ

ninggun jurgan i toktoho gisun i bithe

道光二十二年（1842）小酉堂刻本

开本19厘米×13厘米

四册

[0102] [0150] [0182] [0406]存一册

[0641] [0903]

T0973 满汉六部成语　满汉对照

ᠨᡳᠩᡤᡠᠨ ᠵᡠᡵᡤᠠᠨ ᡳ ᡨᠣᡴᡨᠣᡥᠣ ᡤᡳᠰᡠᠨ ᡳ ᠪᡳᡨᡥᡝ

ninggun jurgan i toktoho gisun i bithe

道光二十二年（1842）刻本

六册

[W512.1]

T0974 满汉六部成语　满汉对照

ᠨᡳᠩᡤᡠᠨ ᠵᡠᡵᡤᠠᠨ ᡳ ᡨᠣᡴᡨᠣᡥᠣ ᡤᡳᠰᡠᠨ ᡳ ᠪᡳᡨᡥᡝ

ninggun jurgan i toktoho gisun i bithe

道光二十二年（1842）刻本

[W311.1]

T0975 满汉六部成语　满汉对照

ᠨᡳᠩᡤᡠᠨ ᠵᡠᡵᡤᠠᠨ ᡳ ᡨᠣᡴᡨᠣᡥᠣ ᡤᡳᠰᡠᠨ ᡳ ᠪᡳᡨᡥᡝ

ninggun jurgan i toktoho gisun i bithe

宝书堂刻本

六册

[W512.2]

T0976 满汉六部成语　满汉对照

ᠨᡳᠩᡤᡠᠨ ᠵᡠᡵᡤᠠᠨ ᡳ ᡨᠣᡴᡨᠣᡥᠣ ᡤᡳᠰᡠᠨ ᡳ ᠪᡳᡨᡥᡝ

ninggun jurgan i toktoho gisun i bithe

刻本

开本18.4厘米×14厘米

六册

[0168]存一册　[0601] [0703] [0802]

[1497] [W313.2] [W313.3] [W512.2]

[W516.1] [W561.1] [W561.2] [W611.1]

[W712.1] [W712.2] [W712.3]

T0977 满汉六部成语　满汉对照

ᠨᡳᠩᡤᡠᠨ ᠵᡠᡵᡤᠠᠨ ᡳ ᡨᠣᡴᡨᠣᡥᠣ ᡤᡳᠰᡠᠨ ᡳ ᠪᡳᡨᡥᡝ

ninggun jurgan i toktoho gisun i bithe

抄本

开本22.5厘米×15.8厘米

六册

[0101] [0701]

T0978 翻译类编四卷　满汉对照

ᡶᠠᠨ ᡳ ᠯᡝᡳ ᠪᡳᠶᠠᠨ ᠪᡳᡨᡥᡝ

fan i lei biyan bithe

尼玛察观景 辑

乾隆十四年（1749）鸿远堂刻本

开本18.1厘米×13厘米

四册

[0101] [0601] [0701] [W311.1]
[W313.2] [W313.3] [W561.1] [W565.1]
[W611.1] [W712.1] [W712.2]

T0979 翻译类编 满汉对照

ᡶᠠᠨ ᡳ ᠯᡝᡳ ᠪᡳᠶᠠᠨ ᠪᡳᡨᡥᡝ

fan i lei biyan bithe

尼玛察观景 编
乾隆十四年（1749）永魁斋刻本
开本17.8厘米×13.3厘米
四册
[0101] [0641]

T0980 翻译类编 满汉对照

ᡶᠠᠨ ᡳ ᠯᡝᡳ ᠪᡳᠶᠠᠨ ᠪᡳᡨᡥᡝ

fan i lei biyan bithe

尼玛察观景 编
乾隆十四年（1749）文渊堂刻本
开本20厘米×14.5厘米
四册
[0101] [0161] [0168] [0186]残 [0601]
[0701] [0703] [0903] [W313.2]
[W313.4] [W512.1]

T0981 翻译类编 满汉对照

ᡶᠠᠨ ᡳ ᠯᡝᡳ ᠪᡳᠶᠠᠨ ᠪᡳᡨᡥᡝ

fan i lei biyan bithe

刻本
四册
[W516.1]

T0982 翻译类编 满汉对照

ᡶᠠᠨ ᡳ ᠯᡝᡳ ᠪᡳᠶᠠᠨ ᠪᡳᡨᡥᡝ

fan i lei biyan bithe

抄本
开本25厘米×17厘米
四册
[0101] [0141] [0701] [1481]

T0983 新语清话选要 满汉对照

ᠮᠠᠨᠵᡠ ᡳ ᡳᠴᡝ ᡤᡳᠰᡠᠨ ᠣᠶᠣᠩᡤᠣ ᠪᡝ ᠰᠣᠨᠵᠣᡥᠣ ᠪᡳᡨᡥᡝ

manju i ice gisun oyonggo be sonjoho bithe

乾隆二十九年（1764）刻本
四册
[W512.1]

T0984 三合便览 满汉蒙对照

ᡳᠯᠠᠨ ᡥᠠᠴᡳᠨ ᡳ ᡤᡳᠰᡠᠨ ᡴᠠᠮᠴᡳᠪᡠᡥᠠ ᡨᡠᠸᠠᡵᠠ ᡩᡝ ᠵᠠ ᠣᠪᡠᡥᠠ ᠪᡳᡨᡥᡝ

ilan hacin i gisun kamcibuha tuwara de ja obuha bithe

敬斋 辑
富俊 增补
乾隆四十五年（1780）刻本

开本21.2厘米×15.2厘米

十二册

敬斋，生卒里贯不详，曾将杜诏撰《读史论略》译成满文。

本书系满汉蒙对照词典，书前有乾隆四十五年（1780）富俊序。书按十二字头排序，每个词条满文在上，汉字居中，蒙古文在下，最后是蒙古字的满文对音。

［0102］［0641］［0642］［0661］［0701］［0801］［0903］存六册［1601］［W311.1］［W512.2］［W712.1］［W712.2］

T0985　三合便览　满蒙汉对照

ilan hacin i gisun kamcibuha tuwara de ja obuha bithe

乾隆五十七年（1792）双峰阁刻本

十二册

［0903］［W512.1］

T0986　三合便览　满蒙汉对照

ilan hacin i gisun kamcibuha tuwara de ja obuha bithe

富俊 增补

乾隆五十七年（1792）富氏刻本

开本20厘米×15.5厘米

十二册

［0101］［0161］［0164］［0168］［0186］［0701］［0703］［0903］［W311.1］［W561.1］［W565.1］

T0987　三合便览　满蒙汉对照

ilan hacin i gisun kamcibuha tuwara de ja obuha bithe

名贵堂刻本

［W512.1］［W561.2］

T0988　三合便览　满蒙汉合璧

ilan hacin i gisun kamcibuha tuwara de ja obuha bithe

博古阁刻本

［W512.1］

T0989　三合便览　满蒙汉合璧

ilan hacin i gisun kamcibuha tuwara de ja obuha bithe

刻本

十二册

本书内附《十二字头》《清文指要》《蒙文指要》。

［2601］［2102］［W313.1］［W313.2］［W313.3］［W611.1］

T0990 三合便览 满蒙汉合璧

ᡳᠯᠠᠨ ᡥᠠᠴᡳᠨ ᡳ ᡤᡳᠰᡠᠨ ᡴᠠᠮᠴᡳᠪᡠᡥᠠ ᡨᡠᠸᠠᡵᠠ ᡩᡝ ᠵᠠ ᠣᠪᡠᡥᠠ ᠪᡳᡨᡥᡝ

ilan hacin i gisun kamcibuha tuwara de ja obuha bithe

刻本

十二册

［W516.1］

T0991 三合便览 满蒙汉合璧

ᡳᠯᠠᠨ ᡥᠠᠴᡳᠨ ᡳ ᡤᡳᠰᡠᠨ ᡴᠠᠮᠴᡳᠪᡠᡥᠠ ᡨᡠᠸᠠᡵᠠ ᡩᡝ ᠵᠠ ᠣᠪᡠᡥᠠ ᠪᡳᡨᡥᡝ

ilan hacin i gisun kamcibuha tuwara de ja obuha bithe

刻本

开本20.4厘米×15.7厘米

十一册

［0181］［0185］［1497］存十册

T0992 三合便览 满蒙汉合璧

ᡳᠯᠠᠨ ᡥᠠᠴᡳᠨ ᡳ ᡤᡳᠰᡠᠨ ᡴᠠᠮᠴᡳᠪᡠᡥᠠ ᡨᡠᠸᠠᡵᠠ ᡩᡝ ᠵᠠ ᠣᠪᡠᡥᠠ ᠪᡳᡨᡥᡝ

ilan hacin i gisun kamcibuha tuwara de ja obuha bithe

抄本

开本12厘米×12厘米

存一册

［0101］

T0993 三合便览 满蒙汉合璧

ᡳᠯᠠᠨ ᡥᠠᠴᡳᠨ ᡳ ᡤᡳᠰᡠᠨ ᡴᠠᠮᠴᡳᠪᡠᡥᠠ ᡨᡠᠸᠠᡵᠠ ᡩᡝ ᠵᠠ ᠣᠪᡠᡥᠠ ᠪᡳᡨᡥᡝ

ilan hacin i gisun kamcibuha tuwara de ja obuha bithe

抄本

开本20.3厘米×23.7厘米

八册

［0703］［0661］

T0994 三合便览 满蒙汉对照

ᡳᠯᠠᠨ ᡥᠠᠴᡳᠨ ᡳ ᡤᡳᠰᡠᠨ ᡴᠠᠮᠴᡳᠪᡠᡥᠠ ᡨᡠᠸᠠᡵᠠ ᡩᡝ ᠵᠠ ᠣᠪᡠᡥᠠ ᠪᡳᡨᡥᡝ

ilan hacin i gisun kamcibuha tuwara de ja obuha bithe

抄本

六册

［W512.1］

T0995 三合便览择抄 满蒙对照

ᠰᠣᠨᠵᠣᡶᡳ ᠰᠠᡵᡴᡳᠶᠠᡥᠠ ᡳᠯᠠᠨ ᡥᠠᠴᡳᠨ ᡳ ᡤᡳᠰᡠᠨ ᡴᠠᠮᠴᡳᠪᡠᡥᠠ ᡨᡠᠸᠠᡵᠠ ᡩᡝ ᠵᠠ ᠣᠪᡠᡥᠠ ᠪᡳᡨᡥᡝ

sonjofi sarkiyaha ilan hacin i gisun kamcibuha tuwara de ja obuha bithe

抄本

开本10.1厘米×6.5厘米

一册

[0101]

T0996 清文补汇八卷　满汉对照

ᠮᠠᠨᠵᡠ ᡤᡳᠰᡠᠨ ᠪᡝ ᠨᡳᠶᡝᠴᡝᠮᡝ ᡳᠰᠠᠪᡠᡥᠠ ᠪᡳᡨᡥᡝ

manju gisun be niyeceme isabuha bithe

宜兴 撰

乾隆五十一年（1786）刻本

开本19厘米×14厘米

八册

本书系满汉文字对照词典，按满文字母十二字头顺序排列。编纂此书宗旨，在于弥补《清文汇书》之不足。

[0102] [0141] [0150] [0166] [0168] [0185] [0186] [0187] [0406] [0601] [0641] [0642] [0661] [0669]存五册 [0701] [0703] [0741] [0801] [0802] [1497] [W311.1] [W313.3] [W561.1] [W565.1] [W611.1] [W712.1] [W712.2]

T0997 清文补汇八卷　满汉对照

ᠮᠠᠨᠵᡠ ᡤᡳᠰᡠᠨ ᠪᡝ ᠨᡳᠶᡝᠴᡝᠮᡝ ᡳᠰᠠᠪᡠᡥᠠ ᠪᡳᡨᡥᡝ

manju gisun be niyeceme isabuha bithe

嘉庆七年（1802）刻本

八册

[0101] [0141] [0161] [0164] [0701] [1601] [W313.1] [W313.4] [W512.1] [W561.2]

T0998 清文补汇八卷　满汉对照

ᠮᠠᠨᠵᡠ ᡤᡳᠰᡠᠨ ᠪᡝ ᠨᡳᠶᡝᠴᡝᠮᡝ ᡳᠰᠠᠪᡠᡥᠠ ᠪᡳᡨᡥᡝ

manju gisun be niyeceme isabuha bithe

光绪十六年（1890）书业堂重刻本

开本18.8厘米×14.9厘米

八册

[0182] [0185] [0701] [0903] [W313.2]

T0999 清文补汇八卷　满汉对照

ᠮᠠᠨᠵᡠ ᡤᡳᠰᡠᠨ ᠪᡝ ᠨᡳᠶᡝᠴᡝᠮᡝ ᡳᠰᠠᠪᡠᡥᠠ ᠪᡳᡨᡥᡝ

manju gisun be niyeceme isabuha bithe

刻本

八册

[W516.1]

T1000 清文补汇八卷　满汉对照

ᠮᠠᠨᠵᡠ ᡤᡳᠰᡠᠨ ᠪᡝ ᠨᡳᠶᡝᠴᡝᠮᡝ ᡳᠰᠠᠪᡠᡥᠠ ᠪᡳᡨᡥᡝ

manju gisun be niyeceme isabuha bithe

抄本

开本29厘米×18.4厘米

八册

[0101] [0641]

T1001 清文字汇　满汉对照

manju hergen i šošohon bithe

同治年间抄本

开本23.5厘米×13.5厘米

八册

此书六册为满汉分类词典，另两册分别为《十二字头》《清文虚字歌》。

［0701］

T1002 清语初读　满汉对照

manju gisun i tuktan de hūlabure bithe

许灵子 辑

抄本

开本26厘米×24.4厘米

一册

此书为分类词，主要辑自《清文鉴》《清文补汇》，书名为收藏馆自拟。

［0701］

T1003 御制翻译名义集正讹二十卷　满蒙汉藏对照

han i araha ubaliyambure gebu jurgan be isamjaha bithe i tašarabuha babe tuwancihiyangge

乾隆三十三年（1768）刻本

版框25厘米×12.7厘米

二十册

经折装

［0101］［0141］［0181］二十一册二十一卷

T1004 实录内摘出旧清语十四卷　满文

yargiyan kooli ci tukiyeme tucibuhe fe manju gisun i bithe

乾隆年间武英殿刻本

开本20.3厘米×15.2厘米

十四册

本书从清代前三朝实录及《加圈点字档》中摘录旧清语词组和句子八百零七条，旧清语为清初口口相传之言语，该书用乾隆时期通行的规范化满语书面语逐一解释。

［0101］［0181］［0185］［0601］［0701］［1681］［W313.2］［W313.3］［W512.1］存十一册［W561.1］［W565.1］［W712.1］

T1005 实录内摘出旧清语 满文

yargiyan kooli ci tukiyeme tucibuhe fe manju gisun i bithe

抄本

开本30厘米×18.5厘米

十八册（纲目四册）

[0903]

T1006 清汉文海四十卷 满汉对照

cing han wen hai bithe

瓜尔佳巴尼珲 编辑

普恭 校订

道光元年（1821）江南驻防衙门刻本

开本20.5厘米×13.5厘米

二十册

[0101] [0102] [0141] [0150] [0161] [0168] [0185] [0186] [0601] [0642] [0661] [0703] [0903] [W313.2] [516.1]存十册 [W561.1] [W561.2] [W611.1] [W712.1] [W712.2]

T1007 清汉文海 满汉对照

cing han wen hai bithe

咸丰元年（1851）琴剑堂星垣氏抄本

开本13.8厘米×8.8厘米

存三十八卷十八册

[0101]

T1008 清汉文海 满汉对照

cing han wen hai bithe

抄本

开本13.2厘米×8.3厘米

七册

[0641] [0661] [1601]

T1009 蒙文指要四卷 满蒙汉对照

monggo bithei oyonggo be joriha bithe

赛尚阿 辑

道光二十八年（1848）刻本

开本20厘米×15.8厘米

四册

赛尚阿（？—1875），清代正蓝旗蒙古人，阿鲁特氏，字鹤汀。历任尚书、都统等职，官至军机大臣、文华殿大学士。

本书卷一、二为蒙古文晰义，卷三为蒙古文法程，卷四为便览正讹、补遗。

[0101] [0141] [0150] [0166] [0181] [0185]存二册 [0186] [0201]存卷二 [0243] [0641] [0642]存卷二 [0701]

［0703］［0903］存卷二 ［1101］［2102］
［W311.1］［W313.1］［W313.2］［W512.1］
［W512.2］［W561.2］［W712.2］［W712.3］
［W712.4］

T1010 韵译备考 满汉对照

☆

yūn i bei k′ao bithe

裕彰 撰

同治七年（1868）刻本

六册

本书前有同治七年（1868）序。

［W313.3］

T1011 清语摘抄 满汉对照

manju gisun i sonjofi sarkiyaha bithe

光绪十五年（1889）聚珍堂刻本

开本23.5厘米×14.4厘米

四册

本书系一种汉满公文类成语词典，又名《新译成语摘抄词林》。为晚清官场士人常用工具书之一。分四册，即《折奏成语》《公文成语》《衙署名目》《官衔名目》。

［0101］［0102］［0150］［0161］［0166］
［0168］［0182］［0185］［0187］［0601］
［0641］［0661］［0703］［1497］［W311.1］
［W313.2］［W313.3］［W611.1］［W561.1］
［W712.1］［W712.2］［W712.4］

T1012 清语摘抄 汉满对照

manju gisun i sonjofi sarkiyaha bithe

光绪十五年（1889）三槐堂刻本

开本18厘米×12厘米

四册

［0150］［0168］［0406］［0601］［0701］
［0703］

T1013 清语摘抄 汉满对照

manju gisun i sonjofi sarkiyaha bithe

光绪十七年（1891）名德堂刻本

四册

开本18厘米×12厘米

［0150］［0601］［0642］［0703］［0903］
［W512.1］

T1014 清语摘抄 汉满对照

manju gisun i sonjofi sarkiyaha bithe

刻本

四册

［0168］［0703］［0802］

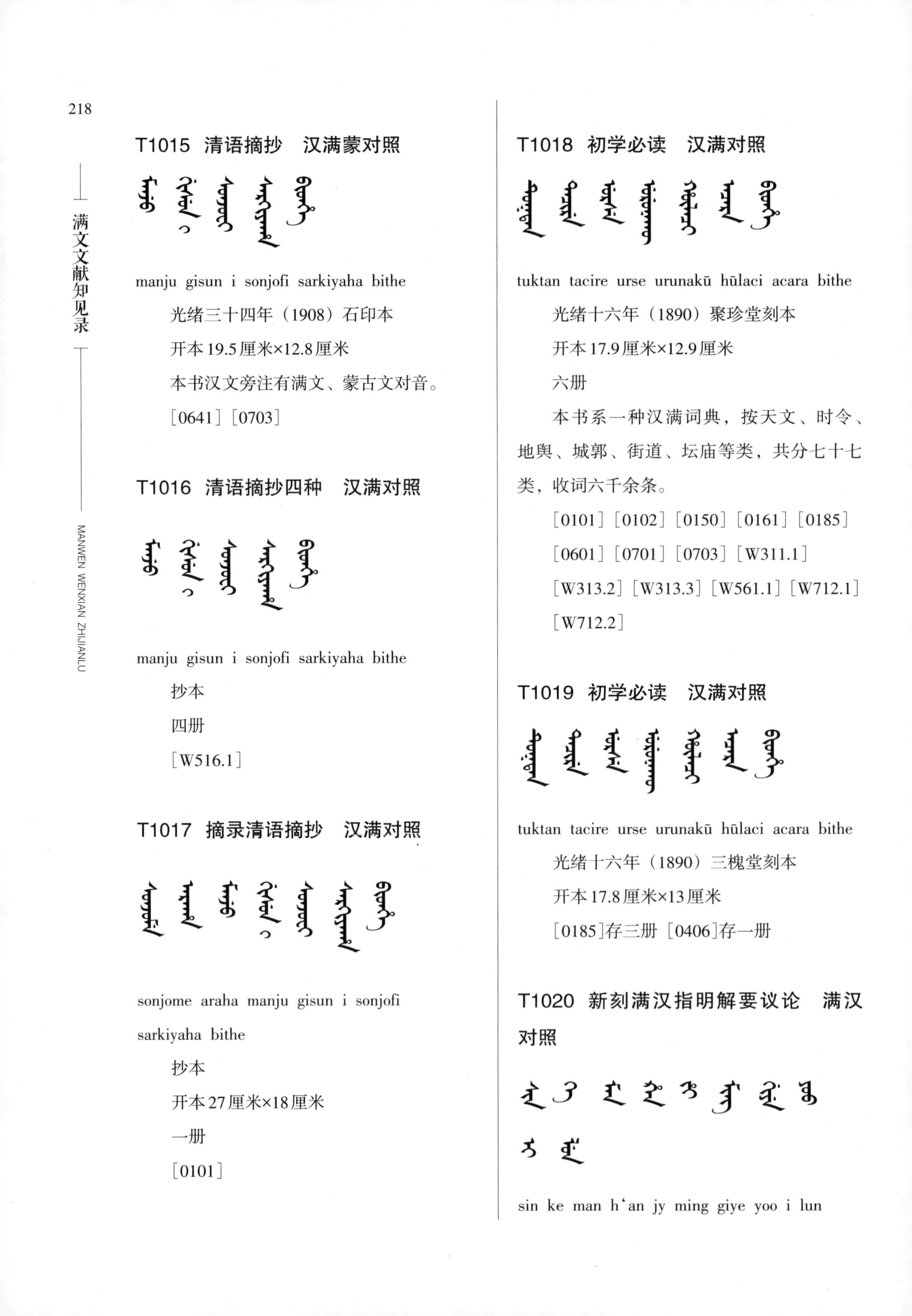

T1015 清语摘抄　汉满蒙对照

manju gisun i sonjofi sarkiyaha bithe

光绪三十四年（1908）石印本

开本19.5厘米×12.8厘米

本书汉文旁注有满文、蒙古文对音。

［0641］［0703］

T1016 清语摘抄四种　汉满对照

manju gisun i sonjofi sarkiyaha bithe

抄本

四册

［W516.1］

T1017 摘录清语摘抄　汉满对照

sonjome araha manju gisun i sonjofi sarkiyaha bithe

抄本

开本27厘米×18厘米

一册

［0101］

T1018 初学必读　汉满对照

tuktan tacire urse urunakū hūlaci acara bithe

光绪十六年（1890）聚珍堂刻本

开本17.9厘米×12.9厘米

六册

本书系一种汉满词典，按天文、时令、地舆、城郭、街道、坛庙等类，共分七十七类，收词六千余条。

［0101］［0102］［0150］［0161］［0185］［0601］［0701］［0703］［W311.1］［W313.2］［W313.3］［W561.1］［W712.1］［W712.2］

T1019 初学必读　汉满对照

tuktan tacire urse urunakū hūlaci acara bithe

光绪十六年（1890）三槐堂刻本

开本17.8厘米×13厘米

［0185］存三册［0406］存一册

T1020 新刻满汉指明解要议论　满汉对照

sin ke man h'an jy ming giye yoo i lun

溪霞 编著

聚兴斋刻本

一册

[W512.1]

T1021 满汉幼学杂字 满汉对照

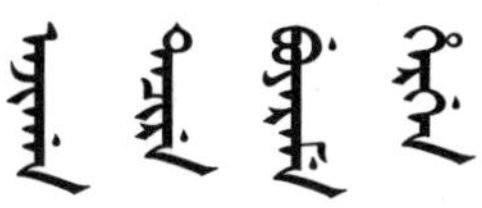

ajigan tacire buyarame hergen

溪霞 编

聚兴斋刻本

一册

[W512.1]

T1022 满汉问答指明总言全类杂字 满汉对照

溪霞 编著

聚兴斋刻本

一册

{W512.1}

T1023 满汉事类集要 满汉对照

刻本

三册

{W512.1}

T1024 清语辑要二卷 满汉对照

manju gisun i oyonggo be isabuha bithe

光绪十七年（1891）荆州驻防翻译总学刻本

开本27厘米×15.4厘米

二册

[0101] [2305] [W313.3]

T1025 成语辑要二卷 满汉对照

toktoho gisun i oyonggo be isabuha bithe

光绪十七年（1891）荆州驻防翻译总学刻本

开本19.3厘米×11.5厘米

二册

本书系将《清语摘抄》和《六部成语》摘其精华合编而成。上卷为吏、户部成语，下卷为礼、兵、刑、工部成语。

[0101] [0703] [2305] [W313.3] [W313.4]

T1026 单清语 满汉对照

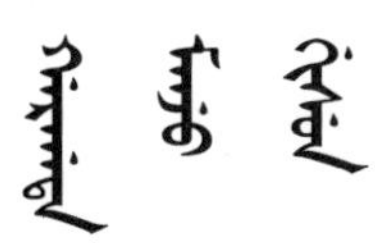

gargata manju gisun

道光七年（1827）刻本

开本27厘米×15厘米

六册

[W313.2]

T1027 单清语 满汉对照

ᡤᠠᡵᡤᠠᡨᠠ ᠮᠠᠨᠵᡠ ᡤᡳᠰᡠᠨ

gargata manju gisun

志宽、培宽 择录

光绪十七年（1891）荆州驻防翻译总学刻本

开本16.2厘米×11.5厘米

八册

［0101］［0102］［0150］［0186］［0641］［0703］［2305］［W311.1］［W313.2］［W313.3］［W561.1］

T1028 单清语 满汉对照

ᡤᠠᡵᡤᠠᡨᠠ ᠮᠠᠨᠵᡠ ᡤᡳᠰᡠᠨ

gargata manju gisun

抄本

六册

［W516.1］

T1029 单清语联清语 满汉对照

ᡤᠠᡵᡤᠠᡨᠠ ᠮᠠᠨᠵᡠ ᡤᡳᠰᡠᠨ ᡥᠣᠯᠪᠣᡵᠣ ᠮᠠᠨᠵᡠ ᡤᡳᠰᡠᠨ

gargata manju gisun holboro manju gisun

抄本

开本20厘米×10厘米

六册

［0181］［W712.2］仅存《联清语》

T1030 联清语 满汉对照

ᡥᠣᠯᠪᠣᡵᠣ ᠮᠠᠨᠵᡠ ᡤᡳᠰᡠᠨ

holboro manju gisun

同治十二年（1873）抄本

［W311.1］

T1031 蒙文汇书十六卷 满汉蒙对照

ᠮᠣᠩᡤᠣ ᡥᡝᡵᡤᡝᠨ ᡳ ᡳᠰᠠᠪᡠᡥᠠ ᠪᡳᡨᡥᡝ

monggo hergen i isabuha bithe

赛尚阿 原编

松森等 重编

光绪十七年（1891）武英殿刻本

开本26.8厘米×18.6厘米

十七册

［0101］［0102］［0161］［0164］［0182］［0641］［0661］［0701］［0703］［0802］［0903］［W311.1］［W313.3］［W565.1］

T1032 蒙文汇书十六卷 满汉蒙对照

ᠮᠣᠩᡤᠣ ᡥᡝᡵᡤᡝᠨ ᡳ ᡳᠰᠠᠪᡠᡥᠠ ᠪᡳᡨᡥᡝ

monggo hergen i isabuha bithe

光绪十七年（1891）理藩院刻本

开本26厘米×18厘米

十七册

［0181］［0701］

T1033 蒙文汇书　满汉蒙对照

ᠮᠣᠩᡤᠣ ᡥᡝᡵᡤᡝᠨ ᡳ ᡳᠰᠠᠪᡠᡥᠠ ᠪᡳᡨᡥᡝ

monggo hergen i isabuha bithe

咸丰元年（1851）抄本

开本22厘米×17.8厘米

十六册

［0101］［0141］

T1034 蒙文汇书　满汉蒙对照

ᠮᠣᠩᡤᠣ ᡥᡝᡵᡤᡝᠨ ᡳ ᡳᠰᠠᠪᡠᡥᠠ ᠪᡳᡨᡥᡝ

monggo hergen i isabuha bithe

同治八年（1869）抄本

十六册

［0701］

T1035 蒙文汇书　满汉蒙对照

ᠮᠣᠩᡤᠣ ᡥᡝᡵᡤᡝᠨ ᡳ ᡳᠰᠠᠪᡠᡥᠠ ᠪᡳᡨᡥᡝ

monggo hergen i isabuha bithe

抄本

开本28.6厘米×15.8厘米

八册

［0802］［0243］存四册

T1036 蒙文总汇　蒙汉满对照

ᠮᠣᠩᡤᠣ ᡥᡝᡵᡤᡝᠨ ᡳ ᡠᡥᡝᡵᡳ ᡳᠰᠠᠪᡠᡥᠠ ᠪᡳᡨᡥᡝ

monggo hergen i uheri isabuha bithe

李鋐 详校

光绪十七年（1891）武英殿刻本

开本21厘米×16厘米

十二册

本书又名《蒙汉满文三合》，系蒙古文、汉文、满文对照词典。书前有光绪十七年（1891）序。每个词条蒙古文在上，汉文居中，满文在下。依蒙古文字母十二字头排序。

［0101］［0102］［0141］［0161］［0185］［0701］

T1037 蒙文总汇　蒙汉满对照

ᠮᠣᠩᡤᠣ ᡥᡝᡵᡤᡝᠨ ᡳ ᡠᡥᡝᡵᡳ ᡳᠰᠠᠪᡠᡥᠠ ᠪᡳᡨᡥᡝ

monggo hergen i uheri isabuha bithe

光绪十七年（1891）石印本

开本16厘米×10.8厘米

十一册

［0301］

T1038 蒙文总汇　蒙汉满对照

ᠮᠣᠩᡤᠣ ᡥᡝᡵᡤᡝᠨ ᡳ ᡠᡥᡝᡵᡳ ᡳᠰᠠᠪᡠᡥᠠ ᠪᡳᡨᡥᡝ

monggo hergen i uheri isabuha bithe

民国二年（1913）北京正蒙印书局石

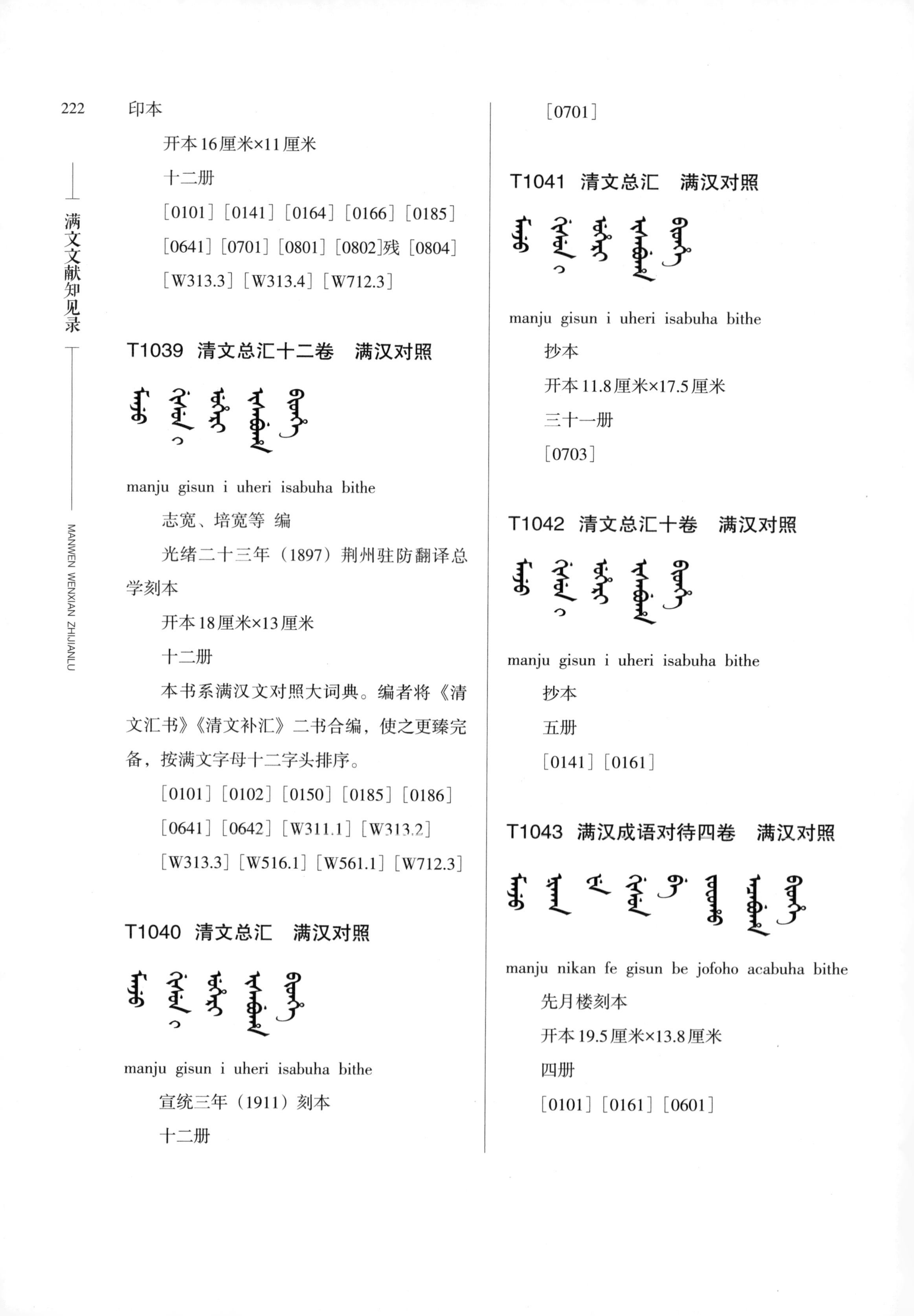

印本

开本16厘米×11厘米

十二册

［0101］［0141］［0164］［0166］［0185］［0641］［0701］［0801］［0802]残［0804］［W313.3］［W313.4］［W712.3］

T1039 清文总汇十二卷　满汉对照

manju gisun i uheri isabuha bithe

志宽、培宽等 编

光绪二十三年（1897）荆州驻防翻译总学刻本

开本18厘米×13厘米

十二册

本书系满汉文对照大词典。编者将《清文汇书》《清文补汇》二书合编，使之更臻完备，按满文字母十二字头排序。

［0101］［0102］［0150］［0185］［0186］［0641］［0642］［W311.1］［W313.2］［W313.3］［W516.1］［W561.1］［W712.3］

T1040 清文总汇　满汉对照

manju gisun i uheri isabuha bithe

宣统三年（1911）刻本

十二册

［0701］

T1041 清文总汇　满汉对照

manju gisun i uheri isabuha bithe

抄本

开本11.8厘米×17.5厘米

三十一册

［0703］

T1042 清文总汇十卷　满汉对照

manju gisun i uheri isabuha bithe

抄本

五册

［0141］［0161］

T1043 满汉成语对待四卷　满汉对照

manju nikan fe gisun be jofoho acabuha bithe

先月楼刻本

开本19.5厘米×13.8厘米

四册

［0101］［0161］［0601］

T1044 满汉成语对待　满汉对照

ᠮᠠᠨᠵᡠ ᠨᡳᡴᠠᠨ ᡶᡝ ᡤᡳᠰᡠᠨ ᠪᡝ ᠵᠣᡶᠣᡥᠣ ᠠᠴᠠᠪᡠᡥᠠ ᠪᡳᡨᡥᡝ

manju nikan fe gisun be jofoho acabuha bithe

听松楼刻本

开本19.5厘米×13厘米

四册

[0150] [0201] [0601] [W313.2] [W313.3] [W516.1] [W561.1] [W565.1] [W712.1]

T1045 满汉成语对待　满汉对照

ᠮᠠᠨᠵᡠ ᠨᡳᡴᠠᠨ ᡶᡝ ᡤᡳᠰᡠᠨ ᠪᡝ ᠵᠣᡶᠣᡥᠣ ᠠᠴᠠᠪᡠᡥᠠ ᠪᡳᡨᡥᡝ

manju nikan fe gisun be jofoho acabuha bithe

刻本

开本19.7厘米×15.8厘米

四册

[0703] [W512.1] [W561.2] [W712.2]

T1046 满汉成语对待　满汉对照

ᠮᠠᠨᠵᡠ ᠨᡳᡴᠠᠨ ᡶᡝ ᡤᡳᠰᡠᠨ ᠪᡝ ᠵᠣᡶᠣᡥᠣ ᠠᠴᠠᠪᡠᡥᠠ ᠪᡳᡨᡥᡝ

manju nikan fe gisun be jofoho acabuha bithe

抄本

开本20.6厘米×15厘米

四册

[0101]

T1047 满汉同文杂字　满汉对照

ᠮᠠᠨᠵᡠ ᠨᡳᡴᠠᠨ ᡧᡠ ᠠᡩᠠᠯᡳ ᠪᡠᠶᠠᡵᠠᠮᡝ ᡥᡝᡵᡤᡝᠨ ☆

manju nikan šu adali buyarame hergen

文翰斋刻本

开本19.1厘米×11.8厘米

一册

本书系学习满文的初级教材。此书排版新颖，每页上半部分为满文解学士诗，下半部分为满汉对照字词，在汉字旁加满文拼音，在满字旁加汉字注音。书中共收满汉基本词汇近四百组，每一组字词中间附一幅插图，如日、月、山、川，分别画出太阳、月亮、山脉、河流，便于理解学习。

[0101]

T1048 清汉备考　满汉对照

ᠴᡳᠩ ᡥᠠᠨ ᠪᡝᡳ ᠺᠠᠣ ᠪᡳᡨᡥᡝ ☆

cing han bei k'ao bithe

刻本

一册

本书为词汇集，凡满文皆有汉文注音。

[0241]

T1049 清文全书八卷　满汉对照

ᠮᠠᠨᠵᡠ ᡥᡝᡵᡤᡝᠨ ᡳ ᠶᠣᠣᠨᡳ ᠪᡳᡨᡥᡝ

manju hergen i yooni bithe

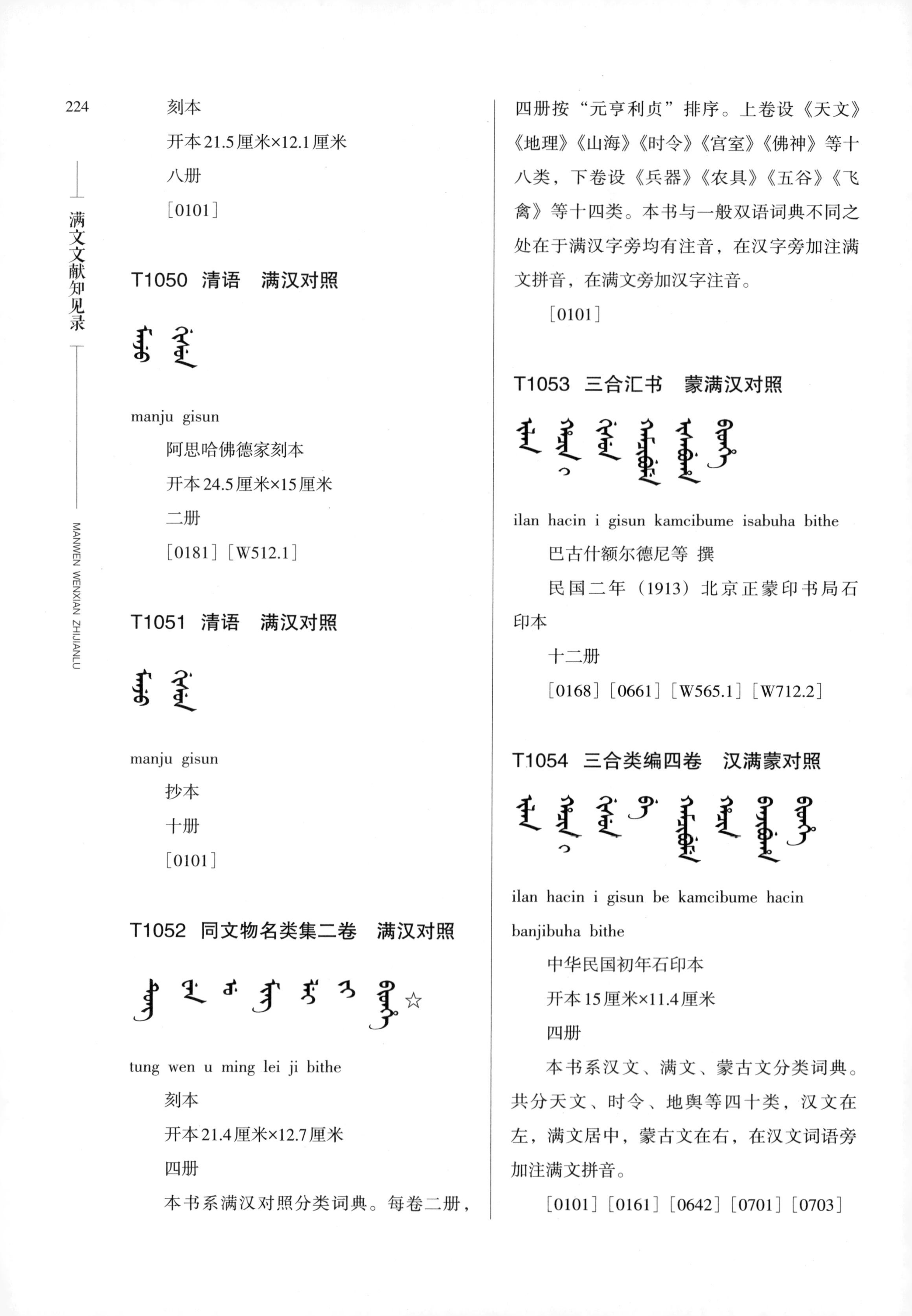

刻本

开本21.5厘米×12.1厘米

八册

［0101］

T1050　清语　满汉对照

manju gisun

阿思哈佛德家刻本

开本24.5厘米×15厘米

二册

［0181］［W512.1］

T1051　清语　满汉对照

manju gisun

抄本

十册

［0101］

T1052　同文物名类集二卷　满汉对照

☆

tung wen u ming lei ji bithe

刻本

开本21.4厘米×12.7厘米

四册

本书系满汉对照分类词典。每卷二册，四册按“元亨利贞”排序。上卷设《天文》《地理》《山海》《时令》《宫室》《佛神》等十八类，下卷设《兵器》《农具》《五谷》《飞禽》等十四类。本书与一般双语词典不同之处在于满汉字旁均有注音，在汉字旁加注满文拼音，在满文旁加汉字注音。

［0101］

T1053　三合汇书　蒙满汉对照

ilan hacin i gisun kamcibume isabuha bithe

巴古什额尔德尼等 撰

民国二年（1913）北京正蒙印书局石印本

十二册

［0168］［0661］［W565.1］［W712.2］

T1054　三合类编四卷　汉满蒙对照

ilan hacin i gisun be kamcibume hacin banjibuha bithe

中华民国初年石印本

开本15厘米×11.4厘米

四册

本书系汉文、满文、蒙古文分类词典。共分天文、时令、地舆等四十类，汉文在左，满文居中，蒙古文在右，在汉文词语旁加注满文拼音。

［0101］［0161］［0642］［0701］［0703］

[0903] [W313.3] [W712.3]

T1055 实录满蒙断义　满蒙汉对照

yargiyan kooli i manju monggo hergen i jurgan be faksalaha bithe

石印本

开本27厘米×14.1厘米

四册

本书系公文用语双语对照词典，为修满文、蒙古文、汉文实录之参考书。分《元》《亨》《利》《贞》四册，前三册为满汉合璧，分告祭、升调、奏章、旌表、御旨等十四类词组，第四册为满蒙合璧，分陵寝、亲王、郡王、活佛、寺庙等八类词组。

[0101] [0661] [0703] [0804]

T1056 实录满蒙断义　满蒙汉对照

yargiyan kooli i manju monggo hergen i jurgan be faksalaha bithe

宣统年间油印本

开本26.5厘米×18厘米

四册

[0101] [0102] [0150] [0185] [W313.3]

T1057 成语词林　满汉蒙对照

ceng ioi ts'i lin bithe

石印本

存三册

[0187]

T1058 无圈点字书　满文

tongki fuka akū hergen i bithe

鄂尔泰、徐元梦 编

乾隆六年（1741）抄本

开本24.7厘米×17.6厘米

四册

徐元梦（1655—1741），字善长，号蝶园，舒穆禄氏，正白旗满洲人，先后任浙江巡抚、户部尚书等职。

本书系新老满文对照的词典。书前有乾隆六年（1741）十一月十一日鄂尔泰、徐元梦的奏折及皇帝的谕旨，提到编撰本书宗旨："无圈点字乃满文之本，今若不编一字书收存，恐日后失据，人将不知满文始于无圈点字。"乾隆皇帝命二人阅览《无圈点档》（即《旧满洲档》），拣出难以辨认之老满文字，注以加圈点新满文，以十二字头为序，编成本书。

[0185] [W311.1] [W561.1] [W565.1]

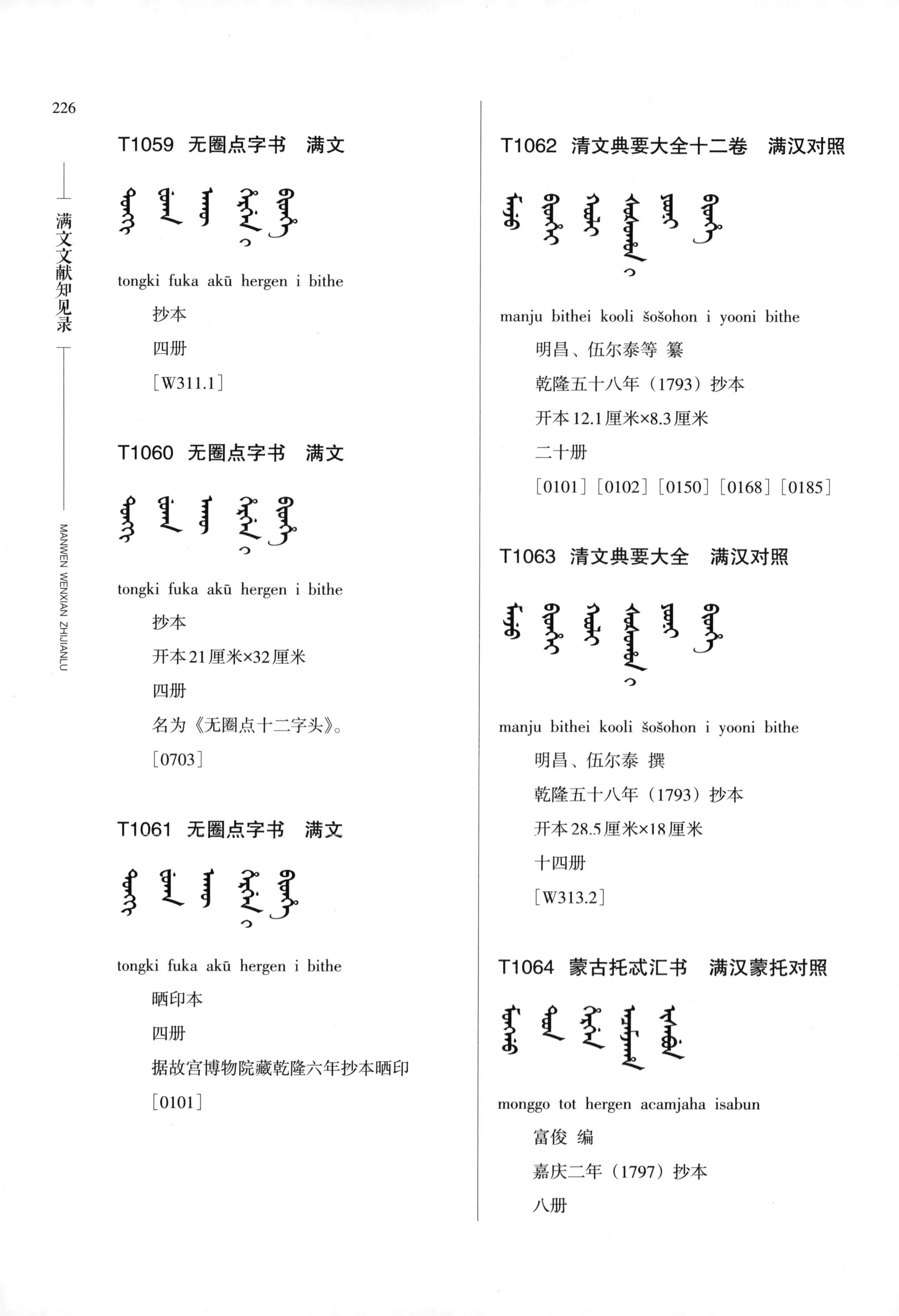

T1059 无圈点字书 满文

tongki fuka akū hergen i bithe

抄本

四册

［W311.1］

T1060 无圈点字书 满文

tongki fuka akū hergen i bithe

抄本

开本21厘米×32厘米

四册

名为《无圈点十二字头》。

［0703］

T1061 无圈点字书 满文

tongki fuka akū hergen i bithe

晒印本

四册

据故宫博物院藏乾隆六年抄本晒印

［0101］

T1062 清文典要大全十二卷 满汉对照

manju bithei kooli šošohon i yooni bithe

明昌、伍尔泰等 纂

乾隆五十八年（1793）抄本

开本12.1厘米×8.3厘米

二十册

［0101］［0102］［0150］［0168］［0185］

T1063 清文典要大全 满汉对照

manju bithei kooli šošohon i yooni bithe

明昌、伍尔泰 撰

乾隆五十八年（1793）抄本

开本28.5厘米×18厘米

十四册

［W313.2］

T1064 蒙古托忒汇书 满汉蒙托对照

monggo tot hergen acamjaha isabun

富俊 编

嘉庆二年（1797）抄本

八册

[0181]

T1065 蒙古托忒汇书　满汉蒙托对照

monggo tot hergen acamjaha isabun

晒印本

开本26厘米×17.8厘米

八册

据故宫博物院藏抄本晒印

[0101] [0141]

T1066 满汉同文新出对象蒙古杂字　满蒙汉对照

嘉庆六年（1801）文华堂刻本

一册

{W512.2}

T1067 单话　汉满对照

buyarame gisun

嘉庆十六年（1811）达斋抄本

开本25.4厘米×15.2厘米

四册

全书分《春》《夏》《秋》《冬》四册。内容为汉满对照词汇，汉语旁有满文注音。

[0186]

T1068 单话　满汉对照

buyarame gisun

抄本

开本24.5厘米×14.5厘米

四册

有朱笔圈点。此书汇集了一些满汉对照的日常用语。

[0703]

T1069 满汉合璧俗话　满汉对照

☆

an i gisun

王植 撰

咸丰四年（1854）抄本

一册

编者王植，生卒里贯不详，曾任安徽巡抚。本书多格言警句，分五言、七言、八言排序。

[0101]

T1070 翻清阅目便览　汉满对照

☆

fan cing iowei mu biyan lan bithe

全禧 编撰

同治四年（1865）抄本

开本16厘米×9.5厘米

四十八册

全禧，字德普，系同治二年（1863）独石口驿站衙门随关防笔帖式，此书于任上所作。本书汉语词条系按清汉对音字式之满文次序排列，下注满文。

［0703］

T1071 清文元音字典十二卷 满汉对照

manju i datengge mudan i hergen kooli bithe

子然 纂集

同治十二年（1873）稿本

开本22.9厘米×12.9厘米

八册（存第三、第四卷）

书中有子然自序：“偶得百千音义一册，观其教授童蒙字学，颇属便捷。惟其字数较少，不足遍用。于是泰宗其大略，每字中各增平平上去四声之字，每字下又增讲义，而以清文翻译合璧于左，纂集成帙，分为四卷，命其名曰《百千字解汇海》。”

［0703］

T1072 清文捷要 满汉对照

☆

cing wen jiyei yoo bithe

抄本

开本13厘米×9.5厘米

六册

［0185］［0703］

T1073 清文释义 满汉对照

☆

manju i hergen i jurgan be suhe bithe

光绪年间抄本

开本25.4厘米×15.5厘米

五十二册

此书为乾隆朝以后之新语辑汇。

［0703］

T1074 类林 满汉对照

☆

lei lin bithe

光绪年间抄本

开本27.2厘米×17.2厘米

四册

本书系一种满汉分类词典，保存不全，现存《走兽》《飞禽》《草树》《果品》《农器》《疾病》《饮食》《布帛》《货财》等三十一类。

［0101］

T1075 类林 满汉对照

☆

lei lin bithe

抄本

开本21.1厘米×14.6厘米

八册

[0101]

T1076 成语汇编　汉满对照

ᡨᠣᡴᡨᠣᡥᠣ ᡤᡳᠰᡠᠨ ᠪᡝ ᡳᠰᠠᠪᡠᡥᠠ ᠪᡳᡨᡥᡝ

toktoho gisun be isabuha bithe

抄本

开本23厘米×14.8厘米

十二册

本书系一种汉满成语词典。十二册分别以地支命名，按汉字部首笔画排序，书中收录不少近代新词语，如“英吉利、洋银、纱棉、海运、驶赴南洋”等，应是晚清著作。所收成语、俗语、短句共六千余条。

[0101]

T1077 成语选要　满汉对照

ᡨᠣᡴᡨᠣᡥᠣ ᡤᡳᠰᡠᠨ ᡳ ᠣᠶᠣᠩᡤᠣ ᠪᡝ ᠰᠣᠨᠵᠣᡥᠣ ᠪᡳᡨᡥᡝ ☆

toktoho gisun i oyonggo be sonjoho bithe

抄本

开本22.7厘米×13.2厘米

六册

此书将易、礼、书、诗等旧经中有关章句摘出翻译，满文有朱笔批改。

[0703]

T1078 成语杂文　满汉对照

ᡨᠣᡴᡨᠣᡥᠣ ᡤᡳᠰᡠᠨ ᠵᠠᡳ ᠪᡠᠶᠠᡵᠠᠮᡝ ᠠᡵᠠᡥᠠ ᠪᡳᡨᡥᡝ

toktoho gisun jai buyarame araha bithe

抄本

开本24.5厘米×19.5厘米

四册　每页满文九行、汉文十一行

[0101]

T1079 成语字典　满汉对照

ᡨᠣᡴᡨᠣᡥᠣ ᡤᡳᠰᡠᠨ ᡳ ᡴᠣᠣᠯᡳ ᠪᡳᡨᡥᡝ ☆

toktoho gisun i kooli bithe

抄本

开本16厘米×8.5厘米

十三册

[0150]

T1080 合璧初学语　满汉对照

ᡨᡠᡴᡨᠠᠨ ᡨᠠᠴᡳᡵᡝ ᡠᡵᠰᡝ ᡨᠠᠴᡳᠴᡳ ᠠᠴᠠᡵᠠ ᡤᡳᠰᡠᠨ ☆

tuktan tacire urse tacici acara gisun

抄本

开本27厘米×17.5厘米

五册

本书内容为满汉对照词汇。

[0703]

T1081 词汇 满蒙汉对照

ᡥᡝᡵᡤᡝᠨ ᡳ ᡧᠣᡧᠣᡥᠣᠨ ᡳ ᠪᡳᡨᡥᡝ ☆

hergen i šošohon i bithe

抄本

开本30厘米×17厘米

一册

本书内容为分类词汇。

［0661］

T1082 词汇集 汉满蒙对照

ᡥᡝᡵᡤᡝᠨ ᡳ ᡧᠣᡧᠣᡥᠣᠨ ᡳ ᠪᡳᡨᡥᡝ ☆

hergen i šošohon i bithe

抄本

开本21.7厘米×23厘米

三册

此书为分类词汇集。按汉文、满文、蒙古文的顺序排列，最后是汉文的满文注音。

［0661］

T1083 翻译书房总纲成语 汉满对照

ᠪᡳᡨᡥᡝᡳ ᠪᠣᠣᡳ ᡠᡥᡝᡵᡳ ᡥᡝᡧᡝᠨ ᡳ ᡨᠣᡴᡨᠣᡥᠣ ᡤᡳᠰᡠᠨ

bithei booi uheri hešen i toktoho gisun

抄本

开本13厘米×8.5厘米

十二册

此书为汉满对照词典，按汉字部首排列。

［0703］

T1084 杂类 满汉对照

ᠪᡠᠶᠠᡵᠠᠮᡝ ᡩᡠᠸᠠᠯᡳ ᠪᡳᡨᡥᡝ ☆

buyarame duwali bithe

抄本

版框18.1厘米×17.2厘米

十二册

本书系满汉对照分类词汇集。

［0703］

T1085 翻译指南 满汉对照

ᠪᡳᡨᡥᡝ ᡠᠪᠠᠯᡳᠶᠠᠮᠪᡠᡵᡝ ᠵᡠᠯᡝᡵᡤᡳ ᠵᠣᡵᡳᠨ

bithe ubaliyambure julergi jorin

抄本

开本17厘米×14.5厘米

一册

本书为分类词典。

［0141］

T1086 公文成语字汇 汉满对照

ᠰᡳᡩᡝᠨ ᡳ ᠪᡳᡨᡥᡝ ᡳᠴᡳᡥᡳᠶᠠᡵᠠ ᡩᡝ ᠪᠠᡳᡨᠠᠯᠠᡵᠠ ᡨᠣᡴᡨᠣᡥᠣ ᡤᡳᠰᡠᠨ ᡳ ᡳᠰᠠᠪᡠᠨ ☆

siden i bithe icihiyara de baitalara toktoho gisun i isabun

抄本

开本17.3厘米×12厘米

十二册

此书以汉文为首，按汉字笔画排列。

［0703］

T1087 公余类编 满汉对照

ᡤᡠᠩ ᡳᠣᡳ ᠯᡝᡳ ᠪᡳᠶᠠᠨ ᠪᡳᡨᡥᡝ ☆

gung ioi lei biyan bithe

抄本

十册

［0168］

T1088 官职录 ☆ 满蒙对照

ᠠᠮᠪᠠᠰᠠ ᡥᠠᡶᠠᠰᠠ ᡳ ᡥᠠᠴᡳᠨ

ambasa hafasa i hacin

抄本

开本23.3厘米×20.9厘米

一册

内列各种职官之满文、蒙古文名称。

［0661］

T1089 官员衙署等处总录 汉满对照

ᡥᠠᡶᠠᠰᠠ ᠶᠠᠮᡠᠨ ᡳ ᠪᠠ ᠪᡝ ᡠᡥᡝᡵᡳ ᡝᠵᡝᡥᡝ ᠪᡳᡨᡥᡝ

hafasa yamun i ba be uheri ejehe bithe

抄本

版框 17.5厘米×12.8厘米

四册

本书系汉满官员、衙署等名称总录，上列汉文，下列满文，共分《库类》《门类》《坛类》《州县类》《城类》《关口类》等数十个类别。

［0703］

T1090 汉满词典 汉满对照

ᠨᡳᡴᠠᠨ ᠮᠠᠨᠵᡠ ᡥᡝᡵᡤᡝᠨ ᡴᠣᠣᠯᡳ ᠪᡳᡨᡥᡝ ☆

nikan manju hergen kooli bithe

抄本

开本20.2厘米×13.5厘米

十册

本书系一种双语词典，分《元》（四册）、《亨》（二册）、《利》（二册）、《贞》（二册）四编，以汉字为序查满文，每编前有汉字部首表，共收词、词组、短语一万余条。

［0101］

T1091 合璧讲音全注 汉满对照

ᠮᡠᡩᠠᠨ ᠪᡝ ᠰᡠᠮᡝ ᡝᠵᡝᡥᡝ ᠪᡳᡨᡥᡝ ☆

mudan be sume ejehe bithe

锡麟抄本

开本14.3厘米×10.5厘米

四册

此书将汉字同音字排在一起，用满文注音，各汉字下面用汉文解义，封套题癸卯趾轩主人。

［0703］

T1092 经书成语　满汉对照

ᠨᠣᠮᡠᠨ ᡳ ᠪᡳᡨᡥᡝᡳ ᡨᠣᡴᡨᠣᡥᠣ ᡤᡳᠰᡠᠨ ☆

nomun i bithei toktoho gisun

抄本

开本27.3厘米×14厘米

七册

此书包括《圣训》《忠经》《孝经》《幼学》《易经》《诗经》《书经》四书等书中成语。

［0642］

T1093 两仪备要　汉满对照

ᠯᡳᠶᠠᠩ ᡳ ᠪᡝᡳ ᠶᠣᠣ ᠪᡳᡨᡥᡝ ☆

liyang i bei yoo bithe

抄本

开本22.5厘米×15.8厘米

四册

本书词条按汉字部首笔画排列，为解汉字与所对应满文之书。如：汉字“一”，可译为emu、emke、uju、ujui、ujuci 等。

［0601］

T1094 满汉词汇集　汉满对照

ᠮᠠᠨᠵᡠ ᠨᡳᡴᠠᠨ ᡥᡝᡵᡤᡝᠨ ᠪᡝ ᡳᠰᠠᠪᡠᡥᠠ ᠪᡳᡨᡥᡝ

manju nikan hergen be isabuha bithe

抄本

开本22.2厘米×14.8厘米

五册

此书原名《三字不二字》。系用汉字作首，与该汉字有关各词分别用满文注明。例：注满文殷勤habcihiyan，注满文殷实elgiyen，注满文殷朝yen gurun。

［0703］

T1095 满汉达呼尔合璧词典　满汉达对照

ᠮᠠᠨᠵᡠ ᠨᡳᡴᠠᠨ ᡩᠠᡥᡡᡵ ᡳᠯᠠᠨ ᡥᡝᡵᡤᡝᠨ ᡴᠠᠮᠴᡳᠪᡠᡥᠠ ᠪᡳᡨᡥᡝ ☆

manju nikan dahūr ilan hergen kamcibuha bithe

抄本

开本22.4厘米×18.6厘米

一册

［0168］

T1096 满洲达呼尔语汇　满汉对照

ᠮᠠᠨᠵᡠ ᡩᠠᡥᡡᡵ ᡥᡝᡵᡤᡝᠨ ᡳ ᡳᠰᠠᠪᡠᡥᠠ ᠪᡳᡨᡥᡝ ☆

manju dahūr hergen i isabuha bithe

抄本

开本22.3厘米×18.6厘米

一册

［0168］

T1097 满汉单话　满汉对照

ᠮᠠᠨᠵᡠ ᠨᡳᡴᠠᠨ ᡤᠠᡵᡤᠠᡨᠠ ᡤᡳᠰᡠᠨ ☆

manju nikan gargata gisun

抄本

开本26.5厘米×19.5厘米

一册

本书内容为满汉词汇。

[0703]

T1098 满汉分类词汇十二卷　满汉对照

ᠮᠠᠨᠵᡠ ᠨᡳᡴᠠᠨ ᡥᡝᡵᡤᡝᠨ ᡩᡠᠸᠠᠯᡳ ᡳᠯᡤᠠᠮᡝ ᡳᠰᠠᠪᡠᡥᠠ ᠪᡳᡨᡥᡝ ☆

manju nikan hergen duwali ilgame isabuha bithe

抄本

开本22.6厘米×19.4厘米

十二册

此书原题名为《合璧杂类》。

[0703]

T1099 满汉日用杂语　满汉对照

ᠮᠠᠨᠵᡠ ᠨᡳᡴᠠᠨ ᡥᡝᡵᡤᡝᠨ ᡴᠠᠮᠴᡳᠮᡝ ᠠᡵᠠᡥᠠ ᠵᠠᡴᠠᡳ ᡤᡝᠪᡠ ᠪᡝ ᠪᡠᠶᠠᡵᠠᠮᡝ ᠠᡵᠠᡥᠠ ᠴᡝᠰᡝ

manju nikan hergen kamcime araha jakai gebu be buyarame araha cese

抄本

开本21.6厘米×11.1厘米

一册

本书系日常用品之词汇集，对研究黑龙江一带满语方言有参考价值。

[0903]

T1100 满汉文鉴　满汉对照

ᠮᠠᠨᠵᡠ ᠨᡳᡴᠠᠨ ᡥᡝᡵᡤᡝᠨ ᠪᡝ ᡴᠠᠮᠴᡳᡥᠠ ᠪᡠᠯᡝᡴᡠ ᡳ ᠪᡳᡨᡥᡝ

manju nikan hergen be kamciha buleku i bithe

抄本

开本28厘米×20厘米

六册

[0642]

T1101 满汉文语解　满汉对照

ᠮᠠᠨᠵᡠ ᠨᡳᡴᠠᠨ ᡤᡳᠰᡠᠨ ᠪᡝ ᠰᡠᡥᡝ ᠪᡳᡨᡥᡝ ☆

manju nikan gisun be suhe bithe

抄本

七册

[0168]

T1102 满汉袖珍字典　满汉对照

ᠮᠠᠨᠵᡠ ᠨᡳᡴᠠᠨ ᠠᠵᡳᡤᡝ ᡥᡝᡵᡤᡝᠨ ᡴᠣᠣᠯᡳ ᠪᡳᡨᡥᡝ ☆

manju nikan ajige hergen kooli bithe

抄本

开本17厘米×11.5厘米

二册

[0150]

T1103 满汉语汇 满汉对照

manju nikan hergen i isabuha bithe

抄本

开本15.6厘米×10.3厘米

六册

此书内容为满汉分类词汇。

[0703]

T1104 满蒙维三体字书 满蒙维对照

manju monggo hoise ilan hacin i gisun

抄本

开本22.9厘米×14.1厘米

三册

本书中的蒙古文、维吾尔文均附有满文字母拼写。

[0181]

T1105 满文名词 满汉对照

manju gisun i gebungge hergen

抄本

一册

[0168]

T1106 满文音注 满汉对照

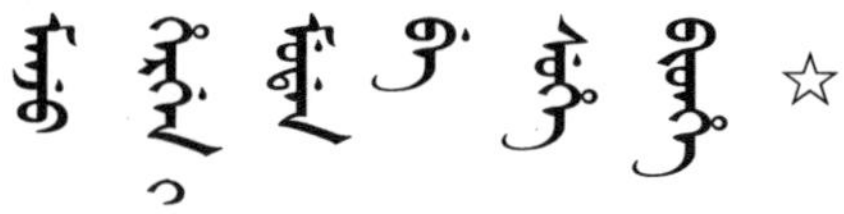

manju hergen i mudan be suhe bithe

抄本

一册

此书为逆序词典，书内按满文字母排序，将满文词按其词尾收音字母集中排列，先用汉文注音，后注义。如：满文字母do读多。以do结尾的满文词modo读么多，意为口拙、迟钝；tondo读档多，意为正直、忠直。

[0243]

T1107 满译成语十二卷 满汉对照

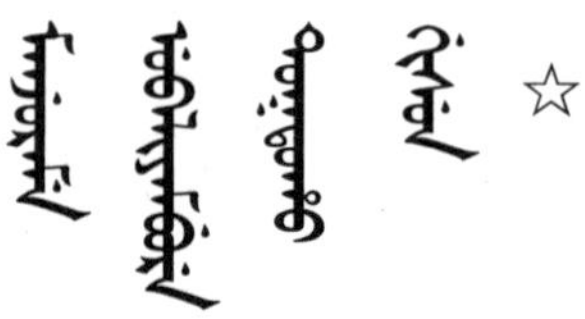

manjurame ubaliyambure toktoho gisun

抄本

十二册

[0168]

T1108 满洲类书 满汉对照

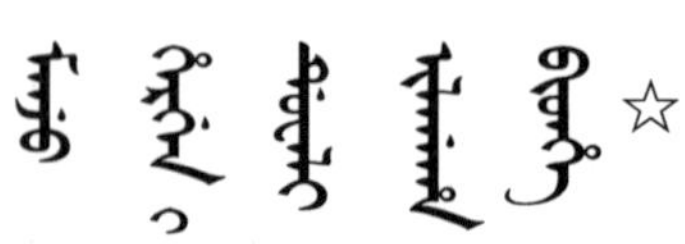

manju hergen i duwali ilgaha bithe

抄本

十册

[0168]

T1109 蒙满汉辞典　蒙满汉对照

monggo manju nikan hergen i kooli bithe

抄本

开本20.3厘米×13厘米

二册

此书中的蒙古文与汉文均附有满文拼音，第一册全为蒙古文。

[0703]

T1110 蒙满汉三语辞书　蒙满汉对照

monggo manju nikan ilan hacin i hergen i isabuha bithe

抄本

开本24.5厘米×15.3厘米

十册

本书为按字头编写的词汇集。

[0703]

T1111 蒙文辞源　蒙汉满对照

monggo hergen i da sekiyen

佚名 撰

抄本

四册

此书蒙古文词汇以字母排列，下面分注汉文、满文。

[0201]

T1112 清文备览　汉满对照

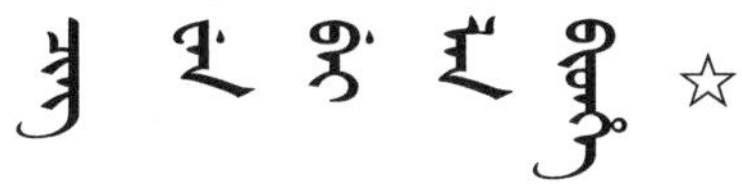

cing wen bei lan bithe

抄本

开本19.4厘米×16.9厘米

十二册

此书系按汉字笔画排列之汉满词典。

[0703]

T1113 清文成语　汉满对照

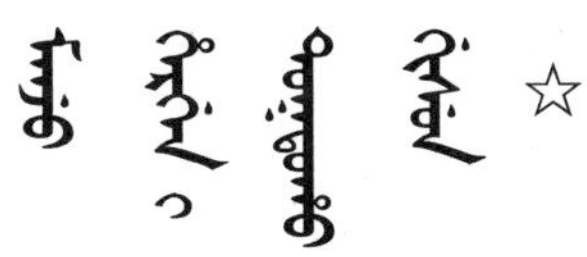

manju hergen i toktoho gisun

抄本

开本20.3厘米×14.1厘米

七册

本书收公文、上谕、宗教等各种成语七千余条，系按汉文部首排列。

[0642]

T1114 清文后学津筏二卷　满汉对照

cing wen heo siowei jin fa bithe

抄本

开本21厘米×20.5厘米

二册

此书为满汉逆序词典，按满文字母排序，将词尾相同的满文词汇集中排列。如：以满文字母lon结尾的词有olon（汉义为马肚带）、jobolon（汉义为忧患）、doholon（汉义为马蹄疮）等。

[0703]

T1115 清文华音 满汉对照

 ☆

cing wen hūwa yen bithe

抄本

开本22.5厘米×19厘米

四册

本书为按满文字头排列的满汉词典。内附《清文助语·告诉话》。

[0703]

T1116 清文汇书全集 满汉对照

manju hergen be isabuha bithe

抄本

开本16.4厘米×13厘米

八册

此书为按满文字头排列的满汉词典。

[0703]

T1117 清文类腋二十四卷 满汉对照

cing wen lei ye bithe

抄本

开本13.5厘米×9.9厘米

二十四册

[0141]

T1118 清文玉液 汉满对照

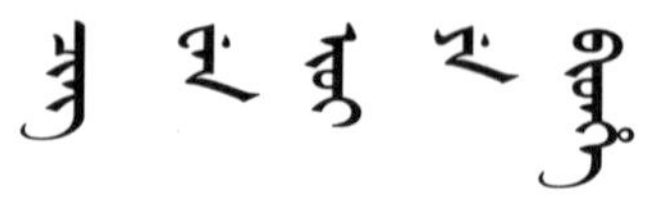 ☆

cing wen ioi ye bithe

抄本

开本15.4厘米×9.5厘米

十二册

此书收汉满对照词汇，按汉字部首排列。

[0703]

T1119 钦定清语六卷 满汉对照

han i toktobuha manju gisun

抄本

开本28.4厘米×18.5厘米

六册

此书为分类词汇集。

[0701] [W313.3] [W565.1] [W712.1]

T1120 清语选汇四卷　满汉对照

☆

manju gisun be sonjofi isabuha bithe

赵英 编

抄本

开本22厘米×14厘米

四册

［0150］

T1121 三合词汇　汉满蒙对照

☆

ilan hacin hergen i šošohon i bithe

抄本

开本24.4厘米×12.6厘米

二册

此书原题名《杂书》。汉文系用满文注音，第一本满文在前，汉文、蒙古文在后，第二本汉文在前。

［0703］

T1122 三合词汇　满汉蒙对照

☆

ilan hacin hergen i šošohon i bithe

抄本

开本14.2厘米×9厘米

五册

此书中的蒙古文系用满文字母拼写，原著录名为《满汉会话》。

［0701］

T1123 三蒙字解五卷　满汉对照

san meng dzi jiyei bithe

抄本

开本23.6厘米×14.4厘米

五册

［0101］

T1124 上谕成语　满汉对照

dergi hesei toktoho gisun i bithe

抄本

开本20.8厘米×13.5厘米

六册

［0101］［0150］［W313.2］［W712.2］［W712.3］

T1125 上谕成语　满汉对照

dergi hesei toktoho gisun i bithe

抄本

开本20.2厘米×9厘米

十二册

[0102][0168][0601][0703]

T1126 上谕成语 汉满对照

dergi hese i toktoho gisun

抄本

开本21厘米×13.5厘米

六册

本书系一种汉满成语词典，按汉字部首分类。词语中有“捻匪”字样，应是咸同年间作品。

[0101][W313.3]

T1127 上谕成语 满汉对照

dergi hese i toktoho gisun

开本24厘米×15.5厘米

四册

[W313.2]

T1128 四书经书成语 满汉对照

duin bithe nomun i bithei toktoho gisun i bithe

抄本

开本24.2厘米×19.2厘米

一册

本书系满汉对照文史类词典。分四书成语和经书成语两部分，四书成语按《大学》《中庸》《论语》《孟子》的顺序编撰，经书成语按《君道》《臣道》《政事》等十二类编撰，共收录常用的成语、短句近二千条。

[0101]

T1129 增订四书字解 满汉对照

nonggime tuwamgiyaha sy šu i hergen be suhe bithe

雍正八年（1730）刻本

开本24.5厘米×15厘米

四册

[W313.2]

T1130 增订四书字解 满汉对照

nonggime tuwamgiyaha sy šu i hergen be suhe bithe

雍正十年（1732）墨华堂刻本

四册

[W512.1]

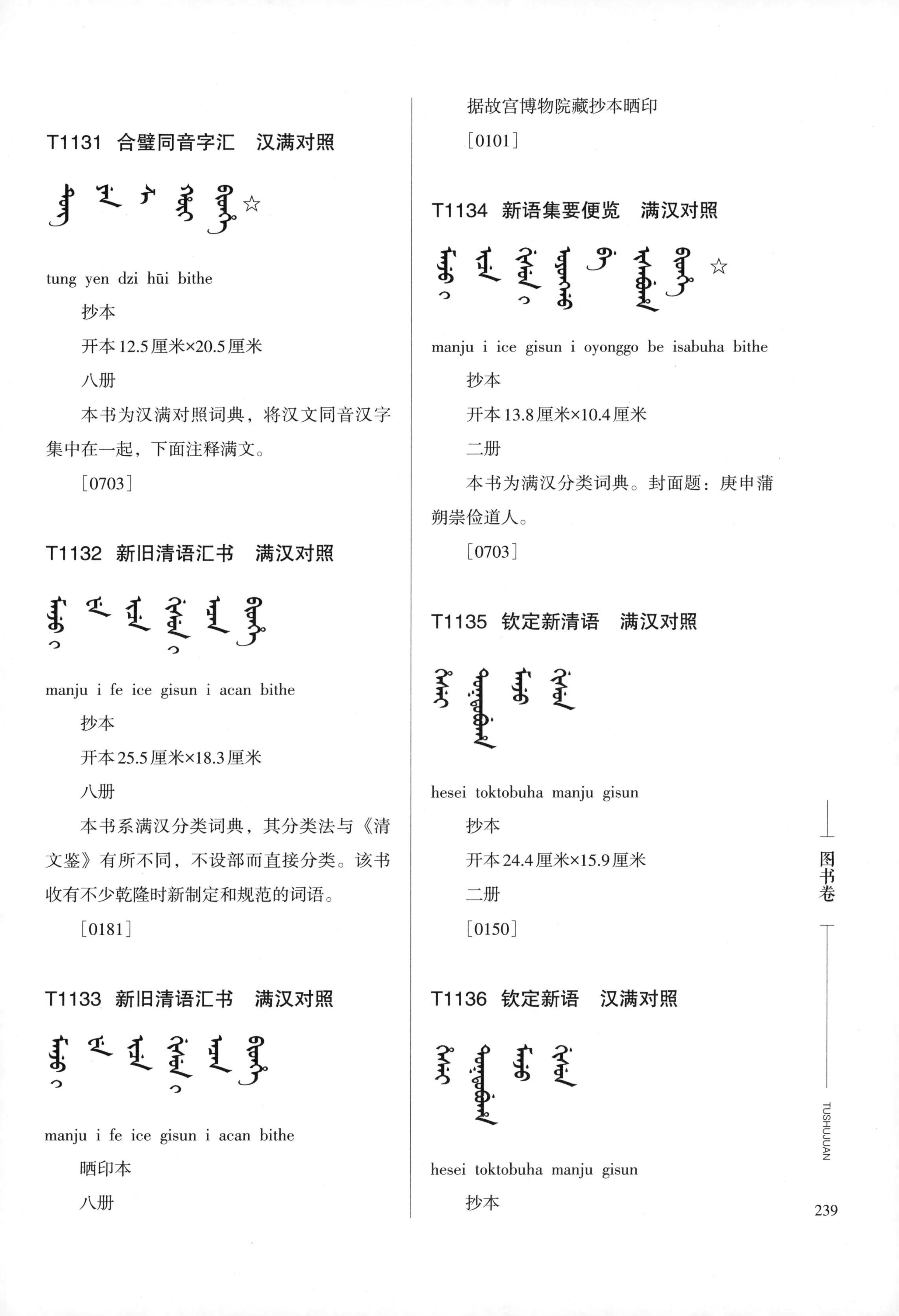

T1131 合璧同音字汇　汉满对照

☆

tung yen dzi hūi bithe

抄本

开本12.5厘米×20.5厘米

八册

本书为汉满对照词典，将汉文同音汉字集中在一起，下面注释满文。

[0703]

T1132 新旧清语汇书　满汉对照

manju i fe ice gisun i acan bithe

抄本

开本25.5厘米×18.3厘米

八册

本书系满汉分类词典，其分类法与《清文鉴》有所不同，不设部而直接分类。该书收有不少乾隆时新制定和规范的词语。

[0181]

T1133 新旧清语汇书　满汉对照

manju i fe ice gisun i acan bithe

晒印本

八册

据故宫博物院藏抄本晒印

[0101]

T1134 新语集要便览　满汉对照

☆

manju i ice gisun i oyonggo be isabuha bithe

抄本

开本13.8厘米×10.4厘米

二册

本书为满汉分类词典。封面题：庚申蒲朔崇俭道人。

[0703]

T1135 钦定新清语　满汉对照

hesei toktobuha manju gisun

抄本

开本24.4厘米×15.9厘米

二册

[0150]

T1136 钦定新语　汉满对照

hesei toktobuha manju gisun

抄本

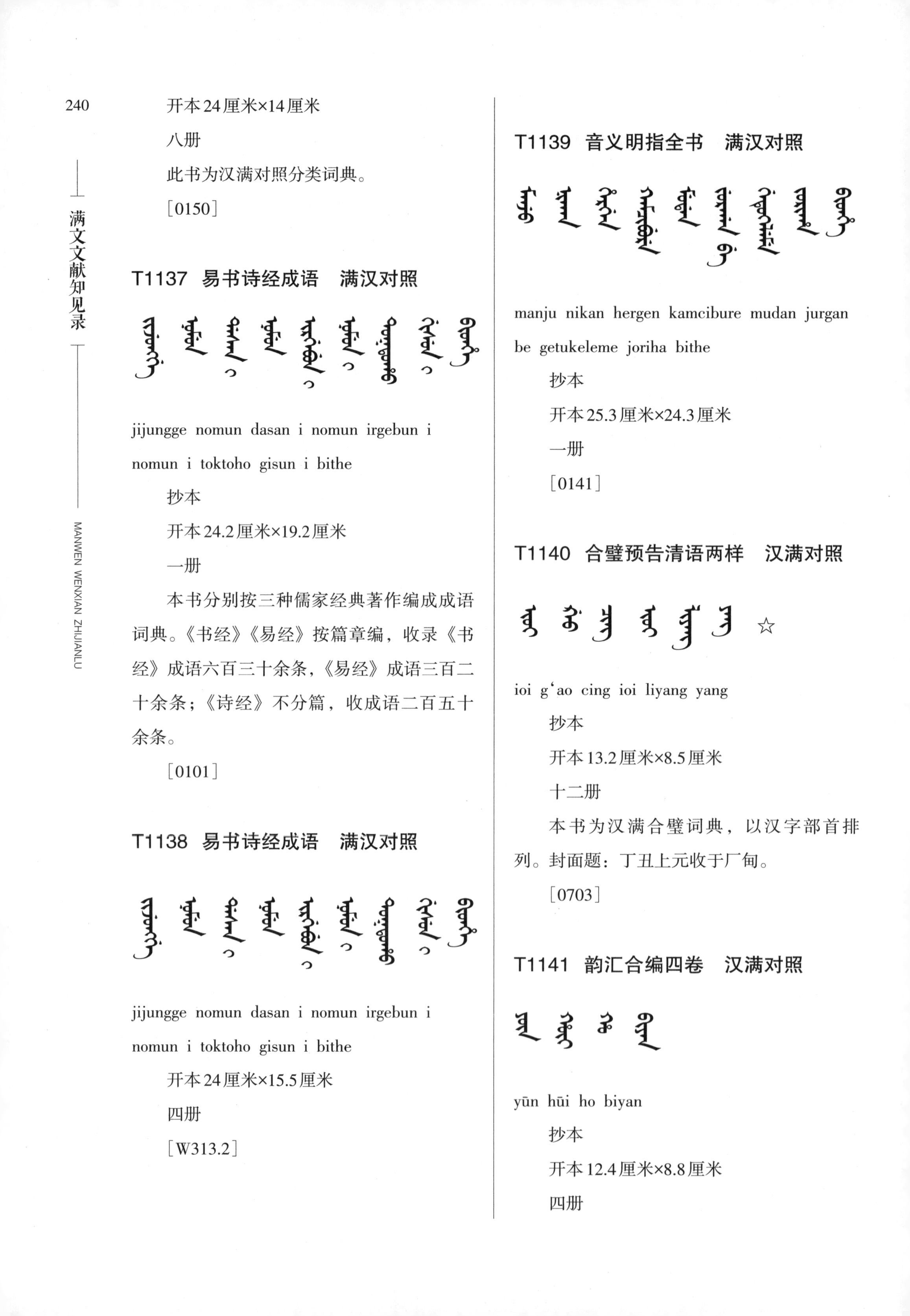

开本24厘米×14厘米

八册

此书为汉满对照分类词典。

[0150]

T1137 易书诗经成语　满汉对照

jijungge nomun dasan i nomun irgebun i nomun i toktoho gisun i bithe

抄本

开本24.2厘米×19.2厘米

一册

本书分别按三种儒家经典著作编成成语词典。《书经》《易经》按篇章编，收录《书经》成语六百三十余条，《易经》成语三百二十余条；《诗经》不分篇，收成语二百五十余条。

[0101]

T1138 易书诗经成语　满汉对照

jijungge nomun dasan i nomun irgebun i nomun i toktoho gisun i bithe

开本24厘米×15.5厘米

四册

[W313.2]

T1139 音义明指全书　满汉对照

manju nikan hergen kamcibure mudan jurgan be getukeleme joriha bithe

抄本

开本25.3厘米×24.3厘米

一册

[0141]

T1140 合璧预告清语两样　汉满对照

☆

ioi g'ao cing ioi liyang yang

抄本

开本13.2厘米×8.5厘米

十二册

本书为汉满合璧词典，以汉字部首排列。封面题：丁丑上元收于厂甸。

[0703]

T1141 韵汇合编四卷　汉满对照

yūn hūi ho biyan

抄本

开本12.4厘米×8.8厘米

四册

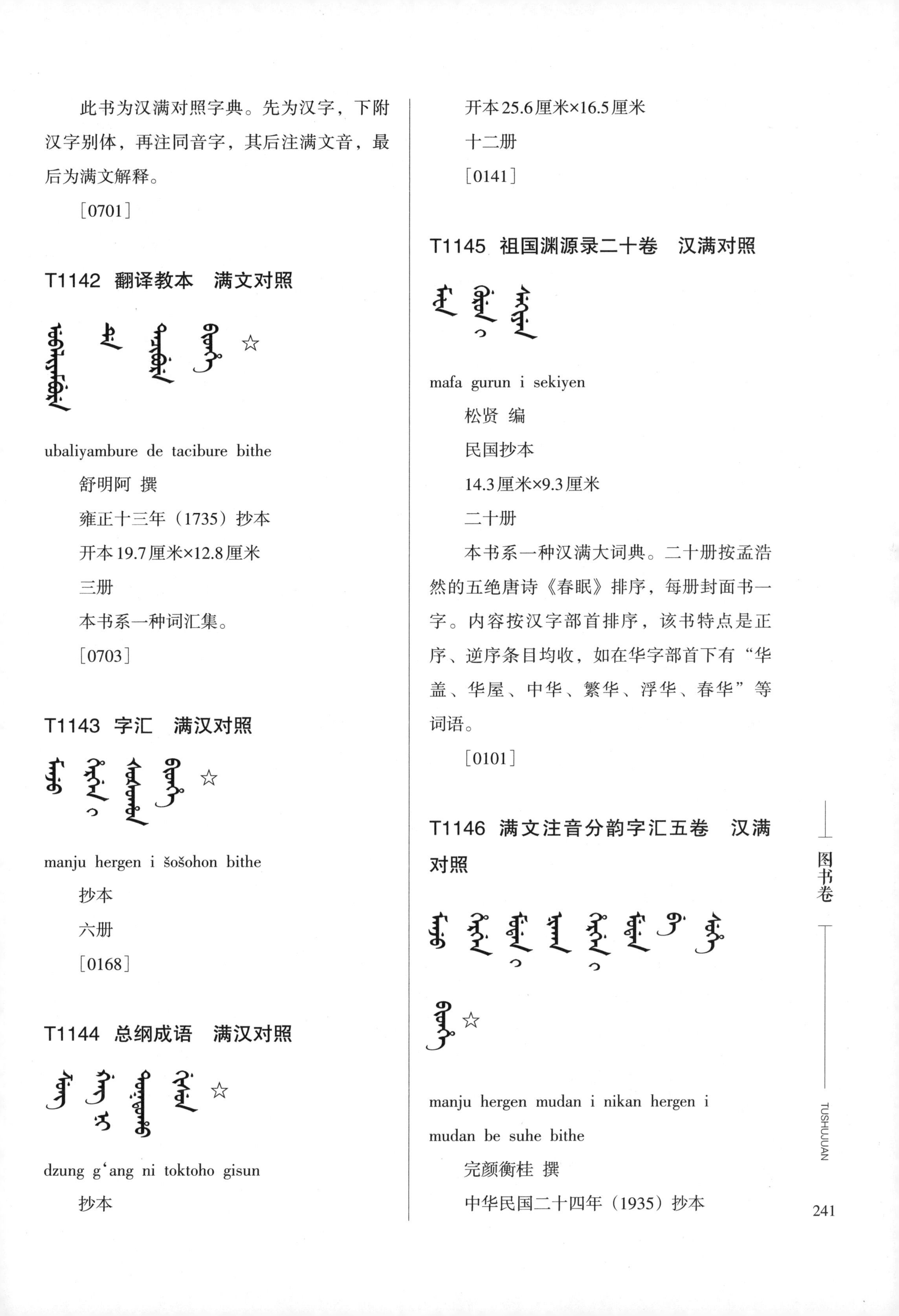

此书为汉满对照字典。先为汉字，下附汉字别体，再注同音字，其后注满文音，最后为满文解释。

［0701］

T1142 翻译教本 满文对照

☆

ubaliyambure de tacibure bithe

舒明阿 撰

雍正十三年（1735）抄本

开本19.7厘米×12.8厘米

三册

本书系一种词汇集。

［0703］

T1143 字汇 满汉对照

☆

manju hergen i šošohon bithe

抄本

六册

［0168］

T1144 总纲成语 满汉对照

☆

dzung g'ang ni toktoho gisun

抄本

开本25.6厘米×16.5厘米

十二册

［0141］

T1145 祖国渊源录二十卷 汉满对照

mafa gurun i sekiyen

松贤 编

民国抄本

14.3厘米×9.3厘米

二十册

本书系一种汉满大词典。二十册按孟浩然的五绝唐诗《春眠》排序，每册封面书一字。内容按汉字部首排序，该书特点是正序、逆序条目均收，如在华字部首下有“华盖、华屋、中华、繁华、浮华、春华”等词语。

［0101］

T1146 满文注音分韵字汇五卷 汉满对照

☆

manju hergen mudan i nikan hergen i mudan be suhe bithe

完颜衡桂 撰

中华民国二十四年（1935）抄本

26.7厘米×15.5厘米

五册

此书中的汉字按音韵排列，上注满文。

[0701]

T1147 清汉行文语类汇抄　满汉对照

抄本

四册

{W512.1}

T1148 满蒙单话　满蒙汉对照

抄本

二册

{W512.1}

T1149 易经成语四卷　满汉对照

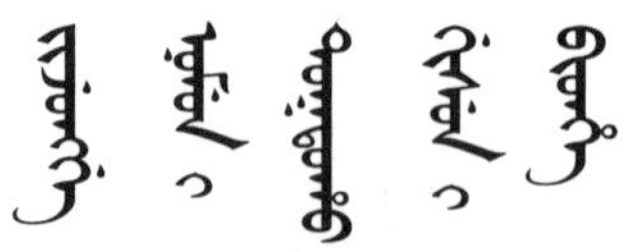

jijungge nomun i toktoho gisun i bithe

抄本

开本25.2厘米×17.3厘米

四册

[0101] [0601]

T1150 易经成语四卷　满汉对照

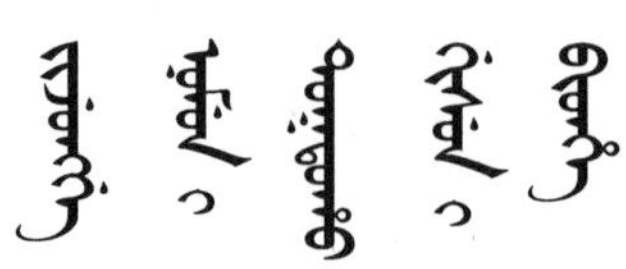

jijungge nomun i toktoho gisun i bithe

抄本

开本11.5厘米×8厘米

四册

[0642]

T1151 诗经成语　满汉对照

irgebun i nomun i toktoho gisun

抄本

开本25.1厘米×17.5厘米

四卷 四册

[0101] [0642]

T1152 书经成语四卷　满汉对照

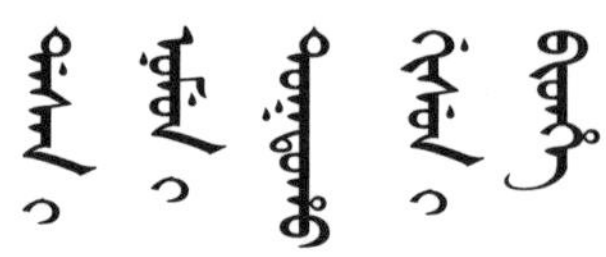

dasan i nomun i toktoho gisun i bithe

抄本

四册

[0101] [0601]存二册

T1153 礼记成语四卷　满汉对照

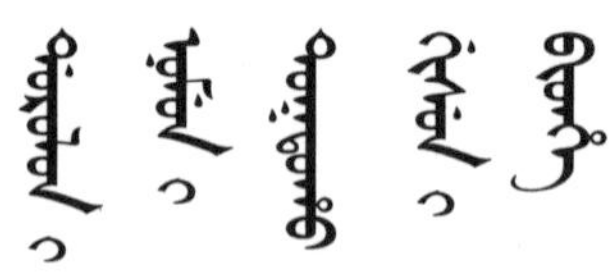

dorolon i nomun i toktoho gisun i bithe

抄本

开本25.2厘米×17.3厘米

四册

[0101]

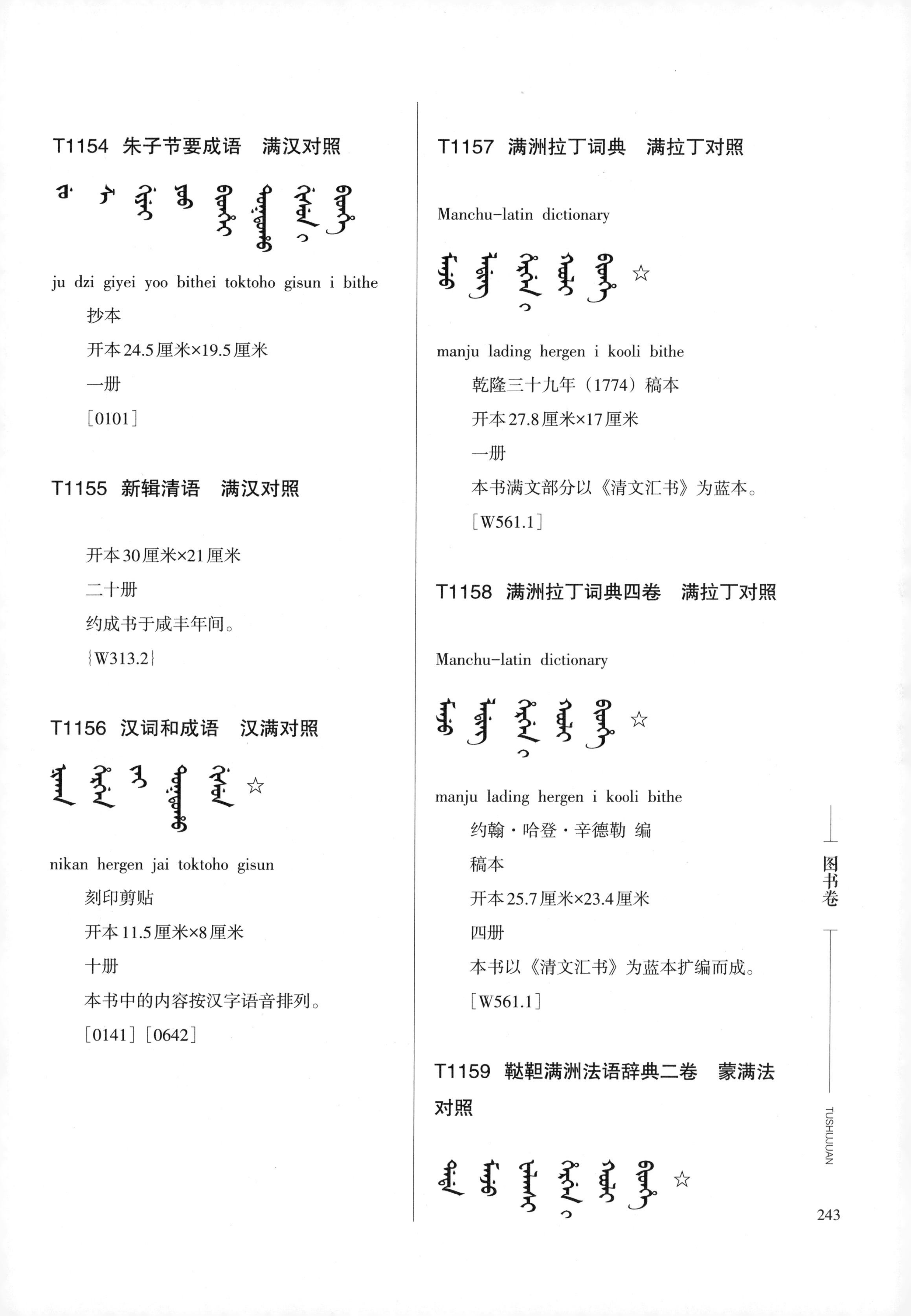

T1154 朱子节要成语 满汉对照

ju dzi giyei yoo bithei toktoho gisun i bithe

抄本

开本24.5厘米×19.5厘米

一册

［0101］

T1155 新辑清语 满汉对照

开本30厘米×21厘米

二十册

约成书于咸丰年间。

{W313.2}

T1156 汉词和成语 汉满对照

☆

nikan hergen jai toktoho gisun

刻印剪贴

开本11.5厘米×8厘米

十册

本书中的内容按汉字语音排列。

［0141］［0642］

T1157 满洲拉丁词典 满拉丁对照

Manchu-latin dictionary

☆

manju lading hergen i kooli bithe

乾隆三十九年（1774）稿本

开本27.8厘米×17厘米

一册

本书满文部分以《清文汇书》为蓝本。

［W561.1］

T1158 满洲拉丁词典四卷 满拉丁对照

Manchu-latin dictionary

☆

manju lading hergen i kooli bithe

约翰·哈登·辛德勒 编

稿本

开本25.7厘米×23.4厘米

四册

本书以《清文汇书》为蓝本扩编而成。

［W561.1］

T1159 鞑靼满洲法语辞典二卷 蒙满法对照

☆

dada manju falansi hergen i kooli bithe

乾隆年间稿本

开本29.7厘米×22.4厘米

二册

本书约编于乾隆五十四至五十五年（1789—1790），内容包括满文字母、会话、词汇和句法。鞑靼为中国古代族名，唐中叶始见于史，辽金时期“鞑靼”逐渐成为蒙古高原诸部的通称，成吉思汗兴起后，成为蒙古族的组成部分。明代将东部蒙古称为鞑靼，后统一于清。此外，西方通常把蒙古诸部以及中国北方诸民族泛称为鞑靼。

本书以《清文汇书》《增订清文鉴》为蓝本扩编而成。

[W561.1]

T1160 鞑靼满法辞典　蒙满法对照

Dictionnaire Tartare-Mantchou Français

☆

dada manju falansi hergen i kooli bithe

乾隆年间稿本

开本29.7厘米×22.4厘米

二册

本书以《清文汇书》和《御制增订清文鉴》为蓝本。

[W561.1]

T1161 鞑靼拉丁语法　满拉丁对照

Grammatica Tartarico-Latina

☆

dada lading gisun kooli

嘉庆四年（1799）稿本

开本21.8厘米×16.5厘米

一册

[W561.1]

T1162 鞑靼拉丁语法　满拉丁对照

Grammatica Tartarico-Latina

☆

dada lading gisun kooli

约翰·哈登·辛德勒 编

稿本

开本26.8厘米×23.9厘米

一册

[W561.1]

T1163 满汉俄合璧翻译文鉴二卷　满汉俄对照

manju nikan oros kamcime ubaliyambuha

buleku bithe

抄本

［W512.2］

T1164 满汉俄合璧翻译文鉴　满汉俄对照

ᠮᠠᠨᠵᡠ ᠨᡳᡴᠠᠨ ᠣᠷᠣᠰ ᡴᠠᠮᠴᡳᠮᡝ ᡠᠪᠠᠯᡳᠶᠠᠮᠪᡠᡥᠠ ᠪᡠᠯᡝᡴᡠ ᠪᡳᡨᡥᡝ

manju nikan oros kamcime ubaliyambuha buleku bithe

嘉庆八年（1803）稿本

开本31厘米×21.5厘米

六册

［W512.2］

T1165 满俄辞典　满俄对照

Manchu-Russian Dictionary

ᠮᠠᠨᠵᡠ ᠣᠷᠣᠰ ᡥᡝᡵᡤᡝᠨ ᡳ ᡴᠣᠣᠯᡳ ᠪᡳᡨᡥᡝ ☆

manju oros hergen i kooli bithe

抄本

一册

［W512.2］

T1166 满俄辞典　满俄对照

Manchu-Russian Dictionary

ᠮᠠᠨᠵᡠ ᠣᠷᠣᠰ ᡥᡝᡵᡤᡝᠨ ᡳ ᡴᠣᠣᠯᡳ ᠪᡳᡨᡥᡝ ☆

manju oros hergen i kooli bithe

抄本

一册

此书为按满文十二字头排列的清朝各衙门、官员和等级名称的工具书。

［W512.6］

T1167 满俄词典　满俄对照

Manchu-Russian Dictionary

ᠮᠠᠨᠵᡠ ᠣᠷᠣᠰ ᡥᡝᡵᡤᡝᠨ ᡳ ᡴᠣᠣᠯᡳ ᠪᡳᡨᡥᡝ ☆

manju oros hergen i kooli bithe

稿本

开本29.8厘米×21.5厘米

一册

［W561.1］

T1168 法汉蒙满四体合璧词典六卷

［法］孙璋 撰

乾隆二十三至三十二年（1758—1767）稿本

开本32厘米×23厘米

六册

{0101}

T1169 突厥蒙古满洲词汇集

ᡨᡠᠯᠴᡳ ᠮᠣᠩᡤᠣ ᠮᠠᠨᠵᡠ ᡳ ᡥᡝᡵᡤᡝᠨ ᠪᡝ ᡳᠰᠠᠪᡠᡥᠠ ᠪᡳᡨᡥᡝ ☆

tulci monggo manju i hergen be isabuha bithe

威廉·厄斯卡 编

19世纪早期稿本

开本28.8厘米×23厘米

一册

[W561.1]

T1170 突厥蒙古满洲词典

Vocabulary of Turki Monghol and Manchu

稿本

开本28.8厘米×23厘米

二册

{W561.1}

T1171 满蒙法词典

[法] 钱德明 编

乾隆五十四年（1789）巴黎出版铅印本

钱德明（1718—1793），原名Joseph-Marie Amiot，法国耶稣会传教士，清代来华，居北京四十二年，深受乾隆帝信任，著有《中国古今音乐考》。

{W512.5}

T1172 译字 满藏维梵泰缅对照

抄本

一册

{W512.2}

T1173 满洲语学习指南 满英对照

抄本

一册

{W561.2}

5. 读本、会话

T1174 清文备考 满汉合璧

ᠮᠠᠨᠵᡠ ᡤᡳᠰᡠᠨ ᡳ ᠶᠣᠩᡴᡳᠶᠠᠮᡝ ᡨᠣᡴᡨᠣᠪᡠᡥᠠ ᠪᡳᡨᡥᡝ

manju gisun i yongkiyame toktobuha bithe

戴穀 撰

康熙六十一年（1722）刻本

开本23.5厘米×16.5厘米

十册

[0150] [0601]存十一册 [0703]存十二册

[W313.2] [W313.3] [W512.1]存十二册

[W512.2] [W565.1] [W712.1]

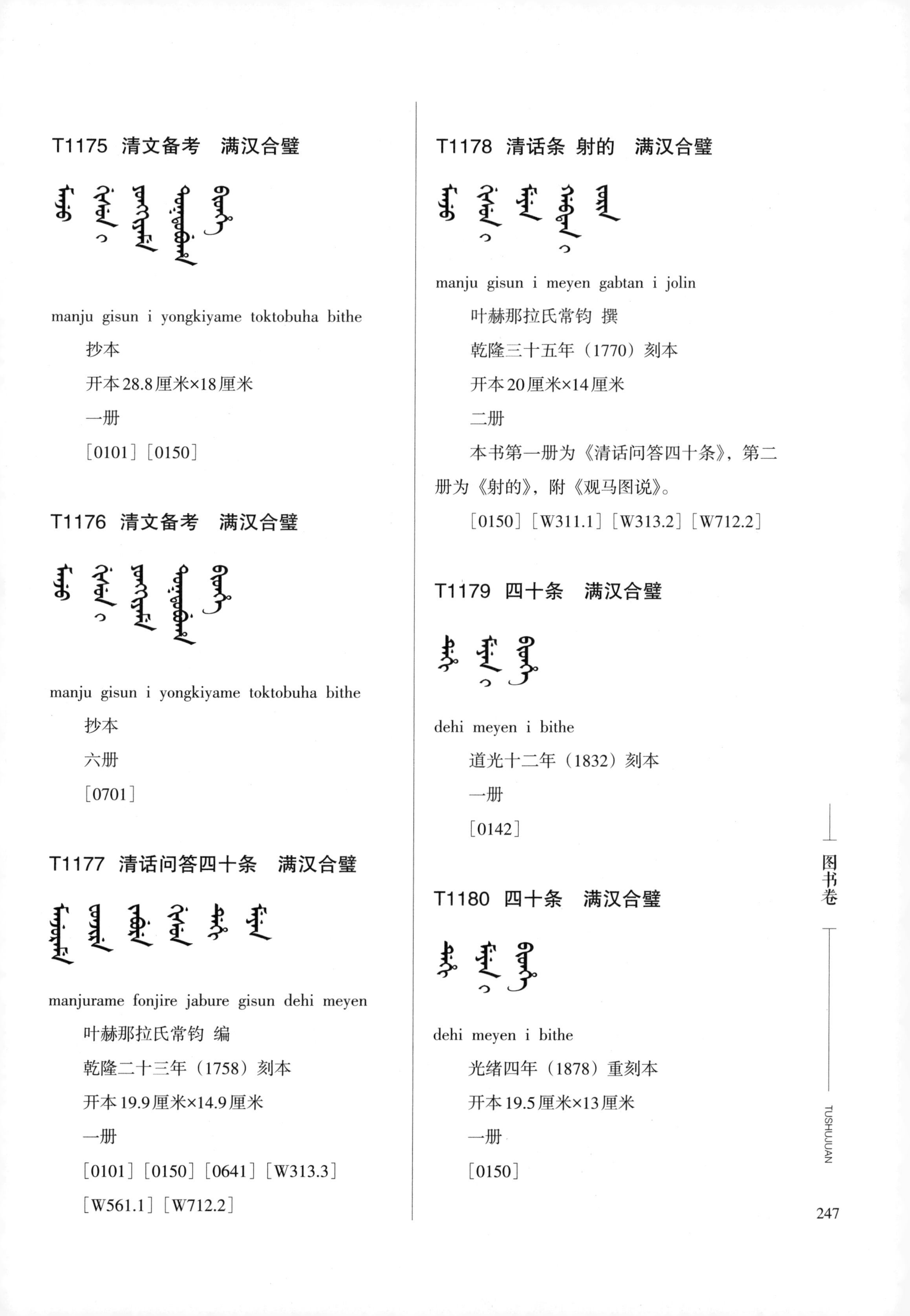

T1175 清文备考　满汉合璧

manju gisun i yongkiyame toktobuha bithe

抄本

开本28.8厘米×18厘米

一册

［0101］［0150］

T1176 清文备考　满汉合璧

manju gisun i yongkiyame toktobuha bithe

抄本

六册

［0701］

T1177 清话问答四十条　满汉合璧

manjurame fonjire jabure gisun dehi meyen

叶赫那拉氏常钧 编

乾隆二十三年（1758）刻本

开本19.9厘米×14.9厘米

一册

［0101］［0150］［0641］［W313.3］［W561.1］［W712.2］

T1178 清话条 射的　满汉合璧

manju gisun i meyen gabtan i jolin

叶赫那拉氏常钧 撰

乾隆三十五年（1770）刻本

开本20厘米×14厘米

二册

本书第一册为《清话问答四十条》，第二册为《射的》，附《观马图说》。

［0150］［W311.1］［W313.2］［W712.2］

T1179 四十条　满汉合璧

dehi meyen i bithe

道光十二年（1832）刻本

一册

［0142］

T1180 四十条　满汉合璧

dehi meyen i bithe

光绪四年（1878）重刻本

开本19.5厘米×13厘米

一册

［0150］

T1181 四十条 满汉合璧

ᡩᡝᡥᡳ ᠮᡝᠶᡝᠨ ᡳ ᠪᡳᡨᡥᡝ

dehi meyen i bithe

宏文阁刻本

一册

［0703］

T1182 四十条 满汉合璧

ᡩᡝᡥᡳ ᠮᡝᠶᡝᠨ ᡳ ᠪᡳᡨᡥᡝ

dehi meyen i bithe

刻本

一册

［0142］

T1183 单话四十条 满汉合璧

ᡩᡝᡥᡳ ᠮᡝᠶᡝᠨ ᡳ ᠪᡳᡨᡥᡝ

dehi meyen i bithe

刻本

开本20厘米×14.5厘米

一册

此书又名《满洲话四十条》。

［0701］［0703］

T1184 四十条 满汉合璧

ᡩᡝᡥᡳ ᠮᡝᠶᡝᠨ ᡳ ᠪᡳᡨᡥᡝ

dehi meyen i bithe

刻本

一册

［W516.1］

T1185 四十条 满汉合璧

ᡩᡝᡥᡳ ᠮᡝᠶᡝᠨ ᡳ ᠪᡳᡨᡥᡝ

dehi meyen i bithe

抄本

开本31.5厘米×25厘米

一册

［0601］［0903］

T1186 四十条 满蒙汉合璧

ᡩᡝᡥᡳ ᠮᡝᠶᡝᠨ ᡳ ᠪᡳᡨᡥᡝ

dehi meyen i bithe

抄本

开本24.4厘米×20厘米

一册

［0703］［0903］

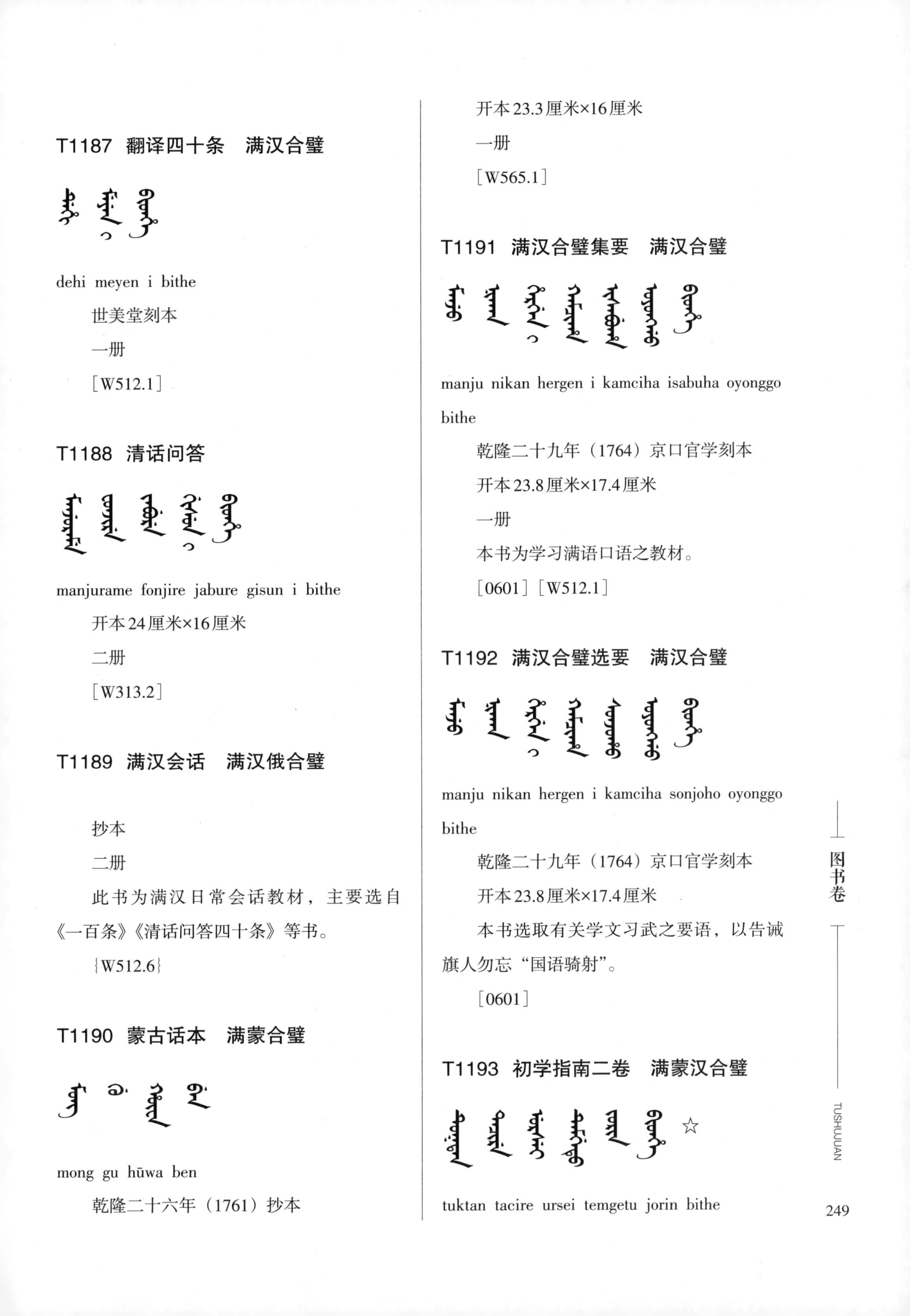

T1187 翻译四十条　满汉合璧

dehi meyen i bithe

世美堂刻本

一册

［W512.1］

T1188 清话问答　满汉合璧

manjurame fonjire jabure gisun i bithe

开本 24 厘米×16 厘米

二册

［W313.2］

T1189 满汉会话　满汉俄合璧

抄本

二册

此书为满汉日常会话教材，主要选自《一百条》《清话问答四十条》等书。

{W512.6}

T1190 蒙古话本　满蒙合璧

mong gu hūwa ben

乾隆二十六年（1761）抄本

开本 23.3 厘米×16 厘米

一册

［W565.1］

T1191 满汉合璧集要　满汉合璧

manju nikan hergen i kamciha isabuha oyonggo bithe

乾隆二十九年（1764）京口官学刻本

开本 23.8 厘米×17.4 厘米

一册

本书为学习满语口语之教材。

［0601］［W512.1］

T1192 满汉合璧选要　满汉合璧

manju nikan hergen i kamciha sonjoho oyonggo bithe

乾隆二十九年（1764）京口官学刻本

开本 23.8 厘米×17.4 厘米

本书选取有关学文习武之要语，以告诫旗人勿忘“国语骑射”。

［0601］

T1193 初学指南二卷　满蒙汉合璧

☆

tuktan tacire ursei temgetu jorin bithe

富俊 编

乾隆五十九年（1794）绍衣堂刻本

开本23.1厘米×14.2厘米

四册

此书用于学习蒙古文。书中蒙古文皆以满文字母拼写。

［0243］［0661］［0701］［W313.2］

［W512.2］［W561.1］

T1194 初学指南二卷　满蒙汉合璧

ᡨᡠᡴᡨᠠᠨ ᡨᠠᠴᡳᡵᡝ ᡠᡵᠰᡝᡳ ᡨᡝᠮᡤᡝᡨᡠ ᠵᠣᡵᡳᠨ ᠪᡳᡨᡥᡝ ☆

tuktan tacire ursei temgetu jorin bithe

晒印本

二册

据乾隆五十九年（1794）绍衣堂刻本晒印

［0101］［0642］

T1195 初学津梁　满汉合璧

刻本

一册

{W516.1}

T1196 清文指要三卷　满汉合璧

ᠮᠠᠨᠵᡠ ᡤᡳᠰᡠᠨ ᡳ ᠣᠶᠣᠩᡤᠣ ᠵᠣᡵᡳᠨ ᡳ ᠪᡳᡨᡥᡝ

manju gisun i oyonggo jorin i bithe

富俊 编

乾隆年间绍衣堂刻本

开本15.5厘米×20厘米

存一册

［0661］［W313.3］

T1197 清文指要三卷　满汉合璧

ᠮᠠᠨᠵᡠ ᡤᡳᠰᡠᠨ ᡳ ᠣᠶᠣᠩᡤᠣ ᠵᠣᡵᡳᠨ ᡳ ᠪᡳᡨᡥᡝ

manju gisun i oyonggo jorin i bithe

嘉庆十四年（1809）大酉堂刻本

开本16.5厘米×13厘米

四册

本书附有《续清文指要》二卷。

［0101］［0150］［1601］存续编三卷四册

T1198 清文指要三卷　满汉合璧

ᠮᠠᠨᠵᡠ ᡤᡳᠰᡠᠨ ᡳ ᠣᠶᠣᠩᡤᠣ ᠵᠣᡵᡳᠨ ᡳ ᠪᡳᡨᡥᡝ

manju gisun i oyonggo jorin i bithe

嘉庆十四年（1809）三槐堂刻本

开本17.5厘米×12.8厘米

四册

本书附有《续清文指要》二卷。

［0101］［0168］［0185］［0406］［0661］

［0701］［0703］［0804］［W313.1］

［W313.2］［W313.4］［W512.2］［W561.1］

［W561.2］［W565.1］［W611.1］［W712.1］

［W712.3］［W712.4］

T1199 清文指要三卷　满汉合璧

ᠮᠠᠨᠵᡠ ᡤᡳᠰᡠᠨ ᡳ ᠣᠶᠣᠩᡤᠣ ᠵᠣᡵᡳᠨ ᡳ ᠪᡳᡨᡥᡝ

manju gisun i oyonggo jorin i bithe

嘉庆十四年（1809）刻本

四册

本书附有《续清文指要》二卷。

［W512.1］

T1200 清文指要三卷　满汉合璧

ᠮᠠᠨᠵᡠ ᡤᡳᠰᡠᠨ ᡳ ᠣᠶᠣᠩᡤᠣ ᠵᠣᡵᡳᠨ ᡳ ᠪᡳᡨᡥᡝ

manju gisun i oyonggo jorin i bithe

富俊 编

存福等 校

嘉庆二十三年（1818）重刻本

开本29.4厘米×17.4厘米

存二册

［0141］［W712.2］

T1201 清文指要三卷　满汉合璧

ᠮᠠᠨᠵᡠ ᡤᡳᠰᡠᠨ ᡳ ᠣᠶᠣᠩᡤᠣ ᠵᠣᡵᡳᠨ ᡳ ᠪᡳᡨᡥᡝ

manju gisun i oyonggo jorin i bithe

嘉庆二十三年（1818）西安将军署重刻本

开本13.8厘米×20厘米

四册

本书附有《续清文指要》二卷。

［0703］［W311.1］

T1202 清文指要三卷　满汉合璧

ᠮᠠᠨᠵᡠ ᡤᡳᠰᡠᠨ ᡳ ᠣᠶᠣᠩᡤᠣ ᠵᠣᡵᡳᠨ ᡳ ᠪᡳᡨᡥᡝ

manju gisun i oyonggo jorin i bithe

刻本

开本22.7厘米×15.4厘米

存二册

［0164］［0168］

T1203 清文指要三卷　满汉合璧

ᠮᠠᠨᠵᡠ ᡤᡳᠰᡠᠨ ᡳ ᠣᠶᠣᠩᡤᠣ ᠵᠣᡵᡳᠨ ᡳ ᠪᡳᡨᡥᡝ

manju gisun i oyonggo jorin i bithe

咸丰三年（1853）顺德抄本

四册

本书附有《续清文指要》二卷。

［0201］

T1204 兼汉清文指要二卷　满汉合璧

ᠨᡳᡴᠠᠨ ᡤᡳᠰᡠᠨ ᡴᠠᠮᠴᡳᡥᠠ ᠮᠠᠨᠵᡠ ᡤᡳᠰᡠᠨ ᡳ ᠣᠶᠣᠩᡤᠣ ᠵᠣᡵᡳᠨ ᡳ ᠪᡳᡨᡥᡝ ☆

nikan gisun kamciha manju gisun i oyonggo jorin i bithe

抄本

二册

［0168］

T1205 续编兼汉清文指要二卷 满汉合璧

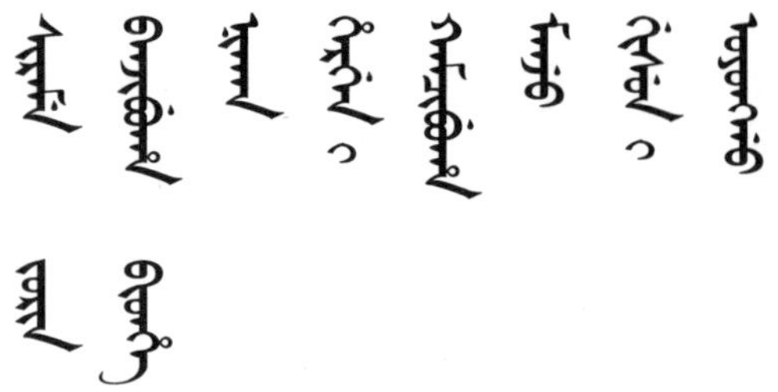

sirame banjibuha nikan hergen i kamcibuha manju gisun i oyonggo jorin bithe

乾隆五十四年（1789）双峰阁刻本

开本17.2厘米×13.8厘米

二册

［0101］

T1206 续编兼汉清文指要 满汉合璧

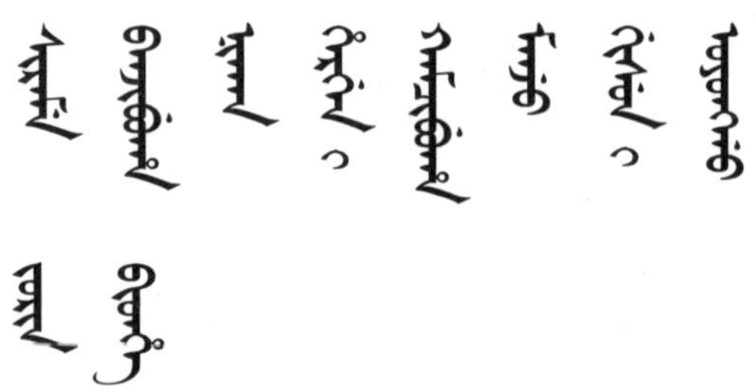

sirame banjibuha nikan hergen i kamcibuha manju gisun i oyonggo jorin bithe

刻本

开本15.7厘米×14厘米

二册

［0601］［0703］［W313.2］［W512.2］［W561.1］［W712.1］

T1207 续编兼汉清文指要 满汉合璧

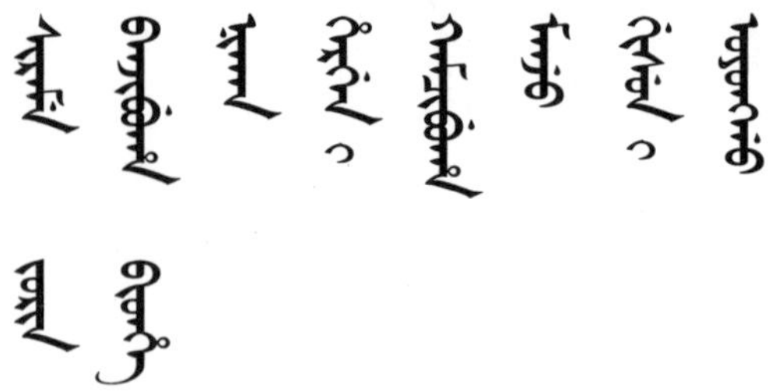

sirame banjibuha nikan hergen i kamcibuha manju gisun i oyonggo jorin bithe

抄本

开本23.4厘米×18.2厘米

四册

［0186］

T1208 三合语录 满蒙汉合璧

ilan hacin i hergen kamcibuha gisun i bithe

智信 撰

巴林德勒克 译校蒙古文

道光九年（1829）序刊本

开本22.6厘米×15.1厘米

四册

［0186］［0703］［W313.2］

T1209 三合语录 满蒙汉合璧

ilan hacin i hergen kamcibuha gisun i bithe

道光十年（1830）五云堂刻本

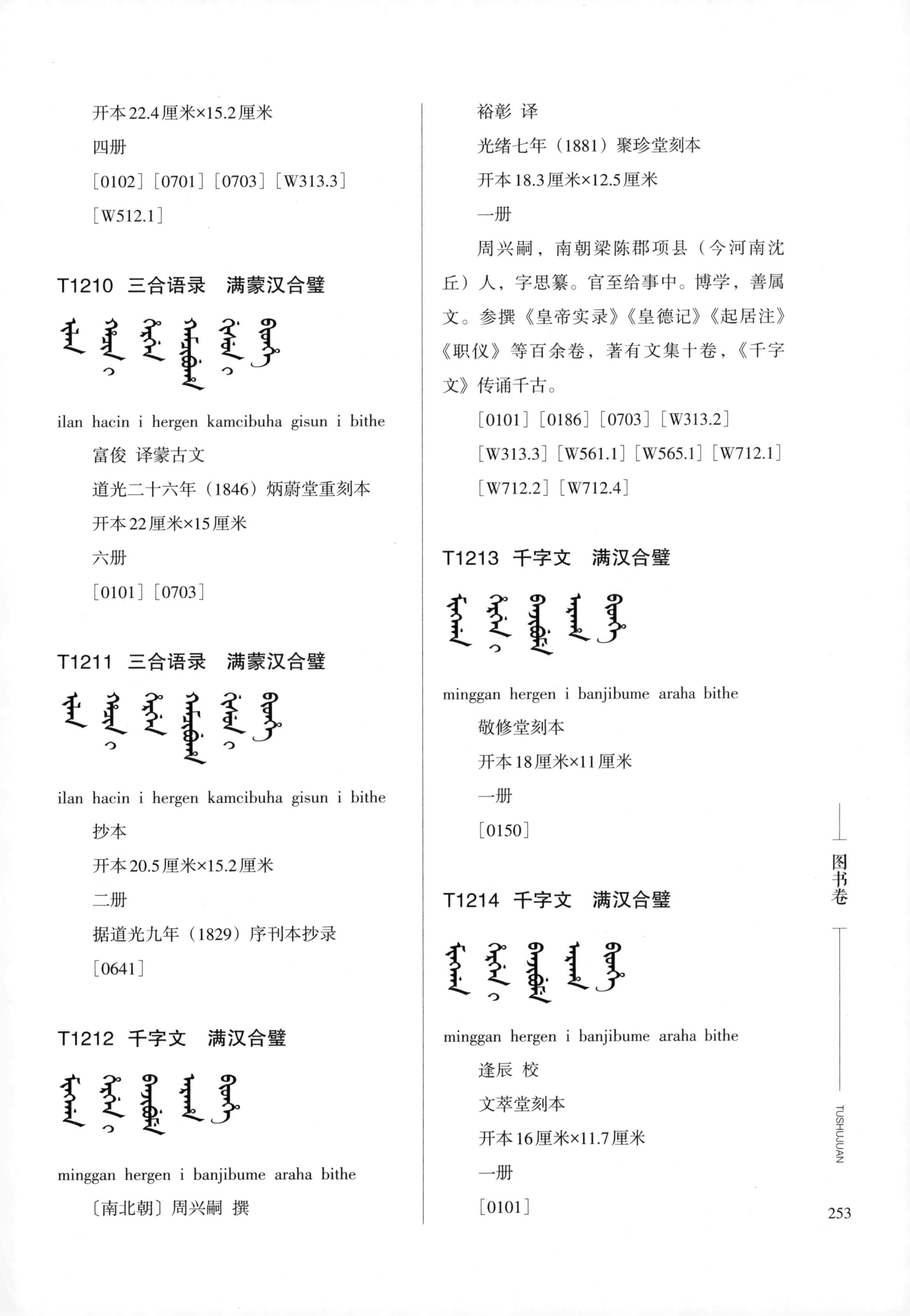

开本22.4厘米×15.2厘米

四册

〔0102〕〔0701〕〔0703〕〔W313.3〕〔W512.1〕

T1210 三合语录 满蒙汉合璧

ilan hacin i hergen kamcibuha gisun i bithe

富俊 译蒙古文

道光二十六年（1846）炳蔚堂重刻本

开本22厘米×15厘米

六册

〔0101〕〔0703〕

T1211 三合语录 满蒙汉合璧

ilan hacin i hergen kamcibuha gisun i bithe

抄本

开本20.5厘米×15.2厘米

二册

据道光九年（1829）序刊本抄录

〔0641〕

T1212 千字文 满汉合璧

minggan hergen i banjibume araha bithe

〔南北朝〕周兴嗣 撰

裕彰 译

光绪七年（1881）聚珍堂刻本

开本18.3厘米×12.5厘米

一册

周兴嗣，南朝梁陈郡项县（今河南沈丘）人，字思纂。官至给事中。博学，善属文。参撰《皇帝实录》《皇德记》《起居注》《职仪》等百余卷，著有文集十卷，《千字文》传诵千古。

〔0101〕〔0186〕〔0703〕〔W313.2〕〔W313.3〕〔W561.1〕〔W565.1〕〔W712.1〕〔W712.2〕〔W712.4〕

T1213 千字文 满汉合璧

minggan hergen i banjibume araha bithe

敬修堂刻本

开本18厘米×11厘米

一册

〔0150〕

T1214 千字文 满汉合璧

minggan hergen i banjibume araha bithe

逢辰 校

文萃堂刻本

开本16厘米×11.7厘米

一册

〔0101〕

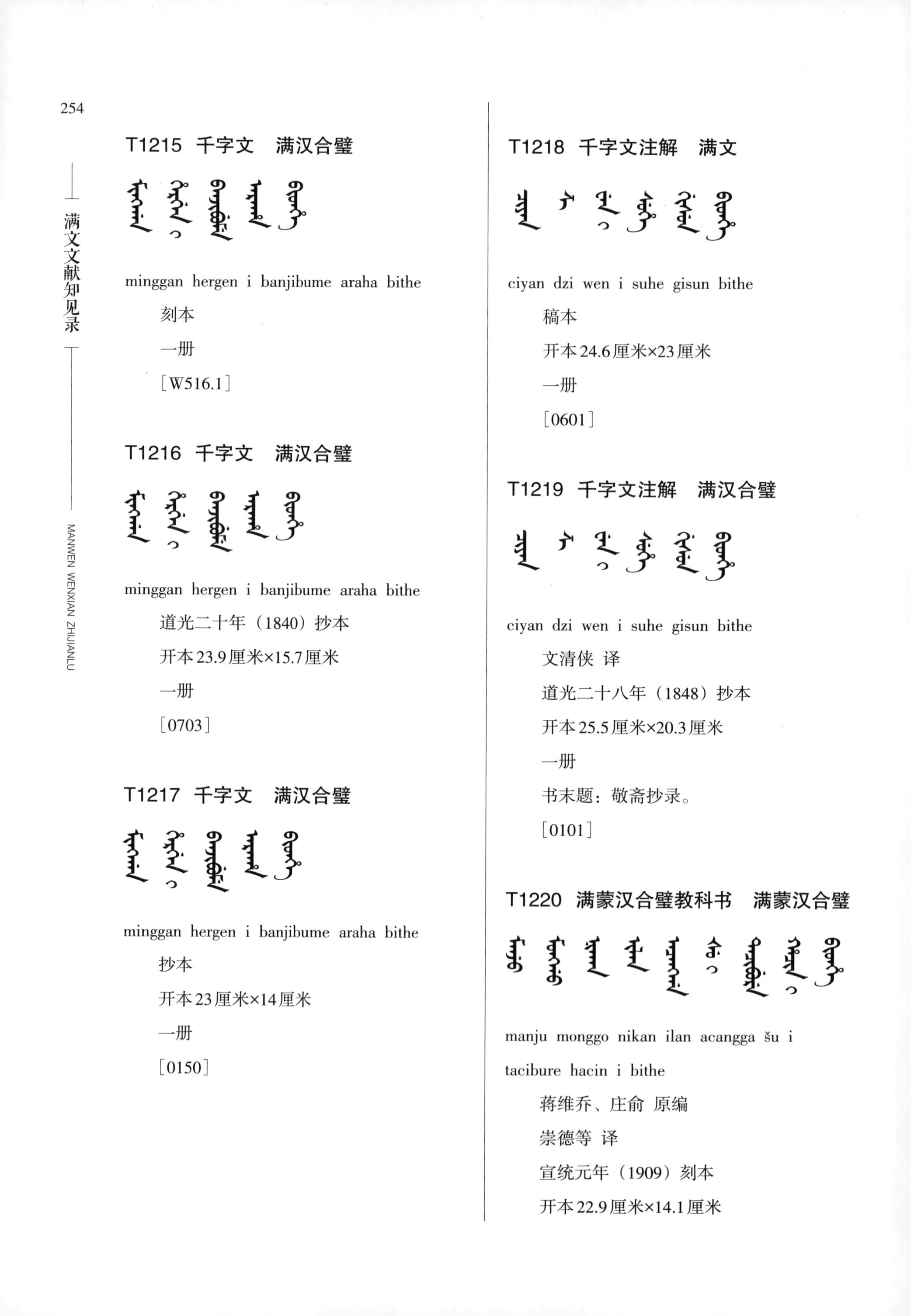

T1215 千字文　满汉合璧

minggan hergen i banjibume araha bithe

刻本

一册

[W516.1]

T1216 千字文　满汉合璧

minggan hergen i banjibume araha bithe

道光二十年（1840）抄本

开本23.9厘米×15.7厘米

一册

[0703]

T1217 千字文　满汉合璧

minggan hergen i banjibume araha bithe

抄本

开本23厘米×14厘米

一册

[0150]

T1218 千字文注解　满文

ciyan dzi wen i suhe gisun bithe

稿本

开本24.6厘米×23厘米

一册

[0601]

T1219 千字文注解　满汉合璧

ciyan dzi wen i suhe gisun bithe

文清侠 译

道光二十八年（1848）抄本

开本25.5厘米×20.3厘米

一册

书末题：敬斋抄录。

[0101]

T1220 满蒙汉合璧教科书　满蒙汉合璧

manju monggo nikan ilan acangga šu i tacibure hacin i bithe

蒋维乔、庄俞 原编

崇德等 译

宣统元年（1909）刻本

开本22.9厘米×14.1厘米

十册

蒋维乔（1873—1958），江苏武进（今常州）人，字竹庄，号因是子。教育家，曾任江苏省教育厅厅长、东南大学校长等职，致力于教育改革。

本书译者系旗人学者崇德，书前有宣统元年（1909）东三省总督锡良、奉天巡抚程德全序，译者崇德自序，受锡良、程德全委托，将学部审定、由上海商务印书馆刊行的汉文初级教科书译成满蒙文字，作为八旗学堂、满蒙学堂的教材，其中有不少近代新词语。全书共十册，前六册每册分六十课，后四册因课文较长，每册分三十课。该教材因内容丰富、观点新颖、编排科学，故深受欢迎，短短数年，多次再版。

［0185］［0641］［0802］［0903］存五册

T1221　满蒙汉合璧教科书　满蒙汉合璧

ᠮᠠᠨᠵᡠ ᠮᠣᠩᡤᠣ ᠨᡳᡴᠠᠨ ᡳᠯᠠᠨ ᠠᠴᠠᠩᡤᠠ ᡧᡠ ᡳ ᡨᠠᠴᡳᠪᡠᡵᡝ ᡥᠠᠴᡳᠨ ᡳ ᠪᡳᡨᡥᡝ

manju monggo nikan ilan acangga šu i tacibure hacin i bithe

宣统元年（1909）石印本

开本23厘米×13.7厘米

四册

［0101］［0102］［0161］［0642］［0701］［0703］［W313.2］［W313.3］［W561.1］［W712.1］

T1222　满蒙汉合璧教科书　满蒙汉合璧

ᠮᠠᠨᠵᡠ ᠮᠣᠩᡤᠣ ᠨᡳᡴᠠᠨ ᡳᠯᠠᠨ ᠠᠴᠠᠩᡤᠠ ᡧᡠ ᡳ ᡨᠠᠴᡳᠪᡠᡵᡝ ᡥᠠᠴᡳᠨ ᡳ ᠪᡳᡨᡥᡝ

manju monggo nikan ilan acangga šu i tacibure hacin i bithe

李纯如书店印本

十册

［0168］

T1223　满蒙汉合璧教科书　满蒙汉合璧

ᠮᠠᠨᠵᡠ ᠮᠣᠩᡤᠣ ᠨᡳᡴᠠᠨ ᡳᠯᠠᠨ ᠠᠴᠠᠩᡤᠠ ᡧᡠ ᡳ ᡨᠠᠴᡳᠪᡠᡵᡝ ᡥᠠᠴᡳᠨ ᡳ ᠪᡳᡨᡥᡝ

manju monggo nikan ilan acangga šu i tacibure hacin i bithe

中华民国元年（1912）铅印本

十册

［0101］［0164］［0661］［0903］

T1224　满蒙汉合璧教科书　满蒙汉合璧

ᠮᠠᠨᠵᡠ ᠮᠣᠩᡤᠣ ᠨᡳᡴᠠᠨ ᡳᠯᠠᠨ ᠠᠴᠠᠩᡤᠠ ᡧᡠ ᡳ ᡨᠠᠴᡳᠪᡠᡵᡝ ᡥᠠᠴᡳᠨ ᡳ ᠪᡳᡨᡥᡝ

manju monggo nikan ilan acangga šu i tacibure hacin i bithe

宣统元年（1909）抄本

开本34厘米×21厘米

十册

黄绫封面

［0181］

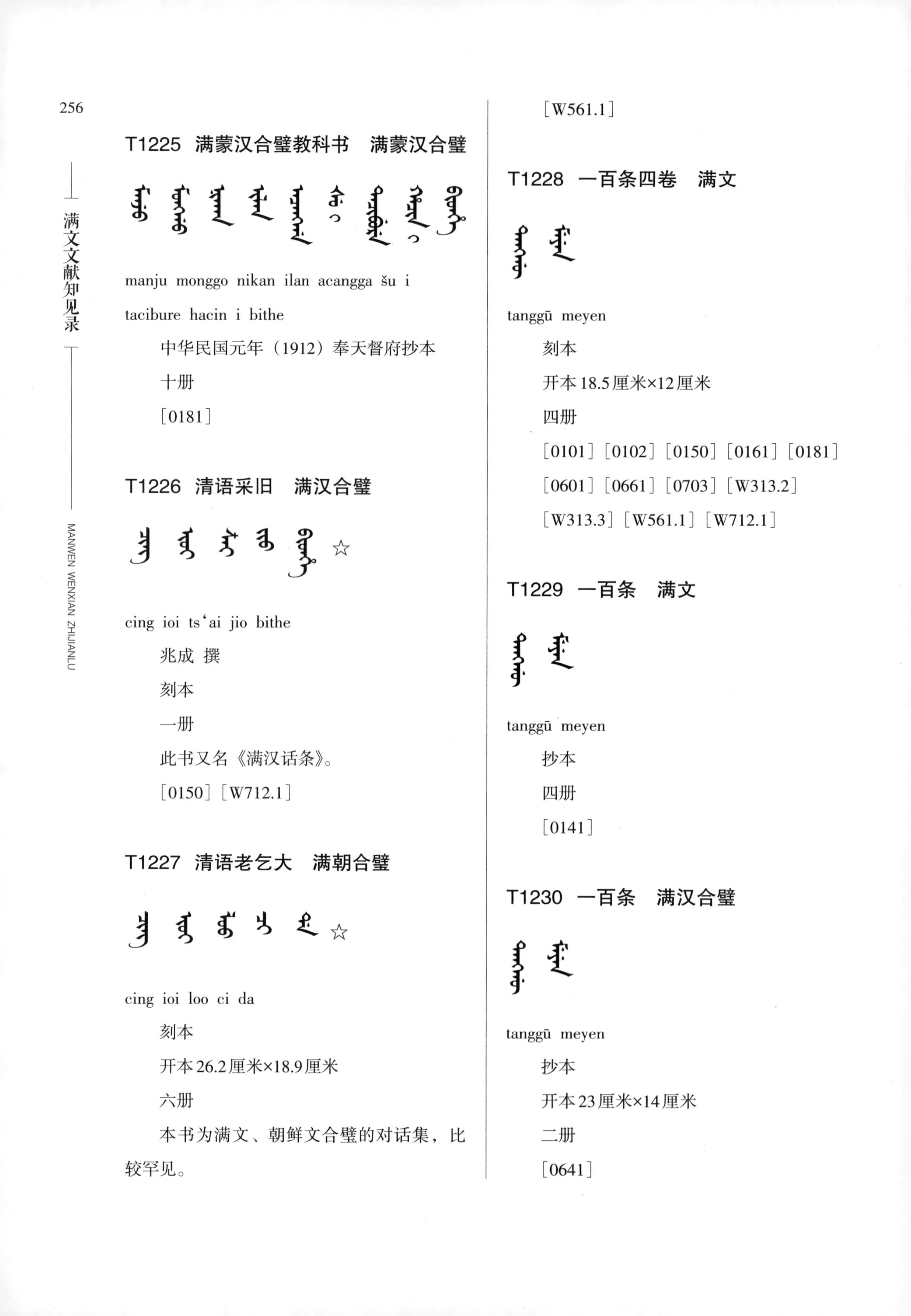

T1225 满蒙汉合璧教科书 满蒙汉合璧

manju monggo nikan ilan acangga šu i tacibure hacin i bithe

中华民国元年（1912）奉天督府抄本

十册

［0181］

T1226 清语采旧 满汉合璧

☆

cing ioi ts‘ai jio bithe

兆成 撰

刻本

一册

此书又名《满汉话条》。

［0150］［W712.1］

T1227 清语老乞大 满朝合璧

☆

cing ioi loo ci da

刻本

开本26.2厘米×18.9厘米

六册

本书为满文、朝鲜文合璧的对话集，比较罕见。

［W561.1］

T1228 一百条四卷 满文

tanggū meyen

刻本

开本18.5厘米×12厘米

四册

［0101］［0102］［0150］［0161］［0181］［0601］［0661］［0703］［W313.2］［W313.3］［W561.1］［W712.1］

T1229 一百条 满文

tanggū meyen

抄本

四册

［0141］

T1230 一百条 满汉合璧

tanggū meyen

抄本

开本23厘米×14厘米

二册

［0641］

T1231 百条　满汉合璧

ᡨᠠᠩᡤᡡ ᠮᡝᠶᡝᠨ

tanggū meyen

抄本

开本24.6厘米×16.5厘米

一册

此书内容为满汉会话。

[0703]

T1232 幼学须知　满汉合璧

ᠠᠵᡳᡤᠠᠨ ᡨᠠᠴᡳᠨ ᡳ ᠪᡳᡨᡥᡝ

ajigan tacin i bithe

〔明〕程允升 撰

道光元年（1821）二酉堂刻本

二册

程允升，名登吉，明中期西昌人。

本书后经增补改名《幼学琼林》，系幼学读物。每册按主题选读有关短文，第一册选读有关天文、地舆、岁时、朝廷方面的精辟短文，第二册选读有关文臣、武职、祖孙父子、兄弟夫妇方面的短文。本书以骈体文写成，内容广博，影响深远，至民国仍流行。

[W512.1] [W516.1]

T1233 幼学琼林　满汉合璧

ᠠᠵᡳᡤᠠᠨ ᡨᠠᠴᡳᠨ ᡳ ᠪᡳᡨᡥᡝ

ajigan tacin i bithe

〔明〕程允升 撰

德通保 译

嘉庆二十一年（1816）序抄本

开本22.3厘米×14.5厘米

四册

[0101]

T1234 幼学琼林　满汉合璧

ᠠᠵᡳᡤᠠᠨ ᡨᠠᠴᡳᠨ ᡳ ᠪᡳᡨᡥᡝ

ajigan tacin i bithe

〔明〕程允升 撰

德通保 译

嘉庆二十一年（1816）序抄本

开本18厘米×13.5厘米

四册

[0161]

T1235 幼学琼林　满蒙汉合璧

ᠠᠵᡳᡤᠠᠨ ᡨᠠᠴᡳᠨ ᡳ ᠪᡳᡨᡥᡝ

ajigan tacin i bithe

中华民国七年（1918）石印本

开本16.7厘米×11.6厘米

四册

[0101] [0641] [0661] [W311.1]

T1236 幼学琼林 满汉合璧

ᠠᠵᡳᡤᠠᠨ ᡨᠠᠴᡳᠨ ᡳ ᠪᡳᡨᡥᡝ

ajigan tacin i bithe

抄本

开本14厘米×19.5厘米

四册

[0101]

T1237 幼学琼林 满汉合璧

ᠠᠵᡳᡤᠠᠨ ᡨᠠᠴᡳᠨ ᡳ ᠪᡳᡨᡥᡝ

ajigan tacin i bithe

抄本

开本26.4厘米×13.1厘米

四册

[0168]

T1238 幼学琼林 满汉合璧

ᠠᠵᡳᡤᠠᠨ ᡨᠠᠴᡳᠨ ᡳ ᠪᡳᡨᡥᡝ

ajigan tacin i bithe

抄本

四册

[0903]

T1239 幼学琼林 满汉合璧

ᠠᠵᡳᡤᠠᠨ ᡨᠠᠴᡳᠨ ᡳ ᠪᡳᡨᡥᡝ

ajigan tacin i bithe

抄本

四册

[W712.2]

T1240 幼学琼林须知 满汉合璧

ᠠᠵᡳᡤᠠᠨ ᡨᠠᠴᡳᠨ ᡳ ᠪᡳᡨᡥᡝ

ajigan tacin i bithe

〔明〕程允升 撰

抄本

开本14厘米×19.5厘米

四册

[0101]

T1241 幼学琼林须知 满汉合璧

ᠠᠵᡳᡤᠠᠨ ᡨᠠᠴᡳᠨ ᡳ ᠪᡳᡨᡥᡝ

ajigan tacin i bithe

〔明〕程允升 撰

抄本

开本26.4厘米×13.1厘米

四册

[0168]

T1242 话条 满汉合璧

ᠮᡝᠶᡝᠨ ᡳ ᡤᡳᠰᡠᠨ

meyen i gisun

嘉庆十六年（1811）抄本

开本22.5厘米×12厘米

一册

[0703]

T1243 满洲伦古条 满文

ᠮᠠᠨᠵᡠ ᡤᡳᠰᡠᠨ ᡳ ᠮᡝᠶᡝᠨ ᠪᡳᡨᡥᡝ

manju gisun i meyen bithe

嘉庆二十五年（1820）法式阿抄本

开本24.7厘米×15.7厘米

一册

此书为满文会话集。

[0703]

T1244 话条 满蒙汉合璧

ᠮᡝᠶᡝᠨ ᡳ ᡤᡳᠰᡠᠨ

meyen i gisun

道光十二年（1832）抄本

开本23.5厘米×13厘米

一册

[0703]

T1245 话条 满汉合璧

ᠮᡝᠶᡝᠨ ᡳ ᡤᡳᠰᡠᠨ

meyen i gisun

抄本

开本24.4厘米×13厘米

五册

本书系满汉会话读本，主要收录日常用语，内容由浅入深，由短句至长句，由俗语至伦理哲语，每册二十条，五册共一百条。

[0101] [W712.1] [W712.2]

T1246 话条 满汉合璧

ᠮᡝᠶᡝᠨ ᡳ ᡤᡳᠰᡠᠨ

meyen i gisun

抄本

开本21.8厘米×11.9厘米

一册

本书书脊名为《满汉二十五话条》。

[0168] [0703]

T1247 话条七十三段 满蒙汉合璧

ᠮᡝᠶᡝᠨ ᡳ ᡤᡳᠰᡠᠨ ᠨᠠᡩᠠᠨᠵᡠ ᡳᠯᠠᠨ

meyen i gisun nadanju ilan

抄本

开本23.4厘米×12.8厘米

一册

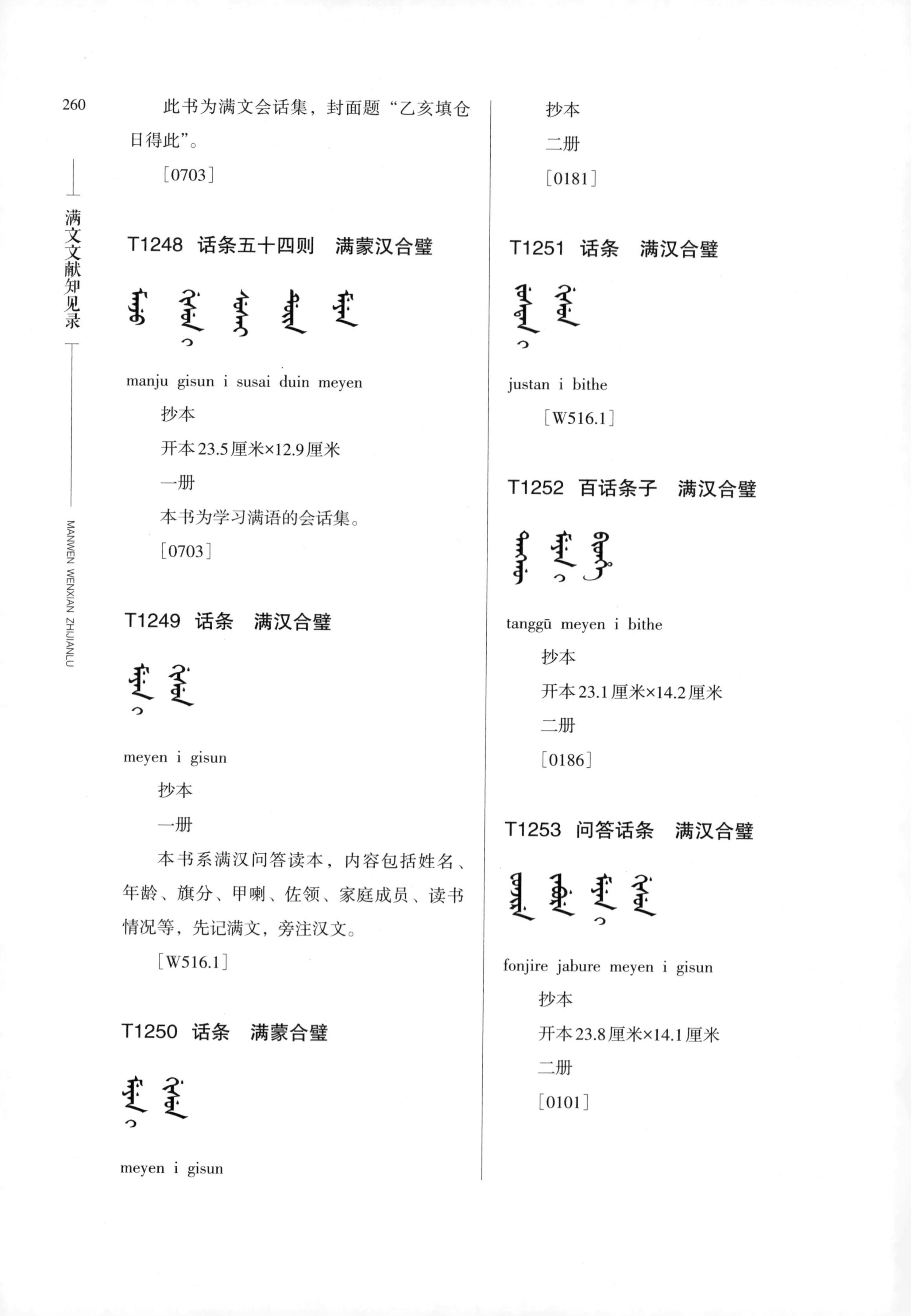

此书为满文会话集，封面题“乙亥填仓日得此”。

［0703］

T1248　话条五十四则　满蒙汉合璧

manju gisun i susai duin meyen

抄本

开本23.5厘米×12.9厘米

一册

本书为学习满语的会话集。

［0703］

T1249　话条　满汉合璧

meyen i gisun

抄本

一册

本书系满汉问答读本，内容包括姓名、年龄、旗分、甲喇、佐领、家庭成员、读书情况等，先记满文，旁注汉文。

［W516.1］

T1250　话条　满蒙合璧

meyen i gisun

抄本

二册

［0181］

T1251　话条　满汉合璧

justan i bithe

［W516.1］

T1252　百话条子　满汉合璧

tanggū meyen i bithe

抄本

开本23.1厘米×14.2厘米

二册

［0186］

T1253　问答话条　满汉合璧

fonjire jabure meyen i gisun

抄本

开本23.8厘米×14.1厘米

二册

［0101］

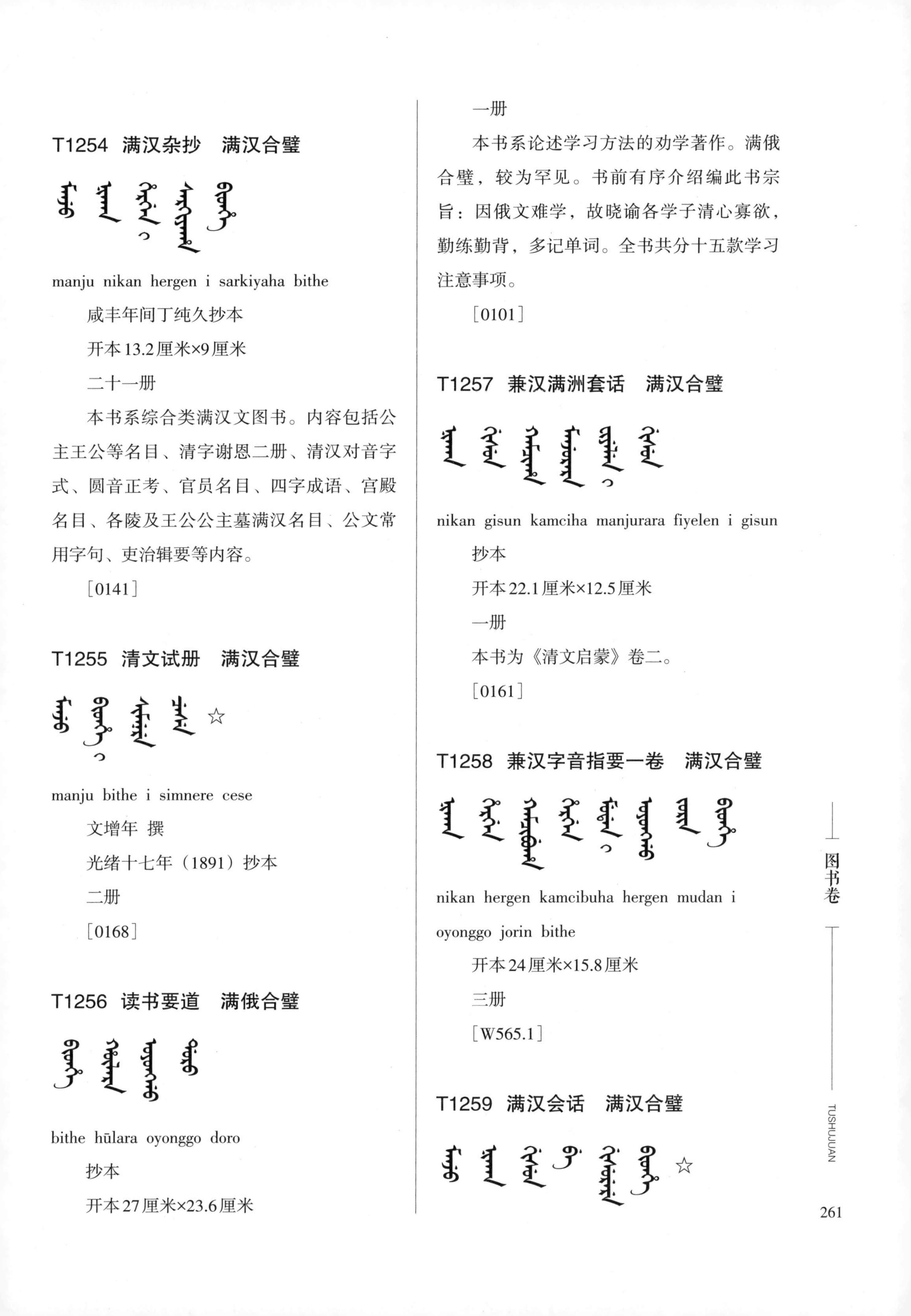

T1254 满汉杂抄　满汉合璧

manju nikan hergen i sarkiyaha bithe

咸丰年间丁纯久抄本

开本13.2厘米×9厘米

二十一册

本书系综合类满汉文图书。内容包括公主王公等名目、清字谢恩二册、清汉对音字式、圆音正考、官员名目、四字成语、宫殿名目、各陵及王公公主墓满汉名目、公文常用字句、吏治辑要等内容。

［0141］

T1255 清文试册　满汉合璧

☆

manju bithe i simnere cese

文增年 撰

光绪十七年（1891）抄本

二册

［0168］

T1256 读书要道　满俄合璧

bithe hūlara oyonggo doro

抄本

开本27厘米×23.6厘米

一册

本书系论述学习方法的劝学著作。满俄合璧，较为罕见。书前有序介绍编此书宗旨：因俄文难学，故晓谕各学子清心寡欲，勤练勤背，多记单词。全书共分十五款学习注意事项。

［0101］

T1257 兼汉满洲套话　满汉合璧

nikan gisun kamciha manjurara fiyelen i gisun

抄本

开本22.1厘米×12.5厘米

一册

本书为《清文启蒙》卷二。

［0161］

T1258 兼汉字音指要一卷　满汉合璧

nikan hergen kamcibuha hergen mudan i oyonggo jorin bithe

开本24厘米×15.8厘米

三册

［W565.1］

T1259 满汉会话　满汉合璧

☆

manju nikan gisun be gisurere bithe

抄本

开本29.1厘米×24厘米

一册

[0661]

T1260 满语会话 满汉合璧

ᠮᠠᠨᠵᡠᡵᠠᠮᡝ ᡠᡵᡝᠪᡠᡵᡝ ᠪᡳᡨᡥᡝ ☆

manjurame urebure bithe

抄本

开本26.2厘米×23.8厘米

一册

[0601]

T1261 会话集 满汉合璧

ᡶᠣᠨᠵᡳᡵᡝ ᡤᡳᠰᡠᠨ ᡳ ᠪᡳᡨᡥᡝ

fonjire gisun i bithe

抄本

一册

本书自第八页起，满文旁均用满文字母注出汉语译文字音。

[W516.1]

T1262 满蒙汉口语会话 满蒙汉合璧

ᠮᠠᠨᠵᡠ ᠮᠣᠩᡤᠣ ᠨᡳᡴᠠᠨ ᡤᡳᠰᡠᠨ ᠪᡝ ᡤᡳᠰᡠᡵᡝᡵᡝ ᠪᡳᡨᡥᡝ

manju monggo nikan gisun be gisurere bithe

抄本

四册

[W512.1]

T1263 满汉俄会话手册 满汉俄合璧

Manual of conversation: Manchu Chinese and Russian

ᠮᠠᠨᠵᡠ ᠨᡳᡴᠠᠨ ᠣᡵᠣᠰ ᡳᠰᡥᡠᠨᡩᡝ ᡤᡳᠰᡠᡵᡝᡵᡝ ᡩᡝᠪᡨᡝᠯᡳᠨ ☆

manju nikan oros ishunde gisurere debtelin

稿本

开本28.2厘米×24厘米

一册

[W561.1]

T1264 满蒙消遣 满蒙汉合璧

ᠮᠠᠨᠵᡠ ᠮᠣᠩᡤᠣ ᡤᡳᠰᡠᠨ ᡳ ᠠᠯᡳᡧᠠᡵᠠ ᡨᠣᠣᡴᠠᠨ ᠪᡳᡨᡥᡝ

manju monggo gisun i ališara tookan bithe

伊昌阿抄本

开本22厘米×11厘米

一册

此书选订各种满洲话条编辑成册。伊昌阿系翰林院笔帖式，书前有序言，末题“辛丑”。

[0150]

T1265 满文杂话 满汉合璧

manju nikan i fe gisun be jofoho acabuha bithe

抄本

开本24.5厘米×14.3厘米

四册

本书集录大量清代满汉口语、俗语，对研究清代语言颇有参考价值。

［0661］

T1266 满语问答 满汉合璧

ᠮᠠᠨᠵᡠ ᡤᡳᠰᡠᠨ ᡳ ᡶᠣᠨᠵᡳᡵᡝ ᠵᠠᠪᡠᡵᡝ ᠪᡳᡨᡥᡝ☆

manju gisun i fonjire jabure bithe

抄本

开本14.5厘米×24厘米

一册

［0703］

T1267 满文散语解 满文

［日］高桥景保 编

嘉庆二十一年（1816）刊本

二册

［W313.2］

T1268 满语要指 满汉合璧

ᠮᠠᠨᠵᡠ ᡤᡳᠰᡠᠨ ᡳ ᠣᠶᠣᠩᡤᠣ ᠵᠣᡵᡳᠨ ᡳ ᠪᡳᡨᡥᡝ

manju gisun i oyonggo jorin i bithe

抄本

开本27厘米×14厘米

二册

［0150］

T1269 清语零星杂话 满文

ᠮᠠᠨᠵᡠ ᡳ ᠪᡠᠶᠠᡵᠠᠮᡝ ᡤᡳᠰᡠᠨ☆

manju i buyarame gisun

抄本

八册

［1101］

T1270 清语对话 满文

ᠮᠠᠨᠵᡠ ᡤᡳᠰᡠᠨ ᡳ ᠪᠠᡴᠴᡳᠯᠠᠮᡝ ᡤᡳᠰᡠᡵᡝᡵᡝ ᠪᡳᡨᡥᡝ

manju gisun i bakcilame gisurere bithe

近亭 辑

抄本

开本28.3厘米×20.2厘米

一册

［0701］

T1271 满汉会话 满汉蒙对照

ᠮᠠᠨᠵᡠ ᠨᡳᡴᠠᠨ ᡤᡳᠰᡠᠨ ᡳ ᠠᠴᠠᡶᡳ ᡤᡳᠰᡠᡵᡝᡵᡝ ᠪᡳᡨᡥᡝ

manju nikan gisun i acafi gisurere bithe

抄本

开本14.2厘米×8厘米

五册

此书为巾箱本。

［0701］

T1272 清语问答 满汉合璧

ᠮᠠᠨᠵᡠ ᡤᡳᠰᡠᠨ ᡳ ᡶᠣᠨᠵᡳᡵᡝ ᠵᠠᠪᡠᡵᡝ ᠪᡳᡨᡥᡝ ☆

manju gisun i fonjire jabure bithe

抄本

一册

原题《清文示掌》。

[0101]

T1273 满汉成语 满汉合璧

ᠮᠠᠨᠵᡠ ᠨᡳᡴᠠᠨ ᡥᡝᡵᡤᡝᠨ ᡳ ᡨᠣᡴᡨᠣᡥᠣ ᡤᡳᠰᡠᠨ

manju nikan hergen i toktoho gisun

抄本

开本13.5厘米×5.2厘米

一册

本书原题《清语问答》。

[0101]

T1274 满蒙学堂课本 满汉蒙合璧

ᠮᠠᠨᠵᡠ ᠮᠣᠩᡤᠣ ᠪᡳᡨᡥᡝ ᠪᡝ ᡨᠠᠴᡳᡵᡝ ᡨᠠᠴᡳᡴᡡ ᡳ ᡨᠠᠴᡳᠪᡠᡵᡝ ᠪᡳᡨᡥᡝ ☆

manju monggo bithe be tacire tacikū i tacibure bithe

油印本

九十六册

本书系清末满蒙文高等学堂教材编译所编写的满蒙文教材，包括单词和课文两部分。单词以《清文鉴》中常用词汇为主，课文内容以尊孔读经为主，如《忠经》《孝经》《论语》《弟子规》《圣谕广训》等。也加入一些新内容，如《劝学篇》。

[0101]

T1275 内学规则 满汉合璧

ᡩᠣᡵᡤᡳ ᡴᠣᠣᠯᡳ ᠪᡳᡨᡥᡝ

dorgi kooli bithe

绰克绰环 撰

抄本

开本23厘米×14厘米

一册

本书内容为课堂规则及用语。

[0703]

T1276 内外学规 满汉合璧

ᡩᠣᡵᡤᡳ ᡨᡠᠯᡝᡵᡤᡳ ᡴᠣᠣᠯᡳ ᠪᡳᡨᡥᡝ ☆

dorgi tulergi kooli bithe

抄本

开本24.8厘米×14厘米

二册

本书为学规手册，分为内学规和外学规两部分。内学规为课堂之规则，外学规为放学回家路上之规则。

[0703]

七、文学

1. 作品集

T1277 昭明文选 满文

ᠵᠣᠣ ᠮᡳᠩ ᡧᡠ ᡳ ᠰᠣᠨᠵᠣᠨ

joo ming šu i sonjon

〔南朝梁〕萧统 主编

抄本

萧统（501—531），南朝梁兰陵（今江苏常州）人，梁武帝之长子，被立为太子，未及即位而卒，世称“昭明太子”，曾招聚文士编《昭明文选》。

［W512.1］［W512.5］［W516.1］

T1278 文选 满汉合璧

ᡧᡠ ᡳ ᠰᠣᠨᠵᠣᠨ

šu i sonjon

〔南北朝〕萧统 编

抄本（复印件）

十册

［W512.1］［W516.1］

T1279 御制古文渊鉴六十四卷 满文

ᡤᡠ ᠸᡝᠨ ᠶᡠᠸᠠᠨ ᡤᡳᠶᠠᠨ ᠪᡳᡨᡥᡝ

gu wen yuwan giyan bithe

徐乾学等 编注

康熙二十四年（1685）内府刻本

版框24.2厘米×16.7厘米

三十六册

徐乾学（1631—1694），江南昆山（今属江苏）人，字原一，号健庵，曾入值南书房，充任《明史》总裁官和《大清会典》《一统志》副总裁。官至右都御史、刑部尚书。

本书选载自周朝至明朝诏谕奏议。凡语义密纯、可弘扬六经者，汇为正集；文采华丽顺畅者，编入别集；诸子书，作为外集。

［0101］［0102］［0168］［0185］［0186］［0406］［0601］［0661］［0669］存十六册［0701］［0703］［0801］［2102］［W311.1］［W313.1］［W313.2］［W512.1］［W512.3］［W516.1］［W561.1］［W561.2］［W565.1］［W712.1］［W712.2］［W712.3］

T1280　御制古文渊鉴　满文

ᡥᠠᠨ ᡳ ᠠᡵᠠᡥᠠ ᡤᡠ ᠸᡝᠨ ᠶᡠᠸᠠᠨ ᡤᡳᠶᠠᠨ ᠪᡳᡨᡥᡝ

han i araha gu wen yuwan giyan bithe

徐乾学 编

抄本

一册（十七页）

［W512.1］

T1281　古文渊鉴　满文

ᡤᡠ ᠸᡝᠨ ᠶᡠᠸᠠᠨ ᡤᡳᠶᠠᠨ ᠪᡳᡨᡥᡝ

gu wen yuwan giyan bithe

光绪二十六年（1900）抄本

开本14厘米×18厘米

十二册

［0101］

T1282　古文渊鉴　满文

ᡤᡠ ᠸᡝᠨ ᠶᡠᠸᠠᠨ ᡤᡳᠶᠠᠨ ᠪᡳᡨᡥᡝ

gu wen yuwan giyan bithe

抄本

四十五册

［0101］

T1283　争臣论　满文

ᡨᠠᡶᡠᠯᠠᡵᠠ ᠠᠮᠪᠠᠨ ᠪᡝ ᠯᡠᠯᡝᡥᡝᠩᡤᡝ

tafulara amban be lulehengge

〔唐〕韩愈 撰

抄本（复印本）

韩愈，字退之，唐代文学家、思想家、哲学家，被后人尊为“唐宋八大家”之首，与柳宗元并称“韩柳”。

此文摘自《古文渊鉴》，为韩愈之文章。

［W561.1］

T1284　范忠诚公文集　满文

ᡨᠣᠨᡩᠣ ᡠᠨᡝᠩᡤᡳ ᡶᠠᠨ ᡤᡠᠩ ᠨᡳ ᠸᡝᠨ ᠵᡳ ᠪᡳᡨᡥᡝ

tondo unenggi fan gung ni wen ji bitehe

范承谟 撰

康熙四十七年（1708）内府刻本

版框21.5厘米×14.9厘米

四册

范承谟（1635—1676），字觐公，号螺山，镶黄旗汉军人，清朝大臣，大学士范文程之次子。累官至福建总督，耿精忠叛清，胁降不从被杀，追谥“忠贞”。

本书又名《忠贞范公文集》。

［0701］［W512.1］［W565.1］

T1285 古文观止　满文

julgei šu fiyelen i tuwarangge iliha bithe

吴楚材、吴调侯 辑

润斋、兴德 译

光绪二十九年（1903）刻本

四册

吴楚材、吴调侯，康熙时人，生卒不详，浙江山阴人，二人系叔侄，均以开馆教书为业。

本书系中国古典散文精选集《古文观止》的满文译本，自序中言“翻译本书之宗旨，在于推介优秀古典散文”，古典散文之精华，多收其中。

［W516.1］

T1286 古文观止十二卷　满汉合璧

julgei šu fiyelen i tuwarangge iliha bithe

吴楚材、吴调侯 辑

润斋、兴德 译

道光二十九年（1849）抄本

开本14厘米×21厘米

十二册

［0101］

T1287 翻译古文　满汉合璧

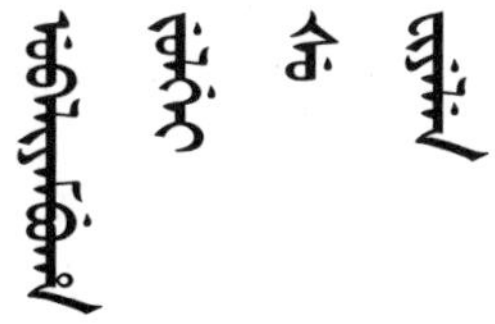

ubaliyambuha julgei šu fiyelen

咸丰元年（1851）

聚星堂刻本

版框18.9厘米×14.1厘米

十六册

本书又名《翻译韩文》。

［0182］［0601］存四册　［0701］

［0703］存十二册［0903］［W512.1］

T1288 翻译古文　满汉合璧

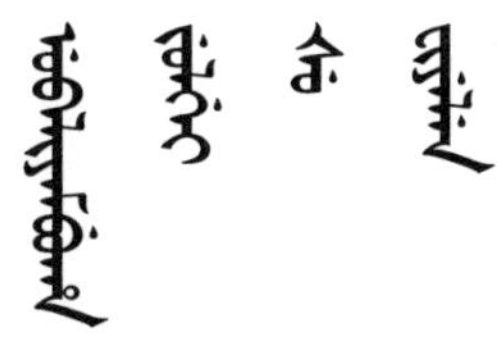

ubaliyambuha julgei šu fiyelen

咸丰元年（1851）槐荫山房刻本

版框18.9厘米×14.1厘米

十六册

［0181］

T1289 翻译古文　满汉合璧

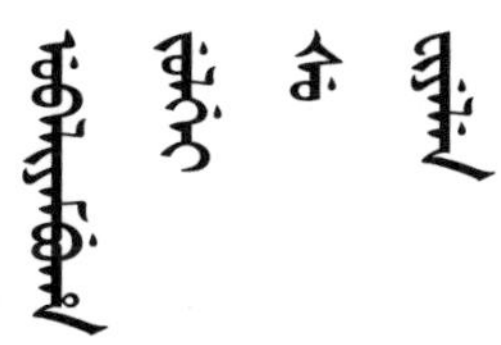

ubaliyambuha julgei šu fiyelen

咸丰元年（1851）刻本

版框18.9厘米×14.1厘米

十六册

[0101][0102][0185][0186][0406]

[0601][0701][0703][W311.1]

[W313.2][W313.3][W516.1][W561.1]

[W565.1][W712.1][W712.2]

T1290 翻译古文 满汉合璧

ᡠᠪᠠᠯᡳᠶᠠᠮᠪᡠᡥᠠ ᠵᡠᠯᡤᡝᡳ ᡧᡠ ᡶᡳᠶᡝᠯᡝᠨ

ubaliyambuha julgei šu fiyelen

咸丰元年（1851）抄本

开本20.2厘米×15.1厘米

二十一册

[0641]

T1291 古文 满汉合璧

ᠵᡠᠯᡤᡝᡳ ᡧᡠ ᡶᡳᠶᡝᠯᡝᠨ

julgei šu fiyelen

常祥保 辑译

嘉庆二年（1979）抄本

开本24.8厘米×16.7厘米

七册

[0703]

T1292 古文 满汉合璧

ᠵᡠᠯᡤᡝᡳ ᡧᡠ ᡶᡳᠶᡝᠯᡝᠨ

julgei šu fiyelen

海玉 译

抄本

三册

海玉，生卒不详，正红旗满洲人，翻译举人。

本书收录三十五篇，除散文外，还有诗歌、传奇等，译者约为嘉道间人。

[W516.1]

T1293 古文 满文

ᠵᡠᠯᡤᡝᡳ ᡧᡠ ᡶᡳᠶᡝᠯᡝᠨ

julgei šu fiyelen

民国十年（1921）石印本

开本22.5厘米×14.4厘米

二册

[0661]

T1294 古文 满文

ᠵᡠᠯᡤᡝᡳ ᡧᡠ ᡶᡳᠶᡝᠯᡝᠨ

julgei šu fiyelen

抄本

开本32厘米×20.3厘米

存四册

[0181] [0703] [0801]

T1295 古文　满蒙合璧

ᠵᡠᠯᡤᡝᡳ ᡧᡠ ᡶᡳᠶᡝᠯᡝᠨ

julgei šu fiyelen

稿本

开本19.4厘米×13.6厘米

一册

[0185]

T1296 古文译稿　满文

ᠵᡠᠯᡤᡝᡳ ᡧᡠ ᡶᡳᠶᡝᠯᡝᠨ

julgei šu fiyelen

翻译稿本

开本23.5厘米×27厘米

四册

[0101]

T1297 陆宣公集二十二卷　满文

ᠯᡠ ᠰᡳᠣᠸᠠᠨ ᡤᡠᠩ ᠨᡳ ᠪᠠᠨᠵᡳᠪᡠᡥᠠ ᠪᡳᡨᡥᡝ

lu siowan gung ni banjibuha bithe

〔唐〕陆贽 撰

雍正年间精写本

开本21.4厘米×16.4厘米

六册

陆贽（754—805），浙江嘉兴人，字敬舆。唐朝丞相，所作奏议，条理精密，勇于指陈弊政。本书是唐代陆贽所撰制诰和奏议之汇编。

本书前有清世宗序，称“朕数次校阅，大加赞叹，为臣之人，早晚诵读，大有裨益”。

[0181]

T1298 陆宣公集　满文

ᠯᡠ ᠰᡳᠣᠸᠠᠨ ᡤᡠᠩ ᠨᡳ ᠪᠠᠨᠵᡳᠪᡠᡥᠠ ᠪᡳᡨᡥᡝ

lu siowan gung ni banjibuha bithe

晒印本

十五册

据故宫藏本晒印

[0101]

T1299 必读古文　满文

ᠪᡳ ᡩᡠ ᡤᡠ ᠸᡝᠨ ᡳ ᠪᡳᡨᡥᡝ

bi du gu wen i bithe

抄本

开本28.5厘米×20厘米

存二册

[0150]

T1300 兰亭记　满汉合璧

ᠯᠠᠨ ᡨᡳᠩ ᡤᡳ ᠪᡳᡨᡥᡝ

lan ting gi bithe

抄本

开本21.6厘米×22厘米

一册

本书系名家散文选集，书内有《桃花源记》《进学解》《岳阳楼记》《喜雨亭记》等篇。

［0150］

T1301 泷冈阡表 满文

ᠯᡠᠩ ᡤ᠋ᠠᠩ ᠴᡳᠶᠠᠨ ᠪᡳᠶᠣᠣ

lung g'ang ciyan biyoo

〔宋〕欧阳修 撰

抄本

一册（二十一页）

欧阳修（1007—1072），吉州庐陵（今江西吉安）人，字永叔，号醉翁。文史学家，官至参政知事。

《泷冈阡表》是欧阳修在其父去世六十年时所作祭文，是欧阳修的代表作之一。

［W512.1］

2. 诗、词、赋、曲

T1302 诗经二十卷 满文

ᡳᡵᡤᡝᠪᡠᠨ ᡳ ᠨᠣᠮᡠᠨ

irgebun i nomun

顺治十一年（1654）内府刻本

版框22.8厘米×17.1厘米

十册

《诗经》是我国最早的一部诗歌总集，收录西周初年至春秋中叶的诗歌三百余篇，是我国古代诗歌之开端。

［0101］［0185］［0701］［0703］［W516.1］

T1303 诗经六卷 满汉合璧

ᡳᡵᡤᡝᠪᡠᠨ ᡳ ᠨᠣᠮᡠᠨ

irgebun i nomun

顺治十一年（1654）听松楼刻本

版框22.5厘米×14厘米

六册

［0150］［0661］［0703］［0903］［1601］

［1681］［0201］［313.2］

T1304 诗经二十卷 满文

ᡳᡵᡤᡝᠪᡠᠨ ᡳ ᠨᠣᠮᡠᠨ

irgebun i nomun

雍正十一年（1733）内府刻本

版框22.8厘米×17厘米

十册

［0701］

T1305 诗经八卷 满汉合璧

ᡳᡵᡤᡝᠪᡠᠨ ᡳ ᠨᠣᠮᡠᠨ

irgebun i nomun

乾隆三十三年（1768）武英殿刻本

版框18.8厘米×13.8厘米

四册

［0101］［0102］［0141］［0161］［0181］
［0186］［0241］［0601］［0642］［0701］
［0703］［0903］［1681］［W311.1］
［W313.2］［W512.1］

T1306 御制翻译诗经　满文

ᡥᠠᠨ ᡳ ᠠᡵᠠᡥᠠ ᡠᠪᠠᠯᡳᠶᠠᠮᠪᡠᡥᠠ ᡳᡵᡤᡝᠪᡠᠨ ᡳ ᠨᠣᠮᡠᠨ

han i araha ubaliyambuha irgebun i nomun

刻本

十册

［W516.1］

T1307 诗经　满文

ᡳᡵᡤᡝᠪᡠᠨ ᡳ ᠨᠣᠮᡠᠨ

irgebun i nomun

顺治年间精写本

开本27.6厘米×17.8厘米

存八册

［0181］

T1308 诗经　满文

ᡳᡵᡤᡝᠪᡠᠨ ᡳ ᠨᠣᠮᡠᠨ

irgebun i nomun

抄本

十册

［0703］

T1309 诗经　满汉合璧

ᡳᡵᡤᡝᠪᡠᠨ ᡳ ᠨᠣᠮᡠᠨ

irgebun i nomun

抄本

开本24厘米×14.5厘米

三册

［0801］

T1310 御制翻译诗经　满汉合璧

ᡥᠠᠨ ᡳ ᠠᡵᠠᡥᠠ ᡠᠪᠠᠯᡳᠶᠠᠮᠪᡠᡥᠠ ᡳᡵᡤᡝᠪᡠᠨ ᡳ ᠨᠣᠮᡠᠨ

han i araha ubaliyambuha irgebun i nomun

四册

开本28厘米×17厘米

［W313.2］

T1311 诗经疏二十卷　满文

ᡳᡵᡤᡝᠪᡠᠨ ᠨᠣᠮᡠᠨ ᠪᡝ ᠰᡠᡥᡝ ᠪᡳᡨᡥᡝ

irgebun nomun be suhe bithe

顺治十一年（1654）刻本

22.8厘米×17厘米

十册

本书系用满文逐字注解《诗经》的著作。

［0703］

T1312 诗经讲章 满汉合璧

ᡧᡳ ᡤᡳᠩ ᡤᡳᠶᠠᠩ ᠵᠠᠩ

ši ging giyang jang

康熙十八年（1679）曹鉴伦抄本

开本24.1厘米×12.3厘米

一册

［0161］

T1313 寿诗 满文

ᠵᠠᠯᠠᡶᡠᠨ ᡳ ᡧᡳ

jalafun i ši

世祖（福临） 撰

顺治十三年（1656）刻本

版框17.6厘米×12.7厘米

一册

此书是清世祖为其母祝贺生日而献的寿诗，歌颂皇太后的养育教诲之恩和贤良懿德。卷首有世祖序言和上奏皇太后的贺表，诗共三十首。

［0185］［0186］［0641］

T1314 寿诗 满文

ᠵᠠᠯᠠᡶᡠᠨ ᡳ ᡧᡳ

jalafun i ši

晒印本

一册

据故宫藏刻本晒印

［0101］

T1315 御制避暑山庄诗二卷 满文

ᡥᠠᠨ ᡳ ᠠᡵᠠᡥᠠ ᠠᠯᡳᠨ ᡳ ᡨᠣᡴᠰᠣ ᡩᡝ ᡥᠠᠯᡥᡡᠨ ᠪᡝ ᠵᠠᡳᠯᠠᡥᠠ ᡧᡳ

han i araha alin i tokso de halhūn be jailaha ši

圣祖（玄烨） 撰

康熙五十一年（1712）武英殿刻本

版框19.9厘米×13.5厘米

一册

本书系康熙皇帝咏避暑山庄三十六景之诗集。全书共收录诗歌三十六首，为歌颂承德避暑山庄三十六景、抒发胸臆而作。

有插图。

［0101］［0102］［0168］［0181］［0185］［0186］［0406］［0601］［0642］［0701］［1701］［2102］［W313.2］［W512.1］［W512.2］［W512.3］［W516.1］［W561.1］［W565.1］［W712.1］［W712.2］

T1316 御制避暑山庄诗 满文

ᡥᠠᠨ ᡳ ᠠᡵᠠᡥᠠ ᠠᠯᡳᠨ ᡳ ᡨᠣᡴᠰᠣ ᡩᡝ ᡥᠠᠯᡥᡡᠨ ᠪᡝ ᠵᠠᡳᠯᠠᡥᠠ ᡧᡳ

han i araha alin i tokso de halhūn be jailaha ši

1931年武进陶氏涉园影印本

一册

［0168］［0661］

T1317 御制盛京赋　满文

ᡥᠠᠨ ᡳ ᠠᡵᠠᡥᠠ ᠮᡠᡴᡩᡝᠨ ᡳ ᡶᡠ ᠪᡳᡨᡥᡝ

han i araha mukden i fu bithe

高宗（弘历）撰

鄂尔泰等 辑注

乾隆八年（1743）武英殿刻本

版框19.6厘米×13.3厘米

一册

本书系乾隆皇帝前往盛京拜谒永陵、福陵、昭陵等祖陵时所作，文体为骈体文，文辞优美，内容为追忆列祖列宗肇兴建业、文治武功、奠定国基之功德勋劳。

［0101］［0102］［0150］［0186］［0661］［0701］［0703］［1681］［2102］［W313.2］［W516.1］［W561.1］［W561.2］

T1318 御制盛京赋　满文

ᡥᠠᠨ ᡳ ᠠᡵᠠᡥᠠ ᠮᡠᡴᡩᡝᠨ ᡳ ᡶᡠ ᠪᡳᡨᡥᡝ

han i araha mukden i fu bithe

高宗（弘历） 撰

傅恒等 缮

乾隆十三年（1748）武英殿刻本

三十二册

本书是以三十二体满文篆字缮写的《御制盛京赋》，分别为玉筯篆、奇字篆、大篆、小篆、上方大篆、坟书篆、倒薤篆、穟书篆、龙爪篆、碧落篆、垂云篆、垂露篆、转宿篆、芝英篆、柳叶篆、鸟迹篆、雕虫篆、麟书篆、鸾凤篆、龙书篆、剪刀篆、龟书篆、鹄头篆、鸟书篆、科斗篆、缨络篆、悬针篆、飞白篆、殳篆、金错篆、刻符篆、钟鼎篆。

［0101］［0102］存四册［0150］存十七册［0185］［0186］［0661］［0701］［W313.2］［W512.1］［W512.3］［W512.4］［W565.1］［W712.1］［W712.2］

T1319 御制盛京赋　满文

ᡥᠠᠨ ᡳ ᠠᡵᠠᡥᠠ ᠮᡠᡴᡩᡝᠨ ᡳ ᡶᡠ ᠪᡳᡨᡥᡝ

han i araha mukden i fu bithe

刻本

存一册（龙爪篆）

［W512.2］

T1320 御制盛京赋　满汉合璧

ᡥᠠᠨ ᡳ ᠠᡵᠠᡥᠠ ᠮᡠᡴᡩᡝᠨ ᡳ ᡶᡠ ᠪᡳᡨᡥᡝ

han i araha mukden i fu bithe

乾隆年间抄本

开本19.6厘米×13.9厘米

一册

［0181］

T1321 盛京赋　满文

ᠮᡠᡴᡩᡝᠨ ᡳ ᡶᡠ ᠪᡳᡨᡥᡝ ☆

mukden i fu bithe

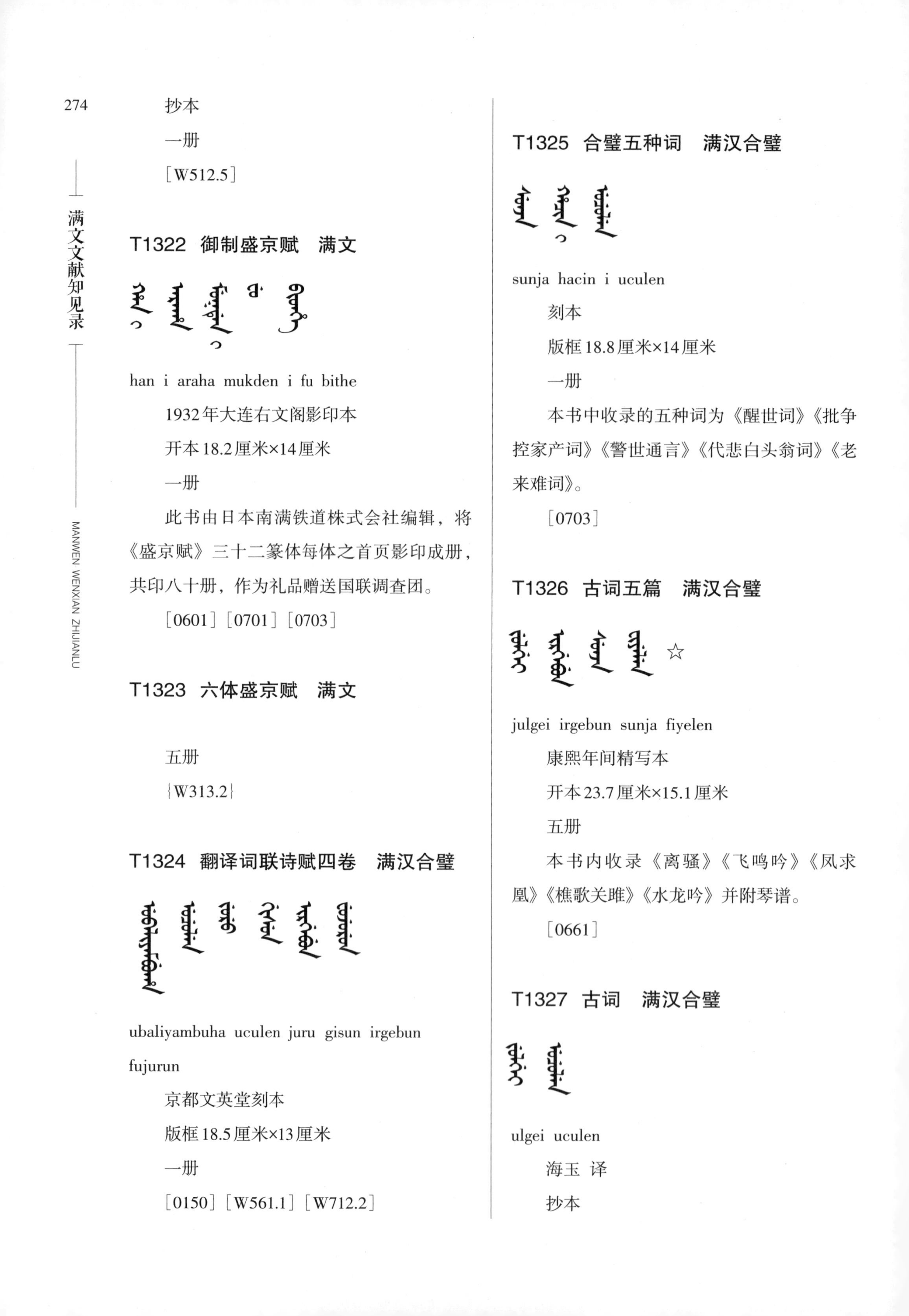

抄本

一册

［W512.5］

T1322 御制盛京赋 满文

han i araha mukden i fu bithe

1932年大连右文阁影印本

开本18.2厘米×14厘米

一册

此书由日本南满铁道株式会社编辑，将《盛京赋》三十二篆体每体之首页影印成册，共印八十册，作为礼品赠送国联调查团。

［0601］［0701］［0703］

T1323 六体盛京赋 满文

五册

{W313.2}

T1324 翻译词联诗赋四卷 满汉合璧

ubaliyambuha uculen juru gisun irgebun fujurun

京都文英堂刻本

版框18.5厘米×13厘米

一册

［0150］［W561.1］［W712.2］

T1325 合璧五种词 满汉合璧

sunja hacin i uculen

刻本

版框18.8厘米×14厘米

一册

本书中收录的五种词为《醒世词》《批争控家产词》《警世通言》《代悲白头翁词》《老来难词》。

［0703］

T1326 古词五篇 满汉合璧

☆

julgei irgebun sunja fiyelen

康熙年间精写本

开本23.7厘米×15.1厘米

五册

本书内收录《离骚》《飞鸣吟》《凤求凰》《樵歌关雎》《水龙吟》并附琴谱。

［0661］

T1327 古词 满汉合璧

ulgei uculen

海玉 译

抄本

二册

本书包括词、散曲和明清时期时调小曲，上册收五十一首，其中有《红楼梦》的《桃花行》《柳絮词》等，下册收五十三首。扉页有题记，译者为嘉道时人海玉。

［W516.1］

T1328　御制全韵诗八卷　满汉合璧

ᡥᠠᠨ ᡳ ᠠᡵᠠᡥᠠ ᠶᠣᠩᡴᡳᠶᠠᠨ ᠮᡠᡩᠠᠨ ᡳ ᡳᡵᡤᡝᠪᡠᠨ

han i araha yongkiyan mudan i irgebun

高宗（弘历）撰

精写本

八册

开本19厘米×13.5厘米

本书按声韵分《上平》《下平》《上》《去》《入》五册，诗集用纲鉴体，内容从三皇五帝叙及清初发祥，论百代之兴衰，资治国之要道。前有御制序，后有于敏中之跋。

［0150］

T1329　御制全韵诗八卷　满汉合璧

ᡥᠠᠨ ᡳ ᠠᡵᠠᡥᠠ ᠶᠣᠩᡴᡳᠶᠠᠨ ᠮᡠᡩᠠᠨ ᡳ ᡳᡵᡤᡝᠪᡠᠨ

han i araha yongkiyan mudan i irgebun

高宗（弘历）撰

精写本

开本19厘米×13.5厘米

八册

［0181］

T1330　御制全韵诗　满汉合璧

ᡥᠠᠨ ᡳ ᠠᡵᠠᡥᠠ ᠶᠣᠩᡴᡳᠶᠠᠨ ᠮᡠᡩᠠᠨ ᡳ ᡳᡵᡤᡝᠪᡠᠨ

han i araha yongkiyan mudan i irgebun

道光二年（1822）抄本

五册

［W512.1］

T1331　御制全韵诗　满汉合璧

ᡥᠠᠨ ᡳ ᠠᡵᠠᡥᠠ ᠶᠣᠩᡴᡳᠶᠠᠨ ᠮᡠᡩᠠᠨ ᡳ ᡳᡵᡤᡝᠪᡠᠨ

han i araha yongkiyan mudan i irgebun

抄本

开本21.5厘米×13.6厘米

五册

［0642］

T1332　御制全韵诗　满汉合璧

ᡥᠠᠨ ᡳ ᠠᡵᠠᡥᠠ ᠶᠣᠩᡴᡳᠶᠠᠨ ᠮᡠᡩᠠᠨ ᡳ ᡳᡵᡤᡝᠪᡠᠨ

han i araha yongkiyan mudan i irgebun

抄本

开本30.7厘米×21.9厘米

五册

［0703］

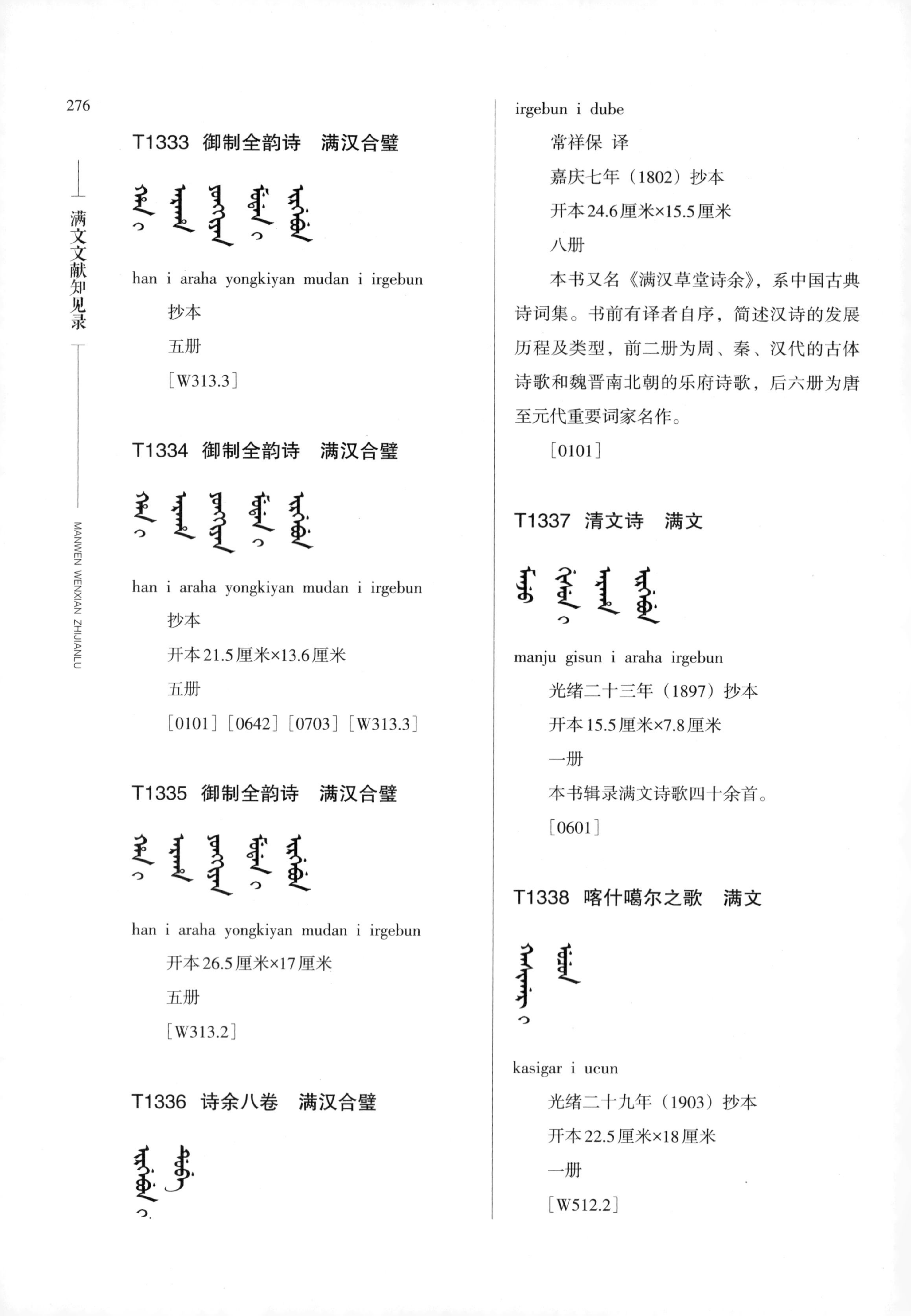

T1333 御制全韵诗　满汉合璧

han i araha yongkiyan mudan i irgebun

抄本

五册

［W313.3］

T1334 御制全韵诗　满汉合璧

han i araha yongkiyan mudan i irgebun

抄本

开本21.5厘米×13.6厘米

五册

［0101］［0642］［0703］［W313.3］

T1335 御制全韵诗　满汉合璧

han i araha yongkiyan mudan i irgebun

开本26.5厘米×17厘米

五册

［W313.2］

T1336 诗余八卷　满汉合璧

irgebun i dube

常祥保 译

嘉庆七年（1802）抄本

开本24.6厘米×15.5厘米

八册

本书又名《满汉草堂诗余》，系中国古典诗词集。书前有译者自序，简述汉诗的发展历程及类型，前二册为周、秦、汉代的古体诗歌和魏晋南北朝的乐府诗歌，后六册为唐至元代重要词家名作。

［0101］

T1337 清文诗　满文

manju gisun i araha irgebun

光绪二十三年（1897）抄本

开本15.5厘米×7.8厘米

一册

本书辑录满文诗歌四十余首。

［0601］

T1338 喀什噶尔之歌　满文

kasigar i ucun

光绪二十九年（1903）抄本

开本22.5厘米×18厘米

一册

［W512.2］

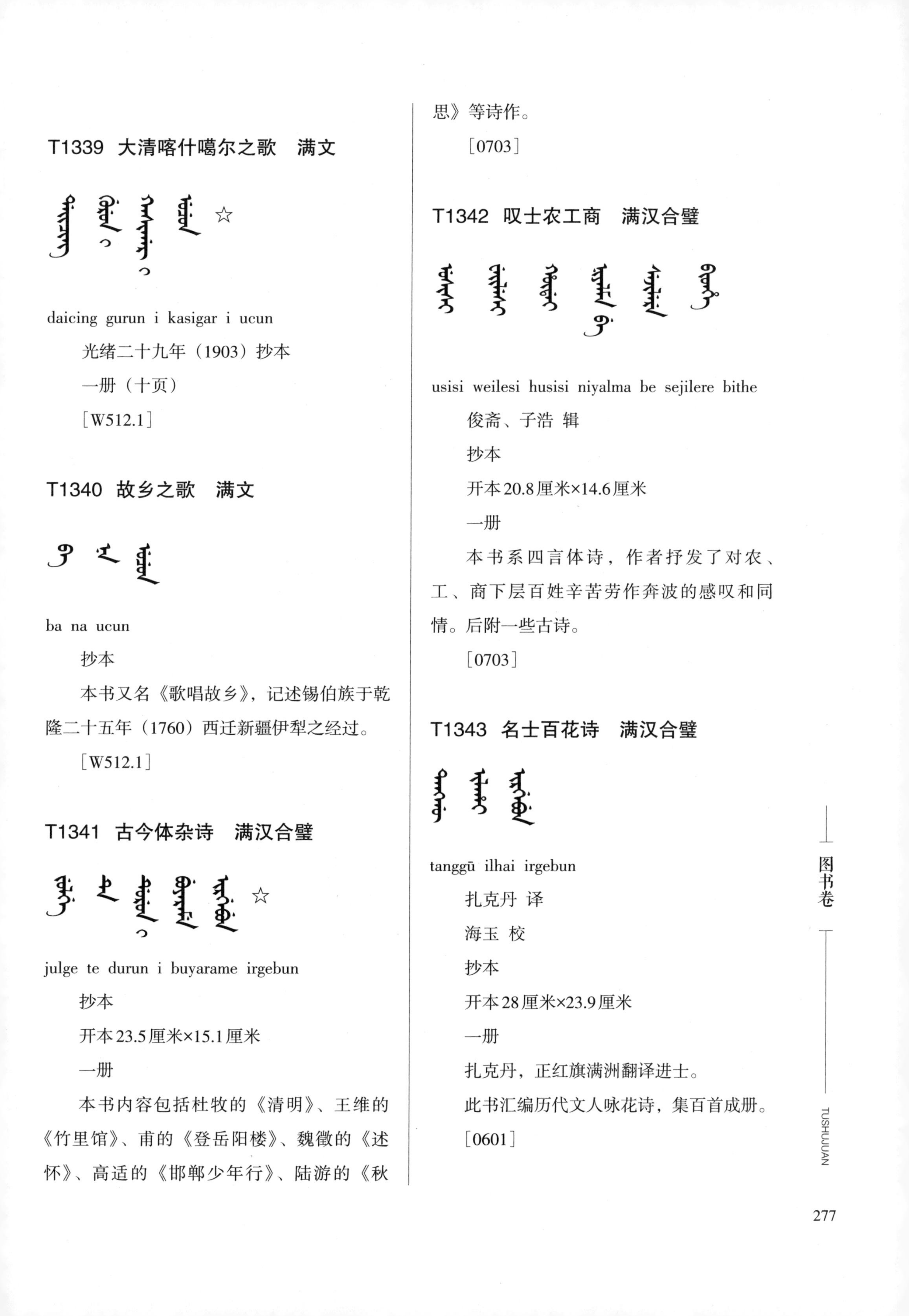

T1339 大清喀什噶尔之歌　满文

☆

daicing gurun i kasigar i ucun

光绪二十九年（1903）抄本

一册（十页）

［W512.1］

T1340 故乡之歌　满文

ba na ucun

抄本

本书又名《歌唱故乡》，记述锡伯族于乾隆二十五年（1760）西迁新疆伊犁之经过。

［W512.1］

T1341 古今体杂诗　满汉合璧

☆

julge te durun i buyarame irgebun

抄本

开本23.5厘米×15.1厘米

一册

本书内容包括杜牧的《清明》、王维的《竹里馆》、甫的《登岳阳楼》、魏徵的《述怀》、高适的《邯郸少年行》、陆游的《秋思》等诗作。

［0703］

T1342 叹士农工商　满汉合璧

usisi weilesi husisi niyalma be sejilere bithe

俊斋、子浩 辑

抄本

开本20.8厘米×14.6厘米

一册

本书系四言体诗，作者抒发了对农、工、商下层百姓辛苦劳作奔波的感叹和同情。后附一些古诗。

［0703］

T1343 名士百花诗　满汉合璧

tanggū ilhai irgebun

扎克丹 译

海玉 校

抄本

开本28厘米×23.9厘米

一册

扎克丹，正红旗满洲翻译进士。

此书汇编历代文人咏花诗，集百首成册。

［0601］

T1344 古诗　满汉合璧

ᠵᡠᠯᡤᡝᡳ ᡳᡵᡤᡝᠪᡠᠨ

julgei irgebun

海玉 译

抄本

三册

本书包括古风、七绝、七律各一册，古风中收录有《道情词》《满文四字歌》等。

[W516.1]

T1345 清汉集锦歌　满汉合璧

ᠮᠠᠨᠵᡠ ᠨᡳᡴᠠᠨ ᡳ ᠶᠠᠩᠰᠠᠩᡤᠠ ᠠᠴᠠᠮᠵᠠᡥᠠ ᡠᠴᡠᠨ

manju nikan i yangsangga acamjaha ucun

海玉 撰

抄本

二册

本书上册收录满汉文诗词七十二首，下册收录满文诗词九十一首。

[W516.1]

T1346 翻译诗　满文

ᡠᠪᠠᠯᡳᠶᠠᠮᠪᡠᡥᠠ ᡳᡵᡤᡝᠪᡠᠨ

ubaliyambuha irgebun

[W516.1]

T1347 译俄罗斯各灵喀呐喊声诗三十韵　满汉合璧

抄本

八页

{W512.2}

T1348 醉墨斋　满汉合璧

ᠪᡝᡥᡝ ᡩᡝ ᠰᠣᡴᡨᠣᡥᠣ ᠪᡳᡨᡥᡝᡳ ᠪᠣᠣᡳ ᠪᡳᡨᡥᡝ

behe de soktoho bithei booi bithe

抄本

开本22厘米×14.4厘米

四册

本书主要收录汉魏至唐代的诗歌和唐至元代的词作。

[0101]

T1349 绣荷包　满文

ᡶᠠᡩᡠ ᡧᡝᠣᠯᡝᡵᡝ ᡠᠴᡠᠨ ᠪᡳᡨᡥᡝ

fadu šeolere ucun bithe

抄本

一册

此书为爱情诗《绣荷包》的满文译本。

[W512.1]

T1350 十二重楼　满汉合璧

 ☆

juwan juwe jergingge taktu sere bithe

题 润斋主人 重订

抄本

一册

[0101]

T1351 十二重楼　满汉合璧

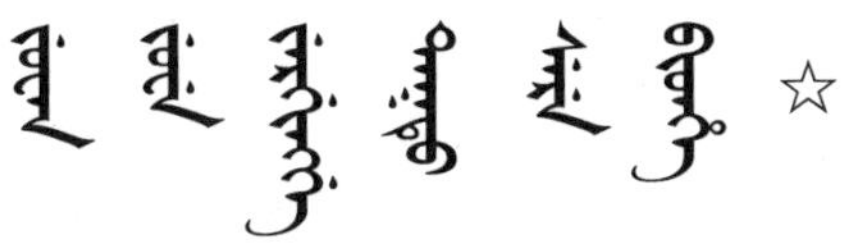 ☆

juwan juwe jergingge taktu sere bithe

题 润斋主人 重订

抄本

一册

附曲词、《陈情表》、《前出师表》、《后出师表》等。

[0703]

T1352 翻译词　满文

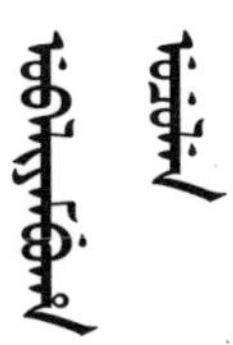

ubaliyambuha uculen

题 嘉道人海玉 译

本书为词、散曲和明清时调小曲集，上册收录五十一首，其中有译自《红楼梦》的《桃花行》《柳絮词》等，下册收五十三首。据上册扉页题记，译者为嘉道人海玉。

[W516.1]

T1353 古圣歌　满文

julgei enduringge ucun i bithe

抄本

一册

残。

[W512.5]

T1354 龙兴诗　满文

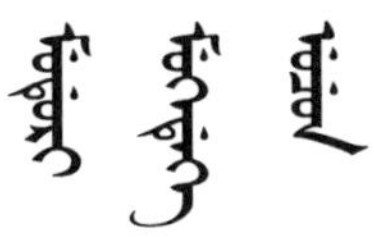

muduri mukedeke ucun

抄本

一册

[W512.5]

T1355 对联　满汉合璧

dui liyan bithe

抄本

开本19厘米×16厘米

一册

本书系中国古代对联选集，共收录对联一百七十三副，其中五十六副为武侯祠联，其余为各地关帝庙联、土地庙联。

[0101]

T1356 对联 满汉合璧

ᡩᡠᡳ ᠯᡳᠶᠠᠨ ᠪᡳᡨᡥᡝ

dui liyan bithe

抄本

开本23.5厘米×16厘米

一册

[W313.2]

T1357 楹联集 满汉合璧

ᠵᠣᠣ ᠮᡝᠩ ᡧᡠ ᡳ ᠰᠣᠨᠵᠣᠨ

joo meng šu i sonjon

抄本

开本23厘米×15厘米

二册

[W313.2]

T1358 五言对 满汉合璧

ᠰᡠᠨᠵᠠ ᡥᡝᡵᡤᡝᠨ ᡳ ᡩᡠᡳ ᠯᡳᠶᠠᠨ

sunja hergen i dui liyan

抄本

一册

[W516.1]

T1359 清汉宋元明文 满文

抄本

开本20厘米×16.8厘米

一册

{W712.1}

T1360 翻译曲 满文

ᡠᠪᠠᠯᡳᠶᠠᠮᠪᡠᡥᠠ ᡠᠴᡠᠨ

ubaliyambuha ucun

本书收录的“曲”，均为清代流行的俗曲，主要为“岔曲”“赶板”，共八首。

[W516.1]

T1361 螃蟹段儿 满汉文

ᡴᠠᡨᡠᡵᡳ ᠵᡝᡨᡝᡵᡝ ᠵᡠᠪᡝᠨ ᡳ ᠪᡳᡨᡥᡝ

katuri jetere juben i bithe

萃堂刻本

版框17.5厘米×13.2厘米

一册

[W313.3]

T1362 螃蟹段儿 满汉文

ᡴᠠᡨᡠᡵᡳ ᠵᡝᡨᡝᡵᡝ ᠵᡠᠪᡝᠨ ᡳ ᠪᡳᡨᡥᡝ

katuri jetere juben i bithe

抄本

开本24厘米×13厘米

一册

［W313.4］

T1363 螃蟹段儿　满汉文

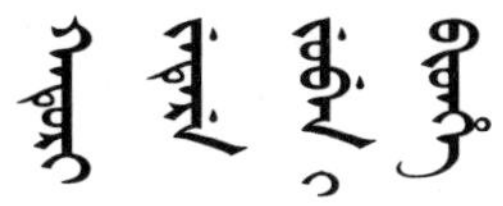

katuri jetere juben i bithe

复印本

［W561.1］

T1364 伯乐相马图　满文

be lo morin be tuwara bithe

〔宋〕郑思肖 著

抄本

开本28.5厘米×19厘米

三册

郑思肖（1241—1318），宋朝末年诗人、画家。

书中附有相马词。

［W512.1］

T1365 俗曲　满汉合璧

an i ucun

海玉 译

抄本

一册

［W516.1］

T1366 寻夫曲　满汉合璧

manju nikan hergen i siyūn fu kioi

抄本

一册

本书为子弟书《孟姜女》之鼓词。

［W516.1］

T1367 关老爷过五关　满文

looye sunja furdan be duleke ucun

抄本

一册

此书又名《关公过五关曲》。

T1368 宴席歌　满文

sarin de uculere ucun

抄本

一册

此书又名《喜宴歌》。

［W512.5］

3. 小说、戏曲

T1369 封神演义　满文

ᡝᠨᡩᡠᡵᡳ ᡶᡠᠩᠨᡝᡥᡝ ᠪᡳᡨᡥᡝ

enduri fungnehe bithe

〔明〕许仲琳 撰

清初抄本

开本38.1厘米×26.4厘米

二十册

许仲琳，号钟山逸叟，明代小说家。

本书系同名神怪小说的满文译本，共一百回。书中讲述了千年狐狸精害死妲己、借尸还魂，惑乱纣王，纣王荒淫无道，终于亡国自焚，最后姜子牙分封诸神，周武王大封列国诸侯的故事。

［0181］

T1370 封神演义　满文

ᡝᠨᡩᡠᡵᡳ ᡶᡠᠩᠨᡝᡥᡝ ᠪᡳᡨᡥᡝ

enduri fungnehe bithe

晒印本

二十册

据故宫藏抄本晒印

［0101］

T1371 列国演义　满文

ᡤᡝᡵᡝᠨ ᡤᡠᡵᡠᠨ ᡳ ᠪᡳᡨᡥᡝ

geren gurun i bithe

〔明〕冯梦龙 撰

抄本

开本38.8厘米×26.7厘米

二十二册

冯梦龙（1574—1646），明代长洲（今江苏苏州）人，字犹龙。文学家，著述颇丰。

［0181］

T1372 列国演义　满文

ᡤᡝᡵᡝᠨ ᡤᡠᡵᡠᠨ ᡳ ᠪᡳᡨᡥᡝ

geren gurun i bithe

抄本

开本40.6厘米×23厘米

十册

［0601］

T1373 列国演义　满文

ᡤᡝᡵᡝᠨ ᡤᡠᡵᡠᠨ ᡳ ᠪᡳᡨᡥᡝ

geren gurun i bithe

抄本

开本40.6厘米×23厘米

十册

［W712.2］

T1374 列国演义　满文

ᡤᡝᡵᡝᠨ ᡤᡠᡵᡠᠨ ᡳ ᠪᡳᡨᡥᡝ

geren gurun i bithe

晒印本

二十二册

据故宫藏抄本晒印

［0101］

T1375 列国志传　满文

ᡤᡝᡵᡝᠨ ᡤᡠᡵᡠᠨ ᡳ ᠪᡳᡨᡥᡝ

geren gurun i bithe

〔明〕余邵鱼 撰

抄本

开本32.5厘米×21厘米

二十册

余邵鱼，字畏斋，明代小说家，善写通俗小说。

［W512.1］

T1376 列国志传　满文

ᡤᡝᡵᡝᠨ ᡤᡠᡵᡠᠨ ᡳ ᠪᡳᡨᡥᡝ

geren gurun i bithe

〔明〕余邵鱼 撰

抄本

1. 开本22厘米×20厘米

存五册（共一千三百零四页）

2. 开本22.5厘米×16.5厘米

存五册（共三百页）

3. 开本28.2厘米×24厘米

存一册（共二十五页）

4. 开本20.5厘米×12.3厘米

存一册（共二十五页）

［W512.1］

T1377 新列国志　满文

ᡤᡝᡵᡝᠨ ᡤᡠᡵᡠᠨ ᡳ ᠪᡳᡨᡥᡝ

geren gurun i bithe

〔明〕冯梦龙 撰

抄本

［W516.1］

T1378 前七国　满文

ᠵᡠᠯᡝᡵᡤᡳ ᠨᠠᡩᠠᠨ ᡤᡠᡵᡠᠨ ᡳ ᠪᡳᡨᡥᡝ

julergi nadan gurun i bithe

〔明〕吴门啸客 撰

抄本

开本31.1厘米×19.9厘米

存五卷五册

本书系中国古代历史演义小说。仅存第六至第十册，主要内容为战国时著名的“孙庞斗智”，故又名《孙庞斗智演义》。

［0101］

T1379　东周列国志　满文

ᡩᡝᡵᡤᡳ ᡥᠠᠨ ᡤᡝᡵᡝᠨ ᡤᡠᡵᡠᠨ ᡳ ᠪᡳᡨᡥᡝ

dergi han geren gurun i bithe

〔明〕冯梦龙 撰

蔡元放 评

抄本

开本26.5厘米×23.5厘米

二十册 半页十行

本书为长篇历史演义小说，叙述了春秋战国时期的多个历史故事。

［W512.1］

T1380　西汉演义　满文

ᠸᠠᡵᡤᡳ ᡥᠠᠨ ᡤᡠᡵᡠᠨ ᡳ ᠪᡳᡨᡥᡝ

wargi han gurun i bithe

〔明〕甄伟 撰

抄本

开本25厘米×18厘米

十六册

甄伟，明金陵人，号钟山居士，生卒年不详。

本书系同名历史小说的满文译本，书由秦昭王伐赵叙起，经秦始皇一统天下，传至二世，赵高专权，残暴淫逸，义军蜂起，楚汉相争，汉高祖刘邦登基，至吕后诛韩信，杀功臣，汉惠帝坐享太平止。

［0181］

T1381　西汉演义　满文

ᠸᠠᡵᡤᡳ ᡥᠠᠨ ᡤᡠᡵᡠᠨ ᡳ ᠪᡳᡨᡥᡝ

wargi han gurun i bithe

抄本

开本25厘米×18厘米

十六册

［W311.1］

T1382　西汉演义　满文

ᠸᠠᡵᡤᡳ ᡥᠠᠨ ᡤᡠᡵᡠᠨ ᡳ ᠪᡳᡨᡥᡝ

wargi han gurun i bithe

抄本

开本23厘米×22厘米

十二册

［0601］

T1383　西汉演义　满文

ᠸᠠᡵᡤᡳ ᡥᠠᠨ ᡤᡠᡵᡠᠨ ᡳ ᠪᡳᡨᡥᡝ

wargi han gurun i bithe

抄本

开本23厘米×22厘米

十二册

［W311.1］

T1384 西汉演义 满文

ᠸᠠᡵᡤᡳ ᡥᠠᠨ ᡤᡠᡵᡠᠨ ᡳ ᠪᡳᡨᡥᡝ

wargi han gurun i bithe

抄本

开本27.6厘米×19厘米

存十五册

[0801]

T1385 西汉演义 满文

ᠸᠠᡵᡤᡳ ᡥᠠᠨ ᡤᡠᡵᡠᠨ ᡳ ᠪᡳᡨᡥᡝ

wargi han gurun i bithe

抄本

开本30厘米×21厘米

十五册

[W311.1]

T1386 西汉演义 满文

ᠸᠠᡵᡤᡳ ᡥᠠᠨ ᡤᡠᡵᡠᠨ ᡳ ᠪᡳᡨᡥᡝ

wargi han gurun i bithe

晒印本

十六册

据故宫藏抄本晒印

[0101]

T1387 西汉通俗演义 满文

〔明〕甄伟 撰

康熙十八年（1679）抄本

开本27厘米×18厘米

八册

[W512.1]

T1388 西汉通俗演义 满文

ᠸᠠᡵᡤᡳ ᡥᠠᠨ ᡤᡠᡵᡠᠨ ᡳ ᠪᡳᡨᡥᡝ

wargi han gurun i bithe

〔明〕甄伟 撰

康熙四十八年（1709）抄本

开本29.5厘米×18厘米

存十六册

[W512.3]

T1389 东汉演义 满文

ᡩᡝᡵᡤᡳ ᡥᠠᠨ ᡤᡠᡵᡠᠨ ᡳ ᠪᡳᡨᡥᡝ

dergi han gurun i bithe

抄本

开本26.9厘米×14.2厘米

存七册

[0601]

T1390 东汉演义 满文

ᡩᡝᡵᡤᡳ ᡥᠠᠨ ᡤᡠᡵᡠᠨ ᡳ ᠪᡳᡨᡥᡝ

dergi han gurun i bithe

题 珊城清远道人 撰

十七世纪抄本

存第六至十册

［W512.1］

T1391 三国志演义 满文

ᡳᠯᠠᠨ ᡤᡠᡵᡠᠨ ᡳ ᠪᡳᡨᡥᡝ

ilan gurun i bithe

〔元〕罗贯中 撰

祁充格等 译

顺治七年（1650）内府刻本

版框29厘米×20.6厘米

二十四册

罗贯中（约1330—1400），山西太原人，名本，号湖海散人，文学家，著述丰富。

祁充格（？—1651），镶白旗满洲人，乌苏氏，官至弘文院大学士。

本书是罗贯中根据西晋史学家陈寿所撰《三国志》进行加工创作的长篇章回体历史演义小说，与《西游记》《水浒传》《红楼梦》并称为中国古典四大名著。

[0101]存十六册［0181］［0703］［W512.1］［W512.3］［W512.4］［W561.2］［W565.1］［W712.2］

T1392 三国志演义 满文

ᡳᠯᠠᠨ ᡤᡠᡵᡠᠨ ᡳ ᠪᡳᡨᡥᡝ

ilan gurun i bithe

稿本

开本26厘米×18.7厘米

三册

［0782］

T1393 三国志演义 满文

ᡳᠯᠠᠨ ᡤᡠᡵᡠᠨ ᡳ ᠪᡳᡨᡥᡝ

ilan gurun i bithe

顺治七年（1650）抄本

开本28.3厘米×19.5厘米

二十四册

［0181］

T1394 三国志演义 满文

ᡳᠯᠠᠨ ᡤᡠᡵᡠᠨ ᡳ ᠪᡳᡨᡥᡝ

ilan gurun i bithe

抄本

开本26厘米×13厘米

二十八册

［0601］

T1395 三国志演义　满文

ᡳᠯᠠᠨ ᡤᡠᡵᡠᠨ ᡳ ᠪᡳᡨᡥᡝ

ilan gurun i bithe

抄本

开本21.3厘米×19厘米

存二十一册

［0903］

T1396 三国志　满汉合璧

ᡳᠯᠠᠨ ᡤᡠᡵᡠᠨ ᡳ ᠪᡳᡨᡥᡝ

ilan gurun i bithe

〔元〕罗贯中 撰

雍正年间坊刻本

版框15.5厘米×21.5厘米

四十八册

［0101］［0150］［0161］［0186］［0703］

［W313.2］［W512.2］［W516.1］

T1397 三国志　满汉合璧

ᡳᠯᠠᠨ ᡤᡠᡵᡠᠨ ᡳ ᠪᡳᡨᡥᡝ

ilan gurun i bithe

抄本

存四十二册

［0601］

T1398 三国志通俗演义　满文

〔元〕罗贯中 撰

光绪年间抄本

开本22厘米×17.5厘米

存十一册（第一、第五、第七至九、第十二、第十五、第十七、第二十、第二十三至二十四册）

{W512.1}

T1399 三译总解　满朝合璧

乾隆三十九年（1774）重刊刻本

版框25.6厘米×19厘米

五册

本书为《三国志演义》的满文朝鲜文对照本。

{W561.1}

T1400 唐代演义　满文

ᡨᠠᠩ ᡤᡠᡵᡠᠨ ᡳ ᠪᡳᡨᡥᡝ

tang gurun i bithe

顺治年间抄本

开本35.3厘米×23.3厘米

存三册

［0181］

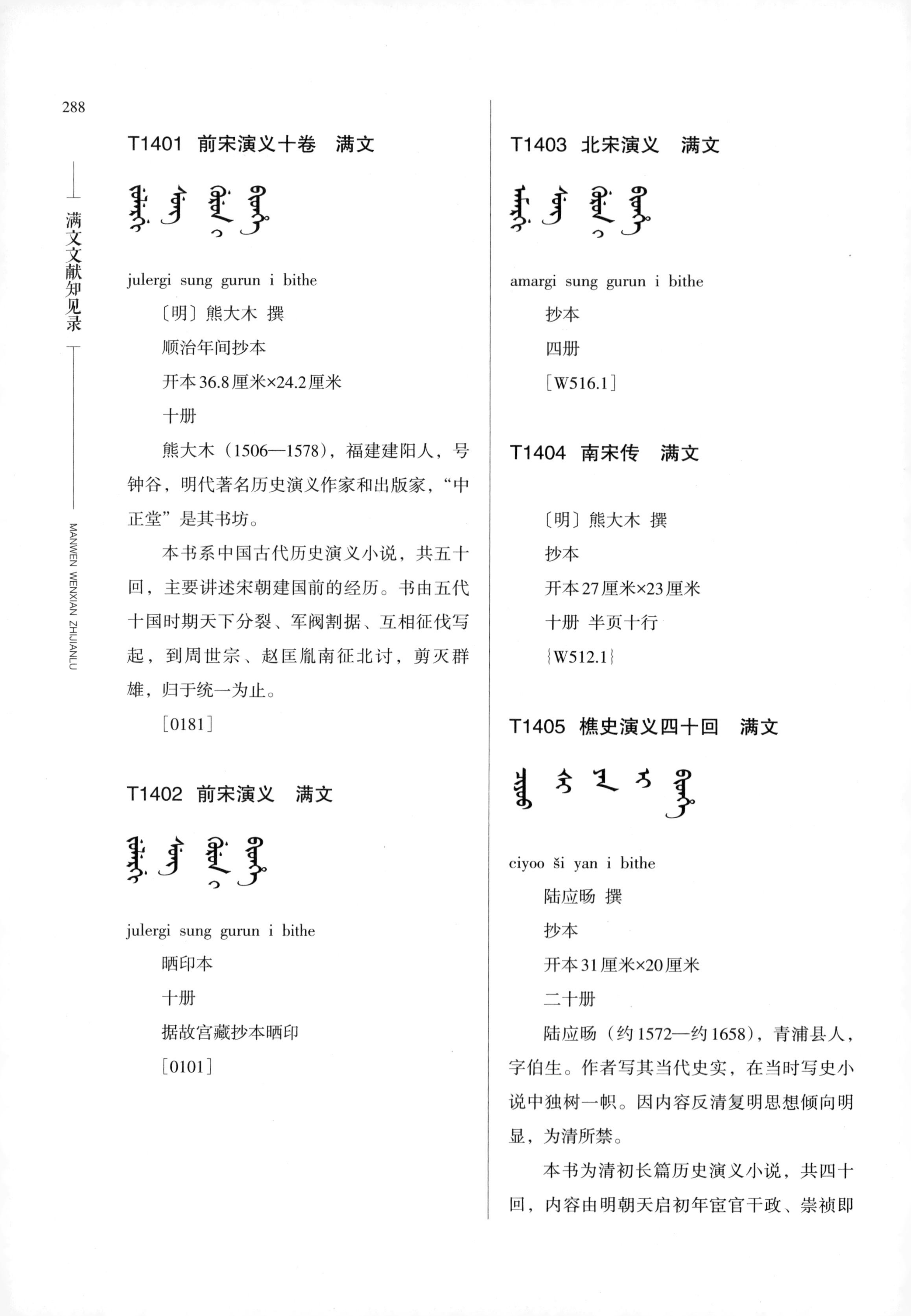

T1401 前宋演义十卷 满文

julergi sung gurun i bithe

〔明〕熊大木 撰

顺治年间抄本

开本36.8厘米×24.2厘米

十册

熊大木（1506—1578），福建建阳人，号钟谷，明代著名历史演义作家和出版家，“中正堂”是其书坊。

本书系中国古代历史演义小说，共五十回，主要讲述宋朝建国前的经历。书由五代十国时期天下分裂、军阀割据、互相征伐写起，到周世宗、赵匡胤南征北讨，剪灭群雄，归于统一为止。

［0181］

T1402 前宋演义 满文

julergi sung gurun i bithe

晒印本

十册

据故宫藏抄本晒印

［0101］

T1403 北宋演义 满文

amargi sung gurun i bithe

抄本

四册

［W516.1］

T1404 南宋传 满文

〔明〕熊大木 撰

抄本

开本27厘米×23厘米

十册 半页十行

{W512.1}

T1405 樵史演义四十回 满文

ciyoo ši yan i bithe

陆应旸 撰

抄本

开本31厘米×20厘米

二十册

陆应旸（约1572—约1658），青浦县人，字伯生。作者写其当代史实，在当时写史小说中独树一帜。因内容反清复明思想倾向明显，为清所禁。

本书为清初长篇历史演义小说，共四十回，内容由明朝天启初年宦官干政、崇祯即位、清除魏氏阉党写起，至清初李自成败亡、南朝弘光小朝廷覆灭为止。每回前后均有短评，作者假借山中樵夫名义观察时代变迁、世事万象，评述忠奸是非，故名《樵史演义》。

［0181］

T1406 樵史演义四十回　满文

ᠴᡳᠶᠣᠣ ᡧᡳ ᠶᠠᠨ ᡳ ᠪᡳᡨᡥᡝ

ciyoo ši yan i bithe

晒印本

二十册

据故宫藏抄本晒印

［0101］［0181］

T1407 水浒传　满文

ᡧᡠᡳ ᡥᡡ ᠪᡳᡨᡥᡝ

šui hū bithe

〔元〕施耐庵 撰

稿本

开本32.5厘米×22厘米

存三册

施耐庵（约1296—1370），钱塘（今杭州）人，文学家。

［0181］

T1408 水浒传　满文

ᡧᡠᡳ ᡥᡡ ᠪᡳᡨᡥᡝ

šui hū bithe

〔元〕施耐庵 撰

康熙四十九年（1709）抄本

二册

［W512.1］

T1409 水浒传　满文

ᡧᡠᡳ ᡥᡡ ᠪᡳᡨᡥᡝ

šui hū bithe

〔元〕施耐庵 撰

抄本

开本24厘米×17厘米

存四册

［0150］

T1410 水浒传　满文

ᡧᡠᡳ ᡥᡡ ᠪᡳᡨᡥᡝ

šui hū bithe

抄本

开本39.5厘米×27.2厘米

存三十二册

［0181］

T1411 水浒传　满文

ᡧᡠᡳ ᡥᡡ ᠪᡳᡨᡥᡝ

šui hū bithe

抄本

开本25.5厘米×21.5厘米

宝名堂藏书

［W565.1］

T1412 水浒传　满文

ᡧᡠᡳ ᡥᡡ ᠪᡳᡨᡥᡝ

šui hū bithe

〔元〕施耐庵 撰

抄本

开本23.5厘米×20厘米

三十册（第二至四、第六至三十二册）

［W512.1］

T1413 西游记　满文

ᠰᡳ ᡳᠣ ᡤᡳ ᠪᡳᡨᡥᡝ

si io gi bithe

〔明〕吴承恩 撰

精写本

开本23.2厘米×17厘米

五十册

吴承恩（1500—1582），淮安府山阳县（今属江苏）人，字汝忠，号射阳山人，文学家。

本书系中国著名古典神话小说，共一百回，先写孙悟空出世、大闹天宫，后写其保护唐僧前往西天取经、历经磨难，终于取回真经、修成正果。

［0181］

T1414 西游记　满汉合璧

ᠰᡳ ᡳᠣ ᡤᡳ ᠪᡳᡨᡥᡝ

si io gi bithe

〔明〕吴承恩 撰

题 长白山虚生居士 译

乾隆五十五年（1790）抄本

一百册

［0661］

T1415 西游记一百回　满文

ᠰᡳ ᡳᠣ ᡤᡳ ᠪᡳᡨᡥᡝ

si io gi bithe

〔明〕吴承恩 撰

光绪十一年（1885）抄本

开本24厘米×21.5厘米

存一册

［W512.1］

T1416 西游记一百回　满文

ᠰᡳ ᡳᠣ ᡤᡳ ᠪᡳᡨᡥᡝ

si io gi bithe

抄本

开本24厘米×21.5厘米

存八册

[W512.1]

T1417 西游记一百回　满文

ᠰᡳ ᡳᠣ ᡤᡳ ᠪᡳᡨᡥᡝ

si io gi bithe

抄本

开本27.2厘米×22.5厘米

存七册

[W512.1]

T1418 西游记一百回　满文

ᠰᡳ ᡳᠣ ᡤᡳ ᠪᡳᡨᡥᡝ

si io gi bithe

抄本

开本27.2厘米×22.5厘米

存十二册

[W512.1]

T1419 西游记　满文

ᠰᡳ ᡳᠣ ᡤᡳ ᠪᡳᡨᡥᡝ

si io gi bithe

晒印本

五十册

据故宫藏抄本晒印

[0101]

T1420 后西游记　满文

ᡥᡝᠣ ᠰᡳ ᡳᠣ ᡤᡳ ᠪᡳᡨᡥᡝ

heo si io gi bithe

题 天花才子 撰

精写本

开本23.2厘米×17厘米

二十册

本书为《西游记》之续书，共四十回，叙唐玄奘师徒所取真经被世人曲解，于是唐半偈和徒弟孙小圣、猪一戒、沙弥一行一路降妖伏魔，克服重重险阻，终于到达西天取回真经。

[0181]

T1421 后西游记　满文

ᡥᡝᠣ ᠰᡳ ᡳᠣ ᡤᡳ ᠪᡳᡨᡥᡝ

heo si io gi bithe

晒印本

二十册

据故宫藏抄本晒印

［0101］

T1422 金瓶梅 满文

ᡤᡳᠨ ᡦᡳᠩ ᠮᡝᡳ ᠪᡳᡨᡥᡝ

gin ping mei bithe

〔明〕题 兰陵笑笑生 撰

康熙四十七年（1708）刻本

版框19厘米×13.5厘米

四十册

［0101］［0102］存八册 ［0150］［0168］

［0186］［0601］存十册 ［0661］［W311.1］

［W512.1］［W512.3］［W516.1］

T1423 金瓶梅 满文

ᡤᡳᠨ ᡦᡳᠩ ᠮᡝᡳ ᠪᡳᡨᡥᡝ

gin ping mei bithe

抄本

十六册

［0102］［W311.1］［W313.1］

［W313.3］［W561.1］［W565.1］

［W611.1］［W712.1］［W712.2］

T1424 金瓶梅 满文

ᡤᡳᠨ ᡦᡳᠩ ᠮᡝᡳ ᠪᡳᡨᡥᡝ

gin ping mei bithe

〔明〕题 兰陵笑笑生 撰

抄本

开本26厘米×16.5厘米

存十一卷

［W512.1］

T1425 金瓶梅 满文

ᡤᡳᠨ ᡦᡳᠩ ᠮᡝᡳ ᠪᡳᡨᡥᡝ

gin ping mei bithe

抄本

六册

［W561.2］

T1426 世态炎凉一百回 满文

ᠤᠪᠠᠯᡳᠶᠠᠮᠪᡠᡥᠠ ᠵᠠᠯᠠᠨ ᡩᡝ ᠸᡝᠰᡳᡥᡠᠨ ᡶᡠᠰᡳᡥᡡᠨ ᡳ ᡤᠣᡳᠮᠠᠨ ᠪᡳᡨᡥᡝ

ubaliyambuha jalan de wesihun fusihūn i goiman bithe

抄本

开本22.5厘米×12.5厘米

三十二册

此书为《金瓶梅》满文译本。

［0703］

T1427 合璧聊斋志异 满汉合璧

ᠮᠠᠨᠵᡠ ᠨᡳᡴᠠᠨ ᠯᡳᠶᠣᠣ ᠵᠠᡳ ᡷᡟ ᡳ ᠪᡳᡨᡥᡝ

manju nikan liyoo jai jy i bithe

蒲松龄 撰

扎克丹 译

道光二十八年（1848）刻本

版框18厘米×15厘米

二十四册

蒲松龄（1640—1715），山东淄川（今淄博）人，字留仙，号柳泉居士，以教书为业。

本书中缝所题书名为《择翻聊斋志异》。

［0101］［0102］［0150］［0201］

［0601］存十八册［0641］［0801］［0903］

［W311.1］［W313.1］［W313.2］［W313.3］

［W512.1］［W512.2］［W516.1］［W561.1］

［W565.1］［W611.1］［W712.1］［W712.2］

［W712.3］

T1428 合璧聊斋志异 满汉合璧

ᠮᠠᠨᠵᡠ ᠨᡳᡴᠠᠨ ᠯᡳᠶᠣᠣ ᠵᠠᡳ ᠵᡟ ᡳ ᠪᡳᡨᡥᡝ

manju nikan liyoo jai jy i bithe

光绪三十三年（1907）二酉斋刻本

版框19.2厘米×15.6厘米

二十四册

［0101］［0102］［0661］

T1429 合璧聊斋志异 满汉合璧

ᠮᠠᠨᠵᡠ ᠨᡳᡴᠠᠨ ᠯᡳᠶᠣᠣ ᠵᠠᡳ ᠵᡟ ᡳ ᠪᡳᡨᡥᡝ

manju nikan liyoo jai jy i bithe

北京荣华堂刻本

版框18.8厘米×16厘米

［0168］

T1430 金粉惜 满文

ᡤᡳᠨ ᡶᡠᠨ ᠰᡳ ᠪᡳᡨᡥᡝ

gin fun si bithe

精写本

开本23.9厘米×15.4厘米

六册

本书系明代短篇小说的满文本，十二回，每回讲一个故事，多属劝善惩恶、因果报应之内容。

［0181］

T1431 菩提全传 满文

ᡦᡠᡨᡳ ᠵᡠᠸᠠᠨ ᠪᡳᡨᡥᡝ

puti juwan bithe

题 天花藏主人 撰

康熙二十三年（1684）抄本

开本28.5厘米×24厘米

［W512.2］

T1432 醉菩提全传 满文

题 天花藏主人 撰

康熙二十四年（1684）、二十五年（1685）抄本

开本28.5厘米×24厘米

存七册（第四至十册） 半页十行

［W512.1］

T1433 画图缘 满文

ᡥᡡᠸᠠ ᡨᡠ ᠶᡠᠸᠠᠨ ᠪᡳᡨᡥᡝ

hūwa tu yuwan bithe

题 天花藏主人 撰

康熙二十九年（1690）抄本

开本31.5厘米×21厘米

八册 半页十行

［W512.1］

T1434 画图缘 满文

ᡥᡡᠸᠠ ᡨᡠ ᠶᡠᠸᠠᠨ ᠪᡳᡨᡥᡝ

hūwa tu yuwan bithe

题 天花藏主人 撰

康熙二十九年（1690）抄本

开本31.5厘米×21厘米

八册 半页十行

［W512.2］

T1435 凤凰池 满文

ᡶᡠᠩ ᡥᡡᠸᠠᠩ ᡮᡟ ᠪᡳᡨᡥᡝ

fung hūwang cy bithe

题 烟霞散人 撰

康熙四十年（1701）抄本

开本26厘米×19.5厘米

［W512.2］

T1436 凤凰池 满文

ᡶᡠᠩ ᡥᡡᠸᠠᠩ ᡮᡟ ᠪᡳᡨᡥᡝ

fung hūwang cy bithe

题 烟霞散人 撰

康熙年间抄本

开本26厘米×19.5厘米

存十三册（第一至九、第十二至十五册） 半页十一行

［W512.1］

T1437 好逑传 满文

ᡥᠠᠣ ᠴᡳᠶᠣ ᠵᡠᠸᠠᠨ ᠪᡳᡨᡥᡝ

hao ciyo juwan bithe

题 名教中人 撰

雍正十一年（1733）抄本

开本26厘米×22厘米

［W512.2］

T1438 好逑传 满文

ᡥᠠᠣ ᠴᡳᠶᠣ ᠵᡠᠸᠠᠨ ᠪᡳᡨᡥᡝ

hao ciyo juwan bithe

题 名教中人 撰

雍正十一年（1733）抄本

开本26厘米×22厘米

十册 半页九行

［W512.1］

T1439 平山冷燕　满文

ᡦᡳᠩ ᡧᠠᠨ ᠯᡝᠩ ᠶᠠᠨ ᡳ ᠪᡳᡨᡥᡝ

ping šan leng yan i bithe

题 荻岸散人 撰

精写本

开本21.6厘米×14.9厘米

存十六册

本书为清初中篇才子佳人小说，共二十回，叙书生平如衡、燕白颔与才女山黛、冷绛雪彼此倾慕，两位书生几经周折，终于功成名就、奉旨成婚的故事，书名取四人姓氏组合而成。

[0181]

T1440 平山冷燕　满文

ᡦᡳᠩ ᡧᠠᠨ ᠯᡝᠩ ᠶᠠᠨ ᡳ ᠪᡳᡨᡥᡝ

ping šan leng yan i bithe

题 荻岸散人 撰

康熙三十五年（1696）抄本

存七册（第二至五、第七至八、第十册）

[W512.1]

T1441 平山冷燕　满文

ᡦᡳᠩ ᡧᠠᠨ ᠯᡝᠩ ᠶᠠᠨ ᡳ ᠪᡳᡨᡥᡝ

ping šan leng yan i bithe

题 狄岸散人 撰

乾隆三十五年（1770）抄本

开本28.5厘米×20.5厘米

十册

白口

[0701]

T1442 平山冷燕　满文

ᡦᡳᠩ ᡧᠠᠨ ᠯᡝᠩ ᠶᠠᠨ ᡳ ᠪᡳᡨᡥᡝ

ping šan leng yan i bithe

题 荻岸散人 撰

抄本

开本23.5厘米×20厘米

十册

[W512.1]

T1443 平山冷燕　满文

ᡦᡳᠩ ᡧᠠᠨ ᠯᡝᠩ ᠶᠠᠨ ᡳ ᠪᡳᡨᡥᡝ

ping šan leng yan i bithe

晒印本

十六册

据故宫藏抄本晒印

[0101]

T1444 八洞天八卷　满文

ᠪᠠ ᡩᡠᠩ ᡨᡳᠶᠠᠨ ᠪᡳᡨᡥᡝ

ba dung tiyan bithe

题 五色石主人 编

抄本

开本31厘米×20厘米

八册

本书为清初短篇小说，分《补南陔》《反芦花》《培连理》《续在原》《正交情》《明家训》《劝匪躬》《醒败类》八卷，每卷各叙一事，分别反映父子、继母子、夫妻、兄弟宗族、朋友邻里、主仆关系等，通过历史故事宣扬传统伦理道德。

[0181]

T1445 八洞天八卷 满文

ᠪᠠ ᡩᡠᠩ ᡨᡳᠶᠠᠨ ᠪᡳᡨᡥᡝ

ba dung tiyan bithe

晒印本

八册

据故宫藏抄本晒印

[0101]

T1446 归莲梦十二回 满文

ᡤᡠᡳ ᠯᡳᠶᠠᠨ ᠮᡝᠩ ᠪᡳᡨᡥᡝ

gui liyan meng bithe

题 苏庵主人 撰

抄本

开本30.6厘米×19厘米

十二册

本书为罕见的以明代白莲教起义为背景的小说。共十二回，写美少女白莲岸，系莲花转世，据柳林寨为基地，屡败官军，因爱上书生王昌平，被官府诱捕，致起义不幸失败。

[0181]

T1447 归莲梦十二回 满文

ᡤᡠᡳ ᠯᡳᠶᠠᠨ ᠮᡝᠩ ᠪᡳᡨᡥᡝ

gui liyan meng bithe

晒印本

十二册

据故宫藏抄本晒印

[0101]

T1448 连城璧十卷 满文

ᠯᡳᠶᠠᠨ ᠴᡝᠩ ᠪᡳ ᠪᡳᡨᡥᡝ

liyan ceng bi bithe

李渔 撰

抄本

开本31厘米×20厘米

十册

李渔（1611—1680），浙江兰溪人，字笠鸿，号笠翁。小说家，出版家。

[0181]

T1449 连城璧十卷 满文

ᠯᡳᠶᠠᠨ ᠴᡝᠩ ᠪᡳ ᠪᡳᡨᡥᡝ

liyan ceng bi bithe

晒印本

十册

据故宫藏抄本晒印

［0101］

T1450 两交婚　满文

ᠯᡳᠶᠠᠩ ᡤᡳᠶᠣᠣ ᡥᡡᠨ ᠪᡳᡨᡥᡝ

liyang giyoo hūn bithe

题 天花藏主人 撰

抄本

开本31厘米×20厘米

存一册（第四册，第七、第八回）

［0181］

T1451 麟儿报十六回　满文

ᠯᡳᠨ ᡝᠯ ᠪᠣᠣ ᠪᡳᡨᡥᡝ

lin el boo bithe

抄本

开本28.6厘米×16厘米

五册

本书为清代中篇小说，书中叙述贫寒卖豆腐之廉氏，因行善获福，儿子廉清金榜高中，奉旨归乡完婚之事。

［0601］

T1452 麟儿报　满文

ᠯᡳᠨ ᡝᠯ ᠪᠣᠣ ᠪᡳᡨᡥᡝ

lin el boo bithe

抄本

开本28.6厘米×16厘米

五册

［W512.2］

T1453 麟儿报　满文

ᠯᡳᠨ ᡝᠯ ᠪᠣᠣ ᠪᡳᡨᡥᡝ

lin el boo bithe

题 天花藏主人 撰

抄本

开本25厘米×21厘米

五册

［W512.1］

T1454 赛红丝十六回　满文

ᠰᠠᡳ ᡥᡡᠩ ᠰᡟ ᠪᡳᡨᡥᡝ

sai hūng sy bithe

题 天花藏主人 撰

抄本

开本31厘米×20厘米

八册

本书系明末清初才子佳人小说，共十六回，写裴宋两家相处融洽、准备结亲，但小人常莪草从中挑拨，经过一番周折，两家终于圆满成亲。

［0181］

T1455 赛红丝十六回 满文

ᠰᠠᡳ ᡥᡡᠩ ᠰᡟ ᠪᡳᡨᡥᡝ

sai hūng sy bithe

晒印本

八册

据故宫藏抄本晒印

[0101]

T1456 玉支玑二十回 满文

ᡳᠣᡳ ᠵᡟ ᡤᡳ ᠪᡳᡨᡥᡝ

ioi jy gi bithe

题 天花藏主人 撰

抄本

开本31厘米×20厘米

十册

本书系明末清初才子佳人小说，共二十回，叙述贫困村塾先生长孙肖以玉支玑为聘礼与侍郎之女管彤秀定婚，并挫败恶少尚书之子卜成仁的多次阻挠，最后终于喜结良缘的故事。

[0181]

T1457 玉支玑二十回 满文

ᡳᠣᡳ ᠵᡟ ᡤᡳ ᠪᡳᡨᡥᡝ

ioi jy gi bithe

晒印本

十册

据故宫藏抄本晒印

[0101]

T1458 玉娇梨二十回 满文

ᡳᠣᡳ ᠵᡳᠶᠣᠣ ᠯᡳ ᠪᡳᡨᡥᡝ

ioi jiyoo li bithe

题 荑荻山人 撰

抄本

开本26.5厘米×21厘米

本书系清初中篇才子佳人小说，述明朝正统年间苏友白和白红玉、卢梦梨的婚姻故事。

[0101]

T1459 玉娇梨二十回 满文

ᡳᠣᡳ ᠵᡳᠶᠣᠣ ᠯᡳ ᠪᡳᡨᡥᡝ

ioi jiyoo li bithe

题 荑荻山人 撰

抄本

开本26.5厘米×21厘米

[W512.2]

T1460 玉娇梨二十回 满文

ᡳᠣᡳ ᠵᡳᠶᠣᠣ ᠯᡳ ᠪᡳᡨᡥᡝ

ioi jiyoo li bithe

题 荑荻山人 撰

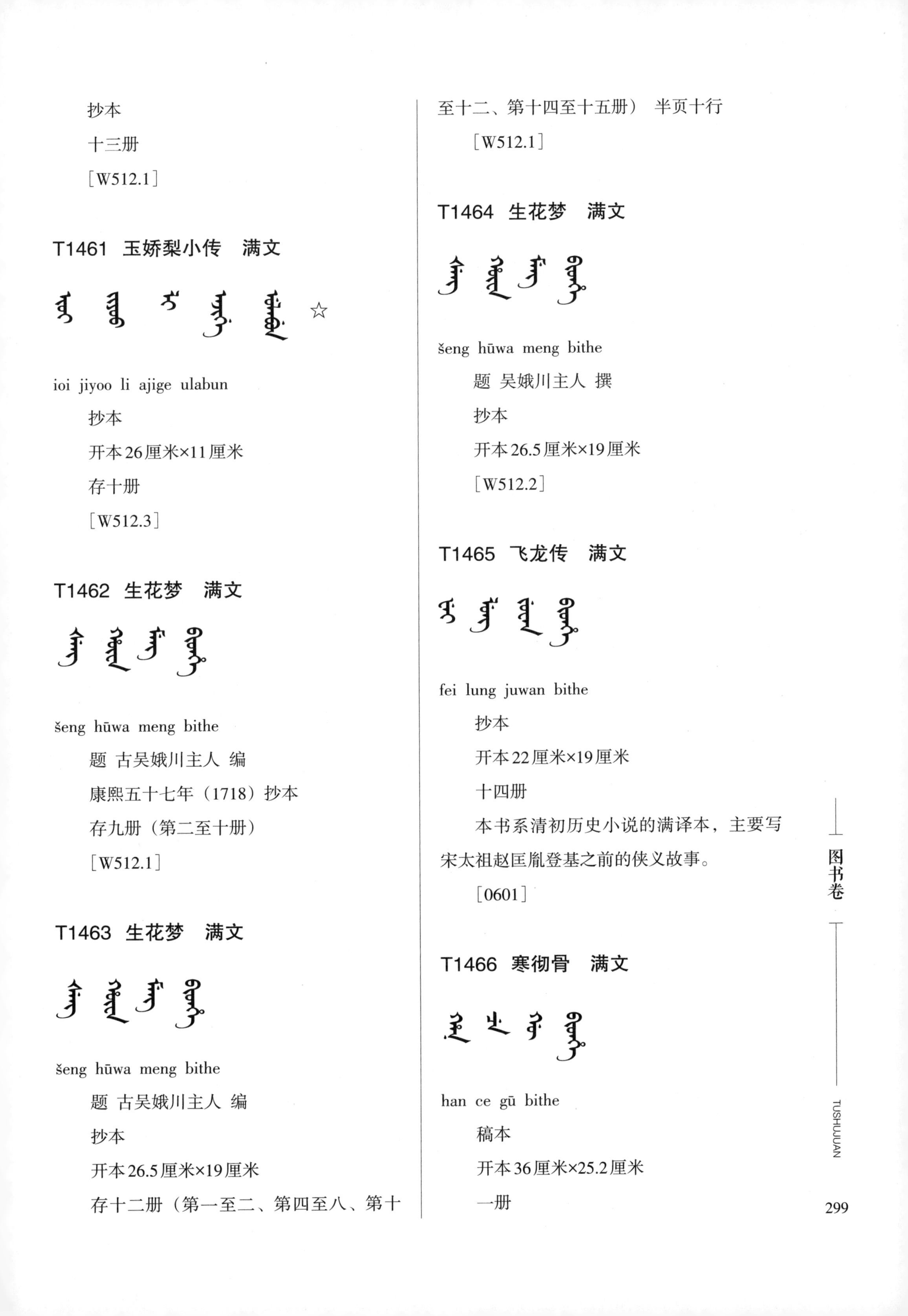

抄本

十三册

[W512.1]

T1461 玉娇梨小传 满文

☆

ioi jiyoo li ajige ulabun

抄本

开本26厘米×11厘米

存十册

[W512.3]

T1462 生花梦 满文

šeng hūwa meng bithe

题 古吴娥川主人 编

康熙五十七年（1718）抄本

存九册（第二至十册）

[W512.1]

T1463 生花梦 满文

šeng hūwa meng bithe

题 古吴娥川主人 编

抄本

开本26.5厘米×19厘米

存十二册（第一至二、第四至八、第十至十二、第十四至十五册） 半页十行

[W512.1]

T1464 生花梦 满文

šeng hūwa meng bithe

题 吴娥川主人 撰

抄本

开本26.5厘米×19厘米

[W512.2]

T1465 飞龙传 满文

fei lung juwan bithe

抄本

开本22厘米×19厘米

十四册

本书系清初历史小说的满译本，主要写宋太祖赵匡胤登基之前的侠义故事。

[0601]

T1466 寒彻骨 满文

han ce gū bithe

稿本

开本36厘米×25.2厘米

一册

［0181］

T1467 生绡剪二十则　满文

šeng hiyoo giyan bithe

题 集芙主人 撰

晒印本

开本30.5厘米×19.3厘米

十册

据故宫藏本晒印

本书为清代短篇小说集，共十八回，每回叙一事，作品主人公涉及县官、僧道、村妇、闺秀、地主、长工等各色人物，反映世态炎凉、人情变故，其宗旨有“劝诫”主张，含有因果报应思想。

［0101］

T1468 二度梅六卷　满文

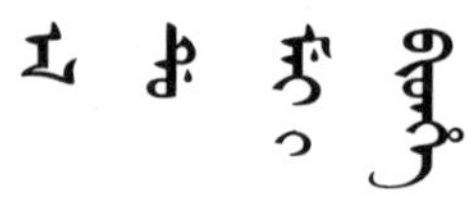

el du mei i bithe

抄本

六册

本书又有《二度梅全传》等名，主要叙述唐朝大臣梅奎之子梅良玉与陈杏元的爱情故事，二人屡经磨难，最终功德圆满、喜结良缘。

根据现有资料，一说编者为惜荫堂主人，另一说编者为天花主人，待考证。

［0168］

T1469 章紫梅　满文

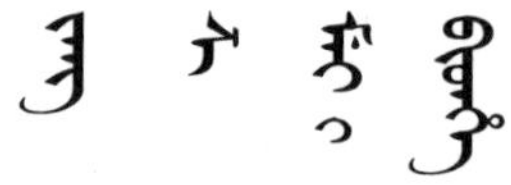

jang dzi mei i bithe

抄本

一册

本书名又译作《南京张子梅传》。

［W512.1］［W512.4］

T1470 成吉思汗传　满文

cengjis han i ulabun

光绪十年（1884）抄本

开本21.3厘米×18.8厘米

一册

［0661］

T1471 成吉思汗传略　满蒙文

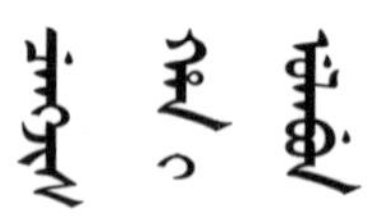 ☆

cengjis han i ulabun

抄本

开本21.3厘米×11.5厘米

一册

此书所载为成吉思汗的民间传说，书中个别段落有蒙古文。

［0601］

T1472 尼山萨满　满文

ᠨᡳᡧᠠᠨ ᠰᠠᠮᠠᠨ ᡳ ᠪᡳᡨᡥᡝ

nišan saman i bithe

光绪三十四年（1908）抄本

开本21.8厘米×17厘米

二册

本书内容系满族古老神话传说，描述神通广大的女萨满尼山历尽艰辛、夺魂救人的故事，语言生动，是为数不多的满文原创性作品之一，极具研究价值。

［W512.1］

T1473 尼山萨满　满文

ᠨᡳᡧᠠᠨ ᠰᠠᠮᠠᠨ ᡳ ᠪᡳᡨᡥᡝ

nišan saman i bithe

抄本

开本22.2厘米×19厘米

一册

［0168］

T1474 尼山萨满　满文

ᠨᡳᡧᠠᠨ ᠰᠠᠮᠠᠨ ᡳ ᠪᡳᡨᡥᡝ

nišan saman i bithe

抄本

开本22.2厘米×19厘米

一册

［W512.2］

T1475 尼山萨满　满文

ᠨᡳᡧᠠᠨ ᠰᠠᠮᠠᠨ ᡳ ᠪᡳᡨᡥᡝ

nišan saman i bithe

抄本

开本22.2厘米×19厘米

一册

［W561.1］

T1476 尼山萨满　满俄合璧

ᠨᡳᡧᠠᠨ ᠰᠠᠮᠠᠨ ᡳ ᠪᡳᡨᡥᡝ

nišan saman i bithe

据1961年莫斯科本复印

［W561.1］

T1477 三教同理小说　满文

ᡳᠯᠠᠨ ᡨᠠᠴᡳᡴᡡᡳ ᡠᡥᡝᡵᡳ ᡩᠣᡵᠣ ᡳ ᠠᠵᡳᡤᡝ ᠵᡠᠯᡝᠨ

ilan tacikūi uheri doro i ajige julen

题 dergi u gi bai ci lo xeng 译

抄本

开本27厘米×18.5厘米

四十三册（存三卷）

本书从有关儒、释、道三教文章中各选取一篇，以阐明三教均以扬善抑恶、因果报应为宗旨。

本书包括：

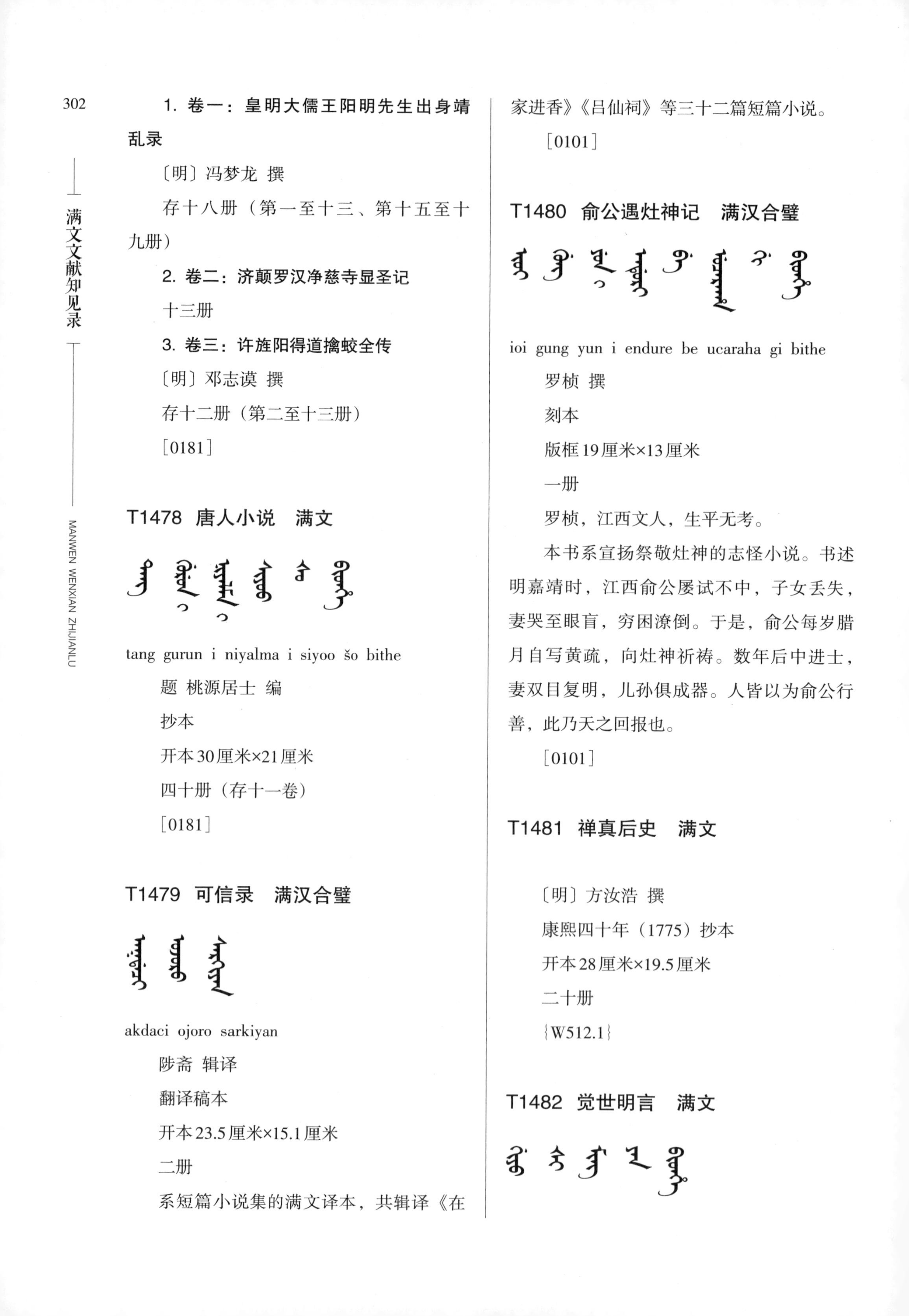

1. 卷一：皇明大儒王阳明先生出身靖乱录

〔明〕冯梦龙 撰

存十八册（第一至十三、第十五至十九册）

2. 卷二：济颠罗汉净慈寺显圣记

十三册

3. 卷三：许旌阳得道擒蛟全传

〔明〕邓志谟 撰

存十二册（第二至十三册）

［0181］

T1478 唐人小说 满文

tang gurun i niyalma i siyoo šo bithe

题 桃源居士 编

抄本

开本30厘米×21厘米

四十册（存十一卷）

［0181］

T1479 可信录 满汉合璧

akdaci ojoro sarkiyan

陟斋 辑译

翻译稿本

开本23.5厘米×15.1厘米

二册

系短篇小说集的满文译本，共辑译《在家进香》《吕仙祠》等三十二篇短篇小说。

［0101］

T1480 俞公遇灶神记 满汉合璧

ioi gung yun i endure be ucaraha gi bithe

罗桢 撰

刻本

版框19厘米×13厘米

一册

罗桢，江西文人，生平无考。

本书系宣扬祭敬灶神的志怪小说。书述明嘉靖时，江西俞公屡试不中，子女丢失，妻哭至眼盲，穷困潦倒。于是，俞公每岁腊月自写黄疏，向灶神祈祷。数年后中进士，妻双目复明，儿孙俱成器。人皆以为俞公行善，此乃天之回报也。

［0101］

T1481 禅真后史 满文

〔明〕方汝浩 撰

康熙四十年（1775）抄本

开本28厘米×19.5厘米

二十册

{W512.1}

T1482 觉世明言 满文

giyo ši ming yan bithe

李渔 撰

抄本

开本31厘米×20.5厘米

存一册

此书又名《十二楼》，所存为其中第四种，名《夏宜楼》。

［0181］

T1483 满文神话故事　满文

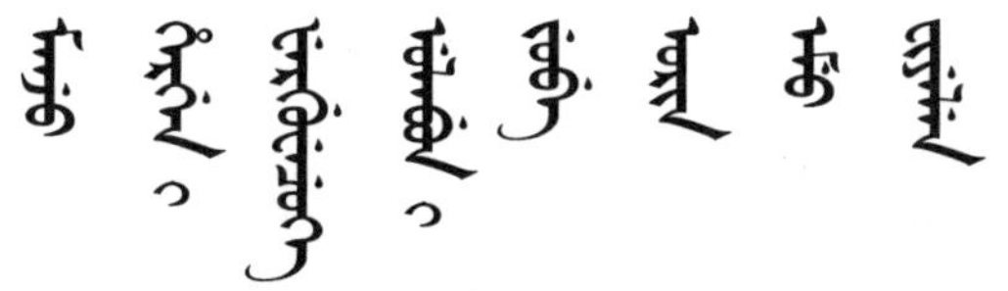 ☆

manju hergen i ferguwecuke ulabun i jube orin emu fiyelen

抄本

开本27.4厘米×20厘米

一册

［0181］

T1484 英烈传　满文

yeng liye juwan bithe

〔明〕徐渭 撰

抄本

开本24.5厘米×20厘米

存五册（第三、第六至七、第九、第十三册）

徐渭，明中期文学家、戏曲家。

［W512.1］

T1485 英烈传　满文

yeng liye juwan bithe

抄本

开本28厘米×19厘米

四册

［W512.3］

T1486 铁冠图全传　满文

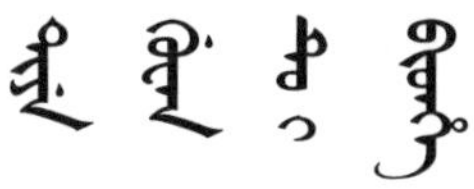

tiye guwan tu i bithe

题 松滋山人 著

抄本

十八册 第一至第十二册半页九行 第十三至第十八册半页十行

［W512.3］

T1487 唐人说荟　满文

tang gurun i siyoo šo bithe

陈世熙 著

抄本

开本29厘米×20厘米

十三册 半页九行

［W512.3］

T1488 孙庞演义 满文

sun pang i bithe

抄本

开本26厘米×21厘米

八册

[W512.3]

T1489 巧联珠 满文

ciyoo liyan ju i bithe

抄本

开本27厘米×18厘米

八册

[W565.1]

T1490 金云翘传 满文

jin yūn ciyoo i bithe

题 青心才人 撰

抄本

开本26厘米×20厘米

八册 半页十行

[W512.1]

T1491 精译六才子词 汉满合璧

narhūšame ubaliyambuha lu tsai dzi sy

〔元〕王实甫 撰

刘顺 译校

康熙四十七年（1708）寄畅斋刻本

版框44.5厘米×15.5厘米

四册

王实甫，生卒不详，元大都（今北京）人，名德信，剧作家。

此书仅译《西厢记》中曲文部分，汉文列上、满文列下刻印。

[0150] [W512.1]

T1492 西厢记 满汉合璧

si siyang gi bithe

〔元〕王实甫 撰

康熙四十九年（1710）文盛堂刻本

版框16厘米×12厘米

四册

[0101] [0102] [0141] [0150] [0185] [0186] [0187] [0201] [0601] [0641] [0642] [0701] [0703] [W311.1] [W313.1] [W313.2] [W512.1] [W512.3] [W512.4] [W561.1] [W565.1] [W712.1] [W712.2]

T1493 西厢记 满汉合璧

ᠰᡳ ᠰᡳᠶᠠᠩ ᡤᡳ ᠪᡳᡨᡥᡝ

si siyang gi bithe

康熙四十九年（1710）刻本

存三册

［W512.2］

T1494 西厢记 满文

ᠰᡳ ᠰᡳᠶᠠᠩ ᡤᡳ ᠪᡳᡨᡥᡝ

si siyang gi bithe

刻本

版框21厘米×14.5厘米

存一册 半页十行

［0150］

T1495 西厢记 满汉合璧

ᠰᡳ ᠰᡳᠶᠠᠩ ᡤᡳ ᠪᡳᡨᡥᡝ

si siyang gi bithe

〔元〕王实甫 撰

题 长白齐侵署初氏 译

贯华堂抄本

四册

本书卷首有译者雍正六年（1726）所写《叙翻译西厢记原委》。

［W516.1］

T1496 西厢记 满汉合璧

ᠰᡳ ᠰᡳᠶᠠᠩ ᡤᡳ ᠪᡳᡨᡥᡝ

si siyang gi bithe

嘉庆元年（1796）抄本

开本25.3厘米×18厘米

四册

［0102］

T1497 西厢记 满汉合璧

ᠰᡳ ᠰᡳᠶᠠᠩ ᡤᡳ ᠪᡳᡨᡥᡝ

si siyang gi bithe

抄本

开本22.6厘米×15厘米

四册

［0101］［0102］

T1498 西厢记诗 满汉对照

ᠰᡳ ᡥᡳᠶᠠᠩ ᠵᡳᡳ ᡳᡵᡤᡝᠪᡠᠨ ᠪᡳᡨᡥᡝ

si hiyang ji i irgebun bithe

抄本

18.3厘米×13.1厘米

一册

本书前半部分抄录《西厢记》中的诗词，并附《红楼梦》人物简介，后半部分抄录满汉对照词汇。

［0703］

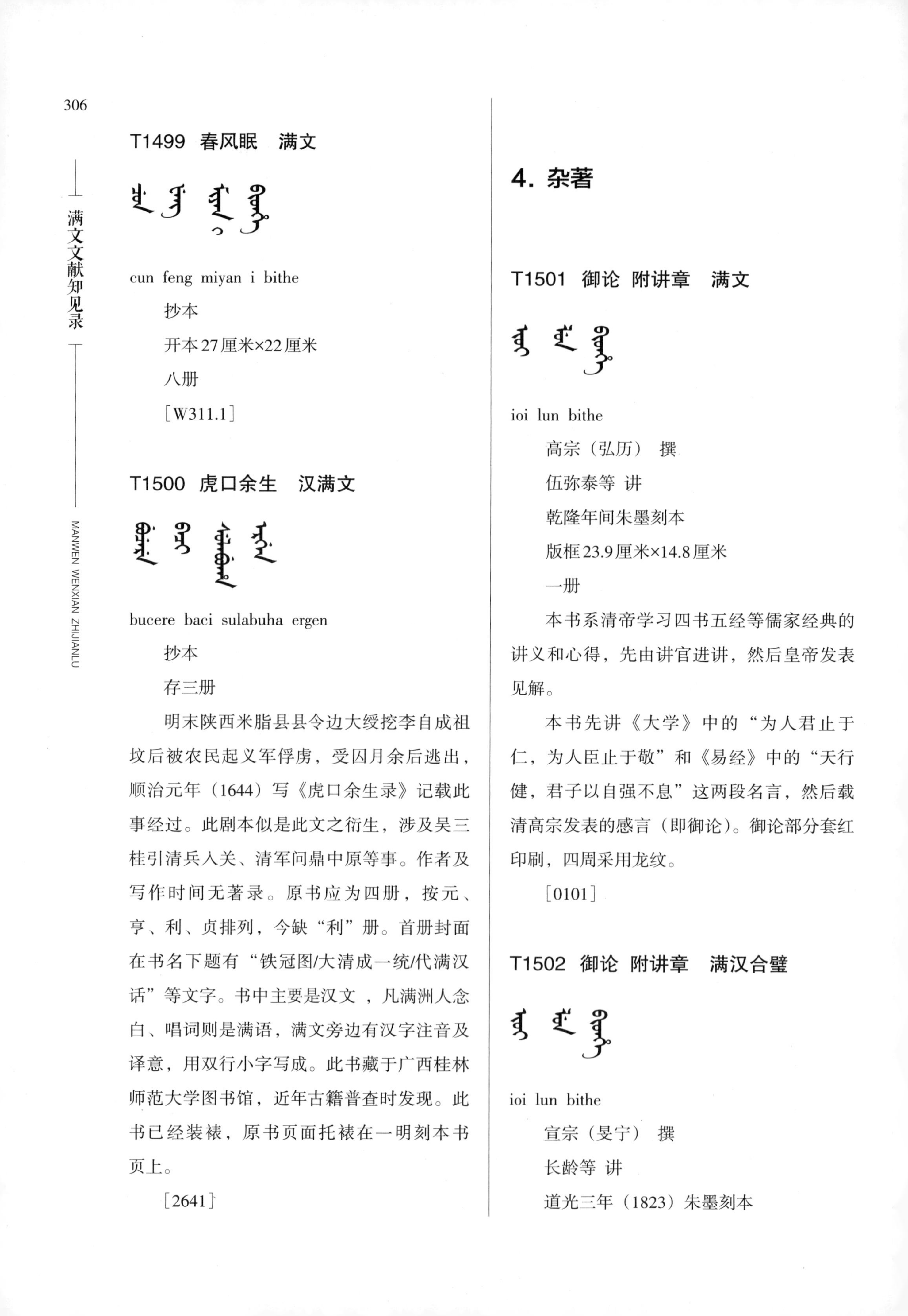

T1499 春风眠 满文

cun feng miyan i bithe

抄本

开本27厘米×22厘米

八册

[W311.1]

T1500 虎口余生 汉满文

bucere baci sulabuha ergen

抄本

存三册

明末陕西米脂县县令边大绶挖李自成祖坟后被农民起义军俘虏，受囚月余后逃出，顺治元年（1644）写《虎口余生录》记载此事经过。此剧本似是此文之衍生，涉及吴三桂引清兵入关、清军问鼎中原等事。作者及写作时间无著录。原书应为四册，按元、亨、利、贞排列，今缺“利”册。首册封面在书名下题有“铁冠图/大清成一统/代满汉话”等文字。书中主要是汉文，凡满洲人念白、唱词则是满语，满文旁边有汉字注音及译意，用双行小字写成。此书藏于广西桂林师范大学图书馆，近年古籍普查时发现。此书已经装裱，原书页面托裱在一明刻本书页上。

[2641]

4. 杂著

T1501 御论 附讲章 满文

ioi lun bithe

高宗（弘历） 撰

伍弥泰等 讲

乾隆年间朱墨刻本

版框23.9厘米×14.8厘米

一册

本书系清帝学习四书五经等儒家经典的讲义和心得，先由讲官进讲，然后皇帝发表见解。

本书先讲《大学》中的“为人君止于仁，为人臣止于敬”和《易经》中的“天行健，君子以自强不息”这两段名言，然后载清高宗发表的感言（即御论）。御论部分套红印刷，四周采用龙纹。

[0101]

T1502 御论 附讲章 满汉合璧

ioi lun bithe

宣宗（旻宁） 撰

长龄等 讲

道光三年（1823）朱墨刻本

版框24.1厘米×14.7厘米

一册

清宣宗（1782—1850），爱新觉罗氏，名旻宁，清仁宗（颙琰）之次子。年号道光，在位三十年，谥号成皇帝，庙号宣宗。

本书先讲《大学》中的“欲修其身者，先正其心；欲正其心者，先诚其意”和《书经》中的“惟精惟一，允执厥中”这两段名言，然后载清宣宗御论。

[0101]

T1503 御论 附讲章 满汉合璧

ᡳᠣᡳ ᠯᡠᠨ ᠪᡳᡨᡥᡝ

ioi lun bithe

文宗（奕詝） 撰

裕诚等 讲

咸丰三年（1853）朱墨刻本

版框24.4厘米×14.7厘米

一册

清文宗（1831—1861），爱新觉罗氏，名奕詝，清宣宗（旻宁）第四子。年号咸丰，在位十一年，谥号显皇帝，庙号文宗。

本书先讲《中庸》中的“致中和，天地位焉，万物育焉”和《书经》中的“惟天无亲，克敬惟亲。民罔常怀，怀于有仁”这两段名言，然后载清文宗御论。

[0101] [0141] [0703]

T1504 御论 附讲章 满汉合璧

ᡳᠣᡳ ᠯᡠᠨ ᠪᡳᡨᡥᡝ

ioi lun bithe

文宗（奕詝）撰

咸丰三年（1853）刻本

十五册

[0150]

T1505 御论 附讲章 满汉合璧

ᡳᠣᡳ ᠯᡠᠨ ᠪᡳᡨᡥᡝ

ioi lun bithe

开本31厘米×19.5厘米

一册

[W313.2]

T1506 考试题 满汉合璧

ᡨᡠᡴᡨᠠᠨ ᠮᡠᡩᠠᠨ ᡠᠪᠠᠯᡳᠶᠠᠮᠪᡠᡵᡝ ᠪᡳᡨᡥᡝᠰᡳ ᠪᡝ ᠰᡳᠮᠨᡝᡥᡝ ᡨᡳᠮᡠ

tuktan mudan ubaliyambure bithesi be simnehe timu

刻本

一册

本书内容为翻译笔帖式之考试题录。

[0243] [W313.2] [W712.1]

T1507 考试题四卷　满汉合璧

ᠰᡳᠮᠨᡝᡥᡝ ᠵᠣᡵᡳᠩᡤᠠ ᠪᡳᡨᡥᡝ

simnehe joringga bithe

致中堂抄本

开本28.2厘米×14.2厘米

四册

［0703］

T1508 试策法程　满汉合璧

ᠰᡳᠮᠨᡝᡥᡝ ᠪᠣᡩᠣᠨ ᡳ ᡩᡠᡵᡠᠨ ᡴᡝᠮᡠᠨ ᡳ ᠪᡳᡨᡥᡝ

simnehe bodon i durun kemun i bithe

乾隆二十九年（1764）崧云氏、刘坦之抄本

四册

本书为清代科举考试策论的参考书籍。

［0703］

T1509 试策法程　满汉合璧

ᠰᡳᠮᠨᡝᡥᡝ ᠪᠣᡩᠣᠨ ᡳ ᡩᡠᡵᡠᠨ ᡴᡝᠮᡠᠨ ᡳ ᠪᡳᡨᡥᡝ

simnehe bodon i durun kemun i bithe

抄本

一册

［2501］

T1510 试策法程　满文

ᠰᡳᠮᠨᡝᡥᡝ ᠪᠣᡩᠣᠨ ᡳ ᡩᡠᡵᡠᠨ ᡴᡝᠮᡠᠨ ᡳ ᠪᡳᡨᡥᡝ

simnehe bodon i durun kemun i bithe

抄本

开本25.4厘米×17厘米

八册

［0181］

T1511 试策法程　满文

ᠰᡳᠮᠨᡝᡥᡝ ᠪᠣᡩᠣᠨ ᡳ ᡩᡠᡵᡠᠨ ᡴᡝᠮᡠᠨ ᡳ ᠪᡳᡨᡥᡝ

simnehe bodon i durun kemun i bithe

崧云、刘坦之 撰

开本27厘米×17.5厘米

八册

［W313.2］

T1512 近科试策法程六卷　满文

ᡥᠠᠨᠴᡳᡴᡳ ᠠᠨᡳᠶᠠᡳ ᠰᡳᠮᠨᡝᡥᡝ ᠪᠣᡩᠣᠨ ᡳ ᡩᡠᡵᡠᠨ ᡴᡝᠮᡠᠨ ᡳ ᠪᡳᡨᡥᡝ

hanciki aniyai simnehe bodon i durun kemun i bithe

抄本

开本25.7厘米×17.4厘米

六册六卷

本书为清代科举考试策论的参考书籍。六卷，每卷分别收入有关专题文章若干篇，分《经学》《舆地》《廿一史》《三礼》《军

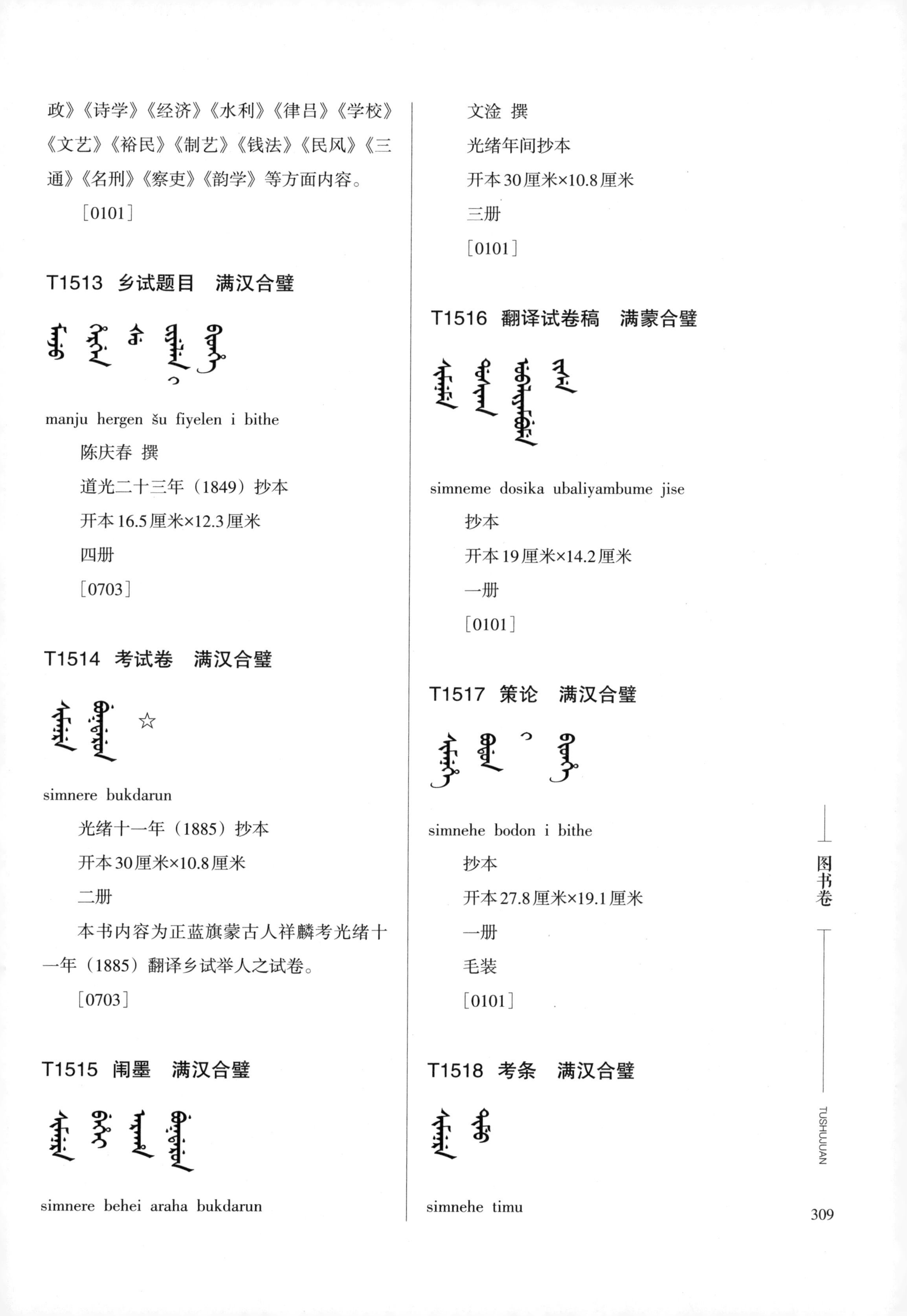

政》《诗学》《经济》《水利》《律吕》《学校》《文艺》《裕民》《制艺》《钱法》《民风》《三通》《名刑》《察吏》《韵学》等方面内容。

［0101］

T1513 乡试题目　满汉合璧

manju hergen šu fiyelen i bithe

陈庆春 撰

道光二十三年（1849）抄本

开本16.5厘米×12.3厘米

四册

［0703］

T1514 考试卷　满汉合璧

☆

simnere bukdarun

光绪十一年（1885）抄本

开本30厘米×10.8厘米

二册

本书内容为正蓝旗蒙古人祥麟考光绪十一年（1885）翻译乡试举人之试卷。

［0703］

T1515 闱墨　满汉合璧

simnere behei araha bukdarun

文淦 撰

光绪年间抄本

开本30厘米×10.8厘米

三册

［0101］

T1516 翻译试卷稿　满蒙合璧

simneme dosika ubaliyambume jise

抄本

开本19厘米×14.2厘米

一册

［0101］

T1517 策论　满汉合璧

simnehe bodon i bithe

抄本

开本27.8厘米×19.1厘米

一册

毛装

［0101］

T1518 考条　满汉合璧

simnehe timu

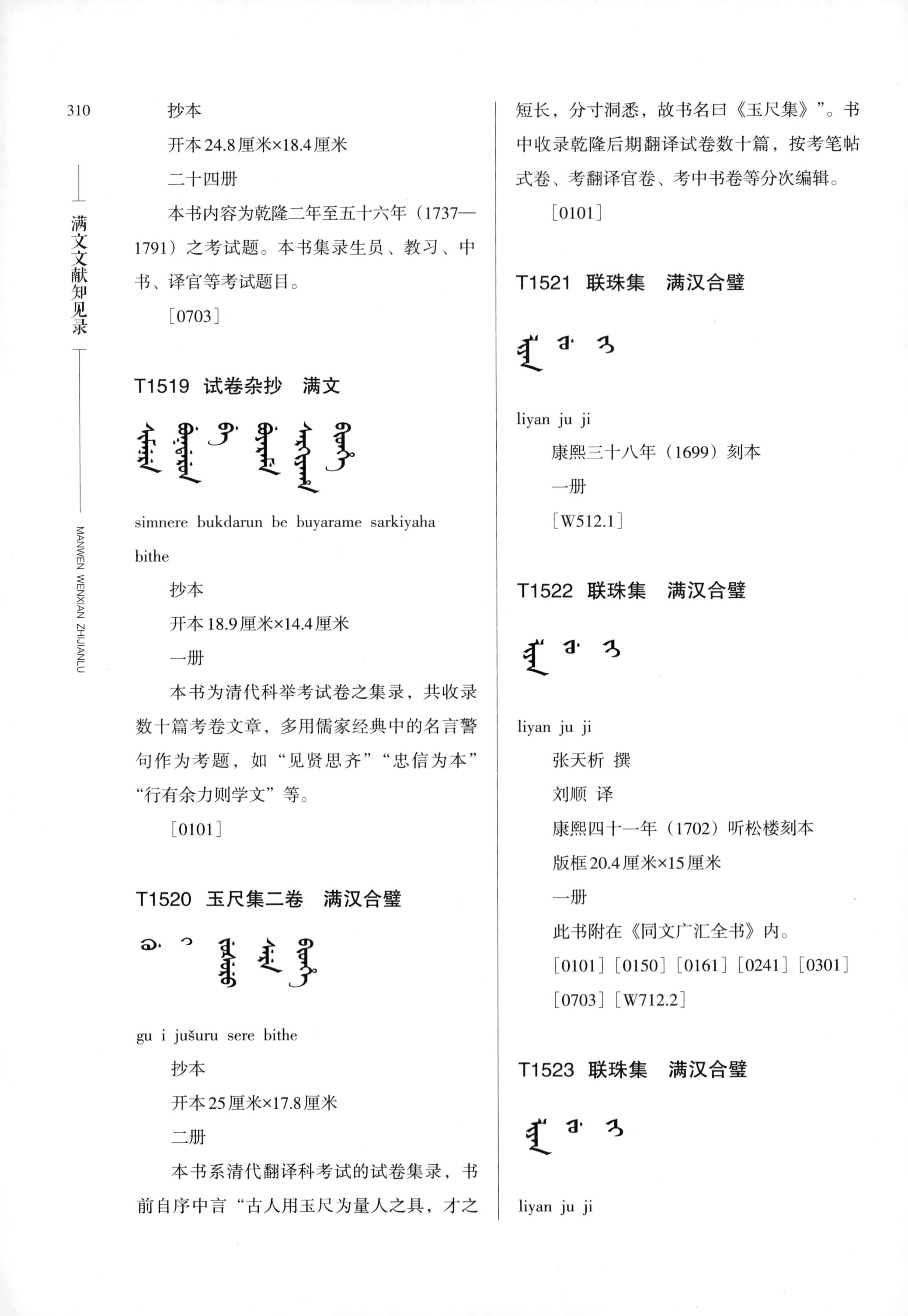

抄本

开本24.8厘米×18.4厘米

二十四册

本书内容为乾隆二年至五十六年（1737—1791）之考试题。本书集录生员、教习、中书、译官等考试题目。

［0703］

T1519 试卷杂抄 满文

simnere bukdarun be buyarame sarkiyaha bithe

抄本

开本18.9厘米×14.4厘米

一册

本书为清代科举考试卷之集录，共收录数十篇考卷文章，多用儒家经典中的名言警句作为考题，如“见贤思齐”“忠信为本”“行有余力则学文”等。

［0101］

T1520 玉尺集二卷 满汉合璧

gu i jušuru sere bithe

抄本

开本25厘米×17.8厘米

二册

本书系清代翻译科考试的试卷集录，书前自序中言“古人用玉尺为量人之具，才之短长，分寸洞悉，故书名曰《玉尺集》”。书中收录乾隆后期翻译试卷数十篇，按考笔帖式卷、考翻译官卷、考中书卷等分次编辑。

［0101］

T1521 联珠集 满汉合璧

liyan ju ji

康熙三十八年（1699）刻本

一册

［W512.1］

T1522 联珠集 满汉合璧

liyan ju ji

张天析 撰

刘顺 译

康熙四十一年（1702）听松楼刻本

版框20.4厘米×15厘米

一册

此书附在《同文广汇全书》内。

［0101］［0150］［0161］［0241］［0301］［0703］［W712.2］

T1523 联珠集 满汉合璧

liyan ju ji

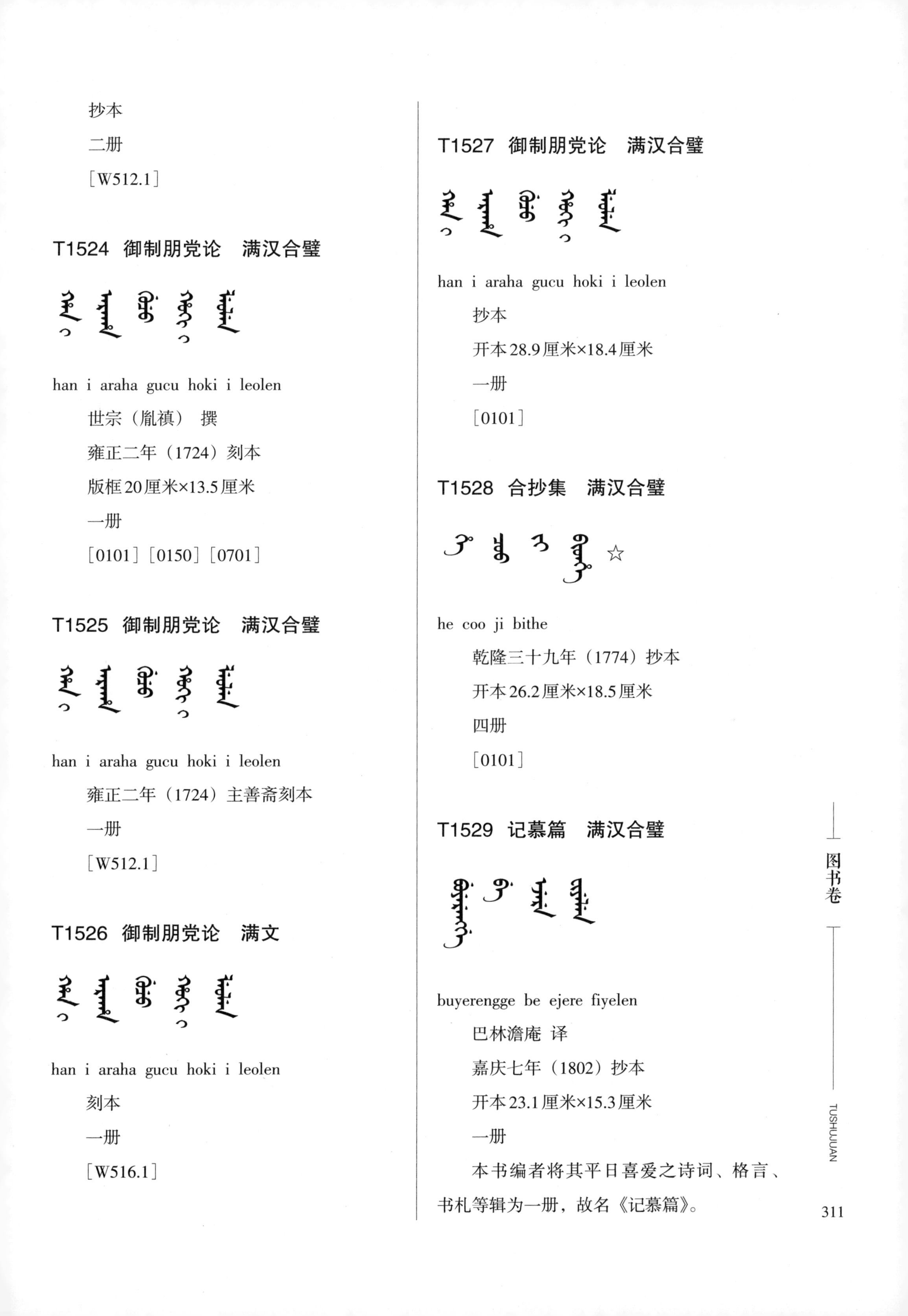

抄本

二册

［W512.1］

T1524 御制朋党论 满汉合璧

han i araha gucu hoki i leolen

世宗（胤禛） 撰

雍正二年（1724）刻本

版框20厘米×13.5厘米

一册

［0101］［0150］［0701］

T1525 御制朋党论 满汉合璧

han i araha gucu hoki i leolen

雍正二年（1724）主善斋刻本

一册

［W512.1］

T1526 御制朋党论 满文

han i araha gucu hoki i leolen

刻本

一册

［W516.1］

T1527 御制朋党论 满汉合璧

han i araha gucu hoki i leolen

抄本

开本28.9厘米×18.4厘米

一册

［0101］

T1528 合抄集 满汉合璧

☆

he coo ji bithe

乾隆三十九年（1774）抄本

开本26.2厘米×18.5厘米

四册

［0101］

T1529 记慕篇 满汉合璧

buyerengge be ejere fiyelen

巴林澹庵 译

嘉庆七年（1802）抄本

开本23.1厘米×15.3厘米

一册

本书编者将其平日喜爱之诗词、格言、书札等辑为一册，故名《记慕篇》。

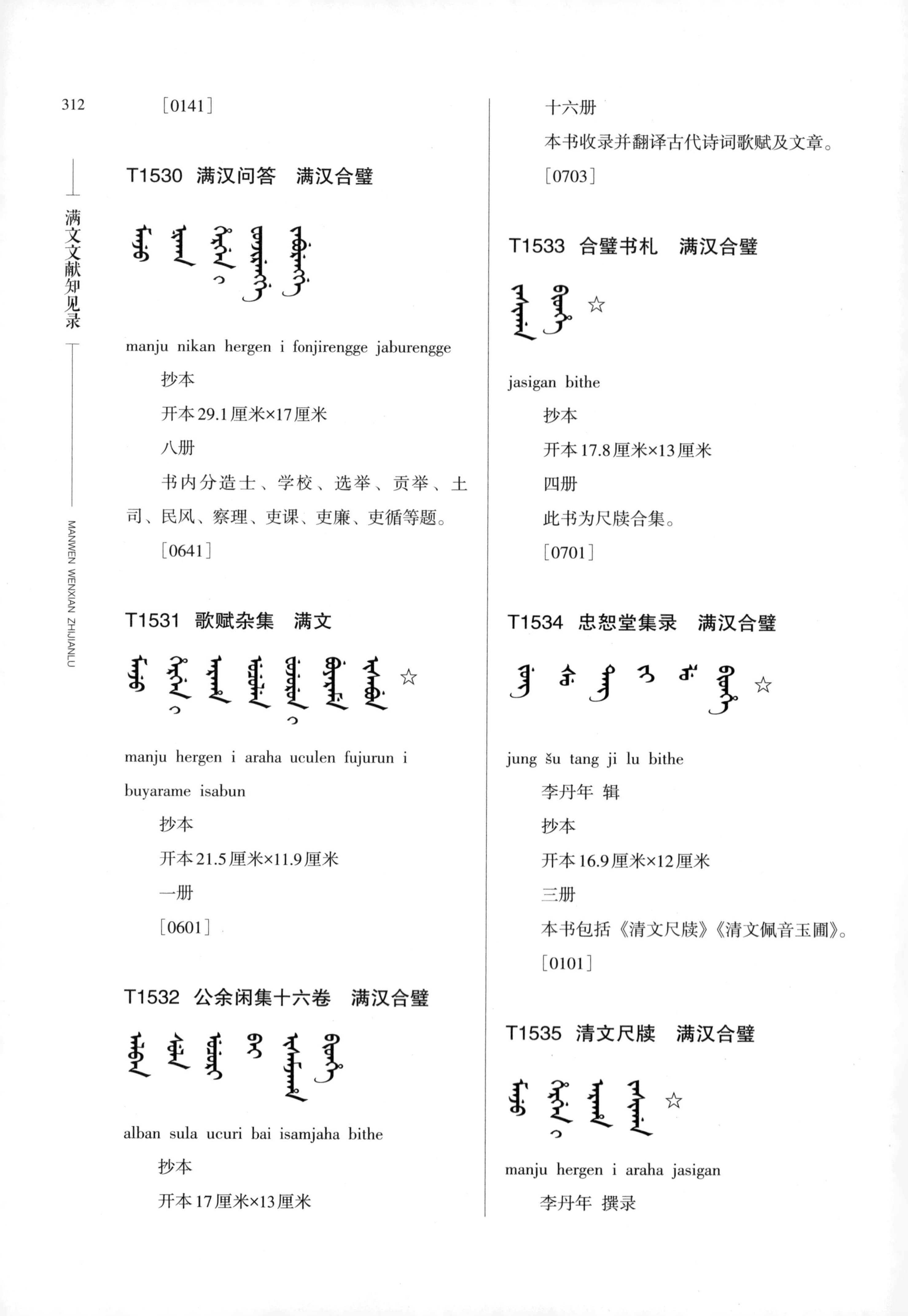

［0141］

T1530 满汉问答 满汉合璧

manju nikan hergen i fonjirengge jaburengge

抄本

开本29.1厘米×17厘米

八册

书内分造士、学校、选举、贡举、土司、民风、察理、吏课、吏廉、吏循等题。

［0641］

T1531 歌赋杂集 满文

☆

manju hergen i araha uculen fujurun i buyarame isabun

抄本

开本21.5厘米×11.9厘米

一册

［0601］

T1532 公余闲集十六卷 满汉合璧

alban sula ucuri bai isamjaha bithe

抄本

开本17厘米×13厘米

十六册

本书收录并翻译古代诗词歌赋及文章。

［0703］

T1533 合璧书札 满汉合璧

☆

jasigan bithe

抄本

开本17.8厘米×13厘米

四册

此书为尺牍合集。

［0701］

T1534 忠恕堂集录 满汉合璧

☆

jung šu tang ji lu bithe

李丹年 辑

抄本

开本16.9厘米×12厘米

三册

本书包括《清文尺牍》《清文佩音玉圃》。

［0101］

T1535 清文尺牍 满汉合璧

☆

manju hergen i araha jasigan

李丹年 撰录

抄本

开本16.9厘米×12.1厘米

一册

本书系《忠恕堂集录》之一。辑入给杭州将军明俊、黑龙江将军观明、宁夏将军兴奎等人的满文信札共四十一件。

［0101］

T1536 尺牍 满汉合璧

ᠵᠠᠰᡳᡤᠠᠨ ᠪᡳᡨᡥᡝ

jasigan bithe

抄本

开本24.5厘米×17.6厘米

四册

本书系讲解书信用语的著作，内容包括祝贺、问候、感谢、请示、叙旧等各种信函的表达方式和常用词语，并各以十数封信函为例。

［0101］

T1537 清文论 满文

ᠴᡳᠩ ᠸᡝᠨ ᠯᡠᠨ

cing wen lun

抄本

开本19.3厘米×14.5厘米

一册

本书以四书及诸子书中有关名言警句为题进行论述，阐明修身律己之伦理，共辑入四十八篇文章。

［0101］

T1538 圣教序 满汉合璧

ᡝᠨᡩᡠᡵᡳᠩᡤᡝ ᡨᠠᠴᡳᡥᡳᠶᠠᠨ ᡳ ᡧᡠᡨᡠᠴᡳᠨ

enduringge tacihiyan i šutucin

〔唐〕李世民 撰

抄本

开本21.6厘米×12.7厘米

一册

李世民（599—649），唐朝皇帝，李渊之次子，年号贞观，庙号太宗。

本书全名《大唐三藏圣教序》，系唐太宗应玄奘之请而作，主要叙述玄奘一行历经磨难至西天取经及在中土翻译经文之事，是歌功颂德之作。

［0101］［0181］

T1539 圣教序 满汉合璧

ᡝᠨᡩᡠᡵᡳᠩᡤᡝ ᡨᠠᠴᡳᡥᡳᠶᠠᠨ ᡳ ᡧᡠᡨᡠᠴᡳᠨ

enduringge tacihiyan i šutucin

晒印本

一册

据故宫藏抄本晒印

［0101］

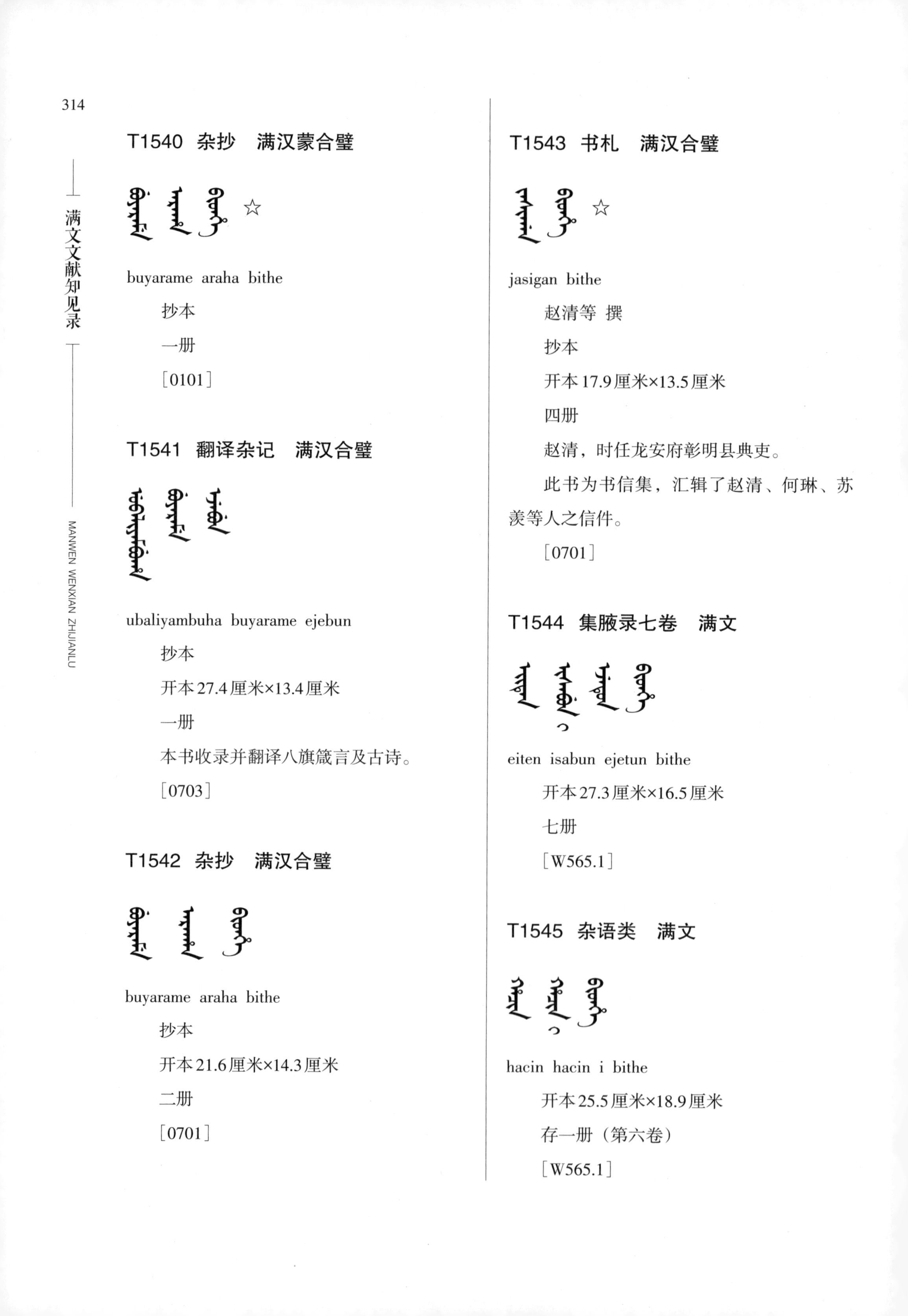

T1540 杂抄 满汉蒙合璧

☆

buyarame araha bithe

抄本

一册

［0101］

T1541 翻译杂记 满汉合璧

ubaliyambuha buyarame ejebun

抄本

开本27.4厘米×13.4厘米

一册

本书收录并翻译八旗箴言及古诗。

［0703］

T1542 杂抄 满汉合璧

buyarame araha bithe

抄本

开本21.6厘米×14.3厘米

二册

［0701］

T1543 书札 满汉合璧

☆

jasigan bithe

赵清等 撰

抄本

开本17.9厘米×13.5厘米

四册

赵清，时任龙安府彰明县典吏。

此书为书信集，汇辑了赵清、何琳、苏羡等人之信件。

［0701］

T1544 集腋录七卷 满文

eiten isabun ejetun bithe

开本27.3厘米×16.5厘米

七册

［W565.1］

T1545 杂语类 满文

hacin hacin i bithe

开本25.5厘米×18.9厘米

存一册（第六卷）

［W565.1］

T1546 满汉碑文祭集　汉满合璧

ᠮᠠᠨᠵᡠ ᠨᡳᡴᠠᠨ ᡥᡝᡵᡤᡝᠨ ᡳ ᡝᠯᡩᡝᠩᡤᡝ ᠸᡝᡥᡝ ᠵᠠᡳ ᠸᡝᠴᡝᡵᡝ ᠪᡳᡨᡥᡝ

manju nikan hergen i eldengge wehe jai wecere bithe

抄本

开本25.1厘米×19.7厘米

一册

本书为清代公主、王公、官吏、各省贤良的碑文、祭文合集。汉满文分列，汉文在前，满文在后。

[0703]

T1547 御制清凉山碑文　满文

ᡥᠠᠨ ᡳ ᠠᡵᠠᡥᠠ ᠴᡳᠩ ᠯᡳᠶᠠᠩ ᡧᠠᠨ ᠠᠯᡳᠨ ᡳ ᡝᠯᡩᡝᠩᡤᡝ ᠸᡝᡥᡝ ᡳ ᠪᡳᡨᡥᡝ

han i araha cing liyang šan alin i eldengge wehe i bithe

阿旺罗布臧 辑

抄本

开本28.1厘米×22厘米

一册

本书内容系顺治十八年（1661）五月五台山喇嘛阿旺罗布臧抄录的碑文、牌匾及诗歌等。

[0703]

T1548 红楼梦论　满汉合璧

ᡥᠣᠩ ᠯᡝᠣ ᠮᡝᠩ ᠰᡝᡵᡝ ᠪᡳᡨᡥᡝ ᠯᡝᠣᠯᡝᠨ

hong leo meng sere bithe leolen

徐瀛 撰

海玉 译

道光十六年（1836）抄本

一册

[W516.1]

T1549 红楼梦论赞　满汉合璧

ᡥᠣᠩ ᠯᡝᠣ ᠮᡝᠩ ᠰᡝᡵᡝ ᠪᡳᡨᡥᡝ ᠯᡝᠣᠯᡝᠨ ᠮᠠᡴᡨᠠᠴᡠᠨ

hong leo meng sere bithe leolen maktacun

徐瀛 撰

海玉 译

抄本

二册

本书共收录《红楼梦》中七十四人之赞文。

[W516.1]

T1550 红楼梦问答　满汉合璧

ᡥᡠᠩ ᠯᡝᠣ ᠮᡝᠩ ᠰᡝᡵᡝ ᠪᡳᡨᡥᡝ ᠪᡝ ᡶᠣᠨᠵᡳᡵᡝ ᠵᠠᠪᡠᡥᠠᠩᡤᡝ

hung leo meng sere bithe be fonjire jabuhangge

徐瀛 撰

海玉 译

抄本

一册

本书收录《红楼梦》问答二十则及跋二篇。

［W516.1］

T1551 闲窗录梦五卷 满文

穆齐贤 撰

稿本

开本16.9厘米×13厘米

五册

《闲窗录梦》为满文日记，藏于日本大阪大学附属图书馆箕面分馆（原大阪外国语大学图书馆），作者经考证为穆齐贤，日记记事起自道光八年（1828）元旦，讫于道光十五年（1835）六月二十七日。此书对了解十九世纪中期北京的社会经济、文化生活及风俗习惯、民族关系等方面具有重要的史料价值。此书为孤本，是为数不多的满文原创性作品，具有较高的历史价值及语言研究价值，已由中央民族大学赵令志教授和关康译为汉文，2011年由中央民族大学出版社出版，并将日记原稿进行影印收入附录。

｛W313.5｝

T1552 恩家日记 满汉文

ᡝᠨ ᠵᡳᠶᠠ ᡳ ᠠᡵᠠᡥᠠ ᡳᠨᡝᠩᡤᡳ ᡝᠵᡝᠪᡠᠨ ☆

en jiya i araha inenggi ejebun

光绪稿本

开本26.3厘米×18.3厘米

二册

毛装

本书为京都印房班官恩某于光绪十八年（1892）、十九年（1893）两年所写的日记，文字以满文为主，间或用汉字。

［0703］

T1553 伊犁乱世回忆录 满文

ᡳᠯᡳ ᡳ ᡶᡠᠴᡠᡥᡡᠨ ᠪᡝ ᡝᠵᡝᡥᡝ ᠪᡳᡨᡥᡝ

ili i fucuhūn be ejehe bithe

巴里善 撰

抄本

此书记1864年新疆伊犁地区反清武装起义经过及锡伯族老人的有关记忆。作者为俄国领事馆满文教师。

［W512.1］

八、艺术

T1554 太上皇帝筵宴庆隆舞乐章　满汉合璧

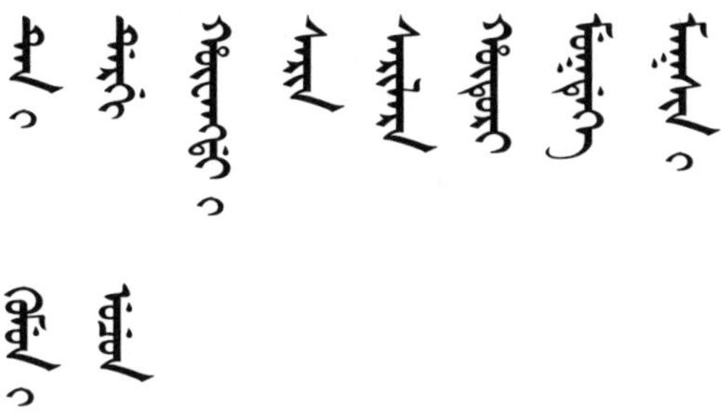

ten i dergi hūwangdi i sarin sarilara hūturi mukdeke maksin i kumun i ucun

嘉庆元年（1796）泥金精写本

开本29.2厘米×17.4厘米

二册

经折装

［0181］

T1555 皇帝七旬万寿舞词　满汉合璧

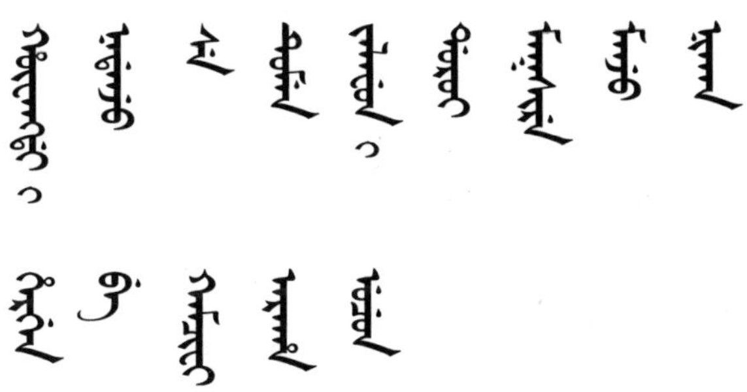

hūwangdi i nadanju se tumen jalafun i doroi maksire manju nikan hergen be kamcifi araha ucun

嘉庆初年泥金精写本

开本29.2厘米×17.4厘米

一册

经折装

［0181］

T1556 皇帝八旬万寿舞词　满汉合璧

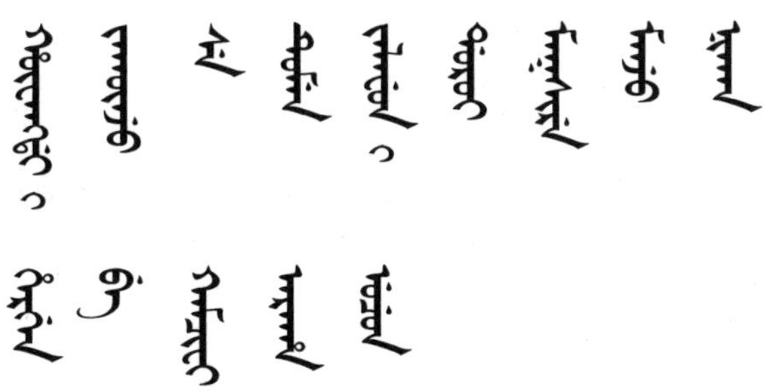

hūwangdi i jakūnju se tumen jalafun i doroi maksire manju nikan hergen be kamcifi araha ucun

嘉庆初年泥金精写本

开本29.2厘米×17.4厘米

一册

经折装

［0181］

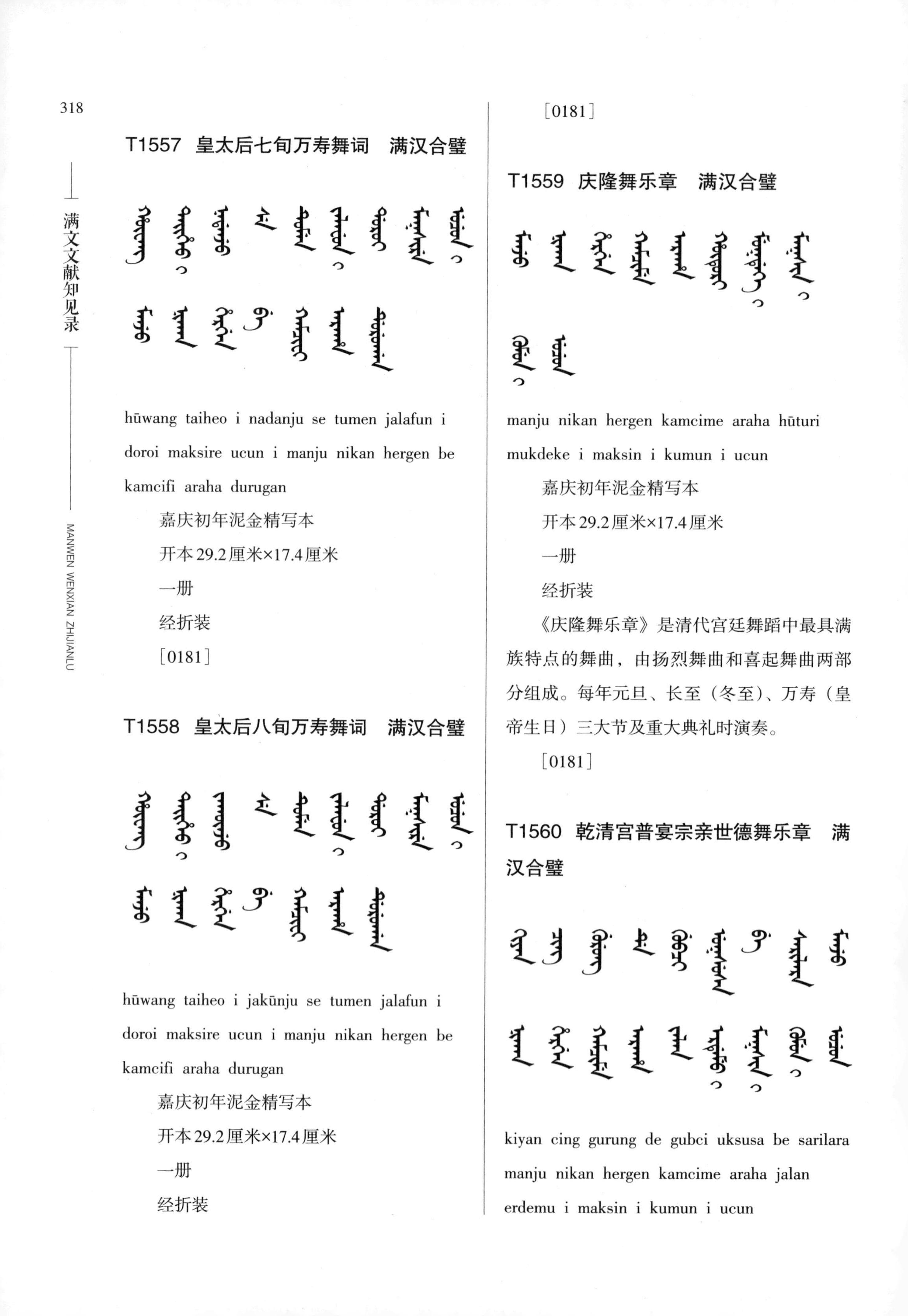

T1557 皇太后七旬万寿舞词 满汉合璧

hūwang taiheo i nadanju se tumen jalafun i doroi maksire ucun i manju nikan hergen be kamcifi araha durugan

嘉庆初年泥金精写本

开本29.2厘米×17.4厘米

一册

经折装

[0181]

T1558 皇太后八旬万寿舞词 满汉合璧

hūwang taiheo i jakūnju se tumen jalafun i doroi maksire ucun i manju nikan hergen be kamcifi araha durugan

嘉庆初年泥金精写本

开本29.2厘米×17.4厘米

一册

经折装

[0181]

T1559 庆隆舞乐章 满汉合璧

manju nikan hergen kamcime araha hūturi mukdeke i maksin i kumun i ucun

嘉庆初年泥金精写本

开本29.2厘米×17.4厘米

一册

经折装

《庆隆舞乐章》是清代宫廷舞蹈中最具满族特点的舞曲，由扬烈舞曲和喜起舞曲两部分组成。每年元旦、长至（冬至）、万寿（皇帝生日）三大节及重大典礼时演奏。

[0181]

T1560 乾清宫普宴宗亲世德舞乐章 满汉合璧

kiyan cing gurung de gubci uksusa be sarilara manju nikan hergen kamcime araha jalan erdemu i maksin i kumun i ucun

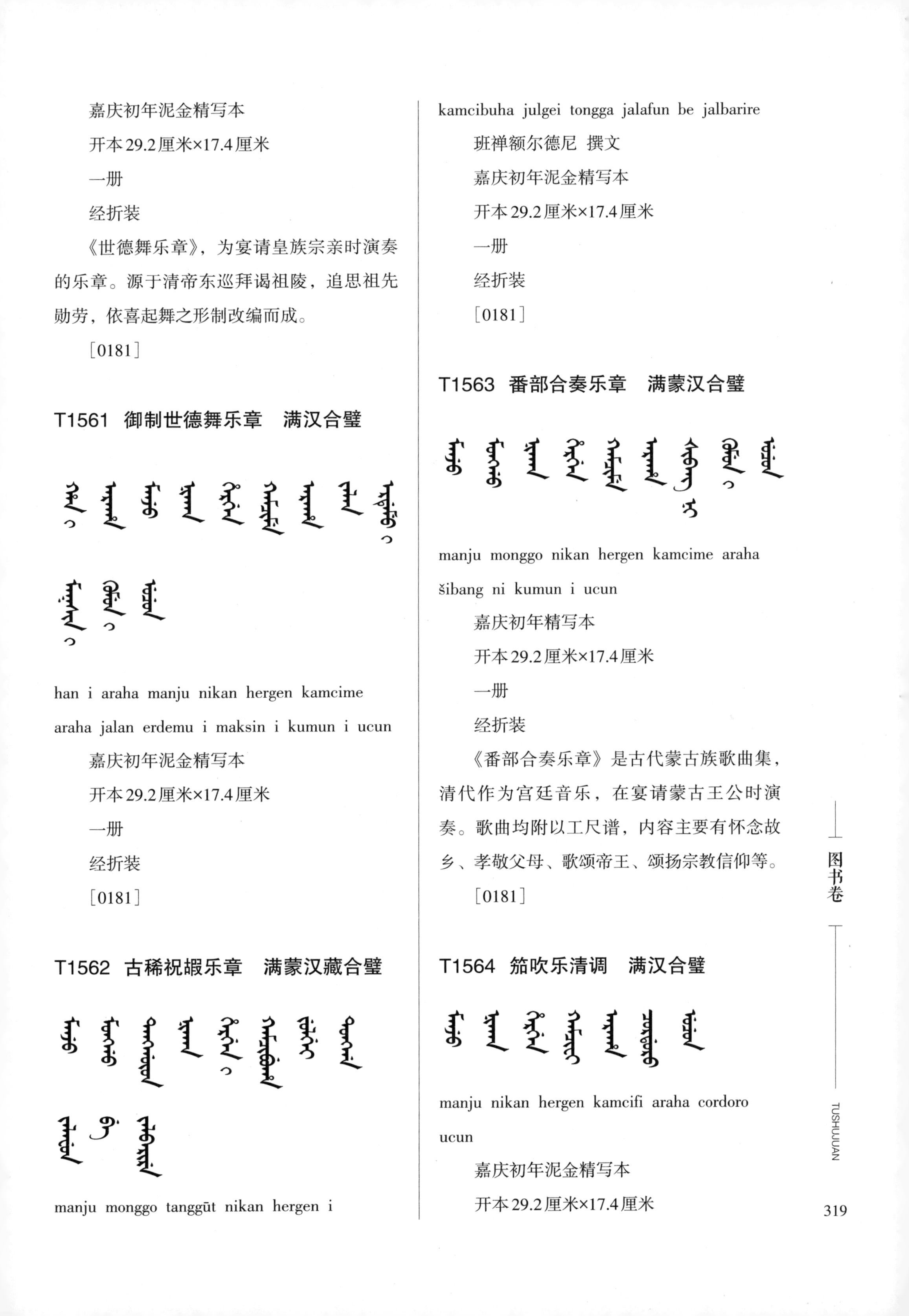

嘉庆初年泥金精写本

开本29.2厘米×17.4厘米

一册

经折装

《世德舞乐章》，为宴请皇族宗亲时演奏的乐章。源于清帝东巡拜谒祖陵，追思祖先勋劳，依喜起舞之形制改编而成。

［0181］

T1561 御制世德舞乐章 满汉合璧

han i araha manju nikan hergen kamcime araha jalan erdemu i maksin i kumun i ucun

嘉庆初年泥金精写本

开本29.2厘米×17.4厘米

一册

经折装

［0181］

T1562 古稀祝嘏乐章 满蒙汉藏合璧

manju monggo tanggūt nikan hergen i kamcibuha julgei tongga jalafun be jalbarire

班禅额尔德尼 撰文

嘉庆初年泥金精写本

开本29.2厘米×17.4厘米

一册

经折装

［0181］

T1563 番部合奏乐章 满蒙汉合璧

manju monggo nikan hergen kamcime araha šibang ni kumun i ucun

嘉庆初年精写本

开本29.2厘米×17.4厘米

一册

经折装

《番部合奏乐章》是古代蒙古族歌曲集，清代作为宫廷音乐，在宴请蒙古王公时演奏。歌曲均附以工尺谱，内容主要有怀念故乡、孝敬父母、歌颂帝王、颂扬宗教信仰等。

［0181］

T1564 笳吹乐清调 满汉合璧

manju nikan hergen kamcifi araha cordoro ucun

嘉庆初年泥金精写本

开本29.2厘米×17.4厘米

一册

经折装

［0181］

T1565　笳吹乐章　满蒙汉合璧

manju monggo nikan hergen kamcime araha cordoro i kumun i ucun

嘉庆初年泥金精写本

开本29.2厘米×17.4厘米

一册

经折装

《笳吹乐章》是古代蒙古族歌曲集，清代作为宫廷音乐，在木兰秋狝和宴请蒙古王公时演奏。歌曲均附以工尺谱。

［0181］

T1566　笳吹乐章　满蒙汉合璧

manju monggo nikan hergen kamcime araha cordoro i kumun i ucun

抄本

开本23.1厘米×14.6厘米

一册

经折装

［0161］

T1567　安南国王阮光平恭进献琛抒悃乐章　满汉蒙古安南文合璧

an nan gurun i wang žuwan guwang ping hing sere unenggi be tucibume ibebuhe kumun i fiyelen

嘉庆初年精写本

开本29.2厘米×17.4厘米

一册

经折装

［0181］

T1568　廓尔喀王拉特纳巴都尔恭颂歌词　满汉蒙藏合璧

k‘ork‘a i wang ratnabadur i gingguleme jalbarire ucun i gisun

嘉庆初年泥金精写本

开本29.2厘米×17.4厘米

一册

经折装

［0181］

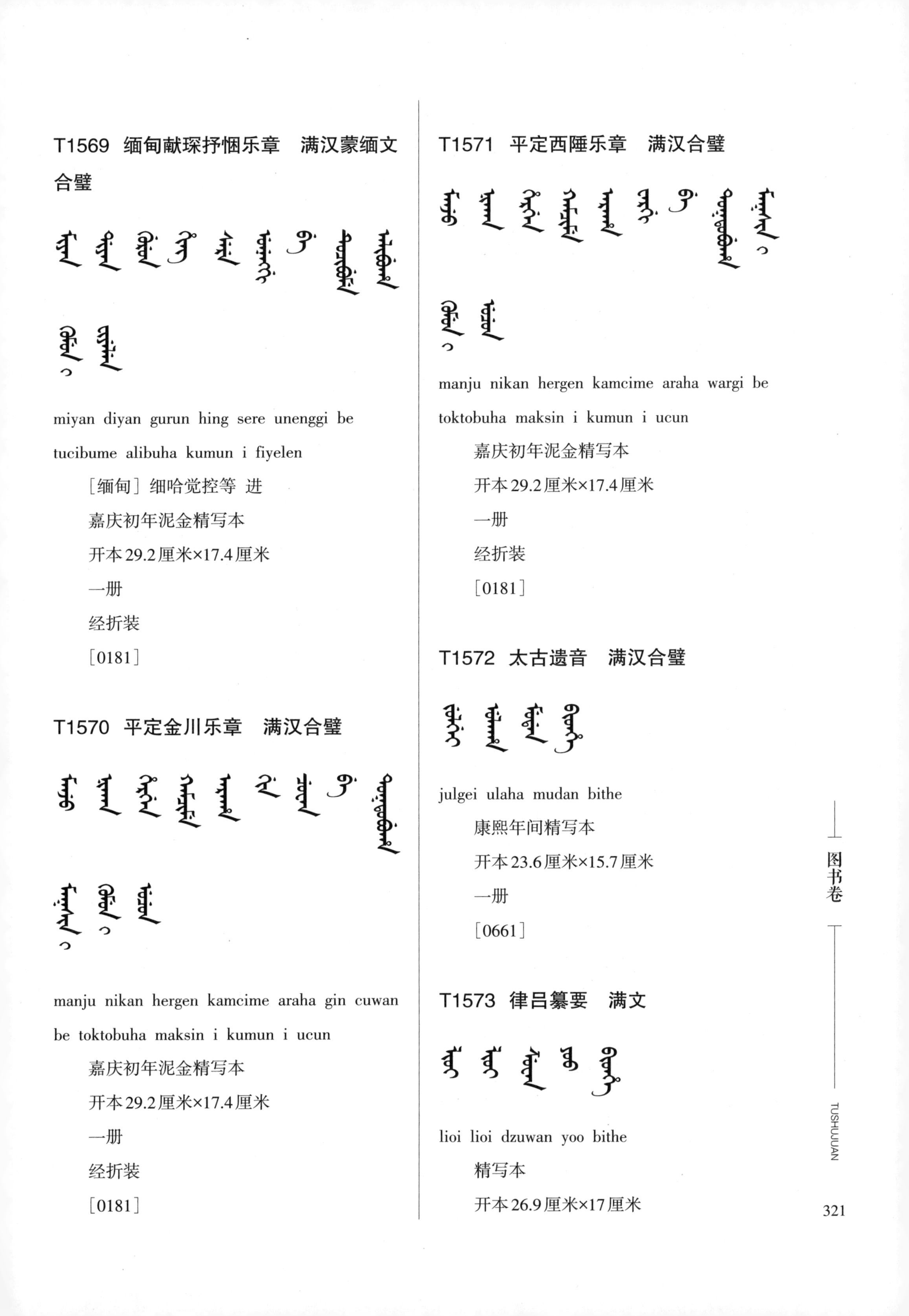

T1569 缅甸献琛抒悃乐章 满汉蒙缅文合璧

miyan diyan gurun hing sere unenggi be tucibume alibuha kumun i fiyelen

[缅甸] 细哈觉控等 进

嘉庆初年泥金精写本

开本29.2厘米×17.4厘米

一册

经折装

[0181]

T1570 平定金川乐章 满汉合璧

manju nikan hergen kamcime araha gin cuwan be toktobuha maksin i kumun i ucun

嘉庆初年泥金精写本

开本29.2厘米×17.4厘米

一册

经折装

[0181]

T1571 平定西陲乐章 满汉合璧

manju nikan hergen kamcime araha wargi be toktobuha maksin i kumun i ucun

嘉庆初年泥金精写本

开本29.2厘米×17.4厘米

一册

经折装

[0181]

T1572 太古遗音 满汉合璧

julgei ulaha mudan bithe

康熙年间精写本

开本23.6厘米×15.7厘米

一册

[0661]

T1573 律吕纂要 满文

lioi lioi dzuwan yoo bithe

精写本

开本26.9厘米×17厘米

版框20.5厘米×14.6厘米

二册

本书内容为介绍欧洲中世纪晚期至17世纪的乐理基本知识。据学者研究，作者是耶稣会教士徐日升，在17世纪80年代末成书。

［0181］

T1574 律吕纂要 满文

lioi lioi dzuwan yoo bithe

内府稿本

开本28厘米×17.7厘米

一册

毛装

［0185］

T1575 律吕节要 满汉合集

lioi lioi dzuwan yoo jiyei yoo bithe

稿本

开本26.4厘米×16.9厘米

版框20.4厘米×14.9厘米

二册

本书为清代介绍西方乐理之书。主要介绍五线谱原理，包括乐音的高低、轻重、长短、快慢、休止、半音、转调的乐谱符号表示法，并配以大量图示。

［0181］

T1576 律吕节要 满汉合璧

lioi lioi jiyei yoo bithe

晒印本

二册

据故宫藏本晒印

书内附有图。

［0101］

T1577 理性元雅十八卷 满汉合璧

banin be dasara amba fujurungga bithe

〔明〕张廷玉 编

抄本

开本23.7厘米×15.3厘米

十八册

张廷玉（1572—?），明代陕西肤施（今属陕西延安）人，字汝光，号石初，万历庚戌（三十八年，1610）进士，官至工部郎中。《理性元雅》成书于明万历四十六年（1618），共四卷，收琴曲七十二首，其中琴歌七十首，有不少是编者自己的创作。

［0181］

T1578 理性元雅 满汉合璧

ᠪᠠᠨᡳᠨ ᠪᡝ ᡩᠠᠰᠠᡵᠠ ᠠᠮᠪᠠ ᡶᡠᠵᡠᡵᡠᠩᡤᠠ ᠪᡳᡨᡥᡝ

banin be dasara amba fujurungga bithe

晒印本

十八册

据故宫藏抄本晒印

[0101]

T1579 琴谱四卷 满汉合璧

ᡴᡳᠨ ᡳ ᡩᡠᡵᡠᠨ ᡳ ᠪᡳᡨᡥᡝ

kin i durun i bithe

抄本

四册

本书系中国古代音乐学著作，内容为讲解古琴弹法并收录数十首古琴乐谱，琴谱用特定的字谱表示，其中不乏名曲，如《汉宫秋月》《梅花三弄》《平沙落雁》《渔樵问答》等。书中有插图。

[0181]

T1580 琴谱 满汉合璧

ᡴᡳᠨ ᡳ ᡩᡠᡵᡠᠨ ᡳ ᠪᡳᡨᡥᡝ

kin i durun i bithe

晒印本

四册

据故宫藏抄本晒印

[0101]

T1581 琴谱六卷 满文

ᡴᡳᠨ ᡳ ᡩᡠᡵᡠᠨ ᡳ ᠪᡳᡨᡥᡝ

kin i durun i bithe

抄本

六册

本书系中国古代音乐学著作。首卷内容为古琴的构造、规格和种类，介绍四十多种名琴，如“神农琴”“黄帝琴”“孔子琴”等，并介绍宫、商、角、徵、羽五调。首卷附有多种图示。二至六卷为各种调编配的古琴曲字谱，如《阳春》《苏武思君》《庄周梦蝶》《高山》等。

[0181]

T1582 琴谱六卷 满文

ᡴᡳᠨ ᡳ ᡩᡠᡵᡠᠨ ᡳ ᠪᡳᡨᡥᡝ

kin i durun i bithe

晒印本

六册

据故宫藏抄本晒印

[0101]

T1583 梧冈琴谱四卷 满汉合璧

ᡠ ᡤᠠᠩ ᠨᡳ ᡴᡳᠨ ᡳ ᡩᡠᡵᡠᠨ ᡳ ᠪᡳᡨᡥᡝ

u g‘ang ni kin i durun i bithe

〔明〕黄献 撰

抄本

开本23.7厘米×15.3厘米

四册

黄献（1485—1561），字仲贤，号梧冈，广西平乐人，宫中琴师。

本书前有明代嘉靖二十五年（1546）礼部尚书陈经序言，简介黄献生平事迹；书尾有自序，叙由弘治九年（1496）入内府学琴经历及出书宗旨。首卷附古琴总字谱一百余篇，详析每一字谱的含义和弹法。全书按调排序，每一调下附数首琴谱。此书为现存最早的浙派琴谱。

［0181］

T1584 梧冈琴谱四卷 满汉合璧

ᡠ ᡬᠠᠩ ᠨᡳ ᡴᡳᠨ ᡳ ᡩᡠᡵᡠᠨ ᡳ ᠪᡳᡨᡥᡝ

u g‘ang ni kin i durun i bithe

晒印本

四册

据故宫藏抄本晒印

［0101］

九、历史

1. 通史

T1585 纲鉴会纂　满文

ᡥᠠᡶᡠ ᠪᡠᠯᡝᡴᡠ ᠪᡳᡨᡥᡝ

hafu buleku bithe

〔明〕王世贞 编

达海等 译

康熙三年（1664）刻本

版框27.5厘米×20.4厘米

八十册

编者王世贞（1526—1590），江苏太仓人，明嘉靖进士，官至刑部尚书。译者达海（1595—1632），满洲正蓝旗人，觉尔察氏，通晓满汉文字，天聪初入值文馆，翻译汉文典籍。

［0101］存六十一册［0181］［0185］

［0186］存四册［0601］［0661］［0669］存四十册［W311.1］

T1586 纲鉴会纂　满文

ᡥᠠᡶᡠ ᠪᡠᠯᡝᡴᡠ ᠪᡳᡨᡥᡝ

hafu buleku bithe

〔明〕王世贞 编

达海等 译

抄本

开本29.3厘米×20.5厘米

存三十二册

［0185］

T1587 资治通鉴纲目一百一十一卷　满文

ᡯᡳ ᡷᡟ ᡨᡠᠩ ᡤᡳᠶᠠᠨ ᡤ'ᠠᠩ ᠮᡠ ᠪᡳᡨᡥᡝ

dzi jy tung giyan g'ang mu bithe

〔宋〕朱熹、赵师渊，〔明〕南轩、商辂编撰

和素 译

康熙三十年（1691）武英殿刻本

版框23厘米×16.4厘米

九十一册

前编二十五卷八册

正编五十九卷五十六册

续编二十七卷二十七册

［0101］［0102］［0141］［0150］存前编卷八至十及卷二十二至二十三，正编卷四十八至四十九［0185］［0187］存前编全部、正编卷九至二十七及卷三十八至五十九、续编卷九至十四及卷二十一至二十七［0601］［0641］［0661］［0669］［0701］［0703］［W311.1］

[W313.2]存前编十册 [W512.1] [W512.2] [W516.1]存二十五册 [W561.1] [W561.2] [W565.1] [W611.1] [W712.2] [W712.3]

T1588 潘氏总论　满汉合璧

pan ši i šošohon i leolen

〔元〕潘荣 撰

阿什坦 译

康熙四十六年（1707）刻本

版框17.2厘米×12厘米

一册

潘荣，元代江西婺源人，隐居不仕，生卒不详，著有《通鉴总论》等书。

阿什坦，满洲正白旗人，完颜氏，生卒不详，顺治九年（1652）进士，译著颇多，为著名学者，曾译《大学》《中庸》《孝经》等书。

本书为《七本头》之一。

[0101] [0150] [0185] [0661] [0703] [2102] [W311.1] [W313.3] [W712.2] [W512.1] [W516.1]

T1589 潘氏总论　满汉合璧

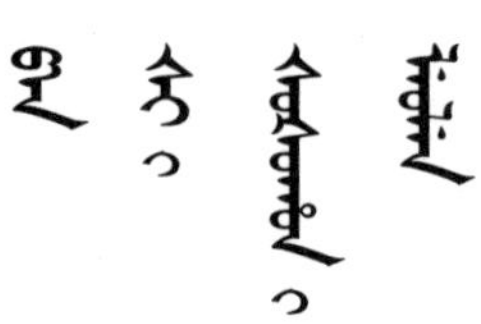

pan ši i šošohon i leolen

〔元〕潘荣 撰

阿什坦 译

康熙四十六年（1707）抄本

二册

[0150]

T1590 潘氏总论　满汉合璧

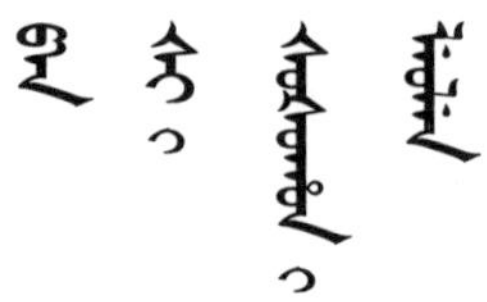

pan ši i šošohon i leolen

〔元〕潘荣 撰

阿什坦 译

抄本

一册

[0101]

T1591 读史论略二卷　满汉合璧

hūlaha suduri i šošohon be leolehe bithe

杜诏 撰

敬斋 译

兴德等 校订

雍正年间三槐堂刻本

二册

本书记载了先秦至明代的主要历史人物与史实，并加以点评。

[0642]

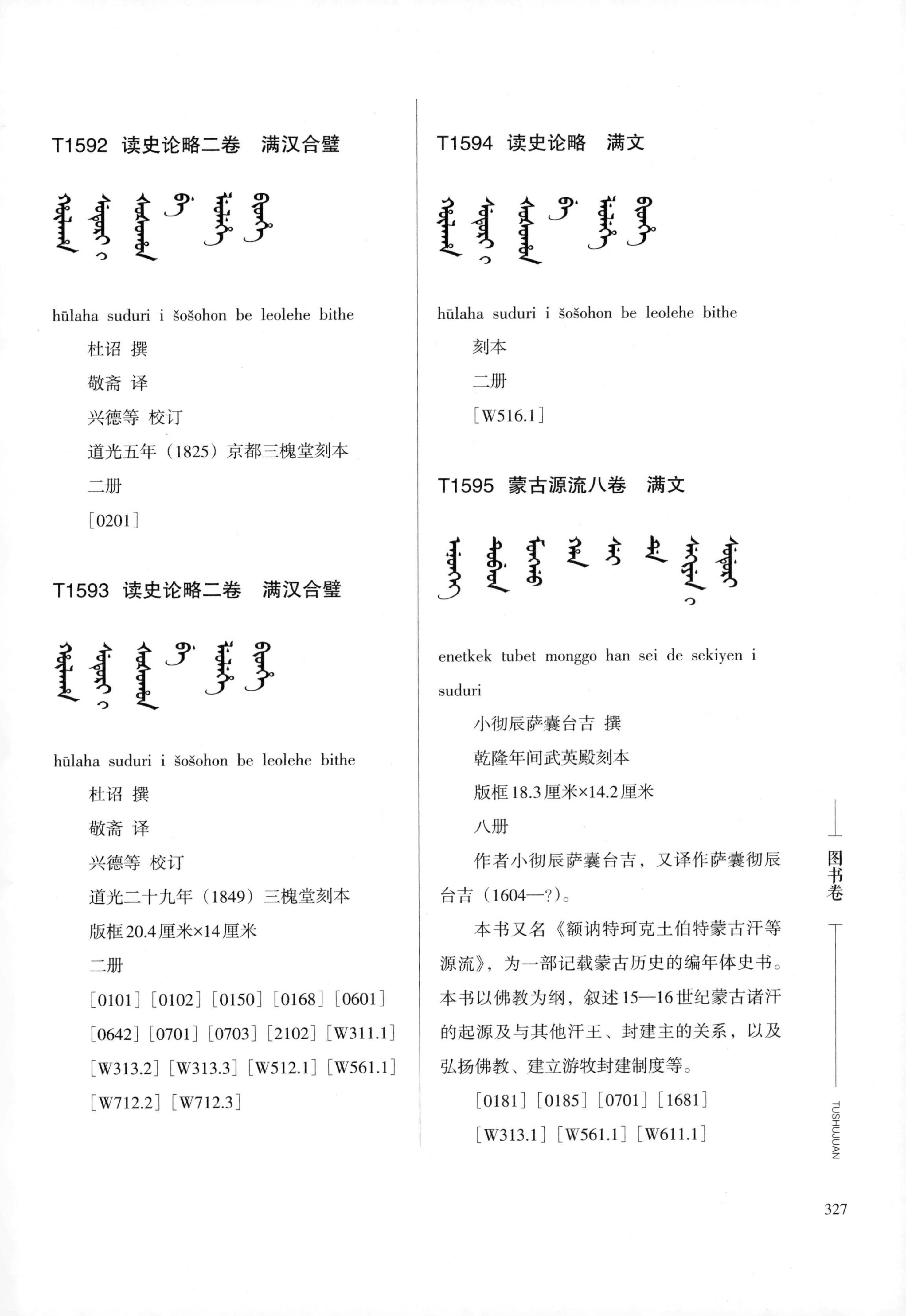

T1592 读史论略二卷　满汉合璧

hūlaha suduri i šošohon be leolehe bithe

杜诏 撰

敬斋 译

兴德等 校订

道光五年（1825）京都三槐堂刻本

二册

［0201］

T1593 读史论略二卷　满汉合璧

hūlaha suduri i šošohon be leolehe bithe

杜诏 撰

敬斋 译

兴德等 校订

道光二十九年（1849）三槐堂刻本

版框20.4厘米×14厘米

二册

［0101］［0102］［0150］［0168］［0601］［0642］［0701］［0703］［2102］［W311.1］［W313.2］［W313.3］［W512.1］［W561.1］［W712.2］［W712.3］

T1594 读史论略　满文

hūlaha suduri i šošohon be leolehe bithe

刻本

二册

［W516.1］

T1595 蒙古源流八卷　满文

enetkek tubet monggo han sei de sekiyen i suduri

小彻辰萨囊台吉 撰

乾隆年间武英殿刻本

版框18.3厘米×14.2厘米

八册

作者小彻辰萨囊台吉，又译作萨囊彻辰台吉（1604—?）。

本书又名《额讷特珂克土伯特蒙古汗等源流》，为一部记载蒙古历史的编年体史书。本书以佛教为纲，叙述15—16世纪蒙古诸汗的起源及与其他汗王、封建主的关系，以及弘扬佛教、建立游牧封建制度等。

［0181］［0185］［0701］［1681］［W313.1］［W561.1］［W611.1］

T1596 蒙古源流八卷 满文

ᡝᠨᡝᡨᡴᡝᡴ ᡨᡠᠪᡝᡨ ᠮᠣᠩᡤᠣ ᡥᠠᠨ ᠰᡝᡳ ᡩᡝ ᠰᡝᡴᡳᠶᡝᠨ ᡳ ᠰᡠᡩᡠᡵᡳ

enetkek tubet monggo han sei de sekiyen i suduri

小彻辰萨囊台吉 撰

抄本

开本26.1厘米×18.6厘米

四册

［0185］

T1597 蒙古源流八卷 满文

ᡝᠨᡝᡨᡴᡝᡴ ᡨᡠᠪᡝᡨ ᠮᠣᠩᡤᠣ ᡥᠠᠨ ᠰᡝᡳ ᡩᡝ ᠰᡝᡴᡳᠶᡝᠨ ᡳ ᠰᡠᡩᡠᡵᡳ

enetkek tubet monggo han sei de sekiyen i suduri

小彻辰萨囊台吉 撰

抄本

开本19.9厘米×14.2厘米

八册

［0181］

T1598 蒙古源流八卷 满文

ᡝᠨᡝᡨᡴᡝᡴ ᡨᡠᠪᡝᡨ ᠮᠣᠩᡤᠣ ᡥᠠᠨ ᠰᡝᡳ ᡩᡝ ᠰᡝᡴᡳᠶᡝᠨ ᡳ ᠰᡠᡩᡠᡵᡳ

enetkek tubet monggo han sei de sekiyen i suduri

小彻辰萨囊台吉 撰

晒印本

八册

据故宫藏刻本晒印

［0101］

T1599 蒙古汗史 满文

ᠮᠣᠩᡤᠣ ᡥᠠᠨ ᡳ ᠰᡠᡩᡠᡵᡳ

monggo han i suduri

抄本

一册

本书应摘译自《蒙古源流》，似为学习所用之读物，段落间有“九月二十九日课”“十一月九日课”等字样。

［W516.1］

T1600 通鉴辑要十卷 满汉合璧

ᡥᠠᡶᡠ ᠪᡠᠯᡝᡴᡠ ᠪᡳᡨᡥᡝᡳ ᠣᠶᠣᠩᡤᠣ ᠪᡝ ᡧᠣᡧᠣᡥᠣ ᠪᡳᡨᡥᡝ

hafu buleku bithei oyonggo be šošoho bithe

刻本

十册

［0101］［W512.2］

T1601 通鉴检要十卷　满汉合璧

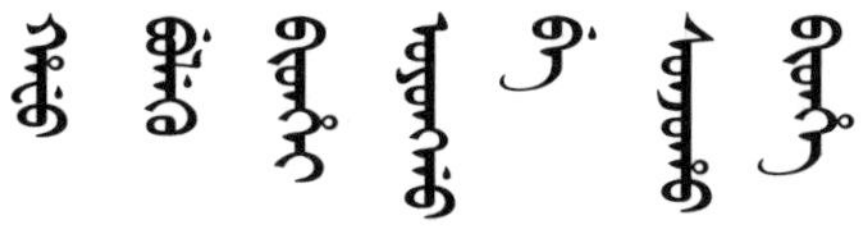

hafu buleku bithei oyonggo be sonjoho bithe

抄本

开本20.6厘米×16.7厘米

十册

钤藏书章

[0161]

T1602 通鉴讲章　满汉合璧

hafu buleku i giyang jang

宋大业 撰

精写本

开本23厘米×12.3厘米

一册

[0341]

T1603 御批历代通鉴辑览五百三十五卷　满文

han i pilehe tonggime araha jalan jalan i hafu buleku bithe

傅恒等 编

乾隆年间抄本

开本19.5厘米×13.5厘米

五百三十五册

[0181]

T1604 御批历代通鉴辑览五百三十五卷　满文

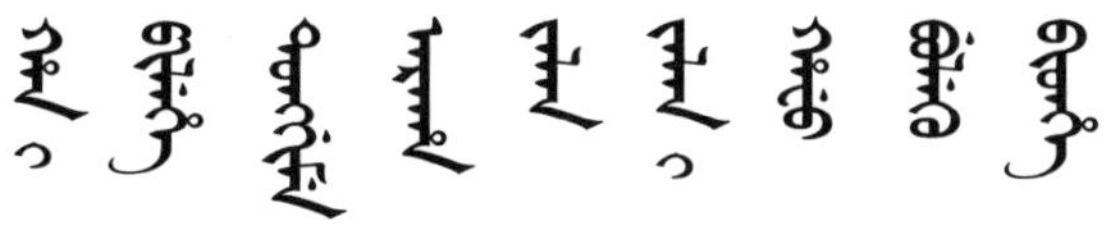

han i pilehe tonggime araha jalan jalan i hafu buleku bithe

傅恒等 编

抄本

开本37厘米×20.8厘米

存一卷二册

[0101]

T1605 满文纲鉴二十四卷　满汉合璧

manju gisun i g'ang giyan

抄本

开本19厘米×9.9厘米

二十四册

本书记载了周威烈王在位时期至元武宗在位时期的历史。

[0641]

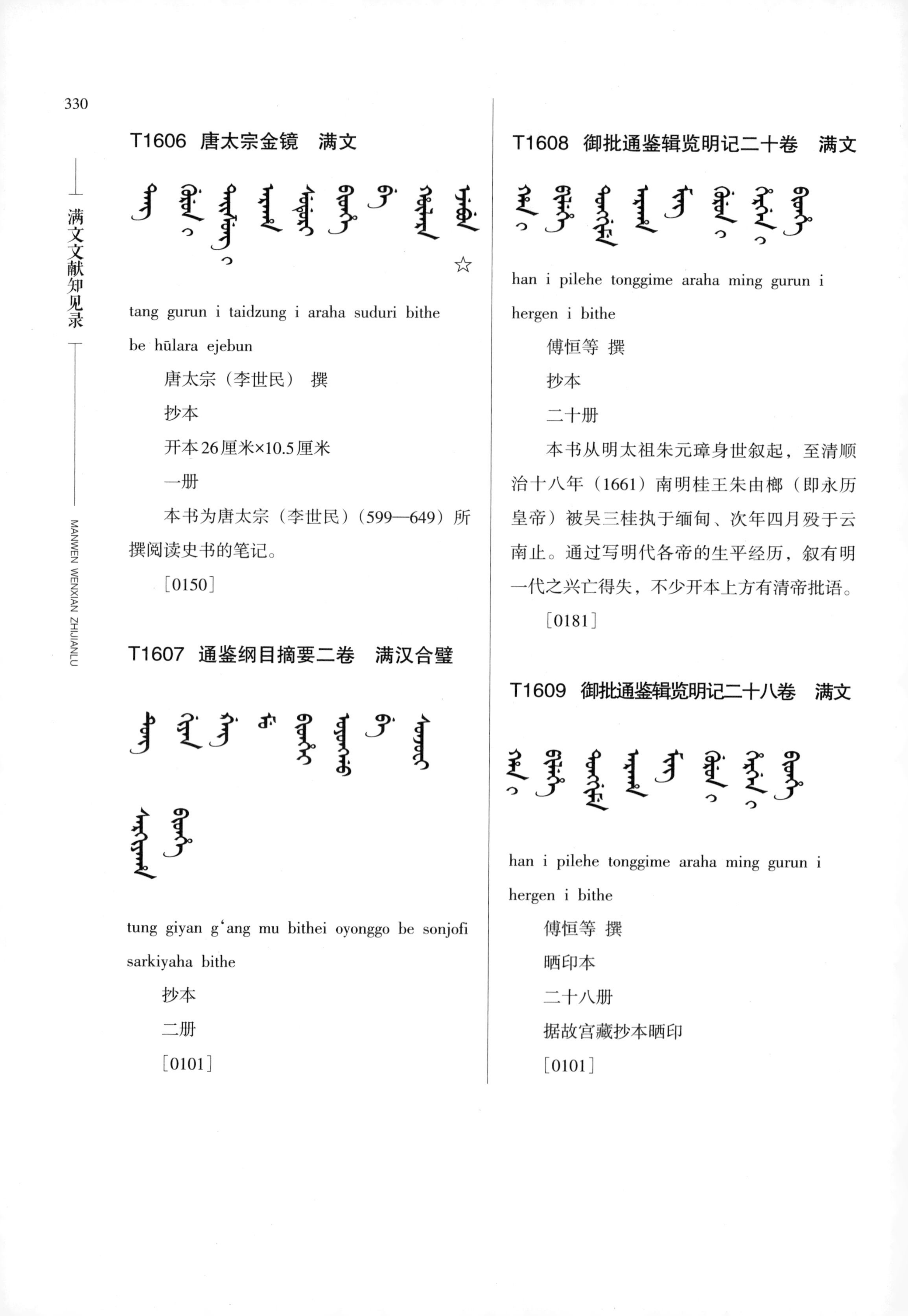

T1606 唐太宗金镜 满文

☆

tang gurun i taidzung i araha suduri bithe be hūlara ejebun

唐太宗（李世民） 撰

抄本

开本26厘米×10.5厘米

一册

本书为唐太宗（李世民）（599—649）所撰阅读史书的笔记。

[0150]

T1607 通鉴纲目摘要二卷 满汉合璧

tung giyan g'ang mu bithei oyonggo be sonjofi sarkiyaha bithe

抄本

二册

[0101]

T1608 御批通鉴辑览明记二十卷 满文

han i pilehe tonggime araha ming gurun i hergen i bithe

傅恒等 撰

抄本

二十册

本书从明太祖朱元璋身世叙起，至清顺治十八年（1661）南明桂王朱由榔（即永历皇帝）被吴三桂执于缅甸、次年四月殁于云南止。通过写明代各帝的生平经历，叙有明一代之兴亡得失，不少开本上方有清帝批语。

[0181]

T1609 御批通鉴辑览明记二十八卷 满文

han i pilehe tonggime araha ming gurun i hergen i bithe

傅恒等 撰

晒印本

二十八册

据故宫藏抄本晒印

[0101]

T1610 通鉴集录　满汉合璧

ᡥᠠᡶᡠ ᠪᡠᠯᡝᡴᡠ ᠪᡝ ᡳᠰᠠᠮᠵᠠᡥᠠ ᠪᡳᡨᡥᡝ

hafu buleku be isamjaha bithe

绣锦堂抄本

开本25厘米×17.5厘米

六册

本书集录《通鉴》内一些名人的故事。其内“胤”字左侧缺笔，以避清世宗名讳，应是雍正及之后抄录。

［0703］

2. 断代史

Ⅰ. 上古至明代

T1611 书经六卷　满汉合璧

ᡩᠠᠰᠠᠨ ᡳ ᠨᠣᠮᡠᠨ ᡳ ᠪᡳᡨᡥᡝ

dasan i nomun i bithe

雍正十一年（1733）精一斋刻本

版框23.5厘米×13.5厘米

六册

本书为儒家经典之一，相传为孔子所辑，系中国历史上起唐虞下迄秦穆公的上古档案汇编。分为《虞书》《夏书》《商书》《周书》四部分。

［0150］［0701］

T1612 书经六卷　满汉合璧

ᡩᠠᠰᠠᠨ ᡳ ᠨᠣᠮᡠᠨ ᡳ ᠪᡳᡨᡥᡝ

dasan i nomun i bithe

乾隆三年（1738）京都文锦堂、二酉堂合刊本

开本22.3厘米×13厘米

四册

［0150］［0701］［0703］

T1613 书经六卷　满汉合璧

ᡩᠠᠰᠠᠨ ᡳ ᠨᠣᠮᡠᠨ ᡳ ᠪᡳᡨᡥᡝ

dasan i nomun i bithe

高宗（弘历）　敕译

乾隆二十五年（1760）武英殿刻本

版框18.8厘米×13.8厘米

四册

［0102］［0141］［0161］［0181］［0185］［0186］［0201］［0641］［0661］［0701］［0703］［1681］［2102］［W311.1］［W313.2］［W512.1］［W516.1］［W561.1］［W561.2］［W565.1］［W712.1］［W712.2］［W712.3］

T1614 书经六卷　满汉合璧

ᡩᠠᠰᠠᠨ ᡳ ᠨᠣᠮᡠᠨ ᡳ ᠪᡳᡨᡥᡝ

dasan i nomun i bithe

乾隆二十五年（1760）北京瑞锦堂刻本

版框18.9厘米×14厘米

四册

［0101］［0168］［0601］［0661］存一册

［0903］［W313.3］

T1615　书经六卷　满汉合璧

ᡩᠠᠰᠠᠨ ᡳ ᠨᠣᠮᡠᠨ ᡳ ᠪᡳᡨᡥᡝ

dasan i nomun i bithe

乾隆三十三年（1768）武英殿刻本

版框18.3厘米×13厘米

四册

［0150］

T1616　书经六卷　满汉合璧

ᡩᠠᠰᠠᠨ ᡳ ᠨᠣᠮᡠᠨ ᡳ ᠪᡳᡨᡥᡝ

dasan i nomun i bithe

光绪二十二年（1896）荆州驻防翻译总学刻本

版框18.5厘米×13厘米

六册

［0101］［0150］［0601］［W313.3］

T1617　书经六卷　满文

ᡩᠠᠰᠠᠨ ᡳ ᠨᠣᠮᡠᠨ ᡳ ᠪᡳᡨᡥᡝ

dasan i nomun i bithe

京都文盛堂刻本

版框18.9厘米×13.4厘米

四册

［0102］［0802］［0903］［W313.3］

T1618　书经六卷　满汉合璧

ᡩᠠᠰᠠᠨ ᡳ ᠨᠣᠮᡠᠨ ᡳ ᠪᡳᡨᡥᡝ

dasan i nomun i bithe

刻本

六册

［W311.1］

T1619　书经六卷　满汉合璧

ᡩᠠᠰᠠᠨ ᡳ ᠨᠣᠮᡠᠨ ᡳ ᠪᡳᡨᡥᡝ

dasan i nomun i bithe

顺治年间精写本

开本27厘米×17.6厘米

十册

［0181］

T1620　书经六卷　满汉合璧

ᡩᠠᠰᠠᠨ ᡳ ᠨᠣᠮᡠᠨ ᡳ ᠪᡳᡨᡥᡝ

dasan i nomun i bithe

精写本

开本23.8厘米×14.7厘米

四册

［0181］

T1621　书经六卷　满汉合璧

ᡩᠠᠰᠠᠨ ᡳ ᠨᠣᠮᡠᠨ ᡳ ᠪᡳᡨᡥᡝ

dasan i nomun i bithe

抄本

开本17.5厘米×12.6厘米

四册

［0186］

T1622　书经六卷　满汉合璧

ᡩᠠᠰᠠᠨ ᡳ ᠨᠣᠮᡠᠨ ᡳ ᠪᡳᡨᡥᡝ

dasan i nomun i bithe

抄本

开本24厘米×22.6厘米

五册

［0661］

T1623　书经六卷　满汉合璧

ᡩᠠᠰᠠᠨ ᡳ ᠨᠣᠮᡠᠨ ᡳ ᠪᡳᡨᡥᡝ

dasan i nomun i bithe

抄本

开本27.8厘米×12.3厘米

三十件

经折装（内有朱批，贴签）

［0185］

T1624　书经六卷　满汉合璧

ᡩᠠᠰᠠᠨ ᡳ ᠨᠣᠮᡠᠨ ᡳ ᠪᡳᡨᡥᡝ

dasan i nomun i bithe

抄本

开本13.9厘米×9厘米

四册

［0185］

T1625　日讲书经解义十三卷　满文

ᡳᠨᡝᠩᡤᡳᡩᠠᡵᡳ ᡤᡳᠶᠠᠩᠨᠠᡥᠠ ᡧᡠ ᡤᡳᠩ ᠨᡳ ᠵᡠᡵᡤᠠᠨ ᠪᡝ ᠰᡠᡥᡝ ᠪᡳᡨᡥᡝ

inenggidari giyangnaha šu ging ni jurgan be suhe bithe

库勒讷等 奉敕撰

康熙十九年（1680）武英殿刻本

版框26厘米×18.5厘米

十三册

库勒讷（？—1708），镶蓝旗满洲人，官至吏部尚书、翰林院掌院学士。

［0101］［0185］［0186］［0601］［0641］［0661］［0669］存三册［0703］［2102］［W311.1］［W313.3］［W512.1］［W565.1］［W712.2］

T1626 日讲书经解义十三卷 满汉合璧

ᡳᠨᡝᠩᡤᡳᡩᠠᡵᡳ ᡤᡳᠶᠠᠩᠨᠠᡥᠠ ᡧᡠ ᡤᡳᠩ ᠨᡳ ᠵᡠᡵᡤᠠᠨ ᠪᡝ ᠰᡠᡥᡝ ᠪᡳᡨᡥᡝ

inenggidari giyangnaha šu ging ni jurgan be suhe bithe

库勒讷等 奉敕撰

抄本

十三册

[0141]存十一册 [0186] [0701]

T1627 书经讲章 满汉合璧

ᡧᡠ ᡤᡳᠩ ᡤᡳᠶᠠᠩ ᠵᠠᠩ ᠪᡳᡨᡥᡝ ☆

šu ging giyang jang bithe

抄本

开本24厘米×12.2厘米

一册

[0102]

T1628 书经讲章 满汉合璧

ᡧᡠ ᡤᡳᠩ ᡤᡳᠶᠠᠩ ᠵᠠᠩ ᠪᡳᡨᡥᡝ ☆

šu ging giyang jang bithe

抄本

开本24厘米×12.2厘米

一册

[0804]

T1629 春秋六十四卷 满汉合璧

ᡧᠠᠵᡳᠩᡤᠠ ᠨᠣᠮᡠᠨ

šajingga nomun

乾隆四十九年（1784）七月敕译武英殿刻本

版框17.8厘米×13.8厘米

四十八册

[0101] [0161] [0181] [0185] [0186] [0601] [0661] [0669] [0701] [0703] [1681] [2102] [W311.1] [W313.2] [W512.1] [W561.1] [W565.1] [W712.1] [W712.2] [W712.3]

T1630 春秋六十四卷 满汉合璧

ᡧᠠᠵᡳᠩᡤᠠ ᠨᠣᠮᡠᠨ

šajingga nomun

稿本

开本29厘米×19厘米

四册（存第二十一至二十四卷）

毛装

[0181]

T1631 春秋六十四卷 满汉合璧

ᡧᠠᠵᡳᠩᡤᠠ ᠨᠣᠮᡠᠨ

šajingga nomun

乾隆四十九年（1784）七月敕译抄本

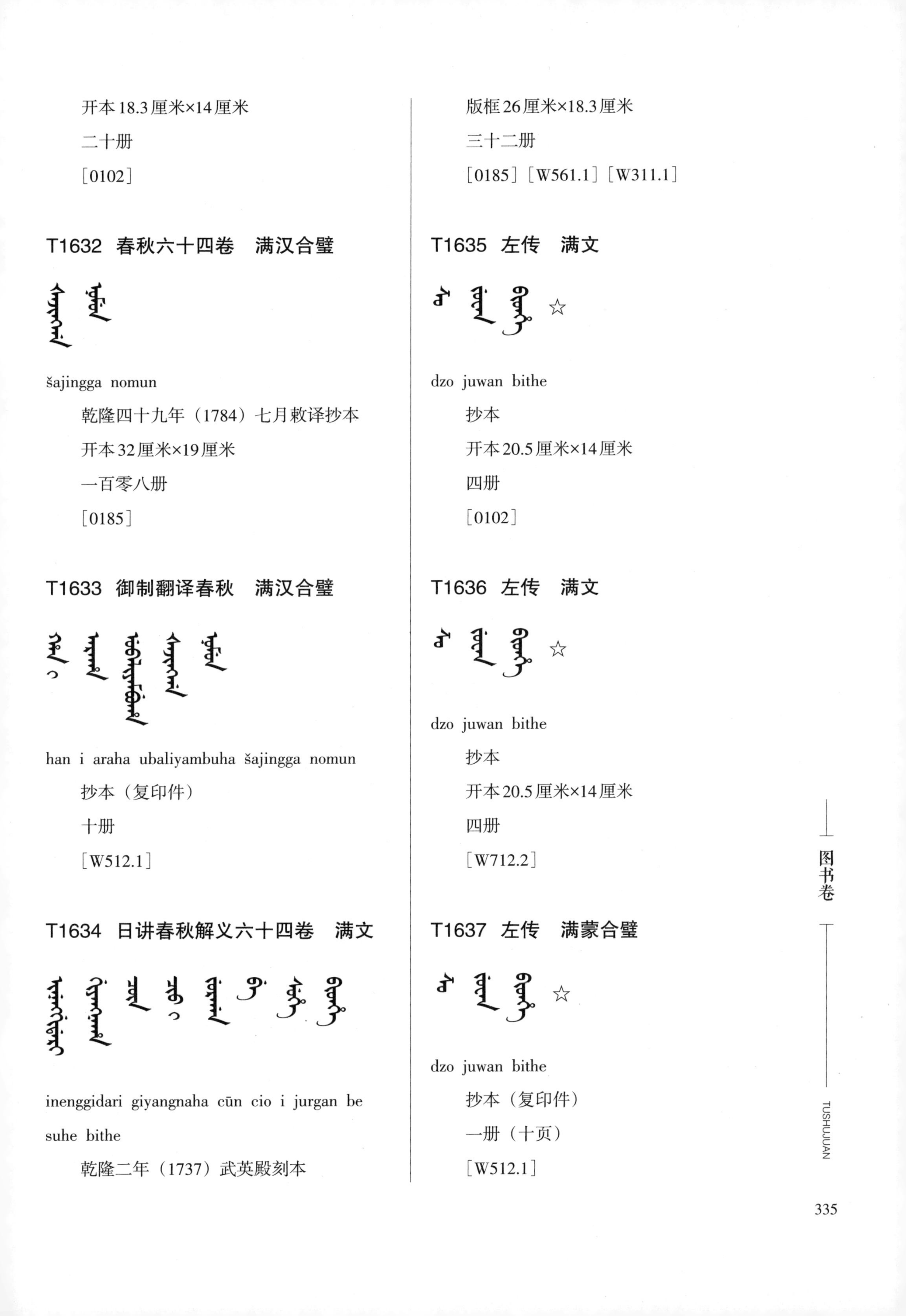

开本18.3厘米×14厘米

二十册

[0102]

T1632 春秋六十四卷 满汉合璧

šajingga nomun

乾隆四十九年（1784）七月敕译抄本

开本32厘米×19厘米

一百零八册

[0185]

T1633 御制翻译春秋 满汉合璧

han i araha ubaliyambuha šajingga nomun

抄本（复印件）

十册

[W512.1]

T1634 日讲春秋解义六十四卷 满文

inenggidari giyangnaha cūn cio i jurgan be suhe bithe

乾隆二年（1737）武英殿刻本

版框26厘米×18.3厘米

三十二册

[0185] [W561.1] [W311.1]

T1635 左传 满文

☆

dzo juwan bithe

抄本

开本20.5厘米×14厘米

四册

[0102]

T1636 左传 满文

☆

dzo juwan bithe

抄本

开本20.5厘米×14厘米

四册

[W712.2]

T1637 左传 满蒙合璧

☆

dzo juwan bithe

抄本（复印件）

一册（十页）

[W512.1]

T1638 列国志二十七卷 满文

geren gurun i bithe

清初抄本

开本32.9厘米×23厘米

二十七册

[0181]

T1639 太史公之礼乐律历书四卷 满文

☆

tai ši gong ni dorolon kumun fafun kooli erin fon ton i bithe

刻本

开本29厘米×19厘米

四册

本书译自司马迁所著《史记》第二十三卷至二十六卷。各卷标题依次为《礼书》《乐书》《律书》《历书》。

[W313.2]

T1640 三国志二十四卷 满汉合璧

ilan gurun i bithe

〔晋〕陈寿 撰

宁完我、刚林等 总校

叶成额等 译写

顺治七年（1650）刻本

二十四册

陈寿（233—297），四川安汉（今南充市北）人，西晋史学家，官至治书侍御史。

宁完我（1593—1665），辽阳人，正红旗汉军，字公甫，天聪三年（1629）入值文馆，官至弘文院大学士。

[0181] [0185] [W311.1]

T1641 三国志二十四卷 满汉合璧

ilan gurun i bithe

〔晋〕陈寿 撰

宁完我、刚林等 总校

叶成额等 译写

抄本

开本26.9厘米×18厘米

十四册

[0181]

T1642 汉丞相忠武侯诸葛孔明兴蜀记 满文

han gurun i cenghiyang jung u heo jug'o

kungming ni sing šu bithe

抄本

开本20.3厘米×13厘米

一册

［0601］

T1643 辽史八卷　满文

ᡩᠠᡳᠯᡳᠶᠣᠣ ᡤᡠᡵᡠᠨ ᡳ ᠰᡠᡩᡠᡵᡳ ᠪᡳᡨᡥᡝ

dailiyoo gurun i suduri bithe

〔元〕脱脱 总纂

希福等 译

顺治三年（1646）内府刻本

版框35.3厘米×21.3厘米

八册

脱脱（1314—1355），蒙古蔑里乞氏，字大用，至正元年（1341）任右丞相，主修宋、辽、金三史。

希福（1589—1635），正黄旗满洲人，赫舍里氏，崇德元年（1636）授内弘文院大学士，主持翻译辽、金、元史。

本书系清代翻译的官修史书。该书原为一百一十六卷，满文译本为八卷，仅对本纪节译，内容包括太祖、太宗、世宗、穆宗、景宗、圣宗、兴宗、道宗、天祚皇帝的本纪，在天祚皇帝本纪内附有西辽五代皇帝的简单传记，从耶律大石建立西辽王朝到末代皇帝耶律直鲁古被乃蛮王屈出律篡位而辽亡为止。

［0181］［0703］［W311.1］［W313.2］［W512.1］［W561.1］［W565.1］

T1644 辽史八卷　满文

ᡩᠠᡳᠯᡳᠶᠣᠣ ᡤᡠᡵᡠᠨ ᡳ ᠰᡠᡩᡠᡵᡳ ᠪᡳᡨᡥᡝ

dailiyoo gurun i suduri bithe

〔元〕脱脱 总纂

希福等 译

顺治元年（1644）抄本

开本32厘米×21.5厘米

六册

［0181］

T1645 辽史八卷　满文

ᡩᠠᡳᠯᡳᠶᠣᠣ ᡤᡠᡵᡠᠨ ᡳ ᠰᡠᡩᡠᡵᡳ ᠪᡳᡨᡥᡝ

dailiyoo gurun i suduri bithe

〔元〕脱脱 总纂

希福等 译

晒印本

八册

据顺治三年（1646）刻本晒印

［0101］

T1646 金史九卷　满文

ᠠᡳᠰᡳᠨ ᡤᡠᡵᡠᠨ ᡳ ᠰᡠᡩᡠᡵᡳ ᠪᡳᡨᡥᡝ

aisin gurun i suduri bithe

〔元〕脱脱 总纂

希福等 译

顺治三年（1646）刻本

版框26.3厘米×18.9厘米

九册

本书系清代翻译的官修史书。书前有顺治元年（1644）三月二十六日希福等人奏折，称由崇德元年（1636）五月开始辑译校对，于崇德四年（1639）六月完成，书前附顺治三年（1646）四月初七日内弘文院大学士祁充格等人奏折，称已将三十份刻毕，颁赐诸臣。该书原为一百三十五卷，满文译本为九卷，仅对本纪节译，内容包括建国前九章和太祖、太宗、熙宗、海陵王、世宗、章宗、卫绍王、宣宗、哀宗九帝的本纪。其中对金世宗完颜雍记载颇详，占两卷。

［0181］［0185］［W311.1］［W313.2］［W512.1］［W512.2］［W565.1］

T1647 金史九卷 满文

ᠠᡳᠰᡳᠨ ᡤᡠᡵᡠᠨ ᡳ ᠰᡠᡩᡠᡵᡳ ᠪᡳᡨᡥᡝ

aisin gurun i suduri bithe

〔元〕脱脱 总纂

希福等 译

崇德年间翻译稿本

开本39.4厘米×22厘米

一册

［0782］

T1648 金史九卷 满文

ᠠᡳᠰᡳᠨ ᡤᡠᡵᡠᠨ ᡳ ᠰᡠᡩᡠᡵᡳ ᠪᡳᡨᡥᡝ

aisin gurun i suduri bithe

〔元〕脱脱 总纂

希福等 译

顺治元年（1644）抄本

开本32厘米×21.5厘米

八册

［0181］

T1649 金史九卷 满文

ᠠᡳᠰᡳᠨ ᡤᡠᡵᡠᠨ ᡳ ᠰᡠᡩᡠᡵᡳ ᠪᡳᡨᡥᡝ

aisin gurun i suduri bithe

〔元〕脱脱 总纂

希福等 译

晒印本

九册

据顺治三年（1646）刻本晒印

［0101］

T1650 元史十四卷 满文

ᡩᠠᡳ ᠶᡠᠸᠠᠨ ᡤᡠᡵᡠᠨ ᡳ ᠰᡠᡩᡠᡵᡳ

dai yuwan gurun i suduri

〔明〕宋濂 总纂

希福 总译校

顺治三年（1646）刻本

版框26.5厘米×19厘米

十四册

宋濂（1310—1381），字景濂，号潜溪，元末明初政治家、文学家、史学家、思想家。官至翰林院学士，明初奉命修《元史》。

本书系清代翻译的官修史书。书前有希

福奏折和祁充格等人的奏折。该书原为二百一十卷，满文译本为十四卷，仅对本纪节译，内容包括太祖、太宗、定宗、宪宗、世祖、成宗、仁宗、英宗、泰定帝、天顺帝、文宗、明宗、宁宗、惠宗十四帝的本纪。其中尤以元世祖忽必烈的事迹记载最为详尽。

［0181］［W313.2］十四册［W512.1］七册

［W516.1］［W565.1］

T1651 元史 满文

ᡩᠠᡳ ᠶᡠᠸᠠᠨ ᡤᡠᡵᡠᠨ ᡳ ᠰᡠᡩᡠᡵᡳ

dai yuwan gurun i suduri

〔明〕宋濂 总纂

希福 总译校

顺治元年（1644）抄本

开本32厘米×21.5厘米

八册

［0181］

T1652 元史 满文

ᡩᠠᡳ ᠶᡠᠸᠠᠨ ᡤᡠᡵᡠᠨ ᡳ ᠰᡠᡩᡠᡵᡳ

dai yuwan gurun i suduri

〔明〕宋濂 总纂

希福 总译校

抄本

八册

［W516.1］

T1653 元史 满文

ᡩᠠᡳ ᠶᡠᠸᠠᠨ ᡤᡠᡵᡠᠨ ᡳ ᠰᡠᡩᡠᡵᡳ

dai yuwan gurun i suduri

〔明〕宋濂 总纂

希福 总译校

晒印本

九册

据顺治三年（1646）刻本晒印

［0101］

T1654 辽金元三史国语解四十六卷 满汉合璧

ᡩᠠᡳᠯᡳᠶᠣᠣ ᠠᡳᠰᡳᠨ ᡩᠠᡳ ᠶᡠᠸᠠᠨ ᡝᡵᡝ ᡳᠯᠠᠨ ᡤᡠᡵᡠᠨ ᡳ ᠰᡠᡩᡠᡵᡳ ᡩᡝ ᠪᡳᠰᡳᡵᡝ ᡤᡳᠰᡠᠨ ᠪᡝ ᠰᡠᡥᡝ ᠪᡳᡨᡥᡝ

dailiyoo aisin dai yuwan ere ilan gurun i suduri de bisire gisun be suhe bithe

乾隆四十六年（1781）敕译

道光四年（1824）刻本

十六册

本书系满汉对照的历史语言类音训工具书。编者不详。本书由三部分组成，前四册十卷为《辽史语解》，中间四册十二卷为《金史语解》，后八册二十四卷为《元史语解》。本书从辽、金、元三史中选出有关帝后、皇子、公主、官卫、部族、地理、职官、人名、姓氏、名物等类别中的少数民族语汇，

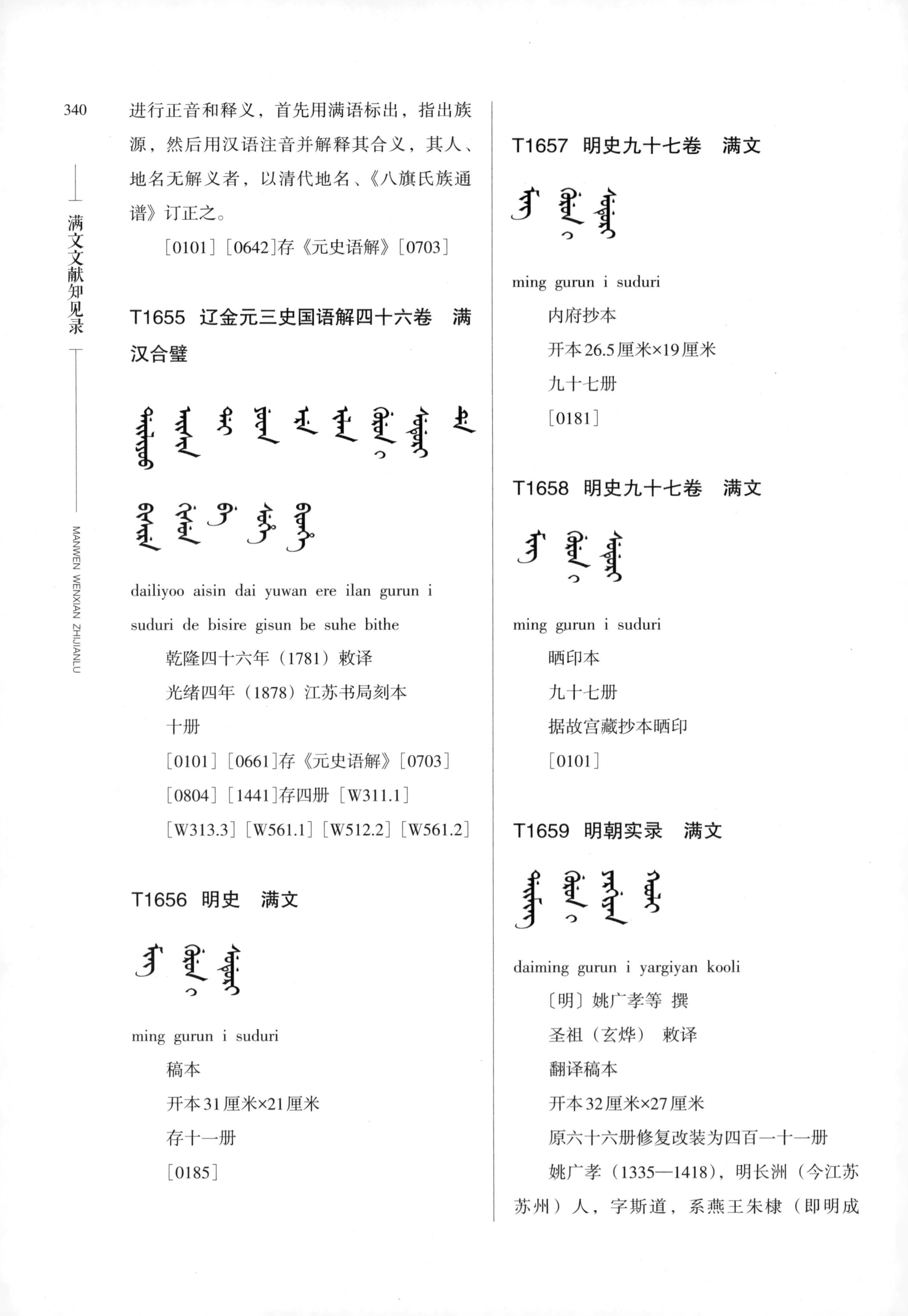

进行正音和释义，首先用满语标出，指出族源，然后用汉语注音并解释其含义，其人、地名无解义者，以清代地名、《八旗氏族通谱》订正之。

［0101］［0642］存《元史语解》［0703］

T1655 辽金元三史国语解四十六卷　满汉合璧

dailiyoo aisin dai yuwan ere ilan gurun i suduri de bisire gisun be suhe bithe

乾隆四十六年（1781）敕译

光绪四年（1878）江苏书局刻本

十册

［0101］［0661］存《元史语解》［0703］

［0804］［1441］存四册［W311.1］

［W313.3］［W561.1］［W512.2］［W561.2］

T1656 明史　满文

ming gurun i suduri

稿本

开本31厘米×21厘米

存十一册

［0185］

T1657 明史九十七卷　满文

ming gurun i suduri

内府抄本

开本26.5厘米×19厘米

九十七册

［0181］

T1658 明史九十七卷　满文

ming gurun i suduri

晒印本

九十七册

据故宫藏抄本晒印

［0101］

T1659 明朝实录　满文

daiming gurun i yargiyan kooli

〔明〕姚广孝等 撰

圣祖（玄烨） 敕译

翻译稿本

开本32厘米×27厘米

原六十六册修复改装为四百一十一册

姚广孝（1335—1418），明长洲（今江苏苏州）人，字斯道，系燕王朱棣（即明成祖）之谋士。明成祖即位，授太子少师，曾参与纂修《永乐大典》等书。

本书主要内容为明初太祖实录。

部分残破。

［0101］

T1660 明太祖实录 满文

ᡩᠠᡳᠮᡳᠩ ᡤᡠᡵᡠᠨ ᡳ ᡨᠠᡳᡯᡠ ᡳ ᠶᠠᡵᡤᡳᠶᠠᠨ ᡴᠣᠣᠯᡳ

daiming gurun i taidzu i yargiyan kooli

稿本

开本39厘米×29厘米

存一册（第四十八卷）

［0185］

T1661 明太宗文皇帝实录 满文

ᡩᠠᡳᠮᡳᠩ ᡤᡠᡵᡠᠨ ᡳ ᡨᠠᡳᡯᡠᠩ ᠸᡝᠨ ᡥᡡᠸᠠᠩᡩᡳ ᡳ ᠶᠠᡵᡤᡳᠶᠠᠨ ᡴᠣᠣᠯᡳ

daiming gurun i taidzung wen hūwangdi i yargiyan kooli

稿本

开本39厘米×29厘米

十册

［0185］

T1662 明福王事略 满汉合璧

ᠮᡳᠩ ᡤᡠᡵᡠᠨ ᡳ ᡶᡠ ᠸᠠᠩ ᠨᡳ ᠪᠠᡳᡨᠠᡳ ᡝᠵᡝᠪᡠᠨ ☆

ming gurun i fu wang ni baitai ejebun

抄本

开本24.6厘米×15.5厘米

一册

本书内容为明亡之后，马士英等拥立福王朱由崧于南京建立南明弘光小朝廷及迅速败亡之始末。

［0703］

Ⅱ. 清代史料

A. 实录

T1663 无圈点满文字档 满文

ᡨᠣᠩᡴᡳ ᡶᡠᡴᠠ ᠠᡴᡡ ᡥᡝᡵᡤᡝᠨ ᡳ ᡩᠠᠩᠰᡝ

tongki fuka akū hergen i dangse

乾隆四十年（1775）抄本

开本30.2厘米×22.3厘米

一百八十册（《天命》八十一册、《天聪》六十一册、《崇德》三十八册）

本书又称《满文老档》，是清代官修编年体史书，现存最早的清代文献，系抄录清入关前太祖朝、太宗朝所形成的无圈点字档（即《旧满洲档》）而成，记事自天命前九年始，讫于清崇德元年（1636），内容涉及清开国时期的政治、军事、经济、文化、民族、宗教等各方面。本书有抄本三部，因仍采用无圈点老满文抄写，故称为照抄本或重抄本。本内缺天命七年后半及天聪七、八、九年各册。语言质朴，保留着很多清入关前的旧清语，是研究清初历史和语言文字的珍贵史料。原档存有三十七册，系用明代旧公文纸书写，参差残破，乾隆中期对原档托裱修整，并以新老满文各抄三套，分贮于北京内阁大库和沈阳故宫崇谟阁。原档现存台北故宫博物院，1969年影印出版，称《旧满洲档》。

［0185］［0796］

T1664 无圈点满文字档　满文

tongki fuka akū hergen i dangse

晒印本

一百八十册

据故宫藏抄本晒印

［0101］

T1665 加圈点满文字档　满文

tongki fuka sindaha hergen i dangse

乾隆四十年（1775）抄本

开本29.5厘米×22.3厘米

一百八十册（《天命》八十一册、《天聪》六十一册、《崇德》三十八册）

本书内容、格式与《无圈点满文档案》相同。只是在乾隆朝重抄时，将原档无圈点老满文改为加圈点新满文，故称为《音写本》或《转写本》，亦抄三部。

［0185］［0796］

T1666 加圈点满文字档　满文

tongki fuka sindaha hergen i dangse

晒印本

一百八十册

据乾隆四十年（1775）重抄本晒印

［0101］

T1667 满洲实录八卷　满汉蒙合璧

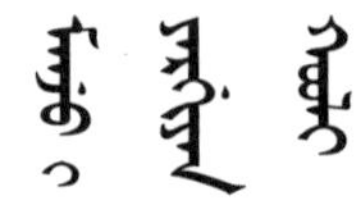

manju i yargiyan kooli

抄本

开本30厘米×18.5厘米

八册

本书约成书于后金天聪九年（1635），以满文、汉文、蒙古文三种文字书写，每页有插图，主要内容为清太祖努尔哈赤的实录（包括古史传说部分），1607年后部分依据《满文老档》删写而成。书中附图。

［0185］

T1668 满洲实录八卷　满蒙汉合璧

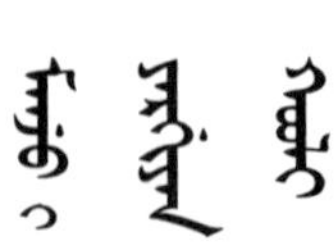

manju i yargiyan kooli

抄本

开本30厘米×18.5厘米

八册

［0804］

T1669 满洲实录八卷　满汉合璧

ᠮᠠᠨᠵᡠ ᡳ ᠶᠠᡵᡤᡳᠶᠠᠨ ᡴᠣᠣᠯᡳ

manju i yargiyan kooli

抄本

八册

［0168］

T1670 满洲实录八卷　满蒙汉合璧

ᠮᠠᠨᠵᡠ ᡳ ᠶᠠᡵᡤᡳᠶᠠᠨ ᡴᠣᠣᠯᡳ

manju i yargiyan kooli

1930年辽宁通志馆影印本

八册

［0101］［0102］［0141］［0661］［0701］

［0741］［W313.3］［W611.1］

T1671 满洲实录八卷　满蒙汉合璧

ᠮᠠᠨᠵᡠ ᡳ ᠶᠠᡵᡤᡳᠶᠠᠨ ᡴᠣᠣᠯᡳ

manju i yargiyan kooli

1934年辽宁通志馆影印本

四册

［0168］

T1672 满洲实录八卷　满蒙汉合璧

ᠮᠠᠨᠵᡠ ᡳ ᠶᠠᡵᡤᡳᠶᠠᠨ ᡴᠣᠣᠯᡳ

manju i yargiyan kooli

伪满洲国“国务院”影印本

开本15.6厘米×9.7厘米

八册

［0101］［0741］

T1673 大清太祖武皇帝实录四卷　满文

ᡩᠠᡳᠴᡳᠩ ᡤᡠᡵᡠᠨ ᡳ ᡨᠠᡳᡯᡠ ᡥᠣᡵᠣᠩᡤᠣ ᡝᠨᡩᡠᡵᡳᠩᡤᡝ ᡥᡡᠸᠠᠩᡩᡳ ᡳ ᠶᠠᡵᡤᡳᠶᠠᠨ ᡴᠣᠣᠯᡳ

daicing gurun i taidzu horonggo enduringge hūwangdi i yargiyan kooli

精写本

开本37.3厘米×23.2厘米

四册

［0185］

T1674 大清太祖武皇帝实录　满文

ᡩᠠᡳᠴᡳᠩ ᡤᡠᡵᡠᠨ ᡳ ᡨᠠᡳᡯᡠ ᡥᠣᡵᠣᠩᡤᠣ ᡝᠨᡩᡠᡵᡳᠩᡤᡝ ᡥᡡᠸᠠᠩᡩᡳ ᡳ ᠶᠠᡵᡤᡳᠶᠠᠨ ᡴᠣᠣᠯᡳ

daicing gurun i taidzu horonggo enduringge hūwangdi i yargiyan kooli

清初抄本

开本37.3厘米×23.2厘米

存三册三卷（第二至四卷）

包背装

［0101］

T1675 大清太祖武皇帝实录 满文

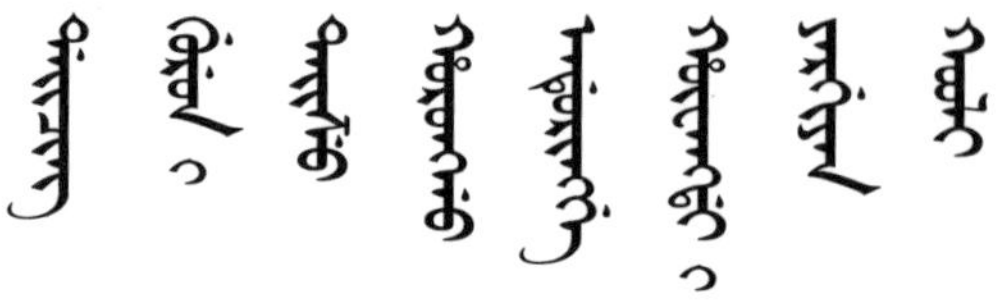

daicing gurun i taidzu horonggo enduringge hūwangdi i yargiyan kooli

影印本

［2102］［W313.3］

T1676 大清太祖高皇帝实录 满文

daicing gurun i taidzu dergi hūwangdi i yargiyan kooli

勒德洪 撰

刘仕 译

鄂尔泰 厘定

乾隆四年（1739）大红绫精写本

开本44.5厘米×29厘米

版框29.5厘米×19.5厘米

存六卷六册

蝴蝶装

勒德洪，又名勒德浑，生卒不详，正红旗满洲人，宗室。历任刑部左、右侍郎，吏部左、右侍郎，户部尚书，军机大臣。授武英殿大学士、太子太傅。康熙二十七年（1688）因事被革职。曾主持纂修《大清太祖高皇帝实录》《平定三逆方略》《平定察哈尔方略》等书。

［0185］［0796］

T1677 大清太祖高皇帝实录 满文

daicing gurun i taidzu dergi hūwangdi i yargiyan kooli

勒德洪 撰

刘仕 译

鄂尔泰 厘定

乾隆四年（1739）小红绫精写本

开本37厘米×23.5厘米

版框24.8厘米×17.5厘米

存十册十卷

包背装

［0185］

T1678 大清太祖高皇帝实录 满文

daicing gurun i taidzu dergi hūwangdi i yargiyan kooli

勒德洪 撰

刘仕 译

鄂尔泰 厘定

乾隆四年（1739）小黄绫精写本

开本37厘米×23.5厘米

版框24.8厘米×17.5厘米

存十四册

包背装

[0185]

T1679 大清太祖高皇帝实录 满文

ᡩᠠᡳᠴᡳᠩ ᡤᡠᡵᡠᠨ ᡳ ᡨᠠᡳᡯᡠ ᡩᡝᡵᡤᡳ ᡥᡡᠸᠠᠩᡩᡳ ᡳ ᠶᠠᡵᡤᡳᠶᠠᠨ ᡴᠣᠣᠯᡳ

daicing gurun i taidzu dergi hūwangdi i yargiyan kooli

乾隆五年（1740）抄本（复印件）

五册

[W512.1]

T1680 大清太祖高皇帝实录十卷 满文

ᡩᠠᡳᠴᡳᠩ ᡤᡠᡵᡠᠨ ᡳ ᡨᠠᡳᡯᡠ ᡩᡝᡵᡤᡳ ᡥᡡᠸᠠᠩᡩᡳ ᡳ ᠶᠠᡵᡤᡳᠶᠠᠨ ᡴᠣᠣᠯᡳ

daicing gurun i taidzu dergi hūwangdi i yargiyan kooli

勒德洪 撰

刘仕 译

鄂尔泰 厘定

晒印本

五册

据中国第一历史档案馆所藏抄本晒印

[0101]

T1681 大清太宗文皇帝实录六十五卷 满文

ᡩᠠᡳᠴᡳᠩ ᡤᡠᡵᡠᠨ ᡳ ᡨᠠᡳᡯᡠᠩ ᡤᡝᠩᡤᡳᠶᡝᠨ ᡧᡠ ᡥᡡᠸᠠᠩᡩᡳ ᡳ ᠶᠠᡵᡤᡳᠶᠠᠨ ᡴᠣᠣᠯᡳ

daicing gurun i taidzung genggiyen šu hūwangdi i yargiyan kooli

图海等 撰

勒德洪 总校

官布等 译

乾隆二年（1737）大红绫精写本

开本44.5厘米×29厘米

版框27.5厘米×19.5厘米

蝴蝶装

图海（？—1682），正黄旗满洲人，马佳氏，字麟洲，官至弘文院大学士。

原书题注："康熙二十一年九月二十二日修毕，乾隆二年十二月十日重修。"

[0185]存六十一册 [0796]存五十九卷五十九册

T1682 大清太宗文皇帝实录六十五卷 满文

ᡩᠠᡳᠴᡳᠩ ᡤᡠᡵᡠᠨ ᡳ ᡨᠠᡳᡯᡠᠩ ᡤᡝᠩᡤᡳᠶᡝᠨ ᡧᡠ ᡥᡡᠸᠠᠩᡩᡳ ᡳ ᠶᠠᡵᡤᡳᠶᠠᠨ ᡴᠣᠣᠯᡳ

daicing gurun i taidzung genggiyen šu hūwangdi i yargiyan kooli

图海等 撰

勒德洪 总校

官布等 译

乾隆二年（1737）小红绫精写本

开本37厘米×23厘米

版框25厘米×17.5厘米

存四十九册

蝴蝶装

［0185］

T1683 大清太宗文皇帝实录六十五卷 满文

ᡩᠠᡳᠴᡳᠩ ᡤᡠᡵᡠᠨ ᡳ ᡨᠠᡳᡯᡠᠩ ᡤᡝᠩᡤᡳᠶᡝᠨ ᡧᡠ ᡥᡡᠸᠠᠩᡩᡳ ᡳ ᠶᠠᡵᡤᡳᠶᠠᠨ ᡴᠣᠣᠯᡳ

daicing gurun i taidzung genggiyen šu hūwangdi i yargiyan kooli

图海等 撰

勒德洪 总校

官布等 译

乾隆二年（1737）小黄绫精写本

开本37厘米×23厘米

版框25厘米×17.5厘米

存五十九册

蝴蝶装

［0185］

T1684 大清太宗文皇帝实录 满文

ᡩᠠᡳᠴᡳᠩ ᡤᡠᡵᡠᠨ ᡳ ᡨᠠᡳᡯᡠᠩ ᡤᡝᠩᡤᡳᠶᡝᠨ ᡧᡠ ᡥᡡᠸᠠᠩᡩᡳ ᡳ ᠶᠠᡵᡤᡳᠶᠠᠨ ᡴᠣᠣᠯᡳ

daicing gurun i taidzung genggiyen šu hūwangdi i yargiyan kooli

康熙二十八年（1689）抄本（复印件）

一册（二十七页）

［W512.1］

T1685 大清太宗文皇帝实录六十五卷 满文

ᡩᠠᡳᠴᡳᠩ ᡤᡠᡵᡠᠨ ᡳ ᡨᠠᡳᡯᡠᠩ ᡤᡝᠩᡤᡳᠶᡝᠨ ᡧᡠ ᡥᡡᠸᠠᠩᡩᡳ ᡳ ᠶᠠᡵᡤᡳᠶᠠᠨ ᡴᠣᠣᠯᡳ

daicing gurun i taidzung genggiyen šu hūwangdi i yargiyan kooli

图海等 撰

勒德洪 总校

官布等 译

抄本

开本28.5厘米×19厘米

存二十二册

［0185］

T1686 大清太宗实录 满文

ᡩᠠᡳᠴᡳᠩ ᡤᡠᡵᡠᠨ ᡳ ᡨᠠᡳᡯᡠᠩ ᡤᡝᠩᡤᡳᠶᡝᠨ ᡧᡠ ᡥᡡᠸᠠᠩᡩᡳ ᡳ ᠶᠠᡵᡤᡳᠶᠠᠨ ᡴᠣᠣᠯᡳ

daicing gurun i taidzung genggiyen šu hūwangdi i yargiyan kooli

图海等 撰

勒德洪 总校

官布等 译

稿本

开本27厘米×25.4厘米

存四册

毛装

［0181］

T1687 大清太宗文皇帝实录六十五卷 满文

ᡩᠠᡳᠴᡳᠩ ᡤᡠᡵᡠᠨ ᡳ ᡨᠠᡳᡯᡠᠩ ᡤᡝᠩᡤᡳᠶᡝᠨ ᡧᡠ ᡥᡡᠸᠠᠩᡩᡳ ᡳ ᠶᠠᡵᡤᡳᠶᠠᠨ ᡴᠣᠣᠯᡳ

daicing gurun i taidzung genggiyen šu hūwangdi i yargiyan kooli

图海等 撰

勒德洪 总校

官布等 译

晒印本

存三十二册

据中国第一历史档案馆藏抄本晒印

［0101］

T1688 大清世祖章皇帝实录一百四十四卷目录一卷 满文

ᡩᠠᡳᠴᡳᠩ ᡤᡠᡵᡠᠨ ᡳ ᡧᡳᡯᡠ ᡝᠯᡩᡝᠮᠪᡠᡥᡝ ᡥᡡᠸᠠᠩᡩᡳ ᡳ ᠶᠠᡵᡤᡳᠶᠠᠨ ᡴᠣᠣᠯᡳ

daicing gurun i šidzu eldembuhe hūwangdi i yargiyan kooli

巴泰、图海等 撰

康熙十一年（1672）大红绫精写本

开本44.5厘米×29厘米

版框27.5厘米×19.5厘米

存一百四十二卷

蝴蝶装

巴泰（？—1690），镶蓝旗汉军人，金氏。官至中和殿大学士兼吏部尚书、正黄旗汉军都统。

原书题注：“康熙十一年五月二十日撰，乾隆四年十二月十日重修。”

［0185］［0796］

T1689 大清世祖章皇帝实录一百四十四卷目录一卷 满文

ᡩᠠᡳᠴᡳᠩ ᡤᡠᡵᡠᠨ ᡳ ᡧᡳᡯᡠ ᡝᠯᡩᡝᠮᠪᡠᡥᡝ ᡥᡡᠸᠠᠩᡩᡳ ᡳ ᠶᠠᡵᡤᡳᠶᠠᠨ ᡴᠣᠣᠯᡳ

daicing gurun i šidzu eldembuhe hūwangdi i yargiyan kooli

巴泰、图海等 撰

康熙十一年（1672）小红绫精写本

开本37厘米×23厘米

版框25厘米×17.5厘米

存一百四十册

包背装

［0185］

T1690 大清世祖章皇帝实录一百四十四卷目录一卷 满文

ᡩᠠᡳᠴᡳᠩ ᡤᡠᡵᡠᠨ ᡳ ᡧᡳᡯᡠ ᡝᠯᡩᡝᠮᠪᡠᡥᡝ ᡥᡡᠸᠠᠩᡩᡳ ᡳ ᠶᠠᡵᡤᡳᠶᠠᠨ ᡴᠣᠣᠯᡳ

daicing gurun i šidzu eldembuhe hūwangdi i yargiyan kooli

巴泰、图海等 撰

康熙十一年（1672）小黄绫精写本

开本37厘米×23厘米

版框25厘米×17.5厘米

存一百三十二册

包背装

［0185］

T1691 清世祖实录 满文

ᡩᠠᡳᠴᡳᠩ ᡤᡠᡵᡠᠨ ᡳ ᡧᡳᡯᡠ ᡝᠯᡩᡝᠮᠪᡠᡥᡝ ᡥᡡᠸᠠᠩᡩᡳ ᡳ ᠶᠠᡵᡤᡳᠶᠠᠨ ᡴᠣᠣᠯᡳ

daicing gurun i šidzu eldembuhe hūwangdi i yargiyan kooli

巴泰、图海等 撰

稿本

开本27.5厘米×20.5厘米

存三册

毛装

［0181］

T1692 大清圣祖仁皇帝实录三百卷目录三卷 满文

ᡩᠠᡳᠴᡳᠩ ᡤᡠᡵᡠᠨ ᡳ ᡧᡝᠩᡯᡠ ᡤᠣᠰᡳᠨ ᡥᡡᠸᠠᠩᡩᡳ ᡳ ᠶᠠᡵᡤᡳᠶᠠᠨ ᡴᠣᠣᠯᡳ

daicing gurun i šengdzu gosin hūwangdi i yargiyan kooli

马齐等 撰

勒尔森等 译

乾隆六年（1741）大红绫精写本

开本44.5厘米×29厘米

版框27.5厘米×19.5厘米

马齐（1652—1739），镶黄旗满洲人，富察氏，官至山西巡抚、武英殿大学士。

精写本题注：“雍正九年十二月二十日初序，乾隆六年三月二十四日后序。”

［0185］存二百九十七册 ［0796］存二百八十五册

T1693 大清圣祖仁皇帝实录三百卷目录三卷 满文

ᡩᠠᡳᠴᡳᠩ ᡤᡠᡵᡠᠨ ᡳ ᡧᡝᠩᡯᡠ ᡤᠣᠰᡳᠨ ᡥᡡᠸᠠᠩᡩᡳ ᡳ ᠶᠠᡵᡤᡳᠶᠠᠨ ᡴᠣᠣᠯᡳ

daicing gurun i šengdzu gosin hūwangdi i yargiyan kooli

马齐等 撰

勒尔森等 译

乾隆六年（1741）小红绫精写本

开本37厘米×22.5厘米

版框24.5厘米×17.5厘米

存二百六十六册

包背装

［0185］

T1694 大清圣祖仁皇帝实录三百卷目录三卷 满文

ᡩᠠᡳᠴᡳᠩ ᡤᡠᡵᡠᠨ ᡳ ᡧᡝᠩᡯᡠ ᡤᠣᠰᡳᠨ ᡥᡡᠸᠠᠩᡩᡳ ᡳ ᠶᠠᡵᡤᡳᠶᠠᠨ ᡴᠣᠣᠯᡳ

daicing gurun i šengdzu gosin hūwangdi i yargiyan kooli

马齐等 撰

勒尔森等 译

乾隆六年（1741）小黄绫精写本

开本37厘米×23厘米

版框25厘米×17.5厘米

存二百九十四册

包背装

[0185]

T1695 大清圣祖仁皇帝实录三百卷目录三卷　满文

daicing gurun i šengdzu gosin hūwangdi i yargiyan kooli

马齐等 撰

勒尔森等 译

稿本

开本27厘米×25.4厘米

存二十册

毛装

[0101] [0181]存三册

T1696 大清世宗宪皇帝实录一百五十九卷目录三卷　满文

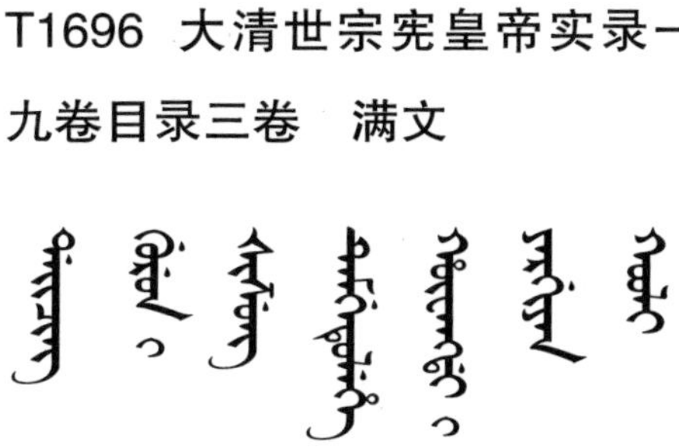

daicing gurun i šidzung temgetulehe hūwangdi i yargiyan kooli

鄂尔泰等 撰

苏禄等 译

乾隆六年（1741）大红绫精写本

开本44.5厘米×29厘米

版框27.5厘米×19.5厘米

一百六十二册

蝴蝶装

[0185] [0796]存一百三十八册

T1697 大清世宗宪皇帝实录一百五十九卷目录三卷　满文

daicing gurun i šidzung temgetulehe hūwangdi i yargiyan kooli

鄂尔泰等 撰

苏禄等 译

乾隆六年（1741）小红绫精写本

开本37厘米×23厘米

版框25厘米×17.5厘米

一百六十二册

包背装

[0185]

T1698 大清世宗宪皇帝实录一百五十九卷目录三卷　满文

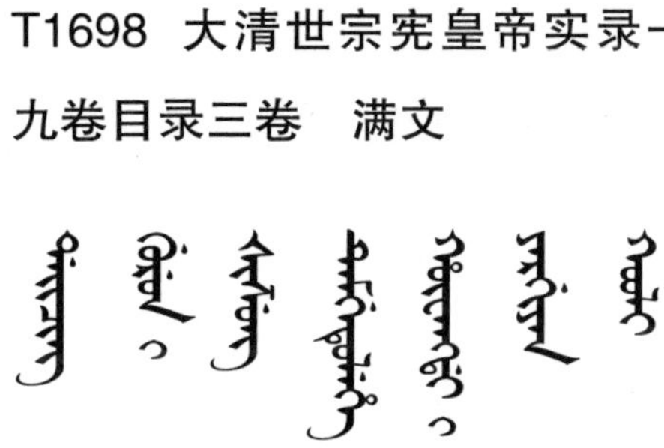

daicing gurun i šidzung temgetulehe hūwangdi i yargiyan kooli

鄂尔泰等 撰

苏禄等 译

乾隆六年（1741）小黄绫精写本

开本33.5厘米×20.2厘米

一百六十二册

包背装

[0185]

T1699 大清高宗纯皇帝实录一千五百卷目录五卷　满文

ᡩᠠᡳᠴᡳᠩ ᡤᡠᡵᡠᠨ ᡳ ᡤᠣᠣᡯᡠᠩ ᠶᠣᠩᡴᡳᠶᠠᠩᡤᠠ ᡥᡡᠸᠠᠩᡩᡳ ᡳ ᠶᠠᡵᡤᡳᠶᠠᠨ ᡴᠣᠣᠯᡳ

daicing gurun i g'aodzung yongkiyangga hūwangdi i yargiyan kooli

庆桂 监修

嘉庆十二年（1807）大红绫精写本

开本44.5厘米×29厘米

版框27.5厘米×19.5厘米

蝴蝶装

编译者庆桂（1735—1816），镶黄旗满洲人，累官至兵部尚书、文渊阁大学士、军机大臣。

[0185]存一千四百四十三册（另有目录五册）

[0796]存一千三百五十四册

T1700 大清高宗纯皇帝实录一千五百卷目录五卷　满文

ᡩᠠᡳᠴᡳᠩ ᡤᡠᡵᡠᠨ ᡳ ᡤᠣᠣᡯᡠᠩ ᠶᠣᠩᡴᡳᠶᠠᠩᡤᠠ ᡥᡡᠸᠠᠩᡩᡳ ᡳ ᠶᠠᡵᡤᡳᠶᠠᠨ ᡴᠣᠣᠯᡳ

daicing gurun i g'aodzung yongkiyangga hūwangdi i yargiyan kooli

庆桂 监修

嘉庆十二年（1807）小红绫精写本

开本37厘米×23厘米

版框25厘米×17.5厘米

存一千四百四十九册（另有目录四册）

包背装

[0185]

T1701 大清高宗纯皇帝实录一千五百卷目录五卷　满文

ᡩᠠᡳᠴᡳᠩ ᡤᡠᡵᡠᠨ ᡳ ᡤᠣᠣᡯᡠᠩ ᠶᠣᠩᡴᡳᠶᠠᠩᡤᠠ ᡥᡡᠸᠠᠩᡩᡳ ᡳ ᠶᠠᡵᡤᡳᠶᠠᠨ ᡴᠣᠣᠯᡳ

daicing gurun i g'aodzung yongkiyangga hūwangdi i yargiyan kooli

庆桂 监修

嘉庆十二年（1807）小黄绫精写本

开本37厘米×23厘米

版框25厘米×17.5厘米

存一千四百三十一册（另有目录五册）

包背装

[0185]

T1702 大清仁宗睿皇帝实录三百七十四卷目录四卷 满文

daicing gurun i žindzung sunggiyan hūwangdi i yargiyan kooli

曹振镛 总撰

齐车布等 译

道光四年（1824）大红绫精写本

开本44.5厘米×29厘米

版框27.5厘米×19.5厘米

存三百七十四册

蝴蝶装

曹振镛（1755—1835），安徽歙县人，累官至吏部尚书、体仁阁大学士、军机大臣。充任《会典》《实录》《全唐文》等书总裁。

［0185］［0796］存二百四十七册

T1703 大清仁宗睿皇帝实录三百七十四卷目录四卷 满文

daicing gurun i žindzung sunggiyan hūwangdi i yargiyan kooli

曹振镛 总撰

齐车布等 译

道光四年（1824）小红绫精写本

开本37厘米×23厘米

版框25厘米×17.5厘米

存三百六十九册

包背装

［0185］

T1704 大清仁宗睿皇帝实录三百七十四卷目录四卷 满文

daicing gurun i žindzung sunggiyan hūwangdi i yargiyan kooli

曹振镛 总撰

齐车布等 译

道光四年（1824）小黄绫精写本

开本37厘米×23厘米

版框25厘米×17.5厘米

三百七十八册

包背装

［0185］

T1705 大清宣宗成皇帝实录四百七十六卷目录四卷 满文

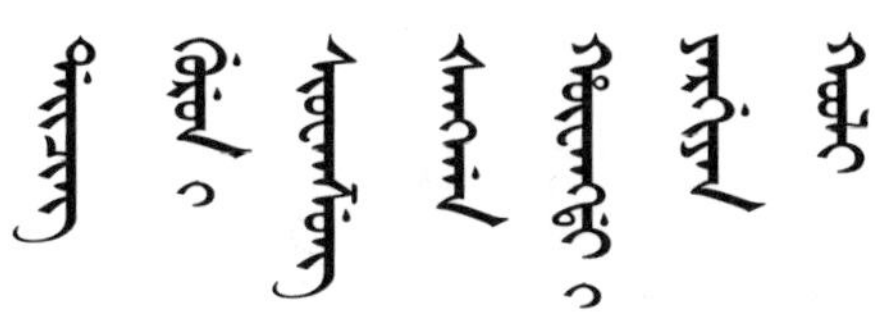

daicing gurun i siowandzung šanggan hūwangdi i yargiyan kooli

文庆等 撰

咸丰六年（1856）大红绫精写本

开本44.5厘米×29厘米

版框27.5厘米×19.5厘米

蝴蝶装

文庆（？—1856），镶红旗满洲人，费莫氏，官至武英殿大学士、军机大臣。

［0185］存四百五十六册　［0796］存三百九十三册

T1706 大清宣宗成皇帝实录四百七十六卷目录四卷　满文

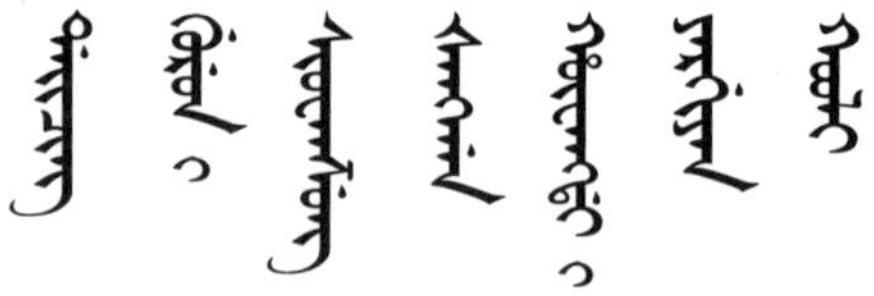

daicing gurun i siowandzung šanggan hūwangdi i yargiyan kooli

文庆等 撰

咸丰六年（1856）小红绫精写本

开本37厘米×23厘米

版框25厘米×17.5厘米

存四百七十七册

包背装

［0185］

T1707 大清宣宗成皇帝实录四百七十六卷目录四卷　满文

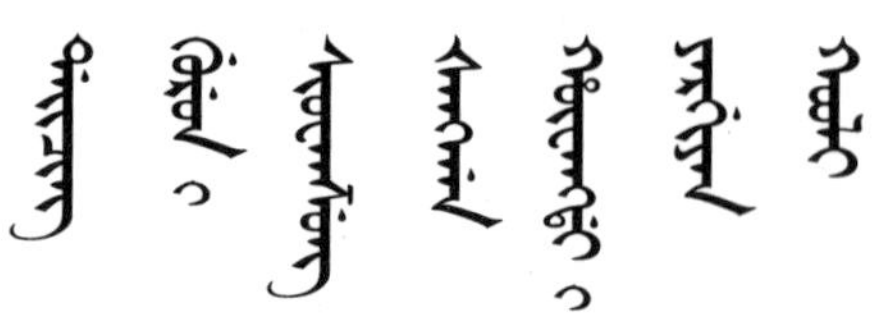

daicing gurun i siowandzung šanggan hūwangdi i yargiyan kooli

文庆等 撰

咸丰六年（1856）小黄绫精写本

开本37厘米×23厘米

版框25厘米×17.5厘米

四百八十册

包背装

［0185］

T1708 大清文宗显皇帝实录三百五十六卷目录四卷　满文

daicing gurun i wendzung iletu hūwangdi i yargiyan kooli

桂良等 撰

同治五年（1866）大红绫精写本

开本44.5厘米×29厘米

版框27.5厘米×19.5厘米

蝴蝶装

桂良（1785—1862），正红旗满洲人，瓜尔佳氏，官至文华殿大学士、军机大臣。

［0185］存三百三十八册　［0796］存三百六十六册

T1709 大清文宗显皇帝实录三百五十六卷目录四卷　满文

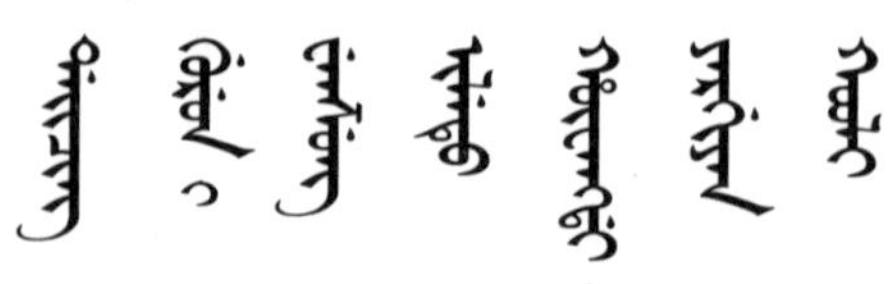

daicing gurun i wendzung iletu hūwangdi i yargiyan kooli

桂良等 撰

同治五年（1866）小红绫精写本

开本37厘米×23厘米

版框25厘米×17.5厘米

存三百五十四册

包背装

［0185］

T1710 大清文宗显皇帝实录三百五十六卷目录四卷 满文

daicing gurun i wendzung iletu hūwangdi i yargiyan kooli

桂良等 撰

同治五年（1866）小黄绫精写本

开本37厘米×23厘米

版框25厘米×17.5厘米

存二百九十三册

包背装

［0185］

T1711 大清穆宗毅皇帝实录三百七十四卷目录四卷 满文

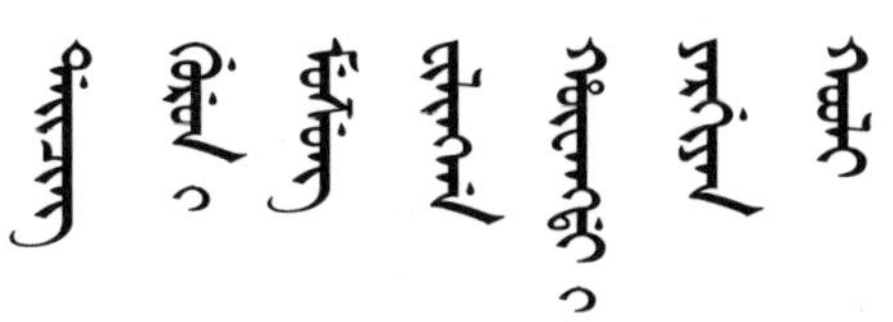

daicing gurun i mudzung filingga hūwangdi i yargiyan kooli

宝鋆等 撰

光绪五年（1879）大红绫精写本

开本44.5厘米×29厘米

版框27.5厘米×19.5厘米

蝴蝶装

宝鋆（？—1891），镶白旗满洲人，索绰罗氏，官至武英殿大学士、军机大臣。

［0185］存三百六十七册 ［0796］存三百九十五册

T1712 大清穆宗毅皇帝实录三百七十四卷目录四卷 满文

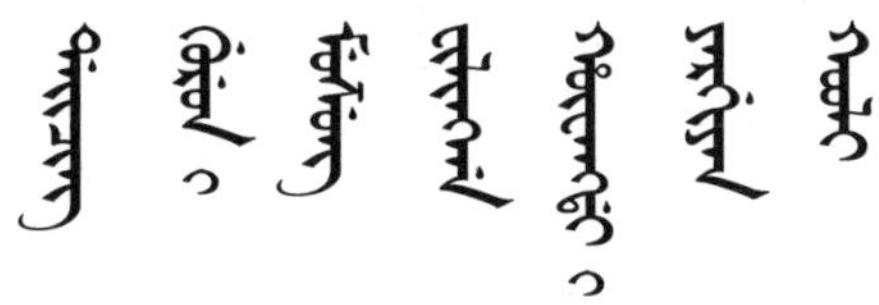

daicing gurun i mudzung filingga hūwangdi i yargiyan kooli

宝鋆等 撰

光绪五年（1879）小红绫精写本

开本37厘米×23厘米

版框25厘米×17.5厘米

存三百四十册

包背装

［0185］

T1713 大清穆宗毅皇帝实录三百七十四卷目录四卷 满文

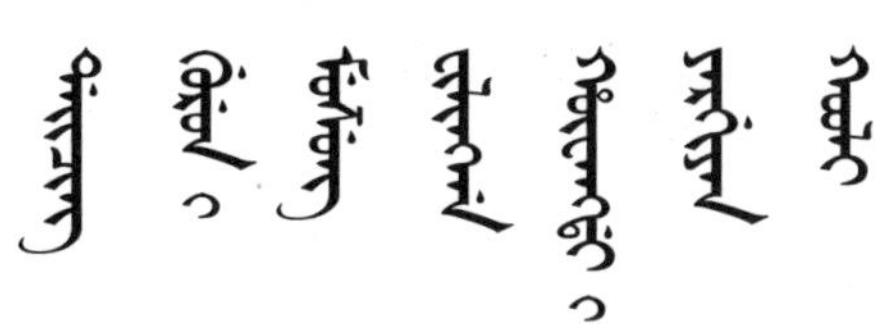

daicing gurun i mudzung filingga hūwangdi i yargiyan kooli

宝鋆等 撰

光绪五年（1879）小黄绫精写本

开本37厘米×23厘米

版框25厘米×17.5厘米

存三百四十六册

包背装

［0185］

T1714 大清穆宗毅皇帝实录三百七十四卷目录四卷 满文

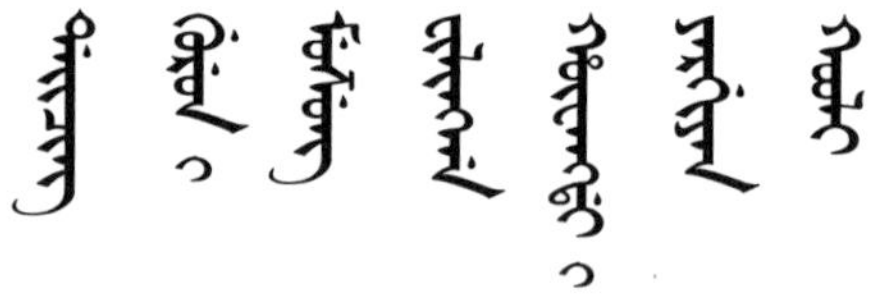

daicing gurun i mudzung filingga hūwangdi i yargiyan kooli

宝鋆等 撰

初次稿本

开本26厘米×17.6厘米

版框22.4厘米×14.4厘米

存三百零五册

毛装

［0101］

T1715 大清穆宗毅皇帝实录三百七十四卷目录四卷 满文

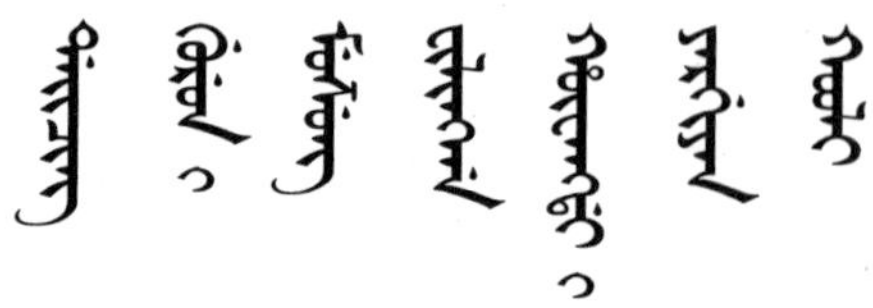

daicing gurun i mudzung filingga hūwangdi i yargiyan kooli

宝鋆等 撰

二次稿本

开本31.9厘米×18.1厘米

版框24厘米×14.7厘米

存二百九十七册

毛装

［0101］

T1716 大清德宗景皇帝实录 满文

daicing gurun i dedzung ambalinggū hūwangdi i yargiyan kooli

徐致喜等 辑

稿本

开本28厘米×20.5厘米

版框22厘米×14厘米

存一百一十册

毛装

［0150］

B. 方略

T1717 皇清开国方略三十二卷 满文

daicing gurun i fukjin doro neihe bodogon i bithe

阿桂等 奉敕撰

乾隆五十一年（1786）武英殿刻本

版框28.3厘米×20.4厘米

三十二册

清政府每当重大军事行动取胜，即谕令方略馆将有关章折谕旨汇编成书，称为《方略》或《纪略》。

本书采用编年体，记叙清朝开国史，起于天女生布库里雍顺的神话，至顺治元年（1644）十月定都北京为止。主要记录太祖、太宗建立清王朝的历史。

［0185］［0186］［0601］存六册 ［0701］［1681］［2102］［W311.1］［W313.2］［W512.1］存八册 ［W512.2］存三十二册 ［W561.2］［W565.1］

T1718 皇清开国方略三十二卷 满文

daicing gurun i fukjin doro neihe bodogon i bithe

阿桂等 撰

乾隆年间抄本

开本41厘米×23.5厘米

存八卷八册

黄绫封面

［0181］

T1719 开国方略 满文

fukjin doro neihe bodogon i bithe

阿桂等 撰

抄本

开本35.8厘米×20.3厘米

存七册

［0181］

T1720 平定海寇方略四卷 满文

mederi hūlha be necihiyeme toktobuha bodogon i bithe

康熙年间精写本

开本24.7厘米×16.7厘米

四册

主要记述清初顺康年间征伐郑氏家族及与之谈判招抚、收复台湾事宜。

［0185］

T1721 平定察哈尔方略二卷 满文

cahar be necihiyeme toktobuha bodogon i bithe

康熙年间精写本

开本24.5厘米×16.6厘米

二册

本书为清代官修的有关军事的专题史料集，主要记叙了康熙十四年（1675）三月至九月察哈尔蒙古首领林丹汗之孙布尔尼乘三藩之乱反清，清廷遣信郡王鄂扎等率兵前往平定，四月，于达禄击败布尔尼，不久布尔尼战死。

［0185］

T1722 亲征平定朔漠方略四十八卷目录一卷　满文

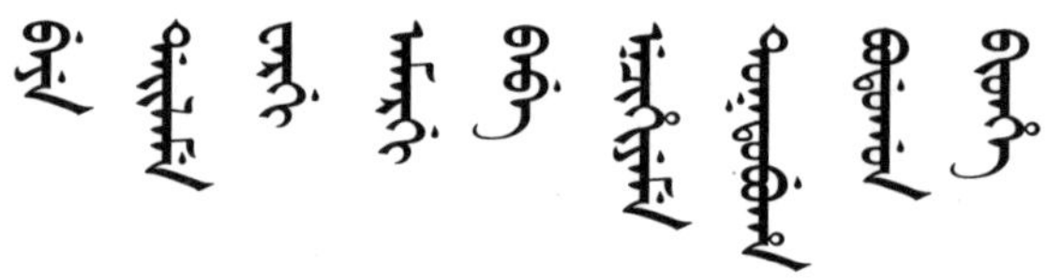

beye dailame wargi amargi babe necihiyeme toktobuha bodogon bithe

温达等 撰

康熙四十八年（1709）武英殿刻本

版框24.5厘米×16.6厘米

四十九册

温达（？—1715），镶黄旗满洲人，费莫氏，官至工部尚书、文华殿大学士，曾充任《大清一统志》《明史》等总裁官。

本书记清圣祖三次亲征噶尔丹事，从康熙十六年（1677）六月噶尔丹遣使入贡开始，至三十七年（1698）七月策妄阿拉布坦献噶尔丹遗体为止。

［0101］［0150］存三册　［0185］［0186］

［0641］存十册　［0661］［0669］［0701］

［W311.1］［W512.1］十册　［W516.1］十九册　［W561.1］［W712.2］

T1723 亲征平定朔漠方略四十八卷目录一卷　满文

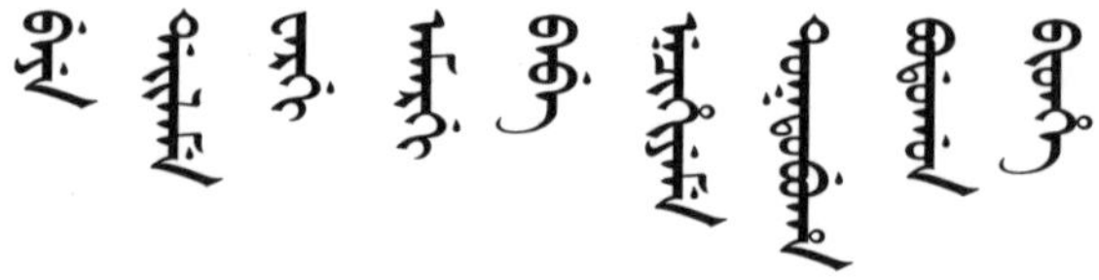

beye dailame wargi amargi babe necihiyeme toktobuha bodogon bithe

温达等 撰

康熙年间精写本

开本32.5厘米×20厘米

版框25.3厘米×16.5厘米

四十九册

［0181］存十六卷十七册　［0185］

T1724 平定罗刹方略四卷　满文

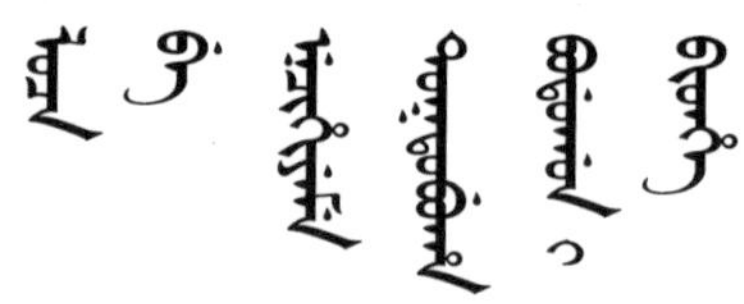

loca be necihiyeme toktobuha bodogon i bithe

康熙年间精写本

开本24.9厘米×16.9厘米

四册

本书为官修编年体史书，记康熙时抗击沙俄侵占黑龙江流域及清俄谈判定约经过，从康熙二十一年（1682）八月派遣副都统郎坦等勘察沙俄情形开始，至二十八年（1689）十二月签订《尼布楚条约》并遣官立界碑于额尔必齐河诸地为止。

［0185］

T1725 平定三逆方略 满文

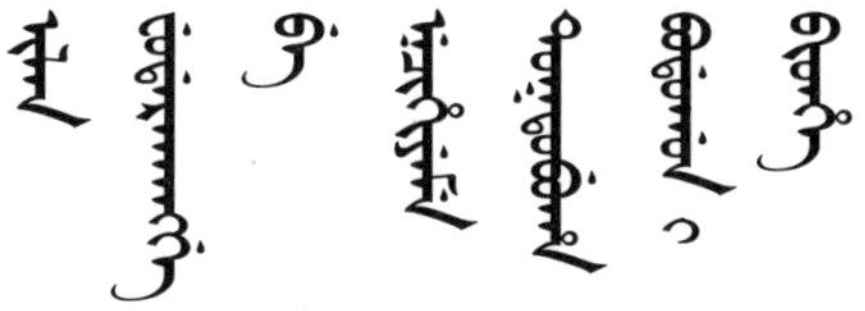

ilan fudarakangge be necihiyeme toktobuha bodogon i bithe

勒德洪等 撰

康熙二十五年（1686）稿本

开本31.8厘米×19.2厘米

版框25.6厘米×16.3厘米

存卷一至四

本书记平定吴三桂、尚可喜、耿精忠三藩叛乱事。

［0101］

T1726 平定三逆方略 满文

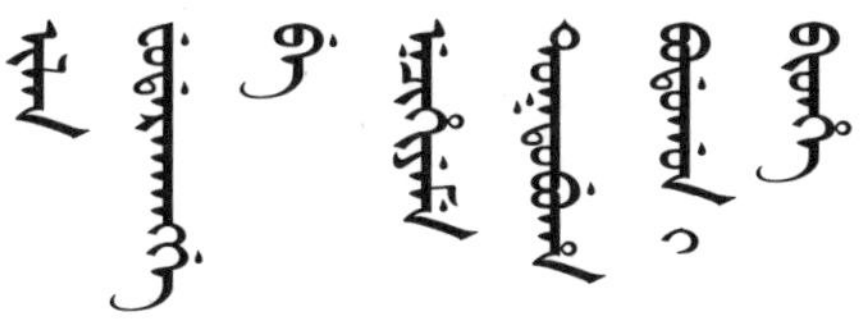

ilan fudarakangge be necihiyeme toktobuha bodogon i bithe

勒德洪等 撰

精写本

开本31.6厘米×19.2厘米

版框24.7厘米×16.7厘米

［0181］存四十册 ［0185］存十四册

T1727 平定准噶尔方略一百七十一卷 满文

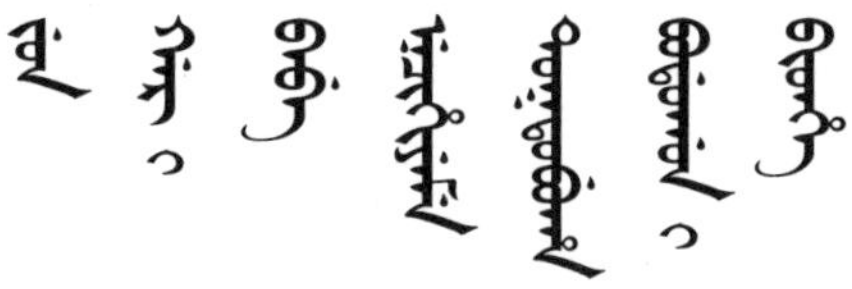

jun gar i babe necihiyeme toktobuha bodogon i bithe

傅恒等 奉敕撰

乾隆三十五年（1770）武英殿刻本

版框24厘米×16.5厘米

一百册（前编五十四卷三十二册、正编八十五卷五十二册、续编三十二卷十六册）

本书记述乾隆年间清廷平定准噶尔部叛乱，统一新疆之始末及善后事宜。

［0185］［0186］［0187］存一册 ［0701］

［1681］［W311.1］［W313.2］

［W512.2］存一百册 ［W516.1］存一百册

［W561.1］［W565.1］［W712.1］

T1728 平定金川方略二十六卷 满文

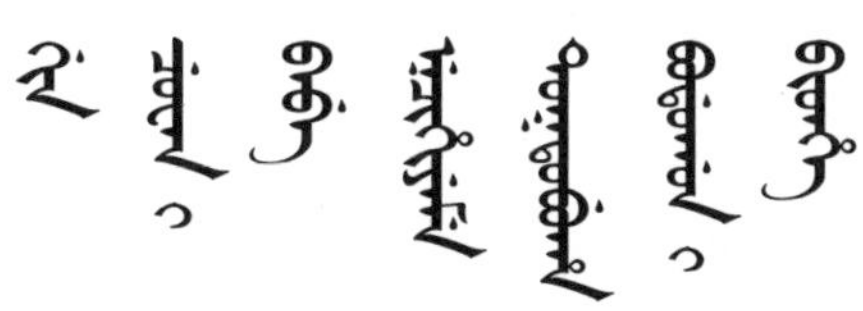

gin cuwan i babe necihiyeme toktobuha bodogon i bithe

来保等 撰

乾隆年间武英殿刻本

版框23.5厘米×16.7厘米

二十八册

本书记载乾隆初期清廷对大金川土司莎

罗奔用兵事。

[0101]存一册 [0185][0701]

[0669]存一册

T1729 平定两金川方略一百三十六卷 满文

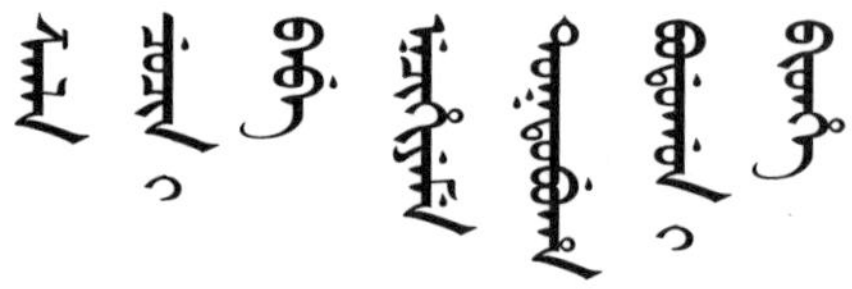

dzanla cucin i babe necihiyeme toktobuha bodogon i bithe

阿桂等 撰

乾隆四十五年（1780）武英殿刻本

版框22.5厘米×16.7厘米

一百二十册

本书又名《平定赞拉楚沁方略》，记载了乾隆三十六年（1771）至四十一年（1776）平定大小金川叛乱之始末。

[0101]存六十四卷六十册 [0150] [0185] [0669] [0701] [1681] [2102] [W313.2] [W512.1] [W516.1]存一百二十册 [W565.1] [W712.1]

T1730 平定两金川方略一百三十六卷 满文

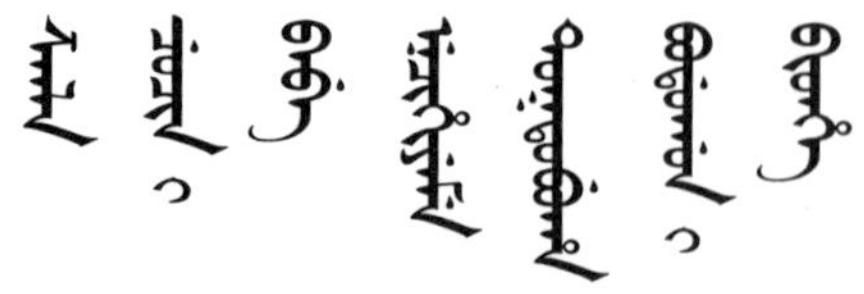

dzanla cucin i babe necihiyeme toktobuha bodogon i bithe

阿桂等 撰

乾隆四十五年（1780）抄本

开本33.3厘米×20.8厘米

一百三十八册

黄绫封面

[0181]

T1731 平定两金川方略 满文

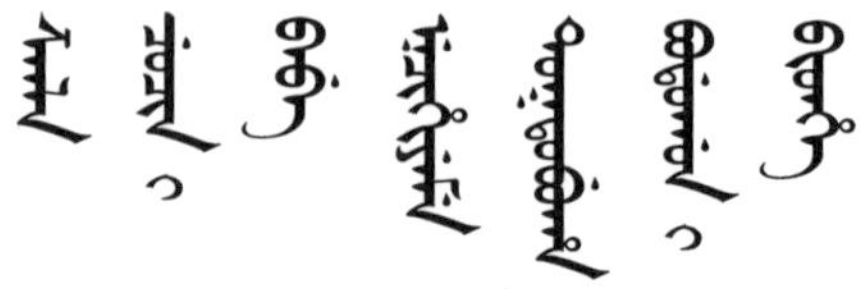

dzanla cucin i babe necihiyeme toktobuha bodogon i bithe

阿桂等 撰

稿本

开本26厘米×23厘米

二册

毛装

[0185]

C. 杂史

T1732 定南大将军兼多罗贝勒尚善致吴三桂约战书 满文

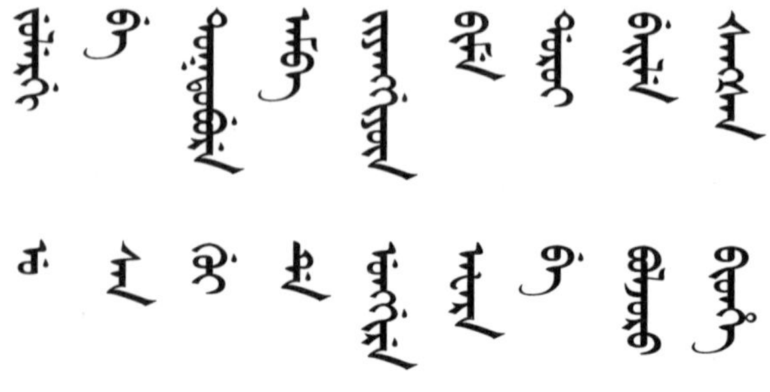

julergi be toktobure amba jiyanggiyūn bime doroi beile šangšan u san gui de unggire afara be boljoro bithe

尚善 撰

康熙十三年（1674）刻本

版框18.1厘米×16.4厘米

一册

作者尚善（1621—1678），清宗室舒尔哈齐孙，初袭辅国公，康熙十三年（1674）授安远靖寇大将军，率师讨吴三桂。

［0101］［0150］［W611.1］

T1733 定南大将军兼多罗贝勒尚善致吴三桂约战书 满文

julergi be toktobure amba jiyanggiyūn bime doroi beile šangšan u san gui de unggire afara be boljoro bithe

尚善 撰

抄本

开本25.7厘米×21.5厘米

二册

［0101］［0141］

T1734 贝勒尚善寄吴三桂书 满汉合集

beile šangšan u san gui de buhe jasigan

尚善 撰

抄本

开本22.3厘米×14.9厘米

二册

［0101］

T1735 出使交趾纪事 满文

giyoo jy de takūraha baita be ejehe bithe

邬黑 撰

康熙二十二年（1683）武英殿刻本

开本20.2厘米×14.1厘米

版框19.9厘米×14厘米

一册

黄绫封面

本书又名《使交纪事》，系清册封使的笔记。康熙二十二年（1683）翰林院侍讲学士邬黑等奉诏出使安南，册封黎维正为安南国王，并将御书“忠孝守邦”四字赏赐国王，顺便奉旨谕祭已故国王黎维袷等，本书以日记体形式记叙每日活动情况。

［0185］

T1736 使事纪略 满文

takūran baitai oyonggo babe ejehe bithe

李仙根 撰

康熙八年（1669）精写本

开本31.2厘米×20.3厘米

版框24.1厘米×14.7厘米

四册

作者李仙根（1621—1690），四川遂宁人，字南津，官至户部侍郎。

本书又名《安南事务纪略》，为清代官员出使安南国的笔记。康熙七年（1668）内秘书院侍郎李仙根、兵部主事杨兆杰奉诏出使安南，调节国王黎维禧与安南都统使莫元清的矛盾冲突，劝谕黎维禧罢兵并将高平（位于越南北部）还与莫元清。本书以日记体记述，书后附小记，简介安南国之地理、历史、风俗、物产等项。

［0181］

T1737 使事纪略 满文

takūran baitai oyonggo babe ejehe bithe

李仙根 撰

晒印本

四册

据故宫博物院藏康熙八年（1669）抄本晒印

［0101］

T1738 太祖皇帝大破明师于萨尔浒山之战书事文 满汉合璧

taidzu hūwangdi ming gurun i cooha be sargū šan de ambarame efuleme afaha baita be ejeme araha bithe

高宗（弘历） 撰

嘉庆年间武英殿刻本

版框19.1厘米×14厘米

一册

［0101］［0150］［0181］［0701］［W712.1］

T1739 太宗皇帝大破明师于松山之战书事文 满汉合璧

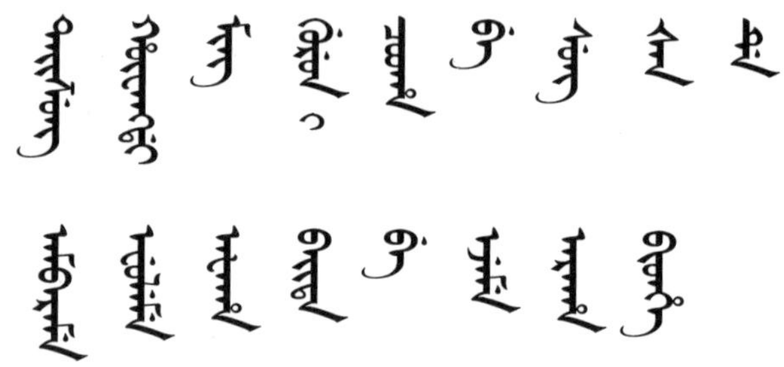

taidzung hūwangdi ming gurun i cooha be sung šan de ambarame efuleme afaha baita be ejeme araha bithe

仁宗（颙琰） 撰

嘉庆年间武英殿刻本

版框19.2厘米×14厘米

一册

［0101］［0142］［0150］［0161］［0181］［0185］［0701］［2102］［W313.2］［W313.3］［W512.1］［W561.1］［W565.1］

T1740 太宗皇帝大破明师于松山之战书事文　满汉合璧

taidzung hūwangdi ming gurun i cooha be sung šan de ambarame efuleme afaha baita be ejeme araha bithe

仁宗（颙琰） 撰

抄本

开本29.3厘米×18.6厘米

一册

［0661］

T1741 随军纪行　满文

☆

beye i cooha bade yabuha babe ejehe bithe

曾寿 撰

康熙年间抄本

开本23厘米×16厘米

存一册

本书系清代满文笔记。内容记叙了康熙十九年（1680）至二十一年（1682）平定三藩叛乱时作者随军由粤入滇及返京经过，记录了八旗下级官兵的生活和心理状态。

［0150］

T1742 职方志　满文

☆

jy fang jy bithe

乾隆年间抄本

开本29厘米×20厘米

版框25.9厘米×17.9厘米

一册

本书系顺治朝编年体大事记。自顺治元年（1644）十月清军占领太原始，至十七年（1660）十二月驻兵宁波舟山为止，记述其间南征北讨、开拓疆土及更立府县、设官纳降等事。

［0101］

T1743 呼伦贝尔记　满文

hulun buir ba i ejebun

抄本

开本25厘米×16.5厘米

一册

［0601］

T1744 呼伦贝尔驻兵始记　满文

hulun buir bade fukjin cooha tebuhe babe banjime araha cese

抄本

开本22厘米×18.5厘米

一册

本书记载由雍正十年（1732）遴选调派布特哈、索伦、达呼尔、巴尔虎三千兵始驻呼伦贝尔等地，北防俄罗斯，南防喀尔喀，驻守山口河口，设置卡伦，办军需，安排当地牧民游牧等情况。

［0661］

T1745 嘉庆政迹 满文

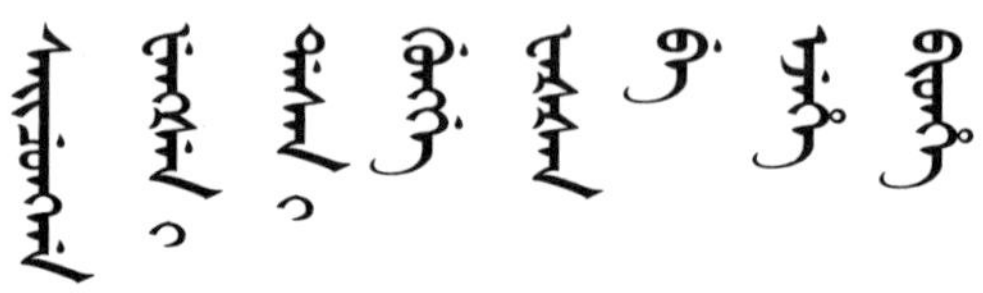

saicungga fengšen i dasan i gungge faššan be ejehe bithe

抄本

开本29.7厘米×19厘米

二册

［0703］

T1746 关于伊犁暴动的回忆录 满俄合璧

同治三年至同治十年（1864—1871）抄本

一册（四十四页）

{W512.1}

T1747 亚洲使团 满文

抄本

一册（三百七十六页）

{W512.1}

T1748 有关北京外交使团的记录 满文

抄本

一册（一百一十六页）

{W512.1}

T1749 热河内属中国及行宫驻防始末记 满汉合璧

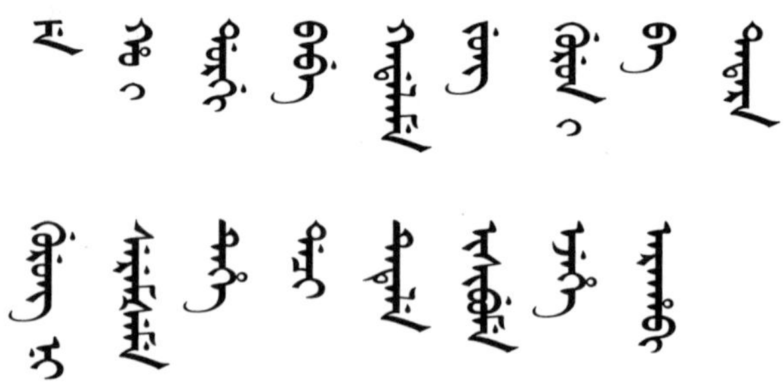

že ho i dorgi babe kadalame jung gurun i ba tatara gurung ni seremšeme tehe daci tetele isibume ejehe arahabi

曼殊逸叟 撰

王松阔 译汉文

1932年石印本

开本21.5厘米×12厘米

一册

［0101］［0150］［0703］［W313.2］

T1750 健锐营制　满文

ᠵᡳᠶᠠᠨ ᡷᡠᡳ ᡳᠩ ᠵᡟ ᡳ ᠪᡳᡨᡥᡝ

jiyan žui ing jy i bithe

光绪年间抄本

开本18.3厘米×7.4厘米

五册

健锐营，又称云梯兵，清代禁卫军之一，本书记载了该营自乾隆十四年（1749）始建至光绪时的各项事宜。

［0701］

D. 圣训

T1751 大清太祖高皇帝圣训四卷　满文

ᡩᠠᡳᠴᡳᠩ ᡤᡠᡵᡠᠨ ᡳ ᡨᠠᡳᡯᡠ ᡩᡝᡵᡤᡳ ᡥᡡᠸᠠᠩᡩᡳ ᡳ ᡝᠨᡩᡠᡵᡳᠩᡤᡝ ᡨᠠᠴᡳᡥᡳᠶᠠᠨ

daicing gurun i taidzu dergi hūwangdi i enduringge tacihiyan

康熙二十五年（1686）刻本

四册

［0168］［0669］存三册　［W311.1］

T1752 大清太祖高皇帝圣训四卷　满文

ᡩᠠᡳᠴᡳᠩ ᡤᡠᡵᡠᠨ ᡳ ᡨᠠᡳᡯᡠ ᡩᡝᡵᡤᡳ ᡥᡡᠸᠠᠩᡩᡳ ᡳ ᡝᠨᡩᡠᡵᡳᠩᡤᡝ ᡨᠠᠴᡳᡥᡳᠶᠠᠨ

daicing gurun i taidzu dergi hūwangdi i enduringge tacihiyan

乾隆四年（1739）武英殿刻本

版框24.4厘米×17厘米

四册

乾隆四年本原注：“康熙二十五年二月二十日初修毕，乾隆四年十二月十日重修。”

［0101］［0181］［0185］［0186］［0661］［0701］［0703］［2102］［W311.1］［W512.1］［W512.2］［W565.1］［W712.1］

T1753 大清太祖高皇帝圣训　满文

ᡩᠠᡳᠴᡳᠩ ᡤᡠᡵᡠᠨ ᡳ ᡨᠠᡳᡯᡠ ᡩᡝᡵᡤᡳ ᡥᡡᠸᠠᠩᡩᡳ ᡳ ᡝᠨᡩᡠᡵᡳᠩᡤᡝ ᡨᠠᠴᡳᡥᡳᠶᠠᠨ

daicing gurun i taidzu dergi hūwangdi i enduringge tacihiyan

刻本

四册

［W516.1］

T1754 大清太祖高皇帝圣训四卷　满文

ᡩᠠᡳᠴᡳᠩ ᡤᡠᡵᡠᠨ ᡳ ᡨᠠᡳᡯᡠ ᡩᡝᡵᡤᡳ ᡥᡡᠸᠠᠩᡩᡳ ᡳ ᡝᠨᡩᡠᡵᡳᠩᡤᡝ ᡨᠠᠴᡳᡥᡳᠶᠠᠨ

daicing gurun i taidzu dergi hūwangdi i enduringge tacihiyan

康熙十二年（1673）大红绫精写本

开本44.5厘米×29厘米

版框27.5厘米×19.5厘米

四册

包背装

[0185]

T1755 大清太祖高皇帝圣训四卷 满文

daicing gurun i taidzu dergi hūwangdi i enduringge tacihiyan

乾隆四年（1739）大红绫精写本

开本44.3厘米×28.6厘米

版框26.8厘米×19.4厘米

四册

红绫封面

蝴蝶装

[0185]

T1756 大清太祖高皇帝圣训四卷 满文

daicing gurun i taidzu dergi hūwangdi i enduringge tacihiyan

乾隆四年（1739）小红绫精写本

开本37厘米×23厘米

版框25厘米×17.5厘米

四册

包背装

[0185]

T1757 大清太祖高皇帝圣训四卷 满文

daicing gurun i taidzu dergi hūwangdi i enduringge tacihiyan

乾隆四年（1739）小黄绫精写本

开本37厘米×23厘米

版框25厘米×17.5厘米

四册

[0185]

T1758 大清太宗文皇帝圣训六卷 满文

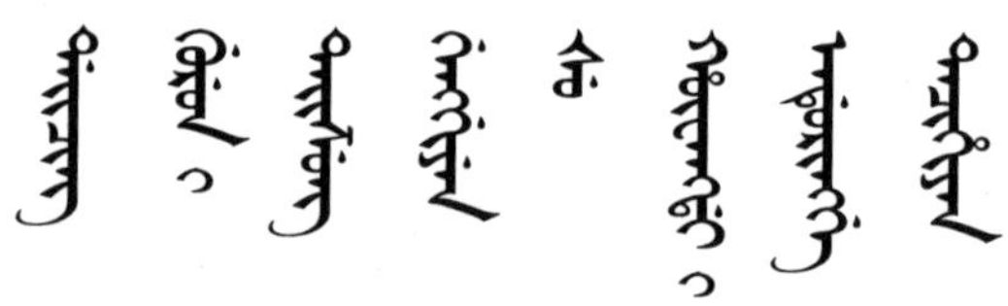

daicing gurun i taidzung genggiyen šu hūwangdi i enduringge tacihiyan

乾隆四年（1739）武英殿刻本

版框24.5厘米×17.2厘米

六册

乾隆四年本原注："康熙二十六年三月二十七日修，乾隆四年十二月初十抄写。"

[0101] [0168] [0181] [0185] [0186] [0669]存一册 [0701] [2102] [W311.1] [W313.2] [W512.1] [W512.2] [W516.1] [W565.1] [W712.1]

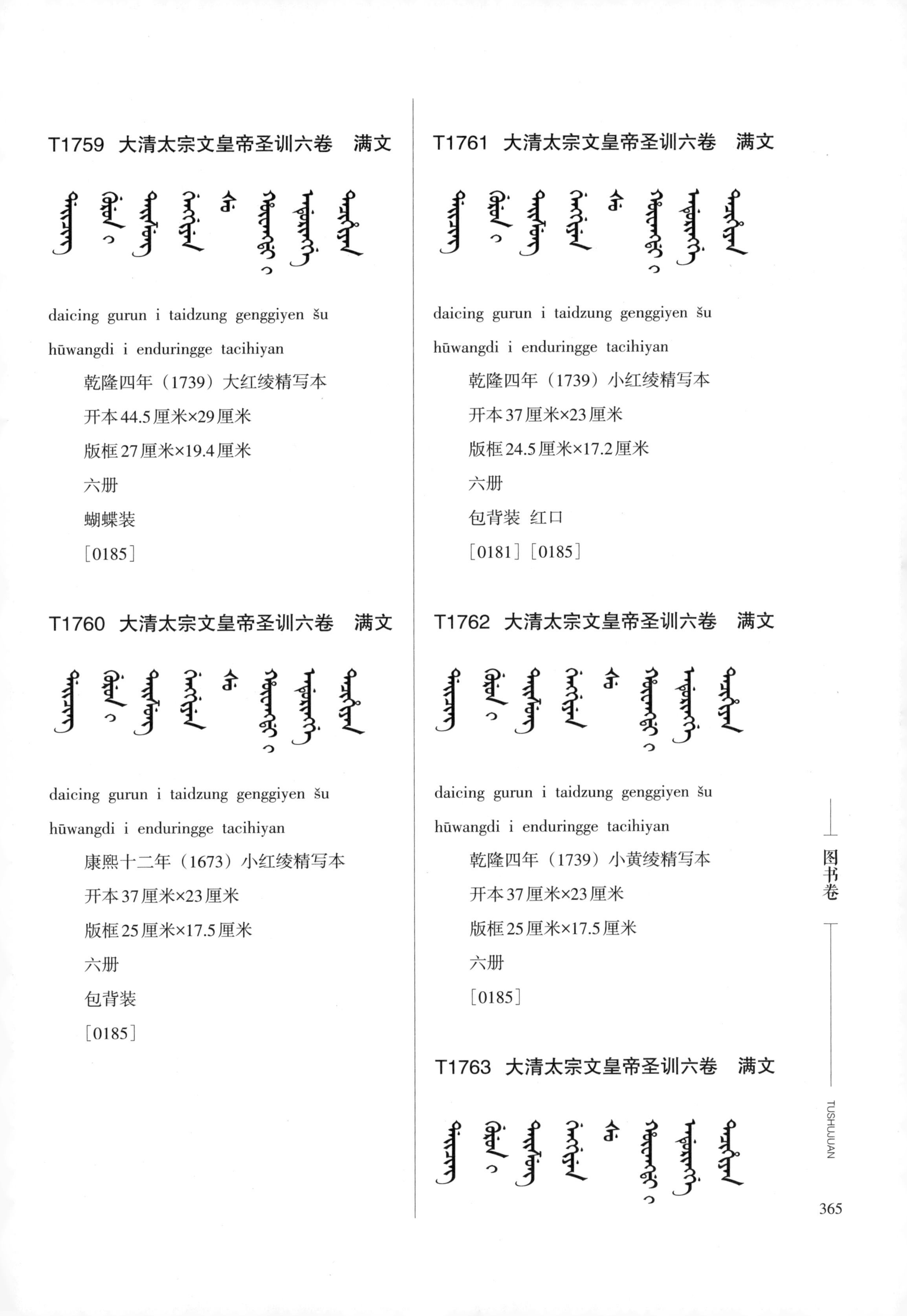

T1759 大清太宗文皇帝圣训六卷 满文

daicing gurun i taidzung genggiyen šu hūwangdi i enduringge tacihiyan

乾隆四年（1739）大红绫精写本

开本44.5厘米×29厘米

版框27厘米×19.4厘米

六册

蝴蝶装

［0185］

T1760 大清太宗文皇帝圣训六卷 满文

daicing gurun i taidzung genggiyen šu hūwangdi i enduringge tacihiyan

康熙十二年（1673）小红绫精写本

开本37厘米×23厘米

版框25厘米×17.5厘米

六册

包背装

［0185］

T1761 大清太宗文皇帝圣训六卷 满文

daicing gurun i taidzung genggiyen šu hūwangdi i enduringge tacihiyan

乾隆四年（1739）小红绫精写本

开本37厘米×23厘米

版框24.5厘米×17.2厘米

六册

包背装 红口

［0181］［0185］

T1762 大清太宗文皇帝圣训六卷 满文

daicing gurun i taidzung genggiyen šu hūwangdi i enduringge tacihiyan

乾隆四年（1739）小黄绫精写本

开本37厘米×23厘米

版框25厘米×17.5厘米

六册

［0185］

T1763 大清太宗文皇帝圣训六卷 满文

daicing gurun i taidzung genggiyen šu hūwangdi i enduringge tacihiyan

翻译稿本

开本32.1厘米×20.8厘米

存一册

［0101］

T1764 大清太宗文皇帝圣训　满文

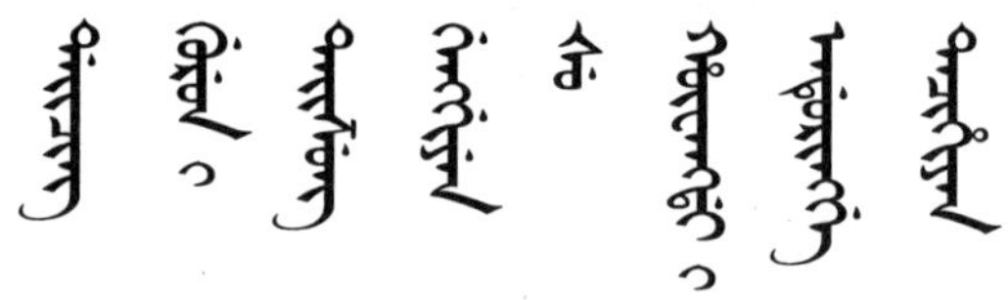

daicing gurun i taidzung genggiyen šu hūwangdi i enduringge tacihiyan

康熙二十八年（1689）抄本（复印件）

一册（二十七页）

［W512.1］

T1765 大清世祖章皇帝圣训六卷　满文

daicing gurun i šidzu eldembuhe hūwangdi i enduringge tacihiyan

康熙二十六年（1687）武英殿刻本

版框24.5厘米×17.1厘米

六册

［0185］［W311.1］［W512.1］

T1766 大清世祖章皇帝圣训六卷　满文

daicing gurun i šidzu eldembuhe hūwangdi i enduringge tacihiyan

乾隆四年（1739）武英殿刻本

开本33厘米×22.5厘米

版框24.5厘米×17.1厘米

六册

［0101］［0168］［0185］［0186］［0669］［0701］［2102］［W311.1］［W313.2］［W512.1］［W512.2］［W516.1］［W565.1］［W712.1］

T1767 大清世祖章皇帝圣训　满文

daicing gurun i šidzu eldembuhe hūwangdi i enduringge tacihiyan

乾隆二年（1737）小红绫精写本

开本37厘米×23厘米

六册

包背装

［0181］

T1768 大清圣祖仁皇帝圣训六十卷 满文

daicing gurun i šengdzu gosin hūwangdi i enduringge tacihiyan

乾隆六年（1741）武英殿刻本

开本34.5厘米×21.5厘米

版框24厘米×17厘米

六十册

精写本原注："雍正九年十二月二十日修毕，乾隆六年三月二十六日重修。"

［0101］［0168］存五十二册［0185］［0186］［0187］存七册［0404］［0661］［0669］［0701］［2102］［W311.1］［W313.2］［W512.1］［W512.2］［W516.1］［W565.1］［W712.1］

T1769 大清圣祖仁皇帝圣训六十卷 满文

daicing gurun i šengdzu gosin hūwangdi i enduringge tacihiyan

乾隆六年（1741）大红绫精写本

开本44.3厘米×29厘米

版框27厘米×19.5厘米

六十册

［0185］

T1770 大清圣祖仁皇帝圣训六十卷 满文

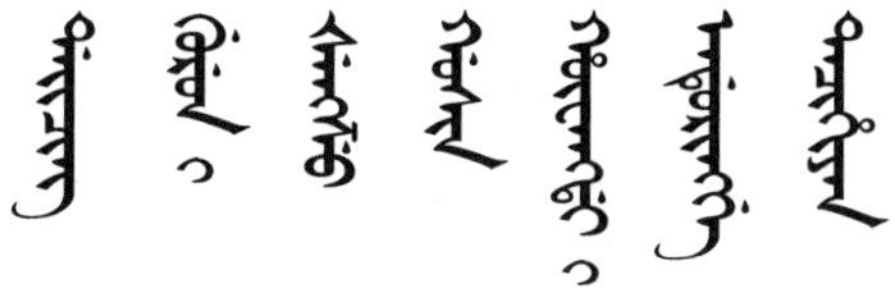

daicing gurun i šengdzu gosin hūwangdi i enduringge tacihiyan

乾隆六年（1741）小红绫精写本

开本37厘米×23厘米

版框25厘米×17.5厘米

六十册

［0185］

T1771 大清圣祖仁皇帝圣训六十卷 满文

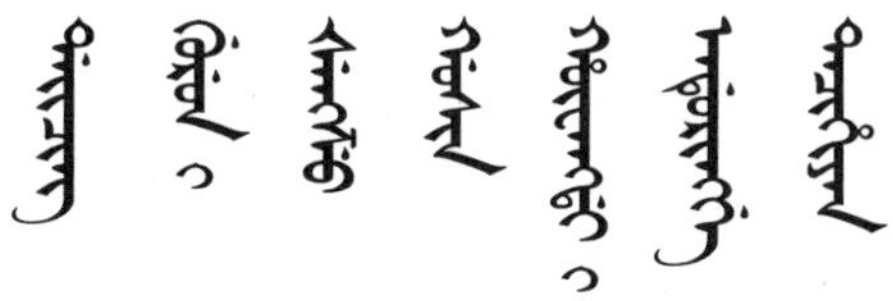

daicing gurun i šengdzu gosin hūwangdi i enduringge tacihiyan

乾隆六年（1741）小黄绫精写本

开本37厘米×23厘米

版框25厘米×17.5厘米

六十册

［0185］

T1772 大清世宗宪皇帝圣训三十六卷 满文

daicing gurun i šidzung temgetulehe hūwangdi

i enduringge tacihiyan

乾隆五年（1740）武英殿刻本

版框24.4厘米×17.2厘米

三十六册

精写本原注：“乾隆五年十二月初七日修。”

［0101］［0102］［0185］［0186］［0601］［0669］存二十四册 ［0701］［2102］［W311.1］［W512.1］［W512.2］［W516.1］［W565.1］［W712.1］

T1773 大清世宗宪皇帝圣训三十六卷 满文

daicing gurun i šidzung temgetulehe hūwangdi i enduringge tacihiyan

乾隆五年（1740）大红绫精写本

开本44.5厘米×29厘米

版框27厘米×19.5厘米

存六册

［0185］

T1774 大清世宗宪皇帝圣训三十六卷 满文

daicing gurun i šidzung temgetulehe hūwangdi i enduringge tacihiyan

乾隆五年（1740）小红绫精写本

开本37厘米×23厘米

版框25厘米×17.5厘米

存九册

［0185］

T1775 大清世宗宪皇帝圣训三十六卷 满文

daicing gurun i šidzung temgetulehe hūwangdi i enduringge tacihiyan

乾隆五年（1740）小黄绫精写本

开本37厘米×23厘米

版框25厘米×17.5厘米

存三十六册

［0185］

T1776 大清高宗纯皇帝圣训三百卷 满文

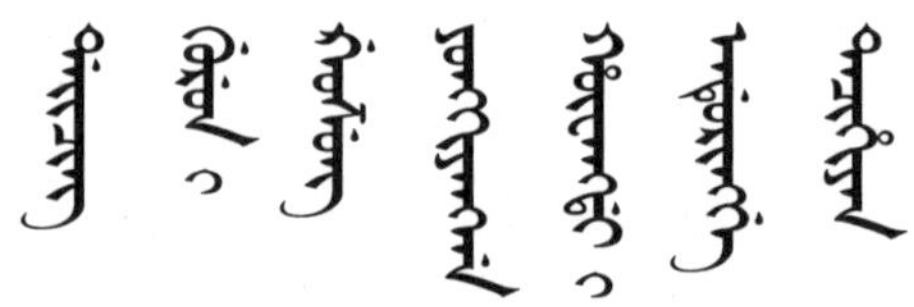

daicing gurun i g‘aodzung yongkiyangga hūwangdi i enduringge tacihiyan

嘉庆十二年（1807）武英殿刻本

开本33厘米×21厘米

版框23.5厘米×17.2厘米

三百册

精写本原注：“嘉庆十二年三月十五日修。”

［0101］存二百九十六卷二百九十六册 ［0185］［0186］存二百九十五卷二百九十五册 ［0187］存六卷六册 ［0642］存六卷六册 ［0701］

[0703] [1681] [2102] [0669]存五册 [W311.1] [W313.2]存五十册 [W512.1] [W516.1] [W712.1] [W712.2]

T1777 大清高宗纯皇帝圣训三百卷 满文

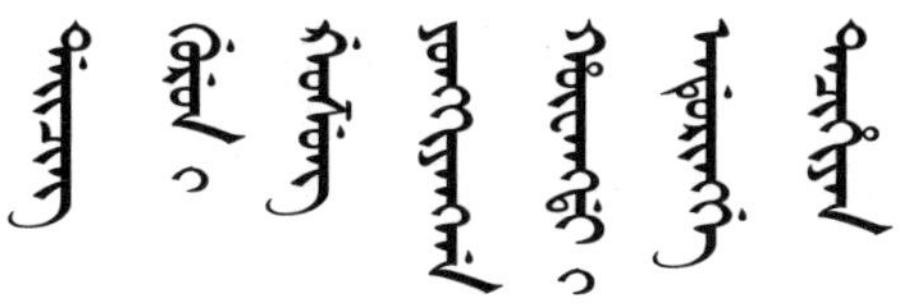

daicing gurun i g'aodzung yongkiyangga hūwangdi i enduringge tacihiyan

嘉庆十二年（1807）大红绫精写本

开本44.5厘米×29厘米

版框27厘米×19.4厘米

存二百八十八册

[0185]

T1778 大清高宗纯皇帝圣训三百卷 满文

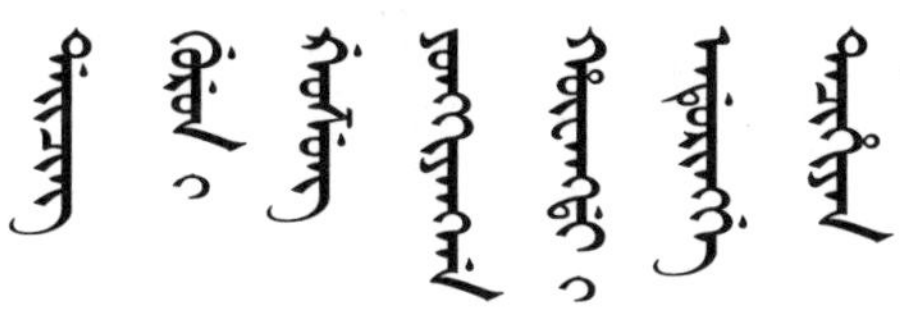

daicing gurun i g'aodzung yongkiyangga hūwangdi i enduringge tacihiyan

嘉庆十二年（1807）小红绫精写本

开本37厘米×23厘米

版框25厘米×17.5厘米

三百册

[0185]

T1779 大清高宗纯皇帝圣训三百卷 满文

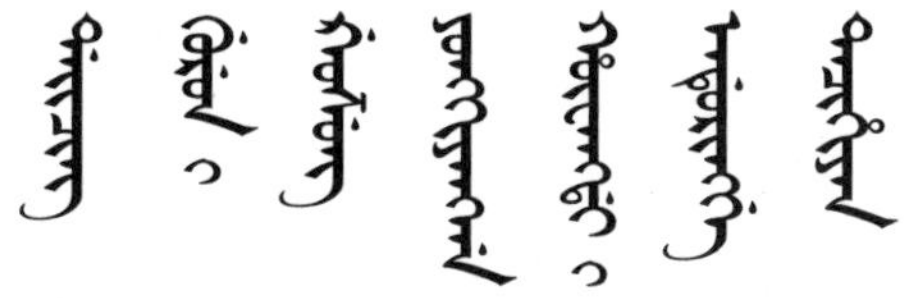

daicing gurun i g'aodzung yongkiyangga hūwangdi i enduringge tacihiyan

嘉庆十二年（1807）小黄绫精写本

开本33.2厘米×20.4厘米

三百册

[0185]

T1780 大清仁宗睿皇帝圣训一百一十卷 满文

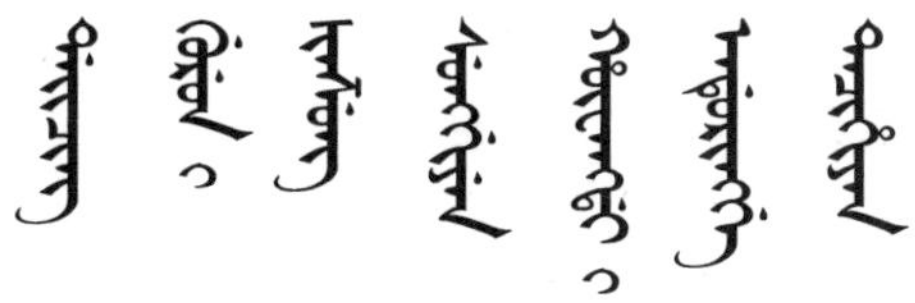

daicing gurun i židzung sunggiyen hūwangdi i enduringge tacihiyan

道光四年（1824）武英殿刻本

开本33厘米×21厘米

版框22厘米×17厘米

一百一十册

精写本原注："道光四年四月二十日修毕。"

[0101] [0168] [0185] [0186] [0669]存四十七册 [0701] [0703] [1681] [W311.1] [W313.2]存二十二册 [W512.1] [W516.1]存一百册 [W516.2]存二十二册

T1781 大清仁宗睿皇帝圣训一百一十卷 满文

ᡩᠠᡳᠴᡳᠩ ᡤᡠᡵᡠᠨ ᡳ ᡷᡳᡯᡠᠩ ᠰᡠᠩᡤᡳᠶᡝᠨ ᡥᡡᠸᠠᠩᡩᡳ ᡳ ᡝᠨᡩᡠᡵᡳᠩᡤᡝ ᡨᠠᠴᡳᡥᡳᠶᠠᠨ

daicing gurun i židzung sunggiyen hūwangdi i enduringge tacihiyan

道光四年（1824）大红绫精写本

开本44.5厘米×29厘米

版框27厘米×19.4厘米

九十五册

[0185]

T1782 大清仁宗睿皇帝圣训一百一十卷 满文

ᡩᠠᡳᠴᡳᠩ ᡤᡠᡵᡠᠨ ᡳ ᡷᡳᡯᡠᠩ ᠰᡠᠩᡤᡳᠶᡝᠨ ᡥᡡᠸᠠᠩᡩᡳ ᡳ ᡝᠨᡩᡠᡵᡳᠩᡤᡝ ᡨᠠᠴᡳᡥᡳᠶᠠᠨ

daicing gurun i židzung sunggiyen hūwangdi i enduringge tacihiyan

道光四年（1824）小红绫精写本

开本37厘米×23厘米

版框25厘米×17.5厘米

一百册

[0185]

T1783 大清仁宗睿皇帝圣训一百一十卷 满文

ᡩᠠᡳᠴᡳᠩ ᡤᡠᡵᡠᠨ ᡳ ᡷᡳᡯᡠᠩ ᠰᡠᠩᡤᡳᠶᡝᠨ ᡥᡡᠸᠠᠩᡩᡳ ᡳ ᡝᠨᡩᡠᡵᡳᠩᡤᡝ ᡨᠠᠴᡳᡥᡳᠶᠠᠨ

daicing gurun i židzung sunggiyen hūwangdi i enduringge tacihiyan

道光四年（1824）小黄绫精写本

开本37厘米×23厘米

版框25厘米×17.5厘米

一百册

[0185]

T1784 大清宣宗成皇帝圣训一百三十卷 满文

ᡩᠠᡳᠴᡳᠩ ᡤᡠᡵᡠᠨ ᡳ ᠰᡳᠣᠸᠠᠨᡯᡠᠩ ᡧᠠᠩᡤᠠᠨ ᡥᡡᠸᠠᠩᡩᡳ ᡳ ᡝᠨᡩᡠᡵᡳᠩᡤᡝ ᡨᠠᠴᡳᡥᡳᠶᠠᠨ

daicing gurun i siowandzung šanggan hūwangdi i enduringge tacihiyan

咸丰六年（1856）武英殿刻本

开本33厘米×21厘米

版框22.8厘米×16.6厘米

一百三十册

[0185] [0701] [1681] [2102]

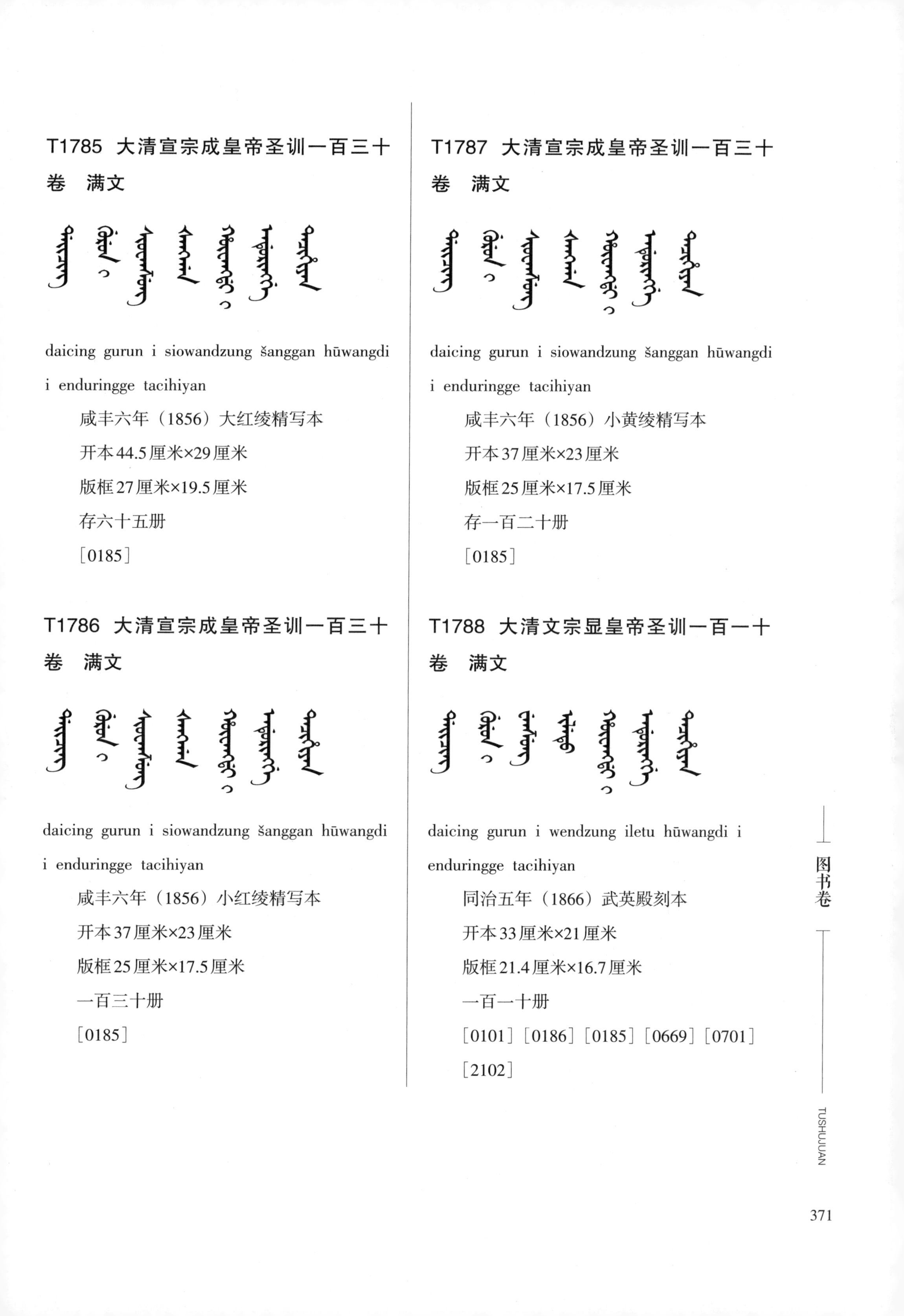

T1785 大清宣宗成皇帝圣训一百三十卷 满文

daicing gurun i siowandzung šanggan hūwangdi i enduringge tacihiyan

咸丰六年（1856）大红绫精写本

开本44.5厘米×29厘米

版框27厘米×19.5厘米

存六十五册

［0185］

T1786 大清宣宗成皇帝圣训一百三十卷 满文

daicing gurun i siowandzung šanggan hūwangdi i enduringge tacihiyan

咸丰六年（1856）小红绫精写本

开本37厘米×23厘米

版框25厘米×17.5厘米

一百三十册

［0185］

T1787 大清宣宗成皇帝圣训一百三十卷 满文

daicing gurun i siowandzung šanggan hūwangdi i enduringge tacihiyan

咸丰六年（1856）小黄绫精写本

开本37厘米×23厘米

版框25厘米×17.5厘米

存一百二十册

［0185］

T1788 大清文宗显皇帝圣训一百一十卷 满文

daicing gurun i wendzung iletu hūwangdi i enduringge tacihiyan

同治五年（1866）武英殿刻本

开本33厘米×21厘米

版框21.4厘米×16.7厘米

一百一十册

［0101］［0186］［0185］［0669］［0701］［2102］

T1789 大清文宗显皇帝圣训一百一十卷 满文

ᡩᠠᡳᠴᡳᠩ ᡤᡠᡵᡠᠨ ᡳ ᠸᡝᠨᡯᡠᠩ ᡳᠯᡝᡨᡠ ᡥᡡᠸᠠᠩᡩᡳ ᡳ ᡝᠨᡩᡠᡵᡳᠩᡤᡝ ᡨᠠᠴᡳᡥᡳᠶᠠᠨ

daicing gurun i wendzung iletu hūwangdi i enduringge tacihiyan

同治五年（1866）大红绫精写本

开本44.5厘米×29厘米

版框27厘米×19.5厘米

一百一十册

[0185]

T1790 大清文宗显皇帝圣训一百一十卷 满文

ᡩᠠᡳᠴᡳᠩ ᡤᡠᡵᡠᠨ ᡳ ᠸᡝᠨᡯᡠᠩ ᡳᠯᡝᡨᡠ ᡥᡡᠸᠠᠩᡩᡳ ᡳ ᡝᠨᡩᡠᡵᡳᠩᡤᡝ ᡨᠠᠴᡳᡥᡳᠶᠠᠨ

daicing gurun i wendzung iletu hūwangdi i enduringge tacihiyan

同治五年（1866）小红绫精写本

开本37厘米×23厘米

版框25厘米×17.5厘米

一百一十册

[0185]

T1791 大清文宗显皇帝圣训一百一十卷 满文

ᡩᠠᡳᠴᡳᠩ ᡤᡠᡵᡠᠨ ᡳ ᠸᡝᠨᡯᡠᠩ ᡳᠯᡝᡨᡠ ᡥᡡᠸᠠᠩᡩᡳ ᡳ ᡝᠨᡩᡠᡵᡳᠩᡤᡝ ᡨᠠᠴᡳᡥᡳᠶᠠᠨ

daicing gurun i wendzung iletu hūwangdi i enduringge tacihiyan

同治五年（1866）小黄绫精写本

开本37厘米×23厘米

版框25厘米×17.5厘米

一百一十册

[0185]

T1792 大清穆宗毅皇帝圣训一百六十卷 满文

ᡩᠠᡳᠴᡳᠩ ᡤᡠᡵᡠᠨ ᡳ ᠮᡠᡯᡠᠩ ᡶᡳᠯᡳᠩᡤᠠ ᡥᡡᠸᠠᠩᡩᡳ ᡳ ᡝᠨᡩᡠᡵᡳᠩᡤᡝ ᡨᠠᠴᡳᡥᡳᠶᠠᠨ

daicing gurun i mudzung filingga hūwangdi i enduringge tacihiyan

光绪五年（1879）武英殿刻本

开本33厘米×21厘米

版框21.3厘米×16.5厘米

一百六十册

[0185] [0186] [0406]存八十五册 [0701] [2102]

T1793 大清穆宗毅皇帝圣训一百六十卷 满文

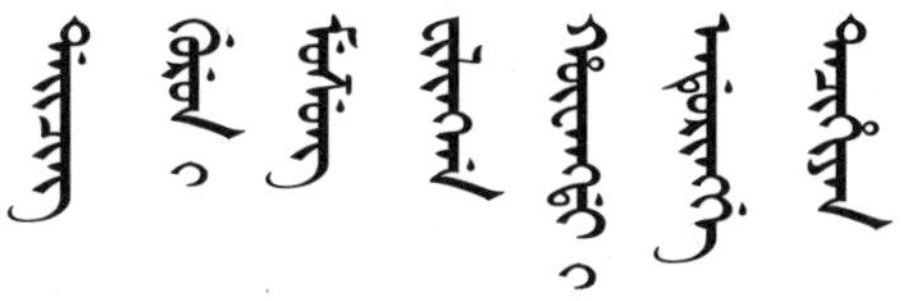

daicing gurun i mudzung filingga hūwangdi i enduringge tacihiyan

光绪五年（1879）大红绫精写本

开本44.5厘米×29厘米

版框27厘米×19.5厘米

存一百五十五册

［0185］

T1794 大清穆宗毅皇帝圣训一百六十卷 满文

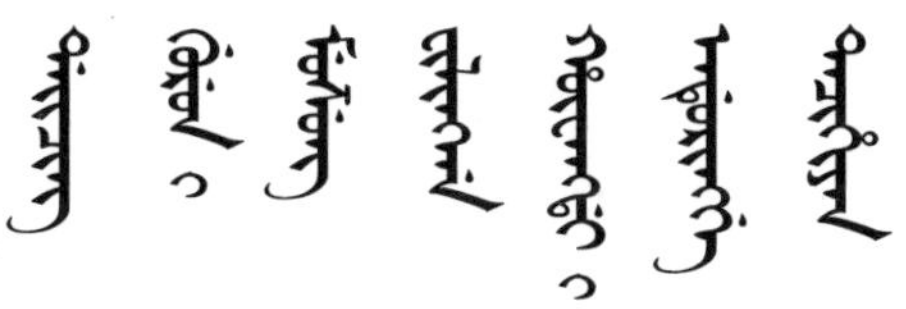

daicing gurun i mudzung filingga hūwangdi i enduringge tacihiyan

光绪五年（1879）小红绫精写本

开本37厘米×23厘米

版框25厘米×17.5厘米

存一百四十五册

［0185］

T1795 大清穆宗毅皇帝圣训一百六十卷 满文

daicing gurun i mudzung filingga hūwangdi i enduringge tacihiyan

光绪五年（1879）小黄绫精写本

开本37厘米×23厘米

版框25厘米×17.5厘米

一百六十册

［0185］

T1796 大清穆宗毅皇帝圣训一百六十卷 满文

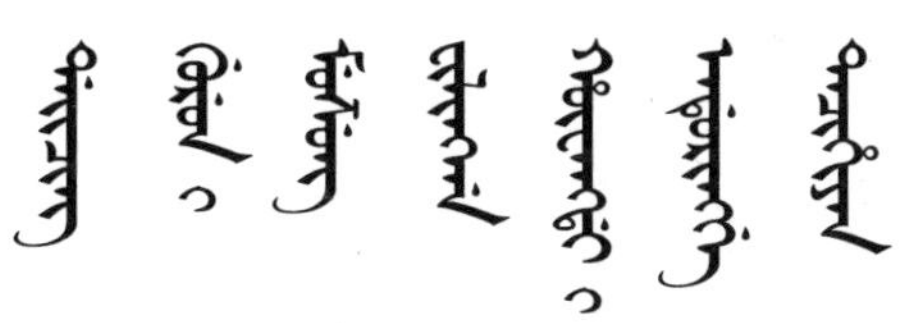

daicing gurun i mudzung filingga hūwangdi i enduringge tacihiyan

光绪五年（1879）初次稿本

开本28厘米×20厘米

存一册

毛装

［0101］

T1797 大清穆宗毅皇帝圣训一百六十卷 满文

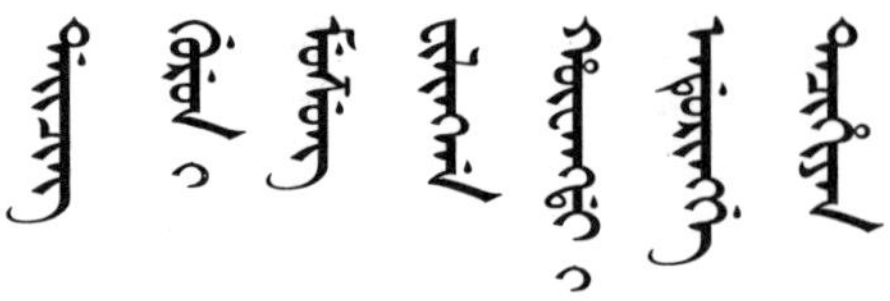

daicing gurun i mudzung filingga hūwangdi i enduringge tacihiyan

光绪年间二次稿本

开本31厘米×18.3厘米

存六十一册

［0101］

E. 诏令

T1798 呼伦贝尔池祭典圣谕 满文

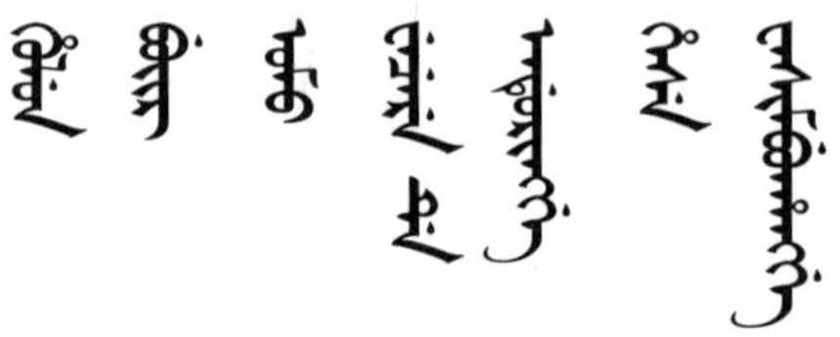

hulun buir omo de wecere de enduringge hese wasimbuhangge

抄本

开本22厘米×19.5厘米

一册

［0601］

T1799 雍正上谕 满汉合璧

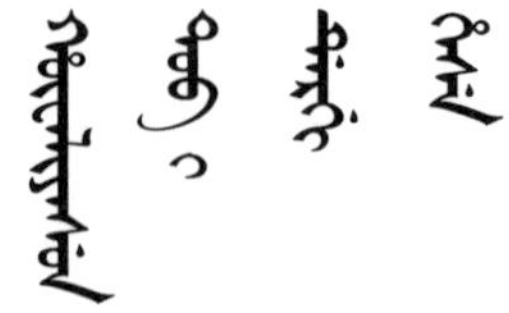

hūwaliyasun tob i dergi hese

雍正元年（1723）朱印本

版框23厘米×11.2厘米

一册

［0101］

T1800 雍正上谕 满文

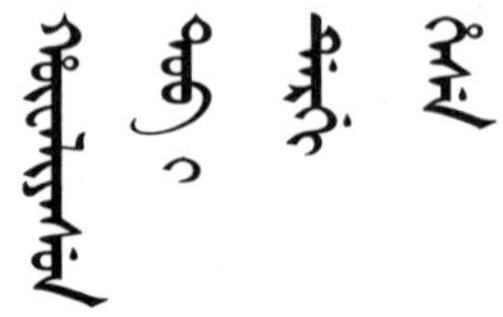

hūwaliyasun tob i dergi hese

雍正二年（1724）朱印本

开本22.1厘米×17厘米

三册

［0101］［0404］［0701］［0703］［1497］

T1801 雍正上谕 满文

hūwaliyasun tob i dergi hese

雍正三年（1725）朱印本

开本22.1厘米×17厘米

三册

［0101］［0701］［1497］［W561.1］

T1802 雍正上谕 满文

ᡥᡡᠸᠠᠯᡳᠶᠠᠰᡠᠨ ᡨᠣᠪ ᡳ ᡩᡝᡵᡤᡳ ᡥᡝᠰᡝ

hūwaliyasun tob i dergi hese

雍正三年（1725）刻本

二册

［W512.1］

T1803 雍正上谕 满文

ᡥᡡᠸᠠᠯᡳᠶᠠᠰᡠᠨ ᡨᠣᠪ ᡳ ᡩᡝᡵᡤᡳ ᡥᡝᠰᡝ

hūwaliyasun tob i dergi hese

雍正四年（1726）朱印本

一册

［1497］

T1804 雍正上谕 满文

ᡥᡡᠸᠠᠯᡳᠶᠠᠰᡠᠨ ᡨᠣᠪ ᡳ ᡩᡝᡵᡤᡳ ᡥᡝᠰᡝ

hūwaliyasun tob i dergi hese

抄本

二百二十二册

［0185］

T1805 上谕八旗 满汉合集

ᡩᡝᡵᡤᡳ ᡥᡝᠰᡝ ᠵᠠᡴᡡᠨ ᡤᡡᠰᠠ ᡩᡝ ᠸᠠᠰᡳᠮᠪᡠᡥᠠᠩᡤᡝ

dergi hese jakūn gūsa de wasimbuhangge

允禄等 编

雍正年间武英殿刻本

二十册

本书记载清世宗对八旗文武官员的训谕，内容丰富，涉及政治、军事、经济、文教各方面。

［0101］［0150］存满文全册［0164］［0168］［0185］存满文十三册［0187］存三册［0243］［0404］［0601］［0641］存七册［0661］［0669］存二册［0701］［0903］存三册［W313.2］［W313.3］［W512.1］［W512.2］［W561.1］［W565.1］［W712.1］［W712.2］［W712.3］

T1806 上谕旗务议覆 满汉合集

ᡩᡝᡵᡤᡳ ᡥᡝᠰᡝᡳ ᠸᠠᠰᡳᠮᠪᡠᡥᠠ ᡤᡡᠰᠠᡳ ᠪᠠᡳᡨᠠ ᠪᡝ ᡩᠠᡥᡡᠮᡝ ᡤᡳᠰᡠᡵᡝᡶᡳ ᠸᡝᠰᡳᠮᠪᡠᡥᡝᠩᡤᡝ

dergi hesei wasimbuha gūsai baita be dahūme gisurefi wesimbuhengge

允禄等 编

乾隆年间武英殿刻本

版框20.5厘米×14.5厘米

十二册

此书为康熙六十一年（1722）至雍正五

年（1727）有关旗务的奏议及相关的上谕，雍正九年（1731）由允禄奉旨编成。清高宗即位后续编，乾隆六年（1741）完成，由武英殿刻印。

[0101]［0150]存六册 [0161]［0168]［0185]［0186]［0201]存六册 [0404]［0701]［W313.3]［W512.1]［W561.1]［W565.1]［W712.1]［W712.3]

T1807 谕行旗务奏议 满汉合集

hesei yabubuha hacilame wesimbuhe gūsai baita

允禄等 编

乾隆年间武英殿刻本

版框20.5厘米×14.5厘米

十三册

此书先由允禄编成，书中收载康熙六十一年（1722）至雍正五年（1727）有关旗务的奏议及上谕；清高宗即位后，命续编至雍正十三年（1735）的相关内容，于乾隆六年（1741）完成印行。

[0101]［0150]［0168]［0185]［0186]［0187]存一册 [0404]［0601]［0661]［0701]［0703]［W313.3]［W561.1]［W565.1]［W712.1]［W712.2]［W712.3]

T1808 谕行旗务奏议 满汉合集

hesei yabubuha hacilame wesimbuhe gūsai baita

允禄等 编

抄本

开本23.9厘米×16.9厘米

存二册

[0185]

T1809 上谕 满汉合集

dergi hese

刻本

版框24.5厘米×12厘米

二册

本书内容为军令条约。

[0101]

T1810 满汉训旨十则 满汉合璧

长寿、查郎阿 编

雍正五年（1727）敬修堂刻本

一册

{W512.1}

T1811 六旬恩诏 满文

ninju se jalafun de wasimbuha kesi hese

抄本

开本17.6厘米×14.2厘米

一册

［0101］

T1812 正蓝旗汉军佐领李树楷承袭勋旧佐领印轴 满汉合璧

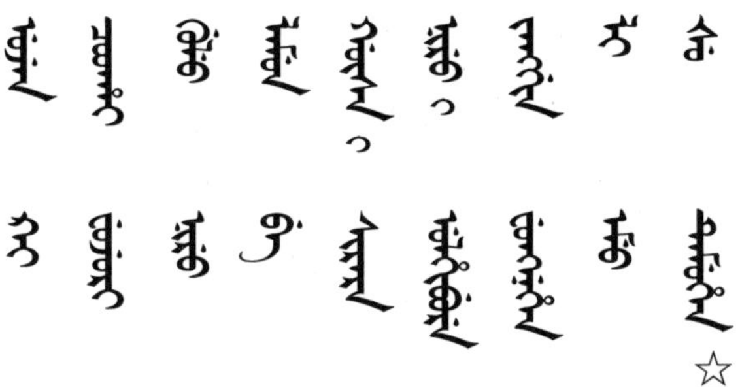

ujen coohai gulu lamun gūsa i niru i janggin li šu k'ai fujuri niru be sirara ulhibure fungnehen emu temuhen

轴面47.5厘米×141.5厘米

一轴

本印轴系清代八旗世袭官员的一种封诰文书。凡清太祖努尔哈赤时期率属归诚之人，授为佐领，仍统其众，子孙世袭罔替，谓之勋旧佐领。本印轴残缺不全，记载由乾隆五年（1740）李树楷承袭佐领开始，至同治九年（1870）为止，共九代，详细记述了承袭者情况和佐领内户籍派差等情况。

［0101］

T1813 满蒙文圣旨 满蒙文

写本

开本34.9厘米×19.2厘米

二件

经折装 黄绫封面 云龙纹 钤玉玺

｛W512.1｝

F. 奏议

T1814 松窗集 满汉合璧

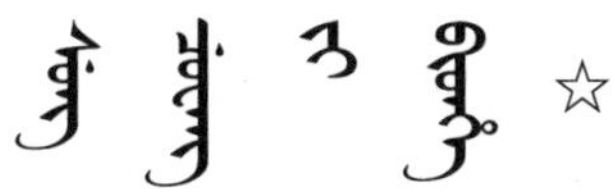

sung cuwang ji bithe

富俊 辑录

乾隆四十八年（1783）抄本

开本26.1厘米×18.1厘米

四册

本书系清代奏折题本的汇集，按内容分类编集，有恭报到任、盐务、积贮、缉盗、缓征、告病、丁忧、条陈、谢恩等各方面内容，一定程度上起到奏折题本的范本作用。

［0101］

T1815 听竹堂敬事录六卷 满汉合璧

ting ju tang ging ši lu bithe

抄本

开本25.4厘米×18厘米

六册

本书系清代奏折的选编集，辑入乾隆四十六年（1781）至五十九年（1794）盛京五部奏折一百多件，内容包括贡貂、赈济、补官、修缮城门、供应三陵祭祀、处理旗民纠纷、抓获盗抢杀人案犯等事项。

［0101］

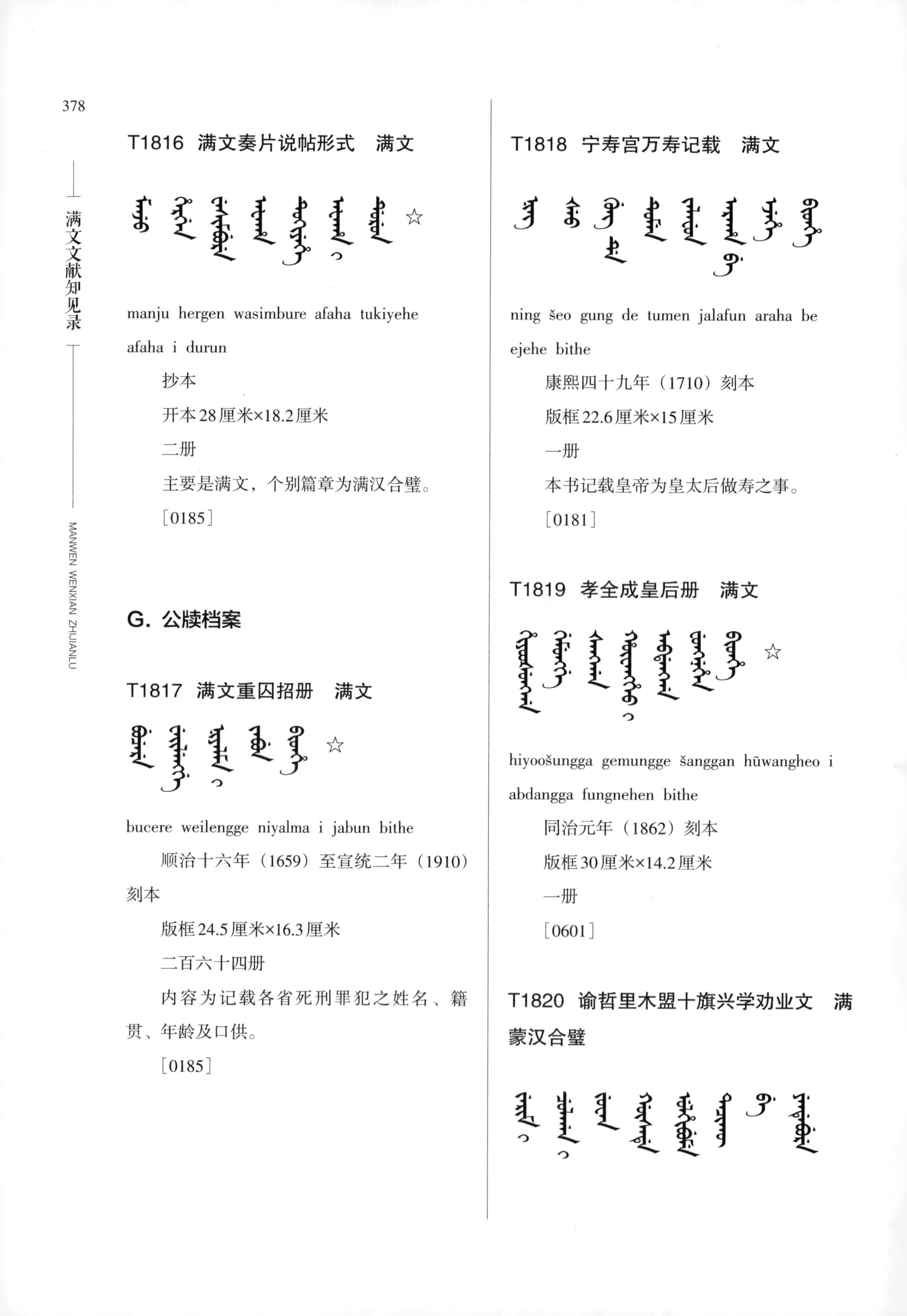

T1816 满文奏片说帖形式 满文

☆

manju hergen wasimbure afaha tukiyehe afaha i durun

抄本

开本28厘米×18.2厘米

二册

主要是满文，个别篇章为满汉合璧。

[0185]

G. 公牍档案

T1817 满文重囚招册 满文

☆

bucere weilengge niyalma i jabun bithe

顺治十六年（1659）至宣统二年（1910）刻本

版框24.5厘米×16.3厘米

二百六十四册

内容为记载各省死刑罪犯之姓名、籍贯、年龄及口供。

[0185]

T1818 宁寿宫万寿记载 满文

ning šeo gung de tumen jalafun araha be ejehe bithe

康熙四十九年（1710）刻本

版框22.6厘米×15厘米

一册

本书记载皇帝为皇太后做寿之事。

[0181]

T1819 孝全成皇后册 满文

☆

hiyoošungga gemungge šanggan hūwangheo i abdangga fungnehen bithe

同治元年（1862）刻本

版框30厘米×14.2厘米

一册

[0601]

T1820 谕哲里木盟十旗兴学劝业文 满蒙汉合璧

jerim i culgan i juwan gūsade ulhibume tacikū be yendebure tacin be huwekiyebure bithe

锡良 撰

荣德 译

宣统元年（1909）刻本

版框23厘米×14.5厘米

一册

锡良（1853—1917），镶蓝旗蒙古人，巴岳特氏，宣统元年（1909）任东三省总督，兼管三省将军事务。

［0101］［0703］

T1821 历朝捷录 满文

jalan jalan i hafu buleku i šošohon gisun

周昌年、顾充等 撰

乾隆九年（1744）

开本27厘米×18厘米

一册

［W565.1］

T1822 庙碑记事笔记 满汉合璧

miyoo bei i baita be ejehe bithe

瑞保 辑录

乾隆年间抄本

开本29.9厘米×18.4厘米

十五册

系清代记事碑文的记录册。本书共辑录重大事（件）相关碑文和笔记三十九篇，如：《御制平定准噶尔告成太学碑》《平定台湾告成热河文庙碑文》《敕建回寺碑文》《敕谕缅甸诏》《敕谕暹罗诏》等。

［0101］

T1823 大清同治七年录书 满文

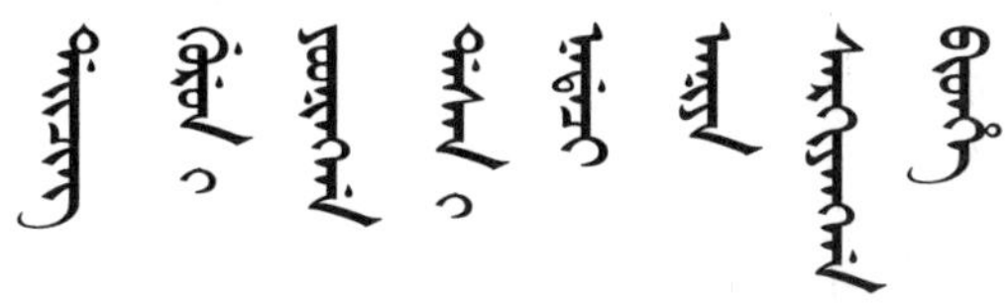

daicing gurun i yooningga dasan i nadaci aniya sarkiyangga bithe

抄本

开本29.2厘米×22厘米

十三册

［W712.1］

T1824 黑龙江任职记事 满文

sahaliyan ula de takūran genehe babe ejehe bithe

同治年间抄本

开本22.2厘米×18.5厘米

一册

内容为记叙东北边境各民族及中俄边境

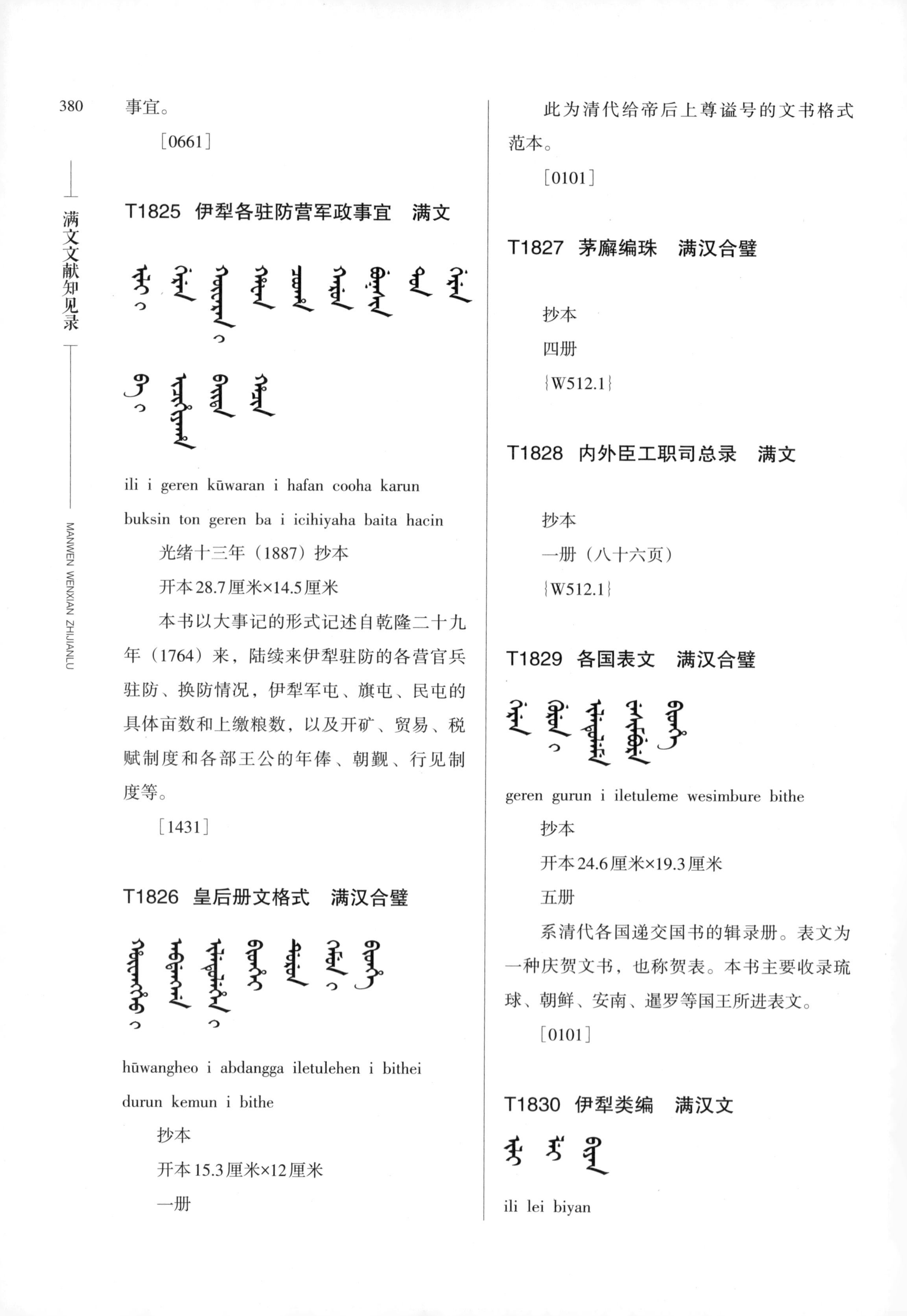

事宜。

[0661]

T1825 伊犁各驻防营军政事宜　满文

ili i geren kūwaran i hafan cooha karun buksin ton geren ba i icihiyaha baita hacin

光绪十三年（1887）抄本

开本28.7厘米×14.5厘米

本书以大事记的形式记述自乾隆二十九年（1764）来，陆续来伊犁驻防的各营官兵驻防、换防情况，伊犁军屯、旗屯、民屯的具体亩数和上缴粮数，以及开矿、贸易、税赋制度和各部王公的年俸、朝觐、行见制度等。

[1431]

T1826 皇后册文格式　满汉合璧

hūwangheo i abdangga iletulehen i bithei durun kemun i bithe

抄本

开本15.3厘米×12厘米

一册

此为清代给帝后上尊谥号的文书格式范本。

[0101]

T1827 茅廨编珠　满汉合璧

抄本

四册

{W512.1}

T1828 内外臣工职司总录　满文

抄本

一册（八十六页）

{W512.1}

T1829 各国表文　满汉合璧

geren gurun i iletuleme wesimbure bithe

抄本

开本24.6厘米×19.3厘米

五册

系清代各国递交国书的辑录册。表文为一种庆贺文书，也称贺表。本书主要收录琉球、朝鲜、安南、暹罗等国王所进表文。

[0101]

T1830 伊犁类编　满汉文

ili lei biyan

顺治五年（1648）稿本

四册

本书收载卫拉特喇嘛扎雅班第达与多铎来往之信函。

［W561.1］

T1831 巴彦塔拉盟史资料集成 满文

ᠪᠠᠶᠠᠨ ᡨᠠᡵᠠ ᠴᡠᠯᡤᠠᠨ ᡳ ᠰᡠᡩᡠᡵᡳ ᡩᡝ ᡥᠣᠯᠪᠣᠪᡠᡵᡝ ᠪᡳᡨᡥᡝ ᠵᡳᠰᡝ ᠪᡝ ᡳᠰᠠᠪᡠᡶᡳ ᠪᠠᠨᠵᡳᠪᡠᡵᡝ ᠪᡳᡨᡥᡝ

bayan tara culgan i suduri de holbobure bithe jise be isabufi banjibure bithe

伪巴彦塔拉盟公署 编

1942年影印本

开本25.6厘米×18.1厘米

一册

系一种清代史料汇集。巴彦塔拉盟，为伪蒙疆自治政府所设置，辖区包括土默特、包头、集宁等五旗十一县。本书分二编，第一编收录康熙至民国初兵司有关法律方面的文件九十九件，第二编收录乾隆至光绪朝户司有关经济文教方面的文件一百八十八件。

［0101］

H. 典章制度 政书

T1832 大清会典一百六十二卷 满文

ᡩᠠᡳᠴᡳᠩ ᡤᡠᡵᡠᠨ ᡳ ᡠᡥᡝᡵᡳ ᡴᠣᠣᠯᡳ ᠪᡳᡨᡥᡝ

daicing gurun i uheri kooli bithe

伊桑阿等 撰

康熙二十九年（1690）内府刻本

版框23.5厘米×18厘米

一百四十一册

伊桑阿（1638—1703），伊尔根觉罗氏，满洲正黄旗人，官至吏部尚书、兵部尚书、文华殿大学士。

此为清代官修政书。康熙朝初修，以后各朝屡加续纂。采取“以官统事”的写法，即以政府机构为纲，叙各种政事，汇编清代各官衙的执掌、政令、事例及职官、礼仪等制度。

［0101］［W512.1］

T1833 大清会典 满文

ᡩᠠᡳᠴᡳᠩ ᡤᡠᡵᡠᠨ ᡳ ᡠᡥᡝᡵᡳ ᡴᠣᠣᠯᡳ ᠪᡳᡨᡥᡝ

daicing gurun i uheri kooli bithe

尹泰等 撰

雍正十年（1732）武英殿刻本

开本34.1厘米×21.8厘米

版框23.7厘米×16.8厘米

尹泰（约1651—1738），镶黄旗满洲人，章佳氏，官至东阁大学士。

[0101]存二百二十八卷二百二十九册 [0181]存一百三十四册 [0701]存二百五十卷二百四十七册

T1834 大清会典一百卷 满文

ᡩᠠᡳᠴᡳᠩ ᡤᡠᡵᡠᠨ ᡳ ᡠᡥᡝᡵᡳ ᡴᠣᠣᠯᡳ ᠪᡳᡨᡥᡝ

daicing gurun i uheri kooli bithe

允祹等 撰

乾隆二十九年（1764）武英殿刻本

开本30.4厘米×19厘米

版框22.4厘米×16.7厘米

二十八册

编撰者允祹（1685—1763），玄烨第十二子，封履亲王，曾任总管内务府大臣，充玉牒、会典总裁。

[0101]存六十一卷 [0181] [W311.1] [W565.1] [W712.1] [W712.2]

T1835 大清会典 满文

ᡩᠠᡳᠴᡳᠩ ᡤᡠᡵᡠᠨ ᡳ ᡠᡥᡝᡵᡳ ᡴᠣᠣᠯᡳ ᠪᡳᡨᡥᡝ

daicing gurun i uheri kooli bithe

刻本

存一百五十册

[W516.1]

T1836 大清会典八十卷 满文

ᡩᠠᡳᠴᡳᠩ ᡤᡠᡵᡠᠨ ᡳ ᡠᡥᡝᡵᡳ ᡴᠣᠣᠯᡳ ᠪᡳᡨᡥᡝ

daicing gurun i uheri kooli bithe

托津等 撰

嘉庆二十三年（1818）精写本

开本22.5厘米×17.2厘米

八十二册

托津（1755—1835），镶黄旗满洲人，富察氏，字知亭。官至东阁大学士、军机大臣。

[0181]

T1837 大清会典 满文

ᡩᠠᡳᠴᡳᠩ ᡤᡠᡵᡠᠨ ᡳ ᡠᡥᡝᡵᡳ ᡴᠣᠣᠯᡳ ᠪᡳᡨᡥᡝ

daicing gurun i uheri kooli bithe

徐桐等 撰

光绪二十五年（1899）精写本

开本24.5厘米×17.9厘米

一百零一册

徐桐（1819—1900），正蓝旗汉军人，字荫轩。官至吏部尚书、礼部尚书、体仁阁大学士。

[0185]

T1838 大清会典 满文

ᡩᠠᡳᠴᡳᠩ ᡤᡠᡵᡠᠨ ᡳ ᡠᡥᡝᡵᡳ ᡴᠣᠣᠯᡳ ᠪᡳᡨᡥᡝ

daicing gurun i uheri kooli bithe

尹泰等 撰

抄本

开本32.6厘米×20.3厘米

存一百七十三卷一百七十册

[0101]

T1839 大清会典一百卷 满文

daicing gurun i uheri kooli bithe

允祹等 撰

抄本

存九十六卷三十七册

[0101]

T1840 大清会典八十卷 满文

daicing gurun i uheri kooli bithe

托津等 撰

稿本

开本31.2厘米×19.4厘米

存七十九卷七十九册

[0101]

T1841 大清会典八十卷 满文

daicing gurun i uheri kooli bithe

托津等 撰

抄本

开本33.4厘米×21.1厘米

存一百三十四册

[0101]

T1842 大清会典则例一百八十卷 满文

daicing gurun i uheri kooli i kooli hacin bithe

允祹等 撰

乾隆二十九年（1764）武英殿刻本

版框22.8厘米×16.8厘米

一百四十册

清代官修政书，《会典》具政令之大纲，《则例》备沿革之细目，二书互为补充。《则例》对清政府职官制度的变化记载尤详。

[0101]存八十三卷六十九册 [0181] [W311.1] [W512.2] [W565.1] [W712.1] [W712.2]

T1843 大清会典则例一百八十卷 满文

daicing gurun i uheri kooli i kooli hacin bithe

允祹等 撰

乾隆年间内府抄本

开本33厘米×21.5厘米

存一百七十三卷一百七十五册

[0101]

T1844 大清会典事例 满文

daicing gurun i uheri kooli i baita hacin bithe

托津等 撰

稿本

开本31厘米×19厘米

存八百三十一卷八百三十一册

［0101］

T1845 大清会典事例九百二十卷目录八卷 满文

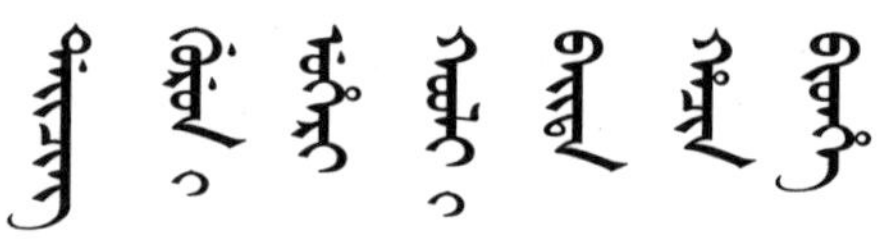

daicing gurun i uheri kooli i baita hacin bithe

托津等 撰

嘉庆二十三年（1818）精写本

开本22.7厘米×17.4厘米

九百二十八册

清代官修政书，本书按照《会典》纲目，依年叙事，论及各机构于不同时期的状况。

［0181］［W561.1］

T1846 大清会典事例 满文

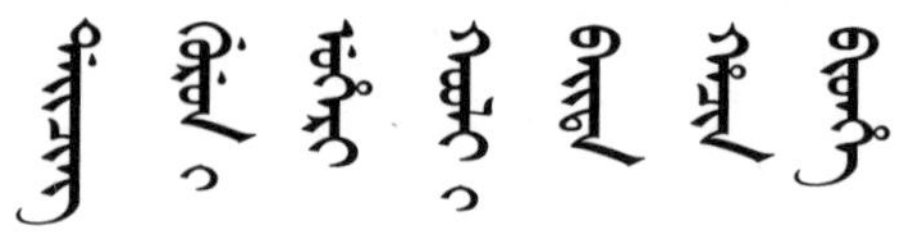

daicing gurun i uheri kooli i baita hacin bithe

托津等 撰

精写本

开本35.1厘米×22.7厘米

一千二百一十五册

［0185］

T1847 钦定吏部则例 满文

hese i toktobuha hafan i jurgan i kooli bithe

张廷玉等 撰

乾隆七年（1742）武英殿刻本

版框22.3厘米×17厘米

张廷玉（1672—1755），安徽桐城人，字衡臣，官至保和殿大学士、军机大臣、总理事务大臣。

［0101］存五十二册 ［0181］存二十四册 ［0185］存四册 ［0701］［0703］存六册［W311.1］［W512.1］存二十二册

T1848 钦定吏部则例七十卷 满文

ᡥᡝᠰᡝᡳ ᡨᠣᡴᡨᠣᠪᡠᡥᠠ ᡥᠠᡶᠠᠨ ᡳ ᠵᡠᡵᡤᠠᠨ ᡳ ᡴᠣᠣᠯᡳ ᠪᡳᡨᡥᡝ

hesei toktobuha hafan i jurgan i kooli bithe

阿桂等 撰

乾隆四十八年（1783）武英殿刻本

版框21.6厘米×15.4厘米

六十九册

[0181]

T1849 钦定吏部则例七十卷 满文

ᡥᡝᠰᡝᡳ ᡨᠣᡴᡨᠣᠪᡠᡥᠠ ᡥᠠᡶᠠᠨ ᡳ ᠵᡠᡵᡤᠠᠨ ᡳ ᡴᠣᠣᠯᡳ ᠪᡳᡨᡥᡝ

hesei toktobuha hafan i jurgan i kooli bithe

和珅等 撰

乾隆六十年（1795）武英殿刻本

版框21.3厘米×15.7厘米

六十九册

和珅（1750—1799），正红旗满洲人，钮祜禄氏，字致斋。历任步军统领，户、兵、吏部尚书，理藩院尚书，官至文华殿大学士、军机大臣。

[0181] [0669]存一册 [0701] [W565.1] [W712.1]

T1850 吏部处分则例四十七卷 满文

ᡥᠠᡶᠠᠨ ᡳ ᠵᡠᡵᡤᠠᠨ ᡳ ᠸᡝᡳᠯᡝ ᠠᡵᠠᡵᠠ ᡴᠣᠣᠯᡳ

hafan i jurgan i weile arara kooli

雍正三年（1725）武英殿刻本

版框28.9厘米×18.9厘米

十六册

[0101] [0181] [0669]存十二册 [0703] [W516.2]

T1851 吏部处分则例 满文

ᡥᠠᡶᠠᠨ ᡳ ᠵᡠᡵᡤᠠᠨ ᡳ ᠸᡝᡳᠯᡝ ᠠᡵᠠᡵᠠ ᡴᠣᠣᠯᡳ

hafan i jurgan i weile arara kooli

抄本

开本32.4厘米×19.6厘米

存四十七卷二册

[0161]

T1852 吏部铨选官员则例四卷 满文

ᡥᠠᡶᠠᠨ ᡳ ᠵᡠᡵᡤᠠᠨ ᡳ ᡥᠠᡶᠠᠨ ᠰᡳᠨᡩᠠᡵᠠ ᡴᠣᠣᠯᡳ

hafan i jurgan i hafan sindara kooli

世宗（胤禛） 敕撰

雍正三年（1725）武英殿刻本

开本37.4厘米×21.4厘米

版框28.5厘米×18.6厘米

四册

[0101] [0181] [W313.2] [W712.1]

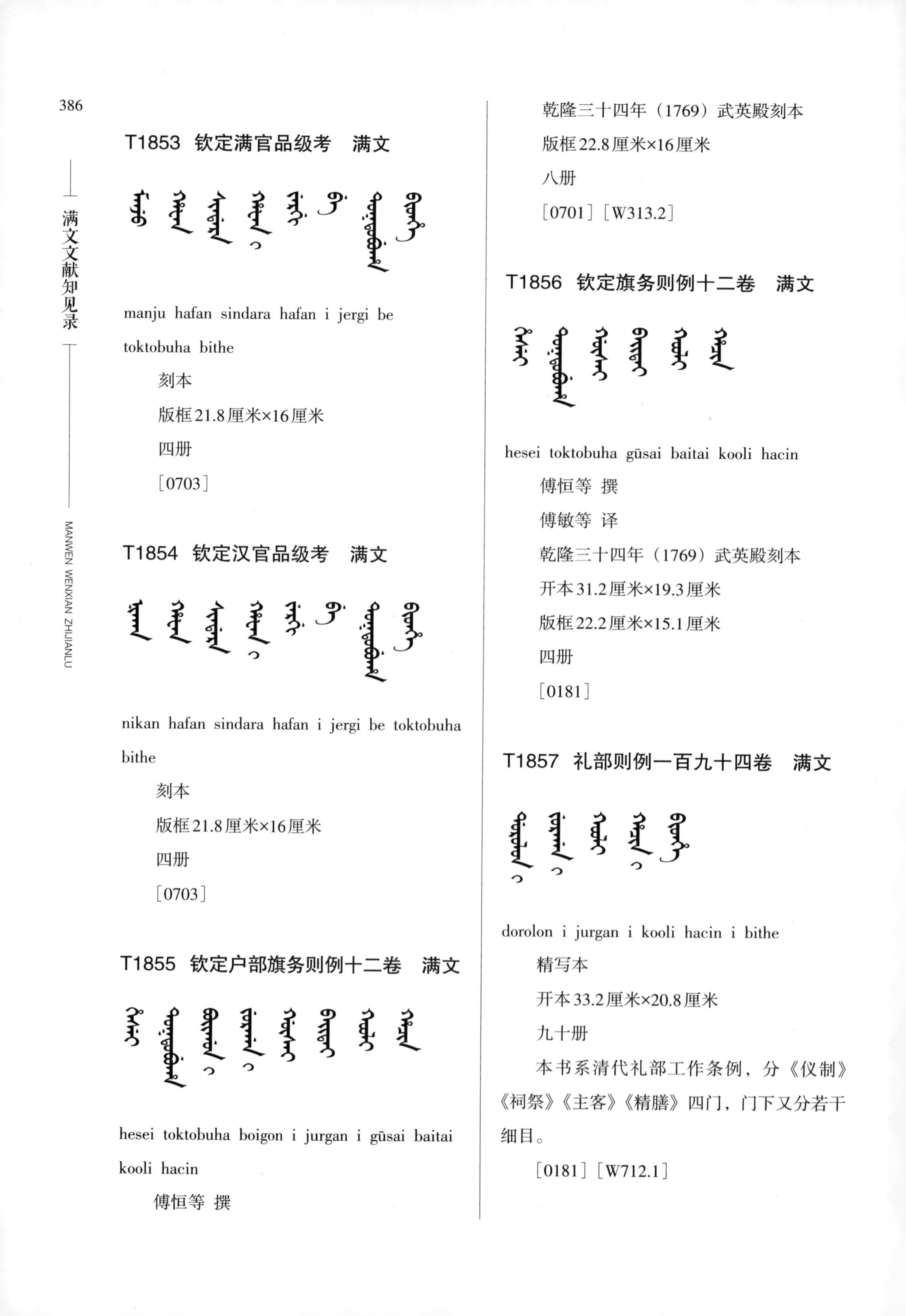

T1853 钦定满官品级考　满文

manju hafan sindara hafan i jergi be toktobuha bithe

刻本

版框21.8厘米×16厘米

四册

［0703］

T1854 钦定汉官品级考　满文

nikan hafan sindara hafan i jergi be toktobuha bithe

刻本

版框21.8厘米×16厘米

四册

［0703］

T1855 钦定户部旗务则例十二卷　满文

hesei toktobuha boigon i jurgan i gūsai baitai kooli hacin

傅恒等 撰

乾隆三十四年（1769）武英殿刻本

版框22.8厘米×16厘米

八册

［0701］［W313.2］

T1856 钦定旗务则例十二卷　满文

hesei toktobuha gūsai baitai kooli hacin

傅恒等 撰

傅敏等 译

乾隆三十四年（1769）武英殿刻本

开本31.2厘米×19.3厘米

版框22.2厘米×15.1厘米

四册

［0181］

T1857 礼部则例一百九十四卷　满文

dorolon i jurgan i kooli hacin i bithe

精写本

开本33.2厘米×20.8厘米

九十册

本书系清代礼部工作条例，分《仪制》《祠祭》《主客》《精膳》四门，门下又分若干细目。

［0181］［W712.1］

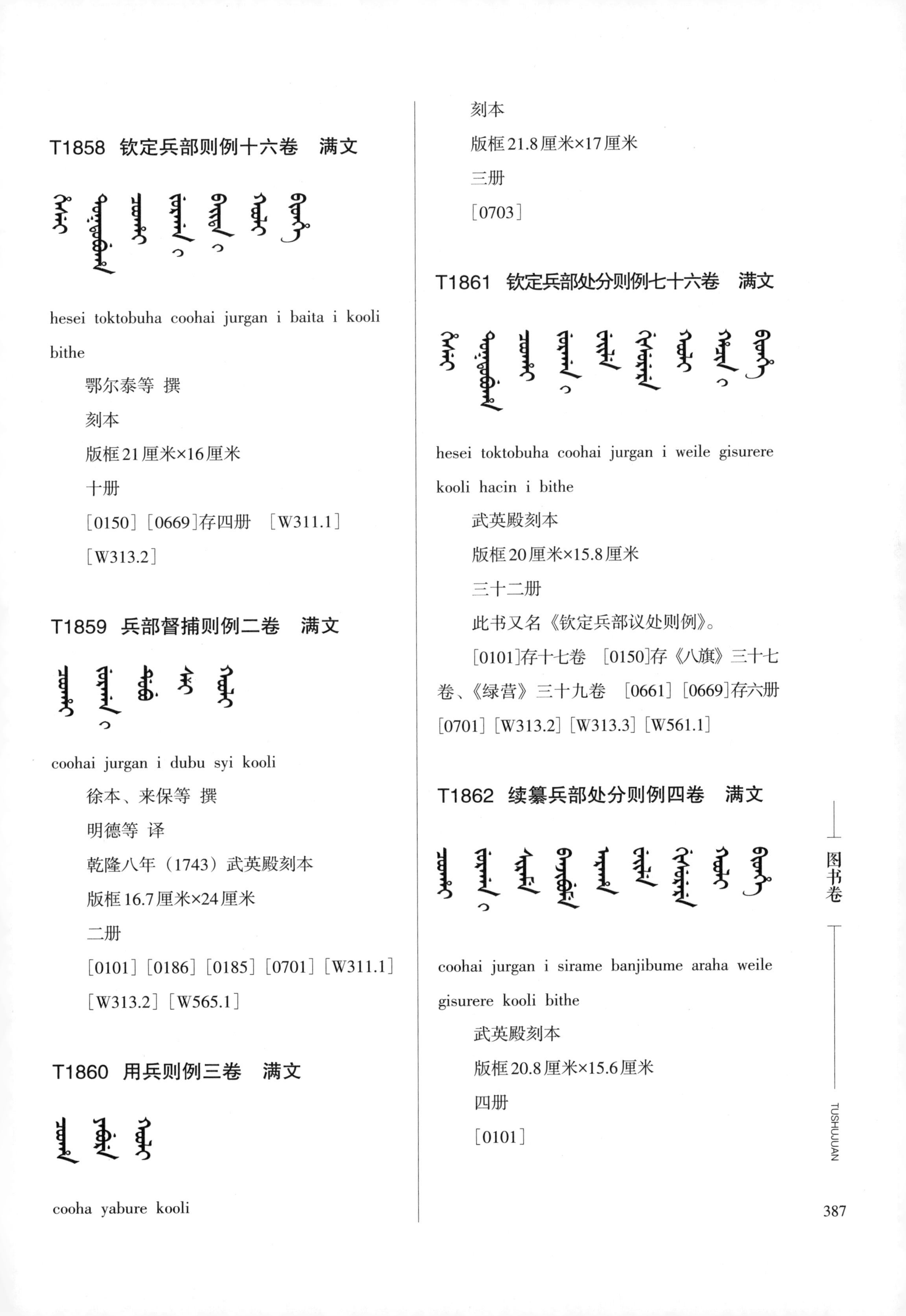

T1858 钦定兵部则例十六卷 满文

hesei toktobuha coohai jurgan i baita i kooli bithe

鄂尔泰等 撰

刻本

版框21厘米×16厘米

十册

［0150］［0669］存四册 ［W311.1］［W313.2］

T1859 兵部督捕则例二卷 满文

coohai jurgan i dubu syi kooli

徐本、来保等 撰

明德等 译

乾隆八年（1743）武英殿刻本

版框16.7厘米×24厘米

二册

［0101］［0186］［0185］［0701］［W311.1］［W313.2］［W565.1］

T1860 用兵则例三卷 满文

cooha yabure kooli

刻本

版框21.8厘米×17厘米

三册

［0703］

T1861 钦定兵部处分则例七十六卷 满文

hesei toktobuha coohai jurgan i weile gisurere kooli hacin i bithe

武英殿刻本

版框20厘米×15.8厘米

三十二册

此书又名《钦定兵部议处则例》。

［0101］存十七卷 ［0150］存《八旗》三十七卷、《绿营》三十九卷 ［0661］［0669］存六册［0701］［W313.2］［W313.3］［W561.1］

T1862 续纂兵部处分则例四卷 满文

coohai jurgan i sirame banjibume araha weile gisurere kooli bithe

武英殿刻本

版框20.8厘米×15.6厘米

四册

［0101］

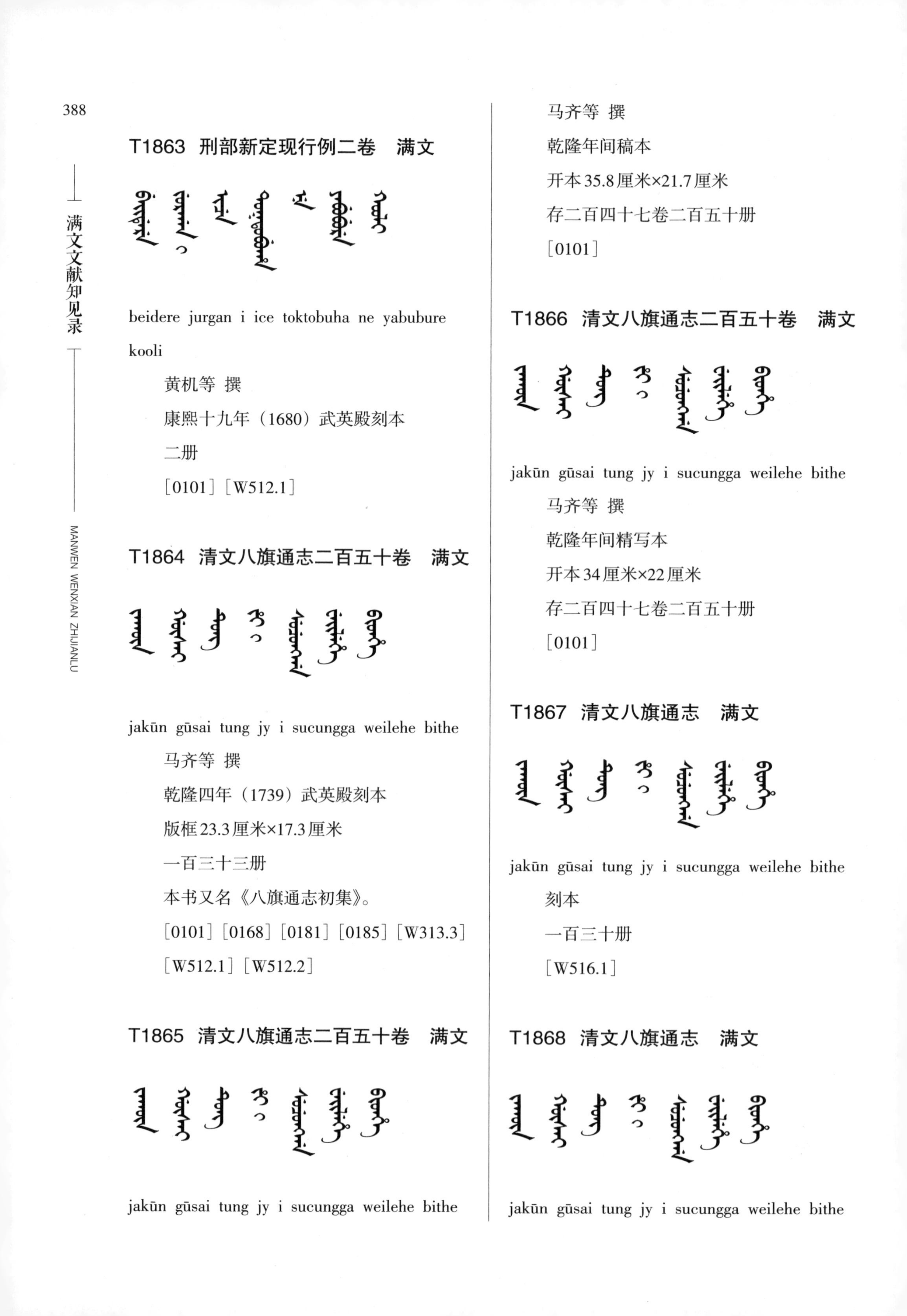

T1863 刑部新定现行例二卷　满文

beidere jurgan i ice toktobuha ne yabubure kooli

黄机等 撰

康熙十九年（1680）武英殿刻本

二册

［0101］［W512.1］

T1864 清文八旗通志二百五十卷　满文

jakūn gūsai tung jy i sucungga weilehe bithe

马齐等 撰

乾隆四年（1739）武英殿刻本

版框23.3厘米×17.3厘米

一百三十三册

本书又名《八旗通志初集》。

［0101］［0168］［0181］［0185］［W313.3］［W512.1］［W512.2］

T1865 清文八旗通志二百五十卷　满文

jakūn gūsai tung jy i sucungga weilehe bithe

马齐等 撰

乾隆年间稿本

开本35.8厘米×21.7厘米

存二百四十七卷二百五十册

［0101］

T1866 清文八旗通志二百五十卷　满文

jakūn gūsai tung jy i sucungga weilehe bithe

马齐等 撰

乾隆年间精写本

开本34厘米×22厘米

存二百四十七卷二百五十册

［0101］

T1867 清文八旗通志　满文

jakūn gūsai tung jy i sucungga weilehe bithe

刻本

一百三十册

［W516.1］

T1868 清文八旗通志　满文

jakūn gūsai tung jy i sucungga weilehe bithe

抄本（复印件）

一册（三十六页）

［W512.1］

T1869 钦定八旗则例十二卷　满文

ᡥᡝᠰᡝᡳ ᡨᠣᡴᡨᠣᠪᡠᡥᠠ ᠵᠠᡴᡡᠨ ᡤᡡᠰᠠᡳ ᡴᠣᠣᠯᡳ ᡥᠠᠴᡳᠨ ᡳ ᠪᡳᡨᡥᡝ

hesei toktobuha jakūn gūsai kooli hacin i bithe

鄂尔泰等 撰

乾隆七年（1742）武英殿刻本

开本28.2厘米×18.4厘米

版框23.3厘米×17厘米

四册

［0101］［0701］［1601］［1681］［W313.2］［W313.3］［W516.2］［W712.2］

T1870 钦定八旗则例十二卷　满文

ᡥᡝᠰᡝᡳ ᡨᠣᡴᡨᠣᠪᡠᡥᠠ ᠵᠠᡴᡡᠨ ᡤᡡᠰᠠᡳ ᡴᠣᠣᠯᡳ ᡥᠠᠴᡳᠨ ᡳ ᠪᡳᡨᡥᡝ

hesei toktobuha jakūn gūsai kooli hacin i bithe

曹诚、德诚等 编修

乌英、海尚阿等 译

乾隆二十九年（1764）武英殿刻本

版框22.3厘米×17厘米

四册

［0181］［0404］

T1871 钦定八旗则例十二卷　满文

ᡥᡝᠰᡝᡳ ᡨᠣᡴᡨᠣᠪᡠᡥᠠ ᠵᠠᡴᡡᠨ ᡤᡡᠰᠠᡳ ᡴᠣᠣᠯᡳ ᡥᠠᠴᡳᠨ ᡳ ᠪᡳᡨᡥᡝ

hesei toktobuha jakūn gūsai kooli hacin i bithe

福隆安等 撰

乾隆三十七年（1772）武英殿刻本

版框22.9厘米×17.1厘米

四册

福隆安（1746—1784），镶黄旗满洲人，富察氏，清高宗婿，娶和嘉公主，官至兵部尚书、军机大臣。

［0185］

T1872 钦定八旗则例二十四卷　满汉合璧

ᡥᡝᠰᡝᡳ ᡨᠣᡴᡨᠣᠪᡠᡥᠠ ᠵᠠᡴᡡᠨ ᡤᡡᠰᠠᡳ ᡴᠣᠣᠯᡳ ᡥᠠᠴᡳᠨ ᡳ ᠪᡳᡨᡥᡝ

hesei toktobuha jakūn gūsai kooli hacin i bithe

尹继善等 撰

乾隆三十九年（1774）武英殿刻本

开本30.5厘米×20厘米

版框22.6厘米×17厘米

十四册

尹继善（1695—1771），镶黄旗满洲人，章佳氏，字元长，官至云贵总督、文华殿大学士。

［0101］

T1873 钦定八旗则例十二卷　满文

hesei toktobuha jakūn gūsai kooli hacin i bithe

齐明等 编修
德昆等 译
乾隆五十年（1785）武英殿刻本
版框21.5厘米×16.5厘米
四册
［0181］［0703］［W311.1］［W313.3］

T1874 八旗则例　满文

hesei toktobuha jakūn gūsai kooli hacin i bithe

来保 撰
乾隆十一年（1746）抄本
开本31.5厘米×20厘米
四册
［W313.2］

T1875 钦定中枢政考三十一卷　满文

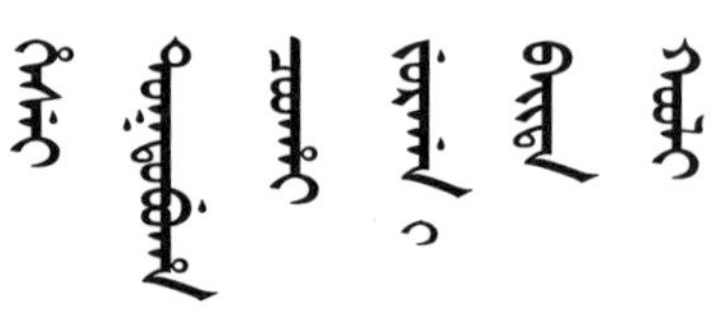

hesei toktobuha coohai jurgan i baita kooli

鄂尔泰等 撰
乾隆七年（1742）武英殿刻本
版框23.5厘米×17.2厘米
十八册
［0101］［0150］［0181］［0185］
［0669］存四册　［0701］［W311.1］
［W313.2］

T1876 钦定中枢政考三十一卷　满文

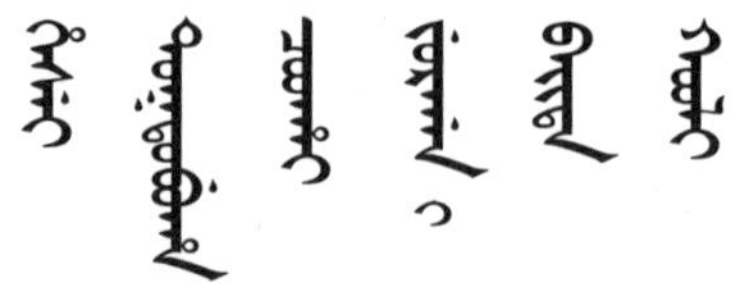

hesei toktobuha coohai jurgan i baita kooli

来保等 撰
乾隆二十九年（1764）武英殿刻本
版框22.3厘米×17厘米
十八册（《绿营》十六卷十册、《八旗》十五卷八册）
［0181］［0669］存三册

T1877 钦定中枢政考三十一卷　满汉合集

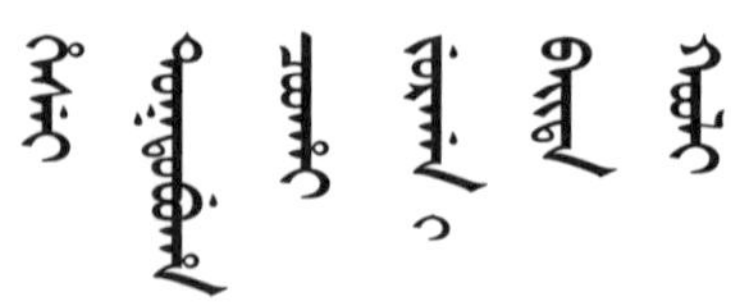

hesei toktobuha coohai jurgan i baita kooli

尹继善等 撰
乾隆三十九年（1774）武英殿刻本
版框22.3厘米×17.2厘米
四十六册

[0101] [0181] [0669]存五册 [W561.1] [W712.1] [W712.2] [W712.3]

T1878 钦定增修中枢政考四卷 满汉文

ᡥᡝᠰᡝᡳ ᡨᠣᡴᡨᠣᠪᡠᡥᠠ ᠨᠣᠩᡤᡳᠮᡝ ᠪᠠᠨᠵᡳᠪᡠᡥᠠ ᠴᠣᠣᡥᠠᡳ ᠵᡠᡵᡤᠠᠨ ᡳ ᠪᠠᡳᡨᠠᡳ ᡴᠣᠣᠯᡳ ᠪᡳᡨᡥᡝ

hesei toktobuha nonggime banjibuha coohai jurgan i baitai kooli bithe

福隆安等 撰

乾隆五十年（1785）武英殿刻本

版框22.5厘米×17厘米

四十六册

本书包括《绿营》十六卷，满汉文，共二十八册；《八旗》十五卷，满汉文，共十八卷。

[0101] [0181]存满文十六卷十册

[0669]存满文四册

T1879 钦定增修中枢政考四卷 满文

ᡥᡝᠰᡝᡳ ᡨᠣᡴᡨᠣᠪᡠᡥᠠ ᠨᠣᠩᡤᡳᠮᡝ ᠪᠠᠨᠵᡳᠪᡠᡥᠠ ᠴᠣᠣᡥᠠᡳ ᠵᡠᡵᡤᠠᠨ ᡳ ᠪᠠᡳᡨᠠᡳ ᡴᠣᠣᠯᡳ ᠪᡳᡨᡥᡝ

hesei toktobuha nonggime banjibuha coohai jurgan i baitai kooli bithe

阿桂等 撰

乾隆五十九年（1794）武英殿刻本

版框19.5厘米×16厘米

四册

[0101] [0669]

T1880 钦定增修中枢政考七十二卷 满文

ᡥᡝᠰᡝᡳ ᡨᠣᡴᡨᠣᠪᡠᡥᠠ ᠨᠣᠩᡤᡳᠮᡝ ᠪᠠᠨᠵᡳᠪᡠᡥᠠ ᠴᠣᠣᡥᠠᡳ ᠵᡠᡵᡤᠠᠨ ᡳ ᠪᠠᡳᡨᠠᡳ ᡴᠣᠣᠯᡳ ᠪᡳᡨᡥᡝ

hesei toktobuha nonggime banjibuha coohai jurgan i baitai kooli bithe

保宁等 撰

嘉庆八年（1803）刻本

版框20.2厘米×16.3厘米

三十二册

保宁（1734—1808），图伯特氏，正白旗蒙古人，其父纳穆扎勒殉节回疆，保宁袭三等公，授乾清门侍卫。从征金川，善战，金川平定后绘像紫光阁，乾隆四十五年（1780）授成都将军，官至领侍卫内大臣，管理兵部，兼管三库。嘉庆十三年（1808）卒，谥文瑞。

[0701]

T1881 钦定增修中枢政考 满文

ᡥᡝᠰᡝᡳ ᡨᠣᡴᡨᠣᠪᡠᡥᠠ ᠨᠣᠩᡤᡳᠮᡝ ᠪᠠᠨᠵᡳᠪᡠᡥᠠ ᠴᠣᠣᡥᠠᡳ ᠵᡠᡵᡤᠠᠨ ᡳ ᠪᠠᡳᡨᠠᡳ ᡴᠣᠣᠯᡳ ᠪᡳᡨᡥᡝ

hesei toktobuha nonggime banjibuha coohai jurgan i baitai kooli bithe

嘉庆十五年（1810）刻本

四册

[W512.1]

T1882 钦定续纂中枢政考四卷 满文

coohai jurgan i sirame banjibuha baitai kooli hacin i bithe

长龄、景美等 撰

道光年间武英殿刻本

版框20.8厘米×16厘米

四册

长龄（1759—1839），萨尔图克氏，字懋亭，正白旗蒙古人，先后从征甘肃、台湾、廓尔喀、湖北，道光年间历任文华殿大学士、军机大臣、云贵总督、伊犁将军，因平定准噶尔之乱有功，加封一等威勇公，拜太傅。卒，谥文襄，入祀贤良祠。

[0101] [0703]

T1883 钦定中枢政考 满文

hesei toktobuha coohai jurgan i baita kooli

刻本

版框21.9厘米×16.5厘米

八册

[0703]

T1884 钦定中枢政考 满文

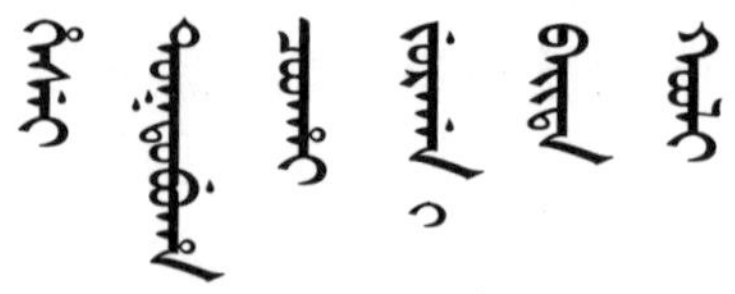

hesei toktobuha coohai jurgan i baita kooli

内府抄本

版框21厘米×16.9厘米

存一册（第六卷） 半页九行

米栏 四周双边 白口 单红鱼尾

原题《钦定兵部则例》。

[0703]

T1885 国子监则例三十卷 满文

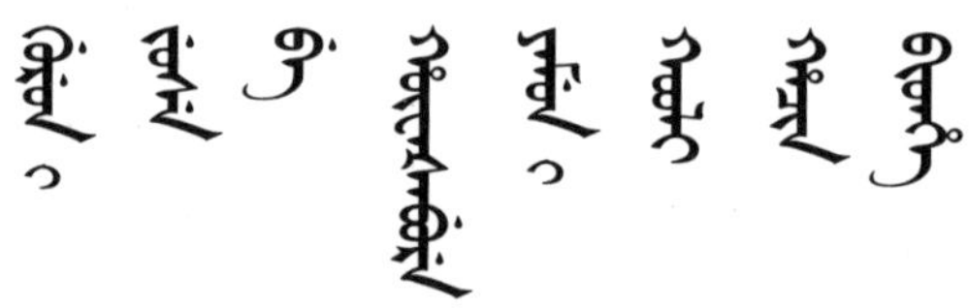

gurun i juse be hūwašabure yamun i kooli hacin bithe

蔡新等 撰

乾隆三十七年（1772）武英殿刻本

版框21.8厘米×16.2厘米

四册

蔡新（1707—1800），福建漳浦人，字次明，历任学政、侍郎、尚书、协办大学士等职，官至文华殿大学士。

[0181] [0701]

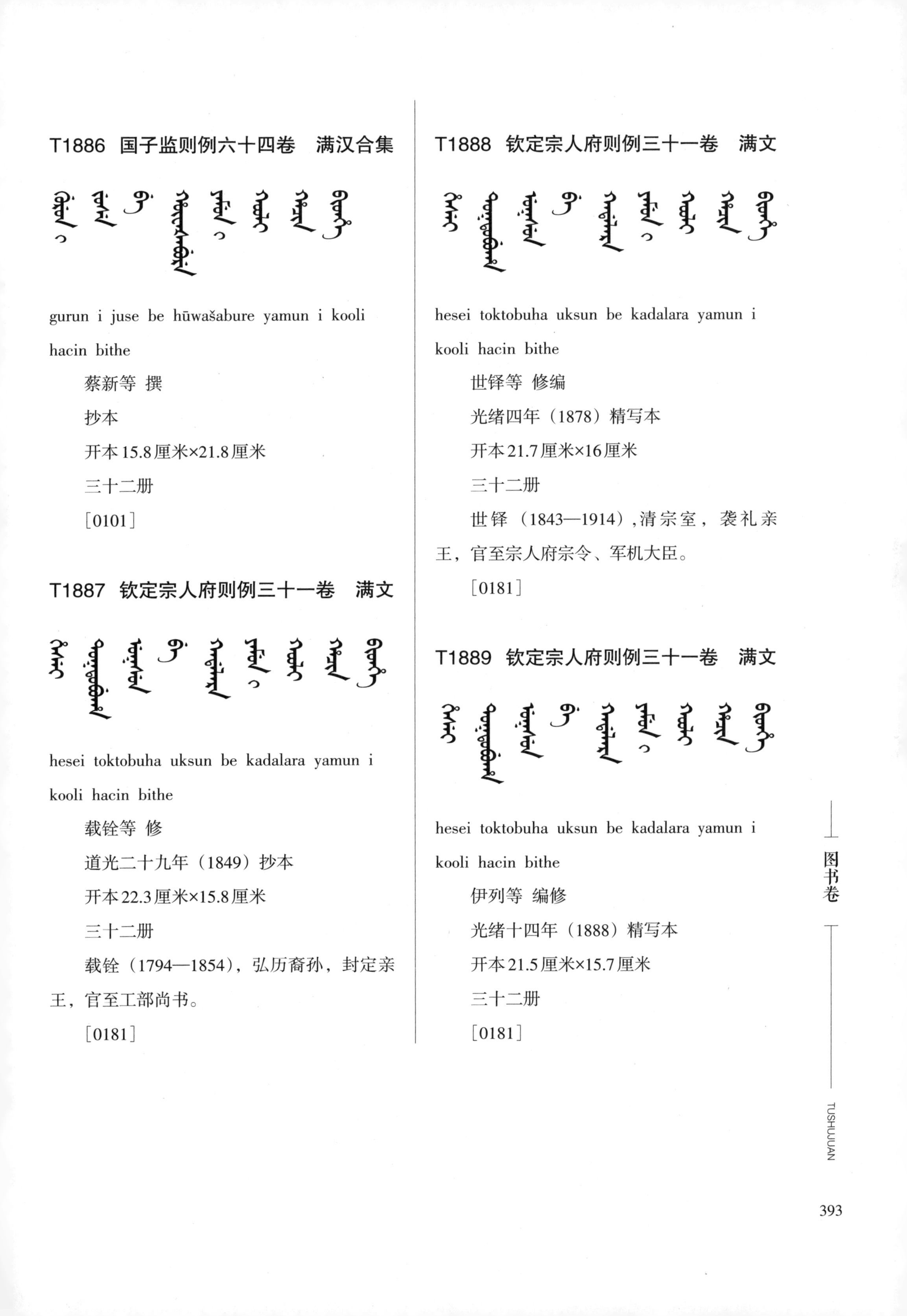

T1886 国子监则例六十四卷 满汉合集

gurun i juse be hūwašabure yamun i kooli hacin bithe

蔡新等 撰

抄本

开本 15.8 厘米×21.8 厘米

三十二册

［0101］

T1887 钦定宗人府则例三十一卷 满文

hesei toktobuha uksun be kadalara yamun i kooli hacin bithe

载铨等 修

道光二十九年（1849）抄本

开本 22.3 厘米×15.8 厘米

三十二册

载铨（1794—1854），弘历裔孙，封定亲王，官至工部尚书。

［0181］

T1888 钦定宗人府则例三十一卷 满文

hesei toktobuha uksun be kadalara yamun i kooli hacin bithe

世铎等 修编

光绪四年（1878）精写本

开本 21.7 厘米×16 厘米

三十二册

世铎（1843—1914），清宗室，袭礼亲王，官至宗人府宗令、军机大臣。

［0181］

T1889 钦定宗人府则例三十一卷 满文

hesei toktobuha uksun be kadalara yamun i kooli hacin bithe

伊列等 编修

光绪十四年（1888）精写本

开本 21.5 厘米×15.7 厘米

三十二册

［0181］

T1890 钦定宗人府则例三十一卷　满文

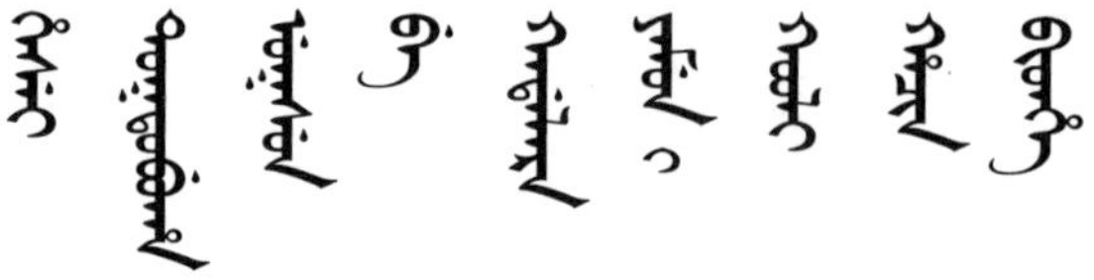

hesei toktobuha uksun be kadalara yamun i kooli hacin bithe

世铎等 编修

光绪三十四年（1908）精写本

开本32.7厘米×20.2厘米

版框22.9厘米×15.3厘米

三十二册

［0181］

T1891 钦定宗人府则例　满文

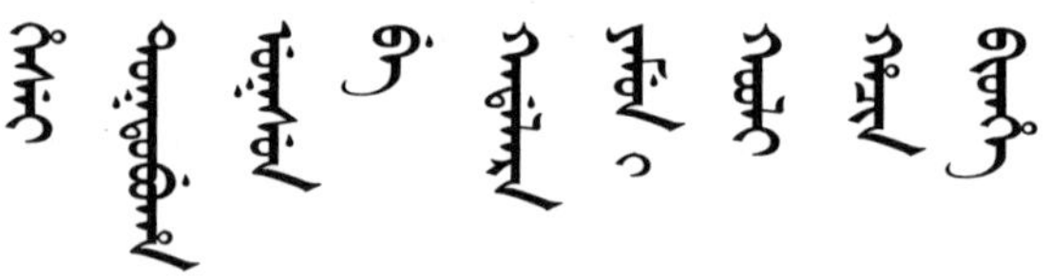

hesei toktobuha uksun be kadalara yamun i kooli hacin bithe

精写本

开本32.6厘米×20.2厘米

版框21.3厘米×15.6厘米

一册

四周双边 朱丝栏七行 版口有满文书名 单鱼尾 满文类目 黄绫封面

［0150］

T1892 宗室考试授职则例　满汉合集

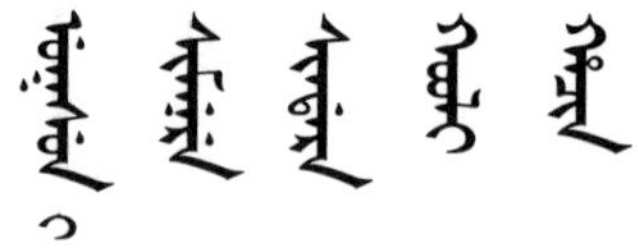 ☆

uksun i simnere sindara kooli hacin

抄本

开本28.7厘米×17.2厘米

二册

［0101］

T1893 鸿称通用二卷　满汉合璧

amba tukiyen de uheri baitalara bithe

抄本

开本29.2厘米×21.5厘米

一册

本书为解释帝后庙号、谥号、徽号及文武大臣谥封用字之工具书。全书共分两卷，上卷为封谥帝后用字，下卷为封谥文武大臣官员用字。

［0185］

T1894 钦定理藩院则例　满文

tulergi golo be dasara jurgan i kooli hacin i bithe

托津等 撰

嘉庆二十二年（1817）刻本

版框21厘米×15.8厘米

二十四册

［0601］

T1895 钦定理藩院则例五十卷　满文

tulergi golo be dasara jurgan i kooli hacin i bithe

赛尚阿等 撰

松水等 译

道光二十九年（1849）武英殿刻本

版框21厘米×16厘米

五十册

［0102］［0150］存三十二册

［0181］存十卷十册　［0185］存四十一册

［0186］存二十四卷二十四册　［0406］

［0601］存六册　［0703］［2102］［W311.1］

［W313.1］［W313.2］［W313.3］［W561.1］

［W565.1］［W712.1］［W712.2］

T1896 理藩院则例　满文

tulergi golo be dasara jurgan i kooli hacin i bithe

刻本

［W512.2］

T1897 钦定理藩院则例五十卷　满文

tulergi golo be dasara jurgan i kooli hacin i bithe

赛尚阿等 撰

松水等 译

抄本

开本13厘米×10.4厘米

存二卷二册

［0101］

T1898 钦定回疆则例八卷　满文

hesei toktobuha hoise jecen i kooli hacin

赛尚阿等 撰

永璘等 译

道光二十二年（1842）刻本

版框21.4厘米×15.8厘米

九册

译校者永璘（1766—1820），弘历第十七子，封庆亲王。

［0150］［0181］［0601］［W311.1］

［W516.1］存八册　［W712.1］

T1899 白塔信炮章程 满汉合璧

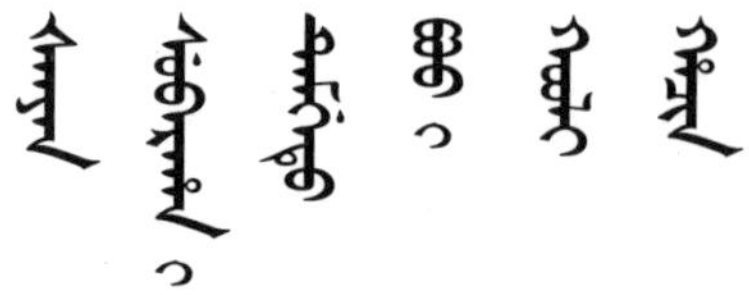

šanyan subarhan i temgetu poo i kooli hacin

内府刻本

版框21.5厘米×13.8厘米

一册

[0101] [0150] [0181] [0185] [0703] [2102] [W311.1] [W313.2] [W516.1] [W565.1] [W712.1] [W712.2]

T1900 太常寺则例 满文

wecen i baida be aliha yamun i kooli hacin i bithe

道光年间精写本

开本32.8厘米×20.4厘米

存一百二十五卷五十六册

[0181] [0150]存四册

T1901 都察院拟监察职权条例 满汉合璧

uheri baicara yamun i kooli hacin bithe

顺治十八年（1661）抄本

开本26厘米×36厘米

一册

[0141]

Ⅲ. 传记

A. 本纪

T1902 太祖纪略 满汉合璧

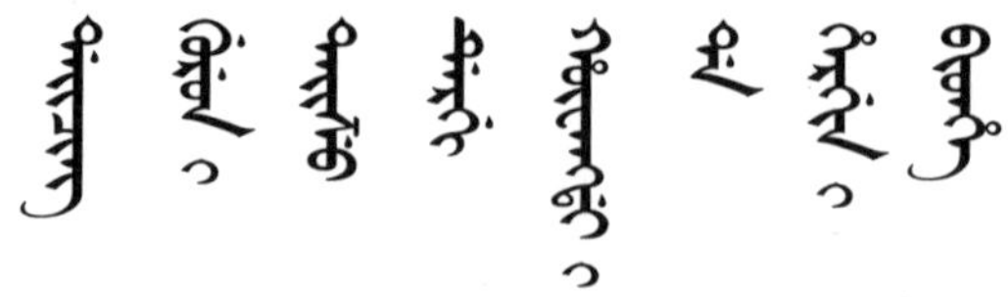

daicing gurun i taidzu dergi hūwangdi i da hergin i bithe

精写本

开本26.2厘米×18.2厘米

一册

毛装

[0101]

T1903 大清太祖高皇帝本纪 满文

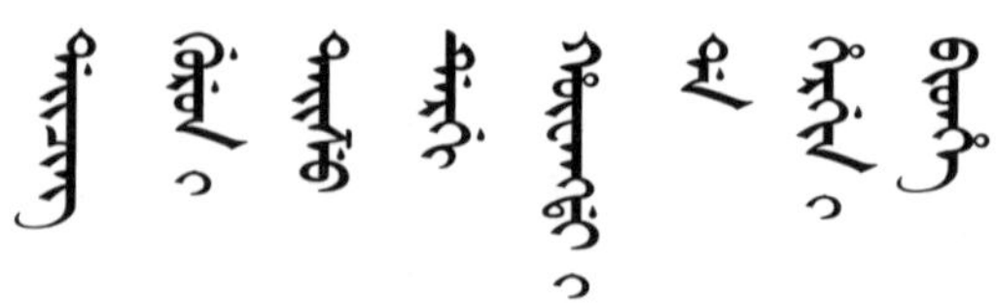

daicing gurun i taidzu dergi hūwangdi i da hergin i bithe

乾隆四十四年（1779）抄本

[W311.1]

T1904 大清太祖高皇帝本纪　满文

ᡩᠠᡳᠴᡳᠩ ᡤᡠᡵᡠᠨ ᡳ ᡨᠠᡳᡯᡠ ᡩᡝᡵᡤᡳ ᡥᡡᠸᠠᠩᡩᡳ ᡳ ᡩᠠ ᡥᡝᡵᡤᡳᠨ ᡳ ᠪᡳᡨᡥᡝ

daicing gurun i taidzu dergi hūwangdi i da hergin i bithe

精写本

开本28.3厘米×18.5厘米

二册

［0185］［0601］［W313.1］［W311.1］

T1905 大清太祖高皇帝本纪　满文

ᡩᠠᡳᠴᡳᠩ ᡤᡠᡵᡠᠨ ᡳ ᡨᠠᡳᡯᡠ ᡩᡝᡵᡤᡳ ᡥᡡᠸᠠᠩᡩᡳ ᡳ ᡩᠠ ᡥᡝᡵᡤᡳᠨ ᡳ ᠪᡳᡨᡥᡝ

daicing gurun i taidzu dergi hūwangdi i da hergin i bithe

精写本

开本27.2厘米×19.5厘米

一册

［0601］

T1906 大清太祖高皇帝本纪　满文

ᡩᠠᡳᠴᡳᠩ ᡤᡠᡵᡠᠨ ᡳ ᡨᠠᡳᡯᡠ ᡩᡝᡵᡤᡳ ᡥᡡᠸᠠᠩᡩᡳ ᡳ ᡩᠠ ᡥᡝᡵᡤᡳᠨ ᡳ ᠪᡳᡨᡥᡝ

daicing gurun i taidzu dergi hūwangdi i da hergin i bithe

稿本

开本25.2厘米×20.6厘米

存一册

［0185］

T1907 大清太祖高皇帝本纪　满汉合璧

ᡩᠠᡳᠴᡳᠩ ᡤᡠᡵᡠᠨ ᡳ ᡨᠠᡳᡯᡠ ᡩᡝᡵᡤᡳ ᡥᡡᠸᠠᠩᡩᡳ ᡳ ᡩᠠ ᡥᡝᡵᡤᡳᠨ ᡳ ᠪᡳᡨᡥᡝ

daicing gurun i taidzu dergi hūwangdi i da hergin i bithe

精写本

存一册

［0101］

T1908 大清太宗文皇帝本纪四卷　满文

ᡩᠠᡳᠴᡳᠩ ᡤᡠᡵᡠᠨ ᡳ ᡩᠠᡳᡯᡠᠩ ᡤᡝᠩᡤᡳᠶᡝᠨ ᡧᡠ ᡥᡡᠸᠠᠩᡩᡳ ᡳ ᡩᠠ ᡥᡝᡵᡤᡳᠨ ᡳ ᠪᡳᡨᡥᡝ

daicing gurun i daidzung genggiyen šu hūwangdi i da hergin i bithe

精写本

开本28厘米×18.3厘米

四册

［0185］

T1909 大清太宗文皇帝本纪四卷　满文

ᡩᠠᡳᠴᡳᠩ ᡤᡠᡵᡠᠨ ᡳ ᡩᠠᡳᡯᡠᠩ ᡤᡝᠩᡤᡳᠶᡝᠨ ᡧᡠ ᡥᡡᠸᠠᠩᡩᡳ ᡳ ᡩᠠ ᡥᡝᡵᡤᡳᠨ ᡳ ᠪᡳᡨᡥᡝ

daicing gurun i daidzung genggiyen šu

hūwangdi i da hergin i bithe

稿本

开本27.6厘米×21.2厘米

存一册

[0185]

T1910 大清世祖章皇帝本纪 满文

ᡩᠠᡳᠴᡳᠩ ᡤᡠᡵᡠᠨ ᡳ ᡧᡳᡯᡠ ᡝᠯᡩᡝᠮᠪᡠᡥᡝ ᡥᡡᠸᠠᠩᡩᡳ ᡳ ᡩᠠ ᡥᡝᡵᡤᡳᠨ ᡳ ᠪᡳᡨᡥᡝ

daicing gurun i šidzu eldembuhe hūwangdi i da hergin i bithe

精写本

开本27.9厘米×18厘米

八册

[0185]

T1911 大清世祖章皇帝本纪 满文

ᡩᠠᡳᠴᡳᠩ ᡤᡠᡵᡠᠨ ᡳ ᡧᡳᡯᡠ ᡝᠯᡩᡝᠮᠪᡠᡥᡝ ᡥᡡᠸᠠᠩᡩᡳ ᡳ ᡩᠠ ᡥᡝᡵᡤᡳᠨ ᡳ ᠪᡳᡨᡥᡝ

daicing gurun i šidzu eldembuhe hūwangdi i da hergin i bithe

精写本

开本32.5厘米×19.9厘米

存一卷一册

[0101]

T1912 大清圣祖仁皇帝本纪 满文

ᡩᠠᡳᠴᡳᠩ ᡤᡠᡵᡠᠨ ᡳ ᡧᡝᠩᡯᡠ ᡤᠣᠰᡳᠨ ᡥᡡᠸᠠᠩᡩᡳ ᡳ ᡩᠠ ᡥᡝᡵᡤᡳᠨ ᡳ ᠪᡳᡨᡥᡝ

daicing gurun i šengdzu gosin hūwangdi i da hergin i bithe

稿本

开本29.8厘米×20.2厘米

存一册

[0101]

T1913 大清圣祖仁皇帝本纪 满文

ᡩᠠᡳᠴᡳᠩ ᡤᡠᡵᡠᠨ ᡳ ᡧᡝᠩᡯᡠ ᡤᠣᠰᡳᠨ ᡥᡡᠸᠠᠩᡩᡳ ᡳ ᡩᠠ ᡥᡝᡵᡤᡳᠨ ᡳ ᠪᡳᡨᡥᡝ

daicing gurun i šengdzu gosin hūwangdi i da hergin i bithe

精写本

开本28.3厘米×18.4厘米

二十四册

[0185]

T1914 大清世宗宪皇帝本纪 满文

ᡩᠠᡳᠴᡳᠩ ᡤᡠᡵᡠᠨ ᡳ ᡧᡳᡯᡠᠩ ᡨᡝᠮᡤᡝᡨᡠᠯᡝᡥᡝ ᡥᡡᠸᠠᠩᡩᡳ ᡳ ᡩᠠ ᡥᡝᡵᡤᡳᠨ ᡳ ᠪᡳᡨᡥᡝ

daicing gurun i šidzung temgetulehe hūwangdi i da hergin i bithe

精写本

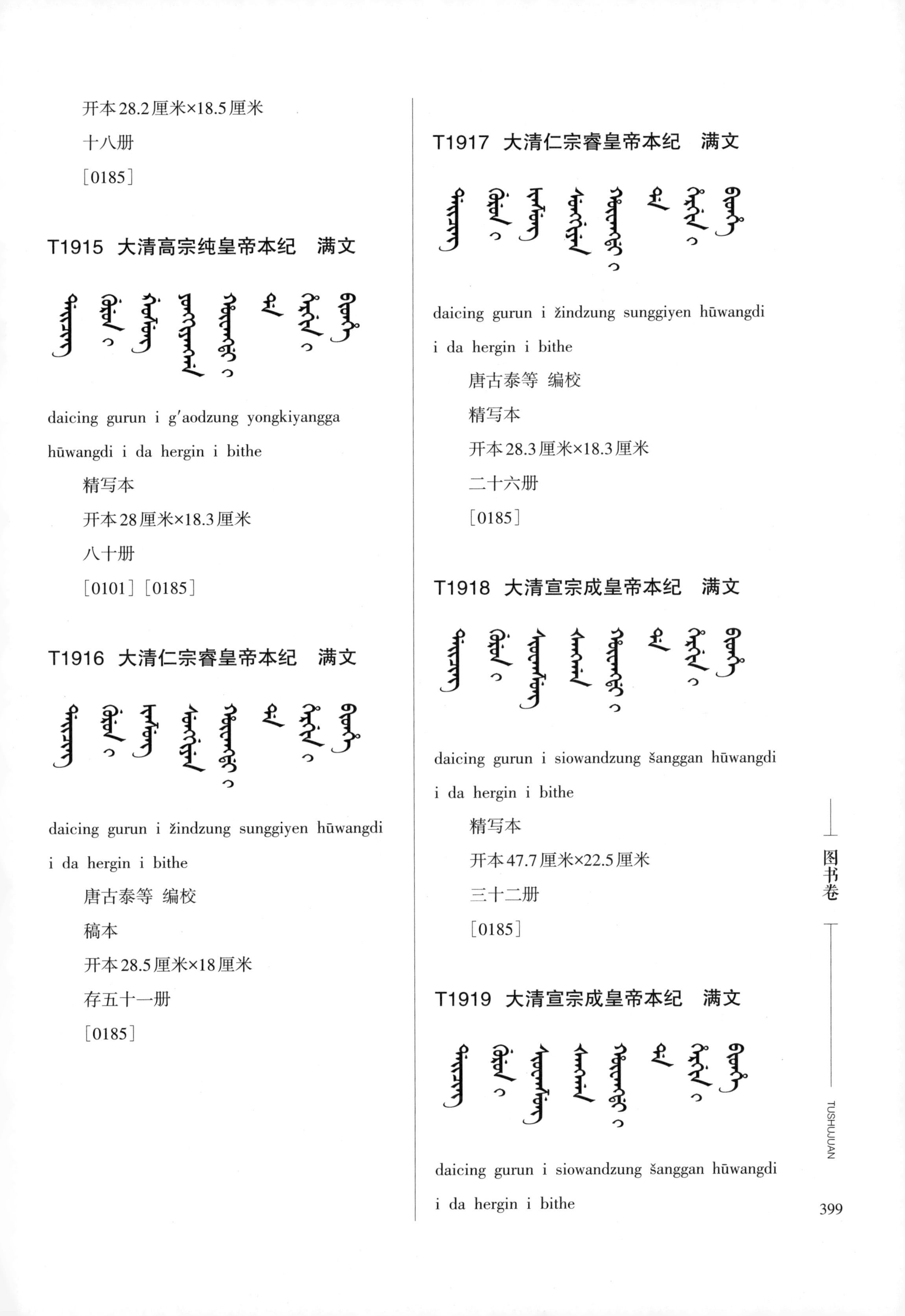

开本28.2厘米×18.5厘米

十八册

[0185]

T1915 大清高宗纯皇帝本纪 满文

daicing gurun i g'aodzung yongkiyangga hūwangdi i da hergin i bithe

精写本

开本28厘米×18.3厘米

八十册

[0101] [0185]

T1916 大清仁宗睿皇帝本纪 满文

daicing gurun i žindzung sunggiyen hūwangdi i da hergin i bithe

唐古泰等 编校

稿本

开本28.5厘米×18厘米

存五十一册

[0185]

T1917 大清仁宗睿皇帝本纪 满文

daicing gurun i žindzung sunggiyen hūwangdi i da hergin i bithe

唐古泰等 编校

精写本

开本28.3厘米×18.3厘米

二十六册

[0185]

T1918 大清宣宗成皇帝本纪 满文

daicing gurun i siowandzung šanggan hūwangdi i da hergin i bithe

精写本

开本47.7厘米×22.5厘米

三十二册

[0185]

T1919 大清宣宗成皇帝本纪 满文

daicing gurun i siowandzung šanggan hūwangdi i da hergin i bithe

稿本

开本28.9厘米×18.2厘米

三十七册

［0185］

T1920 大清文宗显皇帝本纪 满文

daicing gurun i wendzung iletu hūwangdi i da hergin i bithe

抄本

开本28.5厘米×18.3厘米

三十四册

［0185］

T1921 大清穆宗毅皇帝本纪 满文

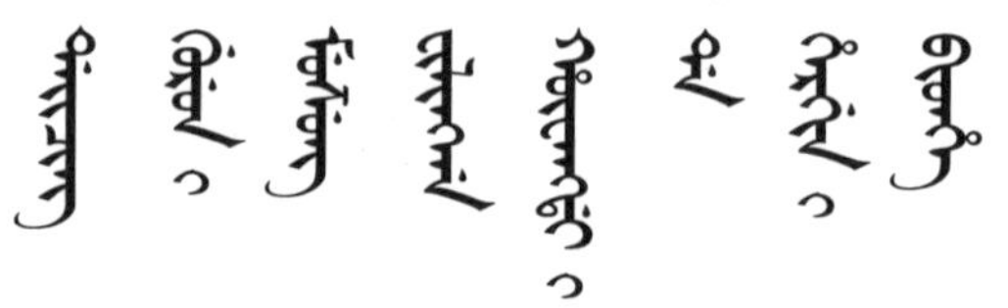

daicing gurun i mudzung filingga hūwangdi i da hergin i bithe

抄本

开本28.5厘米×18.3厘米

九十册

［0185］

T1922 二十一史约编 满汉合璧

orin emu suduri bithe i kemungge banjibun

白杨曾 辑

油印本

开本27.3厘米×19厘米

一册

本书内收汉史和汉高祖、汉惠帝、汉吕后、汉文帝、汉景帝、汉武帝、汉昭帝、汉宣帝、汉元帝、汉成帝、汉哀帝本纪。

［0641］

B. 列传

T1923 御制董后行状及哀册 满汉合璧

han i araha dung heo i yabun i bithe

世祖（福临） 撰

顺治十七年（1660）刻本

版框12.3厘米×19.3厘米

四册

本书为清世祖（福临）悼念宠妃董鄂贵妃（1639—1660）而作。

［0181］

T1924 顺天乡试录　满文

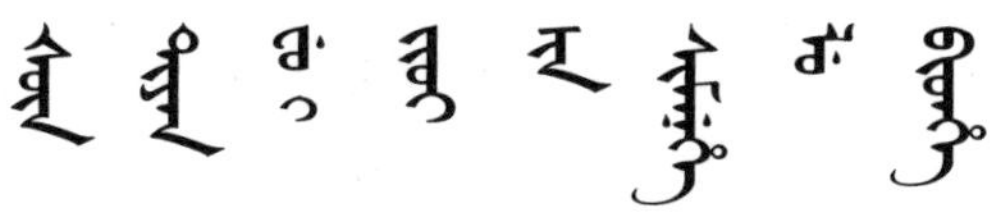

šūn tiyan fu i jioi žin simnehe lu bithe

顺治十一年（1654）内府刻本

版框22厘米×14.8厘米

一册

本书又名《顺天府举人试录》。

［0181］

T1925 顺天乡试题名　满汉合璧

šūn tiyan fu i simnefi dosika jioi žin sei gebu

顺治十一年（1654）内府刻本

版框22.4厘米×15.4厘米

一册

［0181］

T1926 进士登科录　满蒙合璧

jin ši i deng k'o lu bithe

顺治十二年（1655）刻本

一册

［0181］

T1927 中式满蒙进士录　满蒙合璧

gin sy simnehe lu bithe

顺治十二年（1655）内府刻本

版框20.2厘米×14.1厘米

一册

蝴蝶装

［0181］

T1928 中式满蒙举人题名　满蒙合璧

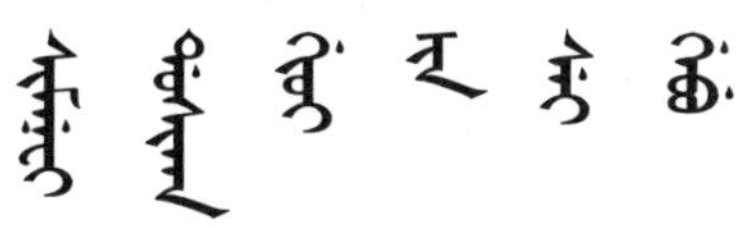

simnefi dosika gioi žin sei gebu

顺治十二年（1655）内府刻本

版框20.6厘米×14.1厘米

一册

蝴蝶装

［0181］

T1929 和硕怡贤亲王行状　满汉合璧

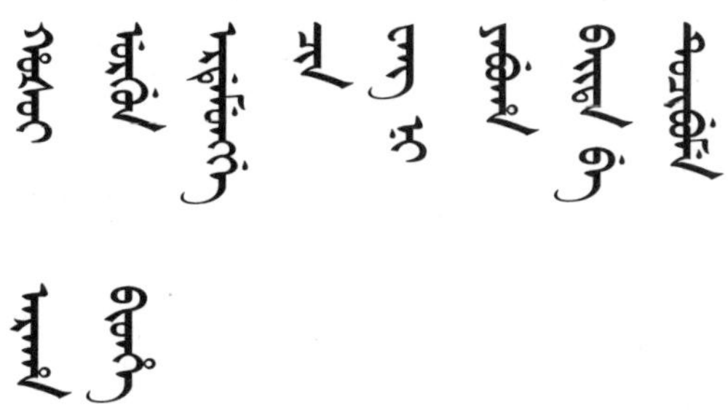

hošoi urgun erdemungge cin wang ni yabuha baita be tucibume araha bithe

张廷玉 撰

雍正年间刻本

版框20.3厘米×14.4厘米

二册

本书主要论述和硕亲王允祥生平业绩，允祥（1686—1730），清圣祖（玄烨）第十三子，清世宗（胤禛）即位，大加宠信，总理事务，参与机要，卒谥贤。

［0101］［0150］［0701］［0703］

T1930 宗室王公功绩表传六卷 满文

uksun i wang gung sai gungge faššan be iletulere ulabun

允祕等 撰

乾隆二十九年（1764）武英殿刻本

版框23.5厘米×16.7厘米

七册

允祕（1716—1773），康熙帝幼子，雍正十一年（1733）封为诚亲王。善诗文。

［0101］［0161］［0187］存二册 ［0186］
［0185］［0150］存二册 ［0703］
［0201］存一册 ［W313.1］［W313.2］
［W512.1］［W516.1］存二册 ［W565.1］

T1931 恩封宗室王公表 满汉合璧

kesi isibume fungnehe uksun i wang gung sai iletun

永瑢等 撰

乾隆四十一年（1776）武英殿刻本

版框24.6厘米×16.8厘米

十册

［0101］［0243］［0703］［W313.1］
［W565.1］

T1932 恩封宗室王公表 满文

kesi isibume fungnehe uksun i wang gung sai iletun

永瑢等 撰

乾隆四十一年（1776）精写本

开本40厘米×23.8厘米

三册

［0181］

T1933 钦定外藩蒙古回部王公表传 满文

hesei toktobuha tulergi monggo hoise aiman i wang gung sai iletun ulabun

祁韵士等 撰

嘉庆七年（1802）武英殿刻本

版框26.5厘米×20厘米

六十册

祁韵士（1751—1815），山西寿阳人，字谐庭，又字鹤皋。乾隆四十三年（1778）殿试，任翰林院庶吉士，乾隆四十五年（1780）任翰林院编修，四十七年任国史馆纂修官，负责纂修《外藩蒙古回部王公表传》，后任总纂官。乾隆五十四年（1789），《表传》汉文本完成，历时十年满文本、蒙古文本译成。嘉庆六年（1801）任宝泉局监督，嘉庆九年（1804）因事发配伊犁。嘉庆十四年（1809）回晋，先后任幕僚，家庭教师，兰山书院、莲池书院山长。嘉庆二十年（1815）卒于保定。有《西陲总统事略》《西域释地》《西陲要略》《鹤皋年谱》等书存世。

祁韵士一生最大的贡献是参与开创了西北史地学。

此书另有汉文本和蒙古文本。

［0101］［0181］存五册　［0185］存十册

［0601］［0661］［0701］存六十册　［W311.1］

［W313.2］［W512.1］

T1934　钦定外藩蒙古回部王公表传　满文

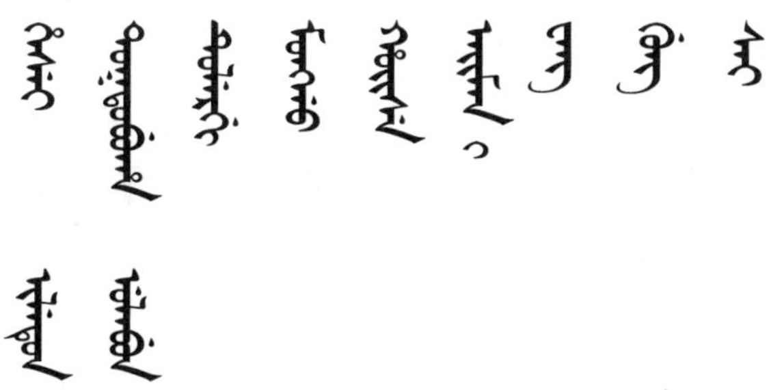

hesei toktobuha tulergi monggo hoise aiman i wang gung sai iletun ulabun

抄本

存十九册

［0161］

T1935　钦定续纂外藩蒙古回部王公表传四十八卷　满文

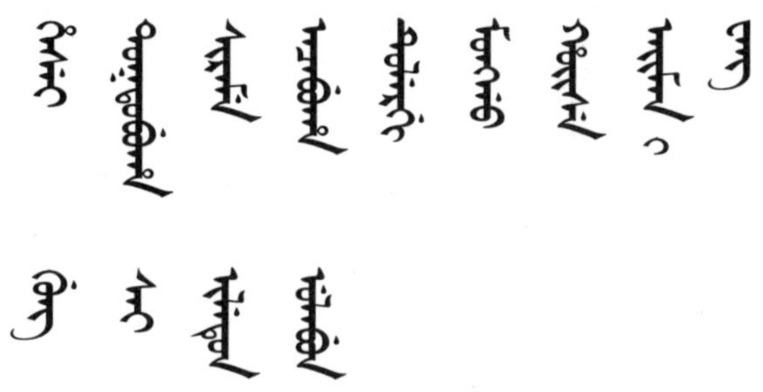

hesei toktobuha sirame acabuha tulergi monggo hoise aiman i wang gung sai iletun ulabun

庆桂等 撰

嘉庆十九年（1814）武英殿刻本

版框23.5厘米×19.5厘米

四十八册

此书另有汉文本。

［0101］［0243］［W311.1］［561.2］存四册

T1936　钦定续纂外藩蒙古回部王公表传七十二卷　满文

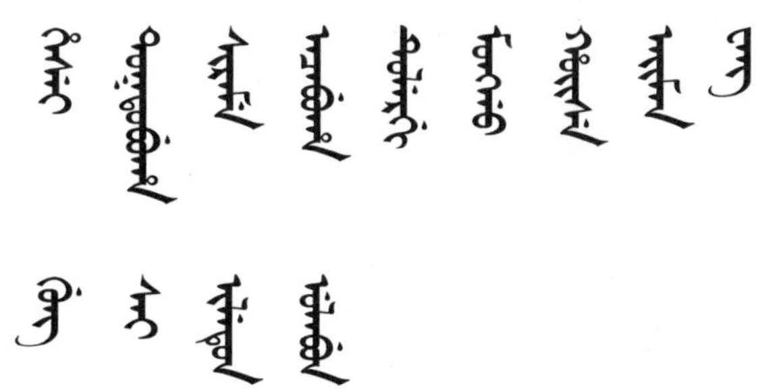

hesei toktobuha sirame acabuha tulergi monggo hoise aiman wang gung sai iletun ulabun

潘世恩等 撰

道光十九年（1839）武英殿刻本

版框23.3厘米×19.6厘米

七十二册

潘世恩（1769—1854），江苏吴县人，字槐堂，官至武英殿大学士、军机大臣。

此书另有汉文本、蒙古文本。

［0101］［0102］存十二册　［0669］存二册［311.1］

T1937 钦定续纂外藩蒙古回部王公表传二十四卷　满文

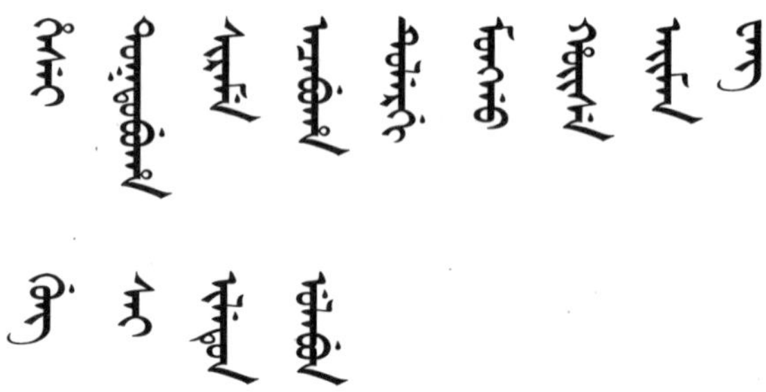

hesei toktobuha sirame acabuha tulergi monggo hoise aiman wang gung sai iletun ulabun

穆彰阿等 撰

道光二十九年（1849）武英殿刻本

版框23.1厘米×19.4厘米

存二十二册

穆彰阿（？—1854），镶蓝旗满洲人，官至文华殿大学士。

此书另有汉文本、蒙古文本。

［0181］

T1938 钦定续纂外藩蒙古回部王公表传四十八卷　满文

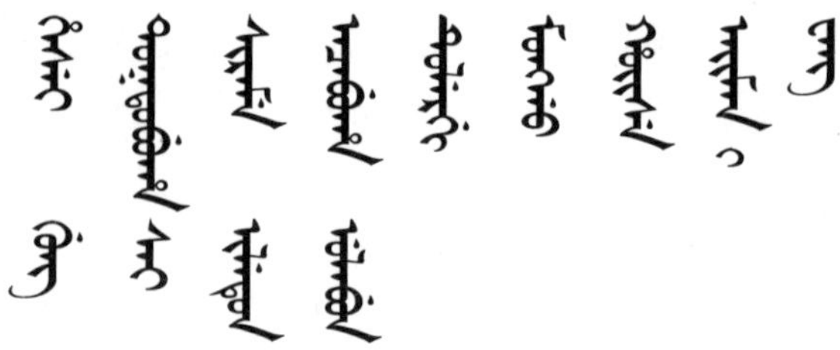

hesei toktobuha sirame acabuha tulergi monggo hoise aiman i wang gung sai iletun ulabun

彭蕴章等 撰

咸丰九年（1859）武英殿刻本

版框25厘米×19.8厘米

四十八册

彭蕴章（1792—1862），江苏长洲（今苏州市）人，字咏莪，官至文渊阁大学士、军机大臣。

此书另有汉文本、蒙古文本。

［0101］［0150］存十二册　［0161］存二十四册［W516.1］

T1939 钦定续纂外藩蒙古回部王公表传十二卷　满文

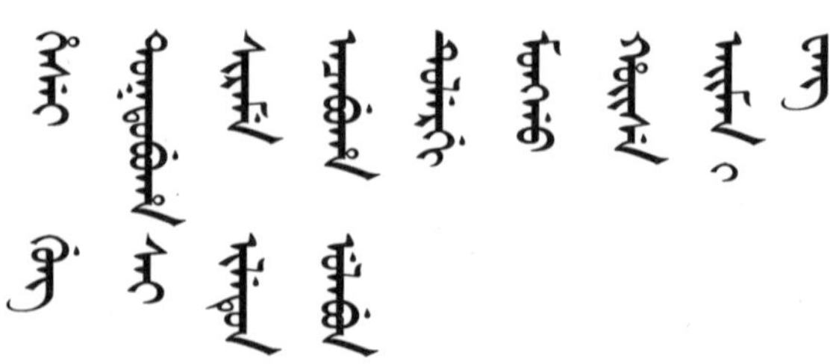

hesei toktobuha sirame acabuha tulergi monggo hoise aiman i wang gung sai iletun ulabun

咸丰九年（1859）内府精写本

开本40.2厘米×23厘米

十二册

黄绫封面

［0181］

T1940 钦定续纂外藩蒙古回部王公表传 满文

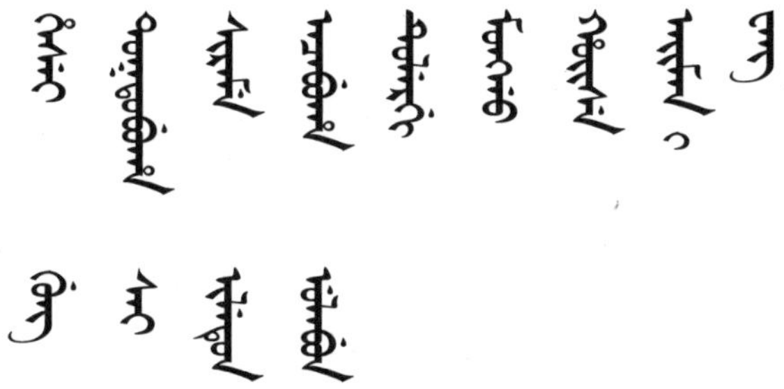

hesei toktobuha sirame acabuha tulergi monggo hoise aiman i wang gung sai iletun ulabun

开本33厘米×22厘米

十二册

［W313.2］

T1941 钦定续纂外藩蒙古回部王公表传二十四卷 满文

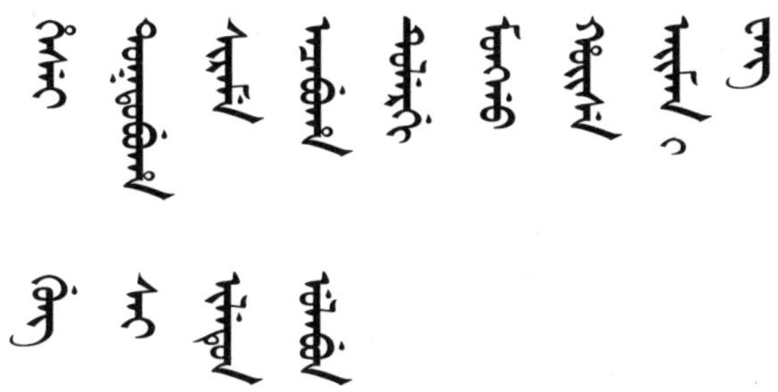

hesei toktobuha sirame acabuha tulergi monggo hoise aiman i wang gung sai iletun ulabun

穆彰阿等 撰

道光二十九年（1849）稿本

开本29.5厘米×22.8厘米

版框23.2厘米×19.5厘米

二十四册

毛装

［0181］

T1942 钦定续纂外藩蒙古回部王公表传二十四卷 满文

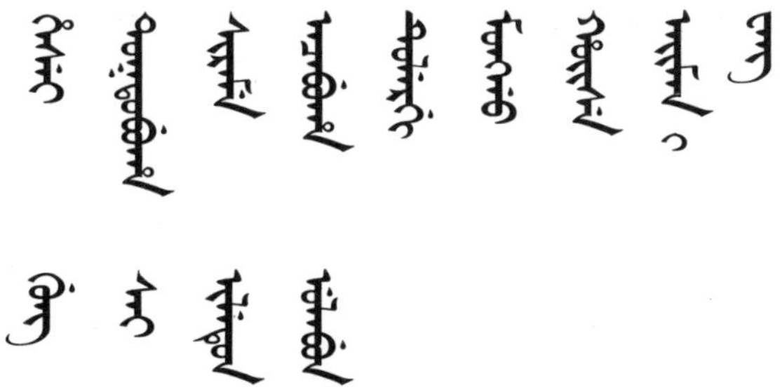

hesei toktobuha sirame acabuha tulergi monggo hoise aiman i wang gung sai iletun ulabun

穆彰阿等 撰

道光二十九年（1849）内府精写本

开本40.1厘米×22.8厘米

版框27.7厘米×18厘米

十二册

黄绫封面

［0181］

T1943 外藩蒙古喀尔喀土谢图汗王公表 满文

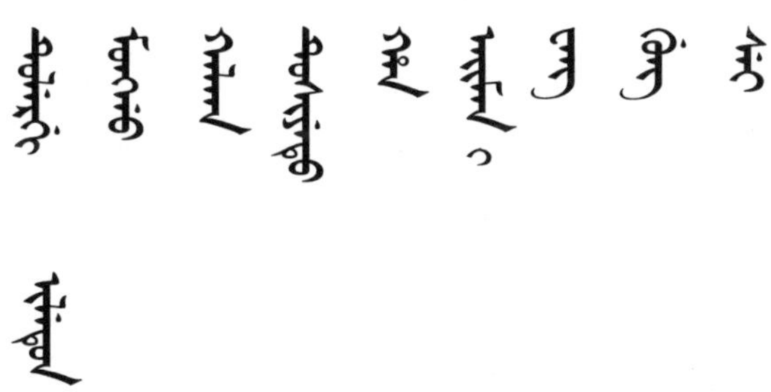

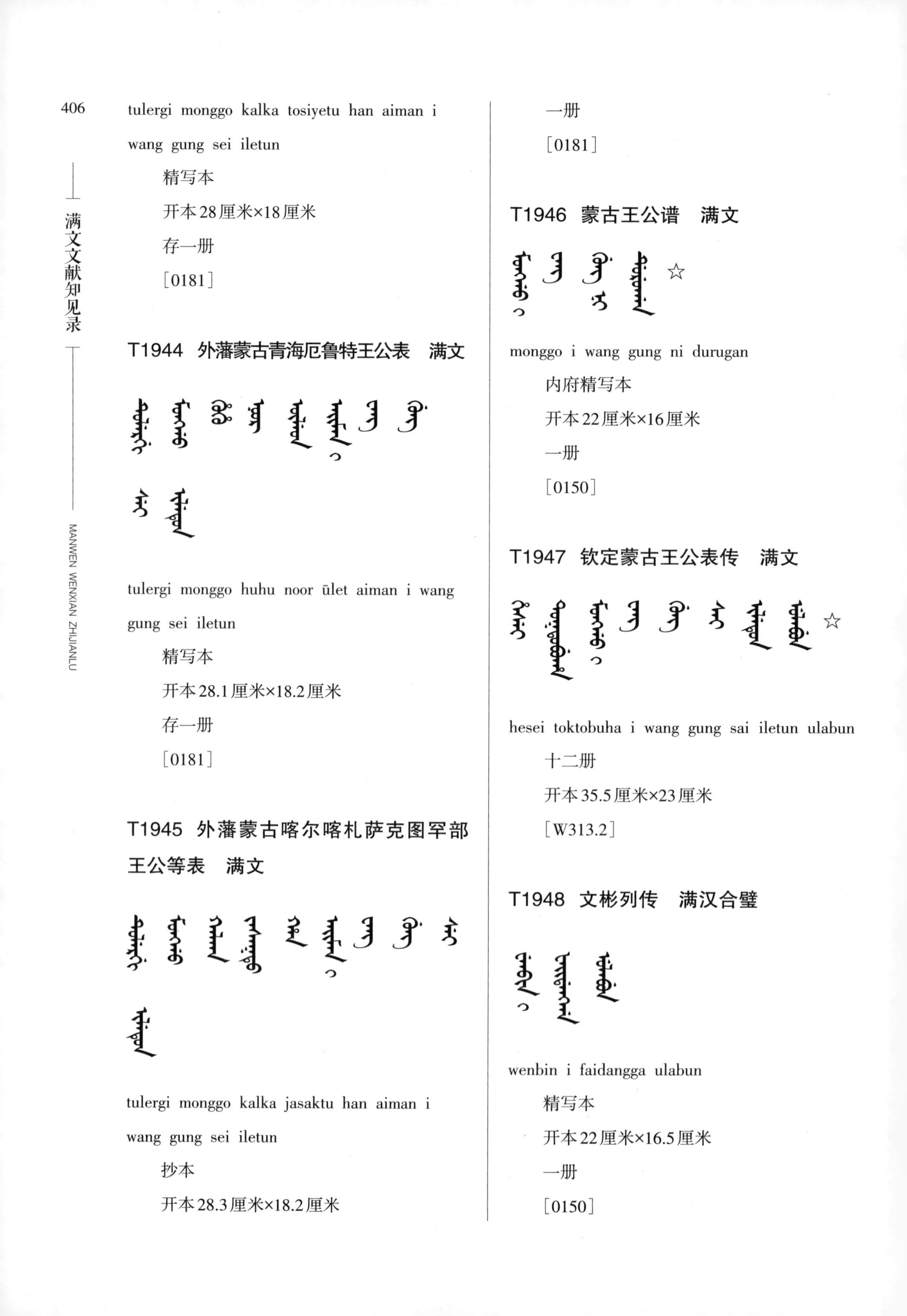

tulergi monggo kalka tosiyetu han aiman i wang gung sei iletun

精写本

开本28厘米×18厘米

存一册

[0181]

T1944 外藩蒙古青海厄鲁特王公表 满文

tulergi monggo huhu noor ūlet aiman i wang gung sei iletun

精写本

开本28.1厘米×18.2厘米

存一册

[0181]

T1945 外藩蒙古喀尔喀札萨克图罕部王公等表 满文

tulergi monggo kalka jasaktu han aiman i wang gung sei iletun

抄本

开本28.3厘米×18.2厘米

一册

[0181]

T1946 蒙古王公谱 满文

☆

monggo i wang gung ni durugan

内府精写本

开本22厘米×16厘米

一册

[0150]

T1947 钦定蒙古王公表传 满文

☆

hesei toktobuha i wang gung sai iletun ulabun

十二册

开本35.5厘米×23厘米

[W313.2]

T1948 文彬列传 满汉合璧

wenbin i faidangga ulabun

精写本

开本22厘米×16.5厘米

一册

[0150]

T1949　昭忠祠列传续编三百六十卷　满文

tondo be iletulehe jukten i faidangga ulabun i sirame banjibun

长萃 总纂

精写本

开本19.2厘米×14厘米

三百六十册

［0181］

T1950　昭忠祠列传（续编）　满文

tondo be iletulehe jukten i faidangga ulabun i sirame banjibun

抄本

开本19.2厘米×14.7厘米

存一册（第六十六卷）

［W712.1］

T1951　璧勤襄公列传　满汉合璧

bi kicebe aisi lan gung ni faidangga ulabun

咸丰七年（1857）抄本

开本29.9厘米×18.5厘米

二册

［0101］

T1952　福州将军穆公传　满汉合璧

fujeo i jiyanggiyūn mu gung ni ulabun

抄本

开本30.5厘米×22.1厘米

一册

［0101］

T1953　功臣传　满文

gungge ambasai ulabun

抄本

开本26厘米×18厘米

存四十七卷二十四册

［0101］

T1954　古今列女传三十卷　满文

julge te i geren hehesi bithe

〔明〕解缙等 撰

抄本

开本30.5厘米×18.7厘米

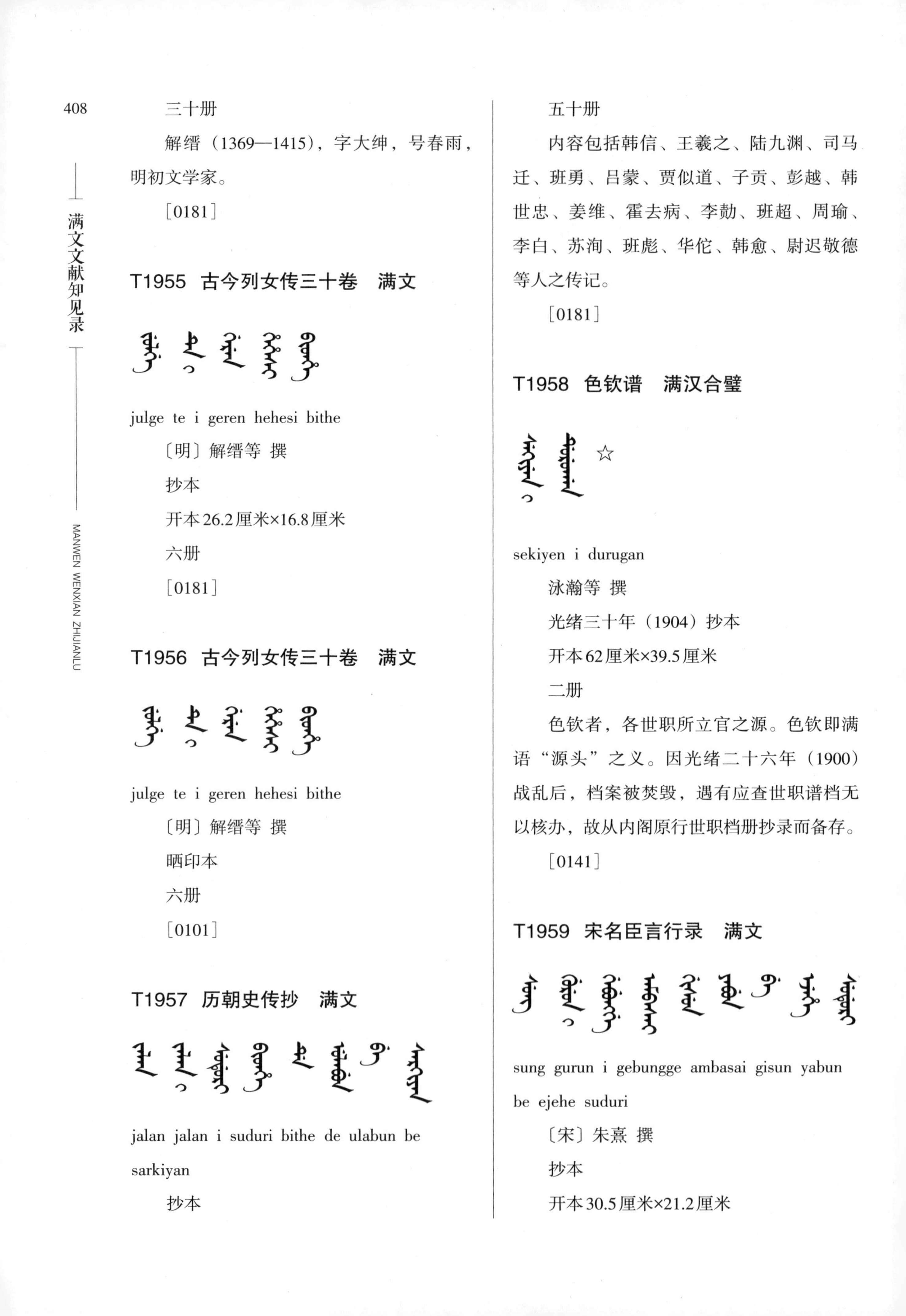

三十册

解缙（1369—1415），字大绅，号春雨，明初文学家。

［0181］

T1955 古今列女传三十卷 满文

julge te i geren hehesi bithe

〔明〕解缙等 撰

抄本

开本26.2厘米×16.8厘米

六册

［0181］

T1956 古今列女传三十卷 满文

julge te i geren hehesi bithe

〔明〕解缙等 撰

晒印本

六册

［0101］

T1957 历朝史传抄 满文

jalan jalan i suduri bithe de ulabun be sarkiyan

抄本

五十册

内容包括韩信、王羲之、陆九渊、司马迁、班勇、吕蒙、贾似道、子贡、彭越、韩世忠、姜维、霍去病、李勣、班超、周瑜、李白、苏洵、班彪、华佗、韩愈、尉迟敬德等人之传记。

［0181］

T1958 色钦谱 满汉合璧

☆

sekiyen i durugan

泳瀚等 撰

光绪三十年（1904）抄本

开本62厘米×39.5厘米

二册

色钦者，各世职所立官之源。色钦即满语“源头”之义。因光绪二十六年（1900）战乱后，档案被焚毁，遇有应查世职谱档无以核办，故从内阁原行世职档册抄录而备存。

［0141］

T1959 宋名臣言行录 满文

sung gurun i gebungge ambasai gisun yabun be ejehe suduri

〔宋〕朱熹 撰

抄本

开本30.5厘米×21.2厘米

存十二卷四十二册

［0181］

T1960 晏子春秋 满文

 ☆

yan dzi cūn cio bithe

抄本

开本26.6厘米×15.4厘米

四册

［0101］

T1961 苏完地方瓜尔佳氏家传 满文

 ☆

suwan ba i gūwalgiya hala i booi ulabun

抄本

开本28厘米×17厘米

存五册（第十六至二十卷）

［W712.1］

T1962 额敏和卓列传 满文

抄本

一册（二十八页）

此书为《外藩蒙古回部王公表传》之一部分。

{W512.1}

T1963 大清缙绅录 满文

抄本

存第七、第八两册

{W311.1}

T1964 圣贤传 满文

抄本

开本26厘米×22厘米

三十二册

{W311.1}

C. 族谱

T1965 八旗满洲氏族通谱八十卷 满文

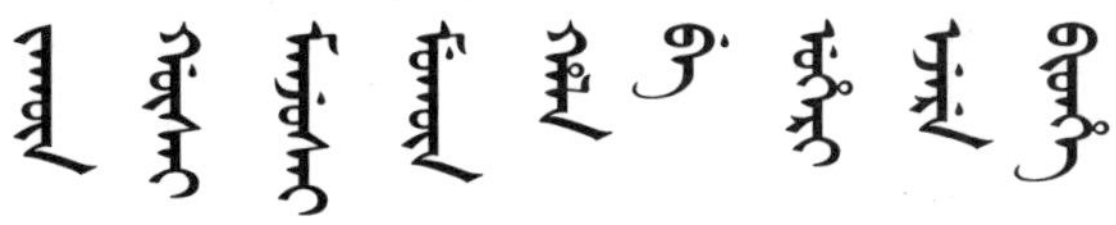

jakūn gūsai manjusai mukūn hala be uheri ejere bithe

鄂尔泰 撰

觉罗塔尔布等 译

乾隆九年（1744）武英殿刻本

版框20.3厘米×14.2厘米

二十六册

［0101］［0150］［0161］［0168］［0185］［0186］存二册 ［0404］［0601］［0661］［0669］存十册 ［0701］［0703］［W313.2］［W313.3］［W516.1］存六十册

T1966 八旗满洲氏族通谱八十卷　满文

ᠵᠠᡴᡡᠨ ᡤᡡᠰᠠᡳ ᠮᠠᠨᠵᡠᠰᠠᡳ ᠮᡠᡴᡡᠨ ᡥᠠᠯᠠ ᠪᡝ ᡠᡥᡝᡵᡳ ᡝᠵᡝᡵᡝ ᠪᡳᡨᡥᡝ

jakūn gūsai manjusai mukūn hala be uheri ejere bithe

鄂尔泰 撰
觉罗塔尔布等 译
初次稿本
开本35厘米×21.5厘米
存六十六卷六十六册
[0101]

T1967 八旗满洲氏族通谱八十卷　满文

ᠵᠠᡴᡡᠨ ᡤᡡᠰᠠᡳ ᠮᠠᠨᠵᡠᠰᠠᡳ ᠮᡠᡴᡡᠨ ᡥᠠᠯᠠ ᠪᡝ ᡠᡥᡝᡵᡳ ᡝᠵᡝᡵᡝ ᠪᡳᡨᡥᡝ

jakūn gūsai manjusai mukūn hala be uheri ejere bithe

鄂尔泰 撰
觉罗塔尔布等 译
二次稿本
开本35.5厘米×21厘米
存七十六卷八十册
[0101]

T1968 八旗满洲氏族通谱八十卷　满文

ᠵᠠᡴᡡᠨ ᡤᡡᠰᠠᡳ ᠮᠠᠨᠵᡠᠰᠠᡳ ᠮᡠᡴᡡᠨ ᡥᠠᠯᠠ ᠪᡝ ᡠᡥᡝᡵᡳ ᡝᠵᡝᡵᡝ ᠪᡳᡨᡥᡝ

jakūn gūsai manjusai mukūn hala be uheri ejere bithe

鄂尔泰 撰
觉罗塔尔布等 译
乾隆年间初次精写本
开本34厘米×21.9厘米
六十册
[0101]

T1969 八旗满洲氏族通谱八十卷　满文

ᠵᠠᡴᡡᠨ ᡤᡡᠰᠠᡳ ᠮᠠᠨᠵᡠᠰᠠᡳ ᠮᡠᡴᡡᠨ ᡥᠠᠯᠠ ᠪᡝ ᡠᡥᡝᡵᡳ ᡝᠵᡝᡵᡝ ᠪᡳᡨᡥᡝ

jakūn gūsai manjusai mukūn hala be uheri ejere bithe

鄂尔泰 撰
觉罗塔尔布等 译
乾隆年间二次精写本
存七十九卷八十一册
[0101]

T1970 八旗满洲姓氏部落　满文

ᠵᠠᡴᡡᠨ ᡤᡡᠰᠠᡳ ᠮᠠᠨᠵᡠ ᡥᠠᠯᠠᡳ ᠠᡳᠮᠠᠨ

jakūn gūsai manju halai aiman

道光元年（1821）抄本
开本18厘米×14.5厘米
一册
本书为《同音合璧》之三。
[0101]

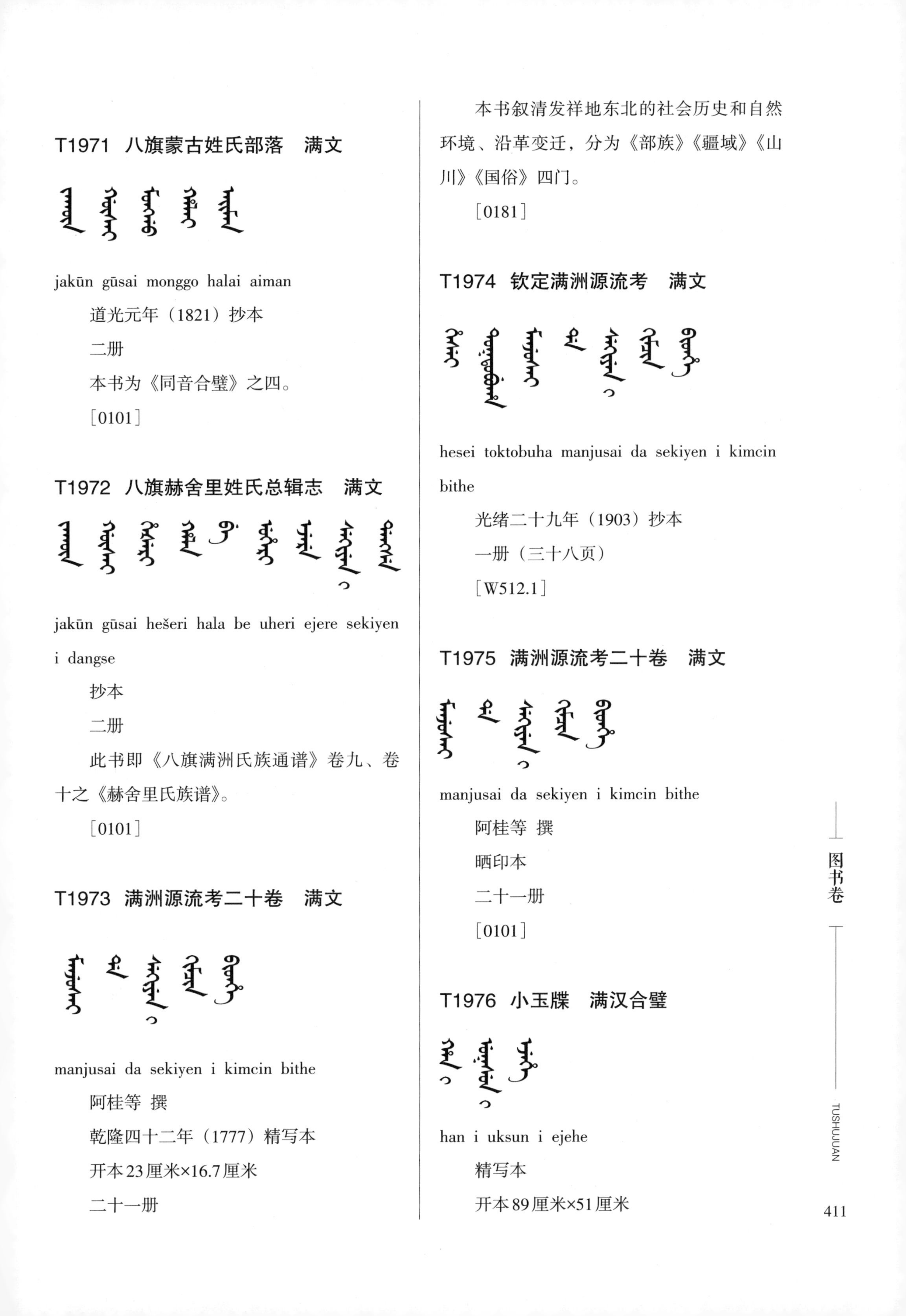

T1971 八旗蒙古姓氏部落　满文

jakūn gūsai monggo halai aiman

道光元年（1821）抄本

二册

本书为《同音合璧》之四。

［0101］

T1972 八旗赫舍里姓氏总辑志　满文

jakūn gūsai hešeri hala be uheri ejere sekiyen i dangse

抄本

二册

此书即《八旗满洲氏族通谱》卷九、卷十之《赫舍里氏族谱》。

［0101］

T1973 满洲源流考二十卷　满文

manjusai da sekiyen i kimcin bithe

阿桂等 撰

乾隆四十二年（1777）精写本

开本23厘米×16.7厘米

二十一册

本书叙清发祥地东北的社会历史和自然环境、沿革变迁，分为《部族》《疆域》《山川》《国俗》四门。

［0181］

T1974 钦定满洲源流考　满文

hesei toktobuha manjusai da sekiyen i kimcin bithe

光绪二十九年（1903）抄本

一册（三十八页）

［W512.1］

T1975 满洲源流考二十卷　满文

manjusai da sekiyen i kimcin bithe

阿桂等 撰

晒印本

二十一册

［0101］

T1976 小玉牒　满汉合璧

han i uksun i ejehe

精写本

开本89厘米×51厘米

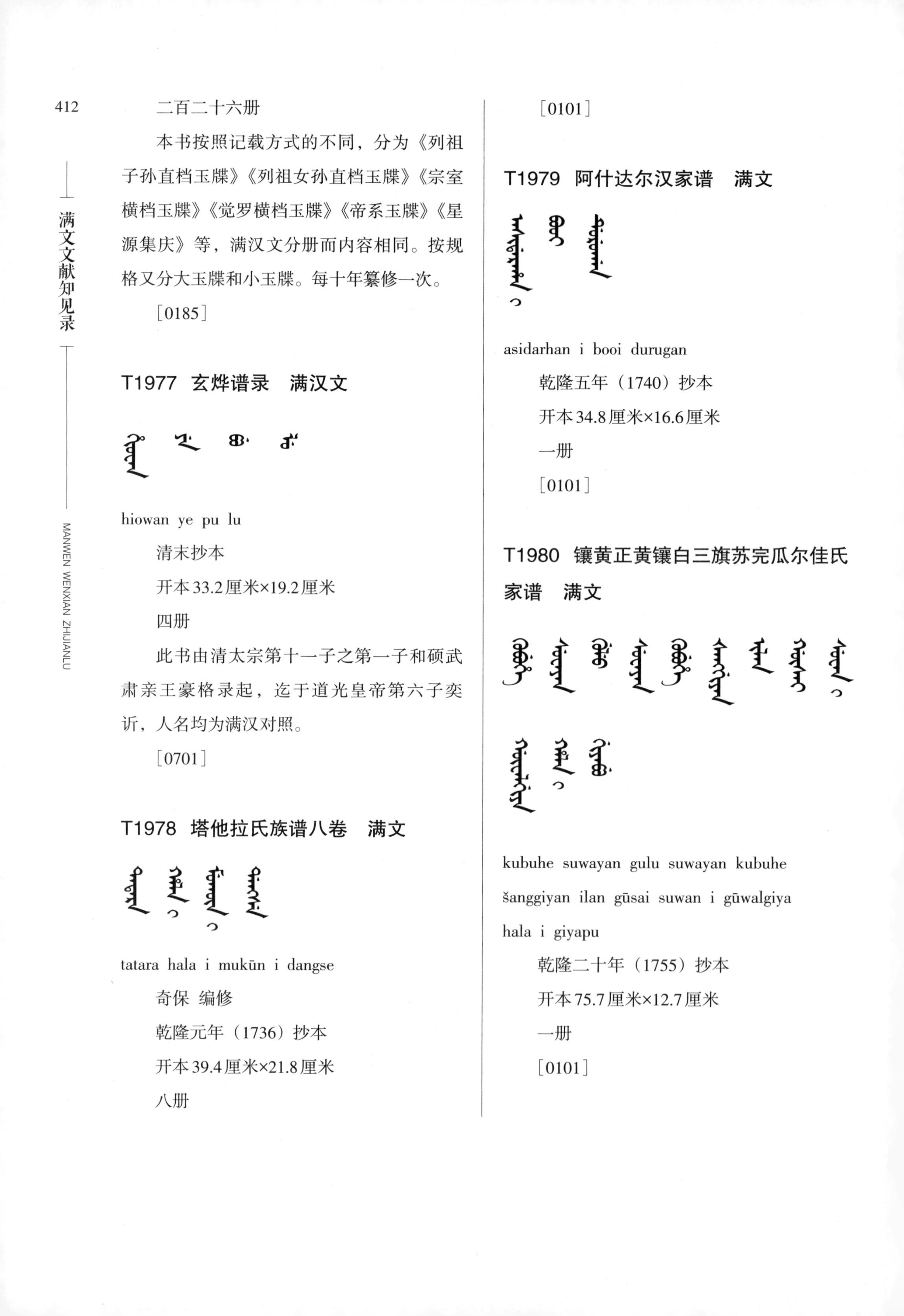

二百二十六册

本书按照记载方式的不同，分为《列祖子孙直档玉牒》《列祖女孙直档玉牒》《宗室横档玉牒》《觉罗横档玉牒》《帝系玉牒》《星源集庆》等，满汉文分册而内容相同。按规格又分大玉牒和小玉牒。每十年纂修一次。

[0185]

T1977 玄烨谱录　满汉文

hiowan ye pu lu

清末抄本

开本33.2厘米×19.2厘米

四册

此书由清太宗第十一子之第一子和硕武肃亲王豪格录起，迄于道光皇帝第六子奕䜣，人名均为满汉对照。

[0701]

T1978 塔他拉氏族谱八卷　满文

tatara hala i mukūn i dangse

奇保　编修

乾隆元年（1736）抄本

开本39.4厘米×21.8厘米

八册

[0101]

T1979 阿什达尔汉家谱　满文

asidarhan i booi durugan

乾隆五年（1740）抄本

开本34.8厘米×16.6厘米

一册

[0101]

T1980 镶黄正黄镶白三旗苏完瓜尔佳氏家谱　满文

kubuhe suwayan gulu suwayan kubuhe šanggiyan ilan gūsai suwan i gūwalgiya hala i giyapu

乾隆二十年（1755）抄本

开本75.7厘米×12.7厘米

一册

[0101]

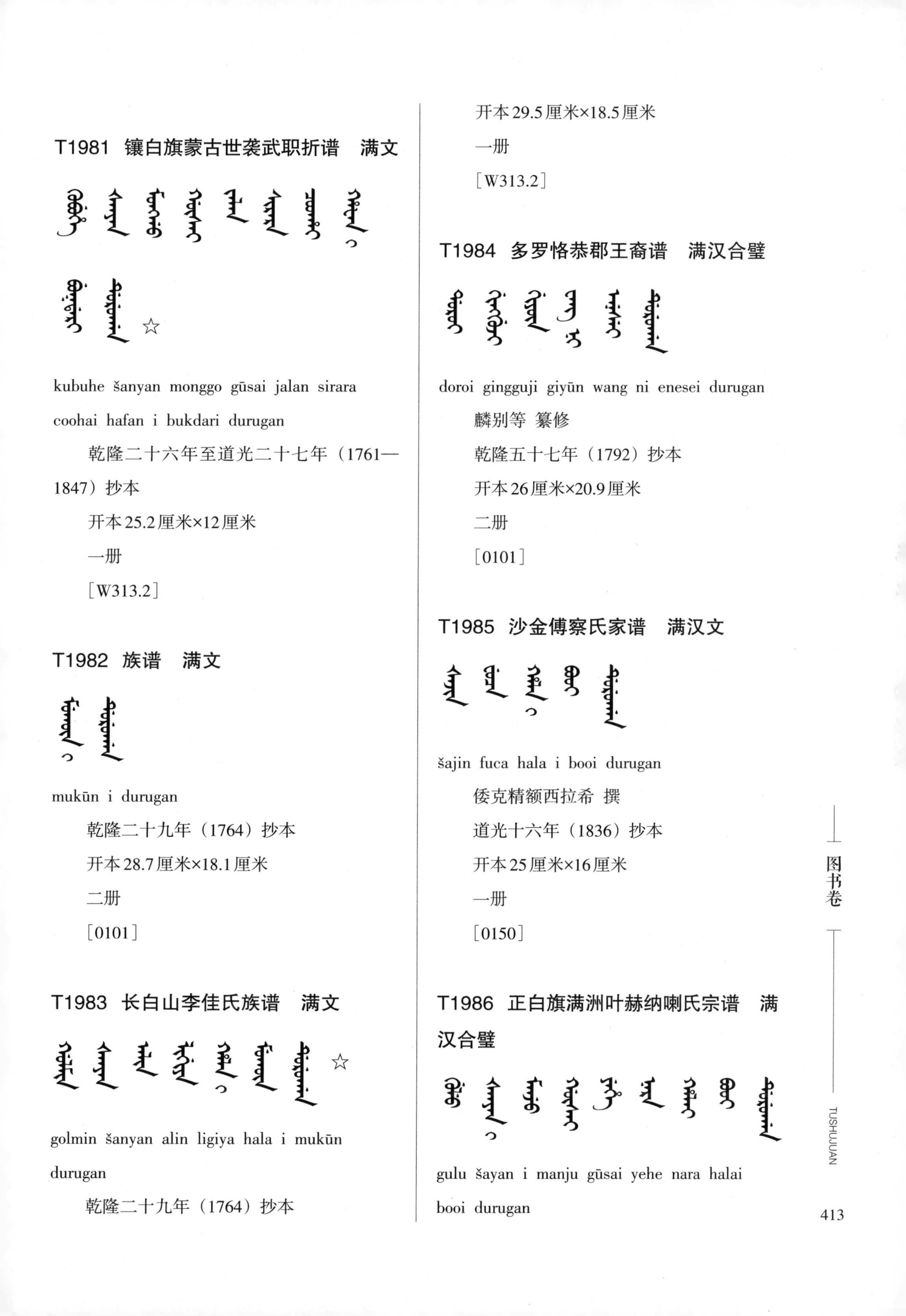

T1981　镶白旗蒙古世袭武职折谱　满文

☆

kubuhe šanyan monggo gūsai jalan sirara coohai hafan i bukdari durugan

乾隆二十六年至道光二十七年（1761—1847）抄本

开本25.2厘米×12厘米

一册

［W313.2］

T1982　族谱　满文

mukūn i durugan

乾隆二十九年（1764）抄本

开本28.7厘米×18.1厘米

二册

［0101］

T1983　长白山李佳氏族谱　满文

☆

golmin šanyan alin ligiya hala i mukūn durugan

乾隆二十九年（1764）抄本

开本29.5厘米×18.5厘米

一册

［W313.2］

T1984　多罗恪恭郡王裔谱　满汉合璧

doroi gingguji giyūn wang ni enesei durugan

麟别等 纂修

乾隆五十七年（1792）抄本

开本26厘米×20.9厘米

二册

［0101］

T1985　沙金傅察氏家谱　满汉文

šajin fuca hala i booi durugan

倭克精额西拉希 撰

道光十六年（1836）抄本

开本25厘米×16厘米

一册

［0150］

T1986　正白旗满洲叶赫纳喇氏宗谱　满汉合璧

gulu šayan i manju gūsai yehe nara halai booi durugan

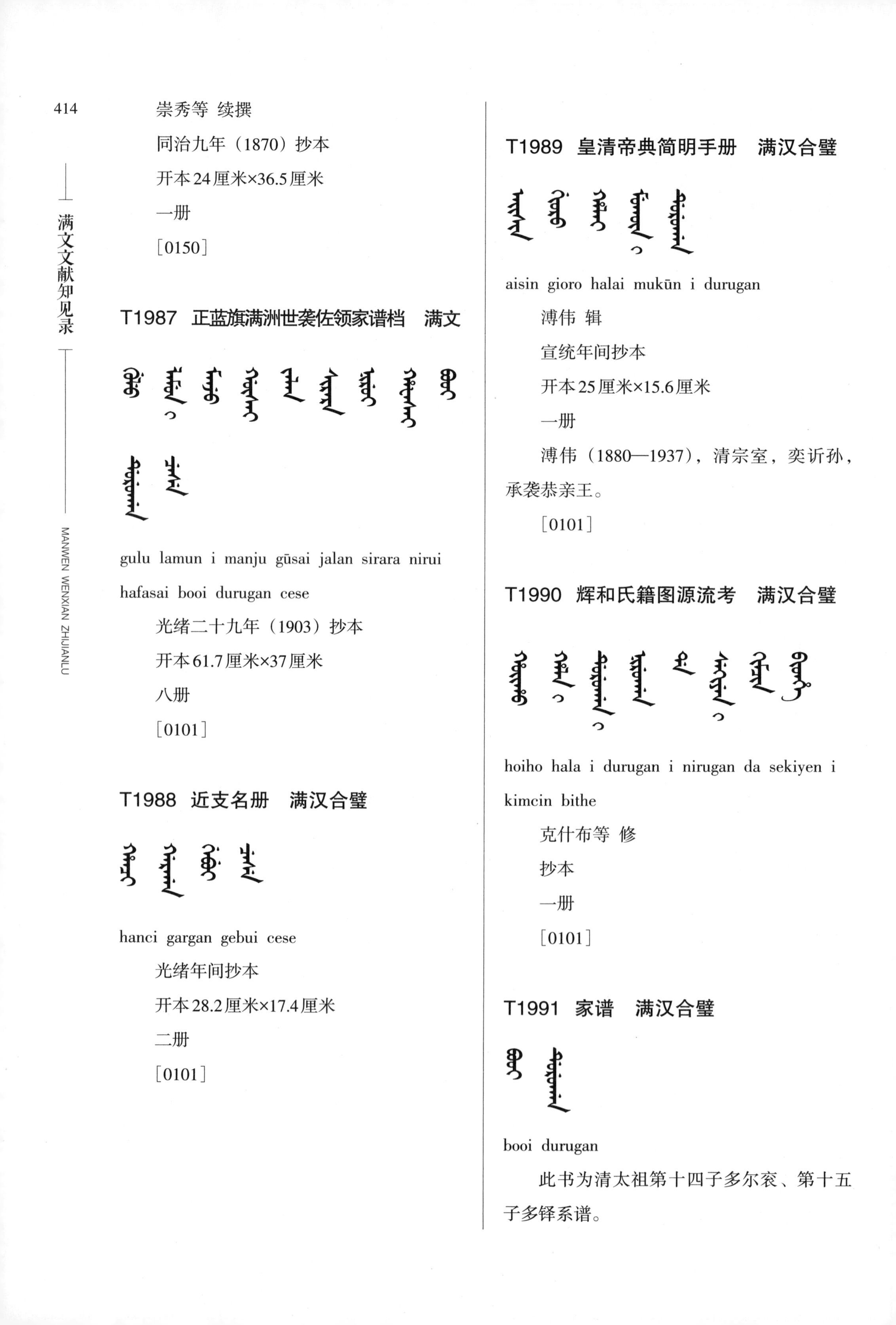

崇秀等 续撰

同治九年（1870）抄本

开本24厘米×36.5厘米

一册

［0150］

T1987 正蓝旗满洲世袭佐领家谱档 满文

gulu lamun i manju gūsai jalan sirara nirui hafasai booi durugan cese

光绪二十九年（1903）抄本

开本61.7厘米×37厘米

八册

［0101］

T1988 近支名册 满汉合璧

hanci gargan gebui cese

光绪年间抄本

开本28.2厘米×17.4厘米

二册

［0101］

T1989 皇清帝典简明手册 满汉合璧

aisin gioro halai mukūn i durugan

溥伟 辑

宣统年间抄本

开本25厘米×15.6厘米

一册

溥伟（1880—1937），清宗室，奕䜣孙，承袭恭亲王。

［0101］

T1990 辉和氏籍图源流考 满汉合璧

hoiho hala i durugan i nirugan da sekiyen i kimcin bithe

克什布等 修

抄本

一册

［0101］

T1991 家谱 满汉合璧

booi durugan

此书为清太祖第十四子多尔衮、第十五子多铎系谱。

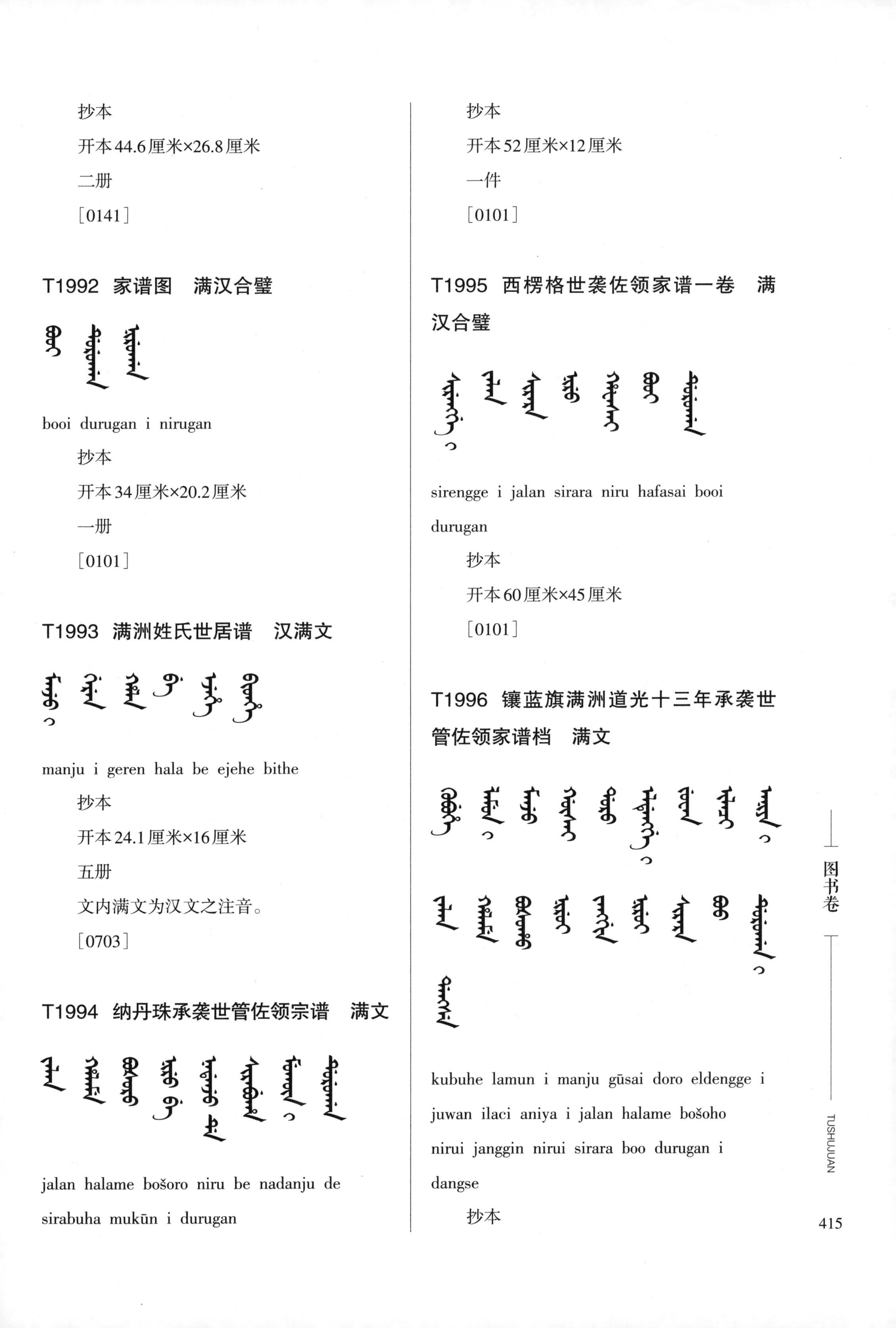

抄本

开本44.6厘米×26.8厘米

二册

［0141］

T1992 家谱图　满汉合璧

booi durugan i nirugan

抄本

开本34厘米×20.2厘米

一册

［0101］

T1993 满洲姓氏世居谱　汉满文

manju i geren hala be ejehe bithe

抄本

开本24.1厘米×16厘米

五册

文内满文为汉文之注音。

［0703］

T1994 纳丹珠承袭世管佐领宗谱　满文

jalan halame bošoro niru be nadanju de sirabuha mukūn i durugan

抄本

开本52厘米×12厘米

一件

［0101］

T1995 西楞格世袭佐领家谱一卷　满汉合璧

sirengge i jalan sirara niru hafasai booi durugan

抄本

开本60厘米×45厘米

［0101］

T1996 镶蓝旗满洲道光十三年承袭世管佐领家谱档　满文

kubuhe lamun i manju gūsai doro eldengge i juwan ilaci aniya i jalan halame bošoho nirui janggin nirui sirara boo durugan i dangse

抄本

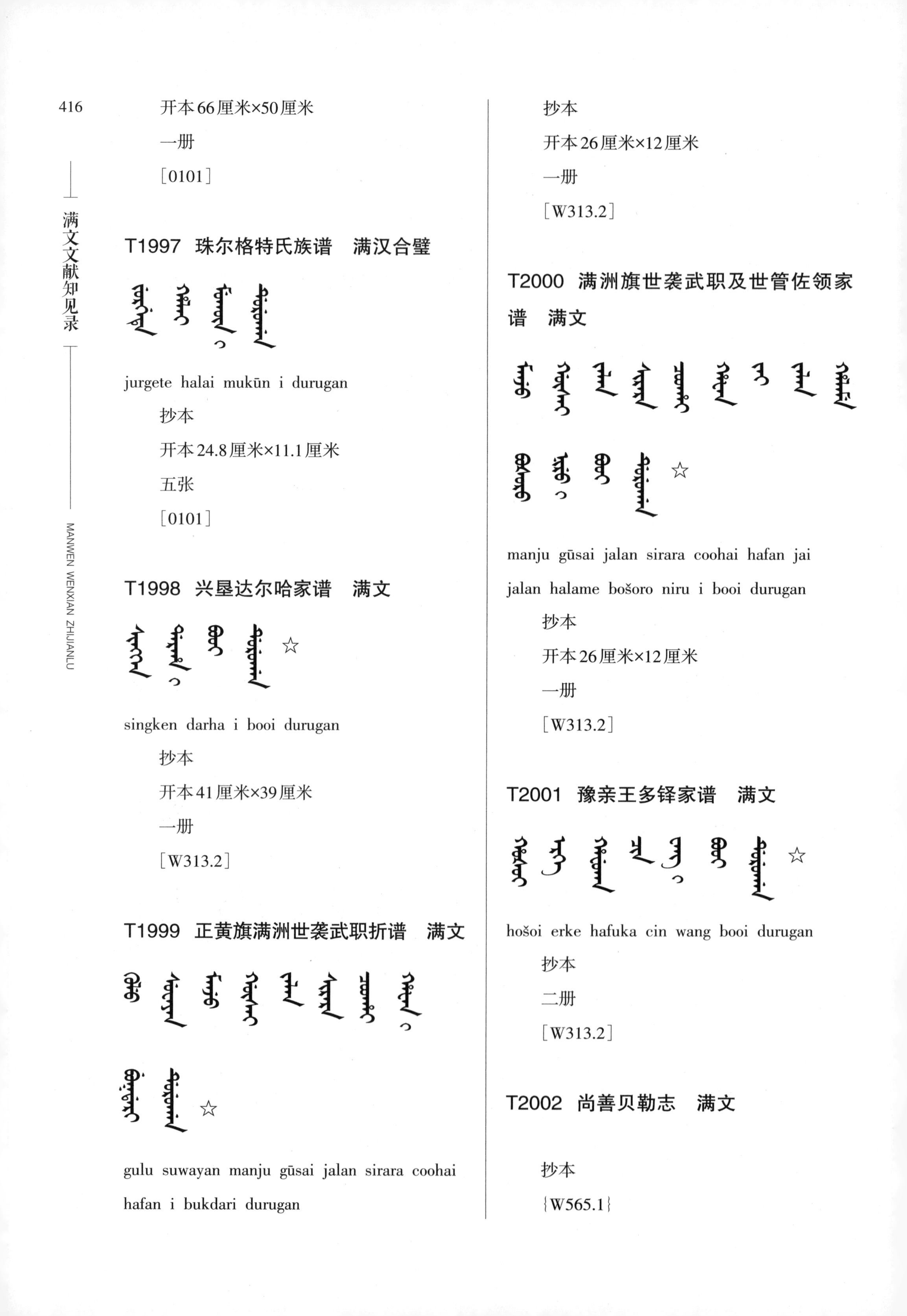

开本66厘米×50厘米

一册

［0101］

T1997 珠尔格特氏族谱 满汉合璧

jurgete halai mukūn i durugan

抄本

开本24.8厘米×11.1厘米

五张

［0101］

T1998 兴垦达尔哈家谱 满文

☆

singken darha i booi durugan

抄本

开本41厘米×39厘米

一册

［W313.2］

T1999 正黄旗满洲世袭武职折谱 满文

☆

gulu suwayan manju gūsai jalan sirara coohai hafan i bukdari durugan

抄本

开本26厘米×12厘米

一册

［W313.2］

T2000 满洲旗世袭武职及世管佐领家谱 满文

☆

manju gūsai jalan sirara coohai hafan jai jalan halame bošoro niru i booi durugan

抄本

开本26厘米×12厘米

一册

［W313.2］

T2001 豫亲王多铎家谱 满文

☆

hošoi erke hafuka cin wang booi durugan

抄本

二册

［W313.2］

T2002 尚善贝勒志 满文

抄本

{W565.1}

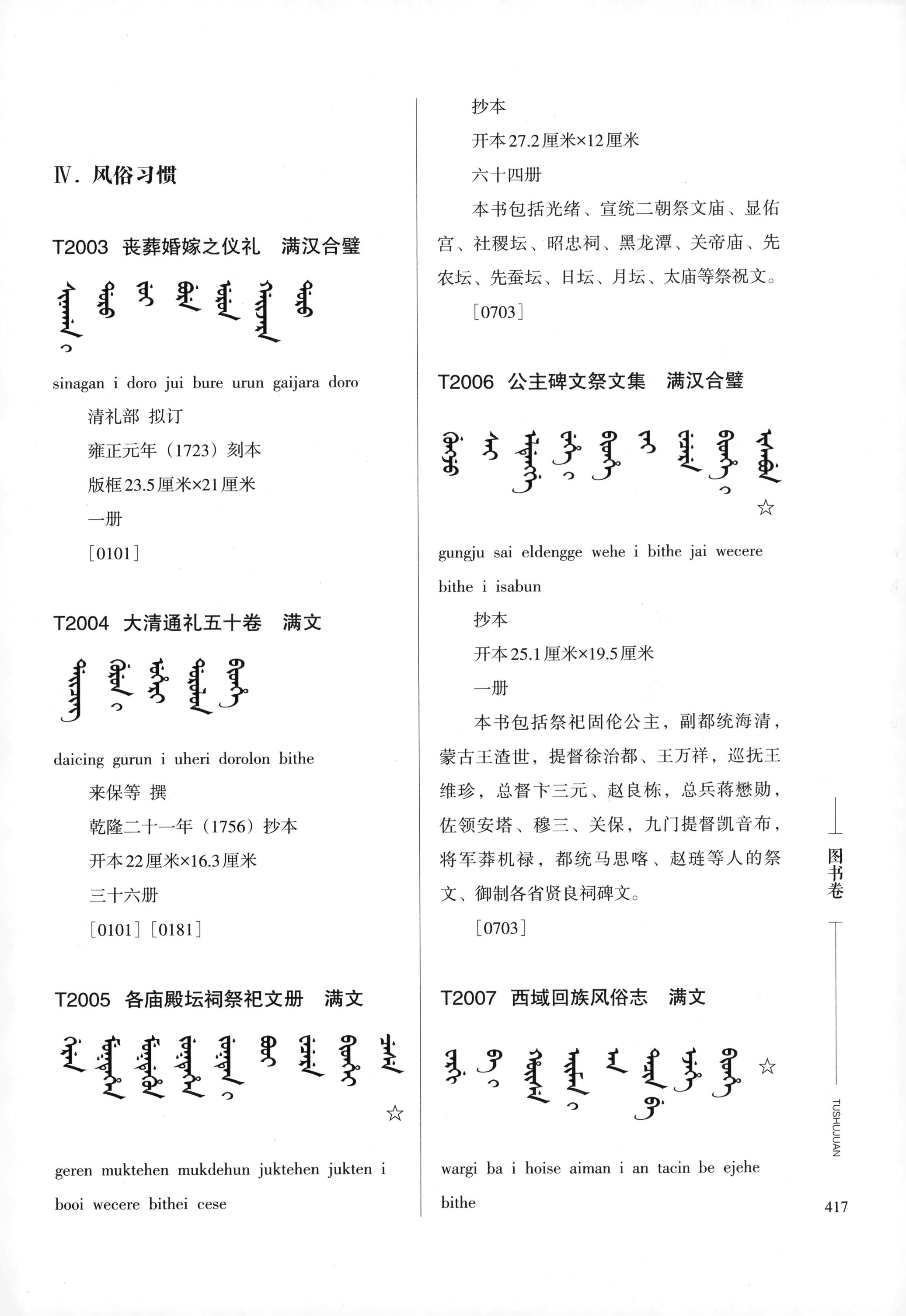

Ⅳ. 风俗习惯

T2003 丧葬婚嫁之仪礼　满汉合璧

sinagan i doro jui bure urun gaijara doro

清礼部 拟订

雍正元年（1723）刻本

版框23.5厘米×21厘米

一册

［0101］

T2004 大清通礼五十卷　满文

daicing gurun i uheri dorolon bithe

来保等 撰

乾隆二十一年（1756）抄本

开本22厘米×16.3厘米

三十六册

［0101］［0181］

T2005 各庙殿坛祠祭祀文册　满文

☆

geren muktehen mukdehun juktehen jukten i booi wecere bithei cese

抄本

开本27.2厘米×12厘米

六十四册

本书包括光绪、宣统二朝祭文庙、显佑宫、社稷坛、昭忠祠、黑龙潭、关帝庙、先农坛、先蚕坛、日坛、月坛、太庙等祭祝文。

［0703］

T2006 公主碑文祭文集　满汉合璧

☆

gungju sai eldengge wehe i bithe jai wecere bithe i isabun

抄本

开本25.1厘米×19.5厘米

一册

本书包括祭祀固伦公主，副都统海清，蒙古王渣世，提督徐治都、王万祥，巡抚王维珍，总督卞三元、赵良栋，总兵蒋懋勋，佐领安塔、穆三、关保，九门提督凯音布，将军莽机禄，都统马思喀、赵琏等人的祭文、御制各省贤良祠碑文。

［0703］

T2007 西域回族风俗志　满文

☆

wargi ba i hoise aiman i an tacin be ejehe bithe

抄本

开本23厘米×20厘米

一册

［0168］

T2008 记载西域各国情况录 满文

ᠰᡳ ᡳᠣᡳ ᡤᡝᡵᡝᠨ ᡤᡠᡵᡠᠨ ᡳ ᠪᠠ ᠪᡝ ᡝᠵᡝᠮᡝ ᠠᡵᠠᡥᠠ

si ioi geren gurun i ba be ejeme araha

抄本

开本22.5厘米×20厘米

二册

［0168］

T2009 满洲婚礼 满文

ᠮᠠᠨᠵᡠᠰᠠᡳ ᠵᡠᡳ ᠪᡠᡵᡝ ᡠᡵᡠᠨ ᡤᠠᡳᠵᠠᡵᠠ ᡩᠣᡵᠣ

manjusai jui bure urun gaijara doro

抄本

一册（十二页）

［W512.1］

T2010 五行志 满文

ᠰᡠᠨᠵᠠ ᡶᡝᡨᡝᠨ ᡳ ᠵᡟ ᡧᡠ ᠪᡳᡨᡥᡝ

sunja feten i jy šu bithe

抄本

开本29厘米×20.4厘米

一册

本书系记载清初历史的一种史书。所述自三仙女吞朱果受孕起，至顺治十七年（1660）皇帝祭天为止。所记政事简要，而重在采辑天文气象之奇闻异事。如崇德元年（1636）十二月征朝鲜，天暖临津江化冻，汗至，天忽转冷，复又结冰冻实，大军过，官兵无不称奇。顺治十七年（1660）六月帝祭天坛，万里无云，忽云涌降大雨。而有关崇德、顺治年间京师及辽、陕、甘、川、鲁、晋等省地震情形，记载尤详。

［0101］

十、地理

T2011 清凉山新志十卷 满文

ᠴᡳᠩ ᠯᡳᠶᠠᠩ ᡧᠠᠨ ᠠᠯᡳᠨ ᡳ ᡳᠴᡝ ᠵᡟ ᠪᡳᡨᡥᡝ

cing liyang šan alin i ice jy bithe

罗卜藏丹巴 撰

康熙四十年（1701）刻本

版框19.7厘米×14厘米

十册

本书系清代官修地理志书。清凉山，即五台山，为佛教胜地之一。书前有康熙四十年（1701）御制序，指出："清凉山乃古文殊大师弘教之地，顺治皇帝在位，屡为慈宫、为百姓祈福，朕亦数度前往。写此山志，特为记形胜，陈修理，观诗篇。"正文分十卷，首卷记牌匾，二卷记山、洞、岭、峪、池，三卷记古迹，四卷记灵验，五卷记保卫，六、七卷记善僧事迹，八卷记感化，九、十卷记诗作。

［0181］［0187］［0661］

［W311.1］［W512.1］

T2012 清凉山新志十卷 满文

ᠴᡳᠩ ᠯᡳᠶᠠᠩ ᡧᠠᠨ ᠠᠯᡳᠨ ᡳ ᡳᠴᡝ ᠵᡟ ᠪᡳᡨᡥᡝ

cing liyang šan alin i ice jy bithe

罗卜藏丹巴 撰

抄本

开本28.3厘米×23.9厘米

一册

［0703］

T2013 清凉山新志十卷 满文

ᠴᡳᠩ ᠯᡳᠶᠠᠩ ᡧᠠᠨ ᠠᠯᡳᠨ ᡳ ᡳᠴᡝ ᠵᡟ ᠪᡳᡨᡥᡝ

cing liyang šan alin i ice jy bithe

罗卜藏丹巴 撰

晒印本

十册

［0101］

T2014 异域录 满文

ᠯᠠᡴᠴᠠᡥᠠ ᠵᡝᠴᡝᠨ ᡩᡝ ᡨᠠᡴᡡᡵᠠᡥᠠ ᠪᠠᠪᡝ ᡝᠵᡝᡥᡝ ᠪᡳᡨᡥᡝ

lakcaha jecen de takūraha babe ejehe bithe

图理琛 撰

雍正元年（1723）九耐堂刻本

四册

图理琛（1667—1740），阿颜觉罗氏，字瑶圃，正黄旗满洲人。康熙二十五年

（1686）任内阁中书，雍正时先后任陕西巡抚、吏部侍郎，乾隆初任内阁学士，后病免。

本书记叙康熙五十一年（1712），作者奉命与侍读学士殷扎纳等人在借道俄罗斯，出使土尔扈特部的过程中所见到的经山川、民风、物产等内容。本次出使历时三载，作者一行于康熙五十四年（1715）返京。

［0141］［W512.1］存二册

［W512.2］存二册［W561.2］

T2015 异域录 满文

lakcaha jecen de takūraha babe ejehe bithe

乾隆元年（1736）抄本

一册（九十七页）

［W512.1］

T2016 异域录二卷 满文

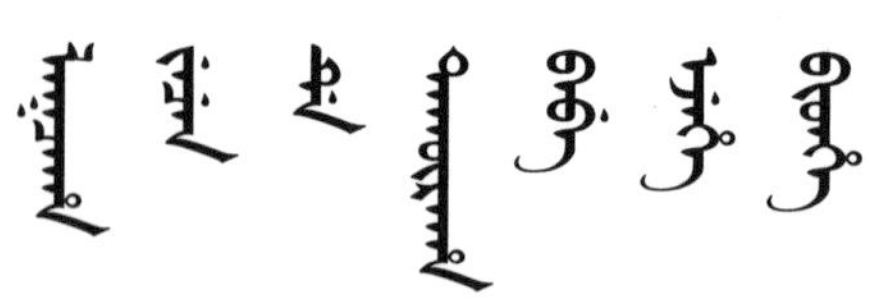

lakcaha jecen de takūraha babe ejehe bithe

图理琛 撰

摄影本

开本24厘米×15厘米

四册

［0101］［W313.3］

T2017 皇舆山河地名考 满汉合璧

han i ba na de alin bira na i gebui kimcin bithe

乾隆十五年（1750）内府精写本

五册

本书系清代一种地名学著作，编译者不详，只书达椿缮写。本书主要收清代东北地区地名，包括黑龙江以北、乌苏里江以东等地区，按地区标注山河、城郭、部落名称，凡重要地名均注明何皇帝何年收服。文中注明某地名在第几排，说明本书应是乾隆时期所修内府排图的文字考证。

［0101］

T2018 京城名胜一览 满文

gemulehe bai arbun dursun

抄本

此书又名《京城风貌》。

［W512.6］

T2019 钦定西域同文志二十四卷 满汉蒙藏托维合璧

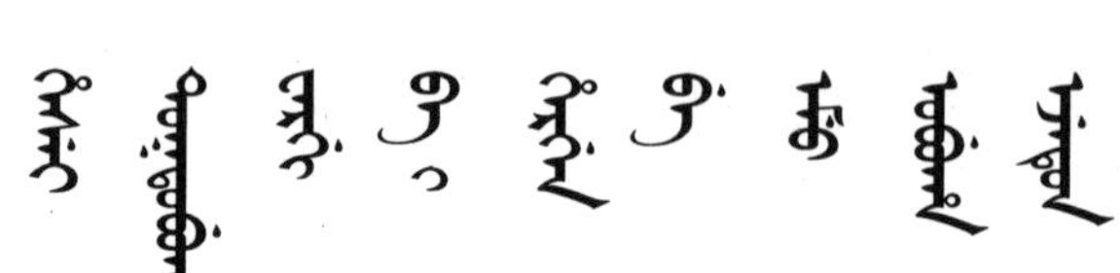

hesei toktobuha wargi ba i hergen be emu obuha ejetun

傅恒等 纂

乾隆二十八年（1763）武英殿刻本

版框19.2厘米×14.4厘米

二十四册

本书系清代官修地理志书。内容包括新疆、青海和西藏地区的地名及各部首领人名。每个名称均以满文、汉文、蒙古文、藏文、托忒蒙古文、维吾尔文六种文字标明，用汉文注释语源、含义、地方沿革、简历等。

［0161］［1681］［0181］［2102］

［W512.1］［W561.1］［W565.1］［W712.1］

T2020 钦定西域同文志二十四卷　满汉蒙藏托维合璧

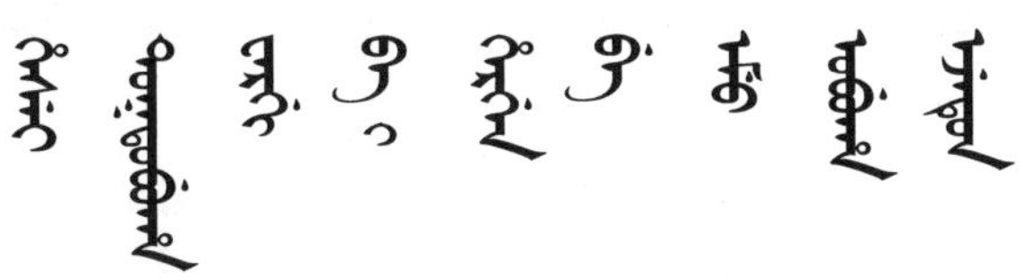

hesei toktobuha wargi ba i hergen be emu obuha ejetun

傅恒等 纂

《四库全书》抄本

十二册

［0101］

T2021 钦定西域同文志二十四卷　满文

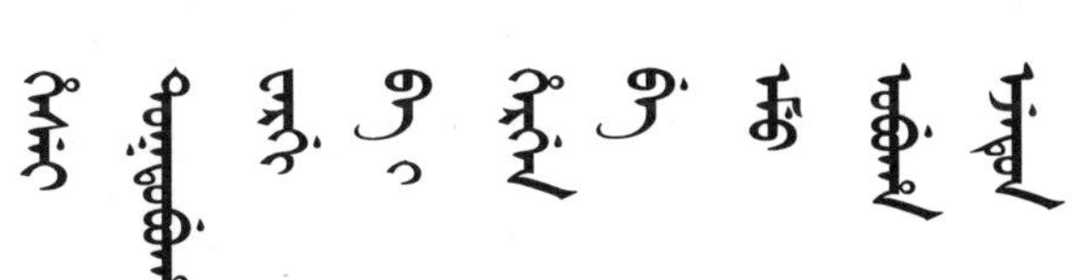

hesei toktobuha wargi ba i hergen be emu obuha ejetun

傅恒等 纂

晒印本

八册

［0101］

T2022 钦定西域同文志二十四卷　满文

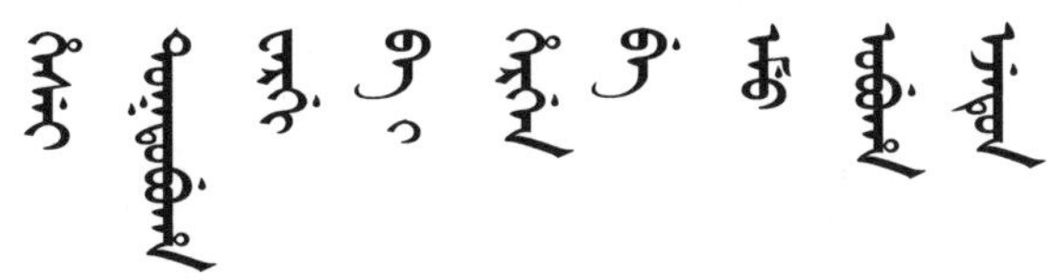

hesei toktobuha wargi ba i hergen be emu obuha ejetun

傅恒等 纂

影印本

八册

［0185］［W313.3］

T2023 喀木地方一统志　满文

kam ba i i tong jy bithe

康熙年间抄本

开本28.8厘米×19.7厘米

一册

本书系清代官修地方志书，黄绫封面。原题为《西喀木地方一统志》。喀木，即藏族居住之康巴地区。书内详介该地区城市、人口和驻兵情形，山的方位，与附近城镇距离，河的发源地及流域，寺庙的方位，创建者及重修年月、喇嘛人数，以及方物特产，驻地之王、贝勒、台吉和藏民人数等内容。

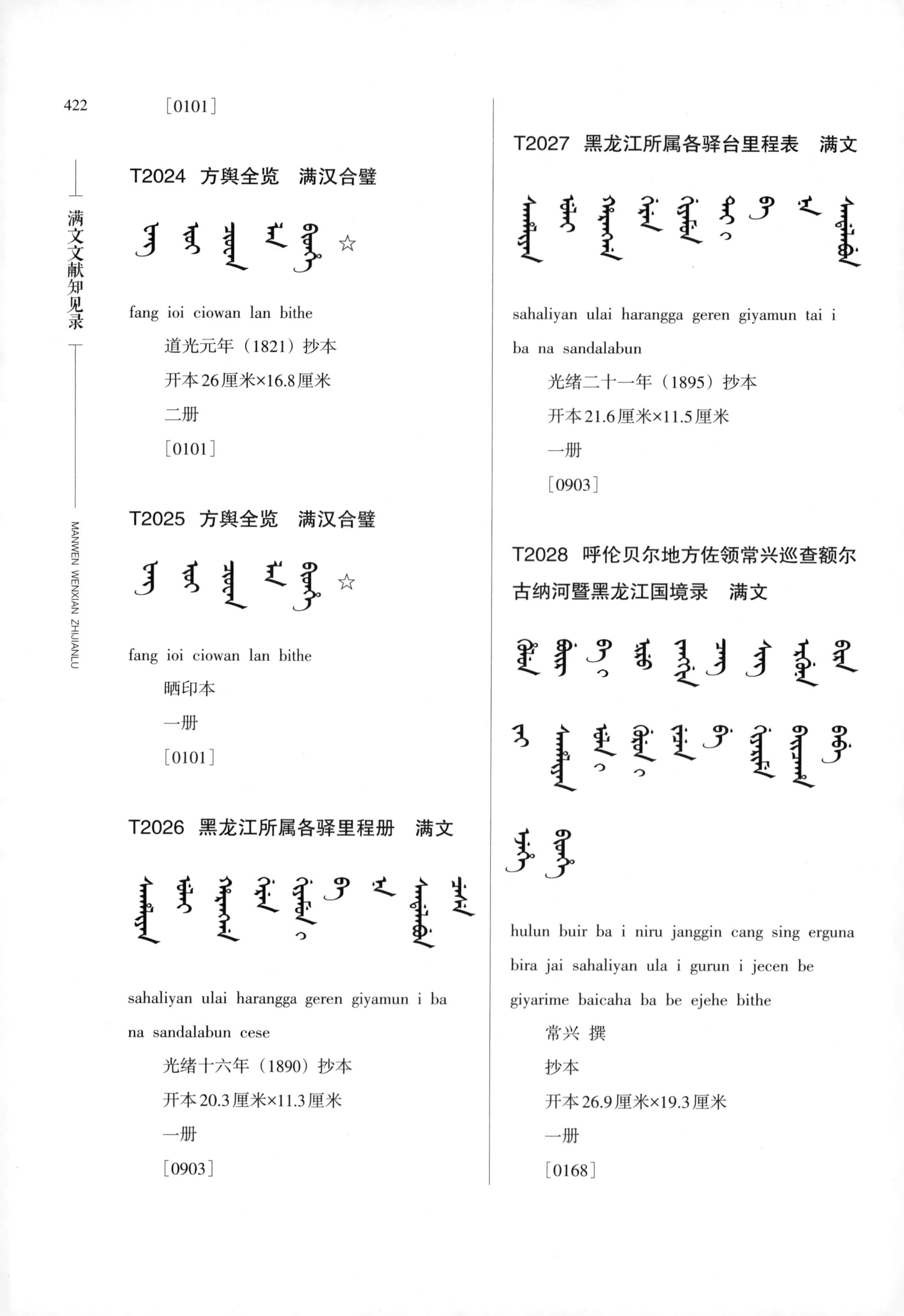

[0101]

T2024 方舆全览 满汉合璧

fang ioi ciowan lan bithe

道光元年（1821）抄本

开本26厘米×16.8厘米

二册

[0101]

T2025 方舆全览 满汉合璧

fang ioi ciowan lan bithe

晒印本

一册

[0101]

T2026 黑龙江所属各驿里程册 满文

sahaliyan ulai harangga geren giyamun i ba na sandalabun cese

光绪十六年（1890）抄本

开本20.3厘米×11.3厘米

一册

[0903]

T2027 黑龙江所属各驿台里程表 满文

sahaliyan ulai harangga geren giyamun tai i ba na sandalabun

光绪二十一年（1895）抄本

开本21.6厘米×11.5厘米

一册

[0903]

T2028 呼伦贝尔地方佐领常兴巡查额尔古纳河暨黑龙江国境录 满文

hulun buir ba i niru janggin cang sing erguna bira jai sahaliyan ula i gurun i jecen be giyarime baicaha ba be ejehe bithe

常兴 撰

抄本

开本26.9厘米×19.3厘米

一册

[0168]

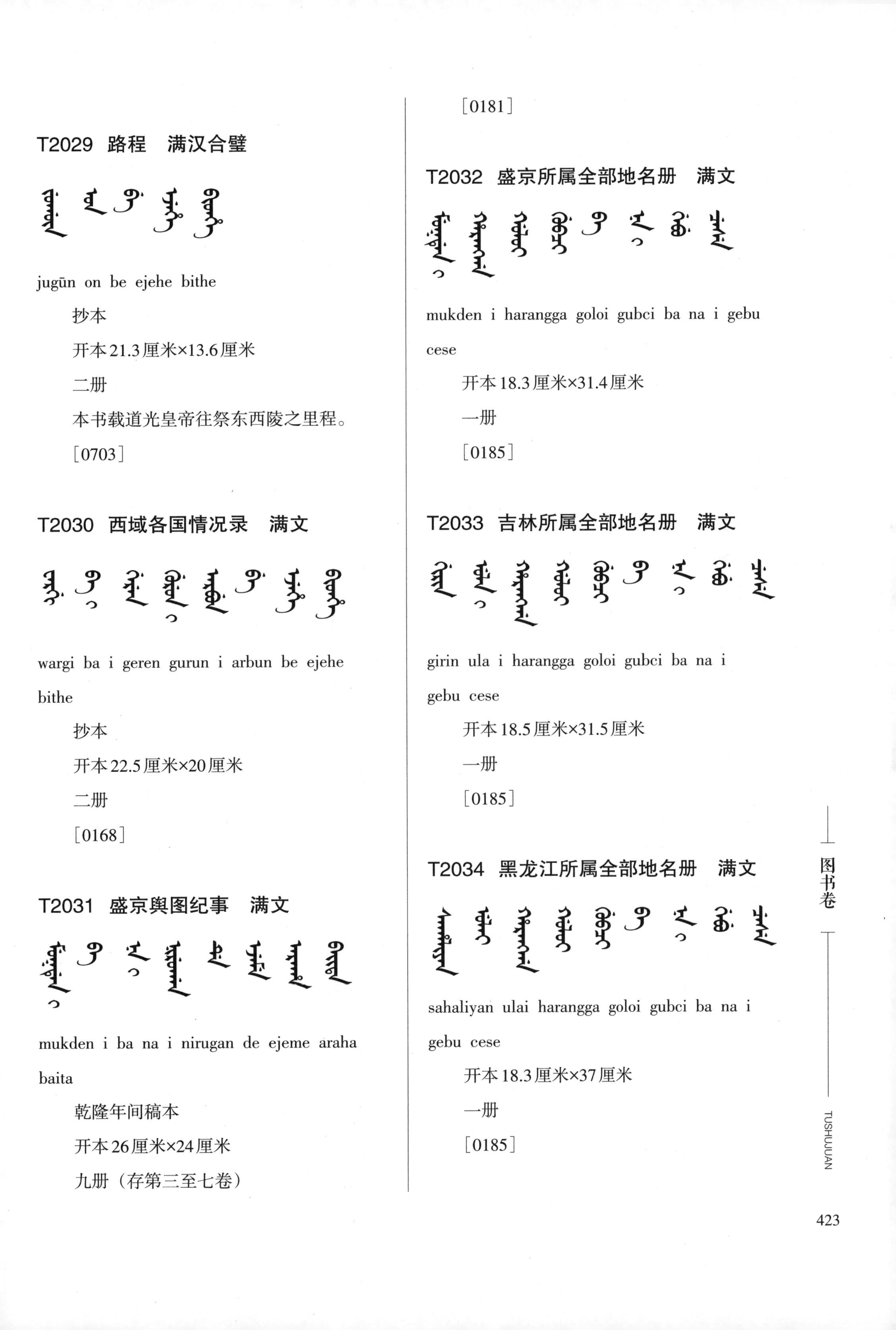

T2029 路程 满汉合璧

jugūn on be ejehe bithe

抄本

开本21.3厘米×13.6厘米

二册

本书载道光皇帝往祭东西陵之里程。

[0703]

T2030 西域各国情况录 满文

wargi ba i geren gurun i arbun be ejehe bithe

抄本

开本22.5厘米×20厘米

二册

[0168]

T2031 盛京舆图纪事 满文

mukden i ba na i nirugan de ejeme araha baita

乾隆年间稿本

开本26厘米×24厘米

九册（存第三至七卷）

[0181]

T2032 盛京所属全部地名册 满文

mukden i harangga goloi gubci ba na i gebu cese

开本18.3厘米×31.4厘米

一册

[0185]

T2033 吉林所属全部地名册 满文

girin ula i harangga goloi gubci ba na i gebu cese

开本18.5厘米×31.5厘米

一册

[0185]

T2034 黑龙江所属全部地名册 满文

sahaliyan ulai harangga goloi gubci ba na i gebu cese

开本18.3厘米×37厘米

一册

[0185]

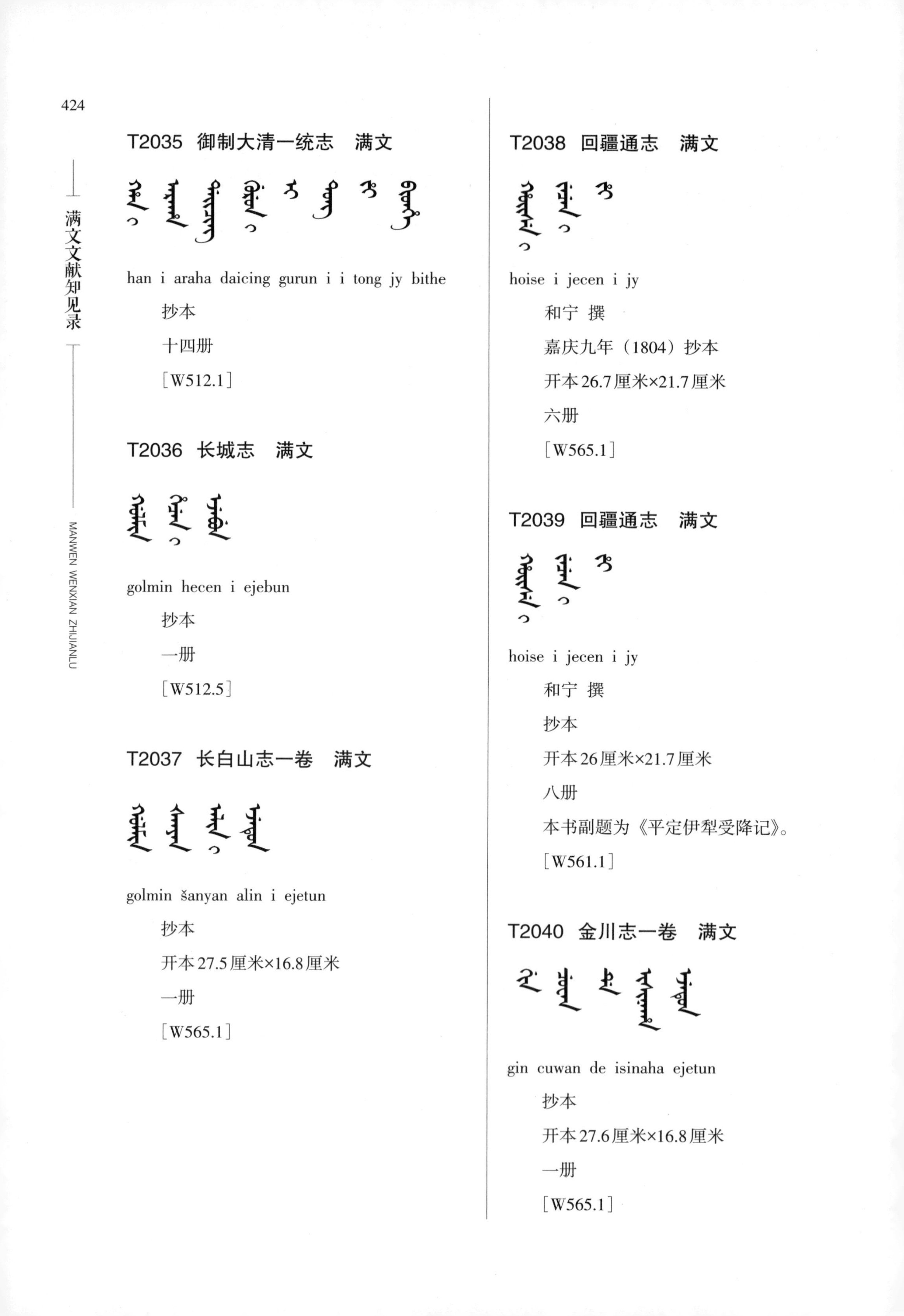

T2035 御制大清一统志 满文

han i araha daicing gurun i i tong jy bithe

抄本

十四册

［W512.1］

T2036 长城志 满文

golmin hecen i ejebun

抄本

一册

［W512.5］

T2037 长白山志一卷 满文

golmin šanyan alin i ejetun

抄本

开本27.5厘米×16.8厘米

一册

［W565.1］

T2038 回疆通志 满文

hoise i jecen i jy

和宁 撰

嘉庆九年（1804）抄本

开本26.7厘米×21.7厘米

六册

［W565.1］

T2039 回疆通志 满文

hoise i jecen i jy

和宁 撰

抄本

开本26厘米×21.7厘米

八册

本书副题为《平定伊犁受降记》。

［W561.1］

T2040 金川志一卷 满文

gin cuwan de isinaha ejetun

抄本

开本27.6厘米×16.8厘米

一册

［W565.1］

T2041 云贵志一卷 满文

yūn gui de saršaha ejetun

抄本

开本27.5厘米×17厘米

一册

[W565.1]

T2042 阿勒楚喀志一卷 满文

alcuka ba i na i ejetun

抄本

开本27.5厘米×16.5厘米

一册

[W565.1]

T2043 缅甸志一卷 满文

miyan diyan gurun de isinaha ejetun

抄本

开本27.5厘米×17厘米

一册

[W565.1]

T2044 西域闻见录 满文

☆

wargi ba i donjiha sabuha be ejehe bithe

七十一 撰

抄本

一册（一百零二页）

[W512.1]

T2045 全球坤舆图 满汉文

☆

gubci mumuhu i ba i nirugan

彩绘纸本

轴面148厘米×148厘米

二轴

该图长城以北地区用满文标注，其余用汉文标注。

[0185]

T2046 中国及周边地图 ☆ 满文

☆

dulimbai gurun jai torhoro ba i nirugan

铜版印本

幅面39.7厘米×66.8厘米

一幅

[W561.1]

T2047 大明混一图 汉满合璧

dai ming gurun i uherilehe nirugan

明洪武年间绘本

幅面456厘米×386厘米

一轴

彩绘

本图原名《清字签一统大图》，在汉文地名后贴盖满文标签。

[0185]

T2048 康熙皇舆全览图 满文

☆

elhe taifin i forgon de han i ba na i gubaci nirugan

康熙五十八年（1719）铜版印本

幅面40厘米×67厘米

单色

存九幅

图中部分地名增注拉丁文。

[0101]

T2049 皇舆十排全图 满汉文

☆

han i ba na i juwan faidan gulhun nirugan

雍正年间墨印绘本

轴面513.2厘米×54厘米

十轴

[0185]

T2050 乾隆十三排皇舆全图 满汉文

☆

abkai wehiyehe i forgon de han i ba na i juwan ilan faidan gulhun nirugan

乾隆二十五年（1760）铜版印本

一百零五张

一份

[0185]

T2051 皇舆方格全图 满汉文

☆

hūwang jū fang ge ciowan tu

乾隆年间铜版印本

卷面宽55厘米

十卷

[W561.1]

T2052 皇舆斜格全图 满汉文

☆

hūwang jū siye ge ciowan tu

乾隆年间铜版印本

幅面38.9厘米×39厘米

十卷一百零四幅

[W561.1]

T2053 十排皇舆全图　满汉文

☆

han i ba na i juwan faidan gulhun nirugan

乾隆刻本

幅面51厘米×51厘米

存一百零一幅

[0101]

T2054 清内府一统舆地秘图　满汉文

☆

boode bargiyara daicing gurun i ba na i uheri narhūn nirugan

1929年沈阳故宫石印本

幅面52厘米×77厘米

单色

四十一幅

本图据沈阳故宫藏清康熙五十八年（1719）铜版印本《皇舆全览图》重新制版。

[0101]

T2055 中国北部地图 ☆　满文

☆

dulimbai gurun i amargi ergi ba i nirugan

乾隆年间耶稣会传教士绘本

幅面148厘米×595厘米

一幅

丝质

[W561.1]

T2056 盛京城简图　满汉文

☆

mukden hoton i ildungga i nirugan

墨绘纸本

幅面114厘米×73厘米

一幅

[0101]

T2057 盛京五路总图　满文

☆

mukden sunja jugūn i uheri nirugan

青绿绘纸本

幅面450厘米×960厘米

一幅

[0101]

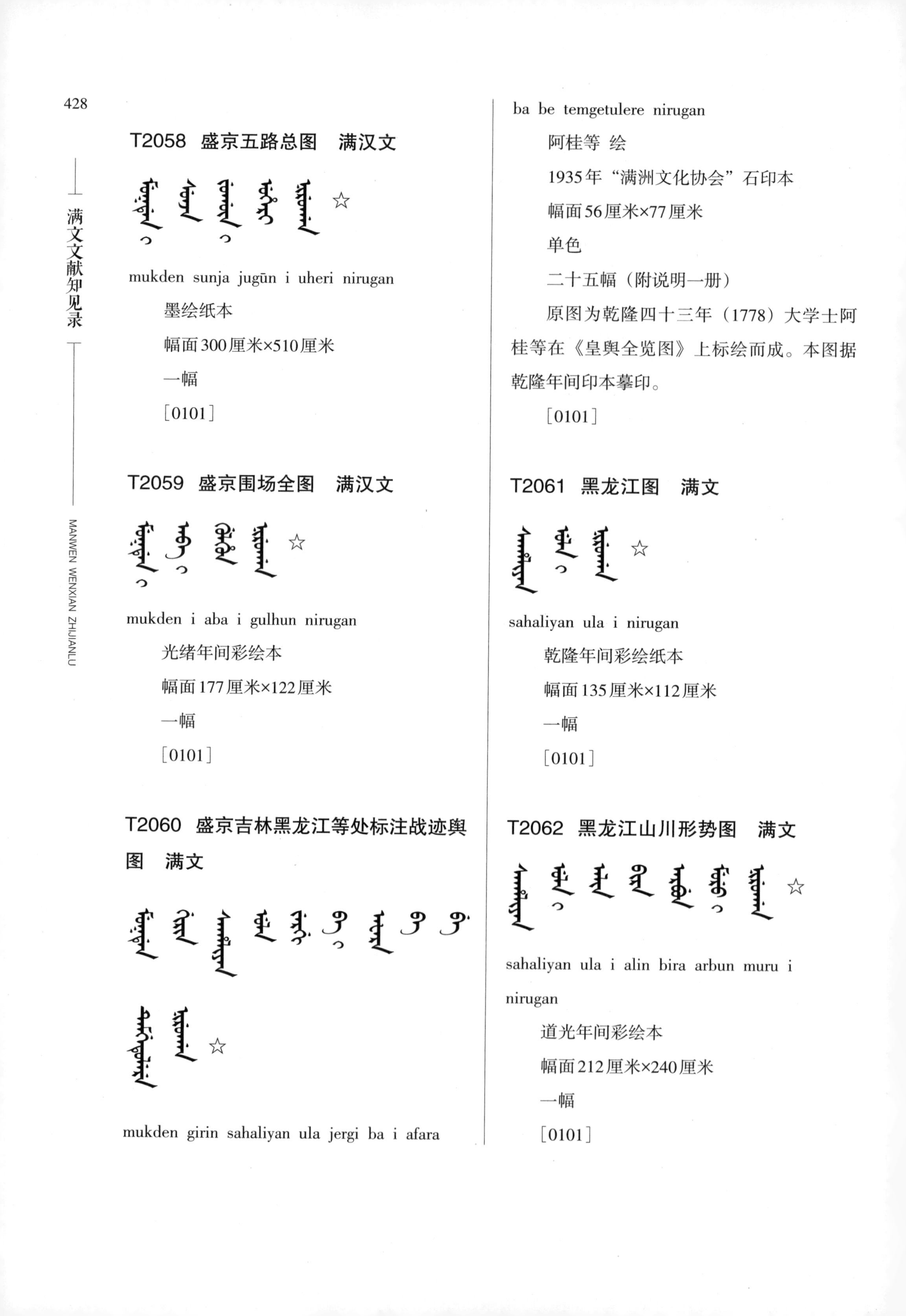

T2058 盛京五路总图 满汉文

☆

mukden sunja jugūn i uheri nirugan

墨绘纸本

幅面300厘米×510厘米

一幅

[0101]

T2059 盛京围场全图 满汉文

☆

mukden i aba i gulhun nirugan

光绪年间彩绘本

幅面177厘米×122厘米

一幅

[0101]

T2060 盛京吉林黑龙江等处标注战迹舆图 满文

☆

mukden girin sahaliyan ula jergi ba i afara ba be temgetulere nirugan

阿桂等 绘

1935年“满洲文化协会”石印本

幅面56厘米×77厘米

单色

二十五幅（附说明一册）

原图为乾隆四十三年（1778）大学士阿桂等在《皇舆全览图》上标绘而成。本图据乾隆年间印本摹印。

[0101]

T2061 黑龙江图 满文

☆

sahaliyan ula i nirugan

乾隆年间彩绘纸本

幅面135厘米×112厘米

一幅

[0101]

T2062 黑龙江山川形势图 满文

☆

sahaliyan ula i alin bira arbun muru i nirugan

道光年间彩绘本

幅面212厘米×240厘米

一幅

[0101]

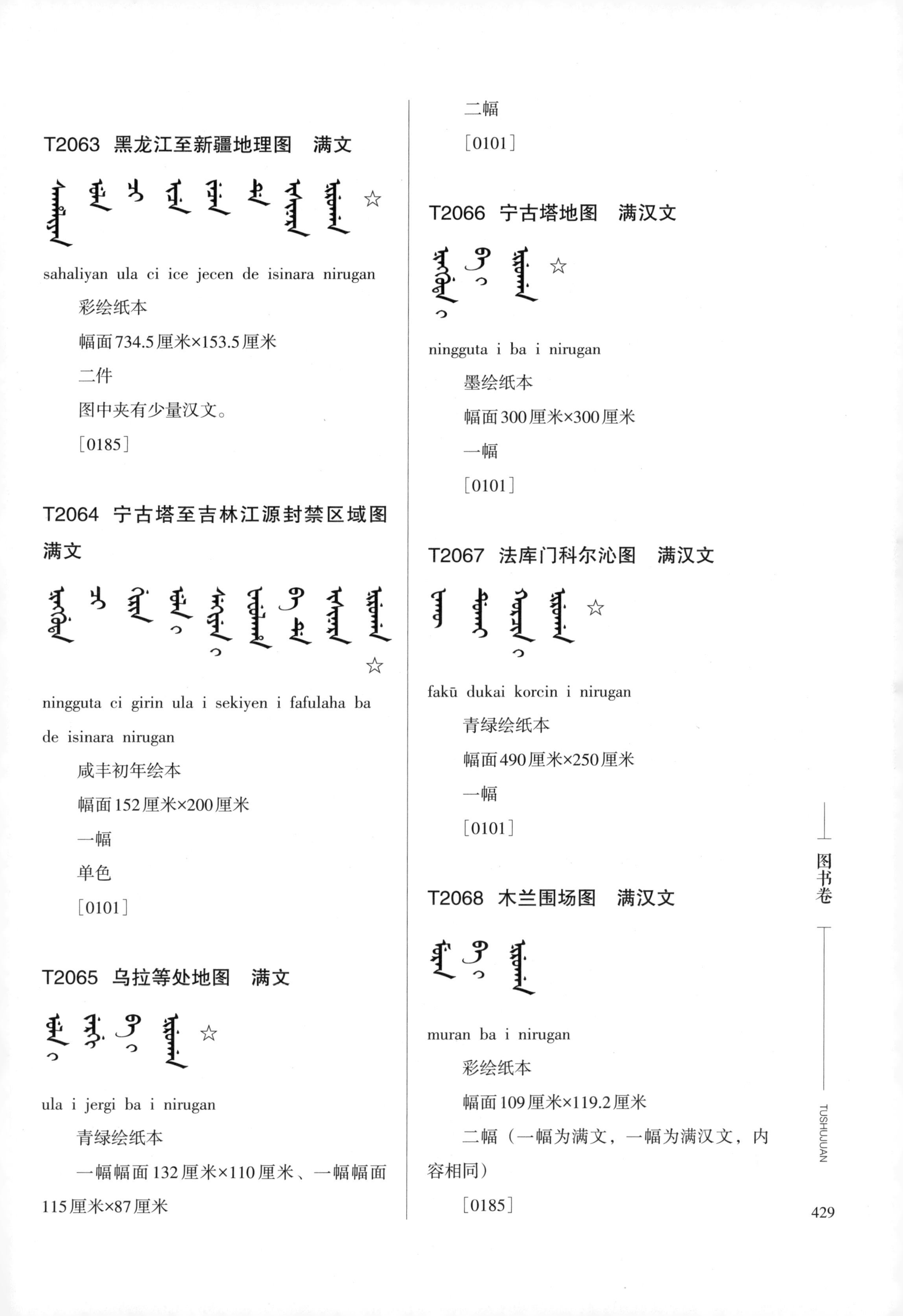

T2063 黑龙江至新疆地理图 满文

☆

sahaliyan ula ci ice jecen de isinara nirugan

彩绘纸本

幅面734.5厘米×153.5厘米

二件

图中夹有少量汉文。

[0185]

T2064 宁古塔至吉林江源封禁区域图 满文

☆

ningguta ci girin ula i sekiyen i fafulaha ba de isinara nirugan

咸丰初年绘本

幅面152厘米×200厘米

一幅

单色

[0101]

T2065 乌拉等处地图 满文

☆

ula i jergi ba i nirugan

青绿绘纸本

一幅幅面132厘米×110厘米、一幅幅面115厘米×87厘米

二幅

[0101]

T2066 宁古塔地图 满汉文

☆

ningguta i ba i nirugan

墨绘纸本

幅面300厘米×300厘米

一幅

[0101]

T2067 法库门科尔沁图 满汉文

☆

fakū dukai korcin i nirugan

青绿绘纸本

幅面490厘米×250厘米

一幅

[0101]

T2068 木兰围场图 满汉文

muran ba i nirugan

彩绘纸本

幅面109厘米×119.2厘米

二幅（一幅为满文，一幅为满汉文，内容相同）

[0185]

T2069 木兰图式 满文

ᠮᡠᡵᠠᠨ ᠪᠠ ᡳ ᠨᡳᡵᡠᡤᠠᠨ ☆

muran ba i nirugan

庄兴 绘

嘉庆年间彩绘纸本

幅面52厘米×57厘米

一幅

[0101]

T2070 京城至长白山吉林等处图 满文

ᠪᡝᡳᡤᡳᠩ ᡥᡝᠴᡝᠨ ᠴᡳ ᡤᠣᠯᠮᡳᠨ ᡧᠠᠨᠶᠠᠨ ᠠᠯᡳᠨ ᡤᡳᡵᡳᠨ ᠵᡝᡵᡤᡳ ᠪᠠ ᡩᡝ ᡳᠰᡳᠨᠠᡵᠠ ᠨᡳᡵᡠᡤᠠᠨ ☆

beiging hecen ci golmin šanyan alin girin jergi ba de isinara nirugan

一幅

本图原名《京城至关东长白山吉林乌拉宁古塔兴喀图》。

[0185]

T2071 京师至吉林围场路线图 满文

ᠪᡝᡳᡤᡳᠩ ᡥᡝᠴᡝᠨ ᠴᡳ ᡤᡳᡵᡳᠨ ᠠᠪᠠ ᠵᡝᡵᡤᡳ ᡩᡝ ᡳᠰᡳᠨᠠᡵᠠ ᠨᡳᡵᡠᡤᠠᠨ ☆

beiging hecen ci girin aba jergi de isinara nirugan

清中期彩绘纸本

幅面57厘米×85厘米

一幅

[0101]

T2072 北京至蒙古额尔古纳河至色楞额城图 满文

ᠪᡝᡳᡤᡳᠩ ᠴᡳ ᠮᠣᠩᡤᠣ ᡳ ᡝᡵᡤᡠᠨᠠ ᠪᡳᡵᠠ ᠰᡝᠯᡝᠩᡤᡝ ᡥᠣᡨᠣᠨ ᡩᡝ ᡳᠰᡳᠨᠠᡵᠠ ᠨᡳᡵᡠᡤᠠᠨ ☆

beiging ci monggo i erguna bira selengge hoton de isinara nirugan

墨绘纸本

幅面117.2厘米×66.6厘米

一幅

[0185]

T2073 内地十五省及口外沿边图 满汉文

ᡩᠣᡵᡤᡳ ᠪᠠ ᡳ ᠵᡠᠸᠠᠨ ᠰᡠᠨᠵᠠ ᡤᠣᠯᠣ ᠵᠠᡳ ᠵᡝᠰᡝ ᡳ ᡨᡠᠯᡝᡵᡤᡳ ᡠᠵᠠᠨ ᠵᡝᠴᡝᠨ ᡳ ᠪᠠ ᡳ ᠨᡳᡵᡠᡤᠠᠨ ☆

dorgi ba i juwan sunja golo jai jese i tulergi ujan jecen i ba i nirugan

康熙年间绘本

一幅

[0185]

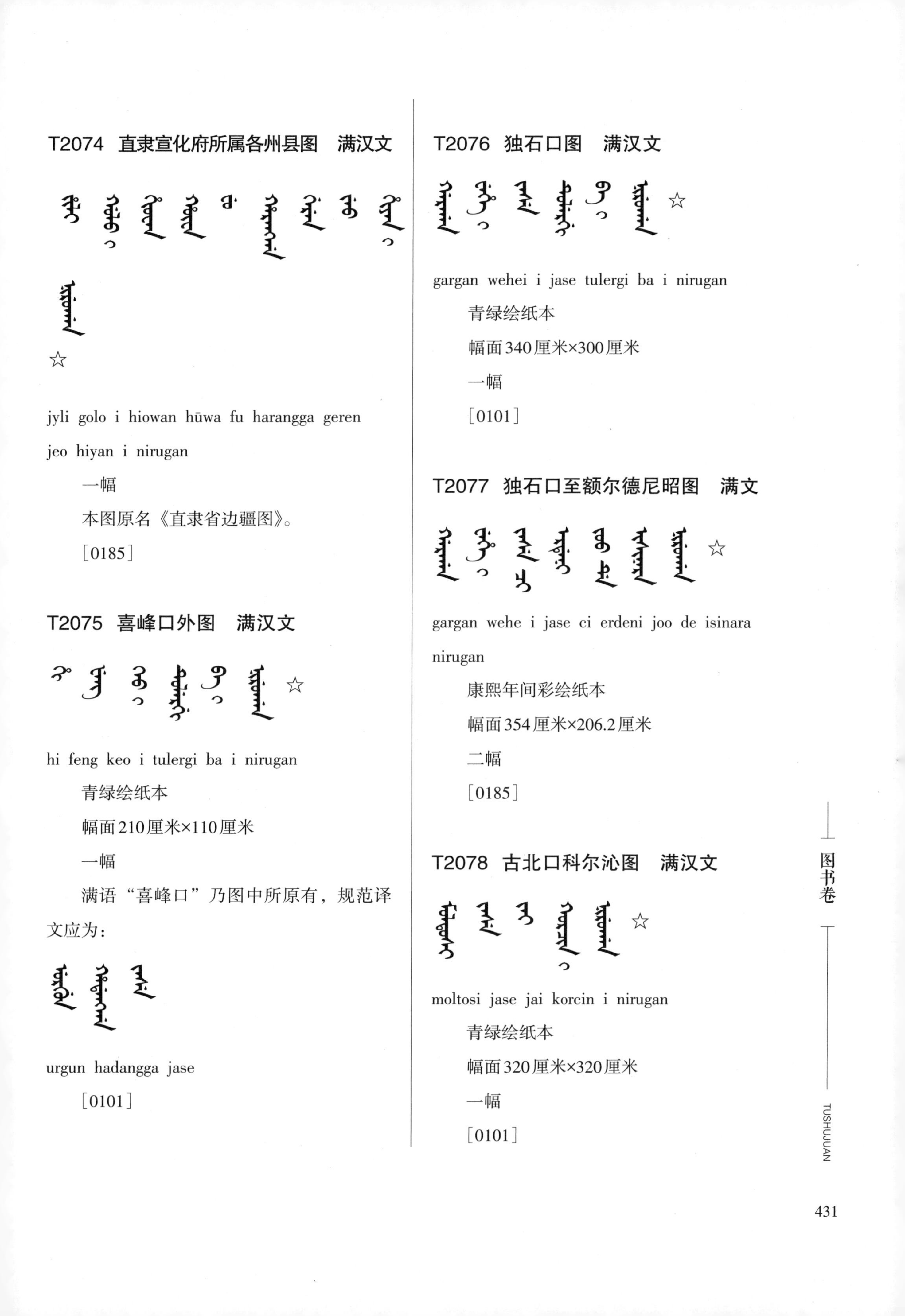

T2074 直隶宣化府所属各州县图　满汉文

☆

jyli golo i hiowan hūwa fu harangga geren jeo hiyan i nirugan

一幅

本图原名《直隶省边疆图》。

[0185]

T2075 喜峰口外图　满汉文

☆

hi feng keo i tulergi ba i nirugan

青绿绘纸本

幅面210厘米×110厘米

一幅

满语“喜峰口”乃图中所原有，规范译文应为：

urgun hadangga jase

[0101]

T2076 独石口图　满汉文

☆

gargan wehei i jase tulergi ba i nirugan

青绿绘纸本

幅面340厘米×300厘米

一幅

[0101]

T2077 独石口至额尔德尼昭图　满文

☆

gargan wehe i jase ci erdeni joo de isinara nirugan

康熙年间彩绘纸本

幅面354厘米×206.2厘米

二幅

[0185]

T2078 古北口科尔沁图　满汉文

☆

moltosi jase jai korcin i nirugan

青绿绘纸本

幅面320厘米×320厘米

一幅

[0101]

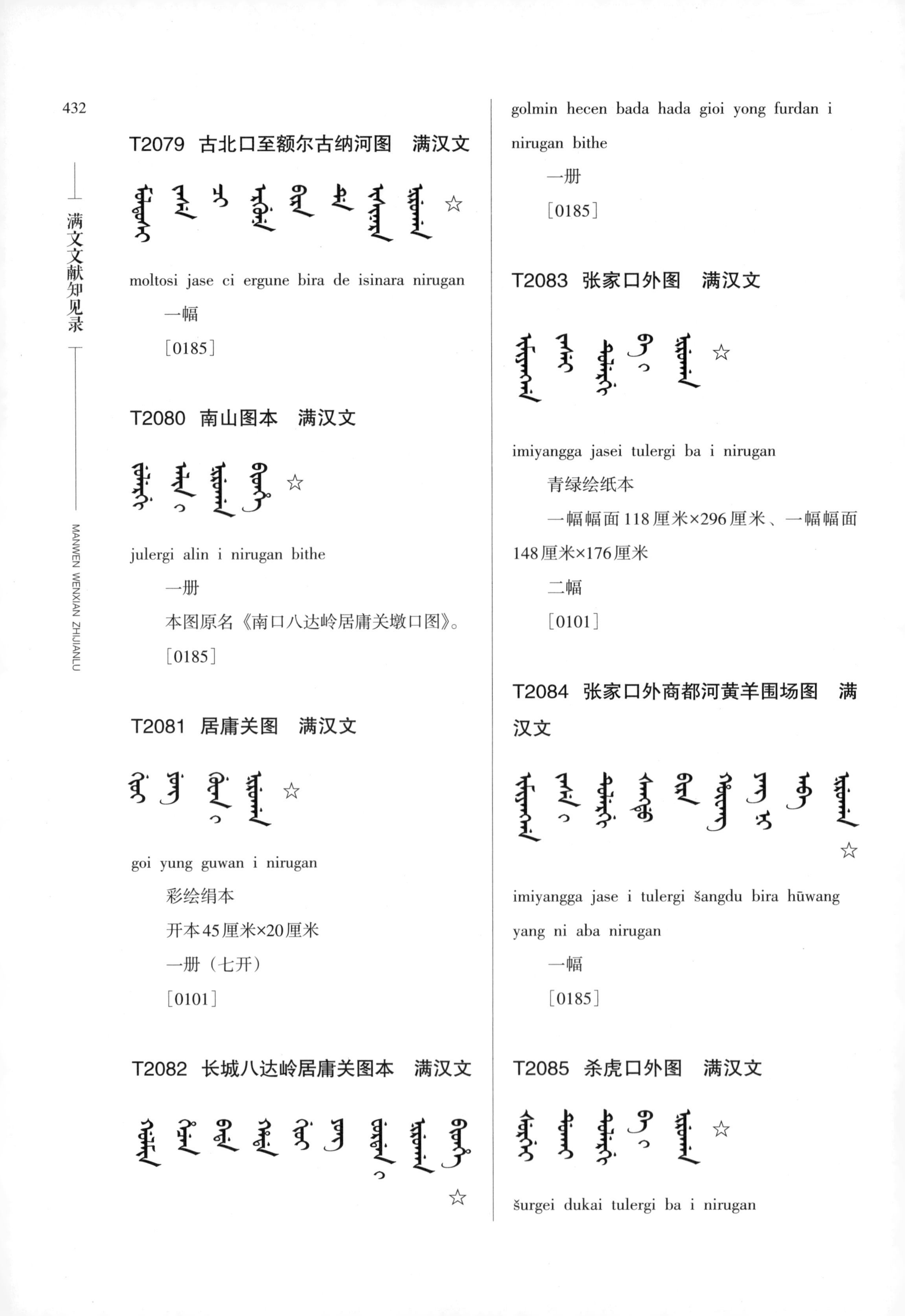

T2079 古北口至额尔古纳河图 满汉文

☆

moltosi jase ci ergune bira de isinara nirugan

一幅

[0185]

T2080 南山图本 满汉文

☆

julergi alin i nirugan bithe

一册

本图原名《南口八达岭居庸关墩口图》。

[0185]

T2081 居庸关图 满汉文

☆

goi yung guwan i nirugan

彩绘绢本

开本45厘米×20厘米

一册（七开）

[0101]

T2082 长城八达岭居庸关图本 满汉文

☆

golmin hecen bada hada gioi yong furdan i nirugan bithe

一册

[0185]

T2083 张家口外图 满汉文

☆

imiyangga jasei tulergi ba i nirugan

青绿绘纸本

一幅幅面118厘米×296厘米、一幅幅面148厘米×176厘米

二幅

[0101]

T2084 张家口外商都河黄羊围场图 满汉文

☆

imiyangga jase i tulergi šangdu bira hūwang yang ni aba nirugan

一幅

[0185]

T2085 杀虎口外图 满汉文

☆

šurgei dukai tulergi ba i nirugan

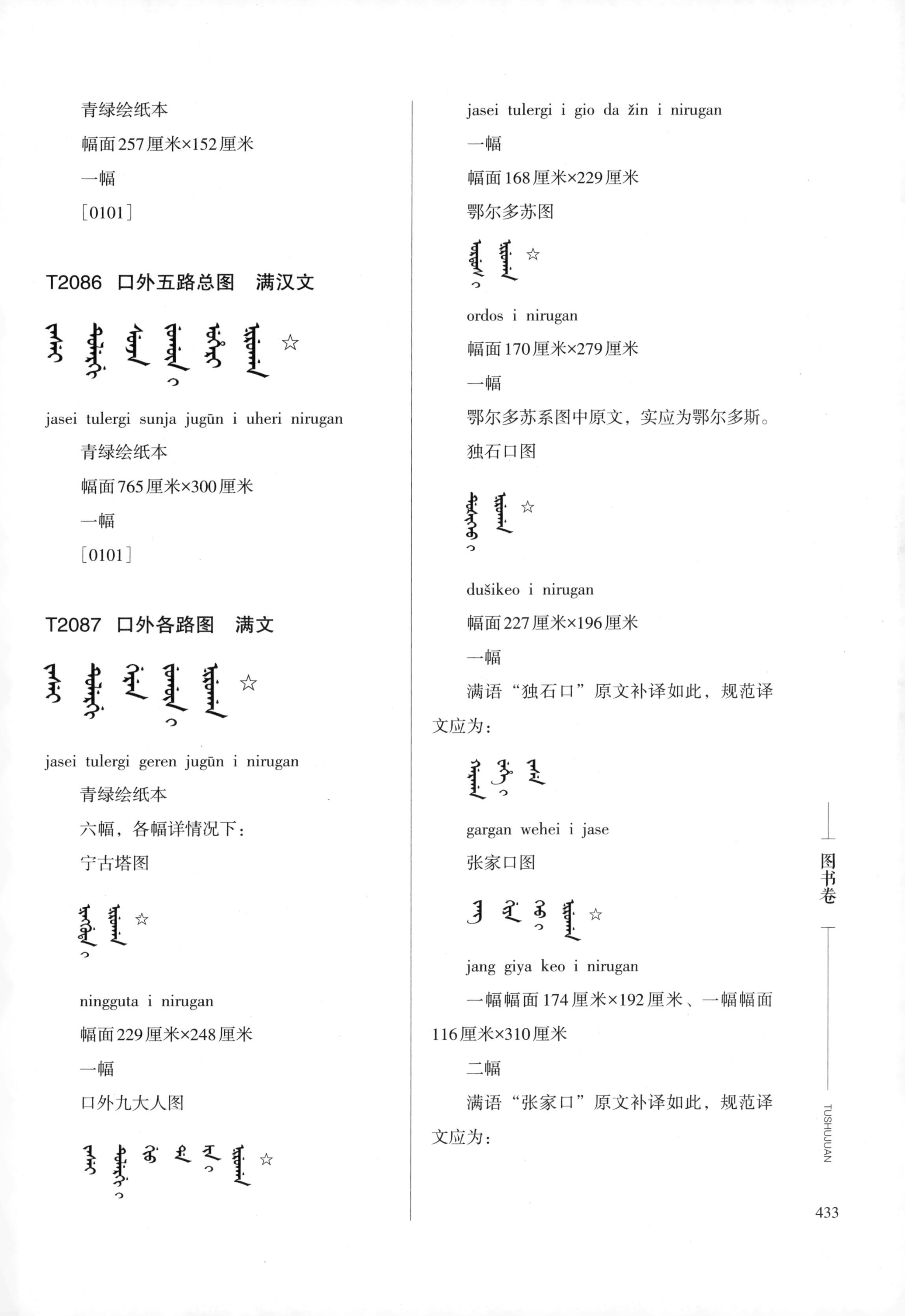

青绿绘纸本

幅面257厘米×152厘米

一幅

［0101］

T2086　口外五路总图　满汉文

jasei tulergi sunja jugūn i uheri nirugan

青绿绘纸本

幅面765厘米×300厘米

一幅

［0101］

T2087　口外各路图　满文

jasei tulergi geren jugūn i nirugan

青绿绘纸本

六幅，各幅详情况下：

宁古塔图

ningguta i nirugan

幅面229厘米×248厘米

一幅

口外九大人图

jasei tulergi i gio da žin i nirugan

一幅

幅面168厘米×229厘米

鄂尔多苏图

ordos i nirugan

幅面170厘米×279厘米

一幅

鄂尔多苏系图中原文，实应为鄂尔多斯。

独石口图

dušikeo i nirugan

幅面227厘米×196厘米

一幅

满语“独石口”原文补译如此，规范译文应为：

gargan wehei i jase

张家口图

jang giya keo i nirugan

一幅幅面174厘米×192厘米、一幅幅面116厘米×310厘米

二幅

满语“张家口”原文补译如此，规范译文应为：

ᡳᠮᡳᠶᠠᠩᡤᠠ ᠵᠠᠰᡝ

imiyangga jase

[0101]

T2088 内外蒙古地图 满汉文

ᡩᠣᡵᡤᡳ ᡨᡠᠯᡝᡵᡤᡳ ᠮᠣᠩᡤᠣ ᡳ ᠪᠠ ᡳ ᠨᡳᡵᡠᡤᠠᠨ ☆

dorgi tulergi monggo i ba i nirugan

墨绘纸本

幅面156厘米×122厘米

二十幅

[0101]

T2089 蒙古扎萨克图汗部藩图说 满文

ᠮᠣᠩᡤᠣ ᡳ ᠵᠠᠰᠠᡴᡨᡠ ᡥᠠᠨ ᠠᡳᠮᠠᠨ ᡳ ᠨᡳᡵᡠᡤᠠᠨ ᡳ ᡤᡳᠰᡠᠨ ☆

monggo i jasaktu han aiman i nirugan i gisun

光绪十七年（1891）绘本

一册

[0185]

T2090 喀尔喀图 满汉文

ᡴᠠᠯᡴᠠ ᠪᠠ ᡳ ᠨᡳᡵᡠᡤᠠᠨ ☆

kalka ba i nirugan

墨绘纸本

二轴

[0101]残

T2091 蒙古喀尔喀车臣汗部落廿三族游牧图 满文

ᠮᠣᠩᡤᠣ ᡳ ᡴᠠᠯᡴᠠ ᠪᠠ ᡳ ᠴᡝᠴᡝᠨ ᡥᠠᠨ ᠠᡳᠮᠠᠨ ᠣᡵᡳᠨ ᡳᠯᠠᠨ ᠮᡠᡴᡡᠨ ᠨᡠᡴᡨᡝᠯᡝᡵᡝ ᠨᡳᡵᡠᡤᠠᠨ ☆

monggo i kalka ba i cecen han aiman orin ilan mukūn nuktelere nirugan

同治五年（1866）绘本

一幅

[0185]

T2092 蒙古喀尔喀土谢土汗部落廿族游牧图 满文

ᠮᠣᠩᡤᠣ ᡳ ᡴᠠᠯᡴᠠ ᠪᠠ ᡳ ᡨᡠᠰᡳᠶᡝᡨᡠ ᡥᠠᠨ ᠠᡳᠮᠠᠨ ᠣᡵᡳᠨ ᠮᡠᡴᡡᠨ ᠨᡠᡴᡨᡝᠯᡝᡵᡝ ᠨᡳᡵᡠᡤᠠᠨ

☆

monggo i kalka ba i tusiyetu han aiman orin mukūn nuktelere nirugan

同治七年（1868）绘本

一幅

[0185]

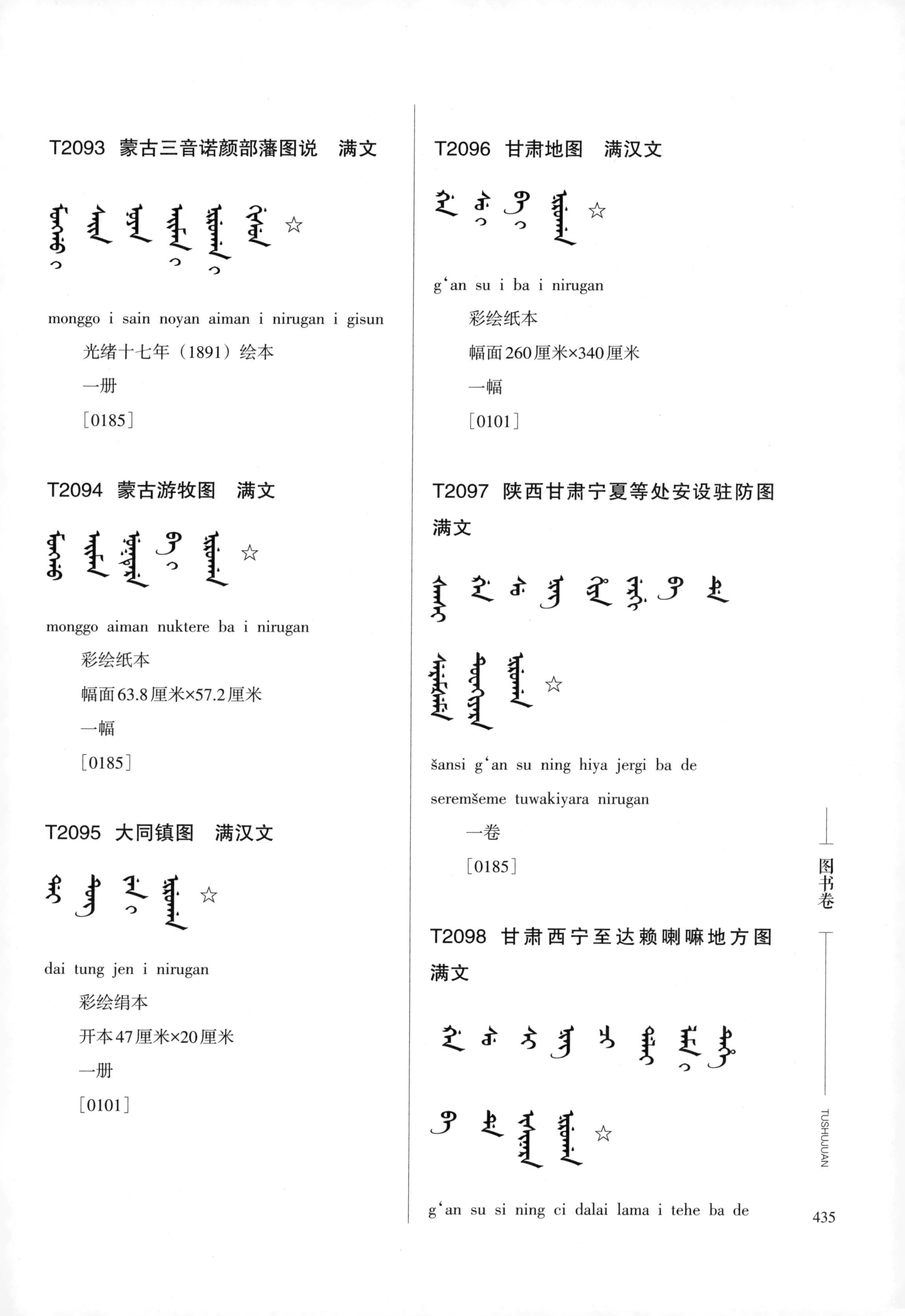

T2093 蒙古三音诺颜部藩图说 满文

☆

monggo i sain noyan aiman i nirugan i gisun

光绪十七年（1891）绘本

一册

［0185］

T2094 蒙古游牧图 满文

☆

monggo aiman nuktere ba i nirugan

彩绘纸本

幅面63.8厘米×57.2厘米

一幅

［0185］

T2095 大同镇图 满汉文

☆

dai tung jen i nirugan

彩绘绢本

开本47厘米×20厘米

一册

［0101］

T2096 甘肃地图 满汉文

☆

g‘an su i ba i nirugan

彩绘纸本

幅面260厘米×340厘米

一幅

［0101］

T2097 陕西甘肃宁夏等处安设驻防图 满文

☆

šansi g‘an su ning hiya jergi ba de seremšeme tuwakiyara nirugan

一卷

［0185］

T2098 甘肃西宁至达赖喇嘛地方图 满文

☆

g‘an su si ning ci dalai lama i tehe ba de

isinara nirugan

一卷

[0185]

T2099 嘉峪关至推河地区图 满文

ᠰᠠᡳᠨ ᡥᠣᠯᠣ ᡶᡠᡵᡩᠠᠨ ᠴᡳ ᡨᡠᡳ ᠪᡳᡵᠠ ᡳ ᠪᠠ ᡩᡝ ᡳᠰᡳᠨᠠᡵᠠ ᠨᡳᡵᡠᡤᠠᠨ ☆

sain holo furdan ci tui bira i ba de isinara nirugan

一卷

[0185]

T2100 新疆土尔扈特及叶尔羌喀什噶尔等处图 满文

ᠰᡳᠨᠵᡳᠶᠠᠩ ᡥᠠᡵᠠᠩᡤᠠ ᡨᡠᡵᡤᡡᡨ ᠵᠠᡳ ᠶᡝᡵᡴᡳᠶᠠᠩ ᡴᠠᡧᡳᡤᠠᡵ ᠵᡝᡵᡤᡳ ᠪᠠ ᡳ ᠨᡳᡵᡠᡤᠠᠨ ☆

sinjiyang harangga turgūt jai yerkiyang kašigar jergi ba i nirugan

一幅

[0185]

T2101 新疆天山西南部图 满汉文

ᡳᠴᡝ ᠵᡝᠴᡝᠨ ᡳ ᡨᡳᠶᠠᠨ ᡧᠠᠨ ᠠᠯᡳᠨ ᡳ ᠸᠠᡵᡤᡳ ᠵᡠᠯᡝᡵᡤᡳ ᡝᡵᡤᡳ ᠪᠠ ᡳ ᠨᡳᡵᡠᡤᠠᠨ ☆

ice jecen i tiyan šan alin i wargi julergi ergi ba i nirugan

一幅

[0185]

T2102 新疆伊犁回部等处图 满汉文

ᡳᠴᡝ ᠵᡝᠴᡝᠨ ᡳ ᡳᠯᡳ ᡥᠣᡳᠰᡝ ᠠᡳᠮᠠᠨ ᡳ ᠵᡝᡵᡤᡳ ᠪᠠ ᡳ ᠨᡳᡵᡠᡤᠠᠨ

ice jecen i ili hoise aiman i jergi ba i nirugan

富宁安 绘

墨绘纸本

开本214.5厘米×34.3厘米

四卷

[0185]

T2103 阿尔泰、巴里坤、伊犁、青海、噶斯、叶尔羌等处图 满汉文

ᠠᠯᡨᠠᡳ ᠪᠠᡵ ᡴᡠᠯ ᡳᠯᡳ ᡥᡠᡥᡠ ᠨᠣᠣᡵ ᡤᠠᠰ ᠶᡝᡵᡴᡳᠶᠠᠩ ᠵᡝᡵᡤᡳ ᠪᠠ ᡳ ᠨᡳᡵᡠᡤᠠᠨ ☆

altai bar kul ili huhu noor gas yerkiyang jergi ba i nirugan

一幅

[0185]

T2104 新疆阿尔泰分县图 满汉文

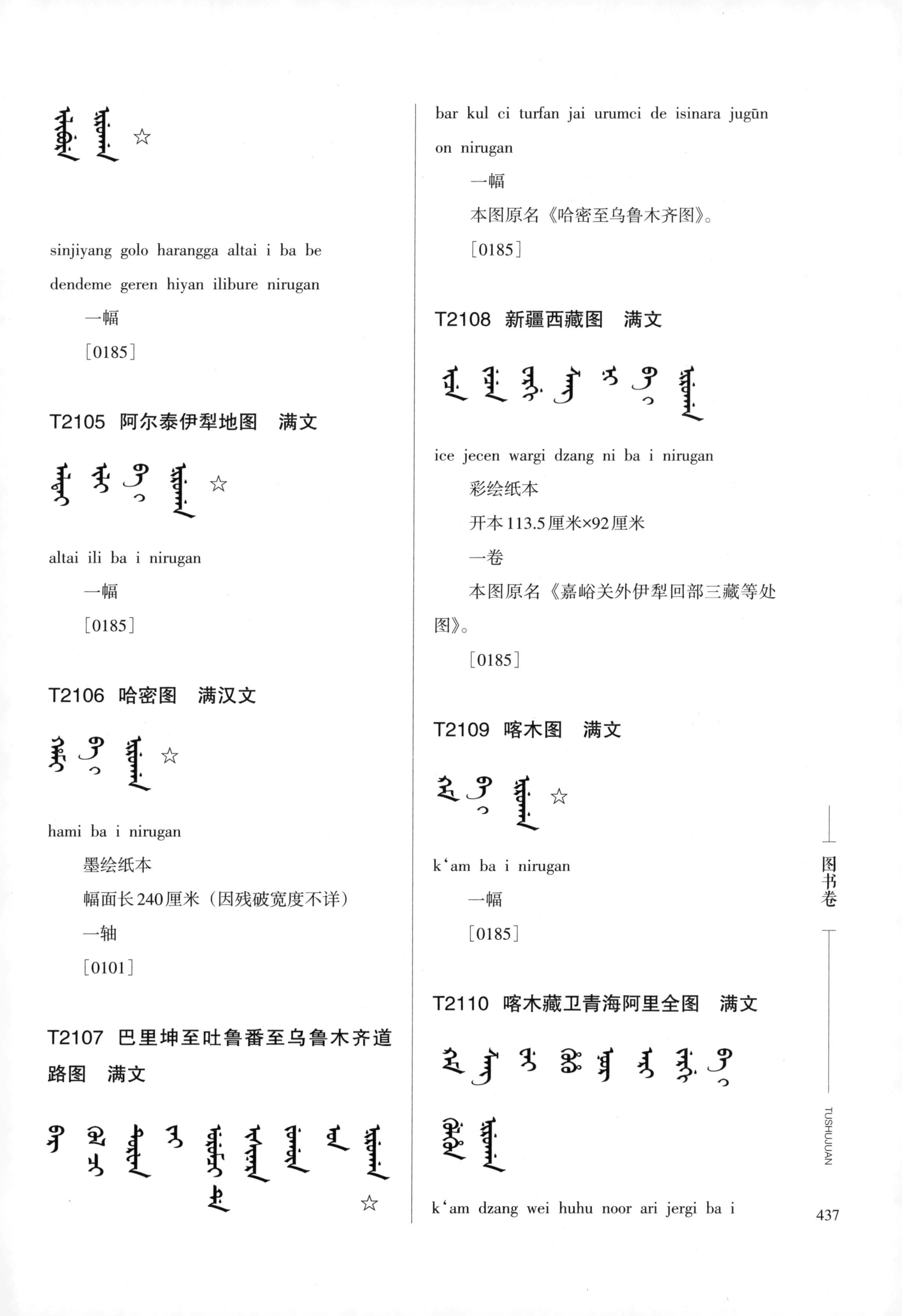

☆

sinjiyang golo harangga altai i ba be dendeme geren hiyan ilibure nirugan

一幅

［0185］

T2105 阿尔泰伊犁地图　满文

☆

altai ili ba i nirugan

一幅

［0185］

T2106 哈密图　满汉文

☆

hami ba i nirugan

墨绘纸本

幅面长240厘米（因残破宽度不详）

一轴

［0101］

T2107 巴里坤至吐鲁番至乌鲁木齐道路图　满文

☆

bar kul ci turfan jai urumci de isinara jugūn on nirugan

一幅

本图原名《哈密至乌鲁木齐图》。

［0185］

T2108 新疆西藏图　满文

ice jecen wargi dzang ni ba i nirugan

彩绘纸本

开本113.5厘米×92厘米

一卷

本图原名《嘉峪关外伊犁回部三藏等处图》。

［0185］

T2109 喀木图　满文

☆

k‘am ba i nirugan

一幅

［0185］

T2110 喀木藏卫青海阿里全图　满文

k‘am dzang wei huhu noor ari jergi ba i

gulhun nirugan

彩绘纸本

一幅

本图原名《冈底斯图》。

［0185］

T2111 三藏分界图 满汉文

ᡳᠯᠠᠨ ᡯᠠᠩ ᠨᡳ ᠪᠠ ᠪᡝ ᠵᡝᠴᡝᠨ ᡩᡝᠨᡩᡝᡵᡝ ᠨᡳᡵᡠᡤᠠᠨ ☆

ilan dzang ni ba be jecen dendere nirugan

一卷

清政府将西藏分为卫（前藏）、藏（后藏）、阿里三区，总称西藏。本图所称“三藏”即此三区。

［0185］

T2112 三藏卡伦图 满文

ᡳᠯᠠᠨ ᡯᠠᠩ ᡩᡝ ᡨᡝᡵᡝ ᡴᠠᡵᡠᠨ ᠨᡳᡵᡠᡤᠠᠨ ☆

ilan dzang de tere karun nirugan

康熙年间绘本

一幅

［0185］

T2113 前后藏舆图 满文

ᠵᡠᠯᡝᡵᡤᡳ ᡯᠠᠩ ᠠᠮᠠᡵᡤᡳ ᡯᠠᠩ ᠨᡳ ᠪᠠ ᡳ ᠨᡳᡵᡠᡤᠠᠨ ☆

julergi dzang amargi dzang ni ba i nirugan

彩绘纸本

幅面 101.8 厘米×101.2 厘米

一幅

［0185］

T2114 前藏图 满文

ᠵᡠᠯᡝᡵᡤᡳ ᡯᠠᠩ ᠨᡳ ᠪᠠ ᡳ ᠨᡳᡵᡠᡤᠠᠨ ☆

julergi dzang ni ba i nirugan

彩绘纸本

开本 218.6 厘米×310 厘米

一卷

［0185］

T2115 后藏图 满文

ᠠᠮᠠᡵᡤᡳ ᡯᠠᠩ ᠨᡳ ᠪᠠ ᡳ ᠨᡳᡵᡠᡤᠠᠨ ☆

amargi dzang ni ba i nirugan

彩绘纸本

开本 287 厘米×226 厘米

一卷

［0185］

T2116 四川西藏等处图 满汉文

ᠰᡟᠴᡠᠸᠠᠨ ᠸᠠᡵᡤᡳ ᡯᠠᠩ ᠨᡳ ᠵᡝᡵᡤᡳ ᠪᠠ ᡳ ᠨᡳᡵᡠᡤᠠᠨ ☆

sycuwan wargi dzang ni jergi ba i nirugan

墨绘纸本

开本 254 厘米×101.3 厘米

一卷

［0185］

T2117 黔东新抚苗疆图 满汉文

☆

gui jeo i dergi ergide miyoodzi be ice necihiyehei jecen i nirugan

青绿绘绢本

幅面360厘米×350厘米

一幅

[0101]

T2118 浙江台州府官兵驻防图 满汉文

☆

jegiyang golo harangga tai jeo fu i hafan cooha tebunere nirugan

一卷

[0185]

T2119 五省边口图 满汉文

☆

sunja goloi jase dukai nirugan

墨绘淡青绿色纸本

幅面210厘米×210厘米

一幅

[0101]

T2120 台湾图 满汉文

☆

tai wan i nirugan

墨绘纸本

幅面122厘米×63厘米

一幅

[0101]

T2121 澳门图 满文

☆

oo men i ba i nirugan

彩绘纸本

开本185厘米×101厘米

一卷

[0185]

T2122 中国及南亚东亚地图 满文

☆

dulimbai gurun jai ya jeo i julergi ergi ba ya jeo i dergi ergi ba i nirugan

绘本

匣面50.5厘米×35.6厘米

幅面88.2厘米×94.3厘米

一匣七幅

［W561.1］

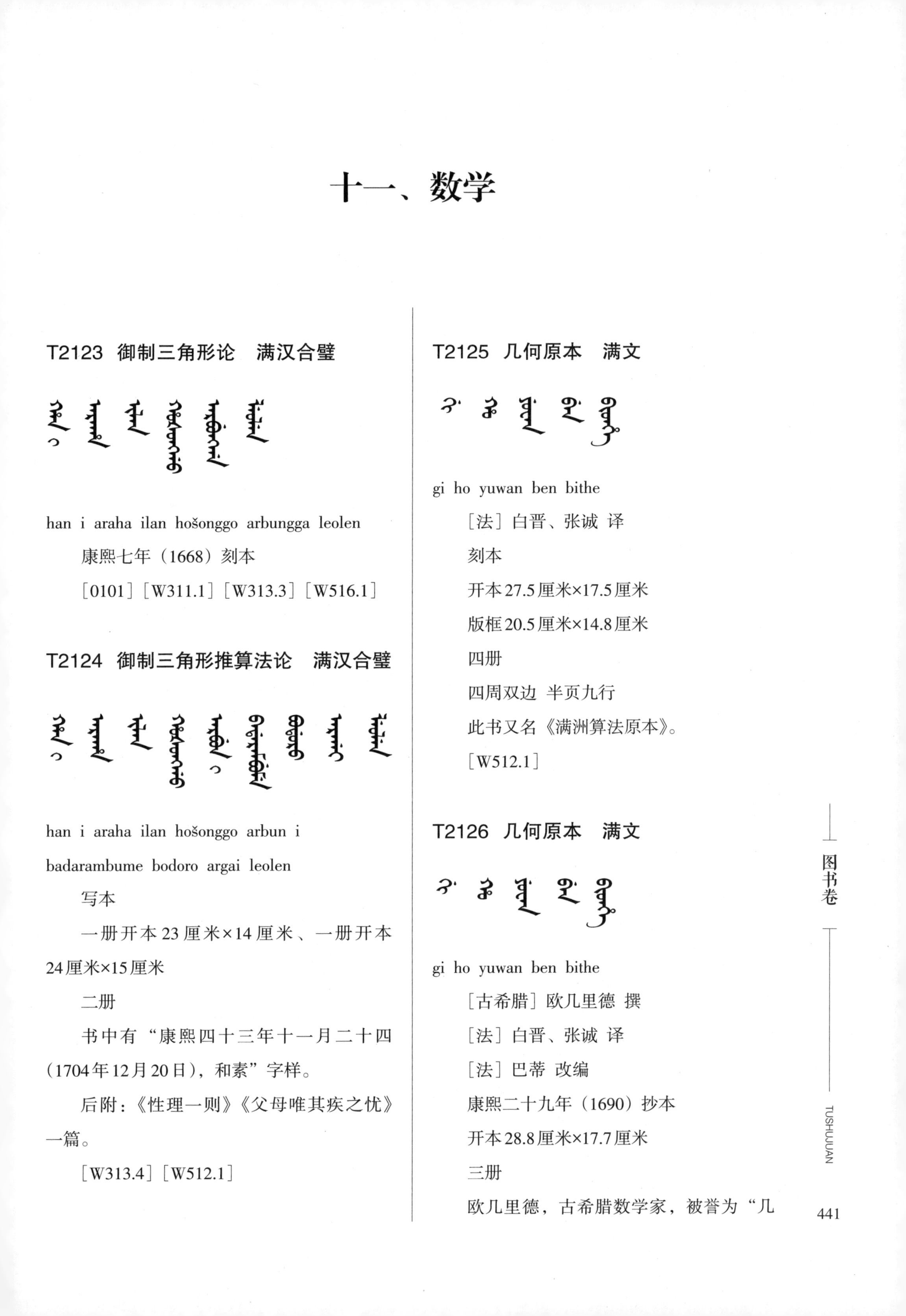

十一、数学

T2123 御制三角形论　满汉合璧

han i araha ilan hošonggo arbungga leolen

康熙七年（1668）刻本

［0101］［W311.1］［W313.3］［W516.1］

T2124 御制三角形推算法论　满汉合璧

han i araha ilan hošonggo arbun i badarambume bodoro argai leolen

写本

一册开本23厘米×14厘米、一册开本24厘米×15厘米

二册

书中有“康熙四十三年十一月二十四（1704年12月20日），和素”字样。

后附：《性理一则》《父母唯其疾之忧》一篇。

［W313.4］［W512.1］

T2125 几何原本　满文

gi ho yuwan ben bithe

［法］白晋、张诚 译

刻本

开本27.5厘米×17.5厘米

版框20.5厘米×14.8厘米

四册

四周双边 半页九行

此书又名《满洲算法原本》。

［W512.1］

T2126 几何原本　满文

gi ho yuwan ben bithe

［古希腊］欧几里德 撰

［法］白晋、张诚 译

［法］巴蒂 改编

康熙二十九年（1690）抄本

开本28.8厘米×17.7厘米

三册

欧几里德，古希腊数学家，被誉为“几

何之父”。其著作《几何原本》是欧洲数学的基础。

1687年耶稣会传教士白晋、张诚到中国，受召为康熙皇帝讲解数学。二人嫌明代利玛窦、徐光启所译《几何原本》艰涩难懂，遂另将法国人巴蒂根据《几何原本》编写的《实用和理论几何》七卷译为满文，仍定名为《几何原本》。此书除故宫藏三册外，内蒙古图书馆藏卷一、卷七两册，书页上有朱笔修改，应为清圣祖（玄烨）亲笔。此书被收入第一批国家珍贵古籍名录。

［0181］

T2127 几何原本 满文

ᡤᡳ ᡥᠣ ᠶᡠᠸᠠᠨ ᠪᡝᠨ ᠪᡳᡨᡥᡝ

gi ho yuwan ben bithe

抄本

开本29厘米×19厘米

存二册（第一、第七卷）

［0601］

T2128 几何原本 满文

ᡤᡳ ᡥᠣ ᠶᡠᠸᠠᠨ ᠪᡝᠨ ᠪᡳᡨᡥᡝ

gi ho yuwan ben bithe

晒印本

六册

据故宫藏抄本晒印

［0101］

T2129 算法纂要总纲二卷 满文

ᠪᠣᡩᠣᡵᠣ ᠠᡵᡤᠠ ᡳ ᠣᠶᠣᠩᡤᠣ ᠪᡝ ᠠᡵᠠᡥᠠ ᡠᡥᡝᡵᡳ ᡥᡝᡧᡝᠨ ᡳ ᠪᡳᡨᡥᡝ

bodoro arga i oyonggo be araha uheri hešen i bithe

〔明〕程大位 撰

开本28.5厘米×18.3厘米

十七册

程大位（1533—1606），字汝思，明代商人，珠算发明家，安徽休宁县人。少年时对书法、数学感兴趣，青年时代在长江中下游一带经商，关注数学，遍访名师，广收有关书籍，四十岁左右回乡，专心研究。约六十岁时完成其代表作《直指算法统宗》十七卷（简称《算法统宗》）。后又用六年时间，对该书删繁就简，写成《算法纂要》四卷。这两部著作是我国古代最完善的珠算经典之作，开创了珠算计数的新纪元，明末此书被译成日文，开日本“和算”之先河，后又陆续传入朝鲜、东南亚和欧洲。英国学者李约瑟对程大位亦十分推崇。

［W565.1］

T2130 算法原本 满文

ᠰᡠᠸᠠᠨ ᡶᠠ ᠶᡠᠸᠠᠨ ᠪᡝᠨ ᠪᡳᡨᡥᡝ

suwan fa yuwan ben bithe

一册

［W313.2］

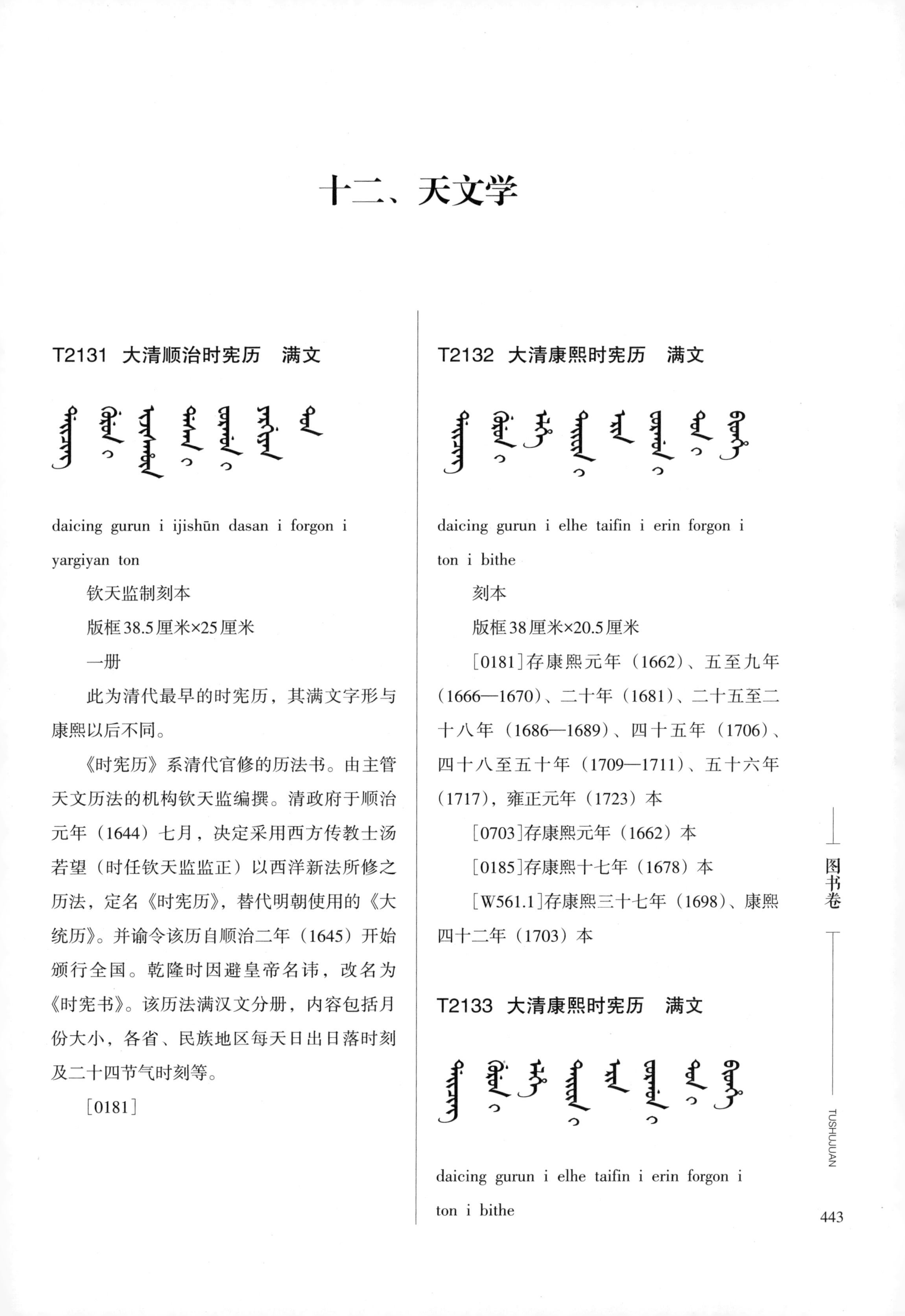

十二、天文学

T2131 大清顺治时宪历　满文

daicing gurun i ijishūn dasan i forgon i yargiyan ton

钦天监制刻本

版框38.5厘米×25厘米

一册

此为清代最早的时宪历，其满文字形与康熙以后不同。

《时宪历》系清代官修的历法书。由主管天文历法的机构钦天监编撰。清政府于顺治元年（1644）七月，决定采用西方传教士汤若望（时任钦天监监正）以西洋新法所修之历法，定名《时宪历》，替代明朝使用的《大统历》。并谕令该历自顺治二年（1645）开始颁行全国。乾隆时因避皇帝名讳，改名为《时宪书》。该历法满汉文分册，内容包括月份大小，各省、民族地区每天日出日落时刻及二十四节气时刻等。

［0181］

T2132 大清康熙时宪历　满文

daicing gurun i elhe taifin i erin forgon i ton i bithe

刻本

版框38厘米×20.5厘米

［0181］存康熙元年（1662）、五至九年（1666—1670）、二十年（1681）、二十五至二十八年（1686—1689）、四十五年（1706）、四十八至五十年（1709—1711）、五十六年（1717），雍正元年（1723）本

［0703］存康熙元年（1662）本

［0185］存康熙十七年（1678）本

［W561.1］存康熙三十七年（1698）、康熙四十二年（1703）本

T2133 大清康熙时宪历　满文

daicing gurun i elhe taifin i erin forgon i ton i bithe

精写本

开本19.1厘米×10.5厘米

三十三册

存康熙二十一至四十九年（1682—1710）、五十一年（1712）、五十五年（1716）、五十九年（1720），雍正元年（1723）本

［0181］［0185］

T2134 大清雍正时宪历　满文

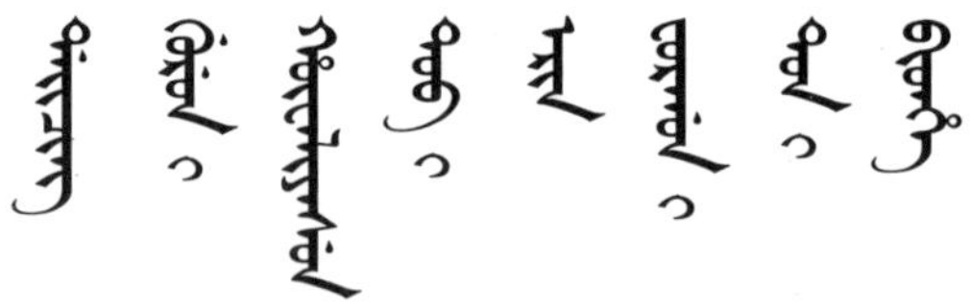

daicing gurun i hūwaliyasun tob i erin forgon i ton i bithe

刻本

版框28.8厘米×19厘米

三册

存雍正十年（1732）至十二年（1734）本

［0181］

T2135 大清乾隆时宪书　满文

daicing gurun i abkai wehiyehe i erin forgon i ton i bithe

刻本

版框30厘米×19.8厘米

一册

存乾隆九年（1744）本

［0185］

T2136 大清乾隆时宪书　满文

daicing gurun i abkai wehiyehe i erin forgon i ton i bithe

刻本

版框30厘米×19.8厘米

三册

存乾隆二十六年（1761）、二十七年（1762）、三十三年（1768）本

［0181］

T2137 大清乾隆时宪书　满文

daicing gurun i abkai wehiyehe i erin forgon i ton i bithe

刻本

存乾隆三十四年（1769）本

［W565.1］

T2138 大清乾隆时宪书　满文

daicing gurun i abkai wehiyehe i erin forgon i ton i bithe

精写本

开本46厘米×24厘米

七册

存乾隆四年（1739）、六年（1741）、十七年（1752）、二十三年（1758）、四十二年（1777）、四十八年（1783）、五十六年（1791）本

[0181]

T2139 大清嘉庆时宪书 满文

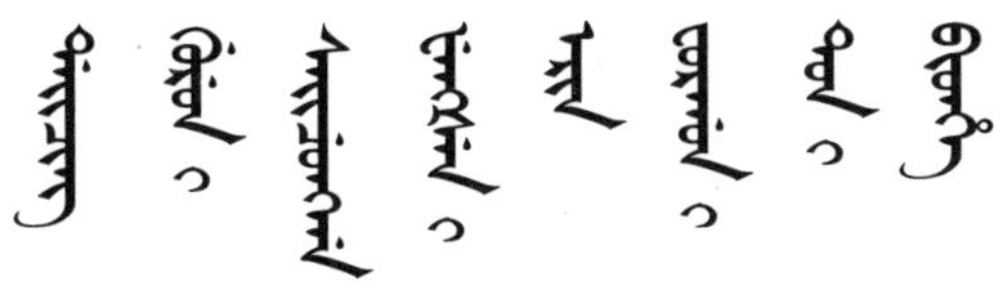

daicing gurun i saicungga fengšen i erin forgon i ton i bithe

刻本

版框28.8厘米×19厘米

一册

[0101]存嘉庆五年（1800）本

[0701]嘉庆七年（1802）本

T2140 大清嘉庆时宪书 满文

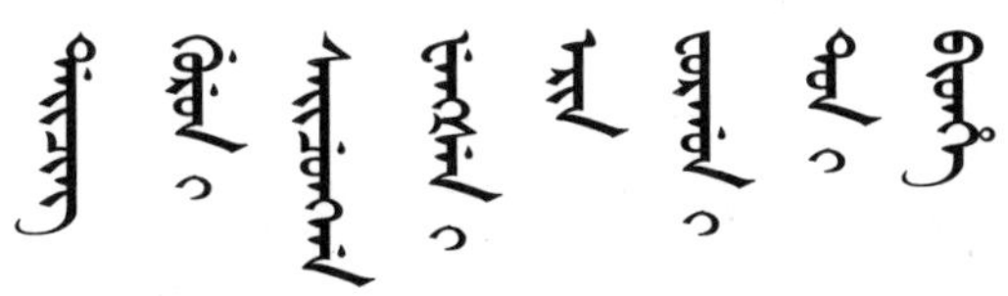

daicing gurun i saicungga fengšen i erin forgon i ton i bithe

精写本

开本34厘米×21.5厘米

五册

存嘉庆三年（1798）、十一年（1806）、十四年（1809）、十七年（1812）、二十五年（1820）本

[0181]

T2141 大清道光时宪书 满文

daicing gurun i doro eldengge i erin forgon i ton i bithe

刻本

存道光元年（1821）、十七至十九年（1837—1839）、二十一年（1841）、二十二年（1842）本

[W313.2]

T2142 大清道光时宪书 满文

daicing gurun i doro eldengge i erin forgon i ton i bithe

刻本

存道光三年（1823）本

[W565.1]

T2143 大清道光时宪书 满文

daicing gurun i doro eldengge i erin forgon i ton i bithe

刻本

版框29厘米×19厘米

存道光八年（1828）、十一年（1831）、十二年（1832）、十四年（1834）本

［W512.3］

T2144 大清道光二十年时宪书 满文

ᡩᠠᡳᠴᡳᠩ ᡤᡠᡵᡠᠨ ᡳ ᡩᠣᡵᠣ ᡝᠯᡩᡝᠩᡤᡝ ᡳ ᡝᡵᡳᠨ ᡶᠣᡵᡤᠣᠨ ᡳ ᡨᠣᠨ ᡳ ᠪᡳᡨᡥᡝ

daicing gurun i doro eldengge i erin forgon i ton i bithe

一册

［W561.2］

T2145 大清道光时宪书 满文

ᡩᠠᡳᠴᡳᠩ ᡤᡠᡵᡠᠨ ᡳ ᡩᠣᡵᠣ ᡝᠯᡩᡝᠩᡤᡝ ᡳ ᡝᡵᡳᠨ ᡶᠣᡵᡤᠣᠨ ᡳ ᡨᠣᠨ ᡳ ᠪᡳᡨᡥᡝ

daicing gurun i doro eldengge i erin forgon i ton i bithe

刻本

存道光二十五年（1845）本

［W561.1］［W565.1］

T2146 大清道光时宪书 满文

ᡩᠠᡳᠴᡳᠩ ᡤᡠᡵᡠᠨ ᡳ ᡩᠣᡵᠣ ᡝᠯᡩᡝᠩᡤᡝ ᡳ ᡝᡵᡳᠨ ᡶᠣᡵᡤᠣᠨ ᡳ ᡨᠣᠨ ᡳ ᠪᡳᡨᡥᡝ

daicing gurun i doro eldengge i erin forgon i ton i bithe

刻本

［W565.1］存道光二十六年（1846）本

［0703］存道光三十年（1850）本

T2147 大清咸丰时宪书 满文

ᡩᠠᡳᠴᡳᠩ ᡤᡠᡵᡠᠨ ᡳ ᡤᡠᠪᠴᡳ ᡝᠯᡤᡳᠶᡝᠩᡤᡝ ᡳ ᡝᡵᡳᠨ ᡶᠣᡵᡤᠣᠨ ᡳ ᡨᠣᠨ ᡳ ᠪᡳᡨᡥᡝ

daicing gurun i gubci elgiyengge i erin forgon i ton i bithe

刻本

版框28.8厘米×19厘米

二册

存咸丰五年（1855）、十年（1860）本

［0101］

T2148 大清咸丰时宪书 满文

ᡩᠠᡳᠴᡳᠩ ᡤᡠᡵᡠᠨ ᡳ ᡤᡠᠪᠴᡳ ᡝᠯᡤᡳᠶᡝᠩᡤᡝ ᡳ ᡝᡵᡳᠨ ᡶᠣᡵᡤᠣᠨ ᡳ ᡨᠣᠨ ᡳ ᠪᡳᡨᡥᡝ

daicing gurun i gubci elgiyengge i erin forgon i ton i bithe

刻本

[W565.1]存咸丰六年（1856）本

[0701]存咸丰八年（1858）、十一年（1861）本

T2149 大清同治时宪书　满文

daicing gurun i yooningga dasan i erin forgon i ton i bithe

刻本

版框25.7厘米×18.9厘米

存同治二年（1863）本

[W565.1]

T2150 大清同治时宪书　满文

daicing gurun i yooningga dasan i erin forgon i ton i bithe

刻本

存同治五年（1866）、六年（1867）本

[W565.1]

T2151 大清同治时宪书　满文

daicing gurun i yooningga dasan i erin forgon i ton i bithe

刻本

[W313.2]存同治十一年（1872），光绪元年（1875）本

[0703]存同治十一年（1872）至光绪元年（1875）本

T2152 大清光绪时宪书　满文

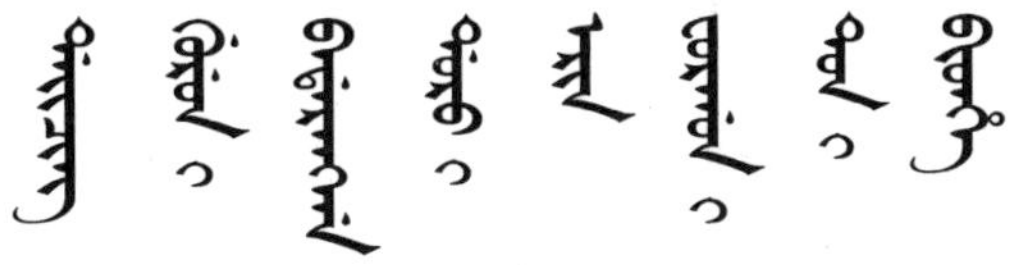

daicing gurun i badarangga doro i erin forgon i ton i bithe

刻本

存光绪元年（1875）至三年（1877）、七年（1881）、九年（1883）至十一年（1885）、十四年（1888）至三十四年（1908）本

[W313.2]

T2153 大清光绪时宪书　满文

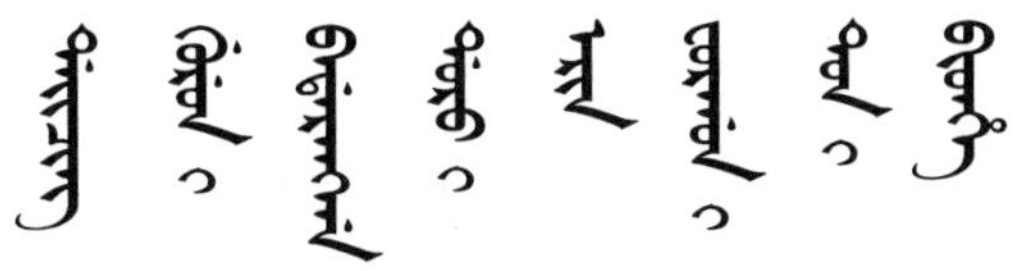

daicing gurun i badarangga doro i erin forgon i ton i bithe

刻本

[W565.1]存光绪元年（1875）至三年（1877）、十六年（1890）、十八年（1892）本

[0701]存光绪元年（1875）、光绪十二年（1886）至十六年（1890）、二十八年（1902）、二十九年（1903）、三十二年（1906）、三十三

年（1907）本

T2154 大清光绪时宪书 满文

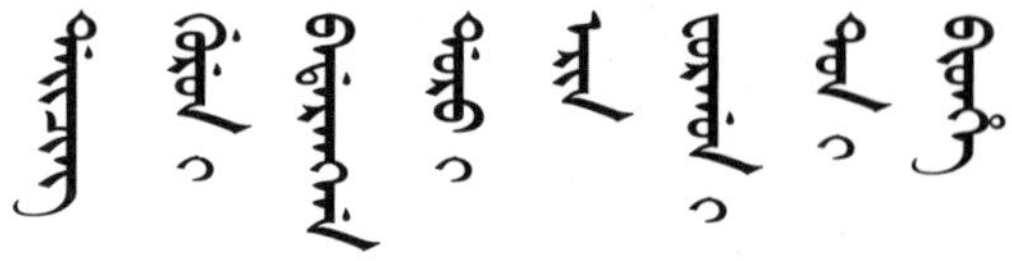

daicing gurun i badarangga doro i erin forgon i ton i bithe

刻本

版框25.7厘米×18.9厘米

[0141]存光绪三十四年（1908），宣统元年（1909）本

[0181]存光绪三十四年（1908），宣统元年（1909）本

[W712.1]存光绪二年（1876）、九年（1883）、十三年（1887），宣统元年（1909）本

T2155 大清光绪时宪书 满文

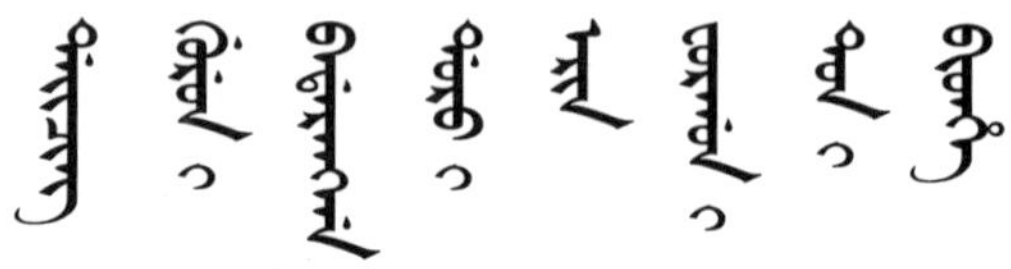

daicing gurun i badarangga doro i erin forgon i ton i bithe

刻本

版框25.7厘米×18.9厘米

五册

[0181]存光绪三年（1877）至五年（1879）、十一年（1885）、十三年（1887）本

[0703]存光绪二年（1876）、三年（1877）、七年（1881）、八年（1882）、十三年（1887）至二十年（1894）、二十三年（1897）至二十七年（1901）、三十二年（1906）至三十四年（1908）本

T2156 大清光绪时宪书 满文

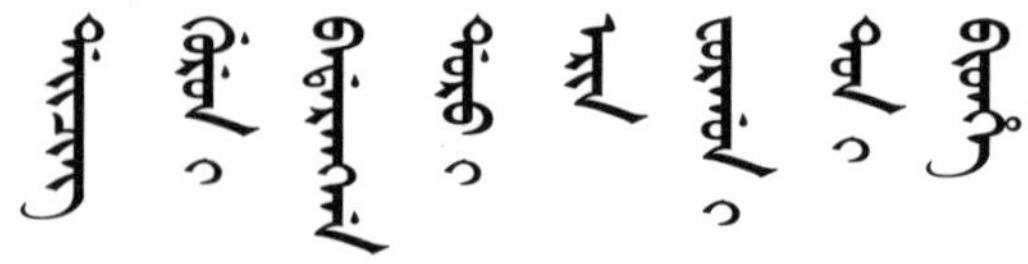

daicing gurun i badarangga doro i erin forgon i ton i bithe

刻本

版框25.7厘米×18.9厘米

二册

存光绪三年（1877）、十九年（1893）本

[0101]

T2157 大清光绪时宪书 满文

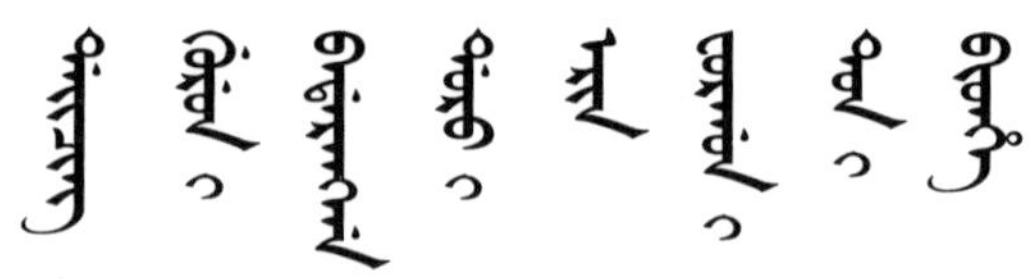

daicing gurun i badarangga doro i erin forgon i ton i bithe

刻本

存光绪四年（1878）本

[W561.1]

T2158 大清光绪时宪书 满文

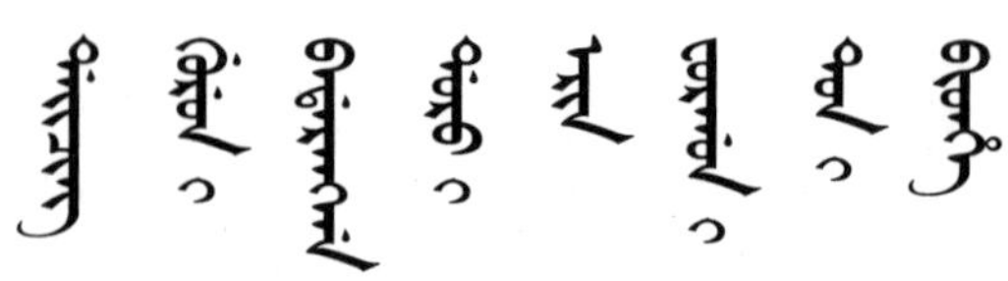

daicing gurun i badarangga doro i erin

forgon i ton i bithe

刻本

存光绪十年（1884）、二十年（1894）、二十六年（1900）、三十年（1904）本

［W313.3］

T2159 大清光绪时宪书 满文

ᡩᠠᡳᠴᡳᠩ ᡤᡠᡵᡠᠨ ᡳ ᠪᠠᡩᠠᡵᠠᠩᡤᠠ ᡩᠣᡵᠣ ᡳ ᡝᡵᡳᠨ ᡶᠣᡵᡤᠣᠨ ᡳ ᡨᠣᠨ ᡳ ᠪᡳᡨᡥᡝ

daicing gurun i badarangga doro i erin forgon i ton i bithe

刻本

［W311.1］存光绪三十三年（1907）、三十四年（1908）本

［W512.3］存光绪九年（1883）本一册

T2160 大清宣统时宪书 满文

ᡩᠠᡳᠴᡳᠩ ᡤᡠᡵᡠᠨ ᡳ ᡤᡝᡥᡠᠩᡤᡝ ᠶᠣᠰᠣ ᡳ ᡝᡵᡳᠨ ᡶᠣᡵᡤᠣᠨ ᡳ ᡨᠣᠨ ᡳ ᠪᡳᡨᡥᡝ

daicing gurun i gehungge yoso i erin forgon i ton i bithe

刻本

版框23厘米×18厘米

［0101］存宣统元年（1909）本

［0141］存宣统元年（1909）本

［0150］存宣统元年（1909）本

［0185］存宣统元年（1909）本

［W311.1］存宣统三年（1911）本，民国元年（1912）本各一册

T2161 大清宣统时宪书 满文

ᡩᠠᡳᠴᡳᠩ ᡤᡠᡵᡠᠨ ᡳ ᡤᡝᡥᡠᠩᡤᡝ ᠶᠣᠰᠣ ᡳ ᡝᡵᡳᠨ ᡶᠣᡵᡤᠣᠨ ᡳ ᡨᠣᠨ ᡳ ᠪᡳᡨᡥᡝ

daicing gurun i gehungge yoso i erin forgon i ton i bithe

刻本

版框23厘米×18厘米

四册

存宣统元年（1909）至民国元年（1912）本

［0185］［W313.2］［0701］［0703］

T2162 大清宣统二年时宪书 满文

ᡩᠠᡳᠴᡳᠩ ᡤᡠᡵᡠᠨ ᡳ ᡤᡝᡥᡠᠩᡤᡝ ᠶᠣᠰᠣ ᡳ ᠵᠠᡳ ᠠᠨᡳᠶᠠ ᡝᡵᡳᠨ ᡶᠣᡵᡤᠣᠨ ᡳ ᡨᠣᠨ ᡳ ᠪᡳᡨᡥᡝ

daicing gurun i gehungge yoso i jai aniya erin forgon i ton i bithe

刻本

一册

［W516.1］

T2163 大清宣统时宪书 满文

ᡩᠠᡳᠴᡳᠩ ᡤᡠᡵᡠᠨ ᡳ ᡤᡝᡥᡠᠩᡤᡝ ᠶᠣᠰᠣ ᡳ ᡝᡵᡳᠨ ᡶᠣᡵᡤᠣᠨ ᡳ ᡨᠣᠨ ᡳ ᠪᡳᡨᡥᡝ

daicing gurun i gehungge yoso i erin forgon

i ton i bithe

刻本

存宣统三年（1911）本

［W311.1］

T2164 大清宣统时宪书　满文

daicing gurun i gehungge yoso i erin forgon i ton i bithe

精写本

一册

存宣统二年（1910）本

［0181］

T2165 大清康熙晴雨录　满文

daicing gurun i elhe taifin i galga agaha inenggi ton i bithe

精写本

开本33.6厘米×19.6厘米

八册

《晴雨录》系清代北京及各地观测天气情况的气象记录，每年汇总一册，观测内容有阴、晴、雨、雪、风、雷等项，每日记载十分详细，雨雪按大小划分等次，并记有起止时间，风向分为八个方位。先按月份统计，即每月晴雨（雪）天各有多少，再汇总一年的晴雨（雪）天数。现今北京及各地图书馆、档案馆均藏有不少康熙至宣统朝的《晴雨录》。

存康熙十六年（1677）、十八年（1679）、二十二年（1683）、二十七年（1688）、二十九年（1690）、三十年（1691）、三十一年（1692）、三十九年（1700）本

［0101］

T2166 大清光绪晴雨录　满文

daicing gurun i badarangga doro i galga agaha inenggi ton i bithe

精写本

开本25.1厘米×16.5厘米

五册

存光绪三十年（1904）至三十四年（1908）本

［0185］

T2167 大清宣统晴雨录　满文

daicing gurun i gehungge yoso i galga agaha inenggi ton i bithe

精写本

开本25.2厘米×16.5厘米

一册

存宣统二年（1910）本

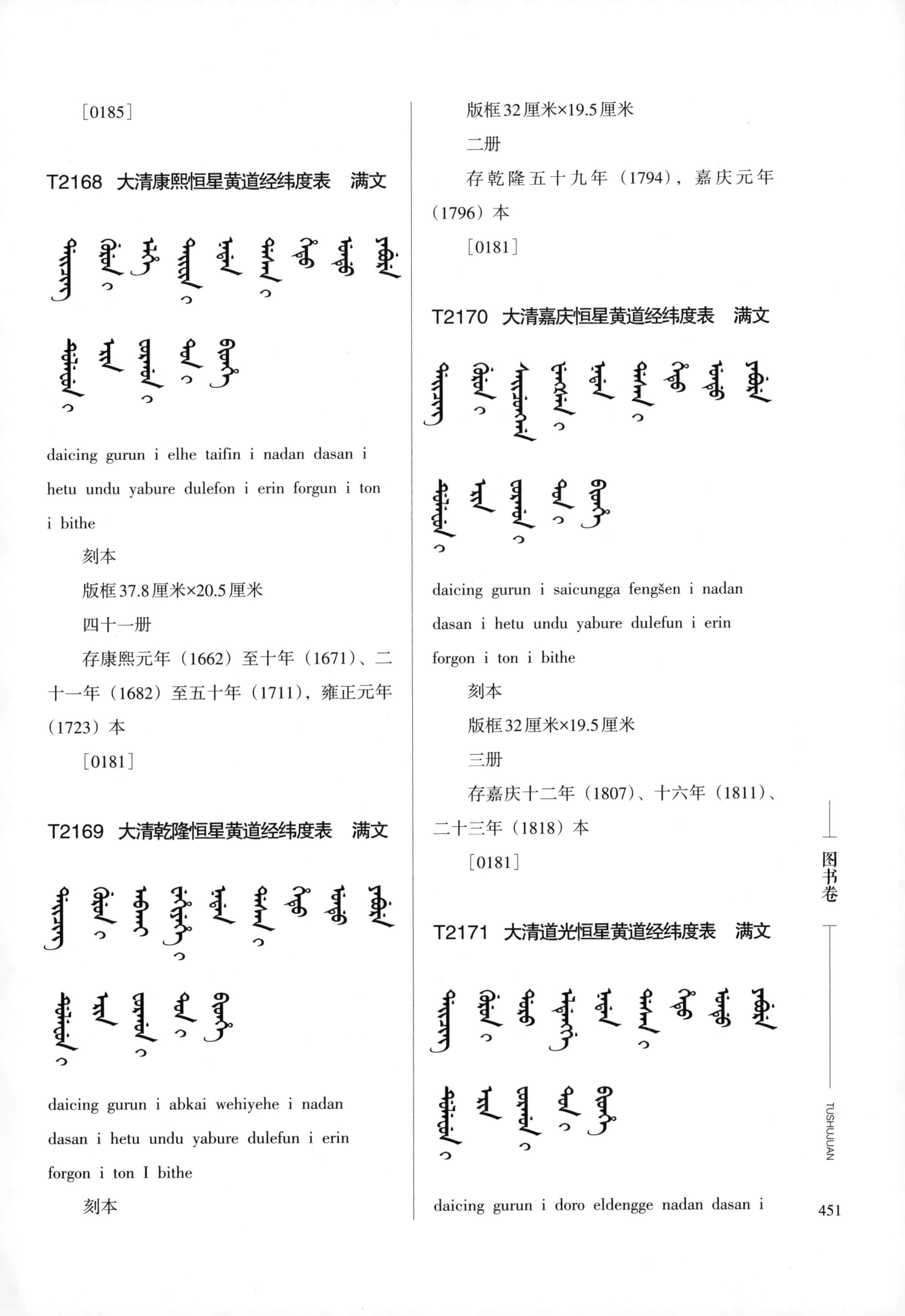

[0185]

T2168 大清康熙恒星黄道经纬度表 满文

daicing gurun i elhe taifin i nadan dasan i hetu undu yabure dulefon i erin forgun i ton i bithe

刻本

版框37.8厘米×20.5厘米

四十一册

存康熙元年（1662）至十年（1671）、二十一年（1682）至五十年（1711），雍正元年（1723）本

[0181]

T2169 大清乾隆恒星黄道经纬度表 满文

daicing gurun i abkai wehiyehe i nadan dasan i hetu undu yabure dulefun i erin forgon i ton I bithe

刻本

版框32厘米×19.5厘米

二册

存乾隆五十九年（1794），嘉庆元年（1796）本

[0181]

T2170 大清嘉庆恒星黄道经纬度表 满文

daicing gurun i saicungga fengšen i nadan dasan i hetu undu yabure dulefun i erin forgon i ton i bithe

刻本

版框32厘米×19.5厘米

三册

存嘉庆十二年（1807）、十六年（1811）、二十三年（1818）本

[0181]

T2171 大清道光恒星黄道经纬度表 满文

daicing gurun i doro eldengge nadan dasan i

hetu undu yabure dulefun i erin forgon i ton i bithe

刻本

五册

存道光元年（1821）、十一年（1831）、十九年（1839）、二十一年（1841）、二十三年（1843）本

[0181] [0185]

T2172 大清光绪恒星黄道经纬度表 满文

daicing gurun i badarangga doro i nadan dasan i hetu undu yabure dulefun i erin forgon i ton i bithe

刻本

版框32.4厘米×19.9厘米

[0181]存光绪二十一年（1895）、二十三年（1897）、二十四年（1898）、二十八年（1902）、三十二年（1906）本 [0185]存光绪二十二年（1896）、三十四年（1908），宣统元年（1909）本 [0703]存五册

T2173 大清宣统恒星黄道经纬度表 满文

daicing gurun i gehungge yoso i nadan dasan i hetu undu yabure dulefun i erin forgon i ton i bithe

刻本

版框32厘米×20厘米

[0181]存宣统元年（1909）至民国元年（1912）本 [0703]存二册

T2174 大清康熙凌犯书 满文

daicing gurun i elhe taifin i biya sunja feten i usiha i gidanara necinere forgon i yargiyan ton i bithe

精写本

开本34.5厘米×20厘米

二十册

本书又名《大清康熙月五星凌犯掩距书》。《清史稿》卷三十七：“天官书言‘相凌为斗’，又云‘七寸以内必之’，谓纬度相迫如交食也。今法，两星相距三分以内为凌，月与星相距十七分以内为凌，俱以相距一度以内为犯，相袭为掩。钦天监每年预推月五星入此限者，缮册进呈，本名《凌犯书》，雍正初年改名《相距书》。”

存康熙二十一年（1682）至三十年（1691）、五十一年（1712）至六十年（1721）本

［0181］

T2175 大清康熙凌犯书 满文

ᡩᠠᡳᠴᡳᠩ ᡤᡠᡵᡠᠨ ᡳ ᡝᠯᡥᡝ ᡨᠠᡳᡶᡳᠨ ᡳ ᠪᡳᠶᠠ ᠰᡠᠨᠵᠠ ᡶᡝᡨᡝᠨ ᡳ ᡠᠰᡳᡥᠠ ᡳ ᡤᡳᡩᠠᠨᠠᡵᠠ
ᠨᡝᠴᡳᠨᡝᡵᡝ ᡶᠣᡵᡤᠣᠨ ᡳ ᠶᠠᡵᡤᡳᠶᠠᠨ ᡨᠣᠨ ᡳ ᠪᡳᡨᡥᡝ

daicing gurun i elhe taifin i biya sunja feten i usiha i gidanara necinere forgon i yargiyan ton i bithe

抄本

一册

存康熙六年（1667）本

［0703］

T2176 大清乾隆相距书 满文

ᡩᠠᡳᠴᡳᠩ ᡤᡠᡵᡠᠨ ᡳ ᠠᠪᡴᠠᡳ ᠸᡝᡥᡳᠶᡝᡥᡝ ᡳ ᠪᡳᠶᠠ ᠰᡠᠨᠵᠠ ᡶᡝᡨᡝᠨ ᡳ ᡠᠰᡳᡥᠠ ᡳ ᡳᠰᡥᡠᠨᡩᡝ
ᠰᠠᠨᡩᠠᠯᠠᠪᡠᡥᠠ ᡝᡵᡳᠨ ᡶᠣᡵᡤᠣᠨ ᡳ ᡨᠣᠨ ᡳ ᠪᡳᡨᡥᡝ

daicing gurun i abkai wehiyehe i biya sunja feten i usiha i ishunde sandalabuha erin forgon i ton i bithe

刻本

版框35厘米×20.6厘米

［0181］存乾隆四年（1739）、三十六年（1771）、四十八年（1783）、五十三年（1788）、五十四年（1789）本［0703］存乾隆五十四年（1789）本

T2177 大清嘉庆相距书 满文

ᡩᠠᡳᠴᡳᠩ ᡤᡠᡵᡠᠨ ᡳ ᠰᠠᡳᠴᡠᠩᡤᠠ ᡶᡝᠩᡧᡝᠨ ᡳ ᠪᡳᠶᠠ ᠰᡠᠨᠵᠠ ᡶᡝᡨᡝᠨ ᡳ ᡠᠰᡳᡥᠠ ᡳ ᡳᠰᡥᡠᠨᡩᡝ
ᠰᠠᠨᡩᠠᠯᠠᠪᡠᡥᠠ ᡝᡵᡳᠨ ᡶᠣᡵᡤᠣᠨ ᡳ ᡨᠣᠨ ᡳ ᠪᡳᡨᡥᡝ

daicing gurun i saicungga fengšen i biya sunja feten i usiha i ishunde sandalabuha erin forgon i ton i bithe

刻本

版框34.7厘米×20.4厘米

一册

存嘉庆二十三年（1818）本

［0181］

T2178 大清道光相距书 满文

ᡩᠠᡳᠴᡳᠩ ᡤᡠᡵᡠᠨ ᡳ ᡩᠣᡵᠣ ᡝᠯᡩᡝᠩᡤᡝ ᡳ ᠪᡳᠶᠠ ᠰᡠᠨᠵᠠ ᡶᡝᡨᡝᠨ ᡳ ᡠᠰᡳᡥᠠ ᡳ ᡳᠰᡥᡠᠨᡩᡝ
ᠰᠠᠨᡩᠠᠯᠠᠪᡠᡥᠠ ᡝᡵᡳᠨ ᡶᠣᡵᡤᠣᠨ ᡳ ᡨᠣᠨ ᡳ ᠪᡳᡨᡥᡝ

daicing gurun i doro eldengge i biya sunja

feten i usiha i ishunde sandalabuha erin forgon i ton i bithe

刻本

版框35厘米×20.2厘米

四册

存道光六年（1826）、八年（1828）、十六年（1836）、二十五年（1845）本

［0181］

T2179 大清咸丰相距书 满文

ᡩᠠᡳᠴᡳᠩ ᡤᡠᡵᡠᠨ ᡳ ᡤᡠᠪᠴᡳ ᡝᠯᡤᡳᠶᡝᠩᡤᡝ ᡳ ᠪᡳᠶᠠ ᠰᡠᠨᠵᠠ ᡶᡝᡨᡝᠨ ᡳ ᡠᠰᡳᡥᠠ ᡳ ᡳᠰᡥᡠᠨᡩᡝ
ᠰᠠᠨᡩᠠᠯᠠᠪᡠᡥᠠ ᡝᡵᡳᠨ ᡶᠣᡵᡤᠣᠨ ᡳ ᡨᠣᠨ ᡳ ᠪᡳᡨᡥᡝ

daicing gurun i gubci elgiyengge i biya sunja feten i usiha i ishunde sandalabuha erin forgon i ton i bithe

刻本

版框35厘米×20.2厘米

一册

存咸丰六年（1856）本

［0181］

T2180 大清光绪相距书 满文

ᡩᠠᡳᠴᡳᠩ ᡤᡠᡵᡠᠨ ᡳ ᠪᠠᡩᠠᡵᠠᠩᡤᠠ ᡩᠣᡵᠣ ᡳ ᠪᡳᠶᠠ ᠰᡠᠨᠵᠠ ᡶᡝᡨᡝᠨ ᡳ ᡠᠰᡳᡥᠠ ᡳ ᡳᠰᡥᡠᠨᡩᡝ
ᠰᠠᠨᡩᠠᠯᠠᠪᡠᡥᠠ ᡝᡵᡳᠨ ᡶᠣᡵᡤᠣᠨ ᡳ ᡨᠣᠨ ᡳ ᠪᡳᡨᡥᡝ

daicing gurun i badarangga doro i biya sunja feten i usiha i ishunde sandalabuha erin forgon i ton i bithe

刻本

版框35厘米×20.2厘米

九册

存光绪十三年（1887）、十六年（1890）至十八年（1892）、二十年（1894）、二十一年（1895）、二十四年（1898）、二十九年（1903）、三十年（1904）本

［0181］

T2181 大清宣统相距书 满文

ᡩᠠᡳᠴᡳᠩ ᡤᡠᡵᡠᠨ ᡳ ᡤᡝᡥᡠᠩᡤᡝ ᠶᠣᠰᠣ ᡳ ᠪᡳᠶᠠ ᠰᡠᠨᠵᠠ ᡶᡝᡨᡝᠨ ᡳ ᡠᠰᡳᡥᠠ ᡳ ᡳᠰᡥᡠᠨᡩᡝ
ᠰᠠᠨᡩᠠᠯᠠᠪᡠᡥᠠ ᡝᡵᡳᠨ ᡶᠣᡵᡤᠣᠨ ᡳ ᡨᠣᠨ ᡳ ᠪᡳᡨᡥᡝ

daicing gurun i gehungge yoso i biya sunja feten i usiha i ishunde sandalabuha erin forgon i ton i bithe

精写本

开本35厘米×20.2厘米

三册

存宣统元年（1909）至三年（1911）本

［0185］

T2182 日食图 满汉合璧

ᡧᡠᠨ ᠪᡝ ᠵᡝᡨᡝᡵᡝᠩᡤᡝ ᠨᡳᡵᡠᡤᠠᠨ

šun be jeterengge nirugan

刻本

版框25.3厘米×13.2厘米

为雍正八年六月初一日（1730年7月15日）日食图。

[W512.1]

T2183 日食图 满汉合璧

ᡧᡠᠨ ᠪᡝ ᠵᡝᡨᡝᡵᡝᠩᡤᡝ ᠨᡳᡵᡠᡤᠠᠨ

šun be jeterengge nirugan

刻本

版框25厘米×13厘米

为乾隆十六年五月初一日（1751年5月25日）日食图。

[W512.1]

T2184 日食图 满汉合璧

ᡧᡠᠨ ᠪᡝ ᠵᡝᡨᡝᡵᡝᠩᡤᡝ ᠨᡳᡵᡠᡤᠠᠨ

šun be jeterengge nirugan

刻本

版框21厘米×12.5厘米

为嘉庆十九年六月初一日（1814年7月17日）日食图。

[W512.1]

T2185 日食图 满汉合璧

ᡧᡠᠨ ᠪᡝ ᠵᡝᡨᡝᡵᡝᠩᡤᡝ ᠨᡳᡵᡠᡤᠠᠨ

šun be jeterengge nirugan

刻本

版框21厘米×13厘米

为嘉庆二十二年四月初一日（1817年5月16日）日食图。

[W512.1]

T2186 日食图 满汉合璧

ᡧᡠᠨ ᠪᡝ ᠵᡝᡨᡝᡵᡝᠩᡤᡝ ᠨᡳᡵᡠᡤᠠᠨ

šun be jeterengge nirugan

刻本

版框21厘米×13厘米

为嘉庆二十二年十月初一日辛未朔（1817年11月9日）日食图。

[W512.3]

T2187 日食图 满汉合璧

ᡧᡠᠨ ᠪᡝ ᠵᡝᡨᡝᡵᡝᠩᡤᡝ ᠨᡳᡵᡠᡤᠠᠨ

šun be jeterengge nirugan

刻本

版框23厘米×15厘米

一函七图

包括光绪十六年五月初一日己巳朔日（1890年6月17日）、光绪二十二年七月初一日甲午朔日（1896年8月9日）、光绪二十四年正月初一日乙酉朔日（1898年1月22日）、光绪二十九年三月初一日丙辰朔日（1903年3月29日）、光绪三十年二月初一日庚戌朔日（1904年3月17日）、光绪三十二年十二月初一日癸亥朔日（1907年1月14日）、宣统元年五月初一日乙酉朔日（1909年6月18日）日食图。

［W313.2］

T2188 日食图 满汉合璧

ᡧᡠᠨ ᠪᡝ ᠵᡝᡨᡝᡵᡝᠩᡤᡝ ᠨᡳᡵᡠᡤᠠᠨ

šun be jeterengge nirugan

刻本

版框20.8厘米×15.8厘米

为光绪二十年三月初一日（1894年4月6日）日食图。

［W313.3］

T2189 日食图 满汉合璧

ᡧᡠᠨ ᠪᡝ ᠵᡝᡨᡝᡵᡝᠩᡤᡝ ᠨᡳᡵᡠᡤᠠᠨ

šun be jeterengge nirugan

精写本

开本28.7厘米×24.9厘米

一册

为光绪三十二年十二月初一日（1907年1月14日）日食图。

［0185］

T2190 月食图 满汉合璧

ᠪᡳᠶᠠ ᠪᡝ ᠵᡝᡨᡝᡵᡝ ᠨᡳᡵᡠᡤᠠᠨ

biya be jetere nirugan

刻本

版框24.9厘米×13厘米

为康熙十年二月十五日（1671年2月25日）月食图。

［W561.1］

T2191 月食图 满汉合璧

ᠪᡳᠶᠠ ᠪᡝ ᠵᡝᡨᡝᡵᡝ ᠨᡳᡵᡠᡤᠠᠨ

biya be jetere nirugan

刻本

版框25厘米×13.5厘米

为雍正八年六月十五日（1730年7月29日）月食图。

［W512.1］

T2192 月食图　满汉合璧

ᠪᡳᠶᠠ ᠪᡝ ᠵᡝᡨᡝᡵᡝ ᠨᡳᡵᡠᡤᠠᠨ

biya be jetere nirugan

刻本

版框25厘米×13厘米

为雍正十年五月十六日（1732年6月8日）月食图。

[W512.1] [W561.1]

T2193 月食图　满汉合璧

ᠪᡳᠶᠠ ᠪᡝ ᠵᡝᡨᡝᡵᡝ ᠨᡳᡵᡠᡤᠠᠨ

biya be jetere nirugan

刻本

版框25厘米×13.5厘米

为雍正十三年三月十五日（1735年4月7日）月食图。

[W512.1] [W565.1]

T2194 月食图　满汉合璧

ᠪᡳᠶᠠ ᠪᡝ ᠵᡝᡨᡝᡵᡝ ᠨᡳᡵᡠᡤᠠᠨ

biya be jetere nirugan

刻本

版框25.3厘米×13.5厘米

为乾隆二年二月十六日（1737年3月16日）月食图。

[W512.1]

T2195 月食图　满汉合璧

ᠪᡳᠶᠠ ᠪᡝ ᠵᡝᡨᡝᡵᡝ ᠨᡳᡵᡠᡤᠠᠨ

biya be jetere nirugan

刻本

版框25厘米×13厘米

为乾隆十八年三月十五日（1753年4月18日）月食图。

[W512.1]

T2196 月食图　满汉合璧

ᠪᡳᠶᠠ ᠪᡝ ᠵᡝᡨᡝᡵᡝ ᠨᡳᡵᡠᡤᠠᠨ

biya be jetere nirugan

刻本

版框20.5厘米×13厘米

为嘉庆二十一年十月十七日（1816年12月5日）月食图。

[W512.1]

T2197 月食图　满汉合璧

ᠪᡳᠶᠠ ᠪᡝ ᠵᡝᡨᡝᡵᡝ ᠨᡳᡵᡠᡤᠠᠨ

biya be jetere nirugan

刻本

一册

为嘉庆二十四年三月十六日戊申望日（1819年4月10日）月食图。

[W512.2] [W512.4]

T2198 月食图 满汉合璧

ᠪᡳᠶᠠ ᠪᡝ ᠵᡝᡨᡝᡵᡝ ᠨᡳᡵᡠᡤᠠᠨ

biya be jetere nirugan

刻本

版框21.5厘米×13厘米

为嘉庆二十四年八月十五日（1819年10月3日）月食图。

［W512.1］

T2199 月食图 满汉合璧

ᠪᡳᠶᠠ ᠪᡝ ᠵᡝᡨᡝᡵᡝ ᠨᡳᡵᡠᡤᠠᠨ

biya be jetere nirugan

刻本

版框21.5厘米×13厘米

为嘉庆二十五年二月十七日（1820年3月30日）月食图。

［W512.1］

T2200 月食图 满汉合璧

ᠪᡳᠶᠠ ᠪᡝ ᠵᡝᡨᡝᡵᡝ ᠨᡳᡵᡠᡤᠠᠨ

biya be jetere nirugan

刻本

版框22.5厘米×13厘米

为道光三年十二月十六日（1824年1月16日）月食图。

［W512.1］

T2201 月食图 满汉合璧

ᠪᡳᠶᠠ ᠪᡝ ᠵᡝᡨᡝᡵᡝ ᠨᡳᡵᡠᡤᠠᠨ

biya be jetere nirugan

刻本

版框21.5厘米×13厘米

道光五年十月十七日庚午（1825年11月26日）

［W512.3］

T2202 月食图 满汉合璧

ᠪᡳᠶᠠ ᠪᡝ ᠵᡝᡨᡝᡵᡝ ᠨᡳᡵᡠᡤᠠᠨ

biya be jetere nirugan

刻本

版框19.8厘米×13厘米

一册

为同治十二年九月十六日（1873年11月5日）月食图。

［0101］［0181］［0185］

T2203 月食图 满汉合璧

ᠪᡳᠶᠠ ᠪᡝ ᠵᡝᡨᡝᡵᡝ ᠨᡳᡵᡠᡤᠠᠨ

biya be jetere nirugan

刻本

版框18.6厘米×13厘米

六册

包括光绪七年十月十五日（1881年12月

6日）、光绪十三年正月十六日（1887年2月8日）、光绪十三年六月十五日（1887年8月4日）、光绪十五年六月十六日（1889年7月13日）、光绪十六年十月十五日（1890年11月26日）、光绪二十八年三月十六日（1902年4月23日）月食图。

［0101］

T2204 月食图 满汉合璧

ᠪᡳᠶᠠ ᠪᡝ ᠵᡝᡨᡝᡵᡝ ᠨᡳᡵᡠᡤᠠᠨ

biya be jetere nirugan

刻本

版框23厘米×14厘米

十幅

包括光绪十一年二月十五日乙酉望日（1885年3月31日）、光绪十三年正月十六日甲辰望日（1887年2月8日）、光绪十三年十二月十七日乙亥望日（1888年1月29日）、光绪十五年六月十六日庚寅望日（1889年7月13日）、光绪十七年四月十七日庚戌望日（1891年5月24日）、光绪二十年二月十五日壬戌望日（1894年3月21日）、光绪二十二年正月十七日壬子望日（1896年2月29日）、光绪二十四年五月十六日戊辰望日（1898年7月4日）、光绪二十四年十一月十六日乙丑望日（1898年12月28日）、宣统元年十月十五日辛卯望日（1909年11月27日）月食图。

［W313.2］

T2205 天主历数 满汉合璧

ᡨᡳᠶᠠᠨ ᠵᡠ ᠯᡳ ᡧᡠ ᠪᡳᡨᡥᡝ☆

tian ju li šu bithe

抄本

开本24.4厘米×19.1厘米

一册

本书前一部分为康熙朝杨光先、南怀仁等关于历书争议之奏疏，后附两篇关于天主教问题的文章。

［0168］

十三、医药卫生

T2206 医疗通书三卷 满文

ᠣᠯᡥᠣᠷᠣ ᠪᠠᡳᡨᠠᡳ ᡩᠠᠰᠠᡵᠠ ᡥᠠᠴᡳᠨ ᠪᡝ ᡥᠠᡶᡠᠮᠪᡠᡵᡝ ᠪᡳᡨᡥᡝ

olhoro baitai dasara hacin be hafumbure bithe

顺治年间刻本

版框19.7厘米×14.5厘米

六册

此书又名《医药治疗通书》。

［0181］［W512.3］

T2207 普济杂方 满蒙藏汉合璧

ᡦᡠ ᠵᡳ ᡯᠠ ᡶᠠᠩ

pu ji dza fang

高世格 撰

同治十一年（1872）刻本

页面21.4厘米×12.3厘米

一册

高世格系御前行走阿拉善旗副都统，通蒙古汉文。他从各种汉药方内择取治疗杂病有效的药方译为蒙古文，又另请人将汉方译为满文，刊刻成书。

本书为一部药方手册，收集了治疗、预防各种常见疾病的药方，全书中草药名称用蒙古文、藏文和汉文书写，汉文旁有满文注音。

［W561.1］

T2208 普济杂方 蒙汉满合璧

ᡦᡠ ᠵᡳ ᡯᠠ ᡶᠠᠩ

pu ji dza fang

高世格 编译

同治十二年（1873）刻本

版框27.5厘米×15厘米

一册

［W313.2］［W561.1］

T2209 普济杂方 满文

ᡦᡠ ᠵᡳ ᡯᠠ ᡶᠠᠩ

pu ji dza fang

刻本

版框21.4厘米×12.3厘米

一册

本书系同治十二年（1873）据汉文本译出。

［W561.1］

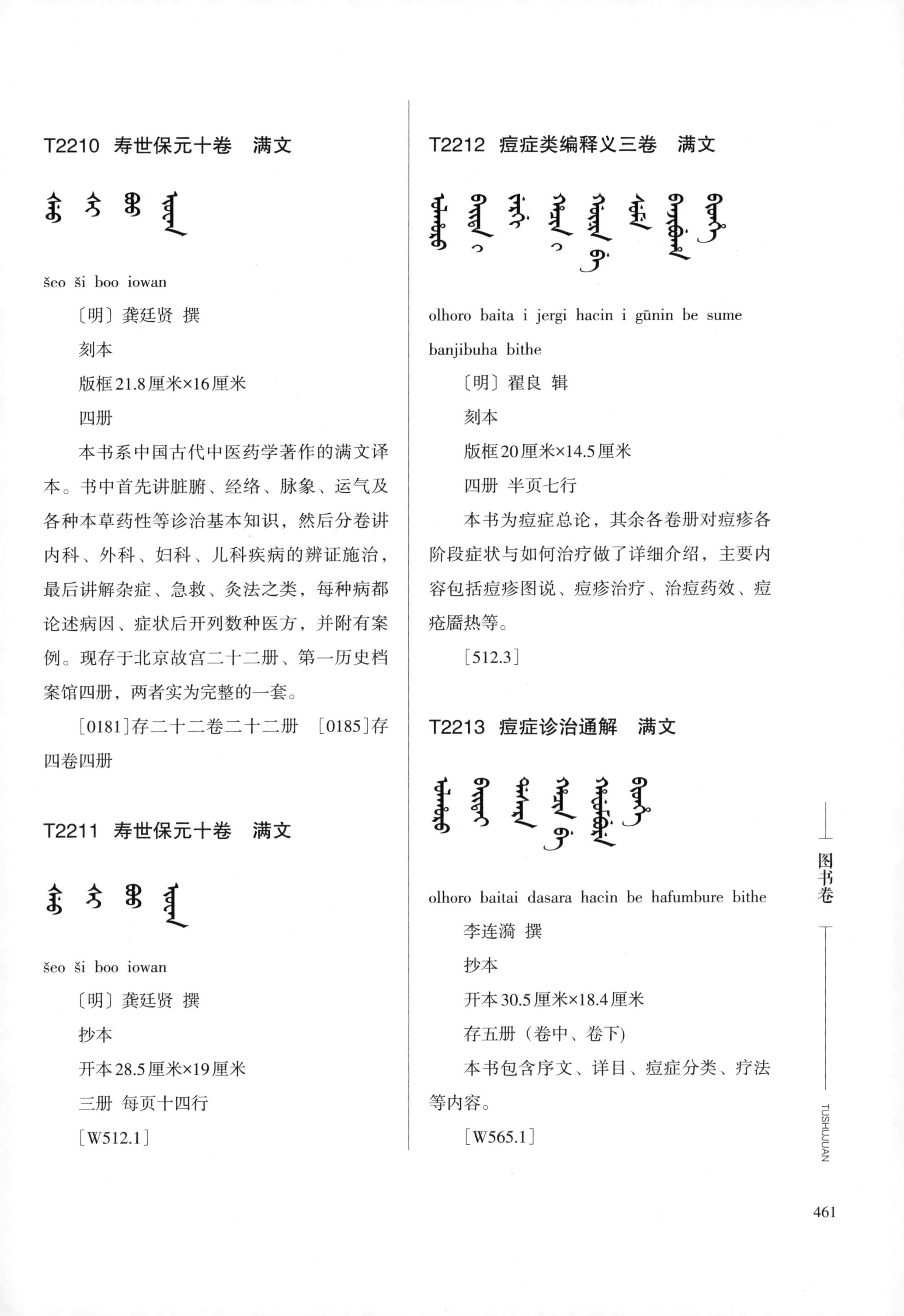

T2210 寿世保元十卷　满文

šeo ši boo iowan

〔明〕龚廷贤 撰

刻本

版框21.8厘米×16厘米

四册

本书系中国古代中医药学著作的满文译本。书中首先讲脏腑、经络、脉象、运气及各种本草药性等诊治基本知识，然后分卷讲内科、外科、妇科、儿科疾病的辨证施治，最后讲解杂症、急救、灸法之类，每种病都论述病因、症状后开列数种医方，并附有案例。现存于北京故宫二十二册、第一历史档案馆四册，两者实为完整的一套。

[0181]存二十二卷二十二册　[0185]存四卷四册

T2211 寿世保元十卷　满文

šeo ši boo iowan

〔明〕龚廷贤 撰

抄本

开本28.5厘米×19厘米

三册 每页十四行

[W512.1]

T2212 痘症类编释义三卷　满文

olhoro baita i jergi hacin i gūnin be sume banjibuha bithe

〔明〕翟良 辑

刻本

版框20厘米×14.5厘米

四册 半页七行

本书为痘症总论，其余各卷册对痘疹各阶段症状与如何治疗做了详细介绍，主要内容包括痘疹图说、痘疹治疗、治痘药效、痘疮餍热等。

[512.3]

T2213 痘症诊治通解　满文

olhoro baitai dasara hacin be hafumbure bithe

李连漪 撰

抄本

开本30.5厘米×18.4厘米

存五册（卷中、卷下）

本书包含序文、详目、痘症分类、疗法等内容。

[W565.1]

T2214 痘疹药书二卷 满文

olhoro baitai dasara hacin be hafumbure bithe

李连漪 撰

抄本

开本28厘米×19厘米

存二册 半页八行

本书第一册七十四页包括前言、目录、《痘症诊治通解》与《痘症诊治要总》。第二册七十页，包括前言、目录、各种疾病治疗方法及各种药物的分类用法等。

［W512.1］

T2215 痘疹药书二卷 满文

olhoro baitai dasara hacin be hafumbure bithe

开本27.5厘米×18.8厘米

［W565.1］

T2216 重订引痘新法 满文

道光二十八年（1848）抄本（复印件）

一册（十四页）

{W512.1}

T2217 关于根除天花的谈话 满文

抄本

一册（六十九页）

{W512.1}

T2218 治疗法 满文

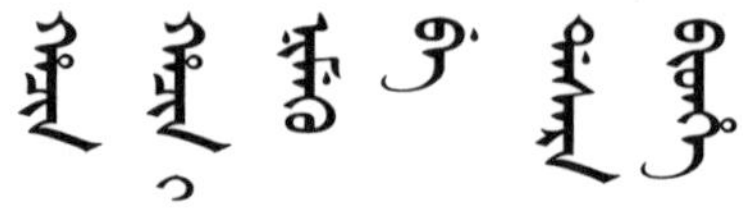

hacin hacin i nimeku be dasara bithe

抄本

开本26.3厘米×19.7厘米

一册

本书附有图。

［0601］

T2219 保产达生篇三卷 满汉合璧

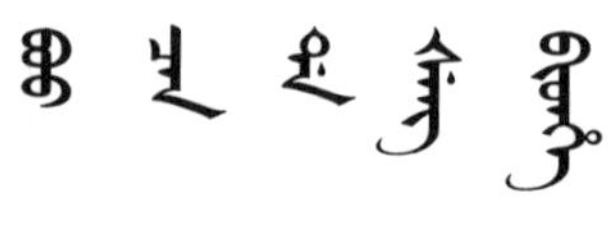

boo can da šeng bithe

刻本

版框18厘米×14.5厘米

一册 半页八行

线装

本书为《达生篇》的满文译本，对保胎、小产、产后、胎死腹中等情况做了论述，并详细介绍加味芎归汤、佛手散、平胃散、生化汤、安胎散、安胎银苎酒、当归补血汤、通脉汤等方剂的制作方法和主治疗效。

［W512.1］

T2220 西洋药书　满文

ᠰᡳ ᠶᠠᠩ ᠨᡳ ᠣᡴᡨᠣ ᡳ ᠪᡳᡨᡥᡝ

si yang ni okto i bithe

康熙年间内务府袖珍写本

开本9.8厘米×7.7厘米

四册

本书系以满文编成的西医药学著作。书中列有金鸡纳药、治伤膏药、眼药、巴思地略等四十种药及其使用方法。

[0181]

T2221 王叔和脉诀一卷　满文

ᠸᠠᠩ ᡧᡠ ᡥᠣ ᠮᡝ ᡤᡳᠣᠸᡝ

wang šu ho me giowe

〔晋〕王叔和 编撰

精写本

开本22厘米×16.2厘米

四册

作者王叔和，西晋山东高平人，官至太医令，生卒无考。

本书系中国古代医学著作的满文译本，全书用押尾韵的歌诀形式表达，歌诀用大号字，后附小号字注释。首卷论脉的总纲，二卷为有关内脏的脉诀，三卷为手脉的脉诀，四卷为总论七表八里脉图。全书附有多种图表。

[0181]

T2222 王叔和脉诀一卷　满文

ᠸᠠᠩ ᡧᡠ ᡥᠣ ᠮᡝ ᡤᡳᠣᠸᡝ

wang šu ho me giowe

〔晋〕王叔和 编撰

晒印本

四册

据故宫藏抄本晒印

[0101]

T2223 脉诀　满文

ᠮᡝ ᡤᡳᠣᠸᡝ

me giowe

〔宋〕刘开 撰

抄本

一册（七十五页）

刘开，字立之，号复真先生，精于脉学，著有《脉诀》《万脉举要》等书。《脉诀》又名《刘三点脉诀》《复真刘三点先生脉诀》。

[W512.1]

T2224 脉论　满文

ᠣᡴᡨᠣᠰᡳ ᡳ ᠪᡳᡨᡥᡝ

oktosi i bithe

〔宋〕刘开 撰

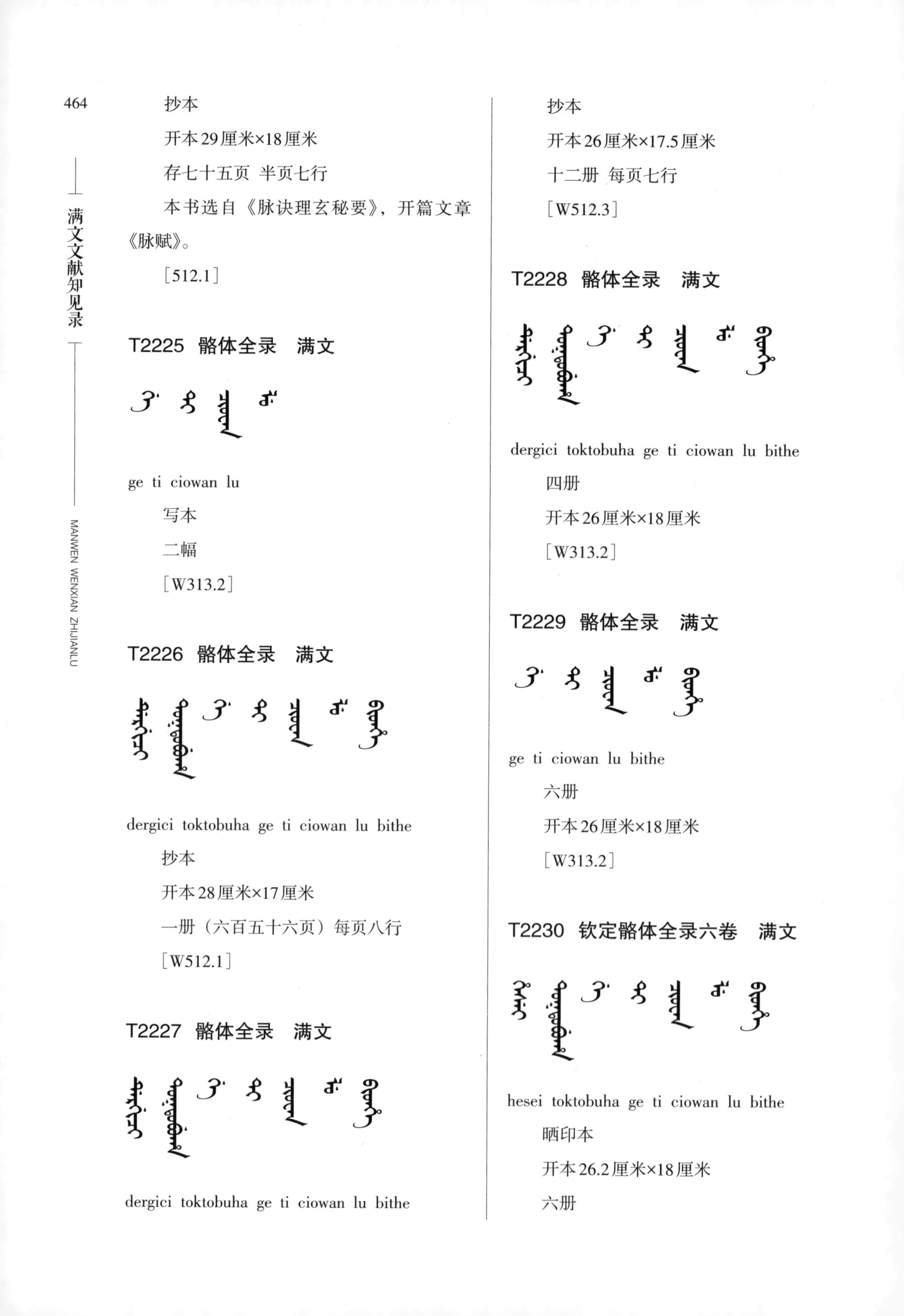

抄本

开本29厘米×18厘米

存七十五页 半页七行

本书选自《脉诀理玄秘要》，开篇文章《脉赋》。

[512.1]

T2225 骼体全录 满文

ge ti ciowan lu

写本

二幅

[W313.2]

T2226 骼体全录 满文

dergici toktobuha ge ti ciowan lu bithe

抄本

开本28厘米×17厘米

一册（六百五十六页）每页八行

[W512.1]

T2227 骼体全录 满文

dergici toktobuha ge ti ciowan lu bithe

抄本

开本26厘米×17.5厘米

十二册 每页七行

[W512.3]

T2228 骼体全录 满文

dergici toktobuha ge ti ciowan lu bithe

四册

开本26厘米×18厘米

[W313.2]

T2229 骼体全录 满文

ge ti ciowan lu bithe

六册

开本26厘米×18厘米

[W313.2]

T2230 钦定骼体全录六卷 满文

hesei toktobuha ge ti ciowan lu bithe

晒印本

开本26.2厘米×18厘米

六册

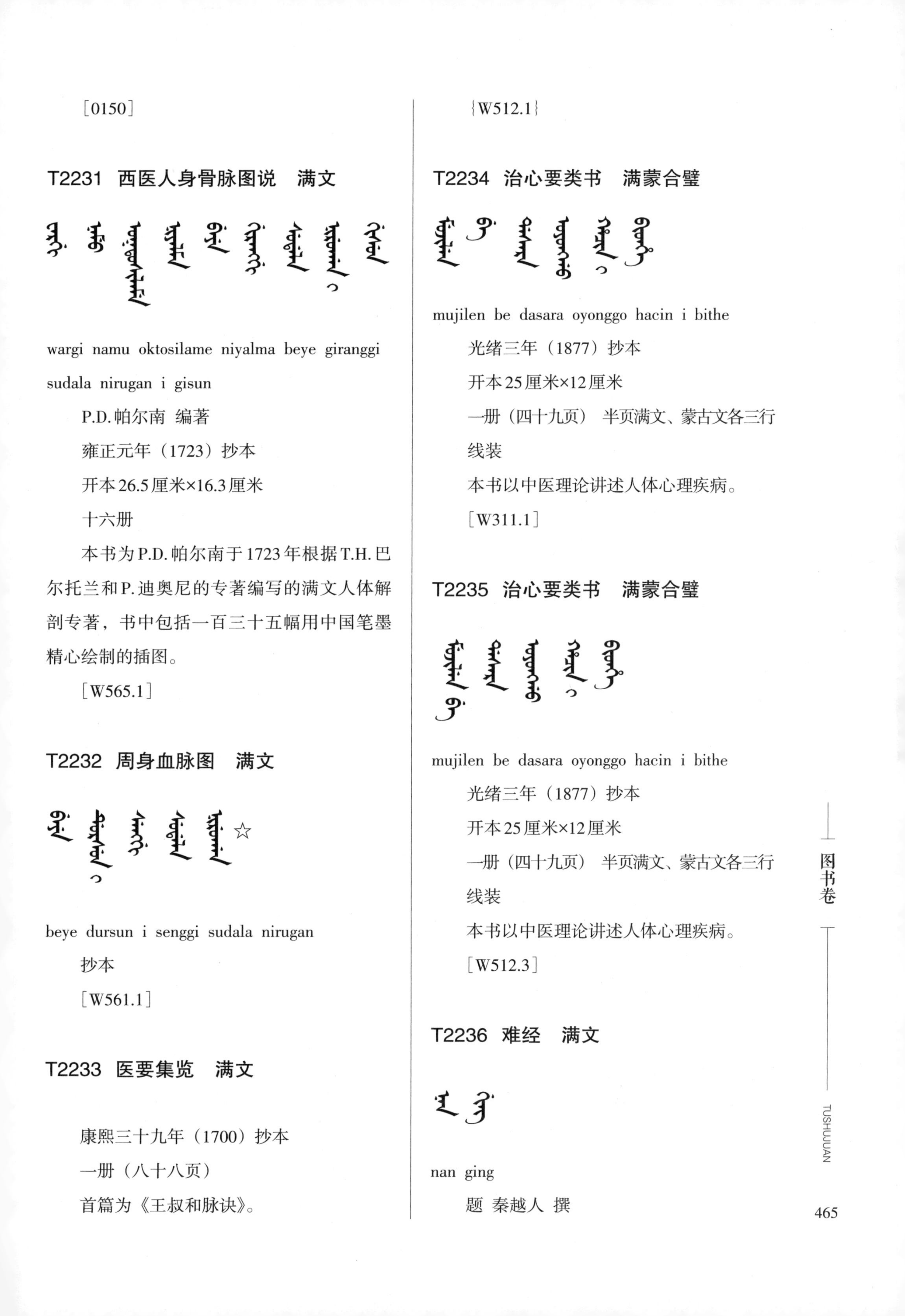

［0150］

T2231 西医人身骨脉图说 满文

wargi namu oktosilame niyalma beye giranggi sudala nirugan i gisun

P.D.帕尔南 编著

雍正元年（1723）抄本

开本26.5厘米×16.3厘米

十六册

本书为P.D.帕尔南于1723年根据T.H.巴尔托兰和P.迪奥尼的专著编写的满文人体解剖专著，书中包括一百三十五幅用中国笔墨精心绘制的插图。

［W565.1］

T2232 周身血脉图 满文

☆

beye dursun i senggi sudala nirugan

抄本

［W561.1］

T2233 医要集览 满文

康熙三十九年（1700）抄本

一册（八十八页）

首篇为《王叔和脉诀》。

｛W512.1｝

T2234 治心要类书 满蒙合璧

mujilen be dasara oyonggo hacin i bithe

光绪三年（1877）抄本

开本25厘米×12厘米

一册（四十九页） 半页满文、蒙古文各三行

线装

本书以中医理论讲述人体心理疾病。

［W311.1］

T2235 治心要类书 满蒙合璧

mujilen be dasara oyonggo hacin i bithe

光绪三年（1877）抄本

开本25厘米×12厘米

一册（四十九页） 半页满文、蒙古文各三行

线装

本书以中医理论讲述人体心理疾病。

［W512.3］

T2236 难经 满文

nan ging

题 秦越人 撰

抄本

二册

［W512.1］

T2237 难经脉诀四卷　满文

nan ging me giowe

抄本

开本29.2厘米×17.8厘米

四册

［0101］

T2238 热症治疗　满文

抄本

一册（七十二页）

［W512.1］

T2239 热病赋一卷　满文

harkasi fu

二册

开本30.5厘米×18.4厘米

［W565.1］

T2240 妇科学　满文

抄本

一册（三十三页）

｛W512.1｝

T2241 针灸穴位　满文

抄本

一册（五十二页）

｛W512.1｝

T2242 针灸奇技　满文

sabsire suiha sindara werguwacuke arga

抄本

开本47厘米×27厘米

一册 半页十一行

线装

［W512.1］

T2243 翻译针灸书　满文

sabsire suiha sindara bithe

抄本

开本38厘米×22厘米

二册 半页十二行

线装

本书是一部有关传统中医针灸疗法的介绍，主要对五种常见病症——牙痛、咳嗽与呼吸困难、手足疼痛、多汗、手脚冰凉出汗的成因进行解释，并配以治疗方案及穴位

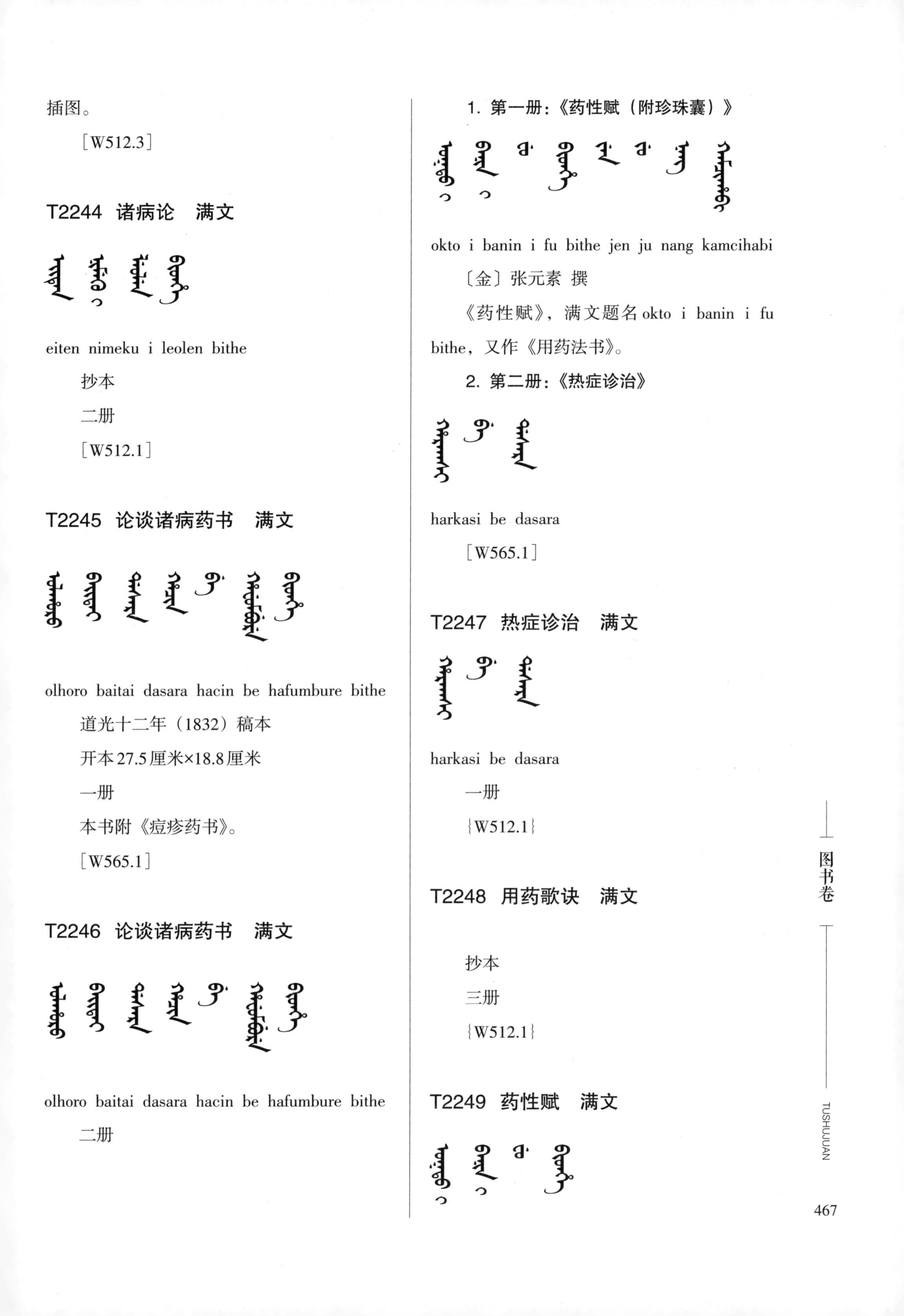

插图。

［W512.3］

T2244 诸病论 满文

eiten nimeku i leolen bithe

抄本

二册

［W512.1］

T2245 论谈诸病药书 满文

olhoro baitai dasara hacin be hafumbure bithe

道光十二年（1832）稿本

开本27.5厘米×18.8厘米

一册

本书附《痘疹药书》。

［W565.1］

T2246 论谈诸病药书 满文

olhoro baitai dasara hacin be hafumbure bithe

二册

1. 第一册：《药性赋（附珍珠囊）》

okto i banin i fu bithe jen ju nang kamcihabi

〔金〕张元素 撰

《药性赋》，满文题名okto i banin i fu bithe，又作《用药法书》。

2. 第二册：《热症诊治》

harkasi be dasara

［W565.1］

T2247 热症诊治 满文

harkasi be dasara

一册

{W512.1}

T2248 用药歌诀 满文

抄本

三册

{W512.1}

T2249 药性赋 满文

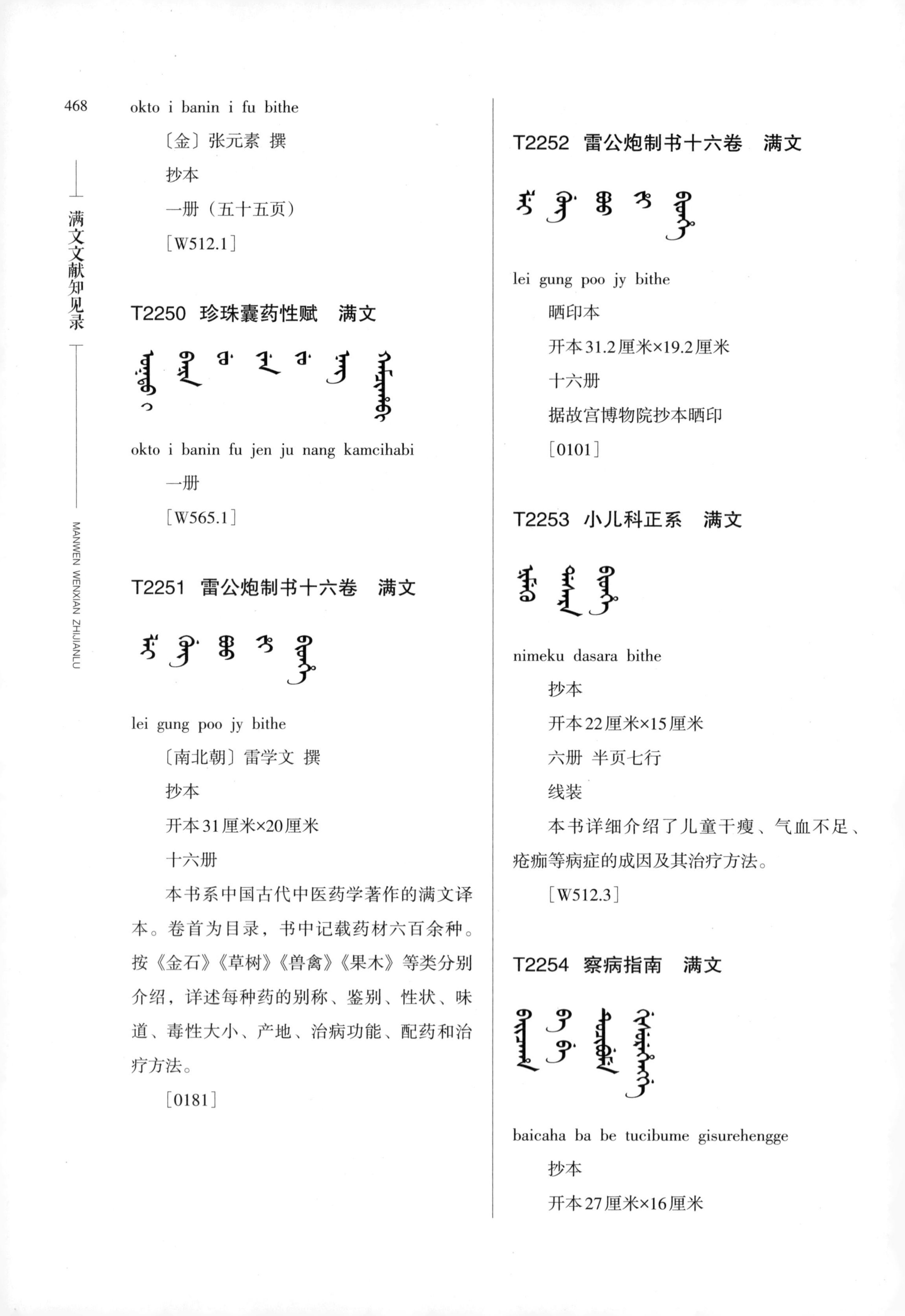

okto i banin i fu bithe

〔金〕张元素 撰

抄本

一册（五十五页）

［W512.1］

T2250 珍珠囊药性赋 满文

okto i banin fu jen ju nang kamcihabi

一册

［W565.1］

T2251 雷公炮制书十六卷 满文

lei gung poo jy bithe

〔南北朝〕雷学文 撰

抄本

开本31厘米×20厘米

十六册

本书系中国古代中医药学著作的满文译本。卷首为目录，书中记载药材六百余种。按《金石》《草树》《兽禽》《果木》等类分别介绍，详述每种药的别称、鉴别、性状、味道、毒性大小、产地、治病功能、配药和治疗方法。

［0181］

T2252 雷公炮制书十六卷 满文

lei gung poo jy bithe

晒印本

开本31.2厘米×19.2厘米

十六册

据故宫博物院抄本晒印

［0101］

T2253 小儿科正系 满文

nimeku dasara bithe

抄本

开本22厘米×15厘米

六册 半页七行

线装

本书详细介绍了儿童干瘦、气血不足、疮痂等病症的成因及其治疗方法。

［W512.3］

T2254 察病指南 满文

baicaha ba be tucibume gisurehengge

抄本

开本27厘米×16厘米

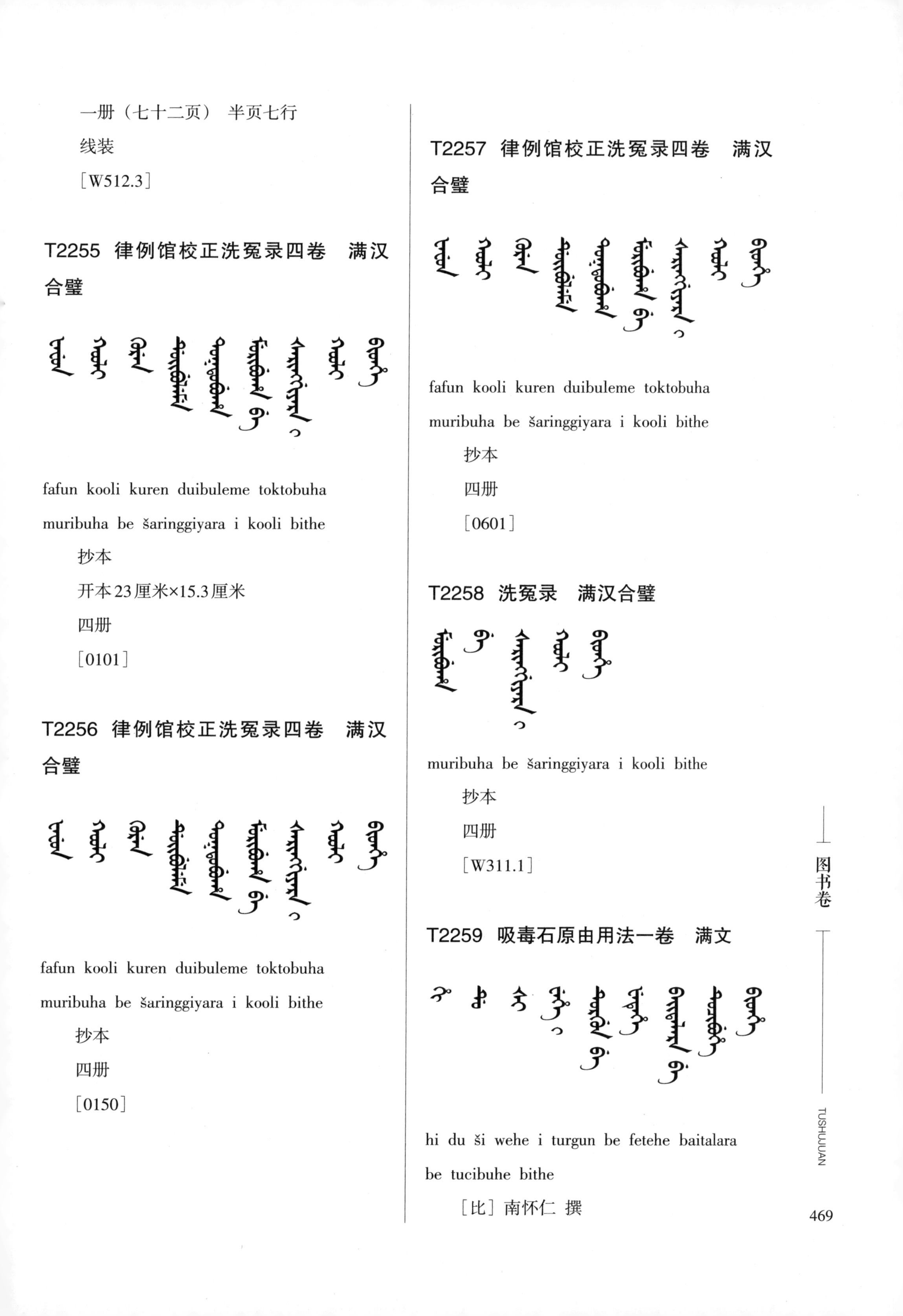

一册（七十二页） 半页七行

线装

［W512.3］

T2255 律例馆校正洗冤录四卷 满汉合璧

fafun kooli kuren duibuleme toktobuha muribuha be šaringgiyara i kooli bithe

抄本

开本23厘米×15.3厘米

四册

［0101］

T2256 律例馆校正洗冤录四卷 满汉合璧

fafun kooli kuren duibuleme toktobuha muribuha be šaringgiyara i kooli bithe

抄本

四册

［0150］

T2257 律例馆校正洗冤录四卷 满汉合璧

fafun kooli kuren duibuleme toktobuha muribuha be šaringgiyara i kooli bithe

抄本

四册

［0601］

T2258 洗冤录 满汉合璧

muribuha be šaringgiyara i kooli bithe

抄本

四册

［W311.1］

T2259 吸毒石原由用法一卷 满文

hi du ši wehe i turgun be fetehe baitalara be tucibuhe bithe

［比］南怀仁 撰

抄本

开本27厘米×16厘米

一册

本书是最早记载吸毒石产生、用法和疗效的医学著作，吸毒石是“西洋药物进入中国的先声”，据吴震方《岭南杂记》载：“吸毒石，乃西洋岛中毒蛇脑中石也。大如扁豆，能吸一切肿毒，即发背亦可治。今货者，乃土人捕此蛇，依土和肉，捣成围棋子大，可吸寻常肿毒及蜈蚣、蛇、蝎所伤，以置患处，黏吸不动，毒尽自脱。亟以人乳浸之，否则石裂矣。乳变绿色，着人畜亦毒，宜远弃之。一石可用数次。真脑石置蛇头不动为验。”可知吸毒石或产生于蛇头或以蛇肉与本地之土合成，对于治疗毒伤、脓疮具有神奇疗效。

［W565.1］

T2260 医药集贤 满文

ᡩᠠᠰᠠᡵᠠ ᠣᠶᠣᠩᡤᠣ ᠪᡝ ᡳᠰᠠᠪᡠᡥᠠ ᠪᡳᡨᡥᡝ

dasara oyonggo be isabuha bithe

〔晋〕王叔和 撰

抄本

一册（八十八页） 半页七行

［W512.1］

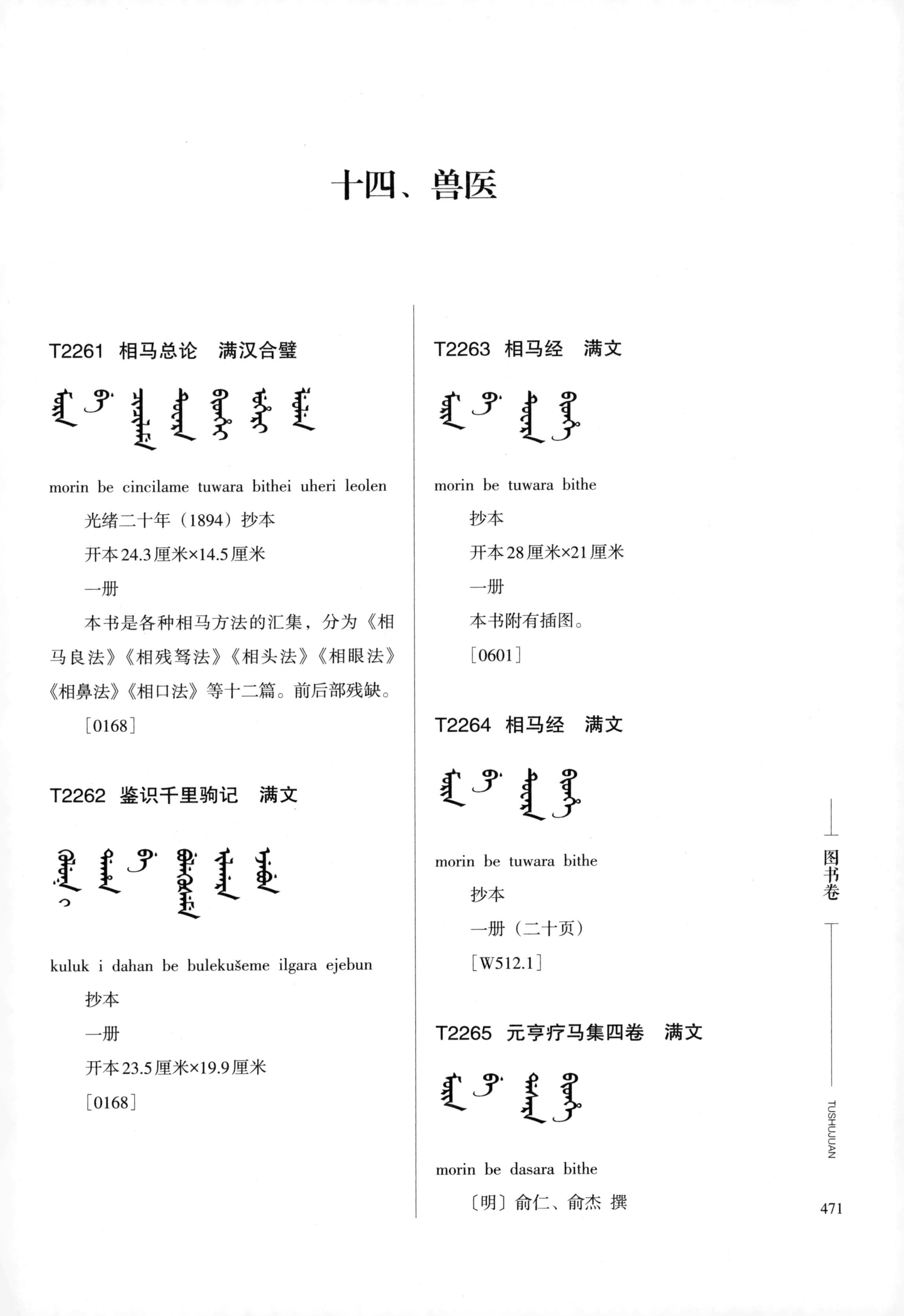

十四、兽医

T2261 相马总论 满汉合璧

morin be cincilame tuwara bithei uheri leolen

光绪二十年（1894）抄本

开本24.3厘米×14.5厘米

一册

本书是各种相马方法的汇集，分为《相马良法》《相残驽法》《相头法》《相眼法》《相鼻法》《相口法》等十二篇。前后部残缺。

［0168］

T2262 鉴识千里驹记 满文

kuluk i dahan be bulekušeme ilgara ejebun

抄本

一册

开本23.5厘米×19.9厘米

［0168］

T2263 相马经 满文

morin be tuwara bithe

抄本

开本28厘米×21厘米

一册

本书附有插图。

［0601］

T2264 相马经 满文

morin be tuwara bithe

抄本

一册（二十页）

［W512.1］

T2265 元亨疗马集四卷 满文

morin be dasara bithe

〔明〕俞仁、俞杰 撰

抄本

开本30厘米×19.9厘米

三册

此书原著录为《马经》，原名《疗马集》。作者为安徽六安人，著名兽医学家。此书于明万历三十六年（1608）刊印，内容丰富，疗法细致，集古代兽医之大成，是流传极广的古代兽医学经典之作。

本书系治疗和保养马匹的兽医学著作，分《春》《夏》《秋》《冬》四卷。《春》卷包括号脉歌、察颜歌、诊痛论、岁齿论等；《夏》卷包括诊治马腿、肠、肚、舌等七十二种疾病的方法，并论述病因及配药法；《秋》卷包括诊治寒、热、虚、胀等八种病症的方法及灌药法；《冬》卷包括试马良法、喂养必知等内容。每卷各配有若干幅示意图。

［0185］

T2266 马经全书八卷 满文

ᠮᠣᡵᡳᠨ ᡳ ᡤᡳᠩ ᠨᡳ ᠶᠣᠩᡴᡳᠶᠠᡥᠠ ᠪᡳᡨᡥᡝ

morin i ging ni yongkiyaha bithe

抄本

开本24厘米×15.5厘米

八册

此书即《元亨疗马集》。

［0181］

T2267 马经全书八卷 满文

ᠮᠣᡵᡳᠨ ᡳ ᡤᡳᠩ ᠨᡳ ᠶᠣᠩᡴᡳᠶᠠᡥᠠ ᠪᡳᡨᡥᡝ

morin i ging ni yongkiyaha bithe

晒印本

八册

据故宫藏抄本晒印

［0101］

十五、水利工程

T2268 治河方略十六卷　满文

ᠪᡳᡵᠠ ᡩᠠᠰᠠᡥᠠ ᠠᡵᡤᠠ ᠪᠣᡩᠣᡤᠣᠨ ᡳ ᠪᡳᡨᡥᡝ

bira dasaha arga bodogon i bithe

康熙年间抄本

开本28.9厘米×17.8厘米

存十一卷十一册

现存卷中，卷一载康熙二十三年至二十五年（1684—1686）治河事；卷三至卷八载康熙三十一年至四十四年（1692—1705）治河事；卷十载江南、黄河事类；卷十一载淮河事类；卷十二载直隶、山东、江南、浙江运河事类；卷十五为《河道铨选官员则例》。

［0101］

T2269 治河方略　满文

ᠪᡳᡵᠠ ᡩᠠᠰᠠᡥᠠ ᠠᡵᡤᠠ ᠪᠣᡩᠣᡤᠣᠨ ᡳ ᠪᡳᡨᡥᡝ

bira dasaha arga bodogon i bithe

康熙年间抄本

开本32.6厘米×20.5厘米

存六卷六册

现存卷中，卷一载康熙元年至六年（1662—1668）治河事；卷三至卷七载康熙九年至三十年（1670—1691）治河事。

［0101］

十六、综合

T2270 七本头 满汉合璧

ᠴᡳ ᠪᡝᠨ ᡨᡝᠣ ᠪᡳᡨᡥᡝ

ci ben teo bithe

和素 辑译

康熙年间刻本

版框16.5厘米×11.2厘米

七册

本书内容包括《黄石公素书》《菜根谭》《孝经》《御制三角形论》《理性一则》《醒世要言》《潘氏总论》等七种。

[0101][0150][0185][0601]存一册

[W313.2][W516.1]

T2271 七本头 满汉合璧

ᠴᡳ ᠪᡝᠨ ᡨᡝᠣ ᠪᡳᡨᡥᡝ

ci ben teo bithe

和素 辑译

抄本

开本21.5厘米×18.5厘米

七册

[0101][0150][0201][0703][W313.2]

[W313.3][W712.2]

T2272 满汉文四种 满汉合璧

ᠮᠠᠨᠵᡠ ᠨᡳᡴᠠᠨ ᡥᡝᡵᡤᡝᠨ ᡳ ᡩᡠᡳᠨ ᡥᠠᠴᡳᠨ

manju nikan hergen i duin hacin

光绪四年（1878）八旗官学刻本

版框19厘米×12.5厘米

四册

本书系清代官修的满汉文初级教材。内容包括《满汉合璧四十条》《三字孝经》《清汉对音十二字头》《初学津梁》等四种。

[0150]

T2273 清汉文四种 满汉合璧

ᠮᠠᠨᠵᡠ ᠨᡳᡴᠠᠨ ᠪᡳᡨᡥᡝ ᡳ ᡩᡠᡳᠨ ᡥᠠᠴᡳᠨ

manju nikan bithe i duin hacin

抄本

开本23.2厘米×14.3厘米

七册

本书包括清汉奏折、公文、函件等，为陕甘总督长龄于嘉庆二十四年（1819）所作。

[0703]

T2274 满文书七种　满汉合璧

ᠮᠠᠨᠵᡠ ᠪᡳᡨᡥᡝ ᠨᠠᡩᠠᠨ ᡥᠠᠴᡳᠨ

manju bithe nadan hacin

精写本

开本25厘米×17厘米

七册

本书包括《宗约歌引》《戒忤逆》《闺戒》《庭训要语》《小儿语》《续小儿语》《女小儿语》等七种。

［0703］

T2275 满文七种　满汉合璧

ᠮᠠᠨᠵᡠ ᡥᡝᡵᡤᡝᠨ ᡳ ᠪᡳᡨᡥᡝ ᠨᠠᡩᠠᠨ ᡥᠠᠴᡳᠨ ☆

manju hergen i bithe nadan hacin

抄本

开本18.2厘米×13.2厘米

十册

本书包括《御制翻译日知荟说》《易经成语》《书经成语》《潘氏总论》《诗经成语》《圣谕广训》《净业文》等七种。

［0703］

T2276 满汉文七种　满汉合璧

ᠮᠠᠨᠵᡠ ᠨᡳᡴᠠᠨ ᡥᡝᡵᡤᡝᠨ ᡳ ᠪᡳᡨᡥᡝ ᠨᠠᡩᠠᠨ ᡥᠠᠴᡳᠨ ☆

manju nikan hergen i bithe nadan hacin

抄本

开本23.9厘米×14.3厘米

十二册

本书包括《训谕八旗简明语》《清文规范》《箇条》《十条》《子然编著四十条》《六十条》《清文启蒙》等七种。

［0641］

T2277 满汉文八种　满汉合璧

ᠮᠠᠨᠵᡠ ᠨᡳᡴᠠᠨ ᡥᡝᡵᡤᡝᠨ ᡳ ᠵᠠᡴᡡᠨ ᡥᠠᠴᡳᠨ

manju nikan hergen i jakūn hacin

广州将军衙门 辑

光绪二十五年（1899）京都翻译书坊刻本

版框19厘米×13.5厘米

八册

本书系清代官修的一套满汉文初级教材，内容包括《三字经》《戒赌十条》《四十头》《初学津梁》《行军纪律》《军令四十则》《八旗箴》《清文接字》等八种。

［0150］

T2278 满汉文八种　满汉合璧

ᠮᠠᠨᠵᡠ ᠨᡳᡴᠠᠨ ᡥᡝᡵᡤᡝᠨ ᡳ ᠵᠠᡴᡡᠨ ᡥᠠᠴᡳᠨ

manju nikan hergen i jakūn hacin

广州将军衙门 辑

精写本

开本19厘米×14.6厘米

八册

［0703］

T2279 杂文十三种　满汉合璧

ᡯᠠ ᠸᡝᠨ ᠪᡳᡨᡥᡝ ᠵᡠᠸᠠᠨ ᡳᠯᠠᠨ ᡥᠠᠴᡳᠨ ☆

dza wen bithe juwan ilan hacin

抄本

开本25厘米×17.5厘米

十二册

本书内容包括《圣谕广训》《话条》《三字经》《清文指要》《陋室铭》《奏折稿》《清汉辨音杂字》《文昌帝君阴骘文》《朱夫子家训》《康熙御制清平词》等。

［0102］

T2280 长物志十一卷　满文

ᠵᠠᡴᠠ ᠪᡝ ᠪᠠᡩᠠᡵᠠᠮᠪᡠᡵᡝ ᠪᡳᡨᡥᡝ

jaka be badarambure bithe

〔明〕文震亨 撰

抄本

开本27.8厘米×17.3厘米

二册

作者文震亨，江苏吴县人，生卒无考。

本书系我国古代著名园林学著作，书前有吴兴沈春哲序言，简评此书之要旨。全书内容为建造园林、园艺及室内陈列等项事宜。书分十一卷，卷目为《室庐》《花木》《水石》《禽鱼》《书画》《几榻》《器具》《舟车》《陈列》《蔬果》《香茗》。据考，汉文本分十二类，《衣饰》一卷满文本未译。

［0181］

T2281 长物志十一卷　满文

ᠵᠠᡴᠠ ᠪᡝ ᠪᠠᡩᠠᡵᠠᠮᠪᡠᡵᡝ ᠪᡳᡨᡥᡝ

jaka be badarambure bithe

〔明〕文震亨 撰

晒印本

二册

据故宫藏抄本晒印

［0101］

T2282 柏林皇家图书馆汉文满文书籍和手稿目录

［德］尤利系乌斯·冯·克拉普罗特 编撰

光绪八年（1882）法国巴黎皇家印刷厂印本

一册

［0101］

档案卷

一、档案

D0001 国史院档案　满文

ᡤᡠᡵᡠᠨ ᡳ ᠰᡠᡩᡠᡵᡳ ᠶᠠᠮᡠᠨ ᡳ ᡩᠠᠩᠰᡝ ☆

gurun i suduri yamun i dangse

天聪元年（1627）至顺治十八年（1661）抄本

开本41.5厘米×28.5厘米

七十七册

毛装

该档以编年体形式记载了清初的政治、经济、军事、文化、民族等各方面情况。

［0185］

D0002 虎口余生录　满汉合璧

ᠪᡠᠴᡝᡵᡝ ᠪᠠᠴᡳ ᠰᡠᠯᠠᠪᡠᡥᠠ ᡝᡵᡤᡝᠨ

bucere baci sulabuha ergen

〔明〕边大绶 撰

抄本

二册

作者系明末陕西米脂县县令，崇祯十五年（1642）掘毁李自成祖坟，后被农民起义军拘捕，一个月后逃出，遂写成此书。据关德栋先生考证，此书满译者约为嘉道间著名满文翻译家海玉。此书卷末附《塘报稿》及陕西总督汪乔年手札两件，有一定的文献史料价值。

［W516.1］

D0003 蛮子来往档　满文

ᠸᡝᠰᡳᡥᡠᠨ ᡝᡵᡩᡝᠮᡠᠩᡤᡝᡳ ᠵᠠᡴᡡᠴᡳ ᠠᠨᡳᠶᠠ ᠨᡳᡴᠠᠨ ᡩᡝ ᡠᠩᡤᡳᡥᡝ ᠨᡳᡴᠠᠨ ᠴᡳ ᠵᡳᡥᡝ ᠪᡳᡨᡥᡝᡳ ᡩᠠᠩᠰᡝ

wesihun erdemunggei jakūci aniya nikan de unggihe nikan ci jihe bithei dangse

崇德八年（1643）抄本

开本40.3厘米×25.6厘米

一册

该档为清入关前与吴三桂等来往之文书集。

［0782］

D0004 秘书院档　满文

ᠨᠠᡵᡥᡡᠨ ᠶᠠᠮᡠᠨ ᡳ ᡩᠠᠩᠰᡝ

narhūn yamun i dangse

顺治元年（1644）至康熙二十七年（1688）抄本

开本36.5厘米×26.3厘米

七十八册

毛装

该档内容多为清初的祝文、祭文、册文等。

［0185］

D0005 顺治康熙敕谕　满汉合璧

ijishūn dasan elhe taifin i tacibure hese

顺治八年（1651）敕谕一张、康熙十三年（1674）敕谕一张、康熙二十五年（1686）敕谕二张

四张

［0141］

D0006 顺治敕谕西宁地面大小官员军民人等　满汉藏合璧

šidzu eldembuhe hūwangdi si ning ba i geren hafasa coohai urse de tacibure hese wasimbuhangge

顺治十年（1653）九月二十二日敕谕

开本168厘米×59.6厘米

一张

［0141］

D0007 内外王贝勒以下文武各官誓词录　满汉合璧

dorgi tulergi wang beile ci fusihūn bithe coohai geren hafasai bithei dangse

顺治十八年（1661）精写本

开本38.7厘米×25.1厘米

二册

包背装 黄绫封面

［0185］

D0008 诸王贝勒以下文武各官誓词录　满汉合璧

geren wang beile se ci fusihūn manju nikan bithe coohai geren hafasa ci wesihun

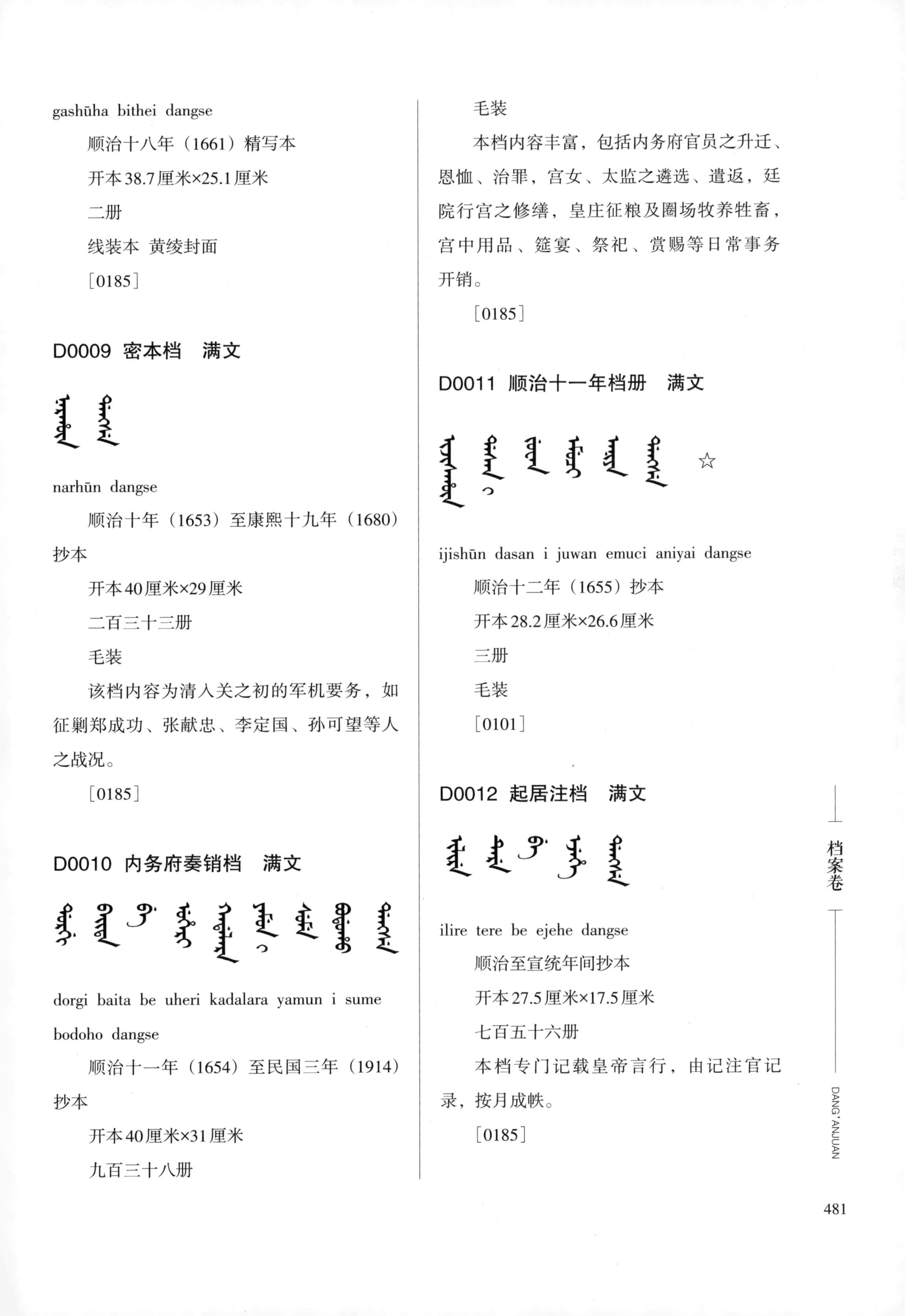

gashūha bithei dangse

顺治十八年（1661）精写本

开本38.7厘米×25.1厘米

二册

线装本 黄绫封面

［0185］

D0009 密本档　满文

narhūn dangse

顺治十年（1653）至康熙十九年（1680）抄本

开本40厘米×29厘米

二百三十三册

毛装

该档内容为清入关之初的军机要务，如征剿郑成功、张献忠、李定国、孙可望等人之战况。

［0185］

D0010 内务府奏销档　满文

dorgi baita be uheri kadalara yamun i sume bodoho dangse

顺治十一年（1654）至民国三年（1914）抄本

开本40厘米×31厘米

九百三十八册

毛装

本档内容丰富，包括内务府官员之升迁、恩恤、治罪，宫女、太监之遴选、遣返，廷院行宫之修缮，皇庄征粮及圈场牧养牲畜，宫中用品、筵宴、祭祀、赏赐等日常事务开销。

［0185］

D0011 顺治十一年档册　满文

☆

ijishūn dasan i juwan emuci aniyai dangse

顺治十二年（1655）抄本

开本28.2厘米×26.6厘米

三册

毛装

［0101］

D0012 起居注档　满文

ilire tere be ejehe dangse

顺治至宣统年间抄本

开本27.5厘米×17.5厘米

七百五十六册

本档专门记载皇帝言行，由记注官记录，按月成帙。

［0185］

D0013 太祖太宗世祖三朝实录内功臣后嗣签档 满文

taidzu taidzung šidzu ilan jalan i yargiyan kooli de gungge amban enen i afahari dangse

抄本

开本31.1厘米×27厘米

一册

此为记录清前期功臣后裔情况的史料汇集。从清太祖、太宗、世祖三朝实录内摘取有关功臣人名，按序编排，先注明功臣人名出处（实录卷页），再写其后裔任职情况。

[0101]

D0014 右翼王公名册 满汉合璧

jebele gala i wang gung sei gebu cese

抄本

开本24.3厘米×23.5厘米

一册

此为清代宗室封爵名册中的一种。清代八旗分为左、右两翼，正黄、正红、镶红、镶蓝四旗称为右翼。本书收录右翼四旗王公名爵。清代宗室封爵由和硕亲王至奉恩将军共分十四等，本书仅辑录前六等，计收入代善、舒尔哈齐等和硕亲王三十九人，岳托等多罗郡王三十四人，多罗贝勒十七人，固山贝子十五人，奉恩镇国公二十三人，奉恩辅国公五十四人，共一百八十二人，均为清前期人士。

[0101]

D0015 盛京内务府顺治年间档册 满文

mukden i dorgi baita be uheri kadalara yamun ijishūn dasan i dangse

1941年影印本

开本26厘米×17.4厘米

一册

据旧盛京内务府档案房原本影印

[0101] [0102] [0164] [0168] [0601] [0796] [W561.1]

D0016 宁古塔将军衙门档 满文 ☆

ningguta babe seremšeme tuwakiyara jiyanggiyūn yamun i dangse

康熙十四年（1675）至光绪二十六年（1900）抄本

开本43厘米×25厘米

一千二百七十册

毛装

该档为该衙门与黑龙江将军、吉林将军来往之行文及下属官员呈文，大多反映边疆开发、地理沿革、驿站、民族关系、八旗事务等内容。

[0185]

D0017 谕稿　满文

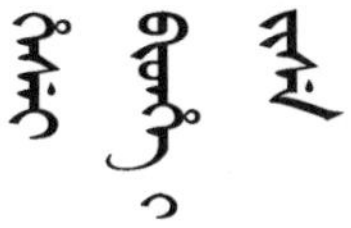

ᡥᡝᠰᡝᡳ ᠪᡳᡨᡥᡝ ᡳ ᠵᡳᠰᡝ

hesei bithe i jise

康熙年间抄本

开本26.2厘米×15.5厘米

三十三册

此为康熙十八年（1679）至二十一年（1682）上谕之合集。

[0101] [0181]存一册

D0018 金榜　满汉合璧

ᠰᡳᠮᠨᡝᡵᡝ ᡩᠣᠰᡳᡴᠠ ᡤᡝᠪᡠ ᠪᡝ ᠠᡵᠠᡥᠠ ᡨᡠᠸᠠᠪᡠᠩᡤᠠ ᠪᡳᡨᡥᡝ

simnere dosika gebu be araha tuwabungga bithe

康熙二十四年（1685）抄本

开本29厘米×9.5厘米

一册

此为科举考试中式题名之榜。每榜分为进士及第、赐进士出身、赐同进士出身三类。康熙二十四年（1685）共上榜一百六十四人，康熙三十年（1691）共上榜一百五十七人，雍正元年（1723）共上榜二百四十六人。

[0101]

D0019 金榜　满汉合璧

ᠰᡳᠮᠨᡝᡵᡝ ᡩᠣᠰᡳᡴᠠ ᡤᡝᠪᡠ ᠪᡝ ᠠᡵᠠᡥᠠ ᡨᡠᠸᠠᠪᡠᠩᡤᠠ ᠪᡳᡨᡥᡝ

simnere dosika gebu be araha tuwabungga bithe

康熙三十年（1691）抄本

开本28.2厘米×9.7厘米

一册

[0101]

D0020 金榜　满汉合璧

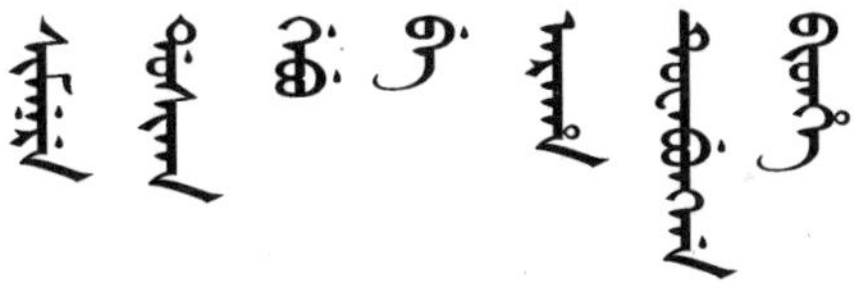

ᠰᡳᠮᠨᡝᡵᡝ ᡩᠣᠰᡳᡴᠠ ᡤᡝᠪᡠ ᠪᡝ ᠠᡵᠠᡥᠠ ᡨᡠᠸᠠᠪᡠᠩᡤᠠ ᠪᡳᡨᡥᡝ

simnere dosika gebu be araha tuwabungga bithe

雍正元年（1723）抄本

开本27.5厘米×9厘米

一册

[0101]

D0021 康熙敕谕天下朝觐官员　满汉合璧

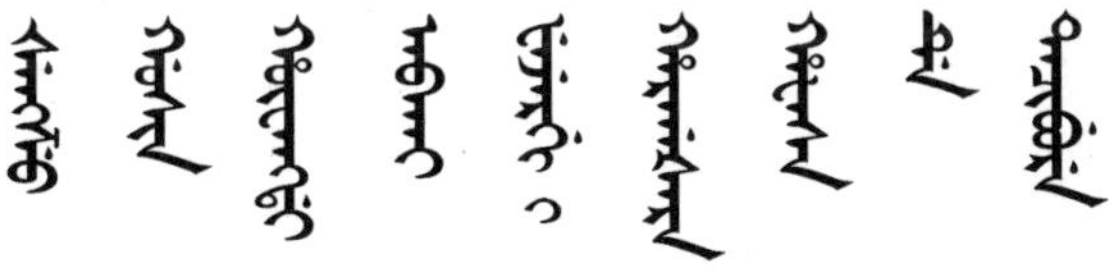

šengdzu gosin hūwangdi abkai fejergi i hargašara hafasa de tacibure hese wasimbuhangge

康熙二十五年（1686）抄本

二卷

［0141］

D0022 记事档　满文

ᠪᠠᡳᡨᠠ ᠪᡝ ᡝᠵᡝᡥᡝ ᡩᠠᠩᠰᡝ

baita be ejehe dangse

康熙年间抄本

二册

此为清代宗人府逐日记事的档册。宗人府为掌管皇族事务之机构，本档存有二册，一册为康熙三十三年（1694）九月至十二月记事档，一册为康熙三十七年（1698）七月至十二月记事档，内容包括皇族户籍、袭爵、生病、逝世致祭、赐银、诉讼、犯法革爵等事。

［0101］

D0023 记事档　满文

ᠪᠠᡳᡨᠠ ᠪᡝ ᡝᠵᡝᡵᡝ ᡩᠠᠩᠰᡝ ☆

baita be ejere dangse

乾隆元年（1736）至宣统三年（1911）抄本

开本48.5厘米×33.5厘米

六百一十二册

毛装

此为内阁逐日记录处理满文文件情况的档册。

［0185］

D0024 内务府杂录档　满文

ᡥᡝᡨᡠᡵᡳ ᠪᠠᡳᡨᠠ ᠪᡝ ᡝᠵᡝᡥᡝ ᡩᠠᠩᠰᡝ

heturi baita be ejehe dangse

康熙三十五年（1696）至光绪二十四年（1898）抄本

开本46厘米×33.5厘米

四百四十一册

毛装

该档记载内务府堂所办日常大小事务，如帝后衣食住行、管理太监宫女、发放俸饷等事项。

［0185］

D0025 珲春地方男丁手册　满文

ᡥᡠᠨᠴᡡᠨ ᠪᠠ ᡳ ᡥᠠᡥᠠ ᠰᡝᡳ ᠴᡝᠰᡝ

huncūn ba i haha sei cese

抄本

开本40.8厘米×22厘米

一册

毛装

此为清代东北地方旗丁名册。康熙五十

三年（1714）于珲春设协领，光绪七年（1881）改设副都统。本册共收入另户旗丁五千人，记载姓名、户籍、职役、年龄、父祖名字及存殁情况等。

［0101］

D0026 镶黄蒙古旗履历册　满文

ᡴᡠᠪᡠᡥᡝ ᠰᡠᠸᠠᠶᠠᠨ ᡳ ᠮᠣᠩᡤᠣ ᡤᡡᠰᠠᡳ ᠶᠠᠪᡠᡥᠠ ᠪᠠ ᡳ ᠴᡝᠰᡝ

kubuhe suwayan i monggo gūsai yabuha ba i cese

康熙五十六年（1717）抄本

开本27.2厘米×22.5厘米

一册

此为清代八旗官兵履历册。本册主要记载了康熙五十六年（1717）镶黄旗蒙古西拉尔岱牛录部分官兵的履历。

［0101］

D0027 康熙上谕　满文

ᡝᠯᡥᡝ ᡨᠠᡳᡶᡳᠨ ᡳ ᡩᡝᡵᡤᡳ ᡥᡝᠰᡝ

elhe taifin i dergi hese

康熙年间抄本

开本32.7厘米×19.5厘米

三十三册

此为康熙八年至二十四年（1669—1685）对各部衙门之上谕合集。

［0101］［0181］存一册　［0185］存一册

D0028 钦派大臣俄国使臣交涉尼布楚国境记录　满文

ᡥᡝᠰᡝᡳ ᡨᡠᠴᡳᠪᡠᡥᡝ ᠠᠮᠪᠠᠨ ᠣᡵᠣᠰ ᡤᡠᡵᡠᠨ ᡳ ᡨᠠᡴᡡᡵᠠᡥᠠ ᠠᠮᠪᠠᠨ ᡳ ᡝᠮᡤᡳ ᠨᡳᠪᠴᡠ ᡳ ᠵᡝᠴᡝᠨ ᡳ ᠪᠠᡳᡨᠠ ᠪᡝ ᡳᠴᡳᡥᡳᠶᠠᡥᠠ ᠪᡳᡨᡥᡝ ☆

hesei tucibuhe amban oros gurun i takūraha amban i emgi nibcu i jecen i baita be icihiyaha bithe

抄本

二册

［0168］

D0029 雍正年间银库皮库库存底册　满汉合璧

ᠮᡝᠩᡤᡠᠨ ᡳ ᠨᠠᠮᡠᠨ ᠰᡠᡴᡡ ᡳ ᠨᠠᠮᡠᠨ ᡩᡝ ᠠᠰᠠᡵᠠᡥᠠ ᠵᠠᡴᠠ ᡳ ᠴᡝᠰᡝ ☆

menggun i namun sukū i namun de asaraha jaka i cese

雍正三年（1725）内府抄本

开本30.5厘米×32.5厘米

一册

［0341］

D0030 管税监督发典房地执照　满汉合璧

ᠴᡳᡶᡠᠨ ᡳ ᠪᠠᡳᡨᠠ ᠪᡝ ᡨᡠᠸᠠᠮᡝ ᡴᠠᡩᠠᠯᠠᡵᠠ ᡥᠠᡶᠠᠨ ᡳ ᠪᡠᡥᡝ ᠰᡠᠰᡳᠨ ᠪᠣᠣ ᠪᡝ ᡠᠨᠴᠠᡵᠠ ᡨᡝᠮᡤᡝᡨᡠ ᠪᡳᡨᡥᡝ ☆

cifun i baita be tuwame kadalara hafan i buhe usin boo be uncara temgetu bithe

雍正三年（1725）抄本

开本65.3厘米×58.3厘米

二件

［0703］

D0031 奉天承运皇帝敕谕意达里亚国教王　满汉合璧

雍正三年（1725）写本

开本340厘米×56厘米

一页

{W512.2}

D0032 三姓诸旗男丁三代册　满文

ᡳᠯᠠᠨ ᡥᠠᠯᠠ ᠪᠠ ᡳ ᡤᡝᡵᡝᠨ ᡤᡡᠰᠠᡩᡝ ᡤᡡᠰᠠᡳ ᡥᠠᡥᠠ ᠰᡝᡳ ᡳᠯᠠᠨ ᠵᠠᠯᠠᠨ ᡨᠣᠯᠣᡥᠣ ᠴᡝᠰᡝ

ilan hala ba i geren gūsade gūsai haha sei ilan jalan toloho cese

抄本

开本41厘米×22厘米

一册

此为清代东北地方旗丁名册。三姓，治所在今黑龙江省依兰县，雍正五年（1727）设副都统，本册按八旗顺序，编入正身另户满洲兵丁一万三千余名，逐个登记每名兵丁之情况。

［0101］

D0033 满文议覆档　满文

ᡤᡳᠰᡠᡵᡝᡶᡳ ᡩᠠᡥᡡᠮᡝ ᠸᡝᠰᡳᠮᠪᡠᡥᡝ ᡩᠠᠩᠰᡝ ☆

gisurefi dahūme wesimbuhe dangse

雍正八年（1730）至宣统二年（1910）抄本

开本30.5厘米×26厘米

八百三十九册

毛装

该档系军机大臣承旨议覆事件之奏折汇抄。

［0185］

D0034 满文月折档　满文

ᠸᡝᠰᡳᠮᠪᡠᡥᡝ ᠪᡠᡴᡩᠠᡵᡳ ᡩᠠᠩᠰᡝ

wesimbuhe bukdari dangse

雍正八年（1730）至宣统三年（1911）抄本

开本39.5厘米×28.8厘米

二千四百八十六册

毛装

该档系汇抄文武大臣官员奏折之档册，每月一册，内容丰富且重要，涉及内政、外交、军务、农业、秘密结社、民族关系等各个方面。

［0185］

D0035 北路军务档　满文

ᠠᠮᠠᡵᡤᡳ ᠵᡠᡤᡡᠨ ᡳ ᠴᠣᠣᡥᠠᡳ ᠪᠠᡳᡨᠠ ᠪᡝ ᡳᠴᡳᡥᡳᠶᠠᡵᠠ ᡩᠠᠩᠰᡝ ☆

amargi jugūn i coohai baita be icihiyara dangse

雍正九年（1731）抄本

开本29.2厘米×26.8厘米

二十八册

毛装

该档内容为雍正年间征伐准噶尔之战事。

［0185］

D0036 准噶尔档　满文

ᠵᡠᠨᡤᠠᡵ ᡳ ᠪᠠᡳᡨᠠ ᡳ ᡩᠠᠩᠰᡝ ☆

jun gar i baita i dangse

雍正九年（1731）至乾隆十三年（1748）抄本

开本39.6厘米×28.7厘米

九册

毛装

该档内容主要为雍正、乾隆年间清政府与准噶尔的交往情况。

［0185］

D0037 满文上谕档　满文

ᡩᡝᡵᡤᡳ ᡥᡝᠰᡝ ᡳ ᡩᠠᠩᠰᡝ

dergi hese i dangse

雍正九年（1731）至宣统二年（1910）抄本

开本40厘米×29厘米

一千零三十五册

毛装

该档系清廷所发上谕之汇抄，每月或每季度一册。

［0185］

D0038 册命　满汉合璧

ᠠᠪᡴᠠᡳ ᡥᡝᠰᡝᡳ ᠴᡝᠮᡳᠩ

abkai hesei ceming

雍正十二年（1734）抄本

开本36厘米×20.8厘米

一册

此为册封土默特扎萨克固山贝子哈木噶巴雅斯呼朗图之妻乌喇昂哈氏为固山福晋之册命。

［0101］

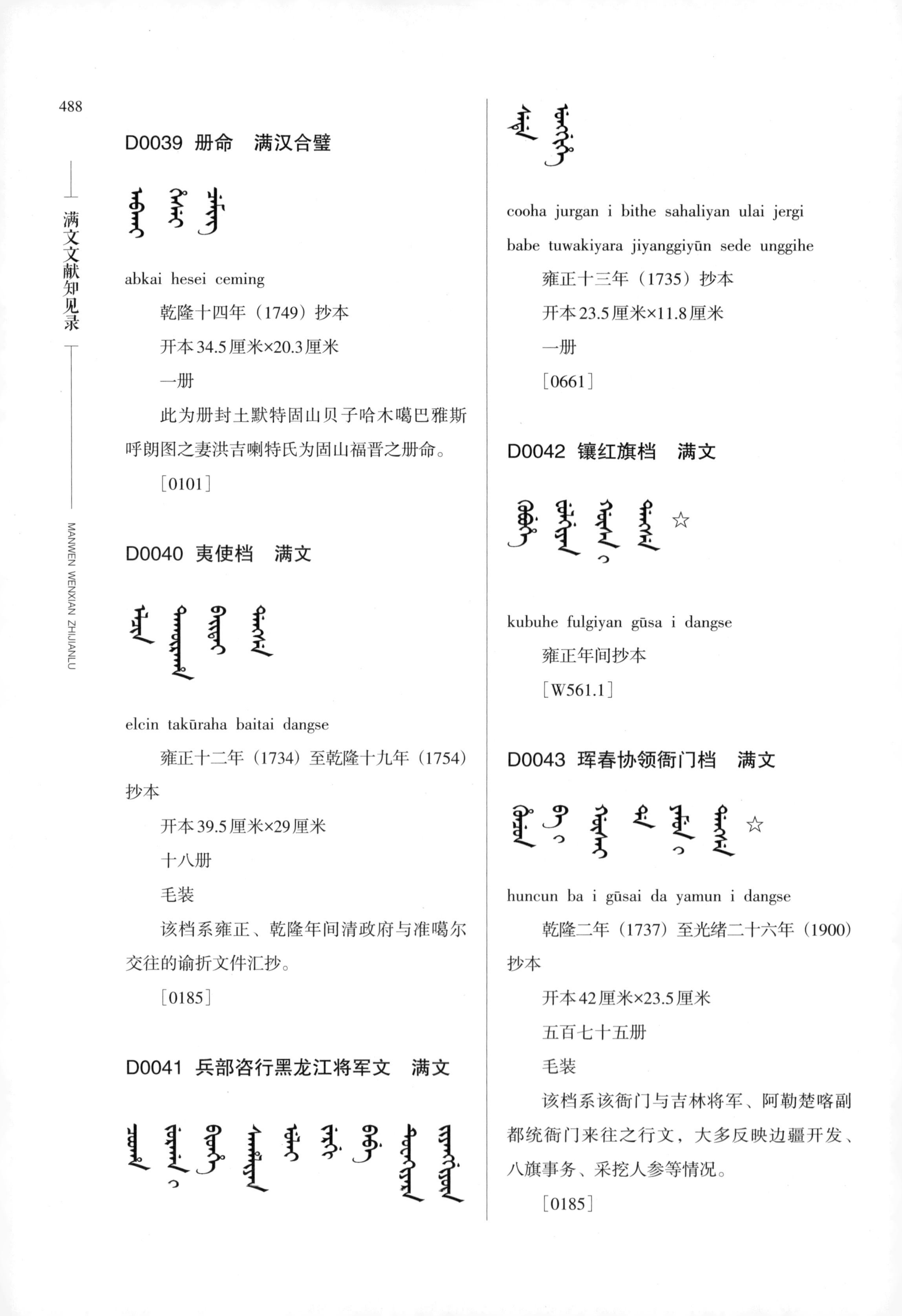

D0039 册命　满汉合璧

abkai hesei ceming

乾隆十四年（1749）抄本

开本34.5厘米×20.3厘米

一册

此为册封土默特固山贝子哈木噶巴雅斯呼朗图之妻洪吉喇特氏为固山福晋之册命。

［0101］

D0040 夷使档　满文

elcin takūraha baitai dangse

雍正十二年（1734）至乾隆十九年（1754）抄本

开本39.5厘米×29厘米

十八册

毛装

该档系雍正、乾隆年间清政府与准噶尔交往的谕折文件汇抄。

［0185］

D0041 兵部咨行黑龙江将军文　满文

cooha jurgan i bithe sahaliyan ulai jergi babe tuwakiyara jiyanggiyūn sede unggihe

雍正十三年（1735）抄本

开本23.5厘米×11.8厘米

一册

［0661］

D0042 镶红旗档　满文

☆

kubuhe fulgiyan gūsa i dangse

雍正年间抄本

［W561.1］

D0043 珲春协领衙门档　满文

☆

huncun ba i gūsai da yamun i dangse

乾隆二年（1737）至光绪二十六年（1900）抄本

开本42厘米×23.5厘米

五百七十五册

毛装

该档系该衙门与吉林将军、阿勒楚喀副都统衙门来往之行文，大多反映边疆开发、八旗事务、采挖人参等情况。

［0185］

D0044 乾隆三年缎库旧存清册 满汉合璧

ᠠᠪᡴᠠᡳ ᠸᡝᡥᡳᠶᡝᡥᡝ ᡳᠯᠠᠴᡳ ᠠᠨᡳᠶᠠ ᠰᡠᠵᡝ ᠨᠠᠮᡠᠨ ᡳ ᡶᡝ ᠠᠰᠠᡵᠠᡥᠠ ᡤᡝᡨᡠᡴᡝᠨ ᡩᠠᠩᠰᡝ

abkai wehiyehe ilaci aniya suje namun i fe asaraha getuken dangse

乾隆五年（1740）内府抄本

开本32.4厘米×30.5厘米

一册

［0341］

D0045 盛京行围档 满文

ᠮᡠᡴᡩᡝᠨ ᠮᡠᡵᠠᠨ ᠠᠪᠠᡳ ᡩᠠᠩᠰᡝ ☆

mukden muran abai dangse

乾隆六年（1741）至乾隆十二年（1747）抄本

开本29厘米×26.5厘米

十六册

毛装

该档记载皇帝出巡盛京之事宜，包括祭奠祖陵，与朝鲜、蒙古交往等。

［0185］

D0046 熬茶档 满文

ᠮᠠᠨᠵᠠ ᡶᡠᡳᡶᡠᡵᡝ ᠪᠠᡳᡨᠠᡳ ᡩᠠᠩᠰᡝ

manja fuifure baitai dangse

乾隆六年（1741）至乾隆十三年（1748）抄本

开本40厘米×29厘米

四册

毛装

该档记载准噶尔蒙古头领到西藏熬茶布施等情况。

［0185］

D0047 木兰档 满文

ᠮᡠᡵᠠᠨ ᠠᠪᠠᡳ ᡩᠠᠩᠰᡝ

muran abai dangse

乾隆六年（1741）至咸丰十一年（1861）抄本

开本39.8厘米×29厘米

一百零八册

毛装

该档记载皇帝出巡承德行围打猎及办理政务、接待少数民族王公和外国使节等情况。

［0185］

D0048 琉球国中山王奏折 满汉合璧

ᠯᡳᠣ ᡴᡳᠣ ᡤᡠᡵᡠᠨ ᡳ ᠵᡠᠩ ᡧᠠᠨ ᠸᠠᠩ ᠨᡳ ᠸᡝᠰᡳᠮᠪᡠᡵᡝ ᠪᡠᡴᡩᠠᡵᡳ

lio kio gurun i jung šan wang ni wesimbure bukdari

尚敬 撰

乾隆十一年（1746）抄本

开本26.5厘米×10.7厘米

一件

尚敬（？—1751），琉球国中山王，康熙五十七年（1718）由清政府正式册封。

［0101］

D0049 留京办事档 满文

ᠪᡝᡳᡤᡳᠩ ᡩᡝ ᡨᡠᡨᠠᠪᡠᡶᡳ ᠪᠠᡳᡨᠠ ᠪᡝ ᡳᠴᡳᡥᡳᠶᠠᠪᡠᡵᡝ ᡩᠠᠩᠰᡝ ☆

beiging de tutabufi baita be icihiyabure dangse

乾隆十一年（1746）至嘉庆八年（1803）抄本

开本29.6厘米×27厘米

九十册

毛装

该档为皇帝出巡期间，留京军机大臣办理政务所形成的谕折等文件。

［0185］

D0050 五台档 满文

ᡠ ᡨᠠᡳ ᠠᠪᠠᡳ ᡩᠠᠩᠰᡝ

u tai abai dangse

乾隆十一年（1746）至嘉庆十六年（1811）抄本

开本29厘米×26.7厘米

八册

毛装

该档记载皇帝巡幸五台山及礼佛等事。

［0185］

D0051 山东档 满文

ᡧᠠᠨᡩᡠᠩ ᠮᡠᡵᠠᠨ ᠠᠪᠠᡳ ᡩᠠᠩᠰᡝ

šandung muran abai dangse

乾隆十三年（1748）至乾隆三十六年（1771）抄本

开本39.5厘米×29厘米

二册

毛装

该档记载皇帝巡幸江南各省时途经山东省活动之情形。

［0185］

D0052 江南档 满文

ᠵᡳᠶᠠᠩᠨᠠᠨ ᠠᠪᠠᡳ ᡩᠠᠩᠰᡝ

jiyangnan abai dangse

乾隆十五年（1750）至乾隆三十年（1765）抄本

开本40厘米×29厘米

八册

毛装

该档为皇帝巡幸江南各省所发上谕、赏单及有关奏折等。

［0185］

D0053 和图利档　满文

ᡥᡝᡨᡠᡵᡳ ᡩᠠᠩᠰᡝ

heturi dangse

乾隆十五年（1750）至乾隆五十一年（1786）抄本

开本40厘米×29厘米

二十一册

毛装

和图利为满语“琐碎”之意。故该档又称《杂项档》，内容系有关宫廷工程款项、采购货物、防盗、养花等琐事。

［0185］

D0054 西藏档　满文

ᠸᠠᡵᡤᡳ ᡯᠠᠩ ᠨᡳ ᠪᠠᡳᡨᠠ ᡳ ᡩᠠᠩᠰᡝ

wargi dzang ni baita i dangse

乾隆十五年（1750）至乾隆五十六年（1791）抄本

开本40厘米×30厘米

十三册

毛装

该档记载清政府在西藏推行噶厦制，以及廓尔喀（今尼泊尔）因商务纠纷进犯西藏，清政府派兵击退等情况。

［0185］

D0055 西藏档　满文

ᠸᠠᡵᡤᡳ ᡯᠠᠩ ᠨᡳ ᠪᠠᡳᡨᠠ ᡳ ᡩᠠᠩᠰᡝ

wargi dzang ni baita i dangse

抄本

［W561.1］

D0056 满文寄信档　满文

ᡥᡝᠰᡝᡳ ᠵᠠᠰᡳᡤᠠᠨ ᡩᠠᠩᠰᡝ

hesei jasigan dangse

乾隆十五年（1750）至光绪七年（1881）抄本

开本39.5厘米×28.5厘米

二百二十八册

毛装

清代军机处由驿站加封寄给在外文武官员的上谕称寄信谕旨，简称“寄信”“寄谕”或“字寄”，内容多为军机要务。该档即寄信谕旨汇抄。

［0185］

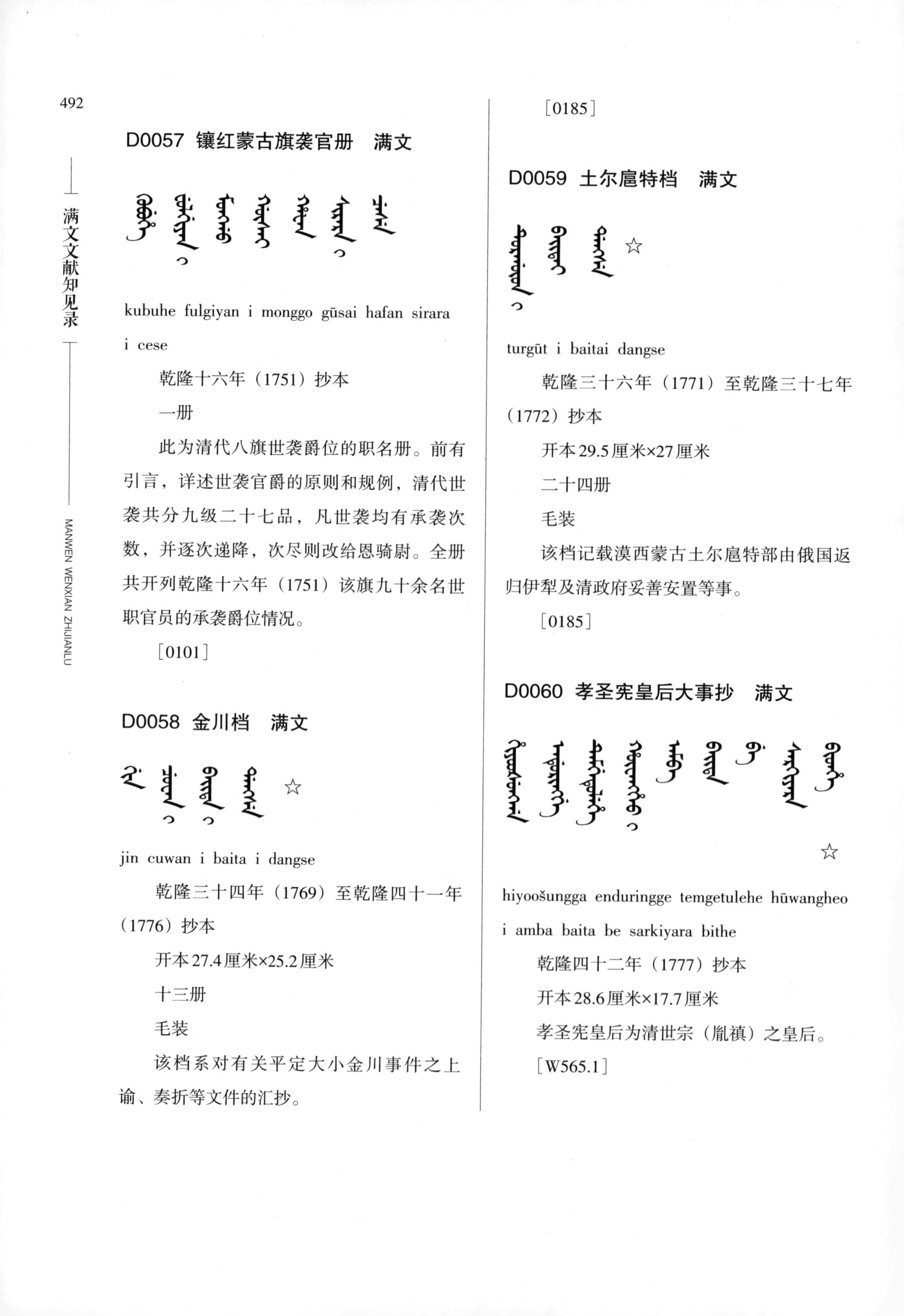

D0057 镶红蒙古旗袭官册 满文

kubuhe fulgiyan i monggo gūsai hafan sirara i cese

乾隆十六年（1751）抄本

一册

此为清代八旗世袭爵位的职名册。前有引言，详述世袭官爵的原则和规例，清代世袭共分九级二十七品，凡世袭均有承袭次数，并逐次递降，次尽则改给恩骑尉。全册共开列乾隆十六年（1751）该旗九十余名世职官员的承袭爵位情况。

［0101］

D0058 金川档 满文

☆

jin cuwan i baita i dangse

乾隆三十四年（1769）至乾隆四十一年（1776）抄本

开本27.4厘米×25.2厘米

十三册

毛装

该档系对有关平定大小金川事件之上谕、奏折等文件的汇抄。

［0185］

D0059 土尔扈特档 满文

☆

turgūt i baitai dangse

乾隆三十六年（1771）至乾隆三十七年（1772）抄本

开本29.5厘米×27厘米

二十四册

毛装

该档记载漠西蒙古土尔扈特部由俄国返归伊犁及清政府妥善安置等事。

［0185］

D0060 孝圣宪皇后大事抄 满文

☆

hiyoošungga enduringge temgetulehe hūwangheo i amba baita be sarkiyara bithe

乾隆四十二年（1777）抄本

开本28.6厘米×17.7厘米

孝圣宪皇后为清世宗（胤禛）之皇后。

［W565.1］

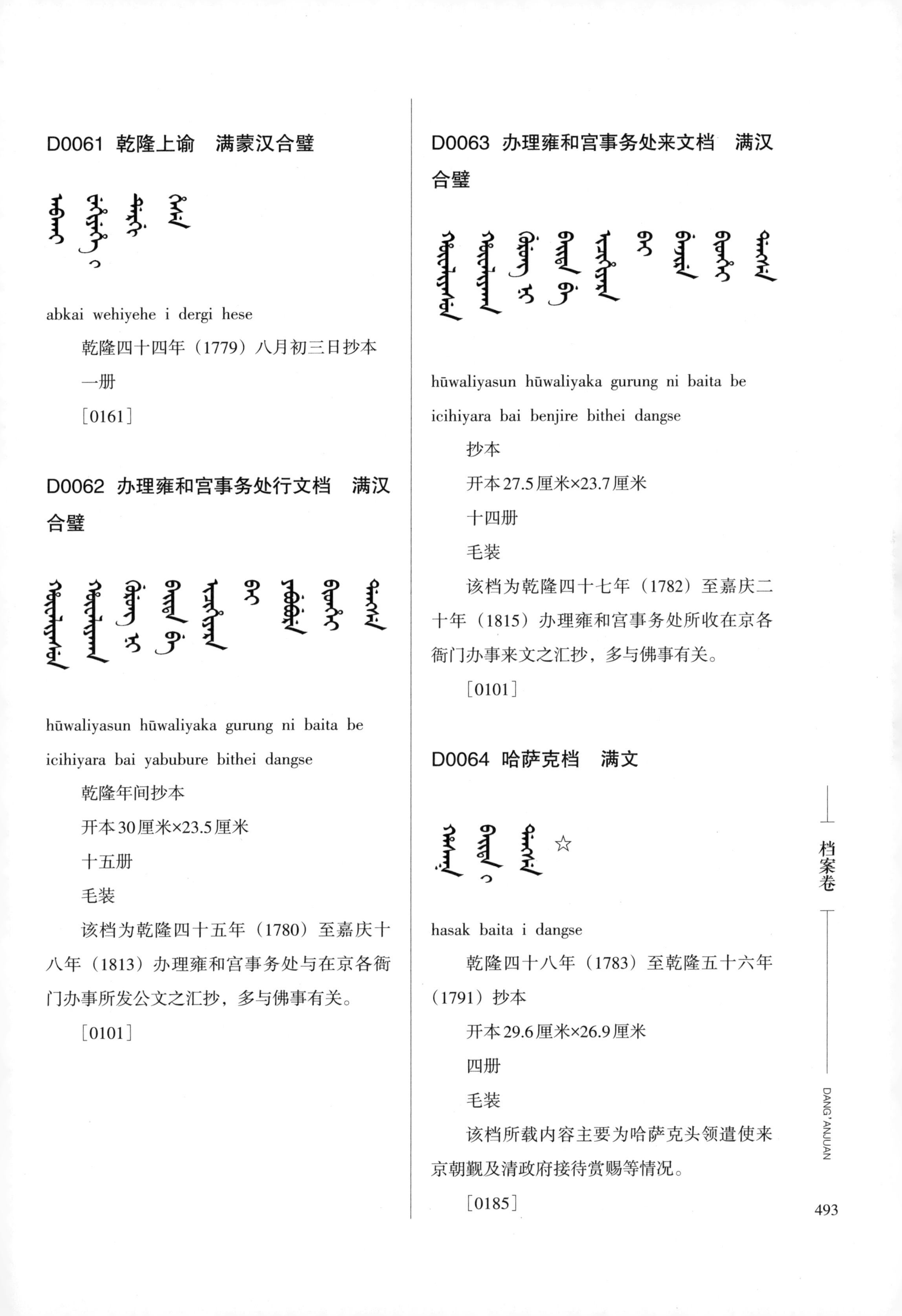

D0061 乾隆上谕 满蒙汉合璧

abkai wehiyehe i dergi hese

乾隆四十四年（1779）八月初三日抄本

一册

[0161]

D0062 办理雍和宫事务处行文档 满汉合璧

hūwaliyasun hūwaliyaka gurung ni baita be icihiyara bai yabubure bithei dangse

乾隆年间抄本

开本30厘米×23.5厘米

十五册

毛装

该档为乾隆四十五年（1780）至嘉庆十八年（1813）办理雍和宫事务处与在京各衙门办事所发公文之汇抄，多与佛事有关。

[0101]

D0063 办理雍和宫事务处来文档 满汉合璧

hūwaliyasun hūwaliyaka gurung ni baita be icihiyara bai benjire bithei dangse

抄本

开本27.5厘米×23.7厘米

十四册

毛装

该档为乾隆四十七年（1782）至嘉庆二十年（1815）办理雍和宫事务处所收在京各衙门办事来文之汇抄，多与佛事有关。

[0101]

D0064 哈萨克档 满文

☆

hasak baita i dangse

乾隆四十八年（1783）至乾隆五十六年（1791）抄本

开本29.6厘米×26.9厘米

四册

毛装

该档所载内容主要为哈萨克头领遣使来京朝觐及清政府接待赏赐等情况。

[0185]

D0065 谕折档　满文

dergi hese wesimbuhe bukdari i dangse

抄本

开本25.8厘米×16厘米

六册

该档所载主要为乾隆四十八年（1783）至嘉庆十三年（1808）有关西藏之事。

［0101］

D0066 谕折档　满汉合璧

dergi hese wesimbuhe bukdari i dangse

抄本

八册

［0101］

D0067 回子伯克档　满文

☆

hoise aiman i bek i baita i dangse

乾隆五十一年（1786）至咸丰元年（1851）抄本

开本29.5厘米×27厘米

七册

毛装

该档记载回部伯克遣使年班来京人员姓名、数目、所上奏表及清政府赏单等事宜。

［0185］

D0068 巴勒布档　满文

☆

balbu i baita i dangse

乾隆五十四年（1789）抄本

开本29厘米×26.7厘米

四册

毛装

该档所载内容为巴勒布同西藏地方通商事宜与镇压巴勒布抗增捐税斗争。巴勒布为地名，藏语音译，在今尼泊尔境内。

［0185］

D0069 廓尔喀档　满文

☆

k'ork'a baita i dangse

乾隆五十六年（1791）至乾隆五十七年（1792）抄本

开本28厘米×25.3厘米

八册

毛装

该档所载内容为廓尔喀（今尼泊尔）进犯西藏、大掠扎什伦布寺，清政府派兵反击等情形。

[0185]

D0070 管理呼伦贝尔索伦巴尔虎副都统萨鲁依咨文黑龙江将军衙门　满文

hulun buir i solun barhū cooha be uheri kadalara meiren i janggin jergi uheri da sarui i bithe jiyanggiyūn yamun de alibume unggihe

乾隆年间抄本

开本22.8厘米×17.1厘米

一册

[0661]

D0071 江南奏折档　满文

☆

jiyangnan golo i wesimbuhe bukdari i dangse

乾隆年间抄本

开本24厘米×14厘米

一帙四册

[W313.3]

D0072 训旨　满汉合璧

tacibure hesei bithe

乾隆年间抄本

开本24.5厘米×13厘米

一册

[0601]

D0073 实录馆行文档　满文

yargiyan kooli bithei kuren i yabubure bithei dangse

乾隆年间抄本

开本39.2厘米×26.4厘米

二册

毛装

该档为乾隆二年（1737）至九年（1744）实录馆与在京各衙门办事所发公文之汇抄，大多与纂修实录有关。如行文户部为领取纸张、白蜡、黄绫等事，行文宗人府为查宗室王公封爵情况，行文吏部为属员病故、派人递补之事。

[0101]

D0074 满文世袭谱档　满文

jalan sirara hafasai booi durugan cese

乾隆朝至光绪朝抄本

开本62厘米×47厘米

七百六十三册

线装

该档记载清代世职官员的世袭情况及其家谱（以图表为主）。

[0185]

D0075 尊谥册文档　满文

wesihun colo tukiyere abdangga bithei dangse

抄本

开本32.6厘米×20.7厘米

一册

该档记载了清高宗（乾隆帝）至清德宗（光绪帝）为先祖帝后上尊号、徽号、谥号所进奏表及册封日期、缘由等内容。

[0101]

D0076 六科史书　满文

suduri bithe

抄本

四百七十册

此为清代六部题本之汇编，其中吏科一百零八册，户科八十二册，礼科七十二册，兵科十六册，刑科一百三十八册，工科五十四册。

[0185]

D0077 乾隆皇帝归政上谕　满汉合璧

abkai wehiyehe i dergi hese

抄本

开本16.8厘米×29厘米

一册

[0161]

D0078 塔尔巴哈台奏稿　满文

☆

tarbahatai i baita i jalin wesimbuhe jise

嘉庆元年（1796）至二十五年（1820）抄本

开本23.4厘米×15.4厘米

一帙六册

[W313.3]

D0079 塔尔巴哈台事宜上谕 满汉文

ᡨᠠᡵᠪᠠᡥᠠᡨᠠᡳ ᡳ ᠪᠠᡳᡨᠠ ᡳ ᠵᠠᠯᡳᠨ ᡩᡝᡵᡤᡳ ᡥᡝᠰᡝ ᠸᠠᠰᡳᠮᠪᡠᡥᠠᠩᡤᡝ ☆

tarbahatai i baita i jalin dergi hese wasimbuhangge

嘉庆二年（1797）抄本

开本23.4厘米×15.4厘米

一帙三册

［W313.3］

D0080 嘉庆皇帝敕谕英吉利国王 满汉文

ᠰᠠᡳᠴᡠᠩᡤᠠ ᡶᡝᠩᡧᡝᠨ ᡥᡡᠸᠠᠩᡩᡳ ᡳᠩᠵᡳᠯᡳ ᡤᡠᡵᡠᠨ ᡳ ᠸᠠᠩ ᡩᡝ ᡨᠠᠴᡳᠪᡠᡵᡝ ᡥᡝᠰᡝ ᠸᠠᠰᡳᠮᠪᡠᡥᠠᠩᡤᡝ ☆

saicungga fengšen hūwangdi ingjili gurun i wang de tacibure hese wasimbuhangge

嘉庆二十一年（1816）写本

开本95.1厘米×140厘米

［W561.1］

D0081 新疆档 满文

ᡳᠴᡝ ᠵᡝᠴᡝᠨ ᡳ ᠪᠠᡳᡨᠠ ᡳ ᡩᠠᠩᠰᡝ ☆

ice jecen i baita i dangse

嘉庆二十四年（1819）至咸丰十一年（1861）抄本

开本26.5厘米×23.7厘米

三十册

毛装

该档所载内容主要为官员补放、携眷等事。

［0185］

D0082 嘉庆诏书 满汉文

ᠰᠠᡳᠴᡠᠩᡤᠠ ᡶᡝᠩᡧᡝᠨ ᡳ ᠰᡝᠯᡤᡳᠶᡝᡵᡝ ᡥᡝᠰᡝ ☆

saicungga fengšen i selgiyere hese

嘉庆二十五年（1820）写本

开本109厘米×272厘米

［W561.1］

D0083 谢恩奏折 满汉合璧

ᠠᠪᡴᠠᡳ ᡴᡝᠰᡳ ᡩᡝ ᡥᡝᠩᡴᡳᠯᡝᡵᡝ ᠸᡝᠰᡳᠮᠪᡠᡵᡝ ᠪᡠᡴᡩᠠᡵᡳ ☆

abkai kesi de hengkilere wesimbure bukdari

抄本

开本14.5厘米×9厘米

八册

该档为嘉庆至道光年间的部分谢恩奏折之汇编。

［0185］

D0084 上谕集要　满汉合璧

dergi hesei oyonggo gisun be isabuha bithe

道光十七年（1837）抄本

开本25厘米×22.3厘米

一册

［0101］

D0085 吐鲁番事宜清汉奏档　满汉合璧

☆

turfan i baita i jalin wesimbuhe bukdari i dangse

道光十九年（1839）抄本

一帙五册

［W313.3］

D0086 东三省奏档　满文

☆

dergi amargi ilan golo i wesimbuhe bukdari i dangse

道光二十二年（1842）至道光二十八年（1848）抄本

开本23厘米×13.4厘米

二帙十册

［W313.3］

D0087 朱批奏折档　满文

fulgiyan fi i pilehe wesimbuhe bukdari i dangse

抄本

开本21.9厘米×15厘米

一册

该档记载了道光二十九年（1849）七月至咸丰元年（1851）二月有关西藏之事宜。

［0661］

D0088 孝和睿皇后大事档　满文

☆

hiyoošungga hūwaliyasun sunggiyen hūwangheo i amba baita be ejehe dangse

道光三十年（1850）抄本

开本23.3厘米×14厘米

存第十本

孝和睿皇后乃清仁宗（颙琰）之皇后。

［W565.1］

D0089 喀喇沙尔呈册　满文

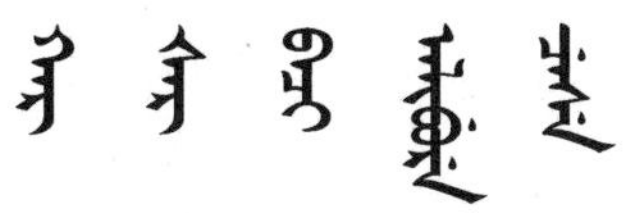

kar šar baci alibure cese

道光三十年（1850）抄本

开本24.2厘米×20厘米

二册

该档为嘉庆二十五年（1820）至道光十年（1830）关于管理回疆事务之上谕、奏折。

［0101］

D0090 事宜便览　满汉合璧

ši i biyan lan bithe

抄本

开本13.1厘米×8.7厘米

三册

该档为道光年间内务府堂谕。

［0703］

D0091 塔尔巴哈台奏折　满文

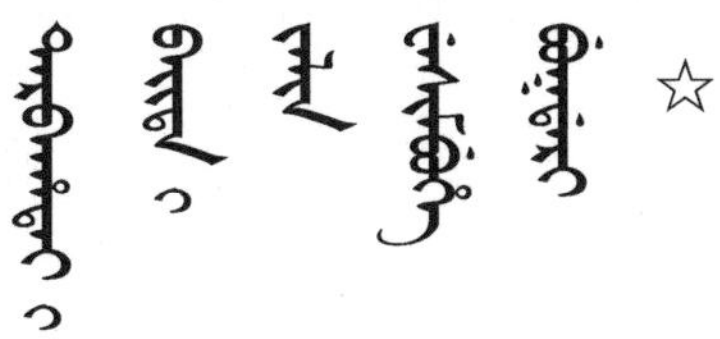

tarbahatai i baita i jalin wesimbuhe bukdari

咸丰二年（1852）抄本

一帙二册

［W313.3］

D0092 伊犁奏稿　满文

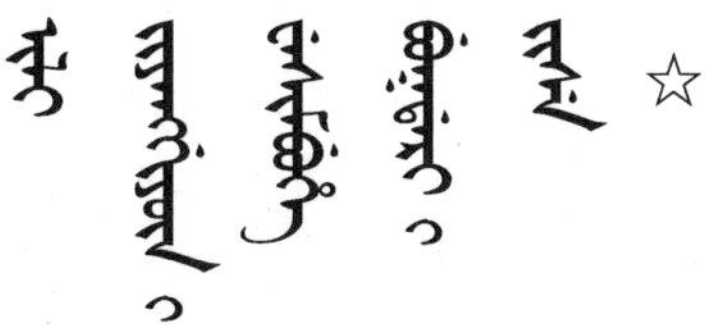

ili jiyanggiyūn i wesimbuhe bukdari i jise

咸丰四年（1854）至咸丰五年（1855）抄本

六册

［W313.3］

D0093 伊犁奏折　满文

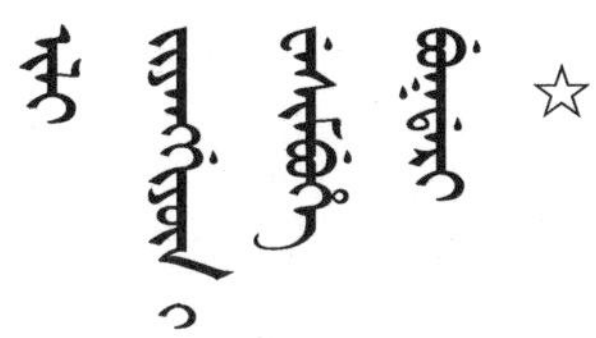

ili jiyanggiyūn i wesimbuhe bukdari

咸丰七年（1857）至咸丰十年（1860）抄本

二帙十八册

［W313.3］

D0094 旨意汇奏折　满文

hese šošofi wesimbure bukdari

咸丰十年（1860）六月抄本

开本25.8厘米×11.4厘米

一册

［0101］

D0095 中俄咸丰十年合约及十一年档抄录 ☆ 满文

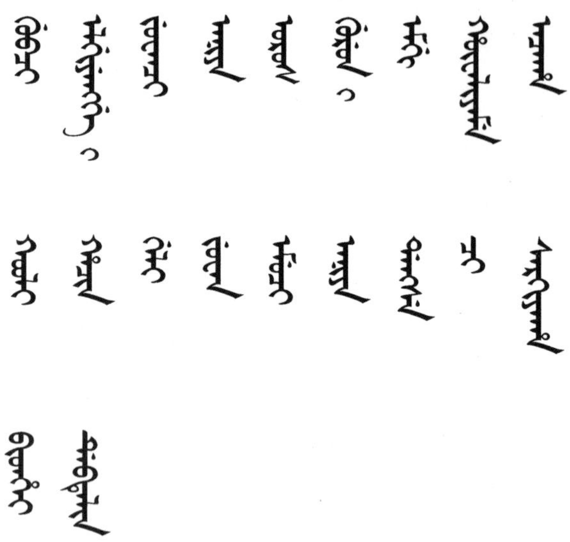

gubci elgiyengge i juwanci aniya oros gurun i emgi hūwaliyame acaha kooli hacin geli juwan emuci aniya dangse ci sarkiyaha bithei debtelin

同治元年（1862）抄本

开本24厘米×21.6厘米

一册

该档为咸丰十年（1860）清廷与俄罗斯签订《北京条约》及咸丰十一年（1861）中俄关系档案之汇抄。

［0661］

D0096 中俄条约档 满文

dulimbai gurun oros gurun i emgi toktoho boljoro hacin i bithe

晒印本

一册

该档包括《天津条约》十款、《北京条约》十五款、《陆路通商章程》二十一条。

［0101］

D0097 广州奏折稿 满文

 ☆

guwangjeo jiyanggiyūn i wesimbuhe bukdari i jise

同治五年（1866）抄本

开本24厘米×13.2厘米

一册

［W313.3］

D0098 阿勒楚喀副都统衙门档 满文

 ☆

alcuka ba i meiren i janggin yamun i dangse

同治五年（1866）至光绪二十五年（1899）抄本

开本43厘米×23厘米

四百三十四册

毛装

该档系阿勒楚喀副都统衙门与黑龙江将军、吉林将军往来行文及下属官员呈文，大多反映边疆开发、八旗事务及民族关系等内容。

阿勒楚喀即今哈尔滨阿城区。

[0185]

D0099 内府礼垣录书　满汉合璧

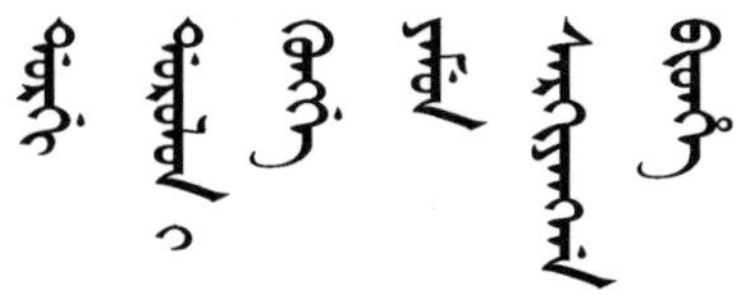

dorgi dorolon i kungge yamun sarkiyangga bithe

同治六年（1867）抄本

开本24厘米×20厘米

十二册

此为礼部登录同治六年（1867）奏折摘由，每月一册。

[0703]

D0100 得心应手　满汉合璧

 ☆

de sin ing šeo bithe

抄本

开本11.5厘米×8.3厘米

一册

此为同治七年（1868）内务府堂谕。

[0703]

D0101 大清同治八年录书　满汉文

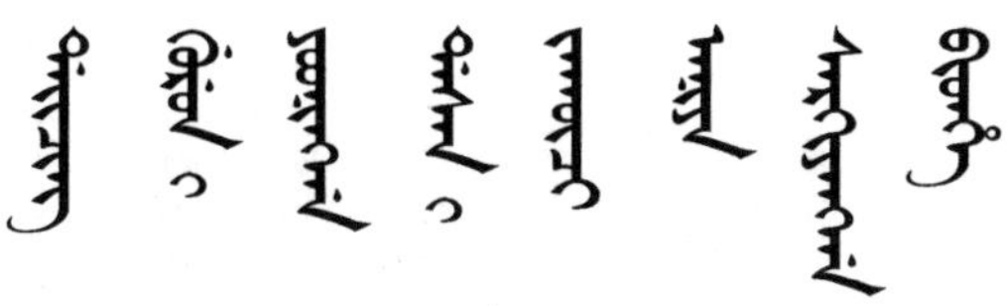

daicing gurun i yooningga dasan i jakūci aniya sarkiyangga bithe

同治八年（1869）抄本

开本23.5厘米×22.5厘米

清代“录书”内容与“六科史书”同，均为六科抄录题本成册，一式两份，送内阁供史官记注者称“史书”，存科以备编纂者称“录书”。

[W565.1]

D0102 慈禧皇太后册宝　满汉文

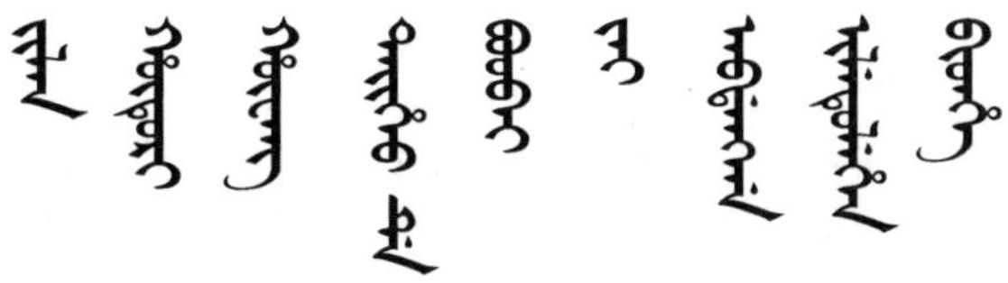

☆

jilan hūturi hūwang taiheo de boobai jai abdangga iletulehen bithe

同治十一年（1872）抄本

开本28.5厘米×12.5厘米

一册

[W313.2]

D0103 镶红旗满洲应军政官员职衔册　满汉合璧

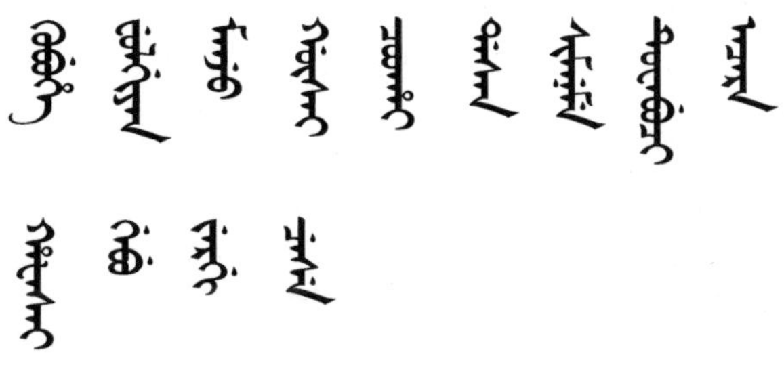

kubuhe fulgiyan manju gūsai coohai dasan simneme tuwabuci acara hafasai gebu jergi

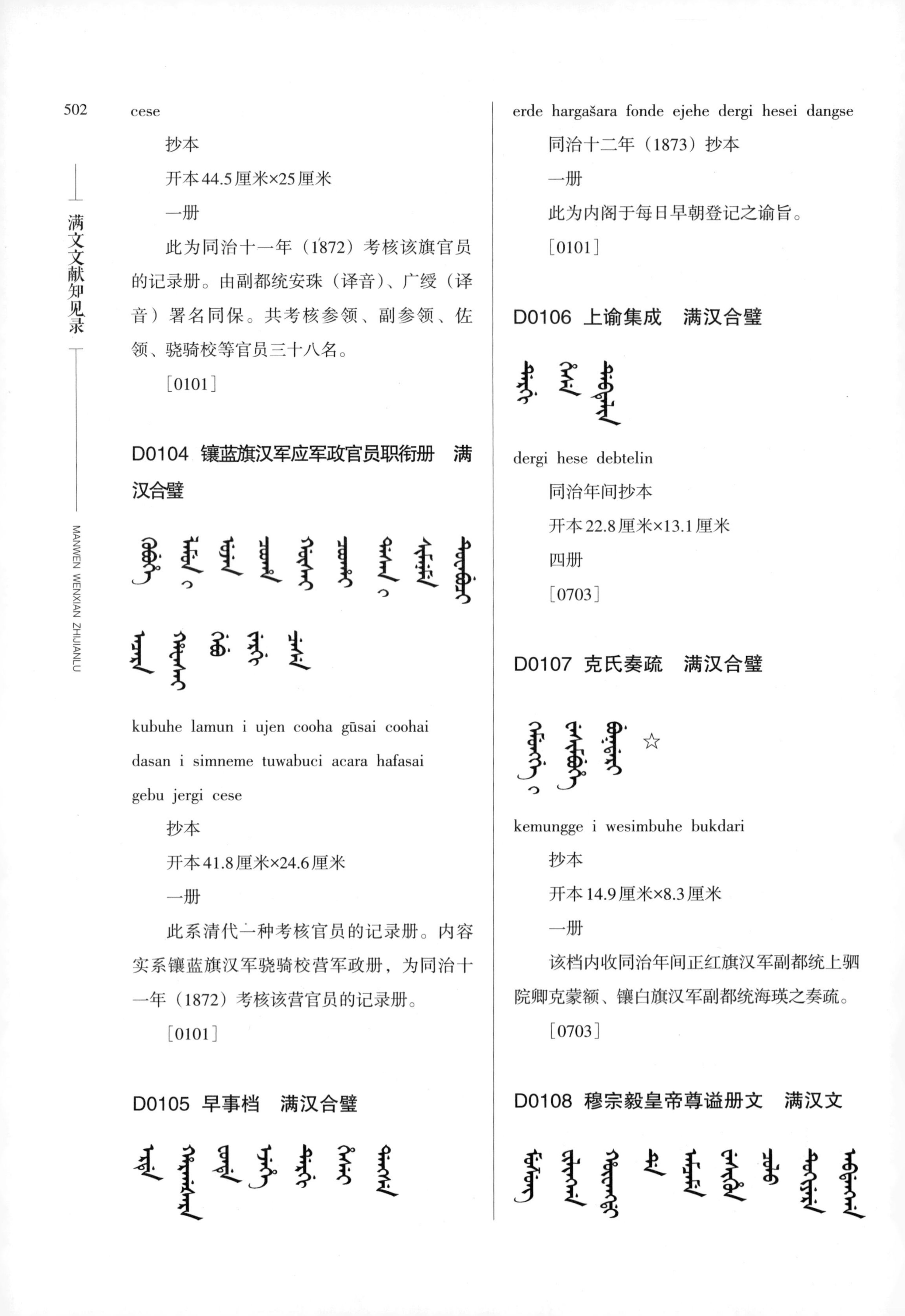

cese

抄本

开本44.5厘米×25厘米

一册

此为同治十一年（1872）考核该旗官员的记录册。由副都统安珠（译音）、广绶（译音）署名同保。共考核参领、副参领、佐领、骁骑校等官员三十八名。

［0101］

D0104 镶蓝旗汉军应军政官员职衔册 满汉合璧

kubuhe lamun i ujen cooha gūsai coohai dasan i simneme tuwabuci acara hafasai gebu jergi cese

抄本

开本41.8厘米×24.6厘米

一册

此系清代一种考核官员的记录册。内容实系镶蓝旗汉军骁骑校营军政册，为同治十一年（1872）考核该营官员的记录册。

［0101］

D0105 早事档 满汉合璧

erde hargašara fonde ejehe dergi hesei dangse

同治十二年（1873）抄本

一册

此为内阁于每日早朝登记之谕旨。

［0101］

D0106 上谕集成 满汉合璧

dergi hese debtelin

同治年间抄本

开本22.8厘米×13.1厘米

四册

［0703］

D0107 克氏奏疏 满汉合璧

☆

kemungge i wesimbuhe bukdari

抄本

开本14.9厘米×8.3厘米

一册

该档内收同治年间正红旗汉军副都统上驷院卿克蒙额、镶白旗汉军副都统海瑛之奏疏。

［0703］

D0108 穆宗毅皇帝尊谥册文 满汉文

mudzung filingga hūwangdi de amcame wesihun colo tukiyere abdangga iletulehen bithe ☆

光绪元年（1875）抄本

［W712.4］

D0109 廷寄抄存　满汉合璧

coohai nashūn i baci jasinjihangge jasigan be sarkiyara araha bithe

抄本

开本18.5厘米×11厘米

一册

此系清代寄信谕旨的辑录册。廷寄，又称寄信谕旨、字寄、密寄。本书收录光绪四年（1878）至十一年（1885）军机大臣给陕甘总督左宗棠、伊犁将军金顺等人密寄谕旨四十多件，内容包括镇压西北回民起义，与俄罗斯交收伊犁划界定约，命刘锦棠筹办新疆防务等事宜。

［0101］

D0110 大行慈安皇太后尊谥　满汉合璧

amba yabungga jilangga elhe hūwang taiheo de amcame wesihun colo tukiyere abdangga iletulehen bithe

光绪七年（1881）抄本

开本26.6厘米×11.5厘米

一册

帝后去世，尚未出殡，厝寿皇殿，称为“大行”，此为光绪七年（1881）五月十三日皇帝亲为慈安皇太后恭奉册宝，赞颂太后“谦和厚德，宵旰忧劳，黜浮华，论治道，功在宗社而不自诩，国人维恩”。上尊谥曰：“孝贞慈安裕庆和敬仪天祚圣显皇后。”

［0101］

D0111 镶蓝旗护军营行稿　满汉合璧

kubuhe lamun i bayarai kūwaran i yabubure jise

光绪十三年（1887）至民国三年（1914）抄本

十二件

此系清代官文书题本和行文的底稿，题稿行稿用印制的固定格式稿纸填写，封面包括作者、事由、时间、文件编号和堂官批示，行稿还有接收单位，题稿行稿均在本衙门内传阅，经堂官批准后方能正式发抄。本书内容多数是为补放官员而上奏皇帝和行文

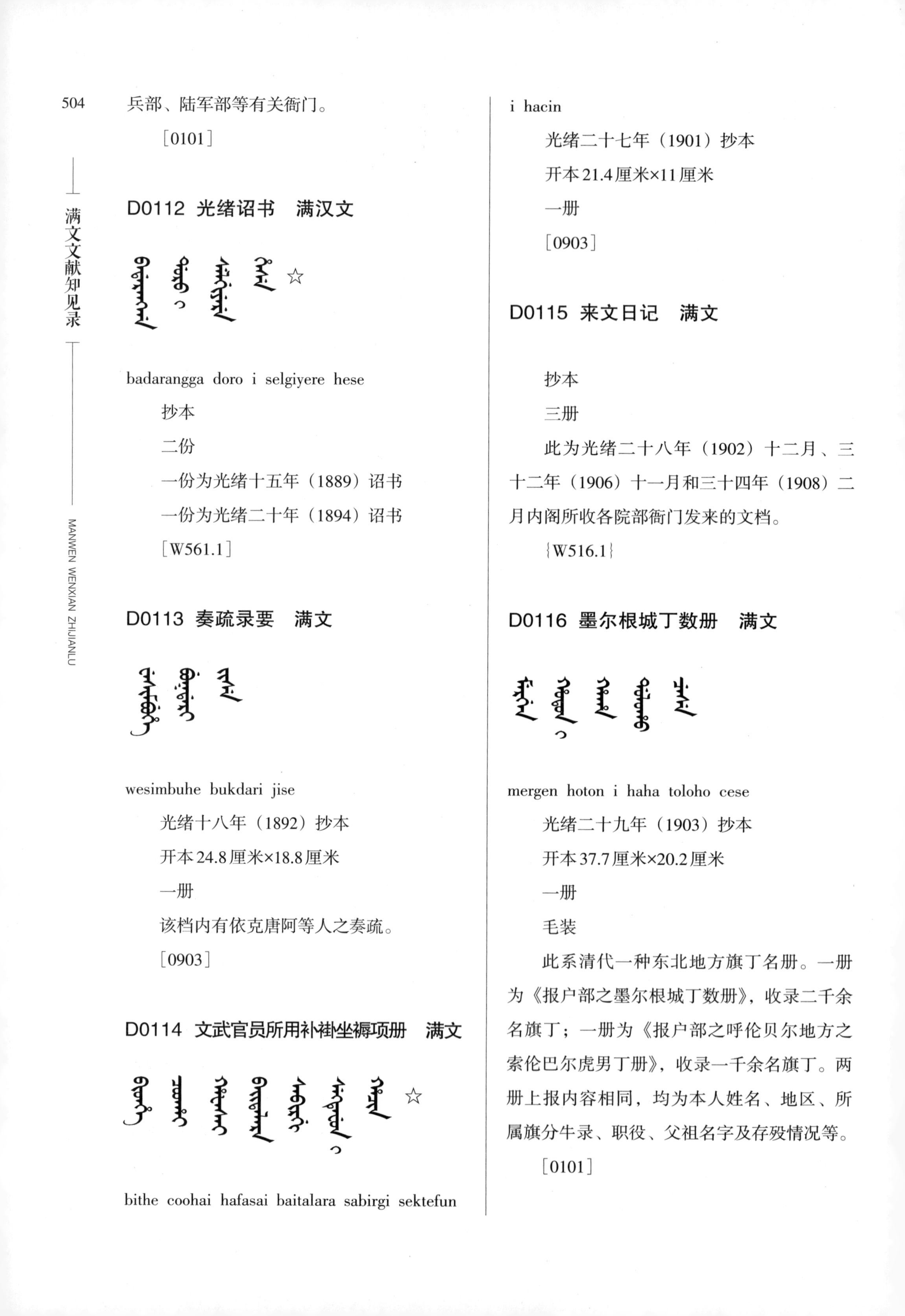

兵部、陆军部等有关衙门。

[0101]

D0112 光绪诏书　满汉文

☆

badarangga doro i selgiyere hese

抄本

二份

一份为光绪十五年（1889）诏书

一份为光绪二十年（1894）诏书

[W561.1]

D0113 奏疏录要　满文

wesimbuhe bukdari jise

光绪十八年（1892）抄本

开本24.8厘米×18.8厘米

一册

该档内有依克唐阿等人之奏疏。

[0903]

D0114 文武官员所用补褂坐褥项册　满文

☆

bithe coohai hafasai baitalara sabirgi sektefun i hacin

光绪二十七年（1901）抄本

开本21.4厘米×11厘米

一册

[0903]

D0115 来文日记　满文

抄本

三册

此为光绪二十八年（1902）十二月、三十二年（1906）十一月和三十四年（1908）二月内阁所收各院部衙门发来的文档。

{W516.1}

D0116 墨尔根城丁数册　满文

mergen hoton i haha toloho cese

光绪二十九年（1903）抄本

开本37.7厘米×20.2厘米

一册

毛装

此系清代一种东北地方旗丁名册。一册为《报户部之墨尔根城丁数册》，收录二千余名旗丁；一册为《报户部之呼伦贝尔地方之索伦巴尔虎男丁册》，收录一千余名旗丁。两册上报内容相同，均为本人姓名、地区、所属旗分牛录、职役、父祖名字及存殁情况等。

[0101]

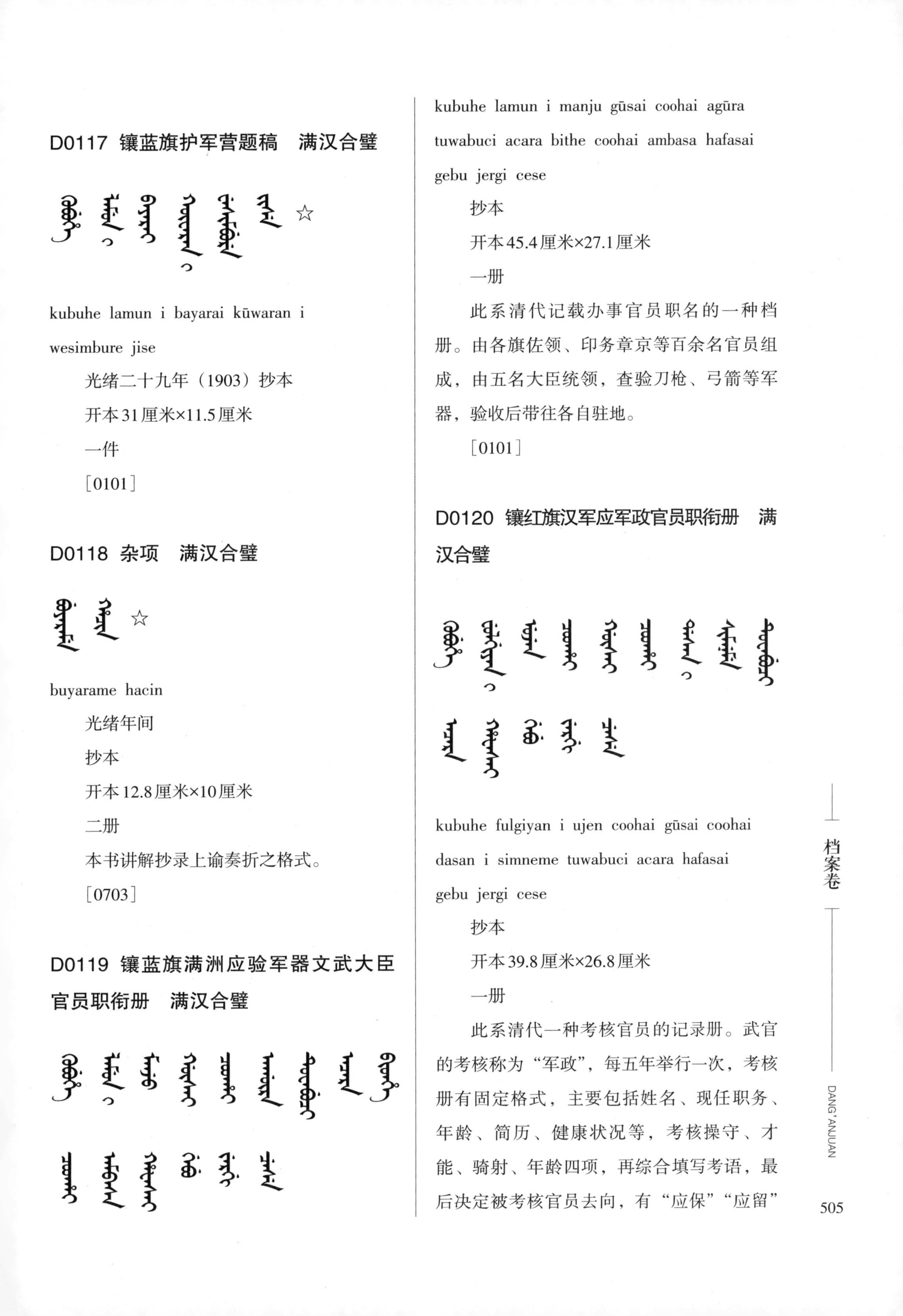

D0117 镶蓝旗护军营题稿　满汉合璧

☆

kubuhe lamun i bayarai kūwaran i wesimbure jise

光绪二十九年（1903）抄本

开本31厘米×11.5厘米

一件

［0101］

D0118 杂项　满汉合璧

☆

buyarame hacin

光绪年间

抄本

开本12.8厘米×10厘米

二册

本书讲解抄录上谕奏折之格式。

［0703］

D0119 镶蓝旗满洲应验军器文武大臣官员职衔册　满汉合璧

kubuhe lamun i manju gūsai coohai agūra tuwabuci acara bithe coohai ambasa hafasai gebu jergi cese

抄本

开本45.4厘米×27.1厘米

一册

此系清代记载办事官员职名的一种档册。由各旗佐领、印务章京等百余名官员组成，由五名大臣统领，查验刀枪、弓箭等军器，验收后带往各自驻地。

［0101］

D0120 镶红旗汉军应军政官员职衔册　满汉合璧

kubuhe fulgiyan i ujen coohai gūsai coohai dasan i simneme tuwabuci acara hafasai gebu jergi cese

抄本

开本39.8厘米×26.8厘米

一册

此系清代一种考核官员的记录册。武官的考核称为“军政”，每五年举行一次，考核册有固定格式，主要包括姓名、现任职务、年龄、简历、健康状况等，考核操守、才能、骑射、年龄四项，再综合填写考语，最后决定被考核官员去向，有“应保”“应留”

“应去”三种。本册即清末考核镶红旗汉军官员的记录册，由管理都统事务的奕劻和副都统岳林（译音）署名同保，前三名属于军政卓异，应予保荐，其余五十多名官员大多为操守、才能平平，或年老力未衰，俱属“应留”。

［0101］

D0121 正红旗护军营应军政逾岁护军校职衔册　满汉合璧

gulu fulgiyan i bayarai kūwaran coohai dasan simneme tuwabuci acara se duleke juwan i da sei gebu jergi cese

抄本

开本44.7厘米×26厘米

一册

此系清代一种考核官员的记录册。护军营为清代禁卫军之一，由八旗满蒙之精锐组成，护军校乃营中六品下级军官，武官六十岁以上称为“逾岁”，本册由护军统领色星阿署名具保。

［0101］

D0122 正红旗护军营应军政官员职衔册　满汉合璧

gulu fulgiyan i bayarai kūwaran coohai dasan simneme tuwabuci acara hafasai gebu jergi cese

抄本

开本44.8厘米×26厘米

一册

此系清代一种考核官员的记录册，本册由该旗护军统领色星阿署名具保，共考核参领、副参领、护军校等官员一百二十多名。

［0101］

D0123 正黄旗护军营官员应军政之参领护军校职衔册　满汉合璧

gulu suwayan bayarai kūwaran hafasai coohai dasan simneme tuwabuci acara jalan janggin juwan i da sei gebu jergi cese

抄本

开本40.2厘米×25.5厘米

一册

此系清代一种考核官员的记录册，护军营为清代禁卫军之一，护军参领乃正三品中级武官，护军校乃六品下级武官。本册由该旗护军统领德木保署名具保，共考核一百四十余名官员。

[0101]

D0124 正黄旗汉军骁骑营应军政官员职衔册　满汉合璧

ᡤᡠᠯᡠ ᠰᡠᠸᠠᠶᠠᠨ ᡳ ᡠᠵᡝᠨ ᠴᠣᠣᡥᠠᡳ ᡳ ᡤᡡᠰᠠᡳ ᠠᠯᡳᡥᠠ ᠴᠣᠣᡥᠠᡳ ᡴᡡᠸᠠᡵᠠᠨ ᡳ ᡥᠠᡶᠠᠰᠠ ᠪᡝ ᠴᠣᠣᡥᠠᡳ ᡩᠠᠰᠠᠨ ᠰᡳᠮᠨᡝᠮᡝ ᡨᡠᠸᠠᠪᡠᠴᡳ ᠠᠴᠠᡵᠠ ᡠᡵᠰᡝᡳ ᡤᡝᠪᡠᡳ ᠴᡝᠰᡝ

gulu suwayan i ujen coohai i gūsai aliha coohai kūwaran i hafasa be coohai dasan simneme tuwabuci acara ursei gebui cese

抄本

开本41厘米×25.5厘米

一册

此系清代一种考核官员的记录册。本册为同治十一年（1872）由都统阿克敦布，副都统载冲、伯冲果署名同保，共考核七十余人。

[0101]

D0125 正黄旗汉军六十五岁以上官员职衔册　满汉合璧

ᡤᡠᠯᡠ ᠰᡠᠸᠠᠶᠠᠨ ᡳ ᡠᠵᡝᠨ ᠴᠣᠣᡥᠠᡳ ᡤᡡᠰᠠᡳ ᠨᡳᠨᠵᡠ ᠰᡠᠨᠵᠠ ᠰᡝ ᠴᡳ ᠸᡝᠰᡳᡥᡠᠨ ᡥᠠᡶᠠᠰᠠᡳ ᡤᡝᠪᡠ ᠵᡝᡵᡤᡳ ᠴᡝᠰᡝ

gulu suwayan i ujen coohai gūsai ninju sunja se ci wesihun hafasai gebu jergi cese

抄本

开本43.8厘米×25.5厘米

一册

[0101]

D0126 正黄旗蒙古应军政六十五岁以上官员职衔册　满汉合璧

ᡤᡠᠯᡠ ᠰᡠᠸᠠᠶᠠᠨ ᡳ ᠮᠣᠩᡤᠣ ᡤᡡᠰᠠᡳ ᠴᠣᠣᡥᠠᡳ ᡩᠠᠰᠠᠨ ᡳ ᠰᡳᠮᠨᡝᠮᡝ ᡨᡠᠸᠠᠪᡠᠴᡳ ᠠᠴᠠᡵᠠ ᠨᡳᠨᠵᡠ ᠰᡠᠨᠵᠠ ᠰᡝ ᠴᡳ ᠸᡝᠰᡳᡥᡠᠨ ᡥᠠᡶᠠᠰᠠᡳ ᡤᡝᠪᡠ ᠵᡝᡵᡤᡳ ᠴᡝᠰᡝ

gulu suwayan i monggo gūsai coohai dasan i simneme tuwabuci acara ninju sunja se ci wesihun hafasai gebu jergi cese

抄本

开本43.8厘米×25.5厘米

一册

此系清代一种考核官员的记录册，内容

实系正黄旗蒙古骁骑营军政册，骁骑营为清代禁卫军之一，以骑兵为主，营兵称“马甲”，由各旗都统直接指挥。

[0101]

D0127 正黄旗蒙古应军政官员职衔册 满汉合璧

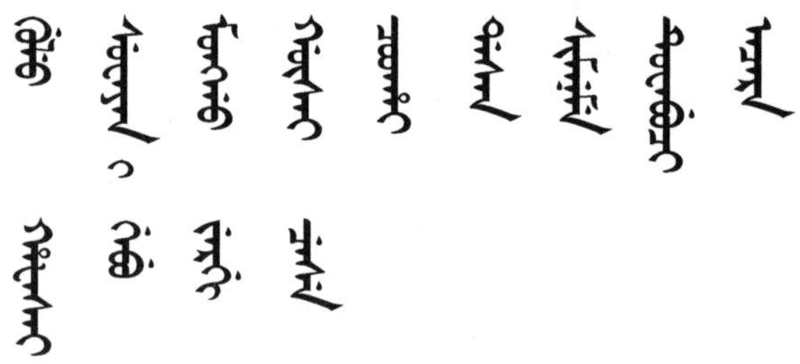

gulu suwayan i monggo gūsai coohai dasan simneme tuwabuci acara hafasai gebu jergi cese

抄本

开本41.3厘米×24.3厘米

一册

此系清代一种考核官员的记录册，武官的考核称为“军政”，本册内容实系正黄旗蒙古骁骑营军政册，由都统伯颜讷莫祜、副都统熙拉布、署副都统祥泰署名同保，考核该旗官员九十余名。

[0101]

D0128 镶蓝旗护军营奏折档 满汉合璧

kubuhe lamun i bayarai kūwaran i wesimbure bukdari dangse

抄本

开本27.4厘米×22.8厘米

一册

[0101]

D0129 瑾妃镀金银册文 满汉合璧

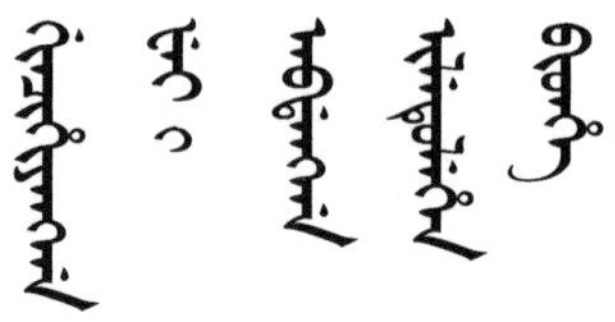

gincihiyangga fei i abdangga iletulehen bithe

松寿 缮

开本20厘米×10厘米

一方

[0150]

D0130 晋封固山贝子奕谟册文 满汉合集

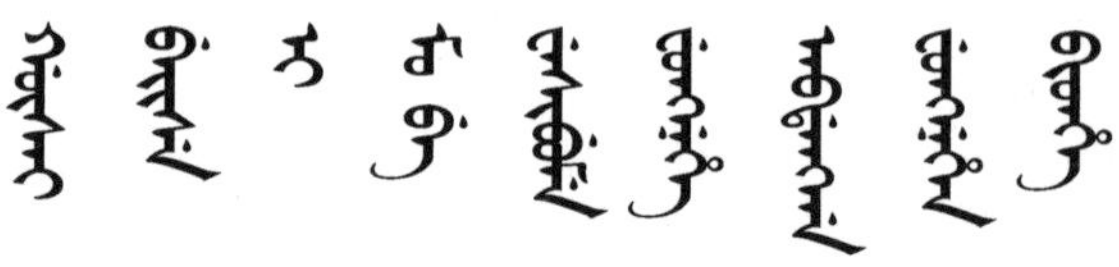

☆

gūsai beise i mo be wesibume fungnehe abdangga fungnehen bithe

抄本

开本21.6厘米×14.3厘米

二册

包括晋封固山贝子奕谟册文、大行嘉顺皇后祭文等。

[0701]

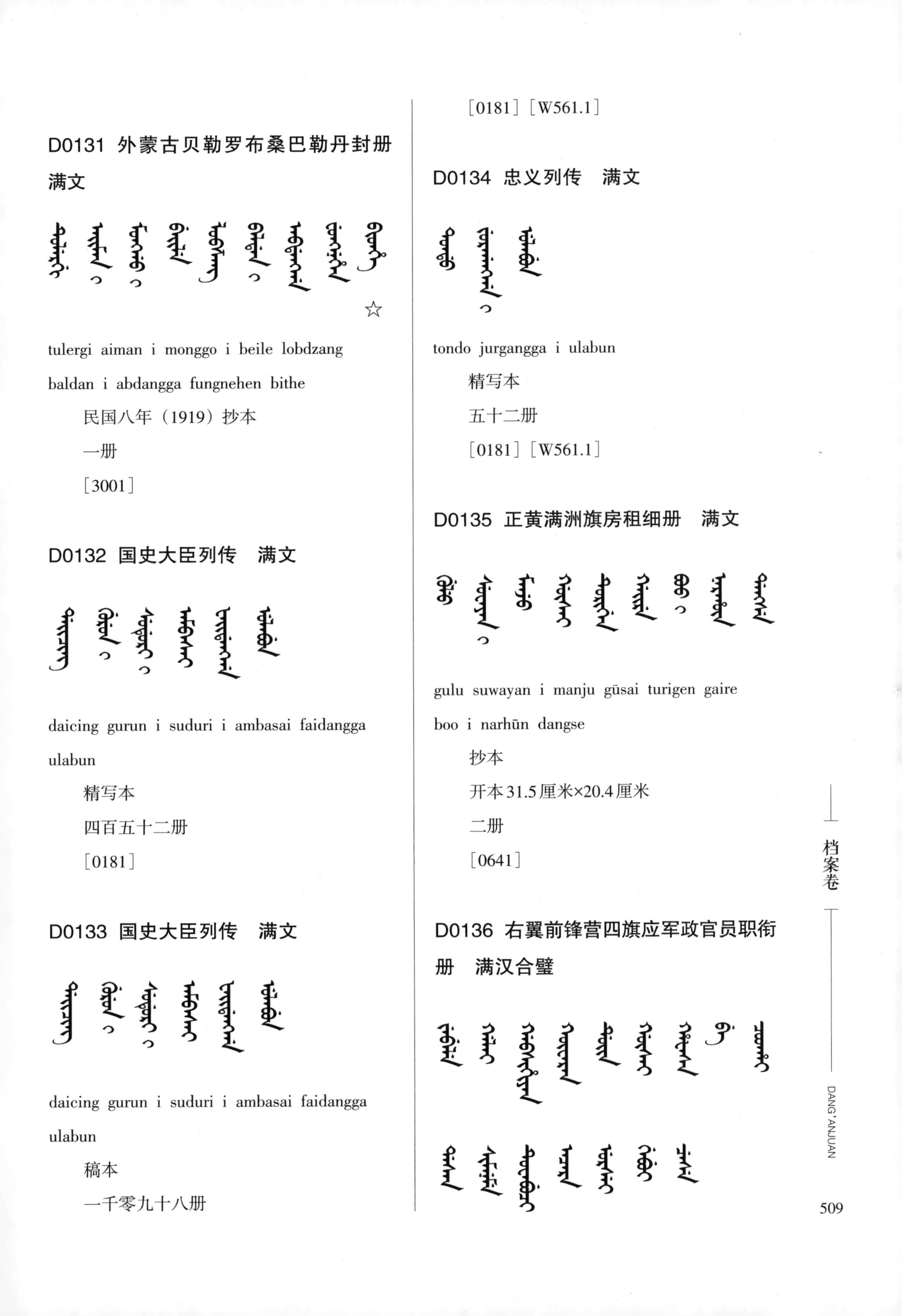

D0131 外蒙古贝勒罗布桑巴勒丹封册 满文

☆

tulergi aiman i monggo i beile lobdzang baldan i abdangga fungnehen bithe

民国八年（1919）抄本

一册

［3001］

D0132 国史大臣列传 满文

daicing gurun i suduri i ambasai faidangga ulabun

精写本

四百五十二册

［0181］

D0133 国史大臣列传 满文

daicing gurun i suduri i ambasai faidangga ulabun

稿本

一千零九十八册

［0181］［W561.1］

D0134 忠义列传 满文

tondo jurgangga i ulabun

精写本

五十二册

［0181］［W561.1］

D0135 正黄满洲旗房租细册 满文

gulu suwayan i manju gūsai turigen gaire boo i narhūn dangse

抄本

开本31.5厘米×20.4厘米

二册

［0641］

D0136 右翼前锋营四旗应军政官员职衔册 满汉合璧

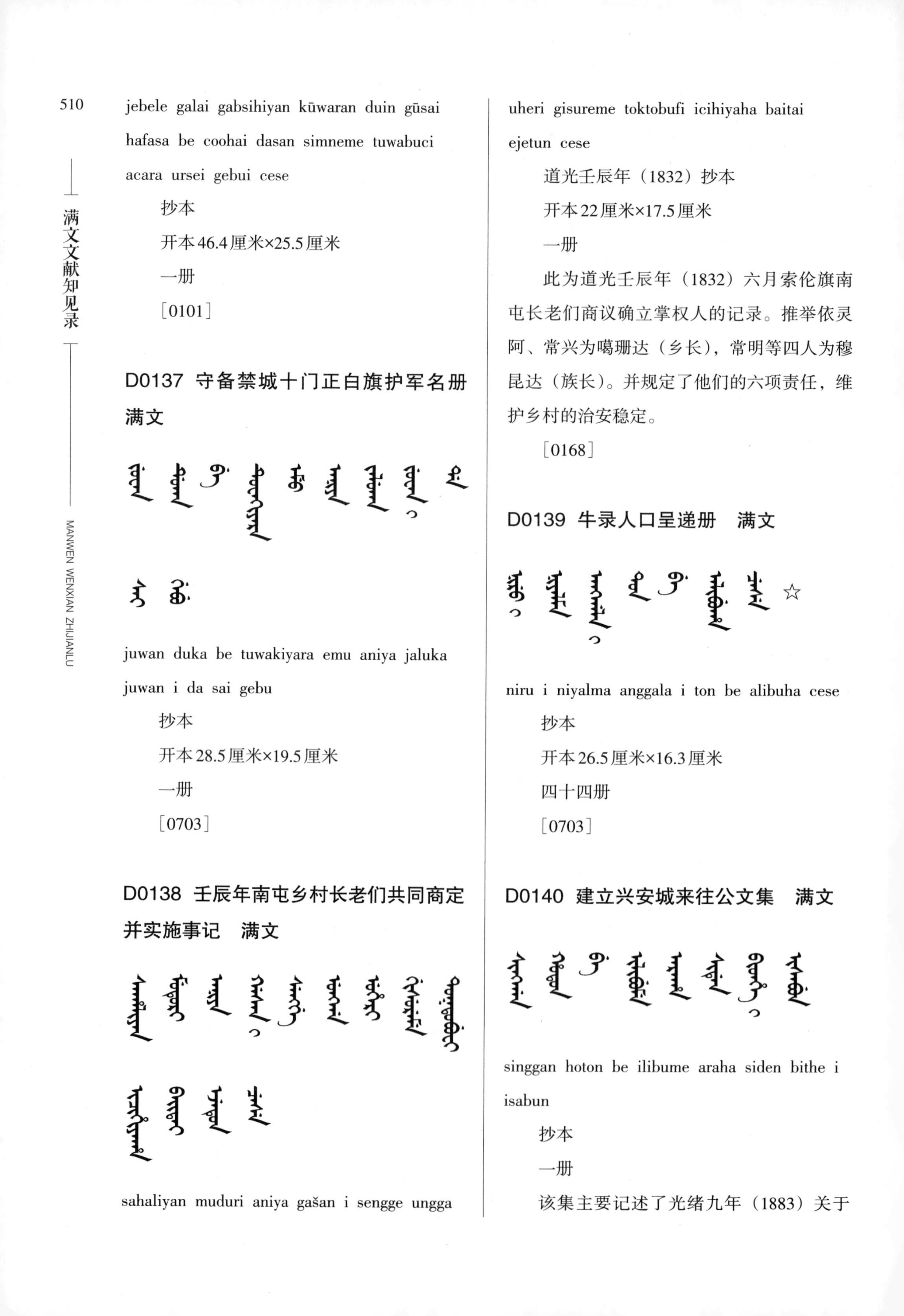

jebele galai gabsihiyan kūwaran duin gūsai hafasa be coohai dasan simneme tuwabuci acara ursei gebui cese

抄本

开本46.4厘米×25.5厘米

一册

［0101］

D0137 守备禁城十门正白旗护军名册 满文

juwan duka be tuwakiyara emu aniya jaluka juwan i da sai gebu

抄本

开本28.5厘米×19.5厘米

一册

［0703］

D0138 壬辰年南屯乡村长老们共同商定并实施事记 满文

sahaliyan muduri aniya gašan i sengge ungga uheri gisureme toktobufi icihiyaha baitai ejetun cese

道光壬辰年（1832）抄本

开本22厘米×17.5厘米

一册

此为道光壬辰年（1832）六月索伦旗南屯长老们商议确立掌权人的记录。推举依灵阿、常兴为噶珊达（乡长），常明等四人为穆昆达（族长）。并规定了他们的六项责任，维护乡村的治安稳定。

［0168］

D0139 牛录人口呈递册 满文

☆

niru i niyalma anggala i ton be alibuha cese

抄本

开本26.5厘米×16.3厘米

四十四册

［0703］

D0140 建立兴安城来往公文集 满文

singgan hoton be ilibume araha siden bithe i isabun

抄本

一册

该集主要记述了光绪九年（1883）关于

鄂伦春布特哈壮丁编旗设属、建立兴安城、增添官兵等事宜。为此事黑龙江将军衙门与布特哈副都统及兵部等衙门来往行文商议相关事宜。

［0168］

D0141 皇帝皇后尊谥册文　满汉合璧

ᡥᡡᠸᠠᠩᡩᡳ ᡥᡡᠸᠠᠩᡥᡝᠣ ᡤᡝᠪᡠ ᠠᠮᠴᠠᠮᡝ ᠪᡠᡥᡝ ᠴᡝᠰᡝ ☆

hūwangdi hūwangheo gebu amcame buhe cese

抄本

开本32.2厘米×14.7厘米

十册

［0703］

D0142 呼伦贝尔地方应列载总志各项汇录　满文

ᡥᡠᠯᡠᠨ ᠪᡠᡳᡵ ᡳ ᡠᡥᡝᡵᡳ ᡝᠵᡝᡨᡠᠨ ᡩᡝ ᡩᠣᠰᡳᠮᠪᡠᠴᡳ ᠠᠴᠠᡵᠠ ᠪᠠᡳᡨᠠ ᡥᠠᠴᡳᠨ ᠪᡝ ᡥᠠᠴᡳᠨ ᠠᠨᠠᠮᡝ ᡳᠯᡤᠠᠮᡝ ᡶᠠᡴᠰᠠᠯᠠᠮᡝ ᠠᠮᠠᠯᠠ ᡶᠠᡳᡩᠠᠮᡝ ᠠᡵᠠᡥᠠᠪᡳ

hulun buir i uheri ejetun de dosimbuci acara baita hacin be hacin aname ilgame faksalame amala faidame arahabi

抄本

开本17.2厘米×17.2厘米

一册

［0168］

D0143 黑龙江将军管辖各区建置录　满文

ᠰᠠᡥᠠᠯᡳᠶᠠᠨ ᡠᠯᠠ ᠵᡳᠶᠠᠩᡤᡳᠶᡡᠨ ᡳ ᡥᠠᡵᠠᠩᡤᠠ ᡤᡝᡵᡝᠨ ᠪᠠ ᡩᡝ ᡳᠯᡳᠪᡠᠮᡝ ᠰᡳᠨᡩᠠᡵᠠ ᠪᠠᠪᡝ ᡝᠵᡝᡥᡝ ᠪᡳᡨᡥᡝ

sahaliyan ula jiyanggiyūn i harangga geren ba de ilibume sindara babe ejehe bithe

抄本

开本23厘米×18厘米

一册

［0168］

D0144 黑龙江管内各城八旗组织及官员额缺年代记　满文

ᠰᠠᡥᠠᠯᡳᠶᠠᠨ ᡠᠯᠠᡳ ᠵᡳᠶᠠᠩᡤᡳᠶᡡᠨ ᡳ ᡥᠠᡵᠠᠩᡤᠠ ᡤᡝᡵᡝᠨ ᡥᠣᡨᠣᠨ ᡳ ᠵᠠᡴᡡᠨ ᡤᡡᠰᠠ ᠵᠠᡳ ᡤᡝᡵᡝᠨ ᡥᠠᡶᠠᠰᠠᡳ ᠣᡵᠣᠨ ᡨᡠᠴᡳᡴᡝ ᠪᡝ ᡝᠵᡝᡥᡝ ᠠᠨᡳᠶᠠ ᡳ ᡝᠵᡝᠪᡠᠨ

sahaliyan ulai jiyanggiyūn i harangga geren hoton i jakūn gūsa jai geren hafasai oron tucike be ejehe aniya i ejebun

抄本

开本25.6厘米×17.9厘米

一册

［0168］

D0145 黑龙江各地官员职衔册　满文

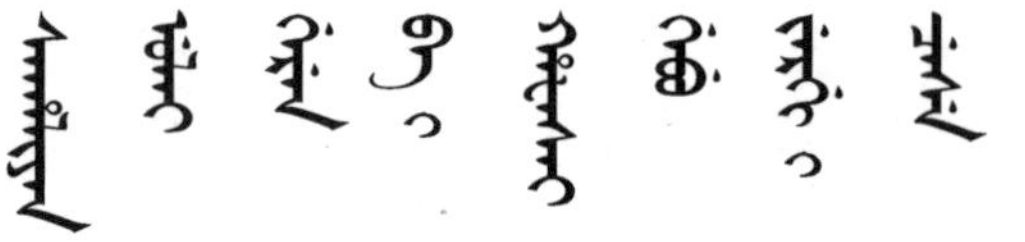

☆

sahaliyan ulai geren ba i hafasai gebu jergi i cese

抄本

开本20.2厘米×10.9厘米

六册

［0903］

D0146 官员衙署等处总录　满汉合璧

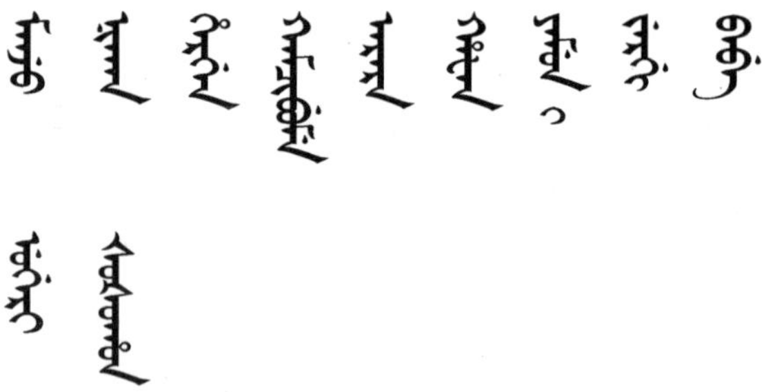

manju nikan hergen kamcibume arara hafan yamun i jergi babe uheri šošohon

抄本

开本22.2厘米×14.2厘米

四册

［0703］

D0147 谕折汇抄　满文

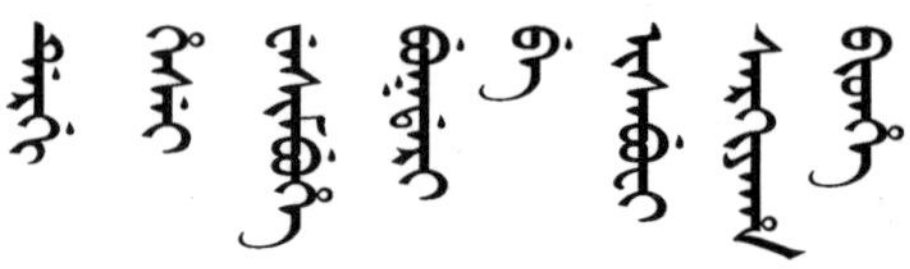

dergi hesei wesimbuhe bukdari be isabufi sarkiyaha bithe

抄本

二十四册

［0101］

D0148 祭田公约　满汉合璧

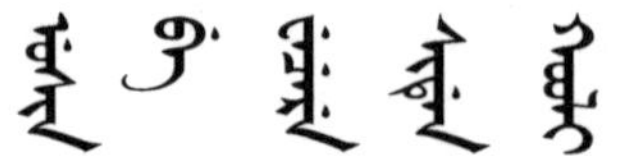

☆

usin be wecere siden kooli

普瑞等 订

抄本

开本48.5厘米×148厘米

一卷

［0101］

D0149 人口册　满文

niyalma anggala i cese

抄本

三册

本档首册有印文：“镶白旗满洲一甲。”

［W516.1］

D0150 布特哈副总管奇三奏告经过　满文

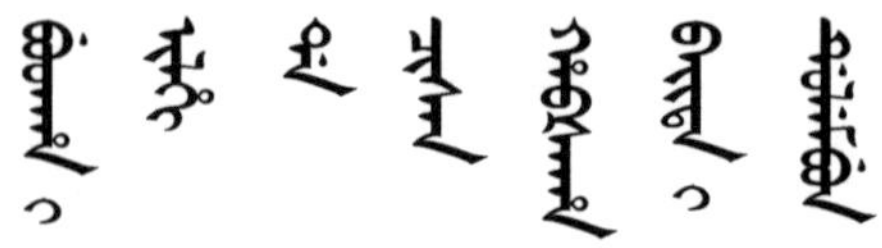

butha i ilhi da cisan habšaha baita i dulembun

莫岳漠 撰

抄本

开本23.2厘米×19.8厘米

一册

线装

该档叙述乾隆六十年（1795）布特哈副总管奇三等人上奏控告黑龙江将军衙门官员压榨布特哈官兵的罪行，列举其强索貂皮、额外摊派私分木料、克扣饷银等八条罪状。乾隆帝派兵部大臣查办此案，经审理核实，将相关人等依旨拟罪。

［0168］

D0151 处理副总管奇三佐领蒙库胡图林嘎奏告案 满文

ᠮᡠᠰᡝᡳ ᠪᠠ ᡳ ᡳᠯᡥᡳ ᡩᠠ ᠴᡳᠰᠠᠨ ᠨᡳᡵᡠᡳ ᠵᠠᠩᡤᡳᠨ ᠮᡝᠩᡴᡠᡥᡡᡨᡠᡵᡳᠩᡤᠠ ᠰᡝᡳ ᡥᠠᠪᡧᠠᡥᠠ ᠪᠠᡳᡨᠠ ᠪᡝ ᡳᠴᡳᡥᡳᠶᠠᠮᡝ ᠸᠠᠴᡳᡥᡳᠶᠠᡥᠠ ᠪᡳᡨᡥᡝ

musei ba i ilhi da cisan nirui janggin mengkuhūturingga sei habšaha baita be icihiyame wacihiyaha bithe

抄本

开本21.4厘米×19厘米

一册

线装

［0168］

二、印谱

D0152 宝谱　满汉合璧

ᠪᠣᠣᠪᠠᡳ ᡩᡠᡵᡠᡤᠠᠨ ☆

boobai durugan

乾隆十三年（1748）编

开本40厘米×28厘米

一册

经折装 黄绫封面 夹板 印文朱色

封面标题下写“贮内阁”，内收二十五方宝玺印谱，乾隆十一年（1746）对前代皇帝御宝重新考订排列，将总数定为二十五方，并制成宝谱，每一方御宝后都注明其用途和使用范围，以及尺寸、材质。如“皇帝之宝”以布诏赦，“天子之宝”以祀百神，“制诰之宝”以谕臣僚，“钦文之玺”以重文教，“敬天勤民之宝”以饬觐吏，“讨罪安民之宝”以张征伐。

［0185］

D0153 皇帝玺印册　满汉合璧

ᡥᡡᠸᠠᠩᡩᡳ ᠪᠣᠣᠪᠠᡳ ᡳ ᠴᡝᠰᡝ ☆

hūwangdi boobai i cese

抄本

开本38.5厘米×30.5厘米

［W561.1］

D0154 大清历代帝后宝谱　满汉合璧

ᡩᠠᡳᠴᡳᠩ ᡤᡠᡵᡠᠨ ᡳ ᠵᠠᠯᠠᠨ ᠵᠠᠯᠠᠨ ᡳ ᡥᡡᠸᠠᠩᡩᡳ ᡥᡡᠸᠠᠩᡥᡝᠣ ᡳ ᠪᠣᠣᠪᠠᡳ ᡳ ᠴᡝᠰᡝ

daicing gurun i jalan jalan i hūwangdi hūwangheo i boobai i cese

摹绘本

一册

此系清代帝后谥印谱。谥印为帝后去世后供奉太庙和陵寝所用之印。印文包括帝后的庙号、徽号和谥号，用满汉二种文字镌刻，以黑色钤印。

［0101］

D0155 盛京宝谱　满汉合璧

ᠮᡠᡴᡩᡝᠨ ᡳ ᠪᠣᠣᠪᠠᡳ ᡩᡠᡵᡠᡤᠠᠨ ☆

mukden i boobai durugan

乾隆十一年（1746）编

开本40厘米×27.2厘米

一册

经折装 黄绫封面 夹板 印文朱色

封面标题下写“贮内阁”，内含“大清受命之宝”“皇帝之宝”“奉天之宝”“天子之宝”“敕命之宝”等十方印谱。

［0185］

D0156 将军印谱 满汉合璧

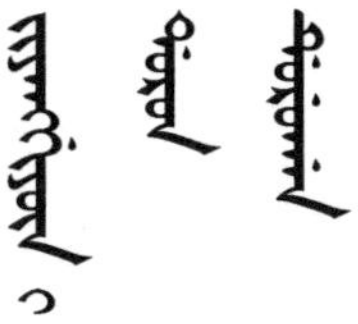

jiyanggiyūn i doron durugan

开本40厘米×27.8厘米

一册

经折装 黄绫封面 夹板 印文朱色

共收顺治至乾隆时期各种特派征讨大将军印谱三十方，如“定北将军印”（顺治朝）、“抚远大将军印”（雍正朝）、“剿川楚陕经略大臣印”（乾隆朝）等。

［0185］

D0157 官印谱 满汉合璧

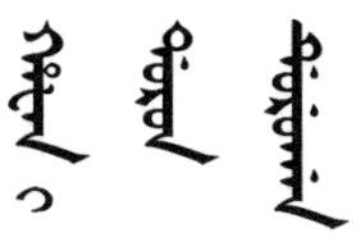 ☆

hafan i doron durugan

开本34厘米×25厘米

一册

存第一集第一册

印文朱色

内有“奉天府”“衍圣公”“钦差大臣”“六部”“藩属”等二十方印谱，取自康熙二十四年（1685）至同治十二年（1873）题本、奏表等档案。

［0185］

D0158 各省总督印谱 满汉合璧

 ☆

geren golo i uheri kadalara amban i doron durugan

开本34厘米×25厘米

一册

印文朱色

封面上写有“官印谱第一集第二册”字样，内收各地总督之印谱五十三方，均取自乾隆三十年（1765）至同治三年（1864）题本、奏表等档案。

［0185］

D0159 各省巡抚印谱 满汉合璧

 ☆

geren golo i giyarime dasara amban i doron durugan

开本34厘米×25厘米

一册

印文朱色

封面上写有“官印谱第一集第三册”字样，内收各省巡抚之印谱六十九方，均选自

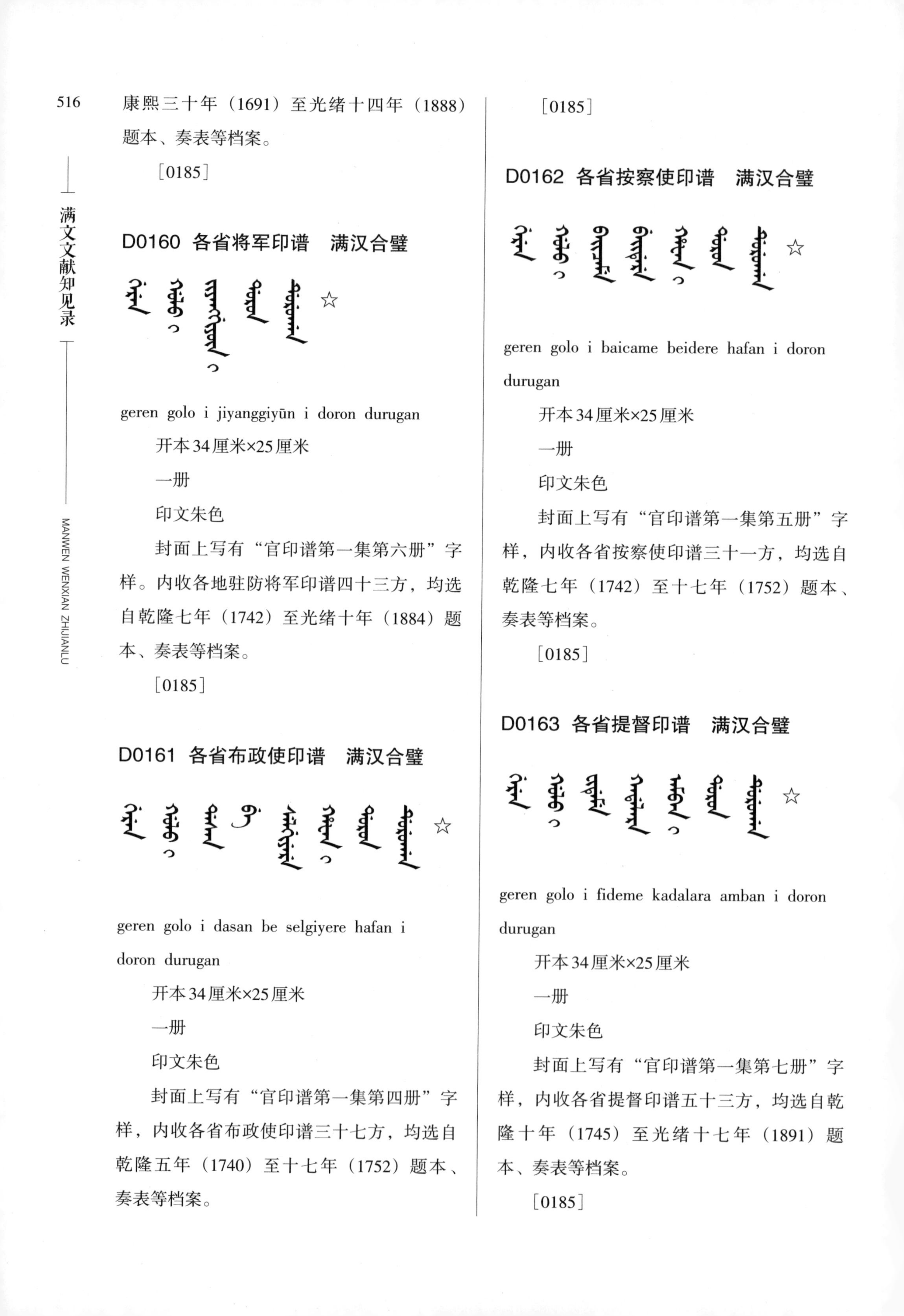

康熙三十年（1691）至光绪十四年（1888）题本、奏表等档案。

［0185］

D0160 各省将军印谱　满汉合璧

☆

geren golo i jiyanggiyūn i doron durugan

开本34厘米×25厘米

一册

印文朱色

封面上写有“官印谱第一集第六册”字样。内收各地驻防将军印谱四十三方，均选自乾隆七年（1742）至光绪十年（1884）题本、奏表等档案。

［0185］

D0161 各省布政使印谱　满汉合璧

☆

geren golo i dasan be selgiyere hafan i doron durugan

开本34厘米×25厘米

一册

印文朱色

封面上写有“官印谱第一集第四册”字样，内收各省布政使印谱三十七方，均选自乾隆五年（1740）至十七年（1752）题本、奏表等档案。

［0185］

D0162 各省按察使印谱　满汉合璧

☆

geren golo i baicame beidere hafan i doron durugan

开本34厘米×25厘米

一册

印文朱色

封面上写有“官印谱第一集第五册”字样，内收各省按察使印谱三十一方，均选自乾隆七年（1742）至十七年（1752）题本、奏表等档案。

［0185］

D0163 各省提督印谱　满汉合璧

☆

geren golo i fideme kadalara amban i doron durugan

开本34厘米×25厘米

一册

印文朱色

封面上写有“官印谱第一集第七册”字样，内收各省提督印谱五十三方，均选自乾隆十年（1745）至光绪十七年（1891）题本、奏表等档案。

［0185］

D0164 都统副都统印谱　满汉合璧

 ☆

gūsai ejen jai meiren janggin i doron durugan

开本34厘米×25厘米

一册

印文朱色

封面上写有“官印谱第一集第八册”字样，内收各地都统和副都统印谱二十九方，均选自乾隆十一年（1746）至光绪十五年（1889）题本、奏表等档案。

［0185］

D0165 副都统印谱　满蒙汉文

 ☆

meiren janggin i doron durugan

开本34厘米×25厘米

一册

印文朱色

封面上写有“官印谱第一集第九册”字样，内收各地副都统印谱二十七方，其中满汉合璧印十九方、满蒙合璧印八方，均选自乾隆十年（1745）至光绪十五年（1889）题本、奏表等档案。

［0185］

D0166 总兵官关防谱　满汉合璧

 ☆

uheri kadalara da i kadalan durugan

开本34厘米×25厘米

一册

印文朱色

封面上写有“官印谱第二集第四册”字样。内收江西、湖南、湖北、四川等省总兵官关防谱三十七方。关防为清代印信之一种，长方形。本谱收录的关防谱均选自雍正十三年（1735）至光绪十七年（1891）题本、贺表等档案。

［0185］

D0167 副将关防谱　满汉合璧

 ☆

aisilame kadalara da i kadalan durugan

开本34厘米×25厘米

一册

印文朱色

封面上写有“官印谱第二集第八册”字样，内收江苏、浙江、江西、安徽、湖北、湖南、四川等省副将关防谱三十八方，均选自乾隆五年（1740）至嘉庆元年（1796）题本、奏表等档案。

［0185］

D0168 顺天府儒学印　满汉合璧

šūn tiyan fu i tacibukū hafan i doron

开本36.8厘米×25厘米

一册

包背装　黄绫封面

谱内共收录顺天府、保定府、房山县等各府县儒学印记。

［0185］

D0169 满汉官印文档　满汉合璧

manju nikan hergen i doron kadalan i cese

精写本

开本28.5厘米×22厘米

一册

此为清代各种印、关防之满汉名称对照册。

［0782］

D0170 修定印文档 ☆　满文

doron i bithe be dasaha turgun i dangse

开本36.8厘米×24.5厘米

一册

毛装　黄绫封面

该档内容为修订官印之事。如将“浙江省督驿道兼理盐务之印”改为“浙江督检兵驿关防”。

［0185］

D0171 满洲官印谱　满汉合璧

manju nikan hergen i hafan i doron i durugan

民国时期钤印本

开本20.8厘米×14厘米

一册

该谱汇集了清乾隆至宣统年间礼部制造的府、州、县司等官印印记，印文为满汉篆字，每方印的材质、式样、制造、年份及字号均有汉文说明。

［0701］

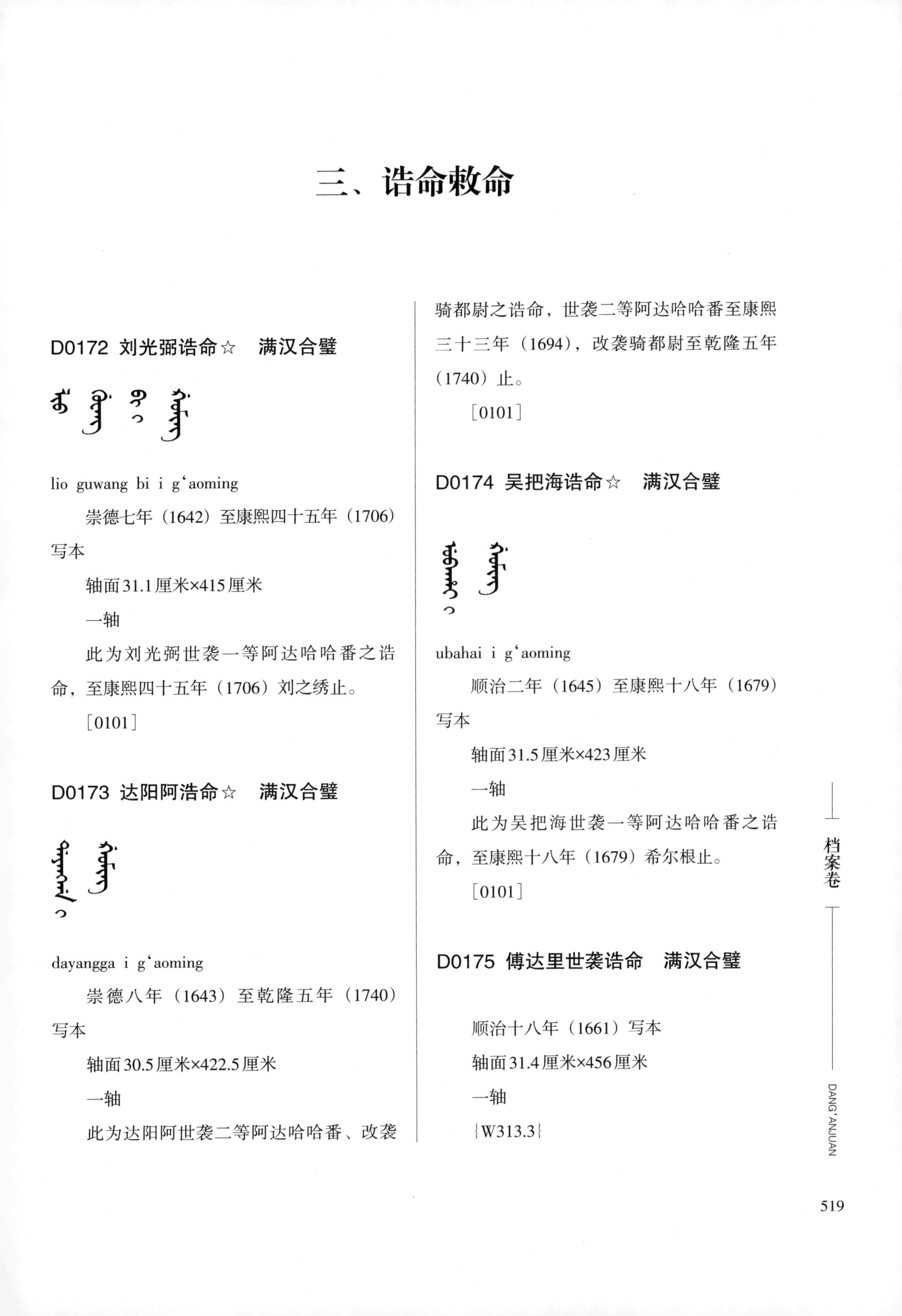

三、诰命敕命

D0172 刘光弼诰命☆　满汉合璧

lio guwang bi i g'aoming

崇德七年（1642）至康熙四十五年（1706）写本

轴面31.1厘米×415厘米

一轴

此为刘光弼世袭一等阿达哈哈番之诰命，至康熙四十五年（1706）刘之绣止。

［0101］

D0173 达阳阿诰命☆　满汉合璧

dayangga i g'aoming

崇德八年（1643）至乾隆五年（1740）写本

轴面30.5厘米×422.5厘米

一轴

此为达阳阿世袭二等阿达哈哈番、改袭骑都尉之诰命，世袭二等阿达哈哈番至康熙三十三年（1694），改袭骑都尉至乾隆五年（1740）止。

［0101］

D0174 吴把海诰命☆　满汉合璧

ubahai i g'aoming

顺治二年（1645）至康熙十八年（1679）写本

轴面31.5厘米×423厘米

一轴

此为吴把海世袭一等阿达哈哈番之诰命，至康熙十八年（1679）希尔根止。

［0101］

D0175 傅达里世袭诰命　满汉合璧

顺治十八年（1661）写本

轴面31.4厘米×456厘米

一轴

｛W313.3｝

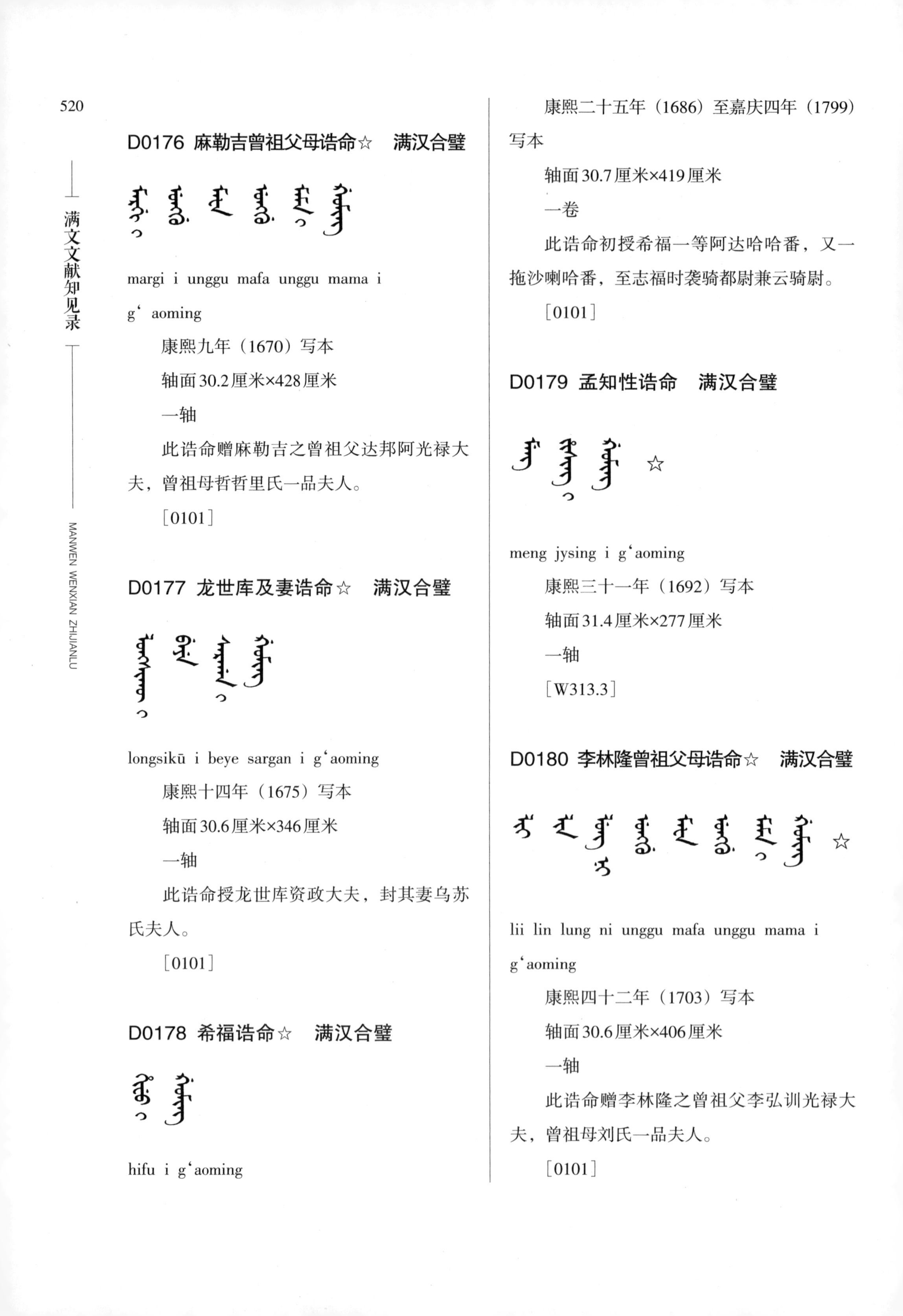

D0176 麻勒吉曾祖父母诰命☆ 满汉合璧

margi i unggu mafa unggu mama i g‘aoming

康熙九年（1670）写本

轴面30.2厘米×428厘米

一轴

此诰命赠麻勒吉之曾祖父达邦阿光禄大夫，曾祖母哲哲里氏一品夫人。

[0101]

D0177 龙世库及妻诰命☆ 满汉合璧

longsikū i beye sargan i g‘aoming

康熙十四年（1675）写本

轴面30.6厘米×346厘米

一轴

此诰命授龙世库资政大夫，封其妻乌苏氏夫人。

[0101]

D0178 希福诰命☆ 满汉合璧

hifu i g‘aoming

康熙二十五年（1686）至嘉庆四年（1799）写本

轴面30.7厘米×419厘米

一卷

此诰命初授希福一等阿达哈哈番，又一拖沙喇哈番，至志福时袭骑都尉兼云骑尉。

[0101]

D0179 孟知性诰命 满汉合璧

☆

meng jysing i g‘aoming

康熙三十一年（1692）写本

轴面31.4厘米×277厘米

一轴

[W313.3]

D0180 李林隆曾祖父母诰命☆ 满汉合璧

☆

lii lin lung ni unggu mafa unggu mama i g‘aoming

康熙四十二年（1703）写本

轴面30.6厘米×406厘米

一轴

此诰命赠李林隆之曾祖父李弘训光禄大夫，曾祖母刘氏一品夫人。

[0101]

D0181 李林隆祖父母诰命☆　满汉合璧

lii lin lung ni mafa mama i g‘aoming

康熙九年（1670）写本

轴面30.2厘米×411厘米

一轴

此诰命赠李林隆之祖父李献箴光禄大夫，祖母麻氏、宿氏一品夫人。

［0101］

D0182 李林隆父母诰命☆　满汉合璧

lii lin lung ni ama eme i g‘aoming

康熙三十六年（1697）写本

轴面30.3厘米×416厘米

一轴

此诰命赠李林隆父色冷荣禄大夫，母苏氏一品夫人。

［0101］

D0183 李林隆及妻诰命☆　满汉合璧

lii lin lung ni beye sargan i g‘aoming

康熙三十六年（1697）写本

轴面30厘米×564厘米

一轴

此诰命授李林隆荣禄大夫，赠其妻觉罗氏一品夫人。

［0101］

D0184 傅敏父母诰命☆　满汉合璧

fumin i ama eme i g‘aoming

雍正七年（1729）至道光十一年（1831）写本

轴面33.8厘米×408厘米

一轴

此为授傅敏之父头等阿达哈哈番之诰命，六次承袭至富广止。

［0101］

D0185 透登额尔诰命　满汉合璧

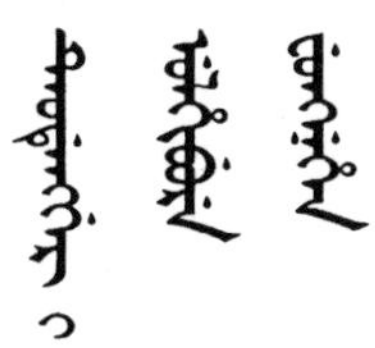

teogengger i ulhibure fungnehen

雍正十三年（1735）写本

轴面30.7厘米×455厘米

一轴

［0168］

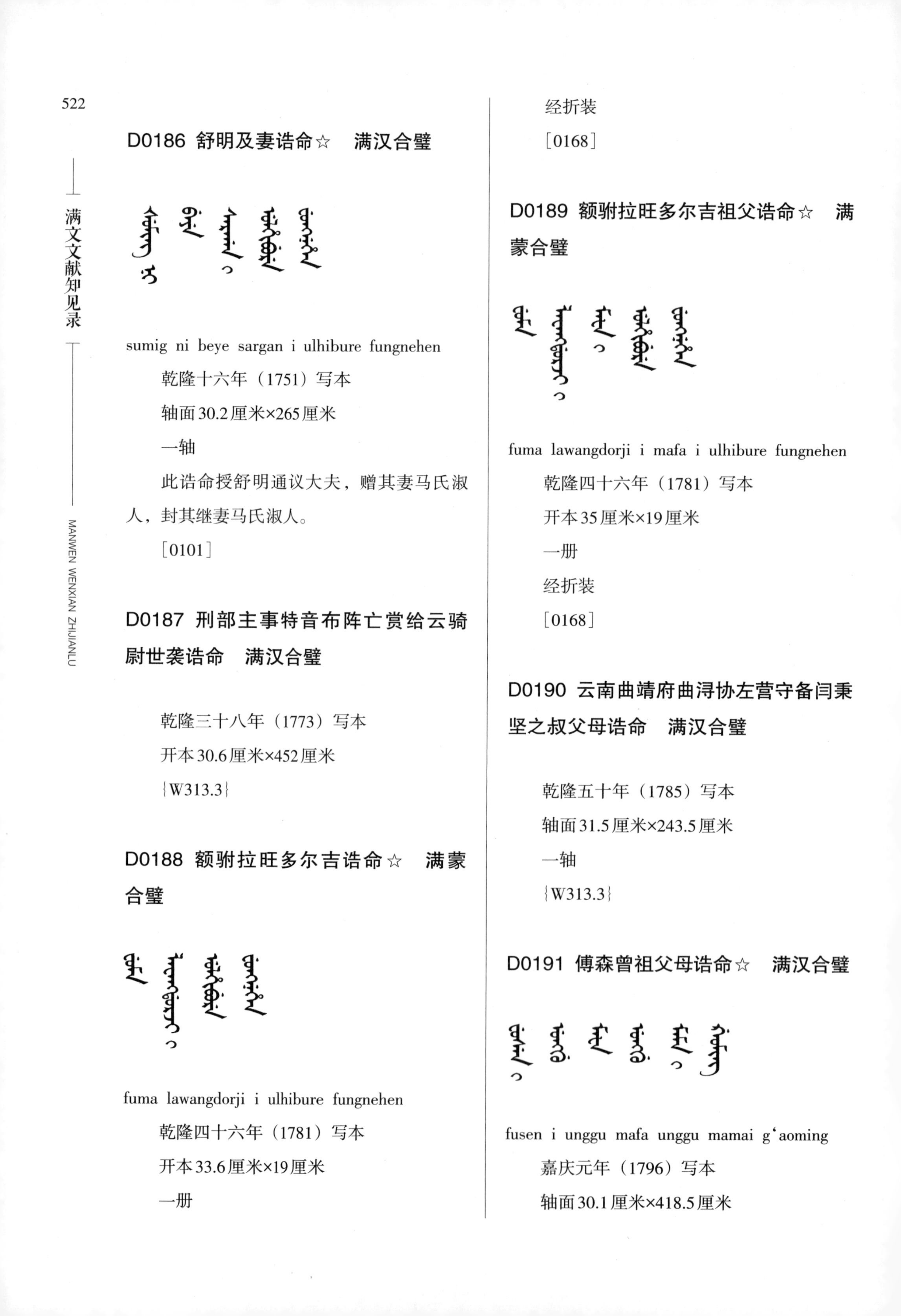

D0186 舒明及妻诰命☆　满汉合璧

sumig ni beye sargan i ulhibure fungnehen

乾隆十六年（1751）写本

轴面30.2厘米×265厘米

一轴

此诰命授舒明通议大夫，赠其妻马氏淑人，封其继妻马氏淑人。

［0101］

D0187 刑部主事特音布阵亡赏给云骑尉世袭诰命　满汉合璧

乾隆三十八年（1773）写本

开本30.6厘米×452厘米

{W313.3}

D0188 额驸拉旺多尔吉诰命☆　满蒙合璧

fuma lawangdorji i ulhibure fungnehen

乾隆四十六年（1781）写本

开本33.6厘米×19厘米

一册

经折装

［0168］

D0189 额驸拉旺多尔吉祖父诰命☆　满蒙合璧

fuma lawangdorji i mafa i ulhibure fungnehen

乾隆四十六年（1781）写本

开本35厘米×19厘米

一册

经折装

［0168］

D0190 云南曲靖府曲浔协左营守备闫秉坚之叔父母诰命　满汉合璧

乾隆五十年（1785）写本

轴面31.5厘米×243.5厘米

一轴

{W313.3}

D0191 傅森曾祖父母诰命☆　满汉合璧

fusen i unggu mafa unggu mamai g‘aoming

嘉庆元年（1796）写本

轴面30.1厘米×418.5厘米

一轴

此诰命赠傅森之曾祖父巴喀荣禄大夫，曾祖母马佳氏、宗室氏、博尔济吉特氏一品夫人。

［0101］

D0192 傅森曾祖父母诰命☆　满汉合璧

ᡶᡠᠰᡝᠨ ᡳ ᡠᠩᡤᡠ ᠮᠠᡶᠠ ᡠᠩᡤᡠ ᠮᠠᠮᠠ ᡳ ᡬᠠᠣᠮᡳᠩ

fusen i unggu mafa unggu mama i g‘aoming

嘉庆四年（1799）写本

轴面30.1厘米×402厘米

一轴

此诰命赠傅森之曾祖父巴喀荣禄大夫，曾祖母马佳氏、宗室氏、博尔济吉特氏一品夫人。

［0101］

D0193 傅森祖父母诰命☆　满汉合璧

ᡶᡠᠰᡝᠨ ᡳ ᠮᠠᡶᠠ ᠮᠠᠮᠠ ᡳ ᡬᠠᠣᠮᡳᠩ

fusen i mafa mama i g‘aoming

嘉庆四年（1799）写本

轴面30.3厘米×407.5厘米

一轴

此诰命赠傅森之祖父永寿光禄大夫，祖母乌苏氏、巴雅拉氏、国乐罗氏一品夫人。

［0101］

D0194 傅森父母诰命☆　满汉合璧

ᡶᡠᠰᡝᠨ ᡳ ᠠᠮᠠ ᡝᠮᡝ ᡳ ᡬᠠᠣᠮᡳᠩ

fusen i ama eme i g‘aoming

嘉庆四年（1799）写本

轴面30.1厘米×419厘米

一轴

此诰命赠傅森之父遵柱光禄大夫，母章佳氏一品夫人。

［0101］

D0195 傅森及妻诰命☆　满汉合璧

ᡶᡠᠰᡝᠨ ᡳ ᠪᡝᠶᡝ ᠰᠠᡵᡤᠠᠨ ᡳ ᡬᠠᠣᠮᡳᠩ

fusen i beye sargan i g‘aoming

嘉庆四年（1799）写本

轴面30.3厘米×417.3厘米

一轴

此诰命授傅森光禄大夫，封其妻卓佳氏一品夫人。

［0101］

D0196 玉麟父母诰命☆　满汉合璧

ᡳᠣᡳᠯᡳᠨ ᡳ ᠠᠮᠠ ᡝᠮᡝ ᡳ ᡬᠠᠣᠮᡳᠩ

ioilin i ama eme i g ‘aoming

嘉庆四年（1799）写本

轴面30.5厘米×182.5厘米

一轴

此诰命内容为玉麟之父特克慎赠奉政大夫，母赫舍里氏赠宜人，郭洛罗氏封太宜人。

［0101］

D0197 玉麟父母诰命☆ 满汉合璧

ioilin i ama eme i g‘aoming

嘉庆六年（1801）写本

轴面30.5厘米×328厘米

一轴

此诰命内容为玉麟之父特克慎赠通奉大夫，母赫舍里氏赠夫人，郭洛罗氏封太夫人。

［0101］

D0198 江宁副都统哈哈岱祖父母诰命 满汉合璧

嘉庆二十五年（1820）写本

轴面31.4厘米×412厘米

一轴

{W313.3}

D0199 嘉庆帝赐高履观之父母敕书 满汉合璧

嘉庆二十五年（1820）绢本

开本38.1厘米×264.3厘米

一轴

该档外题：“嘉庆二拾五年拾月二拾二日内阁候补中书加一级高履观之父母，覃恩荡字二十七号中书高履观。”印记为“敕命之宝”。

卷轴装

{W313.4}

D0200 白镕曾祖父母诰命☆ 满汉合璧

be rung ni unggu mafa unggu mama i g‘aoming

道光二年（1822）写本

轴面30.6厘米×324.5厘米

一轴

此诰命内容为白镕之曾祖父白鸣起赠通奉大夫，曾祖母陈氏赠夫人。

［0101］

D0201 白镕祖父母诰命☆ 满汉合璧

be rung ni mafa mama i g‘aoming

嘉庆二十四年（1819）写本

轴面30厘米×262厘米

一轴

此诰命内容为白镕之祖父白文玢赠朝议大夫，祖母李氏等赠恭人。

［0101］

D0202 白镕父母诰命☆ 满汉合璧

be rung ni ama eme i g‘aoming

嘉庆十四年（1809）写本

轴面30.5厘米×181厘米

一轴

此诰命内容为白镕之父白式敬赠奉直大夫，母邓氏赠宜人。

［0101］

D0203 白镕父母诰命☆ 满汉合璧

be rung ni ama eme i g aoming

嘉庆二十四年（1819）写本

轴面30.2厘米×262厘米

一轴

此诰命内容为白镕之父白式敬赠朝议大夫，母邓氏赠恭人。

［0101］

D0204 白镕父母诰命☆ 满汉合璧

be rung ni ama eme i g‘aoming

嘉庆二十五年（1820）写本

轴面30.2厘米×261.5厘米

一轴

此诰命内容为白镕之父白式敬赠朝议大夫，母邓氏赠恭人。

［0101］

D0205 钟灵父母诰命☆ 满汉合璧

jungling ni ama eme i g‘aoming

道光十四年（1834）写本

轴面30.2厘米×327厘米

一轴

此诰命内容为钟灵之父尧年封资政大夫，母王氏封夫人。

［0101］

D0206 白维清兄嫂诰命☆ 满汉合璧

be wei cing ni agu aša i g‘aoming

道光十五年（1835）写本

轴面32.3厘米×361厘米

一轴

此诰命内容为白维清之兄白泳乡赠朝议大夫，嫂孙氏赠恭人。

［0101］

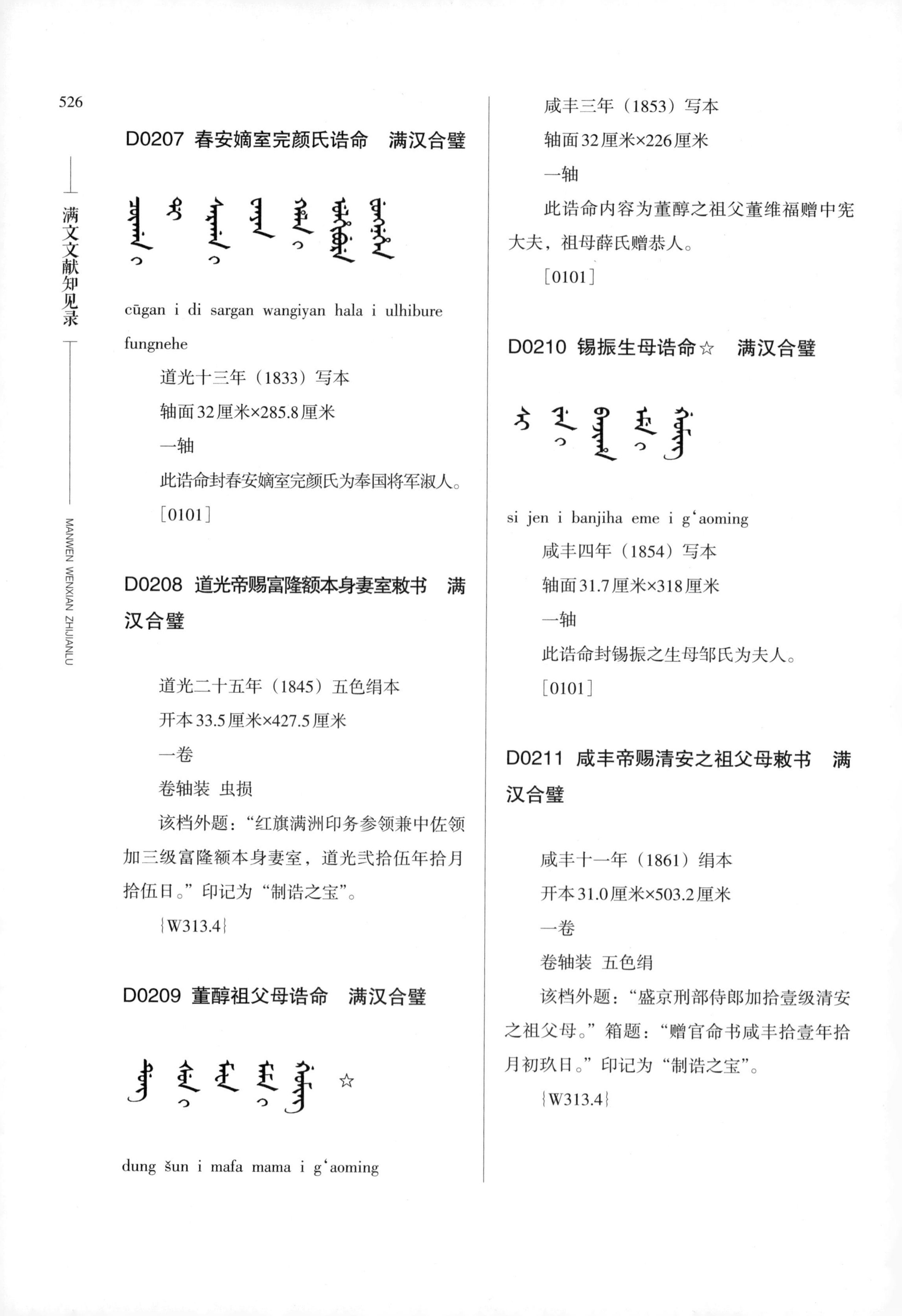

D0207 春安嫡室完颜氏诰命　满汉合璧

cūgan i di sargan wangiyan hala i ulhibure fungnehe

道光十三年（1833）写本

轴面32厘米×285.8厘米

一轴

此诰命封春安嫡室完颜氏为奉国将军淑人。

［0101］

D0208 道光帝赐富隆额本身妻室敕书　满汉合璧

道光二十五年（1845）五色绢本

开本33.5厘米×427.5厘米

一卷

卷轴装 虫损

该档外题："红旗满洲印务参领兼中佐领加三级富隆额本身妻室，道光弍拾伍年拾月拾伍日。"印记为"制诰之宝"。

{W313.4}

D0209 董醇祖父母诰命　满汉合璧

☆

dung šun i mafa mama i g'aoming

咸丰三年（1853）写本

轴面32厘米×226厘米

一轴

此诰命内容为董醇之祖父董维福赠中宪大夫，祖母薛氏赠恭人。

［0101］

D0210 锡振生母诰命☆　满汉合璧

si jen i banjiha eme i g'aoming

咸丰四年（1854）写本

轴面31.7厘米×318厘米

一轴

此诰命封锡振之生母邹氏为夫人。

［0101］

D0211 咸丰帝赐清安之祖父母敕书　满汉合璧

咸丰十一年（1861）绢本

开本31.0厘米×503.2厘米

一卷

卷轴装 五色绢

该档外题："盛京刑部侍郎加拾壹级清安之祖父母。"箱题："赠官命书咸丰拾壹年拾月初玖日。"印记为"制诰之宝"。

{W313.4}

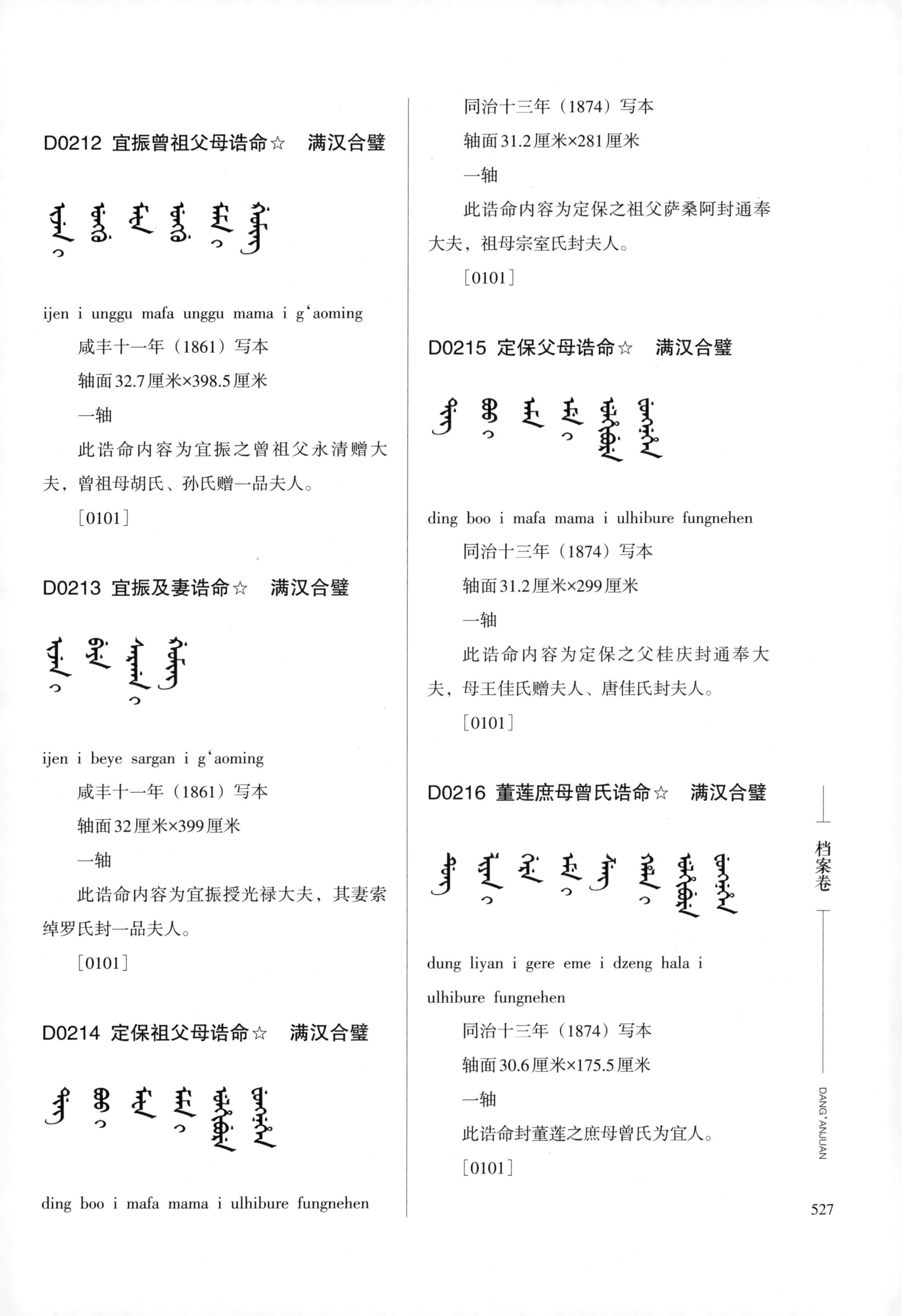

D0212 宜振曾祖父母诰命☆　满汉合璧

ijen i unggu mafa unggu mama i g‘aoming

咸丰十一年（1861）写本

轴面32.7厘米×398.5厘米

一轴

此诰命内容为宜振之曾祖父永清赠大夫，曾祖母胡氏、孙氏赠一品夫人。

［0101］

D0213 宜振及妻诰命☆　满汉合璧

ijen i beye sargan i g‘aoming

咸丰十一年（1861）写本

轴面32厘米×399厘米

一轴

此诰命内容为宜振授光禄大夫，其妻索绰罗氏封一品夫人。

［0101］

D0214 定保祖父母诰命☆　满汉合璧

ding boo i mafa mama i ulhibure fungnehen

同治十三年（1874）写本

轴面31.2厘米×281厘米

一轴

此诰命内容为定保之祖父萨桑阿封通奉大夫，祖母宗室氏封夫人。

［0101］

D0215 定保父母诰命☆　满汉合璧

ding boo i mafa mama i ulhibure fungnehen

同治十三年（1874）写本

轴面31.2厘米×299厘米

一轴

此诰命内容为定保之父桂庆封通奉大夫，母王佳氏赠夫人、唐佳氏封夫人。

［0101］

D0216 董莲庶母曾氏诰命☆　满汉合璧

dung liyan i gere eme i dzeng hala i ulhibure fungnehen

同治十三年（1874）写本

轴面30.6厘米×175.5厘米

一轴

此诰命封董莲之庶母曾氏为宜人。

［0101］

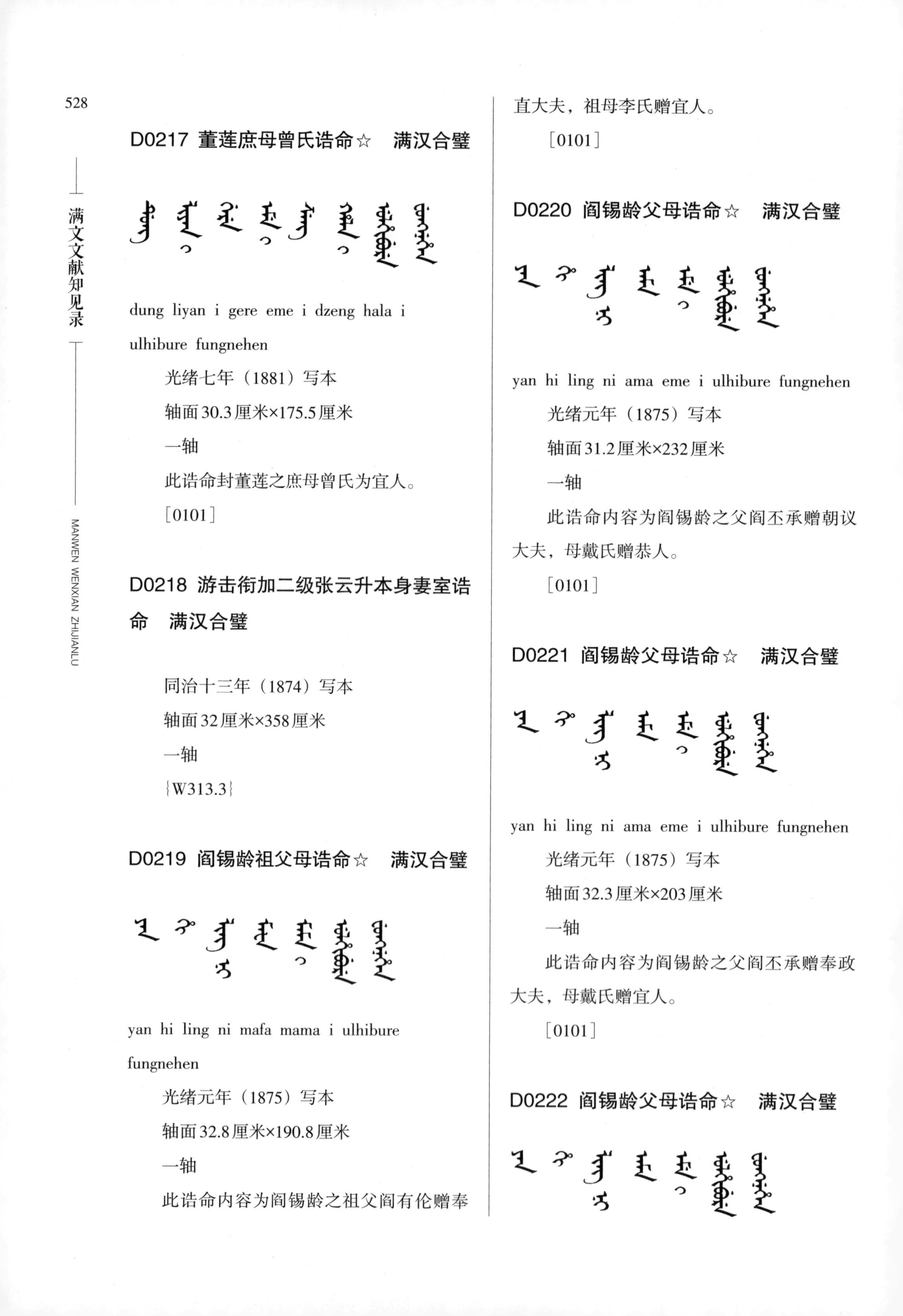

D0217 董莲庶母曾氏诰命☆　满汉合璧

dung liyan i gere eme i dzeng hala i ulhibure fungnehen

光绪七年（1881）写本

轴面30.3厘米×175.5厘米

一轴

此诰命封董莲之庶母曾氏为宜人。

［0101］

D0218 游击衔加二级张云升本身妻室诰命　满汉合璧

同治十三年（1874）写本

轴面32厘米×358厘米

一轴

{W313.3}

D0219 阎锡龄祖父母诰命☆　满汉合璧

yan hi ling ni mafa mama i ulhibure fungnehen

光绪元年（1875）写本

轴面32.8厘米×190.8厘米

一轴

此诰命内容为阎锡龄之祖父阎有伦赠奉直大夫，祖母李氏赠宜人。

［0101］

D0220 阎锡龄父母诰命☆　满汉合璧

yan hi ling ni ama eme i ulhibure fungnehen

光绪元年（1875）写本

轴面31.2厘米×232厘米

一轴

此诰命内容为阎锡龄之父阎丕承赠朝议大夫，母戴氏赠恭人。

［0101］

D0221 阎锡龄父母诰命☆　满汉合璧

yan hi ling ni ama eme i ulhibure fungnehen

光绪元年（1875）写本

轴面32.3厘米×203厘米

一轴

此诰命内容为阎锡龄之父阎丕承赠奉政大夫，母戴氏赠宜人。

［0101］

D0222 阎锡龄父母诰命☆　满汉合璧

yan hi ling ni ama eme i ulhibure fungnehen

光绪二年（1876）写本

轴面31厘米×225厘米

一轴

此诰命内容为阎锡龄之父阎丕承封中宪大夫，母戴氏赠恭人。

［0101］

D0223 阎锡龄父母诰命☆　满汉合璧

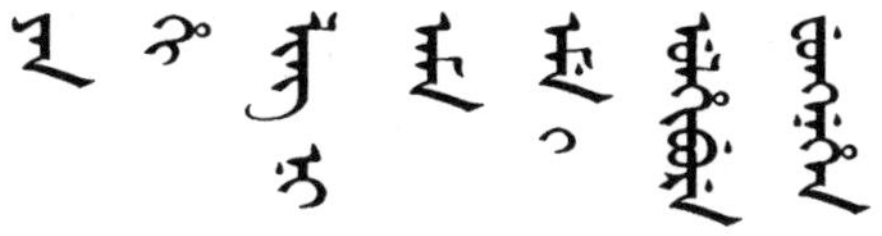

yan hi ling ni ama eme i ulhibure fungnehen

光绪三年（1877）写本

轴面31.2厘米×178厘米

一轴

此诰命内容为阎锡龄之父阎丕承赠奉政大夫，母戴氏赠宜人。

［0101］

D0224 阎锡龄伯父母诰命☆　满汉合璧

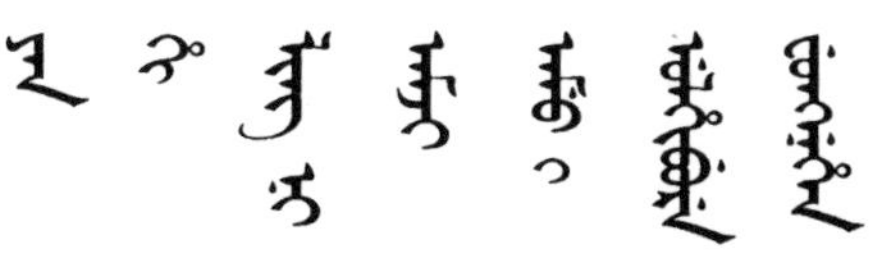

yan hi ling ni amji amu i ulhibure fungnehen

光绪元年（1875）写本

轴面31.5厘米×233.7厘米

一轴

此诰命内容为阎锡龄之伯父阎丕仁贻赠朝议大夫，伯母昌氏封恭人。

［0101］

D0225 阎锡龄叔父母诰命☆　满汉合璧

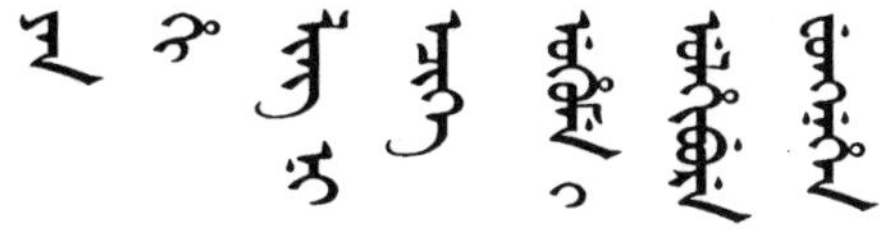

yan hi ling ni ecike uhume i ulhibure fungnehen

光绪二年（1876）写本

轴面30.6厘米×205.8厘米

一轴

此诰命内容为阎锡龄之叔父阎丕绩封中宪大夫，叔母崔王氏封赠恭人。

［0101］

D0226 阎锡龄及妻诰命☆　满汉合璧

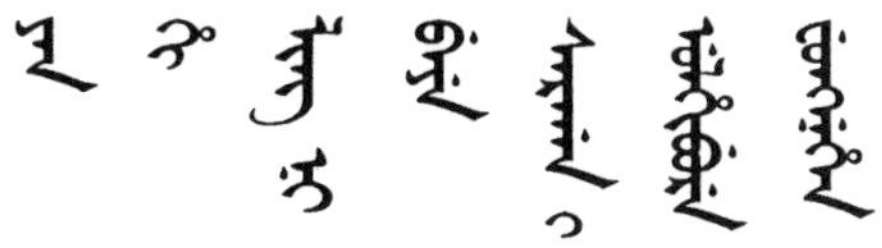

yan hi ling ni ama eme i ulhibure fungnehen

光绪二年（1876）写本

轴面31.2厘米×225厘米

一轴

此诰命授阎锡龄中宪大夫，封其妻马氏为恭人。

［0101］

D0227 正蓝旗满洲觉罗清林之祖父诰命　满汉合璧

光绪十六年（1890）写本

轴面31.6厘米×351厘米

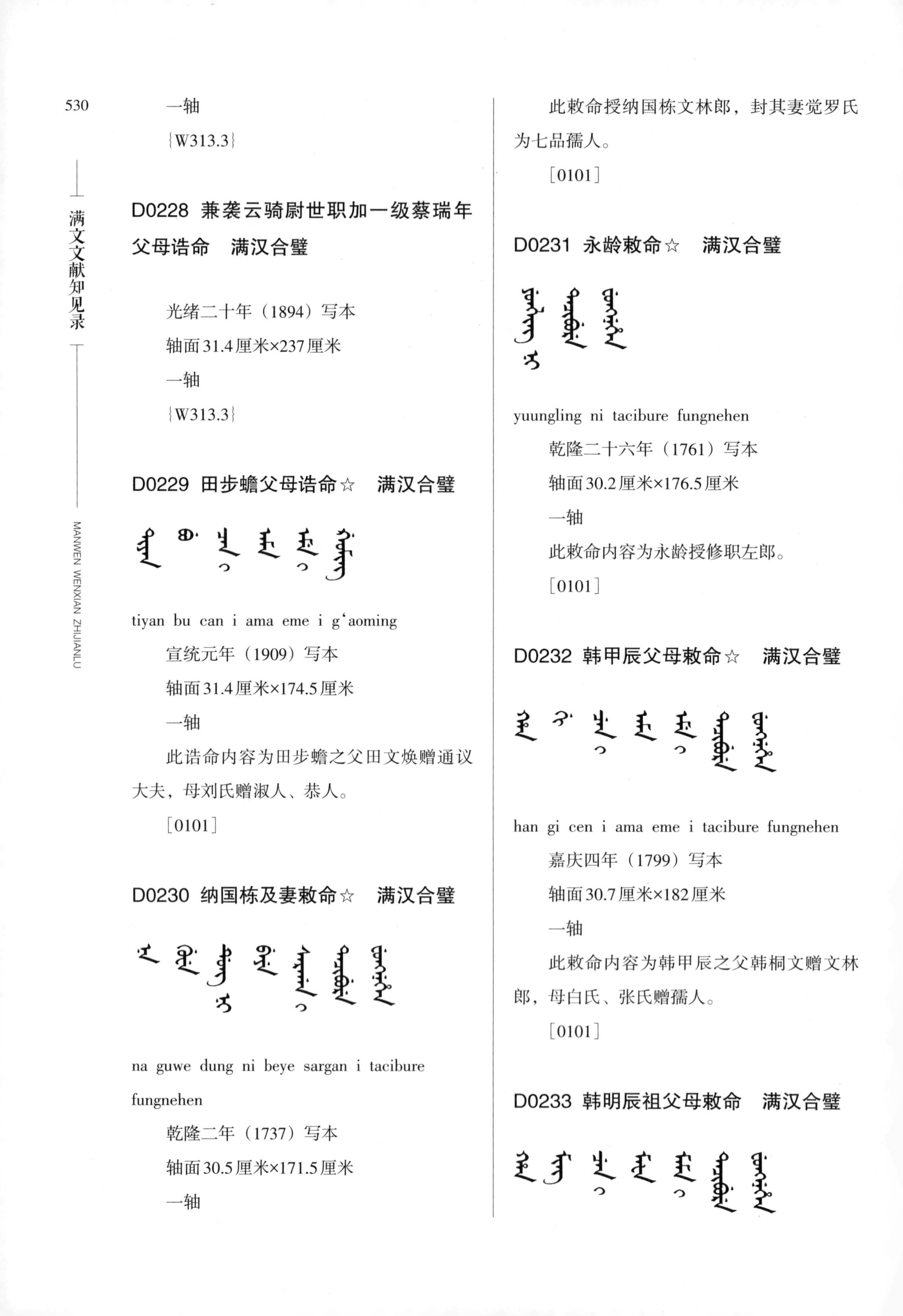

一轴

{W313.3}

D0228 兼袭云骑尉世职加一级蔡瑞年父母诰命　满汉合璧

光绪二十年（1894）写本

轴面31.4厘米×237厘米

一轴

{W313.3}

D0229 田步蟾父母诰命☆　满汉合璧

tiyan bu can i ama eme i g'aoming

宣统元年（1909）写本

轴面31.4厘米×174.5厘米

一轴

此诰命内容为田步蟾之父田文焕赠通议大夫，母刘氏赠淑人、恭人。

[0101]

D0230 纳国栋及妻敕命☆　满汉合璧

na guwe dung ni beye sargan i tacibure fungnehen

乾隆二年（1737）写本

轴面30.5厘米×171.5厘米

一轴

此敕命授纳国栋文林郎，封其妻觉罗氏为七品孺人。

[0101]

D0231 永龄敕命☆　满汉合璧

yuungling ni tacibure fungnehen

乾隆二十六年（1761）写本

轴面30.2厘米×176.5厘米

一轴

此敕命内容为永龄授修职左郎。

[0101]

D0232 韩甲辰父母敕命☆　满汉合璧

han gi cen i ama eme i tacibure fungnehen

嘉庆四年（1799）写本

轴面30.7厘米×182厘米

一轴

此敕命内容为韩甲辰之父韩桐文赠文林郎，母白氏、张氏赠孺人。

[0101]

D0233 韩明辰祖父母敕命　满汉合璧

han ming cen i mafa mama i tacibure fungnehen

嘉庆四年（1799）写本

轴面29.9厘米×168厘米

一轴

此敕命内容为韩明辰之祖父韩烈显赠承德郎，祖母李氏、丁氏赠安人。

［0101］

D0234 韩明辰父母敕命　满汉合璧

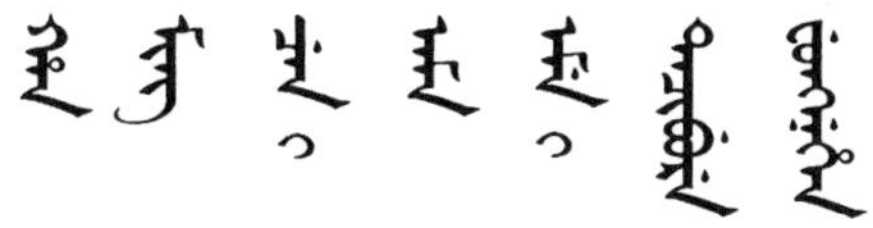

han ming cen i ama eme i tacibure fungnehen

嘉庆四年（1799）写本

轴面30.2厘米×183厘米

一轴

此敕命内容为韩明辰之父韩辉赠承德郎，母李氏赠安人。

［0101］

D0235 韩明辰及妻敕命☆　满汉合璧

han ming cen i beye sargan i tacibure fungnehen

嘉庆六年（1801）写本

轴面30.6厘米×185.5厘米

一轴

此敕命内容为韩明辰授承德郎，妻赵氏赠安人，继妻郭氏赠安人。

［0101］

D0236 甄逢原父母敕命　满汉合璧

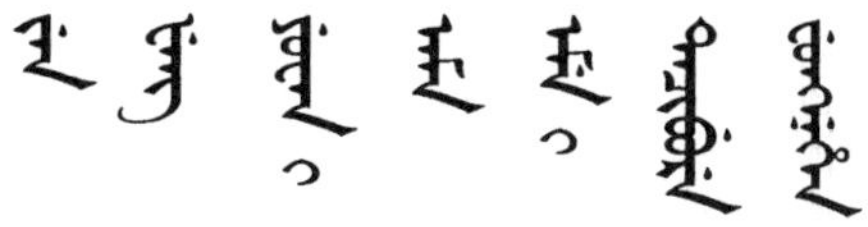

jen feng yuwan i ama eme i tacibure fungnehen

嘉庆十四年（1809）写本

轴面30.6厘米×155厘米

一轴

此敕命内容为甄逢原之父甄国栋封文林郎，母刘氏封孺人。

［0101］

D0237 史从龙祖父母敕命☆　满汉合璧

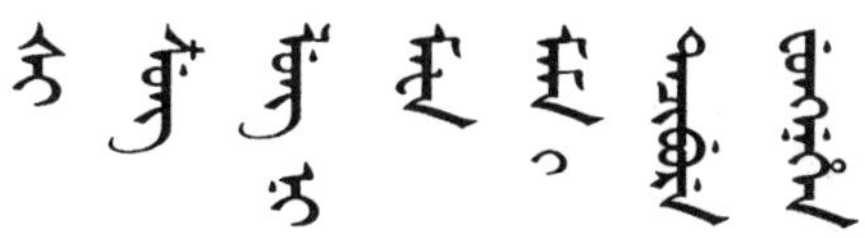

si ts'ung lung ni mafa mama i tacibure fungnehen

光绪二年（1876）写本

轴面32厘米×163.5厘米

一轴

此敕命内容为史从龙之祖父史世隆赠征仕郎，祖母丁氏赠孺人。

［0101］

石刻拓片卷

一、天命朝

S0001 抚近门门额 △ 满文

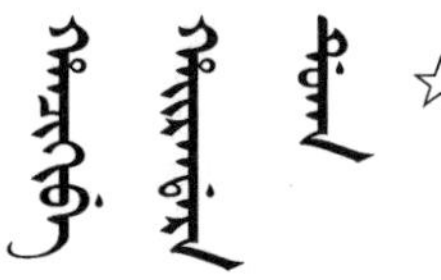

hancikibe hairandara duka

后金天命七年（1622）

70厘米×150厘米

东京城建于后金天命七年（1622），为努尔哈赤所建都城。天命十年（1625）努尔哈赤迁都沈阳，此处设留守章京，康熙二十年（1681）守军移驻金州，该城逐渐倾圮。

此碑于20世纪50年代在辽宁省辽阳市东京城出土，老满文“抚近门”三字为阳刻，部分笔画略有磨损，左右两侧有竖刻小字各一行，漫漶不清，参照同时出土的汉文“德盛门”门额左侧竖刻小字，应为“大金天命壬戌年仲夏吉□□”之意。门额背面有字，说明系用旧碑改制。

［0786］

S0002 天佑门门额 △ 满文

abkai gosiha duka

后金天命七年（1622）

天佑门为原辽阳东京城南门之一，老满文正书，门额为阳刻老满文。

原门额现藏于日本东京都调布市乡土博物馆。

［W313.7］

S0003 德盛门匾额 △ 满文

tondo erdemude wesimbuhe duka i iletulehen

天命八年（1623）

64.5厘米×127.5厘米

一轴

此为辽宁海州牛庄城南门之一德盛门之门额，原文为老满文正书。

牛庄城初建于明朝初年，后金天命八年（1623）努尔哈赤重修此门以抵御明军。此门额即是重修时所用之物。

原门额现藏于沈阳故宫博物馆。

［0141］

二、天聪朝

S0004 大金喇嘛法师宝记并额　满汉文

aisin gurun i lama šajingga baksi i boobai subarhan i ejebun

大海、杨于谓 撰

天聪四年（1630）五月

额正书题“敕建”

93厘米×60厘米

一张

辽宁辽阳南郊喇嘛园

此碑立于辽宁省辽阳市太子河喇嘛园村，记载了西藏喇嘛经蒙古至后金传播佛教，受到努尔哈赤的礼遇，圆寂后建塔立碑之事，是研究清开国之初宗教及民族关系的重要资料。此碑阳面为满汉文，满文为老满文，又称无圈点满文。碑阴有汉文二十行，载喇嘛门徒、职官姓名，其中有“曹振彦”者，为曹雪芹之先祖，因而此碑成为辽阳是曹家祖居之地的重要佐证。

［0101］［0141］［0786］

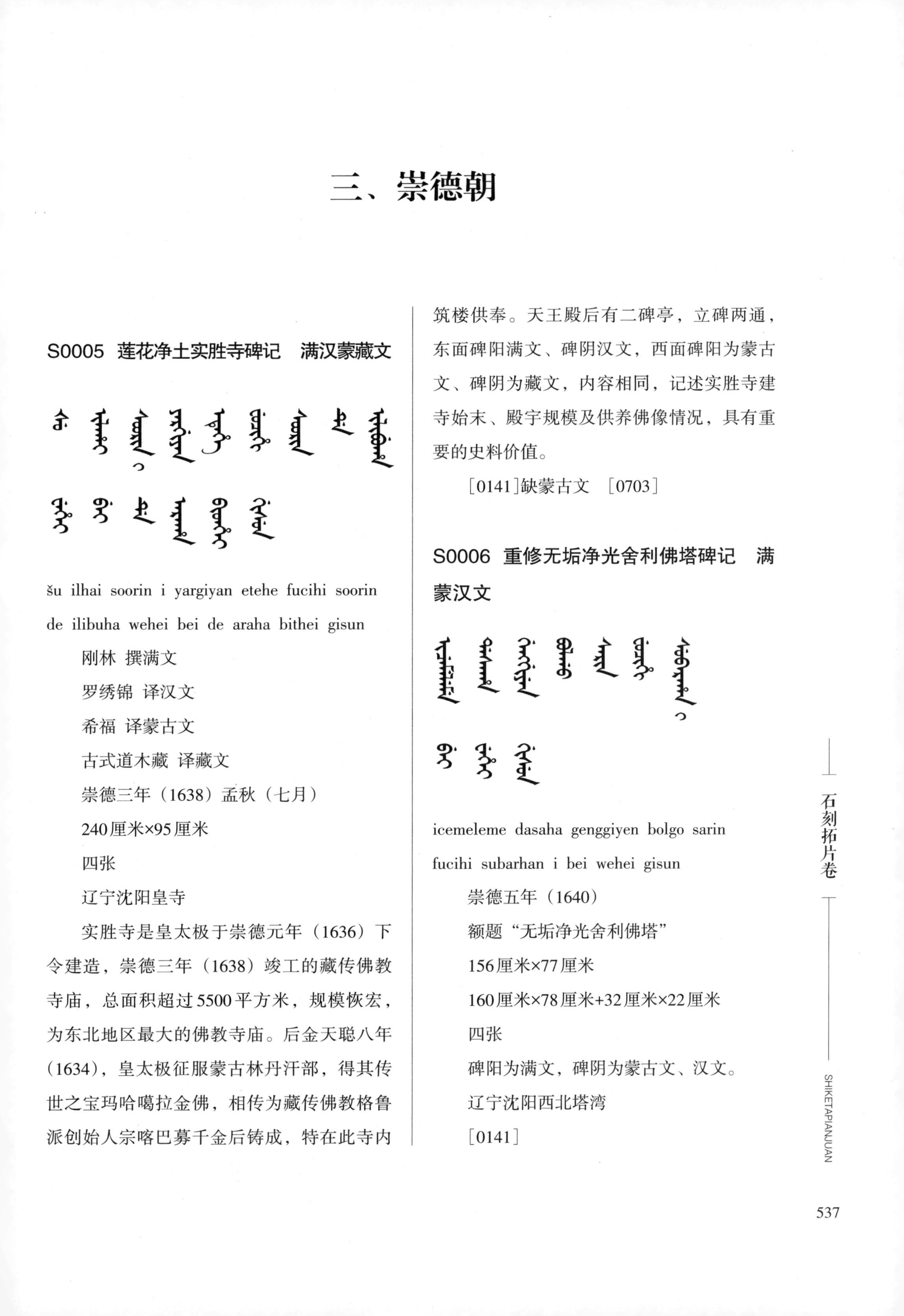

三、崇德朝

S0005 莲花净土实胜寺碑记 满汉蒙藏文

šu ilhai soorin i yargiyan etehe fucihi soorin de ilibuha wehei bei de araha bithei gisun

刚林 撰满文

罗绣锦 译汉文

希福 译蒙古文

古式道木藏 译藏文

崇德三年（1638）孟秋（七月）

240厘米×95厘米

四张

辽宁沈阳皇寺

实胜寺是皇太极于崇德元年（1636）下令建造，崇德三年（1638）竣工的藏传佛教寺庙，总面积超过5500平方米，规模恢宏，为东北地区最大的佛教寺庙。后金天聪八年（1634），皇太极征服蒙古林丹汗部，得其传世之宝玛哈噶拉金佛，相传为藏传佛教格鲁派创始人宗喀巴募千金后铸成，特在此寺内筑楼供奉。天王殿后有二碑亭，立碑两通，东面碑阳满文、碑阴汉文，西面碑阳为蒙古文、碑阴为藏文，内容相同，记述实胜寺建寺始末、殿宇规模及供养佛像情况，具有重要的史料价值。

［0141］缺蒙古文 ［0703］

S0006 重修无垢净光舍利佛塔碑记 满蒙汉文

icemeleme dasaha genggiyen bolgo sarin fucihi subarhan i bei wehei gisun

崇德五年（1640）

额题“无垢净光舍利佛塔”

156厘米×77厘米

160厘米×78厘米+32厘米×22厘米

四张

碑阳为满文，碑阴为蒙古文、汉文。

辽宁沈阳西北塔湾

［0141］

四、顺治朝

S0007 晓示生员卧碑 满汉文

ᠰᡠᠰᠠᡳ ᠰᠠ ᡩᡝ ᡠᠯᡥᡳᠪᡠᡵᡝ ᠪᡝᡳ ☆

susai sa de ulhibure bei

顺治元年（1644）一月

一张

北京东城国子监

碑文内容为朝廷建立学校、选取生员之目的以及对生员的要求等。

［0102］

S0008 敕建护国永光寺碑并额 满汉蒙藏文

ᡠᠨᡝᠩᡤᡳ ᡝᠯᡩᡝᠮᠪᡠᡥᡝ ᡶᡠᠴᡳᡥᡳ ᠰᠣᠣᡵᡳᠨ ᡳ ᠪᡝᡳ

unenggi eldembuhe fucihi soorin i bei

刚林 撰

顺治二年（1645）

额题“敕建”

240厘米×97厘米

四张（满文、汉文、蒙古文、藏文各一）

崇德八年（1643）皇太极下令在盛京四边造庙建塔，顺治二年（1645）竣工，东为永光寺，西为延寿寺，南为广慈寺，北为法轮寺。庙塔落成后立碑纪念，以垂永久。碑文用满、汉、蒙古、藏四种文字镌刻。

［0703］

S0009 敕建护国法轮寺碑 满汉蒙藏文

ᡶᡠᡵᡤᠣᠨ ᠪᡝ ᡝᠵᡝᠯᡝᡥᡝ ᡶᡠᠴᡳᡥᡳ ᠰᠣᠣᡵᡳᠨ ᡳ ᠪᡝᡳ

furgon be ejelehe fucihi soorin i bei

顺治二年（1645）

四张（满文、汉文、蒙古文、藏文各一）

［0786］

S0010 敕建护国延寿寺碑并额 满汉蒙藏文

ᡝᠨᡨᡝᡥᡝᠮᡝ ᠵᠠᠯᠠᡶᡠᠨ ᡶᡠᠴᡳᡥᡳ ᠰᠣᠣᡵᡳᠨ ᡳ ᠪᡝᡳ

enteheme jalafun fucihi soorin i bei

刚林 撰

黑德 译汉文

厄者库石岱 译蒙古文

东木藏古习 译藏文

顺治二年（1645）

额题“敕建护国延寿寺碑记”

240厘米×97厘米

230厘米×101厘米+（30~32）厘米×（20~30）厘米

四张（满文、蒙古文、藏文、汉文各一）

［0101］［0141］［0703］

S0011 敕建护国广慈寺碑并额 满蒙藏汉文

amba susin i fucihi soorin i bei

刚林 撰

黑德 译汉文

厄者库石岱 译蒙古文

东木藏古习 译藏文

顺治二年（1645）

首题“敕建护国广慈寺碑记”

额题“敕建”

230厘米×101厘米+（30~32）厘米×（20~30）厘米

四张（满文、蒙古文、藏文、汉文各一）

［0101］

S0012 端献长公主墓碑 满汉文

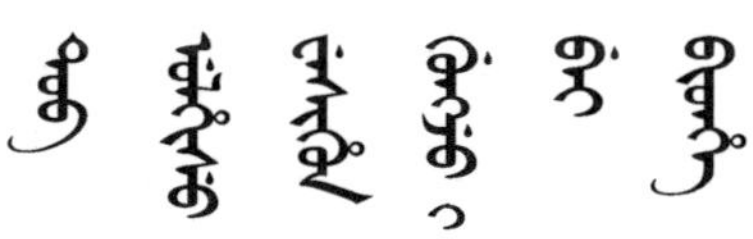

tob ulhisu wesihun gungju i bei bithe

顺治五年（1648）二月

240厘米×84厘米

一张

北京朝阳安定门外原皇姑坟

《清史稿》载：“端献系太宗第七女，下嫁铿吉尔格，顺治五年二月卒。”

［0101］

S0013 白塔碑并阴 满蒙汉文

šanggiyan subargan arame i bei

宁完我 撰汉文

希福 译满文、蒙古文

罗米 书满文

搜史 书蒙古文

杨振麟 书汉文

顺治八年（1651）孟秋（七月）

176厘米×74厘米

二张

北京西城北海公园白塔山

今北京北海公园白塔及其塔下永安寺均为顺治八年（1651）应西域喇嘛恼木汗所请而建，碑文与同时所建之普胜寺碑同。

［0101］［0181］

S0014 和格诰封碑 满汉文

hooge de g‘aoming buhe bei bithe

顺治八年（1651）八月

248厘米×89厘米

一张

北京朝阳左安门外架松坟

和格，又作合格，《清史稿》作豪格，清太宗皇太极长子。

此为追封和格之诰命。诰命称："和格为太祖孙，太宗长子，征剿蒙古加鲁特东魁插哈儿敖勒多思等国屡败其兵，招抚其国，征讨明朝，杀多兵，克多城，因进封和硕肃亲王。平定朝鲜国时，带领左掖兵数败其兵，攻取其城，同墨儿根王入山海关破流贼兵二十万，平定中原。顺治元年又领大兵入四川剿荡贼氛，平定地方。旋听值墨儿根王专政，诬捏事端而拘禁之，遂尔自终。朕念尔无辜，不胜痛悼。仍追封为和硕肃亲王，因立碑墓前，垂训后世。"

［0101］［0141］

S0015 朝艮三代诰封碑并额　满汉文

☆

coogen i ilan jalan de g'aoming be buhe bei bithe

顺治八年（1651）八月

额篆书题"奉天诰命"

150厘米×85厘米+30厘米×23厘米

一张

北京海淀石板房

此碑与常例相反，左汉文，右满文，系康熙三年（1664）十月"朝艮墓碑"之阴。

此为朝艮祖孙三代之诰命。封朝艮为一等阿达哈哈番，授通议大夫，妻吴郎汉为淑人。父达霸封一等阿达哈哈番、通议大夫，母克什腾为淑人。祖撒喇为通议大夫、一等阿达哈哈番、□□章京，祖母阿喇喇特氏为淑人。

［0141］

S0016 囊努格诰封碑额并阴　满汉文

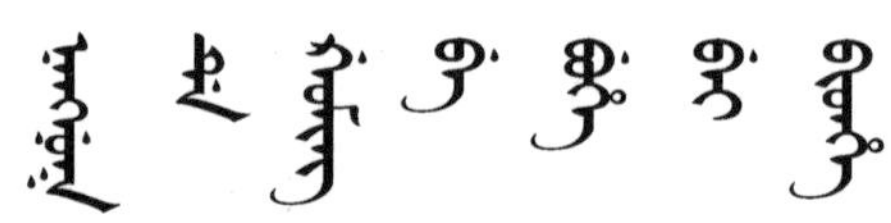

nangnuk de g´aoming be buhe bei bithe

顺治八年（1651）八月二十一日

额篆书题"诰封"

226厘米×78厘米+32厘米×25厘米

一张

北京海淀石板房

阴为康熙二十一年（1682）正月初十日囊努格墓碑

诰命称，二等阿达哈哈番多尔机昂邦精奇尼哈番衔，"尔经侍先朝，久蒙抚育，定鼎之初，推念旧恩，复加录用。尔小心谨慎，以供厥职于旧臣之中，同效劳绩，特授光禄大夫"。

［0101］

S0017 明安达理及妻霍特氏继妻李氏诰封碑　满汉文

minggadari jai sargan huwet sirame sargan li hala de g'aoming be buhe bei bithe

顺治八年（1651）八月二十一日

212厘米×80厘米

一张

北京海淀朝阳门外呼家楼五道口

此为明安达理及妻霍特氏、继妻李氏之诰命。明安达理封光禄大夫，妻霍特氏、继妻李氏封一品夫人。

诰命中记载了明安达理的历任官职情况："明安达理初任袭父职三等阿达哈哈番管牛录，二任兵部理事官照旧管牛录，三任管蒙古固山梅勒照旧理事官，四任二等阿达哈哈番照旧理事管梅勒，五任礼部侍郎照旧管梅勒，六任一等阿达哈哈番照旧管梅勒，七任兵部侍郎照旧管梅勒，八任三等阿思哈尼哈番照旧管梅勒侍郎，九任二等阿思哈尼哈番照旧管梅勒侍郎，十任蒙古固山额真照旧侍郎，十一任二等阿思哈尼哈番照旧侍郎固山额真，十二任一等阿思哈尼哈番又一拖沙喇哈番照旧固山额真吏部尚书，十三任三等精奇尼哈番照旧固山额真尚书，十四任今职。"

[0101]

S0018 庚格及妻觉罗氏诰封碑并额　满汉文

☆

gengei jai sargan gioro hala de g'aoming be buhe bei bithe

顺治八年（1651）八月二十一日

额题"敕封诰命碑"

204厘米×68厘米+24厘米×23厘米

一张

北京朝阳广渠门外南八里庄

庚格及妻系革色礼之父母，革色礼诰封碑收录于S0235条。

此诰命封庚格为通议大夫、二等阿达哈哈番，封其妻觉罗氏为淑人。

[0101]

S0019 阿机拜及妻吴朗哈特氏噶喇诺特氏诰封碑并额　满汉文

☆

ajibai jai sargan ura hat hala hara not hala de g'aoming be buhe bei bithe

顺治八年（1651）八月二十一日

额题“奉天诰命”

228厘米×70厘米+30厘米×34厘米

一张

北京朝阳广渠门外南八里庄

诰命称阿机拜为“一等阿达哈哈番又一拖沙喇哈番管牛录蒙古梅勒章京。击广宁界樊敌兵时皆前杀入，击沙岭共杀入，追通州兵……。授资政大夫。妻吴朗哈特氏、继妻噶喇诺特氏为夫人”。

［0101］

S0020 恩特什及妻索恰喇氏诰封碑并额　满汉文

☆

entesi jai sargan socira hala de g‘aoming be buhe bei bithe

顺治八年（1651）八月二十一日

额篆书题“敕封”

204厘米×78厘米+28厘米×27厘米

一张

北京宣武广渠门外南大街

诰命称恩特什为“一等阿达哈哈番太原府协领恩特什把图鲁，原系白身人，征山东深泽时首登克城，特赐勇名，授职任用。山海关击贼，晋阶。封资政大夫，其妻索恰喇氏为夫人”。

［0101］

S0021 额笔伦先茔碑　满汉文

ebilun i mafari eifu i bei

顺治八年（1651）八月二十一日

130厘米×78厘米

二张

辽宁沈阳山梨红屯

此为封赠额笔伦及其曾祖父母、祖父母、父母之诰命。额笔伦为一等虾，任侍卫勤慎不怠，封赠一等公、光禄大夫，其曾祖父母、祖父母、父母均受封诰。

［0141］

S0022 尼堪及祖阿敦父旦达礼伯吴纳喀频诰封碑　满汉文

☆

nikan jai mafa adun ama dandari amji unakapin de g‘aoming be buhe bei bithe

顺治八年（1651）八月二十一日

160厘米×58厘米

一张

北京朝阳将台东赵家村

此为封赠尼堪及其祖阿敦、父旦达礼、伯父吴纳喀频为资政大夫、一等阿思哈尼哈番之诰命。

［0101］

S0023 普静禅林碑额并阴 满蒙汉文

eiten be elhe obure oron i bei

宁完我 撰

杨振麟 书汉文

罗米 书满文

库必里兔 书蒙古文

顺治八年（1651）孟冬

额篆书题“敕建”

272厘米×100厘米+60厘米×40厘米

二张

北京朝阳安定门外黄寺

宁完我，原为明儒生，天聪三年（1629）入值文馆，多有奏议被采纳；顺治二年（1645）为弘文院大学士，八年（1651）迁国史院大学士，任《明史》总裁官，顺治十三年（1656）加少保兼太子太保；康熙四年（1665）卒。

此为京城普静禅林建成后所立碑记。碑文记述了普静禅林兴建的缘由是西域喇嘛之请，“以佛教阴赞皇猷”“寿国佑民”。顺治帝认为：“果有益于国家生民，朕何靳此数万金钱？”特赐西域喇嘛为恼木汗，并在城北建普静禅林。

［0101］［0150］

S0024 普胜寺碑并阴 满蒙汉文

eiten be elhe obure oron i bei

宁完我 撰

罗米 书满文

杨振麟 书汉文

库必里兔 书蒙古文

顺治八年（1651）仲冬

155厘米×376厘米

一张

北京东城南河沿

蒙古文在左，汉文在右，满文居中，阴题名。

此为顺治八年（1651）普胜寺落成后所立碑刻，碑文说明了建造普胜寺的经过，是顺治帝应西域恼木汗喇嘛所请而建，以求寿国佑民。

［0101］

S0025 晓示生员碑 满汉文

☆

susai sa de ulhibure gisun i bei

顺治九年（1652）二月初九日

68厘米×128厘米

二张（分刻二石，满汉各一）

北京东城国子监

［0101］［0102］［0141］

S0026 顺治九年满洲进士题名碑并额 满汉文

sahaliyan muduri aniya dosika jin ši i gebu i bei

顺治九年（1652）三月三十日

额篆书题“壬辰科进士题名碑”

123厘米×73厘米+27厘米×25厘米

一张

北京东城国子监孔庙

碑文系皇帝制诰，公布了麻勒吉等五十名满洲贡士经殿试合格后分别被授予进士及第、赐进士出身、同进士出身的人员名单及其旗籍。

［0101］［0141］

S0027 石喇把诰封碑 满汉文

☆

širaba de g‘aoming be buhe bei bithe

顺治九年（1652）五月二十七日

196厘米×76厘米

一张

北京朝阳广渠门外开化寺

诰命称石喇把“原系无职人，念尔效力太祖太宗，既分与和硕肃亲王，又效力至老，授拜他喇布勒哈番，再准袭二次”。

［0101］

S0028 绰备墓碑 满汉文

coboi i bei bithe

顺治十年（1653）三月

首题“一等阿思哈尼哈方（番）绰备碑文”

170厘米×69厘米

一张

北京朝阳左安门外十里河

此为顺治皇帝为绰卓所撰碑文，记载了绰备的功勋及历任官职等情。此碑与常例相反，左刻汉文，右刻满文。

［0101］［0181］

S0029 瓦儿掐朱嘛喇墓碑 满汉文

warka jumara i bei bithe

顺治十年（1653）八月

首题“一等阿思哈尼哈方（番）瓦尔掐朱嘛喇碑文”

208厘米×68厘米

一张

北京朝阳东坝三岔河

碑文中记载了瓦儿掐朱嘛喇效力疆场、屡立战功之事及其历任官职。此碑与常例相反，左刻汉文，右刻满文。

［0101］

S0030 庄达尔汗把兔鲁亲王碑 满汉文

ᠠᠮᠪᠠᠯᡳᠩᡤᡡ ᡩᠠᡵᡥᠠᠨ ᠪᠠᡨᡠᡵᡠ ᠴᡳᠨ ᠸᠠᠩ ᠨᡳ ᠪᡝᡳ ᠪᡳᡨᡥᡝ

ambalinggū darhan baturu cin wang ni bei bithe

顺治十一年（1654）三月初十日

额题“敕建”

辽宁辽阳东京陵

［0786］

S0031 蜚英东碑 满汉文

ᡶᡳᠣᠩᡩᡠ ᡳ ᠪᡝᡳ ᠪᡳᡨᡥᡝ

fiongdu i bei bithe

顺治十一年（1654）四月十八日

首题“直义公蜚英东碑文”

256厘米×88厘米

一张

辽宁沈阳明堂屯

蜚英东，又作费英东，镶黄旗满洲人，清开国名将，授一等大臣、一等总兵官世职。与额东都、何和礼、扈尔汗、安费扬古同为“清初开国五大臣”。

碑文记载了蜚英东跟随努尔哈赤征战三十余载，屡立战功之事。

［0141］

S0032 额亦都碑 满汉文

ᠠᠮᠪᠠ ᠪᠠᡨᡠᡵᡠ ᡤᡠᠩ ᡝᡳᡩᡠ ᡳ ᠪᡝᡳ ᠪᡳᡨᡥᡝ

amba baturu gung eidu i bei bithe

顺治十一年（1654）四月十八日

首题“弘毅公额亦都碑文”

250厘米×83厘米

一张

辽宁沈阳山梨红屯

额亦都，镶黄旗满洲人，清开国名将，官至左翼总兵官、一等内大臣，后追封弘毅公，配享太庙。

［0141］

S0033 兔尔格碑 满汉文

ᡨᡠᡵᡤᡝ ᡳ ᠪᡝᡳ ᠪᡳᡨᡥᡝ

turge i bei bithe

顺治十一年（1654）四月十八日

首题“忠义公兔尔格碑文”

267厘米×85厘米

一张

辽宁沈阳山梨红屯

墓主为额亦都第八子，因战功授一等梅勒章京，后任镶白旗固山额真，复进三等昂邦章京、三等公。卒后谥“忠义”公，配享太庙，雍正九年（1731）封三等果毅公。

［0141］

S0034 巴尔达奇墓碑　满汉文

ᠪᠠᠯᡩᠠᠴᡳ ᡳ ᠪᡝᡳ ᠪᡳᡨᡥᡝ

baldaci i bei bithe

顺治十一年（1654）五月十三日

首题“一等阿思哈尼哈番巴尔达奇碑文”

184厘米×70厘米

一张

北京海淀华严厂村

[0101]

S0035 孔有德墓碑　满汉文

ᠵᡠᠯᡝᡵᡤᡳ ᠪᡝ ᡨᠣᡴᡨᠣᠪᡠᡵᡝ ᠸᠠᠩ ᡴᡠᠩ ᡳᠣ ᡩᡝ ᡳ ᠪᡝᡳ

julergi be toktobure wang kung io de i bei

顺治十二年（1655）三月初三日

首题“定南王孔有德碑”

232厘米×78厘米

一张

北京海淀原孔王坟

阴为1936年孔有德墓碑后记

[0101]

S0036 哈喇墓碑 △　满汉文

ᡥᠠᡵᠠ ᡳ ᠪᡝᡳ ᠪᡳᡨᡥᡝ ☆

hara i bei bithe

顺治十二年（1655）三月二十五日

335厘米×92厘米

河北遵化马兰峪

墓主为康熙皇帝的乳母奉圣夫人朴氏之夫，被授予二等阿达哈哈番，顺治十一年（1654）病故，谥“忠襄”。

S0037 顺治十二年满洲进士题名碑并额　满汉文

ᠨᡳᠣᡥᠣᠨ ᡥᠣᠨᡳᠨ ᠠᠨᡳᠶᠠ ᡩᠣᠰᡳᡴᠠ ᠵᡳᠨᡧᡳ ᡳ ᡤᡝᠪᡠ ᡳ ᠪᡝᡳ

niohon honin aniya dosika jin ši i gebu i bei

顺治十二年（1655）三月二十二日

额篆书题满汉文“乙未科进士题名碑”

140厘米×88厘米+38厘米×45厘米

一张

北京东城国子监孔庙

碑文系皇帝制诰，公布了贾勒等五十名满洲贡生经过殿试后分别被授予第一甲进士及第、第二甲赐进士出身、第三甲同进士出身共五十人之名单。

[0101] [0141]

S0038 法哈王公墓碑　满汉文

ᡶᠠᡴᠠᠨ ᡳ ᡝᡳᡶᡠ ᠪᡝᡳ ᠪᡳᡨᡥᡝ

fakan i eifu bei bithe

顺治十二年（1655）季春（三月）

首题“诰赠通议大夫法哈王公之墓”

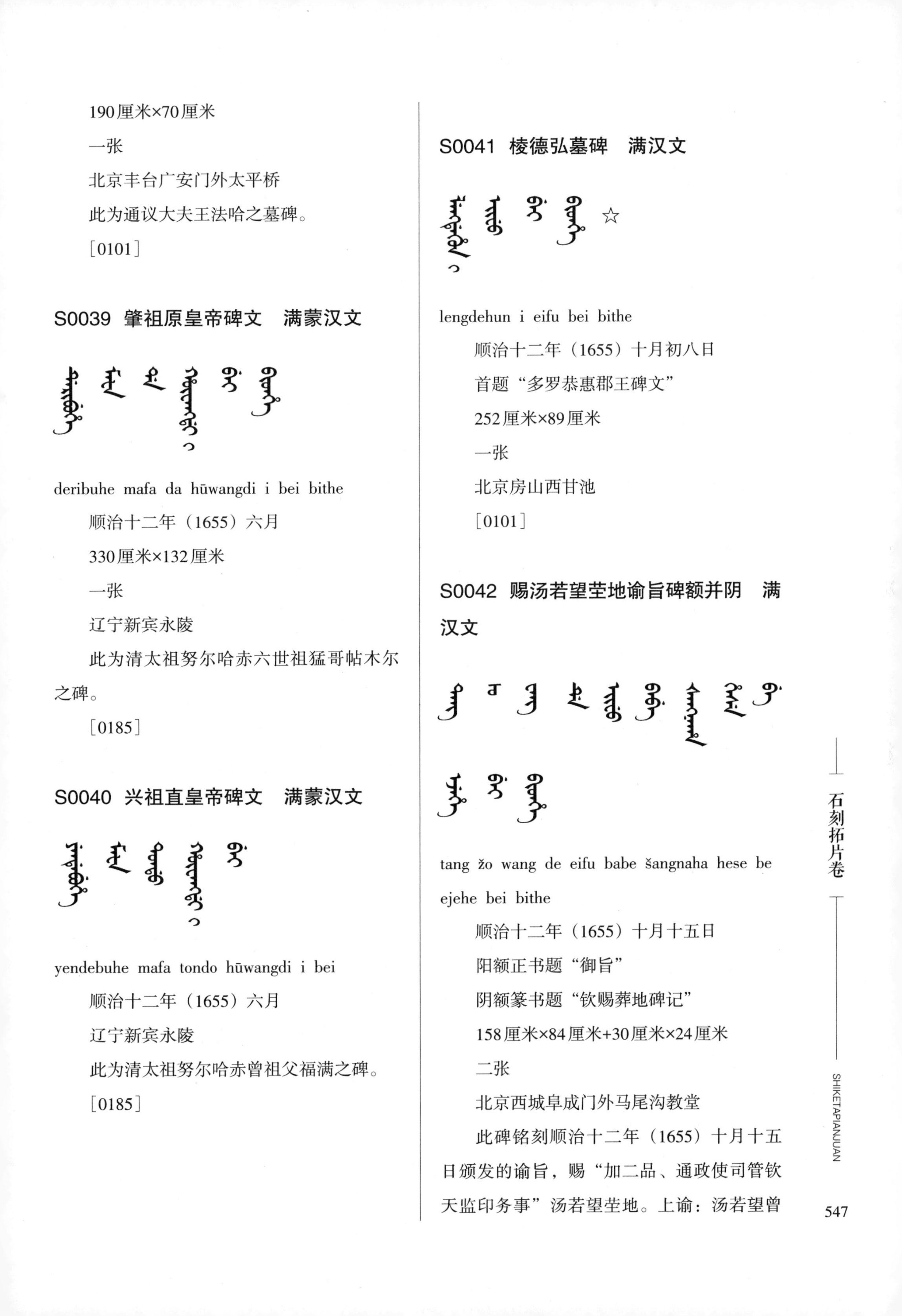

190厘米×70厘米

一张

北京丰台广安门外太平桥

此为通议大夫王法哈之墓碑。

［0101］

S0039 肇祖原皇帝碑文 满蒙汉文

deribuhe mafa da hūwangdi i bei bithe

顺治十二年（1655）六月

330厘米×132厘米

一张

辽宁新宾永陵

此为清太祖努尔哈赤六世祖猛哥帖木尔之碑。

［0185］

S0040 兴祖直皇帝碑文 满蒙汉文

yendebuhe mafa tondo hūwangdi i bei

顺治十二年（1655）六月

辽宁新宾永陵

此为清太祖努尔哈赤曾祖父福满之碑。

［0185］

S0041 棱德弘墓碑 满汉文 ☆

lengdehun i eifu bei bithe

顺治十二年（1655）十月初八日

首题“多罗恭惠郡王碑文”

252厘米×89厘米

一张

北京房山西甘池

［0101］

S0042 赐汤若望茔地谕旨碑额并阴 满汉文

tang žo wang de eifu babe šangnaha hese be ejehe bei bithe

顺治十二年（1655）十月十五日

阳额正书题“御旨”

阴额篆书题“钦赐葬地碑记”

158厘米×84厘米+30厘米×24厘米

二张

北京西城阜成门外马尾沟教堂

此碑铭刻顺治十二年（1655）十月十五日颁发的谕旨，赐“加二品、通政使司管钦天监印务事”汤若望茔地。上谕：汤若望曾奏请安立茔地，奉旨“随伊心所愿之地问明启奏”，汤若望请赐利玛窦坟茔旁之地，上谕允准并交付户部“给换地施行”。

[0101]

S0043 哈三墓碑并额　满汉文

ᡥᠠᠰᠠᠨ ᡳ ᠪᡝᡳ ᠪᡳᡨᡥᡝ

hasan i bei bithe

顺治十二年（1655）十月二十日

首题“二等精奇尼哈番谥敏壮哈三碑文”

额篆书题“敕建”

200厘米×82厘米+38厘米×25厘米

一张

北京海淀德胜门外太平庄豁口

[0101]

S0044 满达喇汉墓碑　满汉文

ᠮᠠᠨᡩᠠᡵᡥᠠᠨ ᠨᡳ ᠪᡝᡳ ᠪᡳᡨᡥᡝ

mandarhan ni bei bithe

顺治十三年（1656）三月初五日

首题“尚书二等阿达哈哈番谥敬敏满达喇汉碑文”

216厘米×77厘米

一张

北京海淀志新村

[0101]

S0045 准塔碑并额　满汉文

ᠵᠣᠨᡨᠠ ᠪᠠᡨᡠᡵᡠ ᡳ ᠪᡝᡳ ᠪᡳᡨᡥᡝ

jonta baturu i bei bithe

顺治十三年（1656）四月十九日

首题“固山额真一等精奇尼哈番谥襄毅准塔把图鲁碑文”

额篆书题“敕建”

240厘米×82厘米+22厘米×25厘米

一张

北京朝阳东直门外东坝河

[0101]

S0046 达拜及妻王佳氏诰封碑　满汉文

ᡩᠠᠪᠠᡳ ᠵᠠᡳ ᠰᠠᡵᡤᠠᠨ ᠸᠠᠩᡤᡳᠶᠠ ᡥᠠᠯᠠ ᡩᡝ ᡬᠠᠣᠮᡳᠩ ᠪᡝ ᠪᡝᡳ ᠪᡳᡨᡥᡝ ☆

dabai jai sargan wanggiya hala de g'aoming be bei bithe

顺治十三年（1656）闰五月

210厘米×70厘米

二张

北京朝阳左安门外架松坟

[0101]

S0047 范达礼诰封碑　满汉文

☆

fandali de g'aoming be bei bithe

顺治十三年（1656）闰五月二十七日

209厘米×74厘米

一张

北京怀柔芦庄村西

刻有顺治九年（1652）五月二十日、顺治十三年（1656）闰五月二十七日两份诰命。诰命称："范达礼原系白身管参领事，天下大定效古制上圣母皇太后尊号，礼成授为拖沙喇哈番，大婚礼成升拜他喇布勒哈番，后征广东时新会县左边山上有贼李定国步兵万余，率左翼汉军败之，后又与李定国部战。广东三府十八县、广西二州四县俱经恢复，获象十三只，嘉之，超升三等阿达哈哈番，准袭二次。"

［0101］

S0048 朱马喇谕祭碑并额　满汉文

jumara wecere bithe

顺治十三年（1656）闰五月二十七日

额篆书题"诰命"

额题"敕封"

218厘米×88厘米

一张

北京朝阳广渠门外八里庄

碑文记载朱马喇的功绩历任官职及受封三等精奇尼哈番等内容。

［0101］

S0049 朱马喇父母诰封碑额并阴　满汉文

☆

jumara i ama eme de g'aoming be buhe bei bithe

顺治十三年（1656）七月

额题"皇清诰命"

158厘米×83厘米+34厘米×28厘米

二张

北京朝阳广渠门外八里庄

诰命分别追封朱马喇父母为光禄大夫、一品夫人。

［0101］

S0050 何和礼碑　满汉文

hohori i bei bithe

顺治十三年（1656）八月二十八日

首题"固山额真三等精奇尼哈番谥温顺何和礼碑文"

额题"敕封"

一张

辽阳博物馆

何和礼，正红旗满洲人，清开国名将，努尔哈赤婿，战功卓著，为固山额真，官至三等总兵官，追封三等精奇尼哈番，谥“温顺”。

［0786］

S0051 何芍图碑 满汉文

ᡥᠣᡧᠣᡨᡠ ᡳ ᠪᡝᡳ ᠪᡳᡨᡥᡝ

hošotu i bei bithe

顺治十三年（1656）八月二十八日

首题“固山额真三等公谥端恪何芍图碑文”

额题“敕建”

一张

辽阳博物馆

何芍图，何和礼之子，追随努尔哈赤征战，战功赫赫，为固山额真，死后追封三等公，谥“端恪”。

［0786］

S0052 冷格里碑 满汉文

ᠯᡝᠩᡤᡝᡵᡳ ᡳ ᠪᡝᡳ ᠪᡳᡨᡥᡝ

lenggeri i bei bithe

顺治十三年（1657）十二月十一日

首题“固山额真一等精奇尼哈番谥武襄冷格里碑文”

额题“御书碑文”

233厘米×78厘米+38厘米×32厘米

一张

辽宁沈阳北二十里东洼子村

［0141］

S0053 索尼先茔碑 满蒙汉文

ᠰᠣᠨᡳᡥᡳᠶᠠᠨ ᡳ ᡝᡳᡶᡠ ᠪᡝᡳ ᠪᡳᡨᡥᡝ

sonihiyan i eifu bei bithe

索尼 撰并书

顺治十三年（1656）

220厘米×96厘米

一张

索尼，正黄旗满洲人，清初重臣，历任内大臣、议政大臣、辅政大臣、内务府总管等职，谥文忠。

索尼因其忠心，任内大臣，授一等伯，其祖上三代亦获诰封。索尼为谢皇恩，特立此碑。

［0141］

S0054 天主堂碑并额 满汉文

ᡥᠠᠨ ᡳ ᠠᡵᠠᡥᠠ ᡨᡳᠶᠠᠨ ᠵᡠ ᡨᠠᠩ ᠨᡳ ᠪᡝᡳ ᠪᡳᡨᡥᡝ

han i araha tiyan ju tang ni bei bithe

世祖（福临） 撰

顺治十四年（1657）二月朔日

首题“御制天主堂碑记有铭”

额篆书题“御制”

200厘米×85厘米+16厘米×23厘米

一张

北京西城宣武门内

此系顺治帝为北京宣武门内天主堂亲撰之碑文。碑文叙述了顺治元年日食、二年月食与汤若望“原豫奏者悉相符合”，惊叹“岂非天生斯人以侍朕创制立法之用哉”，故赐“通微教师之名”，特任其司天造成新历，敕命时宪，颁行远迩。碑文记载了皇帝巡幸宣武门天主堂的情况：“朕巡幸南苑，偶经斯地，见神之仪貌如其国人，堂牖器饰如其国制，问其几上之书，则曰此天□□□□。”顺治帝感慨而言：“西洋之书，天主之教，朕素未览阅，焉能知其说哉，但若望入□□□□十年而能守教奉神，肇新祠宇，敬慎蠲洁，始终不渝，孜孜之诚，良有可尚。人臣怀此心以事君，未有不敬其事者也，朕甚嘉之。”

此碑末端漫漶，汉字每行末四字均缺。

［0101］

S0055 霸拜墓碑　满汉文

ᠪᠠᠪᠠᡳ ᡳ ᠪᡝᡳ ᠪᡳᡨᡥᡝ

babai i bei bithe

顺治十四年（1657）二月二十九日

首题“三等精奇尼哈番谥僖顺霸拜碑文”

195厘米×70厘米

一张

北京朝阳板桥村

［0101］

S0056 白尔黑及妻赵氏诰封碑　满汉文

ᠪᡝ ᡤᡠᠩ ᠵᠠᡳ ᠰᠠᡵᡤᠠᠨ ᠵᠣᠣ ᡥᠠᠯᠠ ᡩᡝ ᡤᠠᠣᠮᡳᠩ ᠪᡝ

ᠪᡠᡥᡝ ᠪᡝᡳ ᠪᡳᡨᡥᡝ

be gung jai sargan joo hala de g‘aoming be buhe bei bithe

顺治十四年（1657）三月初十日

190厘米×74厘米

一张

北京丰台右安门外菜户营

阴为康熙十八年（1679）五月白尔黑墓碑

白尔黑为二等阿达哈哈番，黑白昂邦加一级，授资政大夫，妻封淑人。

诰命称：“白尔黑初任二等下，二任一等下，三任拜他喇布勒哈番，四任□□□，五任拜他喇布勒哈番又一拖沙喇哈番照旧黑白昂邦，六任三等阿达哈哈番照旧黑白昂邦，七任二等阿达哈哈番照旧黑白昂邦，八任今职。”

［0101］

S0057 穆尔太诰封碑　满汉文

ᠮᡠᡵᡨᠠᡳ ᡩᡝ ᡤᠠᠣᠮᡳᠩ ᠪᡝ ᠪᡠᡥᡝ ᠪᡝᡳ ᠪᡳᡨᡥᡝ

murtai de g‘aoming be buhe bei bithe

顺治十四年（1657）三月初十日

190厘米×69厘米

一张

北京海淀西郊木楼村

阴为康熙八年（1669）四月穆尔太墓碑

此为穆尔泰诰命。诰命称，甲喇章京品级西安府固山大穆尔泰“莅事能勤，持心克谨”“驭下有法，奉职无愆”，授通议大夫。其履历为：初任郭齐哈摆牙喇壮大，二任三等下，三任下壮大，四任二等下照旧下壮大，五任拖沙喇哈番品级，六任兵部副理事官，七任陕西全省固山大，八任今职。

［0101］

S0058 穆哈达及妻王秦氏宜尔根觉罗氏诰封碑　满汉文

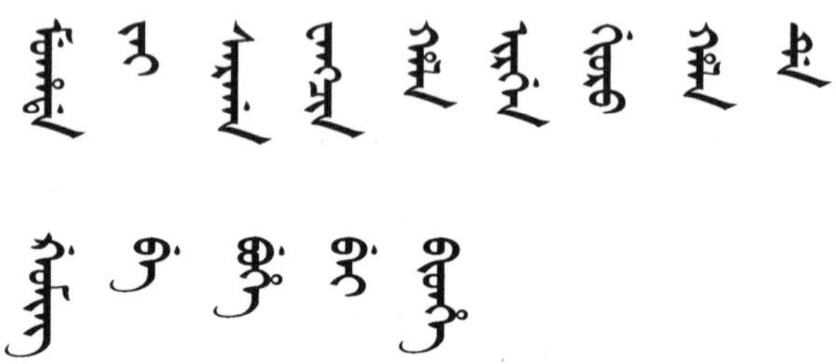

muhada jai sargan wangcin hala irgen i hala de g‘aoming be buhe bei bithe

顺治十四年（1657）三月初十日

200厘米×68厘米

一张

北京宣武广安门外白石桥

此为穆哈达及妻王秦氏、继妻宜尔根觉罗氏之诰命。诰命称穆哈达“授职效用俾管佐领之任，克殚敬慎之猷”“驭下有方，奉职无愆”，授通议大夫，嫡妻王秦氏、继妻宜尔根觉罗氏赠（封）淑人。

［0101］

S0059 罗铎浑诰封碑　满汉文

lodohon de g‘aoming be buhe bei bithe

顺治十四年（1657）三月初十日

220厘米×82厘米

一张

北京朝阳东便门外二闸熏皮厂村

诰命称，罗铎浑原系白身，克旅顺时善战，“围□州克关厢”时击洪军门兵有功，三次围锦州时有功，过北京征山东时用云梯攻顺德府，首先登进，遂克其城，授巴图鲁、三等阿达哈哈番，后升二等阿达哈哈番，世袭罔替。又升为一等阿达哈哈番，又加一拖沙喇哈番，世袭罔替。授资政大夫。

［0101］

S0060 鼐格诰封碑　满汉文

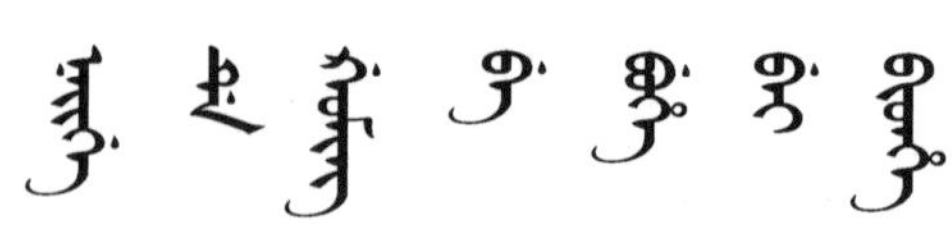

naige de g‘aoming be buhe bei bithe

顺治十四年（1657）三月初十日

214厘米×75厘米

一张

北京丰台广安门外湾子村

阴为康熙十年（1671）鼐格墓碑

此为赐鼐格之诰命。鼐格为三等阿达哈哈番，理藩院启心郎加一级，封赠资政大夫。“初任□大，二任理藩院副理□□，三任本院启心郎，四任拖沙喇哈番照旧启心郎，五任拜他喇布勒哈番照旧启心郎，六任拜他喇布勒哈番又一拖沙喇哈番照旧启心郎，七任三等阿达哈哈番照旧启心郎，八任今职。”

［0101］

S0061 石图诰封碑　满汉文

situ de g‘aoming be buhe bei bithe

顺治十四年（1657）三月初十日

210厘米×72厘米

一张

北京丰台右安门外邦子府

阴为康熙十年（1671）三月石图谕祭碑

石图为拜他喇布勒哈番兵部左侍郎加二级，诰封称其“性资端谨，才识宏通，佐理枢谟，恪慎无斲”，授光禄大夫。

诰封碑载，石图初任翰林国史院侍读，二任本院侍读学士，三任拖沙喇哈番照旧侍读学士，四任拜他喇布勒哈番照旧侍读学士，五任工部启心郎，六任内翰林弘文院学士，七任兵部左侍郎，八任今职。

［0101］

S0062 佟济诰封碑　满汉文

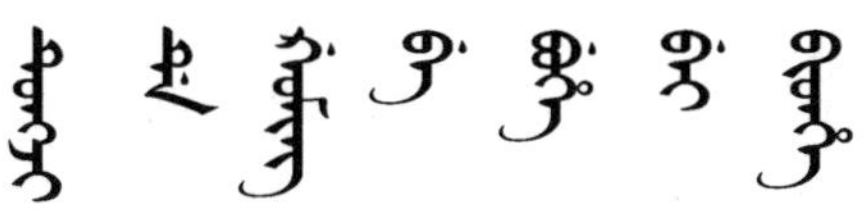

tungji de g‘aoming be buhe bei bithe

顺治十四年（1657）三月初十日

180厘米×74厘米

一张

北京丰台左安门外花园村

此为赐巴雅喇甲喇章京加一级佟济之诰命，授资政大夫。

诰命称，“佟济征福建海贼攻厦门时，郑成功六百来只船兵摆列城堡□拒战，用舡击败之，擒获伪将林登，坐舡将贼杀之，得伪印一颗。差往盖峙山阵亡，故升为拜他喇布勒哈番，将亲男承袭”。

［0101］

S0063 敦拜诰封碑　满汉文

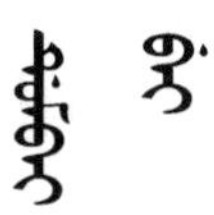

dumbai bei

顺治十四年（1657）三月初十日

首题“太子太保管牛录一等精奇尼哈番加一级敦拜碑记”

196厘米×85厘米

一张

北京海淀白塔庵村

［0101］［0141］

S0064 噶布喇诰封碑并额　满汉文

gabula de g‘aoming be buhe bei bithe

顺治十四年（1657）三月初十日

额篆书题“奉天诰命”

166厘米×68厘米+34厘米×32厘米

一张

北京朝阳广渠门外沙板庄

阴为康熙十年（1671）十月噶布喇墓碑

噶布喇为二等阿达哈哈番噶□□贤章京加一级，授资政大夫。

诰命称，噶布喇“原系白身管摆牙喇甲喇事，天下大定，授拜他喇布勒□□□，贼来犯正白旗汛地，与同委署纛章京劳漠（汉）等对敌击败之。贼来两蓝地汛地，与纛章京阿思哈等击败。在汾州府进士镇，巡抚蒋佳顺率马步二万余官兵在进士镇北面挖壕立栅摆列拒战，尔同纛章京席白定对敌击败之。征鄂尔多思时，□□斩杀之。驻防靖州时，庐溪县击贼，征福建海贼攻□□郑成功六百余只船兵摆列城堡，败之。差往盖峙山阵亡。故由拜他喇布勒哈番超升二等阿达哈哈番”。

[0101]

S0065 塔尔布诰封碑　满汉文

 ☆

tarbu de g'aoming be buhe bei bithe

顺治十四年（1657）三月初十日

180厘米×68厘米

一张

北京西城阜成门外黄带子坟

阴为康熙十五年（1676）二月十三日塔尔布墓碑

诰命称塔尔布“牛录章京加一级”。“俾管佐领之任，克殚敬慎之猷，驭下有法，奉职无愆，庆典欣逢，新纶用賚，特加宠秩，以示褒嘉。兹以覃恩特授尔阶通议大夫，锡之诰命。”

[0101]

S0066 博博尔代诰封碑　满汉文

bo gung ni g'aoming be araha bei bithe

顺治十四年（1657）三月初十日

首题“皇清诰封资政大夫三等阿达哈哈番护卫壮大议政大臣加一级博公诰命碑”

204厘米×74厘米

一张

北京丰台右安门外祖家坟

阴为康熙十二年（1673）五月博博尔代墓碑

博博尔代系三等阿达哈哈番，下壮大黑白昂邦加一级，封赠资政大夫。

诰命载：“初任二等下，二任下壮大照旧二等下，三任一等下，四任拜他喇布勒哈番照旧一等下，五任拜他喇布勒哈番又一拖沙喇哈番照旧一等下，六任三等阿达哈哈番黑白昂邦，七任今职。”

[0101][0141]

S0067 布哈诰封碑　满汉文

 ☆

buha de g'aoming be buhe bei bithe

顺治十四年（1657）三月初十日

200厘米×69厘米

一张

北京丰台广安门外水口子

布哈为拜他喇布勒哈番管佐领，蒙古副都统加一级，诰命称其“任用有年，小心益励，崇阶洊陟，历试能勤”，授光禄大夫。

［0101］［0141］

S0068 巴哈纳诰封碑　满汉文

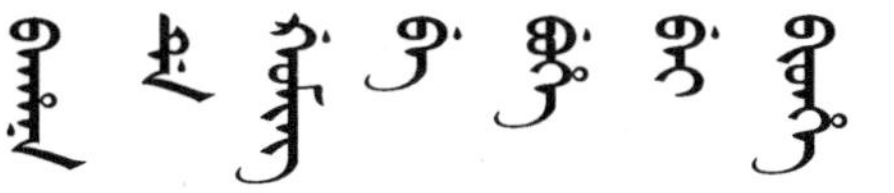 ☆

bahana de g‘aoming be buhe bei bithe

顺治十四年（1657）三月初十日

214厘米×76厘米

一张

北京朝阳左安门外满井

此为少师兼太子太师吏部尚书加一级中和殿大学士觉罗巴哈纳之诰命，授光禄大夫。

诰命载：“巴哈纳初任拜他喇布勒哈番管牛录，二任甲喇章京照旧拜他喇布勒哈番管牛录，三任刑部理事官照旧拜他喇布勒哈番管牛录管甲喇，四任梅勒章京照旧拜他喇布勒哈番管牛录理事官，五任刑部侍郎照旧拜他喇布勒哈番管牛录管梅勒，六任满洲固山额真照旧管牛录，七任三等阿达哈哈番照旧固山额真管牛录，八任户部尚书拜他喇布勒哈番照旧管牛录，九任拜他喇布勒哈番又一拖沙喇哈番照旧尚书管牛录，十任三等阿达哈哈番又一满洲固山额真照旧尚书管牛录，十一任三等阿思汉尼哈番照旧管牛录固山额真，十二任刑部尚书，十三任太子太保照旧尚书，十四任户部尚书照旧太子太保，十五任少保兼太子太保照旧尚书，十六任少傅兼太子太傅内翰林弘文院大学士，十七任内翰林秘书院大学士照旧少傅兼太子太傅，十八任今职。”

［0101］

S0069 兔尔格诰封碑　满汉文

turge be fungnehe g‘aoming be buhe bei

顺治十四年（1657）三月初十日

131厘米×78厘米

一张

辽宁沈阳山梨红屯

［0141］

S0070 吴巴海诰封碑并额　满汉文

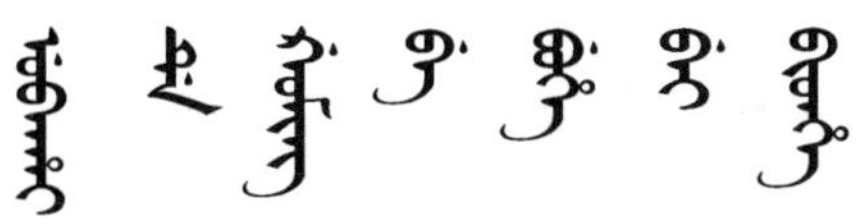 ☆

ubahai de g‘aoming be buhe bei bithe

顺治十四年（1657）三月

汉文额篆书题“奉天诰命”

满文额正书题“hesei ilibuha（敕建）”

163厘米×70厘米+31厘米×23厘米

一张

北京朝阳广渠门外老虎洞

诰命称：“□□□喇昂邦加一级吴巴海性资端谨，才识宏通……，赠光禄大夫。”“初任管牛录，二任拜他喇布勒哈番照旧管牛录，三任管甲喇照旧管牛录，四任拜他喇布勒哈番又一拖沙喇哈番，……□□□六任管甲喇照旧管牛录，七任三等阿达哈哈番照旧管牛录管甲喇，八任工部理事官照旧管牛录管甲喇，九任□□□，十任二等阿达哈哈番照旧管牛录，十一任一等阿达哈哈番京城门噶喇昂邦，十二任今职。妻马佳氏，一品□□（夫人）。”

［0101］

S0071 苏拜碑 满汉文

ᠰᡠᠪᠠᡳ ᡳ ᠪᡝᡳ ᠪᡳᡨᡥᡝ

subai i bei bithe

苏拜之女窝赫进及婿石特库等立

顺治十四年（1657）三月

首题“苏公碑记”

143厘米×78厘米

一张

辽宁沈阳西三十里

北京大学图书馆题名为《苏拜碑记》。

［0141］

S0072 超合罗碑 满汉文

ᠴᠣᠣᡥᠣᠷᠣ ᡳ ᠪᡝᡳ ᠪᡳᡨᡥᡝ

coohoro i bei bithe

顺治十四年（1657）七月十一日

首题“侍郎拜他喇布勒哈番谥果壮超合罗碑”

156厘米×77厘米

一张

辽宁沈阳山梨红屯

［0141］

S0073 杜尔户墓碑 满汉文

ᡩᡠᡵᡥᡡ ᡳ ᡝᡳᡶᡠ ᠪᡝᡳ ᠪᡳᡨᡥᡝ

durhū i eifu bei bithe

顺治十四年（1657）八月十七日

首题“多罗悫厚贝勒碑文”

238厘米×77厘米

一张

北京海淀羊坊店

杜尔户，《清史稿》作杜尔祜，清太祖努尔哈赤之孙杜度之长子，祖封辅国公，晋贝勒，顺治十二年（1655）卒，谥“悫厚”。

［0101］

S0074 宜尔格德墓碑 满汉文

ᡳᡵᡤᡝᡩᡝ ᡳ ᠪᡝᡳ ᠪᡳᡨᡥᡝ

irgede i bei bithe

顺治十四年（1657）八月

首题“三等阿思哈尼哈番甲喇做理事官宜尔格德碑文”

203厘米×70厘米

一张

北京海淀五道口西王庄

［0101］

S0075 满代诰封碑　满汉文

mandai de g‘aoming be buhe bei bithe

顺治十四年（1657）

195厘米×66厘米

一张

北京海淀五道口罗家庄

阴为顺治十四年（1657）满代墓碑

［0101］［0141］

S0076 满代墓碑　满汉文

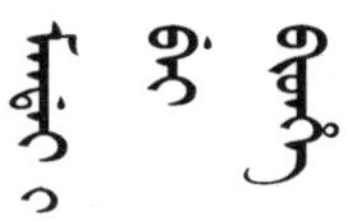

mandai i bei bithe

顺治十四年（1657）

195厘米×66厘米

一张

北京海淀五道口罗家庄

阳为满代诰封碑

［0101］

S0077 鄂齐尔墓碑　满汉文

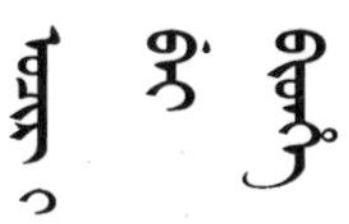

ocir i bei bithe

顺治十五年（1658）二月十七日

首题“内大臣二等阿思哈尼哈番谥勤恪鄂齐尔碑文”

200厘米×82厘米

一张

北京海淀钢铁学院内

［0101］［0141］

S0078 刘忠墓碑　满汉文

 ☆

lio jong ni bei bithe

顺治十五年（1658）二月

166厘米×68厘米

一张

北京海淀清河后屯村

此系顺治十五年（1658）二月汉文刘忠墓碑之阴。

［0101］［0141］

S0079 噶达洪碑并额　满汉文

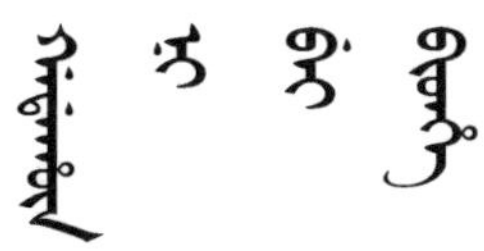

gadahūn ni bei bithe

顺治十五年（1658）三月初二日

额篆书题“敕建”

220厘米×70厘米+26厘米×25厘米

一张

北京海淀西郊万寿寺红庙

［0101］

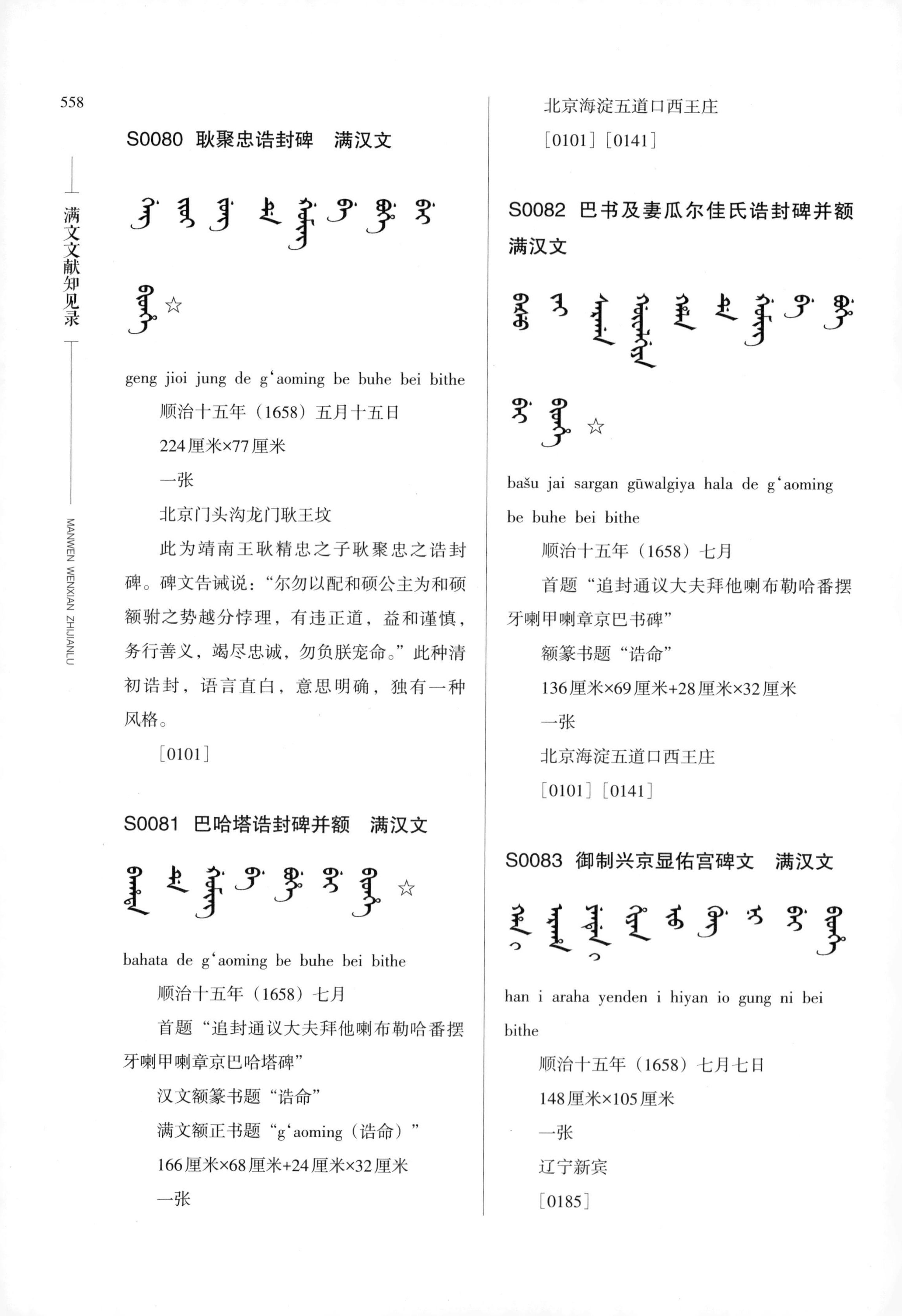

S0080 耿聚忠诰封碑 满汉文

☆

geng jioi jung de g'aoming be buhe bei bithe

顺治十五年（1658）五月十五日

224厘米×77厘米

一张

北京门头沟龙门耿王坟

此为靖南王耿精忠之子耿聚忠之诰封碑。碑文告诫说："尔勿以配和硕公主为和硕额驸之势越分悖理，有违正道，益和谨慎，务行善义，竭尽忠诚，勿负朕宠命。"此种清初诰封，语言直白，意思明确，独有一种风格。

［0101］

S0081 巴哈塔诰封碑并额 满汉文

☆

bahata de g'aoming be buhe bei bithe

顺治十五年（1658）七月

首题"追封通议大夫拜他喇布勒哈番摆牙喇甲喇章京巴哈塔碑"

汉文额篆书题"诰命"

满文额正书题"g'aoming（诰命）"

166厘米×68厘米+24厘米×32厘米

一张

北京海淀五道口西王庄

［0101］［0141］

S0082 巴书及妻瓜尔佳氏诰封碑并额 满汉文

☆

bašu jai sargan gūwalgiya hala de g'aoming be buhe bei bithe

顺治十五年（1658）七月

首题"追封通议大夫拜他喇布勒哈番摆牙喇甲喇章京巴书碑"

额篆书题"诰命"

136厘米×69厘米+28厘米×32厘米

一张

北京海淀五道口西王庄

［0101］［0141］

S0083 御制兴京显佑宫碑文 满汉文

han i araha yenden i hiyan io gung ni bei bithe

顺治十五年（1658）七月七日

148厘米×105厘米

一张

辽宁新宾

［0185］

S0084 大喇嘛坟塔碑 满汉文

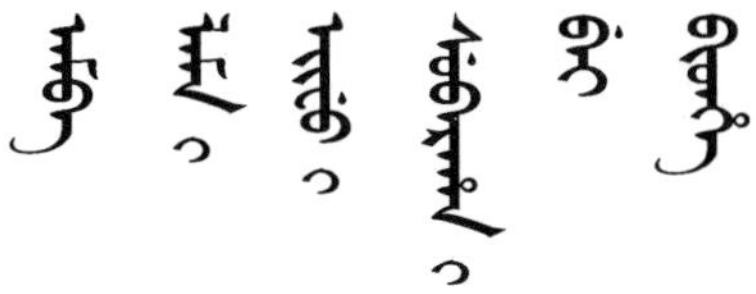

amba lama i eifu i subarhan i bei bithe

顺治十五年（1658）七月十七日

首题“大喇嘛坟塔碑文”

243厘米×74厘米

一张

辽阳博物馆

［0101］［0141］［0786］

S0085 和格墓碑 满汉文

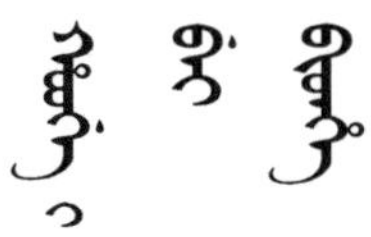

hooge i bei bithe

顺治十五年（1658）九月二十六日

首题“和硕武肃亲王碑文”

额题“敕建”

237厘米×85厘米

一张

北京朝阳左安门外架松坟

此为顺治帝亲政后为和格所撰碑文。碑文中除重述顺治八年（1651）和格诰封碑中所载功绩，还赐谥“武”。诰命为和格平反昭雪：值墨儿根王专政，诬揑事端而拘禁之，遂而自终，朕念尔无辜，不胜痛悼，仍追封和格为武肃亲王。

［0101］［0141］

S0086 宜把汉墓碑 满汉文

ibahan i eifu bei

顺治十五年（1658）十一月

首题“敕赐拜他喇布勒哈番管梅勒章京牛录宜把汉碑文”

216厘米×76厘米

一张

北京朝阳左安门外白墙子村

［0101］

S0087 穆尔察碑 满汉文

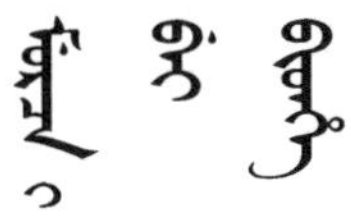

murca i bei bithe

顺治十六年（1659）三月

首题“镇国将军谥恪恭宗室穆尔察碑”

243厘米×80厘米

一张

［0141］

S0088 阿尔晋墓碑 满汉文

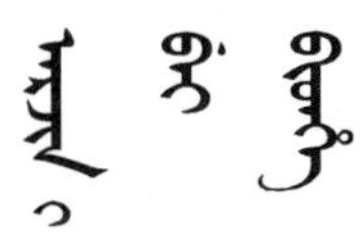

arjin i bei bithe

顺治十六年（1659）四月初四日

首题“固山额真加一级一等精奇尼哈番

又一拖色拉哈番管牛录谥端景阿尔晋碑文”

222厘米×86厘米

一张

北京朝阳广渠门外

[0101]

S0089 贾隆阿墓碑并额　满汉文

jiyarongga eifu i bei

顺治十六年（1659）四月

额篆书题“诰封”

185厘米×70厘米+32厘米×28厘米

一张

北京海淀北太平庄

[0101][0141]

S0090 鄂佟郭诰封碑额并阴　满汉文

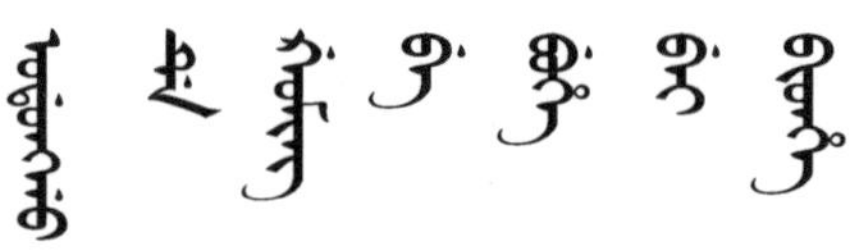

odonggo de g'aoming be buhe bei bithe

顺治十六年（1659）七月

额题“敕赐建碑”

136厘米×69厘米+32厘米×21厘米

二张

北京朝阳广渠门外八里庄

[0101]

S0091 叶臣墓碑　满汉文

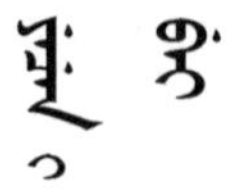

yecen i bei

顺治十六年（1659）孟秋（七月）

首题“皇清诰赠光禄大夫三等伯固山额真叶臣之碑”

额题“诰命”

230厘米×81厘米+33厘米×29厘米

一张

北京海淀钓鱼台八宝村

[0101]

S0092 阿克善墓碑　满汉文

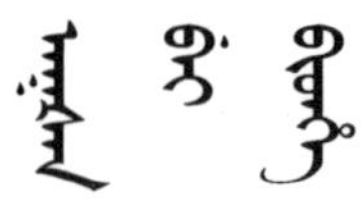

akšan bei bithe

顺治十六年（1659）八月十三日

首题“梅勒章京加一级三等阿达哈哈番觉罗阿克善碑文”

200厘米×77厘米

一张

北京海淀德胜门外太平庄花园路

[0101]

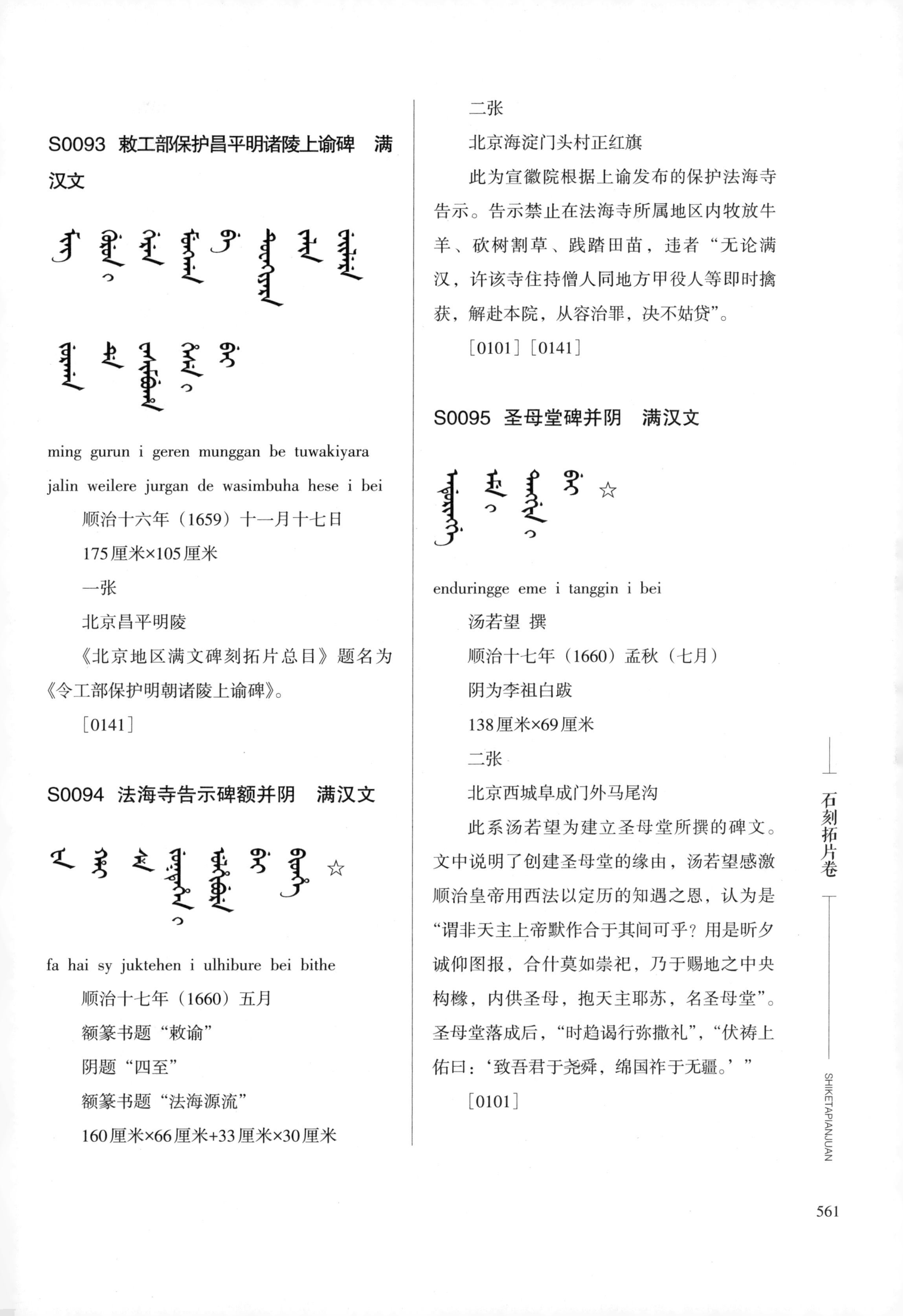

S0093 敕工部保护昌平明诸陵上谕碑　满汉文

ming gurun i geren munggan be tuwakiyara jalin weilere jurgan de wasimbuha hese i bei

顺治十六年（1659）十一月十七日

175厘米×105厘米

一张

北京昌平明陵

《北京地区满文碑刻拓片总目》题名为《令工部保护明朝诸陵上谕碑》。

［0141］

S0094 法海寺告示碑额并阴　满汉文

☆

fa hai sy juktehen i ulhibure bei bithe

顺治十七年（1660）五月

额篆书题“敕谕”

阴题“四至”

额篆书题“法海源流”

160厘米×66厘米+33厘米×30厘米

二张

北京海淀门头村正红旗

此为宣徽院根据上谕发布的保护法海寺告示。告示禁止在法海寺所属地区内牧放牛羊、砍树割草、践踏田苗，违者“无论满汉，许该寺住持僧人同地方甲役人等即时擒获，解赴本院，从容治罪，决不姑贷”。

［0101］［0141］

S0095 圣母堂碑并阴　满汉文

☆

enduringge eme i tanggin i bei

汤若望 撰

顺治十七年（1660）孟秋（七月）

阴为李祖白跋

138厘米×69厘米

二张

北京西城阜成门外马尾沟

此系汤若望为建立圣母堂所撰的碑文。文中说明了创建圣母堂的缘由，汤若望感激顺治皇帝用西法以定历的知遇之恩，认为是“谓非天主上帝默作合于其间可乎？用是昕夕诚仰图报，合什莫如崇祀，乃于赐地之中央构椽，内供圣母，抱天主耶苏，名圣母堂”。圣母堂落成后，“时趋谒行弥撒礼”，“伏祷上佑曰：‘致吾君于尧舜，绵国祚于无疆。’”

［0101］

S0096 勒德及妻傅察氏诰封碑　满汉文

☆

ledei jai sargan fuca hala de g‘aoming be buhe bei bithe

顺治十八年（1661）正月初九日

206厘米×76厘米

一张

北京朝阳左安门外白墙子村

此为阿达哈哈番衔步兵固山大勒德之诰命。授通议大夫，妻恭人傅察氏封淑人。

勒德初任拖沙喇哈番衔法一旦哈番，二任拜他喇哈番衔步兵固山大，三任今职。

［0101］［0141］

S0097 贾福尼舒礼浑诰封碑　满汉文

☆

jiyafuni de g′aoming be buhe bei bithe

顺治十八年（1661）正月初九日

236厘米×80厘米

一张

北京朝阳东便门外二闸熏皮厂村

此为贾福尼及子舒礼浑之诰命："贾福尼原系白身，初征北京时，我兵出滦州败回，敌兵来犯我后，欲取三人首级，尔斩杀敌兵，嘉善战，授拜他喇布勒哈番。天聪八年（1634）五月十七日，随征撒哈达兀喇时，嘉尔效力，由拜他喇布勒哈番加一拖沙喇哈番。天聪九年（1635）五月十八日病故，以子舒礼浑袭拜他喇布勒哈番兼一拖沙喇哈番。崇德八年（1643）五月二十一日，天下统一，仿古制升为三等阿达哈哈番，世袭罔替。又升为二等阿达哈哈番。（皇帝）大婚升为一等阿达哈哈番。顺治九年（1652）征流贼，在延安府、安陆府击哈尔哈图谢兔汉兵时屡立战功，由一等阿达哈哈番升为三等阿思哈尼哈番，世袭罔替。授资政大夫。"

［0101］

S0098 舒礼浑诰封碑　满汉文

☆

šulihun de g‘aoming be buhe bei bithe

顺治十八年（1661）正月初九日

226厘米×80厘米

一张

北京朝阳东便门外二闸熏皮厂村

此附刻于贾福尼诰封碑之后。

［0101］

S0099 纳笃祜诰封碑　满汉文

☆

naduhū de g′aoming be buhe bei bithe

顺治十八年（1661）壬辰（三月）戊寅日（二十九日）

200厘米×90厘米

一张

北京朝阳广渠门外

诰命载纳笃祜为“一等阿思哈尼哈番又一拖沙喇哈番都察院参政管牛录梅勒章京。初管甲喇，入关击流寇，对阵败之，潼关战功，击恰尔哈舍土汗、恰尔哈硕罗汗兵，江西等屡有战功，西台理事称职，授资政大夫”。

“初任一等虾，二任管牛录管摆牙喇甲喇，三任拖沙喇哈番照旧管甲喇，四任拜他喇布勒哈番照旧管牛录，五任承袭孙职三等阿思哈尼哈番，六任阿思哈尼哈番，七任管梅勒，八任一等阿思哈尼哈番兼照旧管梅勒，九任都察院参政照旧管梅勒，十任今职”。

［0101］

S0100 孙可望墓碑并额　满汉文

ᠰᡠᠨᡴᡝᠸᠠᠩ ᠨᡳ ᡝᡳᡶᡠ ᠪᡝᡳ ᠪᡳᡨᡥᡝ ☆

sunkewang ni eifu bei bithe

顺治十八年（1661）四月十九日

首题“谥恪顺义王碑文”

额篆书题“敕建”

236厘米×84厘米+28厘米×28厘米

一张

北京昌平白坊村

［0101］

S0101 哇尔马墓碑　满汉文

ᠸᠠᡵᠮᠠ ᡳ ᠪᡝᡳ

warma i bei

苏辂马 撰识语

顺治十八年（1661）四月二十四日

204厘米×75厘米

一张

北京丰台六里桥柳巷村

［0101］［0141］

S0102 巴山及妻伊尔根觉罗氏诰封碑　满汉文

ᠪᠠᡧᠠᠨ ᠵᠠᡳ ᠰᠠᡵᡤᠠᠨ ᡳᡵᡤᡝᠨ ᡤᡳᠣᡵᠣ ᡥᠠᠯᠠ ᡩᡝ ᡬᠠᠣᠮᡳᠩ ᠪᡝ ᠪᡠᡥᡝ ᠪᡝᡳ ᠪᡳᡨᡥᡝ

bašan jai sargan irgen gioro hala de g‘aoming be buhe bei bithe

顺治十八年（1661）八月二十一日

216厘米×82厘米

一张

北京朝阳大屯村

此为二等阿思哈尼哈番管牛录驻扎江宁府昂邦章京巴山及妻伊尔根觉罗氏之诰命。诰命称巴山“指使战大凌河，尔能败敌；收服插哈喇国，尔伏兵制胜；平定朝鲜，持牌冲击；往征山东，有败冯监侯镇兵克城之绩；入山海关败流寇，驻守江宁屡殄贼丑”，授光禄大夫，妻伊尔根觉罗氏为一品夫人。

“巴山初任管牛录拜他喇布勒哈番兵部理事官，二任拜他喇布勒哈番又一拖沙喇哈番工部理事官管甲喇，三任三等阿达哈哈番工部侍郎照旧管甲喇，四任江宁府昂邦章京，五任二等阿达哈哈番照旧昂邦章京，六任一等阿达哈哈番又一拖沙喇哈番照旧昂邦章京，七任三等阿思哈尼哈番照旧昂邦章京，八任二等阿思哈尼哈番照旧昂邦章京品级，九任二等阿思哈尼哈番照旧昂邦章京品级加一级，十任今职。”

[0101]

S0103 金太祖世宗陵碑　满汉文

aisin gurun i taidzu ši dzong ni munggan i bei bithe

顺治十八年（1661）九月初六日

首题“金太祖世宗陵碑文”

210厘米×77厘米

一张

北京房山

[0101]

S0104 清景祖碑并额　满蒙汉文

mukdembuhe mafa gosingga hūwangdi i bei bithe

顺治十八年（1661）九月初八日

首题“景祖翼皇帝碑文”

额题“大清”

320厘米×127厘米+46厘米×36厘米

一张

辽宁新宾永陵

[0101]

S0105 图尔马墓碑　满汉文

turma i bei

郎图 撰

顺治十八年（1661）十月初二日

首题“副都统觉罗图尔马碑”

196厘米×67厘米

一张

北京丰台六里桥柳巷村

[0101] [0141]

S0106 庄机达谕祭碑　满汉文

☆

hūwangdi hese i jonggida de wecere gisun

顺治十八年（1661）十月初十日

196厘米×69厘米

一张

北京朝阳东直门外东湖渠村

[0101]

S0107 额色黑谕祭碑 满汉文

ᡥᡡᠸᠠᠩᡩᡳ ᡥᡝᠰᡝ ᡳ ᡝᠰᡝᡥᡝᡳ ᡩᡝ ᠸᡝᠴᡝᡵᡝ ᡤᡳᠰᡠᠨ

hūwangdi hese i esehei de wecere gisun

顺治十八年（1661）十一月初七日

186厘米×79厘米

一张

北京朝阳广渠门外开化寺

阴为康熙七年（1668）三月二十七日额色黑墓碑

[0101]

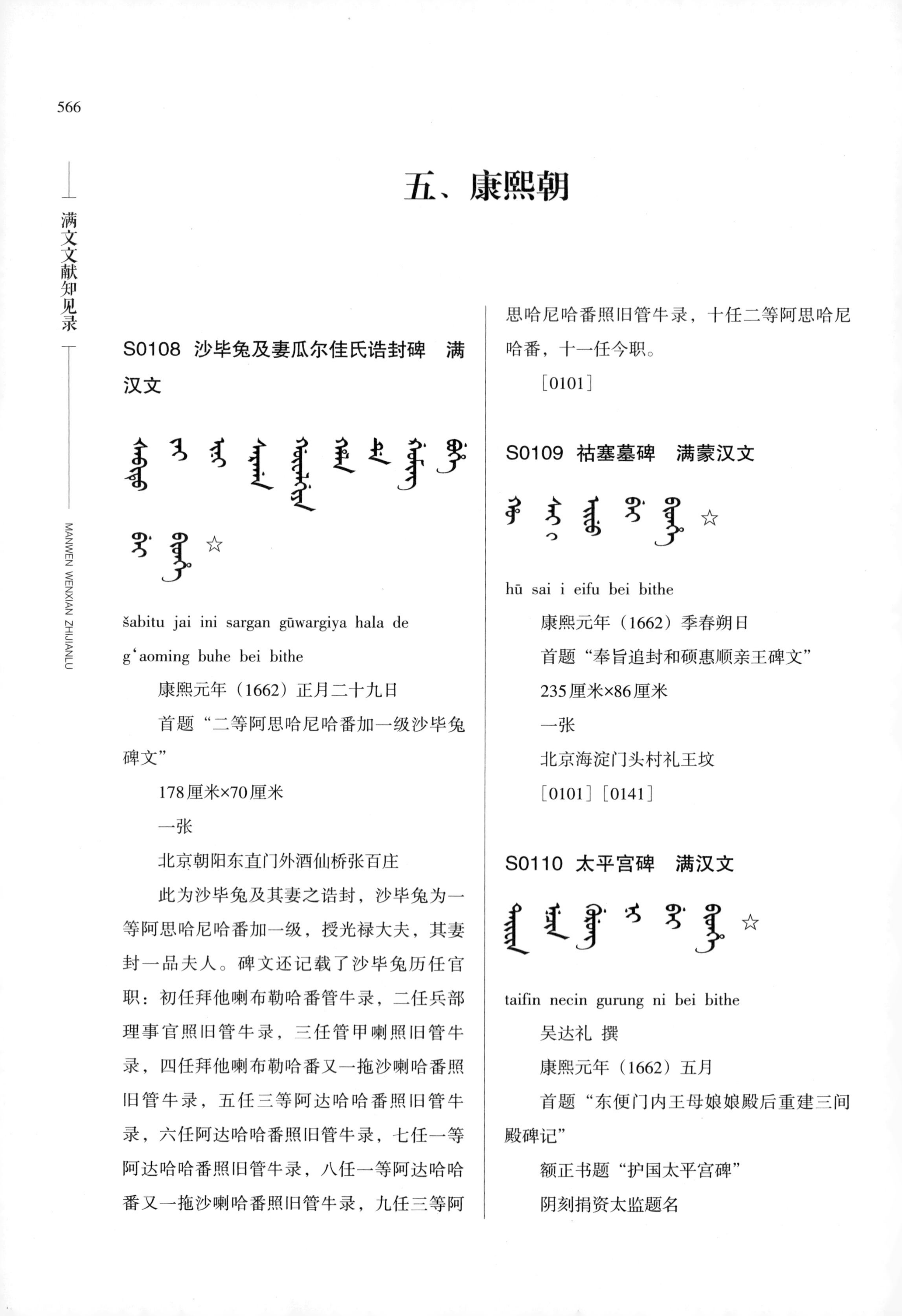

五、康熙朝

S0108 沙毕兔及妻瓜尔佳氏诰封碑 满汉文

☆

šabitu jai ini sargan gūwargiya hala de g'aoming buhe bei bithe

康熙元年（1662）正月二十九日

首题“二等阿思哈尼哈番加一级沙毕兔碑文”

178厘米×70厘米

一张

北京朝阳东直门外酒仙桥张百庄

此为沙毕兔及其妻之诰封，沙毕兔为一等阿思哈尼哈番加一级，授光禄大夫，其妻封一品夫人。碑文还记载了沙毕兔历任官职：初任拜他喇布勒哈番管牛录，二任兵部理事官照旧管牛录，三任管甲喇照旧管牛录，四任拜他喇布勒哈番又一拖沙喇哈番照旧管牛录，五任三等阿达哈哈番照旧管牛录，六任阿达哈哈番照旧管牛录，七任一等阿达哈哈番照旧管牛录，八任一等阿达哈哈番又一拖沙喇哈番照旧管牛录，九任三等阿思哈尼哈番照旧管牛录，十任二等阿思哈尼哈番，十一任今职。

［0101］

S0109 祜塞墓碑 满蒙汉文

☆

hū sai i eifu bei bithe

康熙元年（1662）季春朔日

首题“奉旨追封和硕惠顺亲王碑文”

235厘米×86厘米

一张

北京海淀门头村礼王坟

［0101］［0141］

S0110 太平宫碑 满汉文

☆

taifin necin gurung ni bei bithe

吴达礼 撰

康熙元年（1662）五月

首题“东便门内王母娘娘殿后重建三间殿碑记”

额正书题“护国太平宫碑”

阴刻捐资太监题名

额正书题“万古流芳”

128厘米×66厘米+33厘米×29厘米

二张

北京崇文东便门内蟠桃宫

太平宫又名蟠桃宫。

此系康熙初年工部尚书吴达礼为重建王母娘娘庙后三间殿所撰之碑文。碑文记述吴达礼之第五子出痘，有王母娘娘护佑，痘愈后至东便门内娘娘庙烧香，并在大殿后重修三间殿酬神。碑文最后说：“夫父母之于子无有不爱者，天性也。鬼神之说虽不可知，而因爱子之情，展诚敬以答神，不可谓非理之所必出也，况亲见而足征者耶?”这段话道出了修庙的由来。

［0101］［0102］［0141］

S0111 额色黑诰封碑　满汉文

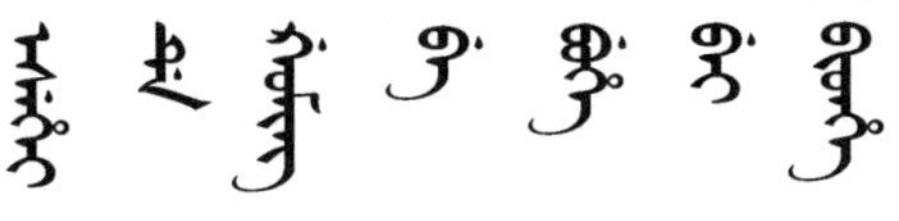 ☆

esehei de g‘aoming be buhe bei bithe

康熙元年（1662）六月二十七日

200厘米×81厘米

一张

北京朝阳广渠门开化寺

阴为康熙七年（1668）三月二十七日额色黑墓碑

此为额色黑之诰命。额色黑，原光禄大夫，少师兼太子太师，户部尚书保和殿内国史院大学士加一级，一等阿达哈哈番，谥“文恪”。“性行纯良，才猷敏练”，赠太保兼太子太师。

［0101］

S0112 保安寺碑额并阴　满汉文

boo an sy i bei bithe

索尼 撰

康熙二年（1663）三月

首题“保安禅寺碑记”

额篆书题“重建碑记”

阴题名

额篆书题“万古流芳”

238厘米×109厘米+33厘米×24厘米

二张

北京西城皇城根

此系索尼为重修保安寺撰写的碑文。据碑文记载，保安寺原名义利寺，始建于元代至正年间，曾盛极一时。至明初大为缩减，虽于嘉靖、万历年间修葺，但“仅免沦废”。至清初，“殿宇倾颓，门庑偏僻，地势卑隘，风雨萧然”。索尼虑及“苟任其废兴，非惟神圣失栖，而寺僧之名德亦几于坠”，于是发起重修，“拜劝诸善信共成胜事，于康熙元年（1662）夏动工，越年春告成”。

［0101］［0102］［0141］

S0113 白如梅及妻李氏李氏诰封碑　满汉文

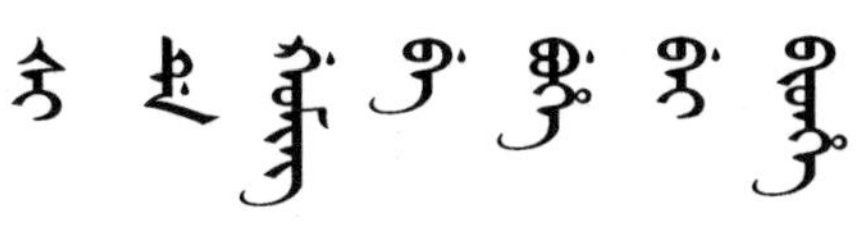 ☆

be žu mei jai sargan li ši li ši de g'aoming be buhe bei bithe

康熙二年（1663）八月十一日

206厘米×72厘米

一张

北京朝阳左安门外小武基

此为提督雁门等关、巡抚山西太原等处地方，兼理弓镇诸务兵部右侍郎兼都察院右都御史白如梅之诰命，授资政大夫，妻李氏赠夫人、继妻李氏赠夫人。

［0101］

S0114 罗什尔神道碑　满汉文

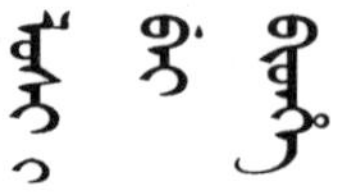

losi i bei bithe

康熙二年（1663）八月二十二日

首题“资政大夫一等阿达哈哈番副都统罗君神道碑文”

170厘米×77厘米

一张

北京朝阳

［0101］

S0115 金太祖世宗陵碑　满汉文

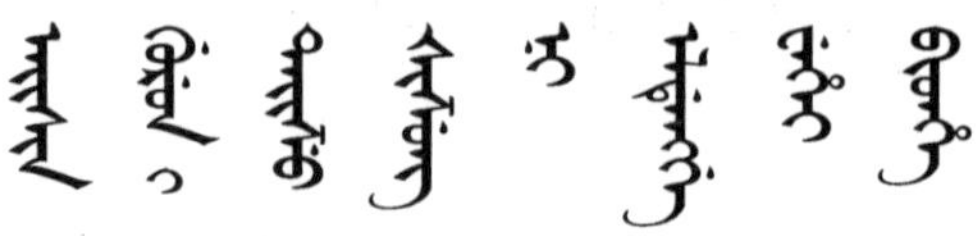

aisin gurun i taidzu šidzung ni eldengge wehei bithe

康熙二年（1663）九月初一日

首题“御制金太祖世宗陵碑文”

220厘米×77厘米

一张

北京房山柴厂

［0101］

S0116 纳穆生格墓碑　满汉文

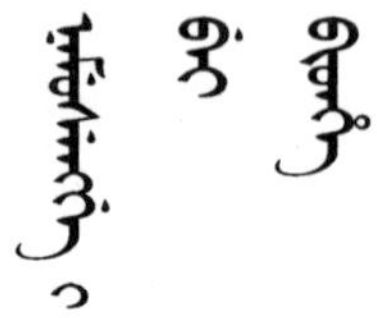

namusengge i bei bithe

康熙二年（1663）十二月二十二日

首题“三等精奇尼哈番一等下阵亡谥直勇纳穆生格碑文”

226厘米×75厘米

一张

北京海淀五道口北京医学院

［0101］［0141］

S0117 傅达礼墓碑 △　满汉文

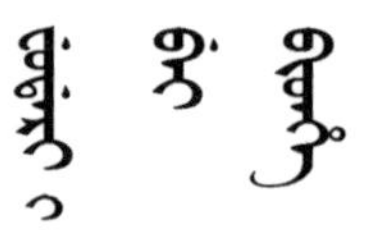 ☆

fudari i bei bithe

康熙二年（1663）五月二十五日

额篆书题“敕建”

500厘米×114厘米×40厘米

河北遵化马兰峪

墓主生前为顺治皇帝的侍卫，后为顺治帝殉葬，特授一等阿达哈哈番，谥“忠烈”。

S0118 屯代谕祭碑　满汉文

ᡥᡡᠸᠠᠩᡩᡳ ᡥᡝᠰᡝ ᡨᡠᠨᡩᠠᡳ ᡩᡝ ᠸᡝᠴᡝᡵᡝ ᡤᡳᠰᡠᠨ ☆

hūwangdi hese tundai de wecere gisun

康熙三年（1664）二月十三日

175厘米×68厘米

一张

北京朝阳建国门外齐家园

[0101]

S0119 和硕柔嘉公主诰封碑　满汉文

ᡥᠣᡧᠣᡳ ᠨᡝᠮᡝᠶᡝ ᡤᡠᠩ ᠵᡠ ᡩᡝ ᡬᠠᠣᠮᡳᠩ ᠪᡝ ᠪᡠᡥᡝ ᠪᡝᡳ ᠪᡳᡨᡥᡝ ☆

hošoi nemeye gung ju de g‘aoming be buhe bei bithe

康熙三年（1664）二月十四日

230厘米×84厘米

一张

北京门头沟龙门耿王坟

和硕柔嘉公主系耿聚忠之妻。

[0101] [0141]

S0120 罗公墓碑　满汉文

ᠯᠣᡨᠣ ᠪᡝᡳ

loto bei

康熙三年（1664）二月二十一日卒

首题“光禄大夫二等侍郎都察院监察御史加一级罗公墓碑”

186厘米×68厘米+172厘米×70厘米

二张

北京朝阳洼里关西庄

此碑为罗拖之墓碑，碑阳为满文，碑阴为汉文。

[0101]

S0121 千代诰封碑　满汉文

ᠴᠠᠨᡩᠠᡳ ᡩᡝ ᡬᠠᠣᠮᡳᠩ ᠪᡝ ᠪᡠᡥᡝ ᠪᡝᡳ ᠪᡳᡨᡥᡝ ☆

candai de g‘aoming be buhe bei bithe

康熙三年（1664）三月二十二日

额篆书题“诰命”

阴题立碑人姓名及立碑年月

198厘米×80厘米+24厘米×28厘米

二张

北京海淀西直门外百祥庵

诰命称：拜他喇布勒哈番吏部左侍郎加一级千代“性资端谨，才识宏通……特授光禄大夫”。

“初任内翰林秘书院侍读，二任拖沙喇哈番照旧侍读，三任本院侍读学士，四任拜他喇布勒哈番照旧侍读学士，五任礼部启心郎，六任内翰林秘书院学士，七任教习庶吉士，八任吏部左侍郎，九任今职。”

[0101]

S0122 柳天擎谕祭碑 满汉文

ᠯᡳᠣ ᡨᡳᠶᠠᠨ ᡴᡳᠩ ᡩᡝ ᡥᡝᠰᡝᡳ ᠸᡝᠴᡝᡵᡝ ᠪᡳᡨᡥᡝ ᡳ ᠪᡝᡳ ☆

lio tiyan king de hesei wecere bithe i bei

柳滋远、柳滋博、柳滋浩 立

康熙三年（1664）四月

190厘米×74厘米

一张

北京丰台张郭庄北岗洼村

［0101］

S0123 资福院地产碑额并阴 满蒙文

ᡯᡳ ᡶᡠ ᠶᡠᠸᠠᠨ ᡳ ᠪᠠ ᠨᠠ ᡳ ᠪᡝᡳ ☆

dzi fu yuwan i ba na i bei

康熙三年（1664）七月

额题“为供养十方喇嘛置田地四至碑”

阴题立碑人姓名及立碑年月

116厘米×68厘米+30厘米×25厘米

二张

北京朝阳德胜门外黄寺

［0101］

S0124 马国柱谕祭碑 满汉文

ᡥᡡᠸᠠᠩᡩᡳ ᡥᡝᠰᡝᡳ ᠮᠠ ᡤᡠᠸᡝ ᠵᡠ ᡩᡝ ᠸᡝᠴᡝᡵᡝ ᡤᡳᠰᡠᠨ ☆

hūwangdi hesei ma guwe ju de wecere gisun

康熙三年（1664）九月二十日

206厘米×80厘米

一张

北京昌平南口东山坡

［0101］

S0125 朝艮墓碑并额 满汉文

ᠴᠣᠣᡤᡝᠨ ᡳ ᠪᡝᡳ ᠪᡳᡨᡥᡝ ☆

coogen i bei bithe

康熙三年（1664）十月

额篆书题“奉天诰命”

138厘米×70厘米+30厘米×23厘米

一张

北京海淀石板房村

阴为顺治八年（1651）八月朝艮三代诰封碑

［0101］［0141］

S0126 胡什塔墓碑 满汉文

ᡥᡡᠰᡳᡨᠠ ᡳ ᠪᡝᡳ ᠪᡳᡨᡥᡝ

hūsita i bei bithe

康熙四年（1665）二月初八日

首题“辅国公胡什塔碑文”

186厘米×78厘米

一张

北京朝阳东郊柴家洼

［0101］

S0127 爱星阿碑　满汉文

ᠠᡳᠰᡳᠩᡤᠠ ᡳ ᠪᡝᡳ ᠪᡳᡨᡥᡝ

aisingga i bei bithe

康熙四年（1665）五月十七日

首题“少保兼太子太保管下内大臣一等公谥敬康爱星阿碑文”

240厘米×80厘米

一张

北京海淀德胜门外下关

［0101］

S0128 达海诰封碑额并阴　满汉文

ᡩᠣᡵᠣ ᡩᡝ ᠠᡳᠰᡳᠯᠠᡥᠠ ᠠᠮᠪᠠᠨ ᡩᠣᡵᡤᡳ ᠶᠠᠮᡠᠨ ᡳ ᠠᠯᡳᡥᠠ ᠪᡳᡨᡥᡝᡳ ᡩᠠ ᠠᠮᠴᠠᠮᡝ ᡧᡠ ᠮᡠᡨᡝᠪᡠᡥᡝ ᡤᡝᠪᡠ ᠪᡠᡥᡝ ᡩᠠᡥᠠᡳ ᠪᡝᡳ ᠪᡳᡨᡥᡝ

doro de aisilaha amban dorgi yamun i aliha bithei da amcame šu mutebuhe gebu buhe dahai bei bithe

常格、禅布、陈布禄 立

康熙四年（1665）孟夏

首题“光禄大夫内阁大学士谥文成讳达海之碑”

额篆书题“诰封”

161厘米×58厘米+30厘米×25厘米

二张

原在沈阳东南郊，现藏辽宁省博物馆

［0101］［0150］

S0129 马光远墓碑　满汉文

ᠮᠠ ᡤᡠᠸᠠᠩ ᠶᡠᠸᠠᠨ ᡳ ᠪᡝᡳ ᠪᡳᡨᡥᡝ

ma guwang yuwan i bei bithe

康熙四年（1665）六月初六日

首题“一等精奇尼哈番谥诚顺马光远碑”

226厘米×71厘米

一张

北京朝阳东直门外酒仙桥

［0101］

S0130 莽色谕祭碑并额　满汉文

ᡥᡡᠸᠠᠩᡩᡳ ᡥᡝᠰᡝᡳ ᠮᠠᠩᠰᡝ ᡩᡝ ᠸᡝᠴᡝᡵᡝ ᡤᡳᠰᡠᠨ ☆

hūwangdi hesei mangse de wecere gisun

康熙四年（1665）八月十三日

额篆书题“谕祭”

168厘米×72厘米+33厘米×30厘米

一张

北京朝阳广渠门外八里庄

［0101］

S0131 硕尔铎墓碑额并阴　满汉文

ᡧᠣᡵᡩᠣᡳ ᠪᡝᡳ

šordoi bei

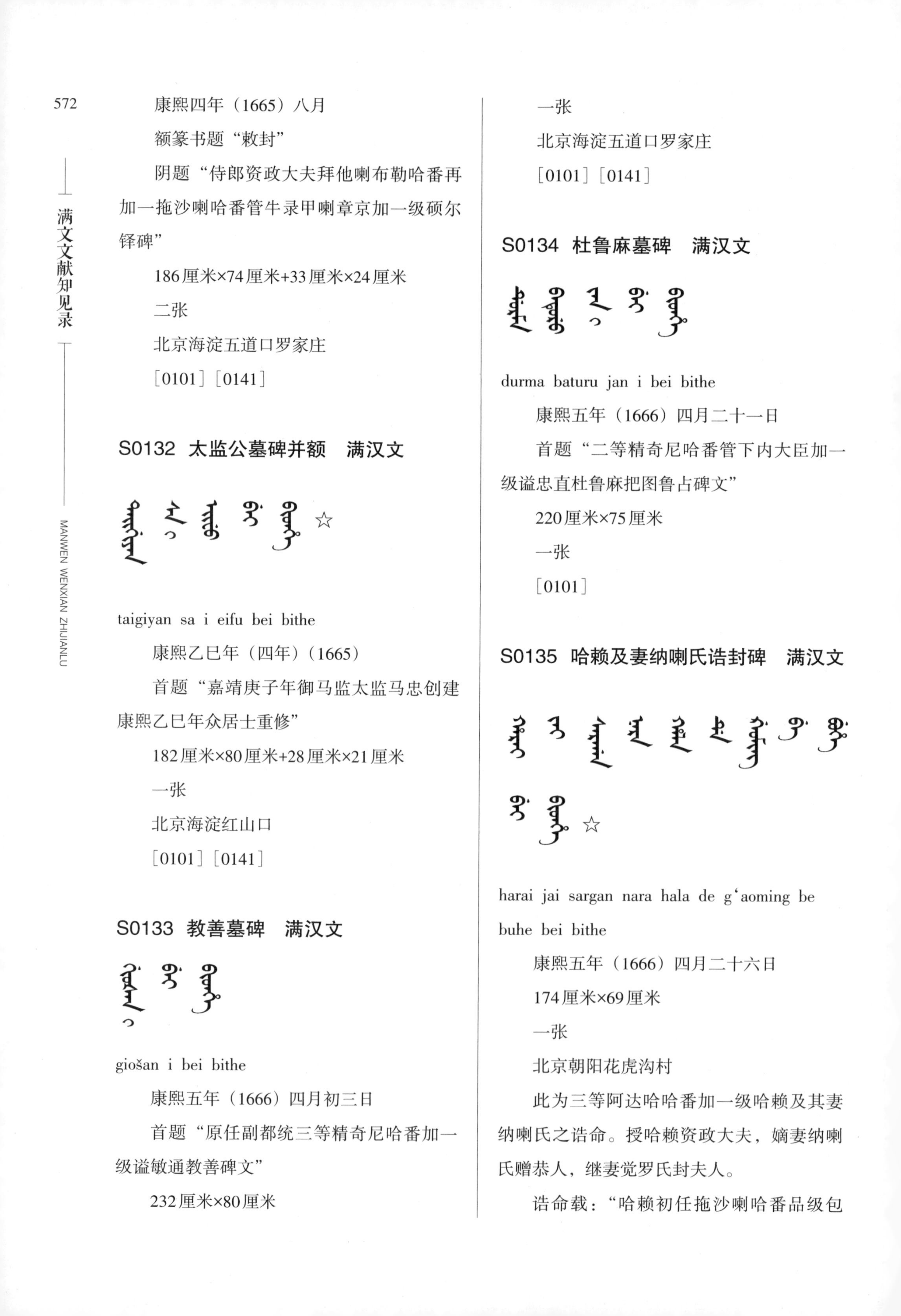

康熙四年（1665）八月

额篆书题“敕封”

阴题“侍郎资政大夫拜他喇布勒哈番再加一拖沙喇哈番管牛录甲喇章京加一级硕尔铎碑”

186厘米×74厘米+33厘米×24厘米

二张

北京海淀五道口罗家庄

［0101］［0141］

S0132 太监公墓碑并额 满汉文

☆

taigiyan sa i eifu bei bithe

康熙乙巳年（四年）（1665）

首题“嘉靖庚子年御马监太监马忠创建康熙乙巳年众居士重修”

182厘米×80厘米+28厘米×21厘米

一张

北京海淀红山口

［0101］［0141］

S0133 教善墓碑 满汉文

giošan i bei bithe

康熙五年（1666）四月初三日

首题“原任副都统三等精奇尼哈番加一级谥敏通教善碑文”

232厘米×80厘米

一张

北京海淀五道口罗家庄

［0101］［0141］

S0134 杜鲁麻墓碑 满汉文

durma baturu jan i bei bithe

康熙五年（1666）四月二十一日

首题“二等精奇尼哈番管下内大臣加一级谥忠直杜鲁麻把图鲁占碑文”

220厘米×75厘米

一张

［0101］

S0135 哈赖及妻纳喇氏诰封碑 满汉文

☆

harai jai sargan nara hala de g‘aoming be buhe bei bithe

康熙五年（1666）四月二十六日

174厘米×69厘米

一张

北京朝阳花虎沟村

此为三等阿达哈哈番加一级哈赖及其妻纳喇氏之诰命。授哈赖资政大夫，嫡妻纳喇氏赠恭人，继妻觉罗氏封夫人。

诰命载：“哈赖初任拖沙喇哈番品级包

大，二任拖沙喇哈番照旧包大，三任拜他喇布勒哈番照旧包大，四任拜他喇布勒哈番又一拖沙喇哈番照旧包大，五任三等阿达哈哈番，六任今职。”

［0101］

S0136 聂克塞碑　满汉文

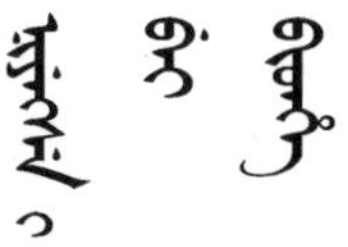

niyekse i bei bithe

康熙五年（1666）五月十二日

首题“三等镇国将军宗室聂克塞碑”

242厘米×76厘米

一张

［0141］

S0137 常阿岱墓碑　满汉文

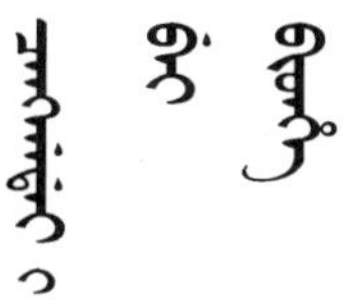

canggadai i bei bithe

康熙五年（1666）九月初四日

首题“多罗贝勒谥怀愍常阿岱碑文”

236厘米×79厘米

一张

北京海淀门头村礼王坟

常阿岱礼亲王系代善孙，此碑与常例相反，左刻汉文、右刻满文。

［0101］［0141］

S0138 范文程谕祭碑　满汉文

hūwangdi hesei fan wen ceng de wecere gisun

康熙五年（1666）九月二十一日

222厘米×105厘米

一张

北京怀柔芦庄村西

［0101］

S0139 雅布兰墓碑　满汉文

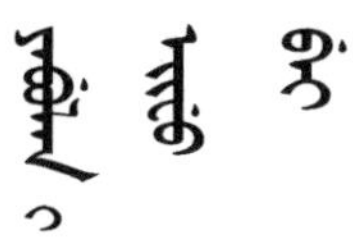

yabulan i eifu bei

康熙五年（1666）十月初七日

215厘米×83厘米

一张

北京左安门外架松坟

［0101］

S0140 修建移戍营碑记 ☆　满文

eifu guribuhe kūwaran weilehe ba ejehengge

康熙五年（1666）

一张

辽阳博物馆

[0786]

S0141 巴哈纳谕祭碑 满汉文

ᡥᡡᠸᠠᠩᡩᡳ ᡥᡝᠰᡝᡳ ᠪᠠᡥᠠᠨᠠ ᡩᡝ ᠸᡝᠴᡝᡵᡝ ᡤᡳᠰᡠᠨ ☆

hūwangdi hesei bahana de wecere gisun

康熙六年（1667）三月初七日

204厘米×77厘米

一张

北京朝阳左安门外满井

[0101]

S0142 索尼诰封碑 满汉文

ᠰᠣᠨᡳᠨ ᡩᡝ ᡬᠠᠣᠮᡳᠩ ᠪᡝ ᠪᡠᡥᡝ ᠪᡝᡳ ᠪᡳᡨᡥᡝ ☆

sonin de g'aoming be buhe bei bithe

康熙六年（1667）四月三十日

274厘米×114厘米

一张

北京海淀新街口索家坟

诰命称：原一等虾授吏部启心郎，三年经考察以有才能加授拜他喇布勒哈番。父部色榜什，从哈答国首先投诚，击介樊兵时索尼于本甲喇前杀入，又征董夔时与同众虾击败，俘获甚众。又招服一蒙古兵，攻锦州、宁远等有战绩。初征北京与袁崇焕部大战，征大同等有战功，九载考察部中一应事务能任职，"果断宣力王事，殚厥忠诚"，升为三等阿达哈哈番，皇太极死后，"重念父皇恩遇，坚持忠贞之心，不惜性命，戮（勠）力皇家，同叔和硕郑亲王扶立朕躬"，升为二等精奇尼哈番。顺治二年（1645）被削职，顺治皇帝亲政后复职。皇太后寿诞升三等伯，世袭罔替。皇帝大婚后升为一等伯，世袭罔替，"若犯通谋他国及忌嫉诸王贝勒之事以法正罪，其余错误罪过免死二次"。顺治皇帝遗诏顾命大臣，特授一等公，世袭罔替。

[0101]

S0143 宁完我墓碑并额 满汉文

ᠨᡳᠩ ᠸᠠᠨ ᠣ ᡳ ᠪᡝᡳ ᠪᡳᡨᡥᡝ

ning wan o i bei bithe

康熙六年（1667）闰四月初三日

首题"原任少傅兼太子太傅内国史院大学士年迈有疾着以原衔解任二等阿达哈哈番谥文毅（宁完我）碑文"

205厘米×78厘米+28厘米×23厘米

一张

北京海淀六间房

首题中"宁完我"系据满文补充。

[0101][0141]

S0144 洪承畴墓碑并额 满汉文

ᡥᡡᠩ ᠴᡝᠩ ᠴᡝᠣ ᡳ ᠪᡝᡳ ᠪᡳᡨᡥᡝ

hūng ceng ceo i bei bithe

康熙六年（1667）闰四月十八日

首题"原任经略湖广、江西、广西、云南、贵州等处地方总督军务兼理粮饷太傅兼太子太师兵部尚书都察院右副都御史武英殿大学士三等阿达哈哈番年老有疾改仕正一品顶戴谥文襄洪承畴碑文”

额题篆书“敕建”

210厘米×75厘米+32厘米×30厘米

一张

此为洪承畴墓碑碑文。文中简略叙述了洪承畴的生平，对其降清后的作为大加赞扬，如说洪“图报豢养之恩，督理绿营官兵协同大兵歼逆，首擒伪王，发获奸细，招徕叛党，除盗安民，所在著绩”，又说其“经略五省，随满洲大兵进取云贵，招抚军民土司，供应大兵粮饷，能济军需，边疆有赖，克襄王事，屡建功勋”。

［0101］

S0145 李率泰碑并额　满汉文

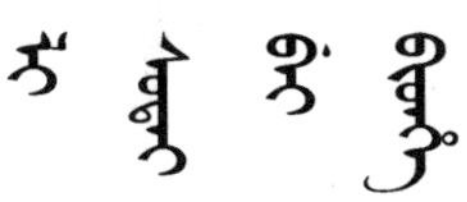

li sotai bei bithe

康熙六年（1667）闰四月二十八日

首题“总督福建等处地方军务兼理粮饷少保兼太子太保兵部尚书兼都察院右副都御史加一级谥忠襄李率泰碑文”

额题“敕建”

218厘米×75厘米+31厘米×31厘米

一张

北京朝阳广渠门外八里庄

［0101］

S0146 大清孝陵神功圣德碑 △　满汉文

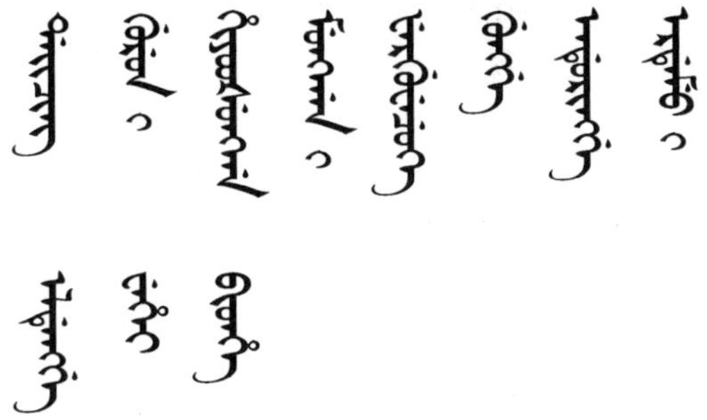

daicing gurun i hiyoošungga munggan i ferguwecuke gungge enduringge erdemu i eldengge wehei bithe

圣祖（玄烨） 撰文

康熙六年（1667）五月初六日

672厘米×217厘米

河北遵化东陵

S0147 顺治皇帝尊号碑 △　满蒙汉文

世祖体天隆运英睿钦文大德弘功至仁纯孝章皇帝之陵

碑541厘米×177厘米×70厘米

河北遵化东陵

S0148 清孝陵碑 △　满蒙汉文

daicing gurun i hiyoošungga munggan i bei

题“世祖章皇帝之陵”

436厘米×154厘米×71厘米

河北遵化东陵

S0149 清孝东陵碑 △ 满蒙汉文

☆

daicing gurun i hiyoošungga dergi ergi munggan i bei

题“孝惠章皇后之陵”

436厘米×155厘米×72厘米

河北遵化东陵

S0150 俄罗色臣墓碑并额 满汉文

olosecen i bei bithe

康熙六年（1667）五月十一日

首题“原任都统太子太保二等精奇尼哈番加一级谥果敏俄罗色臣碑文”

额篆书题“敕建”

228厘米×78厘米+28厘米×28厘米

一张

北京朝阳广渠门外南五圣庙东里

［0101］［0841］

S0151 构孳碑并额 满汉文

geodzi i bei bithe

康熙六年（1667）五月二十六日

首题“辅国公构孳碑文”

额篆书题“敕建”

220厘米×80厘米+28厘米×27厘米

一张

北京朝阳建国门外八王坟

［0101］［0141］

S0152 顾鲁古谕祭碑 满汉文

☆

hūwangdi hesei gulugu de wecere gisun

康熙六年（1667）十月初九日

180厘米×70厘米

一张

北京朝阳东直门外陈各庄

阴见康熙六年（1667）十月顾鲁古墓碑

［0101］

S0153 顾鲁古墓碑 满汉文

gulugu i eifu bei bithe

康熙六年（1667）十月

177厘米×70厘米

一张

北京朝阳东直门外陈各庄

此系康熙六年（1667）十月初九日顾鲁古谕祭碑之阴。

［0101］

S0154 穆成格墓碑 △ 满汉文

ᠮᡠᠴᡝᠩᡤᡝ ᡳ ᠪᡝᡳ ᠪᡳᡨᡥᡝ ☆

mucengge i bei bithe

康熙六年十一月二十六日（1668年1月9日）

额篆书题“诰封”

500厘米×114厘米×40厘米

河北遵化马兰峪

墓主为驻防孝陵掌关防郎中、拖沙喇哈番加一级，授资政大夫。诰命称：初任壮大品级内司库，二任拖沙喇哈番品级内司库，三任内官监员外郎，四任拖沙喇哈番照旧员外郎，五任加一级，六任掌关防郎中，七任今职。

S0155 苗澄诰封碑 满汉文

ᠮᡳᠶᠣᠣ ᠴᡝᠩ ᡩᡝ ᡤᠠᠣᠮᡳᠩ ᠪᡝ ᠪᡠᡥᡝ ᠪᡝᡳ ᠪᡳᡨᡥᡝ ☆

miyoo ceng de g‘aoming be buhe bei bithe

康熙六年十一月二十六日（1668年1月9日）

214厘米×74厘米

一张

北京丰台左安门外马回甸

此系康熙十七年（1678）正月苗澄墓碑之阴。

此为苗澄之诰命。苗澄系总督四川等处地方军务兼理粮饷，兵部尚书兼都察院右副都御史加二级，授光禄大夫。

诰命称：苗澄初任壮大品级法一旦哈番，二任拜他喇布勒哈番品级法一旦哈番，三任吏部他赤哈哈番，四任本部汉启心郎，五任加一级，六任都察院佥都御史加一级，七任代理总河事务，八任都察院右副都御史，九任直隶总督兵部右侍郎兼都察院右副都御史，十任直隶总督兼兵部左侍郎，十一任加一级，十二任直隶总督兼兵部尚书，十三任加一级，十四任今职。

［0101］［0141］

S0156 苗澄妻李氏诰封碑 满汉文

ᠮᡳᠶᠣᠣ ᠴᡝᠩ ᡳ ᠰᠠᡵᡤᠠᠨ ᡳ ᠯᡳ ᡧᡳ ᡩᡝ ᡤᠠᠣᠮᡳᠩ ᠪᡝ ᠪᡠᡥᡝ ᠪᡝᡳ ᠪᡳᡨᡥᡝ ☆

miyoo ceng i sargan i li ši de g‘aoming be buhe bei bithe

康熙六年十一月二十六日（1668年1月9日）

214厘米×69厘米

一张

北京丰台左安门外马回甸

此系康熙十七年（1678）正月苗澄妻李氏墓碑之阴。

此为总督四川等处地方军务兼理粮饷，兵部尚书兼都察院右副都御史加三级苗澄妻李氏之诰命。李氏赠一品夫人。

［0101］

S0157 京古代诰封碑并额　满汉文

ᡤᡳᠨ ᡤᡠᠩ ᠨᡳ ᠪᡝᡳ ᠪᡳᡨᡥᡝ

gin gung ni bei bithe

康熙六年十一月二十六日（1668年1月9日）

首题“皇清诰赠资政大夫京公之碑”

212厘米×76厘米+31厘米×37厘米

一张

北京朝阳广渠门外八里庄

阴为康熙十二年（1673）五月初九日金泰碑

［0101］

S0158 色黑诰封碑并额　满汉文

ᠰᡝᡥᡝᡳ ᡩᡝ ᡤ᠋ᠠᠣᠮᡳᠩ ᠪᡝ ᠪᡠᡥᡝ ᠪᡝᡳ ᠪᡳᡨᡥᡝ ☆

sehei de g‘aoming be buhe bei bithe

康熙六年十一月二十六日（1668年1月9日）

额篆书题“诰封”

190厘米×72厘米+32厘米×26厘米

一张

北京朝阳广渠门外架榆树

墓主为户部掌印郎中加一级，授资政大夫。

诰命称：初任内翰林国史院检讨，二任本院编修，三任加一级，四任本院侍读，五任兵部员外郎，六任户部郎中，七任今职。

［0101］

S0159 尚大德诰封碑并额　满汉文

ᡧᠠᠩᡩᠠᡩᡝ ᡩᡝ ᡤ᠋ᠠᠣᠮᡳᠩ ᠪᡝ ᠪᡠᡥᡝ ᠪᡝᡳ ᠪᡳᡨᡥᡝ ☆

šangdade de g‘aoming be buhe bei bithe

康熙六年十一月二十六日（1668年1月9日）

203厘米×70厘米+23厘米×23厘米

一张

北京朝阳门外尚家坟

额满文

墓主为尚兴之父。

［0101］

S0160 尚兴诰封碑并额　满汉文

ᡧᠠᠩᠰᡳᠩ ᡩᡝ ᡤ᠋ᠠᠣᠮᡳᠩ ᠪᡝ ᠪᡠᡥᡝ ᠪᡝᡳ ᠪᡳᡨᡥᡝ ☆

šangsing de g‘aoming be buhe bei bithe

康熙六年十一月二十六日（1668年1月9日）

172厘米×69厘米+22厘米×22厘米

一张

北京朝阳门外尚家坟

额满文

尚兴为包衣，卫勒勒诸尔汉郎中管佐领加一级，授资政大夫。

［0101］

S0161 白玉铭及妻孙氏孙氏诰封碑　满汉文

ᠪᡝ ᡳᠣᡳ ᠮᡳᠩ ᠵᠠᡳ ᠰᠠᡵᡤᠠᠨ ᠰᡠᠨ ᡧᡳ ᠰᡠᠨ ᡧᡳ ᡩᡝ ᡤᠠᠣᠮᡳᠩ ᠪᡝ ᠪᡠᡥᡝ ᠪᡝᡳ ᠪᡳᡨᡥᡝ ☆

be ioi ming jai sargan sun ši sun ši de g'aoming be buhe bei bithe

康熙六年十一月二十六日（1668年1月9日）

208厘米×77厘米

一张

北京朝阳左安门外小武基

白玉铭及妻孙氏、孙氏系白色纯之祖父母。

［0101］

S0162 开木布及妻舒木禄氏诰封碑　满汉文

ᡴᠠᡳᠮᠪᡠ ᠵᠠᡳ ᠰᠠᡵᡤᠠᠨ ᡧᡠᠮᡠᡵᡠ ᡥᠠᠯᠠ ᡩᡝ ᡤᠠᠣᠮᡳᠩ ᠪᡝ ᠪᡠᡥᡝ ᠪᡝᡳ ᠪᡳᡨᡥᡝ ☆

kaimbu jai sargan šumuru hala de g'aoming be buhe bei bithe

康熙六年十一月二十六日（1668年1月9日）

202厘米×78厘米

一张

北京海淀五道口东王庄

［0101］［0141］

S0163 吴苏布诰封碑　满汉文

ᡠᠰᡠᠪᡠ ᡩᡝ ᡤᠠᠣᠮᡳᠩ ᠪᡝ ᠪᡠᡥᡝ ᠪᡝᡳ ᠪᡳᡨᡥᡝ ☆

usubu de g'aoming be buhe bei bithe

康熙六年十一月二十六日（1668年1月9日）

210厘米×68厘米

一张

北京海淀五道口老爷庙豁子

吴苏布系穆成格之父。

［0101］［0141］

S0164 汉字注音满文十二字头　满汉文

ᠨᡳᡴᠠᠨ ᡤᡳᠰᡠᠨ ᠮᡠᡩᠠᠨ ᡳ ᡝᠵᡝᡥᡝᠨ ᠮᠠᠨᠵᡠ ᠵᡠᠸᠠᠨ ᠵᡠᠸᡝ ᡠᠵᡠᡳ ᠪᡳᡨᡥᡝ

nikan gisun mudan i ejehen manju juwan juwe ujui bithe

刘斗　正书

康熙戊申春正月既望［康熙七年（1668）一月十四日］

27厘米×20厘米

一册

碑原在甘肃博物馆。

［0101］

S0165 额色黑墓碑　满汉文

esehei i bei

塞思赫 撰

康熙七年（1668）三月二十七日

186厘米×79厘米

一张

北京朝阳广渠门外开化寺

此系顺治十八年（1661）十一月初七日额色黑谕祭碑之阴。

[0101]

S0166 索尼墓碑并额　满汉文

sonin i bei bithe

康熙七年（1668）四月初九日

首题“辅政大臣一等公谥文忠索尼碑文”

额篆书题“敕建”

210厘米×81厘米+29厘米×24厘米

一张

北京海淀新街口索家坟

[0101]

S0167 钮尼牙哈诰封碑并额　满汉文

☆

niongniyaha de g‘aoming be buhe bei bithe

康熙七年（1668）四月二十五日

额篆书题“奉天诰命”

226厘米×80厘米+27厘米×25厘米

一张

北京海淀甘家口

此为钮尼牙哈之诰命。诰命称：“钮尼牙哈系一等阿达哈哈番加一级。原系白身管牛录事，三次围锦州时得关厢之夜，击败围诺慕奇敌，援出诺慕奇。入山海关击流贼马步兵二十万，与固山额真和硕额夫杜磊对阵，败之，授拜他喇布勒哈番户部理事官，五年考察办事有能加一拖沙喇哈番。授资政大夫。”

“初任管牛录，二任户部理事官管牛录，三任拜他喇布勒哈番照旧理事官管牛录，四任拜他喇布勒哈番又加一拖沙喇哈番照旧理事官管牛录，五任三等阿达哈哈番照旧管牛录，六任二等阿达哈哈番照旧管牛录，七任一等阿达哈哈番照旧管牛录，八任今职，世袭罔替。”

[0101] [0141]

S0168 范文程墓碑　满汉文

fan wen ceng ni bei bithe

康熙七年（1668）五月初二日

首题“太傅兼太子太师原任内秘书院大学士一等精奇尼哈番加一级谥文肃范文程碑文”

224厘米×82厘米

一张

北京怀柔芦庄村西

［0101］

S0169 明安达礼谕祭碑　满汉文

ᡥᡡᠸᠠᠩᡩᡳ ᡥᡝᠰᡝᡳ ᠮᡳᠩᡤᠠᡩᠠᡵᡳ ᡩᡝ ᠸᡝᠴᡝᡵᡝ ᡤᡳᠰᡠᠨ ☆

hūwangdi hesei minggadari de wecere gisun

康熙八年（1669）三月二十三日

212厘米×80厘米

一张

北京朝阳呼家楼马道口

［0101］

S0170 吴喇缠墓碑　满汉文

ᡠᠯᠠᠴᠠᠨ ᠨᡳ ᠪᡝᡳ ᠪᡳᡨᡥᡝ

ulacan ni bei bithe

吴淑 撰

吴淑、稚图等 立

康熙八年（1669）四月十九日

首题“皇清光禄大夫一等阿思哈尼哈番刑部左侍郎副都统管佐领加一级吴喇缠碑文”

220厘米×102厘米

一张

北京海淀徐庄

［0101］

S0171 车尔布墓碑　满汉文

ᠴᡝᠯᠪᡠ ᡳ ᠪᡝᡳ ☆

celbu i bei

康熙八年（1669）四月二十九日

232厘米×75厘米

一张

北京海淀钓鱼台八宝村

此系顺治十八年（1661）正月初九日车尔布诰封碑之阴。

［0101］

S0172 穆尔太墓碑　满汉文

ᠮᡠᡵᡨᠠᡳ ᡳ ᠪᡝᡳ ☆

murtai i bei

康熙八年（1669）四月

首题“诰赠资政大夫镇守山西、陕西固山大穆”

190厘米×69厘米

一张

北京海淀西郊木楼村

此系顺治十四年（1657）三月初十日穆尔太诰封碑之阴。

［0101］

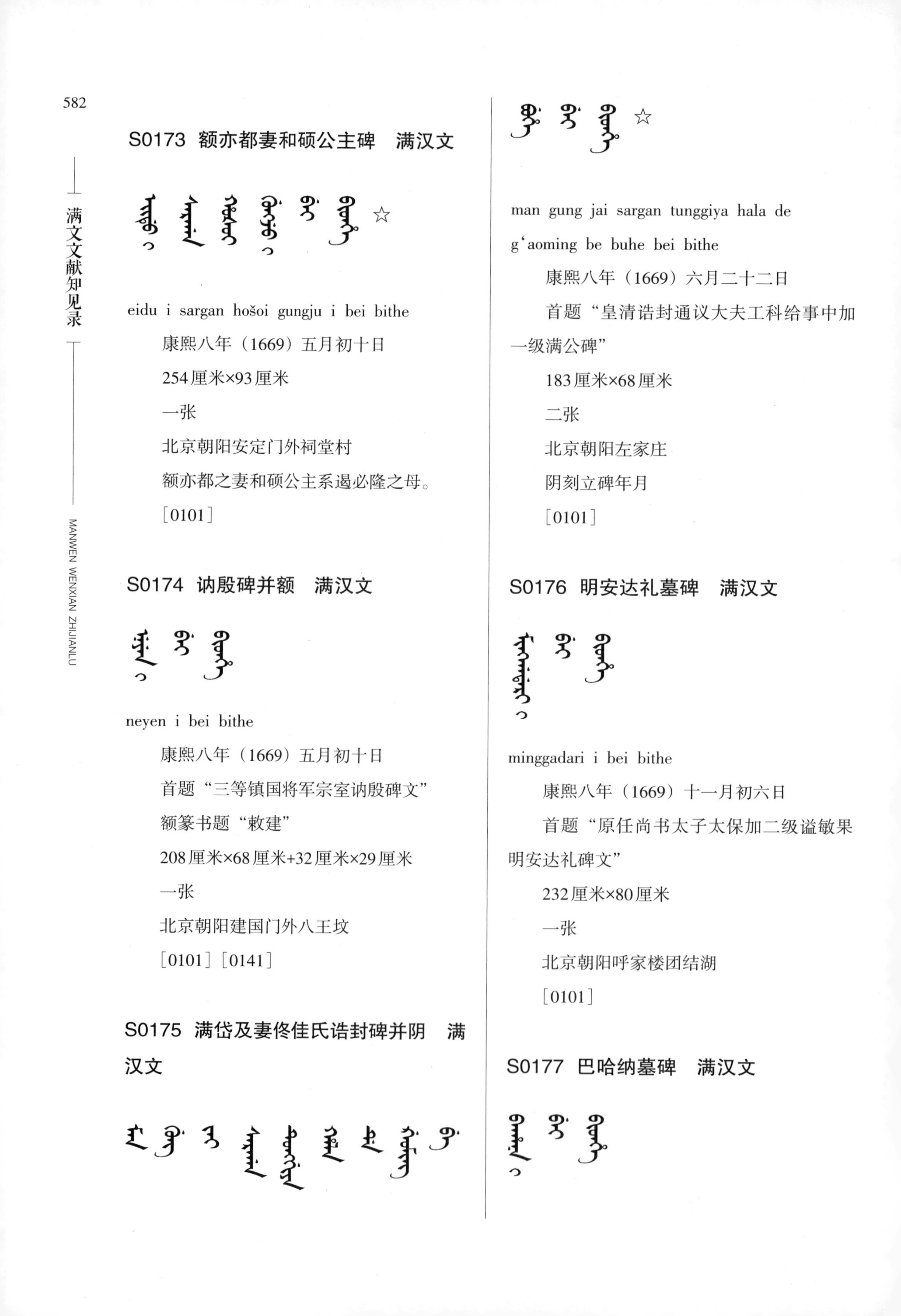

S0173 额亦都妻和硕公主碑　满汉文

☆

eidu i sargan hošoi gungju i bei bithe

康熙八年（1669）五月初十日

254厘米×93厘米

一张

北京朝阳安定门外祠堂村

额亦都之妻和硕公主系遏必隆之母。

[0101]

S0174 讷殷碑并额　满汉文

neyen i bei bithe

康熙八年（1669）五月初十日

首题“三等镇国将军宗室讷殷碑文”

额篆书题“敕建”

208厘米×68厘米+32厘米×29厘米

一张

北京朝阳建国门外八王坟

[0101] [0141]

S0175 满岱及妻佟佳氏诰封碑并阴　满汉文

☆

man gung jai sargan tunggiya hala de g‘aoming be buhe bei bithe

康熙八年（1669）六月二十二日

首题“皇清诰封通议大夫工科给事中加一级满公碑”

183厘米×68厘米

二张

北京朝阳左家庄

阴刻立碑年月

[0101]

S0176 明安达礼墓碑　满汉文

minggadari i bei bithe

康熙八年（1669）十一月初六日

首题“原任尚书太子太保加二级谥敏果明安达礼碑文”

232厘米×80厘米

一张

北京朝阳呼家楼团结湖

[0101]

S0177 巴哈纳墓碑　满汉文

bahana i bei bithe

康熙八年（1669）十一月十五日

首题“原任少师兼太子太师都统加一级谥敏壮觉罗巴哈纳碑文”

220厘米×77厘米

一张

北京朝阳左安门外满井

[0101]

S0178 汤若望谕祭碑　满汉文

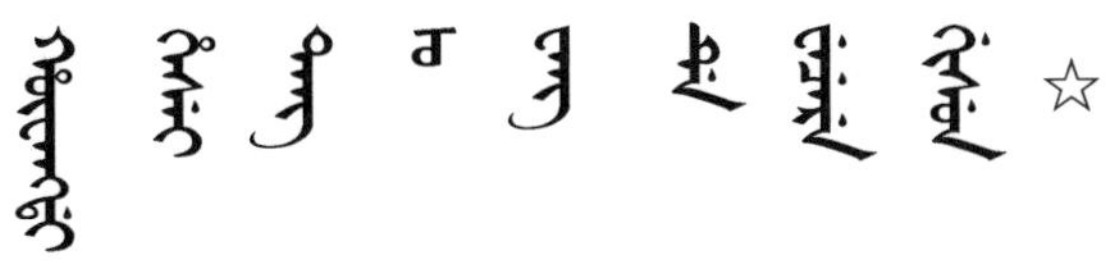

hūwangdi hesei tang žo wang de wecere gisun

康熙八年（1669）十一月十六日

106厘米×84厘米

一张

北京西城阜成门外马尾沟教堂

阴为康熙四年（1665）汤若望墓碑

[0101]

S0179 卢沟桥碑　满汉文

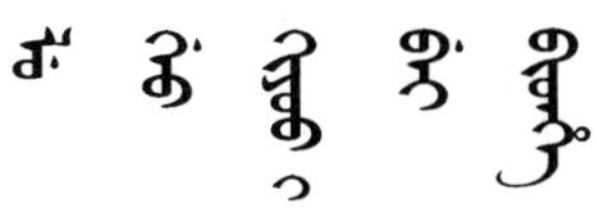

lu geo kiyoo i bei bithe

圣祖（玄烨） 撰

康熙八年（1669）十一月二十七日

首题“卢沟桥碑文”

256厘米×84厘米

一张

北京丰台卢沟桥

[0141]

S0180 达海墓碑并额　满汉文

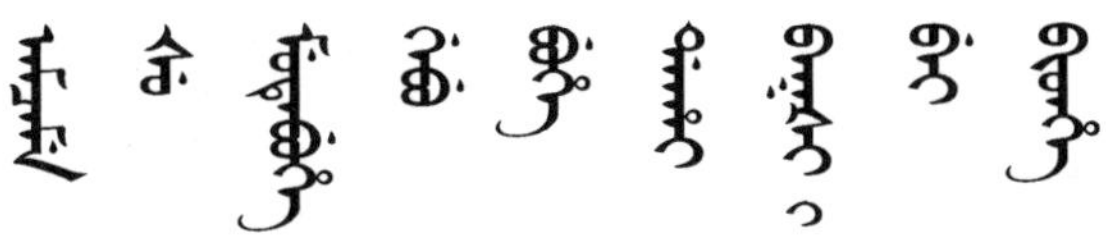

amcame šu mutebuhe gebu buhe dahai bakši i bei bithe

康熙九年（1670）四月十七日

首题“谥文成达海巴克什碑”

额篆书题“敕建”

241厘米×83厘米+26厘米×22厘米

一张

辽宁省博物馆

[0101]［0150］

S0181 朱马喇墓碑并额　满汉文

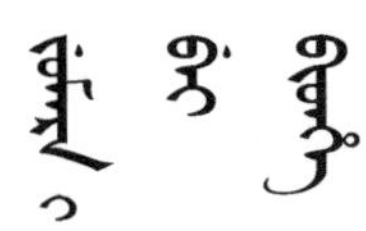

jumara i bei bithe

康熙九年（1670）四月二十八日

首题“原任都统三等精奇尼哈番加一级谥襄敏朱马喇碑文”

额篆书题“敕建”

225厘米×80厘米+30厘米×28厘米

一张

北京朝阳广渠门外八里庄

[0101]

S0182 特尔金诰封碑并额 满汉文

ᡨᡝᠯᡤᡳᠶᡝᠨ ᡩᡝ ᡤᠠᠣᠮᡳᠩ ᠪᡝ ᠪᡠᡥᡝ ᠪᡝᡳ ᠪᡳᡨᡥᡝ ☆

telgiyen de g'aoming be buhe bei bithe

康熙九年（1670）五月初六日

额正书题“圣旨”

196厘米×76厘米+26厘米×26厘米

一张

此为特尔金之诰命。诰命称吏部员外郎特尔金“克殚勤慎，小心罔懈，奉职无愆”，授中宪大夫。

此碑已卧倒，下部断折，每行各损一二字，碑阳失拓。

［0101］

S0183 阿山诰封碑 满汉文

ᠠᡧᠠᠨ ᡳ ᠪᡝᡳ

ašan i bei

康熙九年（1670）五月初六日

首题“皇清诰封通议大夫阿公之碑”

194厘米×69厘米

一张

北京朝阳安定门外鱼池村

此为康熙九年（1670）五月初六日颁赐阿山之诰命碑。碑文中说，赐阿山为通议大夫、工部郎中、佐领并赐之诰命。

［0101］

S0184 科尔可大诰封碑 满汉文

ᡴᠣᡵᡴᠣᡩᠠᡳ ᡩᡝ ᡤᠠᠣᠮᡳᠩ ᠪᡝ ᠪᡠᡥᡝ ᠪᡝᡳ ᠪᡳᡨᡥᡝ ☆

korkodai de g'aoming be buhe bei bithe

康熙九年（1670）五月初六日

240厘米×79厘米

一张

北京朝阳孙河镇

此为兵部尚书佐领加一级科尔可大之诰命，授光禄大夫。

诰命称：科尔可大初任内弘文院撰文中书，二任仍内弘文院侍读，三任授为拖沙喇哈番照旧侍读，四任兵部启心郎，五任通政使司通政，六任工部左侍郎，七任兵部尚书，八任尚书管佐领，九任今职。

［0101］

S0185 郎苏诰封碑 满汉文

ᠯᠠᠩᠰᡠ ᡩᡝ ᡤᠠᠣᠮᡳᠩ ᠪᡝ ᠪᡠᡥᡝ ᠪᡝᡳ ᠪᡳᡨᡥᡝ ☆

langsu de g'aoming be buhe bei bithe

康熙九年（1670）五月初六日

230厘米×76厘米

一张

北京海淀五道口

此为二等伯郎苏之诰命。诰命称其“性资端亮，才识宏通，简侍禁中，恪慎无惭”，授光禄大夫。

［0101］［0141］

S0186 者库纳及妻鄂卓氏诰封碑 满汉文

ᠵᡝᡴᡠᠨᡝ ᠵᠠᡳ ᠰᠠᡵᡤᠠᠨ ᠣᠵᠣ ᡥᠠᠯᠠ ᡩᡝ ᡤᠠᠣᠮᡳᠩ ᠪᡝ ᠪᡠᡥᡝ ᠪᡝᡳ ᠪᡳᡨᡥᡝ ☆

jekune jai sargan ojo hala de g'aoming be buhe bei bithe

康熙九年（1670）五月初六日

242厘米×80厘米

一张

北京朝阳区孙河镇

者库纳及其妻鄂卓氏系科尔可大之父母。

［0101］

S0187 范达礼诰命碑 满汉文

ᡶᠠᠨᡩᠠᠯᡳ ᡩᡝ ᡤᠠᠣᠮᡳᠩ ᠪᡝ ᠪᡠᡥᡝ ᠪᡝᡳ ᠪᡳᡨᡥᡝ ☆

fandali de g'aoming be buhe bei bithe

康熙九年（1670）五月初六日

196厘米×73厘米

一张

北京怀柔芦庄村西

此为封赠汉军都统三等阿达哈哈番范达礼之诰命，称其“俾掌简晋，恪慎无惭于职守，宣劳政务，夙夜克矢乎寅恭”，授光禄大夫。

［0101］

S0188 巴牙尔图及妻纳喇氏诰封碑 满汉文

ᠪᠠᠶᠠᡵᡨᡠ ᠵᠠᡳ ᠰᠠᡵᡤᠠᠨ ᠨᠠᡵᠠ ᡥᠠᠯᠠ ᡩᡝ ᡤᠠᠣᠮᡳᠩ ᠪᡝ ᠪᡠᡥᡝ ᠪᡝᡳ ᠪᡳᡨᡥᡝ ☆

bayartu jai sargan nara hala de g'aoming be buhe bei bithe

康熙九年（1670）六月十五日

214厘米×76厘米

一张

北京海淀清河镇小营村

此为三等阿思哈尼哈番加一级厄塞之父母巴牙尔图、纳喇氏之诰命。封赠巴牙尔图为光禄大夫，纳喇氏为一品夫人。

诰命称巴牙尔图原系牛录□中拜他喇布勒哈番，在辽东时以尔曾夺敌桥，故授为三等阿达哈哈番，宁远未下时攻城阵亡。

［0101］［0141］

S0189 王国光谕祭碑 满汉文

ᡥᡡᠸᠠᠩᡩᡳ ᡥᡝᠰᡝᡳ ᠸᠠᠩ ᡤᡠᠸᡝ ᡤᡠᠸᠠᠩ ᡩᡝ ᠸᡝᠴᡝᡵᡝ ᡤᡳᠰᡠᠨ ☆

hūwangdi hesei wang guwe guwang de wecere gisun

康熙九年（1670）七月十三日

228厘米×79厘米

一张

北京房山公主坟村

[0101]

S0190 朱马喇及妻纳喇氏诰封碑并额 满汉文

ᠵᡠᠮᠠᡵᠠ ᠵᠠᡳ ᠰᠠᡵᡤᠠᠨ ᠨᠠᡵᠠ ᡥᠠᠯᠠ ᡩᡝ ᡬᠠᠣᠮᡳᠩ ᠪᡝ ᠪᡠᡥᡝ ᠪᡝᡳ ᠪᡳᡨᡥᡝ ☆

jumara jai sargan nara hala de g'aoming be buhe bei bithe

康熙九年（1670）九月

额篆书题“诰命”

224厘米×91厘米+36厘米×31厘米

一张

北京朝阳广渠门外八里庄

碑文为固山额真、三等精奇尼哈番、吏部尚书朱马喇受封光禄大夫，其妻纳喇氏封一品夫人之诰命。详细记录了朱马喇历任官职：初任管牛录，二任兵部理事官照旧管牛录，三任管甲喇照旧理事官，四任拜他喇布勒哈番照旧管甲喇理事官，五任拜他喇布勒哈番又一拖沙喇哈番照旧管甲喇理事官，六任管梅勒，七任兵部侍郎照旧管梅勒，八任三等阿达哈哈番照旧管梅勒侍郎，九任二等阿达哈哈番照旧管梅勒侍郎，十任一等阿达哈哈番照旧管梅勒侍郎，十一任一等阿达哈哈番又一拖沙喇哈番照旧管梅勒侍郎，十二任蒙古固山额真，十三任阿思哈尼哈番照旧蒙古固山额真，十四任吏部尚书照旧蒙古固山额真，十五任满洲固山额真照旧吏部尚书，十六任三等精奇尼哈番满洲固山额真议政大臣。后载康熙元年（1662）正月初七日，皇帝遣礼部右侍郎布颜谕祭朱马喇之祭文及朱马喇之子博通峩所作后志。

[0101]

S0191 哈恺墓碑　满文

ᡥᠠᡴᠠᡳ ᡳ ᠪᡝᡳ ᠪᡳᡨᡥᡝ

hakai i bei bithe

康熙九年十二月（1671年1月）

200厘米×70厘米

一张

北京海淀五道口小关街

阴为汉文康熙九年十二月（1671年1月）哈恺墓碑。

[0101][0141]

S0192 车赫碑并阴　满汉文

ᠴᡝᡥᡝᡩᡠ ᡳ ᠪᡝᡳ

cehedu i bei

车伦 撰

康熙十年（1671）

172厘米×69厘米

一张

北京海淀钓鱼台八宝村

碑阳失拓。

此为车赫墓碑。车赫少为头等虾，在王

左右，承世荫为苏喇章京，升二等阿达哈哈番，封通议大夫，顺治九年（1652）九月二十一日终，享年二十。兄车伦，二等阿达哈哈番加二级立碑。按：此墓主人汉文名为“车赫”，满文名为“cehedu”（车赫度），《大清世祖章皇帝实录》记其名为“车格度”。

［0101］

S0193 鼐格墓碑　满汉文

ᠨᠠᡳᡤᡝ ᡳ ᠪᡝᡳ

naige i bei

鼐宝白 撰

康熙十年（1671）仲春（二月）

214厘米×95厘米

一张

北京丰台广安门外湾子

此系顺治十四年（1657）三月初十日鼐格诰封碑之阴。

［0101］［0141］

S0194 石图谕祭碑　满汉文

ᡥᡡᠸᠠᠩᡩᡳ ᡥᡝᠰᡝᡳ ᠰᡳᡨᡠ ᡩᡝ ᠸᡝᠴᡝᡵᡝ ᡤᡳᠰᡠᠨ ☆

hūwangdi hesei situ de wecere gisun

康熙十年（1671）三月

212厘米×72厘米

一张

北京丰台右安门外梆子井

此系顺治十四年（1657）三月初十日石图诰封碑之阴。

康熙九年（1670）九月初五日，皇帝遣太常寺少卿加二级木护理祭原任兵部左侍郎加二级候补石图之灵曰：“尔石图性行纯良，才能称职，方冀遐龄，忽焉长逝，朕自悼焉……”

［0101］

S0195 大尔差碑文　满汉文

ᠠᠮᠴᠠᠮᡝ ᡤᡠᡵᡠᠨ ᡩᡝ ᠠᡳᠰᡳᠯᠠᡵᠠ ᡤᡠᠩ ᡶᡠᠩᠨᡝᡶᡳ ᡩᠠᠴᡠᠨ ᡤᡝᠪᡠ ᠪᡠᡥᡝ ᡨᠠᡵᠴᠠ ᡳ ᠪᡝᡳ ᠪᡳᡨᡥᡝ

amcame gurun de aisilara gung fungnefi dacun gebu buhe tarca i bei bithe

康熙十年（1671）四月十六日

额题“敕建”

辽阳东京陵

大尔差系努尔哈赤二弟穆尔哈齐之第二子，曾随军征战，天命九年（1624）卒。后被追封为辅国公，谥“刚毅”。

［0785］

S0196 穆尔哈齐碑文　满汉文

amcame doroi mangga beile cing baturu murhaci bei bithe

康熙十年（1671）四月十六日

额题“敕建”

一张

辽阳东京陵

墓主为努尔哈赤二弟，因军功卓著，赐号“青（诚毅）巴图鲁”，顺治十年（1635）追封为贝勒，谥“勇壮”。

［0785］

S0197 达都及妻诰封碑　满汉文

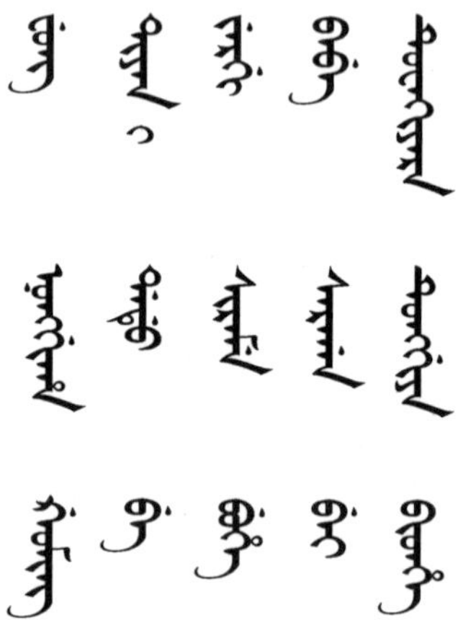 ☆

fung tiyan i jergi babe tuwakiyara jiyanggiyūn bime emu jergi nonggiha dadu sirame sargan tunggiya sargan gioro hala de g‘aoming be buhe bei bithe

康熙十年（1671）六月

一张

辽阳鸡冠山乡

墓主达都为奉天将军。

［0785］

S0198 厄塞及妻纳喇氏诰封碑　满汉文

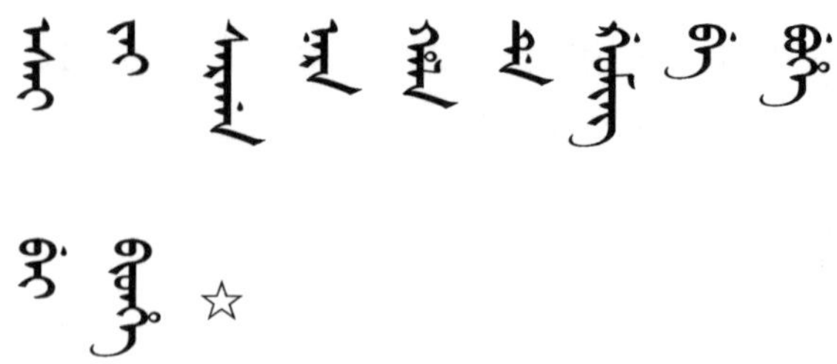 ☆

esai jai sargan nara hala de g‘aoming be buhe bei bithe

康熙十年（1671）七月十九日

202厘米×68厘米

一张

北京海淀清河镇小营村

［0101］［0141］

S0199 果色墓碑　满汉文

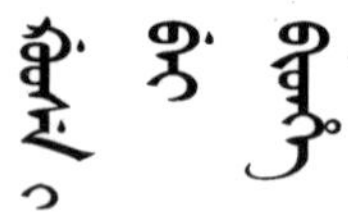

g‘oose i bei bithe

康熙十年（1671）九月十八日

首题“镇国公谥悫厚果色碑文”

248厘米×80厘米

一张

北京朝阳白庙村

［0101］

S0200 济世哈墓碑　满汉文

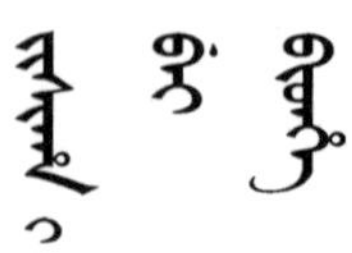

jisiha i bei bithe

陈鼓永 撰

阿禄 立

康熙十年（1671）九月

首题“皇清光禄大夫原任刑部尚书都统济公碑”

200厘米×93厘米

一张（又三份三张）

北京海淀白塔庵村

［0101］［0141］

S0201 噶布喇墓碑 满汉文

ᡤᠠᠪᡠᠯᠠ ᡝᡳᡶᡠ ᠪᡝᡳ ᠪᡳᡨᡥᡝ

gabula eifu bei bithe

朱尔善 撰并立

康熙十年（1671）十月

194厘米×86厘米

一张

北京朝阳广渠门外沙板庄

此系顺治十四年（1657）三月初十日噶布喇诰封碑之阴。

［0101］

S0202 哈尔布及妻觉罗氏墓碑 满汉文

ᡴᠠᡵᠪᡠ ᠵᠠᡳ ᠰᠠᡵᡤᠠᠨ ᡤᡳᠣᡵᠣ ᡥᠠᠯᠠ ᡳ ᠪᡝᡳ ᠪᡳᡨᡥᡝ

karbu jai sargan gioro hala i bei bithe

熊赐履 撰

康熙十年（1671）十月

204厘米×74厘米

一张

北京怀柔城西歧庄

［0101］

S0203 王国光诰封碑 满汉文

ᠸᠠᠩ ᡤᡠᠸᡝ ᡤᡠᠸᠠᠩ ᡩᡝ ᡤ᠋ᠠᠣᠮᡳᠩ ᠪᡝ ᠪᡠᡥᡝ ᠪᡝᡳ ᠪᡳᡨᡥᡝ ☆

wang guwe guwang de g‘aoming be buhe bei bithe

康熙十年十二月十七日（1672年1月16日）

首题“原任太子太保广东镇海将军都统一等阿思哈尼哈番加一级因年老有疾致仕谥襄壮王国光碑文”

228厘米×77厘米

一张

北京房山公主坟村

王国光原任太子太保、广东镇海将军、都统、一等阿思哈尼哈番加一级，因年老有病致仕，碑文称“承袭父职，效力行间，取前屯，击西安，征湖广，克大同，俱立战功”“忽焉长逝，朕心甚悼”，赐谥“襄壮”。

［0101］

S0204 白奇墓碑 满汉文

ᠪᡝᡴᡳ ᡳ ᠪᡝᡳ ᠪᡳᡨᡥᡝ

beki i bei bithe

康熙十一年（1672）三月初一日

首题“辅国将军白奇碑文”

212厘米×77厘米

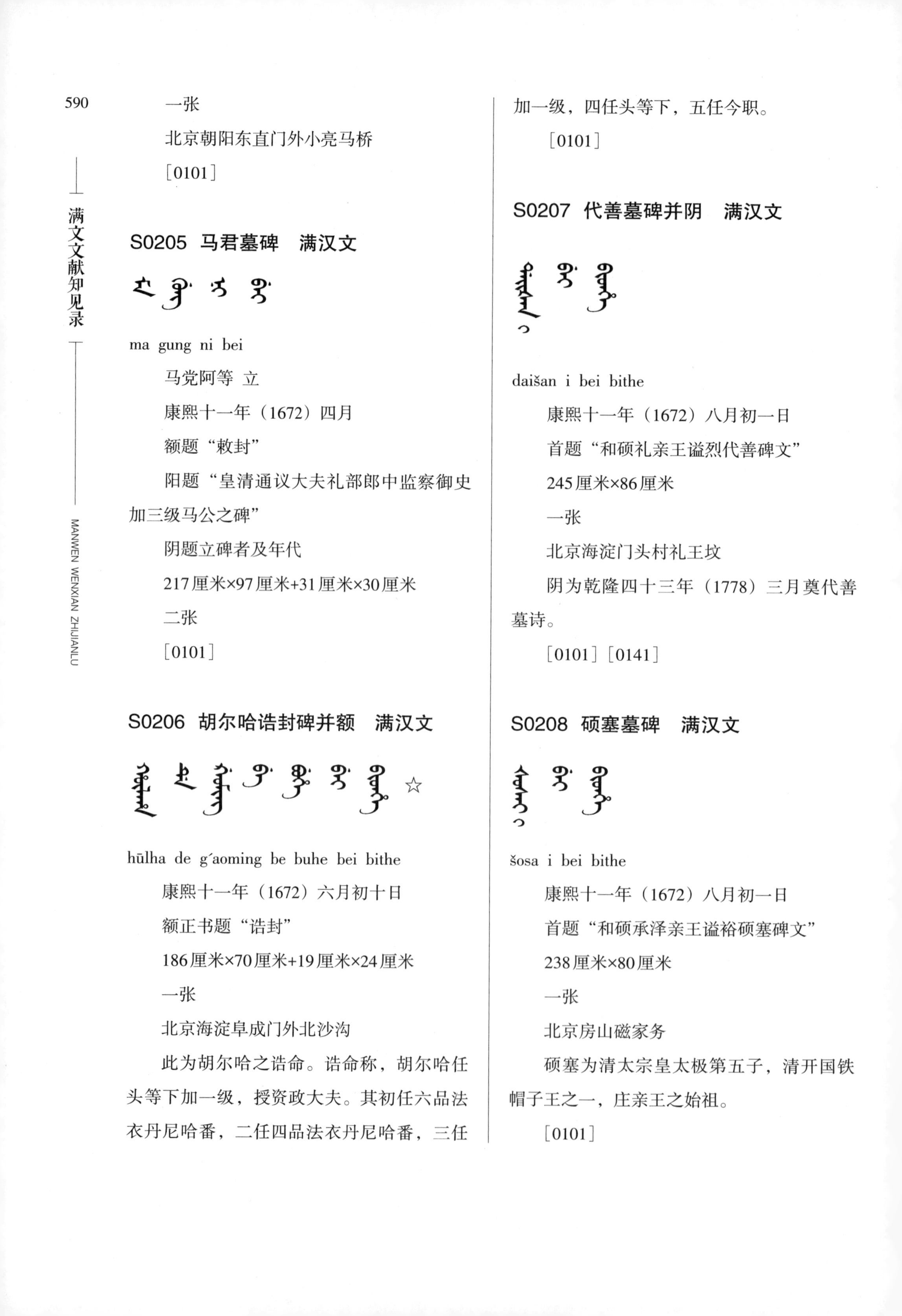

一张

北京朝阳东直门外小亮马桥

[0101]

S0205 马君墓碑 满汉文

ma gung ni bei

马党阿等 立

康熙十一年（1672）四月

额题“敕封”

阳题“皇清通议大夫礼部郎中监察御史加三级马公之碑”

阴题立碑者及年代

217厘米×97厘米+31厘米×30厘米

二张

[0101]

S0206 胡尔哈诰封碑并额 满汉文

☆

hūlha de g´aoming be buhe bei bithe

康熙十一年（1672）六月初十日

额正书题“诰封”

186厘米×70厘米+19厘米×24厘米

一张

北京海淀阜成门外北沙沟

此为胡尔哈之诰命。诰命称，胡尔哈任头等下加一级，授资政大夫。其初任六品法衣丹尼哈番，二任四品法衣丹尼哈番，三任加一级，四任头等下，五任今职。

[0101]

S0207 代善墓碑并阴 满汉文

daišan i bei bithe

康熙十一年（1672）八月初一日

首题“和硕礼亲王谥烈代善碑文”

245厘米×86厘米

一张

北京海淀门头村礼王坟

阴为乾隆四十三年（1778）三月奠代善墓诗。

[0101][0141]

S0208 硕塞墓碑 满汉文

šosa i bei bithe

康熙十一年（1672）八月初一日

首题“和硕承泽亲王谥裕硕塞碑文”

238厘米×80厘米

一张

北京房山磁家务

硕塞为清太宗皇太极第五子，清开国铁帽子王之一，庄亲王之始祖。

[0101]

S0209 多铎墓碑 满汉文

ᡩᠣᡩᠣ ᡳ ᠪᡝᡳ ᠪᡳᡨᡥᡝ

dodo i bei bithe

康熙十一年（1672）八月初一日

首题“多罗豫郡王谥通多铎碑文”

182厘米×81厘米

一张

北京朝阳建国门外

［0101］

S0210 英额礼及妻黑色里氏诰封碑并额 满汉文

ᡳᠩᡤᡝᡵᡳ ᠵᠠᡳ ᠰᠠᡵᡤᠠᠨ ᡥᡝᡧᡝᡵᡳ ᡥᠠᠯᠠ ᡩᡝ ᡬᠠᠣᠮᡳᠩ ᠪᡝ ᠪᡠᡥᡝ ᠪᡝᡳ ᠪᡳᡨᡥᡝ ☆

inggeri jai sargan hešeri hala de g‘aoming be buhe bei bithe

康熙十一年（1672）十月十一日

194厘米×68厘米

北京朝阳广渠门外八里庄

阳为诰封，阴为明额礼识语，英额礼及其妻黑色里氏系明额礼之父母。

［0101］

S0211 雅木哈纳诰封碑 满汉文

ᠶᠠᠮᡥᠠᠨᠠ ᡩᡝ ᡬᠠᠣᠮᡳᠩ ᠪᡝ ᠪᡠᡥᡝ ᠪᡝᡳ ᠪᡳᡨᡥᡝ ☆

yamhana de g‘aoming be buhe bei bithe

康熙十二年（1673）二月初十日

168厘米×75厘米

一张

北京海淀五道口西王庄

此为雅木哈纳之诰命。诰命称：雅木哈纳系二等阿达哈哈番，甲喇章京加二级。围锦州时击杏山兵，前杀入二次。过北京征山东时击范军门兵，率本甲喇兵败之，直抵其步兵营，败吴总兵马步兵。用云梯攻冀州，第二等登进，克其城，故升拜他喇布勒哈番，赐名巴图鲁。入山海关击流贼，杀入敌阵，败之，追贼至庆都县，败之。后升为二等阿达哈哈番。

［0101］［0141］

S0212 拜库达诰封碑额并阴 满汉文

ᠪᠠᡳ ᡤᡠᠩ ᠨᡳ ᠵᠠᠯᠠᠨ ᠰᡳᡵᠠᡵᠠ ᡬᠠᠣᠮᡳᠩ ᠪᡝ ᠠᡵᠠᡥᠠ ᠪᡝᡳ ☆

bai gung ni jalan sirara g‘aoming be araha bei

康熙十二年（1673）二月

首题“皇清诰封资政大夫二等阿达哈加一级拜公世袭诰命碑”

额篆书题“敕封”

208厘米×75厘米+33厘米×28厘米

二张

北京朝阳广渠门外贤孝牌

诰命称：拜库达原分得拨什库二次，往北京时容城县城倾颓，重修二丈，尔于彼处竖梯有先登进，遂克斯城，授拖沙喇哈番，后升拜他喇布勒哈番，后又加一拖沙喇哈番，征舟山时俘拿住伪总兵李顺之船，升为二等阿达哈哈番，世袭罔替。

［0101］

S0213 西纳海谕祭碑　满汉文

 ☆

hūwangdi hesei sinahai de wecere gisun

康熙十二年（1673）四月十二日

200厘米×73厘米

一张

北京丰台广安门外太平桥

［0101］

S0214 金泰碑　满汉文

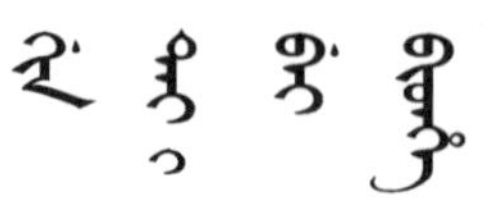 ☆

gin tai i bei bithe

康熙十二年（1673）五月初九日

首题“皇清诰赠资政大夫工部郎中加一级金公碑”

210厘米×78厘米

一张

北京朝阳广渠门外八里庄

此系康熙六年（1667）十一月二十六日京古代诰封碑之阴。金泰为京古代之子。

［0101］

S0215 西纳海诰封碑　满汉文

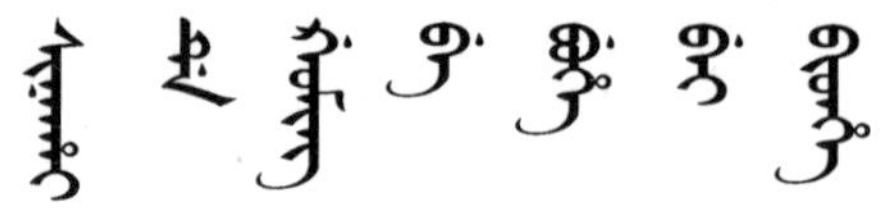 ☆

sinahai de g‘aoming be buhe bei bithe

康熙十二年（1673）五月望日

208厘米×74厘米

一张

北京丰台广安门外太平桥

后附妻纳喇氏诰封及顺治□年封西纳海三制文

此为西纳海之诰命，西纳海为副都统加一级三等阿达哈哈番管佐领，授光禄大夫，妻封一品夫人。西纳海系白身管佐领，在锦州等处有战功，顺治九年（1652）由拜他喇布勒哈番升为阿达哈哈番，世袭罔替。此碑漫漶，有不清之处。

［0101］

S0216 费思哈墓碑　满汉文

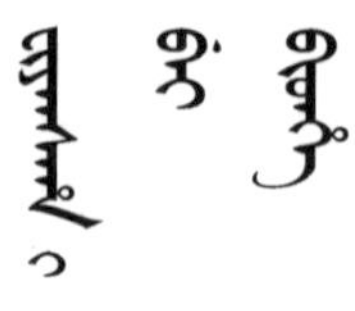

fiyansha i bei bithe

圣祖（玄烨） 撰

康熙十二年（1673）五月二十一日

首题“护军统领二等阿思哈尼哈番加二级谥僖恪费思哈碑文”

214厘米×78厘米

一张

北京海淀大钟寺乡东白塔庵

［0101］［0141］

S0217 博博尔代墓碑 满汉文

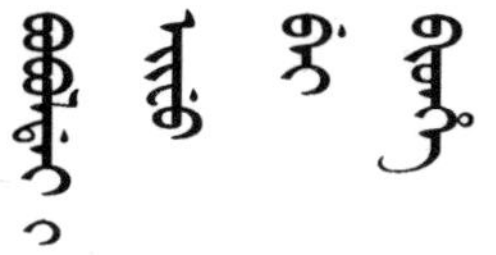 ☆

boboldai i eifu bei bithe

博博尔代之妻 述

索龙、色棂遏 立

康熙十二年（1673）五月

首题“皇清诰封资政大夫三等阿达哈哈番护卫壮大议政大臣加一级博公碑阴文”

204厘米×75厘米

一张

北京丰台右安门外祖家坟

此系顺治十四年（1657）三月初十日博博尔代诰封碑之阴。

［0101］

S0218 拜褚哈诰封碑额并阴 满汉文

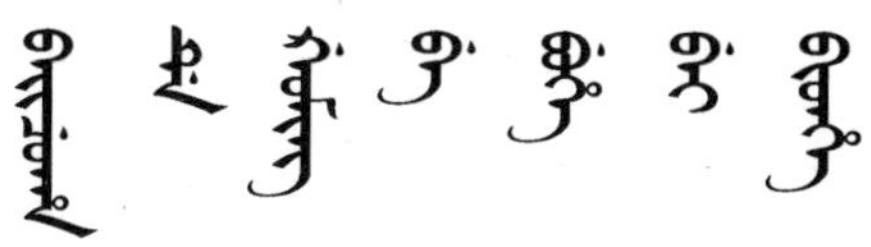 ☆

baicuha de g‘aoming be buhe bei bithe

康熙十二年（1673）季夏（六月）

额篆书题“诰封”

阴题立碑人名及年月

206厘米×74厘米+29厘米×26厘米+65厘米×73厘米

二张

北京朝阳呼家楼

［0101］

S0219 和硕柔嘉公主谕祭碑 满汉文

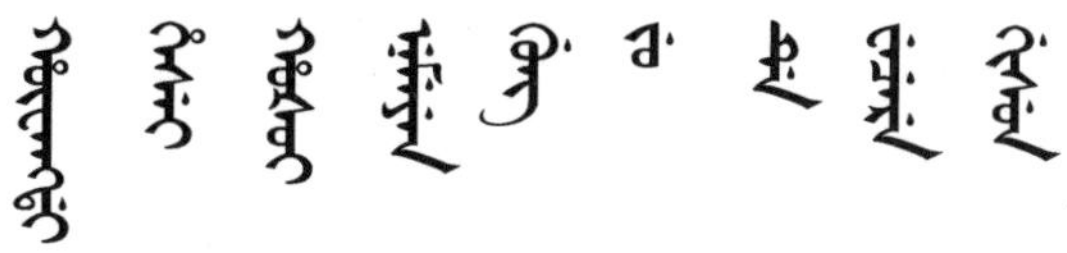 ☆

hūwangdi hesei hošoi nemeyen gung ju de wecere gisun

康熙十二年（1673）八月二十一日

额篆书题“诰封”

232厘米×81厘米

一张

北京门头沟龙门耿王坟

和硕柔嘉公主系耿聚忠之妻。

［0101］

S0220 周全斌墓碑 满汉文

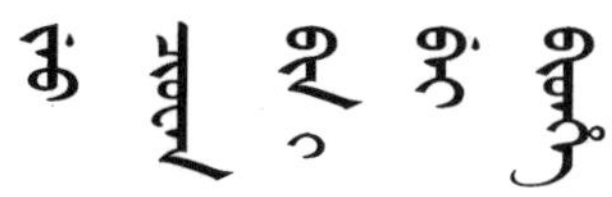

jeo ciowan bin i bei bithe

康熙十二年（1673）七月初三日

首题“三等承恩伯谥恪顺周全斌碑”

226厘米×77厘米

一张

北京海淀永太庄

［0101］

S0221 祁徹白墓碑　满汉文

ᡴᡳ ᡤᡠᠩ ᡳ ᠪᡝᡳ

ki gung i bei

王熙 撰

达赖 立

康熙十三年（1674）八月十九日

168厘米×67厘米

一张

北京朝阳八里庄

［0101］

S0222 恩国泰墓碑　满汉文

ᡝᠨ ᡤᠣ ᡨᠠᡳ ᡳ ᡝᡳᡶᡠ ᠪᡝᡳ ᠪᡳᡨᡥᡝ ☆

en go tai i eifu bei bithe

康熙十三年（1674）八月辛亥（二十日）

首题“皇清诰封光禄大夫礼部尚书三等阿达哈哈番兼佐领加一级恩公碑”

202厘米×77厘米

一张

北京朝阳德胜门外下清河

［0101］

S0223 喇塔诰封碑额并阴　满汉文

ᠯᠠᡨᠠ ᡩᡝ ᡬᠠᠣᠮᡳᠩ ᠪᡝ ᠪᡠᡥᡝ ᠪᡝᡳ ᠪᡳᡨᡥᡝ ☆

lata de g‘aoming be buhe bei bithe

康熙十四年（1675）三月

额篆书题“诰封”

阳题“顺治八年（1651）八月二十一日诰封”

阴题立碑人名及年月

174厘米×68厘米+28厘米×26厘米+72厘米×66厘米

二张

北京朝阳小猪店

［0101］

S0224 哈兰图墓碑　满汉文

ᡴᠠᡵᠠᠨᡨᡠ ᡳ ᠪᡝᡳ ᠪᡳᡨᡥᡝ

karantu i bei bithe

康熙十四年（1675）四月初四日

首题“太子太保内大臣原任理藩院尚书加一级二等阿达哈哈番谥敏壮哈兰图碑文”

225厘米×76厘米

一张

北京海淀五道口卧虎桥村

［0101］［0141］

S0225 富寿墓碑　满汉文

ᡶᡠᡧᡝᠣ ᡳ ᠪᡝᡳ ᠪᡳᡨᡥᡝ

fušeo i bei bithe

康熙十四年（1675）四月二十一日

首题“和硕显亲王谥懿富寿碑文”

240厘米×85厘米

一张

北京朝阳左安门外架松坟

富寿，《清史稿》皇子世表作富绶，《清史稿》载谥“悫”误，当以碑谥为正。

[0101][0141]

S0226 清故淑女黑舍里氏圹志铭并阴　满汉文

daicing gurun i akū oho mergen sargan jui hešeri hala i eifu be ejeme araha bithe

沈荃 撰并正书

冯源济 篆额

康熙十四年（1675）四月二十一日

首题“清故淑女黑舍里氏圹志铭”

额篆书题“墓志铭”

78厘米×28厘米

二张

北京西城德胜门外太平庄

墓主黑舍里氏，法名众圣保，生于康熙七年（1668）十一月，卒于康熙十三年（1674）十二月，康熙十四年（1675）四月廿一日葬于德胜门外。其祖父为光禄大夫、辅政大臣一等公索尼，其父为光禄大夫、太子太傅、户部尚书、保和殿大学士索额图，墓主虽年仅七岁，但出身显贵，故由时任国子监祭酒沈荃亲自为其撰写墓志。该墓曾经发掘，出土文物甚丰且极精美，今藏首都博物馆。

[0101][0141]

S0227 遏必隆墓碑　满汉文

ebilun i bei bithe

康熙十四年（1675）五月二十六日

首题“一等公品级谥恪僖遏必隆碑文”

236厘米×90厘米

一张

北京朝阳安定门外祠堂村

[0101]

S0228 敦达墓碑　满汉文

dunda i bei bithe

康熙十四年（1675）九月二十四日

首题“固山贝子谥恪恭敦达碑文”

239厘米×78厘米

一张

北京丰台长辛店太子峪

[0101]

S0229 遏必隆妻爱新觉罗氏墓碑　满汉文 ☆

ebilung ni sargan aisin gioro hala i eifu bei bithe

康熙十四年（1675）十月十九日

250厘米×87厘米

一张

北京朝阳安定门外祠堂村

[0101]

S0230 塞尔图及妻纳喇氏诰封碑　满汉文

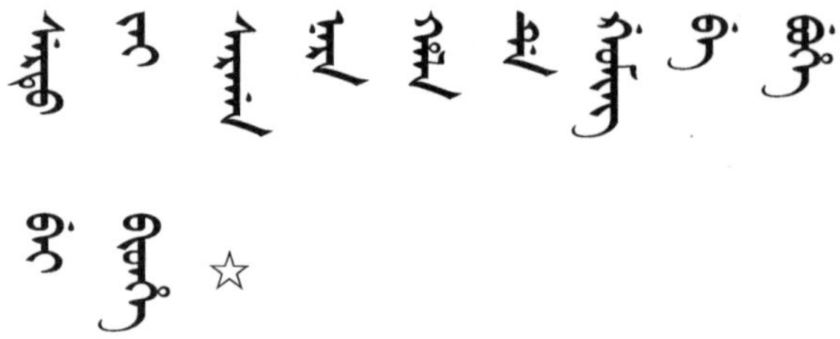 ☆

sertu jai sargan nara hala de g‘aoming be buhe bei bithe

康熙十四年十二月十四日（1676年1月28日）

216厘米×82厘米

一张

北京海淀大钟寺皇君庙

此为一等阿达哈哈番加三级觉罗塞尔图及其妻纳喇氏之诰命。授塞尔图光禄大夫，其妻纳喇氏一品夫人。

诰命称：塞尔图初任拖沙喇哈番，二任拜他喇布勒哈番，三任拜他喇布勒哈番又一拖沙喇哈番，四任三等阿达哈哈番，五任三等阿达哈哈番加一级，六任二等阿达哈哈番照旧加一级，七任二等阿达哈哈番加二级，八任二等阿达哈哈番加三级，九任一等阿达哈哈番照旧加三级，十任今职。

[0101][0141]

S0231 硕他及妻塞尼氏诰封碑　满汉文

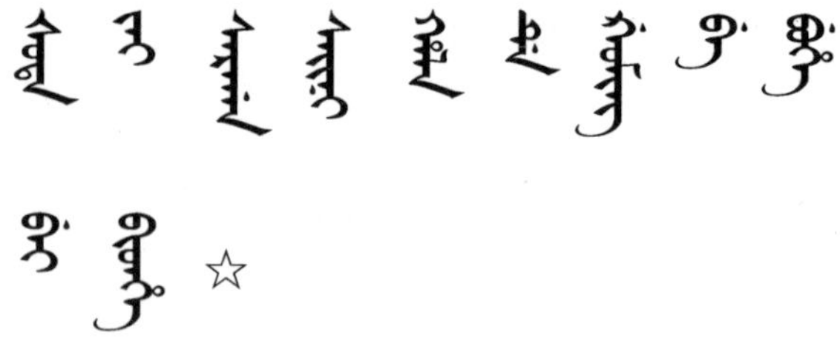 ☆

šota jai sargan saini hala de g‘aoming be buhe bei bithe

康熙十四年十二月十四日（1676年1月28日）

182厘米×67厘米

一张

北京朝阳左安门外南阳庄

佐领加一级硕他授通议大夫，妻塞尼氏封淑人。

硕他初任佐领，二任噶喇大，三任今职。

[0101]

S0232 于得水及妻王氏宛氏诰封碑并额　满汉文

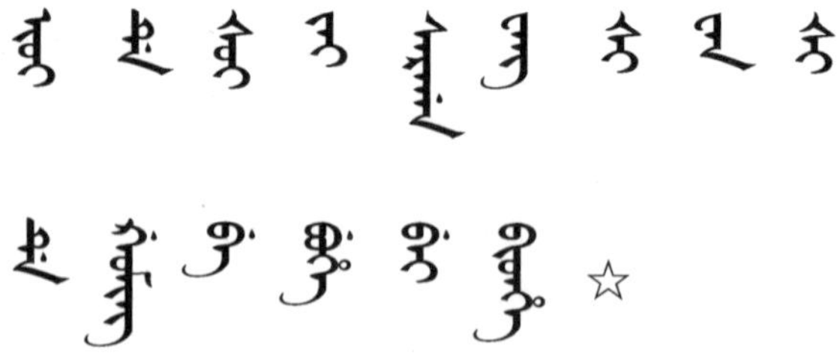 ☆

ioi de šoi jai sargan wang ši wan ši de g‘aoming be buhe bei bithe

康熙十四年十二月十四日（1676年1月28日）

额篆书题“奉天诰命”

204厘米×74厘米+33厘米×26厘米

一张

北京石景山阜成门外苹果园南

诰命称：三等阿达哈哈番加三级，于得水性资端谨，才略宏通，赠光禄大夫。初任三等阿达哈哈番，二任加二级，三任今职。

[0101]

S0233 穆臣墓碑　满汉文

ᠮᡠ ᠴᡝᠨ ᡳ ᡝᡳᡶᡠ ᠪᡝᡳ ᠪᡳᡨᡥᡝ ☆

mu cen i eifu bei bithe

康熙十四年十二月十四日（1676年1月28日）

200厘米×76厘米

一张

北京海淀阜成门外田村

[0101]

S0234 赵国祯及妻卞氏诰封碑　满汉文

ᠵᠣᠣ ᡤᡠᠸᡝ ᠵᡝᠨ ᠵᠠᡳ ᠰᠠᡵᡤᠠᠨ ᠪᡳᠶᠠᠨ ᡧᡳ ᡩᡝ ᡬᠠᠣᠮᡳᠩ ᠪᡝ ᠪᡠᡥᡝ ᠪᡝᡳ ᠪᡳᡨᡥᡝ ☆

joo guwe jen jai sargan biyan ši de g'aoming be buhe bei bithe

康熙十四年十二月十四日（1676年1月28日）

224厘米×77厘米

一张

北京石景山西郊西黄村

赵国祯及其妻卞氏系赵琏之父母。

[0101]

S0235 革色礼诰封碑　满汉文

ᡤᡝᠰᡝᡵᡳ ᡩᡝ ᡬᠠᠣᠮᡳᠩ ᠪᡝ ᠪᡠᡥᡝ ᠪᡝᡳ ᠪᡳᡨᡥᡝ ☆

geseri de g'aoming be buhe bei bithe

康熙十四年十二月十四日（1676年1月28日）

额篆书题“诰封”

214厘米×76厘米+30厘米×28厘米

一张

北京朝阳广安门外八里庄

[0101]

S0236 扎尔海及妻齐米思氏诰封碑　满汉文

ᠵᠠᡵᡥᠠᡳ ᠵᠠᡳ ᠰᠠᡵᡤᠠᠨ ᠴᡳᠮᡳᠰ ᡥᠠᠯᠠ ᡩᡝ ᡬᠠᠣᠮᡳᠩ ᠪᡝ ᠪᡠᡥᡝ ᠪᡝᡳ ᠪᡳᡨᡥᡝ

☆

jarhai jai sargan cimis hala de g'aoming be buhe bei bithe

康熙十四年十二月十四日（1676年1月28日）

210厘米×76厘米

一张

北京朝阳东郊八棵杨村

扎尔海系头等阿达哈哈番监察御史加一级，授光禄大夫，妻齐米思氏授一品夫人。

［0101］

S0237 杭爱诰封碑 满汉文

hanggai de g‘aoming be buhe bei bithe

康熙十四年十二月十四日（1676年1月28日）

203厘米×73厘米

一张

北京海淀北京大学

此为杭爱之诰封。杭爱系巡抚陕西等处地方赞理军务都察院右副都御史加二级。诰命称其“性资端谨，才识弘通，俾掌封疆，恪慎无斁”，授资政大夫。

［0101］［0141］

S0238 折克书尔及妻巴于忒氏胡实哈哩氏诰封碑 满汉文

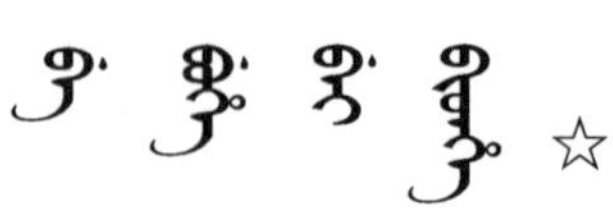

jekešur jai sargan bayut hala hūsihari hala de g‘aoming be buhe bei bithe

康熙十四年十二月十四日（1676年1月28日）

206厘米×73厘米

一张

北京丰台大井村

墓主系年老致任，兵部郎中拜他喇布勒哈番又一拖沙喇哈番管佐领加三级，“奉职有年，小心益励”“兹庆典之逢，宜沛恩纶之宠，特颁新命，以示褒嘉”，封光禄大夫，两妻均封一品夫人。

［0101］

S0239 赖屠库诰封碑 满汉文

laituku be fungnehe g‘aoming ni bei

康熙十四年十二月十四日（1676年1月28日）

203厘米×76厘米

一张

［0141］

S0240 塔尔布诰封碑 满汉文

tarbu de g‘aoming be buhe bei bithe

康熙十五年（1676）二月十三日

首题“皇清通议大夫佐领加二级塔公碑”

180厘米×68厘米

一张

北京通州阜成门外黄带子坟

此系顺治十四年（1657）三月初十日塔尔布诰封碑之阴。

［0101］

S0241　俄屯诰封碑额并阴　满汉文

 ☆

oton de g‘aoming be buhe bei bithe

康熙十五年（1676）五月十一日

额篆书题“诰封”

阴题“皇清诰封资政大夫一等阿达哈哈番又一拖沙喇哈番佐领江宁府固山大户部左侍郎俄公碑”

204厘米×80厘米+34厘米×27厘米

二张

北京朝阳广渠门外老虎洞

诰命称：“资政大夫一等阿达哈哈番兼一拖沙喇哈番佐领江宁府固山大户部侍郎俄屯，从征外部额伦岳色厄累库伦地方著有佳绩，故授为拜他喇布勒哈番，第三次围锦州时驻守松山城北山巅，松山敌兵来犯，率本固山甲士击败之。入山海关击杀流贼二十万众之日，败其对阵敌兵，追至庆都县复转战，败其对阵敌兵，故于拜他喇布勒哈番加一拖沙喇哈番。念旧臣世著劳绩，由拜他喇布勒哈番兼一拖沙喇哈番升为三等阿达哈哈番，后递加至一等阿达哈哈番。后驻防江宁府，闻贼取巢县，率官兵指挥攻击遂复其城，又击败贼首张辅焕于英山县并招抚人民。第三次征福建用红衣炮攻击海澄县东土墙时，郑成功带十万余贼来夺红衣炮，指挥官兵步战败之。又二次击败郑成功二十余万军，又败贼贺总兵，招抚二县一百五十三寨二总兵一副将七千余兵，故于一等阿达哈哈番加一拖沙喇哈番，世袭罔替。”

［0101］

S0242　白色纯墓碑　满汉文

be še šūn i bei bithe

康熙十五年（1676）五月二十日

首题“江西巡抚兼理军务兵部右侍郎兼都察院右副都御史正二品加一级从一品谥勤僖白色纯碑文”

208厘米×73厘米

一张

北京朝阳左安门外小武基

［0101］

S0243　宜尔登碑　满汉文

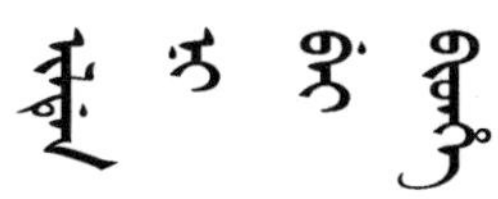

ildeden ni bei bithe

噶笃　撰并立

康熙十五年（1676）七月初四日

首题“皇清诰封光禄大夫二等伯管侍卫内大臣加一级谥忠直先祖考宜公碑”

133厘米×66厘米

一张

［0141］

S0244 董得贵诰封碑　满汉文

☆

dung de gui de g'aoming be buhe bei bithe

康熙十五年（1676）十月二十五日

202厘米×78厘米

一张

北京房山良乡南坊村

碑刻顺治二年（1645）、七年（1650）、九年（1652）及康熙十五年（1676）等诰封。

此为二等阿达哈哈番管牛录侍郎品级内銮仪使加一级董得贵及其妻之诰命。诰命称董得贵原系白身，包衣牛录章京，定鼎燕京入山海关之日击流贼马步兵二十万，同固山额真谭泰步战对阵，败之，授为拜他喇布勒哈番，后加一拖沙喇哈番，又升为三等阿达哈哈番，再升为二等阿达哈哈番，世袭罔替。后因病由亲男董殿邦袭。

[0101]

S0245 家沙喇墓碑　满汉文

giyasala i bei bithe

吴渣喇氏 立

康熙十六年（1677）二月十八日

131厘米×76厘米

一张

辽宁沈阳塔湾

[0141]

S0246 钮巴诰封碑并阴　满汉文

☆

nioba de g'aoming be buhe bei bithe

康熙十六年（1677）四月

阳刻顺治十四年（1657）三月初十日诰封

阴题立碑年月

192厘米×75厘米

二张

北京朝阳左安门外十八里店

此为包衣牛录章京加一级钮巴之诰命，顺治十四年（1657）三月初十授其为通议大夫。

[0101]

S0247 黄宫诰封碑　满汉文

☆

hūwang gung de g'aoming be buhe bei bithe

康熙十六年（1677）七月十四日

210厘米×75厘米

一张

北京海淀清河永泰庄

此为黄宫之诰命，刻于康熙十六年（1677）九月十三日黄宫谕祭碑之阴。

诰命称："黄宫之父黄云龙原系白身，克辽东后授为兔虎堡拨什库，后擒细作四人，授为拜他喇布勒哈番，天聪八年（1634）五月十七日后，自癸酉年［天聪七年（1633）］考查人丁以来，增益壮丁二百六十五人，获逃人四十七人，又擒细作一人，另又擒细作七人，管理产盐台九年无过，嘉勤谨，升三等阿达哈哈番，崇德三年（1638）病故，嘉其功绩，以子黄宫袭三等阿达哈哈番。崇德八年（1643）二月初二天下统一，仿古圣王之制尊崇，由三等阿达哈哈番升为二等阿达哈哈番，世袭罔替。顺治七年（1650）升为一等阿达哈哈番，皇帝大婚后一等阿达哈哈番加一拖沙喇哈番世袭罔替。”顺治九年（1652）黄宫病故，其孙黄秉钺袭。

［0101］［0141］

S0248 黄宫谕祭碑　满汉文

hūwangdi hesei hūwang gung de wecere bithe

康熙十六年（1677）九月十三日

206厘米×76厘米

一张

北京海淀清河永泰庄

阴为康熙十六年（1677）七月十四日黄宫诰封碑

［0101］［0141］

S0249 董得贵及妻舒穆禄氏纳喇氏诰封碑　满汉文

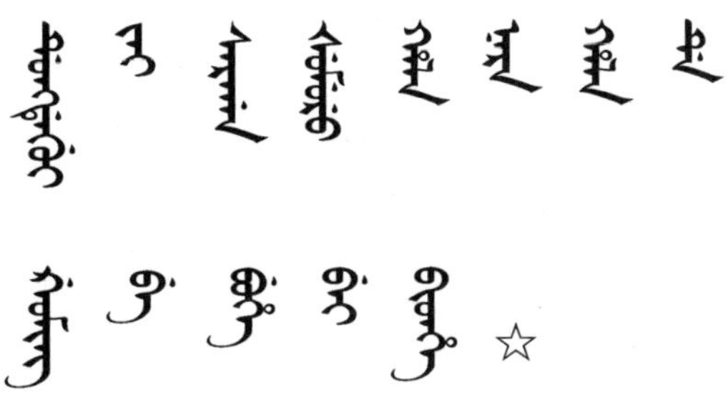

dungdegui jai sargan šumuru hala nara hala de g'aoming be buhe bei bithe

康熙丁巳年（十六年）（1677）仲冬（十一月）

202厘米×78厘米

一张

北京房山良乡南坊村

此为二等阿达哈哈番管牛录侍郎品级内銮仪使加一级董得贵及其妻舒穆鲁氏、纳喇氏之诰命。诰命称其“悉力扈从，恪慎无惭”，授光禄大夫，嫡妻舒穆禄氏及继妻纳喇氏封一品夫人。

董得贵初任管牛录，二任拜他喇布勒哈番照旧管牛录，三任拜他勒布勒哈番又一拖沙喇哈番照旧管牛录，四任三等阿达哈哈番侍郎品级内銮仪使，五任二等阿达哈哈番照旧侍郎品级内銮仪使，六任世袭二等阿达哈哈番照旧侍郎内銮仪使加三级。

［0101］

S0250 佟公墓碑 满汉文

ᡨᡠᠩ ᡤᡠᠩ ᠨᡳ ᠪᡝᡳ ᠪᡳᡨᡥᡝ

tung gung ni bei bithe

康熙十六年（1677）

首题“皇清光禄大夫少保兼太子太保定南将军固山额真一等公谥勤襄修龄佟公神道”

194厘米×64厘米

一张

佟公即佟图赖，原名盛年，佟佳氏，镶黄旗汉军，为佟养正次子。其女为顺治皇帝孝康章皇后，康熙帝之生母。

［0188］

S0251 巴海诰封碑 满汉文

ᠪᠠᡥᠠᡳ ᡩᡝ ᡬᠠᠣᠮᡳᠩ ᠪᡝ ᠪᡠᡥᡝ ᠪᡝᡳ ᠪᡳᡨᡥᡝ ☆

bahai de g‘aoming be buhe bei bithe

康熙戊午年（十七年）（1678）孟夏（四月）初九日

212厘米×75厘米

一张

北京丰台于庄子

此系康熙三十六年（1697）巴海谕祭碑之阴。

诰命称，巴海原系白身，将军出征罗察时，遣副都统海塔等攻罗察，获罗察妇女，败之，获贼船。出征罗察时，罗察五只船兵在乌喇崖扎立，遣佐领等将贼剿之，招抚祈勒礼国非牙哈国九十四户，授拖沙喇哈番再准袭一次。授为宁古塔等处将军，“莅任以来，弹压严疆，展布猷略，实心任事，筹划周详，允为称职，又设法迁移查努喀等各□新满洲户口于宁古塔乌喇，编为佐领安插，咸令得所，怀柔远人，有俾□国，深为嘉□”，授为加一等阿达哈哈番兼一拖沙喇哈番，再准袭七次。

［0101］

S0252 巴海御赐诗碑 满汉文

ᠪᠠᡥᠠᡳ ᠪᡝ ᠠᠮᠪᡠᠯᠠ ᠰᠠᡳᡧᠠᠮᡝ ᠴᠣᡥᠣᠮᡝ ᠠᡶᠠᡥᠠ ᠸᡝᠨ ᠵᠠᠩ ᠪᡝ
ᡧᠠᠩᠨᠠᡶᡳ ᡤᡠᠩ ᠪᡝ ᡳᠯᡝᡨᡠᠯᡝᡥᡝ ᠪᡝᡳ

bahai be ambula saišame cohome afaha wen jang be šangnafi gung be iletulehe bei

康熙十七年（1678）四月

212厘米×75厘米

一张

北京丰台于庄子

［0101］［0141］

S0253 沙克素谕祭碑 满汉文

ᡥᡡᠸᠠᠩᡩᡳ ᡥᡝᠰᡝᡳ ᠰᠠᡴᠰᡠ ᡩᡝ ᠸᡝᠴᡝᡵᡝ ᡤᡳᠰᡠᠨ ☆

hūwangdi hesei saksu de wecere gisun

康熙十七年（1678）七月

192厘米×68厘米

一张

北京丰台广安门外东局村

此系康熙十八年（1679）八月沙克素诰封碑之阴。

［0101］

S0254 胡理布诰封碑　满汉文

 ☆

hūlibu de g‘aoming be buhe bei bithe

康熙十八年（1679）二月十九日

首题“皇清诰封光禄大夫太子少师前锋统领三等阿达哈哈番佐领加三级胡公碑”

碑阳满文题额“诰封”

214厘米×85厘米

二张

北京海淀大钟寺乡小泥湾村

此为胡理布诰命。胡理布原系白身，三次围锦州时诱松山敌，败之；击洪军门敌，败之；屡立军功，授拖沙喇哈番。后又升为拜他喇布勒哈番，又加拖沙喇哈番，又升为三等阿达哈哈番。

碑阴为汉文。

［0101］［0141］

S0255 满笃里墓碑 △　满汉文

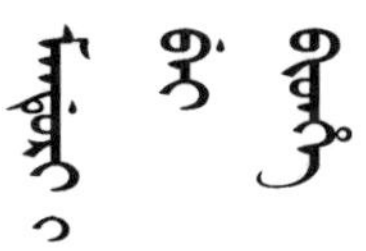 ☆

manduri i bei bithe

康熙十八年（1679）三月十九日

225厘米×97厘米

河北遵化马兰峪河东

墓主之妻系顺治皇帝之乳母，本人守护孝陵尽职，被封为二等阿达哈哈番加三级，谥“良僖”。

S0256 王崇简墓碑并额　满汉文

wang cong giyan i bei bithe

康熙十八年（1679）四月初一日

首题“太子太保礼部尚书谥文贞王崇简碑文”

212厘米×77厘米+27厘米×23厘米

一张

北京海淀京西四王府

［0101］

S0257 白尔黑墓碑　满汉文

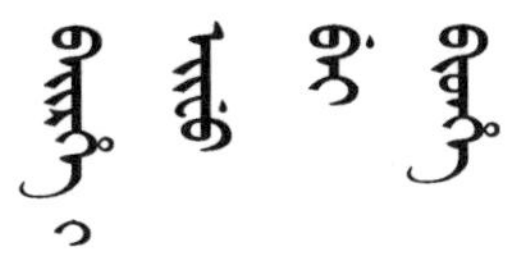 ☆

bairhe i eifu bei bithe

康熙十八年（1679）五月

首题“皇清诰封资政大夫议政大臣二等阿达哈哈番加一级白公碑”

196厘米×73厘米

一张

北京丰台右安门外菜户营

此系顺治十四年（1657）三月初十日白

尔黑及其妻赵氏诰封碑之阴。

［0101］

S0258 沙克素诰封碑　满汉文

ᠰᠠᡴᠰᡠ ᡩᡝ ᡬᠠᠣᠮᡳᠩ ᠪᡝ ᠪᡠᡥᡝ ᠪᡝᡳ ᠪᡳᡨᡥᡝ ☆

saksu de g‘aoming be buhe bei bithe

康熙十八年（1679）八月

192厘米×68厘米

一张

北京丰台广安门外东局村

碑阴题“萨克素谕祭碑”

佐领加二级觉罗沙克素“奉职有年，恪勤罔懈”，授通议大夫。

诰封文首作沙克素，文末略历作萨克苏。诰命称，沙克素“原空衔佐领，征浙时贼头曾养性带一万来犯，黄岩县拒敌阵亡。因部下私通逆贼，城陷阵亡，深为可悯。应授为拖沙喇哈番，因觉可悯加与拖沙喇哈番，授为拜他喇布勒哈番与伊亲兄之子苏赫承袭，苏赫因病解退，与子闲散觉罗巴克绰承袭，巴因事革职，将此拜他喇布勒哈番与伊亲叔祖四品典仪觉罗森特赫承袭”。

［0101］［0141］

S0259 希勒根诰封碑　满汉文

ᡥᡳᡵᡤᡝᠨ ᡩᡝ ᡬᠠᠣᠮᡳᠩ ᠪᡝ ᠪᡠᡥᡝ ᠪᡝᡳ ᠪᡳᡨᡥᡝ ☆

hirgen de g‘aoming be buhe bei bithe

康熙十九年（1680）五月十一日

238厘米×76厘米

一张

北京朝阳洼里关西庄

此为康熙十年（1671）三月十三日赐内大臣太子太保定南将军希勒根之诰命。授一等阿思哈尼哈番，世袭罔替。

诰命称：希勒根原系白身，征□□□“冲入断其部从，授为拜他喇布勒哈番，征□□□，败之；明高太监率兵，败之；与田总兵马步兵，败之，以战功升一等阿达哈哈番。定鼎燕京加一拖沙喇哈番。征流贼至绥德州，同西武败之；围延安府时贼兵攻镶蓝旗，尔往援，败之；围承天府获船八十只……在武昌府有战功”，由一等阿达哈哈番兼一拖沙喇哈番升为三等阿思哈尼哈番，以罪降三等阿思哈尼哈番，为三等阿达哈哈番。天下统一后，由三等阿达哈哈番升为二等阿达哈哈番，世袭罔替。又升为一等阿达哈哈番又兼一拖沙喇哈番。天下大定，上圣母皇太后圣号由一等阿达哈哈番兼一拖沙喇哈番升为三等阿思哈尼哈番。（皇帝）大婚升为二等阿思哈尼哈番，世袭罔替。得罪降去拖沙喇哈番，为三等阿思哈尼哈番，世袭罔替。征四川时，围大同时，攻长子县、浑源州，克朔州，均用红衣炮击败。升为二等阿思哈尼哈番，世袭罔替如前。将功过相折，未给一拖沙喇哈番，复还将二等阿思哈尼哈番授为一等阿思哈尼哈番，世袭罔替。

［0101］

S0260 希勒根及妻业黑觉罗氏诰封碑 满汉文

☆

hirgen jai sargan yehei gioro hala de g‘aoming be buhe bei bithe

康熙十九年（1680）五月十一日

224厘米×76厘米

一张

北京朝阳洼里关西庄

内大臣太子太保头等阿思哈尼哈番加三级希勒根“简侍禁庭，恪慎无斁”“欣兹庆典之逢，宜沛恩纶之宠”，授光禄大夫，其妻业黑觉罗氏为一品夫人。

诰命载希勒根初任侍卫内宜都大，二任拜他喇布勒哈番，三任管佐领，四任头等阿达哈哈番护军参领，五任头等阿达哈哈番又一拖沙喇哈番照旧参领，六任三等阿思哈尼哈番照旧参领，七任三等阿达哈哈番照旧参领，八任二等阿达哈哈番照旧参领，九任头等阿达哈哈番又一拖沙喇哈番照旧参领，十任二等阿思哈尼哈番照旧参领，十一任阿思哈尼哈番护军统领，十二任内大臣内宜都大，十三任加一级，十四任又加一级，十五任现职。

［0101］

S0261 喀西泰诰封碑 满汉文

☆

kasitai de g‘aoming be buhe bei bithe

康熙十九年（1680）五月十一日

186厘米×78厘米

一张

北京朝阳洼里关西庄

诰命称：喀西泰原空衔护军参领，出征西川，在朝天关伪总兵施遵礼率一万七千余官兵将隘口挑濠截断，修木城埋药设信炮……率本旗兵将败之，蟠龙口伪将军王平率军四万余官兵，我左右各营前后齐攻，阵亡。授拖沙喇哈番与亲男陈泰承袭，再准袭一次。

［0101］

S0262 图鼐父母碑 满汉文

☆

tunai i ama eme de g‘aoming be buhe bei bithe

图鼐 撰

康熙十九年（1680）五月

190厘米×68厘米

一张

北京朝阳广渠门外开化寺

图鼐撰文并立碑，记康熙六年（1667）

其父被诰封通议大夫，母为淑人事。

[0101]

S0263 祖永烈谕祭碑　满汉文

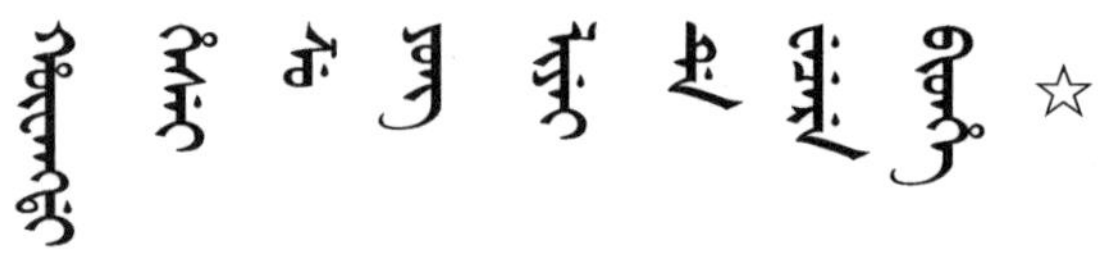

hūwangdi hesei dzu yong liyei de wecere bithe

康熙十九年（1680）闰八月初三日

216厘米×76厘米

一张

北京海淀清河镇河北村

[0101][0141]

S0264 岳多礼诰封碑并额　满汉文

yodori de g'aoming be buhe bei bithe

康熙十九年十一月二十五日（1681年1月14日）

额篆书题“敕命”

149厘米×69厘米+21厘米×17厘米

一张

北京朝阳广渠门外八里庄

阴为康熙二十年（1682）十二月二十四日岳多礼及其妻马佳氏诰封碑

[0101]

S0265 夏景梅谕祭碑并阴　满汉文

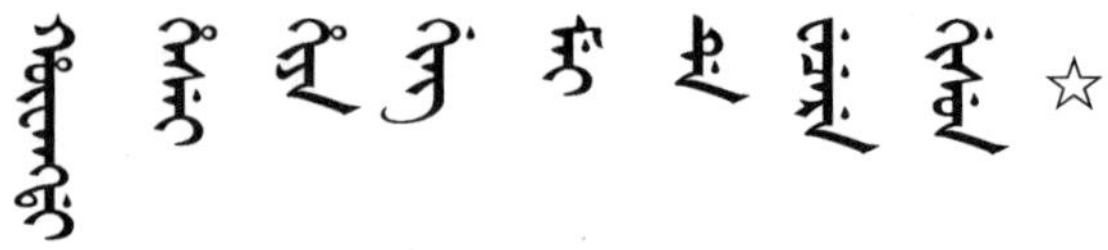

hūwangdi hesei hiya ging mei de wecere gisun

康熙辛酉年（二十年）(1681) 四月初八日

阴题立碑年月

204厘米×60厘米+136厘米×32厘米

二张

北京朝阳东便门外高碑店东店村

[0101]

S0266 班公墓碑　满汉文

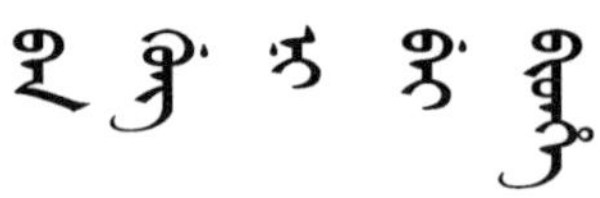

ban gung ni bei bithe

名相 撰

康熙二十年（1681）四月

题“皇清固山额驸散骑郎加三级班公碑”

206厘米×76厘米

一张

北京丰台高地村

班公为名相之父。此碑与常例相反，左刻汉文，右刻满文。

[0101][0141]

S0267 吴达礼谕祭碑　满汉文

ᡥᡡᠸᠠᠩᡩᡳ ᡥᡝᠰᡝᡳ ᡠᡩᠠᡵᡳ ᡩᡝ ᠸᡝᠴᡝᡵᡝ ᡤᡳᠰᡠᠨ ☆

hūwangdi hesei udari de wecere gisun

康熙二十年（1681）七月初七日

205厘米×78厘米

一张

北京丰台高地村

此碑与常例相反，左刻汉文，右刻满文。

［0101］［0141］

S0268 吴达礼墓碑　满汉文

ᡠᡩᠠᡵᡳ ᡳ ᡝᡳᡶᡠ ᠪᡝᡳ

udari i eifu bei

王熙 撰

康熙二十年（1681）七月

212厘米×73厘米

一张

北京朝阳店饮马井村

此碑文与常例相反，左刻汉文，右刻满文。

［0101］

S0269 满都里及妻咿喇里氏诰封碑　满汉文

ᠮᠠᠨᡩᡠᡵᡳ ᠵᠠᡳ ᠰᠠᡵᡤᠠᠨ ᡳᠯᠠᡵᡳ ᡥᠠᠯᠠ ᡩᡝ ᡬᠠᠣᠮᡳᠩ ᠪᡝ ᠪᡠᡥᡝ ᠪᡝᡳ ᠪᡳᡨᡥᡝ ☆

manduri jai sargan ilari hala de g‘aoming be buhe bei bithe

米汉雯 正书

朱镐 篆额

康熙二十年十二月二十四日（1682年2月1日）

197厘米×69厘米

一张

北京海淀中关村

满都里及其妻咿喇里氏系萨璧之父母。

［0101］［0141］

S0270 岳多礼及妻马佳氏诰封碑　满汉文

ᠶᠣᡩᠣᡵᡳ ᠵᠠᡳ ᠰᠠᡵᡤᠠᠨ ᠮᠠᡤᡳᠶᠠ ᡥᠠᠯᠠ ᡩᡝ ᡬᠠᠣᠮᡳᠩ ᠪᡝ ᠪᡠᡥᡝ ᠪᡝᡳ ᠪᡳᡨᡥᡝ ☆

yodori jai sargan magiya hala de g‘aoming be buhe bei bithe

康熙二十年十二月二十四日（1682年2月1日）

142厘米×69厘米

一张

北京朝阳广渠门外八里庄

此系康熙十九年（1681）十二月二十五日岳多礼诰封碑之阴。

诰命称，岳多礼“原系护军，出征浙闽时有自福建来龚姓左军都督等率领四万金马步贼……败之。伪总兵桑明在千木山顶扎营，败之。海贼郑锦下都管伪总督徐尧率三万余贼于乌龙江前水门山镇风山岭立十四营，败之。贼首伪总督兴明伯赵得盛、伪将军何猷等率四万贼于太平山扎立二十六营，败之。授拖沙喇哈番，再准袭一次”。

［0101］

S0271 洪金及妻纳喇氏诰封碑并阴　满汉文

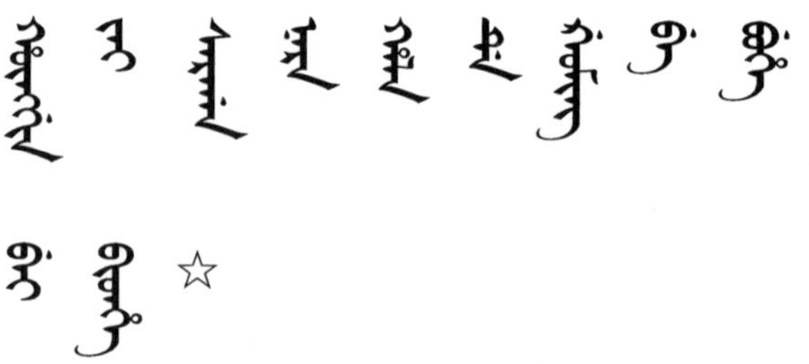

hūnggin jai sargan nara hala de g′aoming be buhe bei bithe

康熙二十年十二月二十四日（1682年2月1日）

阴题名

210厘米×71厘米+206厘米×69厘米

二张

北京丰台广渠门外六里桥村

［0101］

S0272 法都及妻锡默理氏锡林觉罗氏诰封碑　满汉文

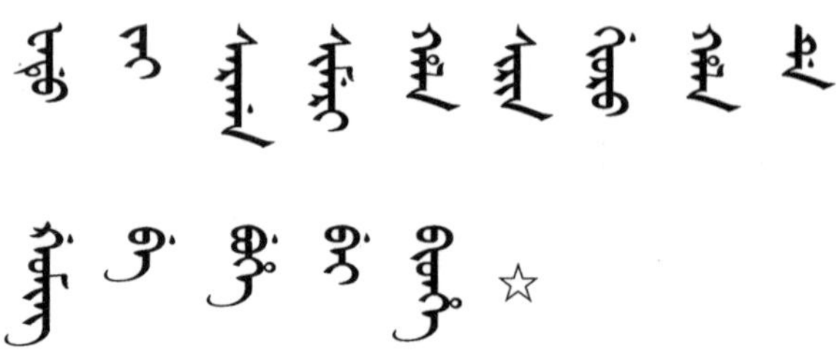

fadu jai sargan simeri hala sirin gioro hala de g‘aoming be buhe bei bithe

康熙二十年十二月二十四日（1682年2月1日）

210厘米×79厘米

一张

北京丰台广安门外西局村

法都及其妻锡默理氏、锡林觉罗氏系介山之父母。

［0101］［0141］

S0273 赛必汉诰封碑　满汉文

saibigan de g‘aoming be buhe bei bithe

康熙二十年十二月二十四日（1682年2月1日）

190厘米×68厘米

一张

北京朝阳门外八里庄

此为护军参领兼拖沙喇哈番赛必汉之诰命。称赛必汉“素习戎韬，深娴武略”，授通议大夫。

［0101］

S0274 囊努格墓碑并额　满汉文

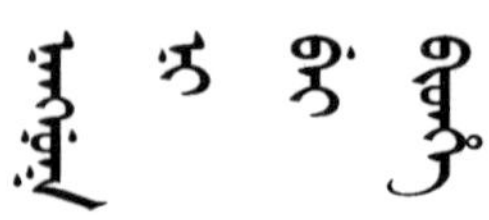

nangnuk ni bei bithe

康熙二十一年（1682）正月初十日

额篆书题“诰封”（汉篆倒刻）

226厘米×78厘米+32厘米×25厘米

一张

北京海淀德胜门外石板房

此系顺治八年（1651）八月二十一日囊努格诰封碑之阴。

［0101］

S0275 范承谟碑文　满汉文

fan ceng mo i bei bithe

圣祖（玄烨）撰

康熙二十一年（1682）四月二十六日

首题“原任福建总督加赠太子少保兵部尚书谥忠贞范承谟碑文”

202厘米×68厘米

一张

又装裱本一册

北京怀柔城北坟头村

［0101］

S0276 苏尔兑衣诰封碑　满汉文

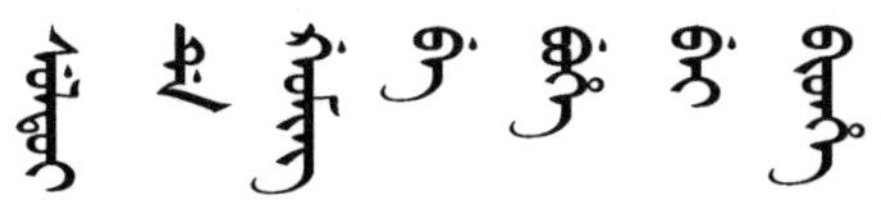 ☆

sultoi de g‘aoming be buhe bei bithe

康熙二十一年（1682）六月

178厘米×64厘米

一张

北京

苏尔兑衣系副都统头等阿达哈哈番加一级佐领苏虎儿之父，“持身有道，迪子成名”，赠光禄大夫，副都统头等阿达哈哈番加一级佐领。

［0101］

S0277 甘文焜谕祭碑并额　满汉文

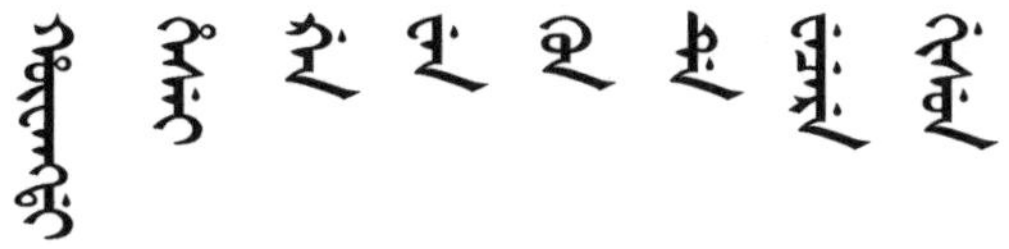 ☆

hūwangdi hesei g‘an wen kun de wecere gisun

康熙二十一年（1682）七月十九日

额篆书题“谕祭”

200厘米×75厘米+33厘米×24厘米

一张

北京海淀万寿寺甘家坟

［0101］［0141］

S0278 朴氏墓碑 △　满汉文

 ☆

hūwangdi hesei piyoo halangga de wecere gisun bei bithe

康熙二十一年（1682）八月十八日立

427厘米×115厘米

河北遵化马兰峪

墓主为朝鲜族，系顺治皇帝之乳母、康熙皇帝的保姆，被封为“奉圣夫人”。

S0279 朴氏谕祭碑（一）△ 满汉文

☆

hūwangdi hesei piyoo halangga de wecere gisun bei bithe

康熙二十年（1681）七月谕祭

康熙二十一年（1682）八月十八日立

120厘米×90厘米×20厘米

河北遵化马兰峪

S0280 朴氏谕祭碑（二）△ 满汉文

☆

hūwangdi hesei piyoo halangga de wecere gisun bei bithe

康熙二十年（1682）十二月谕祭

康熙二十一年（1682）八月十八日立

120厘米×90厘米×20厘米

河北遵化马兰峪

S0281 朴氏谕祭碑（三）△ 满汉文

☆

hūwangdi hesei piyoo halangga de wecere gisun bei bithe

康熙二十一年（1682）三月谕祭

康熙二十一年（1682）八月十八日立

120厘米×90厘米×20厘米

河北遵化马兰峪

S0282 朴氏谕祭碑（四） 满汉文

☆

hūwangdi hesei piyoo halangga de wecere gisun bei bithe

康熙二十一年（1682）三月谕祭

康熙二十一年（1682）八月十八日立

120厘米×90厘米×20厘米

河北遵化马兰峪

S0283 朴氏谕祭碑（五）△ 满汉文

☆

hūwangdi hesei piyoo halangga de wecere gisun bei bithe

康熙二十一年（1682）八月十八日立

120厘米×80厘米×20厘米

河北遵化马兰峪

S0284 佟恒年诰封碑 满汉文

☆

tung heng niyan de g'aoming be buhe bei bithe

康熙二十一年（1682）九月二十四日

114厘米×91厘米

一张

北京海淀肖家河乡佟家坟

此为佟恒年及其家族之诰命。诰命称，佟恒年原系白身，克辽东后授为小拨什库，遣守镇江，镇江人叛，擒之交毛文龙杀之。其弟佟成年袭升为拜他喇布勒哈番。病故以其兄之子佟国胤袭拜他喇布勒哈番。天聪八年（1634）五月，后三次围锦州击山嘴步兵，尔同固山额真石庭柱率本甲喇兵对阵，败之。又以红衣炮击敌，攻塔山，以红衣炮克之。以多次战功加一拖沙喇哈番。后两次过北京征山东回兵时，同固山额真墨勒根虾击败敌军，遂取边台七座。击墙子岭南山敌，督放红衣炮克之，其领下中炮伤残废，由拜他喇布勒哈番兼一拖沙喇哈番升为二等阿达哈哈番。顺治元年（1644）升一等阿达哈哈番，世袭罔替。顺治七年（1650）升兼一拖沙喇哈番，又升三等阿思哈尼哈番，世袭罔替。顺治九年（1652）因年老染病，因其男佟世德承袭，病故后其男佟铨仍袭。

〔0101〕〔0141〕

S0285 法都墓碑 满汉文

fadu i bei bithe

李霨 撰

沈荃 正书

康熙二十二年（1683）孟春（一月）

210厘米×78厘米

一张

北京丰台广安门外西局村

此镌于康熙二十年（1682）十二月二十四日法都及其妻锡默理氏、锡林觉罗氏诰封碑之阴。

〔0101〕〔0141〕

S0286 巴大喇诰封碑 满汉文

badara de g‘aoming be buhe bei bithe

康熙二十二年（1683）三月十八日

203厘米×77厘米

一张

北京朝阳左安门外燕窝村

阴为见康熙二十二年（1683）三月十八日巴大喇之妻吴浪汉氏诰封碑

此为参领拜他喇布勒哈番佐领加一级巴大喇之诰命。诰命称其“俾掌参领，恪慎无惭”，授资政大夫。

〔0101〕

S0287 巴大喇妻吴浪汉氏诰封碑 满汉文

badara i sargan uranghan hala de g‘aoming be buhe bei bithe

康熙二十二年（1683）三月十八日

208厘米×78厘米

一张

北京朝阳左安门外燕窝村

此系康熙二十二年（1683）三月十八日巴大喇诰封碑之阴。

［0101］

S0288 赛公墓碑额并阴　满汉文

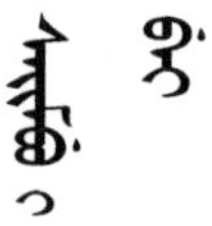

saimbu i bei

邵甘 立

康熙二十二年（1683）春

额题“诰封”

首题“皇清光禄大夫赛公之碑”

200厘米×68厘米+29厘米×30厘米

二张

北京海淀五道口二里庄

赛公即赛幕布，邵甘为赛公之子。

［0101］

S0289 张仲第谕祭碑　满汉文

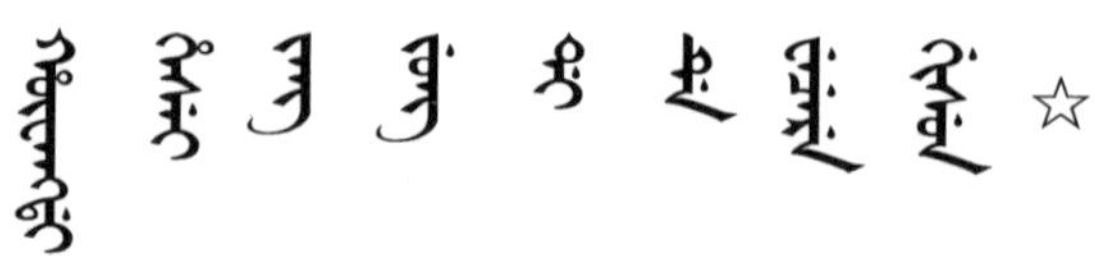

hūwangdi hesei jang jung di de wecere gisun

康熙二十二年（1683）仲夏（五月）

193厘米×71厘米

一张

北京朝阳德胜门外北顶村

［0101］

S0290 图海墓碑　满汉文

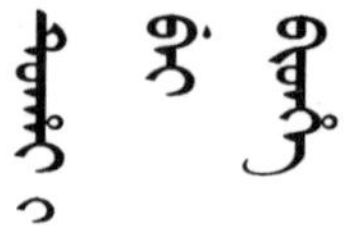

tuhai i bei bithe

康熙二十二年（1683）五月十二日

首题“太子太傅谥文襄图海碑文”

245厘米×81厘米

一张

北京朝阳洼里关西庄

［0101］

S0291 色尔格克墓碑　满汉文

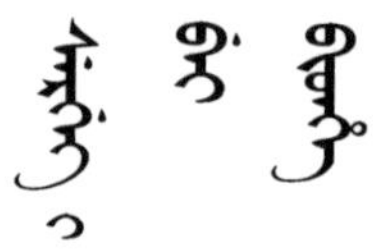

sergek i bei bithe

康熙二十二年（1683）五月十三日

首题“太子少保内大臣二等阿思哈尼哈番加二级谥勤敏色尔格克碑文”

224厘米×78厘米

一张

北京朝阳东坝镇驹子房村

［0101］

S0292 西忒库墓碑　满汉文

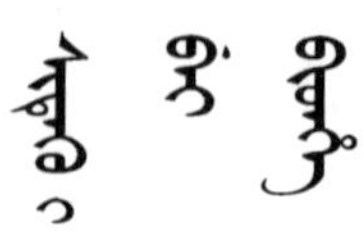

siteku i bei bithe

康熙二十二年（1683）六月十二日

首题“一等镇国将军西忒库碑文”

213厘米×74厘米

一张

北京朝阳东便门外高碑店半壁店村

[0101]

S0293 董重民碑并额　满汉文

☆

dung jung min i bei bithe

康熙二十二年（1683）八月十六日

额正书题“圣旨”

204厘米×69厘米+25厘米×29厘米

一张

北京朝阳安定门外五路店

董重民系佐领，四品官，因殉难加赠□□□□佥事。康熙二十一年（1682）八月皇帝遣礼部员外郎加二级□□□致祭，祭文称其“不避艰阻，前往招抚，值逆□□□□，遂捐躯尽节”。碑文满汉文皆漫漶不清。

[0101]

S0294 噶布喇墓碑　满汉文

gabura i bei bithe

康熙二十二年（1683）九月十六日

首题“太子少师领侍卫内大臣议政大臣一等公谥恪僖噶布喇碑文”

252厘米×86厘米

一张

北京门头沟城子村

[0101]

S0295 甘文焜墓碑并额　满汉文

g'an wen kun i bei bithe

康熙二十二年（1683）十月十二日

首题“云贵总督殉难加赠兵部尚书谥忠果甘文焜碑文”

额篆书题“敕建”

195厘米×75厘米+32厘米×24厘米

一张

北京海淀万寿寺甘家坟

[0101]

S0296 赵琏谕祭碑　满汉文

☆

hūwangdi hesei joo liyan de wecere gisun

康熙二十二年（1683）十月二十九日

228厘米×76厘米

一张

北京石景山阜成门外黄村

[0101]

S0297 朱国治谕祭碑　满汉文

hūwangdi hesei ju guwen jy de wecere gisun

康熙二十二年（1683）

200厘米×87厘米

一张

北京石景山模式口村

[0101]

S0298 孙达礼碑 满汉文

sundari baturu i bei bithe

圣祖（玄烨）撰

康熙二十三年（1684）正月十七日

首题“原任太子少傅护军统领二等阿思哈尼哈番加二级因年老休致谥果壮孙达礼巴图鲁碑文”

210厘米×75厘米

一张

北京朝阳德胜门外祁家豁子

[0101] [0141]

S0299 英格理墓碑 满汉文

yenggeri i bei bithe

康熙二十三年（1684）二月十二日

224厘米×80厘米

一张

北京朝阳东便门外高碑店半壁店村

[0101]

S0300 达理善墓碑 满汉文

dališan baturu i bei bithe

康熙二十三年（1684）三月二十九日

首题“署副都统三等阿思哈尼哈番加二级谥武毅达理善巴图鲁碑文”

214厘米×75厘米

一张

北京朝阳洼里关西庄

[0101]

S0301 佟康年谕祭碑 满汉文

hūwangdi hesei tung k‘ang niyan de wecere gisun

康熙二十三年（1684）七月十五日

196厘米×69厘米

一张

北京怀柔城西歧庄佟家坟

[0101]

S0302 明珠及妻觉罗氏诰封碑 满汉文

☆

mingju jai sargan gioro hala de g'aoming be buhe bei bithe

康熙二十三年（1684）九月二十四日

206厘米×82厘米

一张

北京海淀上庄村

[0101]

S0303 法礼诰封碑 满汉文

fali de g'aoming be buhe bei bithe

康熙二十三年（1684）九月二十四日

204厘米×78厘米

一张

北京朝阳大郊亭

阴为康熙四十二年（1703）三月初三日法礼墓碑

此为法礼之诰命。法礼为王府长史加三级，因“强干有为，朴诚自植”，授光禄大夫。

[0101]

S0304 昆度伦诰封碑 满汉文

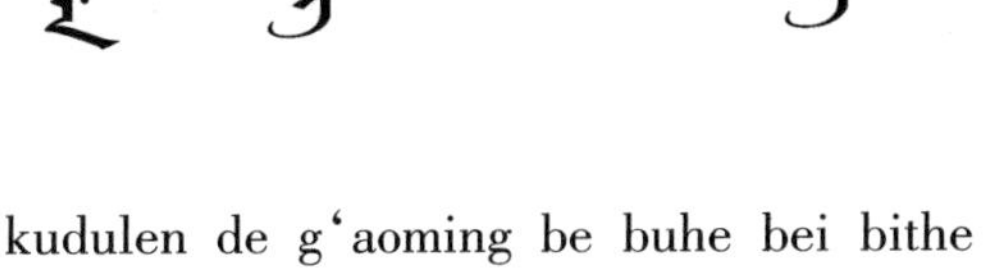

kudulen de g'aoming be buhe bei bithe

康熙二十三年（1684）九月二十四日

208厘米×70厘米

一张

北京朝阳左安门外燕窝村

此为吏部四品郎中加五级昆度伦之诰命，授光禄大夫。此件漫漶不清。

[0101]

S0305 巴海及妻艾新觉罗氏诰封碑 满汉文

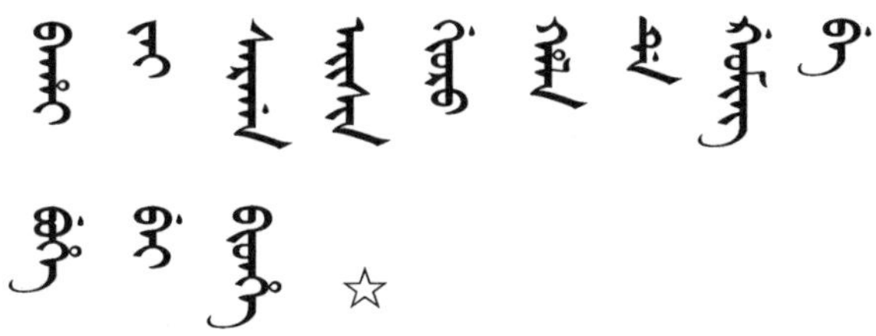

bahai jai sargan aisin gioro hala de g'aoming be buhe bei bithe

康熙二十三年（1684）九月二十四日

212厘米×75厘米

一张

北京丰台于庄子

此系康熙十七年（1678）四月巴海诰封碑之阴。

议政大臣镶蓝旗都统阿达哈哈番佐领授光禄大夫，妻爱新觉罗氏为一品夫人。

诰命称巴海初任内阁笔帖式，二任他赤哈哈番，三任赐进士及第辅政皇叔和硕郑亲王教习，四任王府教习又兼佐领，五任经筵讲官侍读学士仍兼佐领，六任宁古塔昂邦章京，七任宁古塔将军拖沙喇哈番加一级，八任将军头等阿达哈哈番又一拖沙喇哈番，九任都统阿达哈哈番又兼佐领，十任今职。

[0101]

S0306 彭春诰封碑　满汉文

peng cun de g'aoming be buhe bei bithe

康熙二十三年（1684）九月二十四日

首题“诰命”

一张

辽阳博物馆

彭春为正红旗满洲都统太子太保头等公佐领兼一拖沙喇哈番。

［0786］

S0307 彭春之父哲尔本及母佟佳氏诰封碑　满汉文

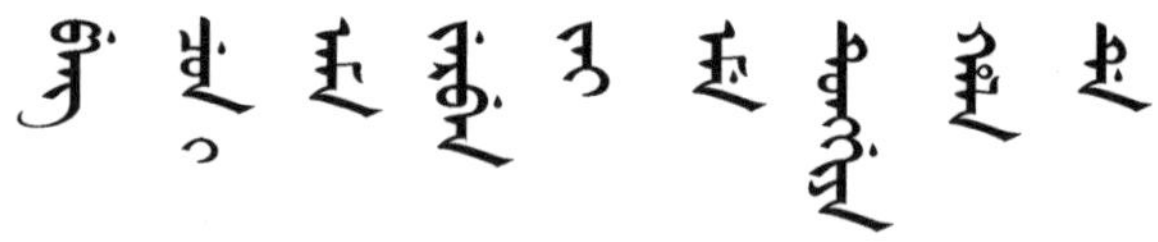

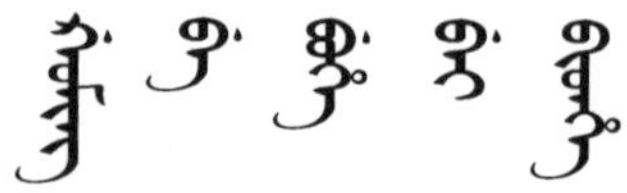

peng cun i ama jerben jai eme tunggiya hala de g'aoming be buhe bei bithe

康熙二十三年（1684）九月二十四日

一张

辽阳柳河乡八家子

［0785］

S0308 塞勒谕祭碑额并阴　满汉文

sele i eifu

康熙二十三年（1684）十月□日

额题“御祭”

200厘米×69厘米+29厘米×26厘米

二张

北京朝阳东直门外东坝河佟家坟

原碑已毁。

［0101］

S0309 塞勒墓碑额并阴　满汉文

sele i eifu

康熙二十三年（1684）十月

额题“诰封”

首题“皇清诰封资政大夫散秩大臣管佐领塞公之墓”

200厘米×69厘米+29厘米×26厘米

二张

北京朝阳东直门外东坝河佟家坟

塞勒墓碑与塞勒谕祭碑为一阴一阳。

原碑已毁。

［0101］

S0310 额色谕祭碑　满汉文

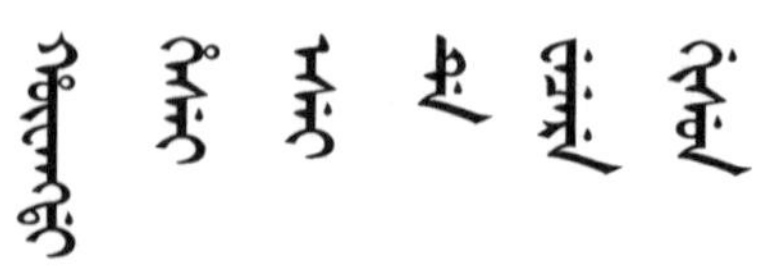 ☆

hūwangdi hesei esei de wecere gisun

康熙二十四年（1685）二月十三日

206厘米×76厘米

一张

北京海淀大钟寺乡保福寺村

阴为康熙二十六年（1687）十月额色诰封碑

［0101］［0141］

S0311 杭爱墓碑　满汉文

ᡥᠠᠩᡤᠠᡳ ᡳ ᠪᡝᡳ ᠪᡳᡨᡥᡝ

hanggai i bei bithe

康熙二十四年（1685）三月初六日

首题“四川巡抚都察院右副都御史加五级谥勤襄杭爱碑文”

204厘米×76厘米

一张

北京海淀北京大学

［0101］

S0312 跨渣墓碑　满汉文

ᡴᡡᠸᠠᠵᠠ ᡳ ᡝᡳᡶᡠ ᠪᡝᡳ ᠪᡳᡨᡥᡝ

kūwaja i eifu bei bithe

康熙二十四年（1685）三月初六日

首题“大清国光禄大夫都统议政大臣一等阿达哈哈番跨渣”

226厘米×77厘米

一张

北京丰台广安门外曹家坟

［0101］［0141］

S0313 色尔古德及妻民觉罗氏诰封碑　满汉文

ᠰᡝᡵᡤᡠᡩᡝ ᠵᠠᡳ ᠰᠠᡵᡤᠠᠨ ᡳᡵᡤᡝᠨ ᡤᡳᠣᡵᠣ ᡥᠠᠯᠠ ᡩᡝ
ᡬᠠᠣᠮᡳᠩ ᠪᡝ ᠪᡠᡥᡝ ᠪᡝᡳ ᠪᡳᡨᡥᡝ ☆

sergude jai sargan irgen gioro hala de g'aoming be buhe bei bithe

康熙二十四年（1685）三月十八日立

康熙十四年（1676）十二月十四日诰封

214厘米×69厘米

一张

北京丰台右安门外东管头村

民觉罗即伊尔根觉罗。

色尔古德系贝勒府佐领加三级，授资政大夫，妻民觉罗氏封夫人。

色尔古德初任护军校品级包衣大，二任贝勒府佐领，三任加一级，四任又加一级，五任今职。

［0101］［0141］

S0314 佛科多谕祭碑　满汉文

ᡥᡡᠸᠠᠩᡩᡳ ᡥᡝᠰᡝᡳ ᡶᠣᡤᠣᡩᠣ ᡩᡝ ᠸᡝᠴᡝᡵᡝ ᡤᡳᠰᡠᠨ ☆

hūwangdi hesei fogodo de wecere gisun

康熙二十四年（1685）四月十三日

200厘米×70厘米

一张

北京石景山八宝山

阴为康熙三十七年（1698）七月佛科多墓碑

［0101］

S0315 格尔古德墓碑　满汉文

ᡤᡝᡵᡤᡠᡩᡝ ᡳ ᠪᡝᡳ ᠪᡳᡨᡥᡝ

gergude i bei bithe

康熙二十四年（1685）四月十八日

首题“巡抚直隶等处地方密云等关隘赞理军务兼理粮饷都察院右副都御史谥文清格尔古德碑文”

224厘米×72厘米

一张

北京丰台右安门外菜户营

［0101］［0141］

S0316 赖塔墓碑　满汉文

ᠯᠠᡳᡩᠠ ᡳ ᠪᡝᡳ ᠪᡳᡨᡥᡝ

laida i bei bithe

康熙二十四年（1685）六月二十四日

首题“都统议政大臣佐领谥襄毅赖塔碑文”

236厘米×81厘米

一张

北京朝阳辛庄村

［0101］

S0317 杭爱谕祭碑　满汉文

ᡥᡡᠸᠠᠩᡩᡳ ᡥᡝᠰᡝᡳ ᡥᠠᠩᡤᠠᡳ ᡩᡝ ᠸᡝᠴᡝᡵᡝ ᡤᡳᠰᡠᠨ ☆

hūwangdi hesei hanggai de wecere gisun

康熙二十四年（1685）九月初九日

204厘米×79厘米

一张

北京海淀北京大学

［0101］

S0318 赖塔谕祭碑　满汉文

ᡥᡡᠸᠠᠩᡩᡳ ᡥᡝᠰᡝᡳ ᠯᠠᡳᡨᠠ ᡩᡝ ᠸᡝᠴᡝᡵᡝ ᡤᡳᠰᡠᠨ ☆

hūwangdi hesei laita de wecere gisun

康熙二十四年（1685）九月十一日

236厘米×79厘米

一张

北京朝阳辛庄村

［0101］

S0319 万寿寺戒坛碑记并额　满汉文

ᡥᠠᠨ ᡳ ᠠᡵᠠᡥᠠ ᠸᠠᠨ ᡧᡝᠣ ᠰᡟ ᡤᡳᠶᡝᡳ ᡨᠠᠨ ᡳ ᠪᡝᡳ ᡤᡳ

han i araha wan šeo sy giyei tan i bei gi

圣祖（玄烨）撰

康熙二十四年（1685）十二月

首题“御制万寿寺戒坛碑记”

额篆书题“纶音”

208厘米×69厘米+34厘米×27厘米

一张

北京门头沟上岸戒台寺

此系康熙帝为保护戒台寺亲撰之碑文。戒台寺位于京西，寺之附近诸山产煤，居民为利所趋，挖煤不止。康熙帝“爰命厘定四至而禁止”，“以葆灵毓秀山当益增辉□”。

[0101][0141]

S0320 讷公墓碑并阴　满汉文

ᠨᡝᡵᡝᡳ ᠪᡝᡳ

nerei bei

康熙二十五年（1686）三月十八日

首题“皇清诰授资政大夫护军参领加一级世袭阿达哈哈番赠副都统讷公之碑”

200厘米×69厘米

二张

北京海淀五道口罗家庄

讷公系穆成格之父。

[0101]

S0321 阿淑墓碑　满汉文

ᠠᡧᡠ ᡳ ᠪᡝᡳ ᠪᡳᡨᡥᡝ

ašu i bei bithe

康熙二十五年（1686）闰四月十七日

首题“散秩大臣加三级墨勒根下谥勤僖阿淑碑文”

260厘米×109厘米

一张

北京东城东四西大街

[0101]

S0322 艾素诰封碑并额　满汉文

ᠠᡳᠰᡠ ᡩᡝ ᡤᠠᠣᠮᡳᠩ ᠪᡝ ᠪᡠᡥᡝ ᠪᡝᡳ ᠪᡳᡨᡥᡝ ☆

aisu de g‘aoming be buhe bei bithe

康熙二十五年（1686）七月初五日

额正书题“诰封”

182厘米×70厘米+30厘米×30厘米

一张

北京宣武天宁寺东南

阴为康熙三十七年（1698）二月二十日艾素诰封碑

[0101]

S0323 爱松古墓碑并阴　满汉文

ᠠᡳᠰᡠᠩᡤᡠ ᡳ ᠪᡝᡳ ☆

aisunggu i bei

徐乾学 撰

孙岳颁 正书

康熙二十五年（1686）七月十九日

首题“皇清光禄大夫副都统爱公神道碑”

210厘米×73厘米

二张

北京朝阳广渠门外开化寺

此碑碑阳全是满文，文未毕，转于碑阴，三行汉文则刻于碑阴，撰者徐乾学，汉文题“昆山右侍郎”官衔，书者孙岳颁，汉文有，满文无。

［0101］

S0324 马木山及妻宁古塔氏诰封碑并额 满汉文

ᠮᠠᠮᡠᡧᠠᠨ ᠵᠠᡳ ᠰᠠᡵᡤᠠᠨ ᠨᡳᠩᡤᡠᡨᠠ ᡥᠠᠯᠠ ᡩᡝ ᡬᠠᠣᠮᡳᠩ ᠪᡝ ᠪᡠᡥᡝ ᠪᡝᡳ ᠪᡳᡨᡥᡝ ☆

mamušan jai sargan ningguta hala de g'aoming be buhe bei bithe

康熙二十五年（1686）八月初一日

额篆书题“诰封”

202厘米×94厘米+28厘米×22厘米

一张

北京朝阳广渠门外五圣庙

马木山及其妻宁古塔氏系沙木哈之父母。

［0101］

S0325 耿聚忠谕祭碑 满汉文

ᡥᡡᠸᠠᠩᡩᡳ ᡥᡝᠰᡝᡳ ᡤᡝᠩ ᡤᡳᠣᡳ ᠵᡠᠩ ᡩᡝ ᠸᡝᠴᡝᡵᡝ ᡤᡳᠰᡠᠨ ☆

hūwangdi hesei geng gioi jung de wecere gisun

康熙二十六年（1687）四月初九日

232厘米×84厘米

一张

北京门头沟龙门耿王坟

［0101］［0141］

S0326 马尔图诰封碑 满汉文

ᠮᠠᠯᡨᡠ ᡳ ᠪᡝᡳ ᠪᡳᡨᡥᡝ

maltu i bei bithe

康熙二十六年（1687）孟夏

首题“皇清诰封通议大夫步军总尉兼拜他喇布勒哈番马尔图碑记”

205厘米×76厘米

一张

北京朝阳东便门外高碑店石板房村

此为马尔图之诰命。马尔图起于白身，初任护军校，二任头等侍卫，三任护军参领，四任拖沙喇哈番照旧护军参领，五任拜他喇布勒哈番仍照旧护军参领，六任加一级，七任步军总尉加一级。授通议大夫。

［0101］

S0327 杨正泰及妻孙氏诰封碑并阴 满汉文

ᠶᠠᠩ ᠵᡝᠩ ᡨᠠᡳ ᠵᠠᡳ ᠰᠠᡵᡤᠠᠨ ᠰᡠᠨ ᡧᡳ ᡩᡝ ᡬᠠᠣᠮᡳᠩ ᠪᡝ ᠪᡠᡥᡝ ᠪᡝᡳ ᠪᡳᡨᡥᡝ ☆

yang jeng tai jai sargan sun ši de g'aoming be buhe bei bithe

康熙二十六年（1687）仲夏望日

200厘米×68厘米

二张

北京丰台广安门外三路居

阴刻建碑年，并附乾隆三十一年（1766）九月茔地四至。

此为汉中府驻扎一等阿思哈尼哈番甲喇章京杨正泰之诰命。诰命称“尔父倾心来归，尔善用火炮，攻克多城，从征河南，平定江浙，□绩懋著”，授资政大夫，妻孙氏封夫人。

杨正泰初承袭父职三等阿达哈哈番，二任二等阿达哈哈番管牛录，三任一等阿达哈哈番照旧管牛录，四任一等阿达哈哈番又一拖沙喇哈番管甲喇，五任三等阿思哈尼哈番照旧管甲喇，六任二等阿思哈尼哈番照旧管甲喇，七任今职。

［0101］

S0328 耿聚忠墓碑　满汉文

ᡤᡝᠩ ᡤᡳᠣᡳ ᠵᡠᠩ ᡳ ᡝᡳᡶᡠ ᠪᡝᡳ ᠪᡳᡨᡥᡝ

geng gioi jung i eifu bei bithe

康熙二十六年（1687）五月二十四日

首题“太子太保和硕额驸谥悫敏耿聚忠碑文”

222厘米×80厘米

一张

北京门头沟龙门耿王坟

此文刻于康熙二十六年（1687）四月初九日耿聚忠谕祭碑之尾。

［0101］

S0329 克公墓碑额并阴　满汉文

ᡴᡝᡳᡶᡠ ᡳ ᠪᡝᡳ

keifu i bei

喀齐兰、凯音布 立

康熙二十六年（1687）七月十六日

额篆书题“诰封”

碑题“皇清诰授光禄大夫世袭阿达哈哈番福陵总管克公之碑”

阴题立碑人名及年月

166厘米×80厘米+28厘米×25厘米

150厘米×79厘米

二张

北京海淀土城豁口

克公名克依福，曾任福陵总管，世袭阿达哈哈番，授光禄大夫。系喀齐兰之父，凯音布之祖父。

［0101］［0141］

S0330 额色诰封碑　满汉文

ᡝᠰᡝᡳ ᡩᡝ ᡬᠠᠣᠮᡳᠩ ᠪᡝ ᠪᡠᡥᡝ ᠪᡝᡳ ᠪᡳᡨᡥᡝ ☆

esei de g‘aoming be buhe bei bithe

西安 正书并篆额

康熙二十六年（1687）十月朔日

210厘米×76厘米

一张

北京海淀大钟寺乡保福寺村

此系康熙二十四年（1685）二月十三日额色谕祭碑之阴。

[0101]

S0331 俄理及妻佟佳氏继妻章佳氏诰封碑 满汉文

oli jai sargan tunggiya hala sirame sargan janggiya hala de g'aoming be buhe bei bithe

康熙二十六年十二月二十五日（1688年1月27日）

首题“皇清诰封资政大夫刑部郎中二等阿达哈哈番佐领俄公碑文”

204厘米×69厘米

一张

北京朝阳安定门外大屯

俄理为二等阿达哈哈番佐领刑部郎中，诰命称其“奉职有年，小心益励”，封资政大夫，前妻佟佳氏封淑人，继妻章佳氏封夫人。

[0101]

S0332 范文程妻贾氏谕祭碑 满汉文

hūwangdi hesei fan wen ceng i sargan giya ši de wecere gisun

康熙二十七年（1688）三月十五日

204厘米×68厘米

一张

北京怀柔城北坟头村

[0101]

S0333 洪玺及妻瓜尔佳氏诰封碑并额 满汉文

hūngsi jai sargan gūwalgiya hala de g'aoming be buhe bei bithe

康熙二十七年（1688）十月二十三日

额篆书题“诰封”

188厘米×71厘米+28厘米×25厘米

一张

北京朝阳广渠门外南磨房

洪玺及其妻瓜尔佳氏系舒淑之父母。

[0101]

S0334 妙应寺碑并额 满汉文

miyoo ing sy i bei bithe

圣祖（玄烨） 撰

康熙二十七年（1688）十一月二十日

首题“妙应寺碑文”

额篆书题“敕建”

206厘米×70厘米+29厘米×29厘米

200厘米×70厘米+30厘米×25厘米

二张

北京西城阜成门内白塔寺

阴为乾隆五十年（1785）二月妙应寺诗刻石

此为康熙帝为修缮妙应寺及白塔撰写的碑文。碑文指出其治理天下的原则，“朕方以圣人之道治天下，型德昭俭，古训是师，有所规度，务崇俭朴”，这一原则亦是修葺妙应寺所持的理念。康熙帝重视妙应寺的历史：“缅惟辽以来至于我朝，中更四代，定鼎于兹六七百年，王气所扶舆，虽一树一石犹不忍其堙废。”对白塔尤为珍视：“兹塔也，屹金方之名区，俨先代之旧观，葺尔新之，盖风人勿翦之义也。”

［0101］［0102］［0141］

S0335 大清福陵神功圣德碑　满汉文

ᡩᠠᡳᠴᡳᠩ ᡤᡠᡵᡠᠨ ᡥᡡᡨᡠᡵᡳᠩᡤᠠ ᠮᡠᠩᡤᠠᠨ ᡳ ᡶᡝᡵᡤᡠᠸᡝᠴᡠᡴᡝ ᡤᡠᠩᡤᡝ ᡝᠨᡩᡠᡵᡳᠩᡤᡝ ᡝᡵᡩᡝᠮᡠ ᡳ ᠪᡝᡳ ᠪᡳᡨᡥᡝ ☆

daicing gurun hūturingga munggan i ferguwecuke gungge enduringge erdemu i bei bithe

圣祖（玄烨）撰

康熙二十七年（1688）十二月初五日

首题“大清福陵神功圣德碑”

321厘米×169厘米+49厘米×47厘米

一件

辽宁沈阳东陵

［0101］［0141］

S0336 大清昭陵神功圣德碑　满汉文

ᡩᠠᡳᠴᡳᠩ ᡤᡠᡵᡠᠨ ᡳ ᡝᠯᡩᡝᠩᡤᡝ ᠮᡠᠩᡤᠠᠨ ᡳ ᡶᡝᡵᡤᡠᠸᡝᠴᡠᡴᡝ ᡤᡠᠩ ᡝᠨᡩᡠᡵᡳᠩᡤᡝ ᡝᡵᡩᡝᠮᡠ ᡳ ᠪᡝᡳ

daicing gurun i eldengge munggan i ferguwecuke gung enduringge erdemu i bei

圣祖（玄烨）撰

康熙二十七年（1688）十二月初五日

首题“大清昭陵神功圣德碑”

338厘米×172厘米+50厘米×42厘米

一件

辽宁沈阳北陵

［0101］［0150］

S0337 岳托碑　满汉文

ᠶᠣᡨᠣ ᡳ ᠪᡝᡳ ᠪᡳᡨᡥᡝ

yoto i bei bithe

康熙二十七年（1688）十二月

首题“追封克勤郡王岳托碑文”

246厘米×76厘米

一张

辽宁沈阳南塔西

岳托，宗室，礼亲王代善之长子，崇德三年（1638），为扬威大将军，统右翼兵攻明，旋卒于军，追封多罗克勤郡王。

[0141]

S0338 南怀仁（Ferdinandus Verbiest）墓碑 满汉文

ᠨᠠᠨ ᡥᡡᠸᠠᡳ ᡰᡝᠨ ᡳ ᠪᡝᡳ ᠪᡳᡨᡥᡝ

nan hūwai žen i bei bithe

康熙二十八年（1689）四月初一日

首题“钦天监治理历法加工部右侍郎又加二级谥勤敏南怀仁碑文”

额篆书题“敕建”

184厘米×84厘米

一张

北京西城阜成门外马尾沟教堂

阴为康熙二十七年（1688）十二月二十六日南怀仁墓碑

[0101]

S0339 卓罗及妻西克塔李氏诰封碑额并阴 满汉文

ᠵᠣᠯᠣ ᠵᠠᡳ ᠰᠠᡵᡤᠠᠨ ᠰᡳᡴᡨᠠᡵᡳ ᡥᠠᠯᠠ ᡩᡝ ᡬᠠᠣᠮᡳᠩ ᠪᡝ ᠪᡠᡥᡝ ᠪᡝᡳ ᠪᡳᡨᡥᡝ

jolo jai sargan siktari hala de g'aoming be buhe bei bithe

康熙二十八年（1689）四月

额篆书题“诰封”

阳刻康熙二十年（1682）十二月二十四日诰封

阴题名及立碑年月

210厘米×70厘米+30厘米×30厘米

二张

北京海淀小西门村

卓罗及妻西克塔李氏系布哈之祖父母。

[0101]

S0340 塞赫及妻萨克达氏诰封碑额并阴 满汉文

ᠰᡝᡥᡝᡳ ᠵᠠᡳ ᠰᠠᡵᡤᠠᠨ ᠰᠠᡴᡩᠠ ᡥᠠᠯᠠ ᡩᡝ ᡬᠠᠣᠮᡳᠩ ᠪᡝ ᠪᡠᡥᡝ ᠪᡝᡳ ᠪᡳᡨᡥᡝ ☆

sehei jai sargan sakda hala de g'aoming be buhe bei bithe

康熙二十八年（1689）四月

额篆书题“诰封”

阳刻康熙二十年（1682）十二月二十日诰封

阴题名及立碑年月

205厘米×68厘米+32厘米×28厘米

二张

北京海淀小西门村

塞赫及其妻萨克达氏系布哈之父母。

[0101][0141]

S0341 尼公墓碑并阴 满汉文

ᠨᡳ ᡤᡠᠩ ᠨᡳ ᠪᡝᡳ

ni gung ni bei

康熙二十八年（1689）七月朔日

首题“皇清诰封通议大夫三等护卫拜他喇布勒哈番加二级尼公之碑”

198厘米×69厘米

二张

北京丰台广安门外大井村

尼公系阿兰泰之叔。

［0101］［0141］

S0342 尹公墓碑并阴　满汉文

ᡳᠨ ᡤᡠᠩ ᠨᡳ ᠪᡝᡳ

in gung ni bei

康熙二十八年（1689）七月朔日

阳题“皇清诰赠资政大夫议政大臣吏部尚书尹公之碑”

202厘米×69厘米

二张

北京丰台广安门外大井村

尹公系阿兰泰之祖父。

［0101］

S0343 佟国维诰封碑并额　满汉文

ᡨᡠᠩ ᡤᡠᠸᡝ ᠸᡝᡳ ᡩᡝ ᡬᠠᠣᠮᡳᠩ ᠪᡝ ᠪᡠᡥᡝ ᠪᡝᡳ ᠪᡳᡨᡥᡝ ☆

tung guwe wei de g‘aoming be buhe bei bithe

康熙二十八年（1689）七月二十八日

额篆书题“敕封”

218厘米×76厘米+38厘米×28厘米

二张

墓主原系领侍卫内大臣，大行皇后之父，奉皇太后慈谕，“特赐殊恩，□□□……，世袭罔替”（漫漶不清）。

原碑已毁。

［0101］

S0344 赵国祚墓碑　满汉文

ᠵᠣᠣ ᡤᡠᠸᡝ ᡯᡠ ᡳ ᠪᡝᡳ ᠪᡳᡨᡥᡝ

joo guwe dzu i bei bithe

康熙二十八年（1689）十月初二日

首题“原任江西提督年老原品解任谥敏壮赵国祚碑文”

196厘米×79厘米

一张

北京石景山阜成门外黄村

［0101］

S0345 郭礼诰封碑并阴　满汉文

ᡬᠣᠯᡳ ᡩᡝ ᡬᠠᠣᠮᡳᠩ ᠪᡝ ᠪᡠᡥᡝ ᠪᡝᡳ ᠪᡳᡨᡥᡝ ☆

g‘oli de g‘aoming be buhe bei bithe

康熙二十九年（1690）七月二十六日

阴题立碑人姓名及立碑年月

191厘米×70厘米

二张

北京朝阳德胜门外沟泥河村

郭礼系内工部四品郎中加二级，“分猷内

部，勤慎不懈，历年宣劳，始终罔替”，授通议大夫。

［0101］

S0346 屯太及妻黑舍礼氏诰封碑并阴　满汉文

ᡨᡠᠨᡨᠠᡳ ᠵᠠᡳ ᠰᠠᡵᡤᠠᠨ ᡥᡝᡧᡝᡵᡳ ᡥᠠᠯᠠ ᡩᡝ ᡤᠠᠣᠮᡳᠩ ᠪᡝ ᠪᡠᡥᡝ
ᠪᡝᡳ ᠪᡳᡨᡥᡝ ☆

tuntai jai sargan hešeri hala de g'aoming be buhe bei bithe

康熙二十九年（1690）十月

190厘米×70厘米

二张

北京海淀五道口老爷庙豁子

［0101］

S0347 阿席熙墓志　满汉文

ᠠ ᠰᡳ ᡥᡳ ᡳ ᠪᡝᡳ ☆

a si hi i bei

康熙三十年（1691）五月十七日

首题“皇清诰封光禄大夫总督江南等处地方文武事务兼理粮饷操江兵部尚书兼都察院右副都御史正一品加七级阿公墓”

69厘米×69厘米

一张

北京西城木樨地

墓志记述了墓主阿席熙的历任官职：初任兵部他赤哈哈番，二任兵部主事，三任拜他喇布勒哈番，四任都察院京畿道理事官，五任兵部□□理事官，六任光禄寺卿，七任陕西布政使，八任陕西巡抚，九任江南总督，最后官职如首题。

［0101］［0141］

S0348 于成龙及妻李氏周氏诰封碑并额　满汉文

ᡳᠣᡳ ᠴᡝᠩ ᠯᡠᠩ ᠵᠠᡳ ᠰᠠᡵᡤᠠᠨ ᠯᡳ ᡧᡳ ᠵᡝᠣ
ᡧᡳ ᡩᡝ ᡤᠠᠣᠮᡳᠩ ᠪᡝ ᠪᡠᡥᡝ ᠪᡝᡳ ᠪᡳᡨᡥᡝ

ioi ceng lung jai sargan li ši jeo ši de g‘aoming be buhe bei bithe

康熙三十年（1691）七月三十日

额篆书题“奉天诰命”

204厘米×75厘米+31厘米×29厘米

一张

北京石景山阜成门外苹果园南

诰命称：“都察院左都御史加四级于成龙操修端谨，学识宏通，正色立朝，克励公忠之节；洁身率属，还彰謇谔之风。授光禄大夫。”

“初任直隶永平府乐亭县知县，二任顺天府通州知州，三任江南江宁府知州，四任江南安徽按察使司按察使，五任督理高宝等处下河事务，六任巡抚直隶等处地方管辖紫荆等关宣府一镇地方密云等关隘赞理军务兼理粮饷都察院右佥都御史，七任都察院左都御史。妻李氏、继妻周氏封一品夫人。”

［0101］

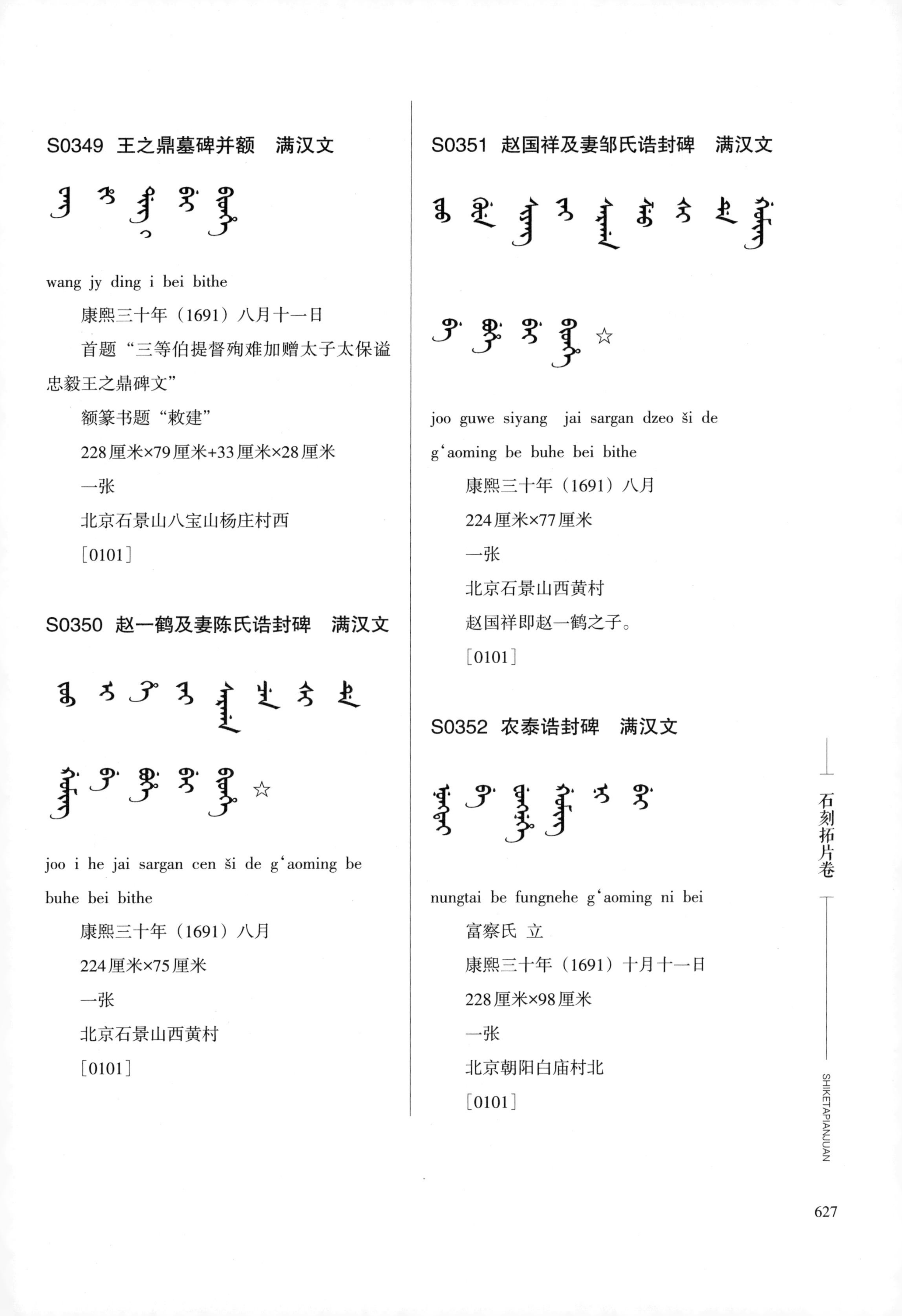

S0349 王之鼎墓碑并额　满汉文

wang jy ding i bei bithe

康熙三十年（1691）八月十一日

首题“三等伯提督殉难加赠太子太保谥忠毅王之鼎碑文”

额篆书题“敕建”

228厘米×79厘米+33厘米×28厘米

一张

北京石景山八宝山杨庄村西

［0101］

S0350 赵一鹤及妻陈氏诰封碑　满汉文

☆

joo i he jai sargan cen ši de g‘aoming be buhe bei bithe

康熙三十年（1691）八月

224厘米×75厘米

一张

北京石景山西黄村

［0101］

S0351 赵国祥及妻邹氏诰封碑　满汉文

☆

joo guwe siyang jai sargan dzeo ši de g‘aoming be buhe bei bithe

康熙三十年（1691）八月

224厘米×77厘米

一张

北京石景山西黄村

赵国祥即赵一鹤之子。

［0101］

S0352 农泰诰封碑　满汉文

nungtai be fungnehe g‘aoming ni bei

富察氏 立

康熙三十年（1691）十月十一日

228厘米×98厘米

一张

北京朝阳白庙村北

［0101］

S0353 李嗣兴谕祭碑 满汉文

hūwagdi hesei li sy hing de wecere gisun

康熙三十一年（1692）二月初三日

203厘米×75厘米

一张

北京丰台张郭庄杨家坟村

［0101］

S0354 徐日升题请保卫天主教碑 满汉文

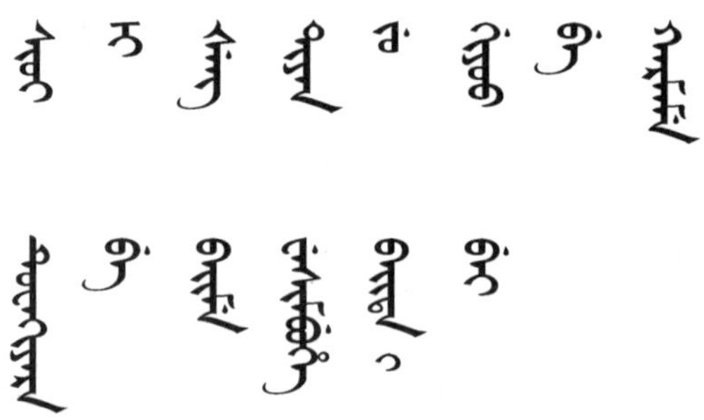

sioi ži šeng tiyan ju giyoo be karmame tuwakiyara be baime wesimbuhe baita i bei

徐日升、安多等 撰

康熙三十一年（1692）二月初五日

185厘米×78厘米+178厘米×80厘米

二张

北京宣武南教堂

［0101］汉文 ［0141］

S0355 尚之隆妻和硕和顺公主谕祭碑 满汉文

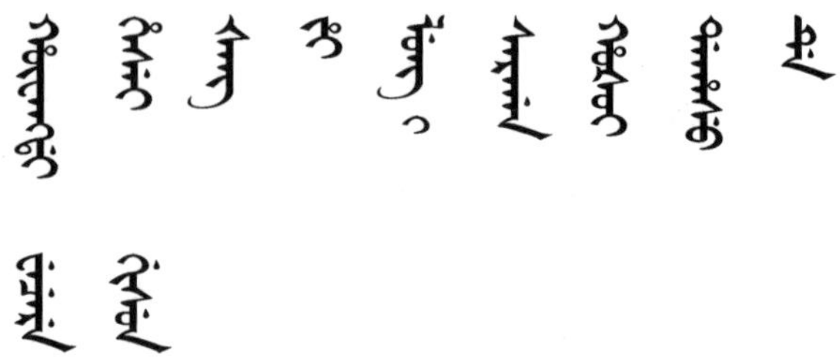

hūwagdi hesei šang jy lung i sargan hošoi dahasu de wecere gisun

康熙三十一年（1692）三月

249厘米×76厘米

一张

北京丰台张郭庄公主坟

［0101］

S0356 于成龙及妻李氏周氏诰封碑 满汉文

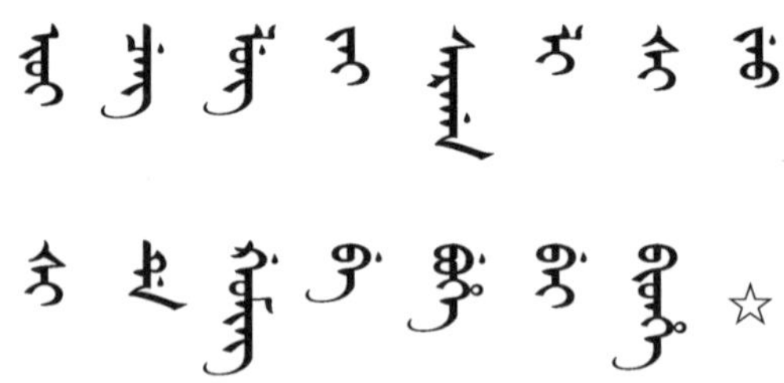 ☆

ioi ceng lung jai sargan li ši jeo ši de g'aoming be buhe bei bithe

康熙三十一年（1692）九月初三日

210厘米×75厘米

一张

北京石景山阜成门外苹果园南

［0101］

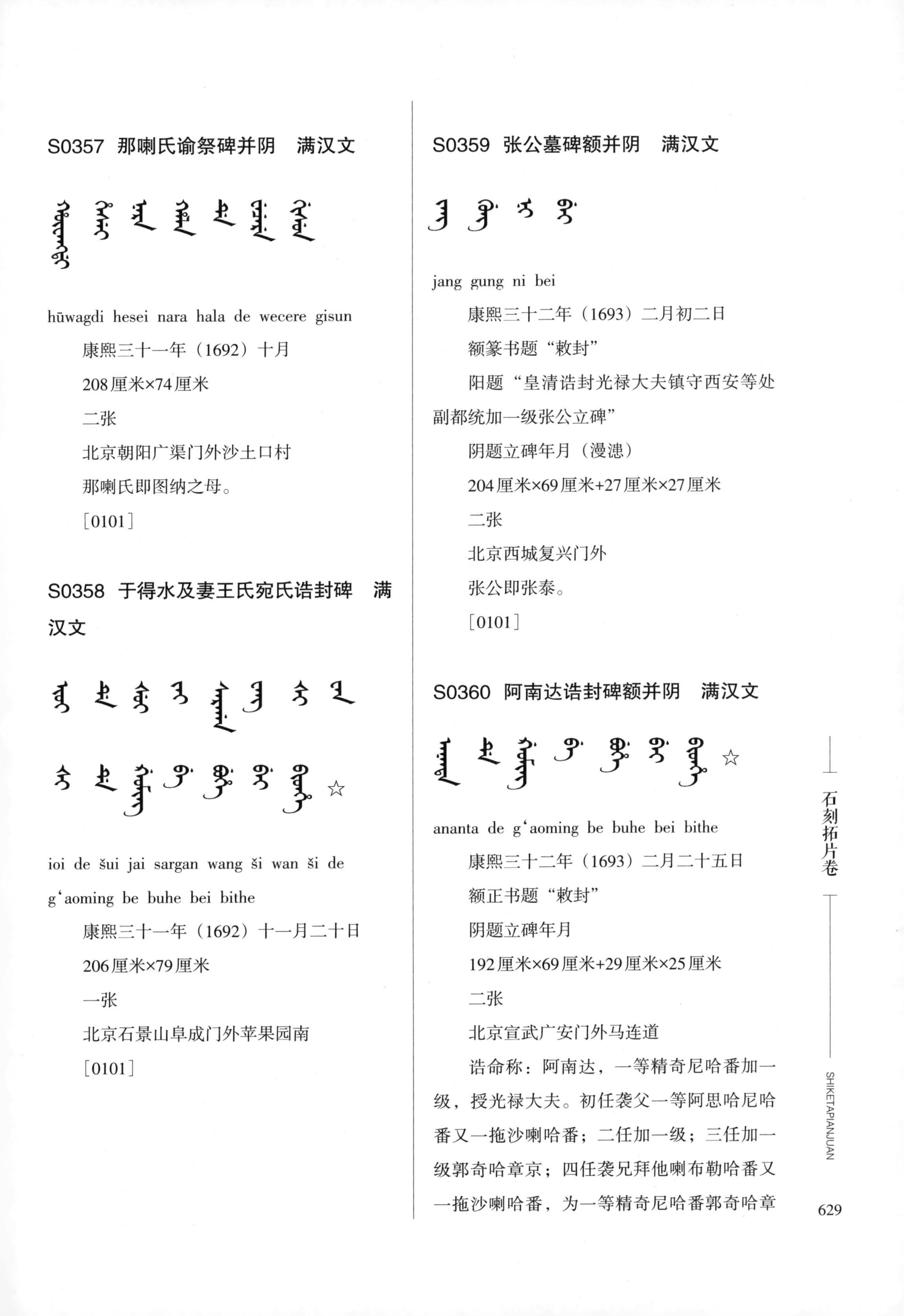

S0357 那喇氏谕祭碑并阴　满汉文

hūwagdi hesei nara hala de wecere gisun

康熙三十一年（1692）十月

208厘米×74厘米

二张

北京朝阳广渠门外沙土口村

那喇氏即图纳之母。

［0101］

S0358 于得水及妻王氏宛氏诰封碑　满汉文

☆

ioi de šui jai sargan wang ši wan ši de g‘aoming be buhe bei bithe

康熙三十一年（1692）十一月二十日

206厘米×79厘米

一张

北京石景山阜成门外苹果园南

［0101］

S0359 张公墓碑额并阴　满汉文

jang gung ni bei

康熙三十二年（1693）二月初二日

额篆书题“敕封”

阳题“皇清诰封光禄大夫镇守西安等处副都统加一级张公立碑”

阴题立碑年月（漫漶）

204厘米×69厘米+27厘米×27厘米

二张

北京西城复兴门外

张公即张泰。

［0101］

S0360 阿南达诰封碑额并阴　满汉文

☆

ananta de g‘aoming be buhe bei bithe

康熙三十二年（1693）二月二十五日

额正书题“敕封”

阴题立碑年月

192厘米×69厘米+29厘米×25厘米

二张

北京宣武广安门外马连道

诰命称：阿南达，一等精奇尼哈番加一级，授光禄大夫。初任袭父一等阿思哈尼哈番又一拖沙喇哈番；二任加一级；三任加一级郭奇哈章京；四任袭兄拜他喇布勒哈番又一拖沙喇哈番，为一等精奇尼哈番郭奇哈章京；五任今职。

康熙十三年（1674）一月初四日阿南达任图义章京征南，至十九年（1680）三月初三日在江西新口费园地方阵亡，一等精奇尼哈番又加一拖沙喇哈番袭与亲男，授为一等精奇尼哈番又一拖沙喇哈番，世袭罔替如前。

［0101］

S0361 叶穆济谕祭碑并额　满汉文

 ☆

hūwangdi hesei yemji de wecere gisun

康熙三十二年（1693）七月二十七日

额篆书题“谕祭”

186厘米×69厘米+30厘米×25厘米

一张

北京东城安定门外御路村

［0101］

S0362 李嗣兴诰封碑　满汉文

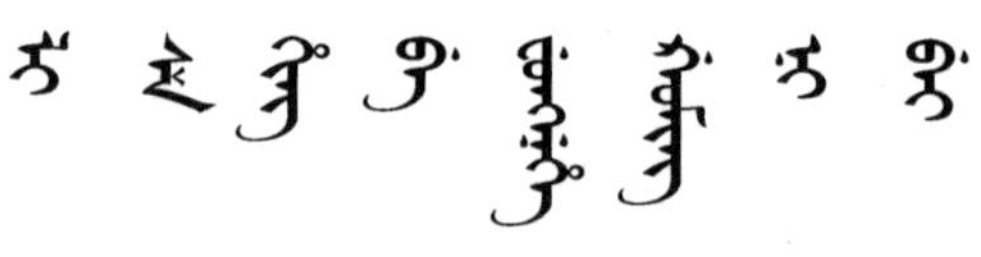

li sy hing be fungnehe g'aoming ni bei

康熙三十二年（1693）十月十八日

200厘米×75厘米

一张

北京丰台张郭庄杨家坟村

［0101］

S0363 阿公墓碑并额　满汉文

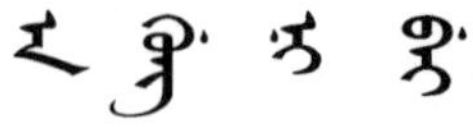

a gung ni bei

康熙三十二年（1693）十二月

首题“皇清诰授光禄大夫议政大臣经筵讲官刑部尚书阿公之碑”

184厘米×69厘米+206厘米×69厘米

二张

北京朝阳广渠门外沙土口村

［0101］

S0364 海色及妻那氏墓碑　满汉文

haise jai sargan na hala i šen doo bei bithe

张英 撰并正书

康熙三十二年（1693）

首题“皇清诰封光禄大夫海公偕妻诰封一品夫人那氏神道碑”

205厘米×76厘米

一张

北京朝阳龙王台村

［0101］

S0365 叶穆济诰封碑并额　满汉文

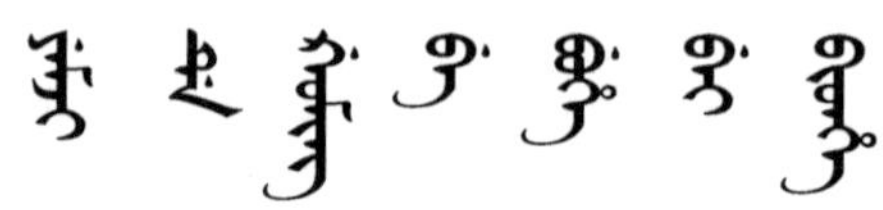 ☆

yemji de g'aoming be buhe bei bithe

康熙三十三年（1694）三月十九日

额篆书题“诰封”

196厘米×69厘米+30厘米×25厘米

一张

北京东城安定门外御路村

诰命称：巡抚山西太原等处地方提督雁门等关军务兼理云镇都御史叶穆济，初任刑部笔帖式哈番，二任票本主事，三任兵部督捕员外郎，四任礼科给事中，五任兵科掌印给事中，六任礼部员外郎加一级，七任工部郎中，八任陕西西安按察使，九任巡抚甘肃宁夏临巩等处地方赞理军务，兼理茶马、都察院右佥都御史，十任今职。才本优长，躬能表率，特授光禄大夫。

［0101］

S0366 普静禅林碑并额　满蒙汉文

eiten be elhe obure oron i bei

圣祖（玄烨） 撰

康熙三十三年（1694）闰五月十二日

额篆书题“敕建”

266厘米×100厘米+60厘米×40厘米

一张

北京朝阳安定门外黄寺

阴为乾隆二十九年（1764）十二月普静寺瞻礼诗碑

此系康熙帝为重修普静禅林亲撰之碑记。碑文记载了重修该寺的情况：“朕时巡偶至，顾视栋宇倾颓，因发内帑，命员外郎永保、海伦庀材鸠众，葺而新之。”康熙帝在碑文中进一步说明了修葺寺庙的用意：“夫三乘以劝善良，五戒以防淫慝，溯厥本源，洵足饬躬砥俗，俾益化成，是役也，岂徒为方外饰观而已哉！”

［0101］［0141］

S0367 诺迈谕祭碑　满汉文

hūwangdi hesei nomai de wecere gisun

康熙三十三年（1695）十一月二十三日

222厘米×76厘米

一张

北京房山羊头岗

［0101］

S0368 多克索礼诰封碑额并阴　满汉文

☆

doksori de g‘aoming be buhe bei bithe

康熙三十四年（1695）四月初十日

额篆书题“敕封”

194厘米×73厘米+33厘米×33厘米

190厘米×68厘米

二张

北京朝阳广渠门外三间房

［0101］

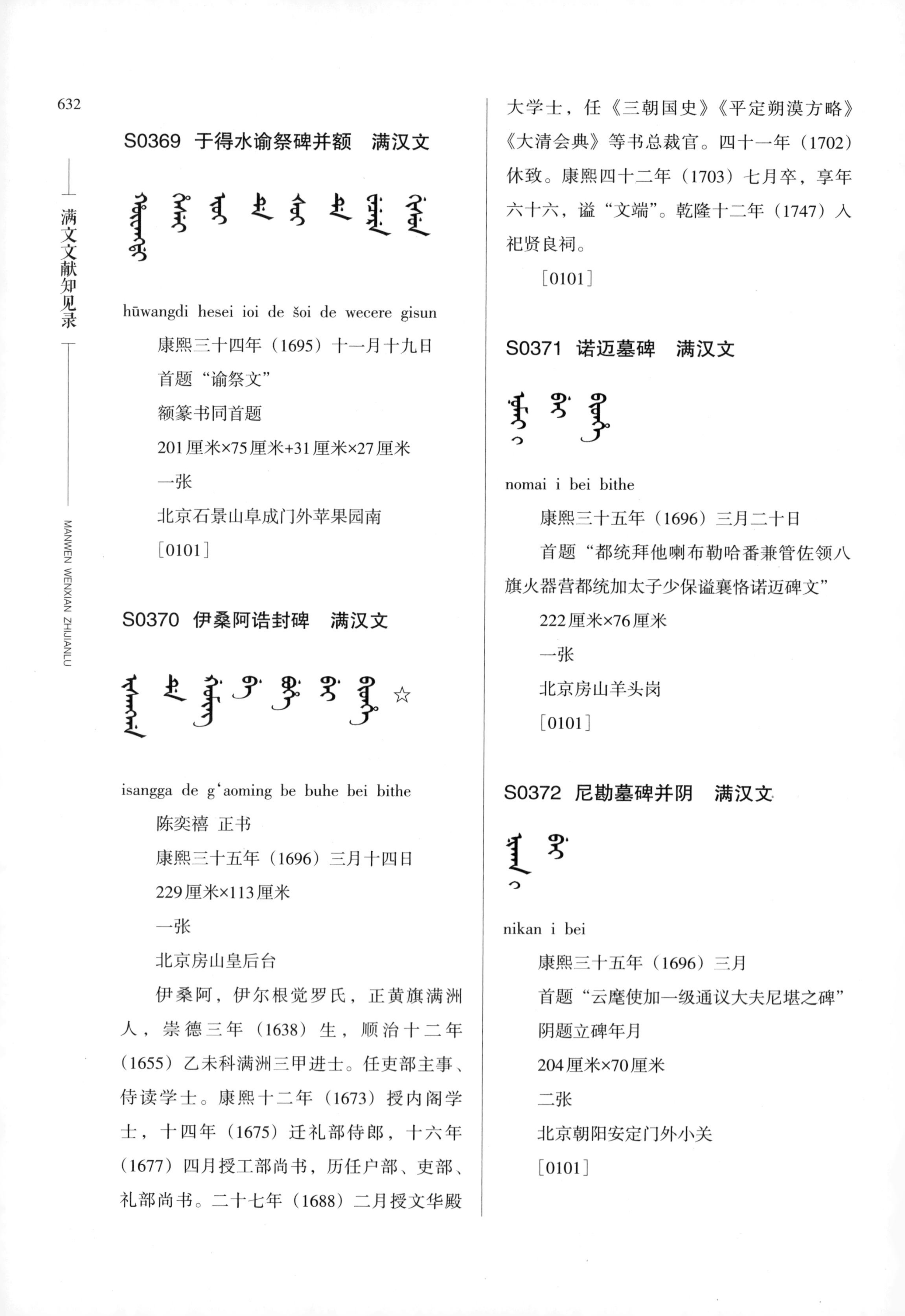

S0369 于得水谕祭碑并额　满汉文

hūwangdi hesei ioi de šoi de wecere gisun

康熙三十四年（1695）十一月十九日

首题“谕祭文”

额篆书同首题

201厘米×75厘米+31厘米×27厘米

一张

北京石景山阜成门外苹果园南

［0101］

S0370 伊桑阿诰封碑　满汉文 ☆

isangga de g'aoming be buhe bei bithe

陈奕禧 正书

康熙三十五年（1696）三月十四日

229厘米×113厘米

一张

北京房山皇后台

伊桑阿，伊尔根觉罗氏，正黄旗满洲人，崇德三年（1638）生，顺治十二年（1655）乙未科满洲三甲进士。任吏部主事、侍读学士。康熙十二年（1673）授内阁学士，十四年（1675）迁礼部侍郎，十六年（1677）四月授工部尚书，历任户部、吏部、礼部尚书。二十七年（1688）二月授文华殿大学士，任《三朝国史》《平定朔漠方略》《大清会典》等书总裁官。四十一年（1702）休致。康熙四十二年（1703）七月卒，享年六十六，谥“文端”。乾隆十二年（1747）入祀贤良祠。

［0101］

S0371 诺迈墓碑　满汉文

nomai i bei bithe

康熙三十五年（1696）三月二十日

首题“都统拜他喇布勒哈番兼管佐领八旗火器营都统加太子少保谥襄恪诺迈碑文”

222厘米×76厘米

一张

北京房山羊头岗

［0101］

S0372 尼勘墓碑并阴　满汉文

nikan i bei

康熙三十五年（1696）三月

首题“云麾使加一级通议大夫尼堪之碑”

阴题立碑年月

204厘米×70厘米

二张

北京朝阳安定门外小关

［0101］

S0373 蒲昌墓碑　满汉文

ᡦᡠᠴᠠᠩ ᠨᡳ ᠪᡝᡳ ᠪᡳᡨᡥᡝ

pucang ni bei bithe

康熙三十五年（1696）四月十七日

首题“辅国公蒲昌碑文”

242厘米×79厘米

一张

北京丰台张郭庄太子峪村

[0101]

S0374 巴郎祖父母诰封碑　满汉文

ᠪᠠᡵᠠᠩ ᡳ ᠮᠠᡶᠠ ᠮᠠᠮᠠ ᡩᡝ ᡬᠠᠣᠮᡳᠩ ᠪᡝ ᠪᡠᡥᡝ ᠪᡝᡳ ᠪᡳᡨᡥᡝ ☆

barang i mafa mama de g‘aoming be buhe bei bithe

康熙三十五年（1696）五月十三日

142厘米×67厘米

一张

北京海淀西直门外六道口

此为碑阴，碑阳失拓。

[0101]

S0375 王天柱及妻王氏墓碑并阴　满汉文

ᠸᠠᠩ ᡨᡳᠶᠠᠨ ᠵᡠ ᠵᠠᡳ ᠰᠠᡵᡤᠠᠨ ᠸᠠᠩ ᡧᡳ ᡩᡝ ᡬᠠᠣᠮᡳᠩ ᠪᡝ ᠪᡠᡥᡝ ᠪᡝᡳ ᠪᡳᡨᡥᡝ ☆

wang tiyan ju jai sargan wang ši de g‘aoming be buhe bei bithe

康熙三十五年（1696）嘉朔（十二月）

136厘米×69厘米

二张

北京海淀香山乡四王府

阳上首刻康熙二十三年（1684）九月二十四日满汉文诰封

王天柱为佐领王云龙之父，赠中宪大夫，妻王氏赠恭人。

此碑漫漶。

[0101]

S0376 巴郎诰封碑并额　满汉文

ᠪᠠᡵᠠᠩ ᡩᡝ ᡬᠠᠣᠮᡳᠩ ᠪᡝ ᠪᡠᡥᡝ ᠪᡝᡳ ᠪᡳᡨᡥᡝ ☆

barang de g‘aoming be buhe bei bithe

康熙三十六年（1697）二月二十八日

额篆书题“诰封”

阳题“刻康熙二十三年（1684）九月二十四日诰封”

阴题立碑人及立碑年月（失拓，据《雪屐寻碑录》补）

205厘米×75厘米+33厘米×30厘米

一张

北京海淀西直门外六道口

巴郎，头等阿思哈尼哈番又一拖沙喇哈番，佐领。诰封称“幸际风云，欣逢庆典，诞敷雨露，宜荷宠褒，兹以覃恩，特授文阶资政大夫，锡之诰命”。

[0101]

S0377 巴海谕祭碑 满汉文

ᡥᡡᠸᠠᠩᡩᡳ ᡥᡝᠰᡝᡳ ᠪᠠᡥᠠᡳ ᡩᡝ ᠸᡝᠴᡝᡵᡝ ᡤᡳᠰᡠᠨ ☆

hūwangdi hesei bahai de wecere gisun

康熙三十六年（1697）孟夏（四月）

首题“皇清诰封光禄大夫赐进士及第原任镇守宁古塔等处将军议政大臣都统阿达哈哈番佐领巴公御祭文”

216厘米×75厘米

北京丰台于庄子

阴为康熙十七年（1678）四月初九日巴海诰封碑

［0101］

S0378 东格及妻李佳氏纳拉氏诰封碑 满汉文

ᡩᡠᠩᡤᡝ ᠵᠠᡳ ᠰᠠᡵᡤᠠᠨ ᠯᡳᡤᡳᠶᠠ ᡥᠠᠯᠠ ᠨᠠᡵᠠ ᡥᠠᠯᠠ ᡩᡝ

ᡬᠠᠣᠮᡳᠩ ᠪᡝ ᠪᡠᡥᡝ ᠪᡝᡳ ᠪᡳᡨᡥᡝ ☆

dungge jai sargan ligiya hala nara hala de g'aoming be buhe bei bithe

康熙三十六年（1697）七月十九日

185厘米×70厘米

一张

北京朝阳左安门外架松坟

东格及其妻李佳氏、纳拉氏即苏鲁纳之祖父母。

［0101］

S0379 佟国维及妻何奢礼氏谕祭碑 满汉文

ᡥᡡᠸᠠᠩᡩᡳ ᡥᡝᠰᡝᡳ ᡨᡠᠩ ᡤᡠᠸᡝ ᠸᡝᡳ ᠵᠠᡳ ᠰᠠᡵᡤᠠᠨ ᡥᡝᡧᡝᡵᡳ

ᡥᠠᠯᠠ ᡩᡝ ᠸᡝᠴᡝᡵᡝ ᡤᡳᠰᡠᠨ

hūwangdi hesei tung guwe wei jai sargan hešeri hala de wecere gisun

康熙三十六年（1697）七月十九日

194厘米×77厘米

一张

碑文上半截失拓，原碑已毁。

［0101］

S0380 黑勒及妻瓜尔佳氏诰封碑额并阴 满汉文

ᡥᡝᠯᡝ ᠵᠠᡳ ᠰᠠᡵᡤᠠᠨ ᡤᡡᠸᠠᠯᡤᡳᠶᠠ ᡥᠠᠯᠠ ᡩᡝ ᡬᠠᠣᠮᡳᠩ ᠪᡝ ᠪᡠᡥᡝ

ᠪᡝᡳ ᠪᡳᡨᡥᡝ ☆

hele jai sargan gūwalgiya hala de g'aoming be buhe bei bithe

康熙三十六年（1697）七月十九日

额篆书题“圣旨”

阴题名

196厘米×73厘米+26厘米×23厘米

二张

北京朝阳辛庄村

黑勒及其妻瓜尔佳氏系都图之祖父母。

[0101]

S0381 布舒库及张氏诰封碑额并阴 满汉文

☆

bušuku jai sargan jang ši de g‘aoming be buhe bei bithe

康熙三十六年（1697）七月十九日

额篆书题“圣旨”

阴题名

196厘米×73厘米+27厘米×23厘米

188厘米×69厘米+28厘米×22厘米

二张

北京朝阳辛庄村

布舒库及其妻张氏即都图之父母。

[0101]

S0382 石文晟继妻佟氏诰封碑 满汉文

☆

šiwenšeng ni sirame sargan tung ši de g‘aoming be buhe bei bithe

康熙三十六年（1697）七月十九日

210厘米×70厘米

一张

北京朝阳双桥三间房

[0101]

S0383 图纳谕祭碑 满汉文

hūwangdi hesei tuna de wecere gisun

康熙三十六年（1697）八月初七日

224厘米×79厘米

一张

北京朝阳广渠门外沙土口村

[0101]

S0384 王继文谕祭碑 满汉文

hūwangdi hesei wang ji wen de wecere gisun

康熙三十六年（1697）□月二十八日

202厘米×74厘米

一张

北京房山西庄方家坟

碑文漫漶，汉文部分遭毁。

[0101]

S0385 艾素诰封碑　满汉文

ᠠᡳᠰᡠ ᡩᡝ ᡤᠠᠣᠮᡳᠩ ᠪᡝ ᠪᡠᡥᡝ ᠪᡝᡳ ᠪᡳᡨᡥᡝ ☆

aisu de g‘aoming be buhe bei bithe

康熙三十七年（1698）二月二十日

192厘米×70厘米

一张

北京宣武广安门外天宁寺东南

此系康熙二十五年（1686）七月初五艾素诰封碑之阴。

艾素原系护军校，剿灭察哈尔叛军、平定云南时有功，康熙二十五年（1686）七月初五优升为拜他喇布勒哈番又一拖沙喇哈番。

［0101］

S0386 费扬古谕祭碑　满汉文

ᡥᡡᠸᠠᠩᡩᡳ ᡥᡝᠰᡝᡳ ᡶᡳᠶᠠᠩᡤᡡ ᡩᡝ ᠸᡝᠴᡝᡵᡝ ᡤᡳᠰᡠᠨ

hūwangdi hesei fiyanggū de wecere gisun

康熙三十七年（1698）二月二十五日

230厘米×103厘米

一张

北京海淀阜成门外廖公庄

［0101］

S0387 图纳墓碑　满汉文

ᡨᡠᠨᠠᡳ ᠪᡝᡳ ᠪᡳᡨᡥᡝ

tunai bei bithe

康熙三十七年（1698）六月十一日

首题“议政大臣经筵讲官刑部尚书佐领加三级谥文恪图纳碑文”

224厘米×79厘米

一张

北京朝阳广渠门外沙土口村

［0101］

S0388 苏尔达墓碑　满汉文

ᠰᡠᠯᡩᠠ ᡳ ᠪᡝᡳ ᠪᡳᡨᡥᡝ

sulda i bei bithe

康熙三十七年（1698）七月初四日

首题“议政大臣领侍卫内大臣佐领谥恪僖苏尔达碑文”

203厘米×73厘米

一张

北京朝阳北苑白家坟村

［0101］

S0389 佛科多墓碑　满汉文

ᡶᠣᡤᠣᡩᠣ ᡳ ᡝᡳᡶᡠ ᠪᡝᡳ

fogodo i eifu bei

康熙三十七年（1698）七月

195厘米×75厘米

一张

北京石景山八宝山

此碑漫漶，在康熙二十四年（1685）四月十三日佛科多谕祭碑之阴。

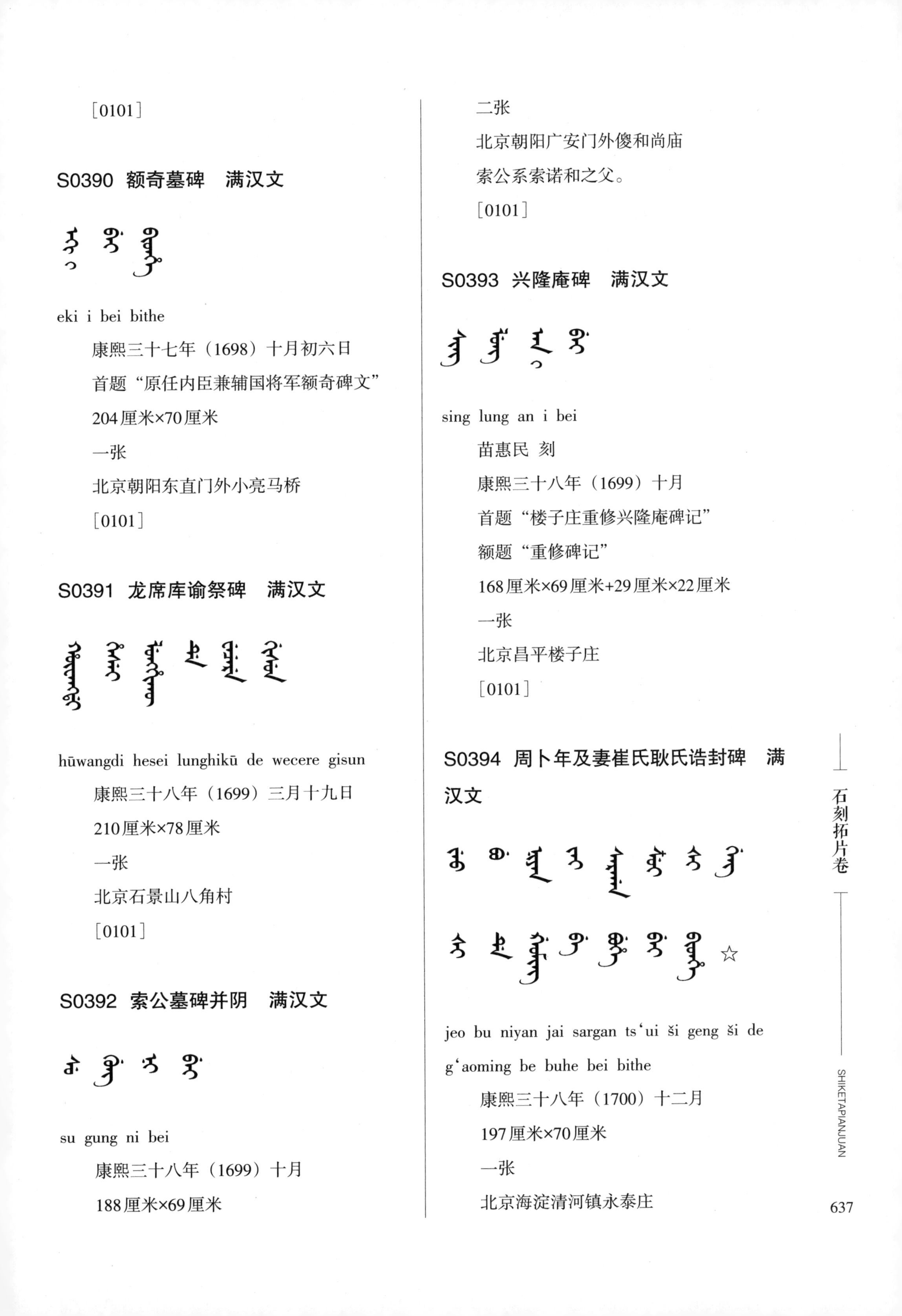

[0101]

S0390 额奇墓碑　满汉文

eki i bei bithe

康熙三十七年（1698）十月初六日

首题“原任内臣兼辅国将军额奇碑文”

204厘米×70厘米

一张

北京朝阳东直门外小亮马桥

[0101]

S0391 龙席库谕祭碑　满汉文

hūwangdi hesei lunghikū de wecere gisun

康熙三十八年（1699）三月十九日

210厘米×78厘米

一张

北京石景山八角村

[0101]

S0392 索公墓碑并阴　满汉文

su gung ni bei

康熙三十八年（1699）十月

188厘米×69厘米

二张

北京朝阳广安门外傻和尚庙

索公系索诺和之父。

[0101]

S0393 兴隆庵碑　满汉文

sing lung an i bei

苗惠民 刻

康熙三十八年（1699）十月

首题“楼子庄重修兴隆庵碑记”

额题“重修碑记”

168厘米×69厘米+29厘米×22厘米

一张

北京昌平楼子庄

[0101]

S0394 周卜年及妻崔氏耿氏诰封碑　满汉文

☆

jeo bu niyan jai sargan ts'ui ši geng ši de g'aoming be buhe bei bithe

康熙三十八年（1700）十二月

197厘米×70厘米

一张

北京海淀清河镇永泰庄

诰命称：周卜年原任都督佥事管山东沂镇等处地方总兵官事加四级。授荣禄大夫，妻崔氏、继妻耿氏均赠封一品夫人。

周卜年初任刑部笔帖式哈番，二任工部他赤哈哈番，三任加一级，四任吏部文选清吏司员外郎，五任佐领，六任加一级，七任三等侍卫仍管佐领，八任参领仍管佐领，九任都督佥事管山西授剿总兵官事，十任今职。

[0101]

S0395 喀齐蓝谕祭碑　满汉文

ᡥᡡᠸᠠᠩᡩᡳ ᡥᡝᠰᡝᡳ ᡥᠠᠴᡳᠯᠠᠨ ᡩᡝ ᠸᡝᠴᡝᡵᡝ ᠪᡳᡨᡥᡝ

hūwangdi hesei hacilan de wecere bithe

康熙三十八年（1700）十二月

200厘米×68厘米

一张

北京朝阳史家沟村

[0101]

S0396 于成龙谕祭碑　满汉文

ᡥᡡᠸᠠᠩᡩᡳ ᡥᡝᠰᡝᡳ ᡳᠣᡳ ᠴᡝᠩ ᠯᡠᠩ ᡩᡝ ᠸᡝᠴᡝᡵᡝ ᠪᡳᡨᡥᡝ

hūwangdi hesei ioi ceng lung de wecere bithe

康熙三十九年（1700）四月初五日

236厘米×81厘米

一张

北京石景山阜成门外苹果园南

[0101]

S0397 蜚英东碑　满汉文

ᡶᡳᠣᠩᡩᡠᠨ ᡳ ᠪᡝᡳ ᠪᡳᡨᡥᡝ

fiongdun i bei bithe

康熙三十九年（1700）五月

首题“御制开国佐运功臣直义公蜚英东碑”

额题“御制碑文”

203厘米×67厘米+41厘米×20厘米

一张

辽宁沈阳明堂屯

此为康熙皇帝谕祭蜚英东所撰碑文。

[0141]

S0398 于成龙谕祭碑　满汉文

ᡥᡡᠸᠠᠩᡩᡳ ᡥᡝᠰᡝᡳ ᡳᠣᡳ ᠴᡝᠩ ᠯᡠᠩ ᡩᡝ ᠸᡝᠴᡝᡵᡝ ᠪᡳᡨᡥᡝ

hūwangdi hesei ioi ceng lung de wecere bithe

康熙三十九年（1700）八月二十五日

222厘米×80厘米

一张

北京石景山阜成门外苹果园南

[0101]

S0399 杰书墓碑　满汉文

ᡤᡳᠶᡝᡧᡠ ᡳ ᠪᡝᡳ ᠪᡳᡨᡥᡝ

giyešu i bei bithe

康熙三十九年（1700）九月十七日

首题“和硕康亲王谥良杰书碑文”

240厘米×88厘米

一张

北京海淀门头村礼王坟

［0101］［0141］

S0400 于成龙墓碑 满汉文

ᡳᠣᡳ ᠴᡝᠩ ᠯᡠᠩ ᠨᡳ ᠪᡝᡳ ᠪᡳᡨᡥᡝ

ioi ceng lung ni bei bithe

康熙三十九年（1701）十二月初十日

首题“兵部尚书兼都察院右都御史总督河道提督军务拜他喇布勒哈番加十级谥襄勤于成龙碑文”

210厘米×75厘米+31厘米×27厘米

一张

北京石景山阜成门外苹果园南

［0101］

S0401 台省箴碑并额 满汉文

ᡥᠠᠨ ᡳ ᠠᡵᠠᡥᠠ ᡨᠠᡳ ᡧᡝᠩ ᠵᡝᠨ ᡳ ᠪᡝᡳ

han i araha tai šeng jen i bei

圣祖（玄烨） 撰文并行书

康熙三十九年（1700）

162厘米×68厘米+33厘米×21厘米

一张

北京西城司法部街

北京东城国子监孔庙

此碑之阳为满文，阴为汉文。北京故宫午门内东庑廊下及西城区司法部街各有一碑。

［0101］［0102］

S0402 杨古里碑并额 满汉文

ᡠ ᡥᡳᠶᡡᠨ ᠸᠠᠩ ᠶᠠᠩᡤᡠᡵᡳ ᡳ ᠪᡝᡳ ᠪᡳᡨᡥᡝ

u hiyūn wang yangguri i bei bithe

圣祖（玄烨） 撰

康熙三十九年（1700）

首题“御制开国佐运功臣武勋王杨古里碑”

额题“御制碑文”

200厘米×80厘米+35厘米×26厘米

一张

辽宁沈阳城北上岗子二十里

［0141］

S0403 孙思克墓碑 满汉文

ᠰᡠᠨ ᠰᡟ ᡴᡝ ᡳ ᠪᡝᡳ ᠪᡳᡨᡥᡝ

sun sy ke i bei bithe

圣祖（玄烨） 撰

康熙四十年（1701）三月二十日

首题“晋太子少保兼管陕西甘肃提督事务给予世袭一等阿思哈尼哈番又一拖沙喇哈番加六级加赠太子太保谥襄武孙思克碑文”

227厘米×107厘米

一张

北京东城东四西大街

此碑上部残缺漫漶。

［0101］

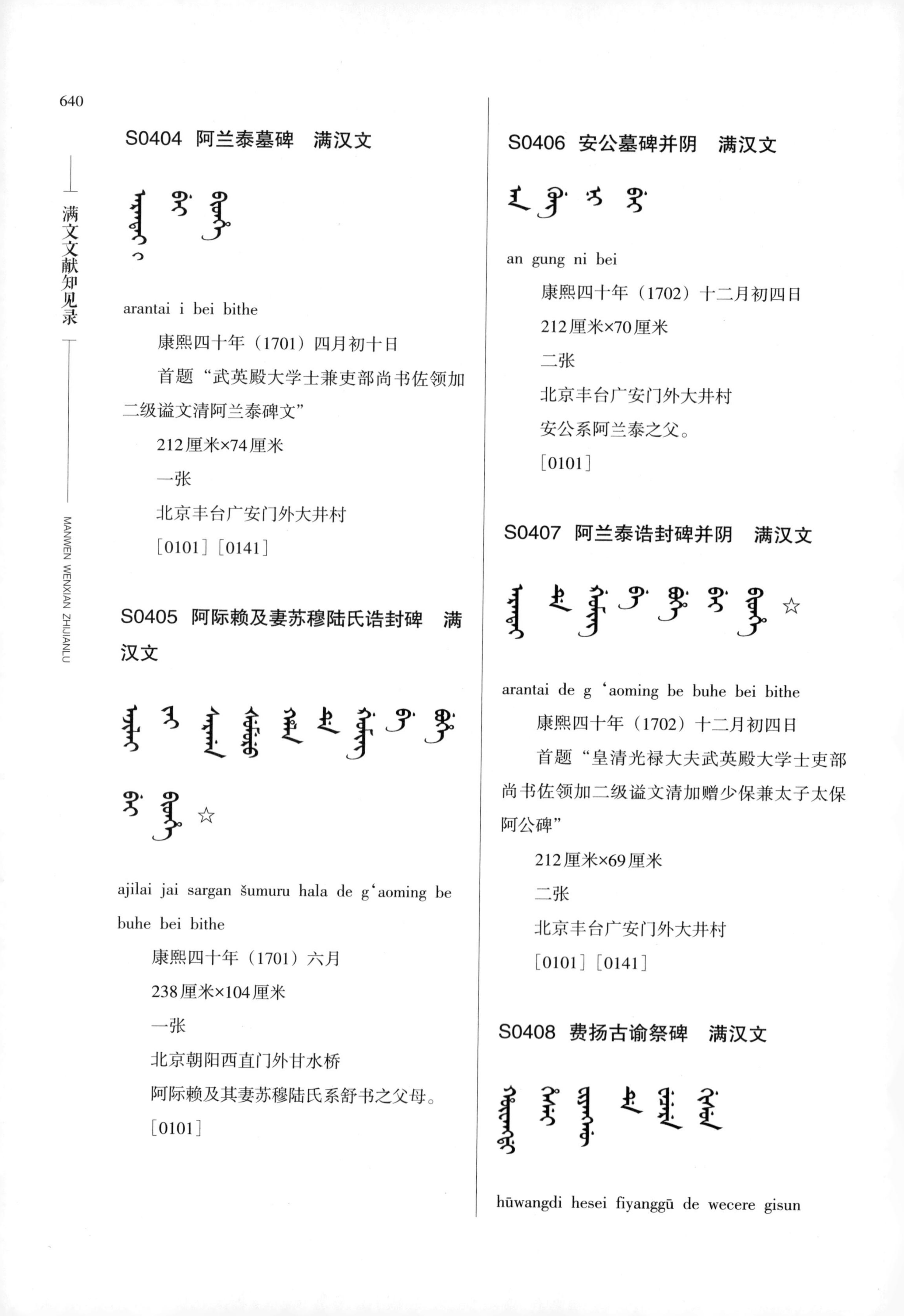

S0404 阿兰泰墓碑 满汉文

arantai i bei bithe

康熙四十年（1701）四月初十日

首题“武英殿大学士兼吏部尚书佐领加二级谥文清阿兰泰碑文”

212厘米×74厘米

一张

北京丰台广安门外大井村

［0101］［0141］

S0405 阿际赖及妻苏穆陆氏诰封碑 满汉文

☆

ajilai jai sargan šumuru hala de g‘aoming be buhe bei bithe

康熙四十年（1701）六月

238厘米×104厘米

一张

北京朝阳西直门外甘水桥

阿际赖及其妻苏穆陆氏系舒书之父母。

［0101］

S0406 安公墓碑并阴 满汉文

an gung ni bei

康熙四十年（1702）十二月初四日

212厘米×70厘米

二张

北京丰台广安门外大井村

安公系阿兰泰之父。

［0101］

S0407 阿兰泰诰封碑并阴 满汉文

☆

arantai de g‘aoming be buhe bei bithe

康熙四十年（1702）十二月初四日

首题“皇清光禄大夫武英殿大学士吏部尚书佐领加二级谥文清加赠少保兼太子太保阿公碑”

212厘米×69厘米

二张

北京丰台广安门外大井村

［0101］［0141］

S0408 费扬古谕祭碑 满汉文

hūwangdi hesei fiyanggū de wecere gisun

康熙四十年（1701）十一月七日

200厘米×76厘米+210厘米×76厘米

二张

北京朝阳东坝驹子房村

碑阳周边漫漶，碑阴下边角漫漶。

［0101］

S0409 费扬古墓碑 满汉文

ᡶᡳᠶᠠᠩᡤᡡ ᡳ ᠪᡝᡳ ᠪᡳᡨᡥᡝ

fiyanggū i bei bithe

康熙四十一年（1702）三月十五日

首题“议政大臣领侍卫内大臣兼总管满洲火器营事一等公佐领谥襄壮费扬古碑文”

218厘米×76厘米

一张

北京朝阳门东坝驹子房村

［0101］

S0410 凯音布碑 满汉文

ᡴᠠᡳᠮᠪᡠ ᡳ ᠪᡝᡳ ᠪᡳᡨᡥᡝ

kaimbu i bei bithe

康熙四十一年（1702）闰六月初二日

首题“都统职衔兼管九门步军巡捕三营统领佐领谥肃敏凯音布碑文”

198厘米×72厘米

一张

北京朝阳小庄村

［0101］

S0411 拜音住诰封碑并阴 满汉文

ᠪᠠᡳ ᡳᠨ ᠵᡠ ᡩᡝ ᡬᠠᠣᠮᡳᠩ ᠪᡝ ᠪᡠᡥᡝ ᠪᡝᡳ ᠪᡳᡨᡥᡝ☆

bai in ju de g‘aoming be buhe bei bithe

康熙四十一年十二月二十四日（1703年2月9日）

阴题立碑年月

208厘米×70厘米

二张

北京朝阳左家庄

［0101］

S0412 纳琳及妻傅氏诰封碑 满汉文

ᠨᠠᡵᡳᠨ ᠵᠠᡳ ᠰᠠᡵᡤᠠᠨ ᡶᡠᠴᠠ ᡥᠠᠯᠠ ᡩᡝ ᡬᠠᠣᠮᡳᠩ ᠪᡝ ᠪᡠᡥᡝ ᠪᡝᡳ ᠪᡳᡨᡥᡝ☆

narin jai sargan fuca hala de g‘aoming be buhe bei bithe

康熙四十二年（1703）三月十八日

额篆书题“诰封”

216厘米×75厘米+32厘米×28厘米

一张

北京朝阳广渠门外三义居

纳琳及其妻傅氏系席哈纳之父母。

［0101］

S0413 凯音布及妻吴苏氏诰封碑 满汉文

ᡴᠠᡳᠮᠪᡠ ᠵᠠᡳ ᠰᠠᡵᡤᠠᠨ ᡠᠰᡠ ᡥᠠᠯᠠ ᡩᡝ ᡤᠠᠣᠮᡳᠩ ᠪᡝ

ᠪᡠᡥᡝ ᠪᡝᡳ ᠪᡳᡨᡥᡝ ☆

kaimbu jai sargan usu hala de g‘aoming be buhe bei bithe

康熙四十二年（1703）三月十八日

203厘米×74厘米

一张

北京怀柔凯甲坟村

此为议政大臣户部尚书兼佐领加五级凯音布及其妻吴苏氏之诰命。诰命称其“品望端凝，才猷敏练……量入制用，能殚虑于持筹，酌盈剂虚，乃陈谟而舒策”，授光禄大夫，妻吴苏氏赠一品夫人。

凯音布初任阿达哈哈番，二任加一级，三任监察御史，四任加一级，五任兼佐领，六任光禄寺正卿，七任通政司通政，八任内阁侍读学士兼礼部侍郎，九任总督仓场户部侍郎，十任工部左侍郎，十一任户部右侍郎，十二任本部左侍郎，十三任汉军副都统，十四任加一级，十五任满洲副都统，十六任加二级，十七任礼部左侍郎，十八任议政大臣，十九任今职。

［0101］

S0414 范承勋母金氏诰封碑 满汉文

ᡶᠠᠨ ᠴᡝᠩ ᡥᡳᠶᡡᠨ ᠪᠠᠨᠵᡳᡥᠠ ᡝᠮᡝ ᡤᡳᠨ ᡧᡳ ᠪᡝ

ᡶᡠᠩᠨᡝᡥᡝ ᡤᠠᠣᠮᡳᠩ ᠨᡳ ᠪᡝᡳ

fan ceng hiyūn banjiha eme gin ši be fungnehe g‘aoming ni bei

康熙四十二年（1703）三月十八日

194厘米×67厘米

一张

北京密云卸甲山范家坟

［0101］

S0415 萨音布及妻瓜尔佳氏继妻关氏诰封碑 满汉文

ᠰᠠᡳᠮᠪᡠ ᠵᠠᡳ ᠰᠠᡵᡤᠠᠨ ᡤᡡᠸᠠᠯᡤᡳᠶᠠ ᡥᠠᠯᠠ ᠰᡳᡵᠠᠮᡝ ᠰᠠᡵᡤᠠᠨ ᡤᡡᠸᠠᠨ

ᡥᠠᠯᠠ ᠪᡝ ᡶᡠᠩᠨᡝᡶᡳ ᡤᠠᠣᠮᡳᠩ ᠪᡠᡥᡝ ᠪᡝᡳ ᠪᡳᡨᡥᡝ ☆

saimbujai sargan gūwalgiya hala sirame sargan gūwan hala be fungnefi g‘aoming buhe bei bithe

康熙四十二年（1703）三月初八日

205厘米×73厘米

一张

河北安次

萨音布，任詹事府少詹事兼佐领加十一

级，封赠光禄大夫，两妻封一品夫人。

［0101］

S0416 席哈纳及妻黑什里氏诰封碑　满汉文

ᠰᡳᡥᠠᠨᠠ ᠵᠠᡳ ᠰᠠᡵᡤᠠᠨ ᡥᡝᡧᡝᡵᡳ ᡥᠠᠯᠠ ᡩᡝ ᡬᠠᠣᠮᡳᠩ ᠪᡠᡥᡝ ᠪᡝᡳ ᠪᡳᡨᡥᡝ ☆

sihana jai sargan hešeri hala de g´aoming buhe bei bithe

康熙四十二年（1703）三月十八日

205厘米×67厘米

一张

北京朝阳南磨房燕窝村

席哈纳，文渊阁大学士兼礼部尚书加二级，“凤阁清才，鸾台雅望，典章练达，服勤匪懈”，授光禄大夫，妻授一品夫人。

［0101］

S0417 席哈纳墓碑　满汉文

ᠰᡳᡥᠠᠨᠠ ᡳ ᡝᡳᡶᡠ

sihana i eifu

康熙四十二年（1703）三月十八日

首题“诰授光禄大夫文渊阁大学士兼礼部尚书加二级哈纳席公之墓”

205厘米×67厘米

一张

北京朝阳大屯村

年月据席哈纳及其妻黑什里氏诰封碑补，实际立碑时间当在更后。

［0101］［0841］

S0418 雅尔泰及妻觉罗氏李佳氏诰封碑　满汉文

ᠶᠠᡵᡨᠠᡳ ᠵᠠᡳ ᠰᠠᡵᡤᠠᠨ ᡤᡳᠣᡵᠣ ᡥᠠᠯᠠ ᠯᡳᡤᡳᠶᠠ ᡥᠠᠯᠠ ᡩᡝ ᡬᠠᠣᠮᡳᠩ ᠪᡝ ᠪᡠᡥᡝ ᠪᡝᡳ ᠪᡳᡨᡥᡝ ☆

yartai jai sargan gioro hala ligiya hala de g‘aoming be buhe bei bithe

康熙四十二年（1703）三月十八日

237厘米×90厘米

一张

北京朝阳大屯村

雅尔泰及其妻觉罗氏、李佳氏系凌普之祖父母。

［0101］

S0419 李献箴及妻宿氏马佳氏诰封碑并额　满汉文

ᠯᡳᡥᡳᠶᠠᠨᠵᡝᠨ ᠵᠠᡳ ᠰᠠᡵᡤᠠᠨ ᠰᡠ ᡧᡳ ᠮᠠᡤᡳᠶᠠ ᡧᡳ ᡩᡝ ᡬᠠᠣᠮᡳᠩ ᠪᡝ ᠪᡠᡥᡝ ᠪᡝᡳ ᠪᡳᡨᡥᡝ ☆

lihiyanjen jai sargan su ši magiya ši de g‘aoming be buhe bei bithe

康熙四十二年（1703）三月十八日

202厘米×78厘米+36厘米×29厘米

一张

北京海淀清河镇砖瓦厂

李献箴及其妻宿氏、马佳氏系李林隆之祖父母。

[0101] [0141]

S0420 色冷及妻苏氏诰封碑并额　满汉文

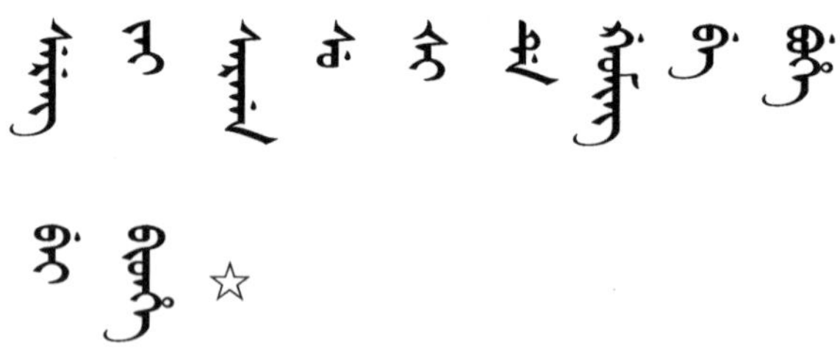 ☆

sereng jai sargan su ši de g'aoming be buhe bei bithe

康熙四十二年（1703）三月十八日

额篆书题“诰封”

200厘米×69厘米+35厘米×27厘米

一张

北京海淀清河镇砖瓦厂

色冷及其妻苏氏系李林隆之父母。

[0101] [0141]

S0421 雅布墓碑　满汉文

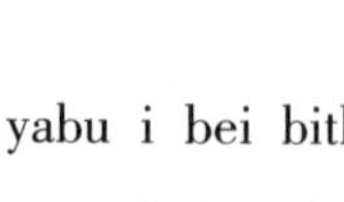

yabu i bei bithe

康熙四十二年（1703）三月十九日

首题“和硕简亲王谥修雅布碑文”

250厘米×88厘米

一张

北京丰台右安门外郑王坟

雅布乃郑亲王济尔哈朗之孙。

[0101]

S0422 噶巴喇诰封碑　满汉文

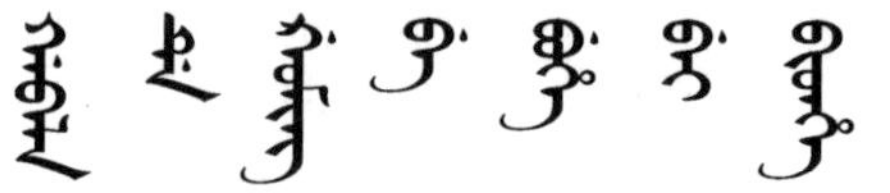 ☆

gabala de g'aoming be buhe bei bithe

康熙四十二年（1703）三月

160厘米×76厘米

一张

北京朝阳右安门外四道口

噶巴喇系苏章阿之父。

[0101] [0141]

S0423 感恩碑额并阴　满汉文

 ☆

kesi de karulara bei bithe

康熙四十二年（1703）三月

首题“恭建感恩碑亭记”

额分上下两层，上满文，下汉文

阴题名

216厘米×100厘米+36厘米×31厘米

二张

北京海淀阜成门外皇亭子

此为镶红旗汉军在其教场上所立之感恩碑文。碑文中间为康熙四十一年（1702）四月廿四日上谕，旁为该旗都统加七级李林隆等所撰碑文，表示该旗内外兵丁人等屡受皇上浩荡鸿恩，为了表示感恩，特在教场演艺之所建立碑亭，恭刊圣谕，俾子子孙孙时时瞻仰，朝夕警惕。

［0101］［0141］

S0424 顾杨素碑 满汉文

ᡤᡡᠶᠠᠩᠰᡠ ᡳ ᠪᡝᡳ ᠪᡳᡨᡥᡝ

gūyangsu i bei bithe

康熙四十二年（1703）三月

题“诰封光禄大夫兵部右侍郎食正二品俸加二级顾公讳杨□之碑”

191厘米×73厘米+192厘米×73厘米

二张

辽宁沈阳北市场西

墓主为布雅努之父。

［0141］

S0425 丹臻墓碑 满汉文

ᡩᠠᠨ ᡯᡝᠨ ᡳ ᠪᡝᡳ ᠪᡳᡨᡥᡝ

dan dzen i bei bithe

圣祖（玄烨） 撰

康熙四十二年（1703）四月十六日

首题“和硕显亲王谥密丹臻碑文”

额题“敕建”

284厘米×95厘米+33厘米×25.5厘米

二张

［0141］

S0426 伊桑阿谕祭碑 满汉文

ᡥᡡᠸᠠᠩᡩᡳ ᡥᡝᠰᡝᡳ ᡳᠰᠠᠩᡤᠠ ᡩᡝ ᠸᡝᠴᡝᡵᡝ ᠪᡳᡨᡥᡝ

hūwangdi hesei isangga de wecere bithe

康熙四十二年（1703）七月

184厘米×45厘米

一张

北京房山韩村河镇皇后台村

［0101］

S0427 安塔穆碑 满汉文

ᠠᠨᡨᠠᠮᡠ ᡳ ᠪᡝᡳ ᠪᡳᡨᡥᡝ

antamu i bei bithe

圣祖（玄烨） 撰

康熙四十二年（1703）八月二十九日

首题“盛京内务府掌关防印佐领加三级安塔穆碑文”

200厘米×68厘米

一张

辽宁沈阳城北二十里

［0141］

S0428 四格之祖父母及父母诰封碑并阴 满汉文

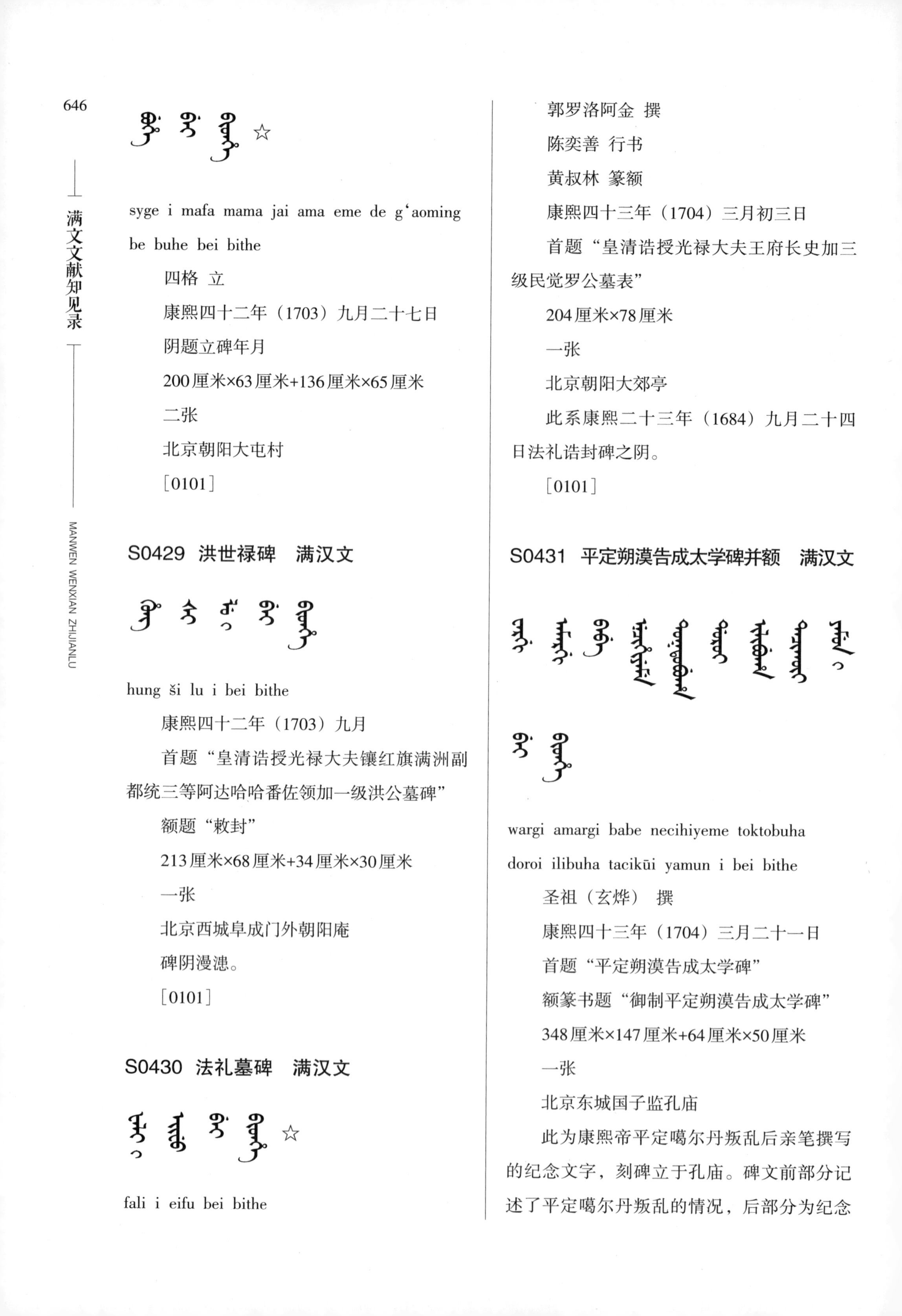

☆

syge i mafa mama jai ama eme de g'aoming be buhe bei bithe

四格 立

康熙四十二年（1703）九月二十七日

阴题立碑年月

200厘米×63厘米+136厘米×65厘米

二张

北京朝阳大屯村

［0101］

S0429 洪世禄碑　满汉文

hung ši lu i bei bithe

康熙四十二年（1703）九月

首题“皇清诰授光禄大夫镶红旗满洲副都统三等阿达哈哈番佐领加一级洪公墓碑”

额题“敕封”

213厘米×68厘米+34厘米×30厘米

一张

北京西城阜成门外朝阳庵

碑阴漫漶。

［0101］

S0430 法礼墓碑　满汉文

☆

fali i eifu bei bithe

郭罗洛阿金 撰

陈奕善 行书

黄叔林 篆额

康熙四十三年（1704）三月初三日

首题“皇清诰授光禄大夫王府长史加三级民觉罗公墓表”

204厘米×78厘米

一张

北京朝阳大郊亭

此系康熙二十三年（1684）九月二十四日法礼诰封碑之阴。

［0101］

S0431 平定朔漠告成太学碑并额　满汉文

wargi amargi babe necihiyeme toktobuha doroi ilibuha tacikūi yamun i bei bithe

圣祖（玄烨） 撰

康熙四十三年（1704）三月二十一日

首题“平定朔漠告成太学碑”

额篆书题“御制平定朔漠告成太学碑”

348厘米×147厘米+64厘米×50厘米

一张

北京东城国子监孔庙

此为康熙帝平定噶尔丹叛乱后亲笔撰写的纪念文字，刻碑立于孔庙。碑文前部分记述了平定噶尔丹叛乱的情况，后部分为纪念铭文。康熙帝在碑文中再三说明“朕不得已以用兵以安民”，“取乱侮亡之师在朕有不得已而用之之实，或者不戾于古帝王伐罪安民之意云尔”。碑文也说明了在太学立碑是遵于古礼，“受成献馘，一归于学，此文武之盛制也。朕向意于三代，故斯举也，出则告于神祇，归而遣祀于阙里”。这也是雍乾两朝用兵后立碑于太学之缘由。

［0101］［0102］［0141］［0188］

S0432 平定朔漠告成太学碑　满汉文

ᠸᠠᡵᡤᡳ ᠠᠮᠠᡵᡤᡳ ᠪᠠᠪᡝ ᠨᡝᠴᡳᡥᡳᠶᡝᠮᡝ ᡨᠣᡴᡨᠣᠪᡠᡥᠠ ᡩᠣᡵᠣᡳ ᡳᠯᡳᠪᡠᡥᠠ ᡨᠠᠴᡳᡴᡡᡳ ᠶᠠᠮᡠᠨ ᡳ ᠪᡝᡳ ᠪᡳᡨᡥᡝ

wargi amargi babe necihiyeme toktobuha doroi ilibuha tacikūi yamun i bei bithe

康熙四十三年（1704）三月二十一日

首题“平定朔漠告成太学碑”

340厘米×150厘米

一张

广西桂林

［0101］

S0433 东岳庙碑并额　满汉文

ᡩᡝᡵᡤᡳ ᠶᠣ ᡳ ᠮᡳᠶᠣᠣ ᡳ ᠪᡝᡳ ᠪᡳᡨᡥᡝ

dergi yo i miyoo i bei bithe

圣祖（玄烨）撰

康熙四十三年（1704）十一月上旬

首题“东岳庙碑文”

额篆书题“御制”

300厘米×120厘米+42厘米×32厘米

一张

北京朝阳东岳庙

此为康熙帝亲撰并手书的碑文。碑文简述了东岳庙在康熙三十七年（1698）毁于火灾，翌年发广善库金重修，不到三年而落成的经过。碑文表述了康熙帝重建此庙的心意：“朕即位以来，殚心治理，访求民隐，阅视河工，屡经鲁地，皆命专官致祭，几以为苍生祈福祉也。”“斯庙之成也，神既得所凭依，而民亦遂其瞻仰，自兹以往，风雨以节，寒暑以时，俾海宇得休养生息，以共乐于丰穰之世。庶于朕四十余年，惠爱黎元之意，其稍有慰乎？爰书重建之岁月，以昭示来兹云尔。”

此碑已定为国家一级文物。

［0101］［0141］

S0434 姚公墓碑额并额　满汉文

ᠶᠣᠣ ᡤᡠᠩ ᠨᡳ ᠪᡝᡳ

yoo gung ni bei

康熙四十四年（1705）七月十五日

额正书题“诰赠”

阴题名

208厘米×74厘米+32厘米×25厘米

二张

北京海淀西山乡

姚公系席尔达之祖父。

［0101］

S0435 葛公墓碑额并额 满汉文

ᡤᡝ ᡤᡠᠩ ᠨᡳ ᠪᡝᡳ

ge gung ni bei

康熙四十四年（1705）七月十五日

额正书题“诰赠”

阳题“皇清诰赠光禄大夫经筵讲官议政大臣吏部尚书管礼部尚书事佐领加一级葛公之碑”

200厘米×72厘米+31厘米×26厘米

二张

北京海淀西山乡小府村

葛公系席尔达之父。

［0101］［0141］

S0436 哈鼐谕祭碑并额 满汉文

ᡥᡡᠸᠠᠩᡩᡳ ᡥᡝᠰᡝᡳ ᡥᠠᠨᠠᡳ ᡩᡝ ᠸᡝᠴᡝᡵᡝ ᡤᡳᠰᡠᠨ

hūwangdi hesei hanai de wecere gisun

万经 正书

康熙四十四年（1705）□月二十三日

阴题满汉文立碑人姓名及立碑年月

136厘米×72厘米+176厘米×74厘米

二张

北京昌平马口上埝头村

［0101］

S0437 鄂罗舜墓碑 满汉文

ᠣᠯᠣᡧᠣᠨ ᡳ ᠪᡝᡳ

ološon i bei

康熙四十四年（1705）

题“皇清诰授光禄大夫镇守江宁等处地方将军鄂公讳罗舜之碑”

193厘米×65厘米

一张

北京通州土桥将军坟

［0101］

S0438 穆成格谕祭碑额并额 满汉文

ᡥᡡᠸᠠᠩᡩᡳ ᡥᡝᠰᡝᡳ ᠮᡠᠴᡝᠩᡤᡝ ᡩᡝ ᠸᡝᠴᡝᡵᡝ ᡤᡳᠰᡠᠨ ☆

hūwangdi hesei mucengge de wecere gisun

康熙四十五年（1706）四月初四日

额篆书题“敕建”

196厘米×74厘米+33厘米×23厘米

196厘米×74厘米

二张

北京海淀五道口罗家庄

［0101］

S0439 伊公行实碑额并额　满汉文

ᡳ ᡤᡠᠩ ᠨᡳ ᠪᡝᡳ ᠪᡳᡨᡥᡝ

i gung ni bei bithe

熊泰 撰

康熙四十六年（1707）三月初八日

首题“皇清诰授光禄大夫一等阿思汉呢哈番兼管佐领加三级先考伊公府君行实碑记”

206厘米×73厘米

二张

北京朝阳东坝三岔河

熊泰为墓主伊玛喇之子。

伊公即伊玛喇，此为其生平事迹碑，碑文记述伊玛喇青年时任前锋护卫即有决策制胜之誉，顺治定鼎后出征四川受恩赏，又在征南明、平三藩等战争中屡建战功，后袭一等阿思汉呢哈番兼管佐领，“宣力戎行，尽忠建绩”。康熙二十七年（1688）致仕，康熙三十四年（1695）终。

碑阳为满文，碑阴为汉文。

[0101]

S0440 库禄诰封碑　满汉文

ᡴᡠᠯᡠ ᡩᡝ ᡬᠠᠣᠮᡳᠩ ᠪᡝ ᠪᡠᡥᡝ ᠪᡝᡳ ᠪᡳᡨᡥᡝ ☆

kulu de g‘aoming be buhe bei bithe

康熙四十六年（1707）三月

194厘米×75厘米

一张

北京朝阳广渠门开化寺

库禄为头等护卫拜他喇布勒哈番，授通议大夫。初任拜他喇布勒哈番，二任一等侍卫，三任王府长史。

[0101]

S0441 塞赫诰封碑　满汉文

ᠰᡝᡥᡝᡳ ᡩᡝ ᡬᠠᠣᠮᡳᠩ ᠪᡝ ᠪᡠᡥᡝ ᠪᡝᡳ

sehei de g‘aoming be buhe bei

康熙四十六年（1707）七月

185厘米×69厘米

一张

北京朝阳德胜门外下清河

塞赫为舒古鼐之父。

[0101]

S0442 叶穆氏诰封碑　满汉文

ᠶᡝᠮᡠ ᡥᠠᠯᠠ ᡩᡝ ᡬᠠᠣᠮᡳᠩ ᠪᡝ ᠪᡠᡥᡝ ᠪᡝᡳ ᠪᡳᡨᡥᡝ ☆

yemu hala de g‘aoming be buhe bei bithe

康熙四十六年（1707）七月

185厘米×69厘米

一张

北京朝阳德胜门外下清河

此系塞赫诰封碑之阴，叶穆氏系塞赫之妻、舒古鼐之母。

[0101]

S0443 赵琏墓碑　满汉文

ᠵᠣᠣ ᠯᡳᠶᠠᠨ ᡳ ᠪᡝᡳ ᠪᡳᡨᡥᡝ

joo liyan i bei bithe

康熙四十六年（1707）八月二十六日

首题“都统一等阿思哈尼哈番佐领加一级谥襄勤赵琏碑文”

220厘米×80厘米

一张

北京石景山西郊西黄村

［0101］

S0444 席公墓碑额并阴　满汉文

ᠰᡳ ᡤᡠᠩ ᠨᡳ ᠪᡝᡳ

si gung ni bei

康熙四十七年（1708）三月十八日

额篆书题“诰封”

阳题“皇清诰封光禄大夫经筵讲官议政大臣吏部尚书管礼部尚书事务兼管太常寺佐领席公之碑”

200厘米×74厘米+30厘米×32厘米

二张

北京海淀西山乡

席公即席尔达。

［0101］

S0445 克车尼及妻宜尔根觉罗氏诰封碑　满汉文

ᡴᡝᠴᡝᠨᡳ ᠵᠠᡳ ᠰᠠᡵᡤᠠᠨ ᡳᡵᡤᡝᠨ ᡳ ᡤᡳᠣᡵᠣ ᡥᠠᠯᠠ ᡩᡝ ᡬᠠᠣᠮᡳᠩ ᠪᡝ ᠪᡠᡥᡝ ᠪᡝᡳ ᠪᡳᡨᡥᡝ ☆

keceni jai sargan irgen i gioro hala de g‘aoming be buhe bei bithe

康熙四十七年（1708）闰三月初一日

210厘米×80厘米+80厘米×40厘米

一张

北京朝阳东大桥

［0101］

S0446 明珠谕祭碑　满汉文

ᡥᡡᠸᠠᠩᡩᡳ ᡥᡝᠰᡝᡳ ᠮᡳᠩᠵᡠ ᡩᡝ ᠸᡝᠴᡝᡵᡝ ᡤᡳᠰᡠᠨ

hūwangdi hesei mingju de wecere gisun

康熙四十七年（1708）七月初三日

216厘米×81厘米

一张

北京海淀上庄村

［0101］

S0447 拖尔陛神道碑　满汉文

ᡨᠣᠯᠪᡳ ᡳ ᡝᡳᡶᡠ ᡳ ᠪᡝᡳ ᠪᡳᡨᡥᡝ

tolbi i eifu i bei bithe

张英 撰

陈元龙 正书

汪灏 篆额

康熙四十七年（1708）

首题“皇清诰赠资政大夫内府掌仪司郎中兼参领佐领加二级晋赠光禄大夫赵公神道碑”

202厘米×73厘米

一张

北京朝阳大豁子村

［0101］

S0448 拖和齐墓碑　满汉文

ᡨᠣᡥᡝᠴᡳ ᡳ ᡝᡳᡶᡠ ᠪᡝᡳ ᠪᡳᡨᡥᡝ ☆

toheci i eifu bei bithe

杨瑄 撰

张廷玉 正书

陈邦彦 篆额

康熙四十七年（1708）

首题“皇清诰赠资政大夫内务府掌仪司郎中兼参领佐领加二级晋封光禄大夫赵公神道碑”

202厘米×73厘米

一张

北京朝阳大豁子村

［0101］

S0449 北镇庙碑　满汉文

ᠠᠮᠠᡵᡤᡳ ᠵᡝᠨ ᡳ ᠮᡳᠶᠣᠣ ᡳ ᠪᡝᡳ ᠪᡳᡨᡥᡝ

amargi jen i miyoo i bei bithe

圣祖（玄烨） 撰并正书

康熙四十七年（1708）

216厘米×101厘米

一张

辽宁北镇

［0101］［0141］

S0450 额公碑额并阴　满汉文

ᡝ ᡤᡠᠩ ᠨᡳ ᠪᡝᡳ

e gung ni bei

康熙四十八年（1710）十二月初八日

首题“皇清诰赠光禄大夫经筵讲官议政大臣吏部尚书兼佐领加三级额公之碑”

额篆书题“诰赠”

阴题名

196厘米×69厘米+35厘米×25厘米

二张

北京朝阳小庄村

额公系马库之父。

［0101］

S0451 博济及妻傅查氏诰封碑 满汉文

☆

boji jai sargan fuca hala de g'aoming be buhe bithe

康熙四十八年（1709）

203厘米×74厘米

一张

北京朝阳东便门外小郊亭

此为总督四川陕西等处地方提督军务兼理粮饷兵部尚书兼都察院右副都御史仍兼管陕西将军事务，世袭拖沙喇哈番加三级博济及妻李氏之诰命，授博济光禄大夫，妻李氏封一品夫人。

诰命称：博济初任亲军校，二任六品典仪，三任五品典仪，四任加一级，五任二等护卫，六任一等护卫，七任管王府事，八任加一级，九任长史，十任蒙古副都统，十一任蒙古副都统佐领，十二任蒙古都统，十三任满洲都统，十四任江宁将军，十五任西安将军，十六任拖沙喇哈番，十七任加一级，十八任今职。

［0101］

S0452 介山墓碑 满汉文

☆

giye šan i eifu bei bithe

张玉书 撰

胡会恩 正书并篆额

康熙四十九年（1710）三月

首题“皇清诰授光禄大夫吏部尚书议政大臣加一级拖沙喇哈番兼佐领介公碑文”

216厘米×80厘米

一张

北京丰台广安门外西局村

阴见康熙四十九年（1710）三月汉文。

［0101］

S0453 椿泰墓碑 满汉文

cuntai i bei bithe

康熙四十九年（1710）四月十六日

首题“和硕康亲王谥悼椿泰碑文”

266厘米×80厘米

一张

北京海淀门头村礼王坟

和硕康亲王椿泰，杰书第五子。

［0101］［0141］

S0454 张佳氏谕祭碑并额 满汉文

hūwangdi hesei jang giya hala de wecere gisun

康熙四十九年（1710）四月二十九日

额篆书题“祭文”

200厘米×68厘米+29厘米×29厘米

一张

北京丰台广安门外水头庄村

张佳氏系穆和伦之母。

［0101］［0141］

S0455 法宝谕祭碑并额 满汉文

hūwangdi hesei faboo de wecere gisun

康熙四十九年（1710）七月二十三日

额篆书题“敕建”

216厘米×66厘米+30厘米×26厘米

一张

北京海淀新街口索家坟

［0101］

S0456 广仁宫碑并额 满文

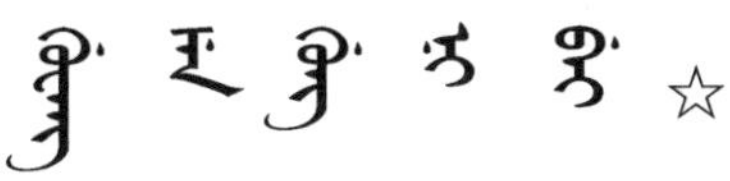

guwang žen gung ni bei

康熙五十年（1711）三月十八日

236厘米×94厘米+33厘米×26厘米

一张

北京海淀西顶庙

碑文全部为满文，乃翻译康熙四十九年（1710）五月初一日之汉文碑文，徐斑撰文。碑文首先说明了重修广仁宫的初衷，“私中禁诸臣共切酬恩之志，谨于万寿良辰恭集永宁胜会，上邀天眷，永保圣安”。文中叙述了重修的简略过程，“西顶向为洞府仙区，建有琳宫，久作颓垣废寺。众意方思改葺，宸衷早念重修”，于是“捐内帑期即事而增辉”。

［0101］

S0457 董郝善墓碑 满汉文

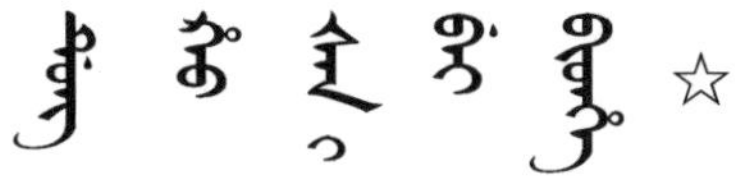

dung h‘ao šan i bei bithe

胡会恩 撰并正书

康熙五十一年（1712）十一月二十一日

首题“皇清诰赠骠骑将军镇守湖广沅州等处地方总兵官加一级董公暨配赠夫人郭罗罗氏继配赠夫人黑摄李氏合葬墓碑”

209厘米×78厘米

一张

北京房山良乡南坊村

［0101］

S0458 鄂尔弼及妻王家氏诰封碑 满汉文

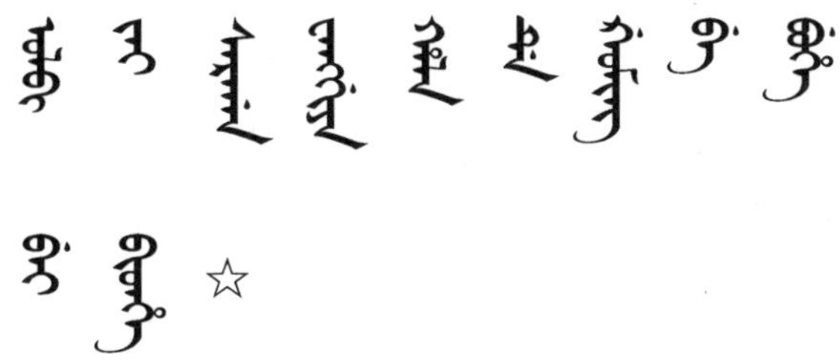

olbi jai sargan wanggiya hala de g‘aoming be buhe bei bithe

康熙五十二年（1713）三月十八日

182厘米×74厘米

一张

北京朝阳左安门外周庄

鄂尔弼及其妻王家氏系常在之父母。

［0101］

S0459 萨尔拖氏墓碑并额　满汉文

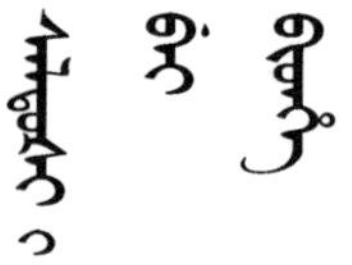 ☆

saltoši i bei bithe

康熙五十二年（1713）春

额正书题“圣旨”

136厘米×57厘米

一张

北京海淀阜成门外白堆子

墓主萨尔拖氏为苏海妻。

［0101］［0141］

S0460 隆兴寺碑 △　满汉文

康熙五十二年（1713）三月

额篆书题“御制碑文”

316厘米×135厘米

河北正定隆兴寺

S0461 荐良及妻哈喇车忒氏诰封碑额并阴　满汉文

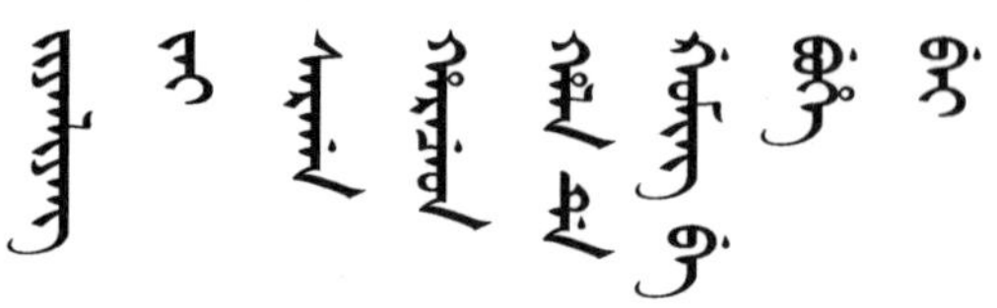

 ☆

jiyanliyang jai sargan haracet hala de g‘aoming be buhe bei bithe

康熙五十二年（1713）七月初一日

额正书题“圣旨”

208厘米×75厘米+26厘米×23厘米

198厘米×69厘米

二张

北京朝阳安定门外慧忠庵村

诰命称：三等阿达哈哈番佐领加三级荐良“器量弘深，才资骁勇，……任使益懋，着其忠勤，庆典欣逢，新恩宜霈，兹以覃恩特授尔阶正议大夫，锡之诰命，妻哈喇车忒氏封夫人”。

［0101］

S0462 锡达及妻吴郎汉氏诰封碑额并阴　满汉文

 ☆

sida jai sargan uranghan hala de g‘aoming be buhe bei bithe

康熙五十二年（1713）七月初一日

额正书题“圣旨”

206厘米×66厘米+24厘米×22厘米

二张

北京朝阳安定门外慧忠庵村

三等阿达哈哈番加一级锡达“性资醇谨，才识渊深……奉职有年，小心益励，崇

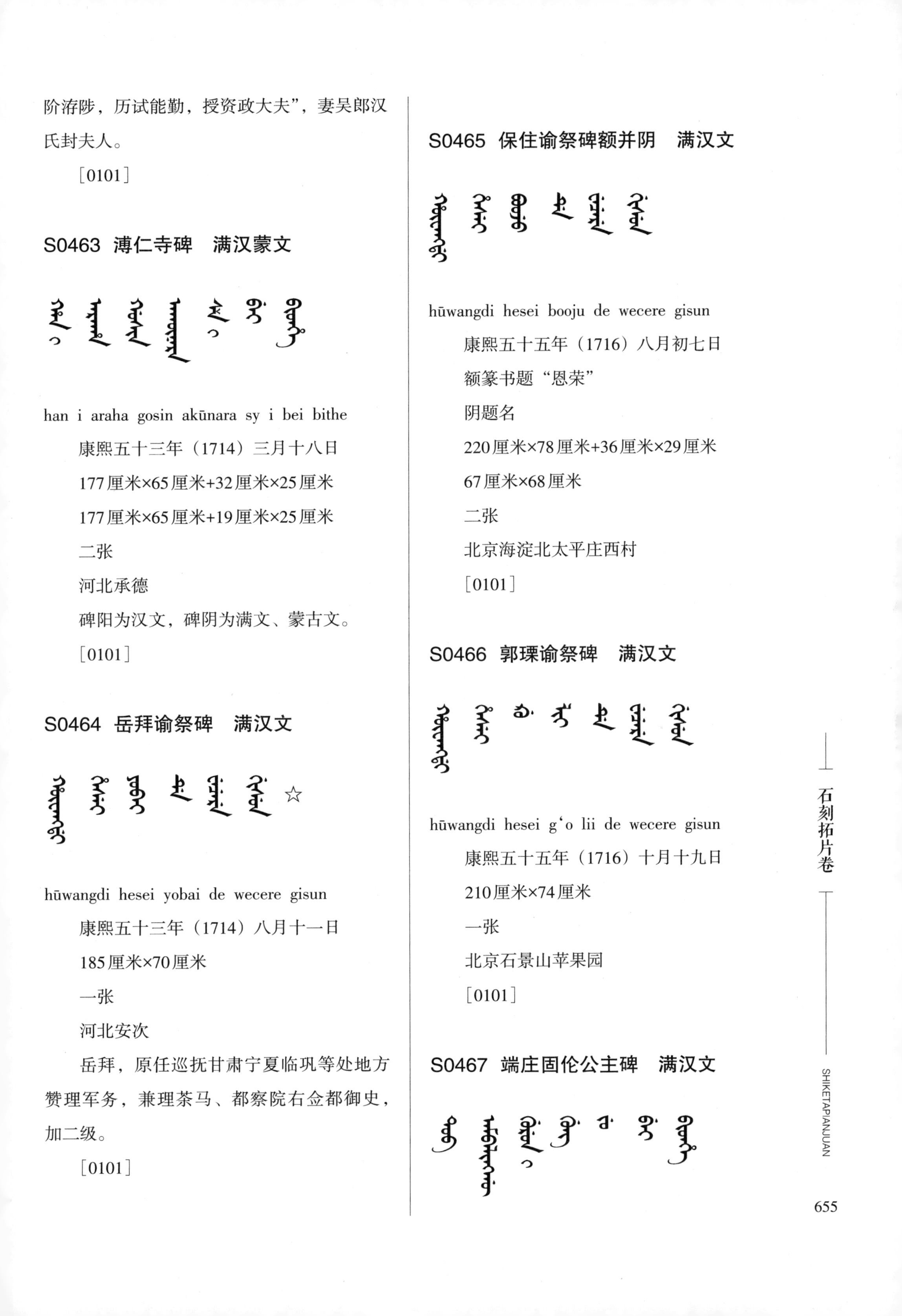

阶洊陟，历试能勤，授资政大夫”，妻吴郎汉氏封夫人。

［0101］

S0463 溥仁寺碑 满汉蒙文

han i araha gosin akūnara sy i bei bithe

康熙五十三年（1714）三月十八日

177厘米×65厘米+32厘米×25厘米

177厘米×65厘米+19厘米×25厘米

二张

河北承德

碑阳为汉文，碑阴为满文、蒙古文。

［0101］

S0464 岳拜谕祭碑 满汉文

☆

hūwangdi hesei yobai de wecere gisun

康熙五十三年（1714）八月十一日

185厘米×70厘米

一张

河北安次

岳拜，原任巡抚甘肃宁夏临巩等处地方赞理军务，兼理茶马、都察院右佥都御史，加二级。

［0101］

S0465 保住谕祭碑额并阴 满汉文

hūwangdi hesei booju de wecere gisun

康熙五十五年（1716）八月初七日

额篆书题“恩荣”

阴题名

220厘米×78厘米+36厘米×29厘米

67厘米×68厘米

二张

北京海淀北太平庄西村

［0101］

S0466 郭瑮谕祭碑 满汉文

hūwangdi hesei g‘o lii de wecere gisun

康熙五十五年（1716）十月十九日

210厘米×74厘米

一张

北京石景山苹果园

［0101］

S0467 端庄固伦公主碑 满汉文

tob ambalinggū gurun i gung ju bei bithe

康熙五十五年（1716）

一张

辽阳西大窑乡公安堡

端庄固伦公主为太祖高皇帝之女。

［0785］

S0468 诺罗布墓碑　满汉文

norobu i bei bithe

康熙五十七年（1718）五月初七日

首题“多罗顺承郡王谥忠诺罗布碑文”

256厘米×97厘米

一张

北京房山西甘池

［0101］

S0469 郭瑮墓碑　满汉文

g‘oli i bei bithe

康熙五十七年（1718）三月十五日

首题“总督云南贵州等处地方军务兼理粮饷兵部右侍郎兼都察院右副都御史加五级谥恪勤郭瑮碑文”

208厘米×72厘米

一张

北京石景山八角村

［0101］

S0470 咧喇斯基 Пежайский 墓碑　满汉俄文

tiyan ju giyoo da šen fu arisimanderi ilaliwan liyelesgi i eifu bei

康熙五十七年（1718）八月十七日

额卷草纹圆环内刻十字架

178厘米×51厘米

二张

北京东城安定门外东正教公墓

此碑于1900年被毁。

碑阳为俄文，碑阴为满文、汉文。

［0101］

S0471 阿赛墓碑并额　满汉文

asai i bei

康熙五十八年（1719年）三月

额正书题“圣旨”

156厘米×78厘米+38厘米×30厘米

一张

北京海淀西山乡玉洁庵村

［0101］［0141］

S0472 遣李绂祭南海之神文　满汉文

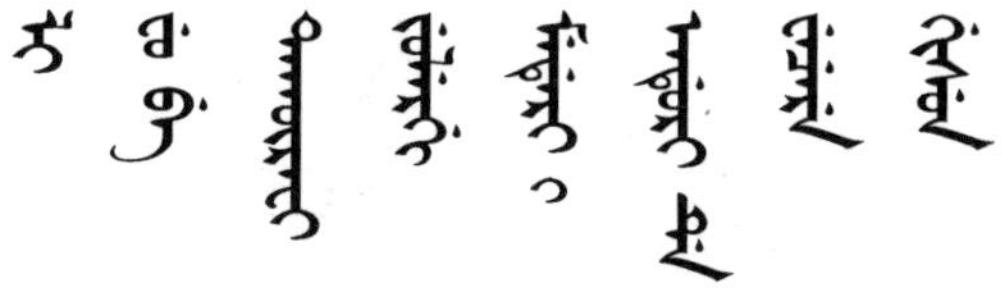

li fu be takūrafi julergi mederi i enduri de wecere gisun

圣祖（玄烨）撰

康熙五十八年（1719）四月初一日

131厘米×86厘米

一张

［0141］

S0473 黄象坤谕祭碑　满汉文

hūwangdi hesei hūwang siyang kun de wecere gisun

康熙五十八年（1719）八月十四日

205厘米×79厘米

一张

北京海淀清河镇永泰庄

［0101］

S0474 显应寺碑　满汉文

hiyan ing sy i bei bithe

圣祖（玄烨）撰

王图炳 正书

康熙五十九年（1720）四月一日

首题“御制显应寺碑记”

202厘米×73厘米+202厘米×73厘米

二张

北京石景山西黄村

此系康熙帝为显应寺撰写之碑记。碑文简述了显应寺的沿革及此次修葺之经过，说明了命名之用意：“盖以慧炬祥光无微不显，慈云法力有感必通，泽万品于真源，耀十空于宝智，同圆妙果，长稔稻田云尔。”

碑阳为满文，碑阴为汉文。

［0101］

S0475 佟国维及妻何奢礼氏谕祭碑并额　满汉文

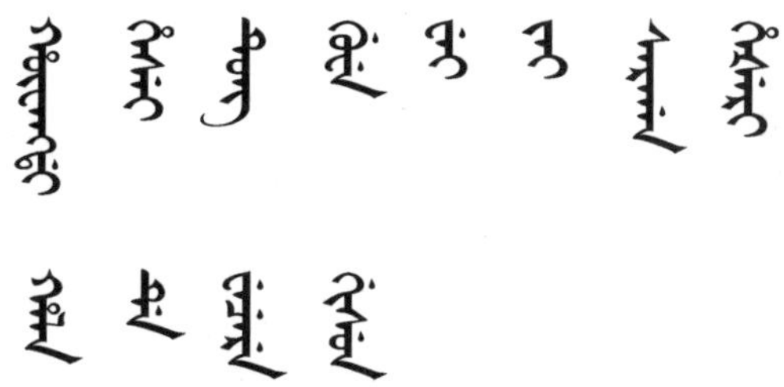

hūwangdi hesei tung guwe wei jai sargan hešeri hala de wecere gisun

康熙五十九年（1720）五月初七日

额篆书题“谕祭”

224厘米×76厘米+37厘米×30厘米

一张

北京朝阳十八里店佟家坟

原碑已毁。

［0101］

S0476 多尔济墓碑并阴 满汉文

ᡩᠣᡵᠵᡳ ᡳ ᠪᡝᡳ

dorji i bei

康熙五十九年（1720）八月

阳正书题“皇清诰授光禄大夫议政大臣领侍卫内大臣一等精奇尼哈番兼一拖沙喇哈番都察院左都御史达尔罕诺彦多公之碑”

204厘米×70厘米

二张

［0101］

S0477 资福院碑并阴 满汉文

ᡥᠠᠨ ᡳ ᠠᡵᠠᡥᠠ ᡥᡡᡨᡠᡵᡳ ᡳᠰᡳᠪᡠᡵᡝ ᠶᡠᠸᠠᠨ ᡳ ᠪᡝᡳ ᠪᡳᡨᡥᡝ

han i araha hūturi isibure yuwan i bei bithe

康熙六十年（1721）七月

首题“敕赐资福院碑记”

140厘米×70厘米

二张

北京朝阳德胜门外黄寺

此为记述康熙帝敕建资福院情况并表示感恩的碑记。碑文多处漫漶不清，难以卒读，在其末段说“今复念蕃僧受戒，西来译经，中土向未有十方常住”，“若非我皇上善世心殷满难圆之善果，福民念□，应无量之福缘，则善利十方，福资三界，何能如是其至也哉”。

碑阳为汉文，碑阴为满文。

［0101］［0141］

S0478 资福院碑额并阴 满蒙藏汉文

ᡥᠠᠨ ᡳ ᠠᡵᠠᡥᠠ ᡥᡡᡨᡠᡵᡳ ᡳᠰᡳᠪᡠᡵᡝ ᠶᡠᠸᠠᠨ ᡳ ᠪᡝᡳ ᠪᡳᡨᡥᡝ

han i araha hūturi isibure yuwan i bei bithe

圣祖（玄烨） 撰

康熙六十年（1721）

阳首题“御制资福院碑记”（满汉文）

阳额题“敕建”（满文）

185厘米×69厘米

185厘米×69厘米+30厘米×30厘米

二张

北京朝阳德胜门外黄寺

此系康熙帝为资福院落成亲自撰写之碑记。碑文叙述了建造资福院的缘由。康熙六十年（1721）在平定准噶尔部取得胜利后，哲布遵达木巴库图克图等蒙古王公请求建庙纪功并建十方院以便远来僧徒有栖止之所。康熙帝以建庙烦费不允，只同意建十方院并赐名资福院。碑文最后康熙帝写出了对蒙古各部的祝福：“诸蒙古贞一乃心，恪奉藩职，协和邻部，辑睦姻亲，天必迎其善意而降之以吉祥，将见户口愈滋，畜牧益盛，朕乐与共太平有永而勿替也!”

碑阳为满文、汉文，碑阴为满文、蒙古文。

［0101］［0141］［0182］

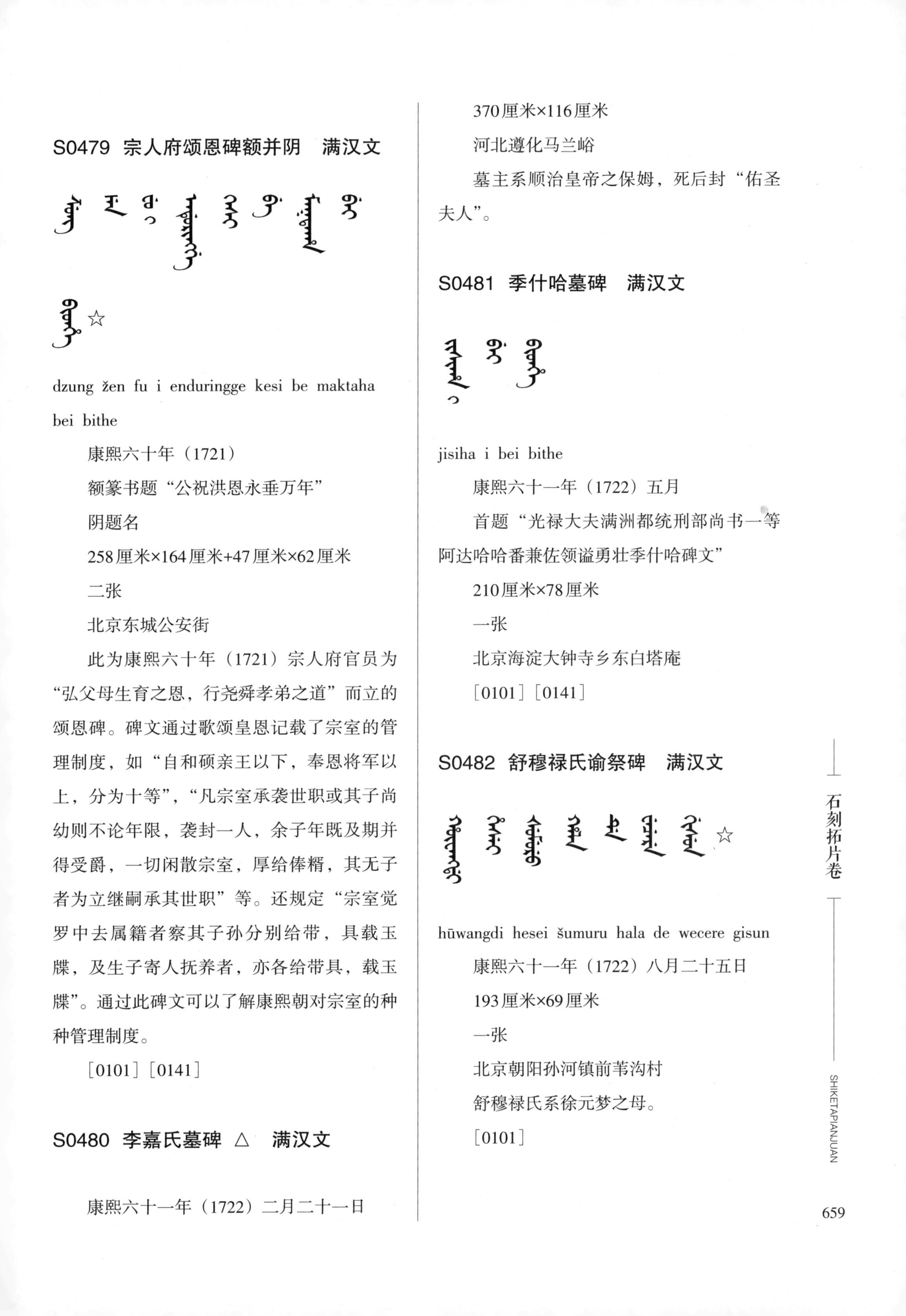

S0479 宗人府颂恩碑额并阴　满汉文

☆

dzung žen fu i enduringge kesi be maktaha bei bithe

康熙六十年（1721）

额篆书题“公祝洪恩永垂万年”

阴题名

258厘米×164厘米+47厘米×62厘米

二张

北京东城公安街

此为康熙六十年（1721）宗人府官员为“弘父母生育之恩，行尧舜孝弟之道”而立的颂恩碑。碑文通过歌颂皇恩记载了宗室的管理制度，如“自和硕亲王以下，奉恩将军以上，分为十等”，“凡宗室承袭世职或其子尚幼则不论年限，袭封一人，余子年既及期并得受爵，一切闲散宗室，厚给俸糈，其无子者为立继嗣承其世职”等。还规定“宗室觉罗中去属籍者察其子孙分别给带，具载玉牒，及生子寄人抚养者，亦各给带具，载玉牒”。通过此碑文可以了解康熙朝对宗室的种种管理制度。

［0101］［0141］

S0480 李嘉氏墓碑 △　满汉文

康熙六十一年（1722）二月二十一日

370厘米×116厘米

河北遵化马兰峪

墓主系顺治皇帝之保姆，死后封“佑圣夫人”。

S0481 季什哈墓碑　满汉文

jisiha i bei bithe

康熙六十一年（1722）五月

首题“光禄大夫满洲都统刑部尚书一等阿达哈哈番兼佐领谥勇壮季什哈碑文”

210厘米×78厘米

一张

北京海淀大钟寺乡东白塔庵

［0101］［0141］

S0482 舒穆禄氏谕祭碑　满汉文

☆

hūwangdi hesei šumuru hala de wecere gisun

康熙六十一年（1722）八月二十五日

193厘米×69厘米

一张

北京朝阳孙河镇前苇沟村

舒穆禄氏系徐元梦之母。

［0101］

S0483 崇国寺碑额并阴　满汉蒙藏文

cung guwe sy syi bei bithe

康熙六十一年（1722）

首题“御制崇国寺碑文”

额篆书题“敕建”

280厘米×135厘米+66厘米×46厘米

二张

北京西城护国寺

此为康熙帝为重建崇国寺亲撰之碑记。碑文首先叙述了崇国寺历史，然后说明是应诸蒙古汗王、贝勒、贝子、公、台吉、塔布囊等再三恳求而重建此庙。碑文赞扬了诸蒙古的忠诚：“诸蒙古恭顺三朝，述职无旷，至于朕躬款化益众，凡在龙堆瀚海，内外百余部落皆吾藩篱屏翰，故往岁亲征漠北，除其蠢贼，近复平定西藏，宁其疆域，实嘉诸蒙古忠爱之忱，永矢不渝也。”最后说明重建此庙的重要意义：“今诸蒙古建新兹寺，用祈福佑于朕躬，益见诸蒙古感恩思报之诚而上下交孚，至于绝漠遐陬联为一体焉。”

［0101］［0102］［0141］［0150］

S0484 关住墓碑　满汉文

gūwalgiya halai guwanju i bei

首题“皇清诰授资政大夫护军参领佐领加一级瓜尔佳公讳关住碑”

203厘米×70厘米

一张（又一份一张）

北京朝阳东便门外高碑店半壁店村

此碑无年月，立于康熙四十六年（1707）其子齐式墓碑之前。

［0101］

S0485 喀公墓碑　满汉文

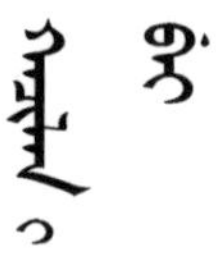

kacilan i bei

康熙年间

首题“皇清诰封光禄大夫副都统拜他喇布勒哈番佐领加一级诰赠正一品光禄大夫议政大臣户部尚书之碑”

200厘米×70厘米

一张

北京朝阳德胜门外洼里关西乡

喀公即喀齐蓝，又作喀齐兰，姓伊尔根觉罗氏，满洲正黄旗人。

［0101］

S0486 李固诰封碑　满汉文

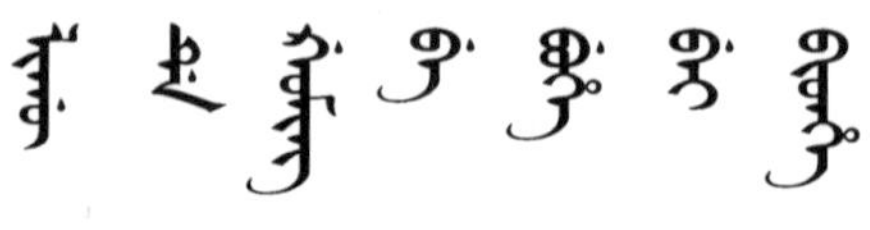 ☆

ligū de g‘aoming be buhe bei bithe

康熙年间

首题“皇清诰封资政大夫护军参领加一级拖沙喇哈番兼管佐领李公诰命碑”

204厘米×69厘米

一张

北京宣武广安门外马连道

此为护军参领加一级拖沙喇哈番兼佐领李固之诰命。诰命称其“俾管护军参领恪慎无惭于职守，宣劳政务夙夜克矢乎寅恭”，授资政大夫。

初任护军校，二任骁骑校，三任加一级，四任拖沙喇哈番，五任理藩院员外郎，六任加一级，七任本部郎中，八任兼管佐领，九任护军参领，十任加一级，后阵亡。

［0101］

S0487 穆图碑并阴 满汉文

ᠮᡠᡨᡠ ᡳ ᠪᡝᡳ

mutu i bei

康熙年间

206厘米×89厘米

二张

北京朝阳安定门外小黄庄村

［0101］

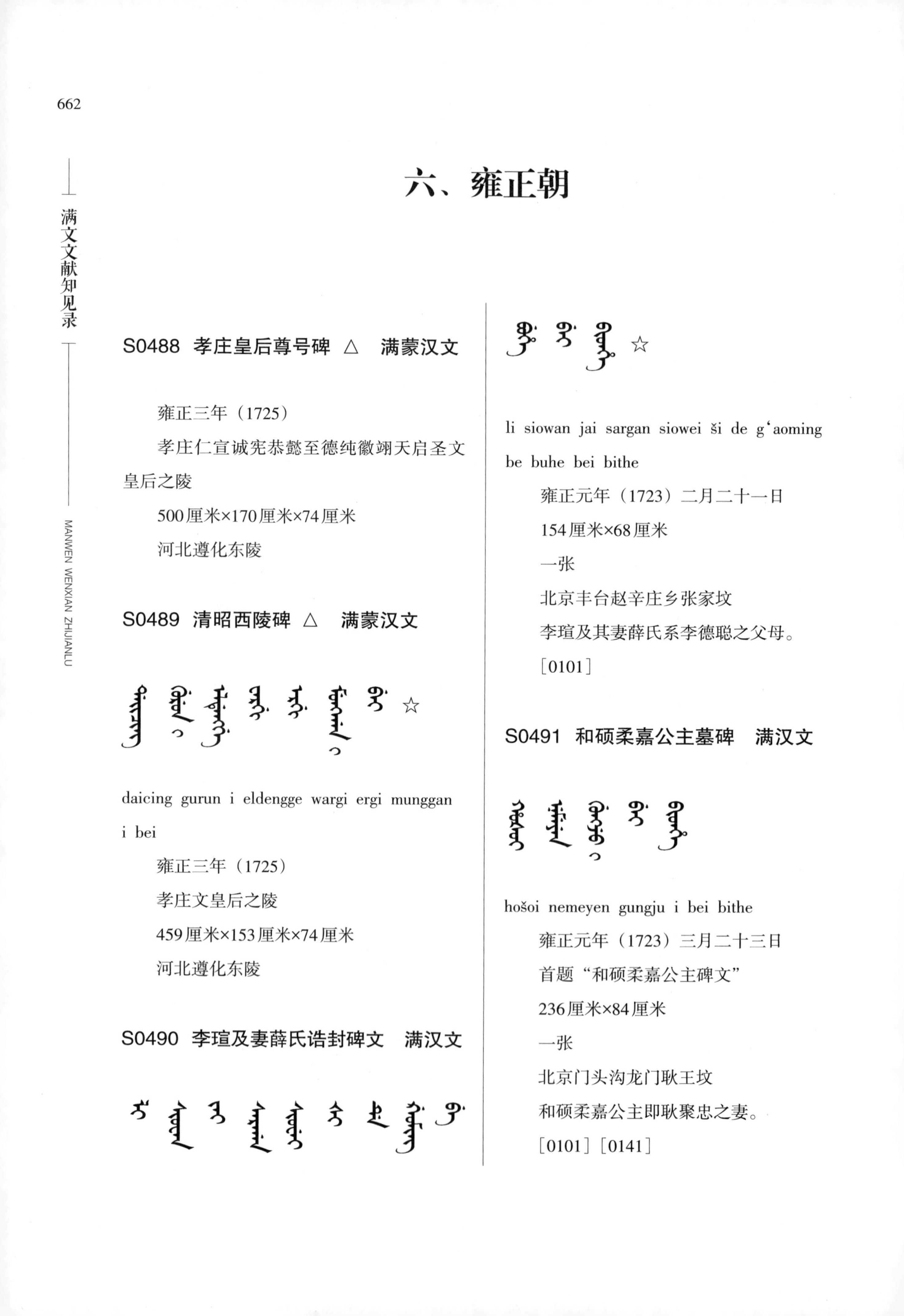

六、雍正朝

S0488 孝庄皇后尊号碑 △ 满蒙汉文

雍正三年（1725）

孝庄仁宣诚宪恭懿至德纯徽翊天启圣文皇后之陵

500厘米×170厘米×74厘米

河北遵化东陵

S0489 清昭西陵碑 △ 满蒙汉文

☆

daicing gurun i eldengge wargi ergi munggan i bei

雍正三年（1725）

孝庄文皇后之陵

459厘米×153厘米×74厘米

河北遵化东陵

S0490 李瑄及妻薛氏诰封碑文 满汉文

☆

li siowan jai sargan siowei ši de g'aoming be buhe bei bithe

雍正元年（1723）二月二十一日

154厘米×68厘米

一张

北京丰台赵辛庄乡张家坟

李瑄及其妻薛氏系李德聪之父母。

［0101］

S0491 和硕柔嘉公主墓碑 满汉文

hošoi nemeyen gungju i bei bithe

雍正元年（1723）三月二十三日

首题“和硕柔嘉公主碑文”

236厘米×84厘米

一张

北京门头沟龙门耿王坟

和硕柔嘉公主即耿聚忠之妻。

［0101］［0141］

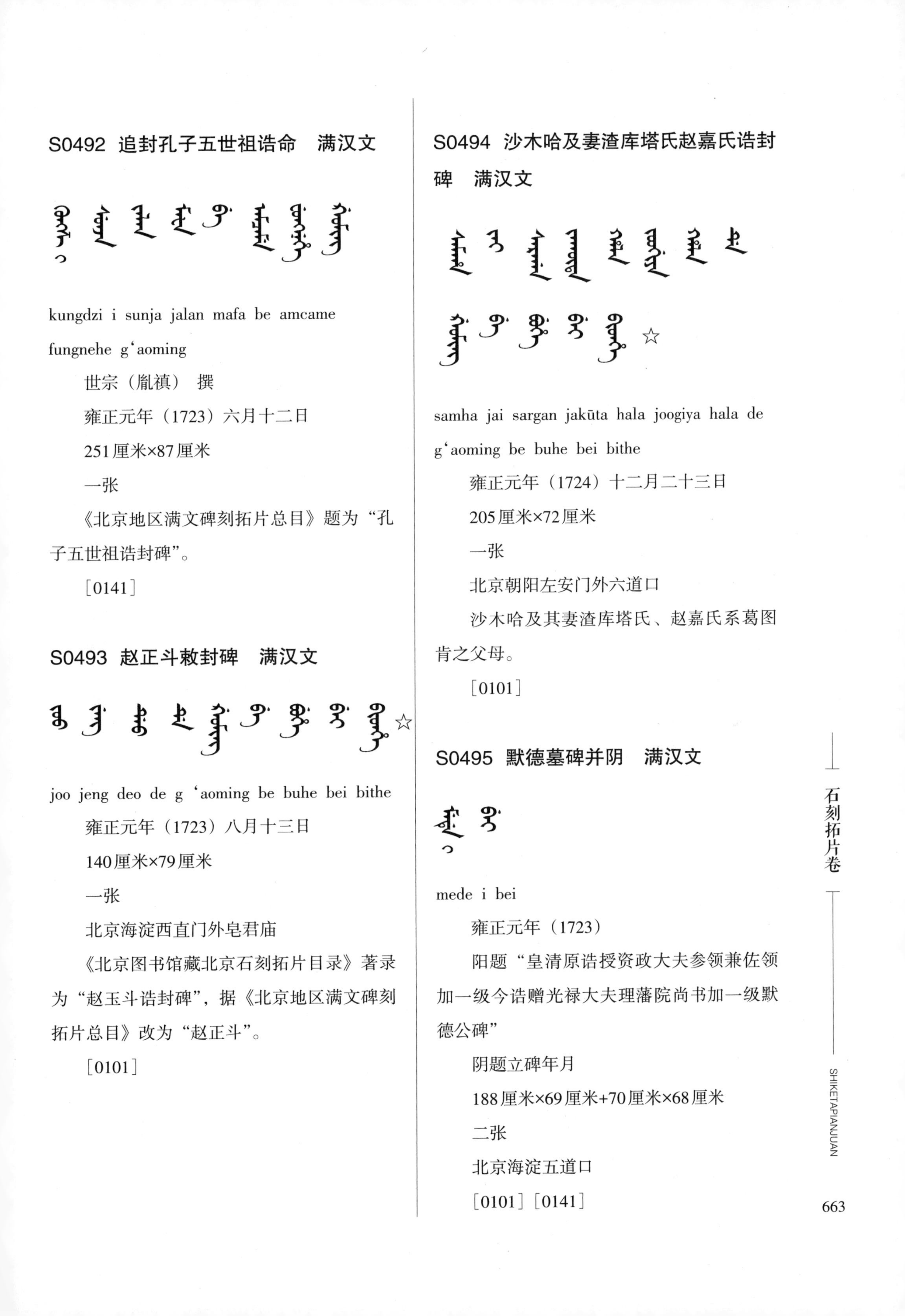

S0492 追封孔子五世祖诰命　满汉文

kungdzi i sunja jalan mafa be amcame fungnehe g'aoming

世宗（胤禛）撰

雍正元年（1723）六月十二日

251厘米×87厘米

一张

《北京地区满文碑刻拓片总目》题为“孔子五世祖诰封碑”。

［0141］

S0493 赵正斗敕封碑　满汉文

☆

joo jeng deo de g 'aoming be buhe bei bithe

雍正元年（1723）八月十三日

140厘米×79厘米

一张

北京海淀西直门外皂君庙

《北京图书馆藏北京石刻拓片目录》著录为“赵玉斗诰封碑”，据《北京地区满文碑刻拓片总目》改为“赵正斗”。

［0101］

S0494 沙木哈及妻渣库塔氏赵嘉氏诰封碑　满汉文

☆

samha jai sargan jakūta hala joogiya hala de g'aoming be buhe bei bithe

雍正元年（1724）十二月二十三日

205厘米×72厘米

一张

北京朝阳左安门外六道口

沙木哈及其妻渣库塔氏、赵嘉氏系葛图肯之父母。

［0101］

S0495 默德墓碑并阴　满汉文

mede i bei

雍正元年（1723）

阳题“皇清原诰授资政大夫参领兼佐领加一级今诰赠光禄大夫理藩院尚书加一级默德公碑”

阴题立碑年月

188厘米×69厘米+70厘米×68厘米

二张

北京海淀五道口

［0101］［0141］

S0496 凯音布谕祭碑 满汉文

hūwangdi hesei kaimbu de wecere gisun

雍正二年（1724）闰四月十八日

200厘米×68厘米

一张

北京怀柔西凯甲坟村

［0101］

S0497 额伦特墓碑并额 满汉文

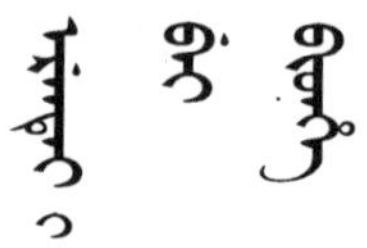

erentei i bei bithe

雍正二年（1724）八月

额篆书题“圣谕”

首题“原任湖广总督署理西安将军印务世袭三等阿达哈哈番加三级谥忠勇额伦特碑文”

208厘米×75厘米+33厘米×30厘米

一张

北京海淀西山乡黑塔村

［0101］

S0498 育婴堂碑并阴 满汉文

han i araha ioi ing tang ni bei bithe

世宗（胤禛）撰

雍正二年（1725）十二月初一日

首题“御制育婴堂碑记”

阴题名

194厘米×69厘米

二张

北京崇文广渠门内夕照寺

此系雍正帝为京城广渠门内育婴堂撰写的碑文。文中简述了原有之育婴堂经皇帝赐题额并出帑金，公卿士庶多有捐资，府尹重加经理，规模扩大，设施齐备。碑文后半部分说明了雍正帝的心愿：“京师者，四方之表也。诚使九州之内，自通都大邑至于市镇繁富之所，郡县长吏各殚厥心，仿此而推行之，倡好义之士，弘恤孤之政，岂惟保抱携持幼得所养，而人人兴起，其仁心喜于为善，则老安少怀，风俗益臻醇茂，斯朕之所厚望也夫！”

［0101］［0141］

S0499 平定青海告成太学碑并额 满汉文

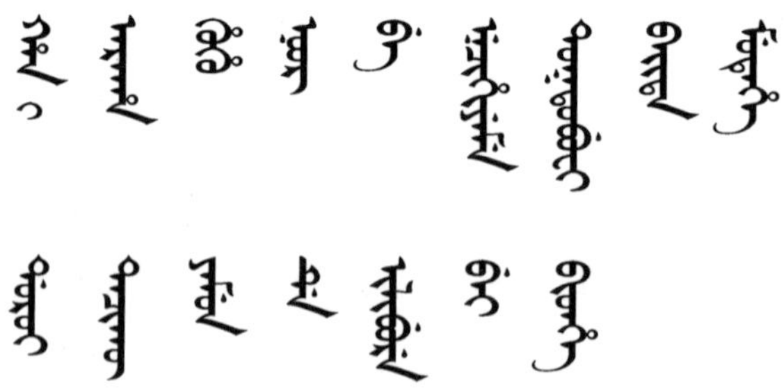

han i araha huhu noor be necihiyeme toktobufi baita mutehe doroi tacikū i yamun de ilibure bei bithe

世宗（胤禛）撰

雍正三年（1725）五月十七日

首题“平定青海告成太学碑”

额篆书题“御制平定青海告成太学碑”

348厘米×145厘米+83厘米×57厘米

一张

北京东城国子监孔庙

雍正帝在平定罗卜藏丹津叛乱之后亲笔撰文，立碑于孔庙。碑文叙述了雍正元年（1723）十月遣川陕总督年羹尧为抚远大将军出塞平叛的过程。碑文中申明了对叛军的政策：“朕犹悯其愚蠢，若悔祸思愆，束手来归，尚可全宥，而怙恶不悛，负险抗违，乃翦灭之。”

［0101］［0141］

S0500 隆福寺碑并额　满汉文

ᡥᠠᠨ ᡳ ᠠᡵᠠᡥᠠ ᠯᡠᠩ ᡶᡠ ᠰᡟ ᡳ ᠪᡝᡳ ᠪᡳᡨᡥᡝ

han i araha lung fu sy i bei bithe

世宗（胤禛）撰

雍正三年（1725）十月十二日

首题“御制隆福寺碑文”

额篆书题“敕建”

340厘米×164厘米+66厘米×50厘米

一张

北京东城隆福寺街

此为雍正皇帝为重修隆福寺而撰写的碑文。碑文首先回顾了隆福寺的历史及重修过程。隆福寺建于明景泰三年（1452），“距今二百七十余年，风雨侵蚀，日月滋久”，于是“弘施资财，庀材召匠，再造山门，重起宝坊”。其后点明了自己的心愿：“自古帝王备福之盛，无有比伦，朕缵嗣鸿基，思继先志，使遐迩蒸民响教慕义，俱种善果，各耕福田，藉大慈之佑，感召休征，锡以繁祉，井里安富，耄耆康宁，享太平之福，永永无极，则朕所以受上天之景福，承皇考之庆泽者莫大乎，是此朕为苍生勤祈之至愿也夫！”

［0101］［0102］

S0501 黄寺碑　满汉文

ᡧᠣᠸᠠᠶᠠᠨ ᠮᡳᠶᠣᠣ ᡳ ᠪᡝᡳ ᠪᡳᡨᡥᡝ

šowayan miyoo i bei bithe

世宗（胤禛）撰并正书

雍正四年（1726）

265厘米×105厘米

一张

北京朝阳德胜门外黄寺

此为雍正帝在黄寺重修竣工后亲笔撰写的碑记。碑文记述了黄寺重修是由喀尔喀泽卜尊丹巴胡图克图率蒙古各部首领合资四万三千两而大功告成。碑文认为这一工程是“扬皇考功德之隆”“表藩服忠爱之笃”，可以“昭垂于久远”。

［0101］［0102］

S0502 杨宗仁墓碑　满汉文

ᠶᠠᠩ ᡯᡠᠩ ᡰᡳᠨ ᡳ ᠪᡝᡳ ᠪᡳᡨᡥᡝ

yang dzung žin i bei bithe

世宗（胤禛）撰

雍正四年（1726）

首题“湖广总督加三级谥清端杨宗仁碑文”

187厘米×68厘米

一张

北京丰台张郭庄杨家坟

［0101］

S0503 大清景陵圣德神功碑 △ 满汉文

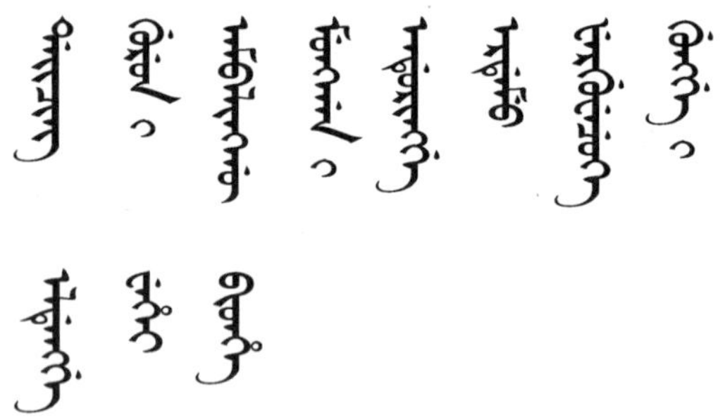

daicing gurun i ambalinggū munggan i enduringge erdemu ferguwecuke gungge i eldengge wehei bithe

世宗（胤禛）撰

雍正五年（1727）闰三月二十一日

670厘米×223厘米×77厘米（双碑）

河北遵化东陵

S0504 康熙皇帝尊号碑 △ 满蒙汉文

题“圣祖合天弘运文武睿哲恭俭宽裕孝敬诚信功德大成仁皇帝之陵”

577厘米×186厘米×76厘米

河北遵化东陵

S0505 清景陵碑 △ 满蒙汉文

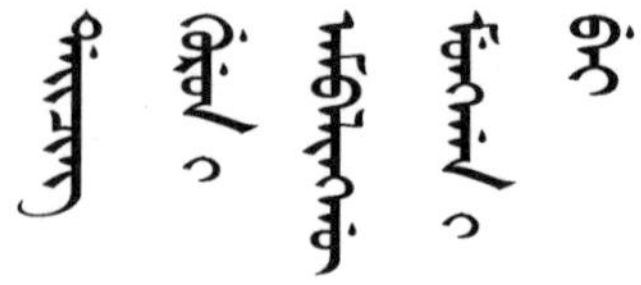 ☆

daicing gurun i ambalinggū munggan i bei

题“圣祖仁皇帝之陵”

440厘米×161厘米×74厘米

河北遵化东陵

S0506 北镇庙碑 满汉文

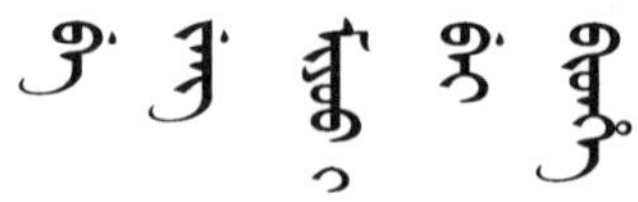

be jeng miyoo i bei bithe

世宗（胤禛）撰并书

雍正五年（1727）九月初四日

首题“北镇庙碑文”

240厘米×88厘米

一张

辽宁北镇

［0101］［0141］

S0507 登色及妻孟氏觉罗氏诰封碑 满文

 ☆

dengse jai sargan meng ši gioro hala de g‘aoming be buhe bei bithe

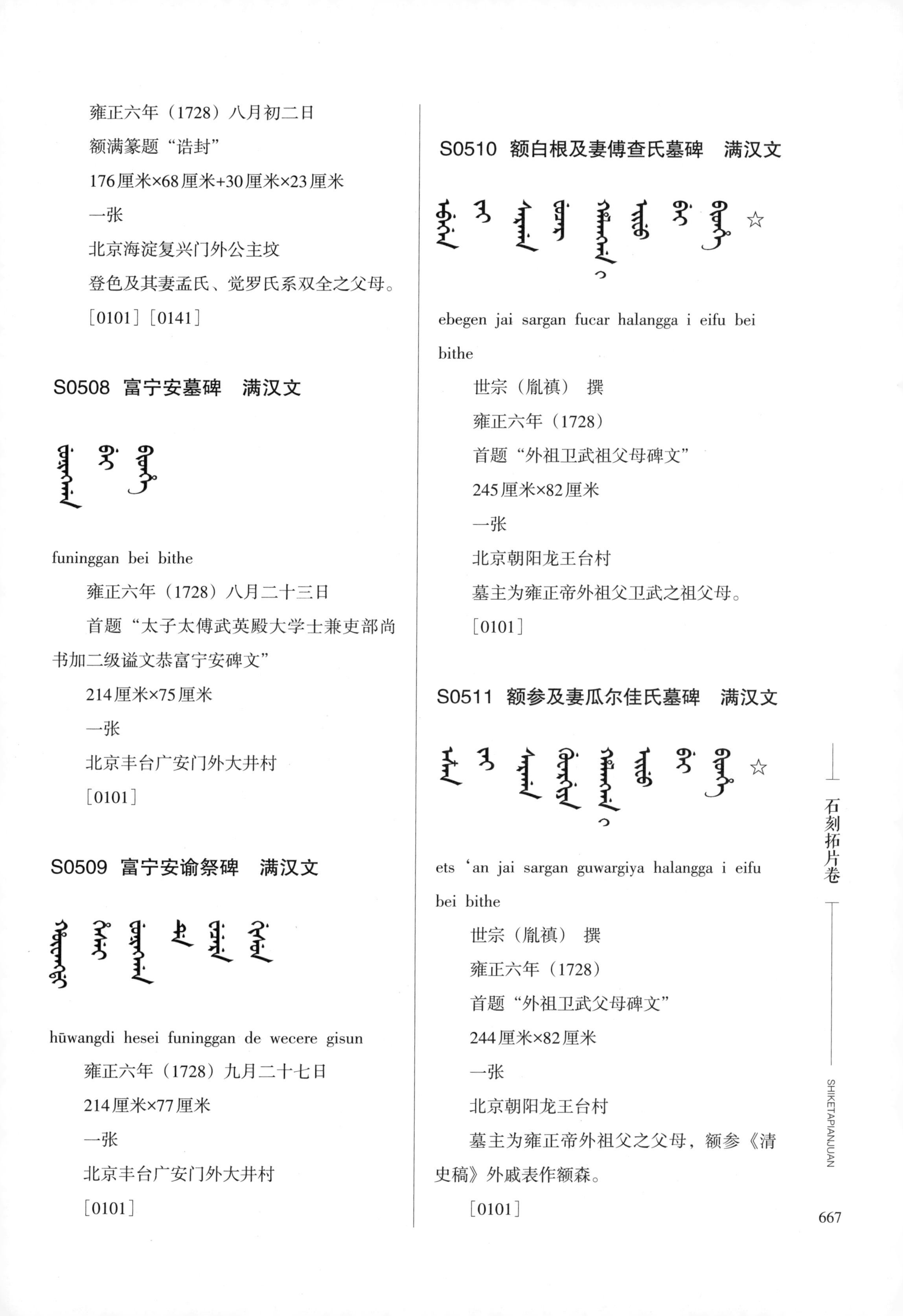

雍正六年（1728）八月初二日

额满篆题“诰封”

176厘米×68厘米+30厘米×23厘米

一张

北京海淀复兴门外公主坟

登色及其妻孟氏、觉罗氏系双全之父母。

［0101］［0141］

S0508 富宁安墓碑 满汉文

funinggan bei bithe

雍正六年（1728）八月二十三日

首题“太子太傅武英殿大学士兼吏部尚书加二级谥文恭富宁安碑文”

214厘米×75厘米

一张

北京丰台广安门外大井村

［0101］

S0509 富宁安谕祭碑 满汉文

hūwangdi hesei funinggan de wecere gisun

雍正六年（1728）九月二十七日

214厘米×77厘米

一张

北京丰台广安门外大井村

［0101］

S0510 额白根及妻傅查氏墓碑 满汉文

☆

ebegen jai sargan fucar halangga i eifu bei bithe

世宗（胤禛） 撰

雍正六年（1728）

首题“外祖卫武祖父母碑文”

245厘米×82厘米

一张

北京朝阳龙王台村

墓主为雍正帝外祖父卫武之祖父母。

［0101］

S0511 额参及妻瓜尔佳氏墓碑 满汉文

☆

ets ‘an jai sargan guwargiya halangga i eifu bei bithe

世宗（胤禛） 撰

雍正六年（1728）

首题“外祖卫武父母碑文”

244厘米×82厘米

一张

北京朝阳龙王台村

墓主为雍正帝外祖父之父母，额参《清史稿》外戚表作额森。

［0101］

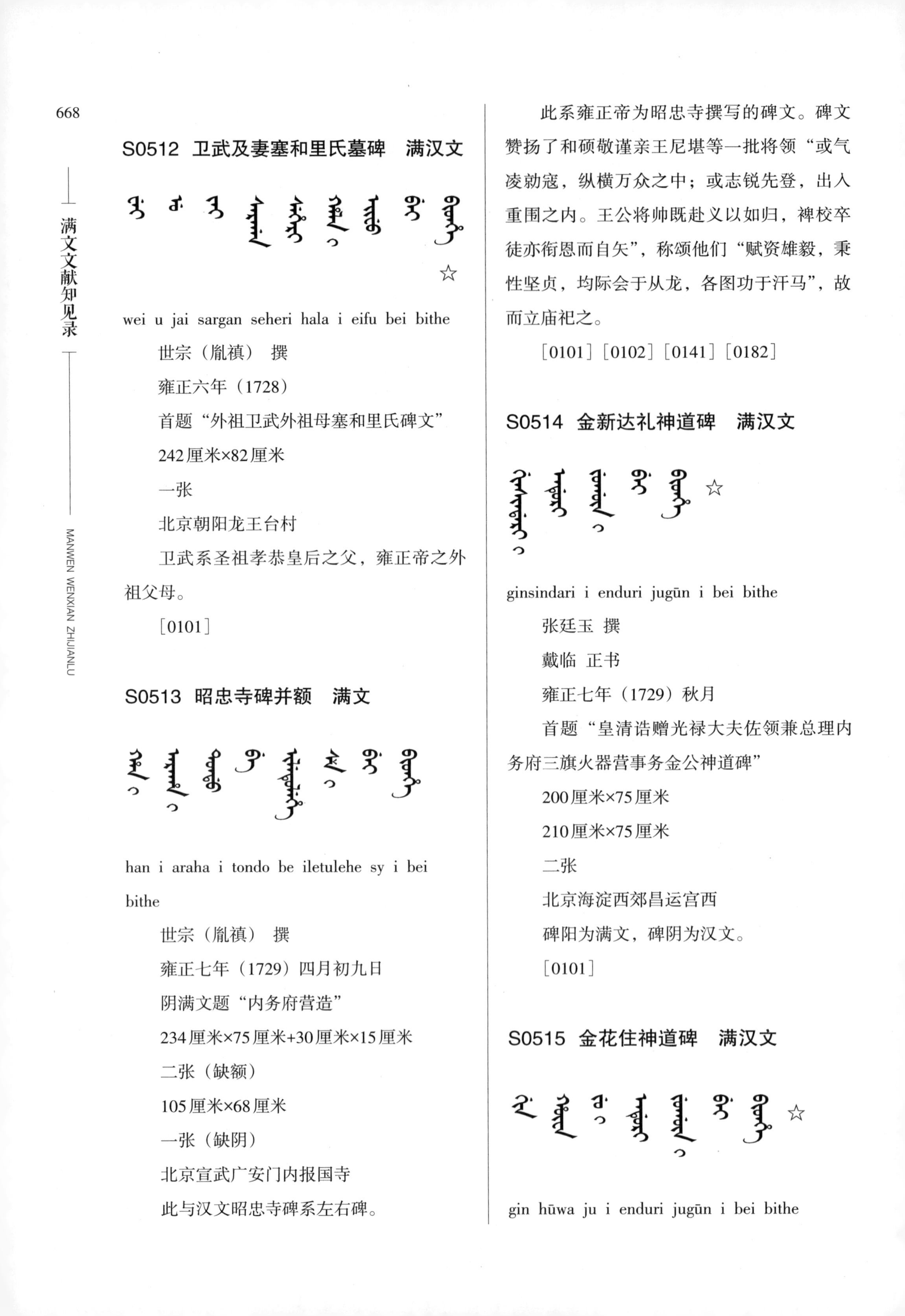

S0512 卫武及妻塞和里氏墓碑　满汉文

☆

wei u jai sargan seheri hala i eifu bei bithe

世宗（胤禛） 撰

雍正六年（1728）

首题“外祖卫武外祖母塞和里氏碑文”

242厘米×82厘米

一张

北京朝阳龙王台村

卫武系圣祖孝恭皇后之父，雍正帝之外祖父母。

[0101]

S0513 昭忠寺碑并额　满文

han i araha i tondo be iletulehe sy i bei bithe

世宗（胤禛） 撰

雍正七年（1729）四月初九日

阴满文题“内务府营造”

234厘米×75厘米+30厘米×15厘米

二张（缺额）

105厘米×68厘米

一张（缺阴）

北京宣武广安门内报国寺

此与汉文昭忠寺碑系左右碑。

此系雍正帝为昭忠寺撰写的碑文。碑文赞扬了和硕敬谨亲王尼堪等一批将领“或气凌勍寇，纵横万众之中；或志锐先登，出入重围之内。王公将帅既赴义以如归，裨校卒徒亦衔恩而自矢”，称颂他们“赋资雄毅，秉性坚贞，均际会于从龙，各图功于汗马”，故而立庙祀之。

[0101] [0102] [0141] [0182]

S0514 金新达礼神道碑　满汉文

☆

ginsindari i enduri jugūn i bei bithe

张廷玉 撰

戴临 正书

雍正七年（1729）秋月

首题“皇清诰赠光禄大夫佐领兼总理内务府三旗火器营事务金公神道碑”

200厘米×75厘米

210厘米×75厘米

二张

北京海淀西郊昌运宫西

碑阳为满文，碑阴为汉文。

[0101]

S0515 金花住神道碑　满汉文

☆

gin hūwa ju i enduri jugūn i bei bithe

张廷玉 撰

俞鸿图 正书

雍正七年（1729）秋月

首题“皇清诰赠光禄大夫佐领兼总理内务府三旗火器营事务金公神道碑”

212厘米×75厘米

一张

北京海淀西郊昌运宫西

阴为雍正七年（1729）秋月汉文金花住神道碑

金花住系金新达礼之次子。

碑阳为满文，碑阴为汉文。

[0101]

S0516 苏旦谕祭碑 满汉文

ᡥᡡᠸᠠᠩᡩᡳ ᡥᡝᠰᡝᡳ ᠰᡠᡩᠠᠨ ᡩᡝ ᠸᡝᠴᡝᡵᡝ ᡤᡳᠰᡠᠨ ☆

hūwangdi hesei sudan de wecere gisun

雍正八年（1730）十一月初九日

250厘米×100厘米

一张

北京海淀五道口

阴为雍正九年（1731）九月十九日苏旦墓碑

[0101] [0141]

S0517 允祥神道碑 △ 满汉文

世宗（胤禛） 撰

雍正八年（1730）

首题“忠敬诚直勤慎廉明怡贤亲王神道碑”

碑447厘米×125厘米×65厘米

河北省涞水县

允祥系康熙皇帝第十三子。

S0518 广宁门外石道碑 满汉文

ᡝᡳᡨᡝᠨ ᠪᡝ ᡝᠯᡥᡝ ᠣᠪᡠᡵᡝ ᡩᡠᡴᠠᡳ ᡨᡠᠯᡝᡵᡤᡳ ᠸᡝᡥᡝᡳ ᠵᡠᡤᡡᠨ ᡳ ᡝᠯᡩᡝᠩᡤᡝ ᠸᡝᡥᡝᡳ ᠪᡳᡨᡥᡝ

eiten be elhe obure dukai tulergi wehei jugūn i eldengge wehei bithe

世宗（胤禛） 撰

雍正九年（1731）七月朔日

首题“广宁门外石道碑文”

263厘米×130厘米

一张

北京丰台广安门外

此为雍正帝于广宁门外石路修治竣工后亲撰的碑文。广宁门外之石路为交通要道，碑文叙述了修治情况，最后说“国门之外，辐辏之衢，稽于经籍，王政所重，宜以时修治，且期坚固永久，使仕官商旅车马往来，胥由于荡平正直之路”。

[0101]

S0519 苏旦墓碑 满汉文

ᠰᡠᡩᠠᠨ ᡳ ᡝᡳᡶᡠ ᠪᡝᡳ

sudan i eifu bei

雍正九年（1731）九月十九日

首题“原任正红旗满洲都统正黄旗苏旦谥勤僖碑文”

250厘米×100厘米

一张

北京海淀五道口暂安处

此系雍正八年（1730）十一月初九日苏旦谕祭碑之阴。

［0101］［0141］

S0520 赖都墓碑并阴　满汉文

ᠯᠠᡳ ᡤᡠᠩ ᠨᡳ ᠪᡝᡳ

lai gung ni bei

雍正九年（1731）十月

阳题“经筵讲官议政大臣礼部尚书赖公之碑”

阴题名及立碑年月

206厘米×69厘米

二张

北京海淀北安河乡南安河村赖家坟

［0101］［0102］

S0521 德明墓碑　满汉文

ᡩᡝᠮᡳᠩ ᠨᡳ ᠪᡝᡳ ᠪᡳᡨᡥᡝ

deming ni bei bithe

雍正十年（1732）六月二十九日

首题“原任议政大臣户部尚书加二级记录五次加赠太子少保谥端勤德明碑文”

204厘米×70厘米

一张

北京海淀羊坊店

［0101］

S0522 白塔碑并阴　满汉文

ᡧᠠᠩᡤᡳᠶᠠᠨ ᠰᡠᠪᠠᡵᡤᠠᠨ ᠪᡝ ᡩᠠᠰᠠᠮᡝ ᠸᡝᡳᠯᡝᡥᡝ ᠪᡝᡳ ᠪᡳᡨᡥᡝ

šanggiyan subargan be dasame weilehe bei bithe

世宗（胤禛）撰

雍正十一年（1733）八月

首题“白塔重修碑文”

阴题名

157厘米×78厘米

二张

北京西城北海公园白塔山

此系雍正帝为北海白塔重修后所撰碑记，碑文记述了修葺白塔的过程，最后说明了修葺的根本目的是“用以承世祖创建之志而福庇兆姓于无穷也，岂独增壮丽于皇都以为耳目之观哉！”

［0101］

S0523 佛尼勒谕祭碑　满汉文

ᡥᡡᠸᠠᠩᡩᡳ ᡥᡝᠰᡝᡳ ᡶᡝᠨᡳᠯᡝ ᡩᡝ ᠸᡝᠴᡝᡵᡝ ᡤᡳᠰᡠᠨ

hūwangdi hesei fenile de wecere gisun

雍正十一年（1733）九月十七日

198厘米×67厘米

一张

北京海淀西山乡黑塔村

此系乾隆二年（1737）九月佛尼勒墓碑之阴。

［0101］［0141］

S0524 海兰诰封碑　满汉文

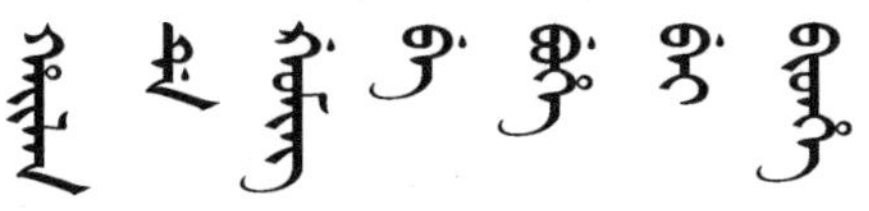 ☆

hailan de g‘aoming be buhe bei bithe

弘景 正书

雍正十一年（1733）九月十九日

197厘米×70厘米

一张

北京海淀五道口

阴为雍正十一年（1733）九月十九日海兰谕祭碑

此为颁给海兰之诰命。诰命称，海兰阵亡时得骑都尉又一云骑尉合之，海兰所有骑都尉着袭为二等轻车都尉，原有骑都尉着世袭罔替。海兰阵亡所得骑都尉又一云骑尉着再承袭三次。

［0101］［0141］

S0525 海兰谕祭碑　满汉文

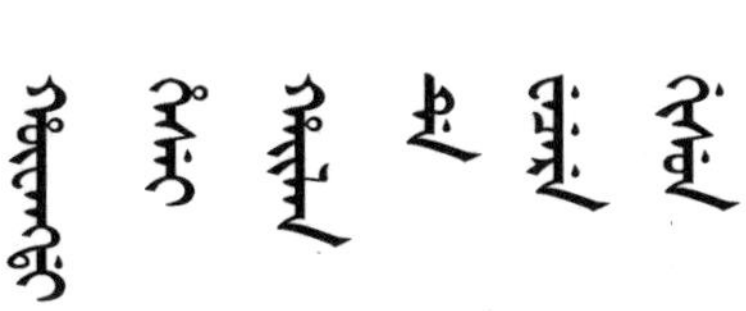

hūwangdi hesei hailan de wecere gisun

弘景 正书

雍正十一年（1733）九月十九日

200厘米×70厘米

一张

北京海淀五道口东王庄

此系雍正十一年（1733）九月十九日海兰诰封碑之阴。

［0101］［0141］

S0526 贤良祠碑并额　满文

mergen sain tsitang ni bei bithe

世宗（胤禛） 撰并正书

雍正十一年（1733）九月二十日

220厘米×76厘米+31厘米×23厘米

一张

北京西城西皇城根

此系为纪念怡亲王允祥和康熙朝大学士图海等人而建的贤良祠所立的碑，由雍正帝亲撰碑文。文中赞扬怡亲王“忠孝自天，敬勤成性”，图海等人“际王迹肇基之始，绩参佐命”。碑文指出，对于国家功臣，应该“徽声聿播，旗常铭勒于生前，而元祀攸崇，俎豆歆承于身后，用以宠褒已往，劝励方来”。

此碑另有汉文一通。

［0101］［0102］

S0527 历代帝王庙碑并额　满汉文

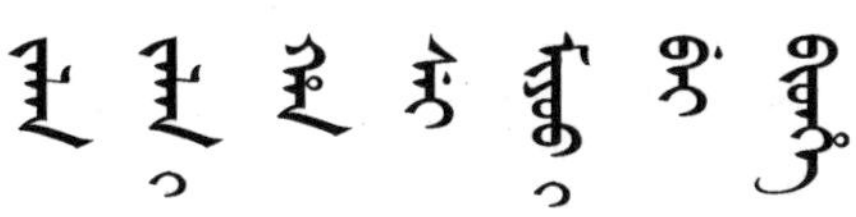

jalan jalan i han sei miyoo i bei bithe

世宗（胤禛） 撰

雍正十一年（1733）十月

首题“历代帝王庙碑文”

额篆书题“历代帝王庙碑”

349厘米×137厘米+51厘米×33厘米

一张

北京西城西四西大街

阴为乾隆五十年（1785）二月历代帝王庙礼成述事碑

此系雍正帝为重修历代帝王庙撰写的碑文。碑文首先叙述了历代帝王崇祀制度的沿革和北京历代帝王庙的历史。文中记载历代帝王庙“旧祀帝王二十一位，今增一百四十三位，旧从祀功臣三十九人，今增四十人”。此乃奉康熙六十一年（1722）上谕而定。因而碑文最后说“典礼修明，有待今日，然则圣祖皇帝重加厘定，公当周详，诚千万世莫及之仁心而千万世不易之定论也”。

［0101］［0102］［0141］

S0528 关帝庙后殿崇祀三代碑并额 满汉文

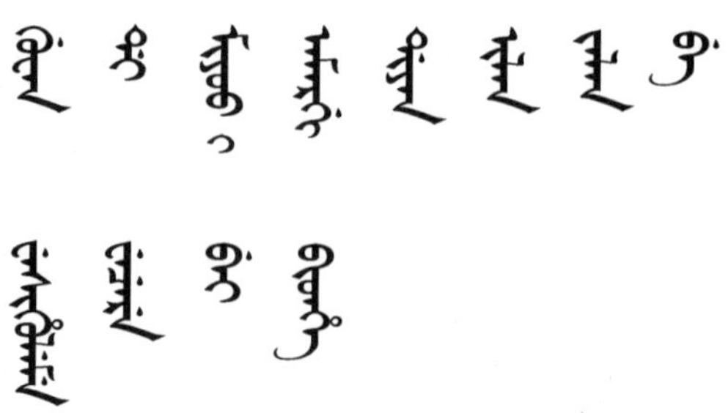

guwan di miyoo i amargi diyan ilan jalan be wesihuleme wecere bei bithe

世宗（胤禛） 撰

雍正十一年（1733）十月

首题“关帝庙后殿崇祀三代碑文”

额篆书题“敕建”

255厘米×83厘米+32厘米×25厘米

一张

北京西城西皇城根

此系雍正帝为京师西皇城根白马关帝庙写的碑文。文中记述了自顺治以来对关圣帝的敕封，至雍正初关帝三代晋爵上公，并制成木质神主供奉于关帝庙后殿，以享春秋崇祀。

［0101］［0102］［0141］

S0529 通州石道碑 满汉文

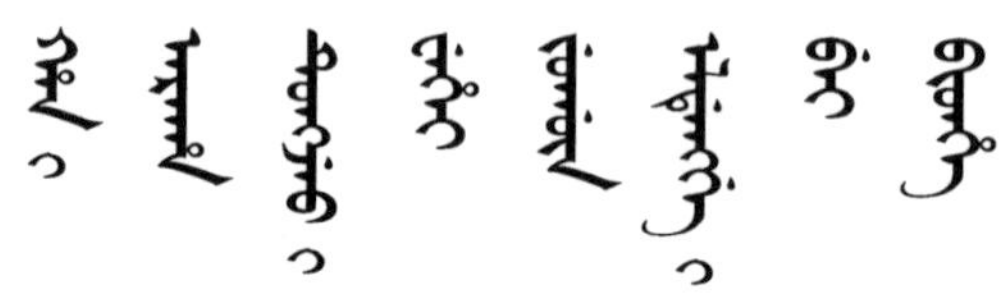

han i araha tungjeo i wehei jugūn eldengge i bei bithe

世宗（胤禛） 撰

雍正十一年（1734）十二月初九日

首题“御制通州石道碑文”

270厘米×100厘米

一张

北京朝阳京通公路

此系雍正帝为朝阳门至通州石道修成而亲撰之碑文。碑文首先记述了通州潞河为万国朝宗之地，而道路年久失修，因而“朕心轸念”，费帑金三十四万三千四百八十四两有奇，修成石道长一千五十余丈，宽一丈二至一丈五尺不等，从雍正七年（1729）八月开工至雍正八年（1730）五月告竣。碑文后段抒发了道路修竣后的欣慰之情：“庶使遵是路者瞻周道之荡平正直，咸庆同轨之盛治焉。”

［0101］

S0530 德成碑 满汉文

ᡩᡝᠴᡝᠩ ᠨᡳ ᠪᡝᡳ ᠪᡳᡨᡥᡝ

deceng ni bei bithe

雍正十二年（1734）

首题“西宁办理青海夷情事务及噶斯军需满洲都统镶红旗谥勤僖德成碑文”

201厘米×71厘米

一张

北京西城白云观

［0141］

S0531 毛克明及妻柴氏诰封碑 满汉文

ᠮᠣᠣ ᡴᡝ ᠮᡳᠩ ᠵᠠᡳ ᠰᠠᡵᡤᠠᠨ ᠴᠠᡳ ᡧᡳ ᡩᡝ

ᡬᠣᠮᡳᠩ ᠪᡝ ᠪᡠᡥᡝ ᠪᡝᡳ ᠪᡳᡨᡥᡝ

moo ke ming jai sargan cai ši de g'oming be buhe bei bithe

雍正十三年（1735）五月二十日

197厘米×73厘米

一张

北京丰台张郭庄杨家坟村

毛克明原任广东广州左翼副都统加将军衔，诰命称其“夙习韬钤，素称材武”“控百城之锁钥，巩千里之金汤”，赠光禄大夫，其妻柴氏封一品夫人。

［0101］

S0532 常禄谕祭碑并额 满汉文

ᡥᡡᠸᠠᠩᡩᡳ ᡥᡝᠰᡝᡳ ᠴᠠᠩᠯᡠ ᡩᡝ ᠸᡝᠴᡝᡵᡝ ᡤᡳᠰᡠᠨ

hūwangdi hesei canglu de wecere gisun

雍正十三年（1735）七月

阳额正书题“谕祭”

阴首题“雍正拾叁年岁次乙卯柒月甲申吉旦副都统署理护军统领事务常禄墓表”

208厘米×76厘米+26厘米×26厘米

二张

北京朝阳安定门外慧忠庵村

碑阳为雍正十一年（1733）御祭文，满汉文。碑阴题立碑人姓名，均为汉文。

［0101］

S0533 保德之祖父洪库祖母赵佳氏父傅喀母杨氏诰封碑 满汉文

ᠪᠣᠣᡩᡝ ᡳ ᠮᠠᡶᠠ ᡥᡡᠩ ᡴᡠ ᠮᠠᠮᠠ ᠵᠣᠣᡤᡳᠶᠠ ᡥᠠᠯᠠ ᠠᠮᠠ ᡶᡠᡴᠠ ᡝᠮᡝ ᠶᠠᠩ ᡧᡳ ᡩᡝ ᡬᠠᠣᠮᡳᠩ ᠪᡝ ᠪᡠᡥᡝ ᠪᡝᡳ ᠪᡳᡨᡥᡝ ☆

boode i mafa hūng ku mama joogiya hala ama fuka eme yang ši de g'aoming be buhe bei bithe

雍正十三年（1735）九月初三日

190厘米×68厘米

一张

北京朝阳门外八里庄

［0101］

S0534 黄秉钺及妻董氏诰封碑并额 满汉文

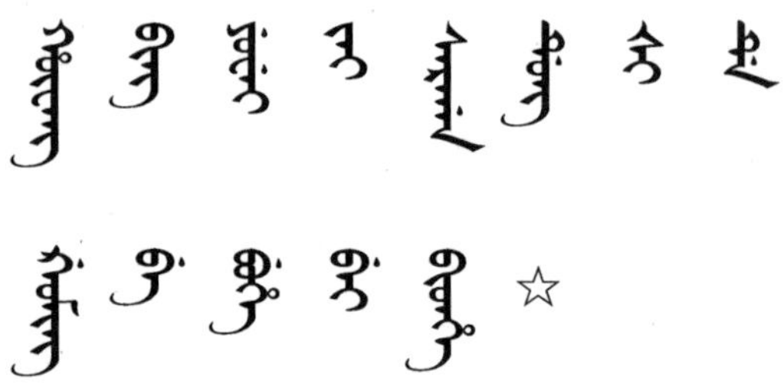 ☆

hūwang bing yuwei jai sargan dung ši de g‘aoming be buhe bei bithe

雍正十三年（1735）九月初三日

198厘米×68厘米

一张

北京海淀清河镇永泰庄

［0101］［0141］

S0535 尼牙哈气及妻舒穆禄氏与穆成额及妻几何母氏诰封碑 满汉文

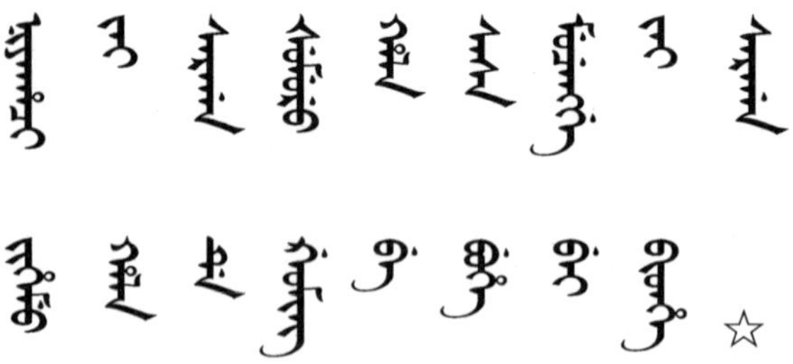 ☆

niyahaci jai sargan šumuru hala sasa mucengge jai sargan jihemu hala de g‘aoming be buhe bei bithe

雍正十三年（1735）九月初三日

尾题“头等护卫加二级记录三次孝孙罗多力寿八十岁敬立”

206厘米×79厘米

二张

北京海淀西直门外北下关净土寺

尼牙哈气及其妻舒穆禄氏系罗多力之祖父母，穆成额及其妻几何母氏系罗多力之父母。

碑阳为汉文，碑阴为满文。

［0101］

S0536 喀尔吉善诰封碑 满汉文

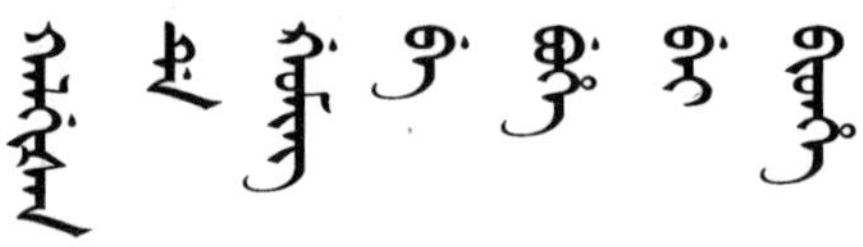 ☆

kalgišan de g‘aoming be buhe bei bithe

雍正十三年（1735）九月初三日

198厘米×65厘米

一张

北京海淀罗道庄

阴为乾隆五年（1740）十一月二十七日喀尔吉善谕祭碑

诰命称：内大臣喀尔吉善“器识渊通，才猷练达，出入常怀捧日之心……授光禄大夫”。

此碑满文居右，汉文在左，与常例相反。

［0101］［0141］

S0537 桑武诰封碑 满汉文

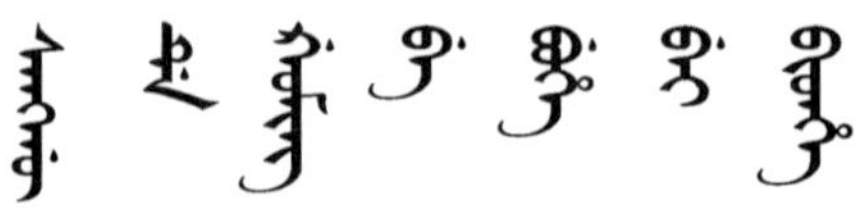 ☆

sanggū de g‘aoming be buhe bei bithe

雍正十三年（1735）九月初三日

202厘米×68厘米

一张

北京海淀西北旺乡后营村

桑武系三泰之父。

三泰系光禄大夫，经筵讲官、议政大臣，协办内阁大学士事，礼部尚书仍管太常寺鸿胪寺事，加二级佐领，其父推恩封赠。

［0101］［0141］

S0538 塞楞格及妻贾氏诰封碑　满汉文

ᠰᡝᠯᡝᠩᡤᡝ ᠵᠠᡳ ᠰᠠᡵᡤᠠᠨ ᡤᡳᠶᠠ ᡧᡳ ᡩᡝ ᡤᠠᠣᠮᡳᠩ ᠪᡝ ᠪᡠᡥᡝ ᠪᡳᡨᡥᡝ ☆

selengge jai sargan giya ši de g‘aoming be buhe bei bithe

雍正十三年（1735）九月初三日

196厘米×80厘米

一张

北京朝阳左安门外十八里店

塞楞格及妻贾氏系色贝之父母。色贝系宗室，任都统、奉恩将军。

［0101］

七、乾隆朝

S0539 资福禅院香火地碑额并阴 满蒙藏汉文

dzi fu can yuwan hiyan dabure usin i bei bithe

高宗（弘历） 撰

乾隆元年（1736）正月

额篆书题“万古留芳”

104厘米×69厘米+23厘米×22厘米

116厘米×69厘米

二张

北京朝阳德胜门外黄寺资福院

此系乾隆帝为资福院香火地撰写的碑文。碑文首先简述了资福院的由来，然后说明有但巴林亲西拉藏布见参巴但者捐银三万两、买地三顷五十八亩作为该寺院每年浴佛节供养之资，乾隆帝认为作为首善之区应予提倡，这种供奉是为了“祝国裕民，非止为一身求福”，而寺庙之香火院全国鲜有，故允资福院住持之请而写此碑文。

［0101］

S0540 德尔芬谕祭碑 满汉文

hūwangdi hesei delfin de wecere gisun

乾隆元年（1736）七月十七日

204厘米×70厘米

一张

北京丰台左安门外花园村

［0101］［0141］

S0541 佛尼勒墓碑并额 满汉文

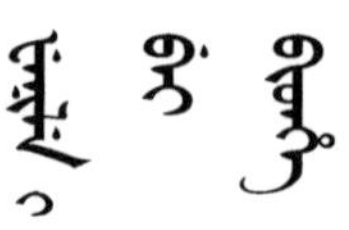

fenile i bei bithe

乾隆二年（1737）九月

首题“西安振武将军署理奋武将军建威将军印务世袭骑都尉谥恭靖佛尼勒碑文”

额篆书题“谕祭纶音”

213厘米×82厘米+30厘米×30厘米

一张

北京海淀西山乡黑塔村

阴为雍正十一年（1733）九月十七日佛

尼勒谕祭碑

[0101]

S0542 吴纳哈碑　满汉文

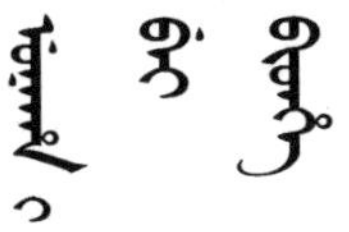

unaha i bei bithe

乾隆二年（1737）闰九月十四日

首题“原任江宁将军谥简悫吴纳哈碑文”

204厘米×101厘米

一张

北京朝阳安定门外皇姑坟

阴为乾隆二年（1738）十二月十三日吴纳哈谕祭碑

[0101]

S0543 吴纳哈谕祭碑　满汉文

 ☆

hūwangdi hesei unaha de wecere gisun

乾隆二年（1738）十二月十三日

首题“原任江宁将军谥简悫吴纳哈祭文”

204厘米×91厘米

一张

北京朝阳安定门外皇姑坟

此系乾隆二年（1738）闰九月十四日吴纳哈碑之阴。

[0101]

S0544 武格墓碑　满汉文

uge i eifu bei

乾隆三年（1738）三月二十一日

235厘米×78厘米

一张

北京海淀五道口

首段为序文，次为诰封，尾为谕祭文。

[0101] [0141]

S0545 龙王庙碑　满汉文

muduri enduri muktehen i bei

高宗（弘历） 撰

乾隆三年（1738）五月十六日

额题“御制”

碑阳173厘米×84厘米+22厘米×21厘米

碑阴133.5厘米×81厘米

两侧：145厘米×33厘米

北京海淀黑龙潭

[0102]

S0546 允祉墓碑　满汉文

 ☆

yun jy i eifu bei bithe

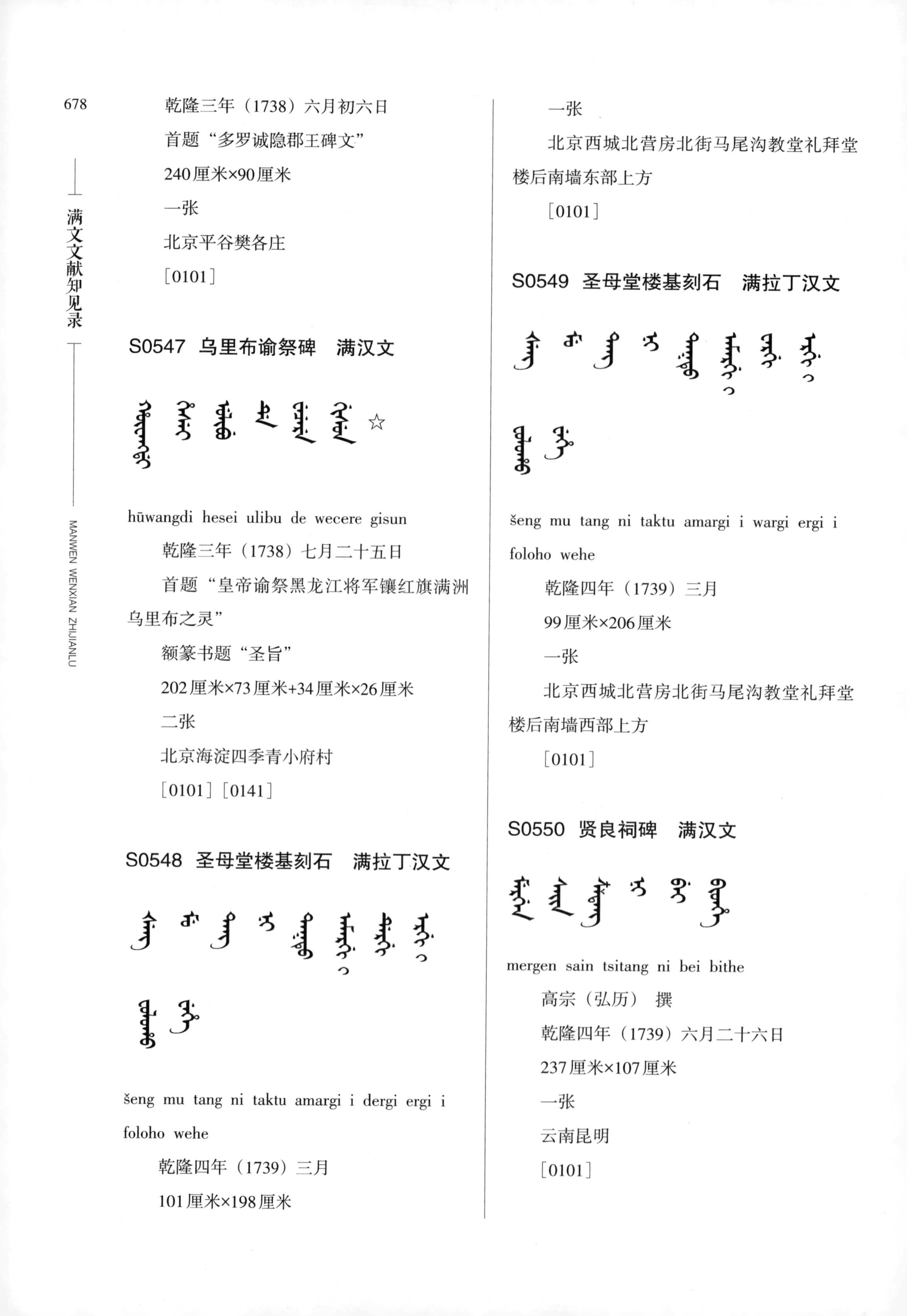

乾隆三年（1738）六月初六日

首题“多罗诚隐郡王碑文”

240厘米×90厘米

一张

北京平谷樊各庄

［0101］

S0547 乌里布谕祭碑 满汉文

☆

hūwangdi hesei ulibu de wecere gisun

乾隆三年（1738）七月二十五日

首题“皇帝谕祭黑龙江将军镶红旗满洲乌里布之灵”

额篆书题“圣旨”

202厘米×73厘米+34厘米×26厘米

二张

北京海淀四季青小府村

［0101］［0141］

S0548 圣母堂楼基刻石 满拉丁汉文

šeng mu tang ni taktu amargi i dergi ergi i foloho wehe

乾隆四年（1739）三月

101厘米×198厘米

一张

北京西城北营房北街马尾沟教堂礼拜堂楼后南墙东部上方

［0101］

S0549 圣母堂楼基刻石 满拉丁汉文

šeng mu tang ni taktu amargi i wargi ergi i foloho wehe

乾隆四年（1739）三月

99厘米×206厘米

一张

北京西城北营房北街马尾沟教堂礼拜堂楼后南墙西部上方

［0101］

S0550 贤良祠碑 满汉文

mergen sain tsitang ni bei bithe

高宗（弘历） 撰

乾隆四年（1739）六月二十六日

237厘米×107厘米

一张

云南昆明

［0101］

S0551 大清泰陵圣德神功碑 △ 满蒙汉文

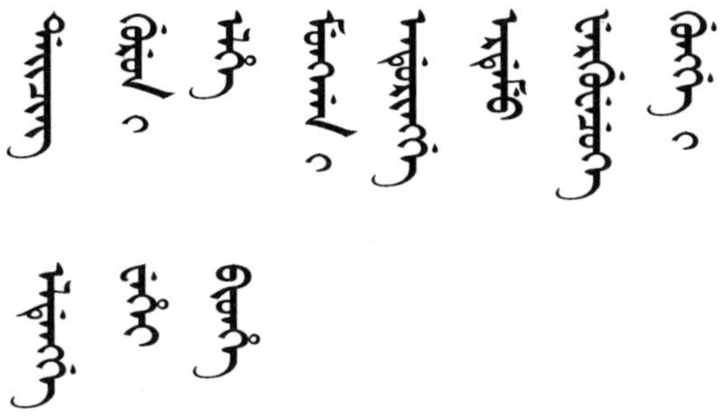

daicing gurun i elhe munggan i enduringge erdemu ferguwecuke gungge i eldengge wehei bithe

高宗（弘历） 撰

乾隆四年（1739）七月二十四日

河北保定易县清西陵

S0552 额腾义碑并额 满汉文

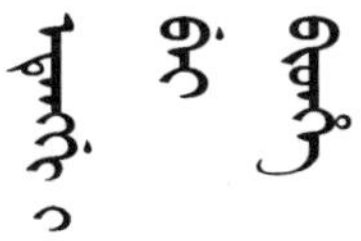

etenggi i bei bithe

高宗（弘历） 撰

乾隆四年（1739）十月

首题“钦□原任领侍卫内大臣谥勤恪额腾义碑”

263厘米×81厘米

一张

辽宁沈阳东陵北

［0141］

S0553 孔子庙碑并额 满汉文

kungdzi miyoo be dorolome wecere bei bithe

高宗（弘历） 撰

梁诗正 正书

乾隆四年（1739）十二月朔日

首题“御制碑文”

额篆书题“敕建”

347厘米×131厘米+56厘米×56厘米

二张

北京东城国子监孔庙

阴为乾隆五年（1740）八月庚申释奠诗及乾隆九年（1744）二月甲子释奠诗

此为乾隆帝撰文，由经筵讲官、户部右侍郎梁诗正书写之碑文，表达了乾隆帝尊孔之意。碑文记述了乾隆三年（1738）春皇帝诣庙，“特命大成殿、大成门复（覆）以黄瓦，崇圣祠复（覆）以绿瓦”，以表达“朕慕道崇师至意”。碑文最后说明了乾隆帝的心愿：“俾薄海内外无一夫不与被圣人之泽，斯朕志也。”

此碑文书写者为经筵讲官、太子少师、协办大学士、吏部尚书梁诗正。梁诗正，浙江钱塘人，官至东阁大学士，充文献通考馆总裁，著有《矢音集》，乾隆二十八年（1763）卒。

［0101］［0102］

S0554 孙国玺谕祭碑 满汉文

ᡥᡡᠸᠠᠩᡩᡳ ᡥᡝᠰᡝᡳ ᠰᡠᠨ ᡤᡠᠸᡝ ᠰᡳ ᡩᡝ ᠸᡝᠴᡝᡵᡝ ᡤᡳᠰᡠᠨ

hūwaungdi hesei sun guwe si de wecere gisun

乾隆五年（1740）六月十三日

179厘米×69厘米

一张

北京房山良乡崇各庄社上万村

［0101］

S0555 恩济庄内监公茔碑 满汉文

ᡝᠨᠵᡳᠵᡠᠸᠠᠩ ᡨᠣᡴᠰᠣ ᡳ ᡨᠠᡳᡤᡳᠶᠠᠨ ᠰᠠ ᡳ ᡝᡳᡶᡠ ᠪᡝᡳ ᠪᡳᡨᡥᡝ ☆

enjijuwang tokso i taigiyan sa i eifu bei bithe

海望 撰

齐达色 译

梁诗正 正书

乾隆五年（1740）十月

210厘米×70厘米

一张

北京西城阜成门外恩济庄

恩济庄茔地是清代“御赐”太监茔地，建成于乾隆三年（1738），工始于雍正十二年（1734）八月。雍正十二年（1734），世宗宪皇帝赐内监等茔地一区，名恩济庄。清代太监死后，大都葬于恩济庄，并享有皇帝赏赐之地亩，收取租银，作为“香火等项”。传说此地葬两千七百多人，1958年发现墓碑者，计近三百人。清末太监李莲英亦葬于此地。

海望，正黄旗满洲人，雍正帝遗命为辅政大臣之一，时任光禄大夫、太子少保、议政大臣、内大臣户部尚书兼内务府总管，乾隆二十二年（1757）卒。

［0101］［0182］

S0556 喀尔吉善谕祭碑 满汉文

ᡥᡡᠸᠠᠩᡩᡳ ᡥᡝᠰᡝᡳ ᡴᠠᠯᡤᡳᡧᠠᠨ ᡩᡝ ᠸᡝᠴᡝᡵᡝ ᡤᡳᠰᡠᠨ ☆

hūwangdi hesei kalgišan de wecere gisun

乾隆五年十一月二十七日（1741年1月14日）

首题“正黄旗满洲内大臣加一级在家休养原职喀尔吉善谕祭文”

198厘米×65厘米

一张

北京海淀罗道庄村

此系雍正十三年（1735）九月初三日“喀尔吉善谕祭碑”之阴，此碑满文居右，汉文居左，与常例相反。

［0101］［0141］

S0557 关帝庙碑并额 满汉文

ᡤᡠᠸᠠᠨ ᡩᡳ ᠮᡳᠶᠣᠣ ᡳ ᠪᡝᡳ ᠪᡳᡨᡥᡝ

guwan di miyoo i bei bithe

海望 撰

齐达色 译

梁诗正 书

乾隆五年（1740）

首题“敕建关帝庙碑”

额篆书题“神威永庇”

66厘米×74厘米+32厘米×32厘米

一张

北京海淀阜成门外恩济庄

阴为光绪六年（1880）四月初一日关帝庙题名碑

此为北京恩济庄太监墓地关帝庙碑文，由乾隆五年（1740）任内务府总管之海望撰写。碑文记载了建立关帝庙的缘起：皇帝“爰念随持宫监等供职勤劳，赏银建茔，复敕茔地近址营造庙宇，奉关公像，俾住僧永远护视”及皇帝为此庙题写匾额之事：“工竣之日，复蒙我皇上御书‘威灵普护’匾额，以示褒异，神之垂佑宜与帝眷同昭矣”。

［0101］［0141］

S0558 弘普墓碑 满汉文

 ☆

hūng pu i eifu bei bithe

乾隆八年（1743）七月初二日

首题“恭勤世子碑文”

210厘米×80厘米

一张

北京房山磁家务

弘普为允禄第二子。

［0101］［0141］

S0559 普胜寺碑 满汉蒙文

eiten be etehe sy i bei

励宗万 撰

六十八 书蒙古文

永泰 书满文

戴临 正书汉文

乾隆九年（1744）七月

155厘米×376厘米

一张

北京东城东华门南河沿

此为乾隆九年（1744）修葺普胜寺后所立碑之碑记。碑文记述了普胜寺的历史沿革及此次修葺经过，碑文最后说，“使中外颛蒙之众，由其道而行之，坚持五戒，觉悟三涂，靡虑靡营，嚣凌不作，于饮食偏德之治不为无补，斯圣天子定扬梵谛之至意也”，点明了皇帝提倡佛教的本意。

［0101］

S0560 雍和宫碑并额 满汉蒙藏文

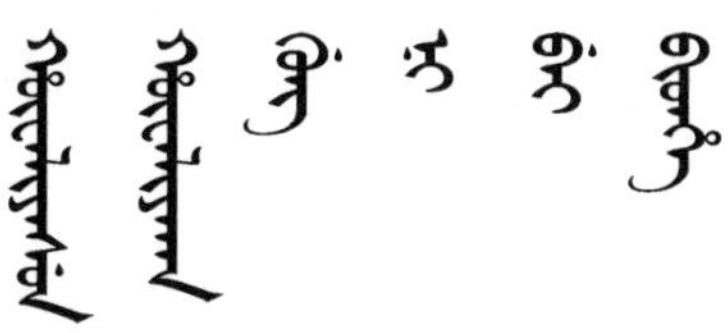

hūwaliyasun hūwaliyaka gung ni bei bithe

高宗（弘历） 撰

乾隆九年（1744）十月

首题“雍和宫碑文”

额篆书题“陟降庭之”

266厘米×101厘米+39厘米×39厘米

二张

北京东城雍和宫

此系乾隆帝为雍和宫撰写的碑文。文中首先叙述了雍和宫历史，然后说明了将潜邸改为寺庙的缘由。文中说：“龙池肇迹之区，既非我子孙析圭列邸者所当亵处，若旷而置之，日久萧寞更不足以宏衍庆泽，垂桼于无疆。曩我皇考孝敬昭事我皇祖，凡临御燕处适宜久者多尊为佛地，曰福佑寺，则冲龄育德之所也，曰恩佑寺，则鼎成陟方之次也。”碑文最后描述了雍和宫改为庙宇后的状况，“是用写境祇林，庄严法相，香幢宝网，夕呗晨钟，选高行梵僧居焉，以示蠲明至洁也，以昭崇奉至严也，以介福厘至厚也。”

[0101][0102][0141]

S0561 海望之曾祖父海色曾祖母那氏查鲁忒氏祖父多弼祖母赵氏夫刹氏父留住母赵氏诰封碑 满汉文

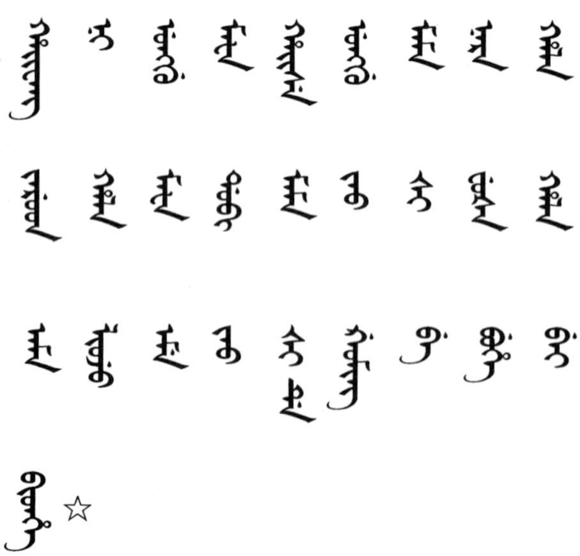

haiwang ni unggu mafa haise unggu mama nara hala jarut hala mafa dobi mama jao ši fuša hala ama lioju eme jao ši de g'aoming be buhe bei bithe

乾隆十一年（1746）五月

206厘米×74厘米

一张

北京朝阳洼里

[0101]

S0562 常明谕祭碑 满汉文

hūwangdi hesei cang ming de wecere gisun

乾隆十一年（1746）七月

210厘米×70厘米

一张

北京房山良乡刘庄

[0101]

S0563 留公及妻觉罗氏墓表 满汉文

lio gung jai sargan gioro hala i eifu i biyoo bithe

海望 撰

衡位 正书

乾隆十一年（1746）

首题“皇清诰赠光禄大夫内大臣户部尚书兼内务府总管显考留公诰封一品夫人显妣

觉罗氏太夫人墓表”

200厘米×74厘米

一张

北京朝阳洼里北龙王堂村

［0101］

S0564 钟楼碑并额　满汉文

jung i taktu i eldengge wehe de ejehe bithe

高宗（弘历）撰

梁诗正 正书

乾隆十二年（1747）九月

首题“御制重修建钟楼碑文”

额篆书题“御制碑文”

188厘米×74厘米+24厘米×26厘米

一张

北京东城鼓楼后

阴为1925年十月薛笃弼撰许以棠书陈方枬篆额之京兆通俗教育馆碑

此系乾隆十二年（1747）北京钟鼓楼葺治竣工后所立之碑，由乾隆帝撰文。碑文简单叙述了重修过程，对修缮一新的钟鼓楼有一段生动描写：“二楼相望为紫禁后护，当五夜严更，九衢启曙，景钟发声，与宫壶之刻漏、周庐之铃柝疾徐相应，清宵气肃，轻飙远扬，都城内外十有余里莫不耸听……”廖廖数笔，勾勒出帝都当年一幅风景画。

［0101］［0141］

S0565 傅忠勇公宗祠碑　满汉文

☆

fuheng ni juktehen boo i bei

乾隆十四年（1749）四月

额题“敕建”

260厘米×83厘米+44厘米×37厘米

一张

北京东城景山东街马神庙

此为内阁奉上谕为大学士傅恒建立宗祠之碑文。乾隆十四年（1749）因平定金川有功，皇帝恩赐祠堂。按例正祠应为三间，加恩着盖五间，每岁春秋遣太常寺堂官读文致祭。

［0101］［0102］［0141］

S0566 平定金川告成太学碑并额　满汉文

han i araha gin cuwan i babe necihiyeme toktobufi amba tacikūi yamun de šanggaha be alaha eldengge wehei bithe

高宗（弘历）撰

梁诗正 书

乾隆十四年（1749）四月

首题“平定金川告成太学碑文”

额篆书题“御制平定金川告成太学碑”

353厘米×158厘米+60厘米×60厘米

二张

北京东城国子监孔庙

阴为乾隆十八年（1753）八月癸酉释奠诗及乾隆二十一年（1756）八月丙子释奠诗碑

此为清廷第一次平定金川后乾隆帝亲笔撰写的碑文，文中记载了乾隆十二年（1747）十一月三日皇帝“亲御武帐赐经略酒以行”，战斗中金川请降，经略始虑不允，乾隆帝“明旨登坛受降”。碑文末以轻松的笔调写道：“是役也，深入数千里，奏凯未七旬，而振旅之师多有返自中途未究其用者。”以此文与二十二年后所写的平定两金川碑文相对照，则意味深长。

[0101] [0102] [0141] [0188]

[W313.2]

S0567 平定金川碑并额 满汉文

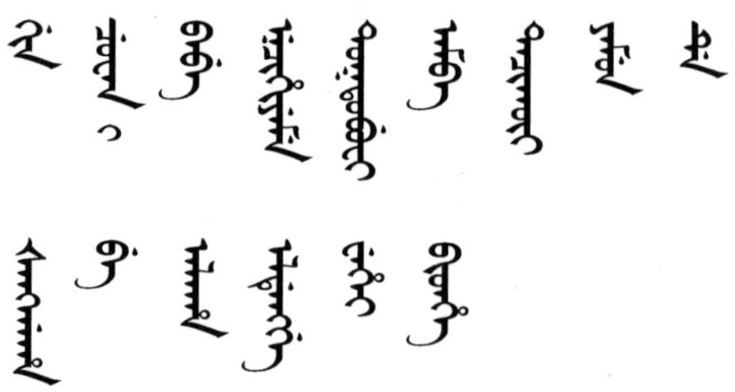

gin cuwan i babe necihiyeme toktobufi amba tacikūi yamun de šanggaha be alaha eldengge wehei bithe

高宗（弘历） 撰并正书

乾隆十四年（1749）四月

首题“御制平定金川告成太学碑文”

348厘米×158厘米

一张

广西桂林

[0101] [W313.2]

S0568 实胜寺碑并额 满蒙藏汉文

hesei ilibuha yargiyan i entehe juktehen i eldengge wehei ejetun

高宗（弘历） 撰并正书

乾隆十四年（1749）五月

首题“敕建实胜寺碑记”

额篆书题“御制”

260厘米×115厘米+42厘米×32厘米

一张

北京海淀门头村

此系乾隆帝为香山实胜寺亲笔撰写的碑文。乾隆十二年（1747）清廷为征金川，在京郊香山设石碉以练兵，“未逾月得精其技者二千人”。碑文记述了实胜寺的修建缘由，并记述了健锐营的建立经过：乾隆十四年（1749）平定金川，仿效皇太极松山战役、杏山战役胜利后在盛京建实胜寺以作纪念之故事，降旨在石碉附近鲍家寺的基础上改建，赐名“实胜”。“夫已习之艺不可废，已奏之绩不可忘，于是合成功之旅立为健锐云梯营，并于寺之左右建居之，间亦依山为碉以肖刮耳”。

碑文还对“碉”做了考证，认为是“西

南夷语”之“楼居”之意。

［0101］［0141］

S0569 金刚宝塔碑 满蒙藏汉文

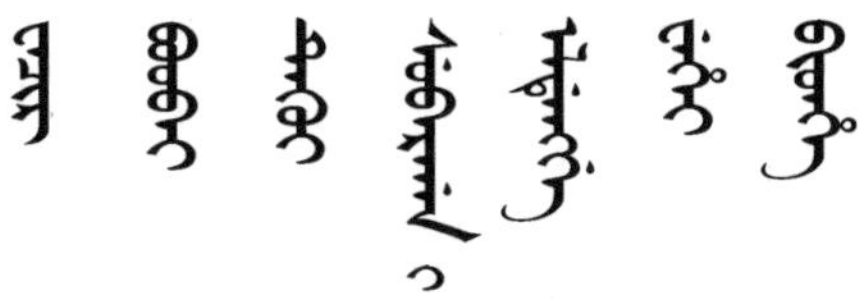

wacir boobai tekui subargan i eldengge wehei bithe

高宗（弘历） 撰

乾隆十四年（1749）十月

225厘米×100厘米

四张（四种文字各一张）

北京海淀香山乡碧云寺

此系清高宗为香山碧云寺金刚宝塔亲撰之碑文。碑文记载了金刚宝塔修建的情况，说明此种形式的宝塔乃“西域流传，中土希有，乾隆十又二年（1747）西僧奉以入贡，爰命所司就碧云寺如式建造”。

［0101］［0141］［0182］

S0570 哈岱谕祭碑 满汉文

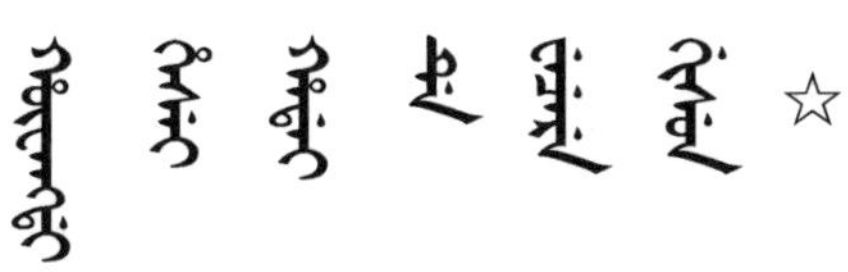

hūwangdi hesei hadai de wecere gisun

乾隆十四年（1749）十月初九日

192厘米×69厘米

一张

北京朝阳马泉营村

哈岱系都统品职办理护军统领事务兼佐领加三级记录四次，诰命称其“果毅夙昭，材猷克奋”，封光禄大夫，妻卢氏封一品夫人。

［0101］

S0571 哈岱及妻卢氏诰封碑并阴 满汉文

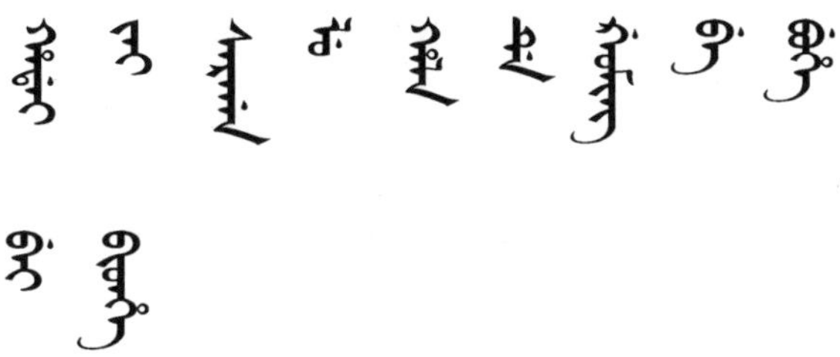

hadai jai sargan lu hala de g‘aoming be buhe bei bithe

乾隆十四年（1749）十月初九日

阴题立碑年月

188厘米×69厘米

二张

北京朝阳马泉营村

［0101］

S0572 碧云寺碑并额 满汉文

niowanggiyan tugingge juktehen i eldengge wehei bithe

高宗（弘历） 撰

乾隆十四年（1749）十月

首题“御制重修碧云寺碑文”

额篆书题“御制”

135厘米×68厘米+29厘米×24厘米

一张

北京海淀香山

阴为乾隆十三年（1748）九月碧云寺诗石刻

此系清高宗为重修碧云寺亲撰之碑文。碑文记述了碧云寺之历史沿革：“朕驻跸静宜园时路过此寺，乐观林壑之美，而念古刹之有待于护持也，爰命重加整葺，喜其涤瑕荡秽而复为净域，因笔之于石，用垂哉焉。”

［0101］

S0573 梵香寺碑　满蒙梵汉文

šajingga wangga juktehen i eldengge wehei bithe

高宗（弘历）撰

乾隆十四年（1749）

160厘米×78厘米

一张

北京海淀西山乡松堂北

阴为蒙古文梵香山寺碑，梵文失拓

此系乾隆帝为西郊梵香寺落成亲撰的碑文。碑文说明在香山勇健营南修建实胜寺，其南有梵香寺，亦为古寺，“在西山诸刹中未为宏丽而爽垲不下实胜”，于是“命所司以余材饬而新之，为众生利益在”。碑文根据佛经对“梵香法界”做了解释。

［0101］［0141］

S0574 那苏图碑　满汉文

nasutu i eldengge wehei bithe

乾隆十四年（1750）十二月十九日

首题“原任直隶总督那苏图碑文”

264厘米×95厘米

一张

北京房山北关子村

［0101］

S0575 拉布敦墓碑并额　满汉文

labdun i eldengge wehei bithe

乾隆十六年（1751）六月初十日

首题“追赠一等伯左都御史拉布敦碑文”

额篆书题“圣旨”

238厘米×80厘米+32厘米×26厘米

一张

北京海淀梆子井村

［0101］［0141］

S0576 色贝墓碑　满汉文

sebei eldengge wehei bithe

乾隆十六年（1751）六月十四日

首题“都统奉恩将军色贝碑文”

192厘米×79厘米

一张

北京朝阳左安门外十八里店

［0101］

S0577 玉泉山天下第一泉记 满汉文

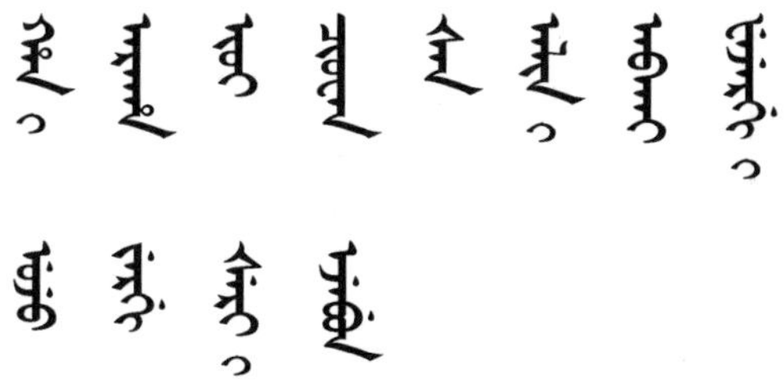

han i araha ioi ciowan šan alin i abkai fejergi i uju jergi šeri i ejebun

高宗（弘历） 撰

汪由敦 书

乾隆十六年（1751）六月

首题“御制玉泉山天下第一泉记”

150厘米×62厘米

一张

北京海淀玉泉山

［0141］

S0578 张允随墓碑 满汉文

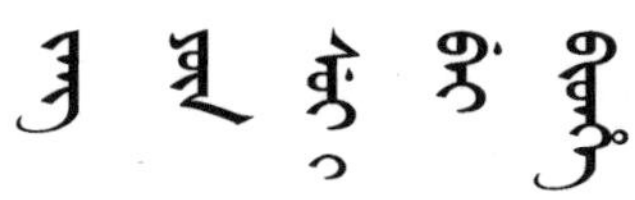

jang yūn sui i bei bithe

乾隆十六年（1751）七月十三日

200厘米×70厘米

一张

北京通州徐辛庄张家坟

［0101］

S0579 木兰秋狝入崖口有作 满蒙藏汉文

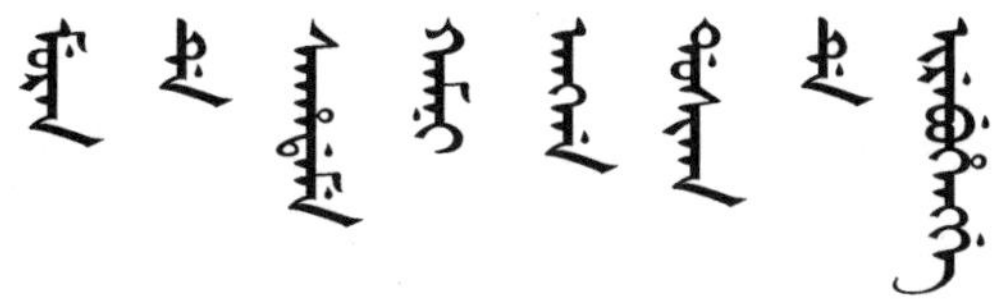

muran de sahadame kamni angga dosika de irebuhengge

高宗（弘历） 撰并行书

乾隆十六年（1751）秋八月

额题“御制”

碑阳216厘米×125厘米+23厘米×22厘米

四张

碑阴216厘米×125厘米

碑侧219厘米×56厘米

二张

河北围场满族蒙古族自治县

［0101］

S0580 万寿寺碑 满汉蒙藏文

tumen jalafungga juktehen i eldengge wehei ejebun

高宗（弘历） 撰

梁诗正 正书

乾隆十六年（1751）仲冬（十一月）

首题“敕修万寿寺碑记”

200厘米×78厘米

一张

北京海淀西直门外

阴为乾隆五十六年（1791）四月万寿寺瞻礼诗碑

此系乾隆帝为修葺万寿寺撰写的碑文。碑文说明了乾隆十六年（1751）恭值皇太后六旬大庆，“由畅春园道西直门至大内”，此寺适居其中。“且喜其嘉名符祝禧之义”，故“命将作新之”。碑文又从佛学角度对“诸天无量寿”进行了论述。

[0101] [0141]

S0581 喀尔吉善及妻瓜尔佳氏诰封碑　满汉文

☆

kargišan jai sargan gūwargiya hala de g‘oming be buhe bei bithe

乾隆十六年（1752）十一月二十五日

210厘米×75厘米

一张

北京怀柔西凯甲坟村

此为太子太保、兵部尚书兼都察院右都御史，总督闽浙等处地方军务兼理粮饷，世袭骑都尉记录二次喀尔吉善及其妻瓜尔佳氏之诰命，授喀尔吉善光禄大夫，其妻瓜尔佳氏为一品夫人。

诰命称：喀尔吉善初任上驷院员外郎，二任上驷院郎中，三任工部郎中，四任兵部额外侍郎，五任兵部左侍郎，六任管理圆明园兵丁，七任内阁学士兼礼部侍郎，八任户部侍郎协办步军统领事务，九任吏部侍郎，十任吏部左侍郎暂管兵部事务，十一任兼管三库事务，十二任山西巡抚，十三任安徽巡抚，十四任山东巡抚，十五任今职。

[0101]

S0582 温淑夫人董氏墓碑　满汉文

nesuken mergen fu žin dung hala i eldengge wehei bithe

高宗（弘历）撰

乾隆十六年（1752）十二月十三日

首题“温淑夫人碑文”

185厘米×69厘米

一张

北京朝阳广渠门外东八间房

墓主系乾隆帝之乳母。

[0101]

S0583 谕习国语骑射碑　满汉文

☆

hesei gabtara manjurara be kicebure bei bithe

高宗（弘历） 撰

乾隆十七年（1752）三月二十日

194厘米×99厘米

一张

国家图书馆分馆

此碑原在何处不详。1931年磨去碑阴改刻“国立北平图书馆记”，原碑阳改作阴。另有一碑同文，在北京西城养蜂夹道北校场，即今北京第四十中学内。

此碑文系乾隆帝亲自撰写，文中引用崇德元年（1636）十一月癸丑（十三）日清太宗读金世宗本纪引发的学习骑射之上谕，强调“此为满洲先正之遗风，自当永远遵循，守而勿替”，并说明“是以朕常躬率八旗臣仆行围较猎，时时以学习国语、熟悉骑射、操演技勇谆切训诲，无非率由旧章，期以传之奕祀，永绵福祚”。乾隆帝要求将此上谕在紫禁城箭亭、御园引见楼及侍卫教场、八旗教场等处立碑刊刻，“以昭朕绍述推广之意”。

［0101］［0102］［0141］

S0584 永佑寺碑并额　满蒙藏汉文

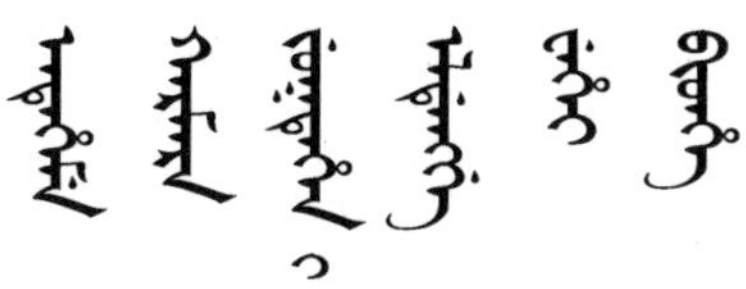

enteheme karmara juktehen i eldengge wehei bithe

乾隆十七年（1752）七月初一日

首题“永佑寺碑文”

额题“御制”

满272厘米×133厘米+44厘米×34厘米

蒙248厘米×133厘米+44厘米×34厘米

藏270厘米×134厘米+40厘米×34厘米

汉270厘米×134厘米+45厘米×35厘米

一份四张

河北承德避暑山庄

［0101］

S0585 永璜墓碑并额　满汉文

 ☆

yung hūwang ni eldengge wehei bithe

高宗（弘历） 撰

乾隆十七年（1752）七月二十五日

首题“皇长子和硕定安亲王碑文”

额篆书题“敕建”

290厘米×118厘米+34厘米×34厘米

一张

北京密云太子坟（已没入密云水库）

阴为乾隆三十二年（1767）五月二十四日永琪墓碑

永璜为清高宗（弘历）第一子，卒封定亲王。谥“安”。

［0101］

S0586 虎神枪记碑　满汉文

tasha mergen miyoocan i ejebun i eldengge wehei bithe

高宗（弘历） 撰并书

乾隆十七年（1752）九月

碑阳194厘米×39厘米+194厘米×44厘米

碑阴195厘米×32厘米+195厘米×39厘米

一份四张

河北围场满族蒙古族自治县

碑被劈为两块，断处文缺数行。

［0101］

S0587 古长城说碑 △ 满汉蒙藏文

高宗（弘历） 撰

乾隆十七年（1752）九月

碑顶高183厘米

碑额63厘米×154厘米×82厘米

碑身220厘米×135厘米×62厘米

碑座84厘米×167厘米×90厘米

河北围场县新拨乡岱尹上村

S0588 德沛墓碑 满汉文

☆

depei i eldengge wehei bithe

乾隆十七年十二月初十日（1753年1月13日）

首题“和硕简亲王碑文”

212厘米×77厘米

一张

北京丰台右安门外郑王坟

德沛乃郑亲王济尔哈朗之曾孙。

［0101］

S0589 资福院施地碑并阴 满汉蒙藏文

hūturi isibure yuwan i boši i usin i bei bithe

乾隆十七年（1752）

150厘米×58厘米

二张

北京朝阳德胜门外黄寺

此碑刻有资福院献布施的施主名单。名单前说明了所献布施用于每年正月念吗呢嘿噜佛咒及念经期间的供物、熬茶等项。布施包括银两、地租、房租等形式。

碑阳为汉文、藏文，碑阴为满文、蒙古文。

［0101］

S0590 永升妻红氏墓碣额并阴 满汉文

yungšeng ni sargan gung halai akdun jalangga i temgetu wehe

德谦 撰

乾隆十八年（1753）三月

首题“节妇红氏之碣”

额正书题“圣旨旌表贞节”

阴题“正红旗满洲都统阵亡之永升之妻红氏贞节之碣”和立碑人姓名及立碑年月

额正书题“碣阴”

131厘米×63厘米

107厘米×62厘米

二张

北京海淀罗家庄村

［0101］［0141］

S0591 皇都篇 满汉文

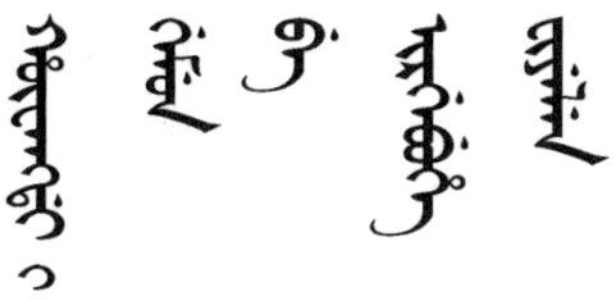

hūwangdi i gemun be irgebuhe fiyelen

高宗（弘历） 撰

乾隆十八年（1753）四月

284厘米×183厘米

一张

北京崇文永定门外燕墩

［0101］［0182］

S0592 帝都篇 满汉文

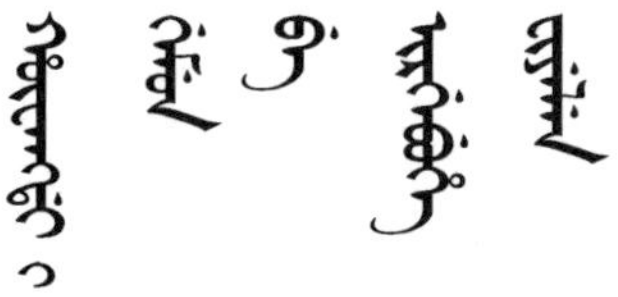

hūwangdi i gemun be irgebuhe fiyelen

高宗（弘历） 撰

乾隆十八年（1753）

284厘米×183厘米

一张

北京崇文永定门外燕墩

《皇都篇》与《帝都篇》刻于大型立方体石碑之上。同样的碑石有两通，一通在乾隆十八年（1753）立于永定门外燕墩上，碑阳为《皇都篇》，碑阴为《帝都篇》，均是满汉文，左满文八行，右汉文八行。清高宗在修建天桥至永定门石板路两侧的排水渠并改造天桥后，于乾隆五十六年（1791）在天桥西侧又立一通石碑，其形制内容与燕墩碑基本相同，但此碑一再挪移，最后被掩埋地下，直至2004年11月方重见天日。此碑如今矗立于首都博物馆大门前。

《皇都篇》《帝都篇》歌颂了帝都的兴盛和历史，反映了清高宗“在德不在险”的治国理念和“居安思危”的忧患意识，是研究北京历史的重要文献。

［0101］

S0593 傅尔丹墓碑 满汉文

furdan i eldengge wehei bithe

乾隆十八年（1753）四月二十七日

首题“原任黑龙江将军傅尔丹碑”

208厘米×79厘米

一张

北京朝阳北苑白家坟村

［0101］

S0594 妙应寺白塔碑额并阴 满汉蒙藏文

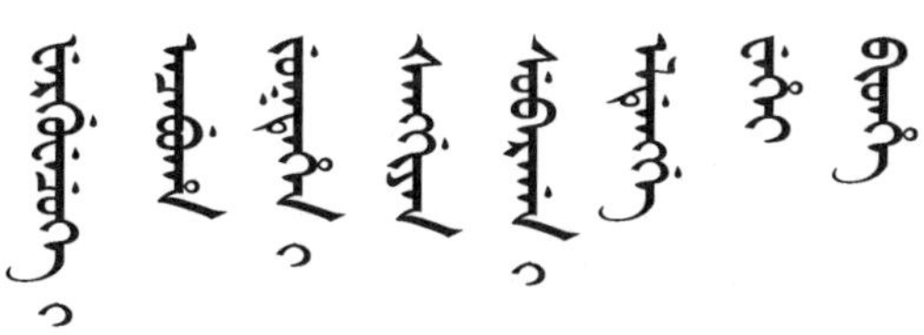 ☆

ferguwecuke i acabuha juktehen i šanggiyan subargan i eldengge wehei bithe

高宗（弘历） 撰

乾隆十八年（1753）七月

首题“御制重修白塔碑铭”

额篆书题“御制”

230厘米×77厘米+38厘米×33厘米

238厘米×81厘米+42厘米×35厘米+234厘米×79厘米

二张

北京西城阜成门内白塔寺

此系乾隆十八年（1753）秋乾隆帝为重修北京白塔寺竣工后撰写的碑文。碑文记述了此次重修特别收入一批经藏，其中有御书《般若波罗蜜多心经》一卷及梵文《尊胜咒》并《大藏真经》全部七百二十四函，“用以为镇”。

碑阳为满文、汉文，碑阴为蒙古文、藏文。

［0101］［0102］［0141］

S0595 妙应寺碑额并阴 满汉蒙藏文

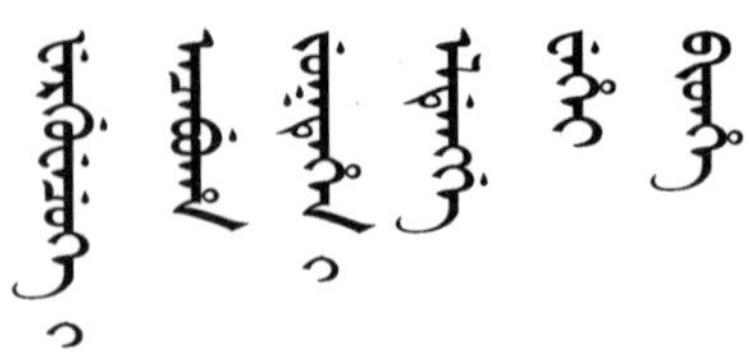

ferguwecuke i acabuha juktehen i eldengge wehei bithe

高宗（弘历） 撰

乾隆十八年（1753）

首题“御制重修妙应寺碑文”

额篆书题“御制”

224厘米×78厘米+39厘米×32厘米

二张

北京西城阜成门内白塔寺

此系乾隆皇帝为重修妙应寺撰写的碑文，文中记述了妙应寺历史，并特别说明重修的原则是“一循皇祖之志”，“因其旧观，普事营饬，不陋不侈”。碑文未写立石时间，文中有距康熙二十七年（1688）凡七十年等语，又据乾隆十八年（1753）“妙应寺白塔碑”可知立于乾隆十八年（1753）。

碑阳为满文、汉文，碑阴为蒙古文、藏文。

［0101］［0102］［0141］

S0596 集善寺门楣 满汉蒙藏文

 ☆

sain be isabure juktehen i uce i aktalakū moo

乾隆十八年（1753）

20厘米×87厘米

一张

北京西城阜成门内白塔寺

［0101］［0102］［0141］

S0597 福尔善碑 满汉文

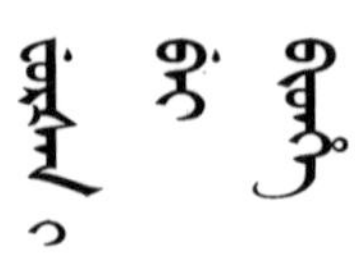

furšan i bei bithe

乾隆十九年（1754）六月

阳首题“辅国将军福尔善碑文”

阴首题“谕祭文”及立碑时间、立碑人姓名

226厘米×64厘米+227厘米×62厘米

一张

辽宁沈阳

福尔善为宗室，谥“温僖”。

［0141］

S0598 祭北镇医巫闾山诗碑　满汉文

ᠠᠮᠠᡵᡤᡳ ᠴᠣᠯᡥᠣᡵᠣᠨ ᡳ ᡠ ᠯᡳᠣᡳ ᡧᠠᠨ ᠠᠯᡳᠨ ᠪᡝ ᠸᡝᠴᡝᡥᡝ ᡳᡵᡤᡝᠪᡠᠨ

amargi colhoron i u lioi šan alin be wecehe irgebun

乾隆十九年（1754）

首题“祭北镇医巫闾山”

211厘米×86厘米

一张

辽宁北镇北镇庙

［0141］

S0599 平定准噶尔告成太学碑并额　满汉文

ᠵᡠᠨ ᡤᠠᡵ ᠪᡝ ᠨᡝᠴᡳᡥᡳᠶᡝᠮᡝ ᡨᠣᡴᡨᠣᠪᡠᡥᠠ ᡤᡠᠩᡤᡝ ᠮᡠᡨᡝᡶᡳ ᡤᡠᡵᡠᠨ ᡳ ᡨᠠᠴᡳᡴᡡ ᡳ

ᠶᠠᠮᡠᠨ ᡩᡝ ᡳᠯᡳᠪᡠᡥᠠ ᡝᠯᡩᡝᠩᡤᡝ ᠸᡝᡥᡝᡳ ᠪᡳᡨᡥᡝ

jun gar be necihiyeme toktobuha gungge mutefi gurun i tacikū i yamun de ilibuha eldengge wehei bithe

高宗（弘历）　撰

乾隆二十年（1755）五月

首题“御制平定准噶尔告成太学碑文”

额篆书题“御制”

340厘米×150厘米+54厘米×53厘米

一张

北京东城国子监孔庙

阴为乾隆二十年（1755）五月平定准噶尔后勒铭伊犁碑

乾隆二十年（1755）二月，清政府出兵征准噶尔，至六月擒获准噶尔部首领达瓦齐。此为平定准噶尔部后乾隆帝亲笔撰写之碑文，碑立于国子监。碑文记述了此役的经过，最后说：“是役也，定议不过二人，筹事不过一年，兵行不过五月，无巨矢遗镞之费，大勋以集，遐壤以定，岂人力哉？天也！”

［0101］［0102］［0141］

S0600 平定准噶尔勒铭伊犁碑并额　满蒙藏汉文

ᠵᡠᠨ ᡤᠠᡵ ᠪᡝ ᠨᡝᠴᡳᡥᡳᠶᡝᠮᡝ ᡨᠣᡴᡨᠣᠪᡠᡥᠠ ᠪᠠᠪᡝ ᡳᠯᡳ ᠪᠠᡩᡝ ᡝᠵᡝᠮᡝ

ᡳᠯᡳᠪᡠᡥᠠ ᡝᠯᡩᡝᠩᡤᡝ ᠸᡝᡥᡝᡳ ᠪᡳᡨᡥᡝ

jun gar be necihiyeme toktobuha babe ili bade ejeme ilibuha eldengge wehei bithe

高宗（弘历）　撰并正书

乾隆二十三年（1756）五月

首题“平定准噶尔勒铭伊犁之碑”

额篆书题“御制”

220厘米×63厘米+20厘米×13厘米

四张

河北承德

乾隆二十年（1755）清政府擒获准噶尔部首领达瓦齐后不久，另一首领阿睦尔撒纳又叛。乾隆二十二年（1757）清政府派兵再次征剿，此为再次平定准噶尔部后乾隆帝亲笔撰写的碑文。碑文叙述了平定准噶尔部的过程，最后要求厄鲁特四部“分疆各守，毋相侵陵，以干大咎。齐御外域，曰布鲁特，越哈萨克。醉饮饱食，敬兴黄教，福自天锡伊犁乎矣，于万斯年矣”。

［0101］

S0601 允禵墓碑 满汉文

yūn ti i eldengge wehei bithe

乾隆二十年（1755）七月初八日

首题“多罗恂郡王碑文”

257厘米×188厘米

一张

拓片为陆和九旧藏，上有陆和九题签。

陆和九（1883—1958），本名开钧，以字行，湖北仙桃人，蒙古族。著名金石学家、收藏家。曾任中国大学国学系讲师等职，讲授金石学、古器物学、文字学及书法篆刻等课。中华人民共和国成立后，被聘为中央文史研究馆馆员。著有《汉武氏石室画像题字补考》《中国金石学》等，还有未刊稿多种。其收藏碑刻砖瓦拓片甚丰，京城士子争相邀其鉴定品评碑帖，以得其题签为荣，碑刻拓片上有陆氏题款为贵。

［0101］

S0602 马神庙碑并额 满汉文

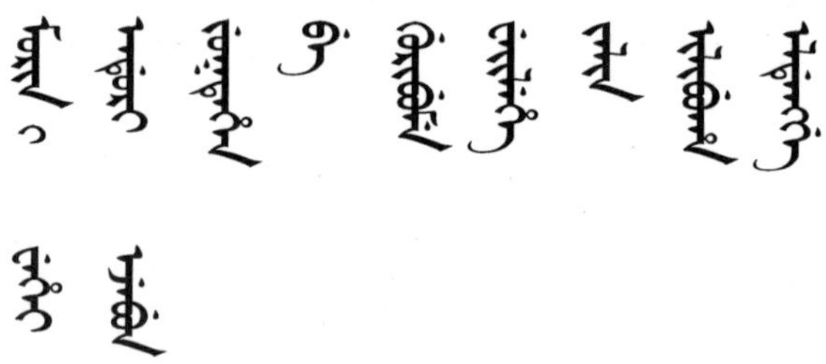

morin enduri juktehen be guribume weilehe jalin ilibuha eldengge wehei ejebun

傅恒 撰

乾隆二十年（1755）七月

首题“移建马神庙碑”

额篆书题“马神庙碑”

192厘米×66厘米+30厘米×25厘米

一张

北京东城景山东街马神庙

此为大学士傅恒所撰。记述傅在其宅地旁隙地移建祠庙，以祀司六马之神。

［0101］［0102］［0141］

S0603 普宁寺碑并额 满汉蒙藏文

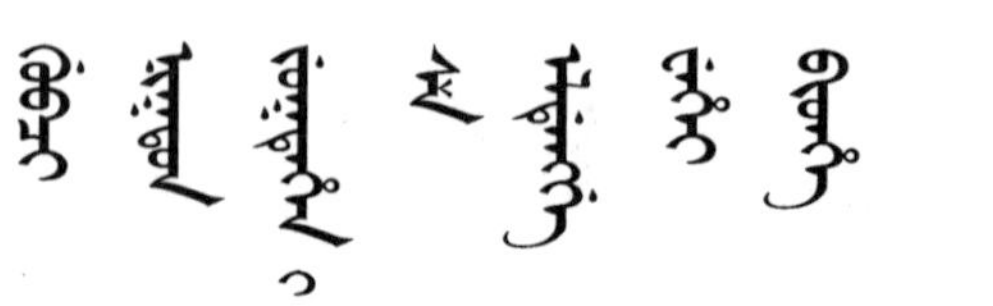

gubci nikton juktehen i sy eldengge wehei

bithe

高宗（弘历） 撰并正书

乾隆二十年（1755）十月

首题“御制普宁寺碑文”

额篆书题“御制”

298厘米×114厘米+37厘米×29厘米

四张

河北承德

［0101］

S0604 海望墓碑 满汉文

haiwang ni eldengge wehei bithe

乾隆二十年（1755）十一月初四日

首题“原任户部尚书海望碑文”

212厘米×74厘米

一张

北京朝阳龙王台村

［0101］

S0605 关帝庙碑并额 满汉文

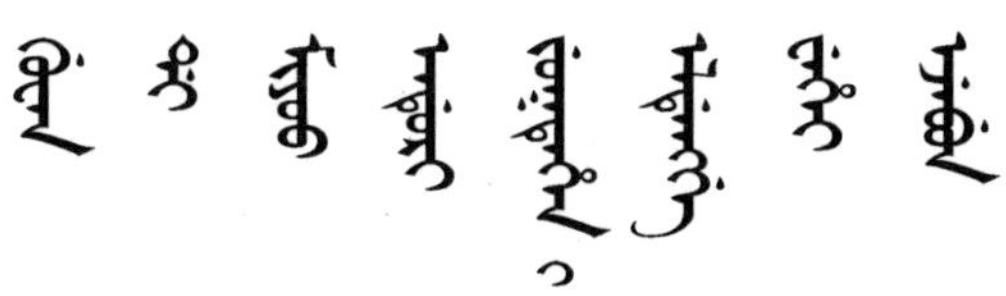

guwan di miyoo enduri juktehen i eldengge wehei ejebun

傅恒 撰

乾隆二十一年（1756）九月

首题“重修关帝庙碑记”

额篆书题“万古流芳”

192厘米×95厘米+30厘米×26厘米

一张

北京东城地安门三眼井

此系大学士忠勇公傅恒为其旧宅附近的关帝庙重修后写的碑文。文中叙述了重修关帝庙的情况并说明了其良苦用心：“昔苏文忠公轼作昌黎庙碑，以为公之神在天下者如水之在地中，礼经谓如在其上，如在其左右。余之重修帝庙，以妥以侑，亦此物此志也。”

［0101］［0102］［0141］

S0606 福敏碑 满汉文

fumin i bei bithe

乾隆二十一年（1756）十月十四日

首题“致仕大学士福敏碑文”

234厘米×82厘米

一张

北京丰台南苑东铁匠营乡

［0141］

S0607 安远庙门额 满蒙藏汉文

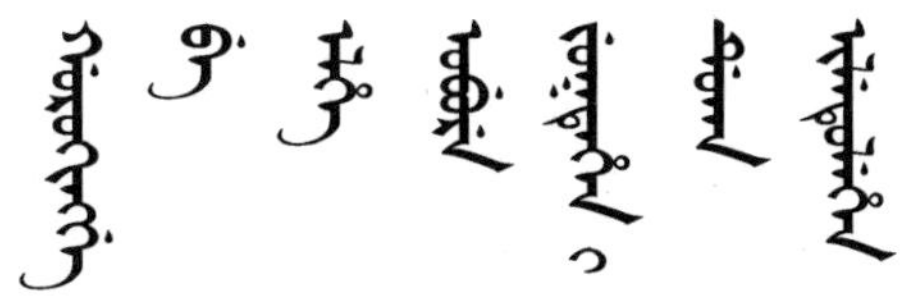

gorokingge be elhe obure juktehen i duka iletulehen

乾隆二十一年（1756）

25厘米×104厘米

一张

河北承德安远庙

[0101]

S0608 喀尔吉善墓碑　满汉文

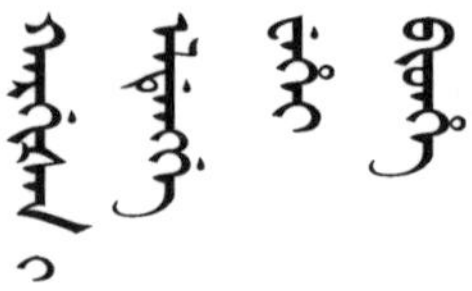

kargišan i eldengge wehei bithe

高宗（弘历）撰

乾隆二十二年（1757）八月初一日

首题“原任闽浙总督喀尔吉善碑文”

218厘米×74厘米

一张

北京怀柔西凯甲坟村

[0101]

S0609 平定准噶尔勒铭伊犁碑并额　满汉文

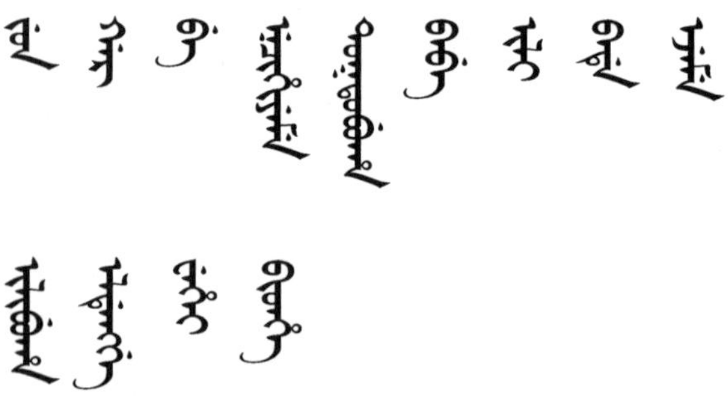

jun gar be necihiyeme toktobuha babe ili bade ejeme ilibuha eldengge wehei bithe

高宗（弘历）撰并正书

乾隆二十三年（1758）七月

首题“平定准噶尔勒铭伊犁之碑”

340厘米×150厘米

一张

北京东城国子监孔庙

此碑刻于乾隆二十年（1755）平定准噶尔告成太学碑之阴。

[0101]

S0610 平定准噶尔后勒铭伊犁碑并额　满蒙藏汉文

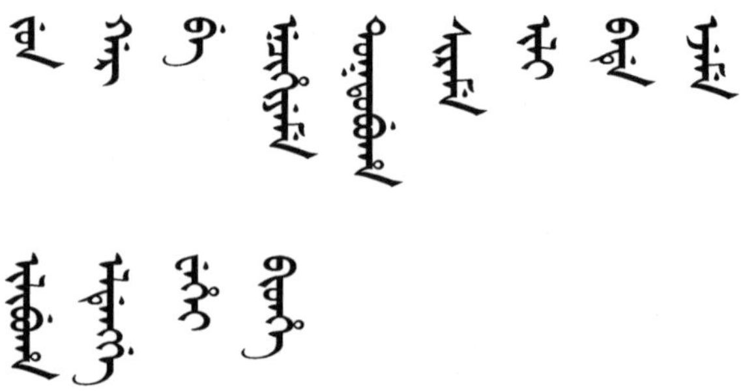

jun gar be necihiyeme toktobuha sirame ili bade ejeme ilibuha eldengge wehei bithe

高宗（弘历）撰并正书

乾隆二十三年（1758）七月

首题“平定准噶尔后勒铭伊犁之碑”

额篆书题“御制”

满220厘米×63厘米+19厘米×14厘米

蒙220厘米×63厘米+19厘米×16厘米

藏220厘米×63厘米+19厘米×16厘米

汉220厘米×63厘米+19厘米×16厘米

一份四张

河北承德

[0101][0102]

S0611 柏林寺重修碑　满汉文

☆

dasame dasatame weilehe be lin sy juktehen i eldengge wehei bithe

高宗（弘历）撰并书

乾隆二十三年（1758）

左右二碑，分刻满汉文

额篆书题“御制”

碑左222厘米×85厘米

碑右218厘米×84厘米

碑额28厘米×40厘米

各一张

北京东城戏楼胡同

此为乾隆皇帝为重修柏林寺所撰写的碑记。碑文考证了柏林寺之历史，据明正统间所存故碣称该寺肇建于元至正七年（1347），但不见于图籍。曾于康熙五十二年（1713）重修，康熙帝特赐“万古柏林”匾额。至乾隆二十二年（1757）再次重修，于翌年修葺一新。乾隆帝在碑文最后说：“夫人之情虽善忘而孩提时事或不忘者，以其见闻久而孺慕切也。”柏林寺邻近雍和宫，乾隆帝幼时或常至此处，故印象深刻。

［0101］［0102］［0141］

S0612 喀尔吉善谕祭碑　满汉文

hūwangdi hesei kargišan de wecere gisun

乾隆二十四年（1759）正月二十日

200厘米×69厘米

一张

北京怀柔西凯甲坟村

刻乾隆二十三年（1758）岁次戊寅二月丁巳朔越初九日乙丑、乾隆二十四年（1759）岁次己卯正月癸未朔越十九日辛丑两祭文。

［0101］

S0613 黄廷桂墓碑　满汉文

hūwang ting gui i eldengge wehei bithe

乾隆二十四年（1759）二月初五日

首题“少保大学士陕甘总督忠勤伯黄廷桂碑文”

260厘米×112厘米

一张

北京房山北白岱村

此系汉文黄廷桂墓碑之阴，黄廷桂系陕甘总督。

碑阳为满文，碑阴为汉文。

［0101］［0182］

S0614 费赫齐诰封碑并阴　满汉文

 ☆

fiheci de g'aoming be buhe bei bithe

乾隆二十四年（1759）三月

161厘米×68厘米+168厘米×68厘米

二张

此碑上铭刻康熙十三年（1674）四月十五日颁发给费赫齐之诰命。费赫齐原系一空衔佐领，出征云贵、山东、四川、陕西、甘肃等地屡立战功，最后在甘肃秦州战斗中阵亡，因此被从优升授骑都尉兼一云骑尉，并由其子赛柱承袭。

此碑由其曾孙甘肃镇海营参将、骑都尉兼一云骑尉泰主立。

原碑已毁。

［0101］

S0615 积善寺碑记　满汉文

ji šan sy i eldengge wehei bithe

乾隆二十四年（1759）五月

首题“积善寺碑记”

145厘米×59厘米+32厘米×32厘米

152厘米×63厘米+32厘米×32厘米

四张

辽宁沈阳皇寺东

［0141］

S0616 普福妻留嘉氏碑并阴　满汉文

 ☆

pufu i sargan liogiya halai bei bithe

乾隆二十四年（1759）七月

额正书题“圣旨旌表”

118厘米×68厘米+23厘米×18厘米

一张

北京海淀阜成门外马神庙

此碑文左侧为汉文，右侧为满文，与常例相反。

［0101］

S0617 平定回部告成太学碑并额　满汉文

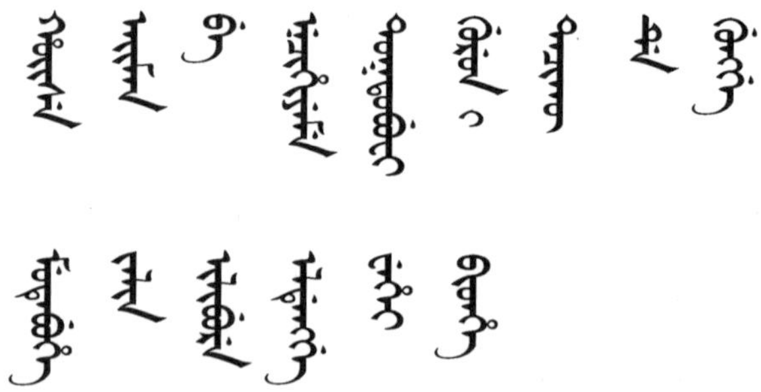

hoise aiman be necihiyeme toktobufi gurun i tacikū de gungge mutebuhe jalin ilibure eldengge wehei bithe

高宗（弘历）撰

乾隆二十四年十二月（1760年1月）

首题“御制平定回部告成太学碑文”

额篆书题“御制”

344厘米×154厘米+51厘米×44厘米

一张

北京东城国子监孔庙

阴为乾隆三十四年（1769）二月国学落成即事诗碑

此系乾隆帝平定大小和卓之乱、收复新疆后亲笔撰写的纪念碑文。碑文叙述了平定回部的过程，并列举了八件大事，认为是“天恩助顺”，碑文最后说：“夫天如是显佑国家者，以祖宗之敬天爱民，蒙眷顾深也。则我后世子孙其何以心上苍之心，志列祖之志，勉继绳于永保丕基于无穷乎！”

[0101] [0102] [0141] [0188]

S0618 平定回部勒铭伊西洱库尔淖儿之碑　满汉托察文

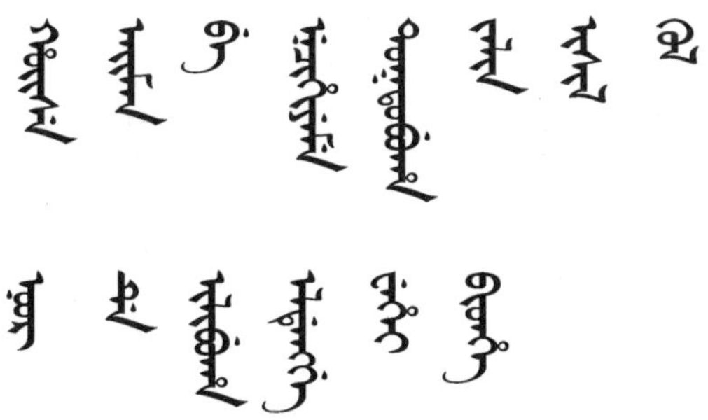

hoise aiman be necihiyeme toktobuha jalin isil kul noor de ilibuha eldengge wehei bithe

高宗（弘历） 撰

乾隆二十四年十二月（1760年1月）

首题“平定回部勒铭伊西洱库尔淖儿之碑”

168厘米×86厘米

二张

新疆天山南部伊西洱库尔淖尔（今塔吉克斯坦雅什库里湖）

“托”即托忒蒙古文，“察”即察合台文。

[0187]

S0619 京县郊南劳军诗刻　满汉蒙察文

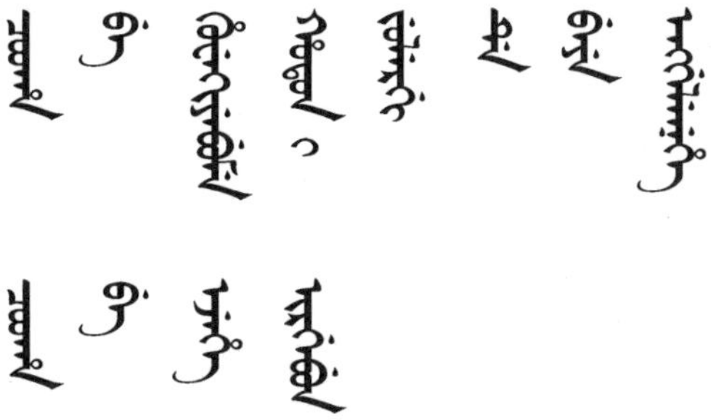

cooha be huwekiyebume hoton i julergi de beye enggelenehe cooha be ejehe irgebun

高宗（弘历） 撰并正书

乾隆二十五年（1760）二月二十七日

128厘米×180厘米

二张

北京房山良乡范家坟

乾隆二十四年（1759）新疆大小和卓之乱终被平定，翌年大将军兆惠班师回朝，乾隆帝按古礼亲自出城迎接并作诗劳军。此碑阳为满汉文，碑阴为蒙古文和察合台文。

[0101] [0141]

S0620 实胜寺后记并阴　满汉蒙藏文

sirame araha yargiyan entehe juktehen i ejebun

高宗（弘历） 撰

乾隆二十六年（1761）四月

118厘米×335厘米

二张

北京海淀门头村跑马城

此为乾隆帝于平定准噶尔回部后亲笔撰写的碑文。碑文记述了在平定准噶尔和大小和卓战争中“（实胜）寺左近健锐云梯营实居之营之兵是役效力为尤多，故不可不胜其前劳以劝夫后进”。碑文说“君者事成而忽若忘独何心哉？朕岂为之哉！自己巳设此营而辛巳即收其效，不啻树几十年之得极，是潜移默运有若天授予，亦有所不知其然而然者”，对健锐营之功绩褒扬有加。

［0101］［0141］

S0621 朝阳门石道碑　满汉文

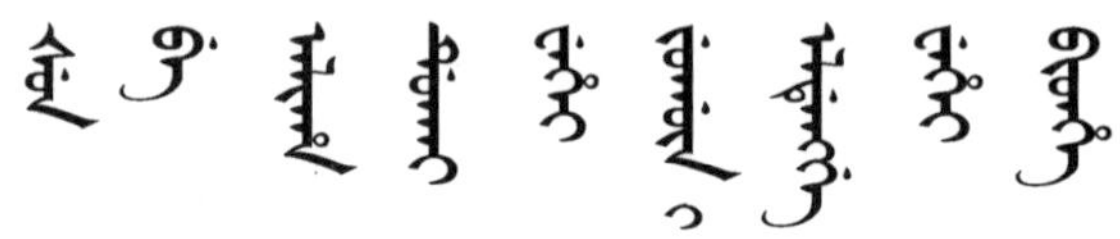

šun be aliha dukai wehei jugūn i eldengge wehei bithe

高宗（弘历）　撰

乾隆二十六年（1761）六月

首题“重修朝阳门石道碑文”

276厘米×105厘米

一张

北京朝阳门外大桥

乾隆二十五年（1760）朝阳门外石道重修落成，此为乾隆帝亲自撰写的纪念碑文。碑文记载了石道始修于雍正七年（1729），此次重修“支户部金二十八万四千九百有奇”，历时三年。朝阳门石道地处国都东门，食货交会，修此大道引出乾隆帝一番感慨书于碑文之末。

［0101］

S0622 万寿寺碑　满汉蒙藏文

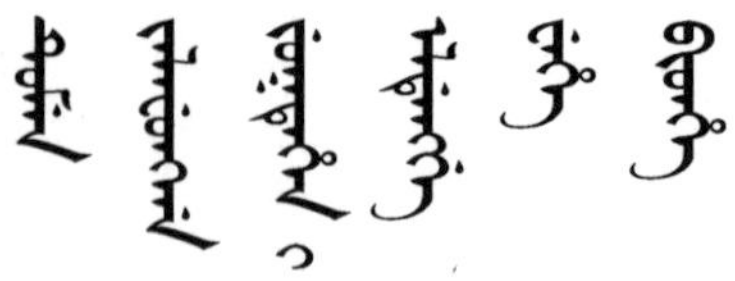

tumen jalafungga juktehen i eldengge wehe bithe

高宗（弘历）　撰并正书

乾隆二十六年（1761）十一月

首题“重修万寿寺碑文”

210厘米×78厘米+224厘米×77厘米

二张

北京海淀西直门外

此系乾隆帝为万寿寺亲撰之碑文。碑文记述了为祝皇太后七旬庆辰，按辛未（乾隆十六年）例修葺万寿寺的情形。

［0101］［0141］

S0623 正觉寺碑　满汉文

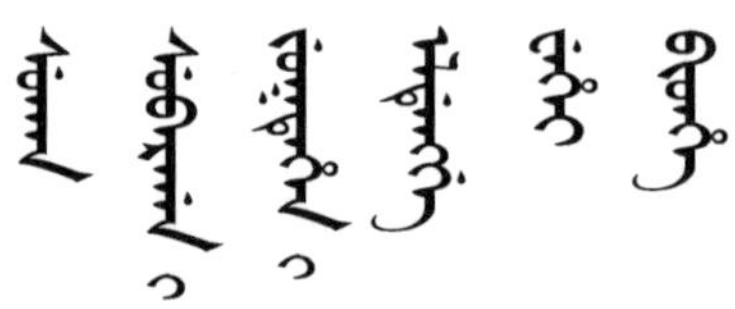

sukan subargan i juktehen i eldengge wehei bithe

高宗（弘历）　撰

乾隆二十六年（1761）十一月

首题“重修正觉寺碑文”

172厘米×75厘米

一张

北京海淀西直门外五塔寺

此碑在金刚宝座塔东

此系乾隆帝为重修正觉寺撰写的碑文。碑文叙述了正觉寺自明永乐年间建寺以来的历史，考证了梵典释佛义为“觉”的意义，并说明为了庆贺皇太后寿辰，乾隆十六年（1751）命修缮寺庙，至乾隆二十六年（1761）正值皇太后七旬大寿，复出帑金，又进行修葺。

［0101］［0102］［0141］［0150］

S0624 东岳庙碑并额　满汉文

dergi colhon i juktehen i eldengge wehei bithe

高宗（弘历） 撰

乾隆二十六年十二月中浣（1762年1月）

首题“东岳庙重修落成碑记”

额篆书题“御制”

306厘米×124厘米+39厘米×38厘米

一张

北京朝阳东岳庙

此系乾隆帝为京都东岳庙重修落成亲笔题写的碑文。碑文考证了古代祀岳的历史，记述了东岳庙上一次在康熙四十一年（1702）曾经修缮，事过六十年，殿宇破旧，故出内帑重新修葺，历一年而成。

此碑已定为国家一级文物。

［0101］［0102］［0141］

S0625 都城隍庙碑并额　满汉文

hecen i hoton ulan i enduri i juktehen i eldengge wehei bithe

高宗（弘历） 撰

乾隆二十八年十二月（1764年1月）

首题“重修都城隍庙碑记”

额篆书题“御制”

311厘米×111厘米+44厘米×28厘米

一张

北京西城阜成门成方街

阴为乾隆二十八年（1764）十二月都城隍庙瞻礼诗

乾隆帝为都城隍庙落成而撰写的碑记。碑文首先考证了城隍祭祀的历史，再记述都城隍庙自雍正四年（1726）修葺以来，年久陊剥，于乾隆二十八年（1763）正月支付内府金彻而修之，当年年底落成。碑文中指出“朕敬承上苍，鸿贶胥宇，迄乎荒外……夫欲举昒爽逖听之众，无一夫不宥以都人士之怀，又何一城一隍之区不可绥以都城隍之神之福哉，而况省府州县之密迩户闼者哉”。

［0101］［0102］［0141］

S0626 历代帝王庙碑并额　满汉文

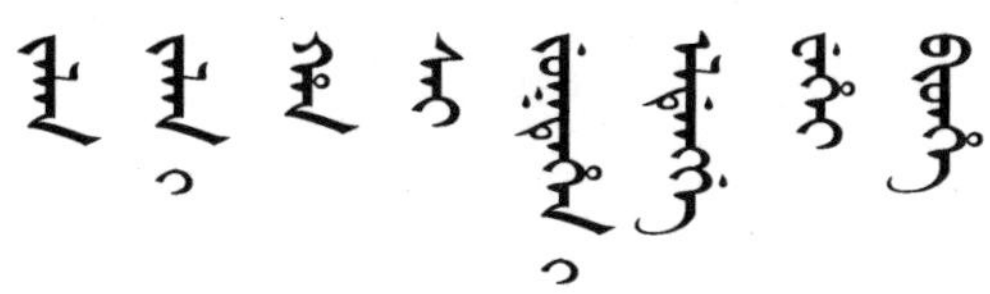

jalan jalan i han sai juktehen i eldengge wehei bithe

高宗（弘历） 撰

乾隆二十九年（1764）三月

首题“重修历代帝王庙碑文”

额篆书题“御制”

288厘米×53厘米+74厘米×46厘米

一张

北京西城西四西大街

阴为乾隆二十九年（1764）历代帝王庙瞻礼诗碑

［0101］［0102］［0141］

S0627 回人礼拜寺碑额并额 满汉蒙维文

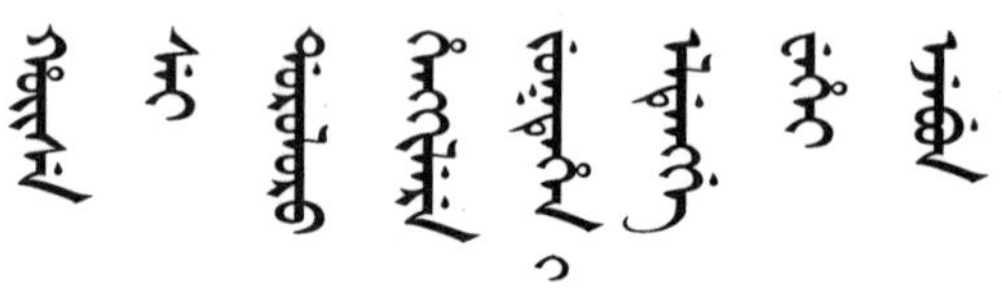

hoise sei doroloro hengkilere juktehen i eldengge wehei ejebun

高宗（弘历） 撰

乾隆二十九年（1764）五月

首题“敕建回人礼拜寺碑记”

额篆书题“御制”

192厘米×87厘米+31厘米×33厘米

二张

北京西城新华门对面原回回营

乾隆帝为在京的维吾尔人聚居地的清真寺亲笔撰写的碑文。乾隆二十四年（1759）十月清廷平定大小和卓叛乱，霍集斯阿其木伯克协助平叛有功，入觐并留居北京。“余众之不令回其故地者咸居长安门之西”。乾隆二十八年（1763），比照准噶尔部“四卫拉特内附若普宁寺若固尔扎庙”，“爰命将作支内帑羡金就所居适中之地为建斯寺”。此寺建成后，“轮年入觐之众伯克等无不欢欣瞻拜，诧西域所未曾睹”。碑文最后为题铭：“孰为天方，孰为天堂，花门秘刹，依我云阊。厥城默伽，厥宗墨克，派哈帕尔，传衣铁勒。经藏三千，咨之阿浑，西向北向，同皈一尊。”此碑文拓片有漫漶之处。

［0101］［0102］［0141］［0150］

S0628 永佑寺舍利塔碑 满汉文

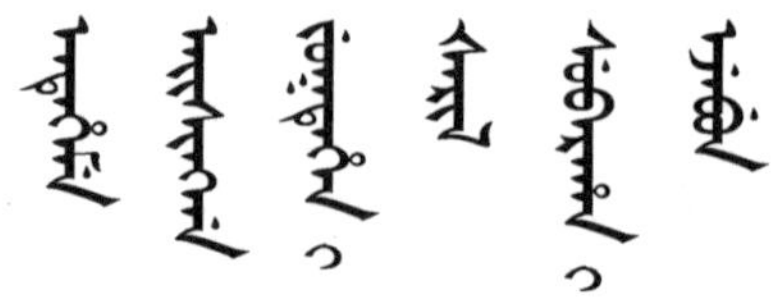

enteheme aisingga juktehen i šaril subarhan i ejebun

高宗（弘历） 撰并书

乾隆二十九年（1764）五月

首题“永佑寺舍利塔记”

额题“御制”

246厘米×119厘米+33厘米×26厘米

一张

河北承德

［0101］

S0629 普静寺瞻礼诗碑 满汉文

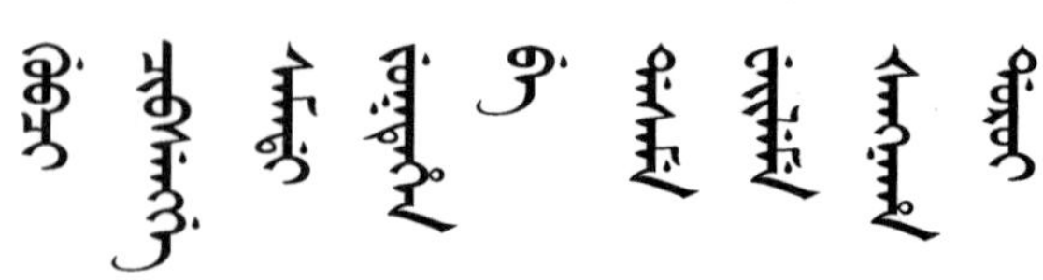

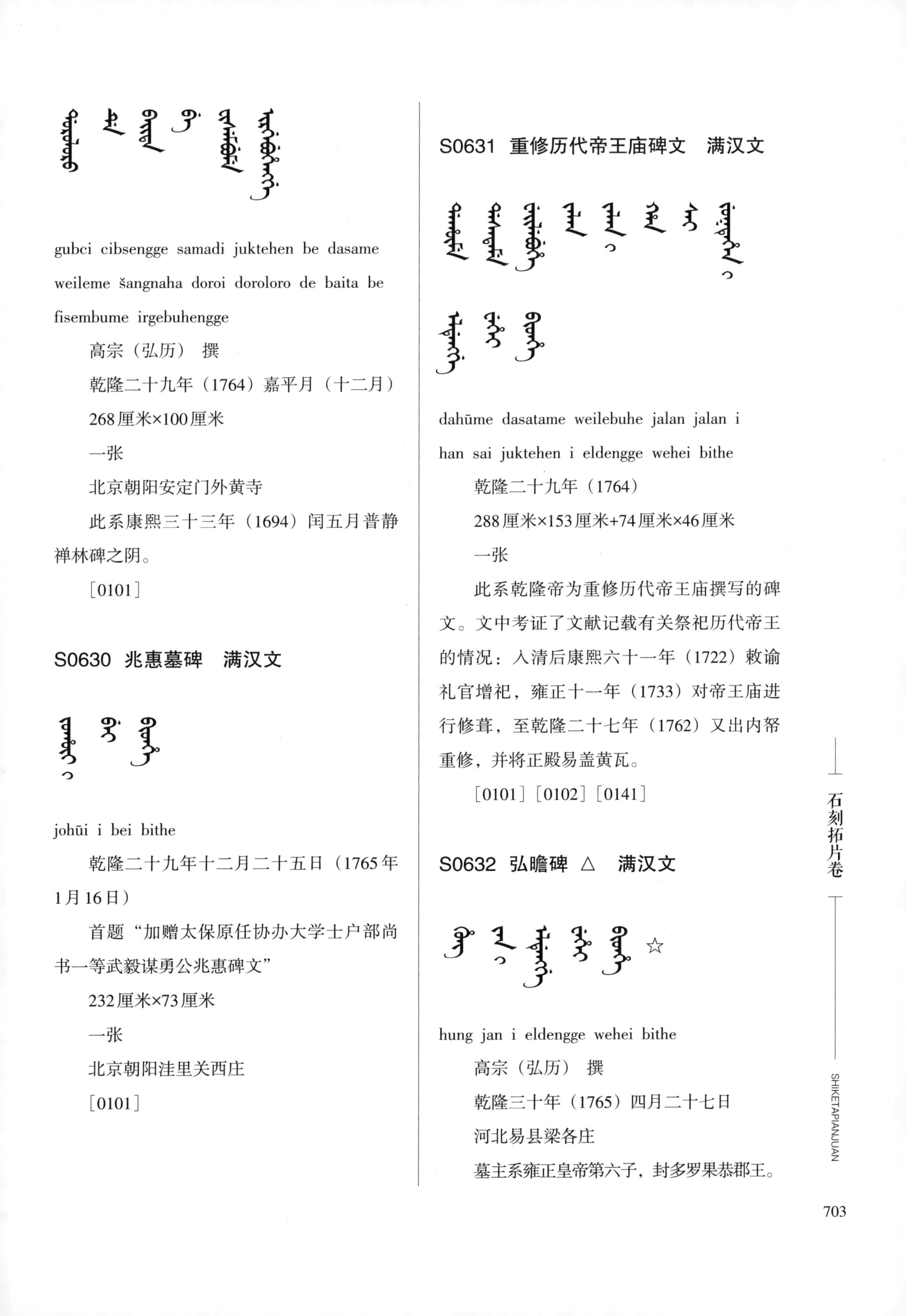

gubci cibsengge samadi juktehen be dasame weileme šangnaha doroi doroloro de baita be fisembume irgebuhengge

高宗（弘历） 撰

乾隆二十九年（1764）嘉平月（十二月）

268厘米×100厘米

一张

北京朝阳安定门外黄寺

此系康熙三十三年（1694）闰五月普静禅林碑之阴。

［0101］

S0630 兆惠墓碑　满汉文

johūi i bei bithe

乾隆二十九年十二月二十五日（1765年1月16日）

首题“加赠太保原任协办大学士户部尚书一等武毅谋勇公兆惠碑文”

232厘米×73厘米

一张

北京朝阳洼里关西庄

［0101］

S0631 重修历代帝王庙碑文　满汉文

dahūme dasatame weilebuhe jalan jalan i han sai juktehen i eldengge wehei bithe

乾隆二十九年（1764）

288厘米×153厘米+74厘米×46厘米

一张

此系乾隆帝为重修历代帝王庙撰写的碑文。文中考证了文献记载有关祭祀历代帝王的情况：入清后康熙六十一年（1722）敕谕礼官增祀，雍正十一年（1733）对帝王庙进行修葺，至乾隆二十七年（1762）又出内帑重修，并将正殿易盖黄瓦。

［0101］［0102］［0141］

S0632 弘瞻碑 △　满汉文

☆

hung jan i eldengge wehei bithe

高宗（弘历） 撰

乾隆三十年（1765）四月二十七日

河北易县梁各庄

墓主系雍正皇帝第六子，封多罗果恭郡王。

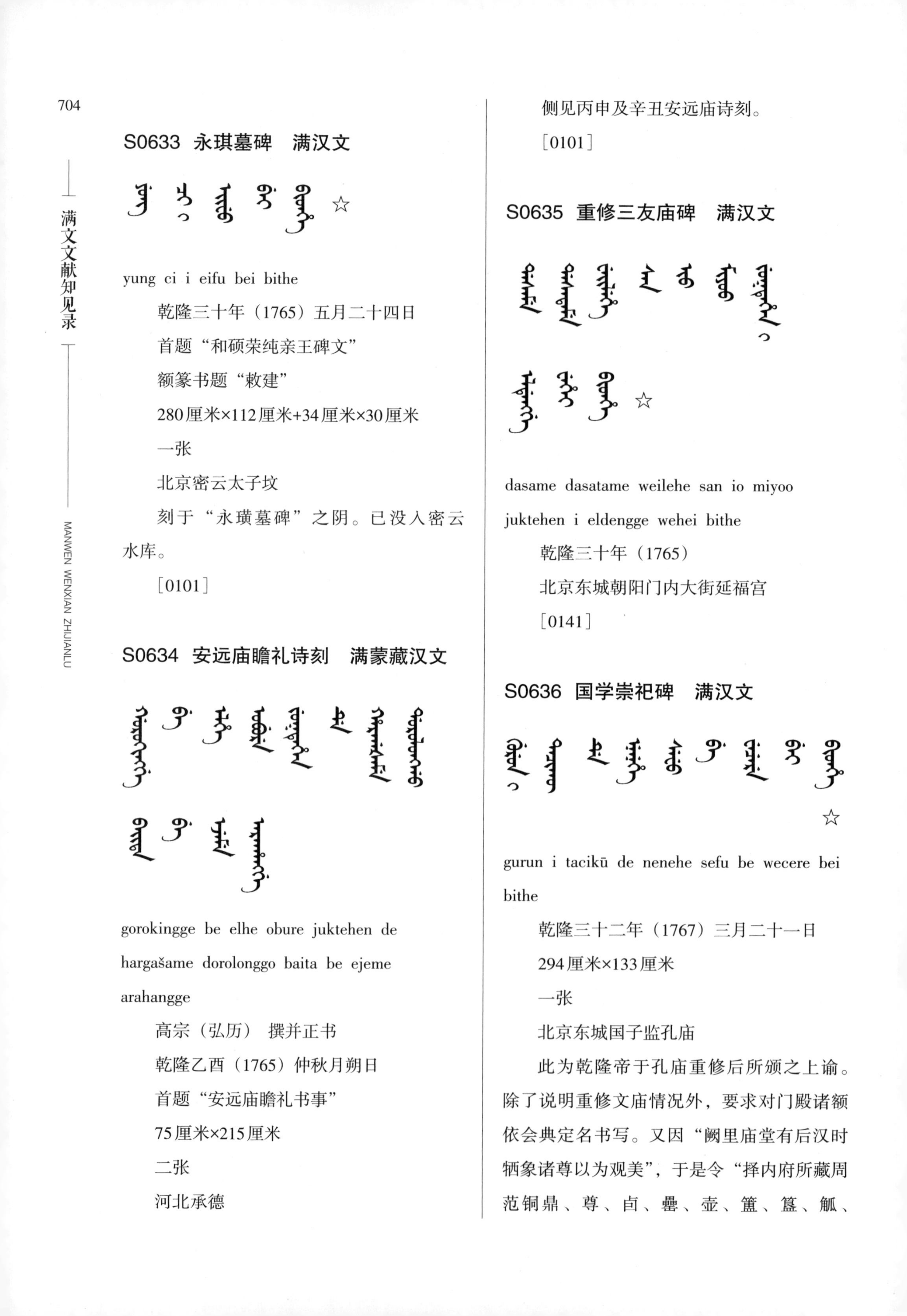

S0633 永琪墓碑 满汉文

☆

yung ci i eifu bei bithe

乾隆三十年（1765）五月二十四日

首题“和硕荣纯亲王碑文”

额篆书题“敕建”

280厘米×112厘米+34厘米×30厘米

一张

北京密云太子坟

刻于“永璜墓碑”之阴。已没入密云水库。

［0101］

S0634 安远庙瞻礼诗刻 满蒙藏汉文

gorokingge be elhe obure juktehen de hargašame dorolonggo baita be ejeme arahangge

高宗（弘历） 撰并正书

乾隆乙酉（1765）仲秋月朔日

首题“安远庙瞻礼书事”

75厘米×215厘米

二张

河北承德

侧见丙申及辛丑安远庙诗刻。

［0101］

S0635 重修三友庙碑 满汉文

☆

dasame dasatame weilehe san io miyoo juktehen i eldengge wehei bithe

乾隆三十年（1765）

北京东城朝阳门内大街延福宫

［0141］

S0636 国学崇祀碑 满汉文

☆

gurun i tacikū de nenehe sefu be wecere bei bithe

乾隆三十二年（1767）三月二十一日

294厘米×133厘米

一张

北京东城国子监孔庙

此为乾隆帝于孔庙重修后所颁之上谕。除了说明重修文庙情况外，要求对门殿诸额依会典定名书写。又因“阙里庙堂有后汉时牺象诸尊以为观美”，于是令“择内府所藏周范铜鼎、尊、卣、罍、壶、簠、簋、觚、爵、洗各一颁置太学，陈之大成殿中，用备礼器”。

[0101] [0102] [0141]

S0637 允禄墓碑 满汉文

☆

yun lu i eifu bei bithe

乾隆三十二年（1767）三月二十七日

首题“和硕庄亲王碑文”

236厘米×80厘米

一张

北京房山磁家务

允禄系康熙第十六子嗣博果铎袭庄亲王，卒谥“恪”。

[0101] [0141]

S0638 傅森墓碑 满汉文

fusen i eldengge wehei bithe

高宗（弘历） 撰

乾隆三十二年（1767）七月十七日

首题“原任内大臣兼三等轻车都尉红带子傅森碑文”

95厘米×73厘米

一张

北京通州西集前东仪村

此为乾隆皇帝撰傅森墓碑碑文。傅森系内大臣兼三等轻车都尉红带子，碑文称其“面陈衰状，恳请退休。嗣命晋锡优衔，俾资颐养。遽闻溘逝，轸悼良深”，谥“恪慎”。

[0101]

S0639 普乐寺碑额并阴侧 满蒙藏汉文

gubci sebjengge juktehen i eldengge wehei ejebun

高宗（弘历） 撰并正书

乾隆三十二年（1767）仲秋（八月）

首题“普乐寺碑记”

额篆书题“御制”

190厘米×73厘米+36厘米×30厘米

四张

河北承德

[0101]

S0640 净住寺碑 满汉文

bolgo ilin i juktehen i eldengge wehei ejebun

高宗（弘历） 撰并正书

乾隆三十二年（1767）十一月

首题“净住寺碑记”

120厘米×65厘米

二张

北京朝阳门东郭迤南

[0141]

S0641 国柱谕祭碑 满汉文

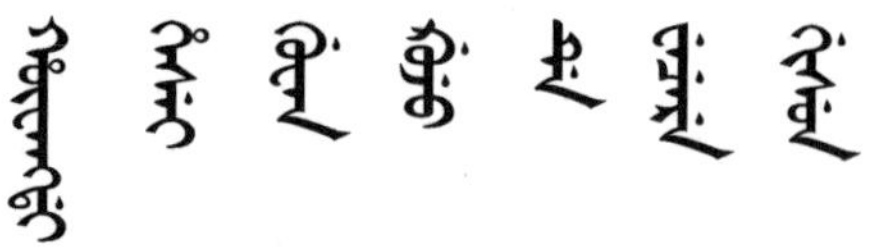
☆

hūwangdi hesei guwan g'oju de wecere gisun

乾隆三十三年（1768）四月二十日

206厘米×69厘米

一张

北京通州土桥

［0101］

S0642 明瑞祠碑 满汉文

mingšui de ilibuha jukten i boo i eldengge wehei bithe

乾隆三十三年（1768）五月初八日

首题“原任将军公明瑞建祠碑文”

218厘米×74厘米

一张

北京西城厂桥西西皇城根小学

此为云贵总督、兵部尚书、一等诚嘉毅勇公明瑞将军祠堂之碑文。明瑞于乾隆三十三年（1768）在缅甸战役中战死，碑文说“长驱别队，不闻后继，天戈决荡，仍整旅而孤行。地络阴森，遂全师而独殿，毒锋屡及，竟至捐躯”。同时遇难者有都统札拉丰阿、护军统领观音保和总兵李全、王玉琰等，清廷特建专祠纪念。

［0101］［0141］［0102］

S0643 文庙碑并额 满汉文

kungdzi i juktehen be dasame weilebuhe eldengge wehei ejebun

高宗（弘历） 撰

乾隆三十四年（1769）仲春上浣

首题“重修文庙碑记”

额篆书题“御制”

310厘米×120厘米+44厘米×43厘米

一张

北京东城国子监

阴为乾隆四十八年（1783）二月癸卯释奠诗及乾隆五十年（1785）二月乙巳释奠诗碑

乾隆三十二年（1767）“发帑二十余万”重修北京文庙，至乾隆三十四年（1769）竣工，此即为竣工后乾隆帝亲自撰写之碑文。文中盛赞孔子的道德仁义：“盖三代以前之教，非孔子不明，三代以后之教，非孔子不立，亦犹江淮河济非海不纳，嵩岱恒华非地不载，道德仁义非孔子不重也。”碑文又简述了北京文庙自元始建至清乾隆朝的沿革和本次修葺情况。

［0101］［0102］［0141］

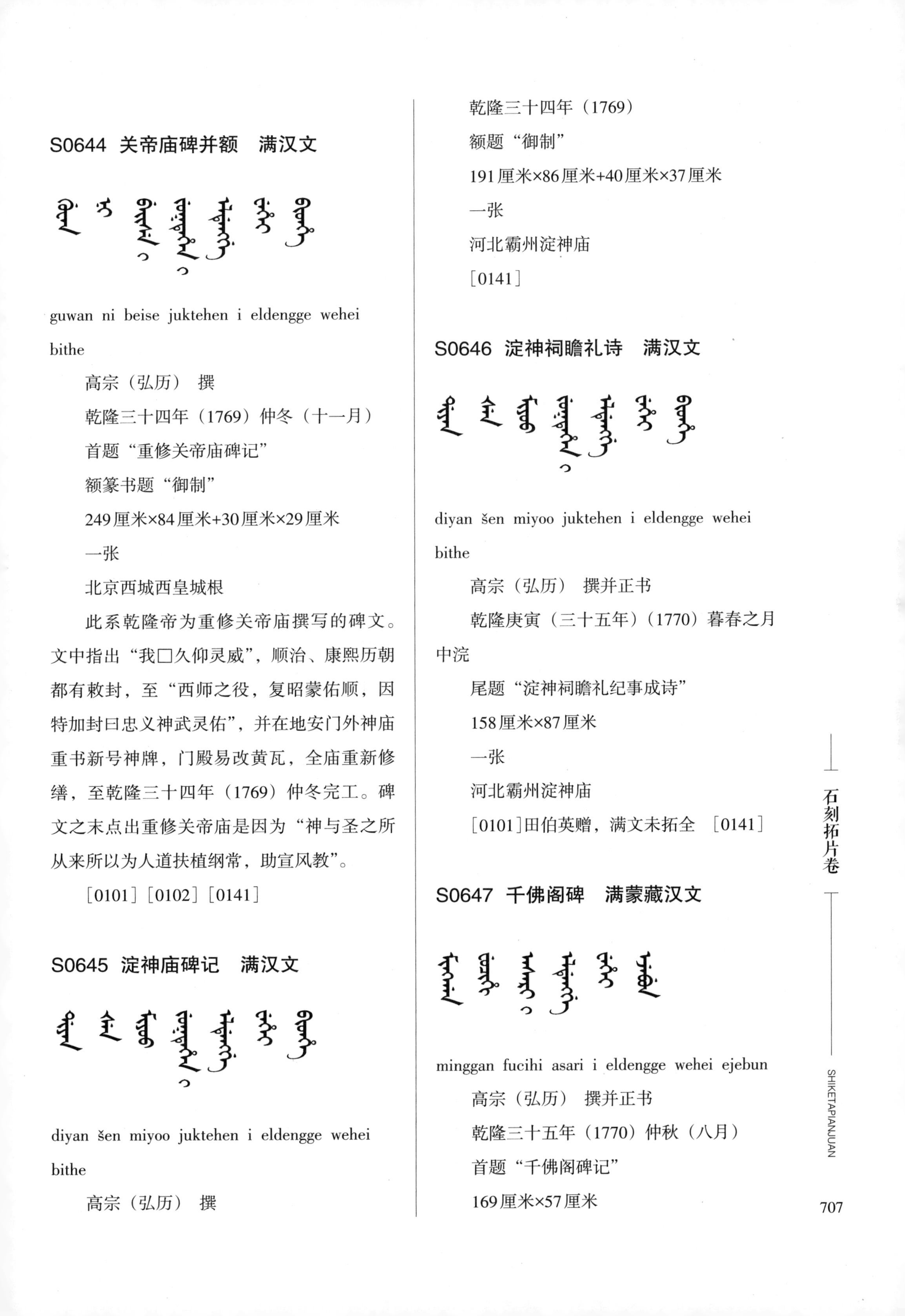

S0644 关帝庙碑并额　满汉文

guwan ni beise juktehen i eldengge wehei bithe

高宗（弘历） 撰

乾隆三十四年（1769）仲冬（十一月）

首题“重修关帝庙碑记”

额篆书题“御制”

249厘米×84厘米+30厘米×29厘米

一张

北京西城西皇城根

此系乾隆帝为重修关帝庙撰写的碑文。文中指出“我□久仰灵威”，顺治、康熙历朝都有敕封，至“西师之役，复昭蒙佑顺，因特加封曰忠义神武灵佑”，并在地安门外神庙重书新号神牌，门殿易改黄瓦，全庙重新修缮，至乾隆三十四年（1769）仲冬完工。碑文之末点出重修关帝庙是因为“神与圣之所从来所以为人道扶植纲常，助宣风教”。

［0101］［0102］［0141］

S0645 淀神庙碑记　满汉文

diyan šen miyoo juktehen i eldengge wehei bithe

高宗（弘历） 撰

乾隆三十四年（1769）

额题“御制”

191厘米×86厘米+40厘米×37厘米

一张

河北霸州淀神庙

［0141］

S0646 淀神祠瞻礼诗　满汉文

diyan šen miyoo juktehen i eldengge wehei bithe

高宗（弘历） 撰并正书

乾隆庚寅（三十五年）（1770）暮春之月中浣

尾题“淀神祠瞻礼纪事成诗”

158厘米×87厘米

一张

河北霸州淀神庙

［0101］田伯英赠，满文未拓全 ［0141］

S0647 千佛阁碑　满蒙藏汉文

minggan fucihi asari i eldengge wehei ejebun

高宗（弘历） 撰并正书

乾隆三十五年（1770）仲秋（八月）

首题“千佛阁碑记”

169厘米×57厘米

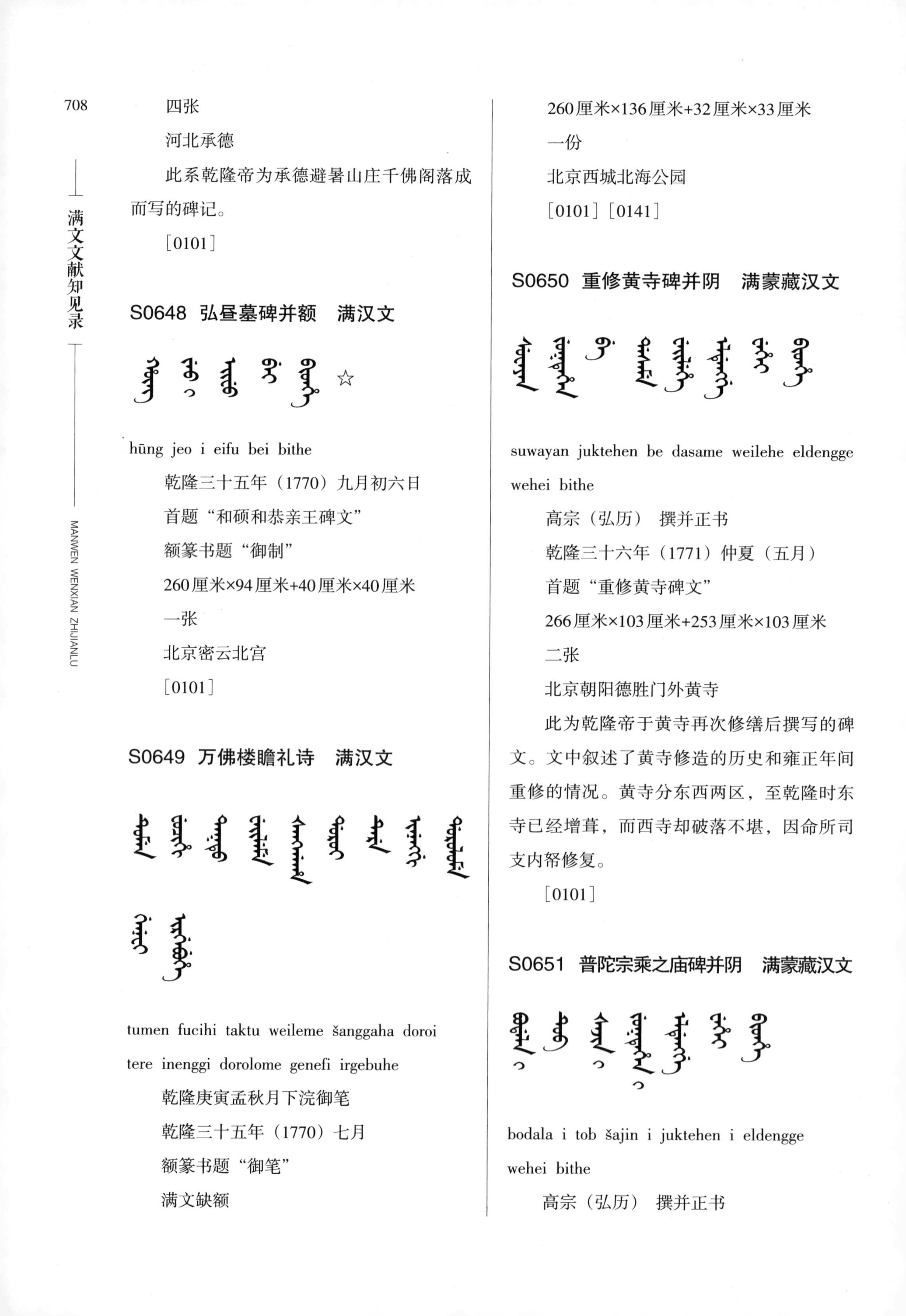

四张

河北承德

此系乾隆帝为承德避暑山庄千佛阁落成而写的碑记。

［0101］

S0648 弘昼墓碑并额　满汉文

☆

hūng jeo i eifu bei bithe

乾隆三十五年（1770）九月初六日

首题“和硕和恭亲王碑文”

额篆书题“御制”

260厘米×94厘米+40厘米×40厘米

一张

北京密云北宫

［0101］

S0649 万佛楼瞻礼诗　满汉文

tumen fucihi taktu weileme šanggaha doroi tere inenggi dorolome genefi irgebuhe

乾隆庚寅孟秋月下浣御笔

乾隆三十五年（1770）七月

额篆书题“御笔”

满文缺额

260厘米×136厘米+32厘米×33厘米

一份

北京西城北海公园

［0101］［0141］

S0650 重修黄寺碑并阴　满蒙藏汉文

suwayan juktehen be dasame weilehe eldengge wehei bithe

高宗（弘历）　撰并正书

乾隆三十六年（1771）仲夏（五月）

首题“重修黄寺碑文”

266厘米×103厘米+253厘米×103厘米

二张

北京朝阳德胜门外黄寺

此为乾隆帝于黄寺再次修缮后撰写的碑文。文中叙述了黄寺修造的历史和雍正年间重修的情况。黄寺分东西两区，至乾隆时东寺已经增葺，而西寺却破落不堪，因命所司支内帑修复。

［0101］

S0651 普陀宗乘之庙碑并阴　满蒙藏汉文

bodala i tob šajin i juktehen i eldengge wehei bithe

高宗（弘历）　撰并正书

乾隆三十六年（1771）仲秋（八月）

首题“普陀宗乘之庙碑记”

额篆书题“御制碑文”

369厘米×142厘米+28厘米×28厘米

四张

河北承德

［0101］

S0652 陈宏谋墓碑　满汉文

cen hūng mo i eldengge wehei bithe

乾隆三十六年（1771）九月初四日

首题“原任太子太傅大学士陈宏谋碑文”

260厘米×123厘米

一张

拓片为陆和九旧藏，上有陆和九题签。

［0101］

S0653 优恤土尔扈特部众记碑并额　满汉蒙藏文

 ☆

turhūt aiman i urse de ujen kesi isibuha ejebun

高宗（弘历）　撰

乾隆三十六年（1771）季秋中浣

首题“优恤土尔扈特部众记”

额篆书题“御制”

272厘米×95厘米+29厘米×24厘米

四张

河北承德

［0101］

S0654 土尔扈特全部归顺记碑　满蒙藏汉文

turhūt i gubci aiman ijishūn i dahame jihe ejebun

高宗（弘历）　撰文并书

乾隆三十六年（1771）九月中浣

首题“土尔扈特全部归顺记”

额题“御制”

290厘米×97厘米+30厘米×25厘米

四张

河北承德

［0101］

S0655 吴达善墓碑并阴　满汉文

udašan i eldengge wehei bithe

乾隆三十六年十二月十九日（1772年1月23日）

首题“晋赠太子太保原任陕甘总督吴达善碑文”

222厘米×78厘米

二张

北京海淀清河南头

［0101］［0141］

S0656 三官庙碑并阴　满汉文

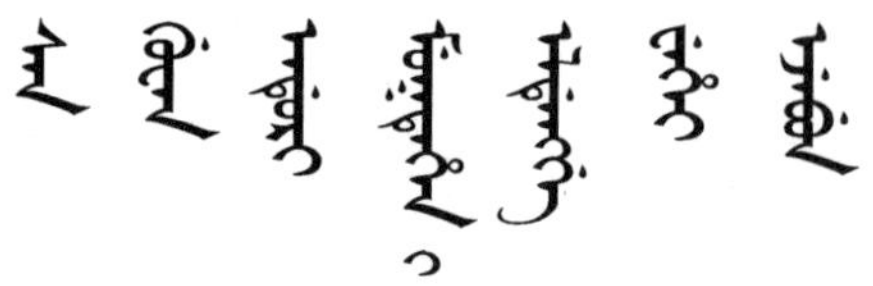

san guwan enduri muktehen i eldengge wehei ejebun

乾隆三十六年（1771）

首题“重修三官神庙碑记”

额篆书题“御制”

220厘米×122厘米+42厘米×42厘米

一张

北京东城朝阳门大街延福宫

此碑存满汉文十五行，漫漶不清。碑文载三官庙在北京朝阳门内思诚坊，为明成化十八年（1482）建。据《道藏·三官经》称，天、地、水为三官，能“赐福，赦罪，解厄”，故祀奉之。

［0101］［0102］

S0657 衍璜墓碑　满汉文

 ☆

yan hūwang ni eifu bei bithe

乾隆三十七年（1772）三月

首题“和硕显谨亲王碑文”

246厘米×86厘米

一张

北京朝阳左安门外架松坟

衍璜为肃亲王豪格之曾孙。

［0101］［0141］

S0658 和硕显谨亲王碑文　满汉文

hošoi iletu ginggulen cin wang i eldengge wehei bithe

乾隆三十七年（1772）

240厘米×97厘米

一张

［0703］

S0659 巴尔赛及妻舒木鲁氏（努三之父母）诰封碑　满汉文

barsai jai sargan šumuru hala be fungnehe hesei eldengge wehe

努三 立

乾隆三十八年（1773）二月二十四日

202厘米×73厘米

一张

北京朝阳洼里花虎沟

［0101］

S0660 娑罗树歌碑 满文

ᠰᠠᠯᠠ ᠮᠣᠣ ᡳ ᡠᠴᡠᠨ ᡳ ᠪᡝᡳ ᠪᡳᡨᡥᡝ

sala moo i ucun i bei bithe

高宗（弘历） 撰

乾隆三十八年（1773）闰三月下浣

160厘米×66厘米

一张

北京海淀香山碧云寺

此系满、汉、蒙古、藏文娑罗树歌碑之一面。

［0101］［0141］

S0661 武宁及妻和舍礼氏诰封碑 满汉文

ᡠᠨᡳᠩ ᠵᠠᡳ ᠰᠠᡵᡤᠠᠨ ᡥᡝᡧᡝᡵᡳ ᡥᠠᠯᠠᠩᡤᠠ ᡩᡝ ᡬᠠᠣᠮᡳᠩ ᠪᡝ ᠪᡠᡥᡝ ᠪᡝᡳ ᠪᡳᡨᡥᡝ ☆

uning jai sargan hešeri halangga de g'aoming be buhe bei bithe

乾隆三十八年（1773）四月

204厘米×70厘米

一张

北京丰台小屯村

阴为乾隆三十八年（1773）四月武宁墓碑

武宁及其妻和舍礼氏系锦山之父母。

［0101］［0141］

S0662 城隍庙碑 满汉文

ᡥᠣᡨᠣᠨ ᡠᠯᠠᠨ ᡳ ᡝᠨᡩᡠᡵᡳ ᡳ ᠵᡠᡴᡨᡝᡥᡝᠨ ᡳ ᡝᠯᡩᡝᠩᡤᡝ ᠸᡝᡥᡝᡳ ᠪᡳᡨᡥᡝ

hoton ulan i enduri i juktehen i eldengge wehei bithe

乾隆三十八年（1773）仲夏（五月）

首题“热河初建城隍庙拈香瞻礼八韵有序”

198厘米×108厘米

四张

河北承德

此系乾隆皇帝为热河城隍庙落成所作的纪事诗。碑文漫漶。

［0101］

S0663 三和墓碑 满汉文

ᠰᠠᠨᡥᡝ ᡳ ᡝᠯᡩᡝᠩᡤᡝ ᠸᡝᡥᡝᡳ ᠪᡳᡨᡥᡝ

sanhe i eldengge wehei bithe

乾隆三十八年（1773）八月初一日

首题“原任内大臣工部侍郎三和碑文”

额篆书题“御赐”

202厘米×76厘米+31厘米×26厘米

202厘米×68厘米+31厘米×26厘米

二张

北京朝阳广渠门外南磨房

阴题立碑人姓名及立碑年月

碑已将三和及乾隆年月凿损，据满文补。三和，《清史稿·列传七十八·海望传》

附三和传，谥“诚毅”误，当从碑作“恪勤”。而《海望传》称谥“勤恪”，应为“恪勤”。

［0101］

S0664 白塔山总记 满汉蒙藏文

šanyan subarhan alin i uheri ejebun

高宗（弘历） 撰并正书

乾隆三十八年（1773）十一月中浣

首题“白塔山总记”

158厘米×84厘米

四张（四面刻）

北京西城北海公园琼岛

此为乾隆帝亲自撰写的北海白塔山碑记。碑文考证了白塔山的历史沿革，在碑记最后说：“兹特界为四，面面各有记，如柳宗元之钴鉧石城诸作，俾因文问景者若亲历其间，尝鼎一脔足知全味云尔”。

［0101］

S0665 武宁墓碑 满汉文

uning i eifu bei

乾隆三十八年（1773）

204厘米×70厘米

一张

北京丰台小屯村

此系乾隆三十八年（1773）四月武宁及其妻和舍礼氏诰封碑之阴。

［0101］

S0666 杨廷璋墓碑 满汉文

yang ting jang ni eldengge wehe

乾隆三十八年（1773）

首题“晋赠太子太保原任刑部尚书杨廷璋碑文”

246厘米×108厘米

一张

北京顺义南法乡

［0101］

S0667 碧霞元君庙碑 满汉文

bi hiya yuwan giyūn i juktehen eldengge wehei bithe

高宗（弘历） 撰并正书

乾隆三十九年（1774）三月中浣

首题“重修碧霞元君庙碑记”

阴为碧霞元君庙瞻礼诗

254厘米×96厘米

一张

北京通州马驹桥

此系乾隆帝为通县（今通州）马驹桥碧霞元君庙缮葺后亲撰之碑文。碑文考证了碧霞元君名号的来历，说明了凉水河经过治理，河上所跨马驹桥经修缮后又利涉水宅田腴，而桥畔之庙焕然一新，使人走在桥上“即可知神之妥于庙也”，这便是乾隆帝的真意所在。

［0101］

S0668 马驹桥碑　满汉文

ma jioi kiyoo dooha i eldengge wehei bithe

高宗（弘历）撰并正书

乾隆三十九年（1774）三月中浣

首题“重修马驹桥碑记”

248厘米×94厘米

一张

北京通县马驹桥

此系乾隆帝在马驹桥重修竣工后亲笔撰写之碑文。碑文记述了重修马驹桥、浚凉水河、建水闸、筑甬道等工程，说明“若河若涂若桥皆王政之大端所系，綦巨毋废毋坠”。碑文考证了出自南苑的两大河流流经情况，驳斥了前人妄以玉泉傅合南海子之水的臆论。

［0101］

S0669 永安莽喀碑 △　满蒙藏汉文

高宗（弘历）撰

乾隆三十九年（1774）仲秋

由碑顶、碑额、碑身、碑座组成

通高530厘米

河北围场县腰站碑亭子村

S0670 允祕墓碑　满汉文

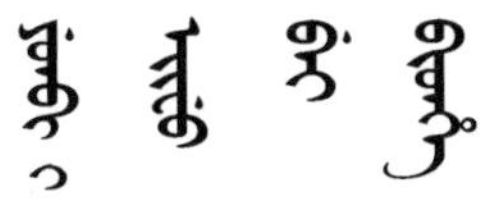 ☆

yunbi i eifu bei bithe

乾隆三十九年（1774）十月

首题“和硕諴亲王碑文”

260厘米×88厘米

一张

北京平谷马坊乡

［0101］

S0671 文源阁碑　满汉文

šu sekiyen asari i ejebun

高宗（弘历）撰

乾隆三十九年（1774）孟冬（十月）

首题“文源阁记”

259厘米×109厘米

一张

原在北京海淀圆明园，现移国家图书馆古籍馆（文津街）

此系乾隆帝为圆明园内专贮《四库全书》之文源阁亲自撰写的碑记。乾隆帝在文中说明了文源阁仿自浙江范氏之天一阁，并说明了“以水喻之”的原因：“经者，文之源也；史者，文之流也；子者，文之支也；集者，文之派也，……集也，子也，史也，皆自经而出，故吾于贮四库之书，首重者经，而以水喻文，顾溯其源。”

［0101］［0102］［0141］

S0672 文渊阁碑并额　满汉文

šu tunggu asari i ejebun

高宗（弘历） 撰并正书

乾隆三十九年（1774）孟冬（十月）

首题“文渊阁记”

额篆书题“御制”

285厘米×135厘米+64厘米×68厘米

一张

北京东城故宫文华殿后

阴为乾隆四十七年（1782）二月《四库全书纪事诗》

此系乾隆帝为文渊阁落成亲自撰写的碑记。碑文首先说明了编搜《四库全书》之目的，“非徒博右文之名，盖如张子所云：‘为天地立心，为生民立道，为往圣继绝学，为万世开太平。’”之所以起“四库全书”之名，“盖以古今数千年，宇宙数万里，其间所有之书虽夥，都不出四库之目也”。碑文又说明了以“文渊”命名的含义及建于文华殿后之深意：“而文华殿居其前，乃岁时经筵讲学所必临，于以枕经葄史，镜己牖民，后世子孙奉为家法，则予所以继绳祖考觉世之殷心，化育民物返古之深意，庶在是乎！庶在是乎！”

［0101］

S0673 文津阁记　满汉文

šu dogo asari i ejebun

高宗（弘历） 撰并正书

乾隆三十九年（1774）孟冬（十月）

首题“文津阁记”

283厘米×134厘米

一张

河北承德避暑山庄

［0101］

S0674 萨尔浒山战事碑　满汉文

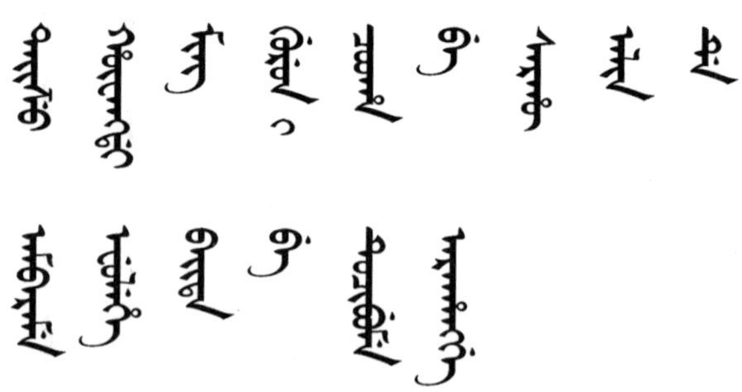

taidzu hūwangdi ming gurun i cooha be sarhū alin de ambarame efulehe baita be tucibume arahangge

高宗（弘历） 撰

乾隆四十一年（1776）仲春

125厘米×188厘米

一张

北京东城故宫博物院

此系乾隆四十一年（1776）二月，汉文萨尔浒山战事碑之阴。

此系乾隆帝为纪念萨尔浒山战役亲笔撰

写之碑文。碑文根据《清太祖实录》叙述了萨尔浒山战役之经过后说：太祖如此勤劳，所以得到天下。如果看到此战绩还不想“永天命，绵帝图，兢兢业业，治国安民”，“则非予子孙而已尔”。碑文最后说因实录人不易得见，所以“特书其事，以示我大清亿万年子孙臣庶，期共勉以无忘祖宗开创之艰难也”。

碑阳为汉文，碑阴为满文。

［0101］

S0675 平定金川美诺碑　满蒙藏汉文

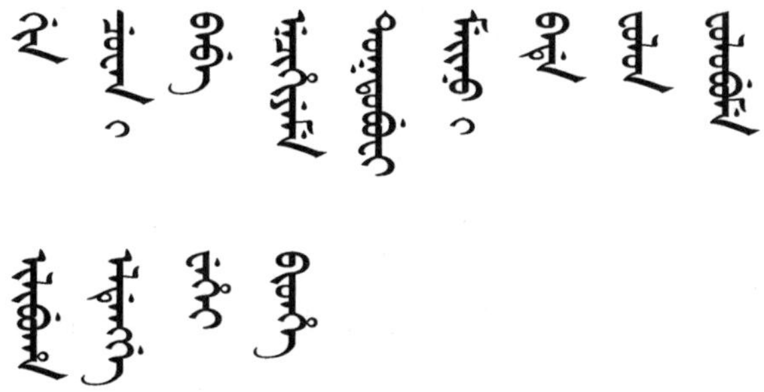

gin cuwan i babe necihiyeme toktobufi meino i bade folon folobume ilibuha eldengge wehei bithe

高宗（弘历）撰

乾隆四十一年（1776）仲春

首题“御制平定金川勒铭美诺之碑”

295厘米×100厘米

二张

四川懋功

碑阳为藏文、汉文，碑阴为满文、蒙古文。

［0101］

S0676 平定两金川告成太学碑并额　满汉文

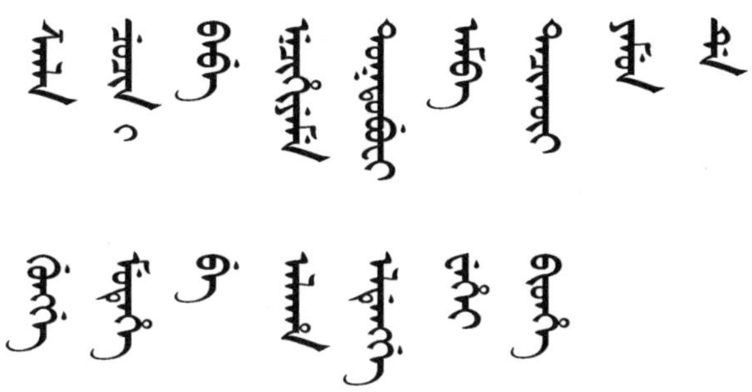

dzanla cucin i babe necihiyeme toktobufi amba tacikūi yamun de gungge mutehe be alaha eldengge wehei bithe

高宗（弘历）撰

乾隆四十一年（1776）三月

340厘米×150厘米+50厘米×42厘米

一张

北京东城国子监孔庙

此系乾隆四十一年（1776）三月汉文平定两金川告成太学碑之阴。

乾隆三十六年（1771）两金川土司起兵反抗清廷，清政府派兵镇压，历时五年方才平定。此为乾隆四十一年（1776）平定两金川后乾隆帝亲笔撰写之碑文，碑立于孔庙内。碑文叙述了平定两金川的经过，对有人提出的“穷兵黩武”的批评进行辩解，最后说“观斯文者，尚谅予怀慚悔过之不暇，知非称功诩德而为言，其庶几乎系之以辞，用志始末云尔”。

碑阳为汉文，碑阴为满文。

［0101］［0102］［0141］［0150］

S0677 色布腾巴尔珠尔墓碑　满汉文

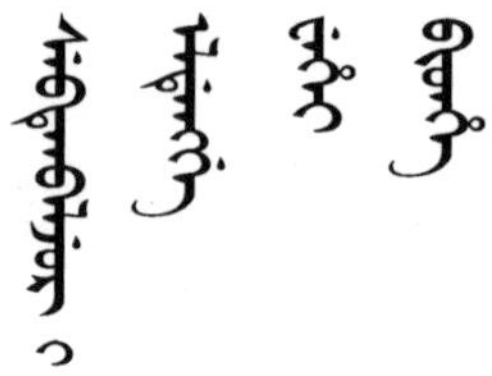

sebtenbaljur i eldengge wehei bithe

乾隆四十一年（1776）

首题“科尔沁和硕毅亲王固伦额驸色布腾巴尔珠尔碑文”

197厘米×78厘米

一张

北京朝阳东坝村

［0101］

S0678 御赐吴绍诗碑　满汉文

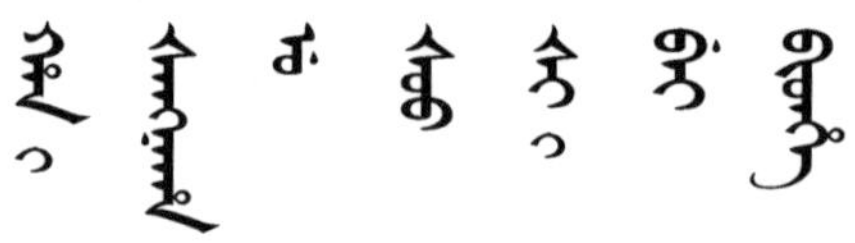 ☆

han i šangnaha u šoo ši i bei bithe

乾隆四十二年（1777）三月

首题“御赐原任吏部右侍郎加尚书衔谥恭定吴绍诗碑文”

一件

［0141］

S0679 七佛幢　满汉蒙藏文

nadan fucihi subarhan i eldengge wehei ejebun

高宗（弘历）撰并正书

乾隆丁酉（四十二年）（1777）十月

首题“七佛塔碑记”

163厘米×64厘米

八张

北京西城北海公园天王殿八角亭

此为八面幢，除正面刻碑记外，其余七面每面上下为吉祥图案，中间为佛像，四周有云龙花边。佛像上为汉、满、蒙古、藏四种文字的偈语。正面碑记为乾隆御笔，说明七佛偈源出于班禅所贡七佛番轴，咨之章嘉国师，乃于有关佛经中一一考其缘由，勒石建塔。

［0101］另有卷轴装一轴　［0141］［0186］

S0680 迦叶佛　满汉蒙藏文

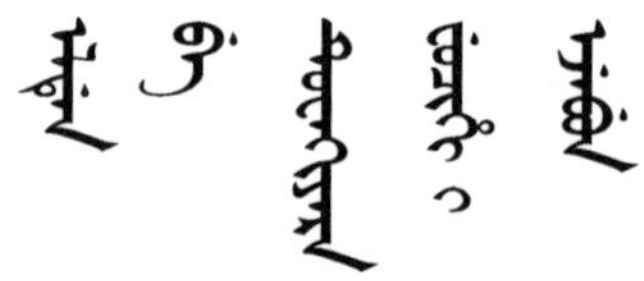

elden be tuwakiyara fucihi i ejebun

乾隆四十二年（1777）

106厘米×67厘米

一轴

此件为内府拓本。

［0101］

S0681 莫代善墓诗　满汉文

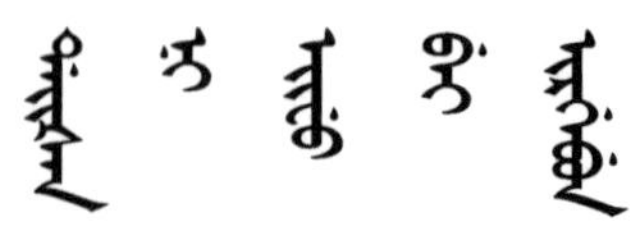 ☆

daišan ni eifu bei irgebun

乾隆四十三年（1778）三月中浣

首题“御制过礼烈亲王园寝赐奠因成六韵”

245厘米×86厘米

一张

北京海淀西山乡门头村礼王坟

此系康熙十一年（1672）八月初一日“代善墓碑”之阴。

［0101］［0141］

S0682 三老五更说碑并额　满汉文

ilan sakda sunja dulembuhe sere gisuren i bei

高宗（弘历） 撰

乾隆四十三年（1778）仲冬（十一月）

300厘米×114厘米+45厘米×32厘米

一张

北京东城国子监

此为乾隆帝亲撰之碑文，文中认为所谓“三老五更”说非孔子之言，“盖出乎汉儒”，碑文列举了对“三老五更”的种种解释，认为均是“腐儒执虚文而谬大义，真不值一噱耳”。碑文最后提出了乾隆帝本人对“三老五更”之理解。

额篆满文，碑阳为满文，碑阴为汉文。

［0101］［0102］［0141］

S0683 成信墓碑　满汉文

 ☆

ceng sin i eifu bei bithe

乾隆四十三年（1778）

首题“和硕肃勤亲王碑文”

245厘米×85厘米

一张

北京东城左安门外王爷坟

成信系豪格之曾孙，乾隆二十三年（1758）卒，乾隆四十三年（1778）追封肃亲王。

［0101］［0141］

S0684 须弥福寿之庙门碑　满蒙藏汉文

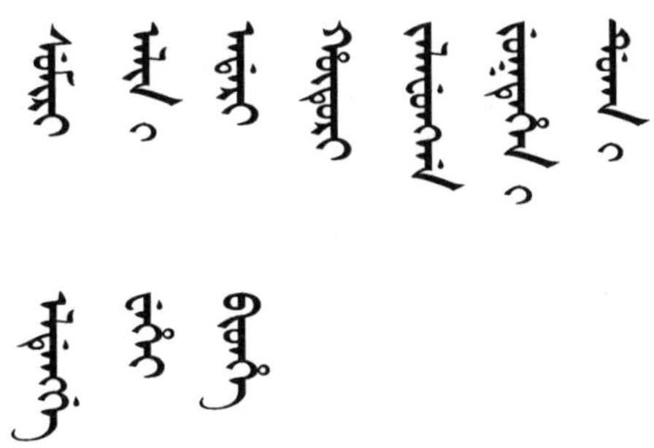

sumiri alin i adari hūturi jalafungga juktehen i duka i eldengge wehei bithe

乾隆四十四年（1779）九月二十八日

150厘米×67厘米

二张

河北承德须弥福寿之庙外

［0101］

S0685 弘暻墓碑 满汉文

hūng ging ni eifu bei bithe

乾隆四十四年（1779）十月二十日

首题“多罗淳慎郡王碑文”

260厘米×97厘米

一张

北京房山琉璃河董家林村南

［0101］

S0686 努三墓碑 满汉文

nosan i eldengge wehei bithe

乾隆四十五年（1780）五月初八日

首题“原任领侍卫内大臣努三碑文”

200厘米×76厘米

一张

北京朝阳花虎沟村

［0101］

S0687 须弥福寿之庙碑额并阴 满汉蒙藏文

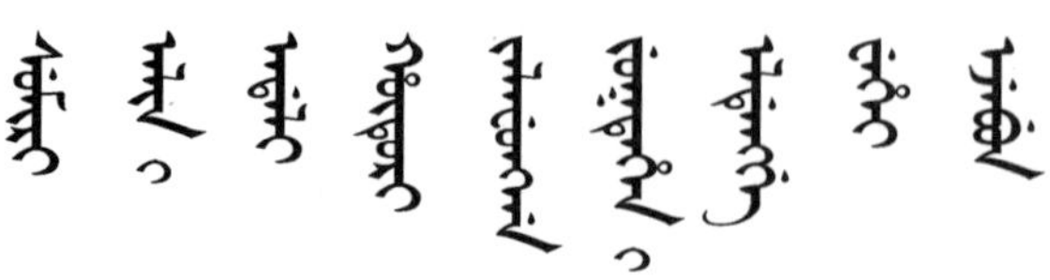

sumiri alin i adali hūturi jalafungga juktehen i eldengge wehei ejebun

高宗（弘历） 撰并正书

乾隆四十五年（1780）六月上浣

首题“须弥福寿之庙碑记”

额篆书题“御制”

360厘米×168厘米+52厘米×53厘米

二张

河北承德

碑阳为满文、汉文，碑阴为蒙古文、藏文。

［0101］

S0688 昭庙诗碑 满汉蒙藏文

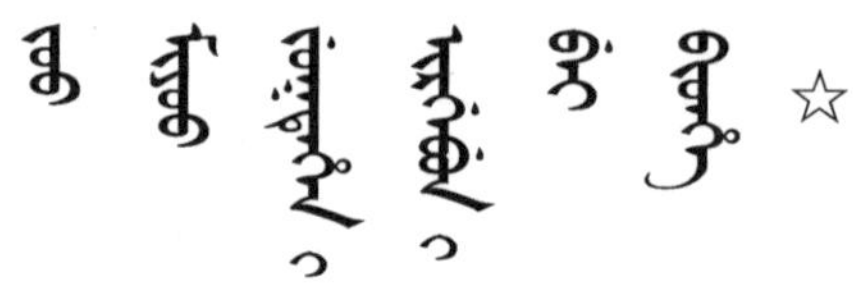

joo miyoo juktehen i irgebun i bei bithe

高宗（弘历） 撰

乾隆四十五年（1780）九月中浣

215厘米×78厘米

四张（四面刻）

北京海淀香山静宜园

［0101］［0141］

S0689 绘娑罗树寿王班禅额尔德尼 满汉蒙藏文

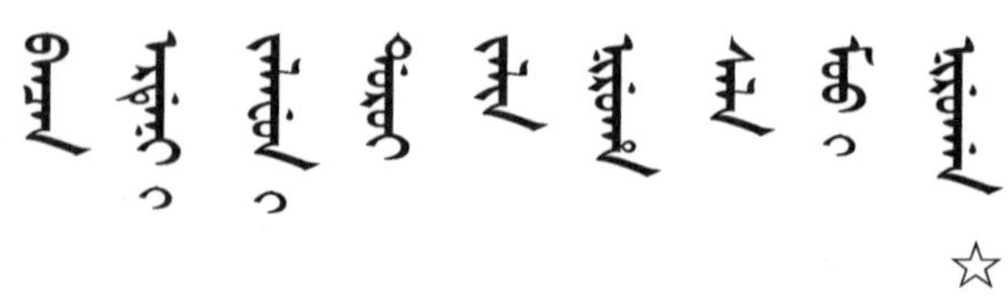

bancan erdeni i jalafun i doroi jalin niruha sala moo i nirugan

高宗（弘历） 撰并正书

乾隆四十五年（1780）十一月上浣

204厘米×98厘米

一张

北京朝阳德胜门外黄寺

此系乾隆皇帝为六世班禅庆寿之作，上文下图。

［0101］

S0690 弘晭墓碑　满汉文

hūng wei i eifu bei bithe

乾隆四十六年（1781）三月上浣

首题“多罗理恪郡王碑文”

240厘米×85厘米

一张

北京朝阳长店

弘晭为礼亲王允礽（圣祖第二子）之第十子。多罗理恪郡王即弘晭。

［0101］

S0691 浑河神庙碑　满汉文

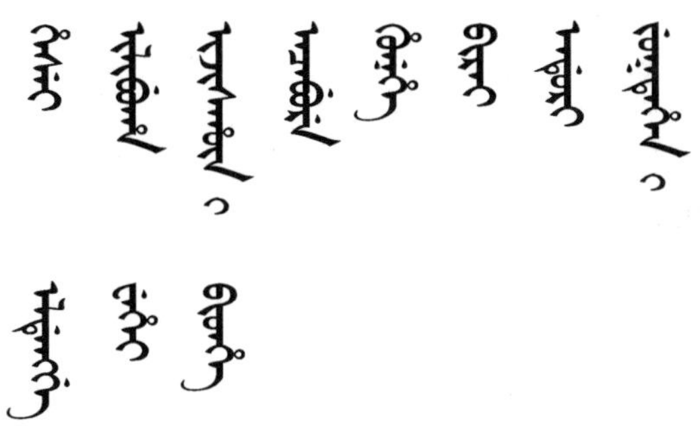

hesei ilibuha ijishūn i acabure hunehe birai enduri juktehen i eldengge wehei bithe

高宗（弘历）　撰并正书

乾隆四十六年（1781）

首题“敕建顺应浑河神庙碑文”

170厘米×68厘米

一张

辽宁沈阳东陵上木场村

［0141］

S0692 文溯阁记　满汉文

šu songkon asari i ejebun

高宗（弘历）　撰并正书

乾隆四十七年（1782）仲春上浣

首题“御制文溯阁记”

248厘米×98厘米

一张

辽宁沈阳

［0101］

S0693 清净化城塔记并阴　满汉蒙藏文

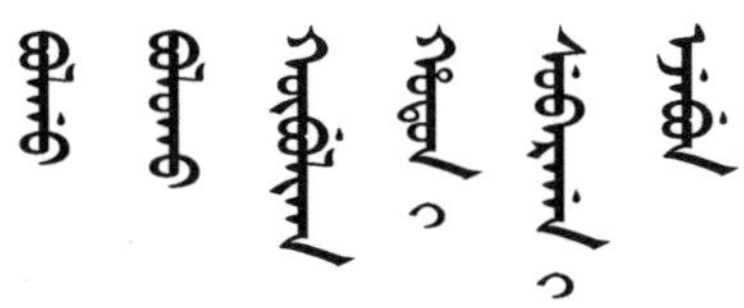

bolgo boloko kūbulika hoton i subargan i ejebun

高宗（弘历）　撰并正书

乾隆四十七年（1782）五月

首题“清净化城塔记”

223厘米×82厘米

二张

北京朝阳德胜门外黄寺

此为班禅额尔德尼之衣冠塔。

碑阳为满文、汉文，碑阴为蒙古文、藏文。

[0101]

S0694 御制避暑山庄后序　满汉文

ᡥᠠᠯᡥᡡᠨ ᠪᡝ ᠵᠠᡳᠯᠠᡵᠠ ᡤᡠᡵᡠᠩ ᠨᡳ ᠠᠮᠠᡵᡤᡳ ᡧᡠᡨᡠᠴᡳᠨ

halhūn be jailara gurung ni amargi šutucin

高宗（弘历）　撰

乾隆四十七年（1782）秋月

268厘米×102厘米

二张

河北承德

碑阳为汉文，碑阴为满文。

[0101]

S0695 和隆武墓碑　满汉文

ᡥᠣᡵᠣᠩᡤᠣ ᡳ ᡝᠯᡩᡝᠩᡤᡝ ᠸᡝᡥᡝᡳ ᠪᡳᡨᡥᡝ

horonggo i eldengge wehei bithe

乾隆四十七年十二月（1783年1月）

首题“原任吉林将军三等果勇侯和隆武碑文”

230厘米×77厘米

一张

北京丰台小屯村

[0101][0141]

S0696 弘晌碑　满汉文

ᡥᡡᠩ ᡧᠠᠩ ᠨᡳ ᡝᠯᡩᡝᠩᡤᡝ ᠸᡝᡥᡝᡳ ᠪᡳᡨᡥᡝ

hūng šang ni eldengge wehei bithe

乾隆四十七年（1782）

首题“原任绥远城将军宗室弘晌碑文”

216厘米×81厘米

一张

北京海淀德胜门外大王庄花园

[0101][0141]

S0697 宋孝宗论碑　满汉文

ᠰᡠᠩ ᡤᡠᡵᡠᠨ ᡥᡳᠶᠣᠣ ᡯᡠᠩ ᡥᠠᠨ ᠪᡝ ᠯᡝᠣᠯᡝᡵᡝ ᠯᡝᠣᠯᡝᠨ

sung gurun hiyoo dzung han be leolere leolen

高宗（弘历）　撰

乾隆四十八年（1783）四月下浣

首题“宋孝宗论”

244厘米×102厘米

一张

此碑所在地不详。

[0101][0141]

S0698 英廉墓碑　满汉文

ᡳᠩᠯᡳᠶᠠᠨ ᡳ ᡝᠯᡩᡝᠩᡤᡝ ᠸᡝᡥᡝᡳ ᠪᡳᡨᡥᡝ

ingliyan i eldengge wehei bithe

乾隆四十八年（1783）

首题“太子太保东阁大学士英廉碑文”

202厘米×75厘米

一张

北京海淀德胜门外清河镇马家沟

［0101］

S0699 国学新建辟雍园水工成碑记　满汉文

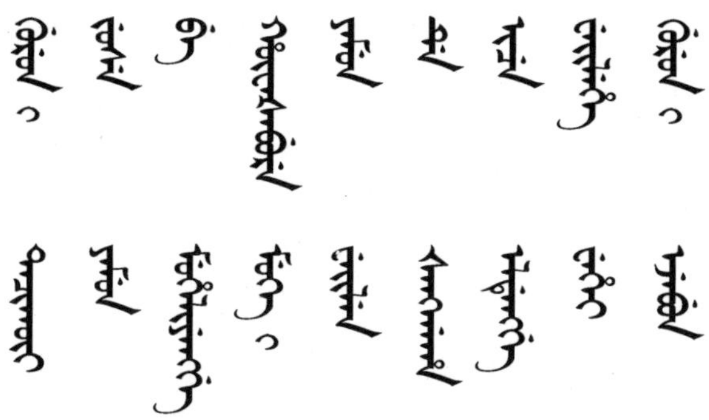

gurun i juse be hūwašabure yamun de ice weilehe gurun i tacikūi yamun muheliyengge muke i weilen šanggaha eldengge wehei ejebun

高宗（弘历） 撰

乾隆四十九年（1784）十月上浣

首题“国学新建辟雍园水工成碑记”

额题“御制”

碑阳296厘米×115厘米+46厘米×30厘米

碑阴296厘米×115厘米+46厘米×30厘米

二张

296厘米×115厘米+46厘米×30厘米

一张

北京东城国子监

此系乾隆四十九年（1784）十月汉文辟雍碑之阴。碑阳为汉文，碑阴为满文。

此系乾隆帝为国子监辟雍竣工而亲笔撰写的碑记。碑文简述了复建辟雍后发挥道：“恐后之人执予复古之说，于一切衣冠典礼皆欲效汉人之制，则予为得罪祖宗之人，匪教伊□甚虑不宜也。予之子孙臣庶体予此心，于可复古者复之，其不可复者断不可泥古而复之！夫徒慕复古之虚名而致有忘祖宗之实，失非下愚而何予不为也。予敬以是告子孙，以保我皇清万年之基也。”

［0101］［0102］［0141］

S0700 法渊寺碑额并阴　满汉蒙藏文

šajin tungu juktehen i ejebun

高宗（弘历） 撰

乾隆四十九年（1784）十月

首题“法渊寺碑记”

额篆书题“御制”

216厘米×75厘米+29厘米×32厘米

二张

北京东城嵩祝寺夹道

此系乾隆帝为法渊寺亲撰之碑文。法渊寺在嵩祝寺左，为明代经厂旧址。而嵩祝寺为章嘉国师驻锡之地。碑文记载了法渊寺的历史，并说明法渊寺的重修和命名与章嘉国师住持嵩祝寺有关。碑文最后的偈语中写道：“微妙甚深法，如海复如渊。章嘉此住持，嵩祝清净居。法渊何以名，觉心不动故。”

碑阳为满文、汉文，碑阴为蒙古文、藏文。

［0101］［0102］［0141］

S0701 福隆安墓碑 满汉文

ᡶᡠᠯᡠᠩᡤᠠᠨ ᡳ ᡝᠯᡩᡝᠩᡤᡝ ᠸᡝᡥᡝᡳ ᠪᡳᡨᡥᡝ

fulunggan i eldengge wehei bithe

乾隆四十九年十二月（1785年1月）

首题“太子太保兵部尚书和硕额驸一等忠勇公福隆安碑文”

228厘米×79厘米

一张

北京朝阳东郊嵩公坟

［0101］［0141］

S0702 祭历代帝王庙碑 满汉文

ᠵᠠᠯᠠᠨ ᠵᠠᠯᠠᠨ ᡳ ᡥᠠᠨ ᠰᠠᡳ ᠵᡠᡴᡨᡝᡥᡝᠨ ᠪᡝ ᠸᡝᠴᡝᡵᡝ ᡩᠣᡵᠣᠯᠣᠨ ᡧᠠᠩᡤᠠᡶᡳ ᡤᡳᠩᡤᡠᠯᡝᠮᡝ ᡝᠵᡝᡥᡝᠩᡤᡝ

jalan jalan i han sai juktehen be wecere dorolon šanggafi gingguleme ejehengge

高宗（弘历） 撰

乾隆五十年（1785）仲春下浣

首题“祭历代帝王庙礼成恭记”

360厘米×141厘米

一张

北京西城西四西大街

此系乾隆帝在乾隆五十年（1785）二月春祭历代帝王庙后撰写的碑文。文中先说“夫天下者，天下人之天下也，非南北中外所得私。舜东夷，文王西夷，岂可以东西别之乎？正统必有所系，故予于《通鉴辑览》之书大书特书，一遵春秋不敢有所轩轾于其间”。碑文指出：“历代帝王胥祀于景德之殿，其有德无德，若南若北，曰中曰外，是一家非一家，章章如昭昭如，孰可以为法，孰可以为戒，万世之后入庙而祀者，孰不憬然而思，惕然而惧耶？”碑文最后告诫其后：“而我大清国子子孙孙，祈天永命，……更当以不入斯庙为棘。安不忘危，治不忘乱，用慎□□桑之固，思及此，有不忍言又有不忍不言者，世世子孙其尚凛难谌之戒乎！”

［0101］［0102］［0141］

S0703 萨载墓碑 满汉文

ᠰᠠᡯᠠᡳ ᡳ ᡝᠯᡩᡝᠩᡤᡝ ᠸᡝᡥᡝᡳ ᠪᡳᡨᡥᡝ

sadzai i eldengge wehei bithe

乾隆五十一年（1786）十一月

首题“晋赠太子太保原任两江总督萨载谥诚恪碑文”

214厘米×82厘米

一张

北京朝阳广渠门外楼辛庄村

［0101］

S0704 白云观碑　满汉文

be yūn tuwara i eldengge wehei ejebun

高宗（弘历） 撰

乾隆五十三年（1788）三月

223厘米×112厘米

北京西城西便门外

碑有两块，左为汉文，右为满文。

汉文碑首题“重修白云观碑记”

此系乾隆帝为白云观重修而亲笔撰写的碑文。碑文考证了白云观的历史，叙述了乾隆年间两次修葺情况，最后谈了对“长春”的看法：“处机方外人，以修真练性为长春耳。若所言敬天爱民、清心寡欲者，帝王之长春实在乎是。予故以为有合也，而岂区区测算乎一岁四时乃坐而致百千万亿岁之长而曷有一息之或间哉？是之谓长春。”

［0101］［0141］［0182］

S0705 永瑺墓碑　满汉文

 ☆

yung cang ni eifu bei bithe

乾隆五十三年（1788）九月

首题“和硕庄慎亲王碑文”

235厘米×83厘米

北京房山磁家务

永瑺系康熙第十六子允禄之孙，袭庄亲王，卒谥“慎”，嗣博果铎。

［0101］［0141］

S0706 永福寺碑 △　满蒙汉文

高宗（弘历） 撰并正书

乾隆五十四年（1789）孟秋

300厘米×140厘米

河北易县西陵

S0707 绰克托谕祭碑　满汉文

han ni šangnaha cokto de wecere bithe

乾隆五十四年（1789）九月十一日

首题“御赐原任户部尚书谥恪勤绰克托祭文”

214厘米×80厘米

一张

北京丰台长辛店西朱家坟

［0101］

S0708 绰克托墓碑　满汉文

cokto i eldengge wehei bithe

乾隆五十四年（1789）九月十一日

首题“御赐原任户部尚书谥恪勤绰克托碑文”

212厘米×78厘米

一张

北京丰台长辛店西朱家坟

[0101]

S0709 复兴墓碑　满汉文

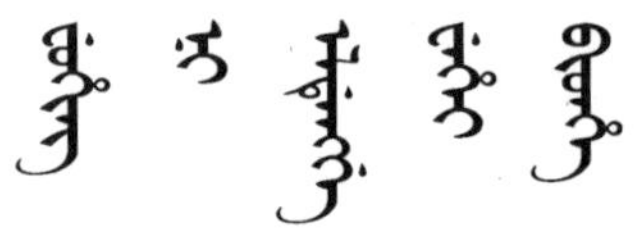

fuhing ni eldengge wehei bithe

乾隆五十四年（1789）十一月

首题“原任乌里雅苏台将军一等信勇公谥勤毅复兴碑文”

175厘米×69厘米

一张

北京朝阳东郊洼里乡侯庄村

[0101]

S0710 尚维升墓碑　满汉文

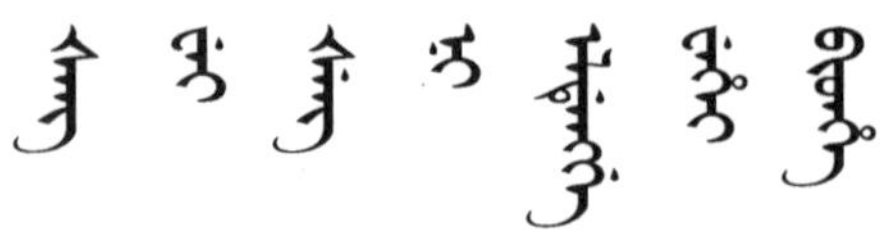

šang wei šeng ni eldengge wehei bithe

王朝梧 正书

乾隆五十四年十二月（1790年1月）

首题“原任广西左江镇总兵加赠振威将军谥直烈尚维升碑文”

230厘米×101厘米

一张

北京怀柔孟庄村

[0101]

S0711 傅森祖父永寿诰命　满汉文

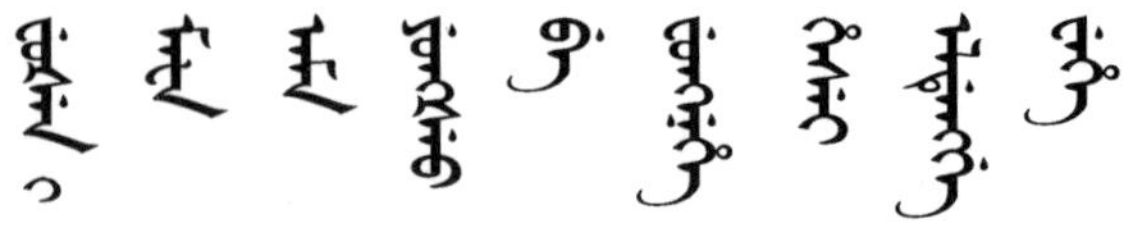

fušen i mafa ama yungšeo be fungnehe hesei eldengge wehe

玉保 书

乾隆五十五年（1790）正月初一日

268厘米×78厘米

一张

辽宁沈阳

[0141]

S0712 尚维升谕祭碑　满汉文

hūwangdi hesei šang wei šeng de wecere gisun

卢又绅 书

乾隆五十五年（1790）正月二十七日

230厘米×101厘米

一张

北京怀柔孟庄村

阴为尚维升墓碑

[0101]

S0713 正阳桥疏渠碑并额　满汉文

ᡨᡠᠪ ᡧᡠᠨ ᡳ ᡩᠣᠣᡥᠠᠨ ᡶᡝᡨᡝᡥᡝ ᠣᠮᠣ ᡳ ᡝᠵᡝᠪᡠᠨ

tub šun i doohan fetehe omo i ejebun

高宗（弘历）撰

乾隆五十六年（1791）仲夏（五月）

首题“正阳桥疏渠记”

额篆书题“御制”

283厘米×109厘米+24厘米×16厘米

278厘米×111厘米

四张

北京崇文正阳门外宏济寺，现寺庙已废，当地现名东城区红庙街

此碑为方柱形，顶部为四角攒尖式碑首，四垂脊各雕一龙，碑下为须弥座，满雕纹饰。碑南、西面为汉文，北、东面为满文。

此系乾隆帝于正阳门桥疏渠工程完成后亲笔撰写的纪念碑文。碑文记述了乾隆五十六年（1791）在天桥南石衢之左右自北而南各疏三条渠，“修渠之土篑为渠岸之山，周植以树兼培行车之土路，于是渠有水而山有林，且以御风沙，弗致理坛垣”，为京城南部增加了观赏佳景。乾隆帝却说“然予之意原不在此也。洁坛垣而钦毖祀，培九轨而苹万方，协坎离以亨既济（原注：都城南为离位，今开浚水渠六，坎为水卦，是为水火既济之象，亨之道也），奠经涂以固皇图，其在斯乎，其在斯乎”，由此可见弘历用意之深。

［0101］［0141］

S0714 色布腾巴尔珠尔妻爱新觉罗氏谕祭碑　满汉文

ᡥᡡᠸᠠᠩᡩᡳ ᡥᡝᠰᡝᡳ ᠰᡝᠪᡨᡝᠨᠪᠠᠯᠵᡠᡵ ᡳ ᠰᠠᡵᡤᠠᠨ ᠠᡳᠰᡳᠨ ᡤᡳᠣᡵᠣ ᡥᠠᠯᠠ ᡩᡝ ᠸᡝᠴᡝᡵᡝ ᡤᡳᠰᡠᠨ ☆

hūwangdi hesei sebtenbaljur i sargan aisin gioro hala de wecere gisun

乾隆五十七年（1792）七月十六日

198厘米×75厘米

一张

北京朝阳东坝村

色布腾巴尔珠尔之妻爱新觉罗氏系固伦和敬公主，此碑刻于乾隆四十一年（1776）色布腾巴尔珠尔墓碑之阴。

［0101］

S0715 喇嘛说　满汉蒙藏文

ᠯᠠᠮᠠ ᠪᡝ ᡤᡳᠰᡠᡵᡝᡥᡝ ᡶᡳᠶᡝᠯᡝᠨ

lama be gisurehe fiyelen

高宗（弘历）撰

乾隆五十七年（1792）孟冬上浣

273厘米×109厘米

四张（四面刻）

北京东城雍和宫

此为乾隆帝亲笔撰写的碑文，深入全面地阐述了对蒙古、西藏及喇嘛教的政策。乾隆帝批判了元朝“曲庇谄敬番僧”，指出“兴

黄教即所以安蒙古，所系非小，故不可不保护之”。乾隆帝痛斥原活佛转世之弊病，并提出“金瓶掣签”之制，“兹予制一金瓶送往西藏，于凡转世之呼必勒罕，众所举数人，各书其名置瓶中，掣签以定。虽不能尽去其弊，较之从前一人之授意者，或略公矣”。乾隆帝最后说：“当耄近归政之年，复成此事，安藏辑番，定国家清平之基于永久，予幸在兹，予敬益在兹矣。”金瓶掣签，永成定制，直至今日仍是保证我国领土完整、民族团结之重要手段，乾隆帝当年的远大战略决策历二百多年至今尚不失其重要价值。

［0101］［0102］［0141］

S0716 蒋衡书十三经序 满汉文

ᠵᡳᠶᠠᠩ ᡥᡝᠩ ᠨᡳ ᠠᡵᠠᡥᠠ ᠵᡠᠸᠠᠨ ᡳᠯᠠᠨ ᠨᠣᠮᡠᠨ ᡳ ᡧᡠᡨᡠᠴᡳᠨ

jiyang heng ni araha juwan ilan nomun i šutucin

高宗（弘历） 撰并行书

乾隆五十七年（1792）正月

首题“石刻蒋衡书十三经于辟雍序”

碑阳204厘米×98厘米

碑阴219厘米×104厘米

碑额32厘米×62厘米

北京东城国子监

［0101］［0102］［0141］

S0717 弘旸墓碑并额 满汉文

ᡥᡡᠩ ᠴᠠᠩ ᠨᡳ ᡝᡳᡶᡠ ᠪᡝᡳ ᠪᡳᡨᡥᡝ ☆

hūng cang ni eifu bei bithe

高宗（弘历） 撰

乾隆六十年十二月（1796年1月）

首题“多罗诚郡王谥密弘旸碑文”

额篆书题“御制”

250厘米×88厘米+40厘米×40厘米

一张

北京平谷马坊乡

［0101］

S0718 宗人府历叙圣恩碑 满汉文

ᡯᡠᠩ ᡰᡝᠨ ᡶᡠ ᡳ ᡝᠨᡩᡠᡵᡳᠩᡤᡝ ᡴᡝᠰᡳ ᠪᡝ ᡝᠵᡝᡥᡝ ᠪᡝᡳ ᠪᡳᡨᡥᡝ ☆

dzung žen fu i enduringge kesi be ejehe bei bithe

乾隆六十年（1795）立

额篆书题“公祝洪恩永垂万年”

碑阴题名

265厘米×168厘米+47厘米×63厘米

二张

北京东城天安门广场东

此为宗人府官员所立歌颂皇恩之碑，碑文叙述了宗人府之职掌，反映了清代宗室管理制度，如“建宗室觉罗学以隆上仪，养其蒙正勖之成才，学生考中者以笔帖式用并准其考选库使”，“宗室年十岁、觉罗年十八岁者，并拜输粮，至于不应承袭之孀居，未经袭职之适子各优米禄，俾饫余粮”，“如袭爵者，系旁支本生，三代受封，均荣宠锡，王公等降袭者亦罔等第”。碑文还特别提到多尔衮的平反，“睿亲王等勤劳栉沐，诚史册所罕觐，复还崇号，追谥葺祀，报本酬庸莫大乎”。最后归结为“凡此者皆由我皇上光缵前绪，推广孝思，本乎善继善述，达以至性”，因此，“臣等亲荷洪慈，感深肺腑，情不足以揄扬盛美，亦欲稍抒衔戴之悰”，故立碑赞之。

［0101］［0102］［0141］

S0719 董殿邦墓表　满汉文

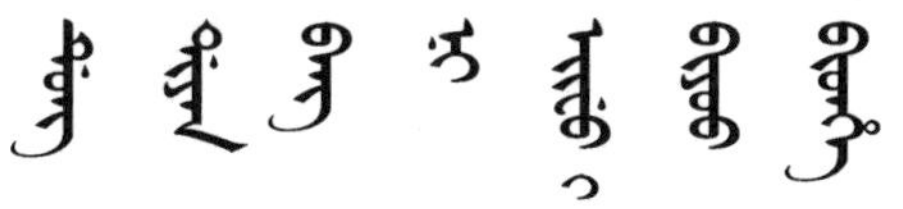 ☆

dung diyan bang ni eifu i biyoo bithe

陈大复 撰

观保 正书

乾隆年间

首题“光禄寺少卿内务府总管董公墓表”

215厘米×79厘米

一张

北京房山良乡南坊村

［0101］

S0720 兆惠平定厄鲁特碑　满汉蒙藏文

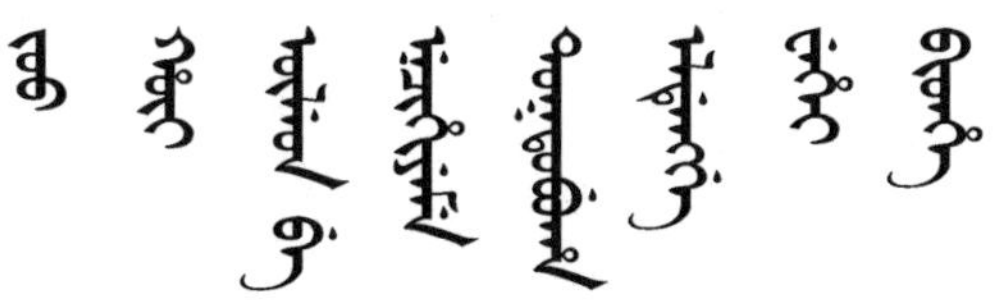 ☆

joo hūi ūlet be necihiyeme toktobuha eldengge wehei bithe

乾隆年间

三张

［0186］

S0721 善因殿石额　满汉蒙藏文

 ☆

sain i den i diyan i iletulehen

高宗（弘历） 正书

乾隆年间

27厘米×85厘米

北京西城北海公园白塔前

［0101］

S0722 下马碑并阴　满汉蒙藏托察文

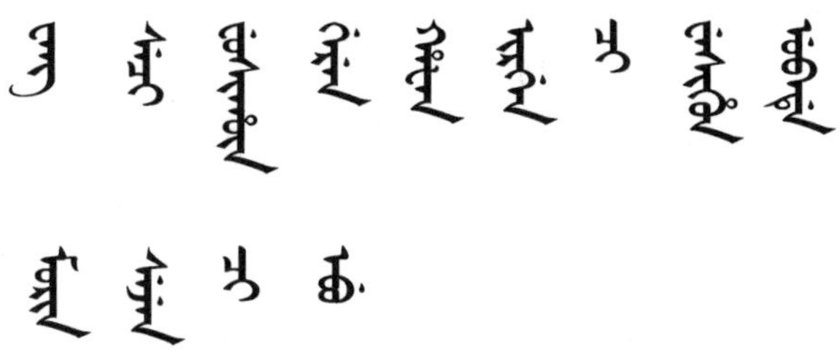

wang seci fusihūn geren hafan irgen ci wesihun ubade morin sejen ci ebu

乾隆年间

212厘米×56厘米

二张

北京西城大玄高殿

［0101］［0141］

S0723 千佛之阁匾额　满蒙藏汉文

minggan fucihi i isan asari i iletulehen

高宗（弘历） 撰并正书

乾隆年间

66厘米×125厘米

一张

河北承德普陀宗乘之庙

［0101］

S0724 普陀宗乘之庙门额 满蒙藏汉文

budala i tob šajin i juktehen i duka iletulehen

高宗（弘历） 撰并正书

乾隆年间

51厘米×160厘米

一张

河北承德普陀宗乘之庙

［0101］

S0725 普乐寺门额 满蒙藏汉文

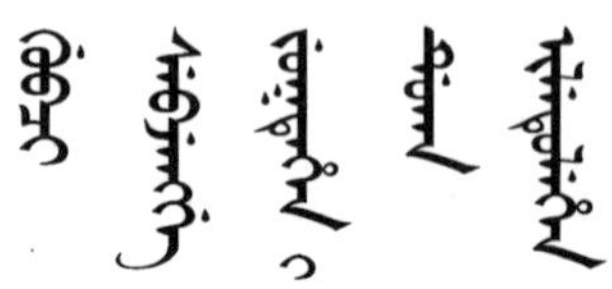

gubci sebjengge juktehen i duka iletulehen

乾隆年间

30厘米×107厘米

一张

河北承德普乐寺

［0101］

S0726 丽正门门额 满蒙藏察汉文

genggiyen tob duka i iletulehen

高宗（弘历） 撰并正书

乾隆年间

52厘米×114厘米

一张

河北承德

［0101］

S0727 章公墓碑 △ 满汉文

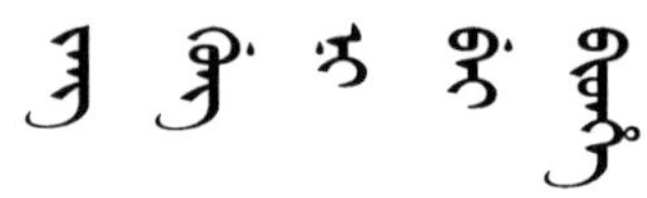 ☆

jang gung ni bei bithe

乾隆年间

题“诰封通议大夫章公讳图严碑志”

碑：200厘米×100厘米×12厘米

河北宽城碾子村

章氏家族属镶黄旗满洲，雍正年间因驻守喜峰口定居当地。碑文已损。

S0728 历代帝王庙下马碑 满汉蒙维藏托文

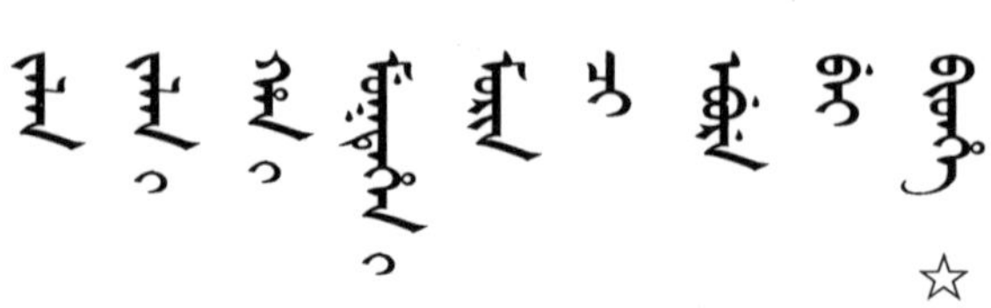

☆

jalan jalan i han i muktehen i morin ci

ebure bei bithe

乾隆年间

题“官员人等至此下马”

162厘米×61厘米

二张

碑阳为满文、汉文、蒙古文，碑阴为维吾尔文、藏文、托忒文。

［0101］［0102］

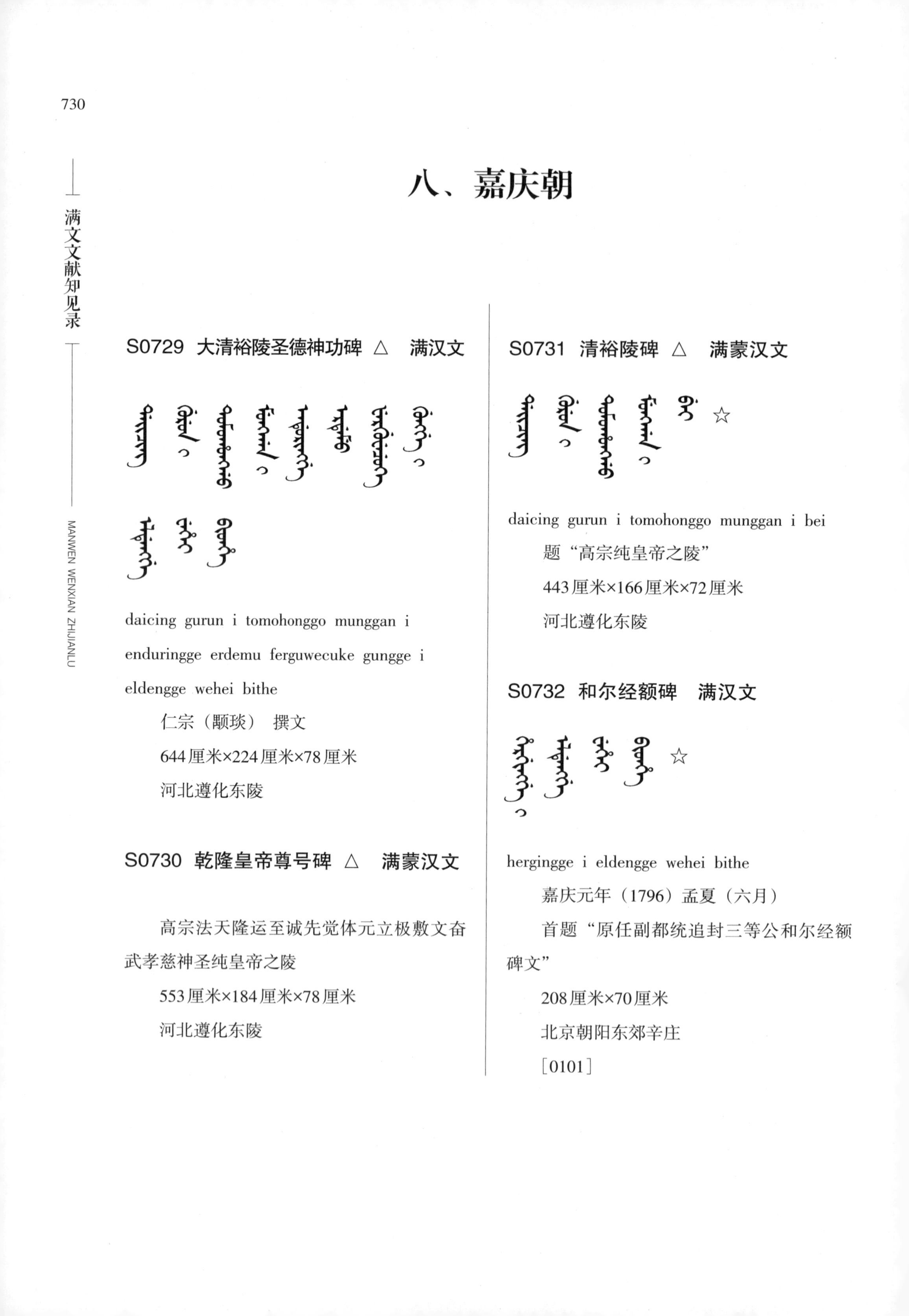

八、嘉庆朝

S0729 大清裕陵圣德神功碑 △ 满汉文

daicing gurun i tomohonggo munggan i enduringge erdemu ferguwecuke gungge i eldengge wehei bithe

仁宗（颙琰） 撰文

644厘米×224厘米×78厘米

河北遵化东陵

S0730 乾隆皇帝尊号碑 △ 满蒙汉文

高宗法天隆运至诚先觉体元立极敷文奋武孝慈神圣纯皇帝之陵

553厘米×184厘米×78厘米

河北遵化东陵

S0731 清裕陵碑 △ 满蒙汉文

☆

daicing gurun i tomohonggo munggan i bei

题“高宗纯皇帝之陵”

443厘米×166厘米×72厘米

河北遵化东陵

S0732 和尔经额碑 满汉文

☆

hergingge i eldengge wehei bithe

嘉庆元年（1796）孟夏（六月）

首题“原任副都统追封三等公和尔经额碑文”

208厘米×70厘米

北京朝阳东郊辛庄

[0101]

S0733 福康安入祀奖忠祠碑并额　满汉文

ᡶᡠᠺᠠᠩᡤᠠᠨ ᠪᡝ ᡨᠣᠨᡩᠣ ᠪᡝ ᠰᠠᡳᡧᠠᡥᠠ ᠵᡠᡴᡨᡝᡥᡝᠨ ᡳ ᠪᠣᠣ ᡩᡝ ᡩᠣᠰᡳᠮᠪᡠᡥᠠ ᡝᠯᡩᡝᠩᡤᡝ ᠸᡝᡥᡝᡳ ᠪᡳᡨᡥᡝ

fuk'anggan be tondo be saišaha juktehen i boo de dosimbuha eldengge wehei bithe

仁宗（颙琰）撰

嘉庆二年（1797）

首题“太子太保武英殿大学士忠锐嘉勇贝子晋封郡王福康安入祀奖忠祠碑文”

额篆书题“御制碑文”

246厘米×79厘米+30厘米×28厘米

一张

北京东城马神庙嵩公府

此系嘉庆皇帝为郡王福康安入祀奖忠祠撰写的碑文。碑文盛赞福康安军功卓著，“入则综平部务，出屡殿乎岩疆”，“屡膺节钺，□川滇闽粤，而遥历总戎，行播碛海卫藏之外”。

［0101］［0102］［0141］

S0734 阿桂墓碑　满汉文

ᠠᡤᡡᡳ ᡳ ᡝᠯᡩᡝᠩᡤᡝ ᠸᡝᡥᡝᡳ ᠪᡳᡨᡥᡝ

agūi i eldengge wehei bithe

嘉庆二年十二月（1798年1月）

首题“武英殿大学士晋赠太保诚谋英勇公谥文成阿桂碑文”

230厘米×87厘米

北京大兴南苑小羊坊村

［0101］

S0735 来贤墓碑　满汉文

ᠯᠠᡳᠰᡳᠶᠠᠨ ᡳ ᡝᠯᡩᡝᠩᡤᡝ ᠸᡝᡥᡝᡳ ᠪᡳᡨᡥᡝ

laisiyan i eldengge wehei bithe

嘉庆四年（1799）四月

首题“追封三等公来贤碑文”

180厘米×79厘米

一张

北京朝阳和平里

［0101］

S0736 爱星阿及妻王佳氏诰封碑　满汉文

ᠠᡳᠰᡳᠩᡤᠠ ᠵᠠᡳ ᠰᠠᡵᡤᠠᠨ ᠸᠠᠩᡤᡳᠶᠠ ᡥᠠᠯᠠ ᡩᡝ ᡬᠠᠣᠮᡳᠩ ᠪᡝ ᠪᡠᡥᡝ ᠪᡝᡳ ᠪᡳᡨᡥᡝ ☆

aisingga jai sargan wanggiya hala de g'aoming be buhe bei bithe

嘉庆五年（1800）十月

首题“孝淑皇后曾祖父母碑文”

202厘米×69厘米

一张

北京朝阳东郊辛庄村

[0101]

S0737 常安及妻李佳氏诰封碑　满汉文

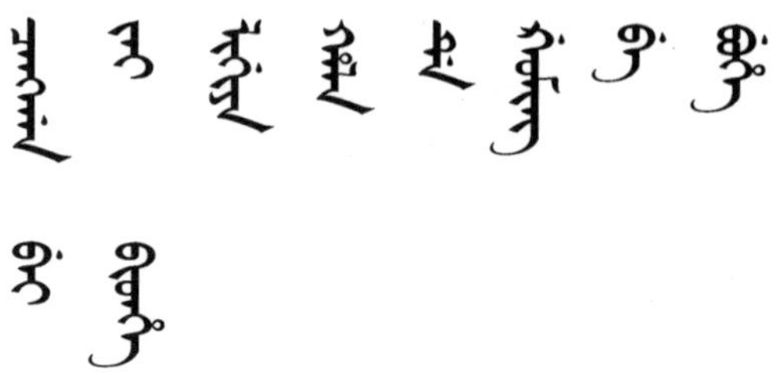

canggan jai ligiya hala de g'aoming be buhe bei bithe

嘉庆五年（1800）十月

首题“孝淑皇后祖父母碑文”

208厘米×70厘米

一张

北京朝阳东郊辛庄村

[0101]

S0738 范建中谕祭碑　满汉文

hūwangdi hesei fan giyan jung de wecere gisun

嘉庆六年（1801）四月十二日

214厘米×98厘米

一张

北京顺义太平街南

[0101]

S0739 范建中墓碑　满汉文

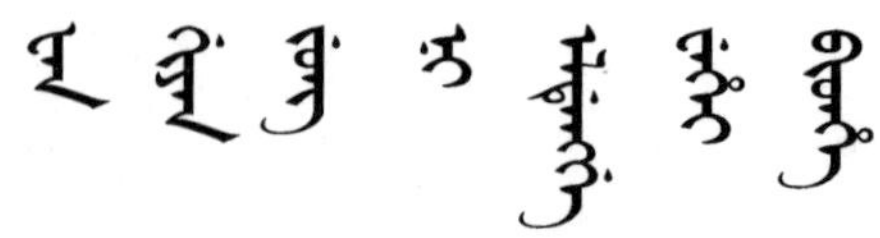

fan giyan jung ni eldengge wehei bithe

嘉庆六年（1801）四月十五日

首题“原任杭州将军世袭一等男谥恪慎范建中碑文”

209厘米×97厘米

一张

北京顺义太平街南

[0101]

S0740 冯绍周及妻钱氏敕封碑并额　满汉文

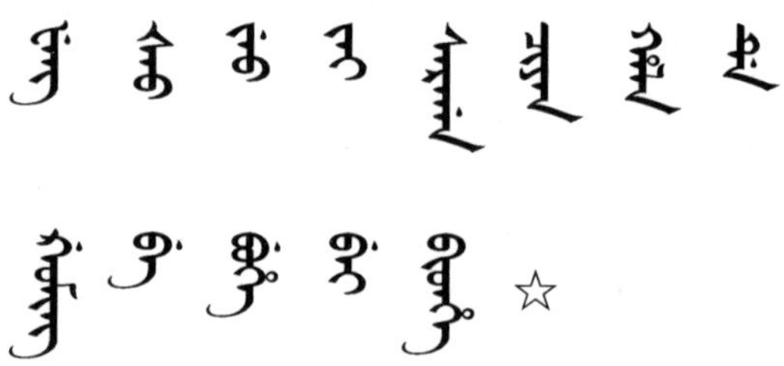

feng šao jeo jai sargan ciyan hala de g'aoming be buhe bei bithe

嘉庆六年（1801）四月

额篆书题“奉天敕命”

136厘米×48厘米+26厘米×19厘米

一张

北京海淀黄庄

[0101][0141]

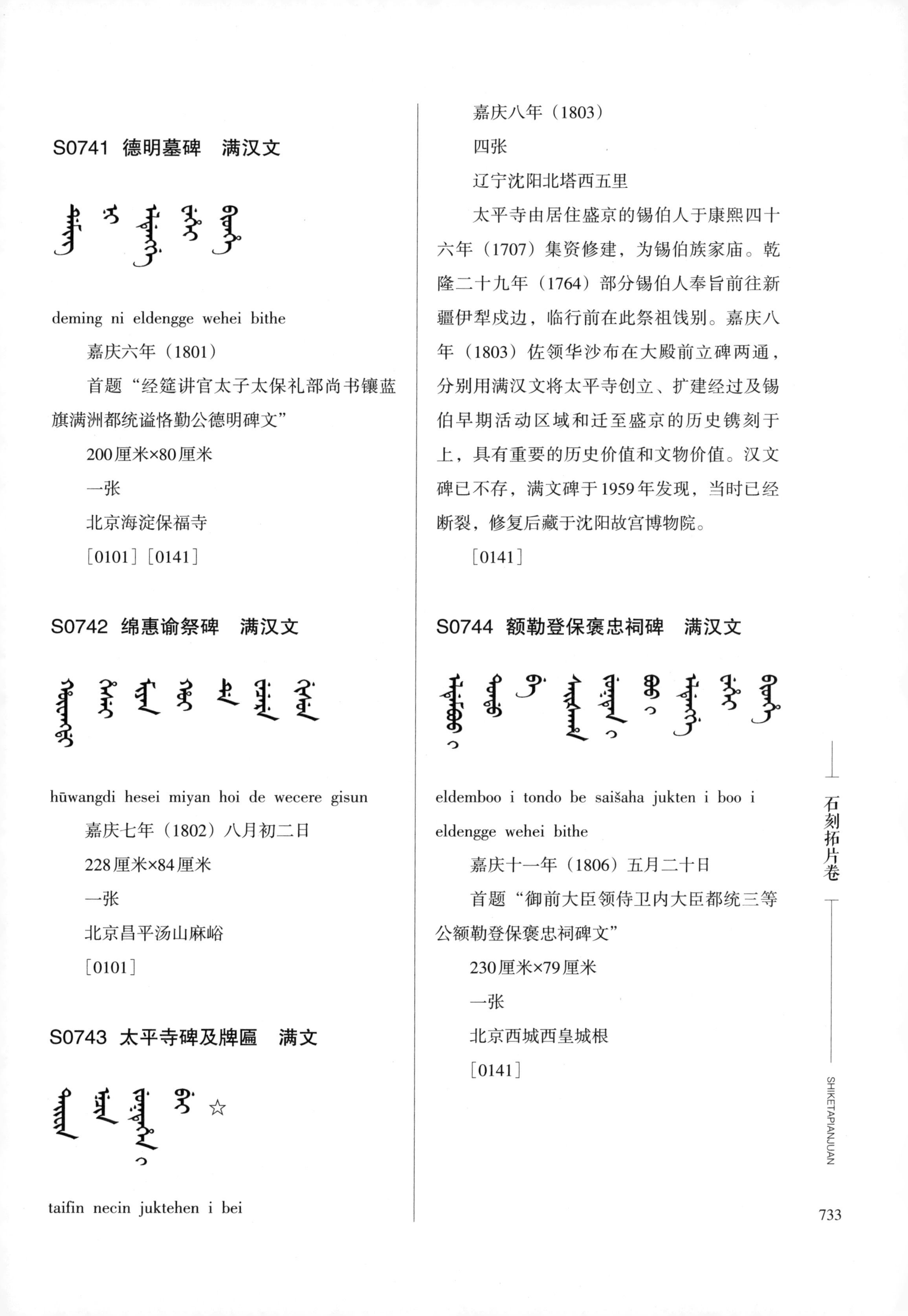

S0741 德明墓碑　满汉文

deming ni eldengge wehei bithe

嘉庆六年（1801）

首题“经筵讲官太子太保礼部尚书镶蓝旗满洲都统谥恪勤公德明碑文”

200厘米×80厘米

一张

北京海淀保福寺

［0101］［0141］

S0742 绵惠谕祭碑　满汉文

hūwangdi hesei miyan hoi de wecere gisun

嘉庆七年（1802）八月初二日

228厘米×84厘米

一张

北京昌平汤山麻峪

［0101］

S0743 太平寺碑及牌匾　满文

☆

taifin necin juktehen i bei

嘉庆八年（1803）

四张

辽宁沈阳北塔西五里

太平寺由居住盛京的锡伯人于康熙四十六年（1707）集资修建，为锡伯族家庙。乾隆二十九年（1764）部分锡伯人奉旨前往新疆伊犁戍边，临行前在此祭祖饯别。嘉庆八年（1803）佐领华沙布在大殿前立碑两通，分别用满汉文将太平寺创立、扩建经过及锡伯早期活动区域和迁至盛京的历史镌刻于上，具有重要的历史价值和文物价值。汉文碑已不存，满文碑于1959年发现，当时已经断裂，修复后藏于沈阳故宫博物院。

［0141］

S0744 额勒登保褒忠祠碑　满汉文

eldemboo i tondo be saišaha jukten i boo i eldengge wehei bithe

嘉庆十一年（1806）五月二十日

首题“御前大臣领侍卫内大臣都统三等公额勒登保褒忠祠碑文”

230厘米×79厘米

一张

北京西城西皇城根

［0141］

S0745 皇史宬碑额并阴 满汉文

gurun i suduri be asarara yamun be dasame weilebuhe ejebun

仁宗（颙琰） 撰并正书

嘉庆十二年（1807）

额篆书题“御制”

216厘米×98厘米+34厘米×30厘米

二张

北京东城南池子

此系嘉庆帝在皇史宬重修后亲笔撰写的碑文。碑文叙述了皇史宬自明嘉靖建成以来的使用情况及本次修葺后焕然一新的面貌，并记述了将《圣训》《实录》移入珍藏，旧藏之玉牒均移至景山寿皇殿之东西室存放。碑文最后题：“自励殷鉴匪遥，苞桑是系，安益求安，永延带砺 ，敬告后人，引长勿替。”

［0101］

S0746 木兰记 满汉文

muran i ejebun

仁宗（颙琰） 撰并书

嘉庆十二年（1807）中秋月

首题“木兰记”

额题“御制”

204厘米×109厘米+30厘米×26厘米

二张

木兰秋狝是康乾时期清廷举行的盛典，嘉庆帝在碑文中说，“夫射猎为本朝家法，绥远实国家大纲”，点出了木兰秋狝的两个目的：一是军队训练骑射，保持骁勇精神；二是增强民族团结，巩固国防。碑文回顾了乾隆年间蒙古、新疆等地民族首领前来参加行围的盛况，“自乾隆辛酉岁（1741年）举秋狝大典，内外扎萨克群拱环卫，圣恩深厚，诚心感戴。暨平定西域，都尔伯特、土尔扈特、青海、乌梁海、回部归化向风，分班随猎，咸瞻天弧所发，无不命中。永矢畏怀之肫诚，常作皇清之蕃服，猗欤盛哉！”嘉庆帝明示：“木兰秋狝为亿万斯年世世子孙所当遵守，毋忽之常经。”不过事与愿违，随着嘉庆帝驾崩，历时一百四十年的秋狝大典也不复举行了，这篇《木兰记》成了木兰秋狝的绝唱。

［0101］

S0747 丰伸济伦墓碑 满汉文

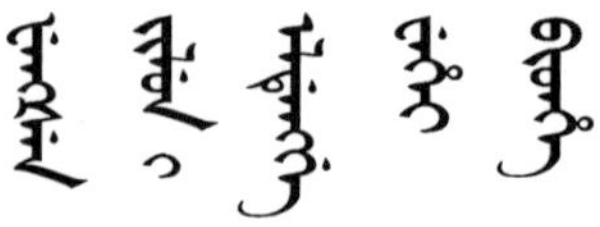

fengšen jilun i eldengge wehei bithe

嘉庆十二年（1807）

首题“盛京兵部侍郎一等忠勇公丰伸济伦碑文”

200厘米×73厘米

二张

北京朝阳东郊公主坟

碑阳为满文，碑阴为汉文。

［0101］［0141］［0182］

S0748 八旗箴　满汉文

ᠵᠠᡴᡡᠨ ᡤᡡᠰᠠᡳ ᡩᠠᡵᡤᠠᠪᡠᠨ

jakūn gūsai dargabun

仁宗（颙琰） 撰并正书

嘉庆十三年（1808）闰五月

首题“御制八旗箴”

31厘米×205厘米

一轴

[0101]

S0749 勒保及妻爱新觉罗氏诰封碑　满汉文

ᠯᡝᠪᠣᠣ ᠵᠠᡳ ᠰᠠᡵᡤᠠᠨ ᠠᡳᠰᡳᠨ ᡤᡳᠣᡵᠣ ᡥᠠᠯᠠ ᡩᡝ ᡤᠠᠣᠮᡳᠩ ᠪᡝ ᠪᡠᡥᡝ ᠪᡳᡨᡥᡝ ☆

leboo jai sargan aisin gioro hala de g‘aoming be buhe bithe

嘉庆十四年（1809）正月初一日

250厘米×76厘米

一张

北京朝阳英家坟

此为勒保及其妻爱新觉罗氏之诰命。勒保系太子太保、兵部尚书兼都察院右都御史，总督四川等处地方，提督军务兼理粮饷，管巡抚事，一等威勤伯，授荣禄大夫。其妻宗室氏赠一品夫人，继妻宗室氏赠一品夫人。

诰命称：勒保初任中书科笔帖式、军机处行走，二任山西归化城同知，三任山西绛州直隶州知州，四任兵部主事、军机处行走，五任兵部员外郎，六任兵部郎中，七任江西赣南道，八任安徽庐凤道，九任银库郎中职往库伦办事，十任太仆寺卿，十一任内阁学士赏戴花翎，十二任兵部侍郎，十三任正蓝旗满洲副都统，十四任山西巡抚，十五任陕甘总督，十六任云贵总督赏戴双眼花翎、三等威勤侯，十七任湖广总督，十八任四川总督一等威勤公爵、授为经略大臣，十九任蓝翎侍卫，二十任今职。

[0101]

S0750 训移居盛京宗室　满汉文

ᠮᡠᡴᡩᡝᠨ ᡩᡝ ᡤᡠᡵᡳᠪᡠᡶᡳ ᡨᡝᠪᡠᠨᡝᡵᡝ ᡤᡝᡵᡝᠨ ᡠᡴᠰᡠᠨ ᠰᠠ ᠪᡝ ᡨᠠᠴᡳᠪᡠᡥᠠᠩᡤᡝ

mukden de guribufi tebunere geren uksun sa be tacibuhangge

仁宗（颙琰） 撰并正书

嘉庆十八年（1813）秋

首题“训移居盛京宗室”

35厘米×930厘米

一轴

[0101]

S0751 马慧裕墓碑　满汉文

ᠮᠠ ᡥᡡᡳ ᡳᠣᡳ ᡳ ᡝᠯᡩᡝᠩᡤᡝ ᠸᡝᡥᡝᡳ ᠪᡳᡨᡥᡝ

ma hūi ioi i eldengge wehei bithe

嘉庆二十二年（1817）

首题“原任礼部尚书马慧裕碑文”

200厘米×83厘米

一张

北京丰台长辛店北留霞峪村

［0101］

S0752 勒保墓碑　满汉文

ᠯᡝᠪᠣᠣ ᡳ ᠪᡝᡳ ᠪᡳᡨᡥᡝ

leboo i bei bithe

嘉庆二十四年（1819）十一月初二日

255厘米×77厘米

一张

北京朝阳英家坟

［0101］

九、道光朝

S0753 大清昌陵圣德神功碑 △ 满蒙汉文

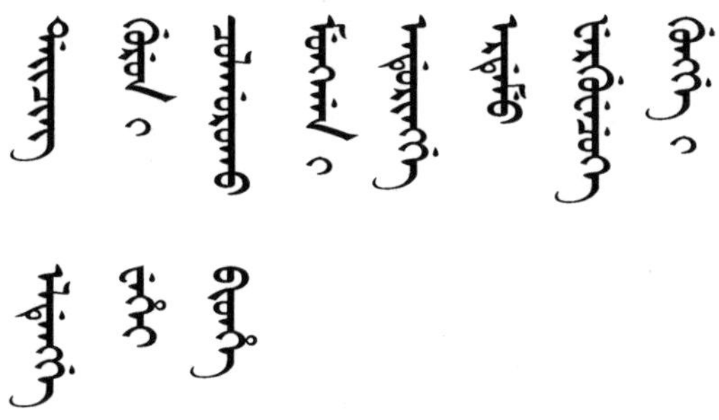

daicing gurun i colgoroko munggan i enduringge erdemu ferguwecuke gungge i eldengge wehei bithe

宣宗（旻宁）撰

386厘米×193厘米

河北易县西陵

S0754 嘉庆皇帝尊号碑 △ 满蒙汉文

题“仁宗受天兴运敷化绥猷崇文经武孝恭勤俭端敏英哲睿皇帝之陵”

河北易县西陵

S0755 清昌陵碑 △ 满蒙汉文

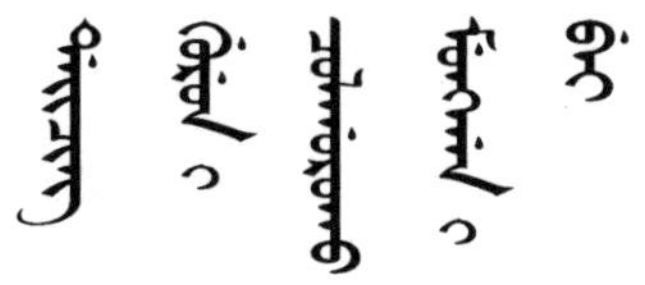 ☆

daicing gurun i colgoroko munggan i bei

题“仁宗睿皇帝之陵”

河北易县西陵

S0756 永鋆墓碑 满汉文

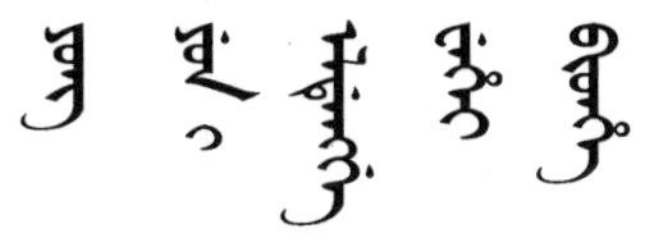

yong yun i eldengge wehei bithe

道光元年（1821）三月十七日

首题“多罗贝勒永鋆碑文”

210厘米×81厘米

一张

北京房山琉璃河董家林村东

永鋆为康熙帝之曾孙，允佑第六子弘暻之第八子。

［0101］

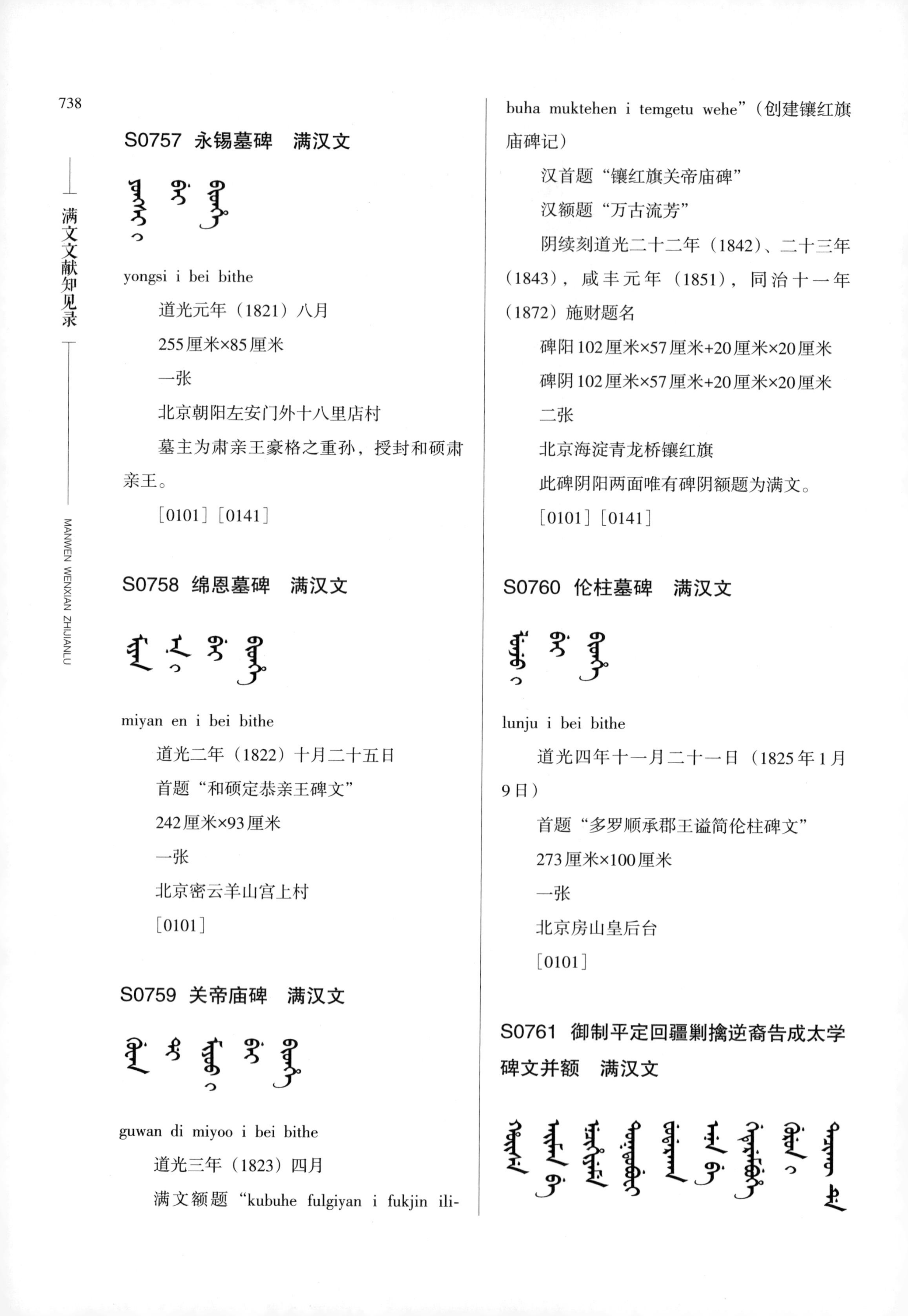

S0757 永锡墓碑　满汉文

yongsi i bei bithe

道光元年（1821）八月

255厘米×85厘米

一张

北京朝阳左安门外十八里店村

墓主为肃亲王豪格之重孙，授封和硕肃亲王。

[0101] [0141]

S0758 绵恩墓碑　满汉文

miyan en i bei bithe

道光二年（1822）十月二十五日

首题“和硕定恭亲王碑文”

242厘米×93厘米

一张

北京密云羊山宫上村

[0101]

S0759 关帝庙碑　满汉文

guwan di miyoo i bei bithe

道光三年（1823）四月

满文额题“kubuhe fulgiyan i fukjin ilibuha muktehen i temgetu wehe”（创建镶红旗庙碑记）

汉首题“镶红旗关帝庙碑”

汉额题“万古流芳”

阴续刻道光二十二年（1842）、二十三年（1843），咸丰元年（1851），同治十一年（1872）施财题名

碑阳102厘米×57厘米+20厘米×20厘米

碑阴102厘米×57厘米+20厘米×20厘米

二张

北京海淀青龙桥镶红旗

此碑阴阳两面唯有碑阴额题为满文。

[0101] [0141]

S0760 伦柱墓碑　满汉文

lunju i bei bithe

道光四年十一月二十一日（1825年1月9日）

首题“多罗顺承郡王谥简伦柱碑文”

273厘米×100厘米

一张

北京房山皇后台

[0101]

S0761 御制平定回疆剿擒逆裔告成太学碑文并额　满汉文

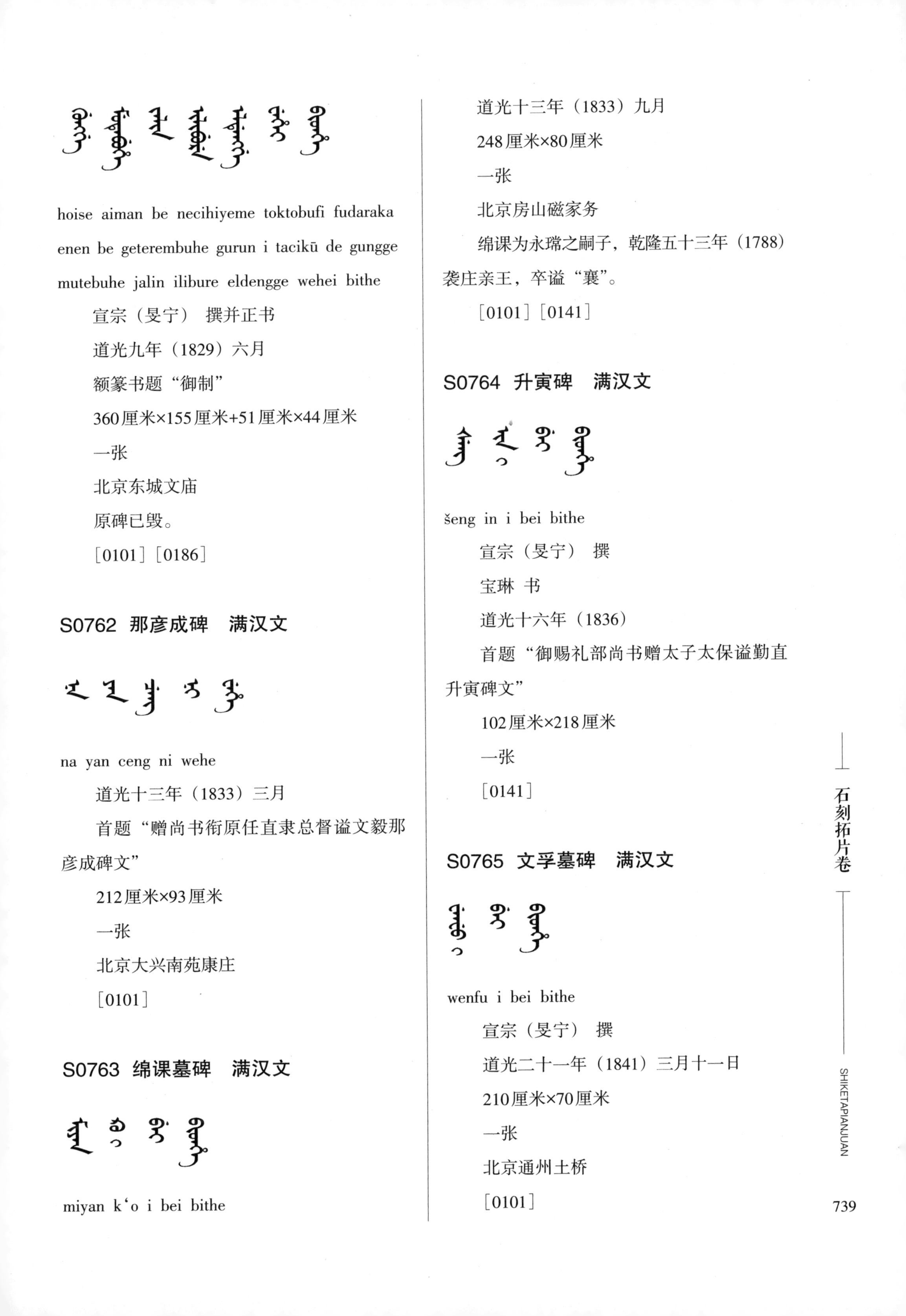

hoise aiman be necihiyeme toktobufi fudaraka enen be geterembuhe gurun i tacikū de gungge mutebuhe jalin ilibure eldengge wehei bithe

宣宗（旻宁） 撰并正书

道光九年（1829）六月

额篆书题“御制”

360厘米×155厘米+51厘米×44厘米

一张

北京东城文庙

原碑已毁。

［0101］［0186］

S0762 那彦成碑　满汉文

na yan ceng ni wehe

道光十三年（1833）三月

首题“赠尚书衔原任直隶总督谥文毅那彦成碑文”

212厘米×93厘米

一张

北京大兴南苑康庄

［0101］

S0763 绵课墓碑　满汉文

miyan k'o i bei bithe

道光十三年（1833）九月

248厘米×80厘米

一张

北京房山磁家务

绵课为永瑢之嗣子，乾隆五十三年（1788）袭庄亲王，卒谥“襄”。

［0101］［0141］

S0764 升寅碑　满汉文

šeng in i bei bithe

宣宗（旻宁） 撰

宝琳 书

道光十六年（1836）

首题“御赐礼部尚书赠太子太保谥勤直升寅碑文”

102厘米×218厘米

一张

［0141］

S0765 文孚墓碑　满汉文

wenfu i bei bithe

宣宗（旻宁） 撰

道光二十一年（1841）三月十一日

210厘米×70厘米

一张

北京通州土桥

［0101］

S0766 绵恺墓碑 满汉文

ᠮᡳᠶᠠᠨ ᡴᠠᡳ ᡳ ᠪᡝᡳ ᠪᡳᡨᡥᡝ

miyan kai i bei bithe

道光二十一年（1841）五月初六日

额篆书题“敕建”

256厘米×90厘米+40厘米×35厘米

一张

北京昌平崔村棉山

绵恺系嘉庆帝第三子，封醇亲王，卒后谥“恪”。

［0101］

S0767 舒赛墓碑 满汉文

ᠰᡠᠰᠠᡳ ᡳ ᡝᠯᡩᡝᠩᡤᡝ ᠸᡝᡥᡝᡳ ᠪᡳᡨᡥᡝ

susai i eldengge wehei bithe

道光二十三年（1843）三月二十一日

庆住 重立

首题“三等阿思哈尼哈番谥壮勤舒赛碑文”

223厘米×77厘米

二张

碑阳为舒赛诰封，碑阴为庆住撰文。庆住为舒赛之六世孙，其撰文中指出：原碑系舒赛之曾孙桑哥撰文并于顺治十四年（1657）五月二十五日立，庆住本人升任盛京副都统后祭扫茔地，目睹碑文漫漶，磨录重新镌刻。北京大学图书馆题名为“三等阿思哈哈番谥壮勤舒赛碑”。

［0141］

S0768 赐谥勇毅榜书 满汉文

ᡮᡳ ᡧᡳ ᠶᡠᠩ ᡳ ᡳᠯᡝᡨᡠᠯᡝᡥᡝᠨ

tsi ši yung i iletulehen

道光二十五年（1845）三月

232厘米×97厘米

一张

齐重义及子齐倖、齐伟、齐健立石

河南新野

齐重义之父齐慎谥号为“勇毅”。

［0101］

S0769 永瑆墓碑 满汉文

ᠶᠣᠩ ᠰᡳᠩ ᡳ ᡝᠯᡩᡝᠩᡤᡝ ᠸᡝᡥᡝᡳ ᠪᡳᡨᡥᡝ

yong sing i eldengge wehei bithe

宣宗（旻宁） 撰并正书

道光年间

246厘米×86厘米

一张

北京昌平桃洼西南兴隆口

墓主为乾隆帝第十一子。

［0101］

十、咸丰朝

S0770 阿勒清阿墓碑　满汉文

ᠠᠯᠴᡳᠩᡤᠠ ᡳ ᠪᡝᡳ

alcingga i bei

咸丰元年（1851）闰八月

212厘米×79厘米

一张

北京朝阳东便门外高碑店官庄北

[0101]

S0771 奕誌墓碑并额　满汉文

ᡳ ᠵᡟ ᡳ ᠪᡝᡳ ᠪᡳᡨᡥᡝ

i jy i bei bithe

咸丰元年（1851）

额篆书题“敕建”

224厘米×86厘米+38厘米×27厘米

一张

北京海淀西郊门头村瑞王坟

[0101]

S0772 清宣宗尊号碑　满蒙汉文

ᠰᡳᠣᠸᠠᠨᡯᡠᠩ ᡧᠠᠩᡤᠠ ᡥᡡᠸᠠᠩᡩᡳ ᡳ ᠮᡠᠩᡤᠠᠨ ᡳ ᡝᠯᡩᡝᠩᡤᡝ ᠸᡝᡥᡝ

siowandzung šangga hūwangdi i munggan i eldengge wehe

咸丰二年（1852）

碑题“宣宗效天符运立中体正至文圣武智勇仁慈俭勤孝敏成皇帝之陵”

340厘米×175厘米

一张

河北易县西陵

[0141]

S0773 大清慕陵圣德神功碑 △　满蒙汉文

文宗（奕詝）撰

咸丰二年（1852）仲春

河北易县西陵

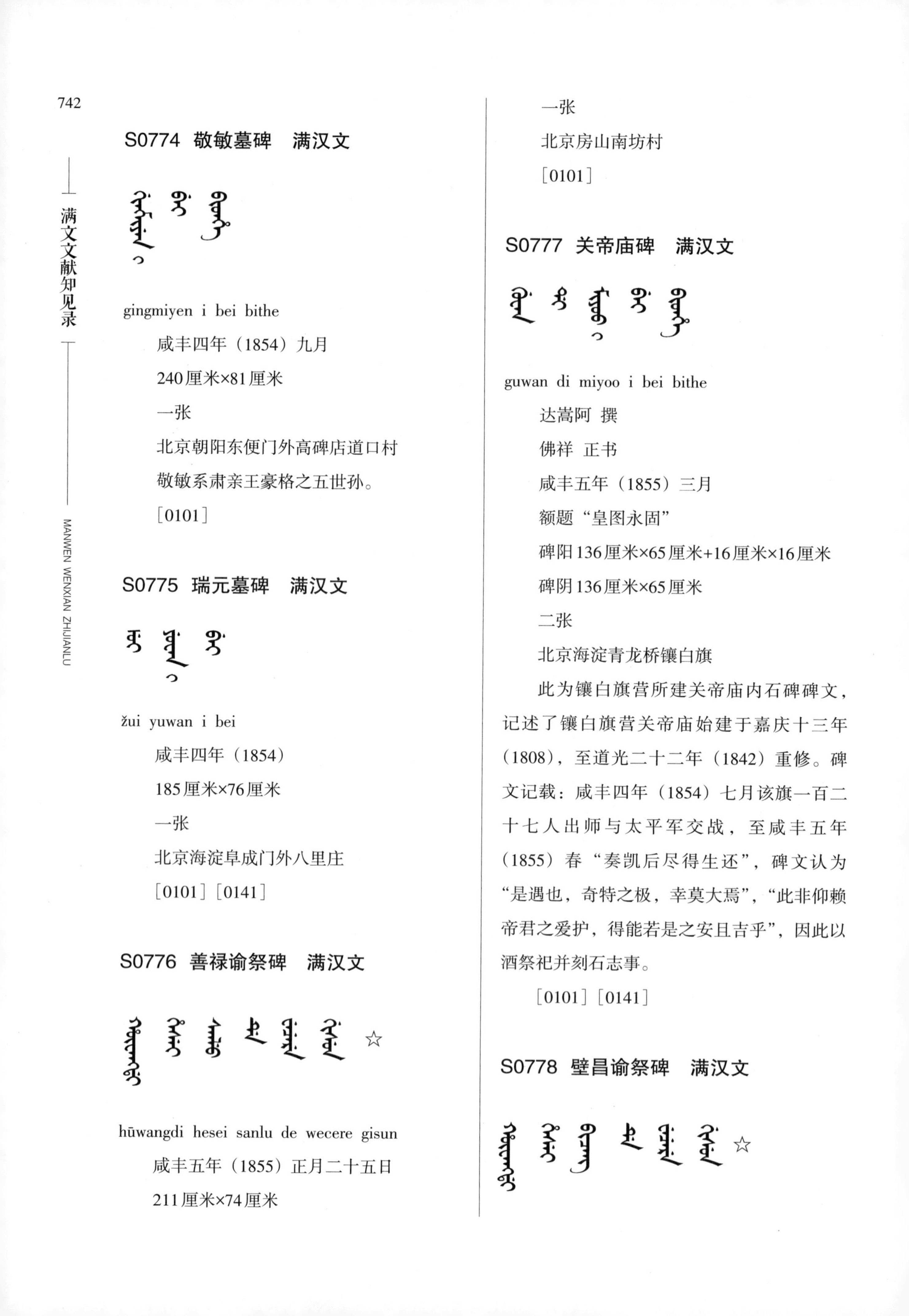

S0774 敬敏墓碑 满汉文

gingmiyen i bei bithe

咸丰四年（1854）九月

240厘米×81厘米

一张

北京朝阳东便门外高碑店道口村

敬敏系肃亲王豪格之五世孙。

［0101］

S0775 瑞元墓碑 满汉文

žui yuwan i bei

咸丰四年（1854）

185厘米×76厘米

一张

北京海淀阜成门外八里庄

［0101］［0141］

S0776 善禄谕祭碑 满汉文

☆

hūwangdi hesei sanlu de wecere gisun

咸丰五年（1855）正月二十五日

211厘米×74厘米

一张

北京房山南坊村

［0101］

S0777 关帝庙碑 满汉文

guwan di miyoo i bei bithe

达嵩阿 撰

佛祥 正书

咸丰五年（1855）三月

额题“皇图永固”

碑阳136厘米×65厘米+16厘米×16厘米

碑阴136厘米×65厘米

二张

北京海淀青龙桥镶白旗

此为镶白旗营所建关帝庙内石碑碑文，记述了镶白旗营关帝庙始建于嘉庆十三年（1808），至道光二十二年（1842）重修。碑文记载：咸丰四年（1854）七月该旗一百二十七人出师与太平军交战，至咸丰五年（1855）春“奏凯后尽得生还”，碑文认为“是遇也，奇特之极，幸莫大焉”，“此非仰赖帝君之爱护，得能若是之安且吉乎”，因此以酒祭祀并刻石志事。

［0101］［0141］

S0778 璧昌谕祭碑 满汉文

☆

hūwangdi hesei bicang de wecere gisun

咸丰五年（1855）四月十七日

220厘米×82厘米

一张

北京顺义河南村

璧昌（1795—1854），字东垣，镶黄旗蒙古人，姓额勒德特氏，曾任叶尔羌参赞大臣、阿克苏办事大臣、伊犁参赞大臣，在新疆经略多年。后历任山西巡抚、福州将军、两江总督、内大臣等职，去世后追赐太子太保衔，谥“勤襄”。

［0101］

S0779 关帝庙碑并额　满汉文

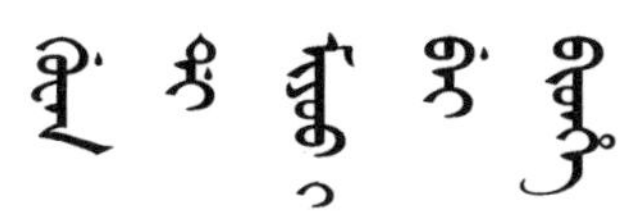

guwan di miyoo i bei bithe

达嵩阿 撰

松寿 正书

咸丰五年（1855）六月二十四日

汉文额题“名垂千秋”

满文额题“abkai fejergi taifin necin”（天下太平）

碑阳100厘米×58厘米+19厘米×19厘米

碑阴102厘米×57厘米+19厘米×19厘米

二张

北京海淀青龙桥镶红旗

此为镶红旗营所建关帝庙内石碑碑文，记述镶红旗营关帝庙建于道光元年（1821），咸丰年间太平军起，咸丰三年（1853）秋冬间逼近直隶，咸丰四年（1854）秋镶红旗出师迎战，“惟时本旗从军之七百二十有五人，乃于七月而往，越一年，岁乙卯春正月十九日奏凯后尽得平安”，碑文认为“此非仰赖帝君之爱护，得能若是之安且吉乎”，遂立碑记之。

［0101］［0141］

S0780 善禄墓碑　满汉文

sanlu i eldengge wehei bithe

咸丰六年（1856）四月

首题“原任绥远城将军钦差帮办军务御赐斐里巴图鲁勇号赏戴花翎赏穿黄马褂谥勤壮善禄碑文”

212厘米×75厘米

一张

北京房山南坊村西

［0101］

十一、同治朝

S0781 清定陵碑 △ 满蒙汉文

ᡩᠠᡳᠴᡳᠩ ᡤᡠᡵᡠᠨ ᡳ ᡨᠣᡴᡨᠣᠨ ᠮᡠᠩᡤᠠᠨ ᡳ ᠪᡝᡳ ☆

daicing gurun i tokton munggan i bei

题“文宗显皇帝之陵”

河北遵化东陵

S0782 咸丰皇帝尊号碑 △ 满蒙汉文

题“翊天协运执中垂谟懋德振武圣孝渊恭端仁宽敏显皇帝之陵”

河北遵化东陵

S0783 绵愉墓碑并额 满汉文

ᠮᡳᠶᠠᠨ ᡳᠣᡳ ᡳ ᡝᡳᡶᡠ ᠪᡝᡳ ᠪᡳᡨᡥᡝ ☆

miyan ioi i eifu bei bithe

同治五年（1866）正月

首题“和硕惠端亲王碑文”

额篆书题“敕建”

234厘米×94厘米+30厘米×29厘米

一张

北京房山良乡崇各庄

绵愉为清仁宗第五子。

［0101］［0141］

S0784 德明阿及妻伊尔根觉罗氏（宝鋆之祖父母）诰封碑 满汉文

ᡩᡝᠮᡳᠩᡤᠠ ᠵᠠᡳ ᠰᠠᡵᡤᠠᠨ ᡳᡵᡤᡝᠨ ᡤᡳᠣᡵᠣ ᡥᠠᠯᠠ ᠪᡝ ᡶᡠᠩᠨᡝᡥᡝ ᡥᡝᠰᡝᡳ ᡝᠯᡩᡝᠩᡤᡝ ᠸᡝᡥᡝ ☆

demingga jai sargan irgen gioro hala be fungnehe hesei eldengge wehe

穆宗（载淳） 撰

同治十二年（1873）二月初十日

额题满汉文篆书“制诰之宝”

110厘米×55厘米+24厘米×22厘米

一张

北京东城建国门内大街

［0101］

S0785 存诚墓志 满汉文

ᡮᡠᠨ ᠴᡝᠩ ᡳ ᠪᡝᡳ

ts‘un ceng i bei

穆宗（载淳） 撰

同治年间

206厘米×69厘米

一张

北京海淀清河镇

墓主官至总管内务府大臣、工部尚书、礼部尚书等职，同治十一年（1872）逝，谥“勤恪”。

此碑碑阳为汉文，碑阴为满文。

［0101］［0141］

S0786 僧格林沁祠碑 满汉文

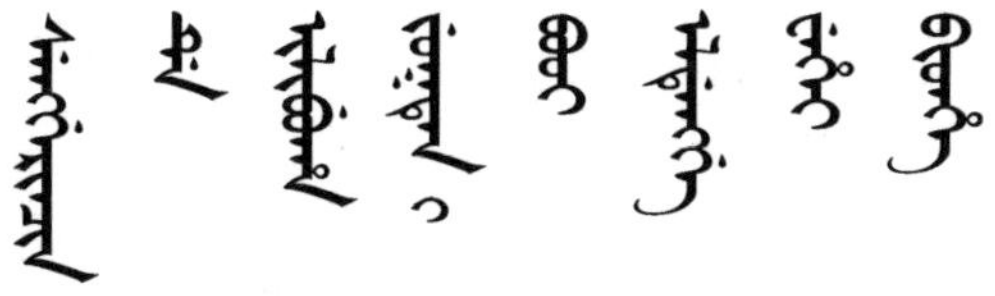

senggerincin de ilibuha jukten i booi eldengge wehei bithe

同治年间

218厘米×82厘米

一张

北京石刻艺术博物馆

［0141］

十二、光绪朝

S0787 同治皇帝尊号碑 △ 满蒙汉文

题“穆宗继天开运受中居正保大定功圣智诚孝信敏恭宽毅皇帝之陵”

537厘米×181厘米×75厘米

河北遵化东陵

S0788 清惠陵碑 △ 满蒙汉文

ᡩᠠᡳᠴᡳᠩ ᡤᡠᡵᡠᠨ ᡳ ᡶᡠᠯᡝᡥᡠᠩᡤᡝ ᠮᡠᠩᡤᠠᠨ ᡳ ᠪᡝᡳ ☆

daicing gurun i fulehungge munggan i bei

题“穆宗毅皇帝之陵”

388厘米×136厘米×42厘米

河北遵化东陵

S0789 明善谕祭碑并额 满汉文

ᡥᡝᠰᡝᡳ ᠮᡳᠩᡧᠠᠨ ᡳ ᠰᡠᡵᡝ ᡶᠠᠶᠠᠩᡤᠠ ᡩᡝ ᠸᡝᠴᡝᡵᡝ ᡤᡳᠰᡠᠨ

hesei mingšan i sure fayangga de wecere gisun

光绪元年（1875）正月十七日

额篆书题“御赐”

196厘米×74厘米+30厘米×22厘米

一张

北京海淀苏州街

［0101］

S0790 明善诰封碑并额 满汉文

ᠮᡳᠩᡧᠠᠨ ᡩᡝ ᡬᠠᠣᠮᡳᠩ ᠪᡝ ᠪᡠᡥᡝ ᠪᡝᡳ ᠪᡳᡨᡥᡝ ☆

mingšan de g‘aoming be buhe bei bithe

光绪元年（1875）正月二十一日

额篆书题“御赐”

196厘米×74厘米+30厘米×20厘米

一张

北京海淀区苏州街

［0101］

S0791 云根题字 满汉文

ᠶᡡᠨ ᡤᡝᠨ ᡥᡝᡵᡤᡝᠨ ᡳ ᠪᡝᡳ

yūn gen hergen i bei

奕譞 撰并书

光绪二年（1876）二月初二日

60厘米×27厘米

一张

北京海淀北京大学蔚秀园内

奕谖于同治十一年（1872）晋醇亲王。

“云根”二字为汉文，两侧以满汉文题写时间。

［0141］

S0792 文祥墓碑　满文

wensiyang ni eldengge wehei bithe

光绪二年（1876）

205厘米×67厘米

二张

［0141］

S0793 崇实谕祭碑　满汉文

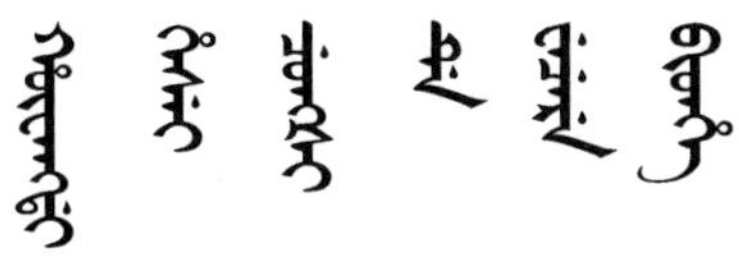 ☆

hūwangdi hesei cungši de wecere bithe

光绪三年（1877）正月二十日

首题“赠太子太保原任刑部尚书署盛京将军崇实祭文”

160厘米×58厘米

一张

北京朝阳广渠门外大板桥

［0101］［0141］

S0794 崇实墓碑　满汉文

cungši i eldengge wehei bithe

光绪三年（1877）二月二十日

首题“赠太子太保原任刑部尚书署盛京将军崇实碑文”

173厘米×60厘米

一张

北京朝阳广渠门外大板桥

［0101］［0141］

S0795 文谦谕祭碑　满汉文

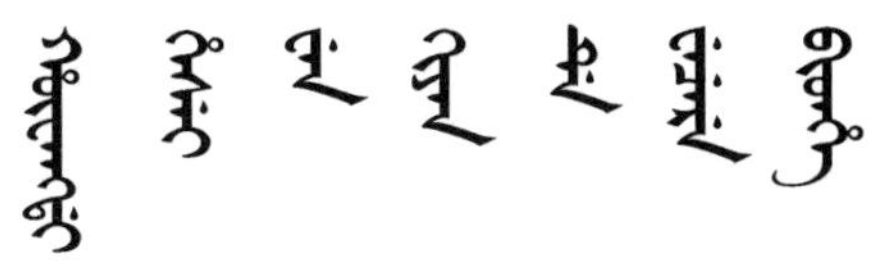

hūwangdi hesei wen kiyan de wecere bithe

光绪三年（1877）十一月二十日

首题“头品顶带原任马兰镇总兵兼总管内务府大臣文谦祭文”

172厘米×60厘米

一张

北京朝阳雷桥村

［0101］

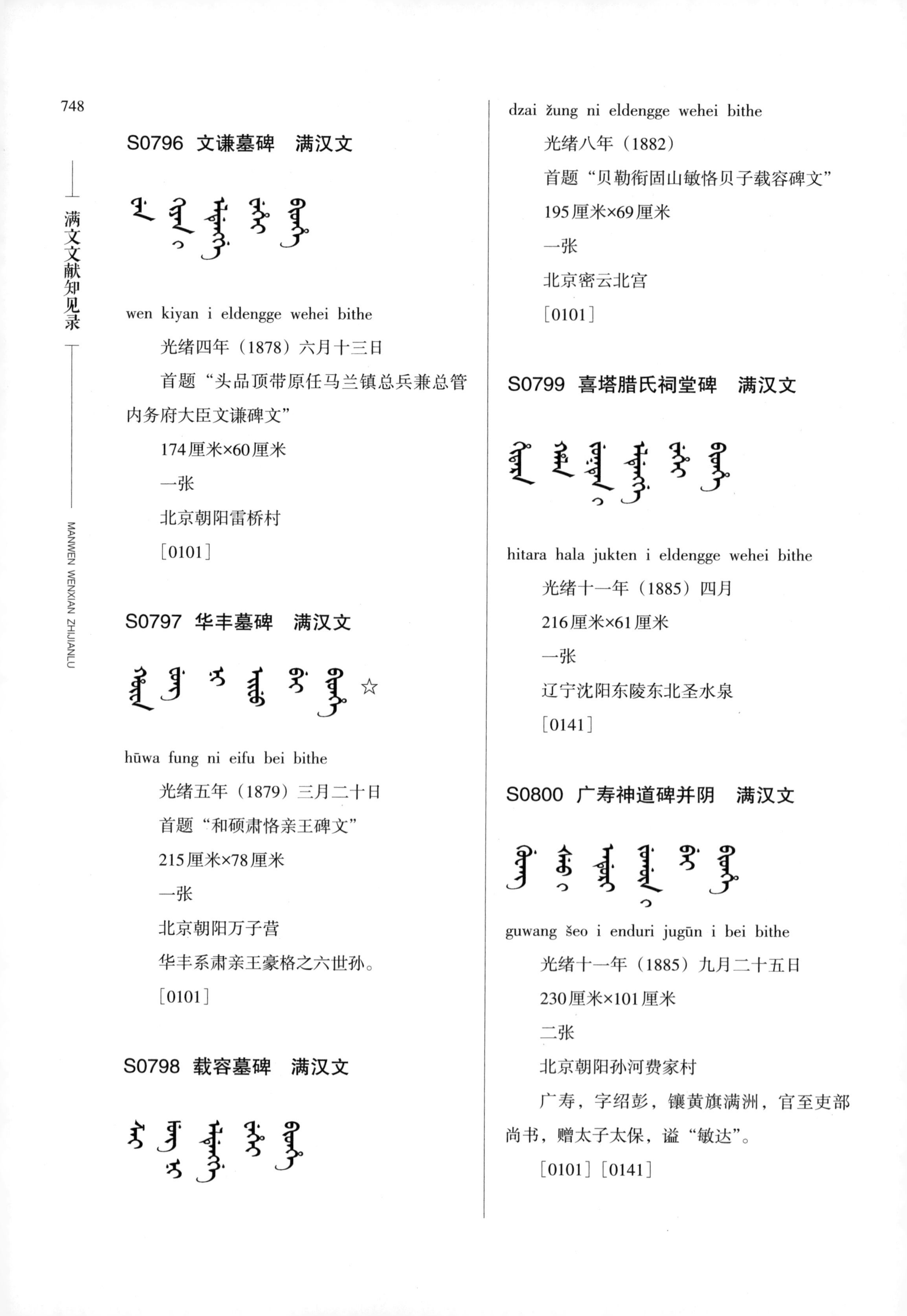

S0796 文谦墓碑　满汉文

wen kiyan i eldengge wehei bithe

光绪四年（1878）六月十三日

首题“头品顶带原任马兰镇总兵兼总管内务府大臣文谦碑文”

174厘米×60厘米

一张

北京朝阳雷桥村

［0101］

S0797 华丰墓碑　满汉文

☆

hūwa fung ni eifu bei bithe

光绪五年（1879）三月二十日

首题“和硕肃恪亲王碑文”

215厘米×78厘米

一张

北京朝阳万子营

华丰系肃亲王豪格之六世孙。

［0101］

S0798 载容墓碑　满汉文

dzai žung ni eldengge wehei bithe

光绪八年（1882）

首题“贝勒衔固山敏恪贝子载容碑文”

195厘米×69厘米

一张

北京密云北宫

［0101］

S0799 喜塔腊氏祠堂碑　满汉文

hitara hala jukten i eldengge wehei bithe

光绪十一年（1885）四月

216厘米×61厘米

一张

辽宁沈阳东陵东北圣水泉

［0141］

S0800 广寿神道碑并阴　满汉文

guwang šeo i enduri jugūn i bei bithe

光绪十一年（1885）九月二十五日

230厘米×101厘米

二张

北京朝阳孙河费家村

广寿，字绍彭，镶黄旗满洲，官至吏部尚书，赠太子太保，谥“敏达”。

［0101］［0141］

S0801 载澄墓碑　满汉文

 ☆

dzai ceng ni eldengge wehei bithe

德宗（载湉） 撰

光绪十一年十一月二十七日（1886年1月1日）

224厘米×88厘米

一张

［0101］［0141］

S0802 载龄墓碑　满汉文

dzai ling ni eldengge wehei bithe

德宗（载湉） 撰

光绪十一年（1885）

首题“晋赠太子太保予告大学士谥文恪宗室载龄碑文”

220厘米×82厘米

二张

北京平谷樊各庄

［0101］［0141］

S0803 奕详墓碑并额　满文

 ☆

i hiyang ni eifu bei bithe

德宗（载湉） 撰

光绪十二年（1886）八月

首题“和硕亲王衔多罗惠敬郡王碑文”

额篆书题“敕建”

250厘米×110厘米+30厘米×20厘米

一张

北京房山良乡崇各庄

奕详为绵愉（清仁宗第五子）之第五子。

［0101］［0141］

S0804 天主堂碑并额　满文

 ☆

tiyan ju tang ni bei bithe

光绪十四年（1888）孟冬

196厘米×69厘米+30厘米×21厘米

一张

阴题“迁建天主堂碑记”

北京西城西什库北堂

此为北京西什库天主教堂（北堂）迁建之碑。碑文记述了京师西安门内蚕池口教堂系康熙年间为在钦天监供职之西洋传教士所建，光绪十一年（1885）为了“皇太后机余颐养之所”而修理、拓展南海，故将此教堂拆迁至西什库另建。碑文记载了为迁建教堂，清廷与教会的多次谈判和追加经费的过程，以及西什库一带原有慈云寺等建筑拆迁并让与教堂的情形。

［0101］［0141］

S0805 嵩申谕祭碑 满汉文

hūwangdi hesei sungšen de wecere bithe

光绪十七年十二月初七日（1892年1月6日）

首题“赠太子太保原任刑部尚书总管内务府大臣嵩申祭文”

172厘米×68厘米

一张

北京朝阳广渠门大板桥

[0101]

S0806 嵩申墓碑 满汉文

sungšen i eldengge wehei bithe

德宗（载湉） 撰

光绪十七年十二月（1892年1月）

首题“赠太子太保原任刑部尚书总管内务府大臣嵩申碑文”

172厘米×68厘米

一张

北京朝阳广渠门大板桥

[0101]

S0807 奕譞墓碑 满汉文

i hūwan i eifu bei bithe

德宗（载湉） 撰并书

光绪十八年（1892）四月二十一日

240厘米×89厘米

一张

北京海淀北安河七王坟

[0101] [0141]

S0808 栗君及妻邢氏两李氏杨氏敕封碑 满汉文

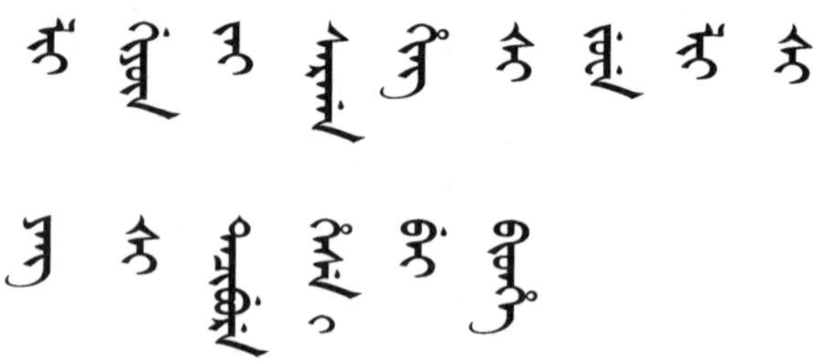

lii giyūn jai sargan hing ši juwe lii ši yang ši tacibure hese i bei bithe

光绪二十年（1894）八月十六日

25厘米×115厘米

一张

山西洪洞下良乡

国家图书馆题名为“栗君及妻邢氏两李氏杨氏诰封文”。

[0101]

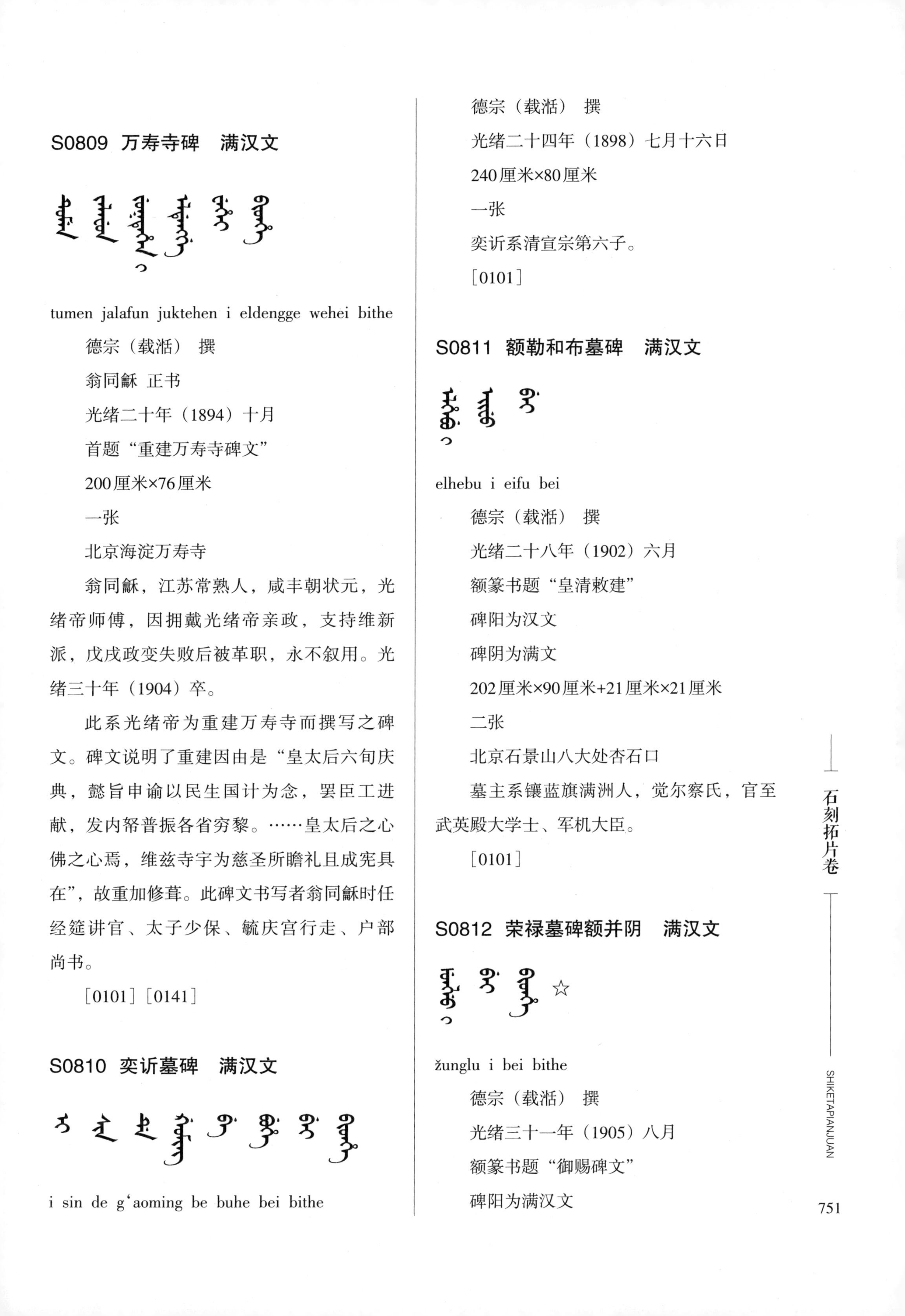

S0809 万寿寺碑　满汉文

tumen jalafun juktehen i eldengge wehei bithe

德宗（载湉）撰

翁同龢 正书

光绪二十年（1894）十月

首题“重建万寿寺碑文”

200厘米×76厘米

一张

北京海淀万寿寺

翁同龢，江苏常熟人，咸丰朝状元，光绪帝师傅，因拥戴光绪帝亲政，支持维新派，戊戌政变失败后被革职，永不叙用。光绪三十年（1904）卒。

此系光绪帝为重建万寿寺而撰写之碑文。碑文说明了重建因由是“皇太后六旬庆典，懿旨申谕以民生国计为念，罢臣工进献，发内帑普振各省穷黎。……皇太后之心佛之心焉，维兹寺宇为慈圣所瞻礼且成宪具在”，故重加修葺。此碑文书写者翁同龢时任经筵讲官、太子少保、毓庆宫行走、户部尚书。

[0101] [0141]

S0810 奕䜣墓碑　满汉文

i sin de g‘aoming be buhe bei bithe

德宗（载湉）撰

光绪二十四年（1898）七月十六日

240厘米×80厘米

一张

奕䜣系清宣宗第六子。

[0101]

S0811 额勒和布墓碑　满汉文

elhebu i eifu bei

德宗（载湉）撰

光绪二十八年（1902）六月

额篆书题“皇清敕建”

碑阳为汉文

碑阴为满文

202厘米×90厘米+21厘米×21厘米

二张

北京石景山八大处杏石口

墓主系镶蓝旗满洲人，觉尔察氏，官至武英殿大学士、军机大臣。

[0101]

S0812 荣禄墓碑额并阴　满汉文

☆

žunglu i bei bithe

德宗（载湉）撰

光绪三十一年（1905）八月

额篆书题“御赐碑文”

碑阳为满汉文

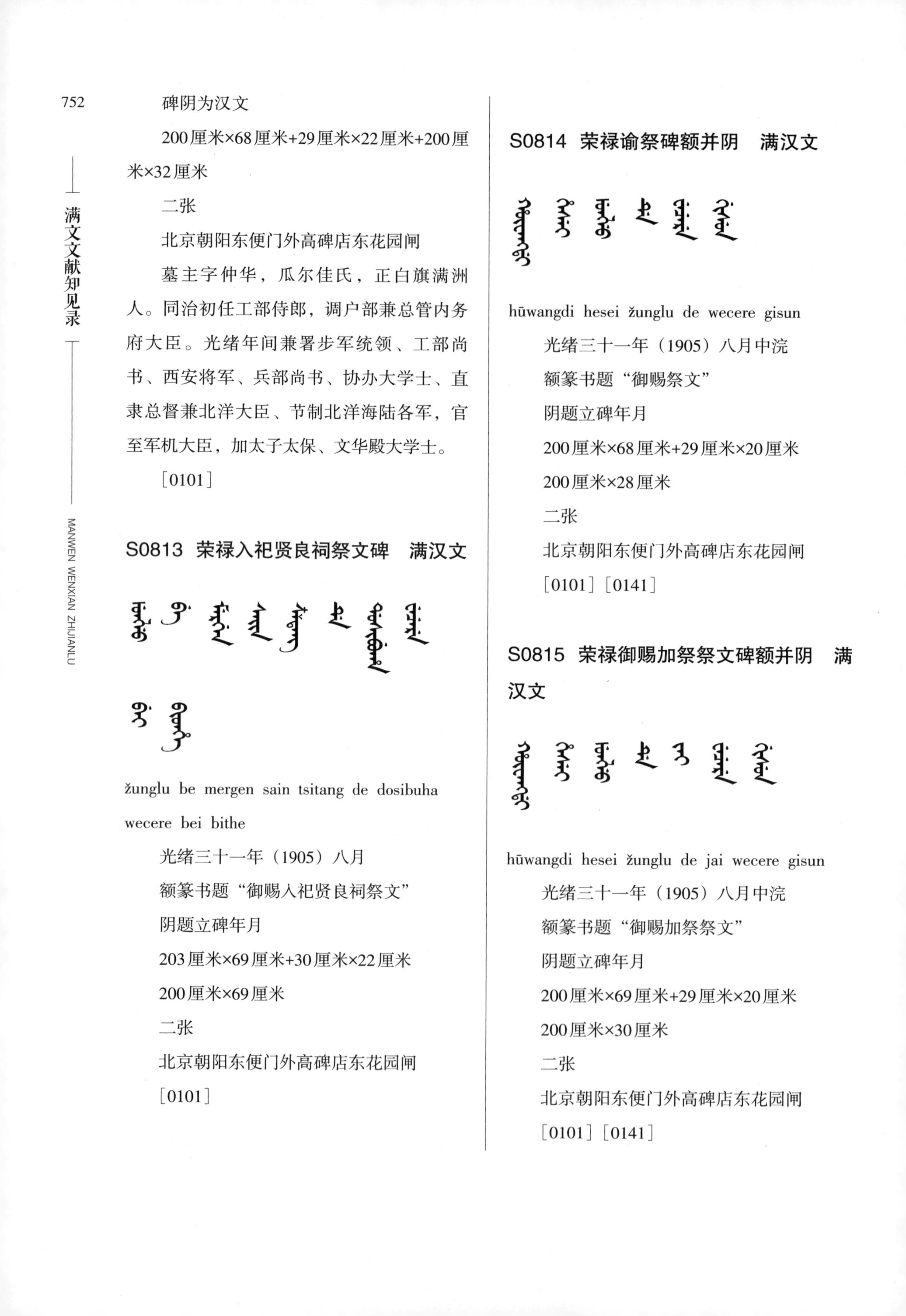

碑阴为汉文

200厘米×68厘米+29厘米×22厘米+200厘米×32厘米

二张

北京朝阳东便门外高碑店东花园闸

墓主字仲华，瓜尔佳氏，正白旗满洲人。同治初任工部侍郎，调户部兼总管内务府大臣。光绪年间兼署步军统领、工部尚书、西安将军、兵部尚书、协办大学士、直隶总督兼北洋大臣、节制北洋海陆各军，官至军机大臣，加太子太保、文华殿大学士。

［0101］

S0813 荣禄入祀贤良祠祭文碑　满汉文

žunglu be mergen sain tsitang de dosibuha wecere bei bithe

光绪三十一年（1905）八月

额篆书题“御赐入祀贤良祠祭文”

阴题立碑年月

203厘米×69厘米+30厘米×22厘米

200厘米×69厘米

二张

北京朝阳东便门外高碑店东花园闸

［0101］

S0814 荣禄谕祭碑额并阴　满汉文

hūwangdi hesei žunglu de wecere gisun

光绪三十一年（1905）八月中浣

额篆书题“御赐祭文”

阴题立碑年月

200厘米×68厘米+29厘米×20厘米

200厘米×28厘米

二张

北京朝阳东便门外高碑店东花园闸

［0101］［0141］

S0815 荣禄御赐加祭祭文碑额并阴　满汉文

hūwangdi hesei žunglu de jai wecere gisun

光绪三十一年（1905）八月中浣

额篆书题“御赐加祭祭文”

阴题立碑年月

200厘米×69厘米+29厘米×20厘米

200厘米×30厘米

二张

北京朝阳东便门外高碑店东花园闸

［0101］［0141］

S0816 崇礼墓碑 满汉文

ᠴᡠᠩ ᠯᡳ ᡳ ᠪᡝᡳ ᠪᡳᡨᡥᡝ

cung li i bei bithe

德宗（载湉） 撰

光绪三十三年（1907）五月十三日

额篆书题“敕建”

200厘米×80厘米+30厘米×30厘米

一张

北京海淀西郊万寿寺

[0101][0141]

S0817 隆懃墓碑 满汉文

ᠯᡠᠩ ᠴᡳᠨ ᡳ ᡝᡳᡶᡠ ᠪᡝᡳ ᠪᡳᡨᡥᡝ

lung cin i eifu bei bithe

德宗（载湉） 撰

光绪三十四年（1908）三月

首题“和硕肃良亲王碑”

206厘米×77厘米

一张

北京朝阳左安门外十八里店

隆懃系肃亲王豪格之第七代孙。

[0101][0141]

S0818 文澜阁榜书 满汉文

ᠸᡝᠨ ᠯᠠᠨ ᠠᠰᠠᡵᡳ ᡳᠯᡝᡨᡠᠯᡝᡥᡝᠨ

wen lan asari iletulehen

德宗（载湉） 撰并书

光绪年间

133厘米×75厘米

一张

浙江杭州

[0101]

S0819 文祥谕祭碑 满文

ᡥᡡᠸᠠᠩᡩᡳ ᡥᡝᠰᡝᡳ ᠸᡝᠨ ᡧᡳᠶᠠᠩ ᡩᡝ ᠸᡝᠴᡝᡵᡝ ᡤᡳᠰᡠᠨ

hūwangdi hesei wen šiyang de wecere gisun

光绪年间

37厘米×153厘米

36厘米×160厘米

二张

辽宁沈阳

文祥，字博川，号文山，瓜尔佳氏，正红旗满洲人。道光二十五年（1845）进士，官至武英殿大学士、军机大臣。卒于光绪二年（1876）五月初四日，享年五十九岁。卒后赠太子太傅，谥“文忠”。

[0141]

十三、宣统朝

S0820 光绪皇帝尊号碑 △ 满蒙汉文

题“同天崇运大中至正经文纬武仁孝睿智端俭宽勤景皇帝之陵”

河北易县西陵

S0821 清崇陵碑 △ 满蒙汉文

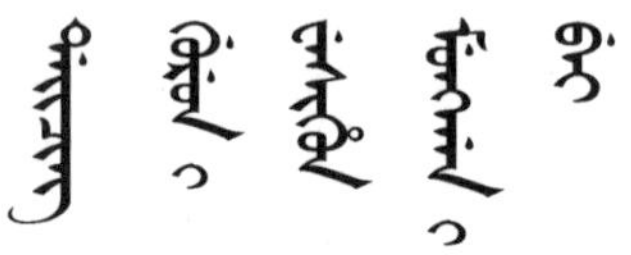 ☆

daicing gurun i wesihun munggan i bei

题“德宗景皇帝之陵”

河北易县西陵

S0822 孝钦皇后尊号碑 △ 满蒙汉文

题“孝钦慈禧端佑康颐昭豫庄诚寿恭钦献崇熙配天兴圣显皇后之陵”

542厘米×187厘米×84厘米

河北遵化东陵

S0823 清普陀峪定东陵碑 △ 满蒙汉文

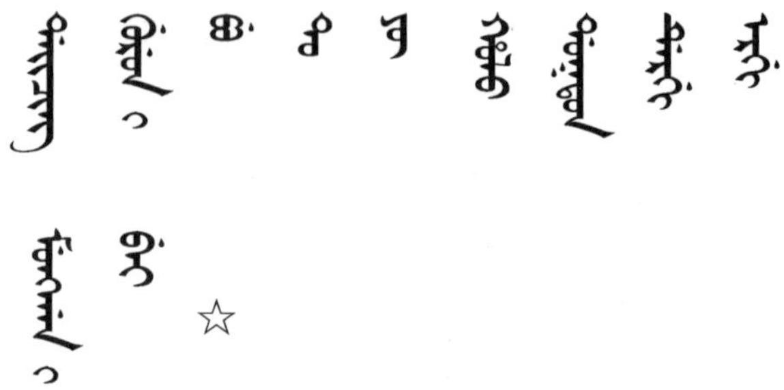 ☆

daicing gurun i pu to yū holo dokton dergi ergi munggan i bei

题“孝钦显皇后之陵”

碑402厘米×107厘米×40厘米

河北遵化东陵

S0824 孝贞皇后尊号碑 △ 满蒙汉文

题“孝贞慈安裕庆和敬仪天祚圣显皇后之陵”

555厘米×190厘米×85厘米

河北遵化东陵

S0825 清普祥峪定东陵碑 △ 满蒙汉文

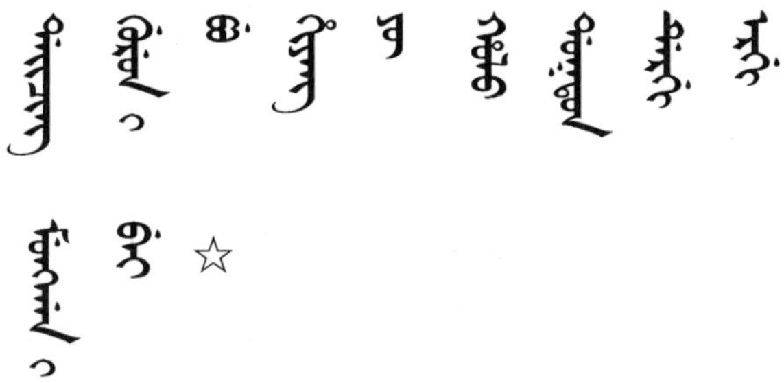 ☆

daicing gurun i pu hiyang yū holo dokton dergi ergi munggan i bei

题"孝贞显皇后之陵"

405厘米×108厘米×42厘米

河北遵化东陵

S0826 绰哈布墓碑 满汉文

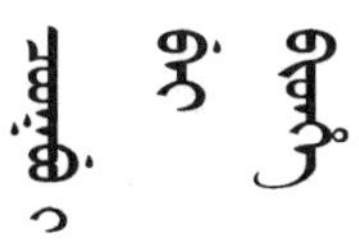

cookbu i bei bithe

宣统二年（1910）四月

阴题立碑年月

230厘米×77厘米+168厘米×33厘米

二张

北京朝阳双桥马各庄何家坟

[0101]

S0827 绰哈布谕祭碑并阴 满汉文

hūwangdi hesei cookbu de wecere gisun

宣统二年（1910）四月

阴题立碑年月

223厘米×70厘米

168厘米×33厘米

二张

北京朝阳双桥马各庄何家坟

[0101]

S0828 奕劻墓碑 满汉文

ii kuwang ni eldengge wehei bithe

1917年三月

253厘米×96厘米

一张

北京昌平桃洼宫上村

[0101]

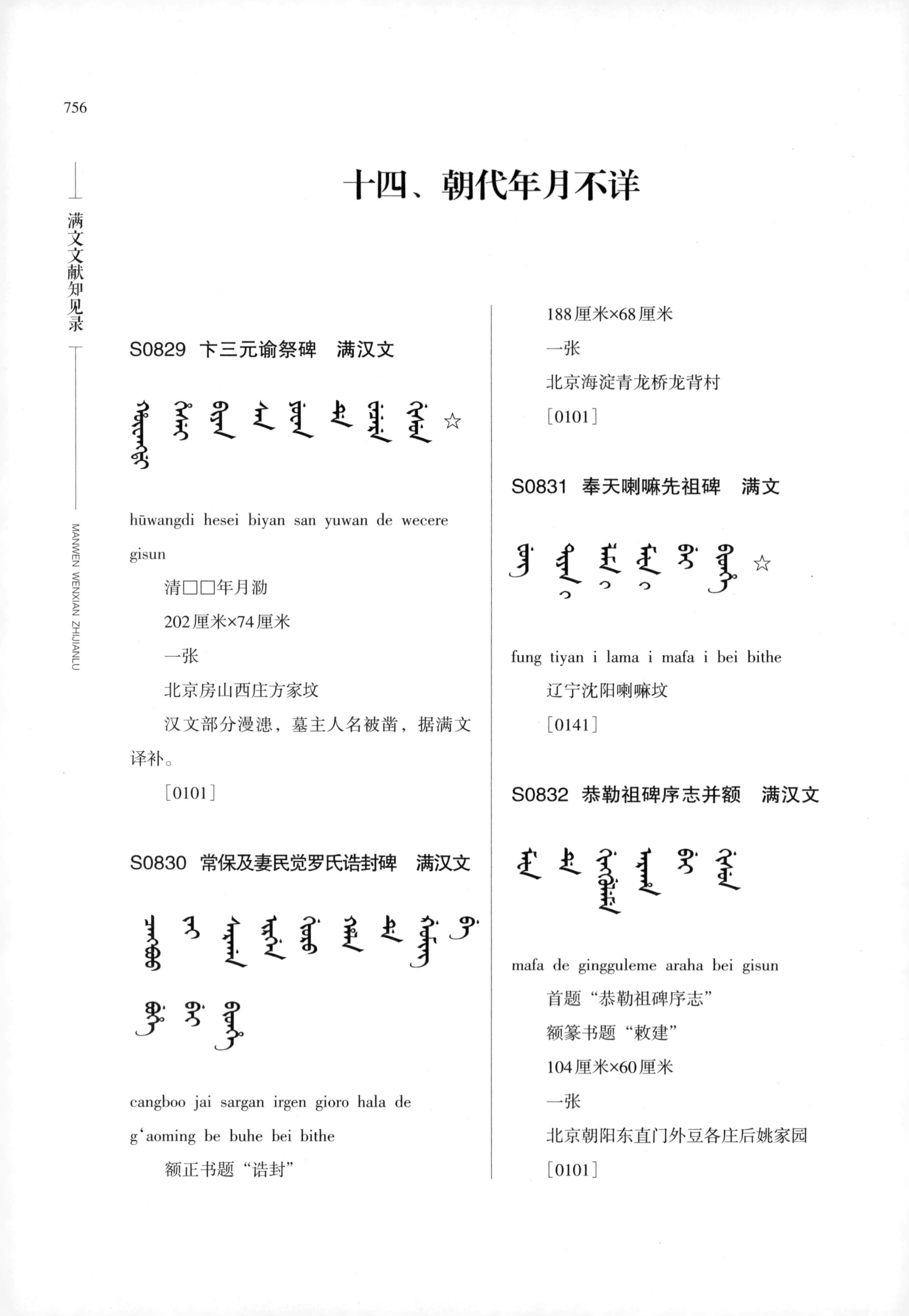

十四、朝代年月不详

S0829 卞三元谕祭碑 满汉文

☆

hūwangdi hesei biyan san yuwan de wecere gisun

清□□年月泐

202厘米×74厘米

一张

北京房山西庄方家坟

汉文部分漫漶，墓主人名被凿，据满文译补。

［0101］

S0830 常保及妻民觉罗氏诰封碑 满汉文

cangboo jai sargan irgen gioro hala de g‘aoming be buhe bei bithe

额正书题“诰封”

188厘米×68厘米

一张

北京海淀青龙桥龙背村

［0101］

S0831 奉天喇嘛先祖碑 满文

☆

fung tiyan i lama i mafa i bei bithe

辽宁沈阳喇嘛坟

［0141］

S0832 恭勒祖碑序志并额 满汉文

mafa de gingguleme araha bei gisun

首题“恭勒祖碑序志”

额篆书题“敕建”

104厘米×60厘米

一张

北京朝阳东直门外豆各庄后姚家园

［0101］

S0833 苏禄迈墓碑 满汉文

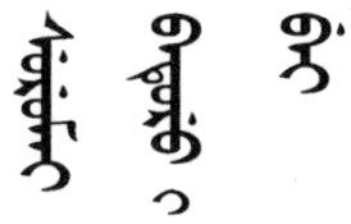

surumai baturu i bei

题“皇清诰授光禄大夫副都统兼兵部侍郎佐领阿思哈尼哈番谥勤勇苏公讳禄迈巴图鲁之碑”

188厘米×69厘米

一张

北京通州土桥将军坟

[0101]

S0834 福昆妻完颜氏碑 满汉文

fukūn i sargan wanyan hala i eldengge wehei bithe

额题“敕命之宝”

135厘米×68厘米+16厘米×17厘米

一张

北京通州

[0141]

S0835 牛忽励氏诰封墓碑 满蒙汉文

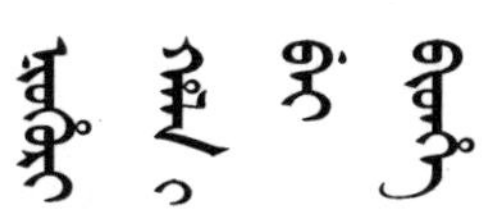

niohuri hala i bei bithe

额题“诰封”

106厘米×65厘米+21厘米×18厘米

一张

墓主为佐领加一级丹谭之祖母。

收藏单位原题名为“丹谭祖母牛□□氏诰封碑”。

[0101] [0150]

S0836 钮钴禄氏碑并额 △ 满蒙汉文

 ☆

niohuru hala i bei bithe

丹谭 立

额题“诰封”

215厘米×67.5厘米×19.2厘米

辽宁省博物馆

此碑原在沈阳东南郊2.5千米达海墓地，1933年入藏伪满洲国奉天故宫博物馆，现藏辽宁省博物馆。

碑阳面中为满文，右为蒙古文，左似有汉文。现碑文漫漶，仅有汉文一行“佐领加一级丹谭祖母钮钴禄氏碑文”。丹谭为达海之长兄艾密禅之长子。

汉文索引

图书卷

汉文书名笔画索引

一画

二画

三画

四画

五画

七画

九画

十画

十一画

十二画

十三画

十四画

十五画

十六画及以上

汉文书名音序索引

A

B

C

M

N

P

W

X

档案卷

汉文书名笔画索引

二画

三画

四画

五画

六画

七画

八画

九画

十画

十一画

十二画

十三画

十四画

十五画

十六画及以上

汉文书名音序索引

石刻拓片卷

汉文书名笔画索引

二画

三画

四画

五画

六画

七画

八画

九画

十一画

十二画

十三画

十四画

十五画

十六画及以上

汉文书名音序索引

A

B

E

H

M

Q

R

S

T

W

Z

满文拉丁字母转写索引

图书卷

A

B

C

D

E

F

G

H

J

K

N

S

T

W

档案卷

A

B

C

D

E

F

G

H

T

U

W

Y

石刻拓片卷

A

B

C

D

E

F

H

I

J

K

L

M

N

O

P

S

T

U

碑文助读

清代满文碑文，特别是前三朝人物传记类碑文中，往往有一些官爵名称不大好记。现对本书所录石刻拓片中涉及的官爵名称（满语原名及对应汉语名称）、品级、职掌等情况做一简单说明。

一、文官官爵

1. 光禄大夫：正一品。

2. 资政大夫：正二品。

3. 通议大夫：正三品。

4. 中宪大夫：正四品。

5. 奉政大夫：正五品。

二、功臣爵位

1. 精奇尼哈番：子爵。

2. 阿思哈尼哈番：又作“阿思汉尼哈番”，男爵。

3. 阿达哈哈番：轻车都尉（qīng jū dū yù）。

4. 拜他喇布勒哈番：骑都尉。

5. 拖沙喇哈番：又作“拖色拉哈番”，云骑尉。

以上五级每级分三等。乾隆元年（1736）将满语名称改为相应的汉语名称。

6. 昂邦章京：世职名，汉语名称为总兵（此总兵与绿营兵之高级武官总兵不同），清初始设，分三等，顺治四年（1647）改称“精奇尼哈番”，乾隆元年（1736）定汉语名称为子爵。

三、职官名称

1. 巴克什：又作“榜式”“巴克希”，为汉语“博士”之音译，义为学者、儒士，清初赐满族文臣之尊号。

2. 巴图鲁：勇士、英雄之义，为清代赐予有功之武职官员的尊号。

3. 巴牙喇甲喇章京：又作“摆牙喇甲喇章京”，为八旗护军营之中级武官，顺治十七年（1660）定汉语名称为护军参领，秩正三品。

4. 包衣大：内管领，系清代内务府属员，负责管理最底层之包衣下人。

5. 卫勒勒诸尔汉：工部，隶属内阁。

6. 包衣卫勒勒诸尔汉：内工部，隶属内务府。

7. 拨什库：领催，八旗佐领下属之低级属员，每佐领下额设五人，掌文书档案及各支领俸饷等事。

8. 多尔机昂邦：内大臣，系清代侍卫处之次官，秩从一品。

9. 厄者库：又作"额哲库"，主事，系清代中央各部院机构中之正六品司官。

10. 法一旦大：王府长史，为管理王府事务之长官。

11. 法衣丹尼哈番：典仪，负责王公贵族仪仗事务。

12. 分得拨什库：骁骑校，系八旗佐领之副官，秩正六品。

13. 噶喇依昂邦：前锋统领，前锋营系清代禁卫军之一，前锋统领为其长官，秩正二品。

14. 噶喇大：翼长，八旗之武职官员，健锐、火器、善扑等营及陵寝、围场等均设有此官，其职掌各异、品级不同。

15. 固山大：协领，清代八旗驻防之武职官员，秩从三品。

16. 固山额真：都统、旗主，八旗组织中一旗之最高军政长官，秩从一品。

17. 郭齐哈摆牙喇壮大：亲军校，亲军营系清代近卫军之一，亲军校系亲军营内下级军官，秩从八品。

18. 郭奇哈章京：御前章京，为日常侍值于皇帝左右的职官。

19. 和硕额夫（驸）：和硕亲王之女称和硕格格，其夫婿称和硕额夫（驸）。

20. 黑白（hè bó）昂邦：议政大臣、参赞大臣。"黑白"在满语中义为商议。

21. 甲喇章京：参领，八旗组织内中层长官，秩正三品。

22. 梅勒章京：副都统，八旗组织中一旗之副官，秩正二品。

23. 牛录章京：佐领，八旗组织中的基层官员。

24. 苏拉：汉义为闲散。苏拉章京即闲散章京。

25. 他赤哈哈番：博士，清代国子监、太常寺、钦天监均设有此官，为文职官员，秩从七品。

26. 图义章京：护军统领，系八旗护军营之长官，秩正二品。

27. 虾：又作"下"，侍卫，掌宫廷侍卫和随扈皇帝之事，分一、二、三等侍卫和蓝翎侍卫，品级从三品到六品不等。

28. 宜都大：值班长。

29. 壮大：又作"壮达"，护军校，为八旗护军营内下级军官，秩正六品。

主要参考著作及论文目录

一、著作

［1］〔清〕永瑢、纪昀编：《钦定四库全书总目提要》，乾隆四十六年（1781）武英殿刻本。

［2］李德启编：《国立北平图书馆故宫博物院图书馆满文书籍联合目录》，北平图书馆、故宫博物院图书馆合印。

［3］张德泽编著：《清代国家机关考略》，中国人民大学出版社，1981年。

［4］蔡冠洛编著：《清代七百名人传》，中国书店，1984年。

［5］李鹏年、刘子扬、陈锵仪编著：《清代六部成语词典》，天津人民出版社，1988年。

［6］北京图书馆金石组编：《北京图书馆藏中国历代石刻拓片汇编》，中州古籍出版社，1989—1991年。

［7］黄润华、屈六生主编：《全国满文图书资料联合目录》，书目文献出版社，1991年。

［8］徐自强主编：《北京图书馆藏北京石刻拓片目录》，书目文献出版社，1994年。

［9］中国古籍善本书目编辑委员会编：《中国古籍善本书目》，上海古籍出版社，1998年。

［10］卢秀丽、阎向东主编：《辽宁省图书馆满文古籍图书综录》，辽宁民族出版社，2002年。

［11］黄润华、史金波著：《少数民族古籍版本》，江苏古籍出版社，2002年。

［12］杨丰陌、张本义主编：《大连图书馆藏少数民族古籍图书综录》，辽宁民族出版社，2006年。

［13］伊利民主编：《河北满族蒙古族碑刻选编》，作家出版社，2007年。

［14］吴元丰主编：《北京地区满文图书总目》，辽宁民族出版社，2008年。

［15］史金波、黄润华著：《中国历代民族古文字文献探幽》，中华书局，2008年。

［16］黄润华主编：《国家图书馆藏满文文献图录》，国家图书馆出版社，2010年。

［17］〔清〕松筠撰，赵令志、关康译：《闲窗录梦译编》，中央民族大学出版社，2011年。

［18］吴元丰主编：《北京地区满文碑刻拓片总目》，辽宁民族出版社，2015年。

二、论文

[1] 赵晓华：《达海碑及相关墓碑考述》，《辽海文物学刊》1997年第2期。

[2] 彭福英：《法汉蒙满四体合璧词典》，载《敦煌·西域·民语·外文善本掌故》，上海远东出版社，2017年。

[3] 翁莹芳：《柏林皇家图书馆汉满文书籍和手稿目录》，载《敦煌·西域·民语·外文善本掌故》，上海远东出版社，2017年。

[4] 王敌非：《欧洲满文医家珍稀文献发微》，《满族研究》2017年第4期。

[5] 日本东洋文库：《东洋文库所藏满蒙文献目录》，华盛顿大学，1964年。

[6]《苏联科学院亚洲民族研究所满文抄本图书目录》，苏联科学出版社东方文献总编辑部，1965年。

[7] [英] 瓦尔特·西蒙、[英] H.G.H.那尔逊：《伦敦地区满文书籍联合目录》，大英图书馆交由大英博物馆出版发行，1977年。

[8] [英] 瓦尔特·西蒙、[法] 玛丽莲·露丝·色古依：《巴黎国立图书馆满文图书目录》，巴黎，1979年。

[9]《苏联科学院东方研究所满文刻本目录》，苏联科学出版社东方文献总编辑部，1988年。

[10]《谢德林国家图书馆藏满文抄本与刻本目录》，列宁格勒，1991年。

[11]《蒙古国中央图书馆藏满文图书目录》，乌兰巴托，1992年。

[12] [日] 松村润编：《美国国会图书馆所藏满语文献目录》，东京大学，1999年。

后记

满文是我国少数民族古文字中最年轻的文字，自1599年创制到顺治三年（1646）正式出版第一套雕版印刷图书辽金元三史，只经过不到半个世纪，在此期间还有大量的档案、翻译著作以抄本形式问世。康熙十九年（1680），清廷建立了皇家出版机构武英殿修书处，标志着皇家出版业进入了一个新阶段，满文官刻图书也迎来了一个新的繁荣期。清成为全国性的政权后，各地出版商也逐渐熟悉了满文这种新的文字，以北京为中心的坊刻本满文文献在各地涌现。除了图书外，官府传送的文书、内阁秘藏的舆图、庄严高耸的碑石刻以及象征权力的玺印、市井通行的货币无不留有满文的印记。在现存的少数民族文字文献中，除藏文外，满文文献的品种与数量是最多的，综观中国历史，一个少数民族建立的王朝能保留下来这么丰富的民族文字文献，也是绝无仅有的。

本人与满文书目结缘，始于两位学者的对话。1974年7月24日，时任内蒙古自治区历史语言文学研究所（内蒙古自治区社会科学院前身）所长的牙含章先生到北京图书馆（以下简称北图）访问。这一年年初，内蒙古自治区历史语言文学研究所赠送北图一部康熙版的蒙古文《甘珠尔》，由此建立起两个单位的直接联系。北图对牙含章先生的到访非常重视，由主管善本部的副馆长鲍正鹘先生亲自接待，因本人负责将《甘珠尔经》请至北图，故有幸忝陪末座。两位先生都是著名学者，同时对民族宗教方面的知识都很熟悉，因此谈得十分融洽。谈话中，鲍正鹘先生提出，在适当的时候，请内蒙古方面牵头，两单位合作编纂蒙古文古籍联合目录，得到了牙含章先生的热烈响应。后因多种变故，编纂联合目录一事并未落实。

不过，两位学者的谈话我一直铭记在心。本人工作的善本部收藏了数量众多的满文古籍，这些古籍除宣统元年（1909）筹建京师图书馆时由清内阁大库拨交外，主要是馆里的前辈于道泉、李德启先生在20世纪二三十年代应北图原馆长袁同礼先生要求收集的。1933年，李德启编有《国立北平图书馆、故宫博物院图书馆满文书籍联合目录》，开我国满文书目编纂的先河，自此以后，又有不少满文图书进馆，北图成为世界上收藏满文古籍最多的地方。受两位学者谈话的点拨和启发，我萌生了编纂全国满文图书联合目录的心愿。当时我正在故宫博物院明清档案部（今中国第一历史档案馆）进修满文，我的想法得到了当时满文部领导任世铎和屈六生等人的支持，他们既是我的满文老师，又是我的大学同学。当然，最重要的是我供职的北京图书馆支持这项工作，尤为可贵的是，这种支持，经历了40多年，经过了多届领导，一直持续到今天。

明清档案部派出屈六生老师与王小虹、李松龄两名学员与我组成编辑组，1979年2月先编成《北京地区满文图书联合目录》，蜡版刻印，分送有关专家征求意见，均获好评。后来扩充为《全国满文图书资料联合目录》，由北京市民委古籍办资助，1991年由书目文献出版社正式出版。

在编辑全国满文书目的同时，我们就开始收集国外满文图书的信息，那时没有互联网，只有通过学术交流、师友馈赠等渠道了解外国的满文书目。于道泉教授亲手打印了《法国巴黎图书馆藏满文图书目录》给我；山东大学关德栋教授1993年赴德国进行学术交流，特赠我《柏林国家图书馆满文图书目录》，本书收录的德国满文书目及有关说明均是关先生所赠。这两位前辈已归道山，今捧手泽，感恩与怀念之情油然而生。此外，俄国、英国、法国、日本、蒙古等国家的学者也赠送了本国收藏的满文书目，在此一并感谢。

从现有材料看，国外收藏的满文文献在清代主要是传教士收集的，清灭亡后，满文文献被国人鄙弃，大量档案散出，造成满文文献外流。

以现在了解的情况看，国外的满文文献主要有三大类：一是满语文学习的课本及工具书。满语在清代被尊为“国语”，传教士通过满文进行中西方文化交流，满文教科书和工具书是必备图书。二是天主教类图书。因种种历史原因，许多天主教经典的满译本国内已经很少了，但国外还保留得很好。三是中国古代文学作品，特别是明清时期小说的满译本。俄国保存尤多，德国也有一些，其中有些书籍国内已很罕见，甚至汉文原书也消失了。希望本书披露国外收藏的满译文学作品能起到破题作用，将来能够在更大的范围里搜寻复制，更希望有人能关注、研究这批外流的珍本图籍。

本书分为《图书》《档案》《石刻拓片》卷，基本涵盖了满文文献总体概况，但在300多年的积淀中，满文文献汗牛充栋，内容丰富，很难以一己之力编一本囊括全貌的目录，特别是档案等，难免挂一漏万。所编目录因为采集较早，信息不是很规范，尤其国外藏书信息，因各国编纂目录方法不同，信息量差别很大，有些信息只能付诸阙如。

本书杀青之际，衷心感谢所有对本书编纂给予关心帮助的人们。特别感谢国家图书馆副馆长张志清对本书立项给予的支持和日常对编纂工作的关心；感谢国家古籍保护中心办公室领导及同仁提出的重要意见；感谢古籍馆副馆长陈红彦女士在提供善本特藏文献方面给予方便；感谢国家图书馆民族语文组组长全桂花、朱志美两位女士和善本阅览室的许多人员给予的热情周到的帮助；感谢萨仁高娃博士帮助翻译蒙古国的满文图书目录；感谢庄秀芬博士在编纂和外联工作中的特殊作用；感谢中国社会科学院少数民族文学研究所研究员宋和平女士提供珍贵的萨满教满文文献；感谢屈六生先生的夫人朱淑媛女士对编纂工作的关心与帮助，特别是2019年冬天突如其来的新冠疫情肆虐，给编纂工作带来很多困难，朱淑媛女士为大家会校稿件、商议工作提供了良好条件，在定稿的最后阶段，更是在联络协调方面做出了特殊贡献。本书的出版与辽宁民族出版社的支持与帮助是分不开的，特别感谢副总编辑吴昕阳女士，编辑李璜、杜璐珊两位女士的辛勤劳动。最后，我要感念黄海，在本项目启动之始，他一直在电脑方面为我提供帮助，实际上是我的电脑技术顾问和助手，直到他最后的日子仍在帮我解决录入中的具体问题。

我与屈六生均已退休多年，手头资料大多是过去积累所得，难免有不全不确之处。囿于本人水平，在编纂和翻译等方面肯定会有不少问题，祈请诸位方家批评指正。

黄润华

2017年11月24日